基礎心理学
実験法
ハンドブック

日本基礎心理学会
【監修】

坂上　貴之
河原純一郎
木村　英司
三浦　佳世
行場　次朗
石金　浩史
【責任編集】

朝倉書店

基礎心理学実験法ハンドブックに寄せて

　基礎心理学の骨格をなすものは心理学実験であり，その実験を成り立たせている根本は方法論にある．本ハンドブックは，心理学の実験法について編んだものである．

　心理学の対象は「心」や「行動」であると言われているが，「心」を直接観察したり取り扱ったりすることはできないし，「行動」もまた連続的で変幻自在な対象であって捉えどころがない．基礎心理学者は，こうした対象を観測し操作しなければならない．そして科学的に意味のあるデータを紡ぎ出すために，これらを組織的に組み合わせていかなくてはならない．この営みが心理学実験の方法論として，集積され淘汰されてきたのである．別の言い方をすれば，実験法こそ，「心」や「行動」を表現し測定し変容させる，基礎心理学者の重要な道具なのである．そして新しい方法の発見は，常に新しい心理学的な知を創造してきたのである．

　このハンドブックは日本基礎心理学会創立30周年の事業の1つとして提案され，本学会の会員を中心として編まれたものである．私たち責任編集者には2つの願いがあった．もちろん第一には，実験系の心理研究者や大学院生・学部生に自身の専門領域だけでなく，関連する領域での様々な実験法を俯瞰し利用するための必携図書として活用していただきたいという願いである．しかしそれにもまして，実験系以外の心理学者，あるいは自然科学，社会科学，人文科学に関わる研究者や学生で「心」や「行動」に関わる研究を進めていきたいと考えておられる方々にも論文理解や研究計画の折に繙いていただきたいという強い願いを持っていた．それは，基礎心理学における心理学実験から得られた知見こそが，厳格な科学的吟味に耐え，様々な領域での将来の応用につながる大切な知的基盤を構成すると信じているからであった．その信念の背景には，特に21世紀に入ってからの急速な「心」や「行動」の脳神経学的，コンピュータ科学的理解の進展の中で，私たち基礎心理系の研究者の果たす役割は少なくなっていくどころか，新しい「心」や「行動」の事実を発見することにおいてますます大きくなっていくとの認識があった．

　本文と付録で約89万字となる本ハンドブックの第一の功労者は，言うまでもなく165名におよぶ日本基礎心理学会会員を中心とする執筆者の方々である．そして第二の功労者は，各章で執筆者のとりまとめと編者校正に活躍された24名の編者の方々である．そして，代表者としてさらに御礼を申し上げたいのは，ハンドブックの基本的方針の取りまとめ，各章の項目の設定と校正，全章のバランスの調整に，7年の長きにわたり付き合っていただいた責任編集者5名の方々と朝倉書店編集部である．

　特に，三浦佳世・九州大学名誉教授，行場次朗・東北大学教授，木村英司・千葉大学教授の各氏は，小生が日本基礎心理学会理事長職に就いた時からずっと，常務理事としてご活躍になる一方で，このハンドブックの制作に携わっていただいた．また朝倉書店の企画担当者には，このハンドブック誕生のきっかけを作っていただいた．なぜなら私が彼にちょっと話したアイデアを，瞬く間に具体的なものに仕上げていただいたのである．2011年11月28日付けメールで初めて担当者からハンドブックの話が出た後に送った私からの

12月14日付けのメールには次のような記述がある.

「1) 心理学的現象に興味のある他領域の研究者も心理学実験の方法を学べる, 使える,

2) コンパクトでありながら参考文献が充実,

3) 見開き2ページ, 長くても4ページが原則,

4) 歴史, 方法の詳述, 得られた事実や現象の例, 問題点や限界, 新たな工夫,

5) 本当は方法論の進化史のような形式になると美しい,

6) 感覚, 知覚, 認知, 学習, 生理の5つの領域の基礎心理学会会員の責任執筆,

7) 基礎心理学会の事業として行う.

こんなところが今のイメージです.」

さてこのうち, どれだけのことが成し遂げられ, また成し遂げられていくのだろうか. それは本ハンドブックを手にした読者の方々の評価に委ねられている.

2018年5月

責任編集者を代表して　坂 上 貴 之

■責任編集者

坂 上 貴 之　　慶應義塾大学文学部　　［責任編集者代表，第５部担当］

河 原 純 一 郎　　北海道大学文学研究科　　［第１部担当］

木 村 英 司　　千葉大学人文科学研究院　　［第２部担当］

三 浦 佳 世　　九州大学名誉教授　　［第３部担当］

行 場 次 朗　　東北大学文学研究科　　［第４部担当］

石 金 浩 史　　専修大学人間科学部心理学科　　［第６部担当］

■執 筆 者 (*は章担当編者，五十音順)

青 山 謙 二 郎　　同志社大学

蘆 田 　 宏　　京都大学

阿 部 恒 之*　　東北大学［6.1，6.3～6.5章］

阿 部 　 学　　新潟大学

天 野 　 薫　　情報通信研究機構

雨 宮 智 浩　　NTT コミュニケーション科学基礎研究所

綾 部 早 穂*　　筑波大学［2.4章］

有 賀 敦 紀　　広島大学

井 垣 竹 晴　　流通経済大学

池 田 功 毅　　中京大学

石 井 　 拓　　和歌山県立医科大学

石 金 浩 史*　　専修大学［6.10，6.11章］

石 口 　 彰　　お茶の水女子大学

板 倉 昭 二　　京都大学

一 川 　 誠*　　千葉大学［3.3章］

伊 藤 正 人　　大阪市立大学名誉教授

伊 東 裕 司*　　慶應義塾大学［4.5章］

乾 　 敏 郎　　追手門学院大学

犬 飼 朋 恵　　神戸親和女子大学

今 水 　 寛　　東京大学

伊 丸 岡 俊 秀　　金沢工業大学

伊 村 知 子　　日本女子大学

牛 谷 智 一　　千葉大学

内 田 真 理 子　　東京学芸大学

漆 原 宏 次　　北海道医療大学

遠 藤 利 彦　　東京大学

尾 入 正 哲　　中京大学

大 瀧 　 翔　　トヨタ自動車株式会社

大 塚 　 翔　　千葉大学

大 沼 夏 子　　九州大学

岡 田 　 隆　　上智大学

小 川 洋 和　　関西学院大学

小 川 　 緑　　筑波大学大学院

長 田 佳 久　　立教大学名誉教授

小 田 浩 一　　東京女子大学

小 野 浩 一　　駒澤大学名誉教授

小 野 史 典　　山口大学

小 美 野 喬　　明星大学名誉教授

小 山 　 佳　　量子科学技術研究開発機構

改 田 明 子　　二松学舎大学

柏 野 牧 夫*　　NTT コミュニケーション科学基礎研究所［2.2章］

片 山 順 一*　　関西学院大学［6.6章］

金 子 寛 彦　　東京工業大学

蒲 池 み ゆ き*　　工学院大学［6.2章］

茅 原 拓 朗　　宮城大学

川 嶋 健 太 郎　　東海学院大学

河 地 庸 介　　東北福祉大学

川 端 康 弘　　北海道大学

河原純一郎*	北海道大学 [1.5, 1.6, 4.3 章]	
雁木美衣	日本医科大学	
北岡明佳	立命館大学	
北川智利*	立命館大学，吉賀心理学研究所 [2.3, 2.6 章]	
北﨑充晃*	豊橋技術科学大学 [2.7 章]	
木村敦	日本大学	
木村英司*	千葉大学 [2.1 章]	
木村健太	産業技術総合研究所	
木村元洋	産業技術総合研究所	
木山幸子	東北大学	
行場次朗*	東北大学 [4.1 章]	
熊田孝恒*	京都大学 [4.3 章]	
黒木忍	NTT コミュニケーション科学基礎研究所	
古賀一男*	前名古屋大学 [1.1 章]	
後藤和宏	相模女子大学	
古野公紀	帝京大学	
小松英海	慶應義塾大学	
佐伯大輔	大阪市立大学	
坂上貴之*	慶應義塾大学 [5.3, 5.5 章]	
坂田省吾	広島大学	
坂本真樹	電気通信大学	
櫻井研三*	東北学院大学 [1.4 章]	
笹岡貴史	広島大学	
佐藤浩一	群馬大学	
佐藤暢哉	関西学院大学	
澤幸祐	専修大学	
澤山正貴	NTT コミュニケーション科学基礎研究所	
繁桝博昭	高知工科大学	
實森正子	千葉大学名誉教授	
柴崎秀子	長岡技術科学大学	
清水寛之	神戸学院大学	
昌子浩孝	藤田保健衛生大学	
白井述	新潟大学	
鈴木直人*	同志社大学 [4.4 章]	

鈴木宏昭	青山学院大学	
十河宏行	愛媛大学	
高雄啓三	富山大学	
高田孝二	帝京大学	
高橋純一	福島大学	
高橋雅延	聖心女子大学	
高橋雅治	旭川医科大学	
瀧本彩加	北海道大学	
武田裕司	産業技術総合研究所	
竹原卓真	同志社大学	
竹村和久	早稲田大学	
田中章浩	東京女子大学	
田中謙二	慶應義塾大学	
谷内通	金沢大学	
玉岡賀津雄*	名古屋大学 [4.6 章]	
丹野貴行	明星大学	
茅野一穂	明星大学	
長潔容江	九州大学大学院	
筒井健一郎*	東北大学 [6.12 ～ 6.14 章]	
恒松伸	立命館大学	
坪見博之	富山大学	
寺井堅祐	福井赤十字病院	
寺崎正治	川崎医療福祉大学	
寺澤孝文	岡山大学	
寺本渉	熊本大学	
時本真吾	目白大学	
友永雅己	京都大学	
永井聖剛	立命館大学	
中尾敬	広島大学	
中島定彦*	関西学院大学 [5.1, 5.2, 5.5 章]	
中田龍三郎	名古屋大学	
中谷裕教	東京大学	
中野詩織	花王株式会社	
中村哲之	東洋学園大学	

難波精一郎	大阪大学名誉教授	松岡和生	岩手大学
西園啓文	富山大学	松嵜直幸	前ウェイン州立大学 (現サントリーグローバルイノベーションセンター株式会社)
西村幸男	東京都医学総合研究所	松本敦	情報通信研究機構
沼田恵太郎	大阪成蹊短期大学	眞邉一近	日本大学
箱田裕司*	京都女子大学 [4.2章]	三浦佳世*	九州大学名誉教授 [3.5～3.7章]
八賀洋介	日本学術振興会海外特別研究員 (アメリカン大学)	光藤宏行	九州大学
服部雅史	立命館大学	皆川泰代	慶應義塾大学
早川杏子	一橋大学	宮岡徹*	静岡理工科大学 [3.1, 3.2章]
原澤賢充	日本放送協会	宮川剛*	藤田保健衛生大学 [6.15章]
番浩志	情報通信研究機構	宮谷真人*	広島大学 [1.2, 1.3章]
樋口貴広	首都大学東京	明和政子	京都大学
平岡恭一	弘前大学名誉教授	本吉勇	東京大学
廣瀬信之	九州大学	森数馬	情報通信研究機構
廣田昭久	鎌倉女子大学	森田ひろみ	筑波大学
広田すみれ	東京都市大学	山祐嗣	大阪市立大学
藤田和生*	京都大学 [5.4章]	山岸侯彦	東京工業大学
藤巻峻	慶應義塾大学大学院	山岸直基	流通経済大学
藤村友美	産業技術総合研究所	山田祐樹	九州大学
古川茂人	NTTコミュニケーション科学基礎研究所	横井健司	防衛大学校
何昕霓	NTTコミュニケーション科学基礎研究所	吉田千里	甲子園大学
星野祐司	立命館大学	吉野俊彦	神戸親和女子大学
本田秀仁	安田女子大学	四本裕子*	東京大学 [6.7～6.9章]
本間元康	杏林大学	和田有史*	立命館大学 [2.5, 3.4章]
政倉祐子	愛知淑徳大学	渡邊淳司	NTTコミュニケーション科学基礎研究所
松井広	東北大学		

目　次

第1部　実験の基礎

1.1章　実験とは？ …………………………………………………………………… 2
- 1.1.1　実験とは ……………………〔古賀一男〕… 2
- 1.1.2　実験と観察 …………………〔古賀一男〕… 4
- 1.1.3　調査と検査 …………………〔有賀敦紀〕… 6
- 1.1.4　ケーススタディと現場実験 …〔尾入正哲〕… 8
- 1.1.5　教示と事後インタビューの方法 ………………〔森田ひろみ，河原純一郎〕… 10
- 1.1.6　シミュレーション …………〔石口　彰〕… 14

1.2章　刺激と反応 …………………………………………………〔繁桝博昭〕… 16
- 1.2.1　実験心理学における刺激と刺激の分類 …… 16
- 1.2.2　実験心理学における反応とその測度 ……… 18

1.3章　計測と精度 …………………………………………………〔宮谷真人〕… 20
- 1.3.1　誤　差 ……………………………………… 20
- 1.3.2　精　度 ……………………………………… 22

1.4章　剰余変数・攪乱要因 ……………………………………………………… 24
- 1.4.1　剰余変数の概念と実験者関連の剰余変数 …………………〔櫻井研三，河地庸介〕… 24
- 1.4.2　被験者関連の剰余変数 …………………〔河地庸介，櫻井研三〕… 26
- 1.4.3　実験方法・装置関連の剰余変数 …………………〔河地庸介，櫻井研三〕… 30
- 1.4.4　個人差の取り扱い …………〔坪見博之〕… 32

1.5章　実験の広い意味での計画方法 …………………………〔小野史典〕… 34
- 1.5.1　剰余変数の統制 …………………………… 34
- 1.5.2　二重盲検法 ………………………………… 36
- 1.5.3　個体内研究法 ……………………………… 38

1.6章　研究倫理 …………………………………………………………………… 40
- 1.6.1　研究と倫理 …………………〔池田功毅〕… 40
- 1.6.2　発表と倫理 …………………〔熊田孝恒〕… 42
- 1.6.3　倫理審査委員会 …………〔河原純一郎〕… 44
- 1.6.4　保護を必要とする対象者 …〔小田浩一〕… 46
- 1.6.5　動物実験の研究倫理 ………〔中島定彦〕… 48

第2部　感覚刺激の作成と較正

2.1章　感覚刺激の作成と較正 ……………………………………………………… 52
- 2.1.1　視覚刺激呈示装置―カラーディスプレイ …………………………〔番　浩志〕… 52
- 2.1.2　視覚刺激呈示装置―マックスウェル視光学系 …………………………〔川端康弘〕… 56
- 2.1.3　視覚刺激の強度制御と較正 …………………〔木村英司，澤山正貴〕… 58
- 2.1.4　視覚刺激の空間的制御とその較正 …………………………〔光藤宏行〕… 60

2.1.5	視覚刺激の時間的制御とその較正 ……………………〔蘆田　宏〕… 64	2.1.7	錐体刺激値に基づく色刺激表示 ……………………〔木村英司〕… 70	
2.1.6	表示系による色刺激表示 ……〔横井健司〕… 68			

2.2 章　聴覚刺激の作成と較正 ………………………………………………………………… 74

2.2.1	音の物理的特性 …………〔古川茂人〕… 74	2.2.6	聴覚心理物理学における基礎的刺激/実験法
2.2.2	デジタル信号処理 ………〔古川茂人〕… 78		……………………………〔古川茂人〕… 90
2.2.3	音響機器 …………………〔柏野牧夫〕… 82	2.2.7	音声知覚実験 ……………〔柏野牧夫〕… 94
2.2.4	音の測定・較正 …………〔大塚　翔〕… 86	2.2.8	音　楽 ……………………〔森　数馬〕… 98
2.2.5	聴力測定 …………………〔大塚　翔〕… 88		

2.3 章　触覚・体性感覚刺激 ………………………………………………………………… 100

2.3.1	触覚刺激の呈示と較正 ……〔黒木　忍〕… 100	2.3.3	体性感覚刺激の呈示と較正
2.3.2	温度刺激の呈示と較正 ……〔何　昕霓〕… 104		……………………………〔雨宮智浩〕… 106

2.4 章　嗅覚刺激 ………………………………………………〔綾部早穂，中野詩織〕… 108

2.4.1	嗅覚刺激呈示法 …………………… 108	2.4.2	嗅覚に関する検査および質問紙 ………… 112

2.5 章　味覚刺激 ………………………………………………………………………………… 114

2.5.1	味覚刺激と提示法	2.5.2	摂食中の感覚強度変化の測定
	………………〔和田有史，小川　緑〕… 114		…………………〔森　数馬，和田有史〕… 118

2.6 章　感覚間相互作用 ………………………………………………………………………… 120

2.6.1	多感覚モダリティ刺激の空間的制御	2.6.3	視聴覚音声刺激を用いた実験
	…………………………〔寺本　涉〕… 120		……………………………〔田中章浩〕… 124
2.6.2	多感覚モダリティ刺激の時間的制御	2.6.4	身体感覚の測定 …………〔北川智利〕… 126
	…………………………〔寺本　涉〕… 122		

2.7 章　バーチャルリアリティ研究 ………………………………………………………… 128

2.7.1	バーチャルリアリティにおける視覚情報の生	2.7.3	リアリティの測定 …………〔原澤賢充〕… 134
	成と提示 ………………〔茅原拓朗〕… 128	2.7.4	バーチャルリアリティと心理学
2.7.2	バーチャルリアリティを使った複合モダリティ		……………………………〔北﨑充晃〕… 136
	情報の取得と提示 ………〔寺本　涉〕… 132		

第 3 部　感覚・知覚・感性

3.1 章　心理物理学的測定法 …………………………………………………………………… 140

3.1.1	心理物理学的測定に必要な基礎知識	3.1.2	心理物理学的測定法 ………〔宮岡　徹〕… 142
	…………………………〔宮岡　徹〕… 140	3.1.3	適応的測定法 ……………〔原澤賢充〕… 144

3.2 章　信号検出理論 ……………………………………………………………〔宮岡　徹〕… 146

3.2.1	信号検出理論の基礎と応用 ……………… 146

3.3章 評定法と尺度構成 ･････････････････････････････････････ 150

3.3.1 評定の尺度 ････････････〔政倉祐子〕…150
3.3.2 尺度構成法 ････････････〔一川　誠〕…154
3.3.3 間接的尺度構成法 ･･･････〔一川　誠〕…158
3.3.4 その他の尺度構成法 ･･････〔一川　誠〕…162

3.4章 多次元評価と時間変動評価 ･･････････････････････････ 166

3.4.1 SD法 ･････････････････〔木村　敦〕…166
3.4.2 記述データ・記述選択法
　　　････････････････････〔難波精一郎〕…168
3.4.3 カテゴリー連続判断法・連続記述選択法
　　　････････････････････〔難波精一郎〕…170
3.4.4 多次元データ分析に用いる多変量解析
　　　･････････････････････〔本田秀仁〕…172
3.4.5 官能評価における多次元評価と時間変動評価
　　　･････････････････････〔和田有史〕…176

3.5章 多様な研究アプローチ ･･････････････････････････････ 178

3.5.1 実験現象学 ･･････････････〔小松英海〕…178
3.5.2 心理物理学実験パラダイム
　　　･････････････････････〔本吉　勇〕…180
3.5.3 classification image ･･･････〔永井聖剛〕…182
3.5.4 パターングッドネス研究の刺激図形
　　　･････････････････････〔高橋純一〕…184
3.5.5 錯視デザインからのアプローチ
　　　･････････････････････〔北岡明佳〕…186
3.5.6 産出法（描画法） ･･･････〔三浦佳世〕…188
3.5.7 オノマトペ・触相図
　　　･･･････････〔渡邊淳司，坂本真樹〕…190

3.6章 自然画像の解析 ････････････････････････････････････ 192

3.6.1 画像統計学 ･･･････････････〔本吉　勇〕…192
3.6.2 フラクタル解析
　　　･･･････････〔長　潔容江，三浦佳世〕…194

3.7章 多様な実験参加者 ･･････････････････････････････････ 196

3.7.1 乳幼児を対象とする知覚研究
　　　･････････････〔白井　述，伊村知子〕…196
3.7.2 高齢者・弱視者による知覚研究
　　　･････････････････････〔小田浩一〕…198
3.7.3 オンラインによる知覚研究
　　　･････････････････････〔山田祐樹〕…200

第4部　認知・記憶・注意・感情

4.1章 認　知 ･･･ 204

4.1.1 パターン認知研究法 ･･････〔行場次朗〕…204
4.1.2 顔の認知 ･･･････････････〔蒲池みゆき〕…206
4.1.3 物体認知測定法 ･･････････〔笹岡貴史〕…208
4.1.4 心的イメージ測定法 ･･････〔松岡和生〕…210
4.1.5 身体性の認知研究法 ･･････〔本間元康〕…212
4.1.6 認知発達の研究法
　　　･･･････････〔吉田千里，乾　敏郎〕…214

4.2章 記　憶 ･･･ 216

4.2.1 記憶研究法の基礎 ･･･････〔清水寛之〕…216
4.2.2 メタ記憶測定法 ･･････････〔清水寛之〕…218
4.2.3 潜在的記憶測定法 ･･･････〔寺澤孝文〕…220
4.2.4 展望的記憶測定法 ･･･････〔星野祐司〕…224
4.2.5 自伝的記憶測定法 ･･･････〔佐藤浩一〕…226
4.2.6 カテゴリー化測定法 ･･････〔改田明子〕…228
4.2.7 目撃者の記憶測定法
　　　･･･････････〔箱田裕司，大沼夏子〕…230
4.2.8 ワーキングメモリ測定法 ･･･〔宮谷真人〕…232

目　次　ix

4.3章　注　意 ··· 234

4.3.1　先行手がかり法 ··············〔武田裕司〕… 234
4.3.2　視覚探索課題 ··················〔小川洋和〕… 236
4.3.3　瞬間呈示法・高速逐次視覚呈示法
　　　　··································〔河原純一郎〕… 238
4.3.4　タスクスイッチ ··············〔熊田孝恒〕… 240
4.3.5　二重課題法・PRP法 ·········〔犬飼朋恵〕… 242
4.3.6　課題無関連属性の干渉効果測定
　　　　··································〔熊田孝恒〕… 244

4.4章　感　情 ··· 246

4.4.1　感情喚起 ······················〔鈴木直人〕… 246
4.4.2　心理的感情測定尺度 ·········〔寺崎正治〕… 248
4.4.3　基本感情説的研究法（感情研究法1）
　　　　····································〔藤村友美〕… 250
4.4.4　次元説の研究法（感情研究法2）
　　　　····································〔竹原卓真〕… 252
4.4.5　社会構成主義の研究法（感情研究法3）
　　　　····································〔遠藤利彦〕… 254
4.4.6　感情と記憶と認知 ···········〔高橋雅延〕… 256
4.4.7　感情と発達 ··················〔板倉昭二〕… 258

4.5章　思考・意思決定 ··· 260

4.5.1　二過程理論 ····················〔山　祐嗣〕… 260
4.5.2　演繹的推論 ····················〔服部雅史〕… 262
4.5.3　メンタルロジックとメンタルモデル
　　　　····································〔山岸侯彦〕… 264
4.5.4　ウェイソン選択課題 ·········〔服部雅史〕… 266
4.5.5　意思決定 ······················〔本田秀仁〕… 268
4.5.6　プロスペクト理論 ···········〔竹村和久〕… 270
4.5.7　問題・問題解決 ··············〔伊東裕司〕… 272
4.5.8　類　推 ························〔鈴木宏昭〕… 274

4.6章　言　語 ··· 276

4.6.1　音　韻 ····················〔玉岡賀津雄〕… 276
4.6.2　語　彙 ······················〔早川杏子〕… 278
4.6.3　統　語 ······················〔時本真吾〕… 280
4.6.4　語用論 ························〔木山幸子〕… 282
4.6.5　第二言語習得 ················〔柴崎秀子〕… 284

第5部　学習と行動

5.1章　古典的条件づけ ··· 288

5.1.1　基本手続き ····················〔澤　幸祐〕… 288
5.1.2　代表的な古典的条件づけ事態
　　　　····································〔中島定彦〕… 290
5.1.3　古典的条件づけにおける連合構造とその表出
　　　　····································〔中島定彦〕… 294
5.1.4　古典的条件づけの消去とそれに関連する現象
　　　　····································〔中島定彦〕… 296
5.1.5　複数の手がかり刺激を用いた手続き
　　　　····································〔漆原宏次〕… 298
5.1.6　ヒトの古典的条件づけ ···〔沼田恵太郎〕… 302

5.2章　走路／迷路学習・逃避／回避学習 ·· 304

5.2.1　走路学習と迷路学習 ·········〔谷内　通〕… 304
5.2.2　逃避学習と回避学習 ·········〔中島定彦〕… 308

5.3章　オペラント条件づけ ·· 312

5.3.1　個体内実験法 ··················〔石井　拓〕… 312
5.3.2　オペラント実験箱
　　　　························〔八賀洋介，坂上貴之〕… 316
5.3.3　反応形成手続き
　　　　························〔坂上貴之，八賀洋介〕… 320
5.3.4　オペラント条件づけの基本手続き
　　　　····································〔伊藤正人〕… 324
5.3.5　強化スケジュール―要素スケジュール
　　　···〔古野公紀，茅野一穂，小美野　喬〕… 328
5.3.6　構成スケジュール ···········〔丹野貴行〕… 332

5.3.7	その他の強化のパラメータを用いた研究法 ……………………〔青山謙二郎〕…336	5.3.12 選択行動の測定法 …………〔髙橋雅治〕…346
5.3.8	強化効果の測定法 …………〔恒松　伸〕…338	5.3.13 行動変動性の研究法 ……………………〔山岸直基，八賀洋介〕…350
5.3.9	消去に関わる研究法 ……………………〔井垣竹晴，藤巻　峻〕…340	5.3.14 計時行動と計数行動の研究法 ……………………〔坂田省吾，大瀧　翔〕…352
5.3.10	嫌悪性制御の基本的研究法—弱化・逃避/回避 ………………〔吉野俊彦〕…342	5.3.15 刺激性制御の基本的研究法 ……………………〔實森正子〕…356
5.3.11	オペラント条件づけにおける連合構造とその表出 ………………〔中島定彦〕…344	5.3.16 高次学習の研究法 ………〔平岡恭一〕…360
		5.3.17 行動薬理学研究法 ………〔髙田孝二〕…362

5.4 章　比較認知の研究法 ……………………………………………………………364

5.4.1	見本合わせ法 ……………〔中島定彦〕…364	5.4.6 感情に関わる方法 ……………………〔瀧本彩加，友永雅己〕…374
5.4.2	記憶に関わる方法 …………〔佐藤暢哉〕…366	5.4.7 意識，内省に関わる方法—エピソード記憶，心的時間旅行 ………〔後藤和宏，佐藤暢哉〕…376
5.4.3	知覚に関わる方法 ………〔中村哲之，藤田和生，牛谷智一〕…368	5.4.8 社会的学習 ……〔明和政子，藤田和生〕…378
5.4.4	思考に関わる方法 ……………………〔谷内　通，藤田和生〕…370	5.4.9 系統発生・行動生態学的研究 ……………………〔後藤和宏〕…380
5.4.5	社会的知性に関わる方法 ……………………〔瀧本彩加，友永雅己〕…372	

5.5 章　ヒトの学習研究法 ………………………………………………………………382

5.5.1	評価条件づけと随伴性学習 ……………………〔沼田恵太郎〕…382	5.5.5 選好の測定・行動経済的測定法 ……………………〔川嶋健太郎〕…392
5.5.2	知覚-運動学習 ……………〔今水　寛〕…384	5.5.6 不確実性と曖昧性の伝統的な研究法と測定法 ……………………〔広田すみれ〕…394
5.5.3	ヒトのオペラント行動研究法 ……………………〔小野浩一〕…388	5.5.7 ゲーム理論 ……………〔竹村和久〕…396
5.5.4	価値割引 …………………〔佐伯大輔〕…390	

第 6 部　生理学的測定法

6.1 章　心の測度としての生理反応 ……………………………………………………400

6.1.1	生理的測度は心の何を測っているか ……………………〔阿部恒之〕…400	6.1.2 測定機器情報 …………〔阿部恒之，樋口貴広，廣田昭久，木村健太，寺井堅祐〕…402

6.2　眼球運動 ……………………………………………………………………………404

6.2.1	眼球運動の種類 …………〔十河宏行〕…404	6.2.2 眼球運動の測定 …………〔金子寛彦〕…408

6.3　循環器系 ……………………………………………………………〔廣田昭久〕…412

6.3.1	心臓（心電図）…………………………412	6.3.2 血管（血圧）…………………………414

6.4 章　内分泌・免疫系 …………………………………………………………………418

6.4.1	交感神経-副腎髄質系 ………〔阿部恒之〕…418	6.4.3 免疫反応 …………………〔木村健太〕…422
6.4.2	HPA 系 …………………〔阿部恒之〕…420	

6.5 章　筋肉・皮膚・呼吸 ··· **424**

6.5.1　筋電図 ·······················〔樋口貴広〕… 424　　6.5.3　呼　吸 ·······················〔寺井堅祐〕… 430
6.5.2　皮　膚 ·······················〔廣田昭久〕… 426

6.6 章　脳　波 ·· **432**

6.6.1　脳波計測の基礎 ···········〔片山順一〕… 432　　6.6.4　多変量解析 ···············〔松本　敦〕… 442
6.6.2　時間領域分析 ···············〔中尾　敬〕… 436　　6.6.5　発生源推定 ···············〔木村元洋〕… 444
6.6.3　周波数領域分析 ···········〔武田裕司〕… 440　　6.6.6　皮質脳波（ECoG）···········〔松嵜直幸〕… 446

6.7 章　脳機能イメージング ··· **448**

6.7.1　脳機能イメージング—近年の動向と測定法　　6.7.5　fMRI デコーディング ·······〔繁桝博昭〕… 456
　　　　·······························〔四本裕子〕… 448　　6.7.6　NIRS ··························〔皆川泰代〕… 458
6.7.2　MEG ·······················〔天野　薫〕… 450　　6.7.7　NIRS と脳波の同時測定
6.7.3　fMRI の原理 ···············〔四本裕子〕… 452　　　　　·························〔内田真理子〕… 460
6.7.4　fMRI デザインと解析 ·······〔四本裕子〕… 454

6.8 章　脳機能操作 ···〔廣瀬信之〕… **462**

6.8.1　経頭蓋磁気刺激（TMS）···················· 462

6.9 章　共同利用情報 ···〔中谷裕教〕… **464**

6.9.1　共同利用情報 ···································· 464

6.10 章　ニューロン活動の測定 ·······································〔岡田　隆〕… **466**

6.10.1　電気生理学・イメージング ··············· 466

6.11 章　*in vitro* 実験 ··· **468**

6.11.1　脳スライス標本を用いた実験　　　　　　6.11.2　剝離網膜標本を用いた実験
　　　　·······························〔岡田　隆〕… 468　　　　　·················〔石金浩史, 雁木美衣〕… 470

6.12 章　定位脳手術 ·· **472**

6.12.1　サルにおける定位脳手術　　　　　　　　6.12.2　げっ歯類における定位脳手術
　　　　·······························〔西村幸男〕… 472　　　　　·············〔筒井健一郎, 小山　佳〕… 474

6.13 章　*in vivo* 実験 ·······································〔小山　佳, 筒井健一郎〕… **476**

6.13.1　神経活動の測定・操作法 ··············· 476

6.14 章　組織学的解析 ···〔松井　広〕… **478**

6.14.1　脳機能の組織学的解析 ··············· 478

6.15 章　遺伝子 ·· **480**

6.15.1　ゲノムと心理学　　　　　　　　　　　　6.15.3　近年の技術 ···············〔田中謙二〕… 484
　　　　·················〔宮川　剛, 昌子浩孝〕… 480
6.15.2　遺伝子操作・遺伝子改変動物
　　　　·······························〔阿部　学〕… 482

xii　　　目　次

付　録

付録1　被験体とその飼育方法 ……………………………………………………………………… **488**
　1.1　ハトおよびラット
　　　……………〔八賀洋介，坂上貴之〕… 488
　1.2　マウス…………〔西園啓文，高雄啓三〕… 493
　1.3　ゼブラフィッシュ……………〔眞澄一近〕… 496
　1.4　リスザル………〔長田佳久，中田龍三郎〕… 499

付録2　解剖図 ……………………………………………………………………〔伊丸岡俊秀〕… **505**

文　献 ………………………………………………………………………………………………… **509**

索　引 ………………………………………………………………………………………………… **577**

第 **1** 部

実験の基礎

第 1 部　実験の基礎
第 2 部　感覚刺激の作成と較正
第 3 部　感覚・知覚・感性
第 4 部　認知・記憶・注意・感情
第 5 部　学習と行動
第 6 部　生理学的測定法
付　録

▶ 実験の基礎

1.1	実験とは？	2
1.2	刺激と反応	16
1.3	計測と精度	20
1.4	剰余変数・撹乱要因	24
1.5	実験の広い意味での計画方法	34
1.6	研究倫理	40

1.1 実験とは？

1.1.1 実験とは

実験心理学の泰斗といえばヴント (Wundt, W. M.) を指すことに異論はないだろう．ヴントが実験心理学の父と呼ばれるのは1879年，ライプチッヒ大学の哲学教室に心理学実験室を世界で初めて開設したことに由来している．同時期にはジェイムズ (James, W.) がハーバード大学で生理学を講義しており1875年には心理学実験施設をすでに立ち上げていた．欧州と米国で同時多発的に実験心理学が産声を上げたことになるが，それは偶然の出来事ではなく，科学の潮流の背後にある種のパラダイムシフトが進んでいたと考えることができる．ヘルムホルツ (von Helmholz, H.) やヘリング (Hering, K. E. K.) らの先駆的な研究が素地になっていることも明らかで，その後の実験心理学者との人的交流もあった．歴史をもう少しさかのぼるとダーウィン (Darwin, C. R.) とゴールトン (Galton, F.) に遭遇し，それはすぐにニュートン (Newton, I.) に行きつく．今日，隣接諸科学とひとくくりに呼んでいる領域もわずか1世紀前には心理学のすぐ傍にあった．ヴントの業績については他書に譲るが，ここでは今日の実験心理学がヴントと深く関係している事柄について少しだけ述べ，それが実験心理学の今日的な話題とどのような関係にあるのかについてのみ概説する．

1980年，当時ソビエトの統治下にあった東独のライプチッヒ大学（当時はカール・マルクス大学）において，ヴントによる心理学実験室の開設から100年が経過したことを記念して第22回国際心理学会が開催された．学会の抄録集とともにヴントの功績を讃える小冊子"WILHELM WUNDT und die Entstehung der Psychologie（ヴントと心理学の原点）"も学会参加者に配布された（図1.1）．当時の西側から東独への入国は西ベルリンからのみと経路が限られていただけでなく，厳しい印刷物の持ちこみ制限があったにもかかわらず，学会参加者への当局の対応は破格ともいえた．このことはヴントが近代心理学へ与えた歴史的貢献が政治形態の違いを超えて高く評価されていたことにほかならない．冷戦の最中におけ

図1.1 第22回国際心理学会で配布された小冊子"ヴントと心理学の原点"

る東独での国際心理学会であったが，ヴントの評価は政治的なイデオロギーを超越していた．

国際心理学会では心理学の多様な領域の研究が報告される．実験心理学領域ではその時代の実験手法と新しい実験装置の使用を色濃く反映した報告が多くみられる．4年ごとの開催という事情から常に先端的な報告ばかりというわけではないが，新しい科学技術を用いた手法や装置が多くみられるという意味では他の自然科学と同様である．今日では世界中どこの研究室でも使用されているパーソナルコンピュータ（PC）は当時の世の中にまだ出現しておらず，1980年の国際心理学会でもPCを用いた研究報告は学会抄録のどこにも見あたらない．

当時の研究現場では大型計算機をバッチ処理で共用するシステムがようやく浸透し始めた時期であり，特別な研究室だけが中型計算機やDEC社のスーパー・ミニコンの先がけであるPDPや後継機のmicroVAXを使用できるにすぎなかった．もちろん広く情報の転送を可能にするネットワーク回線もごく限られたツールでしかなく仮に使用されていたとしても局所的で文字どおりのLAN (local area network) が組織内に浮島のように独立して敷設されているにすぎなかった．例えば眼球運動研究で当時最先端を走っていたMITのStark, L.の研究室はその特別な例であった．1964年という時期にもかかわらず「小さなメインフ

レーム」と呼ばれたゼネラル・エレクトリック社のGE225をコアとしてLANで結ばれたシステムをもっていた．学内の関連研究室とは内線電話回線で，学外の複数の病院とは公衆電話回線を介してLANを構成しデータや実験情報のやり取りを行っていた．通信は音響カプラーを介して結ばれていたが送信速度は300 bpsでしかなくキャラクターディスプレーの表示は容易に目で追えるほど遅かった．しかし利便さの程度は破格の快適さであった．

これらのLANが商用LANと相互乗り入れ可能になるにはさらに20年以上を必要としたことを考えると，実験研究の世界にも大きな較差があることを実感できる．しかし，その較差は研究の質や意義と比例しているとは必ずしもいえないことも事実である．この頃の欧州先進国の生理学実験室で，明らかに日本よりも10年以上遅れた実験装置で最先端のデータをたたき出しているところもまれではなかった．一方，今日の実験心理学の多くの研究室がPCのみを実験道具とする情況は明らかに過剰な画一性を意味しているともいえる．

当時の心理学実験では実験ごとに製作された高価な装置を裕福な研究室だけが使用しており，実験データの比較は困難であり，再現実験などは現実的ではないという情況でもあった．このような状況は実験心理学という自然科学における後発の研究領域に特殊なものでもあったことは注目しておかねばならない．しかし伝統的な自然科学領域では実験の再現性を目的とした研究の手順はきちんと決められていた．このことは，世界中の同一研究領域の実験データは容易に比較検討することができるという意味だけではなく，研究室内における実験の再現性という意味できわめて重要であった．研究室では誰もが使用し実験に関する情報を最大漏らさず記載するという実験ノートに意義が象徴されていた．

1960年代に実験心理学研究室で大学院生を過ごした筆者は実験ノートを使用するという教育は受けなかった．その後医学系の研究室で仕事をす

ることになり，生理学や神経科学系の研究室と行き来するようになって初めて実験ノートの存在と習慣を知った．実験ノートを使用するには簡単だが厳しい規則があった．鉛筆と消しゴムの使用は厳禁であった．言うまでもなく実験内容やデータを書き替えないためであり，実験をする者は万年筆かボールペンを使用していた．ノートにはあらかじめページが印刷されていて破り取ることも禁止されていた．これは実験が人為的な誤謬の混入を最小限にすることを実験者自身が励行していたということにほかならない．同時に実験の手順や条件，被験体（実験動物や細胞サンプルの状態）を詳細に記載することから始まり，まったく予想しなかったことであるが実験室の室温，その日の天候，気圧などの物理的環境，あるいは実験開始時刻と終了時刻を含め日時の記載も重要であると注意された．これらの環境要因のデータは実験結果の解釈，特に長期間かかってデータを蓄積する場合の解釈に関連する可能性があることを意味していた．実験ノートの記載は実験条件以外の環境要因も重要であるという認識は，実験者自身はもとより研究チームの誰もができる限り等価な条件による再現実験（追実験）を可能にするということを意味していた．科学雑誌に論文を投稿するにあたって実験方法，手順，実験装置，被験者の年齢や性別などを詳細に記載することは単なる形式的な習慣ではないはずだが，多くの心理学の研究領域ではその実際の意味を教育されてこなかったといえる．

昨今の自然科学の領域でも実験ノートの存在意義が徐々に希薄になってきた．データの改竄をはじめとして各種の不正が頻発しているが，このことは研究の場における倫理教育の欠落に起因していることを窺わせる．本章では実験心理学における最近の様々な情況を紹介するが，実験心理学が発生した歴史的な経緯と，今日置かれている隣接諸科学との相互乗り入れの関係を通して科学の将来を考察できれば，本章の責務が果たせることになると確信する．　　　　　　　　　〔古賀一男〕

1.1.2 実験と観察

教科書には，実験と観察は自然科学の研究法の基本的手段であると記述されている．両者の大きな違いは，実験は研究対象に何らかの操作を加えるが，観察ではそのような操作を加えないとも定義されている．しかし実際の場面では実験なのか観察なのか判断に迷うケースがある．例えば細胞や組織を染色（操作）して顕微鏡で精査（観察）する行為はどのように呼べばよいのだろうか．観察に使用する記録用機材に高精細ビデオカメラを用意するか家庭用ビデオカメラで我慢するかの違いであると考えると理解しやすい．組織や器官の切片に染色による操作を加えた細胞などを顕微鏡で覗く行為は観察である．では近年，多くの研究者が用いる fMRI による非観血的，非侵襲的な計測は実験なのだろうか，それとも観察なのだろうか．高価な装置を用い特殊な技術を駆使した解析を目の当たりにすると「これは実験である」という妄念が生じてくるに違いないが，後述するように牧野達郎の定義では実験と呼ぶ十分条件を備えていないことがわかる．以下に「観察」と「実験」の違いを述べるとともに，観察と実験がなぜ自然科学の基本的な手法であるのかについて言及したうえで，両者の本質的な違いについて述べる．

「観察」の字義を考えてみる．「観」に類似する行動に対応する語として「見る」「診る」「看る」などがある．いずれも「みる」と発音するが意味では多岐にわたっている．目で見る行動に限定しても基本的な「見る」の意味のような上位概念から始まり，見物したり鑑賞するような特定の行動やその他の感覚をも含めて視覚における高次の認識を意味している．判断や評価を決定する目的をもつ認識に直結する「診る」や「看る」などを表現するときに用いられるものもある．一方，「察」は多義的ではなく調査，精査（inspection）するの意味である．そのことから，「観察」とは予断をもたずに対象を見ることから目的を限定して注意深く「見」定める行為まで広汎な内容を含むと考えられる．『論語』によれば「其の以す所を視，其の由る所を観，其の安ずる所を察る」とあり「観察」とは注意深く見ることを意味している

ことは明らかである．「観察」に対応する英語は"observation"であり，この日本語も基本的には「見つめる，注意して見る」ことのうえに何らかの出来事に「気づく」の意味まで含み，意を用いて「見る」行為を示している．したがって「観察」の意味は目的をもって注意深く「見る」ということになる．ただ「見ているだけ」のような行為は街の辻々に設置してある防犯用テレビカメラのように，一定の時間が経過すると上書きされ消滅してしまう画像記憶装置と同様に「観察」の範囲には入らない．では，観察という意味に値する行為はどのようなものだろうか．おそらく職人と呼ばれるエキスパートの様々な行為が観察の定義に役立つだろう．年中変わらず美味でコシのあるうどんを捏ねる職人，いつも角の立った蕎麦を打つことができる職人，彼らは毎日の天候，特に湿度と温度に注意深く意を払い材料を仕込む水量を微妙に調節する．熟練の鍛冶職人は鍛冶場の窓を閉め切ることで火床の中で赤熱する鋼塊の色を見分けることができ，鍛錬に適した鋼の温度を適切に見極めることができる．パスタ打ち職人，左官職人，染色職人，豆腐屋の主人，チーズ工場のマスター，表具師なども同様である．経験によって蓄積した知識により，いつ何時でも等質な製品を作り上げるために作業内容を細かく調整しているのである．優れた観察は職人が日常的に行っている行為そのものである．

その意味では実験室で仕事をする研究者も職人と同類である．長年の経験に裏打ちされた技術で被験者から目的とするデータを得るには，職人技によって限界まで精度が調整された観察が必要欠くべからざる要素であるといえる．観察の段階では被験者や被検（験）体は操作を加えられないのでそれ自体が変化することはないが，観察している実験者は，長い時間をかけて経験を積むことにより観察の精度が向上する．すなわち実験者のほうが変化するのである．そのことが研究を新しい段階へ押し上げることになり，その場合にのみ観察が実験へと作業を進める基本的要件となるのである．

もう1つの方法である実験についても観察と同様に字義を確認しておく．観察と異なって実験の字義は多くない．「実」には熟語が多数あり，そ

4　　1.1 実験とは？

の中の1つが「実験」であるが「実」に対応する別の文字は見当たらない．さらに「実」の意味も多くはなく「充実した」と「本当の，正しい（うそでない）」あるいは「表に現れた」で大方の意味を包摂できる．多数ある「実」を含む熟語もすべてそのような意味をもっている．一方「験」はいくつかの異なる意味に使用されている．馬へんは家畜の馬を意味しておりつくりの僉は「集める」の意味である．つまり「験」は馬を集めるという意味となり，転じて「検」と同様の意味の「馬の善し悪しを試す」の意味となり，現在では一般的な使用法として「調べる」あるいは「試す」の意味となった．したがって験の意味は確かめる，試す，調べることを意味している．その他に修行や前兆あるいは縁起といった別の意味に用いられるときは「けん」ではなく「げん」と読みあげることで区別する．上記の意味から「実験」はうそ偽りのない本当の正体を求めて多くを集め検査，検討するという意味になる．実験は"experiment"を日本語に翻訳した語であるが，原語のラテン語でも ex（外へ）+ peritus（熟練の）で日本語の実験の意味に相当している．すなわち experiment とは，仮説に基づいて検討して事実を証明するために理路整然とした方法として専門（expert）の手が入ることを指している．さらに付け加えると，再現性が可能な方法であることが重要であるとされている．また experiment として最も特徴的な作業は統制条件設定（controle）であり，この作業が独立変数として設定した条件以外の未確認の様々な変数を最小限にすることができると説明されている．

牧野達郎によって，大山正の示した例が紹介され同様の説明がなされている．「未知の『機械』を与えられた技術者が，自分の経験を最大限活用しどのようにして未知の機械の機能や性能を知り得ていくのか」という仮想的な事態を想定し，仮説（観察）と演繹（実験）を説明している．牧野が指摘した重要なことは次の2点である．「技術者は機械の分解を禁じられている条件が心理学における実験は人間に手を加えることができない」ことを暗喩していることと，「実験と観察の類似点は機械や器具を使用するか否かではなく測定が行われるか否かでもない．（中略）実験は能動的な実験的観察であり，観察は受動的な自然的観察である」の2点である．

注意深い職人的な観察から概念上の仮説に磨きをかけ，これで未確認の事実が確認できるという段階に至って被検体（者）である人間に操作を加えるという実験に着手することになる．これが現在の様々なサイエンスとしての心理学において行われている実験であり，実験心理学でもその例に漏れない．ただし研究の領域によって実験のやり方は様々に異なっている．生物を操作する研究領域では実験を行うにあたって「倫理」の問題がきわめて重要視されている．論文を記述するときはかつて「被験者」と記述していたものを「実験参加者」と書き直せばよいという程度の言い換えではないことは言うまでもない．被検体として動物を用いる現場では，動物実験の倫理規定以外に，遺伝子組換え研究規定や遺伝子組換えを行う実験室の設置に関するレベルに伴う様々な基準を査定する作業が重要である．ヒトを用いる実験では実験を行った場合の利益と不利益（危険性）のバランスを考慮することが重要である．倫理規定については 1.6 をお読みいただきたい．〔古賀一男〕

1.1.3 調査と検査

1）量的な研究手法

心理学の実験では，刺激に対する実験参加者の反応時間や反応の正誤，神経活動など，客観的に測定することができる量的な指標を従属変数として設定することが多い．しかし，心理学の研究対象には，観察することができない人間の主観的な側面も含まれるため，それらを定量的に測定する必要がある．そのための代表的な手法が「心理尺度」である．心理尺度を作成するためには，あらかじめ複数の項目を選定して信頼性や妥当性の検討を行う〔尺度構成法（scaling technique）〕．そのように作成された汎用性のある心理尺度によって，研究対象者の主観的な側面を自己報告に基づいて測定することができる．質問紙調査などの社会調査では一般に，研究対象者の性質（性別，年齢，職業など）を独立変数とし，心理尺度によって測定されたものを従属変数とすることが多い．また，実験室で実験的な操作を加えて，それに伴う実験参加者の内的な変化を心理尺度によって測定することもある．逆に，心理尺度によって測定された実験参加者の特性の違いに基づいて，実験によって得られたデータを分類して検討することもある．

さらに，客観的に測定することができる対象であっても，心理尺度が用いられることがある．例えば，化粧品などは，化学的な成分を客観的に測定することが可能である．しかし実際には，化学的な成分よりもそれらを使用する人間の嗜好性のほうが，多くの人にとって有用である．この場合，対象を実際に使用した人の印象を心理尺度で測定する方法を用いる〔官能検査（sensory evaluation）〕．

2）質的な研究手法

量的な研究手法は人間の全体的な傾向，すなわち普遍的な法則を導出するために適した手法であるが，個別の事例や特殊な事象の本質を捉えるためには質的な研究手法が適している．

質的な研究手法では，研究対象の包括的な文脈を残したまま，それに対する解釈的理解を言語的に記述する．代表的なものとして，面接法（interview）や観察法（observation）がある．面接法は，会話を通してデータを収集・記述する手法である．それに対して，対象者に対してより客観的にアプローチする手法が観察法である．観察法には，自然観察法，実験観察法，参与観察法がある．自然観察法は，日常の自然な状況下で対象を観察する手法である．一方，実験室などの統制された状況下で，対象者に実験的な操作を加えて，それに伴う行動の変化を観察する手法は実験観察法と呼ばれる．自然観察法による発見に基づいて仮説を立て，実験観察法で仮説の検証を行うこともある．

参与観察法とは，研究者が対象となるコミュニティに長期間（通常，数か月～数年）滞在して，対象を内部から観察・記述する手法を指す．この手法はフィールドワーク（field work）とも呼ばれ，例えば宗教団体などの特殊なコミュニティや少数民族など，サンプルが限られた（あるいは閉じられた）対象に対して有効である．つまり，特異なサンプルに関して外部からは見えない実態を深層的に捉えて，学術的解釈に新たな可能性を付与するための研究手法が参与観察法である．

参与観察法（フィールドワーク）に類似した研究手法として，アクションリサーチ（action research）がある．アクションリサーチとは，人間にとって価値のある目的の達成に向けて，実践的理解を深めようとする参加的・民主的な研究プロセスとして定義される（Reason & Bradbury-Huang, 2006）．例えば，研究者が地震などの災害にあった地域に実際に行ってボランティアとして活動する中で，現状を理解し，それに対して実践的活動を行い，その結果を評価するプロセスがそれにあたる．つまり，社会を循環的なものとして捉え，研究者と対象者が主体的に相互関与することで，それまでの学術的理解になかった新たな視点の獲得や実践的知識の発展を促す研究手法がアクションリサーチである．

フィールドワークとアクションリサーチは，研究者が現場に行くという点で類似した研究手法であるが，以下の2点が決定的に異なる．第1に，フィールドワークでは得られた知見とその学術的意義，すなわち研究のアウトプットが重視される．

一方，アクションリサーチでは現状の理解とそれに対する実践的活動，すなわち研究のプロセスそのものが重視される．第2に，フィールドワークでは研究者は対象者に対して積極的に関与せず，研究者としての立場を維持しようと試みる．一方，アクションリサーチでは研究者は対象者に対して主体的に関与し，対象者と協同的に問題の解決を図る．

3）質的データの定量化―評価

　質的な研究手法によって得られた質的なデータを定量化する手法も開発されている．ここでは，テキストマイニング（text mining）に代表される内容分析手法について解説する．

　テキストマイニングとは，大量の文字データ（text）の中から有効な情報を掘り出すこと（mining）である．テキストマイニングを行う際の最初のステップは，対象となる文字データを一定の範囲で区切って，それぞれの範囲における各単語の出現頻度を調べることである．その際，類語や同義語の統合が行われることもある．次に，研究目的に沿った有効な情報を取り出すために，有効ではないと思われる単語を除外する作業に移る．ここで，有効ではないと思われる単語は出現頻度が極端に低い単語や，一般的に使用頻度が高い単語である．最終的に，あらかじめ区切られた範囲における出現頻度の高い単語や，2つの単語が共起する割合などを調べ，対象となる文字データの性質を見抜く．この手法は元来，例えば消費者の商品やサービスの評価（いわゆる口コミ）の分析など，社会調査で主に利用されてきたものである．

　テキストマイニングでは，数量化された文字データの物理的側面（単語の出現頻度など）に重点を置く．一方，受け手が文字データから受け取る印象などの心理的側面を数量化して分析する手法も開発されている．この手法ではまず，研究の目的を知らない複数の評価者（英語では rater，あるいは coder と呼ばれる）を訓練する．この訓練では，当該研究の目的を達成するために必要な評価を評価者が適切に行うことができるように，また評価者個人が一貫した評価を行うことができ

るように，評価対象や評価基準を評価者に理解させる．その後，評価者は対象となるデータを個別に評価して，その評価内容を尺度などで点数化する．最後に，得られた評価の信頼性が高いと判断されれば，その評価内容を内容分析の結果として採用することができる．

　例えば，実験中の実験参加者同士の会話に，課題非関連の内容がどの程度含まれていたのかを時系列的に調べたいとする．このとき，あらかじめ訓練を受けた評価者は実験中に録音された実験参加者同士の会話を聞き，一定範囲（例えば5分）ごとの会話に含まれる課題非関連性の程度を尺度などで点数化する．ここで，テキストマイニングのように，評価者が課題非関連と思われる単語の出現回数をカウントする場合もある．その後，評価者が2人の場合は，評価について二者間の相関係数（ピアソンの積率相関係数）を求めて評価者間信頼性（inter-rater reliability）の判定をする．評価者が3人以上の場合は，級内相関係数（intra-class correlation coefficients）を求めて評価者間信頼性の判定をする．一般に，その値が0.7以上であれば信頼性があると判定してもよいとされている（Landis & Koch, 1977）．最終的に評価の信頼性が確認されれば，評価者による評価の合計点や平均点を内容分析の結果として報告することができる．なお，同一の評価者がある対象について複数回評価を行ったときの個人内の信頼性を，評価者内信頼性（intra-rater reliability）として求めて，信頼性の指標とする場合もある．

　前者のテキストマイニングでは，算出された数値のみに基づいて分析を進めるため，比較的高い客観性が維持される．一方，後者の内容分析手法では，第三者にデータを評価させるため，信頼性の判定が必要である．しかし，この内容分析手法の最大の利点は，第三者が観察できるものであればデータの形式を問わないことである．つまり，データの形式は文字である必要はなく，音声や映像でも可能である．さらにその場合，テキストマイニングでは調べることのできない非言語的な要素（話すスピード，声の大きさ，間の取り方など）も，定量化することができる．　〔有賀敦紀〕

1.1.4 ケーススタディと現場実験

1) ケーススタディとしての現場実験

産業心理学をはじめとする応用心理学の分野では，現場で実験的な研究を行おうと考えても，対象とする職場の事情により，厳密な変数の統制が不可能な場合が多い．ある変数（例えばコンピュータ画面の輝度）を独立変数とし，作業者の視覚的疲労を従属変数として調べる場合を考えてみよう．実験の目的はもちろん一般的な知見を得ることであるが，実際には各々の現場に固有の条件が結果を左右する．

実験者が想定する独立変数のほかにも，作業場の照明条件，作業の内容や密度，画面の表示クオリティ，年齢，作業者のモチベーションなど結果に影響する様々な要因があり，これらを現実の作業現場で実験者の思うままに統制することは難しい．

その意味では，現実の作業現場における実験的研究では，表面的には独立変数-従属変数という形式をとってはいても，実際にはある職場の，ある時点におけるケーススタディであるといえる．したがって現場実験においては，ケーススタディとしての特性を十分にわきまえて研究に臨むことが重要である．

2) ケーススタディの問題点

統制された実験に比べてケーススタディが実証研究として劣る点について，Searle（1999）は第1にその独自性をあげている．他では得られないユニークな結果を得られることは一面ではケーススタディの利点であるが，反面再現性に乏しく信頼性が低いことにもなる．第2の問題点は研究者の主観が入り込みやすい点である．研究者が恣意的にデータを取捨選択したり，主観的な解釈を行う危険性が少なくない．

よく指摘される問題は，ケーススタディの結果から一般論を導くことは難しいのではないかということである．取り上げられた事例が一般化可能な典型例である保証はまったくない．一方，ケーススタディの目的自体が一般論を求めることでは

なく，ユニークな事例を見出すことにあるという考え方もありうる（Hayes, 2000）．

3) ケーススタディの意義

前述の現場実験のような場合には，積極的に独自なケースを探求するというよりは，種々の制限により統制が不十分にならざるをえないという事情があるといえる．では，このことは現場実験の意義を減じるのだろうか．決してそうではない．

◆リアリティの高さ

統制された実験室実験はあくまで現実のシミュレーションである．実験者が扱いたい変数のみが結果に影響するように計画されるが，実作業であれば当然存在する背景的な要因，例えば仕事の緊張感・責任感や，時間的な切迫感などは再現することが難しい．

◆新たな視点の発見

実験室実験は独立変数をあらかじめ設定し，それ以外の変数を除去した形で行われることが多い．しかし，例えば大規模な現場実験として有名なホーソン研究（1.5.2 参照）では，作業場の照度の違いといった変数よりも，作業者のモチベーションや人間関係のような，予想されていなかった要因が作業成績に大きく影響することが見出された．こうした意外な発見が導かれることも現場実験の意義の1つといえる．

◆現実世界は統制されていない

そもそも実験室実験で得られた結果が，より「純粋な」ものであり，価値が高いとする必要はない．視覚的な実験で視距離を統制することは当然のことであるが，現実には同じ視覚的刺激であっても，コンピュータ画面，掲示されたポスター，ビルの壁面の電光掲示板など，様々な距離から見ることが普通である．この例でいえば，視距離に依存する要因と依存しない要因は何かを明確にして，刺激統制の意味を常に意識することが大切である．

4) 特殊性と一般性

有名なロイドモーガンの公準は動物観察の結果について，過度に高次な過程を仮定して説明する傾向を戒めたものだが，これは当時の動物行動の説明が非常にエピソード的で，擬人化をしすぎていたことに対する批判であったとされる

(Hayes, 1994). ケーススタディにとって肝要なのは，事例に含まれる特殊性と一般性を見極めることである．ケーススタディにおいて実験的な手法を用いたとしても，必然的にパフォーマンスや質問紙から得られる数値データは少数のものであるので，そこから有意義な知見を得るためには，行動・反応の具体的な観察結果を含めた，総合的な考察が不可欠である．もちろん，その際には観察の内容を主観的に描写するだけでなく，できるだけ客観的なデータとして記述することが求められる．

ケースから，できるだけ一般的な結論を得るためには以下の点に留意することが重要である．

◆ **一時点のデータから即断しないこと**

職場に関する研究であれば，単一の職場を対象にした調査から結論を下すのではなく，複数の異なった職場・職種・部署からデータを得て比較することが大切である．また，同じ職場であっても，新入社員の多い時期，異動の少ない時期など，時期を変えて複数回の調査を行って比較することも，結論の一般化に有効である．

◆ **個人差に注意すること**

実験室実験であれば個人差や対象者のグループによる差はデータのバラツキとして扱われることが多い．しかし，現実には人は年齢や地位，性別・職種などによって，同一の反応をするとは限らない．オフィス環境に関する研究で，来客からのアクセスを拒めない秘書のような職種では，たとえ個室が与えられても執務中のプライバシー感が増えないという調査結果がある．しかし，これは個室か否かという変数の問題ではなく，秘書という職務の特性が影響している例である．

◆ **総合的に判断すること**

例えば作業負荷を調べようとする現場実験において，質問紙で強い疲労感が訴えられたとしても，それが実際に過重な作業の結果であるとは限らない．作業者は職場への不満の表現として疲れを訴えているのかもしれないし，疲労の感じ方自体にも個人差や年齢差があるだろう．質問紙などのデータと，作業者が具体的にどのような作業をしているのかという実態の把握とを突き合わせて，

初めて作業負荷の評価が可能になるのである．

産業心理学では作業の特性を記述するために，作業分析という方法がよく用いられる．これは作業者の様々な行動を観察・記録して，作業の具体的な内容を記述する手法である．

5) 作業分析の手法

作業分析にも様々な手法があるが，作業時間・動作の分析は代表的なものであり，タイムスタディ（time study）という観察方法がよく用いられる．タイムスタディは時間軸に沿って作業者の行動を記録していく手法であり，作業の所要時間の精密な計測といってもよいだろう．

タイムスタディの具体的な手続きとしては，例えば30秒スナップリーディングと呼ばれる手法が用いられる．これは観察者が作業者の行動を観察して，30秒ごとに作業者のいる場所や作業位置・作業姿勢・作業の内容といった項目を用紙に記録していく方法である．これを集計すれば，1日の作業のおおまかな様子を客観的に示すことができる．

1日の作業姿勢の分布を知るだけでも作業負荷の評価に役立つ．当然であるが，椅子に座っている姿勢よりも立っている時間のほうが長ければ身体的な負担は大きい．保育士の作業では子どもの目線に合わせて正座・前かがみ・しゃがみなど低い姿勢をとっている時間分布が多く，腰痛などの原因になっていることが指摘されている（越河，1992）．

6) 実験研究におけるリアリティと統制

現場実験やケーススタディにおいては，実験室実験とは異なる留意点があることを述べてきた．実験心理学は19世紀以来の生理的な実験研究を基にして行われてきたため，結果の一般化・純粋化を第一義にしてきた面があることは否めない．実験室実験はリアリティに欠ける，逆に現場実験は統制が不十分であると決めつけることなく，両者の長所・短所を十分に自覚したうえで結果を解釈することが必要であろう．　　　〔尾入正哲〕

1.1.5 教示と事後インタビューの方法

1) 教示とは

　教示（instruction）とは，実験を行うにあたり，被験者が行うべき課題を，実験者が説明すること，あるいはその説明内容である．教示は，必要かつ十分な内容を，わかりやすく，的確で具体的な表現で，誤解のないように伝えなければならない．適切な教示によりすべての被験者が，自分がなすべきことを十分理解し納得して課題に向き合えることが，最終的には安定した信頼性のあるデータの取得につながる．

2) 教示の仕方と内容

　次のような実験を例に，教示内容を考えてみる．コンピュータディスプレイ上に三角形あるいは四角形を提示し，被験者には，四角形ならば手元の右側のボタンを，三角形ならば左側のボタンを押してもらう．図形は画面の右側に現れる場合と左側に現れる場合がある．四角形が右側に現れる場合や三角形が左側に現れる場合，つまり図形が現れる側と押すべきボタンの左右が一致する場合と，その逆の場合で正答率や反応時間に差がみられるかどうかを調べることが実験目的である．この実験を行うにあたり，被験者にどのように教示するとよいだろうか．

　被験者が行うべきことを簡単に説明すれば「画面に表示される図形を見て，四角形だったら右側のボタンを，三角形だったら左側のボタンを押してください」となる．しかし，これだけでは教示として不十分である．いつ，どんなタイミングで，画面のどこに，どのくらいの大きさの図形が現れるかといったことがわからないため，被験者によっては不安を感じるかもしれない．そこで次のように，実験全体の概略を加えて状況を説明する．「実験が始まると画面が暗くなり，画面中央に小さなプラス記号が現れますので，この印に視線を向けてください．約1秒後に，プラス記号が消えて1cmくらいの大きさの図形が現れます（ここに，上記の被験者が行うことの説明を入れる）．ボタンを押して反応すると，図形が消え，1回の試行が終了します．ただちに次の試行が始まり，再び画面中央に小さなプラス記号が現れますので，以後も同じように進めてください」．さらに，誤解を防ぐために，課題に関係のない点についても説明する．「図形は画面の右側あるいは左側に現れますが，その位置には関係なく，形を見てどちらのボタンを押すかを判断してください」．この点については，実験目的によりあえて説明しないこともある．

　以上の説明により，被験者は状況を正しく把握し，適切に課題を実行できると期待される．しかし，まだ考慮すべきことがある．実験室における実験では，検討しようとする実験変数以外の諸要因によるデータの変動をできるだけ排除しなくてはならない．そこで，実験変数以外の要因を被験者間あるいは被験者内で統一するために，課題の実行方法を統制することを目的とした説明を行う．「実験中は，顎台に顎をのせ，バーに額を軽く押し当ててください．右側のボタンは右手人差し指で，左側のボタンは左手人差し指で押してください．間違えても訂正はできません．いったん実験を始めたら，間違えても止まらずに，画面に実験終了の合図が出るまで続けてください」．さらに，反応時間を測定する実験では，多くの場合，「できるだけ速くかつ正確に反応してください」という教示を加える．

　教示文を読んで説明する場合は，単に棒読みするのではなく，被験者の反応を見ながら話す．"刺激"や"凝視点"といった言葉は，（特に若齢，高齢の）被験者によっては伝わりにくいかもしれないので，教示を作成する際に用語を吟味する必要がある．

　教示を済ませ，実際の実験試行が始まった後でも，実験者は被験者の様子を気にかけ，適切に回答できているかを確認する．このとき，実験者は被験者の背後に立ち続けるのではなく，やや離れた，被験者の視線に入らない場所から見守るなど，被験者の課題遂行に影響が生じにくいよう配慮する必要がある．

　ここにあげた教示内容は一例であるが，このような考え方で教示の内容を整理し，わかりやすく構成し，平易な言葉遣いで伝える．それでも，被験者が十分に理解できなかったり，何か予期せぬ

疑問をもったりするかもしれないので，教示を終えた後や練習試行を行った後には，質問を受け付けるとよい．次に教示に関する注意点を述べる．

3) 実験者効果（experimenter effect）

教示の際に限らず，実験者と被験者のコミュニケーションの中で，実験者が意図せず被験者の行動に影響を及ぼしてしまうことを「実験者効果」という．これは，実験者にとって望ましい結果のイメージが実験者の行動に無意識的に現れ，それを被験者が感じ取ることが原因で生じる．「賢いハンス」（1.4.1 参照）の例のように，実験動物や被験者は，研究者が思いもよらない手がかりを用いて行動することがある．したがって，実験者と被験者の主要なコミュニケーションである教示において，実験者は，望ましい結果のイメージに限らず，実験に関する先入観を被験者にもたせることがないように細心の注意を払わなければならない．

4) ディセプション（deception）

教示の基本は，これから行われる実験についての正確な情報を被験者に与えることであるが，特に社会心理学的実験では，研究目的上やむをえず虚偽の説明を行うことがある．また，視覚実験でも，実験中予期せず出現した刺激の知覚について調べるために，事前に正確な情報を与えないことがある．このように，研究目的のために，虚偽の説明を行ったり，必要な情報を与えなかったり，不正確あるいは不完全な情報を与えたりすることを「ディセプション」といい，教示の中で行われることがある．ディセプションを行う場合は，倫理的側面を十分検討したうえで行い，必ず事後インタビューの中で説明する手続きをとらなくてはならない．

5) 速さと正確さのトレードオフ

反応の速さと正確さの間には，どちらかを重視すると他方が犠牲になるというトレードオフの関係がある．反応時間を測定する実験では，被験者の限界に近い時間を測定したいわけであるが，その一方で，慎重さを欠いた不正確な反応がなされたのでは，データの信頼性が損なわれる．そこで，「できるだけ速くかつ正確に反応してください」と教示するのが通例である．しかし，実験目的によっては，正確さがある程度犠牲になっても，限界の反応時間を測定したい場合や，逆にまずは正確に反応できるかどうかが重要であり，そのうえで反応時間も知りたいというような場合もある．このような場合には，教示の中で，正確さあるいは速さのどちらかを特に強調する．どちらを強調するかにより，実際の反応時間と正確さの関係が変化することがわかっている．このことは，心理実験において教示の言葉遣いやニュアンスが被験者の反応に影響しうることを示すよい例である．

6) 教示文

心理学における実験では，教示は重要な要素の1つであるので，その場で説明しようと思わず，事前に慎重かつ丁寧に準備しておくべきである．言葉遣いやニュアンスが思わぬ影響を与える可能性があることから，常に一定の言葉遣いで説明できるように，台本，すなわち教示文を作成しておき，それを読むとよい．教示文を作成することにはいくつかの利点がある．①事前に教示文を作成して推敲することにより，説明の足りない点や誤解を招く表現などに気づくことができ，よりよい教示ができる．②すべての被験者が同一の教示を受けることが保証される．③実験者が複数いる場合は実験者間の教示のばらつきを防ぐことができる．④教示の正確な内容が，実験後に資料として残る．

なお，言葉で説明するだけではわかりにくい場合もあるので，付加的に図を作成して用いたり，試行を実演して見せたりすることは有効である．刺激の呈示や反応の取得にコンピュータを使う場合は，口頭での教示に加えて，画面にその内容を示す簡単な図などを同時に呈示することは教示の効果を高める．これらも事前に十分検討して用意し，実験後も資料として残すことが望ましい．

実験者側が説明を尽くしたと思っても，被験者には教示内容が伝わらず，誤解されてそれによる不適切な行動が生じることがある．そうした問題は特に若齢者や高齢者に起こりやすいが，練習試行を多めに実施したり，その様子を観察したり，正答率を確認したりすることによって誤解を発見

しやすくできる．誤解していることが見つかったら，再度の説明と練習試行を行って，教示が正しく理解されたかを確認する．

ここでは，教示を実験手続きの説明として狭義に捉えて解説したが，広く実験前のコミュニケーションと捉えると，まずは挨拶をし，実験参加への謝意を伝え，実験者としての自己紹介をする．続いて，同意書に関する説明を行い，その中で簡単な研究の目的および意義を述べる．ただし，ここで研究の目的や意義を詳しく述べると，実験結果に影響を及ぼす可能性があるので，同意書を得るための説明として必要最小限にとどめ，事後インタビューで十分に解説するのがよい．その後，前述の手続きの説明を行う．

7）実験における努力の最小化傾向

努力の最小化傾向（satisfice）とは，目的を達成するために最小限度の労力で済ませようとすることをいう．心理実験の場面で被験者に対して参加報酬を提供する場合，被験者はできるだけ少ない労力で済ませようとする可能性がある．例えば標的を弁別する課題を課したとしても，被験者はとにかく無作為に反応キイを押していれば，やがてすべての試行は終了し，報酬が得られることになる．このように，被験者が教示に従わないまま試行を済ませてしまう事態を避けるためには，課題を工夫する，フィードバックする，実験デザインを見直すなどの対策が必要になる．

課題を工夫して努力の最小化傾向を防ぐ手続きの1つとして，キャッチ試行を挿入することがある．例えば，標的に対して検出や弁別反応を求める場合，常に標的が呈示されるならば，反応キイを押しさえすれば（目を閉じていても）正答試行となってしまう．そこで，標的が呈示されない試行を挿入し，それらに対しては反応キイを押さないように教示しておくことで，被験者が要求された課題を適切に実行しているかを確認できる．一般に，キャッチ試行が必要なときは総試行数の5〜20％程度を割り当てるのが一般的である．

それぞれの試行で正答か誤答かを被験者にフィードバックすることも，教示されたとおりに課題を遂行しているかを確認する手段となりうる．ただし，試行ごとにフィードバックすること

で被験者が正答を得るために方略を変えてしまう可能性がある．また，被験者の年齢に応じてフィードバックを選択する必要も生じうる．高齢者では誤りを他者から指摘されることを嫌うケースもあり，誤反応ごとにフィードバック音声が出された場合，実験遂行の意欲を失ってしまうことがある．逆に，幼児や若齢者はまれに生じる誤反応へのフィードバック音を報酬と解釈してしまい，その音を聞きたいためにわざと誤答することもありうる．そうした可能性が研究目的に照らして望ましくない場合は，数十試行ごとあるいはブロックごとに平均正答率（あるいは平均反応時間など）を被験者に知らせるという手法もある．

その他に努力の最小化傾向が生じうる例として，課題の難易度が高すぎる，試行数が多すぎる，実験時間がかかりすぎる場合があげられる．このようなときは課題の難易度を被験者ごとに調節したり，実験デザインを単純にするなど，根本的な修正が必要かもしれない．

8）オンライン実験での努力の最小化傾向

近年，Webを利用して，オンラインで評定を求める技術や，データ収集を代行する商用サービスが利用しやすくなってきた．この手法は回答に場所と時間を選ばないことは利点ではあるものの，いくつかの欠点もある．特に，実験者が直接教示をしないことによって努力の最小化傾向が生じやすい．三浦と小林（2015）はオンライン調査を行い，この傾向の発生率を検討した．具体的には，回答選択肢を教示で指定する設問や，長い教示文を詳しく読まなければ回答できない設問を含むWeb調査を実施した．その結果，回答選択肢の指定に従わないエラーは10〜20％の被験者に生じていた．長い教示文の読み飛ばしは50〜80％に達していた．

Webインタフェイスを利用して設問に回答を求める場合の被験者に，回答への態度を知るための手法として，教示操作チェック（Oppenheimer et al, 2009）があげられる．これは「スポーツ参加」など，質問内容を代表するようなタイトル行の下に複数行の細かい教示文を呈示し，さらにその下に日常よくしているスポーツの選択肢ボタンを表示する．説明文を注意深く読んでいるかを確認

するために，選択肢は無視して次の頁に進むよう教示がしてある．この手続きでは，指示に従って無回答だった者のみを分析の対象とする．これによって努力の最小化傾向が生じた被験者を除外することができる．ただし，逆にこのような設問を設けることが注意深い被験者のみを集めていることになり，かえってサンプリングバイアスになっている可能性にも留意する必要がある．

9）事後インタビューとは

事後インタビューとは，実験終了後に行われる実験者と被験者のコミュニケーションである．その目的は主に次の3点である．①被験者から，必要な情報を取得する．②被験者に，実験に参加した経験から得られた感想や意見などを聞き取る．③被験者に対し，実験に関する詳しい説明を行うとともに必要な情報を与え，誤解があればそれを解く．

◆個人情報の収集

実験により得られたデータの分析や解釈の際に考慮する必要があると考えられる場合，被験者の個人情報を収集する．例えば，実験結果が性別や年齢に依存する可能性がある場合，それらの情報を得ておく必要がある．一般的に収集することの多い個人情報は，年齢，性別，視力などである．それ以外にも，色覚，利き手，経験量（英語学習歴など），習慣（読書時間など），身分（学生，社会人など）など，取得する必要のある個人情報は，実験目的に応じて様々である．なお，実験計画により，これらの性質に基づき被験者を条件群に割り当てる場合は，情報収集を実験前に行う必要があるが，そうでなければ，被験者への聞き取りの内容が実験に対する先入観をもたせ，結果に何らかの影響を与える可能性があるので，事後インタビューで収集するほうが安全である．

必要な情報を取り損なうことがないように，情報収集する項目を実験計画の段階で十分に検討する．その際，研究目的上必要な情報をよく吟味して，むやみに個人情報を収集することがないように気をつけなくてはならない（日本心理学会倫理規程 2.1.2 実験研究 9. 個人情報の収集と保護）．また，参加者が答えたくないことについては答えなくてもよいような配慮が必要である．

◆実験に対する感想や意見の聴取

被験者に，実験を振り返ってある程度自由に感想や考えを述べてもらう．これは厳密な計画の下に実験的に取得するわけではないので，実験データとして扱うことは難しいが，貴重な情報が得られることがある．実験刺激や手続きの思わぬ不備，教示中のわかりにくい表現が指摘されることや，時には思いもよらない手がかりを用いて反応していたことが判明することもある．また，研究者の視点からは気づかないような日常行動との関連を示唆されることもある．

ある程度自由に感想や意見を述べてもらえるのがよいところであるが，意見を聞きたい点を事前に検討し，きっかけとなる質問をいくつか用意しておくと，参加者全員からその点に的を絞った意見を得られる．

◆実験の解説

実験の目的と意義，予想される結果，手続きの妥当性などについて，被験者が正しく理解できるように十分な説明を行い，この研究に参加することによって被験者に何らかの悪い影響が残ることがないように慎重に対処する．参加者から実験に関する質問や要望があれば，誠実に対応し，時間をかけて丁寧に答える（日本心理学会倫理規程 2.1.2 実験研究 6. 事後説明参照）．ただし，実験で得られた個人情報を提示することは，研究倫理上行ってはならない．たとえ本人の実験結果であっても，参加者がそれを，専門家による正式な検査結果あるいは診断と受け止める危険性もあるので，安易に個人のデータを見せることは避け，全体的傾向を述べるにとどめる．

また，特に社会心理学における実験などでは，研究目的のために被験者を一時的にだますことがある．そのような場合は，実験後のできるだけ早い段階で正しい情報を与え，被験者の状態を実験前の状態に戻さなくてはならない．また，実験手続きの中で，参加者に精神的ショックを与える可能性があるような場合（刺激として暴力的場面を提示するなど），参加者の状態を適切な方法で調査し，必要な対応を行わなくてはならない．

最後に，心理学研究の進展への協力に対する感謝の意を被験者に伝えることも忘れてはならない． 〔森田ひろみ，河原純一郎〕

1.1.6 シミュレーション

1）シミュレーションとは

シミュレーションの語源は、ラテン語のsimulareといわれ、本来的には「模倣する」という意味である。つまり、現実世界や状況を模倣し、そこでのふるまいを観察することが原義である。科学的には、「模擬実験」と訳される場合もあるが、最近では、シミュレーションで定着している。

ここでは、コンピュータを介して模倣する、つまり、コンピュータシミュレーションに限定する。

2）シミュレーションの目的

実験科学では、図1.2のように現実世界の現象や事象を研究対象とする場合、まずモデルや仮説を構築する。そして通常は実験や調査を行い、その結果と、モデルや仮説から導き出される結果予測とを比較して、モデルや仮説の検証を行う。一方で、実験や調査などが困難な場合に、シミュレーションを使用する場合もある。

また、実験結果のデータ解析において、シミュレーションを利用する場合も多い。定式化されたモデルに含まれるフリーパラメータに対して、解析的には推定値が求められない場合、モンテカルロ法などを用いたシミュレーションによるパラメータ推定が行われる。

さらに、シミュレーションの大きな利点は、データ予測が行えるという点である。データ予測は、将来の予測といった時間的な予測だけではなく、欠損データの予測や新規データへの反応の予測もある。また、パラメータや初期値を操作して、モデルの振る舞いを予測することもある。

3）モデルとシミュレーション

図1.2に示すように、モデルとシミュレーションとは深く関わっている。ここでは、実験心理学や行動科学における代表的なモデルと、そこで行われるシミュレーションの基本的な方法を説明する。

◆**確率統計論モデル—ベイズモデル**

確率統計論モデルとは、説明変数や媒介変数に不確定性やランダム性を組み入れたモデルである。不確定性を反映する確率は、多くの場合、主観的確率であることから、確率論モデルとしては、近年、ベイズモデルが多用されてきている（Griffiths et al, 2008）。ベイズモデルの基本は、次に示すベイズの定理式である。

$$p(H|D) = \frac{p(D|H)\,p(H)}{p(D)}$$

Hは仮説やモデル、Dはデータ、pは確率分布を表す。

式の事前分布$p(H)$が尤度関数$p(D|H)$の自然共役である場合には、事後分布$p(D|H)$の要約統計量などは解析的に求められるが、そうでない場合には、シミュレーションの手法を使用して、近似的に求めることになる。例えば、N個の項目を経過時間t後にどれだけ記憶保持しているか、という問題に対し、単純な記憶保持ベイズモデルでは、H=θ_t（保持確率）、D=x_t（保持項目数）と考え、モデルが推定するθ_tの事後分布およびMAP値（事後確率を最大にする値）などを、モンテカルロ法やMCMC法（Markov Chain Monte Carlo method）などによるサンプリングを用いて求められる（Lee & Wagenmakers, 2013）。

◆**学習モデル—コネクショニストモデル**

コネクショニストモデルは、経験によってシステムの課題達成が向上する学習モデルの一種で、神経系の情報処理にヒントを得て、生体（特に人間）の様々な認知機能をモデル化したものである（Thomas & McClelland, 2008）。その主な特徴は以下である。①処理ユニットの集合：情報処理の最小単位であるが、それらが層状に配列される場

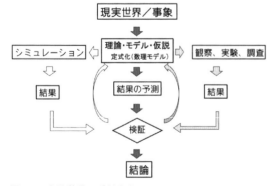

図1.2　実験科学の手続きとシミュレーション

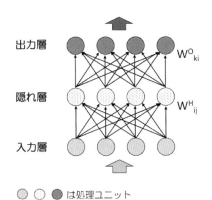

図1.3 階層型コネクショニストモデル

合（階層モデル，図1.3）や，網の目状に配列される場合がある（相互結合モデル）．②ユニットの活性化状態 $a(t)$：時刻 t における各ユニットの活性化状態を表す．③結合パターン W：ユニット i と j 間の結合強度（荷重）w_{ij} を成分にもつ．④活性化状態の伝播規則：ユニット i が受け取る正味の入力量は，$net_i = W \cdot a(t) = \Sigma w_{ij} \cdot a_j$ と定式化される．⑤活性化規則：$a_i(t+1) = F[net_i(t)]$．活性化関数 F は，ネットワークのタイプによって決まる．例えば，閾値関数やシグモイド関数などがある．⑥学習アルゴリズム：ヘッブの法則を基盤としたデルタルールやバックプロパゲーションルールなどがある．

　コネクショニストモデルでのシミュレーションは，教師つき学習の階層モデルを例にとると，基本的に5段階からなる．①準備段階：入・出力表現，教師表現，および学習基準のフォーマットを設定する．②ユニット間の結合荷重 W を設定する（通常はランダム）．以下は実行段階である．③入力データ X を与え，活性化方式に則り出力データ Y を算出する．④出力データと教師データ T との誤差が学習基準値 C 以上の場合，学習アルゴリズムに則って W の値を更新し，③に戻る．⑤誤差が基準値 C 以下の場合には，シミュレーションを終了する．

4) シミュレーションのツール

　実験心理学や認知科学の領域でシミュレーションを行う場合，多くはC言語系やMATLABなどのコンピュータ言語を使用して，研究者自ら，モンテカルロ法などを組み入れてプログラミングする．コネクショニストモデルやベイズモデルを用いて認知機能を検討する場合は，シミュレーション用のソフトウェアを使用する場合もある．以下，比較的手に入りやすいツールを紹介する．

◆BUGS

　BUGS（Bayesian inference Using Gibbs Sampling）は，MCMC法を主としたサンプリング方法を組み込んだシミュレータであり，ベイズモデルにおけるパラメータ推定やモデル比較を行う．近年，BUGSを用いた認知モデルのシミュレーションが多く報告されている（Lee & Wagenmakers, 2013）．BUGSでは，モデルやデータ，初期値を設定することを基本とし，後は組み込まれた推論エンジンを用いてサンプリングを繰り返し，モデル内の変数の推定値を求め，さらに可視化する（Lunn et al, 2013）．それぞれのプラットフォームに準拠したBUGSが提供されており，WindowsではWinBUGS，OpenBUGS，MacではJAGSが用意されており，またLinuxでは，エミュレータを動かしてWinBUGSを使用することができる．また，RやMATLABからBUGSを呼び出すツールも用意されている．なお，WinBUGSはすでに開発は終了している．それに代わって，最近では，同種のシミュレータであるStanが使用される例が増えている．

◆OXlearn

　コネクショニストモデルの教育用シミュレータとしては，t-learn（Elman et al, 1996）が有名であるが，開発は終わっており，最近のOSとは互換性が乏しい．OXlearn（Ruh & Westermann, 2009）は，MATLABをベースとしたニューラルネットワークシミュレータである．これは，t-learnの機能を引き継ぎ，標準的なアーキテクチャと学習アルゴリズム（デルタルールやバックプロパゲーションなど）を組み込み，さらに，ネットワーク構築やデータ操作，視覚化，分析などのツールを実装している．OXlearn自体はフリーのソフトであり（ただし，2011年以降更新されていない），コンパイル版も提供されている（Windows XP版）が，MATLABのツールボックスとして開発されているため，その中身を自身で拡張させるためには，MATLABが動作する環境が必要であるという制約がある．　〔石口　彰〕

1.2 刺激と反応

1.2.1 実験心理学における刺激と刺激の分類

1) 実験心理学における刺激

心理学の実験では，実験者がある入力を与え，それに対する人間や動物の行動を出力として計測して，その入出力の過程を検討する方法が多く用いられる．このとき，生体の感覚受容器によって受容される外界からの入力のことを「刺激」（stimulus）という．刺激という言葉は，日常的には「刺激的」や「刺激臭」のように強い感覚や知覚をもたらす場合を指すことが多いが，実験心理学においては強度に関係なく，外界からの入力はすべて「刺激」と呼ぶ．

刺激は狭義には感覚受容器に作用する物理的ないし化学的エネルギーを指すが，広義には生体の反応を規定する要因や条件が刺激であり，必ずしも物理的な値には直接対応しない場合も多い．例えば，表情や文字などのように対象となる事物のもつ意味や情報も刺激と呼ぶ．そのため，刺激のどの特性を検討するかという実験の目的に応じて，刺激を適切に設定，記述する必要がある．また，外界からの入力以外にも，生体の反応を引き出す内的な要因を刺激と呼ぶ場合や，末梢の感覚受容器ではなく脳に直接作用させることを刺激と呼ぶ場合がある．

2) 刺激の分類

◆ 適刺激と不適刺激

各感覚受容器には感覚を生じさせる特定の刺激があり，このような刺激を適刺激（adequate stimulus），あるいは適当刺激という．例えば，視覚においては光，聴覚においては音が適刺激である．各感覚系に対するそれ以外の刺激は不適刺激（inadequate stimulus），あるいは不適当刺激という．ただし，眼に対する圧刺激や電気刺激から光を感じる場合があるように，不適刺激によっても，ある感覚系に特有の感覚が生じることがある．このように，ある感覚系に反応を生じさせる刺激は，刺激の適・不適に関係なく，その感覚系特有の感覚を引き起こす．つまり，感覚の様相（modality）は外界の刺激の種類によって決まる

のではなく，その感覚系の処理に関わる神経細胞の反応によって決まる．このことは19世紀の生理学者ミュラー（Müller, J. P.）による「特殊神経エネルギー説」によってすでに指摘されている．ただし，ミュラーはこのときの神経興奮が感覚種別ごとに特殊化された性質のものであるとしており，感覚種別ごとに異なるエネルギーが存在するという点については現在の生理学で明らかになっている事実に反する．

◆ 閾下刺激と閾上刺激

適刺激でも刺激の強度が小さい場合は意識的な感覚を生じない．検出できる最小の値である刺激閾（絶対閾）よりも強度が小さい刺激と刺激閾よりも強度が大きい刺激を区別するときに，それぞれを閾下刺激（subthreshold stimulus），閾上刺激（suprathreshold stimulus）と呼ぶことがある．ただし，刺激閾は一般に50%の確率で刺激を検出できる値として定義するため，閾下刺激でも全く検出できないわけではないこと，また逆に絶対閾よりも十分大きい強度の刺激でも短時間呈示や両眼分離呈示など呈示の仕方によっては意識的な感覚を生じない場合があることに注意する必要がある．

◆ 近刺激と遠刺激

感覚受容器に直接作用する刺激と外界の対象の特性としての刺激は同じではないため，前者を近刺激（proximal stimulus），後者を遠刺激（distal stimulus）と呼んで区別することがある．例えば，視覚においては眼の網膜に映る網膜像，あるいは網膜の視細胞の反応に変化をもたらす光が近刺激であり，観察者から離れたところにあり，光を発する，あるいは光を反射する対象そのものが遠刺激である．

遠刺激である対象が同じでも，近刺激である網膜像は対象までの距離によって大きさが変わる．また，対象を見る角度によって網膜像の形は変わり，照明条件によって網膜に到達する光の波長特性は変わる．このように，遠刺激の特性としての物理的大きさや形，色の特性は変わらなくても，近刺激は観察者の状態や環境によって大きく変化する．ところが，われわれは近刺激の変化を遠刺激である対象の変化として知覚するのではなく，対象がもつ遠刺激の特性を比較的一定に保つ

て知覚できる．これを知覚の恒常性（perceptual constancy）という．遠刺激の個々の特性に応じて，大きさの恒常性，形の恒常性，色の恒常性などと呼ぶ．

◆標準刺激と比較刺激

ある刺激がどの程度識別できるかを検討するために，実験心理学では一方の刺激を一定に保ち，もう一方の刺激を変化させてその違いを実験参加者に判断させるという方法が多く用いられる．このとき，一定に保つほうの刺激を標準刺激（standard stimulus），変化するほうの刺激を比較刺激（comparison stimulus）という．一般的な実験手続きでは，標準刺激と比較刺激を同時または継時的に呈示し，比較刺激が標準刺激よりも明るいか，重いかなど，2つの刺激間の主観的な感覚の大きさを比較する課題を実験参加者に行わせる．この手続きによって区別できる最小の刺激差（弁別閾）を測定することができる（3.1.1 参照）．

幾何学的錯視や対比効果のように，物理的には同じ刺激であっても，主観的には異なって知覚される現象は多くみられる．こうした現象を実験的に検討する場合にも，標準刺激と比較刺激の2つの刺激を呈示して実験を行うことが多い．例えば，錯視や対比効果などが生じている刺激を標準刺激とし，それらの影響を受けていない刺激を比較刺激として比較判断課題を行い，効果の程度を検討するのである．また，標準刺激の効果と比較するために統制刺激（controlled stimulus）を設定し，標準刺激と同様に比較刺激との間の比較判断課題を行い，標準刺激と統制刺激の結果の差から標準刺激の効果の程度を検討することも多い．錯視や対比効果などの現象が生じているほうの刺激を比較刺激とし，影響を受けていない刺激を標準刺激とする場合もある．この場合の標準刺激は特に基準刺激（reference stimulus）と呼ぶ．錯視などの効果が逆方向に現れる刺激をそれぞれ標準刺激と比較刺激に用いて，その効果の差を検討する場合もある．

ある比較刺激が標準刺激と等しく知覚されたとき，その比較刺激は標準刺激の等価刺激（equivalent stimulus）という．また，等価刺激となる比較刺激の値を主観的等価点（point of subjective equality, PSE）という（3.1.1 参照）．等価刺激を求める簡便な方法として，比較刺激を実験参加者が調整して等価刺激とする方法がある（調整法，3.1.2 参照）．例えば，ミュラー・リヤー錯視のような長さの錯視を生じる図形を検討する場合，実験参加者は錯視を生じる標準刺激の図形を観察し，錯視を生じない比較刺激や逆方向の錯視を生じる比較刺激の長さを実験参加者自身が操作して標準刺激と見えの長さが同じになるように調整する．2つの刺激の物理的な差が錯視量となる．

また別の方法として，実験参加者が標準刺激と比較刺激の差の判断を繰り返し行い，標準刺激のほうが大きいとする確率と比較刺激のほうが大きいとする確率がどちらも 0.5 となり両刺激の違いがわからなくなる点を PSE として算出し，等価刺激とする方法もある．この方法では，数段階に設定した比較刺激をランダムな順に呈示し，実験参加者はその都度標準刺激と比較してどちらが大きいかを判断する〔恒常法（3.1.2 参照）〕．測定したデータに心理測定関数を当てはめて標準刺激のほうが大きいとする確率が 50% となる点を PSE とする．比較刺激の段階数は 5～9 段階とし，段階ごとの強度の差は等間隔（または対数値が等間隔）とするのが一般的である．

◆SOA と ISI

刺激は厳密な時間制御の下で繰り返し継時的に呈示される場合も多い．時間の制御には，刺激を呈示する時間（オンセット）の間隔を一定にする場合や刺激呈示の終了（オフセット）からオンセットまでの時間を一定にする場合がある．継時的に呈示する2つの刺激のうち，1つ目のオンセットから2つ目のオンセットまでの時間をSOA（stimulus onset asynchrony）と呼び，刺激のオフセットから次の刺激のオンセットまでをISI〔inter stimulus interval（刺激呈示時間間隔）〕と呼ぶ．ただし，分野によっては SOA の意味でISI という用語を使う場合もある． 〔繁桝博昭〕

1.2.2 実験心理学における反応とその測度

1) 実験心理学における反応

心理学の研究の対象である心的過程は，他者が直接知ることができない．そのため，刺激に対する観察者の何らかの行動を「反応」（response）として測定して間接的に知ることになる．刺激に対する観察者の意識的経験自体を反応と呼ぶこともあるが，客観的なデータとして測定できるのはその意識的経験に基づき観察者が応答する行動としての反応である．本節ではそのような反応の測度について主に紹介するが，この種の反応以外にも，刺激に対する動物や人間の自然な身体的活動による応答を反応として測定することも多い（第5部参照）．また，刺激の呈示によって，心拍，呼吸，腺の分泌，筋電位，眼球運動，瞬目，瞳孔，脳波・事象関連電位，脳血流動態などの生理的活動が変化することも反応として測定する（第6部参照）．

2) 反応の測度

◆ 頻　度

実験参加者が自身の意識的経験に基づき反応する際には，信頼性の高いデータを得るために，実験者が実験参加者に対して「見える」「見えない」や「右」「左」など，応答すべき反応を明確に教示し，限定した反応を測定することが多い．このとき，刺激に対して2つの反応のどちらかで判断する方法を2件法といい，それ以上のn個の選択肢による方法をn件法という．また，「見える」「見えない」のように刺激があるかないかを判断する方法をYes/No法といい，「右」「左」や「1つ目」「2つ目」のように同時に呈示された2つの刺激や継時的に呈示された2つの刺激に対して，二者択一で判断する方法を二肢強制選択法（two-alternative forced choice method, 2AFC）という．n個以上の選択肢から1個を強制的に選択させる場合はnAFCという．一般にYes/No法による反応のデータは実験参加者の判断基準（criterion）に依存するが，強制選択法による反応のデータは判断基準の影響を受けにくいとされる．

実験によっては，ボタン押しのような客観的に測定できる反応ではなく，評定者が実験参加者の反応を判断することがある．その場合は複数の評定者間で評定値がどの程度一致しているかについて，相関係数やコーエン（Cohen）のカッパ（κ）係数などの一致係数（coefficient of concordance）を用いてデータの信頼性を検証することも多い．

このような課題によって測定した反応の回数は頻度または度数（frequency）と呼び，反応の分析の指標として用いられる．心理物理学的測定法においては，n回の試行中にある反応が何回測定されたかという相対頻度を用いて，心理測定関数を当てはめることで刺激の閾値を算出したり（3.1参照），信号検出理論に基づき刺激の感度（d'）を求める（3.2参照）といった分析を行う．

◆ マグニチュード推定

Yes/No法や強制選択法による反応は，感覚量を実験参加者に直接問わない方法であるが，スティーブンス（Stevens, S. S.）によるマグニチュード推定法（magnitude estimation）は，刺激を呈示したときの感覚量を実験参加者に数値で直接答えさせる方法である．マグニチュード推定法には，2通りの方法がある．1つはモデュラス（modulus）と呼ばれる標準刺激を最初に呈示し，その感覚量を10などの数値で定義して，別の刺激がモデュラスと比較してどの程度の感覚量かを比率として判断させ，数値で答えてもらう方法である．もう1つはモデュラスを用いずに，呈示された刺激に対する感覚量を実験参加者自身の判断に基づく数値で答えてもらう方法である．なおスティーブンス自身は，モデュラスを用いない方法を推奨している（Stevens, 1975）．また彼は，刺激強度とマグニチュード推定により測定した感覚の大きさとの間には冪関数の関係があることを見出している（3.1.1参照）．

◆ 反応時間，持続時間

刺激が呈示されてから反応が生起するまでを反応時間（reaction time, RT）という．心理学の実験では，特に何らかの課題に対して実験参加者が随意的に行う反応に要する時間を反応時間として検討することが多い．

反応時間は課題の内容によって以下のように3つに分類できる．①刺激が1種類で，その刺激が呈示されたらできるだけ速く反応する場合を単純

反応時間あるいは簡単反応時間（simple reaction time），②複数の種類の刺激のうち，特定の刺激に対してのみ反応する場合を弁別反応時間（discriminative reaction time），③複数の種類の刺激に対してそれぞれ異なる反応をする場合を選択反応時間（choice reaction time）という．弁別反応時間の課題は反応するかしないかを判断するので，go/no-go型課題ともいう．

測定した反応時間は，その値が大きいほど心的処理に時間を要したと推測できるが，反応時間は刺激の知覚，判断や反応選択，運動実行の処理が含まれた時間であり，どの処理にどれほど時間がかかっているかは1つの反応時間からはわからない．ドンデルス（Donders, F. C.）は，反応時間から心的処理にかかる時間を分析するために減算法という手法を提唱した．彼は反応時間が単純反応時間，弁別反応時間，選択反応時間の順に長くなることを見出し，これらの反応時間の差を分析して心的処理と対応づけた．例えば，選択反応時間から単純反応時間を引いた差は刺激の弁別と反応の選択の心的処理に要した時間と推測できる．このような単純な減算法で複雑な心的過程を分析するのには限界があるが，刺激の量や課題の複雑さなどを独立変数，反応時間を従属変数として，これらの変数間の関数関係から心的処理にかかる時間を分析する方法は現在でも用いられる．

反応時間を測定する場合には，刺激に対する処理に必要な最短の時間を検討するため，観察者はできるだけ速く反応する必要がある．しかし反応の速さを重視しすぎると反応の正確さが低下し，速さと正確さはトレードオフの関係にある（speed-accuracy tradeoff）．そのため，実験者は実験参加者に対して，できるだけ速く，かつ正確に反応するように教示するのが一般的である．

高い精度の時間の測定が要求される反応時間の実験では，視覚刺激や聴覚刺激のオンセットをフォトダイオードや音センサで測定し，専用の反応装置で反応を取得する場合もある．典型的な反応時間の実験では実験参加者が指でボタン押しやキイ押しによる反応をするが，足によるペダル押

しによって反応したり，音声による反応をして，それを音センサで測定したりする場合がある．

反応時間は分布が非対称になる場合が多いため，算術平均ではなく中央値を用いたり，対数変換や逆数変換などの変数変換を用いたりすることも多く，またある一定の基準に基づいて外れ値を除外するなどの対応をとることがある．

反応時間以外の反応の時間的指標として，ある意識的経験がどれだけ持続していたかという持続時間（duration）を用いる場合もある．例えば，残効などの知覚的体験が生じている間キイを押し続けたり，知覚的体験が消失した時にキイ押しをしたりして持続時間を測定する．

◆ 潜　時

反応時間と同様に，刺激が与えられてから反応するまでの時間を表す用語として潜時（latency）がある．反応時間は主に人間が行う行動の指標として用いられるが，潜時は生理的反応や動物の反応にも用いられ，より広い概念である．例えば，眼球運動が生起するまでの時間は潜時という．また事象関連電位においては電位が変化し始める時間だけでなく，電位のピークまでの時間（頂点潜時）を指標として用いる．

◆ 評定尺度

実験参加者に，ある対象に対して何らかの評価をさせる方法を評定尺度法という．評定尺度の多くは7段階評価など，評価値を離散的に設定するが，VAS（visual analogue scale）のように実験参加者が線分に回答線をつけることで反応自体を連続的な値として扱う場合もある．

「美しい-醜い」のように対象に対する評価を直接問うような項目による評定法のほかに，セマンティック・ディファレンシャル（semantic differential, SD）法では，「軽い-重い」「鋭い-鈍い」「動的-静的」など20個程度の相反する意味の形容詞対の尺度によって対象を多次元的に評価する．SD法で得られた測定値は，一般に因子分析によっていくつかの共通する因子を抽出し，解析する．　　　　　　　　　　　　　　　〔繁桝博昭〕

1.3 計測と精度

1.3.1 誤差

1) 計測と誤差

　計測 (measurement. 測定ということも多い) とは，特定の操作や方法を使用して，対象や事象に数詞を割り当てることである (Stevens, 1951). 計測に用いる尺度の種類（名義尺度，順序尺度，間隔尺度，比率尺度）によって，適用できる操作や方法が異なる．数字ではなく数詞とあるのは，名義尺度による計測の場合，「熟慮型」「衝動型」のように，数字以外で結果を表現することがあるからである．

　同じ対象を同じ方法で計測しても，その結果が同じになるとは限らない．計測結果のバラツキの原因には，対象自体の変動に由来するものと，計測する側に起因するものがある．計測値には，誤差 (error) がつきものであり，古典的テスト理論 (classical test theory. Novick, 1966) では，計測値＝真の値＋誤差と表現される．計測にあたっては，誤差をなるべく小さくして計測値をできるだけ真の値に近づけることが大切である．

2) 誤差の種類

　誤差を小さくするためには，誤差の原因を特定し，それを取り除く必要がある．計測に伴う誤差には，特定の観察条件に付随して計測値を一定の方向に歪める恒常誤差〔constant error. あるいは系統誤差（systematic error）〕と，計測のたびにランダムに生じる偶然誤差（random error. 確率誤差ともいう）がある．

　心理物理学的測定法の1つである調整法を用いて，ミュラー・リヤー錯視の錯視量を計測することを考えてみよう．図1.4では，水平線分の両端に内向きの矢羽をつけた標準刺激と，水平線分のみの比較刺激を横に並べて呈示している．比較刺激を描いた厚紙を，標準刺激を描いた厚紙に出し入れできるようにしてあり，比較刺激の裏には，呈示されている線分の長さがわかるように，目盛りを入れてある（計測の実施方法については，宮谷・森田，2009を参考にした）．

　比較刺激が標準刺激に比べて明らかに短い状態から長く，あるいは明らかに長い状態から短くしていき，比較刺激が標準刺激と同じ長さに見えた時点を実験参加者に報告させる．そのときの比較刺激の長さと標準刺激の線分の長さの差が，錯視量となる．

　このような事態における恒常誤差として，空間誤差，時間誤差，系列誤差が考えられる．空間誤差とは刺激の空間的配置に起因する誤差である．標準刺激を参加者に向かって左側，比較刺激を右側に配置した条件と，左右の配置を逆にした条件で，計測された錯視量が異なるような場合である．また，標準刺激と比較刺激を継時的に呈示する場合には，呈示順序に基づく時間誤差が生じる可能性がある．

　比較刺激を一方向に変化させることにより生じる誤差が，系列誤差である．標準刺激は一定であっても，比較刺激を徐々に長くしていく上昇系列と，その逆に徐々に短くしていく下降系列では，計測される錯視量が異なる．尚早反応（同じ系列内での反応の切り替え，例えば「長い」から「同じ」への転換が早く生じること）を生じさせる期待誤差と，同じ反応が長く続きすぎる慣れの誤差の両方が生じうる（田中，1977）．なお，順応水準 (Helson, 1947) や係留（アンカー）効果など，先行する刺激（経験）系列が人間の知覚判断や社会的判断に影響することが知られている．

　標準刺激と比較刺激の空間的配置や呈示順序，比較刺激の変化の方向などがまったく同じでも，計測結果が同じになるわけではない．原因がわかっていてもコントロールできない要因（例えば，比較刺激を手で動かす場合，その変化の速さは試行のたびに異なる）や，計測者の気づかない原因による偶然誤差が存在するからである．

3) 恒常誤差を小さくする工夫

　原因が特定できる恒常誤差は，計測手続きを工夫することによって小さくすることができる．空間誤差や時間誤差であれば，刺激の配置や順序を

図1.4　ミュラー・リヤー錯視の錯視量の計測

入れ替えた条件の計測結果を平均して誤差を打ち消す方法が考えられる．系列誤差についても，上昇系列による計測と下降系列による計測を同じ回数実施し，計測結果を平均することにより誤差を小さくすることができる．実験参加者の先行経験が様々な判断に影響することを考慮すると，A条件とB条件で誤差を相殺しようとする場合，A→A→B→Bの順序で計測するよりも，A→B→B→Aのように，特定の条件が他の条件に同じ回数先行し，同じ回数後続するのが望ましい〔カウンターバランス（1.5.1参照）〕．

系列誤差は，調整法や極限法のように，刺激を一方向に変化させる場合に起こりやすいので，数種類の刺激をランダムな順序で多数回呈示する恒常法を採用するのも誤差対策の1つとなる．ただし，恒常法による計測には長時間がかかり，必要な反応回数も多いので，実験参加者の疲労や飽き，慣れなどの影響が生じやすい．また，真の値が変化しやすい現象の計測には向いていない．

4）偶然誤差を小さくする工夫

測定のたびにランダムに生じる偶然誤差は，平均が0で一定の標準偏差をもつ正規分布（normal distribution）に基づいて発生すると想定されている．つまり，真の値に対してプラスの方向にもマイナスの方向にも同程度生じ，大きな誤差は小さな誤差に比べて生じにくい．

誤差分布の標準偏差を小さくする手段を考えられれば，偶然誤差を減少させることができる．例えば，実験者が器具の操作について十分な訓練を積むことにより，比較刺激を変化させる速度が安定すれば，その結果偶然誤差は小さくなると期待できる．しかし，原因が特定できない偶然誤差に関しては，計測の繰り返しにより誤差を取り除くしか方法がない．

図1.5のAは，真の値が50である対象を何度も何度も繰り返して計測したときに想定される計測値の分布を示す．恒常誤差が完全に取り除かれているとすると，このときの測定値のバラツキは，平均が0で標準偏差が10の正規分布に基づいて生じる偶然誤差に起因している．1回だけ計測を行うことを考えると，真の値から絶対値で10以上離れた計測値を得る確率は30％以上もある．

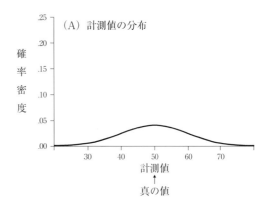

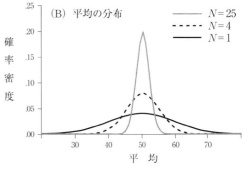

図1.5 誤差による計測値のバラツキ（A）と平均の標本分布（B）

図1.5のBは，Aと同じ対象を同じ条件で複数回計測したときの平均の標本分布である．$N=4$とあるのは，4回計測してその平均を求めるという作業を，何度も何度も繰り返したときの平均の分布となる．同じく$N=25$は，25回計測して求めた平均の標本分布である．$N=1$の場合は，1回ごとの計測値となるので，分布はAと全く同じになる．

平均がμ，標準偏差がσの正規分布からランダムにN個のデータを抽出して平均を求めると，その標本分布は，

$$平均\mu，標準偏差\ \frac{\sigma}{\sqrt{N}}$$

の正規分布となる．図1.5からわかるように，25回計測して求めた平均が真の値から10以上ずれる確率はほぼ0である．計測を何回繰り返すのが適切かは，対象の性質，計測に費やせる時間などの実際的問題によって異なる．予備的計測の結果や，先行研究を参考にして決める必要がある．

〔宮谷真人〕

1.3.2 精度

1）精度と確度

計測の目的は，対象の特定の側面について，できるだけ客観的に，かつ正確に記述することである．客観的記述であるためには，対象が同じであれば，誰が，いつ計測しても一貫して同じ結果が得られること（再現性）が求められる．正確な記述とは，計測値に含まれる誤差が小さく，真の値を反映していることである．

計測の再現性や正確さを決めるのが，精度（precision）と確度（accuracy）である．精度とは，計測を繰り返したときの結果のバラツキの程度である．偶然誤差（確率誤差）が小さいほど精度は高くなる．確度は，計測の正確さ，すなわち計測値がどの程度真の値に近いかを表す．恒常誤差（系統誤差）が小さいほど確度は高い．精度と確度の関係は，射的に例えて説明できる．的の中心が真の値，矢の当たった場所が計測結果である．下手な射手（計測）であれば，矢の当たる位置はバラバラなので，精度は低く，まぐれで的の中心に当たることはあってもその確率は非常に低いので，確度も小さい．一貫して同じような位置に当たるが，的の中心からは外れている場合は，精度は高いが確度は低い．常に的の中心近くに当たるのが，精度と確度の両方が高い，よい測定である．

2）有効数字

ミュラー・リヤー錯視の錯視量を計測したところ（1.3.1 参照），実験参加者が標準刺激と同じ長さであると報告した時点の比較刺激の長さが図 1.6 のようになったとする．このとき，実験者が比較刺激の長さを 10.2 cm と記録するなら，小数点以下 1 桁の数字に（10.1 とも 10.3 とも異なるという）意味をもたせていることになる．計測結果などを表す数字のうちで位取りを示すだけの 0 を除いた意味のある数字のことを有効数字（significant figure）と呼ぶ．有効数字は，測定の精度を示しており，0.1 cm の違いに意味があるとすれば，誤差は ± 0.05 cm 以内であるはずである．

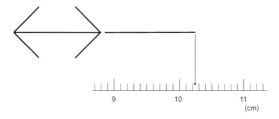

図 1.6　計測の精度と有効数字

別の実験者は，目盛りの 1/10 までは正確に読み取れると考えて，10.23 cm と記録するかもしれない．この場合の誤差は，± 0.005 cm 以内である．有効数字は，計測者が想定する誤差の大きさを表すことになるので，平均値を表示する場合にも，留意する必要がある．錯視量の平均は 2 cm であったと記述するのと 2.00 cm であったとするのでは，数字が表す量は同じでも，意味は異なる．

3）信頼性

誤差をできるだけ取り除き，計測値を真の値に近づけるのが，よい測定である．計測対象の真の値と計測値との差が誤差であるが，真の値自体は不明なので，誤差の大きさを何らかの方法で推測する必要がある．誤差の少ないよい測定であるかどうかの基準の 1 つが，信頼性（reliability）である．信頼性とは，同一の対象に対する計測を多数回独立に繰り返した場合の，計測値間の一貫性の程度のことで，信頼性係数（計測値の分散に対する真の値の分散の割合）で表現される．社会調査や心理検査による計測の信頼性係数は，次のように推定される．明確な基準があるわけではないが，0.7 ～ 0.8 以上の信頼性係数が得られれば，信頼性のある計測であると判断できるであろう．

◆ 再検査法（test-retest method）

同じ対象に対して一定の期間をおいて同じ計測を 2 度実施し，相関を求める方法．検査間隔が短いと 1 回目の計測が 2 回目に影響し，間隔が長いと対象そのものが変化してしまう可能性がある．

◆ 平行検査法（parallel test method）

性質（問題の内容，難易度など）が同等な 2 つの平行検査を実施し，その結果の相関を求める方法．平行検査を作成すること自体が大変難しい．

◆ 折半法（split-half method）

計測に用いた質問項目や検査問題を二分し，そ

表 1.1 多特性-多方法マトリックス（原岡，1990）

方法	構成概念	1		2	
		A	B	A	B
1	A	（信頼性係数）	弁別的妥当性		
	B	弁別的妥当性	（信頼性係数）		
2	A	収束的妥当性	（無意味な相関）	（信頼性係数）	弁別的妥当性
	B	（無意味な相関）	収束的妥当性	弁別的妥当性	（信頼性係数）

れぞれで得られる結果の相関を求める方法．前半と後半で分ける，奇数番目と偶数番目で分ける，困難度や内容を手がかりに2群に分けるなどの方法がある．折半の方法により，信頼性係数が変わりうる．

◆ **内的整合性（internal consistency）**

すべての可能な折半法から推定される信頼性係数の平均を求め，1つの推定値とする方法．代表的な指標にクロンバック（Cronbach）のアルファ（α）係数がある．1つの検査に含まれる複数の項目に対する反応の一貫性の程度を反映する．

4）妥当性

よい計測であるかどうかのもう1つの基準が，妥当性（validity）である．信頼性が高くても，計測値が一貫して真の値からずれていては，よい測定とはいえない．妥当性とは，計測したい対象を的確に計測できている程度のことである．妥当性は次のような方法で推定される．

◆ **内容的妥当性（content validity）**

その検査の内容が，測定すべき領域や心理的特徴を偏りなく代表しているかどうかを表す．その分野の専門家の判断の一致度で推定される．

◆ **基準関連妥当性（criterion-related validity）**

検査の得点が，それとは独立した外部基準とどの程度相関するかを表す．基準が時間的に後の場合（例：入学後の成績を基準として入学試験の妥当性を判断）は，予測的妥当性（predictive validity）という．別の学力テストのように，同時期に得た別の基準に基づいて判断する場合には，併存的妥当性（concurrent validity）と呼ぶ．

◆ **構成概念妥当性（construct validity）**

計測しようとしている理論的構成概念をどの程度計測できているかを表す．心理学の研究においては構成概念の性質が明確でない場合がほとんど

なので，多面的な評価方法が必要である．その1つに，多特性-多方法マトリックスがある．異なる2つの構成概念を異なる2つの方法で計測し，その結果の相関を調べると，表 1.1 のような相関表を作ることができる．

構成概念妥当性を示すためには，同じ構成概念を計測すると想定される2つの方法間で結果が一致し，違う概念を計測する方法間では一致しないことを確かめる必要がある（原岡，1990）．表 1.1 の収束的妥当性（convergent validity）が高く（相関係数が大きい），弁別的妥当性（discriminant validity, divergent validity）も高い（相関係数は小さい）ほど，構成概念妥当性が高いといえる．

5）信頼性と妥当性の考え方の変化

古典的テスト理論では，計測値＝真の価＋誤差と表現され，信頼性係数は「真の価のバラツキ／（真の価のバラツキ＋誤差のバラツキ）」となる．しかし，この信頼性係数は計測道具（例えば，学力検査）と計測対象（検査対象）の両方に依存して変化するので，道具そのものの信頼性の評価とはいえない．これに対し，項目反応理論（item response theory．反応応答理論ともいう）と呼ばれる理論（豊田，2002 などを参照）では，検査（項目）の特性と検査対象の特性の両方を推定可能なモデルと方法を提供し，TOEFL などの大規模なテストで採用されている．

妥当性の考え方も，研究の進展に伴い少しずつ変化している（Messick, 1995）．妥当性にいくつかの種類があるのではなく，妥当性とは構成概念妥当性のことで，他は妥当性を推定するための方法であると考えられるようにもなっている．実施する研究領域における信頼性と妥当性の考え方の現状について，把握しておく必要がある．

〔宮谷真人〕

1.4 剰余変数・攪乱要因

1.4.1 剰余変数の概念と実験者関連の剰余変数

1) 剰余変数の概念

実験の3要素は，独立変数の操作，従属変数の測定，剰余変数の統制であるが，この中で実験の成否を分けるのは剰余変数の統制であるといって過言ではない．剰余変数は，独立変数以外に従属変数に影響する，またはその可能性がある変数である．当然，無数の剰余変数が存在し，それらの統制は困難を極めるが，その統制をいかに洗練された形で行えるかどうかが実験を立案する際の醍醐味であるといえよう．ここでは①実験者に関連する剰余変数，②被験者に関連する剰余変数（1.4.2参照），そして③実験方法・装置に関連する剰余変数（1.4.3参照）の3種類に分類して解説する．

実験では，一度に1つの独立変数のみが変化し，他の変数はすべて一定に保たれるのが理想である．そうして得られた結果（従属変数）が変動したなら，それは独立変数の変化が原因であり，一定に保たれていた他の変数を原因とする解釈は成り立たない．しかし，独立変数以外の他の変数が同時に変化した場合，従属変数の変動の原因がいずれにあるのかを特定することは困難である．なぜなら，混交した剰余変数が独立変数と同じ効果を生み出したとすると，実際にはその独立変数に効果がなかったにもかかわらず，実験の結果として効果があったという誤った結論を導き出してしまうからである．あるいは，その剰余変数が独立変数とは反対の効果を生み出したとすると，実際にはその独立変数に効果があったにもかかわらず，剰余変数の効果でそれが相殺され，実験の結果としては効果がなかったという誤った結論を導き出してしまうかもしれない．

剰余変数は，除去，恒常化（一定化），無作為化（ランダマイズ），相殺（カウンターバランス）などの方法で統制する（1.5.1参照）．例えば，知覚実験を暗室や無響室で実施するのは，剰余変数となる他の視覚刺激や聴覚刺激を除去するためにほかならない．両眼網膜像差のみで両眼立体視が生じることを示したランダムドットステレオグラムは，「形」や「輪郭」という剰余変数の除去に

洗練された形で成功した視覚刺激のよい例である（Julesz, 1971）．

2) 実験者の特性

実験者に関連する剰余変数の1つとして，実験者自身の性別，魅力，パーソナリティなどの特性により被験者の行動が変化してしまい，実験結果に影響を与える可能性があげられる．例えば，実験者が被験者にとって魅力的な特徴をもつ異性である場合とそうでない場合を比較すれば，前者の場合に被験者が課題に対してより積極的に取り組み，高い成績を出そうとすることは容易に想像できる．この剰余変数を統制するため，実験全体を通して同一の実験者が実験を遂行することが推奨される．実験者が変わることは，言い換えれば，異なる装置を用いて実験することにほかならないからである（1.4.3参照）．この剰余変数を統制するために，実験者は白衣を着用することが推奨される．実験者の性別や外見の差異による影響を極力小さくして，すべての被験者に対して可能な限り等質な印象を与えるためである．

この性別による影響の大きさを推し量るために，それを積極的に利用した実験について考えてみよう．情動の2要因説を検証した吊り橋実験では，心拍数の増加などの身体的変化を，恐怖という本来の原因ではなく異性への興味という誤った原因に帰属することを示した（Dutton & Aron, 1974）．この実験では，通常なら剰余変数として統制されるべき実験者の性別や魅力を，実験を構成する要因の1つとして固定したのである．このような研究例からも，特に情動や動機づけのような心理特性を測定する実験では，実験者の特性という剰余変数に注意を払う必要があることが明らかである．

3) 実験者バイアス

実験者自身が実験結果を変化させる，あるいは被験者が実験者と関係する中で反応を変化させてしまう例は，古くから知られている．代表的な例は，20世紀初頭のベルリンで話題になった「賢いハンス」として知られる馬にまつわる逸話である．足し算の問題を見せると，その答えの数だけ蹄を打ち鳴らすことから，計算ができる馬として

評判を呼んだが，ハンスに問題を見せる質問者が解答を知らない場合と知っている場合の正答率を比較したところ，前者は約10％で後者は約90％になることが明らかにされた（Pfungst, 1907）．すなわち，ハンスは答えを知っている周囲の人間の行動を見て蹄を打ち鳴らすのをやめていたと考えられる．

この例において結果に影響するバイアスは複合的であり，少なくとも3つの側面があることに留意しなければならない．第1は，実験者の期待が被験者に影響してその反応を変化させるバイアスであり，第2は実験者自身が被験者の反応を望ましい方向に判断してしまうというバイアスである．これら2種のバイアスは実験者バイアスあるいは実験者効果と呼ばれる．第3は，実験者の表情や仕草などに意識せずに出てしまう手がかりを被験者（体）が利用してしまう側面であり，これは被験者バイアスと呼ばれる（1.4.2参照）．

第1の実験者バイアスを，人間を対象とした実験で指摘したのは，教師の期待が生徒の知的発達を促進するというピグマリオン効果（pygmalion effect）の研究である．米国のOak Schoolという公立小学校で行われた実験で明らかにされたこの効果は，ローゼンタール効果あるいは教師期待効果とも呼ばれる（Rosenthal & Jacobson, 1968）．知能検査の結果から成績の急成長が見込まれるとして，実際はランダムに抽出した生徒のリストを教師たちに渡して1年間追跡したところ，そのリストに含まれた実験群の生徒らの全体的なIQの伸びが，リストに含まれなかった統制群の生徒らのIQの伸びよりも大きくなった．特に1年生と2年生の低学年において，実験群のIQの伸びは統制群のそれの2倍以上であった．また，10ポイント以上のIQの伸びを示した生徒の比率が統制群では49％だったのに対し，実験群では79％であった．ただし，この実験結果の再現性は必ずしも高くないことが著者自身によって指摘されている点は注意すべきである．米国中西部の2つの小学校で同じ実験を行ったところ，反対の結果が得られており，著者らはこれらの結果の違いを母集団とした生徒たちの多くがOak Schoolではマイノリティー層であったのに対し，他の2校では中流階級であったことと関連づけて考察している．

第2の実験者バイアスは，「賢いハンス」の例でいえば，蹄を打ち鳴らした数が正解に達した時点で質問者が正解と判断してしまいがちになる点を指している．もう1つの例として，動物を用いた言語獲得の研究があげられる．ワショーと名づけたチンパンジーに手話を教えるプロジェクトの結果，ワショーが手話を使えるようになったという報告（Gardner & Gardner, 1969）が注目され，同種の実験が多く行われるようになった．しかし後年，他のチンパンジーの手話実験のデータについて再分析したところ，実験者や助手の手の動きを模倣していただけであり，チンパンジーの手話は人間の会話とは性質が異なるとする説が出された（Terrace et al, 1979）．ワショーの実験結果は，模倣行動を自発的な手話とみなした実験者バイアスとされたのである．

この実験者バイアスを除去するために，二重盲検法と呼ばれる実験手続きが導入される（1.5.2参照）．これは実際に実験を実施する実験者に実験の目的，あるいは実験においてどの刺激がどの順番で呈示されるのかを知らせない方法である．強制選択選好注視法により乳児の視力とコントラスト感度曲線の測定に成功した実験は，二重盲検法を組み込んだ好例である（Atkinson et al, 1974）．この実験では乳児が単純な刺激（均一な灰色画面）よりも複雑な刺激（縞パターン）を好んでそちらに視線を向けることを利用し，乳児の前方に置かれた左右2台のディスプレイの一方には均一な灰色画面が，もう一方には縞パターンが呈示された．そしてどちらに縞パターンが呈示されたのかを知らない実験者が上部の覗き穴から乳児の視線を観察してその方向を記録することで，実験者バイアスを除去したのである．

〔櫻井研三，河地庸介〕

1.4.2 被験者関連の剰余変数

1）来 歴

　実験操作以外に，実験・試行前後に被験者の周囲に生じる種々の事象を Campbell（1957）は来歴（history）と呼び，実験結果に影響しうる剰余変数として考えた．例えば，事前・事後測定のように，1つの実験を複数のセッションに分けて実施した場合，次のセッションまでの期間が長いほど実験者の統制が及びにくくなり，その間に生じた出来事が実験結果に影響を与える場合がある．視覚刺激を用いる実験の場合に，1回目と2回目のセッションの間が1週間あり，その間に被験者がコンタクトレンズを変えて視力に変更が生じると，それが実験の結果に影響を与えるかもしれない．このように実験実施中に実験者が制御できない変化が被験者に生じる可能性を考慮しておく必要がある．

　ここでは実験・測定間の休憩時に起こりうる事象の身近な例として被験者の手洗い行動を取り上げておく．近年，手洗い行動という物理的な清浄が心理的な清浄（例えば，非道徳的な行動の罪悪感を弱めたり，他者の不正行為に対して少し寛容になるなど）にもつながることを示す研究が報告されている（Zhong & Liljenquist, 2006）．Kasper（2013）は2回実施されるタングラム課題（CCTIAT といったアルファベット列を TACTIC といったように意味のある単語へと並び替える課題）の間になされる手洗い行動の有無を独立変数として扱い，手洗い行動が2回目の課題成績に及ぼす影響を検討している．被験者は3つの条件（2回目の課題前に手を洗う条件，2回目の課題前に手を洗わない条件，2回目の課題のみを行う統制条件）に分類された．1回目に呈示される25の文字列のうち，6つのみを正解できるようにしておくことで，被験者に課題がうまくできなかったという失敗感情を体験させた．結果として，2回目の課題前に手を洗わなかった被験者は失敗感情のために2回目の課題に対して自身の結果について楽観的になることなく（主観評定により楽観性を測定），よりよい成績を収めた．

一方，手を洗った被験者は失敗感情が弱められ，2回目の課題を行う統制条件の被験者と同等の成績であった．来歴という観点から注目すべきは，実験課題間に行う何気ない手洗い行動の有無がその後の課題成績を左右しうるということである．

2）成 熟

　来歴と似た剰余変数であるが，時間経過に伴う被験者の生物学的・心理学的変化が成熟であり，成長，加齢，疲労，覚醒度（退屈）がそこに含まれる（Campbell, 1957）．当然，この剰余変数を除去することは基本的に不可能であるが，統制すべき対象である．例えば，知覚や認知の実験では単純な課題の試行を数多くこなすことを求められるため，実験開始時より中盤において被験者の覚醒度が低下することは容易に想像できる．このような場合，試行順をランダム化して覚醒度の変化を条件間で均等化し，実験結果が覚醒度の違いで生じたという解釈を否定できるようにしなければならない．

　成長や加齢は剰余変数としてではなく主として独立変数として扱われることが多いため，以下では，実験者がしばしば直面するであろう被験者の疲労や覚醒度を独立変数として課題成績への影響を検討した実験例を述べる．

◆心理学的疲労

　疲労の中でもとりわけ心理的疲労は認知的パフォーマンスを低下させるとされている（Boksem & Tops, 2008）．Boksem ら（2005）は，休憩なしで3時間の視覚的注意課題を被験者に課した．課題では，標的となる2つのアルファベット（例えば A と B）が呈示され，さらに4つの空間位置（右上，右下，左上，左下）のうち対角線上の2つの位置（例えば右上と左下）に手がかりが呈示された後，画面対角線上に配置されたアルファベットが 1,000 ～ 1,500 ms の間隔をおいて繰り返し呈示される（例えば右上の Z と左下の A）．被験者の課題は，標的アルファベットが空間手がかり位置に呈示された時にボタン押し反応するというものであった（この例ではボタン押しは正解となる）．結果として，課題時間の経過とともに反応時間が延長し，ミスや誤検出が増えることが示された（このほか警戒状態の低下を示す α 帯域

の脳波成分の増大や心理的疲労を示す ERP 成分の変化などの結果が得られた）．数時間に及ぶ実験では心理的疲労による同様の影響がみられると考えられるため，実験計画段階での留意が必要となる．

◆ 身体的疲労

上述の心理的疲労に加えて，身体的疲労も実験結果に影響を及ぼしうる．Proffitt ら（1995）は被験者の疲労度が幾何学的な手がかりに基づく傾斜（geometric slant）の知覚に影響を及ぼすことを報告している．被験者に疲れるまでランニングを行ってもらい，このランニングの前後に 5° の傾斜をもつ坂と 31° の傾斜をもつ坂についてその傾斜を 3 つの報告法（言語的・視覚的・触覚的手法）を使って判断させた．その結果，ランニング後に言語的もしくは視覚的に傾斜を判断したときには過大評価することが明らかとなった．ただし，この結果は自身が坂をランニングすることを意識していたために生じている可能性があり，身体的疲労を生起させる要因と課題の関連性については注意する必要がある．Tomporowski（2003）の概説によれば，一般的に数分程度の短時間に激しい運動によってつくり出された身体的疲労は単純な標的検出課題などには影響しないことも多く，数十分程度の相対的に長い時間にわたる有酸素運動によってつくられる身体的疲労は認知課題の成績を向上させることがあるとされている．以上のように身体的疲労はその影響の強さや方向性も定かではないが，いずれにせよ被験者が実験室に入るまでの過程において特別な身体的疲労を生み出すような状況をつくり出さないようにしておくことが望ましいと思われる．

◆ 覚醒度

ヒトの概日リズムや覚醒水準についても注意課題，記憶課題，意思決定課題や言語課題の成績や処理速度に与える影響が報告されている（Schmidt et al, 2007）．Horowitz ら（2003）はビジランス（vigilance）課題（10 分間にわたりランダムな間隔で呈示される視覚刺激に対して迅速に反応する課題）と視覚探索課題（2 の中から 5 を見つける課題，もしくは水平の赤いバーと垂直の緑のバーの中から垂直の赤いバーを見つける課題）を 38 時間覚醒した状態で繰り返し実施し

た．その結果，概日リズムにそぐわない形で覚醒していたり，覚醒時間が長くなることに対応して，両課題で正答反応時間が有意に延長して誤答が多くなった．その一方で，探索課題における 1 つひとつの刺激を探索する速度には変化がないことがわかった．注意という概念は多次元的であり，検討する注意の側面によって概日リズムや覚醒時間の長さが与える影響は異なってくるものの（Schmidt et al, 2007），覚醒水準や概日リズムが注意を含む数多くの認知課題成績に影響をもつことは紛れもない事実であるといえる．遂行する課題の種類にもよるが，メラトニン分泌量が多くなる夜間の実験データを昼間のデータと組み合わせることへの配慮や被験者の行動や内省から覚醒状態の把握に努めることは，より精度の高い実験データ取得に向けた有益な試みとなるだろう．

3）要求特性

研究に協力する被験者の多くは，実験者が期待する結果を出して実験者の助けになるようなよい被験者（good subject）になろうとする．そのため，被験者は研究の仮説や実験者が期待していることを理解しようとするだろう．その際に，研究の仮説や実験者が求めていることの理解を促すような研究の一側面や手がかりを要求特性（demand characteristics）という（Orne, 1962）．1.4.1 で述べた「賢いハンス」が代表例である．要求特性は実験者の意図にかかわらず被験者が実験遂行する際の手がかりとなり，被験者バイアスとして結果に影響する．

実際の実験でも同様に要求特性の影響が確認されている．Intons-Peterson（1983）は要求特性が心的イメージに及ぼす影響を検討した．実験では心的イメージを用いて心的走査課題（Kosslyn et al, 1978）や心的回転課題（Cooper & Shepard, 1975）などを遂行する条件と実際に関連する刺激が呈示されて課題を遂行する条件が設けられた．そして実験そのものは実験の目的を知らない複数の助手に実施させ，半数の助手にはイメージ条件で，もう半数には知覚条件で成績がよりよくなると信じさせておいた．ただし実験内容を教示する際，すべて助手は同一の決められた教示文を読んだ．その結果，課題にかかわらず実験者がよりよ

い成績になると期待していた条件で課題成績は高くなっていた．このように意図的ではない非言語的な手がかりでさえ被験者の課題成績に影響することから，要求特性とそれを被験者が手がかりとして無意図的に用いてしまうことは，完全な除去が非常に難しい剰余変数といえる．

要求特性に基づく反応バイアスと類似した概念として評価懸念（evaluation apprehension）が知られている（Rosenberg, 1965）．これは，被験者が実験者に能力，パーソナリティなどの様々な側面についてよりよく評価されたいという期待をし，被験者が反応を変容させる傾向を意味する．要求特性を読みとり実験者の助けとなるよい被験者となれば，実験者によく評価されると考えられる点で，要求特性と評価懸念による反応バイアスは類似している．しかし，実験者によい印象をもってもらいたいという被験者の願望とよい被験者でありたいという願望が常に一致するわけではなく，実験（特に社会心理学実験）によっては衝突することがある（Rosnow et al, 1973）．このように両者は互いに関連しているが，部分的に異なった剰余変数と考えることができる．

4）被験者反応バイアス

参加する実験の課題や求められる反応によって，独立変数以外に実験結果に影響を与えうる反応バイアス（歪み）が存在する．実験計画立案に際しては事前にある程度までバイアスの影響を見通し，可能な限り排除することを目指す必要がある．例えば，心理物理学的測定法のうち調整法および極限法を用いた実験では，1.3.1 でも取り上げた慣れの誤差（error of habituation）と期待の誤差（error of expectation）は，排除すべき反応バイアスである．

さらに恒常法を含めた多くの測定法を用いた実験において，被験者が自身の判断に確信がもてない事態・試行に直面すると〔または主観的等価点（PSE）・閾値付近の刺激に対して〕，意識的か否かは別として，実験者の期待に沿うように被験者が特定の反応選択肢のみを用いる反応バイアスである応諾効果（compliance effect），ローゼンタール効果（Rosenthal effect）や反応選択肢を同等の頻度で用いようとするバイアスである反応頻度等化バイアス（response frequency equalization bias）が生じる可能性が指摘されている（Morgan et al, 2012；Sekuler & Erlebacher, 1971；Tune, 1964）．後者の例として，標準刺激線分の長さ（100 mm）に対して様々な長さの比較刺激線分（被験者群 1 は 96 mm または 104 mm，被験者群 2 は 96 mm または 108 mm）のほうが長いか短いかを判断するという実験場面を考える（Sekuler & Erlebacher, 1971）．そして試行の 80% は正しく感覚情報を利用して長短判断をする一方で，残り 20% は当て推量で答え，そのうち半数の試行は「長い」と反応し，残りは「短い」と判断すると仮定する．すると，標準刺激は同一であるにもかかわらず，PSE（被験者群 1 では 100 mm，被験者群 2 では 102 mm）は両群間で異なる値をもつことになる．このように判断に確信がもてずに反応頻度を等化にするだけで知覚上の変化がなくとも PSE が移動することになるため注意が必要である．

心理物理学的測定法は Yes/No 法や強制選択法と併用して用いられ，閾値・d'・反応時間および正反応数・率といった課題成績を得る．Yes/No 法は，各試行で単一の刺激が呈示され，刺激が見えたか否か，または錯視が生じたか否かを Yes か No で答える測定法であり，強制選択法（alternative-forced choice）は，例えば二肢強制選択の場合，1 試行につき 2 つの刺激が時間的もしくは空間的にずらして呈示され，いつまたはどこに標的が含まれていたかを選び出す測定法である．この Yes/No 法で生じうる反応バイアスとは，試行において刺激が閾下であるか，または存在しない（呈示されていない）場合にも被験者が刺激の存在を期待して刺激があると報告してしまう傾向であり，このバイアスは測定精度を低下させてしまう．そのため，刺激試行に無刺激試行〔キャッチ試行（catch trial）〕を混ぜることで被験者が刺激の存在を報告する反応バイアスを低下させる試みがなされるが（Gescheider et al, 1971），この反応バイアスを完全に取り去ることは難しい．他方，強制選択法では，全試行にわたって反応すべき刺激が含まれているため，刺激がない中で刺激存在を期待して「刺激あり」反応するといった事態にはならない．そのため上述の反応バイアス

は生じない．結果として，呈示された刺激がいずれも閾下の場合には被験者は当て推量でいつ（またはどこに）標的が含まれていたかを選択するしかない．このように強制選択法では回答した反応が正答になる確率はコインを投げて表になる確率と等しくなるため判断基準非依存とされる．ただし，特定の場所や時刻の刺激を選ぶという反応バイアスがありうるため注意は必要である（村上，2011）．

　主観評定実験およびマグニチュード推定法は非常に反応バイアスの影響を受けやすいとされている（Poulton, 1979）．ここでは Poulton（1979）とGescheider（1988）を基に代表的な反応バイアスを述べる．①中心化バイアス（centering bias）は，提示される刺激の範囲の中心付近に反応の範囲の中心を移動させる傾向を意味する．そのため提示される刺激範囲が変われば反応範囲の中心もそれに合わせて変動することになる．②刺激間隔バイアス（stimulus spacing bias）は，刺激間隔があたかも等間隔，刺激提示頻度が等確率で提示されているかのように反応する傾向を意味する．③縮小バイアス（contraction bias）は，被験者が刺激に対する自身の反応範囲を把握すると，反応範囲の中心に近い反応を選択するようになる傾向を意味する．結果，大きな刺激や大きな刺激間の差異は過小評価され，小さな刺激や小さな刺激間の差異は過大評価されることになる．④刺激・反応等化バイアス（stimulus and response equalizing bias）とは，呈示される刺激の範囲の大きさがどのようなものであっても，被験者が用いることが可能な全反応範囲・選択肢を使って反応する傾向を刺激等化バイアス，逆に用いることができる反応の範囲の大小にかかわらず，刺激範囲全体に対応して反応が分布するように調整する傾向を反応等化バイアスという．⑤対数バイアス（logarithmic bias）とは，被験者が数値により刺激のマグニチュードを報告する実験場面で生じる．このよ

うな実験では，ある被験者は刺激のマグニチュードが 10 を超えると 10，20，30 というように対数的に数値を用いて報告する．またある被験者は 11，12，13 というように線形に数値を用いて報告する．前者は 1 〜 10 の間と 10 〜 100 の間に同じ数だけ数値を含むが，後者は 1 〜 10 の間に対して 10 〜 100 の間には 10 倍の数値を含むことになる．このように，線形反応尺度ではなく対数反応尺度を用いることで反応尺度上の間隔が縮小されてしまう傾向を対数バイアスという．例えば，20 というマグニチュードが線形尺度上の 20 に対応する一方で，対数尺度を用いている場合は線形尺度上の 13（＝ $10^*\log_{10} 20$）程度に対応することとなる．結果，20 というマグニチュードに対する 20 という反応は，線形尺度を用いたものか対数尺度上を用いたものかによって反応尺度上の異なる位置として表現される．

5）実験操作情報の拡散

　実験操作とは無関係に生じ，実験結果に影響を及ぼしうる事象として，先に実験に参加した被験者が後で実験に参加する被験者と接触することにより，実験の内容や印象などの情報を提供するといった実験操作情報の拡散（diffusion of treatment）がある（Cook & Campbell, 1979）．特に被験者間計画の実験において，異なる条件に振り分けられた被験者間で情報を共有してしまうと，後で実験に参加する被験者が先の被験者にならって反応してしまい，得られる条件間の差異が小さくなる可能性がある．

　このように，事前に先行研究などでその効果が検討されている事象であれば剰余変数として影響を予測して対処することも可能であるが，ありとあらゆる事象が影響しうる可能性があるため，事前に予測することはきわめて困難といえるだろう．　　　　　　　〔河地庸介，櫻井研三〕

1.4.3 実験方法・装置関連の剰余変数

1) 被験者選択バイアス

被験者選択バイアスまたはサンプリングバイアス（participant selection bias/sampling bias）とは，被験者となった人物が偶然特別な動機をもっている場合や，標本が母集団を代表していない場合に研究結果に生じる歪みを指す．前者の例として，被験者がボランティアか否かで実験結果が歪められたという報告がある（Rosnow & Rosenthal, 1966）．ボランティアはその特性として，そうでない被験者に比べて知能テストの得点が高くなる傾向があり，パーソナリティ検査では社交性や社会的望ましさに関連する得点が高くなる傾向を有するからである．こういった被験者の特性は課題成績に関連するため，注意が必要である．後者の例としては，多くの心理学研究のように学生を被験者として選択すると年齢，経験や知能などにおいて成人の母集団を代表するとは考えにくいという懸念があげられる（Foot & Sanford, 2004）．心理学研究の多くは学生から得られるデータに強く依存しているが（Sieber & Saks, 1989），得られる知見の一般化については注意を要することを留意しておくべきであろう．

また被験者をランダムに2群に振り分ける手続きでは，参加を取りやめた一部の被験者の欠損数が群間で大きく異なると，結果的に2群間の均質性が失われて実験結果に影響する可能性に注意しなければならない（Cook & Campbell, 1986）．

2) 文脈効果（系列・順序効果，練習効果）

通常，実験心理学において文脈効果（context effect）というと，外界の刺激を知覚して同定する場合に時空間的に近接する他の刺激の影響を受けることを指す．また，印象形成の古典的研究（Asch, 1946）では，最初に呈示される特性語が肯定的な場合のほうが否定的な場合よりも，最終的に形成される印象が肯定的になるという順序効果も文脈効果の一種とされる．確かに，実験環境を取り巻くすべてのものが文脈となりうるが，剰余変数としての文脈効果という場合には，特に系列・順序効果および練習効果を総称したものを指す（Greenwald, 1976）．実験では，各試行で呈示された刺激についてなされる被験者の反応は各々独立であることが望ましい．しかし，主観評定やマグニチュード推定法などを用いた実験では，前試行（試行 $n-1$）での判断が試行 n での判断に影響を与えることが知られている．この効果を系列（順序・持越し）効果（sequential/order/carry-over effect）という（Campbell, 1957；Gescheider, 1988；Stevens, 1975）．ある試行 n での反応は直前の試行 $n-1$ の反応と同方向に向かって歪められる（同化する）ことが多い（例：Cross, 1973）．さらに $n-2$，$n-3$，…というように前の試行になるほど，今度は異なる方向に向かって反応が歪められる（対比する）とされている（Staddon et al, 1980）．もちろん心理物理実験のみならず，家具の価格を推定するようなより複雑な価値判断などの実験においても系列効果が得られる（Matthews & Stewart, 2009）．

試行間関係の効果以外にも，練習試行や先に参加した実験や条件がその後の実験や条件の結果に影響を及ぼすことがあり，練習効果（practice effect）と呼んで（Campbell, 1957；Poulton, 1979），上述の系列効果とともに文脈効果の1つとして考えられている．ただし練習効果という用語は，研究によっては学習の効果や疲労，飽きの効果（1.4.2参照）を意味する場合もある．

3) 平均への回帰

同一被験者に対して複数回の測定を行う際に注意すべき現象が平均への回帰（regression toward the mean. Galton, 1886）である．ある子どもの集団が適性検査を2回受ける状況を考えてみよう（Tversky & Kahneman, 1974）．1回目の適性検査において集団の平均得点に比べて特に成績が良かった10人の子どもの2回目の成績は1回目よりもやや悪くなり，集団平均に比べて特に成績が悪かった10人の子どもの2回目の成績は1回目よりもよい成績となる．このように平均への回帰とは，複数回の測定において，先行する測定回での極端によい（あるいは悪い）得点が，次の測定回では前回の平均値に近づく（回帰する）ことを意味する．

この現象が生じる理由を，Furby（1973）は次のように説明した．ある被験者が変数xにおいて極端に高い（低い）値を記録することはそれほど可能性の高い事象ではなく，xの値を決定する種々の要因がまれな形で組み合わさることで生じた可能性が高い．そして，同じ被験者の変数yでの得点を決定する種々の要因が再びまれな形で組み合わさって極端に高い（低い）値を記録する可能性は非常に低いと考えられる．結果，極端に高いxの値を記録した被験者のyの値は変数yの全体平均に近い値を記録する可能性が高くなる．このようにxとyの相関は完全相関とはならず，不完全相関となることが予想される．相関が低ければ低いほど，平均への回帰現象は強いものになる．テスト1の得点をx，テスト2の得点をy（両得点とも平均0，分散1の正規分布に従うものとする），その平均を$\bar{x}$，$\bar{y}$，そして得点間の相関をr（$r < 1.0$）とする．このときの回帰直線は$y = \bar{y} + r \cdot (x - \bar{x})$であり，$y - \bar{y} = r \cdot (x - \bar{x})$と変形して絶対値をとると$|y - \bar{y}| = r|x - \bar{x}|$となることから，極端な$y$の値と$y$の平均値までの距離は極端な$x$の値と$x$の平均値よりも小さくなることがわかる．

心理物理実験，特にマグニチュード推定法による測定においても，同様の回帰効果（regression effect）が報告されている（Stevens & Greenbaum, 1966）．例えば，ある音圧のホワイトノイズを片耳で聴取した後に両耳で聴取するということを繰り返し行い，両耳で聞いた音の大きさを片耳で聞いた音の大きさに調節して合わせる，あるいは片耳で聞いた音の大きさを両耳で聞いた音の大きさに調節するという実験を行うとする．同様の実験を異なる音圧のホワイトノイズについても行う．このような実験において被験者が両耳で聞いた音を調整する場合，極端な調整を行わず，調整範囲の中央により近づけた（回帰するような）調整を行う．結果，調整範囲の幅は全体的に狭まることになる．逆に片耳で聞いた音を調整する場合には，片耳で聞いた音の調整範囲が狭まることになる．回帰効果とは，このような反応傾向を指す．

ただし，基本的に平均への回帰現象は複数回測定で得られる測定値間の不完全相関に起因する統計的な現象であり，Stevens（1975）が述べるような，①刺激の強度（快適性），②刺激範囲を把握しようとする警戒心，③刺激順序といった種々の要因によって生じる回帰傾向とは異なる部分もあるため留意が必要である．

4）課題と教示

実験で被験者に与える課題と教示のわずかな変更が，結果に大きな影響を与えうる．その影響の大きさは，課題と教示を独立変数とした研究例からも類推できる．例えば，直接記憶の範囲を測定したSperling（1960）の実験では，瞬間呈示した文字列の再生に部分報告法という課題を導入することで，感覚情報貯蔵の存在を明らかにした．また，文脈効果の一種であるが，BransfordとJohnson（1972）の実験では，ある作業の手順を記述した抽象的文章を被験者に読ませて記憶させ，その理解度と再生量を測定したところ，事前に話題（例：洗濯）を伝えた群の成績が高かったことが報告された．このような例から，課題と教示の精緻な制御が実験に必要であることが理解できよう．

5）装　置

複数回の測定をする実験において，実験環境と装置の変化・変更は異なる結果を生じさせる可能性があるため，同一の実験中は同じ装置を使用することが望ましい．視覚刺激呈示装置としてのCRTと液晶ディスプレイの時間応答特性の違いから，同じCRTを使い続けている例は少なくない（2.1.1参照）．また，この装置には物理的な機械類のみならず実験を遂行する実験者や採点・評価を行う助手も含まれる．例えば，最初は緊張している実験者が実験の進行につれてその手順や被験者に慣れてくるという変化や，被験者の反応（行動）を実験者が評定する際の評価基準の変動は，装置関連の剰余変数として考慮しなければならない．

〔河地庸介，櫻井研三〕

1.4.4 個人差の取り扱い

1) 個人差と誤差

心には，どのような現象においても個人差がみられる．社会的態度やパーソナリティ，思考や記憶，知覚や感覚の基礎的な過程に至るまで，心の様々な側面が個人によって異なる．このうち，社会的態度やパーソナリティについては日常生活でも個人差に気がつきやすく，研究においても個人差の原因が検討されることが多い．一方で，知覚や認知などの基礎過程については，エキスパートを対象とした研究や，脳の病変・発達障害を対象とした研究では個人差が取り上げられることがあるが，多くの研究では人に共通する特徴を捉えることが目的とされるため，個人差は測定誤差やノイズとして扱われることが多い (Thompson-Schill et al, 2005；Kanai & Rees, 2011)．例えば，部屋の明るさが文章を読むスピードに与える影響を調べるとき，人によって読むスピードが大きく異なる文章を用意すると，部屋の明るさの効果が見えにくくなる．つまり，文章を読むスピードの個人差は，実験者が検討したい部屋の明るさの効果に対する誤差であるので，できるだけ人によって読むスピードが変わらない文章を用意して個人差を最小にすることが必要となる．

2) 個人差を利用した分析の利点

しかし，平均的な集団において個人差を最小にしようとしても，依然として個人差は観察される．例えば，大学生のボランティアを募り，明るさの知覚を測ると，同じ物理刺激から感じる明るさは個人によって異なる (Tsubomi et al, 2012)．感覚知覚のように，刺激の観察から報告までの心的過程が比較的少ないと考えられる場合においても個人差は観察され，高次認知になるほど個人差は広がっていく．しかし，これらを誤差として切り捨てるのではなく積極的に分析に活用すると，単に平均を見るだけではできない心理学理論の構築や整理が可能となる．Vogel と Awh (2008) は，個人差を用いた分析の利点として，次の3つのタイプの検討ができることをあげている．具体的に

は，2つの心理課題の個人間相関〔散布図を描いたときに，個々のデータポイントが個人である相関（村山，2012)〕を分析することで，①心的機能間の関連や②類似した心的機能の分離を示すことができる．また③心理指標と神経生理指標との関連の妥当性を検討することも可能である．以下に1つずつ見ていく．

◆ 心的機能間の関連を示す

まず，平均的な集団にみられる個人差を分析することで，心的機能間の関連を検討することができる．例えば，ある2つの心的機能が似ているのではないかと着想したとき，それぞれの心的機能を測る課題Aと課題Bを行い集団の平均値を比べても，類似性を示すことはできない．これは課題Aと課題Bのパフォーマンスが同じ心的機能を反映しているかにかかわらず，2つの課題の平均値は同じことも異なることもありうるからである．一方で個人差に注目すると，2つの心的機能が似ているなら，課題Aのパフォーマンスが高い個人は課題Bのパフォーマンスも高くなるので，個人間相関が高くなることが期待される．具体的な研究例をあげると，視覚から生じる時間の錯覚と聴覚から生じる時間の錯覚には大きな個人差があるが，2つの時間錯覚は個人間相関が高いことから，感覚を超えた心的時計が存在するのではないかと可能性を示す研究がある (Ono et al, 2012)．また，個人間相関の分析を通じて，異なると想定される心理課題の類似性を示すこともできる．例えば，ストループ課題とワーキングメモリ課題を行うと，ストループ課題には短期記憶の要素が含まれないにもかかわらず，2つの課題のパフォーマンスに高い個人間相関がみられる (Kane & Engle, 2003)．このことから，ワーキングメモリ課題には，短期記憶以外の，ストループ課題で測られる認知機能が反映されていると推定することができる．このように個人間相関を検討することは，実験課題が測定する心的機能が理論上の想定とは異なるのではないかと考えるきっかけにもなり，心理学理論の構築や拘束の手助けとなる．

◆ 類似した心的機能を分離する

前述のように，2つの心的機能が類似している場合には，一方の課題のパフォーマンスが高い個

人はもう一方の課題のパフォーマンスも高くなるので，2つの課題パフォーマンスの個人間相関が高くなる．これは同時に，信頼性の高い課題を用いたうえで個人間相関が低ければ，2つの心的機能が異なる可能性を示すことになる（Underwood, 1975）．この方法により，注意の捕捉（attentional capture）と注意の瞬き（attentional blink）の分離可能性を示した研究がある（Kawahara & Kihara, 2011）．注意の捕捉と注意の瞬きはどちらも，ある視覚情報に注意が向けられることで別の視覚情報が一定時間処理できなくなる現象である．いずれも注意のリソースに時間・空間的な制約があるために生じると考えられ，理論的にも類似性が高いと推測される．しかし，個人差に焦点を当てると，注意の捕捉がよく生じる個人が注意の瞬きもよく生じるわけではなく，2つの課題のパフォーマンスには個人間相関がみられないことから，それぞれに注意の別の側面が関わる可能性が示された．この方法で注意すべきは，単に相関が低いことを示すだけでは第二種の過誤の可能性があることである．つまり，検定力不足や課題の信頼性が低いために相関が検出されなかったのかもしれない．これを防ぐため，類似性が高いと想定される別の課題であれば個人間相関が高いことを示し，検定力や測定の信頼性を確保したうえで，検討対象とする課題との相関が低いことを示せば，分離の可能性に説得力が生まれる．この手法の研究例としては，Awh ら（2007）のワーキングメモリ研究も参考になる．

◆ **心理指標と神経生理指標との関連の妥当性を確かめる**

　心理学実験で得られる行動指標は，生理指標や脳活動の指標との関連が検討されることも多い（第6部参照）．このとき個人差を用いた分析により，神経生理指標の妥当性を確かめることが

できる．例えば，視覚刺激の輝度を高くすると主観的に明るいと感じ，同時に fMRI で測定すると1次視覚野の脳活動が高くなる．その際，実験参加者の集団平均として，明るさの主観報告と1次視覚野の脳活動が対応していれば，明るさ知覚が1次視覚野の脳活動に表象されていると推定される．しかしこれは，明るさ知覚と1次視覚野の脳活動が似たようなふるまいをしただけにすぎないのかもしれない．そこで両者の個人差に注目し，1次視覚野の脳活動の個人差が，明るさ知覚の個人差を説明できることを示せば（個人間相関が高ければ），1次視覚野の脳活動が明るさ知覚を表象していることの妥当性を高める強い証拠となる（Tsubomi et al, 2012）．同様の方法で心理指標と関連づけられる神経生理指標は様々であり，ポンゾ錯視やエビングハウス錯視の個人差が1次視覚野の皮質面積の個人差で説明できることや（Schwarzkopf et al, 2011），ネッカーキューブなど反転図形の知覚交代の頻度の個人差が上頭頂小葉の皮質量の個人差から説明できる研究例もある（Kanai, et al, 2010）．いずれの研究においても，心理指標と神経生理指標の集団平均が類似していることを示すだけではなく，個人間相関が高いことを示すことで，両者の緊密性を強く示すことができる．この手法については，Kanai と Rees（2011）によって多くの研究例が紹介されているので参考にされたい．

　以上のように，個人差を通じた分析により，単に集団の平均を求めるだけではできなかった心理学理論の構築や制約を行うことができ，また，心理指標と神経生理指標の対応を強く関係づけることができる．個人差はどのような心的対象であっても生じるため，これらの利点は幅広く活用できる．　　　　　　　　　　　　　　　〔坪見博之〕

1.5 実験の広い意味での計画方法

1.5.1 剰余変数の統制

独立変数と従属変数の間に因果関係があるのか否かを推論するためには，独立変数以外に従属変数に影響すると考えられる変数，すなわち剰余変数が十分に統制されている必要がある．ここでは，剰余変数を統制する方法として代表的な4種類の方法（剰余変数の除去，剰余変数の一定化，剰余変数の相殺，無作為化）を紹介する．

1) 剰余変数の除去

剰余変数の統制のために，最初に行う方法が剰余変数の除去である．実験参加者が受け取る刺激の中で，実験の目的に関係しない刺激をなるべくなくしてしまうことである．例えば，視覚的な剰余変数を除去するために暗室で実験を行ったり，聴覚的な剰余変数を除去するために防音室で実験を行うことである．

また，こうした物理的な環境設定以外にも，参加者や実験者の心的な剰余変数の除去が必要なこともある．例えば，参加者が実験の目的を知っている場合，実験の意図をくみ取って，反応が歪んでしまうことが少なくない．さらに，実験者が抱く予想や期待が参加者の反応に影響を与えてしまうこともある．これらの影響を最小限にするために，研究の目的や仮説を知らない人を参加者として集めることや，研究の目的や仮説を知らされていない人を実験者にすることが必要な場合がある（1.5.2 参照）．

2) 剰余変数の一定化

剰余変数の一定化とは，剰余変数の値をなるべく一定に保つように設定することである．例えば，視覚実験の場合，部屋の明るさや刺激の観察距離など，実験の目的に関係しない要因は，全参加者の全実験条件を通じてなるべく一定にすることが望ましい．

剰余変数の一定化のために，刺激を追加する方法もある．例えば，実験を行う場所の周辺で換気扇や実験装置から出る音をどうしても除去することができない場合，あえて一定強度のホワイトノイズ（白色雑音）を呈示することによって，音刺激の影響を一定に保つといった方法である．さらに，実験者の服装の違いによる影響を最小限にするために白衣を着用する場合もある．

剰余変数の除去と同様に，実験参加者の心的な剰余変数の一定化を行うことも望ましい．例えば，参加者に対する教示の微妙な言葉遣いや言い方の違いによって，参加者が実験の意図を予想してしまったり，モチベーションが異なってしまい，実験結果が異なってくることが少なくない．したがって，全参加者に対する教示はセリフのように扱い，なるべく一定にすることが望ましい．

ほかにも剰余変数の一定化は，実験参加者のサンプリングにも関係する．例えば，「年齢」が剰余変数として影響を与えそうだと考えられる場合には，特定の年齢に絞って，同じ年齢の参加者のみを調べるという方法である．同様に「性別」が影響を与えると考えられる場合には，対象者を女性のみ（または男性のみ）に絞ることで，性別の影響を統制する．こうした剰余変数の一定化は，統制を行った変数の影響を取り除くことはできるが，変数の一定化をすればするほど，得られた結論が限定された範囲の中でしか当てはまらないものになってしまう点に注意が必要である．例えば，参加者の年齢を20歳代，性別を女性に限定して実験を行って得られた結論は，20歳代女性について調べた実験の結論であり，厳密には他の年代や男性について述べることはできない．

3) 剰余変数の相殺

実際の実験場面では，すべての剰余変数に対して，除去や一定化ができるわけではない．例えば，参加者の知能や性格など，剰余変数の除去や一定化が不可能な場合もある．剰余変数の相殺とは，それらの剰余変数は互いに相殺させることで，影響をなるべく小さくすることである．ここでは剰余変数の相殺を，参加者の割り当てによる相殺と，実験計画による相殺の2つに分けて説明する．

◆参加者の割り当てによる剰余変数の相殺

参加者の割り当てによる剰余変数の相殺の代表例がマッチングである．マッチングとは，研究の単位（通常は参加者）を従属変数に対して影響を与えると考えられる剰余変数の値がなるべく等しくなるよう，複数のグループに分け，各グループ

内から独立変数の各条件に対し，参加者を同数ずつ得る方法である．例えば，参加者が男性18人，女性24人だったとして，3群に等しい人数を割り振る際に，各群に男性を6人，女性を8人ずつにすることで，すべての群における性別の違いによる影響をほぼ等しくすることができる．マッチングによる統制は，統制を行った剰余変数の影響を（ほぼ）取り除くことができるが，研究の単位（参加者の割り振り）に限界があるため，すべての剰余変数をマッチングすることは不可能である．そのため，剰余変数の中でも，自分の行う実験に最も影響の大きいと考えられる剰余変数からマッチングさせていくことが重要である．

◆ **実験計画による剰余変数の相殺**

前述の参加者の割り当てによる剰余変数の相殺は，参加者を条件ごとに分ける際の工夫によって，性別や年齢などの個人差による剰余変数を統制する方法である．このように，各条件に異なる参加者を割り当てることを「参加者間計画」という．それに対し，各条件に同一の参加者を割り当て，1人の参加者が複数の実験条件に参加する実験計画を「参加者内計画」という．例えば，ある記憶課題において3種類の記憶方略の効果を調べる際に，1人の参加者がすべての記憶方略を試すという方法である．参加者内計画では，すべての条件を1人の参加者が行うため，性別や年齢といった個人差の影響を完全に統制することができるという大きな利点がある．

しかしながら，参加者内計画では残留効果の影響を受けやすいという欠点がある．残留効果とは，参加者が遂行した試行の影響が，その後の試行の遂行に影響を与えることを指す．残留効果の中でも練習効果とは，複数の条件を行う際に，前に行う条件よりも後に行う条件のほうが成績が良くなることを指す．例えば，一定のタイミングをとることを要求される課題や，細かい腕の運動を伴う課題では，課題に対する慣れなどによって，1回目よりも2回目のほうが成績が良いことが多いことが予想される．また，反対に何度も課題を行うことによる疲れなどで成績が落ちることもある．

残留効果を相殺するために，参加者によって課題の順番を変えて，残留効果を打ち消す方法があ

表1.2　3条件（a，b，c）のカウンターバランス

参加者	順序		
	1	2	3
1	a	b	c
2	b	c	a
3	c	a	b
4	c	b	a
5	a	c	b
6	b	a	c

る（カウンターバランス）．例えば，3種類の記憶方略（a，b，c）の効果を参加者内計画で調べる際に，記憶方略の順番を参加者ごとに変えることで統制を行うことである（表1.2）．

4）無作為化

無作為化とは，あえて積極的な統制をせず，独立変数の各条件における剰余変数の値を全くの偶然に任せて決定する方法である．ここでは，無作為抽出と無作為割り当ての2つに分けて説明する．

◆ **無作為抽出**

無作為抽出とは，実験参加者を対象とする母集団内から無作為に選ぶことである．実験を行う際には，実際に実験に参加した人だけでなく，より多くの人に当てはまる結論を導くことが望まれる．そのためには，その実験で明らかにしたい母集団の設定と，その母集団全体から無作為に参加者を抽出することが重要になってくる．例えば，成人男性の記憶能力を調べたいのであれば，母集団内のすべての男性が等しい確率で選ばれるように，成人男性全体の母集団から無作為に参加者を抽出する必要がある．しかしながら実際の実験では，想定する母集団のすべてから無作為に参加者を抽出することは難しい．

◆ **無作為割り当て**

無作為割り当てとは，各条件に参加者の割り当てを行う際に，無作為に参加者を割り振るという方法である．無作為割り当ては，多くの剰余変数に対してある程度の統制を行うことが可能であるが，どの剰余変数の影響も完全には統制することはできないという特徴がある． 〔小野史典〕

1.5.2 二重盲検法

通常，心理学の実験を行う際には，実験者と参加者の2者が存在することになる．実験者と参加者はどちらも人間である限り，少なからずバイアスが生起する．ここでは，実験者および参加者による3種類のバイアス（実験者によるバイアス，参加者によるバイアス，実験者と参加者の相互作用によるバイアス）を説明した後に，それらを防ぐ方法である二重盲検法を説明する．

1) 実験者および参加者による3種類のバイアス

◆実験者によるバイアス

データの収集を，実験者による観察や評価によって行う際には，その最終的な判断は実験者に委ねられることになる．その場合，実験者の個性や考え方の違いが観察や評価の結果に違いを生じさせることが少なくない．例えば，2人の子どもがつかみ合っている場面を見た際に，1人の観察者はケンカしていると考え，別の観察者は単にじゃれ合っていると考えるかもしれない．こうした異なった実験者による観察や評価のエラーは文化的な影響が存在する地域では特に顕著である．そのため，観察や評価を伴う研究では，2人以上の観察者を用いることが望ましい．

通常，研究者は研究の目的や仮説を明確にしたうえで実験を行う．その場合，実験場面でのデータ収集や分析の際に，実験者にとって都合のよい結果が得られるようなバイアスが生じることがある．例えば，前述の子どもがつかみ合っている場面を観察した際に，ケンカとしたほうが実験の目的上，都合がよい場合，実験者は無意図的であれ，ケンカとして記述するかもしれない．その他にも，ある参加者のデータが他の参加者のデータと大きく外れた場合，そのまま使用するか破棄するかの判断は，その参加者の成績が仮説を支持するか否かに少なからず影響される．

実験者のバイアスは統計的検定を行う際にも関与してくる．例えば，ある実験のデータを参加者10人分集めたところで統計的検定を行ったところ，有意な差が得られなかったため，さらにデータを集めた後に，検定を行うといったことは，特に罪悪感もなく行われている場合がある．しかしながら，こうした参加者を追加するたびに統計的検定を繰り返すことは，実験者に都合のよい結果が得られるチャンスを増やすことになり，実験の結果を歪めることになる．

◆参加者によるバイアス

心理学実験では，年齢や性別といった個人の特性によるデータのバラツキは考慮されることが多いが，参加者のモチベーションや意図は見落とされることが多い．例えば，大学の心理学科の授業では，心理学の実験に参加することで成績評価に点数を加算することがある．試験期間中に，点数をもらうためだけに実験に参加する学生の多くは，疲れ切っていて，実験そのものに対するモチベーションは低いことが多い．反対に試験期間に関係なく，自発的に実験に参加する学生はモチベーションも高く，実験に真剣に取り組むと考えられる．

参加者のモチベーションに関する代表的な例としてはホーソン効果があげられる．1930年代に米国のホーソン工場で，労働者の作業効率を上げるために様々な操作が行われた．その中の1つに，工場内の照明を普段よりも明るく，または暗くするという操作が行われた．その結果，照明を明るくすることで生産効率が上がったが，暗くした状態でも生産効率が上がるという奇妙な結果が得られた．この結果の原因は，照明の明るさと行った物理的な変化ではなく，労働者自身が注目されているという感覚が生じることでモチベーションが高まったことによるものと考えられている．

このホーソン効果はプラシーボ（偽薬）効果の一種とされている．プラシーボ効果とは，偽薬を処方されても薬だと信じ込むことによって何らかの改善がみられることである．実際に，狭心症の患者に偽手術（胸部を切開するが実際に手術はしない）を行った際の回復率は，実際に冠状動脈手術を行った際の回復率と同等であったという報告がある（Cobb et al, 1959）．プラシーボ効果については現在も様々な議論が行われているが，参加者のモチベーションや思い込みが実験結果に与える影響は少なくないと考えられる．

◆実験者と参加者の相互作用によるバイアス

通常，実験者は仮説を立てて実験を行う．これにより，実験者は実験結果に対して，「こういう結果が得られると嬉しい」といった期待を抱いていることが多い．こうした実験者の期待や願望が実験者の言葉遣いや些細な仕草に知らず知らずのうちに影響を与え，参加者はその期待に沿うような行動や態度をとることがある．こうした実験統制外の実験者側の要因によって，結果が歪められてしまうことは実験者効果と呼ばれている（1.4.1参照）．

したがって，実験者は自身の期待が参加者に伝わらないように気を配るのだが，参加者も実験の意図を知ろうとする傾向があるとされている．実際の実験場面では，実験者の言葉遣いや仕草に加え，部屋の環境や実験装置など様々なものが実験の目的を知る手がかりになりうる．参加者は，こうした実験場面におけるあらゆる手がかりを介して，実験の真の目的を知ろうとするのである．一般的に，実験の参加者は実験者にとって「良い参加者」であろうとするため，推測した実験目的に基づいて行動（あるいは反応）する．オーン（Orne, 1962）は，こうした参加者が実験意図を知るための手がかりを要求特性と呼び，実際の実験状況においては，こうしたバイアスを完全に排除することは困難であると主張した．

2）二重盲検法

前述の3種類のバイアスを防ぐために用いられる方法が盲検法（ブラインドテスト）である．実際に盲検法は薬理学の研究において用いられている．例えば，一方のグループの患者には試験薬を，他方のグループには外見や味が同じで薬効と無関係な偽薬を投与することで，試験薬の薬効を調べる方法である．このように，患者に対して薬の内容を不明にして行う方法を単盲検法という．しかし，単盲検法では，薬の内容を知らないのは患者のみであり，薬を投与する医師は薬の内容を知ることになる．その場合，患者との会話の中で，医師の試験薬に対する期待や不安が患者に伝わり，プラシーボ効果が生じるかもしれない（実験者と参加者の相互作用によるバイアス）．さらに，薬の効果の判定をする際にも，医師は無意図的であれ試験薬の効果を実際より高くもしくは低く評価するかもしれない（実験者によるバイアス）．薬を開発する製薬会社にとって薬の真の効果を調べるためには，こうしたバイアスは可能な限り統制する必要がある．そのため，現在ではさらに慎重な方法として，患者と医師の双方に薬の効果を知らせないで薬を投与し，第三者である研究者がその効果の判定を行う二重盲検法（ダブルブラインドテスト）の手続きが必須とされている．

前述のように心理学の実験においても，参加者が実験者の表情や言葉の微妙な変化から，実験者の期待や願望を感じ取り，期待に沿うような行動や態度をとることがある．こうしたバイアスを防ぐために二重盲検法の考え方は非常に有効である．具体的には，実験を計画する人と実験を実施する人を別にして，研究の目的や仮説を実施する人に知らせないことでバイアスを減らす．さらに慎重な方法として，得られた実験データを処理・分析する人を，実験を計画する人および実施する人とは別の人にすることで，バイアスをさらに減らすことができる．　　　　　〔小野史典〕

1.5.3 個体内研究法

教育や臨床の現場において，新しい学習法や治療法の効果を調べるような場合，様々な制約のために，条件が十分に統制された状態で実験を行うことは難しい．例えば臨床場面において，研究者が有効だと考えている治療法を，無作為に選ばれた一方の群のみに対してだけ施すようなことは倫理的に問題がある場合がある．また，学校現場において新しい指導法の有効性を調べるためには，新しい指導法を行う群と通常の指導法を行う群の比較を行うことが望ましい．しかし，実際の学校では，学級単位の授業といった制約のために，それぞれの指導法に個々の学生を無作為に割り当てることは難しい．すなわち，教育や臨床の現場で実験を行う際の最も大きな問題は，適切に実験群と統制群を設定することが難しい点であると考えられる．そのため，個人内の変化に注目した実験計画（個体内研究法）が必要になってくる．ここでは，条件の統制が難しい際に，できるだけ確かな結論が出せるように工夫された2種類の実験計画（準実験，単一事例実験）を説明する．

1）準実験

準実験とは，様々な制約のために実験法の条件を満たさない場合にも，実験結果の妥当性をなるべく高くするための実験計画である．ここでは準実験を，1群事前事後テストデザインと，中断時系列デザイン，不等価2群事前事後テストデザインの3つに分けて説明する．

◆1群事前事後テストデザイン

1群事前事後テストデザインとは，1つの群に対し，事前テストを行った後に，処遇を施し，事後テストを行う方法である．例えば，朝食の重要性を紹介するビデオ視聴が，高校生が朝食を食べる習慣につながるか否かを調べるとする．実験ではあるクラスの高校生に対し，今朝，朝食を食べたか否かを質問し（事前テスト），その後朝食の重要性を紹介するビデオを視聴させる．その翌日，もう一度，朝食を食べたか否かを質問し（事後テスト），事前テストと事後テストの成績の比較によってビデオ視聴の効果を評価するという方法である．

実験の結果，事前テストよりも事後テストのほうが成績が良かったとする．しかしながら，この結果から，ビデオ視聴によって朝食を食べる人数が増えたと結論づけるにはいくつか問題点がある．例えば，事前テストと事後テストの間に起こったビデオ視聴以外の何らかの出来事が影響を及ぼしている可能性（履歴の脅威）や，ビデオ視聴ではなく，事前テストの実施自体が事後テストの成績の変化につながっている可能性（測定の脅威），そして時間の経過に伴う自然な発達的変化が成績向上の原因である可能性（成熟の脅威）が考えられる．

◆中断時系列デザイン

中断時系列デザインとは，1群事前事後テストデザインの事前と事後のテストの回数を増やしたものである．これにより，1群事前事後テストデザインの問題点がいくらかは解決できることがある．例えば，ビデオ視聴の前後に朝食に関する質問をそれぞれ5日間行った結果，図1.7のように朝食を食べた人数がビデオ視聴の前後で大きく変化したとする．この場合，事前テストを何度も行っているにもかかわらず，結果がほとんど変化せず，処遇が導入されて初めて顕著な結果がみられたとしたら，その変化の原因を，測定の脅威や成熟の脅威に帰するのには無理があると考えられる．

◆不等価2群事前事後テストデザイン

実験結果の妥当性を高くするためには，ビデオを視聴しない群（統制群）を設定することが望ましい．しかし，ビデオを視聴する群と視聴しない群に，学生を無作為に割り振ることが不可能な場合には，例えば，隣接する中学校の同学年の生徒

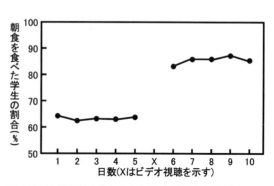

図1.7 10日間にわたる朝食に関する実験結果の例

を統制群とするなど，便宜的な方法がとられることになる．この場合，処遇群と統制群の等価性は必ずしも保障されないため，両群の成績を単純に比較することはできない．そこで，事前テストと事後テストの成績の差を比較することを行う．具体的には，それぞれの群の事前テストの成績はベースラインとされ，事前テストから事後テストへの変化量はそのベースラインから推定される．次に，成績の差を群間で比較することで，各群の変化の大きさを比較する．この不等価2群事前事後テストデザインは，指導法やカリキュラムなど教育に関する研究分野で広く使用されている．

2）単一事例実験

心理学の歴史においては，1人だけの参加者を対象とした実験的研究は古くから行われており，記憶や学習の研究領域において重要な成果を上げてきた．単一事例実験は，こうした少数の参加者のデータからでも，なるべく妥当性の高い実験結果を得るための実験計画である．ここでは単一事例実験を，逆転計画と多重ベースライン計画の2つに分けて説明する．

◆逆転計画

逆転計画における「逆転」は，処遇期とベースライン期の入れ替えが行われることに由来する．実験では，まず従属変数の断続的な測定を行い，処遇導入前のベースラインを調べる（ベースライン期）．その後，特定の処遇を導入し，断続的な測定を行う（処遇期）．さらにその後，処遇を取り除いた状態で断続的な測定を行い（ベースライン期），処遇期の測定値を2つのベースライン期と比較することで処遇の効果を調べるというものである．例えば，あるリラクゼーション体操が，陸上の400m走リレーの成績を向上させるか否かを調べるとする．実験では，あるリレーチームのメンバーに対し，まずはリラクゼーション体操を行わない状態で400mリレーのタイムを数日間，計測する（ベースライン期）．その後，リラクゼーション体操を行った状態でタイムを数日間，計測する（処遇期）．最後にもう一度，リラ

クゼーション体操を行わない状態でタイムを数日間，計測する（ベースライン期）．このようにベースライン期−処遇期−ベースライン期といった3つの時期を設定するデザインをABAデザインといい，さらに逆転の回数を増やし，二度目のベースライン期の後にもう一度処遇期を設定するデザインはABABデザインという．

逆転計画の1つの限界は，処遇期が終了すればベースライン期の水準にすぐに戻るような行動でなければ，この計画が使用できない点である．例えば，子どもが水泳のクロールができるようにするための新しい訓練法の効果を調べるとする．その場合，訓練法を処遇する前のベースライン期と訓練法を処遇した処遇期の比較は可能であるが，もしも処遇期でクロールができるようになった場合，訓練法を中止しても，クロールができなかった状態に戻るとは考えにくい．すなわち，永続的な行動変化をもたらす操作を扱う場合には，この計画は使用できない．

◆多重ベースライン計画

多重ベースライン計画とは，複数の種類の行動や複数の参加者を対象に，処遇を施す時期をずらして実施する実験計画である．例えば，行動間多重ベースラインデザインでは，1人の参加者の複数の行動をモニタし，それらの行動のうち1つに処遇を施す．モニタされた複数の行動のうち，処遇が施された行動だけが変化したのに対し，処遇が施されていないほかの行動は変化しないままであれば，処遇と変化した行動の間に因果関係の存在が推測されることになる．このように複数の行動をモニタするデザインのほかに，複数の参加者の行動をモニタし，それぞれの参加者に異なったタイミングで処遇を施すデザインは，参加者間多重ベースラインデザインという．前述の逆転計画が，処遇期が終了すればベースライン期の水準にすぐに戻る行動でなければ使用できないのに対し，多重ベースライン計画は実験的操作によって永続的に変化する行動に使用できるという利点がある． 〔小野史典〕

1.6.1 研究と倫理

1) 心理学における再現可能性危機

2011年以降，心理学はかつてない方法論的改革の時期を迎えている．契機となったのは，Stapel, D. や Hauser, M. などの高名な心理学者によるデータの捏造・改竄が公になったことと，Bem, D. による超能力の実在を証明したとする非科学的な報告が，社会心理学のトップジャーナルである *"Journal of Personality and Social Psychology"* に掲載されたこと，さらに，社会的プライミングなど，社会心理学におけるいくつかの著名な知見に関して，追試の失敗が次々に報告されたことなどから，現行の論文査読制度を含む研究方法論の妥当性が疑われ始めたためである．2015年には，認知心理学を含めた大規模な追試プロジェクトの結果が報告され，社会心理学で25%，認知心理学で50%しか再現が成功しなかったことがわかった．こうした事態を受け多くの研究者が，問題を特定し，解決策を発見しようと努めてきた．その結果，現在，これまでの心理学史にみられなかった，画期的かつきわめて頑健な研究システムの確立が進んでいる．

2) open science

第1に，データの改竄・捏造の防止に関する対策としては，実験マテリアル，データ，ならびに分析プログラムのコードなどの公開が進んでおり，こうした運動は open science と総称されている．こうした資料の公開は，他の研究者による同一データの再分析や追試を促進するため，データの作為的変更に対する強い抑止力として働くことが期待されている．事実，公開されたデータから捏造が発見・報告された事例も存在する．

3) *p* hacking, HARKing, QRPs

データの直接的改変とは別の問題として，これまで標準的と考えられてきた研究方法にも大きな欠陥があることが明らかとなってきた．まず，①行った実験のすべての条件を報告せず，選択的に記載・分析すること，②曖昧な基準に基づいてデータポイント（参加者など）を分析から外すこと，③いくつもの共変量を試して統計的に有意となった組み合わせのみを報告すること，④少しずつデータポイント（N など）を足していき，統計的に有意となった段階でデータ取得をやめて報告することなどは，いずれも統計的有意性の指標である *p* 値を真値から大幅に下げること（*p* hacking と呼ばれる）を可能とするという．そのために特にこれらの方法を組み合わせて用いると，第一種過誤(本当は効果がないのにあると判断する誤り)の確率が60%を超えるというシミュレーション結果も報告されている．

さらに，データ取得後の結果をみてから，研究開始前に想定されていた仮説とは別の仮説をつくり出し，あたかも当初の予測どおりの結果が得られたようなストーリーをつくって報告することを，HARKing (hypothesizing after the results are known) と呼ぶ．HARKing の問題点は，科学的方法論の基礎である仮説検証あるいは反証可能性テストの過程を骨抜きにするだけではなく，上記のように第一種過誤によって偶然得られた結果でさえ，理論の基礎として使用することを可能にしてしまうため，空虚な理論の生産が促進されてしまうところにある．これら *p* hacking や HARKing などの手法は総じて疑わしい研究方法 questionable research practices （QRPs）と呼ばれており，現在多くの心理学雑誌や学会が，それらをできるだけ避けるよう，投稿・査読規定の中で強く勧告する項目を設けている．基礎心理学領域でいえば，*"Attention"* *"Perception & Psychophysics"* などの雑誌や，*"Psychonomic Society"* でもこうした方針が採られている．

4) 出版バイアスと file drawer 問題

心理学者を対象としたアンケート調査の結果によれば，こうした QRPs は実際に広く行われている．その理由としては，多くの雑誌が，仮説に合致した方向で統計的有意差のある結果を報告しなければ，当該論文を受理しないという強い方針，すなわち出版バイアスをもっていることがあげられている．そのため研究者は QRPs を用いて何とか望ましい結果を出すか，あるいはその研究をお蔵入りさせてしまう（これを file drawer 問題

と呼ぶ）．こうした諸傾向が総合された結果，現在の心理学における再現可能性は，きわめて低くなってしまっていると考えられている．

5）偽発見率，null field，統計検定力

よくある誤解だが，p 値を 5% 以下に抑えることは，得られた結果が偶然の産物であることが 5% 以下であることを意味しない．その研究領域ないしテーマにおいてテストされているすべての仮説のうち，いくつが真であるかについての事前確率と，平均的統計検定力もまた決定要因となる．例えば，テストされる仮説のうち 10% しか真ではないと仮定し，これに心理学研究で平均といわれている 20 ～ 50% 程度の検定力を組み合わせると，実に 47 ～ 69% の結果が第一種過誤によって得られてしまうと計算される．Ioannidis, J. は，この事実と QRPs を組み合わせると，現行のほとんどの研究報告が過誤であってもおかしくはないと推定し，過誤の報告にのみ基づいて存在している「無の研究領域」（null field）が存在する可能性さえ指摘する．事実，近年の社会心理学における追試の連続的失敗は，そうした恐れが現実化している可能性も示唆している．このような恐れを払拭するためには，まず何よりも研究デザインに基づいて，データ取得前に高い統計検定力を推定し，それに基づいた十分なサンプルサイズを確保することが必要であり，近年多くの雑誌でこうした手続きが推奨，あるいは必須とされるようになってきている．

6）事前審査を伴う事前登録制度

以上のように，現在多くの心理学雑誌ないしは学会が，QRPs や HARKing の防止，あるいは統計検定力の向上に関する勧告を行っているが，研究者が生活を維持するにあたって，論文の出版はきわめて重要であるため，研究者の自主的努力のみに依存した方法では，社会的ジレンマ状況が生まれてしまい，抜け駆け（フリーライダー）が生じてしまう危険が常に残る．そこで提案されているのが，事前審査を伴う事前登録制度である．この制度の下では，実際のデータ取得前に研究のデザイン，分析方法などが査読者によって審査され，それを通過した研究は，データ取得後の結果がどうであれ，必ず論文として受理される．このシステムを用いれば，研究者が事後的に QRPs や HARKing を用いて結果を操作する誘因を根本的に取り除くことが可能となるため，再現可能性の向上に大きく寄与すると期待されており，"Attention" "Perception & Psychophysics" などを含む多くの雑誌ですでに採用が始まっている．

7）事前登録を伴う追試と心理学の改革

現在のところ，事前登録制度が最も多く適用されているのは追試研究である．追試もまた，それ自体では出版バイアスから自由ではないため，結果の科学性を担保するには，事前登録制度の採用が必須であると思われる．現に 2011 年以降，この制度に基づいて多くの追試が行われており，これまで報告されてきた心理学の知見のうち，真に頑健なものを選別し，またそれを受けて新たな解釈や理論構築の試みが行われている．こうした自己改革は，かつて心理学が経験したことのない革命的なプロセスであるといえ，今後心理学が信頼に足る真の科学として再構築されていく契機となると期待されている． 〔池田功毅〕

1.6.2 発表と倫理

1）発表とは

　研究は，その成果が公表され研究者コミュニティのみならず広く社会に還元されうる状況になった時点で完結する．ゆえに，成果の公表は，一連の研究の過程の中でもきわめて重要なステップである．発表には様々な方法があるが，ここでは主に論文発表を念頭に倫理的な問題をまとめる．

2）著　者

　著者は，発表された内容に関して責任を負わなくてはならない．つまり，内容に関して責任が負える者しか著者に含めることはできない．論文の著者となることをオーサーシップという．

　論文や学会発表における著者は，その研究に対して具体的な貢献のあった者に限る．具体的な貢献とは，研究のデザイン，データの収集，論文の執筆，最終的な内容の確認などの研究のフェーズにおいて，重要な役割を担うことを意味する．

　Council of Science Editors は，不適切な著者の記載として以下のようなものをあげている．

- ゲストオーサーシップ：論文の採択に有利になることや論文の箔づけのために，著名研究者などを著者に加えること．
- 名誉あるいはギフトオーサーシップ：実際に研究に貢献していない者を，著者として加えること．研究室の責任者などを，研究資金や研究施設を提供しただけで，当該の研究には具体的な貢献がないにもかかわらず著者に加えることや，研究室のメンバーの業績を増やす目的で，データ収集を単に手伝っただけのような，当該研究内容に責任を負えない者を著者に加えることなど．

　逆に，著者の資格を有する者は，すべて著者に含まれなくてはならない．それ以外の者については謝辞などに記載する．また，雑誌によっては，各著者が具体的にどのような貢献をしたかを記載する必要がある．

3）捏造と改竄

　著者には研究の結果を正確に報告する義務がある．捏造や改竄は研究不正の代表的なものであるが，成果の公表においても，当然のことながら最大限の配慮が必要である．捏造とは，存在しない研究結果をつくり出す行為であり，改竄とは，研究結果を加工し，正確ではない報告を行う行為である．自らの都合のよいようにデータを改変することのみならず，都合の悪いデータを取り除いて報告することも改竄にあたる．

　研究者コミュニティは互いが正しい結果を報告しているという信頼関係のうえに成り立っている．したがって，捏造や改竄はそのような信頼関係を根底から否定する行為である．捏造や改竄は，正確な知識の蓄積という科学の究極的な目的に対する背信行為であるのみならず，再現を試みようとする研究者にとって，無用なコストを強いることになる．

4）盗用と剽窃

　盗用とは，他者のアイディア，手順，結果，文章を適切な評価を与えずに私物化することである（U. S. Federal Policy on Research Misconduct, 2000）．例えば，出典を明記せずに他者の書いた文章を引用することは，代表的な盗用の事例である．このような行為は剽窃とも呼ばれる．

　論文の序論や考察に記載される内容は，一般的には，公知の知識や結果などの事実に関すること，著者のオリジナルの考え，特定の先行研究者の考えのいずれかに分類できる．著者には，記載内容すべてについて，そのいずれであるかを読者に明瞭に伝える義務がある．他者の考えを自らの考えのように記載することは論外であるが，記載された考えの出典に関する配慮を怠り，結果的に，他者の考えが著者のものと誤解されるような場合には，たとえそれが不作為であっても剽窃が疑われることになる．

　論文では，他者の文章は引用という形で記述し，その出典を記載しなくてはならない．他の著作物にある内容を一字一句違わずに用いるような場合（直接的引用）には，引用符（例：" "，「 」）で括るなど，引用箇所が明確にわかるようにしなく

てはならない．また，他者の文章を要約したり，言い換え（paraphrase）たりした場合にも，その基となる考えが何に由来するのかを出典として明記する必要がある．

方法や結果のセクションでは，似たような実験方法や統計手法を用いている場合に，書き方が似通ってしまうことは避けられない．そのような場合に，どこまでが剽窃であるかを明確に決めることはできないが，他者の著作物からの直接的なコピーは剽窃に当たることを理解しておく必要がある．また，英語で書かれた文章を日本語に訳してそのまま用いる場合や，要約や言い換えをした場合にも，出典が明記されなくてはならない．

捏造，改竄，盗用などの研究不正が発覚した場合には，関係者には氏名の公表，研究費の返還，一定期間の公的研究費への申請の不許可などのペナルティが課される．

5）投稿に関する倫理的問題

◆二重投稿と自己盗用

「二重投稿」に対する日本心理学会の方針（2014年10月1日）によると，二重投稿とは「同一の（またはきわめて類似した）内容の学術的著作物が同一の著者によって，複数回にわたり継時的に一つ以上の学術刊行物あるいは一般刊行物へ投稿された場合」とされており，このような行為は倫理的に問題がある．日本心理学会では，査読などを経て公表され，誰もが容易に入手可能な著作物を学術刊行物と呼び，学内や特定の研究会などで配布される著作物を学術関連文書と呼んで区別している．研究費の報告書や字数の限られている学術大会の抄録なども，学術関連文書にあたる．日本心理学会では，学術関連文書の内容を，学術刊行物として出版することは二重投稿には当たらないと解釈している．二重投稿の解釈は，学会などによって異なるので，投稿の際には注意が必要である．

二重投稿と関連して，倫理的な判断が難しい問題に自己盗用（self-plagiarism）がある．これは，すでに自らが発表した内容を，別の論文に流用することをいう．すでに公表された論文の存在に一切触れずに，その内容の一部が別の論文に用いられている場合には，明らかに自己盗用になる．一方，先行する論文を引用する形で，その論文で用いられたデータなどを再利用するような形式の論文が自己盗用に当たるかどうかは，雑誌の編集委員会などでケースごとに判断されているのが実情である．しかしながら，このようなケースは，次に示す分割投稿に該当する可能性もある．また最近は，全く新しいデータを用いたにもかかわらず，自らが過去に公表した論文の序論，方法や結果の枠組み，考察などを広範囲に再利用したことが問題となり，論文が取り下げられたケースもある．

◆分割投稿

1つの研究を出版可能な最小単位（least publishable units, LPUs）に分割して投稿する行為は，欺瞞的行為と見なされる．これは，主に業績数を水増しする目的で行われる．分割投稿が倫理的に問題なのは，類似の論文を複数出版することによって，出版に関わる者や読者に対して，必要以上の負荷や負担を強いることになるからである．一方で，正当な理由があれば，1つの研究を分割して公表することは欺瞞的行為には当たらない．複雑な問題を分割して，別々の論文にまとめることは，読者の理解を促進することになる．

6）プライバシーへの配慮

実験参加者の画像など，個人を特定しうる情報は，これらが学術上必要不可欠な場合に限り掲載する．その際には，当該個人からの掲載に関する同意が必要である．また，研究内容と直接関係ない個人情報は記載すべきではない．

7）利益相反

公表された成果の社会的な信頼性を担保するうえで，利益相反（conflicts of interest）の問題は適切に処理されなくてはならない．利益相反とは，著者が成果をまとめたり公表したりする際に，何らかのバイアスを与えうる利害関係のことである．典型的には，研究資金が特定の営利企業から提供されているような場合に，資金提供者にとって望ましい方向に結果が誘導されるようなケースが該当する．雑誌によっては，投稿時に利益相反の可能性の有無の申告を求めるものもある．

〔熊田孝恒〕

1.6.3 倫理審査委員会

1) 倫理規定

人を対象として実験系心理学研究を行う際には，危険を避け，実験に協力してくれる人（被験者）の人権を尊重しながら助けを借りることになる．その場合，実験への協力を強制してはならず，自発的に参加してもらうことが大前提となる．現在，実験系心理学者が日本国内で研究を行うときに依るべき指針としては，『基礎心理学研究者のための研究倫理ガイドブック』と『公益社団法人日本心理学会倫理規程』があげられる．基礎心理学研究への投稿時には，基礎心理学会が掲げる倫理的配慮の精神（基礎心理学研究 執筆・投稿規定 原則3）に基づいて研究が実施されたかを問われる．国外の学術誌へ研究成果を投稿するためには，米国心理学会による倫理原則と規準に基づいた研究であることが求められる場合がある．

日本国内では医学系研究を中心として研究倫理指針の整備が進んできている．現時点では，心理学は人を対象としてはいるものの，「人を対象とする医学系研究に関する倫理指針ガイダンス」（文部科学省・厚生労働省，2015）によると，医学系研究の定義には当てはまらないとして指針の適用からは除外されている．心理学のほかに，社会学，教育学などの人文・社会科学分野のみに関わる研究や，工学部分野などの研究のうち健康の保持，疾病からの回復や生活の質の向上に資する知識を得ることを目的としないものも除外されている．ただし，これらの指針の適用範囲は将来にわたって固定的なものではなく，場合によっては心理学が医学系研究の一部に含まれていくこともありうる．

人を対象にした研究のガイドラインとしては，「ニュルンベルク綱領」と「ヘルシンキ宣言」が基本となっている．中核概念である人格の尊重，有益であること，公平であることという基本3原則はベルモントレポートにあげられている．心理学の実験をするうえで重要な点は，実験で生じるリスクを回避すること，被験者の人権が尊重されており自発的に参加していることである．研究者はこの原則を守り，問題の発生を防ぐ責任がある．説明つき同意〔告知つき同意，インフォームドコンセント（informed consent）〕と倫理委員会による審査は，倫理に適った実験をするために必要なシステムである．

2) 倫理審査委員会

倫理審査委員会は研究の実施や継続の適・不適を倫理的および科学的な観点から審議するための合議制の機関であり，被験者が倫理的に正しく扱われることを保証する仕組みである．倫理委員会，施設内審査委員会（Institutional Research Board, IRB）とも呼ばれる．

倫理審査委員会は機関の設置規定に基づいて構成される．構成員には機関外の者が含まれていること，両性で構成されること，5名以上であることといったメンバーの要件があることが多い．設置機関の規模によっては医学・医療の専門家，倫理学・法律学の専門家のほかに，一般の立場を代表する者を含む規定もある．

倫理審査委員会は研究機関の長の諮問機関であり，人を対象とした研究は倫理審査の対象となる．介入がない場合や匿名となっている情報を収集する場合など，倫理審査に該当しないケースもあるが，研究する側が独自に判断するのではなく，倫理審査委員会に確認するのがよい．

審査の申請は研究者から，申請書，研究計画書，（被験者への）説明文書，同意書を倫理審査委員会へ提出する．事務局が書式などの適合を確認した後委員会で審査される．審査のルールとして笹栗らは，進行役を決めて議事を進めること，審査会の場では情報収集しない（事前に用意しておく）こと，限られた時間内に結論を出すこと，修正がある場合は具体的な指示をすること，議論は議事録に残すことといった提案をしている．審査結果は承認，修正したうえで承認，条件づき承認，不承認，非該当（審査不要）などがありうる．審議の結果が所属機関長から通知として届いてから実験が実施できる．この手続きには時間がかかるので，一部の申請は迅速審査を受けることができる．これにはすでに承認された研究計画の微細な変更や，他機関との共同研究のように，すでに相手先の倫理審査委員会から審査を経て承認を受けた研

究が該当する．何が軽微な変更に当たるかはあらかじめ規程に定めておく必要がある．

3）説明つき同意（インフォームドコンセント）

実験する側から被験者に正しい情報を伝えたうえで，実験に参加することについて同意を得ることを説明つき同意という．説明つき同意は被験者と実験する側とのやりとりであって，説明文書や参加同意書のことを指すのではない．説明文書や参加同意書に書かれていることを目に触れやすい場所に掲示しただけであったり，個別の被験者に単に見せたからといって，説明つき同意を得たことにはならない．説明文書の内容を被験者に理解してもらったことを確認し，参加することへの同意を得ることが重要である．

説明文書は簡潔に，被験者が理解できるようわかりやすく書く必要がある．**表 1.3** は説明文書に含まれていなければならない項目である．

意思決定能力がない人や未成年者に対して研究をする場合は代諾者に説明し，同意を得る必要がある．ただし，文部科学省・厚生労働省の「人を対象とする医学系研究に関する倫理指針」によれば，被験者が未成年の大学生のときは，ある条件を満たせば本人からの説明つき同意を得ることで実験の実施ができる場合がある．その条件とは，研究を実施されることに関する十分な判断能力を有すると判断される場合であって，次の 2 つの事項が研究計画書に記載され，その研究を行うことについて倫理審査委員会の意見を聞いたうえで，

表 1.3　同意書に含まれるべき項目

- 研究題目，研究責任者の氏名と所属機関
- 研究の目的と意義
- 手続き
- 実施時間
- 予想される被験者への負担，利益と不利益
- 実験参加に同意した場合でもいつでも同意を撤回できること
- 実験参加に同意しなかったり，同意を撤回することによって被験者にとって不利益な扱いを受けないこと
- 研究に関する情報公開の方法
- 個人情報の扱い（該当するならば匿名化の方法）
- 連絡先

研究機関の長が許可したときである．

- 研究の実施に侵襲を伴わないこと．
- 研究の目的および試料・情報の取り扱いを含む研究の実施についての情報を公開し，当該研究が実施または継続されることについて，研究対象者の親権者または未成年後見人が拒否できる機会を保障すること．

同様に「疫学研究に関する倫理指針」にも，倫理審査委員会の承認と研究機関の長の許可を受けたときに限って説明つき同意の手続きを簡略化することに関する記述がある．

4）個人情報と匿名化

個人情報とは生存する個人に関する情報であって，氏名や生年月日などから特定の個人を識別することができるものをいう．これには所属と学生番号などのように，他の情報と容易に照合でき，それにより特定の個人の識別ができるようになるものを含む．個人に関する情報とは，個人の内心，外観，活動などの状況，属性に関する情報のすべてを指す．これらについて人を対象とする医学系研究の範囲では先の倫理指針に詳細な定義がある．例えば被験者番号をつけて実験結果を記録する場合，個人名と被験者番号の対応表を残す場合は連結可能匿名化という．これを残さない場合は連結不可能匿名化という．どの方式をとるかは研究計画書，倫理申請書，同意説明文書に明示する．

なお，匿名化は個人情報の保護のために行うものである．そのため，実験・調査から得られたデータや試料を匿名化したからといって，被験者本人の同意手続きを免れる理由にはならない．

5）被験者，実験参加者

実験参加に同意してくれた人を被験者（subjects）とも，参加者（participants）とも呼ぶことができ，現在はいずれも正しい呼び方であるといえる．実際に，"APA Publication Manual"（2010）では，被験者という用語は実験心理学で 100 年以上使われており，適切な呼び方であると述べられている．　　　　　　　　　　　　〔河原純一郎〕

1.6.3　倫理審査委員会　　45

1.6.4 保護を必要とする対象者

研究倫理において保護の対象といえば，まずすべての研究対象者，実験参加者・研究協力者の決定権やプライバシーなどの人権である．対象者全員が保護を必要としており，それを守る大原則が研究倫理である．その個人の権利を保護しようとするときに，特段の配慮，例外的な処遇をする必要のある対象がある．本節では，そのような対象者はどういう人で，そのような人たちに対してどう配慮すればよいのかを簡単に述べる．

1) 特別な配慮を必要とする対象者

研究倫理上特別の配慮を必要とする対象者として，2つのグループがある．本人からインフォームドコンセント（informed consent）を得にくいグループと，社会的に弱い立場に置かれているグループである．この2つは重なることもあるが，本来は独立している．ここでは，研究倫理上ではより一般的な前者について少し詳しく説明し，後者については最後に簡単に述べる．

まずは，子どもや障害・疾病を有する人，外国人など，認知・言語能力上の問題などがあって，通常の説明と同意（インフォームドコンセント）を得ることが困難な対象者である．研究倫理の基になっている「ヘルシンキ宣言」（日本医師会，2013）によれば，研究に参加する対象者の福利を研究よりも優先させ，参加者が自分の意思で研究に参加できるよう保証しなければならない．参加の中断も自由にできなければならない．根幹となっている自由意思による参加を確保するためには，対象者が研究内容を理解できることと，状況判断の能力をもつことが前提になる．この前提が成り立たない場合に特別な配慮が必要になる．

日本心理学会（2009）の倫理規程には，「たとえば，子ども，障害や疾患を有する人，外国人など，認知・言語能力上の問題や文化的背景の違いなどのために，通常の方法の説明では研究内容の理解を得られたと判断できない研究対象者の場合には，理解を得るために種々の方法を試みるなど最善を尽くす必要がある．その努力にもかかわらず自由意思による研究参加の判断が不可能と考え

られる場合には，保護者や後見人などの代諾者に十分な説明を行い，原則として，文書で代諾者から同意を得なければならない」と明記されている．

この記述で基本的な考え方は尽くされているわけだが，実際にどうするかについては，もう少し詳細・具体的なものとして，文部科学省と厚生労働省の「人を対象とする医学系研究に関する倫理指針」（2014）がある．この倫理規定は医学系研究を対象にしたものではあるが，元来倫理規定は医学系研究から始まったものであり，他領域においてもこれを参照して，各研究機関でそれぞれに倫理審査の機構を整備しているので，以下はこの倫理規定やさらにその基となっているヘルシンキ宣言に沿って述べる．

2) 代諾者を必要とする対象者

代諾者（legally authorised representative）とは，研究参加者の法的な代理人となりうる人物を指す．本人に代わって研究内容を理解し，本人の福祉のためになりうる，あるいは将来その可能性に貢献できる研究だから本人のために参加を決定できる，あるいはそうではないから断ることができると法的に認められる人ということになる．研究参加者の親権者，配偶者，後見人が一般的である．このような代諾者が代わりをつとめることができる場合は，以下のように非常に限定されている．研究対象者が①未成年の場合，②成人であるがインフォームドコンセントを行える能力を欠くと客観的に判断される場合，③亡くなっている場合である．③の場合は心理実験は考えにくいので，以降の説明から割愛する．

代諾者にインフォームドコンセントを代行させる場合，倫理審査の申請書にそのことを明記しなければならない．さらに，申請書には，①代諾者の選定方針，②代諾者への説明事項，③当該研究対象者を参加させなければならない理由を明記しなければならない．

未成年者の場合には，仮に代諾者がインフォームドコンセントを代行した場合でも，本人が中学校を卒業しているか，16歳以上の場合で十分自分で判断できそうな場合には，本人からもインフォームドコンセントを得ることになっている．

本人からインフォームドコンセントが得られる

のに代諾者を立てるのは，時間と手間が余計にかかることになってしまう．そこで，未成年者が16歳以上か中学校を卒業している場合には本人のインフォームドコンセントだけでよい場合が設けられている．それは，研究が非侵襲的であり，研究計画がWebなどで公開されていて保護者がそれを見て参加を中止できることが保証されている場合である．加えて，当人からインフォームドコンセントを得ることについては倫理審査を通っていて所属長の承認が得られている場合である．これはこれでなかなか条件が多いが，代諾者は立てなくてよいことになっている．

どちらにしても，未成年の生徒を対象にする場合には，当人と親権者の両方からインフォームドコンセントを得ておくのが無難だということになろうか．

3) 侵襲・非侵襲の別

インフォームドコンセントの得方は，研究的な介入方法が侵襲か非侵襲かで異なってくる．脳波やfMRIの測定を含む検査はすべて非侵襲に分類され，一般的にいって心理実験が侵襲に分類されることは少ないと考えられる．これに対して手術や薬剤の投与などの医療行為のほとんどは侵襲的と捉えられる．脳計測でも造影剤などを投与すると侵襲となる．例外は，介入の中で心的外傷に触れる質問などを行う場合で，研究対象者の精神に障害または負担が生じる場合である．

4) インフォームドアセント

本人からインフォームドコンセントを得ることが難しい場合も，できるだけ本人のインフォームドコンセントを得るようにというのが倫理規定になっているが，16歳未満の場合や成年に達しているが能力を欠いていると判断される場合はどうであろうか．その場合も，できるだけ説明と同意を得るよう指示されている．ただし，その場合は用語がインフォームドアセント（informed as-

sent）となる．

インフォームドアセントを得ようとする場合も，あらかじめ研究対象者への説明事項および説明方法を研究計画書に記載しなければならない．インフォームドアセントを得る過程で当人が参加を拒否した場合は，できる限りその意思に沿うことになっている．ただし，医療系の研究の場合は治療の拒否になるわけなので，それが健康上の問題を起こす場合もある．そのような場合は研究対象者の利益を優先させるために，代諾者の判断を優先させることができることになっている．

5) 社会的弱者の保護

インフォームドコンセントを得ることができるかできないかにかかわらず，社会的に弱い立場にある（英語表現ではvulnerable）グループや個人については保護が必要であることがヘルシンキ宣言に明記されている．不適切な扱いを受けたり副次的な被害を受けやすいという意味である．子ども，障害や疾病のある人たち，外国人など前述の対象者はこのグループに属するが，高齢者，少数民族や貧困者，終末期の患者，囚人，ホームレスなど範囲は広い（Solbakk, 2015）．

ヘルシンキ宣言では，「研究がそのグループの健康上の必要性または優先事項に応えるものであり，かつその研究が社会的弱者でないグループを対象として実施できない場合に限り，社会的弱者グループを対象とする医学研究は正当化される．さらに，そのグループは研究から得られた知識，実践または治療からの恩恵を受けるべきである」と述べている．当事者の福祉に寄与する研究を計画し，例えば，シミュレーションなどで代替できればその研究をした後，実際の患者に協力を依頼して確認をとるという方法が行えないか検討すべきであるということになる．それだけでなく，結果から恩恵が受けられるような何らかの配慮をして研究を最大限有効化するべきとしている．

〔小田浩一〕

1.6.5 動物実験の研究倫理

1) 心理学における動物実験の意義

心理学ではヒト以外の動物 (nonhuman animals, 以下, 動物という) も研究対象とする. Gallup と Suarez (1985) は動物の使用理由として, ①遺伝的背景や過去経験などの条件統制が容易であること, ②研究目的を悟られないため客観性が確保できること, ③寿命が短く発達研究がしやすいこと, ④選択交配ができるので遺伝的影響を研究しやすいこと, ⑤言語教示に頼れないため新たな研究方法を開発する契機になること, ⑥構造的・機能的に単純であること, ⑦音響定位や帰巣のような特殊能力を研究テーマにできること, ⑧ヒトの行動に関する仮説を生成するためのモデルとして使えること, ⑨動物の福祉や保護に資する行動的情報が得られることをあげている. 動物実験の意義としては, その成果が身体的・心理的障害をもつ人々の福音となりうることも指摘できよう (Carroll & Overmier, 2001 ; Feeney, 1987).

2) 3R の原則と法的規制

動物を用いる科学研究全般の倫理原則としてしばしば言及されるのが 3R である (Smyth, 1978). これは, Russell と Burch (1959) のあげた, ①代替法の使用 (replacement), ②使用動物数の削減 (reduction), ③実験改善 (refinement) による苦痛軽減をいう. しかし, 動物の行動や認知を研究対象とする場合, 動物を用いずに研究を行うことは難しく, 代替法の使用は実習などでラットを用いた学習実験を行う代わりに "Sniffy" (Alloway et al, 2011) などのシミュレーションソフトを使用する場合などに限られるであろう.

3R の原則は 1999 年にイタリアのボローニャで開催された「第 3 回生命科学における代替法と動物使用に関する世界会議」において採択された. このボローニャ宣言では, 動物実験の法的規制と倫理委員会による審査の必要性についても提言されている. 欧州連合 (EU) では 2010 年の「実験動物の保護に関する指令」により, 3R の原則を明文化した国内法制定と 2013 年からの実施が加盟国に課された (植月, 2012). なお, 同指令では実験動物の繁殖者や供給者, 動物実験実施者は所管官庁による認可登録制となっている.

わが国では 2005 年の「動物の愛護及び管理に関する法律 (動物愛護法)」改正の際に努力義務として 3R の原則の考えが導入され, 2006 年の文部科学省告示「研究機関等における動物実験等の実施に関する基本指針」に明記された (厚生労働省や農林水産省からも同じ指針が告示された). 動物実験の施設や実施に関する国の許認可制度はないが, 自治体では兵庫県が動物実験施設の届出を条例で定めている.

3) 動物実験委員会

文部科学省指針はボローニャ宣言の趣旨を踏まえ, 各研究機関内に動物実験委員会を設けることを求めている. なお, 機関内における動物実験の統括責任者は機関の長 (大学であれば学長) と定められており, その責務は機関内に動物実験に関する規程を設け, 動物実験委員会が妥当だと判断した動物実験計画を承認し, 計画終了後は結果を把握することである.

動物実験委員会は文部科学省指針に加え, 環境省の「実験動物の飼養及び保管並びに苦痛の軽減に関する基準」(2006 年告示, 2013 年改正) や日本学術会議の「動物実験の適正な実施に向けたガイドライン」(2006) に従い, 事前に動物実験計画を審査する.

つまり, わが国でも動物実験に関する規程や委員会をもたない研究機関では, 動物実験を行うことができないことになっている. 教室内で動物を用いた実験のデモンストレーションを行う場合も動物実験として扱われるので注意が必要である. なお, 文部科学省指針において「実験動物」は「動物実験等のため, 研究機関等における施設で飼養し, 又は保管している哺乳類, 鳥類及び爬虫類に属する動物をいう」と定義されており, 両生類・魚類・無脊椎動物は除外されているが, 今後これらの動物も対象となる可能性がある.

4) 動物実験施設と教育訓練

文部科学省指針では, 動物実験施設の整備管理も機関内規程に含めることとなっている. 適正な

表 1.4　SCAW による動物の苦痛分類（松田，2007 を参考に作成）

カテゴリー	概要（国動協の解説の一部を加味して編集したもの）
A	脊椎動物以外の生物やその組織などを用いた実験
B	脊椎動物に対してほとんど不快感を与えない実験．保定や身体検査，採血，無害な薬物の注射，2〜3 時間の絶食絶水，安楽死を含む
C	脊椎動物に対して軽微なストレスや短時間持続する痛みを与える実験．50〜70℃でのホットプレート疼痛試験などの逃避可能な苦痛処置を含む
D	脊椎動物に逃避回避不可能な重度のストレスや痛みを与える実験．強制走行・水泳，数時間以上の拘束，個体間での攻撃，腫瘍細胞移植，毒性試験，感染実験を含む
E	脊椎動物が耐えうる最大（またはそれ以上）の痛みを与える実験．禁止されている

施設の施工建築と設備については日本建築学会（2012）ガイドラインがある．実験動物の環境管理については山内（2008）を参照されたい．

また，文部科学省指針や環境省基準は，動物実験の実施者や飼養保管者に対して，動物実験に関する教育訓練の機会を設けることを統括責任者の責務に含めている．動物実験の法的規制やそれに基づく自主管理については動物実験関係者連絡協議会（2014）が作成した動画ファイル，実験動物および実験手技については日本実験動物協会（2004a，2004b）が認定する実験動物技術師テキストなどが教育訓練教材として有用である．

5）自己点検と第三者評価

文部科学省指針や環境省基準では，各研究機関は自己点検評価と第三者評価を行うことが努力義務とされている．国立大学実験動物施設協議会（国動協）と公私立大学実験動物施設協議会（公私動協）は協働して加盟大学の動物実験施設に対する評価を行っている．なお，国際実験動物ケア評価認証協会（Association for Assessment and Accreditation of Laboratory Animal Care, AAALAC）が大学や製薬会社の国際認証評価を行っている．

6）国際基準

AAALAC による認証は米国国立科学アカデミー傘下の実験動物研究協会（Institute for Laboratory Animal Research, ILAR）の基準（National Research Council, 2011）に基づく．

動物実験の国際基準として研究者が知悉すべきものとして，動物福祉のための科学者センター（Scientists Center for Animal Welfare, SCAW）が提言した動物実験の苦痛カテゴリーがあり，国動協（2004）が詳しい解説を行っている（表 1.4）．SCAW カテゴリーは動物実験計画書の審査に際して利用されることが多い．

国際医科学団体協議会（Council for International Organizations of Medical Science, CIOMS）の「動物を用いる生物医学研究の国際基準」（2012 年改訂版）や，英国 3R 研究センター（National Centre for the Replacement, Refinement and Reduction of Animals in Research, NC3Rs）の ARRIVE（Animals in Research : Reporting *In Vivo* Experiments）ガイドライン（2010）も注目されている．後者は動物実験論文を執筆する際の指針で，"*Nature*" などが推奨している．

7）時代に応じた動物実験

倫理は時代によって異なるものであり，法的規制は随時変更される．したがって，現在どのような飼養環境や実験処置が倫理的に適切で，法的に要請されているかについて，動物実験を行う研究者は学び続け，こまめに情報収集しなければならない．幸い動物実験に関する指針などの多くはインターネット上で無料公開されている．

日本の心理学界では日本動物心理学会「動物実験の指針」のほか，日本心理学会や日本行動分析学会などが倫理規程や綱領内に動物実験の指針をもつ．米国誌に論文を投稿する際には，米国心理学会「動物の管理と使用に関する倫理的行為の指針」（APA, 2012）や心理学における動物使用に関する成書（Akins et al, 2005）に目を通しておくとよい．心理学関係の国内誌掲載論文では，森山（2005）の論考や鍵山（2009）の解説も一読しておくべきである．　　　　〔中島定彦〕

第2部
感覚刺激の作成と較正

第1部　実験の基礎

第2部　感覚刺激の作成と較正

第3部　感覚・知覚・感性

第4部　認知・記憶・注意・感情

第5部　学習と行動

第6部　生理学的測定法

付　録

▶ 感覚刺激の作成と較正

2.1　感覚刺激の作成と較正 ……………………………52
2.2　聴覚刺激の作成と較正 ……………………………74
2.3　触覚・体性感覚刺激 …………………………………100
2.4　嗅覚刺激 ………………………………………………108
2.5　味覚刺激 ………………………………………………114
2.6　感覚間相互作用 ………………………………………120
2.7　バーチャルリアリティ研究 …………………………128

2.1 感覚刺激の作成と較正

2.1.1 視覚刺激呈示装置—カラーディスプレイ

1) 実験心理学で用いられる視覚刺激呈示装置

現代の視覚の心理実験は，ほぼすべてがコンピュータで製作・制御された視覚刺激をディスプレイ上に呈示することによって行われている．視覚刺激を厳密に制御し，輝度，色，空間・時間解像度を実験者の目的どおりに精確に呈示するためには，コンピュータ本体の性能に加え，ディスプレイ装置の較正が必須である．本節では，心理実験に用いられるディスプレイ装置の仕組みについて概説し，特にディスプレイの輝度・色を較正する手法について述べる．ディスプレイの時間制御については，2.1.5 を参照されたい．

2) CRT（陰極管）ディスプレイ

CRT（cathode ray tube，陰極管）ディスプレイは，これまでに最も多くの心理実験に用いられてきたディスプレイ装置である．CRT ディスプレイ内では，陰極線の電子が電子銃により発射され，電界・磁界によって偏光された後，蛍光物質が塗布された蛍光面を走査して映像が呈示される．CRT には主に 2 つの結像方式がある．どちらの方式も電子ビームを絞り込むことで結像しているが，アパーチャグリル方式ではスリットを用い，シャドーマスク方式では細穴を用いる点で異なる．シャドーマスク方式の場合，ディスプレイ表面が平面になっていることが多い．

応答速度，色再現性に優れるため，旧式な映像呈示装置であるにもかかわらず，特に色彩心理学分野では今でも CRT ディスプレイの使用が求められることがある．しかし，産業的なトレンドの変化から，最近はより薄型かつ軽量で特殊な技術がなくても製造可能な LCD（liquid crystal display，液晶）ディスプレイや有機 EL ディスプレイにその座を譲りつつあり，CRT ディスプレイの入手は近年困難となっている．

また，視覚実験の手法の多様化に伴い，実験者は実験の内容に合わせて適切なディスプレイ装置を選択する必要に迫られている．例えば，最近の

視覚心理実験では，行動指標に加えて脳活動を計測する fMRI が盛んだが，fMRI では高磁場下で実験が行われるため，CRT を MR 室内へ持ち込むことができない．よって，制御室など，遠方からのプロジェクタによる刺激投影などが必要となる．この際，プロジェクタの時間特性・色再現特性は CRT とは異なる場合が多いため，CRT で得られた実験結果と fMRI 結果を比べる際には，あらかじめディスプレイ間で較正にズレがないかを検証しておくことが重要である．

CRT は視覚心理学研究での長い使用歴のため，その輝度・色較正法については多くの知見の蓄積があり，特に「ガンマ補正」は CRT の内部特性に基づいて定式化された手法である（Berns, 1996；Brainard et al, 2001）．一方で，LCD や有機 EL など次世代のディスプレイについては技術革新が早く，その内部特性を十分に考慮した輝度・色較正法はまだ提案されておらず，CRT で培った較正法をそのまま適用するか，最適な較正値を探索法によって直接計測によって求めることしかできないのが現状である．新しいディスプレイ方式に沿った較正法を確立することは，今後の視覚心理学の信頼性を保証するための急務であるといえる．

3) LCD（液晶）ディスプレイ

LCD ディスプレイは，近年製造が最も盛んなディスプレイ方式である．LCD では，バックライトなど光源からの光を偏光フィルタで部分的に透過あるいは遮断させることによって液晶パネル面に像を呈示する．バックライトによる発光で画面呈示を行うため，ディスプレイが黒の状態でもいくらかの光が漏れてしまう．この残光が輝度・色較正の段階で問題になることもある．残光は厳密な心理実験の結果に影響を及ぼす場合もあるため，注意が必要である．また，LCD は，CRT と比べて応答速度が遅い（画面切り替え時に前のフレームが残像としてちらつく），色再現性が劣るなどの理由から厳密な視覚心理実験には適さないといわれてきた．しかし，近年の技術革新により，CRT 以上に正確な刺激制御が可能となりつつある．例えば，応答速度が CRT よりも優れているといった研究報告（Lagroix et al, 2012）や

一部のLCDはCRTよりも色再現域が広いといった報告（Ban & Yamamoto, 2013）もある．また，CRTではRGB（赤緑青）の各色8ビット色深度（デジタル出力の場合），計24ビットによる約1,677万色の色呈示レンジが一般的であったが，最近のLCDでは各色10ビット，計10億色以上の呈示レンジを有するものも登場し，安価に購入できる．今後の視覚心理実験はLCDディスプレイを用いたものが主流となると考えられる．

4）DLPディスプレイ

DLP（digital light processing）は，プロジェクタで主流の映像呈示方式である．DLPではランプの光をレンズで集光し，鏡（DMD，デジタルミラーデバイス）に照射することで映像呈示を行う．DMDは高速に向きを回転させており，DMDが投影レンズを向いている際（オン状態）には映像が呈示され，オフ状態では光が捨てられる．カラー呈示するため，ランプの白色光をフィルタなどで3色に分離してDMDに照射する．あるいは，高速回転するカラーホイールを挟むことで，RGBの光を時分割で照射する方式のものもある．プロジェクタの映像呈示形式には他に液晶タイプがあるが，DLPはデジタル処理で映像を呈示するため，色再現性などの点で優れているといわれる．また，DLPのガンマカーブはCRTディスプレイとは異なり，S字形などを描く場合がある．この場合，一般的な手順に沿ったガンマ補正が適用できないので，輝度・色較正時にCRTとは異なる較正法を適用する必要がある（Ban et al, 2006；Ban & Yamamoto, 2013）．fMRIなどに代表される脳機能イメージング実験では，実験室内にCRTディスプレイ装置を持ち込むことができないため，DLPあるいは液晶方式のプロジェクタを用いた刺激呈示が一般的である．

5）有機ELディスプレイ

有機ELディスプレイ〔英語では通常organic light-emitting diode（OLED）と呼ばれるが，日本では有機ELと呼ばれることが多い〕は，次世代ディスプレイの原理として近年最も期待を集めている．有機ELは，電圧をかけると発光する物質（発光体に有機物を用いるため，有機ELと呼ばれる）をガラス基板に蒸着し，5〜10Vの直流電圧をかけることで呈示を行う方式である．LCDディスプレイなどとは異なり，自発光方式のため，高コントラスト，高視角，高応答特性などが得られ，その性能は厳密な視覚の心理実験にも耐えうることが報告されている（Ito et al, 2013；Cooper et al, 2013）．また，ガンマカーブもCRTに類似しており，通常の手続きを適用することで正確なガンマ補正が可能である（Ito et al, 2013；Cooper et al, 2013）．ただし，最新の映像呈示装置のため，毎年のように小規模な技術のアップデートが行われており，価格も他のディスプレイ装置と比べて高額である．心理実験環境への安定的な導入までにはもうしばらく時間が必要であると考えられる．

6）グラフィックボード

視覚の心理実験では，ディスプレイ装置の選択に加えて，コンピュータから映像信号を出力する装置，グラフィックボードの選択も重要になるだろう．最近のコンピュータの高性能化により，CPUに組み込みのグラフィックドライバのみを用いても実験によっては十分な精度で刺激を制御することが可能となりつつある．しかし，ステレオ刺激を呈示したり，高速にフレームを切り替える必要がある刺激などを大画面で呈示したりすると，CPUの簡易グラフィックドライバ制御のみでは処理落ちが生じ，命令どおりに画面に刺激が描画されない事態が起こりうる（コマ落ち）．グラフィックボードは，映像呈示に特化した機能を拡張カードとして独立させたもので，専用のCPUとメモリを備えるため，この装置を導入することで処理落ちを防ぎ，より精確な刺激呈示が可能となる．また，グラフィックボードは専用の描画バッファを有する〔近年はダブルバッファ（詳細は2.1.5参照）を超えてクアッドバッファ機能を提供するものも登場している〕ため，アニメーション刺激のコマ落ちを防ぐこともできる．

7）その他の映像呈示補助装置

ディスプレイ装置，グラフィックボードの選択に加え，より厳密に輝度・色を制御するためには，専用のハードウェアの導入が必要となる場

合も考えられる．例えば，Cambridge Research Systems 社が販売する ViSaGe や Bits# を用いると，各色 14 ビットの色深度，かつ正確なタイミングで刺激を呈示できる．こうした既製の心理学実験専用ハードウェアの導入を選択肢として検討してみるのもよいだろう．

以上，視覚の心理実験で用いられるディスプレイ装置の仕組みとそれぞれの装置の利点・欠点について概説した．続いて，視覚の心理実験を開始する前に，どのようにディスプレイ装置の較正を行えばよいか，その実際の手続きを解説する．

8) ガンマ補正

ディスプレイ装置の輝度・色の較正には，一般的に 2 段階の手法がとられる．第 1 段階では，ビデオ入力信号〔コンピュータの RGB 各チャネルに割り当てられた 0～255 の値（8 ビット色深度の場合）〕とディスプレイに出力される輝度との非線形な関係を線形化する．この手続きを「ガンマ補正」と呼ぶ（図 2.1）．この手法では，まず各 RGB チャネルについて，いくつかの入力値に対する輝度を計測する．8 ビット色深度の場合，32 点前後の計測をすれば後のモデル化で十分な精度が得られる．次に，測定データにモデル関数をフィットする．これには，一般的に CRT の内部特性を定式化した以下の GOG (gain-offset-gamma) 関数が用いられる (Brainard et al, 2001)．

$$L(x) = \begin{cases} \left(gain \times \dfrac{x-x_0}{1-x_0} + offset \right)^{\gamma}, & x \geq x_0 \\ 0, & x < x_0 \end{cases}$$

ここで，$gain$, $offset$ は定数，x は RGB チャネルの入力値（$0 \leq x \leq 1$ の離散値），x_0 は輝度が 0 以上となるチャネル入力値，γ は指数である．この GOG モデルをフィットした後，その逆関数 $x = f^{-1}(y)$ を用いれば，任意の輝度を生成するために必要な RGB チャネル入力値を計算できる．この計算を最小から最大まで線形にステップ増加する輝度値 y_i ($i = 0, 1, \cdots, n$) に対して行い，それぞれの輝度値に対応する入力値 x_i を求める．求めた入出力の組 (x_i, y_i) をカラールックアップテーブルと呼ばれる表にまとめ，それを介して映像を出力すれば入出力関係が線形化される．この際，輝度レンジを等ステップに区分することによる量子化誤差が生じるため，ガンマ補正後には線形化の精度を評価する必要がある．また，ディスプレイからの残光（フレアやグレア）が大きな場合には，GOG モデルは必ずしも適切ではない．この問題を克服するため，GOG モデルを拡張した GOGO (gain-offset-gamma-offset) モデルも提案されている (Kato, 2002)．GOGO モデルでは，RGB チャネル入力値とディスプレイに出力される輝度との関係は下の式でモデル化される．

$$L(x) = \begin{cases} (L_{max} - offset) \times \left(gain \times \dfrac{(x-x_0)}{(1-x_0)} + 1 - gain \right)^{\gamma} \\ \qquad\qquad\qquad\qquad + offset, \ x \geq x_0 \\ 0, \qquad\qquad\qquad x < x_0 \end{cases}$$

ここで，L_{max} は最大チャネル入力値（8 ビットの場合 255）に対する輝度を示す．その他，高次多項式やスプラインによるフィッティングモデルが提案されており，それらは GOG モデルとともに，視覚実験でよく利用される MATLAB の Psychtoolbox へも実装されている (Brainard, 1997)．

最後に，RGB 各チャネルを個々にガンマ補正

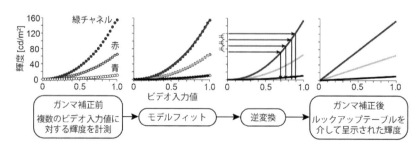

図 2.1 ガンマ補正手続きの流れ

した場合と，グレースケール（RGB を同時に呈示）でガンマ補正した場合の結果について注意したい．理想的には，ディスプレイの RGB チャネルの出力値は独立しており，それらが同時に呈示された場合の輝度は，各チャネルから得られた輝度の単純な線形加算で求められるはずである．しかしながら，実際の多くのディスプレイ装置においては，RGB チャネルは独立しておらず，一方のチャネル値の増加に応じて他のチャネルの出力値が変化する（チャネル間相互作用の存在）．よって，実験で用いる視覚刺激がグレースケールで定義されている場合には，チャネル間相互作用の問題を防ぐために，はじめからグレースケールでのみガンマ補正を行ったほうがよい場合もある．一方，色刺激を呈示する場合には RGB 各チャネルを個々にガンマ補正した後に，下記の色較正の手続きを経て色を生成する必要がある．また，RGB 各チャネルのガンマ補正結果とグレースケールでのガンマ補正結果を比較することでチャネル間相互作用の程度を可視化し，実験に用いるディスプレイ装置が適切なものであるかを評価することもできる．

9) ディスプレイの色較正

ガンマ補正後，実験で用いる刺激の色は，RGB チャネルが線形独立（チャネル間相互作用がない）で，各チャネルの色度がチャネル入力値（輝度）に依存しない（プライマリカラーの恒常性）と仮定したうえで，次の簡単な線形計算で求めることができる．まず，RGB 各チャネルの最大値に対する三刺激値 $rXYZ, gXYZ, bXYZ$ を測定し（三刺激値については 2.1.6 参照），それらを各列に並べた以下の行列を作成する．

$$pXYZ = [rXYZ\ gXYZ\ bXYZ]$$

ここで，$pXYZ$ は色変換行列と呼ばれるものである．このとき，任意のチャネル入力値 rgb に対して出力される色の三刺激値 XYZ は，各チャネルの線形和で計算でき，

$$XYZ = pXYZ \cdot rgb$$

となる．これにより，希望の色 XYZ を生成するために必要な RGB 入力値 rgb は，逆行列 $pXYZ^{-1}$ を用いて，

$$rgb = pXYZ^{-1} \cdot XYZ$$

として計算できる．もし，チャネル入力値がゼロのときの残光が無視できない場合には，残光分の三刺激値をあらかじめ差し引いておくことで，より精確な推定が可能となる．

以上の 2 段階の手続きを経ることで，ディスプレイ装置の輝度・色を較正し，精確な刺激呈示が可能となる．ディスプレイ装置は部品の経年劣化により，使用状況によってはたった 1 か月の間にも大きく輝度・色呈示特性を変えてしまう．よって，理想的には毎回の実験前にこれらの較正を行うことが望ましい．

また，最初に述べたとおり，これらの手続きはチャネル間相互作用がなく，プライマリカラーの恒常性が成立するという制約の下でモデル化されたものである．CRT においては，これらの制約がほぼ成立することが報告されてはいるが，呈示装置ごとに明確な保証はない．さらに，近年主流となってきた LCD ディスプレイや DLP ディスプレイでは，チャネル間相互作用が CRT よりも大きく，残光の影響も大きいため，上記の手続きを適用した場合には誤差が大きくなる（しかし筆者の経験では，上記の 2 段階の較正法で非常に精確な較正が可能な LCD ディスプレイも多数存在する）．よって，新しい呈示タイプのディスプレイ装置を使用する際には特に注意が必要である．

チャネル間相互作用の影響を克服する色較正手法として，「マスキング手法（黄色やマゼンタに対するガンマ補正を行い，相互作用を主成分分析で取り除く）」（Tamura et al, 2001）や「行列演算モデル」（Ikeda & Kato, 2000）なども提案されている．これらモデルアプローチは非恒常性や相互作用をモデルによって明示的に組み込み，それを測定することで，すべての色を再現できる変換行列を決定するものである．また，チャネル間相互作用があっても，局所空間内で探索的に輝度・色を較正することでその影響を無視できるほど小さくし，ディスプレイ装置の仕組みに依存せず，較正精度を向上させる手法も提案されている（Ban & Yamamoto, 2013）．〔番 浩志〕

2.1.2 視覚刺激呈示装置— マックスウェル視光学系

1) マックスウェル視

　私たちが日常的な状況でものを見るときを自然視（natural viewing）と呼ぶならば，図2.2は，マックスウェル視（Maxwellian viewing）と呼ばれる光学系を介して観察される視環境であり，色覚における順応特性などの実験で用いられる刺激呈示装置の一例である．自然視で網膜照度を統制する場合，人工瞳孔や散瞳剤の利用で観察者の見えそのものが変わってしまう．マックスウェル視法はこれらを利用せずに見えの精度も損なうことなく，しかも網膜上での照度が瞳孔径の変化に影響を受けないよう光を眼に入れる方法のことである．光学系装置の組み合わせによって多様なタイプがある（池田，1975；内川，1998）．図2.2の視環境では刺激をつくる光束はすべてレンズL15によって1点に結像するため，その位置に観察者の瞳孔がくるように眼の位置を調整することで，網膜上の照度が瞳孔径によって変化しない．レンズによって集められた光束は瞳孔の中心部を通って眼に入るので，網膜照度は光源LSの強さによってのみ決まる．例えば暗室など照明を絞った環境で刺激を呈示するとき，被験者を見ていてはっきりわかることは瞳孔が変化することである．そのため自然視で様々な光レベルにおける順応特性を調べるには，輝度と瞳孔径を考慮しないと光受容器が受け取った光量を正確に見積もることができない．ただ条件ごとに瞳孔径を測定することは難しく，人工瞳孔や散瞳剤を利用しないと瞳孔を通過する光束の断面積を一定に保つことができないが，散瞳剤は瞳孔を大きくあけてしまうので視覚光学系の収差やピント調節系の麻痺など不都合が多い．マックスウェル視ではこういった自然視で発生する問題を回避することができる．

　マックスウェル視法では，光源からの光束を拡散させることなく効率よく眼球内に入射させるため，自然視に比べてほぼゼロレベルから非常に明るい光強度レベルまで広範囲の刺激光を設定できる．また瞳孔上に結像するレンズに焦点距離の小さいものを使用することで，一様に明るく大きな刺激光を呈示できる．

2) 光源と光強度の調節

　マックスウェル視では光源にキセノンアークランプ（xenon arc lamp）を用いることが多い（図2.2のLS）．発光効率はやや低く，赤外放射と熱損失が大きいが，可視光域の分光分布が太陽光に近く（Wyszecki & Stiles, 1982），モノクロメータ（monochromator）や干渉フィルタによる単色光の生成には都合がよい．演色性にも優れているので，ほぼそのままの分光組成で白色光として利用できる．

　刺激光の閾値を測定する場合，強度を連続的に変える必要があるが，マックスウェル視光学系ではNDフィルタ（neutral density filter）やNDウエッジ（ND wedge）を用いて光強度が調整される．NDフィルタは中性濃度フィルタあるいは減光フィルタとも呼ばれるが，ほぼ色再現に影響を与えずに光量を減少させることができる．NDフィルタはND2～400などの光学濃度で定義され，例えばND400であれば通過する光量は1/400になる．これらは実験中に光強度をひんぱんに変えない刺激の強度設定や大きく光強度を変更するときに利用される．一方，心理物理学的測定法で光強度を連続的に調整するときには主にNDウエッジが用いられる．これもNDフィルタの一種であるが，円形でフィルタ濃度が回転角に伴って連続的に変化するくさび形の形状をしている．NDウエッジをレンズの焦点位置に固定して，回転モータ制御で光量を1/100程度まで連続的に調整することができる．

3) 単色光の作成

　図2.2では，光源から放射された白色光がレンズで集められモノクロメータによって単色光（単一の波長光）に変えられる．この装置はプリズムや回折格子による分光を利用して狭い範囲の波長光を取り出す．また膜の界面で発生する反射光の干渉を利用して特定の波長を選択的に通過させる干渉フィルタも単色光の作成によく用いられる．これらの単色光は吸収型の色ガラスやゼラチンフィルタに比べ波長帯域はかなり狭い．モノクロメータの帯域半値幅が1～8 nmに対して，干渉

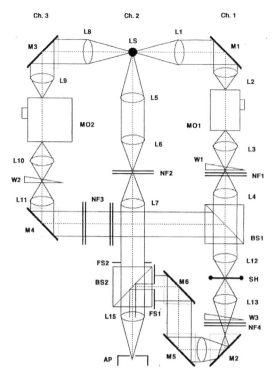

図 2.2 3 光路のマックスウェル視光学系の 1 例
光源には 500 W のキセノンアークランプを使用している．L1 ～ 15 は光学レンズ，M1 ～ 5 は光学ミラー，W1 ～ 3 は ND ウエッジ，NF1 ～ 3 は ND フィルタを示す．MO1 ～ 2 はモノクロメータ，BS1 ～ 2 はビームスプリッタ，FS1 ～ 2 は開口部，AP は人工瞳孔である．

フィルタは 12 ～ 15 nm 程度あり，色純度という点で後者はやや劣るが，光量を確保できる利点もあり，強い背景光をつくるときに有効である．干渉フィルタはレンズ間の平行光束部に，モノクロメータはレンズによる集光部に設置する．

4) 刺激の時空間特性の操作

図 2.2 中の SH はシャッター（shutter）であり，集光部に置き刺激光の持続時間（duration）を設定する．また視覚の時間周波数特性などを測定するときは特定方向に偏波した光のみ通過させる偏光板を使うことが多い．これによって光強度が時間的に正弦変調した刺激をつくることができる（DeLange, 1958）．また観察者に見える刺激光の大きさや形は，開口（aperture）を光路の平行部に置いて狭めることでつくられる．マックスウェル視も自然視同様，刺激の見えの大きさは眼が開口を見る角度である視角（visual angle）によって決まる．瞳孔への集光レンズが近距離にない場合はレンズにピントを合わせるので，レンズの開口部の大きさが見えの視野の大きさになり，これだけでも大きな視野を得ることができる．さらに焦点距離の小さいレンズを使うと，眼はレンズ表面にピント合わせができなくなり，眼と反対側の焦点位置あたりにピントを合わせるため，その位置に開口部を置くと，図 2.2 の配置（FS1 と FS2）ではレンズ間は平行光になっているので，開口部の位置は比較的自由であり，見かけ上もかなり大きい．マックスウェル視では F 値の小さなレンズを用いると視角 30°程度の刺激であれば，容易につくり出すことができる．一方自然視では，観察距離を極端に短くするか，大きな呈示装置が必要となる．さらにそれらを均一に発光，照明するのは手間がかかる作業でもある．

5) マックスウェル視の欠点

一方，自然視と比べマックスウェル視には大きな欠点がある．観察者はレンズ結像部に瞳孔の中心を合わせることが要求され，しかも測定中ずっと維持する必要がある．歯科用コンパウンドを用いて観察者の歯型を作って固定したり，顎台や額あてで補強して頭部を固定する．この頭部が固定された台の位置を微調整することで瞳孔の中心と結像部を一致させる．例えば左右へ調整する場合，瞳孔が焦点の前後にあると視野の左右が欠けて見える場合がある．瞳孔の位置が焦点にあると，左右に調整するとすべてが見えたり急に消えたりするが，欠けることはない．このように観察者が自分の眼の位置を動かして，見えの変化を確認しながら最適の状態にもっていくことが有効であるが，観察者にとってはかなりの負担になるので，実験中の休息のとり方や順応レベルの維持方法などを工夫する必要がある．

〔川端康弘〕

2.1.3 視覚刺激の強度制御と較正

1) 放射量と測光量

視覚刺激の強度制御は，光の物理的な強度をそのまま扱う場合と，光刺激に対する視感度（視感効率）を考慮に入れたうえで強度を調整する場合がある．絶対閾計測（3.1.1 参照）が前者の例にあたり，この場合，放射エネルギーとしての光の強さを表す放射量（radiometric quantity）を操作する．放射量はヒトの視覚とは無関係に決まり，放射輝度計など専用の計測器で測定される．強度の単位としては，光量子数を用いることもある．

色刺激を用いた多くの実験は後者にあたるが，この際に使用されるのが測光量（photometric quantity）である．測光量は，可視範囲内の各波長に対するヒトの視感度を考慮して光の強度を表す．代表例が輝度（luminance）である．輝度は明るさ知覚に主に関連し，単位面積当たりの光度と定義される（渕田，1994）．留意すべきなのは，刺激面の輝度が測定方向や観察方向に依存することである（輝度計算の際の面積が，測定方向に直交する面上で求められることによる）．このため，輝度計での輝度測定は，実験時の観察方向から行う必要がある．

2) 比視感度関数

測光量設定の基礎となる分光視感度に関しては，国際照明委員会（CIE）によって標準比視感度関数（standard relative luminous efficiency function）が定められている．このうち，明所視条件下，2°視野の刺激に対する関数を $V(\lambda)$ と呼ぶ（図 2.3 実線）．$V(\lambda)$ は 555 nm にピークを示し，最大感度を 1.0 とした相対値（比視感度）で表される．輝度計で計測される輝度値はこの $V(\lambda)$ に基づいている．このほか，明所視で 10°視野のもの（刺激が 4°を超える場合にはこちらの使用が推奨されている），暗所視の比視感度関数〔$V'(\lambda)$，図 2.3 点線〕もある．

放射量と測光量の関係を輝度 L に関して示すと，次の式のようになる．

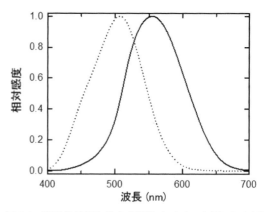

図 2.3 明所視標準比視感度関数〔$V(\lambda)$，実線〕と暗所視標準比視感度関数〔$V'(\lambda)$，点線〕

$$L = K_\mathrm{m} \int_\lambda P_{\mathrm{e},\lambda}(\lambda) V(\lambda) d\lambda$$

ここで，$P_{\mathrm{e},\lambda}(\lambda)$ は分光放射輝度，K_m は最大比視感度と呼ばれる定数（683 lm/W）である．この式が示すように，各波長における放射量を比視感度で重みづけて足し合わせたものが測光量である．輝度に関しては加法則が成立し，混色光の輝度は，加法混色した色光の輝度の総和で表される．

$V(\lambda)$ を改善した分光比視感度関数もいくつか提案されている（2.1.7 参照）．ただしこれらは，多数の観察者での測定結果に基づいた平均的な視感度であり，個々の観察者の視感度はこれと一致するとは限らない．このため輝度の厳密な統制が必要な場合には，観察者個人ごとに視感度を測定し，等輝度設定を行う必要がある．

3) 代表的な等輝度設定法

等輝度設定を行う際には，一定強度の参照光を用意し，特定の判断基準に従って別の光（検査光）の強度を調整する．参照光自体の輝度は輝度計などで決定する．

フリッカー測光法（flicker photometry, 交照測光法）（Web デモ）は，同じ大きさの参照光と検査光を，同じ場所に，10～15 Hz 程度の時間周波数で交互に提示し，交替によるちらつき感が最小となるように検査光の強度を調整する方法である．この方法は最も一般的な等輝度設定法であり，$V(\lambda)$ を定める際にも使用された．参照光と検査光を交替させる周波数は，低すぎるとちらつきの変化がわかりにくく，逆に高すぎるとちらつ

きが感じられなくなる強度範囲が広くなるため，刺激に応じて調整する必要がある．

最小明確度境界法（minimally distinct border method, MDB法）（Webデモ）では，参照光と検査光を境界線で接するようにぴったりと並べて配置し（図2.4a），境界線の明確度が最小となるように検査光の強度を調整する．この方法では，刺激を時間的に変化させずに等輝度設定が可能である．

最小運動法（minimum motion method）（Webデモ）では，例えば，明黄・暗黄縞（参照縞）と赤・緑縞（検査縞）を1/4周期ずつずらしながら交替させる（図2.5）．この際，赤縞のほうが高輝度であれば下方向へ，逆に緑縞のほうが高輝度であれば上方向への運動が知覚される．赤・緑縞の相対輝度を調整し，運動印象が最小となったときに赤と緑が等輝度となる．参照縞は検査縞と平均色度を揃えないと，刺激の切り替えにより色のフリッカーが生じることになる．参照縞の輝度コントラストは，高すぎても（15%以上），逆に低すぎても（5%以下），調節が難しくなるため，10%程度がよいとされる（Cavanagh et al, 1987）．

以上の等輝度設定法はいずれも，直接的には明るさを扱っていない．これらの方法は，時空間応答特性のよい輝度システムの応答を取り出しており，その分光感度が V(λ) で表されると考えられている．

異なる方法でなされる等輝度設定はよく対応する（Lennie et al, 1993；Wagner & Boynton, 1972）．その一方で等輝度設定は，刺激の時空間特性や網膜位置などに応じて変わることも知られているため（Cavanagh et al, 1987；Lennie et al, 1993），実際の実験と同じか，できるだけ近い条件下で行う．

4）輝度と明るさ

刺激の明るさ（brightness）を揃えたい場合には，直接比較法による明るさのマッチングを用いるのが一般的である．設定の際には，2つの刺激を少し離して配置し（図2.4b），明るさが等しくなるように検査光の強度を調整する．このような等明るさ設定には個人差が大きく，また，等輝度設定と等明るさ設定は多くの場合に一致しない．一般に，彩度が高い（鮮やかな）ほうがより明るく見える．さらに，明るさに関しては加法則も成立せず，混色光の明るさは，必ずしも元の光の明るさの和にはならない．こうした明るさの特徴は，輝度システムに加えて色システムが寄与していることによる．

5）等輝度条件での視覚実験

等輝度条件で特定の現象が生じるか否かを調べることにより，特定の視覚経路（大細胞系と小細胞系など）の寄与を検討できるという考えがある（Livingstone & Hubel, 1987）．しかしこれに関しては，等輝度条件での刺激コントラスト低下による空間分解能と時間分解能低下が原因ではないことを示す必要がある（Cavanagh, 1991）．また，等輝度刺激のみでは，輝度情報と色情報の相互作用の影響を検討することもできない．色差のみに基づく応答を取り出す際には，ダイナミックな輝度ノイズに重ねて色刺激を提示するなど，輝度手がかりのみでは応答できないような状況の設定も考慮すべきであろう．　　〔木村英司，澤山正貴〕

● Webデモ　等輝度設定法
http://www.asakura.co.jp/books/isbn/978-4-254-52023-1/

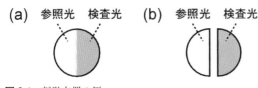

図2.4　刺激布置の例
a：最小明確度境界法，b：直接比較法．

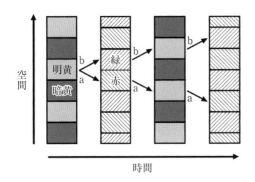

図2.5　最小運動法の模式図

2.1.4 視覚刺激の空間的制御とその較正

1) パターン刺激の呈示

パターン刺激とは，視野の位置に応じて光の強度を変化させた2次元的な模様のことである．パターン刺激には，暗室でLED光源を様々な位置に配置したもの，紙に印刷した幾何学的図形や写真，カラーディスプレイ（2.1.1参照）に表示する画像などがある．ディスプレイに表示するパターン刺激には縞（grating），ガボールパッチ（Gabor patch），ランダムドット，文字，顔や風景の写真などがあり，研究目的に応じて様々なものが用いられる．

ディスプレイを用いることで，パターン刺激を容易に制御できる．パターン刺激を構成する光の輝度や色の変化の度合い（コントラスト）は，研究の目的に応じて設定する．一般的に，パターンが見えるかどうかについての絶対閾（3.1.1参照）などを測定する実験ではコントラストは低く，弁別閾や閾上の見えを調べる実験ではコントラストは高くなる．パターンの見え方は，ディスプレイのガンマ値（2.1.1参照）の設定によっても変化する．

ランダムドットや写真をパターン刺激として用いる場合，一定の大きさの正方形や円で切り取り，背景を一様な灰色に設定することが多い．この背景に加えてさらに外のディスプレイの枠なども，視野に入るならば刺激の一部であるため，剰余変数の統制（1.4参照）という点で一定であることが望まれる．これを実現する便利な方法は，実験を暗室で行うことである．運動刺激を用いる場合や絶対的な位置を基準とした判断が観察者に求められる場合など，実験の目的によっては，ディスプレイの枠や室内の他の事物を完全に見えないようにすることが必要な場合もある．

剰余変数の統制という観点からすると，実験変数ではない限り，観察者の視線はディスプレイや表示面に対し一定の角度と距離を保つことが望ましい．このために便利なのは，顎台などの頭部固定装置である．眼球運動を高い精度で測定する場合など，さらに厳密な統制が求められるときは，観察者ごとに歯型を作り（Carpenter & Robson, 1999），それによって頭部を固定する．

パターン刺激やその要素の呈示位置を高い精度で制御することが必要な場合，ディスプレイの各ピクセルの輝度を調整することで解像度を擬似的に上げる手法も用いられる（Georgeson et al, 1996）．これは画像処理で行うアンチエイリアス処理（ピクセルの階調値を調整することで滑らかな輪郭をつくり出す手法）と同じ原理である．これにより線分の微妙な方位を表現したり，遅い運動速度のパターン刺激を呈示することが可能になる（サブピクセル描画，2.1.5参照）．

遠近法，テクスチャ，陰影などを利用して，3次元的で立体的な印象を与える刺激も，パターン刺激の1つである．このような3次元パターン刺激を作成するため，立体的な事物を撮影した写真を使用することもある．またコンピュータグラフィックスソフトウェアなどを用いたシミュレーションに基づいて作成した画像を使用することもある．さらに，両眼網膜像差，運動情報(2.1.5参照)などを利用して3次元パターン刺激をつくることもできる．遠近法による投影図に基づいて3次元パターン刺激を作成する場合，画面上での位置 (x, y) は，想定する3次元環境中での位置 (X, Y, Z) を元に次式で計算できる（金谷，1990）．

$$(x, y) = (fX/Z, fY/Z)$$

この場合 X は水平位置，Y は垂直位置，Z は視軸方向の位置（奥行き）であり，f は焦点距離（定数）である．図2.6の模式図では原点が眼の位置に対応する．

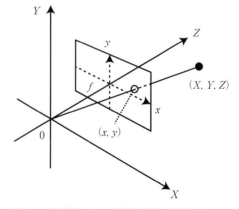

図2.6　遠近法による投影図作成の模式図

2) 刺激サイズと視角の計算

パターン刺激の大きさや視野内での位置（偏心度）を記述する基礎的な単位は，視角（visual angle）である．眼から対象までの物理的距離（観察距離）を D，対象の物理的な大きさ（幅または高さ）を s とし，観察者が対象の中央を固視していると仮定すると，視角 α は次式で計算できる（図2.7）．

$$\alpha = 2\left[\tan^{-1}\left(\frac{s}{2D}\right)\right] \quad (\text{rad})$$

$$= \left(\frac{360}{\pi}\right)\left[\tan^{-1}\left(\frac{s}{2D}\right)\right] \quad (°)$$

この場合，対象の大きさは視軸に対して垂直な向きで測定し，観察距離は眼（または両眼の中点）の位置を基準として測定する必要がある．この計算式を実装したスクリプトは視角の計算（Webデモ）で利用できる．物体の大きさが小さい場合には，式 $\alpha = s/D$（単位は rad）で近似できる（大きさが視角で20°のとき，差は約1％）．この式を基に考えると，眼の57.3 cm手前で対象の大きさが s cmに相当するとき，それは視角約 s° であることがわかる．視角の単位としては必要に応じて，度（°）に加えて分（′）や秒（″）も用いられる．実験にディスプレイを用いる場合，表示画面の横幅と縦幅を cm単位で測定し，1ピクセルが何×何 cmに相当するかを計算によって求め，刺激サイズの較正を行うのが簡単である．

偏心度〔eccentricity，または網膜偏心度（retinal eccentricity）〕とは，視野の中で固視している位置（中心窩）を基準として対象の位置がどれだけ離れているか（周辺にあるか）を示す度合いのことである．視力やコントラスト感度は測定対象の偏心度によって大きく異なるため，周辺視野に刺激を呈示する場合には偏心度を考慮することが必要である．固視点を利用する場合には，画面中央に小さな点，十字，同心円など（通常大きさは視角1°以下）を呈示する．従属変数に及ぼす偏心度の影響を一定に保つためには，対象を視野の一定範囲の中でランダムな位置に呈示したり，固視点を中心とした一定の半径の円に沿って配置するという操作を行うことが多い．

刺激の偏心度を厳密に測定し制御するためには，眼球運動測定機器（6.2.2参照）によって注視位置をモニタする必要がある．偏心度の影響を最小限にしながら刺激を呈示する簡便な方法として，観察者に固視点を見続けることを求めつつ，パターン刺激を短時間（200 ms以下）呈示する方法がある．この場合，呈示された刺激に対する眼球運動が生じる前に刺激が消失するため，対象の偏心度をある程度統制することができる．

3) コントラスト

輝度などの特定の刺激属性に着目したときのパターン刺激の変化の度合いは，コントラストによって定量化できる．概してコントラストが高い場合，パターンは明瞭に見える．輝度の場合，コントラストの具体的な指標としては，パターンの最大輝度 $L_{\max}$ と最小輝度 $L_{\min}$ に基づく，以下のマイケルソンコントラスト（Michelson contrast）が広く用いられている．

$$c = \frac{L_{\max} - L_{\min}}{L_{\max} + L_{\min}}$$

c の取りうる値の範囲は 0～1 である．刺激がノイズを含む場合，最大輝度と最小輝度は刺激によって試行ごとに異なり，c の値が変動する場合もある．そのようなときは，輝度分布の標準偏差を平均輝度で割った RMS コントラスト（root-mean-square contrast）を指標として用いる．以上のコントラストの設定と計算をグレースケールの階調値（0～1 や 0～255 など）を用いて行う場合，ディスプレイのガンマ値が1.0に正しく較正されているかを確認する必要がある（2.1.1参照）．

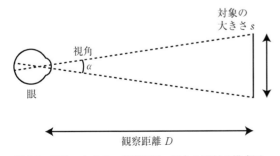

図2.7　対象の大きさ，観察距離，視角の関係の模式図

4）空間周波数

　空間周波数とは，ある刺激属性に関する視野内の繰り返しの度合いであり，刺激の空間的構造を定量的に記述するために広く用いられる．通常は，視角1°当たりの繰り返しの数（cycle/°）を指標として用いる．パターンが見えるかどうかの検出閾は，コントラストだけではなく空間周波数にも依存することが多くの心理物理学的研究によって明らかになっている（大山ほか，1994；篠森，2007）．

　空間周波数を制御する基本的な方法は，視野位置を変えながら輝度などの刺激属性をサイン波状に変化させることである．このようなパターンは縞刺激と呼ばれる．呈示できる空間周波数の上限は，画面の解像度（ピクセルの大きさ）で決まる．縞刺激の場合，輝度の変化方向を水平，垂直，斜め方向などに変えることで刺激の方位（orientation）を制御できる．写真などの複雑なパターンの空間周波数や方位を制御する場合は，2次元フーリエ変換などに基づく画像処理を行う（井上ほか，1999）．

　以上の話題では，輝度の変化に基づく空間周波数を取り扱ってきた．空間周波数は輝度だけでなく，色，輝度コントラスト，方位，両眼網膜像差，運動方向など多くの刺激属性で定義できる．輝度以外の属性を変化させたパターン刺激を用いた研究も多く行われている（Regan, 2000）．

5）ガボールパッチ

　空間周波数，方位，視野位置を統制した刺激として，ガボールパッチと呼ばれる2次元パターンが用いられることがある（日本視覚学会，2017；Popple & Levi, 2000）．ガボールパッチとは，ある属性（輝度など）に関するサイン波状の変化パターン（キャリア）に2次元ガウス分布の「窓」（エンベロープ）を掛けたものである．より単純なパターンとしては，縞刺激を円や長方形の窓で切り抜いた刺激が想定できる．この場合，窓がパターンを切り抜くことによってエッジが形成される．これはすなわち高空間周波数成分となり，広範囲な空間周波数の変化をもたらしてしまう．それに対しガボールパッチの窓（エンベロープ）は

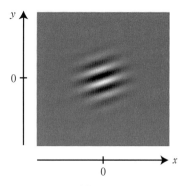

図2.8　ガボールパッチの例
画像の大きさが200×200ピクセルの場合の例．パラメータの値は$\sigma = 20$ピクセル，$\theta = 18°$，$\lambda = 20$ピクセル．

なだらかに変化するので，縞と背景の境目はよりなめらかになり，窓によって生じる高空間周波数成分を小さくすることができる．基本的なガボールパッチ（ガボール関数）は次式で定義できる．

$$L(x, y) = L + C \exp\left(-\frac{x^2 + y^2}{2\sigma^2}\right)$$
$$\times \sin\left\{\frac{2\pi}{\lambda}[x \sin(\theta) - y \cos(\theta)] + \phi\right\}$$

ただしLは背景輝度，Cはコントラストを示す定数，σはガウス分布の窓の大きさを示す定数（標準偏差），λはキャリアの波長，θはキャリアの方位，ϕはキャリアの位相である．ガボールパッチの例を図2.8に示す．キャリアの位相などを時間的に変化させることで，運動刺激も作成できる（2.1.5参照）．

　ガボール関数は視覚野の神経細胞の受容野構造をモデル化するときにもよく用いられる（例：Ohzawa et al, 1997）．ガボールパッチを視覚刺激として使うことで，刺激の制御が容易になるだけではなく，心理物理学的知見と神経機構との対応づけが容易になる．

6）両眼網膜像差と奥行き

　両眼網膜像差（binocular disparity, 両眼視差）は，第一義的には，右眼と左眼に呈示される刺激の位置の差である．像差をつくり出すためには，左右眼に異なる画像を呈示する必要がある．そのための装置として，ミラーステレオスコープ，液晶シャッター眼鏡，偏光フィルタ，アナグリフ（赤青眼鏡）などがある．像差を設けたパターン刺激

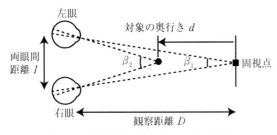

図 2.9 水平両眼網膜像差と奥行きの関係の模式図

図 2.10 垂直ノニアス線分の例
適切に融像すると,十字が見える.

はステレオグラムと呼ばれる.ステレオグラムを呈示する装置は,両眼視野闘争などの両眼分離呈示が必要となる実験にも用いることができる.

ステレオグラムを呈示する際に考慮する必要があるのは,片方の眼に呈示したい画像が,もう片方の眼から見えてしまうクロストークである.クロストークが生じるということは,像差がゼロの刺激をステレオグラムに重ねて呈示しているということである.ミラーステレオスコープの場合クロストークは原理的には生じないが,他の方法ではクロストークは多少は生じる.クロストークが小さいことが確認できて初めて,両眼刺激呈示装置の較正ができているといえる.

ステレオグラムを用いる心理学実験で考慮する必要があるのは,観察者の両眼立体視の能力である.成人のうち少なくとも数％は,両眼刺激による奥行きを感じることが困難である(相田・下野,2012).観察者の立体視能力の程度を判断するためには,実験に先立って,市販のステレオテストや実験に用いるものと似た刺激を観察し,立体視ができているかを口頭などで確認することが必要である.

これに関連して考慮が必要な点は,ステレオグラムを観察するときの輻輳角である.両眼の方向を随意的に制御する能力には大きな個人差があるため,ミラーステレオスコープを用いる場合には,実験環境における輻輳角が無理のないものであるかどうかを確認する必要がある.ミラーステレオスコープの場合,輻輳角は,両眼の位置,画面の位置,固視点の位置,ミラーの傾きを物理的に測定することで計算できる.融像できるどうかは,後述するノニアス刺激の見えなどで確認できる.

両眼網膜像差の中で実験に一番多く用いられるのは,両眼間で対応をとることができる画像中の要素(ランダムドット,縦縞刺激,CG物体のエッジなど)に対する水平方向の像差である.像差の単位には視角を用いることが多い.像差がゼロになる3次元位置で定義される平面はホロプターと呼ばれる.水平像差を用いた場合,その符号と大きさに依存して,対象の奥行きをシミュレートした刺激を呈示できる.また像差は水平方向だけでなく,垂直方向にも設けることができる.ただし垂直像差をもつ刺激から奥行きを感じることができる条件は限られている〔例:大視野刺激や暗室(Howard & Rogers, 2012)〕.

水平像差 δ (rad) と固視点に対する対象の奥行き d との間の幾何学的な関係は,上述の視角の近似式を用いると,両眼間距離 I と観察距離 D を用いて次式で表すことができる(図 2.9).

$$\delta = \beta_2 - \beta_1 = \frac{dI}{D^2 - dD}$$

両眼間距離 I は,6〜6.5 cm の範囲内の値を仮定することが多い.水平像差の量が数°以内の場合,知覚される奥行きは水平像差に比例する(Howard & Rogers, 2012;日本視覚学会,2017).

観察対象が静止している場合,両眼がどこを固視しているか(両眼位置)によって両眼網膜像差の量が異なる.両眼位置を知り,制御するためによく用いられるのは,固視点付近に垂直なノニアス線分を追加する方法である(塩入,2007).ノニアス線分とは,想定される両眼位置のときに左右それぞれの眼からのみ見える線分が一直線をなす配置の両眼刺激である(図 2.10).ノニアス線分がほぼ一直線に見えたと観察者が報告した場合,設定した像差が呈示されているとみなせる.

〔光藤宏行〕

● Web デモ　視角の計算

http://www.asakura.co.jp/books/isbn/978-4-254-52023-1/

2.1.5 視覚刺激の時間的制御とその較正

1) 呈示時間制御の必要性

視覚を用いた知覚・認知実験において，呈示時間，つまり画像や文字などをどれだけの時間見せるかということは正確に統制すべき要因の1つである．かつては機械式のタキストスコープなどが用いられたが，今ではコンピュータを使い，ディスプレイ上に提示することが一般的である．コンピュータは時間的に変化する動画像も扱える．そのため，本節ではコンピュータを用いた視覚実験における時間制御について述べる．例として，視覚実験に多用される Psychtoolbox 3〔以下，PTB（Brainard, 1997；Pelli, 1997）〕を用いるが，内容は一般的なものである．

まず，行う実験においてどのくらいの時間精度が必要なのかをよく検討することが重要である．呈示時間を参加者に任せる場合は時間の記録ができればよい．1回の呈示が数秒以上の場合は，1/100秒単位の誤差は無視でき，コンピュータの内部時計に合わせて画面のオン・オフを行えば1/10秒程度の正確性は十分確保できる．市販やオープンソースの心理学実験用ソフトウェアでも十分な領域であろう．ただし，そういう場合でも，ディスプレイ動作の基礎を知っていないと，物理的に不可能な条件を求めることになりかねない．

視覚の基本機能に関する心理物理学実験や，脳波などの時間的に精密な測定を行う実験では，刺激呈示にも高い時間精度が求められる．まずは呈示オンセットの精度（必ずしも確度は必要でない），次に変化の精確度が問題になる．コンピュータはどんどん速くなるが時間的精確性はむしろ下がっており，出力となるディスプレイ装置に大きく制約を受ける．

動画呈示には既存のムービーフォーマットを用いることもできるが，圧縮・伸張を伴う多くのムービーフォーマットは心理物理学実験には適さない場合がある．ここではむしろ，ある程度のプログラミングによって視覚呈示を行うことを前提として説明していく．

2) コンピュータディスプレイの動特性

視覚心理物理学実験では応答が速く細かな輝度階調制御ができる CRT ディスプレイが今でも重用される．現在主流のデジタル接続による液晶（LCD）ディスプレイでも，コンピュータからの伝送は CRT のラスタスキャンを踏襲しており，まずはその原理を理解することが重要である（2.1.1 参照）．

ディスプレイの垂直走査周波数は 60 〜 120 Hz が一般的である．例えば 60 Hz であれば 1 フレーム当たり約 16.7 ms かかり（フレーム時間と呼ぶ），これが呈示時間の基本単位となる．ただし，CRT は画面位置によって走査タイミングが異なり，実際の発光時間ではない名義的なものである．複数フレームを連続呈示すると局所的に輝度の増減が繰り返されるが，蛍光体の残光と目の残像によって連続的な呈示に見える．総呈示時間はフレーム時間の総和であると考えて実用上問題ないが，このような特性は理解しておく必要がある．特にきわめて短時間の呈示を行う場合には意味をよく考えないといけない．

1 画面の伝送が終わって，元の位置に戻る垂直帰線期間はコンピュータの割込信号（垂直同期信号：VSYNC）を発生させ，描画の同期制御に用いられる．グラフィックデバイスの仕様によってはユーザプログラムからこの信号がうまく使えない場合もある．

CRT の垂直走査周波数が，観察者がフリッカを検知できる周波数の上限である CFF（critical fusion frequency）を下回ると，画面にちらつきが感じられる．CFF は明るさレベルに依存するが（日本視覚学会，2017），明所で 60 Hz では下限ぎりぎりで，CRT を実験に用いる場合は 75 〜 100 Hz に設定することが多い．

LCD の場合コンピュータから逐次的に届いた信号は一度バッファリングされ，同時に表示される．そのため，コンピュータからの描画指令から実際の描画開始には時間遅れが発生すると考えられる．液晶ディスプレイは 60 Hz が標準となっている（可変の場合もある）．基本的にホールド表示されるのでちらつき感はなく，呈示時間≅フレーム時間と考えてよいが後述の例外もある．液

晶の応答速度は近年飛躍的に改善され，立ち上がりは数 ms になってきたが，白黒間より中間階調間の遷移が遅い性質があり，残光は CRT より長い．ホールド表示中の目の動きによる残像感を軽減するため，1 フレーム内で一度完全に黒にする倍速液晶もある．輝度階調制御では CRT に劣るが，画面の均一性や画素の細かさでは勝っており，応答の向上によって動画像呈示にも使えそうになってきた．製品による違いが大きいので，仕様や，研究者による実測報告などをよく確認したい．

3）ダブルバッファリングと時間制御

直接フレームバッファに描画すると，走査との前後関係で表示がずれる．CRT にドリフトする縦の縞刺激を描くと，画面の途中で縞に明らかな段差が見えることもあった．そのような乱れを防ぐため，フレームバッファを複数用意して，表示されていないほうに描き込みを行い，一度に描画表示フレームを入れ替えるのがダブルバッファリングの手法である（図 2.11）．

ダブルバッファリングはハードウェアでサポートされ，多くの描画ライブラリで標準機能となっている．PTB でも，直線や四角形，楕円などの描画関数を実行しただけでは何も表示されない．画面の表裏を反転（フリップ）することで初めて描画内容がディスプレイ上に現れる．画面の乱れを防ぐため，通常は垂直帰線期間を待ってフリップする．PTB の Flip は帰線期間を待つが，待たずにフリップすることもできるなど柔軟につくられているうえ，フリップ実行のタイミングを細かく報告してくれるので記録しておいて後で検証できる．

タキストスコープのように静止画を一定時間呈示するには，画面をフリップしてから，一定時間後に再度フリップして消去すればよい（サンプルプログラム 1）．呈示時間ぎりぎりまで待つと 1 フレーム余分に提示されてしまうこともあるので，余裕を見て少し早めに設定するほうがよい．いずれにしても，実際のフリップ実行時間を必ずログファイルに記録しておく．

常に変化する画像を提示する場合は，裏画面に描いてはフリップするという動作を繰り返す（サンプルプログラム 2）．描画処理に時間がかかる場合，次にあげる手法で高速化できる．処理時間が一定しないと困るが，実時間描き込みを行い，常にシステムから取得した時刻を基に描画処理を行えばコマ落ちが発生しても対応できる面もある．

4）オフスクリーンバッファ描画

描画処理に時間がかかる場合，グラフィックメモリの非表示部分などのオフスクリーンバッファにパターンをあらかじめ描き込んでおき，ビットブロック転送（bit block transfer, BitBlt）を用いて高速転送するとよい．画面全体をフリップするダブルバッファリングに対し，画面の一部だけを操作できるので幅広い応用が可能である．BitBlt はハードウェア実装によって CPU に負荷をかけず高速に実行できる場合が多い．

BitBlt 時に，GPU の機能を用いて，転送時に拡大縮小や回転，透過率操作などの処理を行うことができる場合もある．オフスクリーンバッファを一部ずつ表示することで，並進運動をつくることも考えられる．工夫次第で描画処理を最小限にして様々な呈示を行えるだろう．

PTB では，Screen 関数のサブファンクション MakeTexture でメモリ上にパターンを準備し，DrawTexture で描画（BitBlt）する．

5）サブピクセル描画

描画オブジェクトを画素単位で移動すると，遅

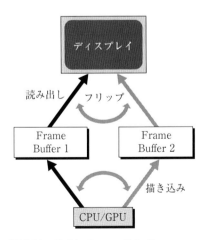

図 2.11　ダブルバッファリング

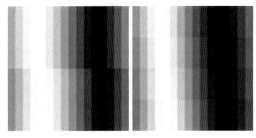

図 2.12 正弦波パターンにおけるサブピクセル描画の例
縦軸が時間を表す．全体で 1 画素分移動している．左はピクセル移動，右はサブピクセル移動した場合．

い動きはぎこちなくなってしまう．呈示パターンが鋭いエッジをもたず滑らかな場合は，パターンを仮想的に連続的に動かしながら再サンプリングすることで，1 フレーム当たり 1 画素未満（サブピクセル）の滑らかな動きを生成できる．

図 2.12 に正弦波の例を示す．より複雑なパターンでも，最初にオーバーサンプリングした画像を用意し，表示する際に再サンプリングすることで同様の効果を得ることができる．

6) マルチタスク OS における時間制御

20 年前にはパソコンの OS はシングルタスクか，せいぜいノンプリエンプティブなマルチタスク（ユーザプログラムが自発的に CPU 時間を OS に返す）であったので，CPU 処理は遅くてもプログラムからの時間制御は比較的容易であった．しかし，今やパソコン OS でもプリエンプティブマルチタスクが標準となり，常に裏で多数のプロセスが動作している．CPU が高速化かつマルチコア化してきたため体感的には問題なくても，実際にはバックグラウンドプロセスが刺激呈示の時間制御を妨げることも多々ある．

まずは，できるだけ不必要なプロセス（サービス）を停止する．特に，自動更新やバックアップ，クラウドストレージなど，ネットワークや補助記憶装置との間でファイルのやり取りが生じるものは停止すべきである．できれば実行時にはネットワーク接続を切り，セキュリティソフトも一時停止したい．

プロセスの優先順はできる限り上げ，他プロセスからの干渉を軽減する．UNIX 系 OS では nice 値として知られる．PTB においては，Priority 関数で最大限（MaxPriority）を設定する．ただ

し，その動作は OS によって異なるうえ，キーボードなどの動作に影響したり，ハングアップの危険もあるなど，使用には相応の知識を要する．2017 年時点で，PTB の開発者は時間の精確性のために Linux 環境を推奨している．特に厳しい時間制御が求められる場合，Linux のリアルタイムカーネルも使えるかもしれない．

いずれにしても，高度なマルチタスク OS の下では処理時間の再現性は完全に保証しがたい．まずは十分にテストを繰り返し，誤差の範囲を把握するとともに，システム時刻を参照して遅れにも対応できる柔軟な処理を心がける．また，実際に画面呈示が行われた時刻を逐一ログファイルに記録する．記録があれば，分析の要因とし，特定試行を排除するなど対応することができる．

7) 測定機器との同期

外部測定機器との同期を行う場合，時間制御にも相応の工夫が必要になる．EEG，MEG，眼球運動測定などは高い時間精度を要し，画面への描画指令と実際の呈示のラグを理解する必要がある．画面の一部を直接フォトセルで測って一緒に記録することもできる．そういった対応は本節の目的を超えるので，専門書などを参照いただきたい．

一方，fMRI や NIRS など，測定対象の応答が本質的に遅い測定では，刺激の時間精度をそれほど厳密に考える必要はない．しかしながら，特に fMRI においては測定開始からの経過時間を見て呈示を行い，途中で発生する誤差が累積しないことが重要である．MRI 機器で 1 回のスキャン (TR) ごとに生成されるトリガー信号と毎回同期して描画してもよいが，筆者の経験では，スキャン開始時のみ同期すれば十分である．トリガー信号をキーやマウス入力に変換してくれる機器を使うと便利で，その際に信号処理の遅れが生じても fMRI 実験ではほとんど問題にならない．

8) 視覚運動刺激の作成

◆ ガボールパッチ

ここまでの説明を基に，視覚心理物理実験で多用される刺激を作成したい．まずは動的なガボールパッチ（2.1.4 参照）をつくる．ここではキャ

リアをドリフトさせ，次の式

$$\sin[2\pi f_x(x\sin\theta - y\cos\theta) - 2\pi f_t t]$$

f_x:空間周波数（cycle/image），f_t:時間周波数（Hz）で，刺激全体のコントラスト C も時間的にガウス関数で変調する．

実装として，①オフラインバッファを1つだけ使い，オンラインで更新描画する（サンプルプログラム3），②すべてのパッチをあらかじめ描いてオフラインバッファに貯めておく（サンプルプログラム4）という2つを考える．①は描画する刺激が比較的少なく，計算・描画の負荷が小さいときに有効で，メモリが小さく多数のオフラインバッファを確保できない場合や，呈示パラメータが動的に変化する場合にはそうせざるをえない．②はメモリに余裕があり，途中の攪乱が起こりにくい状況でうまく働くが，画面に多数のパッチを表示するなど処理が重い場合にも使える．処理に大きな差はなく，パターン生成と画面呈示を同じループ内で行うか，2つのループに分けるかが異なる．

◆ランダムドット刺激

もう1つの代表的な視覚運動刺激として，ランダムドットによるオプテックフロー刺激をつくる．繰り返しがないのでオフラインバッファを確保するのが難しいと考え，フレームごとにオンライン計算することにした．

基本的にはドットの数だけ毎回位置を計算して表示すればよいが，1つずつ計算して描画関数を呼び出すと時間がかかり，ドットの数を増やすと1フレーム内で処理しきれなくなりがちである．サンプルプログラム5ではMATLABの行列演算とPTBのドット群同時呈示（DrawDots）を使って高速化している．

拡大縮小，回転を含む動きには極座標表現 (r, θ) が適しており，

$$\frac{dr}{dt} = v\cos\phi, \quad \frac{d\theta}{dt} = \frac{v\sin\phi}{r}$$

v は速さ，という簡単な式で拡大縮小と回転を組み合せたフローパターンを描ける（Morrone et al, 2000）．実際の描画時にはXY座標に変換する．

ドット密度を維持するため，呈示領域をはみ出すドットはどこかに描き直す．直線運動ではラップアラウンドで反対側から現れてもよいが，拡大運動では中央付近の密度が高くなりすぎるので，ランダムな位置に描き直すとよい．円形窓の場合，極座標で範囲を決めるとはみ出さないが，密度を均一にしにくい．サンプルプログラムでは両座標系を行き来し，個別に判定をしているので無粋なループ処理が残っている．

ランダムドット刺激では，各ドットの呈示時間（ライフタイム）を有限にすることが多い．長い間ドットが連続に動くと，網膜上の一部しか刺激できず，残像によって軌跡が知覚できるうえ，ドットが周辺や中心に偏ってくることもある．ライフタイムが短いとそういう問題を軽減できるが，ノイズ成分が大きくなるので，目的に応じて設定する．一度にすべてのドットが更新されないよう，最初に残りのライフをランダムに割り当てる．このことも個別ドットの判定のためのループが必要な理由の1つになっている．　〔蘆田　宏〕

● Web掲載サンプルプログラム

Macbook Pro Retina 15 Mid 2014＋Mac OS10.10.2（Apple），MATLAB 2014b, Psychtoolbox 3.0.12 を使用した．正確な時間制御のためには全画面表示がよいが，ここでは安全性のためウィンドウ表示とした．それでも実行時には重要な書類を閉じ，万一ハングアップしても被害が最小限になるよう注意してほしい．

プログラム1：静止画の描画と時間計測．
プログラム2：単純な動画の描画と時間計測．
プログラム3：ドリフトするガボールパッチの描画（a）．開始からの時間を用いて毎フレーム計算している．
プログラム4：ドリフトするガボールパッチの描画（b）．あらかじめ全フレームをオフスクリーンに描画．フレーム時間を時間の基準としている．
プログラム5：ランダムドットによる回転・拡大縮小が連続的に変化するオプティックフロー刺激．

2.1.6 表示系による色刺激表示

1) 表色系（混色系）

色を定量的に表すための体系を表色系と呼ぶが，光の混色実験に基づく混色系と色相，彩度など色知覚に基づく顕色系に大別される．混色系の最も基本的なものに，国際照明委員会（CIE）によって定められた XYZ 表色系がある．ディスプレイなどの光源の場合，任意の色光は3つの原刺激を混色することで等色できる．この原刺激の強度を三刺激値と呼び，次式により求められる．

$$X = K_{\mathrm{m}} \int_{\lambda} P_{\mathrm{e},\lambda}(\lambda) \cdot \bar{x}(\lambda) d\lambda$$

$$Y = K_{\mathrm{m}} \int_{\lambda} P_{\mathrm{e},\lambda}(\lambda) \cdot \bar{y}(\lambda) d\lambda$$

$$Z = K_{\mathrm{m}} \int_{\lambda} P_{\mathrm{e},\lambda}(\lambda) \cdot \bar{z}(\lambda) d\lambda$$

ここで，K_{m} は最大比視感度，$P_{\mathrm{e},\lambda}(\lambda)$ は分光放射輝度，$\bar{x}(\lambda)$，$\bar{y}(\lambda)$，$\bar{z}(\lambda)$ は等色関数であるが，特に $\bar{y}(\lambda)$ は明所視標準比視感度関数 $V(\lambda)$ と等しく，三刺激値 Y は輝度となる．そのため，輝度値を Y と略記する場合もある．XYZ 表色系は多くの表色系の基礎であるため，表色系間の変換はもっぱら XYZ の三刺激値を介して行われる．

XYZ 表色系は2°視野での等色実験に基づいているため，視角 1〜4°の刺激への適用が推奨され，4°を超える刺激に対しては $X_{10}Y_{10}Z_{10}$ 表色系が推奨される（CIE, 1986）．定義式は上式と同様であるが，等色関数が $\bar{x}_{10}(\lambda)$，$\bar{y}_{10}(\lambda)$，$\bar{z}_{10}(\lambda)$ となる．それぞれの三刺激値は大きくは違わないものの，三刺激値同士を直接変換することはできない．また，Y_{10} が輝度とはならない点にも注意が必要である．以降，XYZ 表色系を前提に解説するが，$X_{10}Y_{10}Z_{10}$ 表色系を用いた場合には，各記号の添字に「10」と付記しなければならない．

三刺激値の測定には色彩輝度計が必要だが，分光放射輝度を実際に計測するものと，等色関数を模擬した光電素子により三刺激値のみ計測するものに分けられる．後者の場合，分光特性は得られず，等色関数の異なる表色系には対応できない．

2) 色空間と色度図

表色系を立体的に図示したものを色空間と呼ぶが，より簡便に平面に示したものを色度図，色度図上の座標を色度座標あるいは単に色度と呼ぶ．

任意の色光 C は XYZ 色空間において三刺激値を要素とするベクトルで表すことができる．これに対し，単位面との交点をとることで色光の強度（ベクトルの長さ）を省き，XY 平面へ投影したものが xy 色度図である．よって，それぞれの関係は以下の式で表される．

$$x = \frac{X}{X+Y+Z}$$

$$y = \frac{Y}{X+Y+Z}$$

$$z = \frac{Z}{X+Y+Z} = 1 - (x+y)$$

また，三刺激値が等しくなる等エネルギー白色の色度は $(x, y) = (0.3333, 0.3333)$ となる．

3) 均等色度図

xy 色度図は最も基本的な色度図として現在も用いられているが，色度図上の距離と色の見えの差異である色差が色度により大きく異なる問題がある．そのため，色差の均等性を必要とする場合には，均等色度図である u′v′ 色度図が推奨されている（CIE, 1986）．u′v′ 色度図と xy 色度図は線形関係にあり，次式で定義される．

$$u' = \frac{4x}{-2x+12y+3} = \frac{4X}{X+15Y+3Z}$$

$$v' = \frac{9y}{-2x+12y+3} = \frac{9Y}{X+15Y+3Z}$$

この場合, 等エネルギー白色点は $(u', v') = (0.2105, 0.4737)$ となる．

4) 均等色空間

u′v′ 色度図には刺激強度が含まれないため，均等性が担保されるのは等輝度に限られる．そこで，明るさの均等性についても加味した色空間を均等色空間と呼ぶ．その1つが u′v′ 色度図を拡張した $L^{*}u^{*}v^{*}$ 色空間（CIELUV と略す）であり，以

下の 3 軸による直交座標系で定義される.

$$L^* = 116\left(\frac{Y}{Y_n}\right)^{\frac{1}{3}} - 16$$

$$u^* = 13L^*(u' - u'_n)$$

$$v^* = 13L^*(v' - v'_n)$$

ただし, 明度が低い場合 $(Y/Y_n \leq 0.008856)$ には,

$$L^* = 903.3\left(\frac{Y}{Y_n}\right)$$

を用いる. なお, Y_n, u'_n, v'_n は完全拡散反射面の測色値である. 実質的に照明光と等しいが, その場合 $Y_n = 100$ となるように正規化する. L^* は明度指数と呼び, 0 ～ 100 に正規化されている. u^*, v^* は色座標と呼ばれ, おおむね u^* は赤 (+) ～緑 (-), v^* は黄 (+) ～青 (-) に対応する. 均等色空間は照明光下の物体からの反射光を前提としているため, 本来はディスプレイに適用できないが, Y_n, u'_n, v'_n として最大輝度の白色の測色値で代用する場合も多い.

同様に, L*a*b* 色空間 (CIELAB と略す) もよく用いられ, 次式で定義される.

$$L^* = 116 f\left(\frac{Y}{Y_n}\right) - 16$$

$$a^* = 500\left\{f\left(\frac{X}{X_n}\right) - f\left(\frac{Y}{Y_n}\right)\right\}$$

$$b^* = 200\left\{f\left(\frac{Y}{Y_n}\right) - f\left(\frac{Z}{Z_n}\right)\right\}$$

ただし, 各関数 f は三刺激値の比率に従い以下のように分けられる (Y, Z についても同様).

$$f\left(\frac{X}{X_n}\right) = \left(\frac{X}{X_n}\right)^{\frac{1}{3}} \qquad \frac{X}{X_n} > 0.008856$$

$$f\left(\frac{X}{X_n}\right) = 7.787\left(\frac{X}{X_n}\right) + \frac{16}{116} \qquad \frac{X}{X_n} \leq 0.008856$$

なお, X_n, Y_n, Z_n は CIELUV と同様に完全拡散反射面の三刺激値である. a^* は赤 (+) ～緑 (-), b^* は黄 (+) ～青 (-) におおむね対応する.

色空間の使い分けに関しては, $u'v'$ 色度図や

CIELUV は MacAdam の弁別実験 (MacAdam, 1942) に基づいているため, 比較的小さな色差の均等性を重視する場合に適している. 一方, CIELAB は後述するマンセル表色系との関連性が高いため, 色相や彩度といった比較的大きな色差を重視する場合に適している (大田, 1993).

5) 色　差

均等色空間における色差 ΔE は, 次式のように色空間内の距離で定義される (ΔE^*_{ab} も同様).

$$\Delta E^*_{uv} = \sqrt{(L_1^* - L_2^*)^2 + (u_1^* - u_2^*)^2 + (v_1^* - v_2^*)^2}$$

理想的には $\Delta E = 1$ が丁度可知差異 (jnd) に対応するはずだが, $\Delta E^*_{uv} \approx 2.9$, $\Delta E^*_{ab} \approx 2.3$ が jnd に相当するとの指摘もある (Mahy, 1994). なお, CIELAB における比較的小さな色差の均等性を改善するため, CIEDE2000 色差式 ΔE_{00} も提案されている (Luo, 2001). 定義式は省略するが, $X_{10}Y_{10}Z_{10}$ 表色系での使用に限られる.

なお, 色差の均等性は必ずしも完全ではないため, より精密に色差を統制する場合は, 実験参加者ごとに規格化する必要がある.

6) 表色系 (顕色系)

顕色系を代表するものにマンセル表色系がある. 縦軸にバリュー (明度) V, 円周方向にヒュー (色相) H, 半径方向にクロマ (彩度) C を配置した円筒座標系で定義されており, V は 0 (理想的な黒) ～ 10 (理想的な白), H は R (赤)・Y (黄)・G (緑)・B (青)・P (紫) を基本色相として, それぞれの中間色相を加え, さらに各 10 段階に分けることで計 100 色相が定められている.

マンセル表色系はマンセル色票により規定された均等色空間であり, 色知覚との対応関係が明瞭である. ただし, 色票が用意されていない色については, 近傍の色票から視覚的に補間する必要がある. そのため, 厳密には XYZ 表色系との変換式は存在しないが, 各色票を標準の光 C の下で計測した xy 色度 (Newhall, 1943) を基に, 近傍の 8 色票を線形補間する方法が一般的に用いられる (Keegan, 1958). 〔横井健司〕

2.1.7 錐体刺激値に基づく色刺激表示

1) 錐体刺激値

色彩輝度計などを用いた計測により色刺激を特定する場合には，通常，国際照明委員会（CIE）によるxy色度座標と輝度値（Y値）を用いる（2.1.6参照）．しかしながら，XYZ表色系で色表示に用いられる三刺激値は，視覚系における神経活動に対応してはいない（例えば，刺激のX値とY値が等しかったとしても，それに特別な意味はない）．視覚系での色処理を分析する際には，錐体刺激値（cone excitation）に基づく色空間を用いて刺激表示がなされることが多い．

錐体刺激値とは，錐体における光吸収量に比例する量である．3種類の錐体における錐体刺激値（l, m, s）は，色刺激の分光強度分布 $[E(\lambda)]$ と錐体分光感度 $[L(\lambda), M(\lambda), S(\lambda)]$ により，以下のように計算できる（光量子数単位ではなく，エネルギー単位としてある）．

$$l = \int_\lambda L(\lambda)E(\lambda),$$
$$m = \int_\lambda M(\lambda)E(\lambda),$$
$$s = \int_\lambda S(\lambda)E(\lambda), \qquad (1)$$

錐体刺激値は，3種類の錐体がどれだけ刺激されるかを表すが，錐体の生理的応答の大きさを表しているわけではないため，錐体の入出力関係にみられる非線形性は考慮されていない．

2) 錐体分光感度

錐体分光感度としては，SmithとPokorny（1975）によるもの（以下，SP錐体感度）か，StockmanとSharp（2000）によるもの（以下，SS錐体感度）が一般的である（図2.13）．SS錐体感度には，2°視野用と10°視野用がある．感度データはWebページ（http://www.cvrl.org/）からダウンロードできる（Webデモ1＆2）．

錐体分光感度は，ある標準的な観察者のデータとして定義されており，特定の等色関数や明所視比視感度関数とセットになっている．例えばSP錐体感度は，CIEの等色関数をJuddとVosが修正した関数（Judd-Vos修正等色関数）を線形変換することにより導出され，L錐体とM錐体の分光感度の線形和で分光比視感度が表される〔これを $V_M(\lambda)$ と呼び，$V(\lambda)$ とは一致しない（図2.14）〕．SS錐体感度は，StilesとBurch（1959）による等色関数に基づいており，対応する分光比視感度は $V_F(\lambda)$ と呼ばれ，L, M錐体の分光感度の線形和で表される．$V_M(\lambda)$ と $V_F(\lambda)$ はわずかに異なる（図2.14）．XYZ表色系に関しては，等色関数と分光比視感度 $[V(\lambda)]$ はあるものの，錐体分光感度は定義されていない．

SP錐体感度，SS錐体感度，CIE 1931 XYZ表色系のそれぞれが特徴づけている標準観察者は異なり，互いに単純な式で関係づけることはできない（Webデモ3）．これは，色彩輝度計により

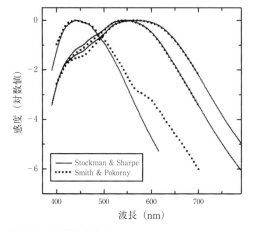

図2.13 錐体分光感度

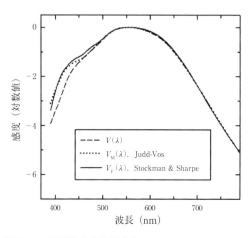

図2.14 明所視分光比視感度

CIE 1931 XYZ 三刺激値を求めても，それを基に錐体刺激値を正確には計算できないことを意味する．文献には XYZ 値を錐体刺激値に変換する式が掲載されていることがあるが，これは，例えば SP 錐体感度であれば，Judd-Vos 修正等色関数に基づく XYZ 値を変換するものであり，色彩輝度計での計測値に適用すると正確な値は得られない．錐体刺激値を適切に求めるためには，刺激の分光強度分布を計測し，SP 錐体感度や SS 錐体感度を用いて(1)式により計算する必要がある．ただし，例外として，CRT ディスプレイを刺激提示に用いる場合に，(1)式を用いない変換式が提案されている（Golz & MacLeod, 2003）.

SP 錐体感度も SS 錐体感度も水晶体や黄斑色素など眼球内での光吸収を込みにした感度であり，これら眼光学媒体や錐体視物質の光学濃度，錐体視物質の種類の違いといった個人差は考慮されていない（必要なら個別に調整する）．SP 錐体感度と SS 錐体感度のどちらを用いても，カラーディスプレイのような広帯域光を刺激として用いる限り，実用上ほとんど変わりがないが，SS 錐体感度が使われることが多くなってきている.

3）MacLeod-Boynton 色度図

錐体刺激値は，様々に変換されて色刺激表示に使用される．代表的な色空間の1つが，MacLeod と Boynton（1979）によって提案された MacLeod-Boynton 色度図（MacLeod-Boynton diagram, MB 色度図）である（図 2.15）．錐体刺激値を表す3軸によって定義される色空間内の等輝度面上で色刺激を表示する〔ここでいう等輝度とは $V_M(\lambda)$ もしくは $V_F(\lambda)$ に基づく〕．表示できるのは色度のみであり，輝度は別途示す必要がある．当初は SP 錐体感度を基に定義されていたが，現在では SS 錐体感度も使われている.

MB 色度図における色度座標 $[l_{MB}, m_{MB}, s_{MB}]$ は錐体刺激値を輝度値で割った値であり，以下の式で求められる.

$$l_{MB} = \frac{\bar{l}}{\bar{l}+\bar{m}}, \quad m_{MB} = \frac{\bar{m}}{\bar{l}+\bar{m}}, \quad s_{MB} = \frac{\bar{s}}{\bar{l}+\bar{m}}$$

(2)

ここで $\bar{l}$ と $\bar{m}$ は，その和が輝度に一致するよう

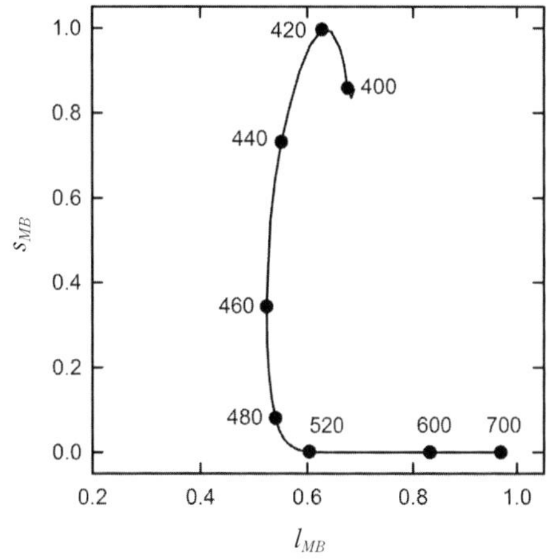

図 2.15 MacLeod-Boynton 色度図
色度図に示されているのはスペクトル軌跡であり，数字は波長を示す.

にスケーリングされた錐体刺激値であり，SS 錐体感度では，$\bar{l} = 0.689903l$，$\bar{m} = 0.348322m$ となる．$l_{MB} + m_{MB} = 1$ という関係から，l_{MB} が決まれば m_{MB} も決まるため，色刺激の表示には，l_{MB} と s_{MB} が使われる．S 錐体は分光比視感度に寄与しないと想定されているため，$\bar{s}$ のスケーリングは恣意的に決めざるをえないが，図 2.15 の MB 色度図では s_{MB} の最大値が1となるよう調整してある（Web デモ 4）．背景野で $s_{MB}=1$，すなわち $l_{MB} + m_{MB} = s_{MB}$ となるようにスケーリングする方法もある.

4）錐体コントラスト空間

ある背景上に刺激を提示する際に，その背景に対する Weber 比として錐体刺激値を正規化し，色刺激を表示するのが錐体コントラスト空間（cone contrast space, CC 空間）である（図 2.16, Stromeyer et al, 1983）．錐体コントラストは，L 錐体を例にとると，背景野による錐体刺激値を L，検査刺激による錐体刺激値の変化（背景に対する増減）を ΔL とすると，$\Delta L/L$ で表される．このような正規化は，背景野に対する順応により生じる各錐体に固有の感度調節（von Kries 型の順応）に対応しており，異なる背景野による効果を揃える役割を果たす．このため，CC 空間は異なる背景野上での結果を比較するとき有用である（Web デモ 5）．ただし，この特徴は，物理的に同じ刺

2.1.7 錐体刺激値に基づく色刺激表示　71

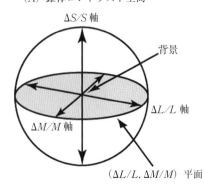 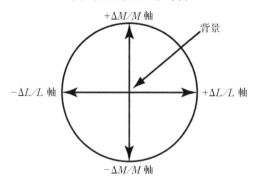

図 2.16 錐体コントラスト空間
A：錐体コントラスト空間の 3 次元表示．B：$\Delta L/L$ と $\Delta M/M$ のみが変化する面．

激であっても，提示する背景野が異なれば CC 空間の座標が変わることを意味する．

CC 空間の原点は背景野にあたり，3 種類の錐体コントラスト（$\Delta L/L$，$\Delta M/M$，$\Delta S/S$）を表す 3 軸で色空間が構成される．背景の座標値はゼロとなるので，背景の色度や輝度を別に明示する必要がある．CC 空間では，背景に対する正規化により 3 軸のスケーリングが一意的に決まる．刺激強度は，原点から刺激点までのユークリッド距離（ベクトルの長さ）で表される．背景野を基準とするので，背景野の錐体刺激値を特定しにくい場合（例えば自然画像など複雑な刺激）には使いにくい．この空間では 3 種類の錐体信号間の関係が直接表されるので，刺激検出メカニズムへの各錐体の相対寄与を検討したい場合などに有効である．

5）DKL 空間

錐体信号は，その後の処理過程〔後錐体過程（post-receptoral process）〕により加算，減算される．この後錐体過程（網膜神経節細胞および外側膝状体のレベル）における拮抗的な色処理を反映する形で刺激を表示する色空間（opponent modulation space と呼ぶ）の代表例が，Derrington ら（1984）によって提案された DKL 空間（DKL space，DKL は著者 3 名の頭文字）である．色空間を構成する 3 軸（$L+M$ 軸，$L-M$ 軸，S 軸）は，それぞれ 3 種類の後錐体過程である（$L+M$）過程，（$L-M$）過程，$S-(L+M)$ 過程を単離する（単一の過程のみが応答）色方向にあたる（図 2.17（A））．これらを基本軸方向（cardinal direction），対応する後錐体過程を基本メカニズム（cardinal mechanism）と呼ぶことがある．基本メカニズムの単離に関しては，生理実験により確認されている（Solomon & Lennie, 2007）．

この空間を導入するにあたって独特の仮定が導入されているので，利用する際には注意する必要がある（Brainard, 1996）．①すべての計算は，特定の背景に対する差分錐体刺激値（ΔL, ΔM, ΔS）を用いて行われる．②計算に用いる L 錐体と M 錐体の分光感度は，その和が分光比視感度と一致するようにスケーリングされている必要がある．③（$L-M$）過程と $S-(L+M)$ 過程は，背景野と同じ色度をもつ刺激に対しては応答しない．④（$L-M$）過程には S 錐体は寄与しない．このため $L-M$ 軸上では，$\Delta L + \Delta M$ 一定で，ΔL，ΔM の割合のみが変化する．⑤$S-(L+M)$ 過程における L 錐体信号と M 錐体信号の重み係数は，分光比視感度のそれと一致する．このため，輝度が同じ刺激に対する $S-(L+M)$ 過程の応答は，ΔS のみの変化で表されることになる〔これが，$S-(L+M)$ 過程を単離する方向が S 軸と呼ばれる理由である（図 2.17）〕（Web デモ 6）．DKL 空間も，背景野を基準とするので，背景野の錐体刺激値を特定しにくい場合には使いにくい．DKL 空間は MB 色度図を拡張した空間と見なすことができ，$L-M$ 軸と S 軸は，それぞれ，l_{MB} 軸，s_{MB} 軸と一致する（Web デモ 7）．

DKL 空間において，色刺激は原点からのベク

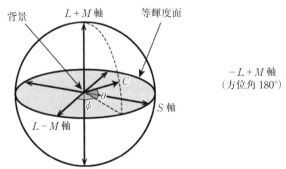
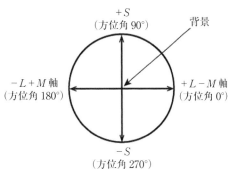

図 2.17　DKL 空間
A：DKL 空間の 3 次元表示．色空間内の刺激は，方位角（ϕ）と仰角（θ）で表されることが多い．
B：DKL 空間内の等輝度面．

トルとして表され，その特定は，等輝度面上での方位角（ϕ）と等輝度面に対する仰角（θ）によりなされることも多い．刺激の強度は，原点からのユークリッド距離で表される．

$L-M$ 軸と S 軸は直交しており，両者のスケールは恣意的に決めざるをえない．よく使われるのは，装置に依存する形で決める方法（刺激提示ディスプレイで表示できる最大刺激値を 1 とする），もしくは，被験者に依存する形で決める方法（各軸方向の刺激に対する検出閾などに基づいて揃える）である．研究間で軸のスケーリングが異なることになるので，各軸が 1 となるときの錐体コントラストを示しておくなど，結果の比較のための配慮が必要である（Web デモ 6）．

6）異なる色度図，色空間の関係

錐体刺激値に基づいた色空間であっても，それぞれで前提が異なっているので，どれを用いるかは研究内容に対応して決定する必要がある．MB 色度図は，xy 色度図と同様に，刺激単体での色度を表す．これに対して，CC 空間や DKL 空間は，背景野（基準となる刺激）に対する相対値によって色刺激を表示するため，暗黒視野上に刺激を提示する場合には使えない．背景野に対する変調として刺激を定義する際には CC 空間や DKL 空間は有用であるが，刺激を周辺野が取り囲んでいると見なしたほうがよい場合には，これら空間の使用には注意が必要である（例えば，xy 色度を一定に保ち輝度を変えたとき，DKL 空間内で は $L+M$ 値だけでなく，$L-M$ 値と S 値も変わる）（Web デモ 8 参照）．

本来，色空間は色刺激の表示に用いられるものであり，同じ結果を異なる色空間を用いて表示したとしても結論が変わることはないはずである．しかしながら，刺激選びにどの色空間を用いるかが，結果の解釈に影響することがある．例えば，CC 空間と DKL 空間についてみると，DKL 空間内の $L-M$ 軸に沿った狭い領域が，CC 空間ではきわめて拡大して表現される（Hansen & Gegenfurtner, 2013）（Web デモ 7）．このため，CC 空間で刺激を設定したとすると，多くの刺激が $L-M$ 過程により検出されてしまい，視覚課題に寄与する色メカニズムの特性を誤って推定してしまいかねない．

これと関連して，CC 空間を用いて検出閾を表示した場合，$L-M$ 過程の閾値は，$L+M$ 過程や $S-(L+M)$ 過程と比較してかなり低い（Cole et al, 1993）．このことは，CC 空間が知覚的にはきわめて不均等である（空間座標の変化に対する知覚上の変化が，場所によって大きく異なる）ことを意味する．これに対して DKL 空間は，軸を検出閾に基づいてスケーリングするなどの調整が可能であり，知覚的により均等な色空間として利用できる．

〔木村英司〕

● Web デモ

http://www.asakura.co.jp/books/isbn/978-4-254-52023-1/

2.2 聴覚刺激の作成と較正

2.2.1 音の物理的特性

1) 音の性質

音とは，音波または音波によって引き起こされる聴覚的な感覚である．音波は，弾性媒質としての空気の圧力振動およびその伝搬現象である．音波は縦波で，空気の圧力振動の方向は音波の進行方向と一致する．媒質中の音波の伝搬速度〔音速，c(m/秒)〕は，温度に依存し，次の式で近似される．

$$c \approx 331.5 + 0.61\theta$$

ここで，θ は温度（℃）である．

聴覚心理物理学実験では，通常，制御される音の強度（エネルギー）に関連する物理量は音圧（sound pressure，単位 Pa）である．音圧とは空間中のある 1 点における大気の静圧からの変動成分である．音の時間波形と呼ばれているのは，音圧の瞬時値（振幅）の時間変化で，マイクロフォンの出力電圧は音圧に比例する．ある特定の時間区間の音圧は，通常は実効値で表す．音の強度は，音圧の 2 乗に比例する．音響学では，音の強度（インテンシティー）は，音波の伝搬方向の情報も含むベクトル量を指すこともある．空間上の 1 点から発し，球面的に音波が広がって伝搬するような音源を点音源と呼ぶが，この場合，音の強度は音源からの距離の 2 乗に反比例する．十分に広い面が音源（面音源）である場合は，音波は広がりなく面状に伝搬するので，（空気による吸収効果を除けば）距離に依存して強度が減衰することはない．

一般的な波と同様に，音波も回折する（障害物の後ろに回り込む）．障害物の大きさに対して，音波の波長が長い（周波数が低い）ほど，回折も大きい．音はまた，媒質中の障害物によって反射されるが，音のエネルギーが100%反射されるわけではない．一部は，その物質に吸収され熱に変換されるか，背面に透過する．入射するエネルギーに対する，反射されないエネルギー（つまり，熱に変換されたものと透過したものの和）の比が吸音率である．吸音率は物質の特性と入射音波の周波数に依存する．周波数が高くなるほど，吸音

率が高くなる傾向がある．吸音率が小さな物質であっても，それによる反射が繰り返されるほど，音波のエネルギーは減衰していく．無響室の「くさび」状の壁は，その効果を利用するためのものである．

2) 強度，音圧レベル

音圧を表す尺度としては，通常，対数尺度であるデシベル（dB）が用いられる．特に，基準音圧値として 20 μPa との相対的なデシベル値として表された音のレベルを，音圧レベル（sound pressure level，SPL）と呼ぶ．つまり，対象となる音圧の実効値を P（μPa）としたとき，

$$音圧レベル(dB) = 10 \log_{10}(P/20)^2$$
$$= 20 \log_{10}(P/20)$$

である．音波形の振幅が 2 倍になると，音圧レベルは約 6 dB 増加する．音の強度が 2 倍になる（例：同じ音圧レベルを生ずる音源数が 2 倍になる場合）と，音圧レベルは約 3 dB 増加する．なお，表示されるレベルが特定の基準値（20 μPa）に対する音圧レベルであることを明示するために，単位として「dB SPL」あるいは「dB re 20 μPa」と表されることもある（ただし，このように単位に説明的な文字や記号を付加するのは，望ましくない）．この基準音圧（つまり音圧レベル 0 dB SPL）は，平均的な人間が聞くことのできる最小の音圧に近い．

人間の聴力は個人ごとに異なるので，聴覚心理物理学においては，個人ごとに異なる基準音圧を用いたほうが適切なこともある．基準音圧として，対象となる個人が聞くことのできる最小音圧を用いた場合のレベルを感覚レベル（sensation level，SL）という．音圧レベルと区別するため，感覚レベルの単位としては，「dB SL」と表現されることもある．「平均的な」人間であっても，音に対する感度は周波数によって異なる．それを模擬するために入力音を周波数ごとに重みづけしたうえで実効値を算出し，音圧レベルを導出することがある．重みづけ関数（補正値）の主なものが A 特性関数で，JIS C 1509 でも定義されている．導出される音圧レベルは「A 特性音圧レベル（A-weighted sound pressure level）」と呼ば

れる．日本では「騒音レベル」と呼ばれることもある．多くの聴覚心理実験において，このA特性音圧レベルが刺激音の較正に用いられている．ただし，A特性音圧レベルが同じ音であっても，主観的な大きさ（ラウドネス）が等しいとは限らないため，注意が必要である．

3）時間波形，周波数，スペクトル

同一波形を繰り返すような音は周期音（periodic sound）と呼ばれる．これに対する非周期音には，統計的に不規則な波形をもつ雑音〔またはノイズ（noise）〕や，持続時間の短い過渡音（transient sound）がある．音の特性は，よくスペクトルで表される．音波形のフーリエ変換によって各周波数成分の振幅と位相が得られる．いわゆる「音のスペクトル」といわれるのは，振幅スペクトルである．図2.18には，音波形とその振幅スペクトルの例を示す．スペクトル表示の縦軸である振幅は，デシベル表示〔$20 \log_{10} A(f)/A_0$，ここで$A(f)$は周波数fにおける振幅，A_0は基準振幅〕されることが多い．横軸となる周波数については，離散フーリエ変換（2.2.2参照）では線形周波数軸上で等間隔にサンプリングされるが，対数軸で表示されることも多い．聴覚末梢における周波数表現は対数軸に近い．

無限の長さをもつ正弦波音のスペクトルは，単一周波数成分においてのみ，エネルギーをもつ（図2.18a）．このため，正弦波音は純音（pure tone）とも呼ばれる．周期音のスペクトルは，繰り返し周期に相当する基本周波数（fundamental frequency）の整数倍の周波数にのみ成分〔倍音成分（harmonic component）〕をもつ（図2.18b）．このため，調波複合音（harmonic complex）とも呼ばれる．白色雑音（white noise）は，平坦な振幅スペクトルをもつ雑音である（図2.18c）．振幅スペクトルが同一であっても，位相スペクトルが異なると，時間波形の特性が大きく変わることがある．例えば，単一パルス〔クリック音（click）ともいう〕は白色雑音と同じく平坦な振幅スペクトルをもつ（図2.18d）が，位相スペクトルの差によって，波形の性質は大きく異なる．

音の時間表現（波形）とスペクトル表現は表裏一体であり，時間波形の操作は必ずスペクトルの変化を伴う（その逆もしかり）．聴覚系では，その末梢の段階から，音の時間表現（聴神経発火の時間パターン）とスペクトル表現（基底膜におけるトノトピー）が併存している．このため，刺激音の波形を分析・設計・操作する場合には，スペクトル表現における変化にも注意する必要がある．最も基本的な例は，正弦波を一定の時間長だけ切り出す場合である．このような音は，トーンバースト（tone burst），トーンパルス（tone pulse）あるいはトーンピップ（tone pip）と呼ばれる．トーンバーストの振幅スペクトルは，エネルギーが元の正弦波周波数の周辺に広がって分布する〔スペクトル拡散（spectral splatter），図2.18e〕．これにより，聴覚系の意図しない周波数チャネルを刺激してしまうことがある．実際にクリック様の音が聞こえるときもある．原理的に，有限長の正弦波では，スペクトル拡散を完全に取り除くことはできないが，音の立ち上り・立ち下りの変化を緩やかにする〔典型的には数ミリ秒〜数十ミリ秒のコサイン状の立ち上り・立ち下り（raised-cosine ramp）を導入する〕ことによって，実際上の問題を回避することができる．

4）振幅変調，周波数変調

音の振幅の時間的変動は，振幅変調（amplitude modulation, AM）とも呼ばれている．AMでは，一定の振幅をもった搬送波（carrier）の振幅が，比較的ゆっくり変化する変調波（modulator）に比例して変動していると考える．搬送波として正弦波を用いた場合，AM音の波形$y(t)$は，

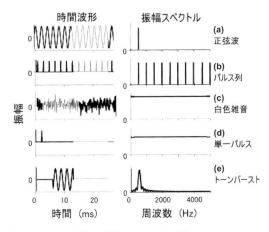

図2.18　音の波形と振幅スペクトルの例

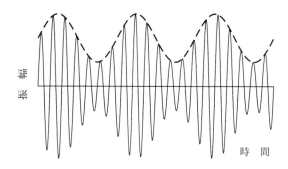

図 2.19 正弦波状の振幅変調

$$y(t) = A(t)\sin(2\pi f_c t)$$

と表される．ここで，$A(t)$ は変調波の波形，f_c は搬送波の周波数である（位相項は省略）．さらに，変調波が正弦波状の場合（図 2.19），AM 音の波形は，

$$y(t) = \{1 + m\cos(2\pi f_m t + \phi)\}\sin(2\pi f_c t)$$

と表される．ここで，f_m は変調周波数（modulation frequency）で，ϕ は変調波の位相である．m は変調度（modulation index）または変調の深さ（modulation depth）と呼ばれる．この式は，

$$y(t) = \sin(2\pi f_c t) + \frac{m}{2}\sin(2\pi(f_c+f_m)t+\phi) + \frac{m}{2}\sin(2\pi(f_c-f_m)t-\phi)$$

と変形できる．つまり，周波数 f_c をもつ搬送波を，周波数 f_m で振幅変調して得られた音は，特定の位相関係にある振幅が一定の3つの周波数成分（f_c-f_m, f_c, f_c+f_m）からなる複合音と物理的には等価である．搬送波周波数以外の成分を側帯波（sideband）という．聴覚心理物理学実験において振幅変調音を刺激として用いる場合には，この点と聴覚の周波数分解能を合わせて考慮する必要がある．例えば，聴覚系の時間特性を調べる意図で刺激音に振幅変調を加えたとしても，f_m が一定以上大きく，聴覚系において f_c-f_m, f_c, f_c+f_m の周波数成分が分解される場合には，聴覚系内部では，時間的な変調ではなく，スペクトルパターンとしてその音が表現されていることになる．

周波数を時間的に変調することを周波数変調（frequency modulation, FM）と呼ぶ．正弦波を搬送波とする信号は，一般に $y(t) = A\sin\Theta(t)$ と書ける．ここで，$\Theta(t)$ は瞬時位相であり，そしてその時間微分は瞬時角周波数 $\omega(t)$ と定義される．瞬時角周波数は，瞬時周波数 $f(t)$ により，$\omega(t) = 2\pi f(t)$ と表される．逆にいえば，瞬時周波数 $f(t)$ をもつ信号波形を得るためには，これを瞬時角周波数に変換したうえで積分することにより $\Theta(t)$ を求めればよい．例えば，周波数 f_c の正弦波状搬送波が，周波数 f_m で正弦波状に周波数変調された場合，瞬時周波数は次のように表すことができる．

$$f(t) = f_c + \Delta f \cdot \cos(2\pi f_m t + \phi)$$

ここで，Δf は搬送波周波数からの最大周波数変位であり，ϕ は変調波の位相である．瞬時位相は瞬時角周波数を積分した値であるから，

$$\Theta(t) = 2\pi\left[f_c t + \frac{\Delta f}{f_m}\cdot\sin(2\pi f_m t + \phi) + \Theta_0\right]$$

ここで Θ_0 は積分定数であり，実用上は無視できることが多いため，信号波形 $y(t)$ は次のように書ける．

$$y(t) = \sin\left\{2\pi\left[f_c t + \frac{\Delta f}{f_m}\cdot\sin(2\pi f_m t + \phi)\right]\right\}$$

この $\Delta f/f_m$ の値は変調指数とも呼ばれる．この信号は広帯域に成分をもつが，変調指数が十分に小さい場合には，f_c-f_m, f_c, f_c+f_m に成分をもつ複合音に近似できる．この点で，周波数変調と振幅変調はその振幅スペクトルがよく似ているが，両者は，成分間の位相関係が異なっている．

5）音源位置に関連する音響特徴

空間の水平面上に分布する音源を考えるとき，音源から発せられた音は，音源に近いほうの耳により早く到達する．この両耳間の到達時間差は，両耳間時間差（interaural time difference, ITD）と呼ばれ，主要な音源定位手がかりの1つである（図 2.20a）．音源が真正面にある場合には最小（0 μs）であり，真横付近で最大値（頭の大きさや刺激音の周波数にもよるが約 650 μs）をとる．刺激音が定常的な正弦波である場合には，ITD は両耳間位相差（interaural phase difference, IPD）として表すこともできる．正弦波の周波数

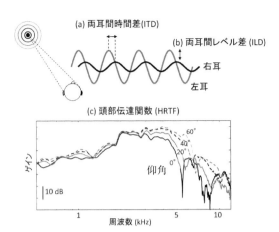

図 2.20　音源定位の手がかり

が高くなり周期が短くなると，ある 1 つの IPD が複数の音源方位に対応することがある（phase ambiguity）．音源定位手がかりとしてのこのあいまいさは，複合音の場合は周波数成分間での IPD の比較によって解消可能であり，非定常音の場合では振幅包絡の ITD 情報によっても解消できる．

頭による音響的な"影"の影響で生ずる両耳間に到達する音のレベルの違い〔両耳間レベル差（interaural level difference, ILD），図 2.20b〕も音源定位手がかりとして重要である．比較的高周波数（>約 5 kHz）の音について ILD のとりうる最大値は約 20 dB である．波長が長い音では，回折によりこの"影"の効果は小さくなる．概して，音源距離が 1 m 以上の場合では，約 1 kHz 以下の低周波成分については，音源定位手がかりとして有効な ILD は得られない．

音源から発せられた音は，鼓膜に到達するまでの間に，頭部および耳介による反射音と直接音の干渉によって，そのスペクトルが変形する．このスペクトルの変形は，一般的に頭部伝達関数（head related transfer function, HRTF）として表現される（図 2.20c）．頭部および耳介の形状は複雑であるために，HRTF は音源の方向に依存する．HRTF によるスペクトルのパターンが，特に両耳間差が生じない垂直方向（あるいは前後方向）の主要な音源定位手がかりと考えられている．一般に，HRTF には高周波数（>5 kHz）範囲にスペクトルのピークと谷（ノッチ）がある．音源方向が変化すると，このピークとノッチの位置がある程度規則的に変化する傾向がある．

音源と聴取者の距離が変化すると，聴取耳における音響特性も様々に変化する．音源距離の知覚に関与すると考えられている主要な音響特性には次のようなものがある（Koralik et al, 2015）．

① 音の強度：一般に，音源のパワーが一定であるならば，距離が大きくなるにつれて聴取点における強度は小さくなる．壁などによる音の反射が生じず，音源からの直接音のみ聞こえるような空間〔自由空間（free field）〕では，前述のように，空間上のある点における音の強度は音源からの距離の 2 乗に反比例する．つまり，距離が 2 倍になると，音圧レベルは 6 dB 減衰する．

② 反射音の割合：音を反射する物体（床・壁など）が存在する環境においては，距離が大きくなるにつれて，音源からの直接音に対する反射音とのエネルギーの割合が大きくなる．

③ スペクトル：空気は，音のエネルギーをある程度吸収する．この吸収量は高周波数について比較的大きいため，長距離になるに従って，低周波数成分のバランスが相対的に大きくなる．

以上の①〜③の特性はいずれも相対的なものであり，音源や環境の特性が未知の場合には，距離を判断するための手がかりとしてはあいまいである．ただし，音源が聴取者の近傍（約 1 m 以内）にある場合は，両耳手がかりが信頼性の高い距離情報となる．（側方の音源に対しては）距離が近づくにつれて ILD が増大する．また，低周波音でも大きな ILD が得られる（Brungart, 1999）．

〔古川茂人〕

●参考文献
Speaks（1999），Hartmann（1997），平原（2008），Kuhn（1987）．

2.2.2 デジタル信号処理

計算機とオーディオインタフェースが広く普及している現代では，聴覚心理物理学実験で用いる刺激は，通常はデジタル信号（図 2.21）として作成する．本節では，聴覚心理物理学実験でよく用いられる刺激の作成を，MATLAB などの信号処理ソフトウェアを利用して行いたい読者を想定し，一般的な教科書やソフトウェアのマニュアルにあまり書かれていない注意点やヒントについて解説する．デジタル信号処理の一般的あるいは正確な理論や用語の説明は教科書などに譲る．

1）サンプリング

聴覚心理物理学実験で用いるデジタル音響信号のサンプリング周波数と量子化ビット数は，まずは，使用する刺激音の周波数帯域，振幅の範囲（ダイナミックレンジ）を考慮して決定する．音楽用コンパクトディスク（CD）で標準的に用いられるサンプリング周波数は 44,100 Hz，量子化ビット数は 16 bit である．

ナイキストの標本化定理から，サンプリング周波数の 1/2 の周波数（ナイキスト周波数）を超える周波数成分は正しく再現されない．このため，マイクロフォンなどで音を収録する際には，信号をデジタル化する前の段階で，ナイキスト周波数を超える成分をローパスフィルタで除去する必要がある．音楽用 CD のサンプリング周波数（44,100 Hz）では，ナイキスト周波数（22,050 Hz）は人間の可聴周波数の上限（おおむね 20,000 Hz）を上回っていることから，このサンプリング周波数は，標準的な聴覚心理物理学実験用途としては十分に高いといえる．

刺激音の周波数帯域にかかわらず，両耳間時間差を詳細に操作する必要がある場合などには，より高いサンプリング周波数を用いる場合もある．サンプリング周波数が 44,100 Hz の場合，両耳間時間差はサンプリング周期である 22.7 μs のステップで操作可能である（周波数成分ごとの位相を調整することにより，このステップにかかわらず連続的に操作することも可能であるが，ここでは最も簡単な方法を考える）．人間の両耳間時間差検出閾値が 10 μs 程度まで小さくなりうることを考えると，22.7 μs ステップは粗すぎる場合もある．この場合，刺激音のデジタル信号を一度アップサンプリングしてステップ幅を十分に小さくし，所望の精度で両耳間時間差を調整した後に，ダウンサンプリングするとよい．

サンプリング周波数が高ければ高いほどよい，というものでもない．後述するように，サンプリング点数，周波数分析における注目領域などによっては，より低いサンプリング周波数を採用することが適切なこともある．

音楽用 CD に採用されている 16 bit の量子化ビット数は，原理的には，32,768（$=2^{15}$）段階で音の振幅を表現できることになる．これは音圧レベルでは 90.3 dB（$=20\log_{10}2^{15}$）のダイナミックレンジに相当する．日常生活で体験する音のレベルの大半（おおざっぱにいって，最小可聴レベル〜にぎやかな通りにおけるレベル）がこの範囲に含まれていることからも想像できるように，このダイナミックレンジは多くの実験では十分に広いと思われる．ただし，瞬時的に高いピークをもつ波形（パルスなど）は，十分な音圧実効値が得られないままに，許容される振幅範囲を超えることもありえる．このように，広い振幅範囲を扱う実験で音の再生・収録を行う場合には，機器や条件に合わせて量子化ビット数を設定することが求められる．近年では，標準的な音楽用 CD を超えるサンプリング周波数と量子化ビット数を採用する，いわゆる「ハイレゾ」対応機器が普及してきていることもあり，高い量子化ビット数を比較的容易に扱えるようになっている．

言うまでもないことだが，音の再生・収録を行

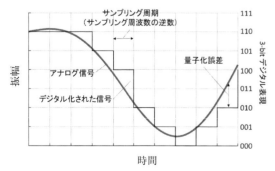

図 2.21　アナログ信号とデジタル信号（量子化ビット数 = 3 bit の例）

う機器・システムには，出力および（または）入力部分には必ずアナログ回路が含まれるか接続される．デジタル音響機器の性能を十分に引き出すためには，このアナログ部分の特性や設定（ダイナミックレンジ，ノイズフロア，線形性など）への配慮が欠かせない．例えば再生系において，デジタルアナログ変換（D/A 変換）に近い箇所で発生するノイズは，その後の信号の品質に大きな影響を与える．

2）圧縮符号化の影響

一般に普及している音源や音響機器には，圧縮符号化技術を利用しているものも多く含まれる．音源そのものが圧縮されている場合もあれば，情報の伝送過程に圧縮・復元を含む機器もある（例えばワイヤレスヘッドフォン）．中でも知覚符号化技術（perceptual coding, MP3, AAC 規格など）は，時間・周波数マスキングといった聴覚心理学的特性を利用して，音響信号のうち，人間が聞き取ることのできない周波数成分に割り当てる情報量を省く（割り当てるビット数を減らす）ことによって，ファイルサイズを大幅に圧縮するものである．

知覚符号化のプロセスを経た音を聴覚心理実験で用いる際には，その影響について注意が必要である．第一に，知覚符号化のように不可逆圧縮された形式のデータは，加工を繰り返すほど再現精度が劣化するという一般的な問題がある．また，符号化方式やパラメータによっては，圧縮率を優先させるために知覚的な再現性を犠牲にしているような場合もある．聴覚心理学的なマスキング特性を利用しているとはいえ，用いているマスキングモデルがどのような信号にも適用可能とは限らない．このため，知覚符号化された音には何らかの音質低下が伴うことがある．たとえ「高音質」を謳った符号化方法であっても，問題は生じうる．前述のように，情報量が削減されている成分については，その再現精度は低く，量子化誤差によるノイズが多く含まれている．「高音質」な符号化が行われた音については，これらのノイズはマスキングされて聞き取ることができないかもしれない．しかし，音源を実験用に加工（フィルタリング，別の音を重畳，振幅の操作など）することに

よって，ノイズの影響が顕在化する可能性がある．例えば，パワーの大きい周波数成分をフィルタリングして除去することにより，マスキング効果が失われ，それまで聞こえなかった成分が聞こえてくることもあるだろう．このように圧縮形式や機器の「高音質」は，必ずしも聴覚心理実験装置としての適性を保証するものではない．

3）周波数分析

デジタル信号の周波数分析には，高速フーリエ変換（fast-Fourier transform, FFT）がよく用いられる．サンプル数が 2^n（n は整数）であることが前提であり，2^n に満たない分はゼロで不足分を埋めてから変換される．この変換により，入力信号の各周波数成分における振幅と位相が複素数として得られる．逆高速フーリエ変換（inverse FFT, IFFT）を行うことにより，周波数領域の信号から時間領域信号を（再）生成することができる．

FFT による周波数分解能は，サンプル数とサンプリング周波数によって決まる．FFT ではスペクトルが線形周波数軸上で等間隔（ナイキスト周波数を 2^{n-1} 等分）に表現される一方で，聴覚系の周波数分解能は低周波数になるほど高い．このため，聴覚実験において比較的低周波数領域の信号を扱う際には，FFT の周波数分解能が十分なものであるか，サンプル数とサンプリング周波数の確認を行う．周波数帯域に応じて周波数分解能を設定する必要がある場合は，フーリエ変換とは別の変換手法（ウェーブレット変換など）を使うか，中心周波数と通過帯域幅が異なるバンドパスフィルタ群を用いて，フィルタ出力を比較するとよい．

複雑に変動する連続信号（音声など）を扱う場合には，短い時間区間（フレーム）に切り出された信号ごとに周波数分析を行うことがある．フレーム長は，調べたい特性（時間変動や周波数特性）に応じて決定する．時間と周波数の不確定性原理のため，例えば，フレーム長を短くすると時間変動を詳細に捉えられる一方で，周波数分解能が低下する．音声信号の場合は，概して数十ミリ秒のフレーム長が用いられることが多い．有限長の信号を扱うフーリエ変換（FFT を含む）は，

そのフレーム内の信号が連続して無限に繰り返しているものと仮定される．つまり，フレームの最初と最後の点が連続しているとみなされる．実信号では，一般的にはその連続性を仮定することはできないので，入力信号の振幅が0からスムーズに立ち上がり，終端部ではスムーズに0に収束する時間窓を適用する．信号処理ソフトウェアでは複数の時間窓が提供されていることが多く，ハミング窓などがよく知られている．ただ，これらの時間窓は，フレームの中心付近の信号に対しての重みづけが特に大きい．このため，フレーム内で分析したい時間範囲が広く，フレーム内の立ち上がり・立ち下りに近い部分の寄与が無視できない場合（例えば，1単語の発話全体の周波数特性を調べたい場合）には，別の時間窓を用意するとよい．例えば，立ち上がり・立ち下りの数ミリ秒〜数十ミリ秒部分のみの振幅を，例えばコサイン状に変調させる（raised-cosine ramp を適用する）．

4）フィルタリング

刺激音のスペクトルを操作するためにフィルタリングが行われるときがある．ローパス（低域通過），ハイパス（高域通過），バンドパス（帯域通過），バンドリジェクト（帯域阻止）などのフィルタがよく用いられる．時間領域のフィルタとしては，有限インパルス応答（finite impulse response, FIR）フィルタと無限インパルス応答（infinite impulse response, IIR）フィルタに大別される．FIR フィルタと比較して，IIR フィルタは少ない次数で所望の周波数特性を得られるため，計算効率上のメリットが大きい．しかし，IIR フィルタは過去のフィルタ出力を現在の入力として用いるため，設計次第では，システムが不安定になる難しさもある．デジタルフィルタでは出力の遅延が不可避であるが，FIR フィルタでは，その遅延は周波数成分間で等しい（線形位相特性をもつ）ため，波形自体の歪みはない．一方 IIR フィルタでは線形位相特性は保証されないため，波形形状や位相特性が重要となる刺激では，注意が必要である．ただし，IIR フィルタを用いる場合であっても，一度フィルタリングした波形を時間反転させてもう一度フィルタリングすると，位相遅延の歪みは打ち消される（もちろん，再生の際には，も

う一度時間反転させる）．この場合，信号はフィルタを二度通過するため，結果として得られる振幅応答（ゲイン）が，フィルタ設計時の2乗となることに注意する．

単純なローパスフィルタ，やハイパスフィルタなどを作成する際には，アナログフィルタを模したIIR フィルタ（バタワースフィルタ，チェビシェフフィルタ，楕円フィルタなど）がよく用いられる．より一般的な周波数応答特性を設計する方法もあり，選択に迷うところであるが，フィルタ次数の制約や，実験上優先させたい振幅特性（通過帯域内の平坦さ，遮断の急峻さなど）に合わせて選択するとよい．いずれにせよ，信号処理ソフトウェアのフィルタ解析ツールを利用したり，実際の出力信号の周波数分析をしたりして，設計したフィルタの特性を評価・確認すべきである．前述のように，高サンプリング周波数では，低周波帯域の分解能が十分ではないことがある．このため，低周波帯域で精度の高いフィルタリングを行いたい場合には，事前にダウンサンプリングすることも検討するとよい．

上記は，畳み込みを用いた時間領域でのフィルタリングであったが，周波数領域でフィルタリングを行うこともできる．入力信号の時間波形をFFT し，その振幅スペクトルを操作した後に，IFFT で時間波形に戻してやればよい．この方法は直感的にわかりやすいが，時間領域と周波数領域の間の変換（FFT および IFFT）が入ることを忘れてはならない．FFT への入力波形に適用する窓関数の設定が，その後の処理に影響を与える．また，IFFT の結果として得られる時間波形は，そのフレームの開始点と終了点の振幅が0に収束しない場合もある（図2.22 の矢印部分）．これをそのまま再生すると，意図しないクリック音が聞こえることとなる．

フィルタリングではないが，フーリエ変換の特性を利用した雑音刺激の生成テクニックを紹介しておく．前述のように，フーリエ変換は時間波形の循環性を仮定している．このため，周波数領域で設計され，IFFT で時間領域に変換された雑音波形を途切れなく繰り返したものは，区切れがない連続した音として扱うことができる．この刺激には，フレーム長に対応した周期性が存在するが，

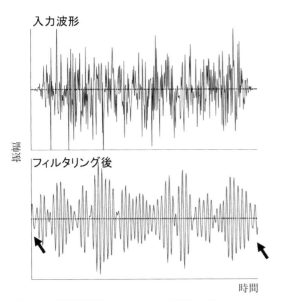

図 2.22 周波数領域フィルタリング結果の例

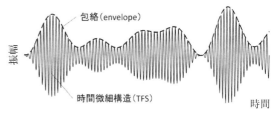

図 2.23 振幅包絡と時間微細構造

その周期を十分に長く（数秒～数十秒以上）設定することにより，実用上は連続した雑音として扱うことができる．雑音の設計は，周波数領域において振幅スペクトルを任意の形状に設定し（負の周波数の取り扱いに注意），位相スペクトルをランダマイズすることで可能である．時間波形のフレーム長，すなわち繰り返し周期は，周波数領域での周波数サンプリング点数によって決まる．補間によってサンプリング点数を増やせば，得られるフレーム長も長くなる．

5）振幅包絡と時間微細構造

音響信号波形の特性を分析する際には，比較的ゆっくりとした振幅の時間変動〔振幅包絡（amplitude envelope）〕と，詳細な時間微細構造（temporal fine structure, TFS）との2つの要素に分けて考えることがある（図2.23）．厳密には単純な二分法は成り立たないが，おおざっぱにいって，振幅包絡情報は音声知覚に大きく寄与し，TFS情報はピッチ知覚や音源定位（両耳間時間差手がかり）にとって重要であるとされる（Smith et al, 2002）．

振幅包絡を取り出すためには，ヒルベルト変換が用いられる．対象となる信号を $x(t)$ とし，そのヒルベルト変換を $H[x(t)]$ とするとき，振幅包絡信号 $e(t)$ は次の式で与えられる．

$$e(t) = \sqrt{x(t)^2 + H[x(t)]^2}$$

音声などの複雑な信号の場合，得られた $e(t)$ には高周波成分の変動が含まれる場合がある．この際は $e(t)$ にローパスフィルタリングを行うことにより，滑らかな振幅包絡信号を得ることができる．より簡便なものとして，信号波形を整流あるいは2乗した波形からローパスフィルタリングで滑らかな変動を取り出す（2乗した波形から求めた場合は，その後に1/2乗する）方法もある．時間微細構造は，オリジナル信号を振幅包絡信号で除することで得られる．　　　　　〔古川茂人〕

● 参考文献

Rosen と Howell（1990），Hartmann（1997），MATLABなどの信号処理ソフトウェアのマニュアルや解説書，マクレランほか（2000）．

2.2.3 音響機器

聴覚心理物理学実験，音楽・音声知覚実験などの聴取実験を行うには，①刺激音に対応する電気信号の生成，②電気信号の増幅，③電気信号から音響信号への変換という3つの構成要素が最低限必要である．このうち①は，今日ではコンピュータや専用機器を用いてデジタル信号処理で行ったり，デジタル録音されたものを再生したりするのが普通である（2.2.2参照）．一方，②はアンプ，③はスピーカやヘッドフォンといったアナログの音響機器が用いられる．本節では，まずこれらのアナログ音響機器の特性を理解するのに必要な基礎的概念を説明したうえで，機器の種類ごとに実際上の注意点を述べる．音響機器の特性の測定方法や表示方法の詳細については，電子情報技術産業協会規格 JEITA CP-1301，CP-1105，EIAJ RC-8124A を参照されたい．

1）線形システム

アンプやスピーカなどの音響機器は，入力された信号に対してある作用を施し，その結果を出力する機能的なまとまり，すなわち「システム」と考えることができる．その特性を記述する際に基礎となるのが線形システム（linear system）の概念である．

線形システムとは，入力 $x_1(t)$ および $x_2(t)$ に対する出力がそれぞれ $y_1(t)$ および $y_2(t)$ であるとき，入力 $a_1 x_1(t) + a_2 x_2(t)$（a_1, a_2 は任意の定数）に対する出力が $a_1 y_1(t) + a_2 y_2(t)$ となるようなシステムである．線形システムの入出力関数は直線となる（図2.24a）．線形システムに正弦波を入力すると，出力も正弦波となり，その周波数は変化せず，振幅と位相のみが変化しうる．様々な周波数の正弦波の加算（重ね合わせ）でできた任意の信号に対する線形システムの出力は，個々の正弦波入力に対する出力の重ね合わせとして求められる．

アンプやスピーカなどの音響機器は，入力された信号の特性を変化させず，余計な成分を付け加えないのが理想である．しかし実際には理想的な機器は存在せず，実験の目的に応じて必要十分な

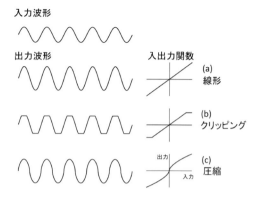

図2.24 非線形歪み

ものを選択することになる．次項以下では，音響機器の特性評価にあたって特に重要な3項目について説明する．

2）非線形歪み

音響機器は線形システムが理想である．システムに非線形性があると，正弦波を入力しても出力は正弦波とはならない．これを周波数領域でみれば，本来含まれていない周波数成分が発生するということである．このような，システムの非線形性に由来する信号の変形を非線形歪みという．

代表的な非線形歪みに，ピーククリッピングがある．これは，入力信号の振幅が機器の許容範囲（ダイナミックレンジ）を超えた場合，その超過分に対する出力が一定値になり，波形のピーク部分が切り取られたように変形するというものである（図2.24b）．ピーククリッピング歪みを避けるためには，アンプやスピーカの過大入力に注意しなければならない．

一方で，機器の設計において，意図的に非線形性を導入する場合もある．非線形圧縮はその一例で，入力振幅値が高くなるほど，利得（gain）が低くなるような入出力関数になっている（図2.24c）．信号を「圧縮」することにより，狭いダイナミックレンジで，効率よく信号を伝搬することができる．放送音声，音楽録音，補聴器などでよく使われる手法である．内耳にもこの機能が備わっている．

非線形歪みが生ずると，入力が正弦波の場合，その周波数の整数倍の周波数をもつ成分（高調波）が発生する．非線形歪みによって生じた高調波成

分の実効値 $V_2, V_3, V_4, \cdots, V_n$ の総和の，元の波形の実効値 V_1 に対する比を全高調波歪み率（total harmonic distortion, THD）と呼ぶ．

$$\mathrm{THD} = \frac{\sqrt{(V_2^2 + V_3^2 + V_4^2 + \cdots + V_n^2)}}{V_1}$$

THD はしばしば百分率（%）で表される．

複数の正弦波入力に対して非線形歪みが生じた場合，その振幅スペクトルはより複雑になる．2つの入力正弦波の周波数を f_1, f_2 とすると，出力波形のスペクトルには，一般に $mf_1 \pm nf_2$ に成分をもつ（m, n は整数）．これを結合音（combination tone）と呼ぶ．このような歪み成分の実効値と元の波形の実効値との比を相互変調歪み率（intermodulation distortion, IMD）あるいは混変調歪み率と呼ぶ（狭義には，混変調歪みは2つ以上の入力周波数成分の一方の振幅変化が他方の振幅に影響を与えることを指し，相互変調歪みとは区別されるが，電気音響分野では両者を同義に用いることが多い）．THD や IMD が低いほど線形性の高い，つまり信号に余計な周波数成分を付け加えないシステムであることを意味する．

3）周波数特性

システムの特性としては，入力信号に含まれている成分（振幅スペクトルおよび位相スペクトル）をどのように変化させるかという点も重要である．これを表す方法の1つが周波数特性（frequency response, 周波数応答ともいう）である．周波数特性は，振幅一定の正弦波を入力として，その周波数を変化させたときの入出力間の振幅比（利得，dB 表示されることが多い）や位相差を周波数の関数として表したものである．システムが線形であれば，周波数特性から，任意の信号に対する出力を求めることができる．

まず振幅特性についてみれば，すべての周波数にわたって利得が一定（周波数特性が平坦）なのが理想である．しかし実際には，バンドパスフィルタ的な（一定の周波数帯域の外では急激に利得が低下する）特性をもったり，その周波数帯域内であっても利得に変動（ピークやディップ）があったりする（図 2.25）．そこで周波数特性は，「20 Hz 〜 50 kHz, +0 dB, −1 dB」というような形で表

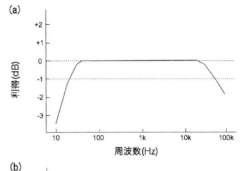

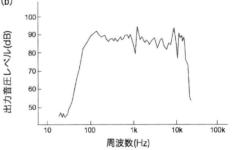

図 2.25　周波数特性
(a) アンプの例（利得）．(b) スピーカの例（出力音圧レベル）．

示する．この例は，20 Hz 〜 50 kHz の周波数帯域では，利得の偏差量が，1 kHz のレベルを基準（0 dB）として +0 dB, −1 dB 以下であることを意味している．音響機器のカタログなどでは，偏差量を特定しないで再生周波数帯域を表記している例を見かけることがあるが，それは無意味である．聴取実験においては，刺激の振幅スペクトルを十分にカバーできる周波数特性をもつ機器を選択しなければならない．

周波数帯域の問題は比較的わかりやすいが，盲点になりがちなのが周波数ごとの利得の変動（ピークやディップ）である．広帯域音の場合，特定周波数帯域の利得が他の帯域に比べて相対的に 1〜2 dB 変化すれば，平均的な聴取者はその変化を検知しうる．スピーカやヘッドフォンでは，それよりはるかに大きいピークやディップをもつものも珍しくない（図 2.25b）．実験の目的によっては，刺激作成時に，用いる音響機器の周波数特性のピークやディップを相殺するような逆フィルタをかけるなどの補正が必要になる場合もある．ただし逆フィルタによる補正にも限度があることに注意しなければならない．例えば，小型スピーカの低域の振幅低下を補正するためにその周波数帯域の信号の振幅を大きくすると，スピーカに対

して過大入力となって非線形歪みが急速に増大する恐れもある.

ここまで述べてきたのは, 周波数特性の中でも振幅特性についてであった. もう一方の位相特性については, 一般に軽視されがちである. 実際, オーディオ機器のカタログなどでは省略されていることが多い（単に周波数特性という場合には振幅特性を指す）. これは, 聴覚系は周波数間の相対的な位相の変化に関しては感度が低いという前提に基づいている. しかし, この前提は, 調波複合音の高次（6〜8次以上）倍音や, 過渡的な音, 周波数成分が密接した音などについては成り立たないことが実験で示されている. 使用する周波数帯域内では急な位相変化が少ないことが望ましい.

4）信号対雑音比

音響機器では, 非線形歪みのような入力信号に依存した成分以外にも, システムの回路素子が発する雑音や, 交流電源や外部の電磁波を発する機器に由来する雑音などの成分が信号に混入する場合がある. 言うまでもなく, このような雑音は極力少ないほうがよい. システムがどの程度雑音の影響を受けるかを表す指標に, 信号対雑音比（signal-to-noise ratio, SN 比）がある. これは, 信号成分の実効値 V_S と雑音成分の実効値 V_N の比で, 通常 dB 表示される.

$$SN 比 (dB) = 20 \log_{10}\left(\frac{V_S}{V_N}\right)$$

なお, THD と雑音を合わせて, 総合歪み率（THD + N）として表すこともある. これは, 測定対象システムに所定の信号（正弦波）を入力し, その出力信号から入力信号に対応する周波数の成分のみを除去した成分の実効値を, 入力信号に対応する周波数成分の実効値で割ったものである.

SN 比が等しくても, 雑音の種類によって聴感上の効果や聴取実験の結果に与える影響は異なる場合がある. 例えば, 信号を入力していないアンプのボリュームを上げたときにスピーカから聞こえる「サー」というような白色雑音は, パワーが広い周波数帯域に均等に分散しているので, ある程度以下のレベルであれば気になりにくい. 一方,

交流電源から混入する「ブーン」というハム音のように特定周波数に集中した雑音や, デジタル機器から発せられる「ジュルジュル」というような特徴的な時間パターンをもつ雑音などは, レベルが低くても気になりやすく, 実験課題遂行にも悪影響を与えることがある. 単に SN 比の値のみをみるのではなく, 雑音の特性を確認し, 問題になりうる場合には, それを除去するフィルタをかけるなどの適切な処置を講ずる必要がある.

聴取実験で複数の音響機器を接続する場合, 実験系全体の SN 比は, 個々の機器の SN 比のみならず, 利得配分や伝送（接続）方法などの影響を受けることがある. 基本的には, 微弱な信号（マイクロフォンなど）を扱う場合には, なるべく信号源に近いところでいったん増幅してから伝送したほうが外来雑音に対して有利になる. また, 平衡（バランス）伝送を用いたほうが不平衡（アンバランス）伝送よりも外来雑音の影響を受けにくい（コンピュータのオーディオインタフェースの出力などラインレベルの信号を 2〜3 m 程度伝送するのであれば, 通常は不平衡伝送で問題ない）. さらに, 機器間のグラウンド（0 V の基準）電位の差も雑音源となる場合がある. これを防ぐには, 交流電源の極性を機器間で合わせること, 複数の機器のグラウンドが接続ケーブルや電源ケーブルを介してループ（グラウンドループ）を形成するのを極力避けることなどの対策をとる.

次項以下では, 機器の種類ごとに, 聴取実験において注意すべき事柄を述べる.

5）アンプ

アンプは, 聴取実験刺激の信号を適切なレベルに増幅し, スピーカやヘッドフォンを駆動するために用いられる. アンプの特性に関する必要条件は様々な条件に依存するので一概には言えないが, 一般的な聴取実験であれば, THD ≤ 0.1%, 振幅周波数特性 30 Hz〜16 kHz(± 0.5 dB), SN比 ≥ 80 dB 程度の特性が確保されていればおおむね問題ないだろう. これは, 今日市販されている信頼できるメーカーのオーディオ用半導体アンプなら, 極端に安価なものでない限り, 十分に実現可能な水準である. ただし, 特定スピーカを利用することが前提となっているミニコンポのア

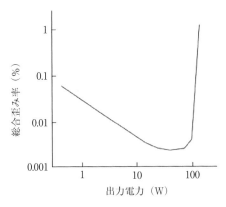

図 2.26 アンプの出力と総合歪み率の関係の一例

現するのは至難の業で，機種ごとに特徴的なピークやディップがみられる（図 2.25b）．位相特性も，特にマルチウェイ（周波数帯域をいくつかに分割し，それぞれ専用のスピーカユニットで再生する方式）のスピーカシステムでは，帯域の切り替わり（クロスオーバー）部分で特に急峻な位相変化が起こりやすい．このような狭い周波数帯域での急激な位相変化は聴取者に検知されやすく，音質に影響を与えることがある．

さらに，スピーカは設置する部屋の特性（大きさ，形状，壁や床の吸音率など）や置き方（スピーカ間の距離，壁や床からの距離など），聴取位置（聴取者との距離や方向）によっても再生音の特性が大きく変わる．実験にあたっては，マイクロフォンを聴取者の耳の位置に置いて刺激音の特性を測定し，所定の特性が実現されているか確認する必要がある（2.2.4 参照）．

ヘッドフォン（耳に当てるタイプ）やイヤフォン（外耳道に挿入するタイプ）の場合には，イヤーシミュレータもしくはプローブマイクロフォンなどを用いて，刺激音の特性を確認する（2.2.4 参照）．ヘッドフォンやイヤフォンは，装着の仕方が再生音の特性に影響する．特にイヤフォンの場合には，外耳道に隙間ができると低周波数成分が減衰する．

ンプやアンプ内蔵スピーカなどでは，入力信号を忠実に増幅するのではなく，システム全体として聴感上よく聞こえるようにアンプの特性に手を加えている場合もある．そのような場合には，厳密な閾値測定などの用途には適さない．

また，アンプの特性は出力によって変わることにも注意を払わなければならない．一般に，一定の出力値を超えると急速に非線形歪みが増えることが多い（図 2.26）．一定の条件値（周波数帯域，総合歪み率，負荷インピーダンスなど）を満たして連続出力可能な出力値を定格出力という．実際にスピーカから生じる音圧レベルは，アンプの出力とスピーカの能率に依存する．スピーカの能率は，出力音圧レベル（1 W に相当する電圧の正弦波をスピーカに加えたときの基準軸上 1 m の距離における音圧レベル，単位 dB）で表す．能率の低いスピーカで高い音圧レベルの音を出したいとき，アンプの定格出力が不十分だと非線形歪みが大きくなる恐れがある．

6）スピーカとヘッドフォン（イヤフォン）

スピーカやヘッドフォンは，聴取者に提示される音響信号の質を決定づけるが，その特性はアンプに比べるとはるかに理想から遠く，機種間の差（個性）も大きい．非線形性の指標である THD は，良質のスピーカであっても半導体アンプに比べると少なくとも 1 桁は大きい．また，周波数特性についても，可聴帯域内で平坦な振幅特性を実

オーディオで音楽を楽しむことが目的であれば，必ずしも音響特性がよくなくても，聴感さえよければ目的は達成されるかもしれない．しかし聴取実験においては，実験の目的に適った音響特性を確保し，アーチファクトは極力排除しなければならない．本節であげたものも含む様々な理由によって，刺激作成時には意図していない信号変化が生じる可能性が常にある．意図した刺激が聴取者に提示されているか，必ず最終的な音響信号を計測して確認することが不可欠である．また，オーディオ雑誌などでは各種の情報が溢れているが，科学的根拠の乏しい言説も目につく．常に論理的，実証的な態度で臨むことが聴取実験の第一歩である．

〔柏野牧夫〕

2.2.4 音の測定・較正

1) 基本的な音の計測・較正の手順

聴覚心理物理学実験において，呈示音の測定・較正が最も重要になるのは，最小可聴閾値の計測のように，呈示音圧がパラメータとなる場合である．それ以外の場合でも，例えば，聴覚系の周波数分解能は音圧に依存して変わることが知られている．そのため，呈示音圧を厳密に測定・較正することは，聴覚心理物理学実験を実施するにあたり，最も気を使うべきことの1つである．

音圧の計測・較正の基本的な作業は，①実験系から出力された音を，マイクロフォンを用いて収音し，②その音圧をサウンドレベルメータで確認し，③所望の音圧になるように出力を調節するという単純なものである．ただし，刺激音をスピーカから呈示するか，またはヘッドフォンやイヤフォンから呈示するかによって，測定方法・機材が異なる．

スピーカから刺激音を呈示する場合には，マイクロフォンを聴取者の耳の位置に置いて測定を行う．一方で，ヘッドフォンを用いる場合には，外耳道がヘッドフォンでふさがれるため，呈示音圧は鼓膜と外耳道の音響特性に依存することになる．そのため，イヤーシミュレータ（擬似耳，または人工耳）と呼ばれる外耳道と鼓膜の音響特性を再現した音響カプラを使って測定を行う．以下に，それぞれの作業を詳しく述べる．

2) マイクロフォンの選択

マイクロフォンは，スピーカから刺激音を呈示する場合とヘッドフォンやイヤフォンから呈示する場合とで使い分ける必要がある．スピーカから呈示する場合には，さらに，呈示する空間によってマイクロフォンを使い分ける必要がある．無響室のような自由音場に限りなく近い場所や広く開放的な場所で，スピーカを用いて刺激音を呈示する場合には，自由音場型のマイクロフォンが用いられる．一方で，ヘッドフォンやイヤフォンから刺激音を呈示する場合には，音圧型のマイクロフォンが用いられる．

3) イヤーシミュレータ

イヤーシミュレータは，人間の平均的な外耳道と鼓膜の音響特性を機械部品で再現したものである．ヘッドフォンやイヤフォンで音を呈示する場合には，それらによって外耳道がふさがれることになる．このような場合には，ヘッドフォンの出力音圧は，外耳道内の音響負荷（外耳道によって決まる音響インピーダンスと鼓膜からその奥を見込んだインピーダンスを合成したもの）に依存することになる．そのため，ヘッドフォンから呈示された音圧を知るためには，外耳道内の音響特性を加味する必要がある．そこで用いられるのがイヤーシミュレータである．イヤーシミュレータは平均的な外耳道内の音響特性を再現しているため，その内部に埋め込まれたマイクロフォンを使って測定することで，外耳道内の音響特性を加味した音を測定することができる．

実際の計測では，図2.27のように，ヘッドフォンをイヤーシミュレータに対して適度な力で押さえつけた状態で測定する．イヤフォンの場合も基本的には同じであるが，図2.28のように，イヤーシミュレータに外耳道シミュレータを接続し，そこにイヤフォンを挿入して計測を行う．イヤーシミュレータの仕様は，IEC（International Electrotechnical Commission）60318-1規格（IEC, 2009）やIEC 60318-4規格（IEC, 2010）によって厳密に定められているため，それらの規格を満たした製品を利用する．

留意すべき点としては，実際の耳介は複雑な形状をしているため，ヘッドフォンを密着させることが難しいことがあげられる．そのため，イヤーシミュレータで計測された音圧レベルは，実際の耳に呈示した場合と異なることが指摘されている（平原，1999；平原ほか，2010）．また，外耳道内の音響特性には個人差があるため，より厳密に呈示音圧を知りたい場合には，プローブマイクロフォンなどを用いて，外耳道内の音圧を聴取者ごとに測定する必要がある．

4) 呈示音圧の確認

音圧の確認には，サウンドレベルメータを用いる．サウンドレベルメータは，入力信号に対して

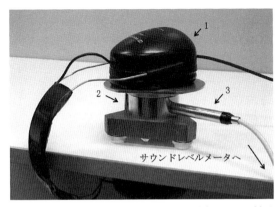

図 2.27 ヘッドフォンからの呈示音圧を測定している様子
1：ヘッドフォン（SENNHEISER社製 HDA 200），2：イヤーシミュレータ（Brüel & Kjær社製 4153型）+マイクロフォン，3：マイクプリアンプ．

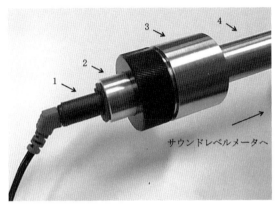

図 2.28 イヤフォンからの呈示音圧を測定している様子
1：イヤフォン（Etymotic Research社製 ER-4S），2：外耳道シミュレータ，3：イヤーシミュレータ（Brüel & Kjær社製 4157型）+マイクロフォン，4：マイクプリアンプ．

周波数重みづけを行い，そのレベルを表示する装置である．周波数重みづけの特性は大きく分けて，A特性，C特性，Z（F）特性の3つがある．Z特性は周波数特性がフラットのものであり，算出したレベルは音圧の物理量に相当することから，音圧レベル（SPL）と呼ばれている（2.2.1参照）．A・C特性は，それぞれ，小さい音と大きい音に対する人間の感度特性を反映している．聴覚心理物理学実験では，SPLで表記されることも多いが，騒音の評価などにはもっぱらA特性で表記される．実験の目的に合わせて適切な特性を選ぶ必要がある．

周波数特性の確認には，スペクトラムアナライザを用いる．スペクトラムアナライザは，横軸を周波数として，縦軸を各周波数における音響信号のエネルギーとしたスペクトルを表示する装置である（一部のサウンドレベルメータには周波数ごとのエネルギーを表示する機能がついている）．近年のコンピュータ技術の発展に伴い，AD変換器などを介してアナログ信号をコンピュータに取り込み，ソフトウェア的に周波数分析を行う場合も多い．

5）ダミーヘッドを使った収録

最後に，音の計測に関連して，ダミーヘッドを用いた音の収録について述べる．ダミーヘッドは，平均的な人間の頭から肩にかけての形状をモデル化したものである．聴取実験においては，刺激音をヘッドフォンなどから立体的に呈示したい場合がある．そのようなときに用いるのがダミーヘッドである．刺激音を呈示したい位置にスピーカを設置し，そこから再生した音をダミーヘッドの耳に埋め込まれたマイクロフォンで収録する．そして，その音をヘッドフォンから再生することで，立体的な音を呈示することができる．

左右方向については，両耳に入力された音の時間差（interaural time difference, ITD）や音圧差（interaural level difference, ILD）を主な手がかりとして判断しているため，適切なITDとILDを刺激音に与えることで，左右任意の位置に音源を呈示することができる．しかし，音源位置の前後・上下の判断は，頭部，肩を含んだ耳周辺による音の変化を手がかりにして行っていると考えられている（2.2.1参照）．そのため，ヘッドフォンから，前後上下を含んだ立体的な音を呈示するためには，耳周辺の音響特性を含んだ刺激音を作成することが必要になる．

ダミーヘッドの頭部伝達関数（2.2.1参照）はインパルス関数の形で，例えば，MIT Media LabのWebサイト（http://sound.media.mit.edu/resources/KEMAR.html）から入手することができる．それらの関数を呈示したい音の波形に畳み込み演算を行うことで，ダミーヘッドを用いての収録をすることなく，音源を任意の位置に呈示することができる． 〔大塚　翔〕

2.2.5 聴力測定

1) 聴力測定

聴力を測定するという意味では，聴力検査のように，心理物理学的な方法を用いて，どのくらい小さい音まで聞こえるかを測定するのが，最も直接的な方法である．しかし，新生児のように，そもそも自覚的な判断が難しい場合がある．そこで，聴性誘発反応（脳中枢の機能評価）や耳音響放射（内耳の機能評価）などの生理指標を用いて，他覚的に聴力を測定する方法が提案されてきた．

2) 純音聴力検査

純音の最小可聴閾値を測定する検査を純音聴力検査という．最小可聴閾値とは，聞き取ることができる最小の音圧（単位は dB）であり，オージオメータと呼ばれる装置で測定されるのが一般的である．標準的には，音を大きくしたり小さくしたりしながら聴取者がどの程度小さい音まで聞こえているのかを探っていく．測定された閾値は，正常耳の閾値を基準として dB 値（聴力レベル，HL）で表記される．周波数ごとに聴力レベルを並べたグラフをオージオグラムと呼び，通常，すべての周波数で 25 dB HL 未満であれば正常聴力とされる．

聴力検査は，骨伝導を用いて行う場合もある．骨伝導では伝音系（鼓膜や中耳）を経由しないため，この検査で異常がみられた場合には，内耳以降が原因であると判断される．詳細な聴力検査の手順は，小田（2009）や切替（1974）を参照されたい．

3) インピーダンスオージオメータ

インピーダンスオージオメータは，耳の伝音機構（鼓膜，耳小骨連鎖，中耳腔など）の機能を評価する装置である．耳栓で外耳道を密閉した状態で，音を提示し，その反射音から鼓膜のインピーダンス（振動のしにくさを示す指標）またはその逆数のアドミタンスを算出する．アドミタンスが極端に小さい場合には耳硬化症が疑われ，大きい場合には耳小骨連鎖離断などの伝音系の機能障害が疑われる．詳細な計測方法や臨床応用については，神崎（2009）や Hunter と Shahhaz（2013）を参照されたい．

インピーダンスオージオメータのもう1つの機能は，耳小骨反射検査である．音刺激を与えると，耳小骨連鎖に接続している顔面神経支配のアブミ骨筋が収縮する．その収縮をアドミタンスの変化として記録する検査である．収縮の有無から，神経の投射元である脳幹の機能を評価できるほか，難聴の診断に用いられることもある．耳小骨反射の詳細な発生機序や特性については，Silman（1984）を参照されたい．

4) 耳音響放射

耳音響放射（otoacoustic emission, OAE）は，内耳から外耳道へ放出される微少な音響信号である（Kemp, 1978）．OAE の測定は，小型のマイクロフォンとイヤフォンが一体となった耳栓型の実験装置を外耳道に挿入して行う（測定装置は Etymotic research 社や Otodynamics 社から市販）．よく計測される OAE としては，クリック音などの短時間の音響刺激音によって誘発される transient evoked otoacoustic emissions（TEOAE）と周波数の異なる2純音によって生じる歪成分耳音響放射（distortion product otoacoustic emission, DPOAE）があげられる．

TEOAE は基底膜で生じた反射波であると考えられている（Zweig & Shera, 1995）．この反射波は，中耳を介して外耳道に放出され，数 ms 以上の潜時をもった微少な音響信号として測定される（図 2.29）．DPOAE は，周波数が f_1 と f_2（$f_1 < f_2$）である2つの純音が入力されたときに放出

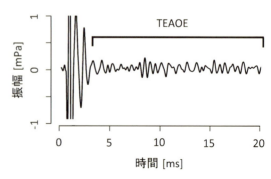

図 2.29 ピーク音圧レベルが 60 dB のクリック音に対する TEAOE の例

れる，周波数が $2f_1-f_2$ の OAE である．基底膜振動の非線形性に由来する歪み成分であると考えられている（Kemp, 1979）．

TEOAE と DPOAE はともに，内耳機能に異常がある場合には消失，またはレベルが減少することが知られている（Probst, 1991）．そのため，他覚的に聴力を測定する方法として用いられてきた．具体的な計測方法については，田中（2005），Hall（1999），Robinette と Glattke（2007）などを参照されたい．

5) 聴性誘発反応

聴性誘発反応は，音によって誘発される脳の電位変化を測定したものである．通常，基準電極を耳朶や首，導出電極を頭頂や正中前頭部，接地電極を前額部や鎖骨に配置して測定する．

クリック音やトーンバーストを刺激音とした場合には，聴覚経路上の異なる領域でのオンセット反応が測定される．反応の潜時は領域ごとに異なり，音刺激を与えてから，10 ms 以内に生じるような反応を聴性脳幹反応（auditory brainstem response, ABR）と呼ぶ．ABR は，5～7 つの成分（潜時が短い順に I～VII 波と呼ばれる）で構成される（図 2.30）．人間の場合には，I・II 波が聴神経由来，III 波が蝸牛神経核由来（Moller & Jannetta, 1983），IV 波が上オリーブ核付近に由来し，V 波およびその後方の陰性波は，それぞれ，外側毛帯の下丘側の終端と下丘に由来すると考えられている（Moller, 2006；Hall, 2006）．発生源となる領域に障害があると，対応する成分が消失するため，脳中枢の機能評価に用いられてきた．また，これらのピークのうち，V 波は比較的安定して測定することができるため，聴力測定には V 波が用いられることが多い．V 波の検出閾値は，純音聴力検査における 2,000～4,000 Hz の聴力レベルにほぼ一致することが知られている（石川・市川, 2000）．

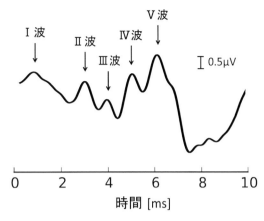

図 2.30 ピーク音圧レベルが 100 dB のクリック音に対する ABR の例
（NTT コミュニケーション科学基礎研究所　山岸慎平氏より提供されたデータを基に作成）

聴覚皮質やそれ以降に由来する反応として，12～50 ms の潜時をもつ聴性中間（潜時）反応〔auditory middle latency response, AMLR（一部の成分は内側膝状体由来）〕や 50～500 ms の潜時をもつ反応（auditory late response, ALR）が知られている．

近年，これらの反応に加えて，聴性定常反応（auditory steady-state response, ASSR）が聴力測定に用いられるようになってきた．定常反応とは，繰り返し頻度の高い刺激（振幅変調音など）に対する反応で，各刺激に対する反応波形が干渉し合い，サイン波状となったものである．振幅変調音を刺激音とした場合には，変調周波数によって発生起源は異なり，速い場合には脳幹由来（ABR に対応），遅い場合には聴覚皮質由来であると考えられている（AMLR に対応．青柳, 2006）．ASSR は周波数特異的に反応するため，ASSR の閾値からオージオグラムを推定する方法が提案されている（例：Aoyagi et al, 1993）．

上述した，聴性誘発反応の詳細な測定方法や発生機序については，船坂ら（2000）や Hall（2006）を参照されたい．

〔大塚　翔〕

2.2.6 聴覚心理物理学における基礎的刺激／実験法

1）マスキングによる聴覚フィルタの測定

聴覚末梢にある基底膜は互いに重なり合う帯域通過フィルタ（聴覚フィルタ）群に例えられる．聴覚フィルタの通過帯域幅が狭いほど，システムの周波数分解能（刺激音スペクトルを表現する精度）は高い．フィルタ特性の心理物理学的推定には，主に，マスキング（masking）現象を用いる．マスキングとは，妨害音〔マスカー（masker）〕の存在によって，聞き取りたい音〔信号音（signal）〕の最小可聴閾値が上昇する（マスクされる）ことを指す．マスキングは，信号音とマスカーの信号対雑音比（SN比）によって説明されるエネルギー的マスキング（energetic masking）と，それ以外の認知プロセスに起因する情報的マスキング（informational masking）とに分類されるが，聴覚フィルタの推定法は，前者の仮定に基づくパワースペクトルモデル（power spectrum model）を基礎としている（Patterson, 1976）．それぞれのフィルタを通過する信号音とマスカーのパワーについてSN比を考えたとき，どれか1つのフィルタ出力においてSN比がある一定の値（K）を超えたときに信号が検出される，とするのがこのモデルである．心理物理学実験では，ノッチ雑音法（notched-noise method）と呼ばれる方法（Patterson, 1976）が，フィルタ推定法として最もよく用いられている．ここでは，帯域遮断雑音（ノッチ雑音）をマスカーとし，その遮断周波数の中間と一致する周波数（f_c）をもつ純音を信号音とした刺激音が用いられる（図2.31）．聴覚フィルタの形状が中心周波数について線形周波数軸上で対称と仮定すると，出力におけるSN比が最大となるのは，信号音周波数と中心周波数が一致するフィルタである．つまり，パワースペクトルモデルでは，このフィルタの特性が聴取者の信号検出閾値を規定することになる．フィルタを通過するマスカーのパワー（図中の濃い灰色部分の面積）に定数Kを乗じたものが信号検出閾値である．典型的なノッチ雑音法実験では，ノッチ雑音の（通過帯域内の）スペクトルレベルを一定に

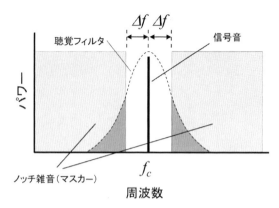

図2.31　ノッチ雑音法による聴覚フィルタの測定

保ち，ノッチの幅（Δf）の関数として信号音検出閾値を求める．

この閾値関数は，フィルタのゲイン対周波数関数（の片側半分）の積分値を，始点周波数の関数として表現したものと考えられる．システムが（ある程度）線形であることを仮定すると，この関数を微分することによって，フィルタのゲイン関数が得られることになる．聴覚フィルタ形状の近似として，rounded exponential（ROEX）関数およびそのバリエーションがよく用いられる（Patterson et al, 1982）．ここで紹介したシンプルな推定法のほか，システムの非線形性やフィルタ形状の非対称性を考慮に入れた，より厳密な心理物理学的フィルタ推定法も提案されている（Moore 編, 1986）．また，聴覚フィルタの時間領域での表現も提案されている（Carney & Yin, 1988；Irino & Patterson, 1997）．

2）時間分解能の測定

聴覚系の時間分解能の指標として，ギャップ検出閾値が用いられることがある．定常的な刺激音にわずかな時間的空隙（ギャップ）を挿入する．そのギャップを検出できるギャップ区間の最小値（ギャップ閾値）が小さいほど，聴覚系の時間分解能が高いことを意味する．ギャップの挿入によるパワースペクトルの変化が検出タスクの手がかりとならないように，刺激音としては広帯域白色雑音を用いることが多い．刺激音としてトーンバーストなどを用いる際には，パワースペクトルの変化は避けられないが，変化する成分をマスキングするなどしてその影響を小さくすることで対

処する．広帯域白色雑音を刺激音として用いる場合は，そのギャップ検出閾値の典型的な値は通常は数ミリ秒である（Eddins & Green, 1995）．

システム解析論的に時間分解能を調べる方法としては，時間変調伝達関数（temporal modulation transfer function, TMTF）の計測がある．ある特定の搬送波に正弦波状の振幅変調を加え，変調検出閾値を変調周波数の関数として TMTF を求める．健常耳では，一般に TMTF は 100 ～ 200 Hz 付近を上限周波数とするような低域通過特性をもつ（Kohlrausch et al, 2000）．TMTF の測定でも，刺激音スペクトルに対する配慮が必要である．正弦波を搬送波として用いた場合には，振幅変調によって側帯波が生ずる（2.2.1 参照）．変調周波数が増大し一定の値を超えると，搬送波と側帯波の周波数成分が聴覚末梢で分解され，スペクトルの変化として知覚されるため，検出閾値は聴覚系の時間特性を反映しているとはいえなくなる（Kohlrausch et al, 2000）．

3）調波複合音を用いたピッチ知覚実験

周期音は，その周期（単位：秒）の逆数に対応する基本周波数（ファンダメンタル，単位：Hz）と，その整数倍の周波数に成分（倍音）をもつ調波複合音である．周期音はピッチの知覚を生ずる．知覚量としてのピッチは，同等のピッチが知覚される純音（正弦波）刺激の周波数（単位：Hz）として表されるが，通常，それは基本周波数と一致する．一般に，周期音について，低域遮断フィルタなどを用いて基本周波数成分を除去しても，そのピッチは変化せず，欠落した基本周波数成分（ミッシングファンダメンタル）に対応するピッチが知覚される．ミッシングファンダメンタルに相当する周波数成分をマスクする雑音を付加しても，生ずるピッチ知覚が影響を受けないことなどから，ミッシングファンダメンタルをもつ音のピッチは，基底膜の非線形性に起因する歪み成分などのアーチファクトによるものではなく，基本周波数より高域の成分の情報に基づいて決まることがわかる．

調波複合音の成分は線形周波数軸上で等間隔に分布しているが，聴覚末梢の周波数分解能は高周波数になるほど低下する（聴覚フィルタの通過帯

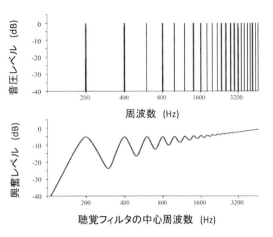

図 2.32 調波複合音（上）に対する基底膜振動の興奮パターン（下）

域幅が広くなる）．図 2.32 に，調波複合音に対する基底膜振動の興奮パターン（モデル出力）を示す．低次倍音は個々の周波数成分が分解されて（resolved harmonics）表現されている（場所表現）．この場所表現のパターンがピッチの手がかりとなる可能性がある．一方，高次倍音は末梢では分解されず（unresolved harmonics），その代わり，高周波領域では単一の聴覚フィルタ通過帯域内で複数の成分が相互作用する．その出力波形の振幅包絡は基本周波数と同一の周期で時間変化する（時間表現）．このように，ピッチに関する情報表現は帯域によって異なる．帯域制限された刺激や，一部の成分の周波数をシフトさせた刺激を用いることによって，ピッチ知覚に最も寄与するのは，おおむね第3〜第5倍音の範囲（dominant region）にある周波数成分であることが知られている（Ritsma, 1967）．興味深いことに，この範囲では，成分は中程度に分解されている（intermediately resolved harmonics）．このことから，ピッチ知覚は，場所情報か時間情報かといった二分法的には説明できず，聴覚フィルタの出力時間波形の情報を，フィルタ間で組み合わせることで成立していると考えられる．

4）音源定位および両耳聴

音源の空間的位置を知る（音源定位）能力を評価するためには，空間（理想的には無響室）の様々な位置にスピーカを設置して音を鳴らし，聞こえた方向を聴取者に回答させる．この回答方法に

ついては，角度を数値で答えさせる，コンピュータ画面や回答紙上に図的にマークさせる，音源方向に顔を向けさせるなど，様々な工夫がされている．スペクトルに基づく音色が回答の手がかりとならないように，スピーカの周波数特性を事前に較正しておく必要がある（2.2.3参照）．周波数帯域によって，主要な定位手がかりは異なる．おおざっぱにいって，低域（＜1,000 Hz）では両耳間時間差（ITD），中・高域（＞1,500 Hz）では両耳間レベル差（ILD）が水平面定位の手がかりとして優位である（Grantham, 1995）．上下・前後方向の手がかりは，高域（＞5,000 Hz）のスペクトル包絡が主なものである．時間的な側面でいうと，音源定位判断には刺激音の立ち上がり部分の情報により重みが置かれ，後続する部分の貢献は小さいことが知られている（Stecker & Hafter, 2002）．これらを総合すると，複数の手がかりを含む広帯域音で，かつ多数の立ち上がりをもつパルス列（パルス間隔＞5 ms）のようなものが定位しやすい刺激だといえる．

音源から外耳道入口までの伝達関数（頭部伝達関数，2.2.1参照）があらかじめ得られているならば，仮想音源刺激を用いて定位実験を行うことが可能である（Wightmann & Kistler, 1989）．様々な個人や標準的ダミーヘッドについて計測された伝達関数データベースが公開されているので，それを利用するのが簡単である（2.2.4参照）．仮想音源刺激は，無響室や多数のスピーカなどの大がかりな設備や機器を用いずにヘッドフォンから呈示することができる，個別の音響的手がかりを操作することが可能であるといったメリットがある．しかし，刺激音の知覚的再現性は伝達関数の計測・合成精度に依存する．特に，高周波数領域のスペクトル包絡手がかり（耳介形状に依存）は，個人ごとに顕著に異なる．このため，特に前後・上下方向の定位や頭外感（音源が頭外に定位される感覚）を求められる実験では，各聴取者に適合した伝達関数を用いる必要があり，上記のデータベースなどを安易に用いることはできない．

ITDやILDなど，特定の音響手がかりの処理メカニズムを調べる実験では，通常はヘッドフォンを用いた刺激呈示が行われる．刺激のITDやILDを操作すると，頭内に知覚される音像の左右

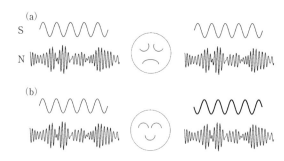

図 2.33　両耳マスキングレベル差

方向の位置が変化する．このような音像の定位は頭内定位（sound lateralization）と呼ばれ，実音源（あるいはそれを模擬したもの）の定位〔音源定位（sound localization）〕と区別される．

両耳メカニズムは，音源定位だけでなく，妨害音存在下の信号音聴取にも役立っている．例えば，正弦波信号音（S）とマスカー雑音（N）を同時に両側の耳に呈示し，Sがちょうど検知できなくなるようにSの音圧レベルを調整したとする（図2.33a）．両耳に呈示される音はまったく同一のものである（diotic呈示）．その後，Sの位相を片耳についてのみ逆転させると，Sが聞こえるようになる（図2.33b）．このように，両耳間の刺激呈示条件の違いに起因する，Sの検出閾値の差を両耳マスキングレベル差（binaural masking level difference, BMLD）と呼ぶ（Moore 編, 2012）．この現象は，S呈示側のSN比だけでなく，両耳間のNの相関の有無・程度が信号検出に寄与することを示している．条件によっては，BMLDは15 dBに達することもある．

BMLDは，詳細な刺激波形の両耳間相関に起因するものである．このため，これらの実験は，末梢における時間微細構造情報の変換・伝達効率を評価する目的でも用いられることもある．例えば，時間情報処理能力が劣化している高齢者では，BMLDが弱いか，もしくは生じないことがわかっている．

5）音脈分凝

楽器のアンサンブルを聞いている状況を想像してみよう．1つのメロディーが聞こえる場合もあれば，独立の複数のメロディーが聞こえる場合もある．メロディーの聞こえ方は，それぞれの音の

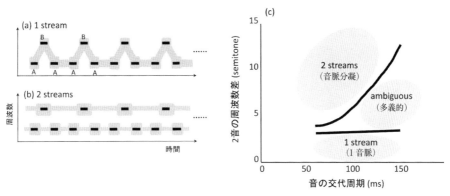

図 2.34　ABA 法による音脈分凝実験（(c) は van Noorden, 1975, Fig. 2.7 に基づき再描画）

要素（音楽で例えると楽譜の個々の音）を時間的にどのように結びつけるかで決まる．音脈分凝（auditory stream segregation）とは，経時的に分布する要素の結びつけに応じて，複数の音脈（例：メロディー）を知覚する作用を指す．音脈分凝は，音楽に限定された特殊な現象ではなく，複数音源が存在する環境では常に生じうる．一般的には，音の要素を経時的にどのように結びつけるかは自明ではない．音響的な特徴のみでなく，呈示コンテクストや，呈示時の神経系の状態によっても規定される．

音脈分凝の基礎的な実験において最もよく用いられているのが，いわゆる ABA 法である（van Noorden, 1975）．一定の長さ（数十ミリ秒）をもつ2つの音（A音およびB音）を，ABA-ABA-ABA-…といった順で連続的に呈示する．ここでハイフン（-）は，A および B 音と同じ長さをもつ無音区間である．この刺激は，典型的には2種類の知覚を生ずるといわれている．1つは，統合された「ABA-」のフレーズが繰り返される1つの音脈を生ずる場合である（1 stream, 図2.34a）．もう1つは，「A-A-A-A-A-A-…」「-B---B---B---…」といったように，A音のみ，およびB音のみで構成された，2つの並行した音脈が分離して知覚される場合である（2 stream, 図2.34b）．実験では，聴取者にどちらの知覚が生じているかを回答させる．分離知覚が生じる場合には，「A-A-A-A-A-A-…」音脈は，統合された場合の2倍のテンポをもつことになる．聴取者はこのテンポの違いに基づいて音脈の統合・分離を報告することから，比較的安定した主観データを得ること

ができる．ABA 法が広く用いられているのは，その理由によるところが大きい．ABA の構造をもたない刺激についても音脈分凝は生ずる．

トーンバースト刺激を用いた場合，A音，B音の周波数差が大きいほど，また，時間差が小さい（リズムが速い）ほど，分離して知覚される（2 stream）傾向が高くなることが知られている（図 2.34c, van Noorden, 1975）．ただし，統合と分離の知覚は，周波数差・時間差だけで決まるわけではない．同一の周波数差・時間差であっても，刺激呈示開始直後は統合されて知覚される傾向があるが，徐々に分離知覚の確率が高まり（buildup），その後はランダムな時刻に2つの知覚が双方向に切り替わる（switching）．この buildup および switching の特性を調べることにより，音脈分凝を決定する（刺激要因に対立する）内的要因に迫ることができる（例：Kondo & Kashino, 2009）．

一般に，基礎的な聴覚心理物理学実験のために刺激音を設計する際には，その刺激音の末梢での表現を事前に十分に考慮することが肝要である．聴覚に関する定番の教科書（Moore 編, 2012）では，その観点で配慮すべき点が詳しく解説されている．刺激音の末梢表現を考えるためには，聴覚末梢モデルに刺激音を入力してシミュレートするとよい．MATLAB ツールボックスの Auditory Toolbox（Slaney, 1993）は無償で Web 公開されており，定番であり，かつ使いやすい．聴覚心理物理学実験や使用刺激の実例としては，平原（2008）によるまとまった解説がある．〔古川茂人〕

2.2.7　音声知覚実験

「音声」という用語は，一般には「音（sound）」の同義語として用いられることも多いが，聴覚や音響に関連する分野では，人間の言語行動の一環として用いられる音，すなわち「言語音（speech）」のことを指す．音声には，言語学的な単位（音素，音節，単語など）や意味内容，話者の個人性（性別，年齢，方言など），感情（喜怒哀楽，皮肉，強調，疑問など）といった様々な情報が含まれる．音声知覚の研究は，このような各種情報の知覚と音声の音響信号との対応関係や，知覚の成立メカニズムの解明を目指している．

音声知覚の実験では，素材となる音声を録音し，音響特性を分析し，目的に応じて加工して実験刺激を作成するという過程が必要となる．本節では，その際の基礎となる概念を説明し，実際上の注意点を述べる．

1）音声の分類と記述

個別言語の枠にとらわれず，物理的・生理的実体としての音声を詳細に分類・記述するために用いられる記号の体系を音声記号（phonetic symbol）という．最も広く利用されているのは国際音声字母（International Phonetic Alphabet, IPA）である．IPA には簡略表記（// で挟んで書かれたもの，音素記号ともいう）と精密表記（[ ] で挟んで書かれたもの）がある．簡略表記は，各言語・表記体系ごとに意味の違いをもたらすものとして区別される音素（phoneme）に基づく大まかな発音表記である．一方，精密表記は，各言語・表記体系によらず，調音的に異なるものとして区別される単音（phone）を詳細に表記する．例えば，日本語の「馬鹿」と「暴れる」の最初の子音は，精密表記ではそれぞれ [b] と [β]であるが，簡易表記では両者とも /b/ となる．

音声は母音（vowel）と子音（consonant）に大別される．母音は，声帯を持続的に振動させ，声道を閉鎖したり狭めたりしないで発音されるものである．子音は，唇，歯，舌，または声門で瞬間的に閉鎖したり狭めたりして発音するものである．子音は，声帯振動（有声，無声），調音位置（声道のどこに呼気を妨げる閉鎖や狭めがあるか），調音方法（呼気の妨害の仕方）によって分類される．例えば，[b] は有声・両唇・破裂音，[β]は有声・両唇・摩擦音である．

連続音声を分節する単位として，音節（syllable）やモーラ（mora，拍）がある．音節は，典型的には，1 個の母音を核として，母音単独，もしくは，その前後に子音を伴う構造をとる．モーラは，構造的に定められる音節と異なり，各言語において一定の（知覚的な）長さをもった音の分節単位である．日本語では，音節よりもモーラのほうが直感に馴染む単位となる．例えば促音「っ」，長音「ー」，撥音「ん」は，音節ではないがモーラであり，俳句や短歌の文字を数えるときに 1 拍と数えられる．

2）音源-フィルタモデル

音声の生成過程は，（あくまでも近似的に）音源と共鳴（フィルタ）という独立の要素に分解して考えることができる（図 2.35）．これを音源-フィルタモデル（source-filter model）と呼ぶ（Fant, 1960）．

母音の場合，音源は呼気による声帯の周期的な振動である．声帯振動の周期が仮に 10 ms とすれば，生成される音は基本周波数が 100 Hz（= 1/10 ms）で，その整数倍の周波数成分（200, 300, 400, … Hz）を含んだ調波複合音になり，基本周波数が声の高さに対応する．この音源が，声道（舌や唇など，呼気の通り道）での共鳴（フィルタ）を受けた結果，スペクトル包絡に特徴的なピークやディップが生じる．このピークをフォルマント（formant）といい，周波数の低いほうから順に第 1，第 2，第 3，…フォルマントと呼ぶ．声道の形状を変えると共鳴特性（フォルマントの周波数や利得）が変わり，異なる母音を生成することができる．母音の知覚においては，特に第 1〜第 3 フォルマントが重要な手がかりとなる．

子音の場合には生成過程はさらに複雑である．声道の一部が急速に閉鎖・開放されて生じた過渡音や，声道が狭められた部分を呼気が通過することによって生じた雑音，さらに有声子音の場合にはそれらに加えて声帯振動に由来する調波複合音が音源となり，声道で共鳴して子音が生成される．

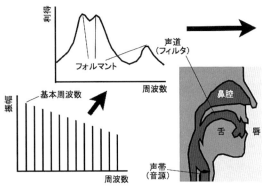
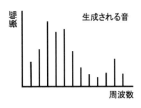

図 2.35　音源-フィルタモデル

これに伴う複雑なスペクトルの時間変化パターンが，個々の子音を特徴づける手がかりとなる．

3）音響分析

今日では，音声の録音，分析，加工の過程は，コンピュータ上でデジタル信号処理を用いて行われるのが普通である〔音声分析のための専用ソフトウェア（例えばPraat）を利用する，数値計算言語MATLABなどを利用してオリジナルのプログラムを書くなどの方法がある〕．コンピュータに音声を取り込むには，オーディオインタフェースを用いてアナログデジタル（A/D）変換したり，既存のPCMファイル（wav形式など）を読み込んだりすればよい．

読み込んだ音声は，振幅波形を表示したり（図2.36a），全体もしくは部分を再生したり，編集したりすることができる．具体的な操作方法などはそれぞれのソフトウェアのマニュアルに任せ，ここでは一般的な方法と注意事項を述べる．

最も基本的な分析は周波数分析である．デジタル信号の周波数分析には，高速フーリエ変換（FFT）を用いる（2.2.2 参照）．フーリエ分析は本来周期信号に対して適用されるものであるが，自然に発話された音声は時間とともに複雑に変化する．ある時点における音声のスペクトル（音声研究では通常パワースペクトルを指す）を分析したいときには，「時間窓」を適用して短い時間区間（フレーム）を切り出し，FFTを行う．「時間窓」とは，開始点で振幅が0から徐々に大きくなり，終了点で0になるように徐々に小さくなるような重みづけである．これを適用することによっ

て，波形を切り出したことによるアーチファクトを軽減することができる．連続発声された音声の全体でスペクトルがどのように変化しているかをみたいときには，分析する時間窓を少しずつずらしながら，それぞれのフレームでのスペクトルを求め，縦軸周波数，横軸時間，濃淡（あるいは色）がパワーという形で並べて表示する．これをサウンドスペクトログラムという（図 2.36b, c）．時間と周波数の間には不確定性原理があるため，時間分解能を高める（フレーム長を短くする）と周波数分解能は下がり（アナログ式スペクトラムアナライザの「広帯域分析」に相当），時間分解能を下げる（フレーム長を長くする）と周波数分解能は高くなる（「狭帯域分析」に相当）．なお，聴覚系の周波数分析（聴覚フィルタ）では，低周波数領域では周波数分解能が高く，高周波数領域では時間分解能が高くなっている（2.2.6 参照）．

基本周波数の分析は，話者性，アクセントやイントネーション，感情などの分析において重要である．基本周波数を求める信号処理手法には，大別して，振幅波形の周期性に着目する時間領域の処理と，スペクトルの調波構造に着目する周波数領域の処理とがある．しかしいずれも誤検出の可能性はあり，現在も推定法の改良が続けられている．サウンドスペクトログラムの目視によっても，ある程度基本周波数を推定することができる．広帯域分析であれば，縦縞の間隔が声帯振動周期に対応するので，その逆数が基本周波数となる．狭帯域分析では，最も低い周波数成分の周波数，あるいは高調波成分の周波数間隔が基本周波数に対応する．

フォルマントの周波数や変化パターンは，母音や一部の子音を特徴づける手がかりである．フォルマントは，スペクトルの周波数軸上のピーク，

2.2.7　音声知覚実験　　95

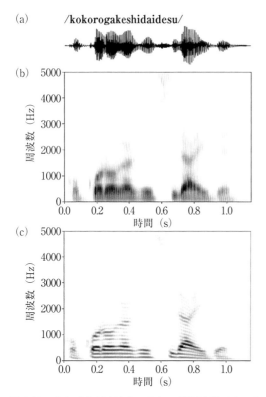

図 2.36 音声「心がけ次第です」の振幅波形 (a), サウンドスペクトログラム（広帯域分析）(b) とサウンドスペクトログラム（狭帯域分析）(c)

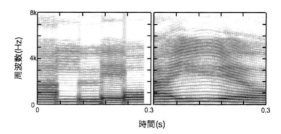

図 2.37 単独発声された 5 母音 (/a/, /i/, /u/, /e/, /o/) を連結したもの（左），連続発声された 5 母音（右）

あるいはサウンドスペクトログラムの濃い部分から目視で読み取ることができる．ここで注意が必要なのは，フォルマントとはあくまでも声道の共鳴特性のピークのことであり，それは必ずしも生成された音声のスペクトルのピークと合致するとは限らないということである．特に話者が女性や子どもの場合，基本周波数が高いので，高調波成分の周波数間隔が大きくなる．そのような場合には，フォルマント周波数と，存在する高調波成分の周波数との乖離が特に大きくなる可能性がある．フォルマント周波数を正確に推定するには，何らかの信号処理が必要である〔6〕参照．

音声の波形や，フォルマントをはじめとするサウンドスペクトログラム上の様々な特徴から発話内容（音素列）を目視で読み取ることをスペクトラムリーディングという．スペクトラムリーディングは原理的にきわめて困難な課題である．その第 1 の原因は，連続発声中では，隣接する音素の調音が影響し合って，音響的特徴が大きく変動することである．これを調音結合 (coarticulation)

と呼ぶ．例えば，図 2.37 左は日本語の 5 母音 (/a/, /i/, /u/, /e/, /o/) を単独で発声したものを一定の長さで切り出して連結したものである．図 2.37 右は同じ 5 母音を連続して (/aiueo/) 発声したものである．単独発声では，第 1～第 3 フォルマントの配置が母音ごとに明確に区別できる．一方連続発声では，フォルマントは滑らかに変化し，5 母音の境界は見当たらない．また，個々の母音に相当するはずの部分のフォルマントパターンは単独発声のものとは大きく異なっている．図 2.37 左のパターンを全体として再生すると，/aiueo/ には聞こえず，別の発話内容の人工音のように聞こえる．一方，図 2.37 右のパターンを時間的に 5 等分してそれぞれを単独で再生すると，明瞭な /a/, /i/, /u/, /e/, /o/ には聞こえず，日本語にはない母音のように聞こえることもある．このような音素特徴の文脈依存性（不変的特徴量の欠如），分節境界の欠如こそ，音声科学・工学の根本問題である．音素特徴を変動させる要因には，調音結合に加えて，話速，スタイル（改まった朗読か，くだけた会話かなど），話者，感情など様々なものがある．実際の連続発声に対してスペクトラムリーディングを行うためには，このような変動に対応しなければならない．工学的な音声認識や音声合成でも問題は同じである．

このような事情を踏まえるならば，「波形あるいはサウンドスペクトログラムのここからここまでの時間範囲が音素 X」「音素 X の時間長は Y ms」などの表現は妥当性を欠く（権威ある学術論文誌でさえこのような表現をしばしば見かけるが）．1 つの音素に関する情報は，隣接する音素に関する情報と重なり合いながら，音響信号の少なくとも 200～300 ms 程度の範囲に分散していると考えられる．物理的に定義可能な部分（例

えば「/b/ の声帯振動開始点から破裂時点まで」）の時間長を記述するのは問題ない．刺激の物理的特性と知覚的特性とを混同しないというのは知覚研究の出発点である．音素はあくまでも言語学的・音声学的概念であり，知覚的な処理の産物であって，物理的実体と安易に結びつけるべきではない．

4）波形編集

波形編集は，波形の一部を切り取る，無音にする，別の音に置き換える，複数の波形を接合する，時間軸を反転させるといった，アナログ時代の録音テープの加工に相当するような時間領域での単純な操作である．波形編集を用いた代表的な実験パラダイムに，音素修復（phonemic restoration）や局所反転（local time reversal）がある．音素修復は，音声波形の一部を削除して，その部分に別の音（広帯域雑音など）を挿入すると，条件が適切であれば，削除部分が知覚的に補完されて元の発話内容が自然に聞こえるというものである（Warren, 1996）．これは突発的な妨害音に対する音声知覚の頑健性を示す現象である．局所反転は，音声波形を一定区間に区切り，それぞれを時間的に反転させてつなぎ合わせたものである（Saberi & Perrott, 1999）．区間長が一定以下（例えば50 ms）であれば，反転にもかかわらず発話内容が聞き取れる．音素修復も局所反転に対する頑健性も分節境界の欠如と表裏一体であり，音素情報がある程度広い時間範囲に分散しているからこそ可能となる．

波形編集で刺激を作成する際，波形を切り取ったり接合したりする部分が不連続になると，スペクトルが広がってクリック音が生じたり，音素の異聴が生じたりすることがある．これを防ぐためには，立ち上がりと立ち下がりに振幅が滑らかに変化するような窓（10 ms 程度）を適用するとよい．また，音声波形の一部を削除する（無音にする）ということは，単に音素情報を取り除いているだけではなく，本来ない情報（そこが無音区間であるという情報）を付け加えている可能性があるということにも注意すべきである．

5）フィルタリング

周波数領域での単純な操作として，音声の特定周波数帯域のみを抽出するフィルタリングがある．古くはローパス，ハイパス，バンドパスといった基本的な通過特性をもつアナログフィルタが用いられてきたが，最近はデジタル信号処理で行うのが普通である（2.2.2参照）．代表的な実験として，どの周波数帯域の情報がどの程度音声知覚に貢献するかを調べるために，音声信号に様々な通過帯域をもつフィルタをかけ，明瞭度（articulation，無意味音節を刺激として聞き取れた割合）や了解度（intelligibility，意味のある単語や文章を刺激として聞き取れた割合）を調べるものがある．例えば，中心周波数 1,500 Hz，帯域幅 1/3 octave のバンドパスフィルタをかけた音声は，広帯域の音声と同程度の了解度がある（Warren et al, 1997）．このことは，時間領域同様，周波数領域でも，音声信号は冗長性が高いことを示している．

6）分析合成（ボコーダ）

波形編集や単純なフィルタリングは，音声に特化した処理ではなく，対象が音であれば何にでも適用できる．これに対し，音声の生成過程に基づいて音声をモデル化し，そのパラメータを用いて音声の分析，操作，符号化などを行う方式を分析合成あるいはボコーダ（vocoder）と呼ぶ．

ボコーダは，基本的には音声の音源-フィルタモデルに基づいており，音声信号を音源情報（有声・無声，基本周波数）とフィルタ情報（スペクトル包絡）に分解する．古典的な方法に，線形予測符号化（linear predictive coding, LPC）がある．これは複雑な形状のスペクトル包絡を比較的少数のパラメータで表現することができるため，携帯電話の音声圧縮符号化の基礎となった．先述の音声分析ソフトウェア Praat では，LPC に基づくフォルマント分析や合成の機能が実装されている．近年では，STRAIGHT，WORLD など，ボコーダの概念をさらに発展させて，きわめて高品質で音声の特徴を操作できる手法が提案され，音声知覚実験に広く利用されている．例えば，異なる音素，話者，感情価などの2つの音声サンプルがあれば，それらの中間のサンプルを何段階か作成するモーフィング（morphing）が可能である．

〔柏野牧夫〕

2.2.8　音　楽

1）音楽研究の基礎的実験法

　心理学実験において音楽を刺激に用いることがある．そのような音楽心理学の研究は，近年になって増加しつつある（Levitin, 2010）．音楽を実験に使うメリットは，西洋音楽の知識に基づいた音知覚や，音の時系列パターンに関する認知といった音楽を刺激とした場合ならではの人の心理過程を調べるのに有効なことがあげられる．また，音楽は感情の言語であるといわれており，実験室で現実場面に近しい感情を喚起するのに有効なことがあげられる．一方デメリットは，世界共通とはいえない西洋音楽文化に依存した検討を行わざるをえないことや，一刺激の持続時間が長いために試行数が限られること，個別性が大きいため実験結果の一般化が困難なことがあげられる（クラシック音楽で得られた実験結果が，ロック音楽でも同様に得られるかは不明である）．

　実験環境については，音を刺激とする他の研究と同様に防音室で行うのが望ましい．音楽呈示に使用するのはスピーカでもよいが，近年はヘッドフォンの使用率が高い（Tirovolas & Levitin, 2011）．扱う音楽ファイルの形式は，一般的なCDフォーマットである44.1 kHz, 16 bitのwavが望ましい．音楽の演奏経験の有無による実験結果の差が多くの研究で認められているため（Kraus & Anderson, 2014），実験前後に演奏経験の年数を参加者に聞いておく．

　音楽刺激の作成は，他の聴覚刺激と同様にMatlabなどのプログラミング言語を用いて行うことができる．さらに，専用のパソコンソフトでMIDI（Musical Instrument Digital Interface）によりクリックベースで簡単に刺激作成できる．ソフトは，Cubase, Finale, Maxなどが用いられる（例：Blood et al, 1999；Steinbeis & Koelsch, 2011；Toiviainen & Krumhansl, 2003）．これらのソフトは数多くの楽器の音色を扱えるが，実験でよく用いられる音色はピアノである（Tirovolas & Levitin, 2011）．

　音楽についての心理過程を調べる研究には，様々な目的がある．音階や音色のような聴覚の基礎に関する研究，西洋の調性音楽のもつ構造や規則の認知に関する研究，音楽による感情の喚起についての研究といったテーマがある．これらのどれを目的にするかに応じて，用いられる刺激，計測する反応の種類は異なる．

2）音楽知覚の実験

　基礎的な音楽知覚を調べるのが目的の場合，西洋音楽の12音階に関する刺激や異なる音色の音刺激の知覚についての検討が行われる．

◆刺　激

　西洋12音階に当てはまる周波数の音刺激を作成するとき，A4，すなわち中央オクターブのラの音の440 Hzを基準として他の音名に当てはまる周波数の計算を行う．計算は2の12乗根に基づいて行われ，例えばA4#（ラ#）の音は466 Hz（＝$440 \times 2^{1/12}$）となる．12音階の複数の音を組み合わせることで，和音刺激が作成できる．例えば，A3（ラ）とC#4（ド#）は協和音，A3（ラ）とB♭3（シ♭）は不協和音となる（McLachlan et al, 2013）．ある音階の組み合わせが協和か不協和かは，音楽理論の五度圏を基にして決定する（石桁ほか，1998）．音色の研究を行う場合には，MIDIによる様々な楽器音や，音のスペクトルを数理的に操作した音刺激を用いる．

◆計測反応

　音階の異同や和音の弁別に関する知覚を調べるためには，同じか否かの二値判別を使用して，正答率や反応時間を計測する．脳波の事象関連電位（event-related potential, ERP）を計測して，ある音階に対して別の音階がオドボールとなるかを調べることで，音階の生理的な弁別も検討できる（Koelsch et al, 1999）．脳波の周波数追従反応（frequency following response, FFR）を計測することで，和音に含まれる音階の脳内処理過程と行動データの関連を調べられる（Bidelman & Krishnan, 2009）．音色については，一対比較法により類似度を計測してから，多次元尺度構成法を用いることで音色の類似度空間を構築できる．

3）音楽認知の実験

　西洋調性音楽の構造や規則に関する認知を調べ

るのが目的の場合，12音階により作成したメロディに対する反応や，リズムに対する反応の検討が行われる．

◆ 刺 激

音階を特定の時間間隔を保って時系列につなげることで，メロディの音楽刺激が作成できる．音階の時系列の体制化認知を検討するためには，プローブトーン実験が用いられる（Krumhansl & Toiviainen, 2001）．この実験では最初に，ある調性のメロディを音階の上昇系列と下降系列により参加者に呈示する．その後，プローブトーンとして，音楽理論上で最後にくるのが適切な主音（ハ長調であれば"ド"）を呈示する条件と，それ以外の音を呈示する条件を設定する．この実験パラダイムにおいて，刺激を和音にした検討もよく行われる（Bigand et al, 2006）．リズムについて検討を行う場合には，例えば，4拍子の音楽を作成して1拍目の強拍に合わせてタッピング課題を行わせる条件と，2拍目の弱拍に合わせてタッピング課題を行わせる条件を設定する（Iversen & Patel, 2008）．このとき，1拍目は他の拍と比べて音圧レベルが高くなるように刺激作成を行う．

◆ 計測反応

プローブトーンに対する反応は，"まとまりのよさ"や"予期に即していたか"といった感性評価によって計測する．最後の音が主音か否かの判断や，和音の場合には協和か不協和かの判断を求めることで，正答率などが得られる．最後の和音が，先行する和音系列に対して適切でない場合の神経活動をERAN（early right anterior negativity）と呼ばれるERPによって検討することもできる（Koelsch, 2009）．リズムについては，タッピングの時間情報を行動データとして使用できる．リズムに関する脳活動について，タッピング周期に同期した脳波の周波数帯域パワーが増加するかを調べることで検討できる〔Tierneyと Kraus（2015）．音楽の知覚・認知に関する研究の詳細は，Deutsch（2012）を参照〕．

4）音楽と感情の実験

音楽による感情の喚起を調べる目的の場合，市販音楽に対する心理および生理反応が検討され

る．

◆ 刺 激

異なる音源からコンピュータに取り込んだ市販音楽を同一の実験で用いる場合，音圧レベルのノーマライズを行ってから実験に用いる必要がある．

音楽と感情の研究で用いられる音楽の種類は，クラシックが多いが，ポップスやジャズを含めた複数ジャンルの曲により，基本感情や感情の円環理論に属する感情を喚起することも多い（Eerola & Vuoskoski, 2013）．テンポ（速い－遅い）と調性（長調－短調）が喜びと悲しみに強く影響するため（Gabrielsson & Lindström, 2010），それらの特徴量に基づいて選出してもよい．Eerolaと Vuoskoski（2011）は，感情を喚起する音楽刺激を公開している（https://www.jyu.fi/hum/laitokset/musiikki/en/research/coe/materials/emotion/soundtracks/）．ポップスの曲を使う場合，歌詞の影響を取り除くため，歌詞のない部分を抜粋する．加えて，著名曲は様々な場面で使用されるため，実験時に過去の聴取記憶を質問することや，非有名曲を刺激に用いることが望まれる．ただし，音楽により鳥肌が立つような強い感情を喚起するのが目的の場合はこの限りでなく，個々の聴取者が好む曲を実験に用いるのが適している（Salimpoor et al, 2011）．

◆ 計測反応

音楽に喚起される感情の主観評価項目は，基本感情理論や感情の円環理論に基づく項目が用いられることが多いが，音楽に特有の評価項目（Zentner et al, 2008）を用いる場合もある．音楽聴取後に感情評価を求めるのに加えて，音楽聴取中に連続評価法（2.5.2 参照）による感情評価を1 Hz程度で計測することも多い（Schubert, 2010）．生理反応として，心拍や皮膚電気活動といった自律神経活動を計測することで，音楽によって覚醒したという主観評価を生理的に裏づけられる．また，fMRIを用いて脳計測を行うことで，大脳辺縁系の側座核や扁桃体といった感情に関連する脳深部の反応を検討できる〔音楽と感情に関する研究の詳細は，Juslin & Sloboda（2010）や森・岩永（2014）を参照〕．

〔森　数馬〕

2.3 触覚・体性感覚刺激

2.3.1 触覚刺激の呈示と較正

1）触覚の知覚特性と刺激呈示

本節では，触って感じる広義の触覚のうち，皮膚で感じる（筋や腱の変形を伴わない）感覚である狭義の触覚について取り扱う．皮膚表面の変形とそれに対応する知覚について調べるには，表面加工を施した試料片や実物体などをたくさん用意して触り比べる方法と，触覚刺激装置を用いて所望の皮膚変形を呈示する方法がある．装置を用いたほうが刺激の物理量を制御しやすいという利点がある．ところが触覚研究においては，視聴覚研究におけるモニタやスピーカのように，標準的に使用される装置がまだ存在しないため，実験の目的に合わせて刺激装置を慎重に選定する必要がある．

まず，「知覚できる刺激」について考えよう．人間はおよそ 1 kHz 以下の時間周波数成分を触覚的に検出することができるといわれている〔注：振幅を変調してあれば，数 kHz の振動も検出できることが示されている（Lamoré et al, 1986）〕．異なる周波数帯域の振動は，異なる機械受容器で検出されており，入力周波数帯域によって感度が異なり，刺激感度曲線は 200～300 Hz にピークをもつ（図 2.38）．圧などの静的な変化に対する感度は低く，振動などの動的な変化に対しては感度が高いことが知られており，具体的には，圧（数 Hz）の検出には数 mm の皮膚変形が必要である

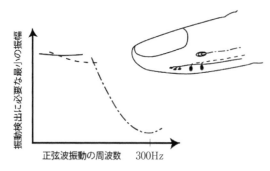

図 2.38 各種機械受容器と，それらの垂直振動に対する応答

受容器ごとに応答特性は異なり，入力の時間周波数ごとに検出を分担する．振動の検出に必要な最小の振幅(縦軸)は，その振動の周波数（横軸）によって大きく変化する．

一方，低周波の振動（数十 Hz）で数十 μm，高周波の振動（数百 Hz）では μm 単位の変形であっても十分に検出することができる．

こうした背景から，確実に触知覚を生じさせるためには高周波成分を含む刺激を用いることが妥当と考えられ，多くの先行研究においては広い周波数帯域を含むインパルス入力様の刺激が使用されてきた．一方，入力刺激を使い分けることで，機械受容器-神経を選択的に刺激し，個別の処理特性について調べた研究も存在している（Gescheider et al, 2009）．

次に，「呈示できる刺激」について考えよう．刺激呈示に用いる装置は，その大きさや駆動原理などから，呈示可能な範囲が限られてくる．一般に，大きな振幅が出せる装置では振幅誤差を小さくすることが困難であり，振幅誤差を小さく保てる装置では大きな振幅の呈示は困難である．実験を行う際には，呈示したい振幅・周波数・力，皮膚と接触する部分の形状・温度，そして消費電力などを考慮して，使用目的に合った呈示方法を選ぶとよい．

2）代表的な触覚刺激の呈示方法

狭義の触覚刺激を手指に対して呈示する場合に，使用頻度が比較的高いと思われる装置を紹介する（注：各装置の特性については単純な制御を行った場合を想定して記述してある．実際の出力値を計測しながら目標値に近づけるようなフィードバック制御を行うなど，補正をかけた場合はこの限りではないことに注意されたい）．

◆ **機械刺激法**

触覚刺激呈示においては，機械刺激法という，皮膚表面を機械的に変形させる手法が最も広く用いられている．

● 振動モータ（図 2.39）

小型モータの回転軸に部分的に錘を取り付けることによって偏った重心をもたせ，回転に応じて周期的に力を呈示する．携帯電話の通知用振動に用いられているなど，多くの市販品があるため，取り入れやすい．一方で，振動の周波数や振幅を精緻に制御することは困難である．

● ボイスコイル（図 2.40）

電流によって電磁力を発生させ，磁石ないしコ

イルを前後に揺らして変位を呈示する．スピーカなどがこの分類となる．大きな振幅を生成できるメリットをもつ反面，応答の時間特性が悪い（追従性が低い）ため，例えば矩形波のような急峻に変化する信号を呈示したい場合には，刺激の立ち上がり（オンセット）や立ち下り（オフセット）が鈍ってしまうというデメリットをもつ．よって，正弦波など比較的変化の緩やかな変形を呈示する際によく用いられる（Watanabe et al, 2007）．

●ソレノイド（図2.41）

電流によって電磁力を発生させ，内部の鉄芯を直線的に押し引きする．緩やかな変形を呈示することを苦手とし，インパルス変形の呈示に用いられることが多い（Azañón & Soto-Faraco, 2008）．小型化が容易であるため，同時に複数の素子を平面上に配列することでパターン情報を呈示することができる．

●圧電素子（ピエゾ）

PZTなどの素材による圧電効果で機械的歪みを発生させる．素子の歪みがごく微量なため，知覚可能な振幅を得るには，てこ構造で増幅するか，素子を一方向に積層する必要がある．てこ方式は，てこのたわみなど物理的な影響が避けられないことから，力や振幅の精確性には欠けた呈示となる．しかし小型で省電力であることから非常に使い勝手がよく，複数の素子を平面上に配置することでパターン情報を呈示する用途にも向くため，この方式は点字デバイスとして市販されている．積層方式（図2.42）は，大電流を必要とするため持ち運ぶ用途には不向きであるが，kg単位の力で所望の振幅を呈示することができるため，実験室などの固定環境において高周波成分を含む複雑波形を精確に呈示したい場合などには理想的である（Kuroki et al, 2013）．

●形状記憶合金

熱を加えることで変形する形状記憶効果を利用する（Velazquez et al, 2008）．強い力を呈示することができる反面，変形がゆっくりしたものとなるため，振動ではなく形状などの呈示に特化することになる．

●エアジェット・空中超音波（図2.43）

空気の流れや超音波の焦点をつくり出すことで，空気を振動させる．皮膚が装置に直接触れなくても力を呈示できるというメリットをもつ（Hoshi et al, 2010）．一般に，圧などの静的な力の呈示は得意としないため，物の形状よりも表面テクスチャなどの呈示に向く．

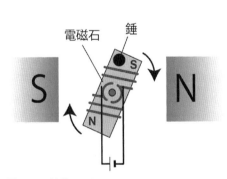

図2.39　振動モータ

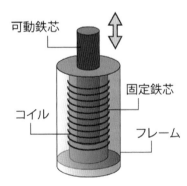

図2.41　ソレノイド

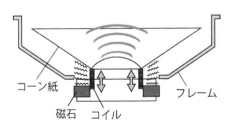

図2.40　ボイスコイル（スピーカ）

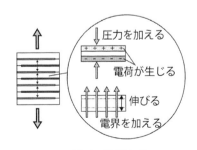

図2.42　圧電素子（積層方式）

2.3.1　触覚刺激の呈示と較正

◆電気刺激法

皮膚を変形させることなく触覚を生じさせる手法として，触覚に関わる神経を直接活動させるという電気的な手法も存在する．生体を傷つけない非侵襲な方式と，侵襲を伴う方式，それぞれ紹介する．

●経皮電気刺激装置

皮膚表面に配置した電極からパルス（列）状に微小電流を流すことで，細いピンで突かれたような感覚を呈示する〔図 2.44（Kajimoto, 2012）〕．ただし，ピリピリとした電気感も同時に呈示されてしまうため，課題が残っている．電気刺激法は，機械刺激法に比べて小型軽量で使用電力も少量であることから，平面上に高密度に刺激点（電極）を配置することでパターン情報を呈示する用途にも向いている．また，電気的な制御は機械的な制御に比べ応答の時間特性がよく，コンピュータなどから出力した信号がそのまま電極から出力されるというメリットをもつ．

●微小針電極刺入

針型の神経電極を手首や腕部に刺入し，先端部を触覚の神経束内に到達させ，微小なパルス電流を加える〔図 2.45（Janko & Trontelj, 1980）〕．刺激対象の神経によって，振動覚や圧覚などを呈示できる．非常に繊細な制御を必要とするものの，単一神経線維/ユニットへの刺激も可能とされており，神経と感覚の対応づけを調べるうえでも重要な手段である．

3) 刺激呈示時に注意すべき項目

◆出力の計測

コンピュータなどから刺激呈示装置へ，電気的に入力した波形が，必ずしも出力の変形として保たれているわけではない．刺激の立ち上がりや，持続時間，振幅などは，可能な範囲で計測をすることが望ましい．特に，機械刺激法では多くの場合，呈示されているのは"力"であり，"変位"ではないことに注意が必要である．例えば，装置が呈示できる力が弱い場合，あるいは被験者が強い力で装置を押さえていた場合，実際に生じている皮膚の変形量はかなり小さくなっている恐れがある．振動の知覚閾や神経活動閾などを計測した先行研究では，振幅を物差しに知覚特性や受容器応答が記述される場合が多い〔図 2.46

図 2.43　空中超音波

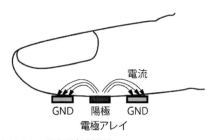

図 2.44　経皮電気刺激法

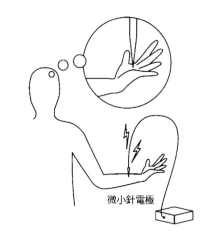

図 2.45　微小針電極刺入法

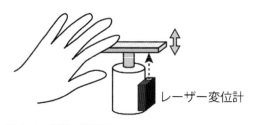

図 2.46　振幅の計測例

図 2.47 接触部の大きさの影響

図 2.49 実験時の保温例

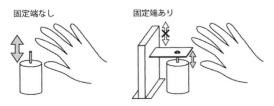

図 2.48 接触部の周囲の影響

(Gescheider et al, 2009)］．自身の実験結果を先行知見に当てはめて解釈する場合，コンピュータからの出力信号ではなく，装置が実際に出力した値に基づいて，議論を進めることが望ましい．

◆接触部の大きさ

数百 Hz の振動を呈示する場合，装置と皮膚の接触面積によって知覚閾値が大きく変化する（図 2.47）．振動する細いピンに触れた場合，振動する面に触れた場合に比べ，閾値は 100 倍近く高くなるとされる（Verrillo, 1963）．同じ深さまで皮膚を変形させた場合，接触面積が大きいほうが深くまで振動のエネルギーが届くため，皮膚深部に存在する高周波振動を検出する機械受容器が応答しやすいことに起因する．

◆接触部の周囲

数十 Hz の振動を呈示する場合，振動部の周囲に板を置くか否かによって知覚閾値が大きく変化する（図 2.48）．振動する細いピンのみに触れた場合，固定された面越しにピンに触れた場合に比べ，閾値は 100 倍近く高くなるとされる（Verrillo et al, 1983）．固定端とピンの間で皮膚が伸びることで，皮膚浅部に存在する低周波振動を検出する機械受容器が応答しやすいことに起因する．

◆温度の管理

数百 Hz の高周波に関する振動覚は，皮膚の温度による影響を大きく受ける．皮膚温が 15℃での振動検出閾は 30℃の場合の 10 倍近くになる（感度が悪化する）とされる（Bolanowski & Verrillo, 1982）．実験装置が室温の場合，人間の皮膚温と比べて低く，接触時間が長引くと皮膚温が低下してしまう．理想的には，実験中の皮膚ないし装置の温度が一定になるように保つことが望ましい（図 2.49）．

◆加齢による影響

数百 Hz の高周波に関する振動覚は，加齢による影響を大きく受ける．振動の検出閾について，60～70 歳代の被験者群を，20 歳前後の被験者群と比較した場合，30Hz までの低周波域では差が少なく，それ以上の高周波域においては 100 倍近く上昇（感度が悪化）してしまう（Verrillo, 1979）．また閾上刺激に対する知覚強度についても，低周波帯域では差が少なく，高周波になると同じ振動を弱く感じてしまう（Verrillo, 1982）．こうした高周波に特化した加齢の影響は，高周波帯域の検出を担当するパチニ小体の機能変容によると推察される．

〔黒木　忍〕

2.3.2　温度刺激の呈示と較正

1）温度刺激の呈示

　温度実験で使う刺激には接触式と非接触式がある．接触式の中で最もよく使用される刺激装置はペルティエ素子である．市販されているペルティエ素子は主に正方形や矩形で，大きさは数 mm^2 ～数十 cm^2 までがある．ペルティエ素子とはペルティエ効果を利用した板状の半導体素子で，直流電流を流すと熱が一方の面からもう一方の面へ移動する．電流の方向を逆転させると，熱の移動方向も逆転し，冷却面と放熱面が入れ替わる．吸熱量は流す電流量で決定される．また，複数の素子を重ねることで，吸熱量を増やすことができる．これらの特性によって，冷却と加温の刺激を幅広い温度で呈示することが可能となり，高精度の温度制御に適している．ただし，吸収した熱と，消費電力分の熱は放熱面で発熱する．この熱を逃がさないと，冷却面にまわってしまい，冷却効率が悪化するだけでなく，素子自体が故障・破損する可能性もある．そのため，ペルティエ素子を使用する際にはヒートシンクなどで熱を逃がす必要がある．

　ペルティエ素子以外の接触式の温度刺激装置としては電熱ヒーターも使用されている．電熱ヒーターとは電気抵抗がある導体に電流を流すと発熱する，いわゆるジュール効果を利用した装置で，ヒーティングケーブルから，フレキシブルな面状発熱体まで，様々な形，サイズや材質の電熱ヒーターが市販されている．電熱ヒーターは高精度の温度制御に適しており，呈示する身体部位の形，曲線などに応じることができ，ウェアラブル装置に適している．ただし，電熱ヒーターは発熱体であるため，冷却刺激の呈示はできない．

　他の方法としては，恒温槽や恒温水循環装置なども使用される．恒温槽とは温度の制御と保持が可能な水槽であり，中の水に触れることにより温度刺激が提示される．恒温水循環装置とは一定温度に保持された水をチューブ内で循環させる装置で，チューブの配置により局所部位に温度刺激を提示することができる．一方，水の温度を変化さ

せるのに時間がかかるため，定温または変化速度が遅い刺激を提示する実験に適している．

　非接触式の温度刺激提示装置の代表的なものとして，赤外線加熱ランプ，輻射式ヒーターなど赤外線を放射させる装置がある．これらは大面積の加温の刺激を呈示することに適している．加熱ランプやヒーターの前に開口量を調節できる装置や光学レンズを置き，刺激の面積または形状を制御することにより，局所部位に刺激を与えることもできる．炭酸ガスレーザーを使い，ピンポイントで加熱する場合もあるが，エネルギーが強いため，使用する際には特に注意が必要である．

2）温度の計測

　温度センサにも接触式と非接触式がある．接触式センサはセンサと対象物体とが熱平衡に達した状態にならないと温度の読み取り値が安定しない．そのため，サイズが小さい，もしくは熱質量が低いセンサのほうが反応時間が速く，高速温度制御に適している．また，接触時に伝熱性接着剤を使うことにより，測定値の精度が増し，センサが測定部位から外れる恐れも減少する．

　代表的な接触式センサとしては熱電対，測温抵抗体，サーミスタなどがある．熱電対は 2 種類の異なる金属線を先端で接合し，両端の温度差に応じて電圧が生じる特性を利用した温度センサである．測温抵抗体とサーミスタは温度変化に対して電気抵抗が変化する特性を利用した温度センサである．その 3 つのセンサのうち，熱電対の測定温度範囲が一番広く，測温抵抗体の温度測定が最も正確である．また，サーミスタは感度が一番高く，細かい計測が可能である．

　近年，非接触式センサもよく使用されるようになっている．非接触センサの主な長所は非接触，短時間で測定可能であることである．非接触式センサで測定する際には，測定物の放射率，環境温度，測定距離などのパラメータを設定することが必要である．特に測定物の放射率は大きく温度測定値に影響する．測定物によって放射率が異なるため，放射率の補正を考慮しないと，温度が正しく測れない場合がある．参考として，皮膚や水の放射率は 0.95 程度と高い一方，金属などの表面に光沢がある物体は放射率が低くなる傾向がある

表 2.1 物質の放射率

物質	放射率	物質	放射率
アルミニウム（表面磨きあげ）	0.04〜0.06	セラミック（ペルティエ素子の基板）	0.90
銅（表面磨きあげ）	0.02	塗料（油，各色）	0.92〜0.96
木材	0.80〜0.90	布（黒）	0.98
ガラス	0.91	水	0.95〜0.98
プラスチック（PVC）	0.93	皮膚	0.98

物質の放射率は，表面状態や，測定時の温度などに依存する．本表は代表的な物質の放射率の参考値である．(Bramson, 1968；Mills, 1999；Wolfe & Zissis, 1985)

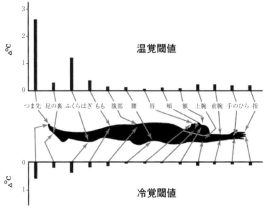

図 2.50 身体部位ごとの温覚（上側の棒グラフ）と冷覚（下側の棒グラフ）の閾値（Stevens & Choo, 1998 の 18〜28 歳までのデータに基づく）

（表 2.1）．主な非接触式センサは赤外線放射温度計，熱画像カメラなどがある．赤外線放射温度計は局所温度の測定しかできない．一方，熱画像カメラは大面積の測定が可能で，温度の時空間分布を計測可能である．

3) 温度感覚の特性

温度刺激を呈示する際に参考とするため，温度感覚の基本的な特性を簡単に紹介する．

皮膚の温度変化は，皮下に存在する温度受容器によって検出され，応答範囲は 5〜45℃ である．皮膚温度が 45℃ 以上，もしくは 15℃ 以下になると，痛覚が生じる（Spray, 1986）．そのため，一般的に実験用の温度刺激は痛覚閾値に達しない範囲（15〜45℃）に設定する．

一般的に温刺激よりも冷刺激に対する感度が高い．各身体部位では，顔が最も感度が高く，その次に手が高く，足の感度が最も低い〔図 2.50 (Stevens & Choo, 1998)〕．刺激提示時に皮膚温度が低い（高い）場合，冷刺激に対する感度は一般よりも高く（低く）なり，温刺激に対する感度は一般よりも低く（高く）なる（Kenshalo, 1976）．

温度刺激の時空間構造も感度に影響する．温度刺激が 0.1℃／秒以下で緩やかに変化した場合，変化速度が遅いほど感度は低くなる．それ以上の速さで変化する場合は，変化速度による影響はない（Kenshalo, 1976）．また，提示時間が 1 秒以下であると，感度は刺激提示時間と正比例の関係を示す．一方，それ以上長く提示されたときには，刺激提示時間の影響はない（Stevens et al, 1973）．他の感覚と同様に長い時間温度刺激を提示すると順応が生じる．特に，30〜36℃ 程度の温度刺激だと完全順応が生じ，温度感覚はなくなってしまう可能性がある（Kenshalo & Scott, 1966）．

温度感覚は空間加重の特性を示すことが知られている．刺激面積が大きいほど，刺激に対する感覚の強さも増す．空間加重の程度は温覚と冷覚で異なり，温覚では刺激強度が増加すると空間加重が働かなくなるが，冷覚の空間加重の特性は刺激強度にほとんど影響されない（Stevens, 1991）．一方，温度感覚の空間分解能は低く，温度刺激の明確な定位は困難である（Cain, 1973）．刺激の位置や幅，形状といった空間的な情報は曖昧に判断される．ただし，同時に入力される触覚情報が温度刺激の定位に影響を与えることもある（Green, 1977；Ho et al, 2010）． 〔何　昕霓〕

2.3.3　体性感覚刺激の呈示と較正

1）体性感覚刺激と触知動作

　体性感覚は受容器の存在位置を基に皮膚感覚と深部感覚に分類できるが，本節では筋，腱，関節など深部組織に起こる感覚を取り扱う．体性感覚刺激は，身体に対象物体を接触させ，接触によって生じた物理現象からその物体の位置や形状，材質，また身体部位の位置やその部位に加わった力がどのようなものであるかの手がかりを与える．体性感覚は効果器である筋骨格系と結びつきが強く，例えば手に持った物体を振って重さを推定したり，物体を押し込んだときの反力から硬さを調べたり，感覚系と運動系が相互に影響し合うことが知られている（Srinivasan & LaMotte, 1995）．日常生活で生じるような触体験では，単に皮膚の個別の受容器からの刺激ではなく，能動的に触れることではたらく複合的な知覚系が貢献する．一方で皮膚を受動的な受容器ではなく，探索的な器官とみなすと分析的な手法を用いるには複雑すぎるという点が問題となる．そのため，体性感覚刺激を用いる実験では，実験参加者の能動的な触知動作をどの程度認めるか，統制する必要がある．

2）代表的な体性感覚刺激の呈示方法

　体性感覚刺激の呈示は，主に力ベクトルの時間変化によって実現される．力ベクトルの生成方法としては，分銅（定荷重）やモータなどのアクチュエータが用いられることが多く，その力ベクトルを，滑車やワイヤ，リンク機構を用いて任意の方向に変換し，その先端部にあるエンドエフェクタによって実験参加者の身体へ呈示される．また，物体の硬さなど，対象物体とエンドエフェクタとの関係性によって生じる体性感覚刺激の呈示方法は，対象物体への侵入距離に応じて押し戻す力を返す「位置入力–力出力」のインピーダンス呈示型と，加える力に応じてエンドエフェクタを動かす「力入力–位置出力」のアドミタンス呈示型に分類できる．一般的に安価で単純な構成で実現可能なインピーダンス呈示型が採用されることが多く，アドミタンス呈示型は広範囲で大きな力を必

要とする用途に用いられることが多い．また，呈示装置の誤差は一般的にアクチュエータの自由度の増加に比例する．そのため，実験参加者の姿勢を拘束したり，運動方向を制限したりといった制約を導入することによって刺激呈示誤差を小さく抑えることができる．生成される体性感覚刺激は，物体を剛体としてみなし，その物体に働く力とその作用点が既知であれば，剛体の運動方程式が記述できることから計算できる．しかし，物体との自由な相互作用を許す場合，物体に生じる変形や運動を考慮しなければならない．

　体性感覚の時間分解能は高いため，安定した体性感覚刺激呈示を実現するためには呈示する力ベクトルの計算更新周期は 1 kHz 以上が必要とされる（舘ほか，2011）．更新周期が 1 kHz より小さい場合には本来よりも柔らかく感じたり，接触面が振動しているように感じたりといった問題が生じやすい．したがって，体性感覚刺激に視覚刺激を併せて呈示する場合には，体性感覚刺激呈示のための高い更新周期の計算処理を動作させるために，体性感覚刺激呈示の処理と視覚描画処理を独立させるなどの対処が必要となる．また，両刺激の空間位置を一致させるためには，ハーフミラーを用いて実験参加者の刺激部位（例えば手）に視覚刺激を重畳させる方法がよく用いられる．

3）体性感覚刺激の較正方法

　体性感覚刺激が静的な場合，その大きさはバネばかりや重量計によって容易に計測することが可能である．一方，動的に変化する場合，歪みゲージ式，光学式，弦振動，静電容量，圧電式などの方式を用いたフォーストルクセンサ（以下，力センサ）が用いられる．力センサを用いて物体と身体との間に働く内力を計測する場合，センサを両者の間に設置することになる．そのため，使用するセンサ自体の厚さや重さに留意する必要がある．薄いシート状の力センサも市販されているため，用途と必要な精度に応じて選択してもよい．また，市販されている体性感覚刺激呈示装置には力センサをもたずに変位量やモータにかかる電流量から呈示した力を推定する装置が多いため，必要に応じて高性能，高分解能の力センサを別途取りつけることが望ましい．また，体性感覚刺激に

よって身体部位の運動や姿勢変化が生じる場合，モーションキャプチャシステムによる3次元位置計測や，レーザ計測器による変位計測を併用する必要がある．

力センサは機械的変形を伴うものが多いため，実験回数に応じて力センサのキャリブレーションが必要となることが多い．その場合，既知の重量の錘でセンサに荷重を加えるなどして補正する．また，同じ力を加えたときに加重方向と抜重方向で出力差が生じるヒステリシス特性があることを考慮する必要がある．

4）前庭感覚刺激の呈示

自身の運動状態は，前庭感覚情報，体性感覚情報，視覚情報が有機的に作用して同定される．前庭感覚器官は，自分の身体の移動や傾斜を，並進および回転の加速度として検知する器官で，頭部の左右の耳の奥にそれぞれ位置する．前庭感覚器官は頭部に位置するため，頭部に直接加速度が生じるような機械的な刺激を加えれば，最も効率的に効果が得られるが，多くの呈示装置は身体全体を動かすモーションベースで実現されている．モーションベースの上面に座席や車両などを載せることで，前庭感覚器官だけでなく，身体の傾斜によって生じる重心変化や接触圧の変化による体性感覚も呈示可能である．ただし，身体に対して任意の加速度を与えるためには，身体を含んだ装置全体の重量に対して時間的に持続した加速度を与えることができる出力を有するアクチュエータと，十分な移動空間が必要となる．

機械的な刺激以外の前庭感覚刺激呈示方法として，耳の後ろの頭部乳様突起部に電気刺激を加え，身体動揺を誘発させる前庭電気刺激（galvanic vestibular stimulation, GVS）がある．GVSは電極間に5 mA以下の微弱電流を流したときに，電極の陽極側に人工的な加速度を生成させることが可能な電流刺激方法である（Day et al, 1997）．GVSは回転加速度を司る半規管と，並進加速度を司る耳石器の両方の器官を賦活させていると報告されている（Curthoys & Macdougall, 2012）．また，外耳道に温水あるいは冷水を入れてめまいを人工的に生じさせるカロリックテスト（温度眼振検査）と呼ばれる前庭機能を調べる検査があるが，この検査で用いられる前庭熱刺激が使用される場合がある．これらの刺激はモーションベッドのような大きな設備を必要とせず，主に前庭感覚器官を選択的に刺激することが可能である．

5）視覚誘導性自己運動感覚

視覚誘導性自己運動感覚（ベクション）は自分の身体が物理的には静止していても，視野の大部分を占める視覚刺激が均一に運動するのを観察した場合に，自分の身体が視覚刺激の運動とは反対方向に運動して知覚される現象である（Howard & Howard, 1994）．ベクションは中心視野よりも周辺視野の刺激によって生じやすいため，網膜の周辺部を刺激するような広視野の大画面ディスプレイが必要となる．ただし，ベクションを誘発する視覚系は空間周波数の低い成分にのみ応答するため，周辺部においては必ずしも空間解像度の高いディスプレイが必要というわけではない．また，ベクションの潜時は4〜7秒間程度（Previc & Mullen, 1990）であり，前庭感覚の潜時より長いことが特徴である．

6）前庭感覚刺激による身体動揺と動揺病

立位姿勢を保持するときには，身体は絶えず動揺しており，この移り変わりは重心動揺計で記録できる．また，両足のつま先とかかとを揃えて直立するロンベルク立位や，片足や閉眼での立位では平衡覚の手がかりが制限されるため，前庭感覚刺激によって誘発される身体動揺が大きくなる．

また，乗り物酔いの総称である動揺病は感覚間情報の不一致，特に視覚と前庭感覚の矛盾が原因の1つとして多くの研究者に受け入れられている．動揺病の症状の強度や内容には個人差があり，酔いによる生体影響の計測手法には，主観的評価に基づく計測手法と，自律神経活動の計測や胃電図などを用いる生理計測手法がある．前者に関しては質問紙が用いられることが多く，動揺病一般に向けた Motion Sickness Susceptibility Questionnaire〔MSSQ（Golding, 1998）〕を用いることで，ユーザの動揺病感受性を数値化し，評価することができる．　　　　　〔雨宮智浩〕

2.4 嗅覚刺激

2.4.1 嗅覚刺激呈示法

1) 嗅覚刺激とは

　嗅細胞の嗅覚受容体に結合し，嗅神経を活性させるものが嗅覚刺激であり，日常的には「におい，香り」と呼ばれる．外界に存在して，嗅覚系を刺激する嗅覚刺激は化学分子である．外界の空気を吸い込んだ際に，または口腔内に食べ物を入れているときに息を吐く際に，その呼吸気の中に様々な種類の化学分子が含まれる．それらの分子が嗅覚受容体に結合することで，においを感じる．人間がにおいを感じることのできる化学分子は数十万種類あるといわれ，それを受容する嗅覚受容体は約400種類にも上る．におい分子によっては，結合する受容体が限定されているものもあるが，多くの分子は数種類の受容体に結合し，また特定の受容体は複数種類の化学分子を受容する．

2) 嗅覚刺激呈示法の留意点

　主に空気中を飛来する化学物質を取り込むことによって嗅覚が生じることを考慮すると，嗅覚刺激（におい）を実験的に制御して呈示することが困難であることは容易に想像される．刺激呈示のオン／オフは物理刺激のように完全には制御できない．特に物理的に刺激呈示をオフとしても，環境中や鼻腔内に残留する物質の除去の問題や，これに関連して順応の問題も避けられない．

　嗅覚受容体の種類の多さから想定されるとおり，特定の化学物質に対する閾値を測定しても，その値がその個人の嗅覚能力を直接的に反映するものではない．さらには，リンゴのにおいのように，われわれが普段「感じる」多くのにおいは様々な化学物質の「集団」であり，濃度を薄めることで「集団」のバランスが崩れるため，一般的には閾値を計測することはしない．また，嗅覚閾値を厳密に計測するには，嗅上皮に取り込まれる分子数，呼吸量，呼吸速度までも統制する必要があるため，実際には非常に難しい．

　しかし，嗅覚刺激の特徴を理解したうえで，必要最低限に制御された方法で，嗅覚に関する心理物理学的実験を行うことは可能である．本節では，「におい，香り」を実験刺激として扱う際に参考となるよう，この分野で一般的に用いられている呈示方法や，実験に際する留意点をいくつか紹介する．

3) におい物質の希釈

　液体の化学物質を嗅覚刺激として扱う場合に，その呈示量を統制するためには，溶液の濃度を変化させることが必要である．水溶性の物質であれば，蒸留水や脱イオン化水での希釈が可能であるが，水に溶けない性質のにおい物質も多い．例えば，単体の化学物質や合成香料，精油などの液体を用いる場合（あるいは粉末状のにおい物質を液体に溶かして用いる場合）には，一般的に，diethyl phthalate，propylene glycol，流動パラフィン（ミネラルオイル）といった，無臭の溶媒で希釈する．また，揮発性や拡散性が高いという利点から，アルコールで希釈する場合もあるが，アルコール特有のにおいが付随する点を考慮する必要がある．

4) 嗅覚刺激の呈示に用いる装置・器具

　嗅覚刺激は，におい物質から揮発した気体（ガス）を用いるが，呈示方法として，呈示分量や呈示時間の厳密な統制のために特別仕様の機器を用いる方法から，市販の既製品を用いる簡便な方法まで様々である（図 2.51）．すべての嗅覚刺激呈示法に共通して，におい物質を入れる容器やにおいガスが通る管などが，無臭あるいは特異的なにおいがしないことと，耐薬品性のある（におい物質による化学反応が生じない）材質であることが必須である．比較的に無臭である材質の代表例として，ガラス，テフロン，ポリプロピレンなどがあげられるが，材質によって長所・短所があるため，実験目的や研究環境の許容範囲に合わせて選定する．

◆ オルファクトメータ

　においガスの濃度や単位時間当たりの呈示量を機械的に制御，調整してにおいガスを呈示する装置である．閾値の計測を目的としてにおい物質の物理量を精密に規定できるように設計されたタイプには，におい物質を一定容積の容器内に完全気化させるバッチ式がある．より簡便な方法として

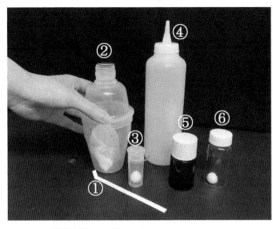

図 2.51 嗅覚刺激呈示法の一例
①におい紙，②ポリプロピレン製ボトル（ボトル内は材料が入った茶パック），③ポリプロピレン製サンプル管（ボトル内はにおい物質溶液を染み込ませた綿球），④ポリプロピレン製スクイーズボトル，⑤遮光ガラス瓶，⑥ガラス瓶.

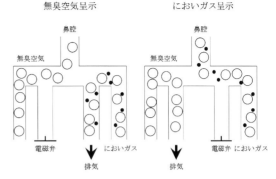

図 2.52 無臭空気とにおいガスの切り替え部の模式図

は，におい物質の溶液中に無臭空気を流し，気化を促進させ，気体部分をにおいガスとして呈示するバブリング方式がある．人がにおいを知覚する過程を脳活動より調べる場合には，においガスの呈示タイミングを厳密に統制できる必要がある．ドイツで開発されたコバル式オルファクトメータでは，無臭空気とにおいガスの切り替えに電磁弁を用い（図 2.52），においの立ち上がりを平均 50 ms 未満という精度で制御できる．

◆マイクロカプセル

直径約 15 μm のカプセルに，におい物質を充填したものをインクなどに混ぜて紙に印刷し，印刷部分を擦ってカプセルを潰すことで，カプセル内から揮発するにおいガスを呈示する．一度に多くの実験参加者のデータを得る場合などには有効である．米国で開発され，欧米で最も典型的な嗅覚テストである UPSIT〔ペンシルバニア大学におい識別テスト（Doty et al, 1984）〕ではこの方法が用いられており，スクラッチアンドスニフ法と呼ばれている．日本の産業技術総合研究所を中心に，日本人向けに開発された OSIT-J〔スティック型嗅覚同定能力検査（Saito et al, 2006）〕では，におい物質をマイクロカプセル化し，これを混ぜ込んだ練り物をスティック状の容器に入れて呈示する方法が用いられている．パラフィン紙にこの練り物を塗りつけて紙を擦り合わせると，カプセルが潰れて嗅覚刺激が呈示できる仕組みである．この検査自体の取り扱いは簡便だが，におい物質をマイクロカプセル化するための技術は高度であり，におい物質の中には技術的にマイクロカプセル中に充填できないものもあるため，個人で作製することは難しい．

◆におい紙

におい紙（ムエット）は，香料会社や香粧品関係の会社で香りを評価する際に使用されることが多く，においを試しに嗅ぐ場合には最も簡便な方法である．におい物質の溶液をつける量を，例えばにおい紙の先端 2 cm のように決め，におい紙の先端から鼻先までの距離や，1呼吸分だけ嗅ぐなどのように嗅ぎ方を規定することで，実験的な制御は可能である．また，後述のにおいボトル法に比べて，比較的一定の強さで嗅覚刺激を呈示できる．同一の実験系の中での閾値の変動や個人差を測るような場合には，この方法での測定もよく用いられる．ただし，におい紙で計測した閾値とオルファクトメータで計測された閾値は値が大きく異なるため，直接の比較は避けるべきである．また，複数種類のにおいを同一の実験系で呈示する場合には，扱いに手間がかかり，実験者側の労力を要することや，液体のにおい物質しか扱えないことなどの限界もある．

先に，一定容積内に完全に気化させるバッチ式について述べたが，におい物質の溶液を染み込ませたにおい紙を，ある程度の大きさの箱の中に一定時間放置し，その箱内の嗅覚刺激を嗅ぐという方法もあり（例えば，綾部ほか，2003），特定の規模の空間内ににおいを拡散させる方法として取

り入れやすい.

　におい紙を用いた方法ではないが，より広範囲の空間内ににおいガスを拡散させる場合には，市販されているアロマディフューザーも利用できる．におい物質溶液（水と精油など）を超音波でミスト状にして散布するタイプや，におい物質の溶液を滴下したにおい紙様のパッドが装着されたスティックタイプで，コンピュータ機器のUSBポートへ挿し込み，熱によりにおいガスを気化させる小型のものなどがあり，においを拡散させる空間の規模に応じて使い分けが可能である.

◆においボトル

　一定容積のボトルの中ににおい物質を入れ，ボトルの上層部（ヘッドスペース）にたまったにおいガスを呼吸によって吸い込む方法は，簡便であるうえに，用いる嗅覚刺激の物質状態（気体，液体，固体）に制限がない利点もある．におい紙と同様に，ボトルから鼻先までの距離や，嗅ぎ方および呈示時間を一定にすることで，呈示量をある程度規定できる．一定量のにおいガスを確保するために，ボトルのサイズは200～500 mL程度の容積があることが好ましい．しかし，集団実験などで一度に多くの嗅覚刺激を準備する必要がある場合には，より小型のボトルを用いる場合もある（図2.51で挙げているボトルは，容積30～500 mL）．無臭かつ耐薬品性のあるテフロン素材のボトルが，最もにおいの吸着がなく，精密な実験には適しているが，高価であり，硬い材質のために，ボトルの側面を押しにくい不便さもある．実際の実験場面では，至便性に長けているポリプロピレン製のボトルが使われることが多い．材質の性能上，白色半透明のものが多く，ボトルの中身が視覚的に遮蔽されて便利な場合もある．また，製品によっては，購入後しばらく空気に曝し，材質のにおいを除去する必要もある．また，におい物質の揮発性が低いために，ボトル内に入れた分量にかかわらずにおいが弱い場合には，ボトルを外側から湯煎して，ボトル内の温度を上げることによって，においガスの気化や拡散を促すことも可能である.

　化学薬品などの液体をボトル内に直接入れる場合には，ボトルの転倒などによる液体の漏出に注意が必要である．ただしこの問題は，無臭の吸収剤（綿球，におい紙，ビスコパールなど）に一定量のにおい物質溶液を染み込ませ，ボトルの底に入れて呈示することで解決できる．食品や日常品といった実物の材料を直接ボトルの中に入れて，実際に日常生活で接するにおい物質の，においガスを呈示することも可能である．その際には，ボトル内で材料が煩雑にならないよう，市販の茶パックなどに材料を入れてボトルの底に置いたり（図2.51 ②），ボトルの蓋にぶら下げたりして呈示する．複数種類の刺激材料を扱い，その呈示量を調整する際には，ボトルによって重さが異なることを実験参加者に気づかれないような工夫が必要となる場合もある．また，色による視覚情報がにおいの評定に影響しないよう，ボトルの中が見えないようにする，あるいは溶液の品質保持のために遮光された茶褐色のガラス瓶（図2.51 ⑤）を使用するなどの工夫が必要である.

　ガラス瓶を使用する場合，においガスを取り出すためには自分の呼吸で吸い込む必要があるが，スクイーズボトル（図2.51 ④）を用いれば，ボトルの側面を押して中のにおいガスを押し出すことができる．ただし，連続して何度も側面を押してにおいガスを嗅ぐと，ヘッドスペースにたまったにおいガスが薄まってしまうため，できるだけ1呼吸分呈示し，その後の呈示までにボトル内のにおいガスの気化や拡散を待つ時間を設ける必要がある．また，ヘッドスペースを押し出した後には，周囲の空気がボトル内に吸収されるため，環境臭と混合する可能性もあり，その影響を考慮しておく必要がある.

　耐薬品性や気密性の高いポリエステルフィルムや，ポリフッ化ビニル製の使い捨て式のバッグ（におい袋）に，においガスを採集して呈示する方法もある．採集したにおいガスを，必要に応じて無臭空気で希釈して入れ，バッグを押して中のにおいガスを押し出し，バッグの隅に取り付けられたノズルの先端から呈示する．におい物質の材料をボトルに入れて呈示する場合，中の気体が押し出されるごとに，ヘッドスペースのにおいガス濃度は低下するため，気体中のにおい物質の状態は常に一定ではない可能性がある．これに対してにおい袋の場合には，バッグに充填されたにおいガスの状態は一定であるため，においガスを比較的安

定して呈示することができる．この装置は，悪臭の防止条例に基づく官能検査において，環境内に存在するにおいガスの採取にも利用されている．採集したにおいガスの成分や濃度を知るためには，ガスクロマトグラフィなどの機器により分析する必要があるが，実験参加者の主観的強度で代替することもある．

におい物質を入れる容器は，基本的には同一の嗅覚刺激での使用に限定することが望ましい．におい物質を入れる容器を再利用のために水洗いすると，前のにおいを完全に除去することは困難であるうえに，洗浄液のにおいや，水道水に含まれる菌の繁殖が原因でにおいが発生する可能性がある．繰り返し使用する場合には，蒸留水で洗浄後に容器内の水分を十分に拭き取るか，温風乾燥させる必要がある．

5）実験に際する留意点

嗅覚刺激を用いた実験は，随時換気ができるように窓のある部屋を使用する，あるいは脱臭機能つきの空気清浄機で室内のにおいを除去する必要がある．におい物質は，室内の温湿度による拡散性の変化や，布地への吸着性が高い特徴がある．そのため，特ににおいガスを室内に拡散させるような実験では，温湿度が一定になるよう管理し，カーテンや絨毯，布張りの椅子といった布製品がない空間で行うことが望ましい．他にも，実験の休憩時に実験スペースに停留したにおいガスを送風機で拡散させる，または空気中に揮発した化学物質を捕捉する消臭スプレーを使用することも効果があるかもしれない．これと併せて，実験参加者の嗅覚疲労を防ぐことも重要である．においを嗅ぐたびに，数十秒程度の時間をあけ，その間に鼻から深呼吸をして，鼻腔内に残留するにおい物質をできるだけ除去することが望ましい．他にも，

自分の手首や腕のにおいを嗅ぐ，あるいは珈琲豆のにおいを嗅ぐといった方法が行われることもある．後者に関しては，珈琲豆と無臭空気を嗅がせた場合とで，嗅覚疲労の回復効果には違いがないという研究結果も報告されている（Grosofsky et al, 2011）．ただし，においのペアを嗅ぎ比べて評価するといった，より短い時間間隔で複数の嗅覚刺激を嗅ぐ必要がある場合には，実験参加者の嗅覚疲労の程度に合わせて，適当な刺激間間隔を設ける必要がある．

実験参加者に対しては，実験当日に香水などのフレグランスを身につけないことや，香辛料などにおいの強い飲食物の摂取を控えることを，事前に教示しておく必要がある．また実験時には，風邪や花粉症などによって鼻が利かない状態ではないことを確認する必要もある．実験内容によっては，嗅覚に関連する病歴や喫煙習慣の有無などを尋ねる必要がある場合もある．さらに，実験参加者の手指に付着していたにおいによって，実験で呈示するにおいの知覚に影響が及ぶ可能性や，そのにおいが呈示容器に付着することが考えられる．これを防ぐために，実験参加者が無臭石鹸で手を洗ったり，アルコールティッシュなどで手を拭いたりしてから，実験に臨むようにすることが望ましい．

嗅覚刺激を扱った研究論文の投稿および発表に際しては，におい物質の呈示分量や濃度（例えば，モル濃度，質量濃度，体積濃度）および，におい物質を実験参加者にどのように嗅がせたかについての情報を明記し，刺激呈示法の客観性と再現性を示すことが必要である．加えて，実験で用いたにおいの強さの参考として，においの主観的強度を記載することも望ましい．

〔綾部早穂，中野詩織〕

2.4.2 嗅覚に関する検査および質問紙

1）嗅覚能力検査

耳鼻咽喉科分野での嗅覚障害の診断や，食品や香りつき製品の開発における官能評価パネルの選定，嗅覚研究分野での実験参加者の選定などを目的として，個人の嗅覚能力を測る様々な検査法が開発されている．

主な嗅覚検査法を表 2.2 に示した．測定対象の項目には，検知閾，認知閾といった感度や，においの弁別や同定がある．においの弁別能力とは，あるにおいを他のにおいや無臭と違うことがわかる能力とされ，においの同定能力とは，呈示されたにおいが何のにおいかわかる能力とされている．アルツハイマー型認知症やパーキンソン病の初期症状において嗅覚機能の低下が報告されており（Mesholam et al, 1998），嗅覚能力の測定は，このような病気の診断基準の 1 つとしても注目さ れている．

米国で開発された UPSIT（Doty et al, 1984）は，においの同定能力を簡便に測定でき，欧米で典型的な検査法の 1 つとされている．また，ドイツで開発された Sniffin' sticks（Hummel et al, 1997）は，検知，弁別，同定に関する個人得点を算出し，総合的な嗅覚能力を測定でき，世界中で利用されている．しかし，海外の検査法で用いられるにおいは日本人にとってなじみがなく，日本人のにおいの同定能力を正しく測定できない問題があった．

前述の UPSIT に関しては，日本語への翻訳と日本人向けのにおい（例えばジンジャーブレッドの代わりにリンゴを使用）へ一部改変した日本語版（UPSIT-J）が作成されており，日本人への適用可能性も検討されている（Ogihara et al, 2011）．また，OSIT-J（Saito et al, 2006）では，バラやニンニクといった一般的なにおいに加えて，墨汁やヒノキなど日本人の生活に特有のにおいが用いられている．これらは，日本人の生活臭全般を対象としたにおいを表す記述語の分類結

表2.2 各種嗅覚検査法

	検査名		検査項目	判定法	においの種類	においの呈示方法
国内	基準嗅力検査 （T&Tオルファクトメーター）		検知閾 認知閾	においの有無を正答した最低濃度 正しいにおいを選択した濃度	5	におい紙の先端ににおい物質溶液をつける
	日本人向けの嗅覚同定能力検査	Odor Stick Identification Test for Japanese：OSIT-J（Saito et al, 2006）	同定	強制選択式ではない4件法	12＋無臭	スティックに埋め込んだ香料入りのマイクロカプセルを薬包紙に塗りつけて擦る
		Open Essence			12	カードに印刷した香料入りのマイクロカプセルを擦る
国外	Connecticut Chemosensory Clinical Research Center Test：CCCRC（Cain et al, 1983）		検知 同定	2件法 20種類の項目から選択	検知用（1） 同定用（10）	250 mL スクイーズボトルに 60 mL のにおい物質溶液を入れる
	University of Pennsylvania Smell Identification Test：UPSIT（Doty et al, 1984）		同定	4件法	40 ※国際版では 12	カードに印刷した香料入りマイクロカプセルを擦る
	Sniffin' sticks（Hummel et al, 1997, 拡張版：Haehner et al, 2009）		検知 弁別 同定	3件法 3件法 4件法	検知用（1） 弁別用｝16 ※拡張版 同定用｝ では 32	フェルトペン状スティックのふたを取って嗅ぐ
	Scandinavian Odor-Identification Test：SOIT（Nordin et al, 1998）		同定	4件法	16	10 mL 遮光ガラス瓶に 5 mL のにおい物質溶液を入れる

表 2.3　嗅覚に関する自己診断質問紙

尺度名（発表者，年）	測定内容	質問項目数	回答法
The Affective Impact of Odor Scale (Wrzesniewski et al, 1999)	においの良し悪しが，食物・場所・日用品・人に対する好みや記憶に与える影響	8	4件法
The Attitudes to the Sense of Smell Questionnaire（Martin et al, 2001）	においに対する情動反応や嗅覚の重要性，利用性	36	7件法
The Odours in Everyday Life Questionnaire（Cupchik et al, 2005）	環境，日常生活，性的関心，社会的関心，記憶におけるにおいの役割	43	4または5件法
The Children's Olfactory Behavior in Everyday Life (Ferdenzi et al, 2008)	食物，社会や環境に関連するにおいを含む状況への反応と積極的なにおいの探索，においの気づき，情動的反応 ※6〜10歳の子どもを対象	16	3件法
Odor Awareness Scale (Smeets et al, 2008)	日常のポジティブ／ネガティブな場面におけるにおいへの気づきやすさ	33	5件法
Importance of Olfaction (Croy et al, 2010)	においにより喚起される感情や記憶，においの利用性，重要性	18	4件法

果（斉藤・綾部，2002）や，マイクロカプセル化が可能かといった技術的な基準に基づいて選定された．さらに，OSIT-J を簡便化する目的で，マイクロカプセル化したにおい物質を内側に印刷した2つ折りのカードを開いてにおいを拡散させる，嗅覚同定能力研究用カードキット Open Essence が開発されている．同定検査の回答法には強制選択法が用いられることが多いが，OSIT-J や Open Essence では，4肢から選べない場合の補足選択肢として，「わからない」または「無臭」の項目が設けられている．

　嗅覚検査法の採用基準は，研究目的や入手可能な範囲に応じて判断することが望ましい．ただし，においの知覚はともに呈示された視覚情報により変容する可能性が高いため，被検査者には閉眼状態でにおいを呈示して嗅覚以外の情報を与えないなど，呈示法には注意が必要である．また，検査で客観的に測定された嗅覚能力と，自己報告による主観的な嗅覚能力が一致しないことが報告されている．例えば，主観的な嗅覚能力を報告した後に嗅覚検査を行った場合は両者の得点の相関は低いが，嗅覚検査の後に嗅覚能力の自己報告をした場合には両者に正の相関が認められている（Landis et al, 2003; Demattè et al, 2011）．この結果は，嗅覚検査を先に実施することで，自身の嗅覚能力をより正確に把握できることを示すが，個人が自覚している嗅覚能力を測定したい場合には，バイアスを避けるために主観的な嗅覚能力の自己報告を先に行う必要がある．

2）嗅覚に関する質問紙

　においをどの程度重視し，注意を向けるか，関心があるかといった，日常生活の中でのにおいに対する態度を測定する様々な質問紙が作成されている（表 2.3）．質問紙では，各質問項目について数段階の尺度で評定を行い，その得点は実験参加者の選定基準や，嗅覚能力との関連性の検討に利用されている．

　例えば，The Affective Impact of Odor Scale （Wrzesniewski et al, 1999）は，食べ物や場所，人に対する好き嫌いが，においに基づいて決められる程度に関する，8項目の質問に4件法で回答する質問紙である．この得点が高いほど，不快なにおいと対呈示された顔刺激に対して評価条件づけが成立しやすいことが報告されている．中野・綾部（2013）は，日常のにおいの気づきやすさを測定する Odor Awareness Scale〔OAS（Smeets et al, 2008）〕を日本語訳し，日本人の生活習慣に合わない質問項目の除外や改変を行った（全20項目，5件法で回答）．質問紙は，「ガスのにおいにすぐ気づくか」「快いにおいのする人に対して魅力を感じるか」など様々なにおい場面に関する項目で構成されている．全項目の合計点が高い個人で，においの同定成績が優れている傾向があり，においへの気づきやすさは，意味情報に結びつく高次の情報処理と関連する可能性が示唆されている．　　　　　　　〔綾部早穂，中野詩織〕

2.5 味覚刺激

2.5.1 味覚刺激と提示法

1) 刺激材料

　味覚刺激として市販の飲料や食品が用いられることも多いが，特定の味質を呈する物質（味物質）を水で希釈した溶液（味溶液）もよく使用される．市販の飲料や食品を使用する場合は現物そのものを呈示する場合が多いが，実験目的に応じて，特定の味質を強調するために味物質を添加することもある（小川・綾部，2015；Wilkie et al, 2013）．また，統制刺激として人工唾液（塩化カリウム 25 m mol/L と炭酸水素ナトリウム 2.5 m mol/L の混合溶液）が使用されることもある〔主に脳機能研究において，脳活動のベースラインを測定する際に呈示する（例：de Araujo et al, 2003；O'Doherty et al, 2001）〕．以下に，味溶液の作成方法や留意点をまとめる．

2) 味溶液の作成

　味物質には，甘，塩，酸，苦，うま味を呈するものが使用されることが多い．特定の味質を呈する味溶液の作成には，いずれか１つの味物質を使用する．甘味と塩味など複数の味質を呈する味溶液を作成する際には，それぞれの味質を呈する味物質を用いて別々に味溶液を作成後に混合す

表2.4　各味質を呈する味物質

味質	味物質
甘味	ショ糖（sucrose）
	ブドウ糖（gulcose）
	サッカリン（saccharin）
塩味	塩化ナトリウム（sodium chloride）
	塩化カリウム*（potassium chloride）
酸味	クエン酸（citric acid）
	酢酸（acetic acid）
苦味	キニーネ（quinine）
	カフェイン（caffeine）
	安息香酸デナトニウム（denatonium benzoate）
うま味	グルタミン酸ナトリウム（monosodium glutamate）
	イノシン酸ナトリウム（sodium inosinate）

＊：塩化カリウムは若干の苦味も有しており，純粋に塩味のみを呈するのは塩化ナトリウムのみである．

る．表2.4 に示すように，甘，塩，酸，苦，うま味の各味質を呈する物質は様々であるが，不純物からの味質への影響を抑えるために純度が高いものを使用する．苦味物質としての PROP（6-n-propylthiouracil）は，味覚感受性の群分けのために用いられることもある．

　溶媒には水を使用する．不純物による味質への影響を避けるために，超純水，純水，脱イオン水，蒸留水，精製水などの純度が高い水が使用されることが多い．高純度の水は本来飲料用ではないため，使用する場合は所属機関の研究倫理委員会などに報告し，許可を得る必要がある．また，市販のミネラルウォーターが希釈に使用されている例も多く（例：Labbe et al, 2007；小川ほか，2012；Hoshi et al, 2014），その場合には，いくつかの製品を飲み比べ，主観的に最も味やにおいがしないものを使用するなど，味質への影響を最小限に抑えるようにする．

　味溶液の濃度は実験目的やその呈示方法に応じて様々に設定される（表2.5）．全口腔法（後述）における最低濃度はやっと味を感じる（人によっては感じない）程度，最高濃度ははっきりと（人によっては強く）味を感じる程度である．先行研究（例：Bredie et al, 2014）では，官能評価に関する国際規格 ISO 8586（2012）を参考に，主観的強度が弱い，中程度，やや強いとなるように，各味溶液の濃度（表2.6）を設定している．実験実施の際には先行研究を参考に，実験目的や手続きに適した濃度を予備調査によって決定する．その際には，実験参加者の負担とならない濃度設定がなされていることも確認する．

　味溶液は実験日の前日に希釈し，冷蔵庫で保存する．また，2〜3日間を目安に新しいものに作り替えるなどの配慮を要する．

3) 呈示方法

　味覚刺激（味溶液・市販の飲料など）の呈示方法は様々あるが，主に心理学実験で使用されるのは，全口腔法である．全口腔法では，一口分（5〜15 mL 程度）の味覚刺激を口腔内に一定時間（5〜10秒）含み，口腔全体にいきわたらせ，その後，味覚刺激を吐き出す．口腔の奥から喉にかけて存在する味蕾で知覚される味について検討するため

表 2.5　先行研究[1]における各味質を呈する味溶液の最低および最高濃度（モル濃度）

	ショ糖（mol/L）（甘味）		塩化ナトリウム（mol/L）（塩味）		クエン酸（mmol/L）（酸味）		キニーネ（mmol/L）（苦味）		グルタミン酸ナトリウム（mmol/L）[3]（うま味）	
全口腔法	1×10^{-5}	158	13×10^{-6}	224	61×10^{-5}	830	8×10^{-6}[2]	2.68	1×10^{-3}	830
味覚刺激呈示装置	0.13	2	1×10^{-3}	1	1×10^{-2}	10	0.18	20	–	–
綿棒	0.30	1	31×10^{-6}		61×10^{-5}	500	0.18[2]	1	–	–

＊1：“Chemical Senses”（2004 ～ 2014）および，“Chemosensory Perception”（2008 ～ 2014）に掲載されたヒトを対象とし，味溶液を味覚刺激とした研究より（モル濃度表記の研究のみ）.
＊2：硫酸キニーネ.
＊3：うま味は味覚刺激呈示装置，綿棒を用いて呈示した研究なし.

表 2.6　Wender ら（2014）における各味溶液の濃度

味溶液	主観的強度	濃度（g/L）
ショ糖（甘味）	弱い	12.00
	中程度	24.00
	やや強い	48.00
塩化ナトリウム（塩味）	弱い	2.00
	中程度	4.00
	やや強い	8.00
クエン酸（酸味）	弱い	0.60
	中程度	1.20
	やや強い	2.40
カフェイン（苦味）	弱い	0.27
	中程度	0.54
	やや強い	1.08
グルタミン酸ナトリウム（うま味）	弱い	1.00
	中程度	2.00
	やや強い	4.00

g/L：水 1L に溶解している溶質量を表す.

に飲み込む場合もある（その場合には，使用する味物質の 1 日の摂取量の上限を超えないように，濃度，試行回数などを考慮する）．刺激に対する反応（評価や課題への回答）は，味覚刺激を口腔内に含んでいる際の味，もしくは味覚刺激を吐き出した（飲み込んだ）後に口腔内に残る後味に対して行う．刺激呈示を繰り返す際には次の刺激呈示前に，口腔内の洗浄が必要である．また，他の感覚モダリティ（視覚，嗅覚）からの影響を避けるために，味覚刺激の色やにおいがわからないようにする必要がある（詳細は後述）．多くの場合，呈示量が入るプラスチックカップ（紙コップは紙のにおいの影響が混入する可能性あり）に入った味覚刺激を実験参加者自身で口腔内に含むが，ピペットなどを用いて実験者が実験参加者の口腔内に，滴下して呈示することもある.

MEG や fMRI などを用いて脳画像撮影を行う場合には，実験参加者の動きを最小限にするため，また，刺激呈示のオン・オフが明確であることや刺激呈示時間の厳密な制御が求められるため，コンピュータにより呈示時間などを制御可能な味覚刺激呈示装置（Gustometer）を用いる．これは味溶液の入ったシリンジポンプと接続されたチューブを実験参加者が口にくわえ，その先から味溶液を呈示する装置である（図 2.53）．味溶液がチューブを流れる速度（流速）は，装置により異なるが，おおよそ 15 mL/ 分で，実験での呈示時間は 5 秒前後である．チューブを複数のシリンジポンプと接続することで，複数の味溶液を切り替えて呈示することも可能である．ただし，この方法では呈示された味溶液を取り去るなどの処理がなされない点が難点である．これを解消する方法として，舌面灌流法がある（小早川ほか，1998）．この方法では，上述の味覚刺激呈示装置を用いて味溶液を呈示するが，側面に穴（短径 3 mm × 長径 9 mm）をあけたテフロンチューブを実験参加者に口にくわえてもらい，穴を舌で塞がせることで，舌の特定部位にのみ味溶液が呈示される.

味覚検査で使用される呈示方法として，濾紙ディスク法がある．味溶液を含ませた小さい円形の濾紙（大きさは 1 ～ 3 cm であり，実験目的によって使い分ける）を口腔内の各部に置く方法である．濾紙の替わりに，味溶液を綿棒や綿球にしみ込ませて，舌面に 1 ～ 3 秒置き，取り除く方法がとられることもある（例：Lim et al, 2008）.

4）刺激呈示時の留意点

全口腔法での呈示の際に留意すべき点につい

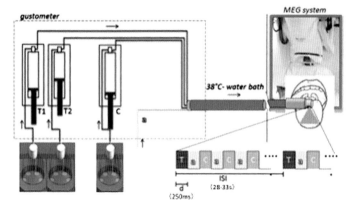

図 2.53 味覚刺激呈示装置（Gustometer）の一例（Iannilli et al, 2014）
図右下は刺激呈示の例を示しており，T は味覚刺激，C は統制刺激（人工唾液），a は空気を表す．味覚刺激呈示後，次の味覚刺激が呈示されるまで，空気と統制刺激が交互に流れる．空気と統制刺激は，脳活動のベースライン測定と口腔内洗浄の目的で呈示されている．ISI は平均 30 秒とし，次の刺激呈示のタイミングが予測されないように試行ごとに異なる．

て，①呈示回数と呈示量，②温度，③味覚以外の感覚情報の除外，④口腔内の洗浄の4点をあげる．

◆ 呈示回数と呈示量

先行研究（味嗅覚に関する研究を扱った"Chemical Senses" と "Chemosensory Perception" に 2004 〜 2014 年に掲載された全口腔法で刺激呈示を行ったヒト対象の研究）における味溶液の 1 回の呈示量は平均 13.11（SD = 10.87）mL（最小量 0.8 mL，最大量 50 mL）と少量（市販の食品の場合は 1 回に一口分程度を呈示）だが，摂取，評価の繰り返しが多い場合，実験参加者の負担が大きくなる．さらに，味覚刺激を飲み込む場合には摂取の繰り返しにより実験全体での摂取量は多くなり，満腹感が増加し，正確な評価が行えなくなることが予想される．このため，一度の実験で味覚刺激を呈示する回数や実験全体での摂取量を考慮し，5 〜 10 回程度ごとに休憩を設け，実験計画上，摂取量が多くなる場合には実験を複数のセッションに分け，別の日に実施するなどの配慮が必要である．

◆ 温度

味覚受容体の感度や TRP（transient receptor potential）チャネルの活性は温度によって異なるため，実験中は刺激温度を一定に保つ必要がある．最も舌の感度が高い温度は 15 〜 30℃ であるため，室温呈示（およそ 22℃）が一般的である．体温と同程度の 36℃ 前後にする実験もみられる．

実験の目的に合わせて，冷やしたり，温めたりすることもあるが，この際には，刺激間で一定の温度になるように工夫が必要である．

◆ 味覚以外の感覚情報の除外

味覚刺激に色やにおいがある場合，それらからの影響を避けるために，アイマスクやノーズクリップを使用する．視覚情報の除外には，味覚刺激の色をわかりにくくするために，呈示容器を色つきにする，実験室の照明を暗くする，照明にカラーフィルムなどで色をつけるなどの方法がある．嗅覚情報の除外には，呈示容器の口からにおいが広がらないように呈示容器に蓋をつける，ストローを用いるなどする．

◆ 口腔内の洗浄

一般的には水で口腔内をすすぐ．すすぐ水には無味無臭の水が適しているため，味溶液の作成に使用した脱イオン水や蒸留水，ミネラルウォーターが使用される〔人工唾液の使用例もある（Veldhuizen et al, 2007）〕．10 mL 程度の水で口腔内をすすいだ後，実験室に備えつけの流し台やビーカーなどの容器に吐き出す．すすぐ時間や回数は 1 回 10 秒前後，最低 2 回としている研究が多い．

水以外に無塩クラッカー（生地そのものに食塩が含まれないもの）を用いる方法もある．約 2 cm 四方の無塩クラッカーを口腔内に含み，唾液をしみ込ませ，舌と上顎を用いて押しつぶすように溶かしながら食べることで洗浄する．食べた後に口腔内に無塩クラッカーが残る場合には，水で口腔内をすすぐ．実験開始前にも洗浄手続きをとることが望ましい．

5）味覚と他の感覚との相互作用の実験方法

われわれが普段感じているいわゆる"味"は，味覚で検出される味質などに加え，におい（嗅覚）や粘性，温度（触覚），咀嚼時の音（聴覚）といっ

た様々な感覚が統合された知覚経験である．このため，味覚だけでなく，いわゆる"味"と他の感覚との相互作用を検討した研究も多い．ここでは，①視覚，②聴覚，③嗅覚，④触覚との相互作用を検討した研究で使用されている実験刺激，呈示方法をまとめる．

◆視 覚

視覚との相互作用に関しては，色や形が"味"に与える影響が検討されている．"味"と一致，不一致の色が"味"の同定に与える影響の検討（DuBose et al, 1980）では，チェリーやオレンジ，ライムフレーバーの市販の飲料に各飲料と一致，不一致の無味無臭の着色料で着色した実験刺激を用いている．また，味覚刺激を直接着色するのではなく，呈示容器の色や形を変えて刺激を呈示した例もある（Piqueras-Fiszman et al, 2012）．

◆聴 覚

聴覚との相互作用では，聴覚刺激が食品の印象に与える影響や聴覚刺激と知覚される味質強度の関連について検討されている（例：Crisinel et al, 2012；Crisinel & Spence, 2009）．味覚刺激呈示時にヘッドフォンを用いて聴覚刺激を呈示する方法がとられている．これらの研究では主に，味覚刺激として市販の食品や特定の味質が強く感じられるように調理した食品が使用されている．また，聴覚刺激には，実際の飲食時の音や楽器の音を録音，加工したものを使用している．聴覚との相互作用に関する研究は，Spence（2012）のレビュー論文にまとめられている．

◆嗅 覚

においにより味質の知覚強度が促進されるのかが検討されている．Lawrenceら（2009）は，無味のにおい物質を直接，塩味溶液（ミネラルウォーターに塩化ナトリウムを溶解）に混ぜて呈示した．この場合は実験参加者は，味溶液を口腔内に含んで味わった後に飲み込む際に喉元から鼻へ抜けるにおい（レトロネイザル）を感じていることになる．

味溶液ににおい物質を混合した場合，におい物質が味細胞を活性化させる可能性があり，これを避けるために味溶液とにおい物質を混合せずに呈示する場合もある（オルソネイザルでのにお

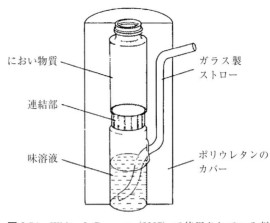

図 2.54 White & Prescott（2007）で使用されている刺激呈示容器（Hornung & Enns, 1984）

い呈示）．味溶液の入った容器の上部に，におい物質の入った容器を取りつけ（図2.54），においを嗅いだ後，ストローを用いて味溶液を摂取する（White & Prescott, 2007），味溶液の入った容器ににおい物質を付加した綿球を取りつけ，味溶液を摂取する際ににおいを感じられるようにする（小川ほか，2012）などの方法がある．

◆触 覚

触覚との相互作用の検討では，口腔内触感覚と"味"についてのものが多い．それらの研究では，粘性の異なる味覚刺激を用いて，粘性の違いにより味質の知覚強度や"味"の印象が異なるかを検討している（例：Knoop et al, 2013；Walker & Prescott, 2000）．粘性は，ゲランガムやキサンタンガム，ペクチンなどの増粘剤の添加量を変えることで操作する．

また，近年では容器の手触りの影響を検討した研究が報告されている．形や大きさ，色が同等だが，ガラス，セラミック，プラスチックなど材質が異なる市販のコップ（Schifferstein, 2009）や同形の市販のコップの表面に異なる手触りの素材を貼りつけて加工したコップ（小川・綾部，2015）に味溶液を入れて呈示する方法が用いられている． 〔和田有史，小川 緑〕

●参考文献

斉藤（2011）．

2.5.2 摂食中の感覚強度変化の測定

1) TI

　食品に対する感覚強度や印象を測定する研究では，食品や溶液を呈示した後に評定尺度を用いて実験参加者の反応を測定するのが一般的である．しかし，食品は接触中に咀嚼され，食塊となり，嚥下され，時系列的に変化するため，感覚強度や印象は時間とともに大きく変動していく．一般的な評定尺度ではこのような時間的な変動を捉えることができないが，そうした変動を踏まえて刺激の強度や印象を測定するために連続評価法（continuous rating）を用いるのが有効である．この方法はカテゴリー連続判断法と類似している（3.4.3 参照）．連続評価法では，ディスプレイに示されたリッカート尺度および VAS（visual analog scale）上でマウスカーソルを移動することや（図 2.55），ボタン，ダイアル，タッチペン，ジョイスティックなどを操作することで刺激に対する評価が行われる．これらの操作による主観評価値が，刺激の呈示中に詳細な時間単位で記録される．実験プログラムは，個別の研究者が作成する場合も多いが，インターネットからダウンロードして使用することもできる（Nagel et al, 2007；http://musicweb.hmt-hannover.de/emujoy/）．食品の刺激強度の測定や音楽，映像の印象評価を時系列に沿って測定する際にこの手法がしばしば用いられている．食品を対象とした官能評価において摂食中の味質の強度の時系列的変化の測定は time intensity（TI）法と呼ばれている．

　従来は甘味や塩味など 1 次元の感覚強度の測定が行われてきたが，音楽や映像の評価においては覚醒の程度を縦軸，快/不快を横軸とするなど，2 次元での連続評価法が行われることもある．しかし，1 次元の印象を測定した場合でも，刺激の呈示中に常に評価を行う連続評価法は，実験参加者にとって二重課題となり困難であると考えられるため，2 次元での使用はできる限り避けるのが望ましい．実験を開始する前には十分な練習試行の後に，1 次元の測定を行うことが推奨される．2 次元の情報が必要な場合は，1 次元の連続評価法についての測定指標を変え，カウンターバランスをとって 2 度繰り返すのが好ましいだろう．

　連続評価の分析には，時系列分析および特定の時間区間における平均評価値の分析が用いられる．時系列データのどこに観測したい従属変数の変化があるかに基づいて，分析方法を選択するのが好ましい．時系列分析では，ある条件で測定した評価値と別の条件で測定した評価値について，時系列データの相関係数を算出する交差相関や，時系列の評価値をスプライン補間の利用により関数化して秒単位で検定する関数分散分析（Ramsay et al, 2009）が用いられる．時間区間ごとの平均評価値の分析では，測定した全時間を等分して数区間に区切ったデータや，あるイベントが生じた前後の時間帯を数秒ごとに区切ったデータに対して，時間を要因とした分散分析が行われる．

2) TDS

　TI 法は時間に伴って変動する味覚などの感覚強度の測定に適しているが，評定尺度法で得られるような多次元の情報を得られないのが弱点であ

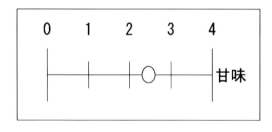

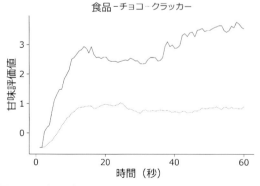

図 2.55　連続評価の一例
上図にある円がマウスカーソルであり，これを動かして連続的に評価することで下図のような時系列データを得る．

る．時系列に沿って多次元情報を測定して，その時々に最も強い感覚がどのように時系列変化するかを検討する手法として TDS（temporal dominant sensation）があげられる．TDS は食品の官能評価を行う手法として誕生したが（Pineau et al, 2003），3.4.3 で紹介されている連続記述選択法に似ている．この手法を用いることで，食品を口に入れてから，噛んで，飲み込むといった過程で生じる食品の味覚，嗅覚，触覚における質的な変化を検討することが可能になる．実験参加者は，食品を食べながら図 2.56 に示すようなコンピュータの画面上に示された複数の評価項目から，その時々に最も強く感じている味質やにおい，食感などを示す項目を 1 つ選択する（Pineau et al, 2009）．最も強く感じている項目が時間の経過によって変化したら，異なる項目を 1 つ選択する．評価の測定時間は，食品を食べる時間とその後味が持続する時間により決定され，各試行は数十秒程度で行われる．食品に対する感覚が生じなくなったら，評価項目を選択しないようにする．実験参加者は，十分な練習試行を行った後に実験に臨むことが求められるが，評価は比較的容易で訓練は少なく，一度に多次元の属性を検討できる．しかし，簡便性のために繰り返し測定が少ないのが一般的であり，現状では個人ごとの評価結果を出力することを目指していない．現状の官能評価で用いられている TDS では，比較的多くのパネリストを含むパネル，つまり集団の出力として事物の評価の時間的変化を捉えて結果を分析する．

TDS の実験および解析は，独自に作成したプログラムで実施することもできるが，市販ソフトの FIZZ（Biosystems）が多くの研究で使用されている．また，インターネット経由で実験の実行・分析を行う TimeSens という有償のサービスもある（http://www.timesens.com/index.aspx?lang=en）．評価項目は検討対象とする食品に対して適切と考えられる項目を実験者が選択し，"甘味""塩味" などの味質だけでなく，"苺

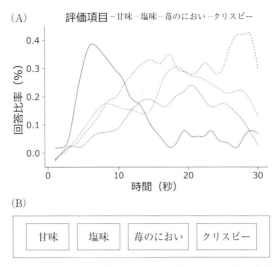

図 2.56　TDS では（B）図のような評価項目から時系列に沿って 1 つを選択する．1 秒といった単位時間ごとの回答比率から（A）図のようなデータを得る．

のにおい""クリスピー" などの嗅覚や触感を表す形容詞から 4〜10 個程度を用いるのが通例である．

TDS は食品の評価方法として考案されている．そのため個々の実験参加者が評価を繰り返すことには重点が置かれず，分析の際には複数の参加者が選択したカテゴリカルデータから回答比率が算出されて用いられる．ここでの回答比率は，単位時間ごとに算出を行う．得られた回答比率は，ベジェ補間によって滑らかなデータに変換され，選択比率がチャンスレベルより高かったか否かが検定される．ある食品と別の食品の比較を行う場合には，それらにおける評価項目に対する時系列の選択比率の差分値を算出する．評価項目が選択されていた持続時間や，選択比率と持続時間の積である強度得点のそれぞれを従属変数として，分散分析などの検定を実施できる．さらに，こうした得点についての主成分分析により，食品に対する官能評価の意味次元を求めることも行われる．

〔森　数馬，和田有史〕

2.6 感覚間相互作用

2.6.1 多感覚モダリティ刺激の空間的制御

多感覚統合／相互作用を実現するために，脳は各感覚器が受け取る刻一刻と変化する複数の信号の中から，同一事象を発生源とするものを見つけ出すことが必要になる．その有効な方略の1つが空間（どこで）の一致性である．例えば，視聴覚間に起きる現象として有名な腹話術効果（音源位置が視覚刺激位置に捕捉される現象）は，視聴覚刺激の空間距離が離れすぎると生じにくくなる．また，2つの感覚モダリティに与えられた刺激のうちどちらが先に知覚されたかを判断する時間順序判断課題でも，2つの刺激が空間的に一致していると不一致の場合よりも判断が難しくなる．多感覚研究では，この空間一致性を2次元平面上あるいは3次元空間上で様々に操作しながら，その様相を明らかにする手続きをとることが多い．

1）視覚刺激と聴覚刺激

一般的に，聴覚刺激提示装置には，スピーカやヘッドフォン，視覚刺激提示装置にはCRT・液晶ディスプレイ，プロジェクタ，発光ダイオード（light emitted diode, LED）などが用いられる．しかし，空間一致性を厳密に保つ（音刺激を点音源とみなし，3次元空間上の同一の座標上に視聴覚刺激を提示する）ことのできる刺激提示装置の組み合わせはごくわずかである．ヘッドフォンによる聴覚刺激提示は，最も簡便な方法ではあるが，音の提示位置が耳元にあるため，どの視覚刺激提示法と組み合わせても厳密な空間一致性を保つのは難しい．両耳間時間差や両耳間レベル差の操作により両耳を結ぶ直線上のどこかの位置に仮想音源を提示し（2.2.6参照），視覚刺激との空間位置を一致させることは可能であるが，奥行き方向での一致性は保てない．また，頭部伝達関数を畳み込んだ仮想音源（2.2.6参照）を用いることによって計算上は3次元空間上の視覚刺激と一致した位置に聴覚刺激を提示することは可能であるが，前後誤りなどが発生する場合も多数報告されており，空間的一致性を保証できるものではない．したがって，空間一致性を厳密に保つための聴覚刺激の提示方法として最善なのは，スピーカとい

うことになる．事実，視覚刺激をLEDで提示し，聴覚刺激をスピーカまたはヘッドフォンから提示したところ，スピーカで有意に強い視聴覚相互作用が生じたと報告した研究（例：Soto-Faraco et al, 2002）もある．

スピーカにLEDを組み合わせる場合，スピーカの筐体が邪魔になり，前面にLEDを取りつけにくいため近傍に取りつけることが多い．視覚の最小分離閾は1分程度であるのに対し，聴覚の最小弁別角度（minimum audible angle）は，方位角方向では周波数にもよるが1°程度，仰角方向では3〜4°あり，小型スピーカの上部にLEDを取りつけてもそれほど問題にはならない．

スピーカとCRT・液晶ディスプレイを組み合わせる場合，ディスプレイの筐体がスピーカの設置を阻む壁となり，直接同じ空間位置から刺激を提示することはできない．しかし，複数のスピーカを使い，その音量差によって音像位置を変化させる（パンニング）ことによって，仮想音像を視覚刺激の位置に提示することは可能である．例えば，ディスプレイの両脇に2つのスピーカを設置し，同じ音を同じ音量で提示した場合には音像は2つのスピーカの中央に定位される．右スピーカの音量を左のスピーカの音量の倍に設定した場合には，左右のスピーカを結ぶ直線（あるいは円弧）のおおよそ1/3付近に仮想音像が作成される．ただし，厳密な位置制御は難しいため，位置知覚よりも運動知覚など音像の移動情報が重要な実験などでよく用いられる．他には，音響透過型スクリーンの後ろにスピーカを設置し，映像をプロジェクタによってスクリーン前方から提示することによって，厳密な空間一致性を保つことができる．LEDでは単純な視覚刺激しか提示できないが，CRT・液晶ディスプレイ，音響透過型スクリーンを用いることによって多様な視覚刺激の提示が可能となる．

2）視覚刺激と触覚刺激

触覚刺激には，樹脂，木片，サンドペーパーなどの実物，圧電デバイスや偏心モータなどの振動刺激，微少電流による電気刺激，空気刺激，複数の振動子によって一定形状をつくるオプタコンがよく用いられる（2.3.1参照）．PHANToMと呼ば

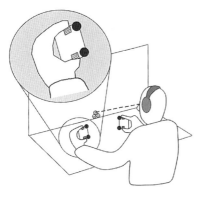

- ● 妨害光　■ 振動子
- ● 注視点　◎◎ フィードバック用 LED

図 2.57　視触覚干渉課題でよく用いられる刺激布置（Spence et al, 2004 より抜粋）

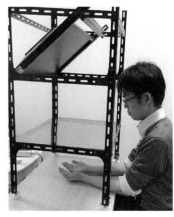

図 2.58　触覚刺激と同じ位置に視覚刺激を提示する実験装置例

れる力圧覚デバイスも触覚刺激提示装置として用いられることもある．振動刺激や空気刺激などは駆動する際に音を発生するため，マスキングノイズなどを用いて聴覚手がかりを十分に抑制する必要がある．視覚刺激と触覚刺激の空間位置を最も簡単に制御する方法は，LED と触覚デバイスを組み合わせることである．視触覚間干渉課題では，直方体スポンジの上下に LED と触覚刺激装置を取りつけたデバイスがよく用いられる（図 2.57）．被験者には，右手と左手それぞれにそのスポンジを親指と人差し指で挟み込むように握らせ，触覚刺激と視覚刺激の空間的一致性を操作し，視触覚間相互作用の様相を明らかにすることを試みている．複雑な視覚刺激の提示を行うことを目的としている場合には，不透明ミラー（通常の鏡）や半透明ミラーを用いる方法がある．図 2.58 に示すように，ミラーを観察者の前方にテーブルのように設置し，ミラーの下側には手などを差し込める空間を設ける．その上方には画像提示面をミラー側に向けたディスプレイを固定する．半透明ミラーは鏡のように像を反射させる性質とガラスのように像を透過する性質の両方をもち，ミラーの下方に差し込まれている触覚刺激や刺激身体部位を視覚刺激と同時に見せることも可能である．しかし，視触覚刺激の空間位置を完全に一致させた場合，視覚刺激が触覚刺激や刺激身体部位上に投影され，視覚刺激の詳細がわからなくなるため，少しずれた位置に提示することになる．一方，不透明ミラーは視覚刺激と触覚刺激の位置を完全に一致させることは可能であるが，触覚刺激や刺激身体部位を見せることはできない．いずれも視線位置および方向によって触覚刺激提示部位と映像との間に多少のずれが生じるため，事前に被験者ごとに較正する必要がある．なお，透過率の低すぎる半透明ミラーは触覚刺激提示部位がよく見えないという事態を生じさせる．そのため，自らの実験環境（特に，部屋の明るさやディスプレイから提示する視覚刺激の明るさ）に合わせて，適切な透過率を選択する必要がある．

3）聴覚刺激と触覚刺激

手や指に触覚刺激を与える実験において空間一致性を保つ場合，触覚刺激の近傍にスピーカが設置されることが多い．ただし，同じ手や指に触覚刺激を与える場合でも粗さ知覚など手が物体に触れるときに発生する音に変調を加えるような実験の場合は，物体に触れるときに実際に発生する音が聞こえるのを抑制するためヘッドフォンが用いられる傾向にある．顔や耳に触覚刺激を提示する場合には，その近傍にスピーカを設置することが難しいため，方位角あるいは左右位置のみを一致させることもある．頭部近傍空間を除き，聴覚刺激と触覚刺激の間の相互作用は，ほかの感覚間相互作用に比べて空間的制約が弱いと考えられており，厳密な空間一致性を与えず，上下，左右など単一モダリティ刺激間の相対的位置のみを一致させている研究もある．　　　　　〔寺本　渉〕

2.6.2 多感覚モダリティ刺激の時間的制御

多感覚統合／相互作用にとって問題となるのは，時間（いつ）の情報，すなわち，ある感覚モダリティのイベントと他の感覚モダリティのイベントの同期である．実際，視聴覚刺激の時間ずれが大きくなると，視聴覚相互作用が生起しにくくなることは，腹話術効果，ダブルフラッシュ現象，交差－反発錯覚，聴覚誘導性視覚運動知覚現象など様々な研究で示されている．

1）時間順序判断と同時性判断

知覚時間や処理時間，統合の時間範囲など異種感覚間の時間特性を調べるためによく用いられるのが，時間順序判断課題（temporal order judgment, TOJ）と同時性判断課題（simultaneity judgment, SJ）である．TOJ では，どちらの刺激が先に知覚されたかを判断させる．恒常法などを使って，様々な時間差で 2 つの刺激を提示する．得られたデータに関数（累積正規関数，ワイブル関数，ロジスティック関数など）をフィッティングし，主観的同時点〔判断率が 50% の時間差（point of subjective simultaneity, PSS）〕や丁度可知差異〔差がわかる最小時間差（just noticeable difference, JND）〕を算出する．JND は通例判断率 25% 点や 75% 点の値に基づき算出される．

SJ では，2 つの刺激が同時か否かを判断させる．物理的同時を基準に，様々に時間を刻み，同時判断確率をプロットする．それに，最尤推定法などを用いてガウス関数をフィッティングし，PSS はガウス関数の平均値によって，JND は標準偏差から求められる．いずれの課題もよく用いられるが，それぞれの方法で関与する心的処理過程が異なるという指摘もある（Hirsh & Sherrick, 1961; Ulrich, 1987）．例えば，PSS に関しては，同時に感じないがどちらが先かはわからない時間差もある．実験中よくみられる違いには，反応バイアス（被験者の事前知識や態度）の影響の与え方がある．TOJ では PSS が反応バイアスの影響を受けやすく，例えば，「どちらが先」と尋ねる場合と「どちらが後」と尋ねる場合では異なる PSS が示されることもある．しかし，JND はそうした手続きに影響されにくい．一方，SJ では，JND が反応バイアスの影響を受けやすく，例えば，結びつけられるのが当たり前の刺激（例えば，男性の顔に女性の声よりも男性の顔に男性の声）が提示された場合には，そうでない場合よりも JND は大きくなる傾向にあると報告されている．実験の目的に合わせて使い分けることが求められる．

2）同期をハードウェアにまかせる

コンピュータを用いて CRT・液晶ディスプレイに視覚刺激を描画し，それと同時に聴覚刺激を提示することを考える．画面に何かを描画する際には，コンピュータ内のメモリ領域に 1 画面分の描画内容が蓄えられ，それが一定のタイミングでディスプレイに送られ，表示内容が更新される．1 秒間に画面を更新できる回数（リフレッシュレート）は限られており，例えば 100 Hz であれば，10 ms に 1 回だけ更新される．一方，一般的なコンピュータがサウンドボード（カード）あるいは USB 接続などのオーディオインターフェイスを経由して音信号を出力する場合，音データを一定長のバッファに記録してから逐次ハードウェアに送り出すという，いわばバケツリレー方式をとる．したがって，コンピュータの音信号処理（再生信号が出て，実際に再生されるまで）には少なくともバッファサイズ分の遅延が生じる．遅延時間は，バッファのサンプル数をサンプリング周波数で割った値となる（例えば，バッファサイズが 512 サンプル，サンプリング周波数を 44.1 kHz とすると，約 11.6 ms の遅延が生じる）．バッファサイズを小さくすると遅延時間は小さくなるが，処理落ちが発生し，正しく音声を再生できない．他にも用いるオーディオデバイスのドライバにより，遅延時間がさらに延びる．例えば Windows で標準的な MME（Multi Media Extension）では潜時は 200 〜 500 ms，Direct Sound では 50 〜 100 ms であり，ASIO（Audio Stream Input Output）や Mac の CoreAudio では数 ms 〜十数 ms といわれる．

通常，画面の更新に合わせて音を提示するようなプログラムを組むが，何の対処もしない場合は，視覚刺激の描画に対して音が少なくとも数 ms 〜数十 ms 必ず遅れることになる．こうした音信

号の遅れをハードウェアによって解決する方法がある．1つは視覚刺激作成・提示装置 ViSaGe (Cambridge Research Systems) を用いることである．この装置には同期をとるモジュールが組み込まれている．もう1つは DataPixx (VPixx Technologies) など専用の周辺機器を介して，視覚刺激や聴覚刺激あるいはトリガー信号を出力することである．DataPixx は音信号がこの機器に到達するまでビデオ信号を待たせておいて一斉に出力するという方法をとっている．

次に，視覚刺激として発光ダイオード (light emitted diode, LED) を用い，聴覚刺激と同期させる場合を考えてみる．LED の明滅を制御するためには，コンピュータの外部に，コンピュータからのトリガー信号によって LED を明滅させる回路を組む必要がある．ViSaGe や DataPixx では TTL 信号やアナログ信号を出力する端子を複数もっているので，音信号と同期させてトリガー信号を出力することも可能であり，LED を明滅させる回路が簡素なものであれば LED の明滅と音を同期して提示できる．CRT・液晶ディスプレイを使わない場合には，ViSaGe や DataPixx がなくてもいくつかの方法で同期をとることは可能である．例えば，単純な聴覚刺激であればファンクションジェネレータを利用する方法がある．そこでは，LED を明滅させるためのトリガー信号と同じ信号をファンクションジェネレータのトリガー信号入力端子に接続することによって，同期して視聴覚刺激を提示することが可能である．または，サウンドボード（カード）あるいはオーディオインターフェイスが多チャネル再生に対応しているのであれば，いくつかのチャネルの出力を LED や触覚刺激装置に振り分けることによって，同期して複数の感覚に刺激を提示することが可能である．ただし，LED など直流信号が必要な場合には，整流回路などを介する必要がある．

3) 同期をソフトウェア上で実現する

視覚刺激作成・提示装置 ViSaGe や DataPixx はきわめて有用であるが，非常に高価であり，簡単に入手できるものではない．それでも CRT・液晶ディスプレイを使って複雑な視覚刺激に同期

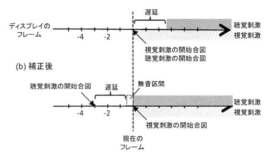

図 2.59　同期をソフトウェア上で実現した例

させて聴覚刺激や触覚刺激を提示する必要がある場合も往々にしてある．そこで本節では各システムの潜時に合わせてプログラム上で同期をとる方法を解説する．

まず自分の用いているシステムにおいて，2つの感覚モダリティ刺激間にどの程度の時間ずれがあるのか事前に把握しておく必要がある．代表的な例として，視覚刺激を CRT・液晶ディスプレイに提示し，同じコンピュータから聴覚刺激を提示する場合を考えてみる．少なくとも2チャネルの入力をもつオシロスコープ，フォトダイオード（またはアナログ出力をもつ輝度計）を用意する．フォトダイオードを視覚刺激提示位置に取りつけその出力をオシロスコープの1つ目のチャネルに接続する．音信号は直接オシロスコープの2つ目のチャネルに接続する．実験刺激を提示し，どの程度のずれがあるかを把握する．何度かデータを取得し，非同期の程度が常に一定であればプログラム上で補正可能である．例えば，聴覚刺激が視覚刺激よりも常に 25 ms 遅れていることが確認され，ディスプレイのリフレッシュレートが 100 Hz（100 フレーム/秒）であったとする．その場合には，視覚刺激提示される画面更新のタイミングよりも3フレーム前のタイミングで聴覚刺激を提示し，その音の先頭に 5 ms 分の無音区間を挿入すると同期がとれることになる（図 2.59）．同期がとれると，視聴覚刺激の提示タイミングの操作も同様に行うことが可能である．一方，非同期の程度が試行間でランダムに変動する場合にはここで示す方法は使えない．

〔寺本　渉〕

2.6.3 視聴覚音声刺激を用いた実験

感覚間相互作用の研究では，フラッシュ光とビープ音のような単純な刺激を用いることによって，相互作用の時間特性や空間特性について厳密な測定が可能となり，基本的な特性が明らかにされてきた．一方で，現実世界では音声や音楽といった比較的複雑な刺激の処理においても感覚間相互作用が生じている．例えば対面の相手の発話音声を聞き取るときには，話し声の聴覚情報のみならず，口の動きなどの視覚情報も利用される．本節ではこうした視聴覚音声刺激の収録と編集の方法，および測定手法について述べる．

1) 視聴覚音声刺激の収録と編集

視聴覚音声刺激を収録するためには発話者の協力が不可欠である．声質や発話器官の動きには個人差があるので，ある程度訓練を積んだ複数の話者による発話を収録して実験刺激として用いて，結果の一般性について配慮することが望ましい．

視聴覚音声刺激の作成においては，聴覚情報，視覚情報，および両者の対応関係のそれぞれについて統制が必要となる．

視聴覚音声を収録するときにはビデオカメラを用いることが多い．この際，ビデオの動作音の混入を避けるため，外づけのマイクロフォンを発話者の近傍に設置して収録に使用する．なお，収録が長時間に及ぶと平均基本周波数や発話速度が収録開始時と終了時で大きく異なってしまうことがある．前半と後半で異なる条件の刺激を収録すると，条件間で基本周波数が揃わないという事態が生じやすいため，収録順序に留意する必要がある．

収録した音声を編集する際には，条件間および刺激間で，音圧，平均基本周波数，発話速度（時間長）などを統制する．音圧は，物理的強度（RMS値が用いられることが多い）または心理的強度のいずれかを用いて統制する．文や文章の場合，フレーズ間やセンテンス間にポーズ（無音区間）が存在する．音圧を統制する際にはポーズを含めるか否かによって測定される物理的強度は異なるため，ポーズを含む発話と含まない発話の物理的強度をマッチさせても，心理的強度は大きく異なっ

てしまう点に注意が必要である．なお，音圧は収録後に操作することが容易であるが，平均基本周波数や持続時間は音声の分析合成技術によって操作可能ではあるものの，多少なりとも音質変化を伴うため，不必要に操作することは避けたい．

音声の視覚情報の収録において重要なことは，撮影環境の整備である．十分な照明を確保し，複数の方向から光を当てて顔に影が残らないように撮影することが望ましい．発話者の髪を固定したり，服装を統一することも重要であろう．また，発話前後で口をどのような状態にするかという点も重要である．同じ「バ」という音節を発話するにしても，口を閉じた状態から発話する場合はいったん口を開けてまた閉じる（破裂音を生成するため）という動作となり，口を開けた状態から開始するのとは大きく異なる動作となる．研究目的に応じて適切な教示を行い，どちらかに統一することが重要である．

聴覚情報と視覚情報の対応関係に関しては，両者を同時に収録した動画であっても，コンピュータへの取り込み時，編集時や実験での呈示時のいずれかの段階で同期が損なわれる可能性がある．視聴覚の呈示タイミングは視聴覚相互作用の強さに影響するため，実験開始前にオシロスコープなどを用いて同期を確認することが重要である．

研究によっては視覚と聴覚での課題難度をマッチングさせることが重要なケースもある．このような場合，難度の低いモダリティの情報を劣化させて，モダリティ間で正答率が同水準となるように調整する方法がある．例えば，顔から他者の情動を知覚するほうが，声から知覚するよりも一般に容易である．したがって，顔と声による情動知覚の実験において，顔と声の間で正答率を揃えたい場合，顔にノイズを付加するなどの方法によって正答率を低下させる．

2) 視聴覚音声から知覚される発話内容の測定

多感覚相互作用の研究は，促進の研究と干渉の研究に分けられる（積山，2012）．視聴覚音声知覚の生態学的意味は，聴覚では不十分な情報を視覚によって補うことで知覚を安定させることにあると考えられるため，促進の研究はより現実に根

差しているといえる．一方で，干渉の研究では現実にはありえない視聴覚不一致状況を実験的につくり出すことで，興味深い現象を引き起こすことができる．

視聴覚音声の発話知覚における促進の研究では，音声の単音や音節レベルでの正答率（明瞭度）や，単語・文・文章レベルでの正答率（明瞭度・了解度）が測定される．反応時間が指標として用いられることもある．視覚情報の付加による効果を測定するための基本的な方法は，音声を聴覚のみ（AO），視覚のみ（VO），視聴覚（AV）の3条件で呈示し，パフォーマンスを比較するという手法である．この際，AOでのパフォーマンスが適切な水準（天井効果も床効果も生じないレベル）になるようにノイズを付加する．ノイズの効果には個人差があるため，個人ごとに一定のパフォーマンスになるようにSN比を設定することもある．

視聴覚音声の発話知覚における干渉の研究手法としては，マガークパラダイムがある．マガークパラダイムは視聴覚間で発話内容が一致しない刺激を用いてマガーク効果（McGurk & MacDonald, 1976）を誘発する手法である．マガーク効果とは，発話の視覚情報と聴覚情報が矛盾するときに発話の聞こえが変化するという現象である（例：聴覚 /ba/ ＋視覚 /ga/ →聞こえ /da/）．こうした刺激は，動画の音声トラックを別の音声に置き換えることによって作成することができる．この際，置き換える音声のオンセットが元の音声のオンセットと同期するように留意する．従属変数は聞こえの内容であるが，回答の分類方法の詳細は積山（2011）を参照されたい．マガーク効果は欧米では頑健な現象として知られるが，日本語母語話者では効果が小さいため（Sekiyama & Tohkura, 1991），用いる音節やSN比を吟味して，効果を最大化するようにする．

3）視聴覚音声から知覚される情動の測定

他者の情動を知覚するときには顔の表情のみならず，声のパラ言語情報も併用していることが知られている（de Gelder & Vroomen, 2000）．発話の場合，例えば「バ」と明瞭に発話した音声は高い確率で「バ」と知覚されるが，感情の場合，意図した感情はさほど伝わらないこともある．した

がって，実験で用いる刺激の正答率について予備実験で確認しておくことが不可欠である．発話内容として中立的なセリフ（例：「そうなんですか」）を用いる方法や，非言語的音声（例：「えっ？」「あー！」）を用いる方法がある．典型的な実験では顔と声の情動価について一致条件と不一致条件を設置し，強制選択法で情動の判断を求める．

発話内容の知覚であれ，情動の知覚であれ，視聴覚音声を用いた実験では，顔刺激と声刺激からどのような情報を知覚するのかは注意（Tiippana et al, 2004）や教示（de Gelder & Vroomen, 2000）による影響を受ける．したがって，実験の目的に即して，どちらの情報に注意を向けるのか，あるいは両方に向けるのか，それとも何も教示しないのかといった点について事前に検討して，適切な教示を行うことが求められる．

4）最近の測定手法の動向

音声の視聴覚相互作用は，被験者の年齢，性別，母語，文化，性格による影響を受ける．研究目的によってはこれらの要因を統制することが求められるが，これ自体を検討することも興味深い．例えば，異なる言語や文化的背景をもつ人々の間で視聴覚音声情報処理が異なるかどうかを検討するためには，文化間比較という手法が用いられる（Tanaka et al, 2010）．この際，どちらか一方の言語・文化圏の発話刺激のみを用いると，グループ間での実験結果の違いが被験者の効果なのか刺激の効果なのかの区別がつかなくなる．そのため，双方の言語・文化圏の刺激を用いて結果を相殺するか，第3の言語・文化圏の刺激を用いるなどの方法をとる．

視聴覚音声刺激の作成には大きな手間がかかる．顔の表情研究用刺激セットや音声コーパスなどはいくつも存在するものの，研究者間で共有できる視聴覚音声刺激データベースはほとんどなく，今後の開発が望まれる．現在公開されているものとして，マガーク効果の実験刺激セット（田中, 2012）がある．また，基本6感情を込めて発話した視聴覚音声刺激を収録し，視聴覚情動知覚の研究に使用可能なデータベースが公開準備中である〔刺激の概要は髙木ほか（2014）参照〕．

〔田中章浩〕

2.6.4 身体感覚の測定

人間が環境中で適切に行動するためには，自身の身体を知覚し，外界を知覚し，そして身体と外界との関係を理解する必要がある．本節では，その中でも，身体の形状の知覚に関する実験で留意すべき点や，身体感覚の測定法について概説する．

1) 身体表象

私たちは，歩いたり，何かを手に取ったり，環境中で適切に行動できる．このような身体運動は，自身の身体の形状や姿勢の内的モデルを参照することによって行われる（Head & Holmes, 1911）．そのような内的に表象されている身体の形状や姿勢は身体表象（body representation）と呼ばれる．身体表象はさらに身体図式（body schema）と身体像（body image）に分けられる．身体図式とは，身体を動かす際に無意識的に参照されるものである（4.1.5 参照）．一方，身体像は私たちが自身の身体の形状について意識できる像である．これらの身体表象は複数の感覚情報を元に更新されていることが知られている．

2) 多感覚情報の統合と身体知覚

それぞれの感覚器官は身体の特定部位に位置しているため，各感覚モダリティの情報は，入力の時点で身体の制約を反映している．眼球は頭部の前面に，水平方向に数 cm 離れて 2 つ並んでいるし，耳は頭部の左右に位置している．したがって，網膜に映る像や，耳に入る音は，その人の眼球や耳の位置を示している．これらは最も単純な例であるが，このほかにも（例えば左右の感覚器官の入力の差など），感覚情報には入力の時点で身体の形状に関する情報が含まれている．また，普段の環境では私たちがじっと静止していることは少なく，常に身体を動かしているだろう．その身体運動の結果として生じる感覚入力にも身体運動の情報が含まれることになる．感覚情報からどのように身体が知覚されるかを理解する場合には，これらの点を意識しておく必要があるだろう．

さらに，感覚情報には自身の身体に関するより直接的な情報が含まれていることが多い．手で身体を触るとか，手を見るとか，皮膚に何かが接触した音を聞くというように，私たちは，複数の感覚モダリティから身体に関する情報を得ている．これまでの研究から，身体の形状を知覚し，身体表象を更新する際には，自己受容感覚，皮膚感覚，平衡感覚，視覚などの情報が統合されていることが示されている（Tsakiris, 2010）．

身体知覚において複数の感覚モダリティからの情報がどのように統合されるかを研究する際には，異なる感覚に矛盾した情報を与えたときに生じる錯覚を利用できる．例えば，ピノキオ錯覚（Lackner, 1988）は，自己受容感覚と触覚の間の矛盾によって生じる．図 2.60 の左のように片手で鼻をつまんだ状態で，上腕二頭筋の腱に振動刺激を与える．この振動刺激は，肘の関節が伸びていくような錯覚を生じさせる．指は鼻を持っているが，肘は伸びていき，鼻をつまんだ手は顔から離れていくように感じられる．このような感覚が成立するのは，鼻が伸びたときだけなので，私たちは自分の鼻が長くなったように感じてしまう．このような錯覚が起きているときには，長くなった身体部位の皮膚上の 2 点間の距離が，実際に長く感じられることが報告されている（de Vignemont et al, 2005）．

視覚と触覚の間の矛盾によって生じる錯覚としては，ラバーハンド錯覚がよく知られている（Botvnick & Cohen, 1998. 4.1.5 参照）．自分の手が隠された状態で，ゴム製の手の模型と自分の手が同期して触られるのを見ていると，触られている感覚がゴムの手から生じているように感じ，またゴムの手が自分の身体の一部になったように感

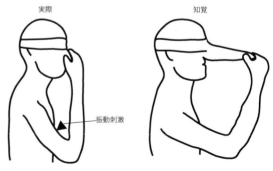

図 2.60 ピノキオ錯覚（Lackner, 1988）
（左）右手で鼻をつまみ，上腕二頭筋の腱に振動刺激を提示する．（右）肘が伸び，一緒に鼻も長くなるように感じる．

じてしまう錯覚である．視覚情報と触覚情報を統合することで，身体が認識されていることを示す現象である．

近年になって，聴覚も身体形状の知覚に貢献していることが示されている．床を叩く音が実際の位置よりも遠くから聞こえると，実際よりも遠い場所を叩いているように感じ，また腕が伸びたように感じてしまう〔図 2.61（Tajadura-Jiménez et al, 2012）〕．この場合も，伸びたように感じられる腕の 2 点間の距離は，実際よりも長く感じられる．身体運動と音の位置の間の空間的な矛盾を，認識される腕の長さを変えることで解消しているのであろう．

これらの例は，複数の感覚モダリティの情報間に矛盾があったり，身体運動と感覚情報の間に矛盾があったりすると，それが身体形状の変化として解釈され錯覚が生じることがあることを示している．このような錯覚を利用することで，身体の知覚（身体表象の更新）にどのような感覚情報が関わっているかを明らかにすることができる．

異なる感覚モダリティの情報が統合されて身体感覚が生じるためには，感覚モダリティ間および身体運動が同期している必要がある（2.6.2 参照）．視覚刺激と触覚刺激が同期していなかったり，身体運動と音のフィードバックが同期していないときには，上記のような錯覚は生じない．

3）身体感覚の測定

身体の形状が変化するような錯覚が生じたときに，その錯覚を測定する際に留意すべき点について概説する．まず，主観的な経験を質問紙などで直接評価する方法がある．例えば「腕が長くなったように感じた」という文章が実際の経験にどれくらい当てはまるかを数段階で評価してもらう方法である．主観的な経験を直接評価することは重要ではあるが，このような方法には様々なバイアスが影響する可能性もあり（1.4.2 参照），より客観的な測定も求められる．例えば，ラバーハンド錯覚の測定では，自身の腕の位置がラバーハンドの方向にずれて知覚されるため，隠された腕の位

図 2.61 床を叩いた音が実際よりも遠くで鳴ると腕が伸びたように感じる錯覚

置を答えてもらい，それをラバーハンド錯覚の強さの指標とすることが多い（Botvinick & Cohen, 1998）．身体部位の大きさが変化して知覚される場合には，視覚あるいは触覚的に提示された刺激と比較することで，知覚された身体部位の大きさを測定する方法も使われる．また，身体知覚が変化すれば，身体運動にも影響する場合もあるので，身体運動の変化として測定することもできる．例えば，腕が長いと感じる錯覚が生じているときに，視覚刺激へのリーチングを行った場合，腕が通常の長さだと感じられているときとは，運動が異なる場合もあるだろう．

身体感覚の測定では，主観的な経験の直接的な評価とより客観的な測定を組み合わせることが重要である．ただし，ここで気をつけなければいけないのは，両者は必ずしも一致するとは限らないという点である．身体表象には 2 種類あり，身体図式は無意識的に運動制御に用いられており，身体像は意識できる身体の像である．主観的な経験として報告されるのは，身体像に現れる身体形状の変化を反映しているだろうし，身体運動の変化は身体図式が変化したことによるものであろう．身体図式と身体像はある程度独立しているため，身体感覚に関する主観的な報告と身体運動との間で異なる結果が報告されることは珍しくない（Longo & Haggard, 2012）． 〔北川智利〕

2.7 バーチャルリアリティ研究

2.7.1 バーチャルリアリティにおける視覚情報の生成と提示

1) バーチャルリアリティとはなにか？

　心理学実験へのバーチャルリアリティ（virtual reality, VR）技術の適用に際して，従来の視覚情報の生成・提示手法とVRを使ったそれのどこが違うのかということを明らかにしておく必要がある．VRの成立要件としては，①3次元の空間性，②実時間の相互作用性，③自己投射性が三要素（館, 2011）としてあげられている．それぞれ，①VR空間がその中で人間にとって自然な3次元空間を構成していること，②人間がVR空間の中で，その環境と実時間の相互作用（interaction）をしながら行動できること，③VR空間の中に人間が入り込んだ状態がつくられていることを意味している．これらを従来型の視覚情報提示との比較で整理すると，被験者が提示された視覚情報との間で没入的に相互作用ができることがVRをVRたらしめる最も重要な要素ということになるだろう．なお，ここでの環境との相互作用とは，腕を伸ばして（効果器を使って）視覚オブジェクトに"触れる"ような場合のみならず，見回しやウォークスルーなど環境からアクティブに情報を取得する際に生じるものも含まれることに注意が必要である（従来型の視覚情報提示では見回しやウォークスルーに応じた画像の更新ができない）．

　VRの日本語訳として「仮想現実」の言葉が当てられることがあるが，虚実で言えば虚の含意がある「仮想」という日本語は，「実質的に同等」という意味を含むvirtualの訳語としては必ずしも適切ではない．そのため，学術的にはあえて日本語には訳さずそのままバーチャルリアリティを術語としている．

2) VR視覚情報の構成手法

　前述のようなVR空間の要件，特に環境との実時間の相互作用を視覚情報として実現するための過程を，モデリング（modeling）とレンダリング（rendering）の大きく2つに分けて取り扱うところが，VR視覚情報の構築における最も顕著な特徴であるといえる．

　モデリングとは，言葉どおりモデルを構築することである．モデルは用いられる分野や文脈によって異なる意味あいをもつ概念であるが，VRにおいては「必要な情報によって構築されたミニチュア世界」であると言ってよい．視覚情報に限定して言い換えれば，要するに必要な属性情報を備えた3次元オブジェクトや3次元空間の記述を指す．

　ここで，世界を構成するすべての情報をそっくりそのまま写し取ったモデルを構築しておけば，用途を問わずそのモデルを使えばよいことになるが，それは現実には不可能なので，その都度世界から必要な情報だけ取り出してモデルを構築することになる．必要な情報の選択は主に2つの観点から行われる．1つは，私たちの感覚にとって必要な情報という観点である．感覚をセンサと捉えればセンサで感知可能な情報以外はモデルの中に含めても意味がない．例えば，世界は可視光以外の波長の"光（電磁波）"に満ちているが，視覚情報としてモデルを構築する際には可視光以外の波長の情報までを含める必要はないだろう．もう1つはそのモデルの用途からみたときに必要な情報という観点である．例えば，空間認知の実験や景観の評価に使おうとする場合は背景を含む空間全体の情報が必要となるが，人物モデルを使ったコミュニケーションの実験に使おうとする場合には背景の情報はむしろ不要となる場合もあるだろう．

　一方，レンダリングとは，ディスプレイの形式とそのときの視点など被験者（ユーザー）の状態に応じて，構築されたモデルの一部をディスプレイで提示できる情報に変換する過程である．したがって，視覚情報に限っていえば，モデル各点を被験者の視点との間に置かれたディスプレイ面に写像する処理がレンダリングにほかならない．

　モデリングとレンダリングの関係は「世界と車窓からの眺め」に喩えることができるだろう．車窓からの眺めがめまぐるしく変わっていくのは，世界がそのように変化しているからではなく，世界に対して車窓の位置が変化しているからである．

　この喩えが示すように，VR視覚情報の生成・

提示過程をモデリングとレンダリングに分けることで，例えばウォークスルー時の画像の変化はレンダリングの問題として，一方，画像中のオブジェクトに触覚デバイスなどを用いて働きかけたことによる変化はモデルの問題として，被験者とVRとの相互作用をうまく切り分けて取り扱うことができるようになる．

さらに，この車窓の喩えは，単にVR視覚情報のアナロジーになっているにとどまらず私たちの感覚・知覚系と世界の関係性そのものをも示している．視覚系は車窓の窓枠に限定される前にそもそも限られた視野を通じてしか世界を知覚できないし，聴覚系は視覚に比べると全方位的ではあるものの，それでも音波が届くことのできる範囲の音しか聴くことはできない．触覚系に至っては，知覚できる範囲は対象に触れたまさにその部分だけに限定される．つまり，私たちの知覚内容は世界全体に対して常に限定されているために，その中に含まれる変化は，世界（モデル）自体の変化に加え，世界（モデル）と私たちの関係性の変化の両方を含むものにならざるをえないのである．VR視覚情報を実験に用いる際には，VR視覚情報がこのような私たちの知覚と世界の関係性そのものをも模擬していることにも注意を払う必要があるだろう．

ここで，モデリングの実際について概略を述べる．視覚情報に限定すれば，モデリングは基本的に，3次元オブジェクトおよびそれらの集積として構成される空間をコンピュータ（グラフィックカード）のメモリ内に構築することにほかならない．その際，複雑なオブジェクトは積み木と同じように単純な形状の要素を多数組み合わせることで構築され，そのような要素をプリミティブ（primitives）と呼ぶ．その際，視覚刺激としてのオブジェクトは視覚的に同等に見えてさえいればよいので，多数の単純な形状の平面〔ポリゴン（polygon）〕の組み合わせによってオブジェクトの表面形状だけが記述される，言わばハリボテとしてモデリングされることが多い．また，実際の物体表面は非常に複雑な分光反射特性（色や模様）を伴うが，モデルにおいてこれらがポリゴンの組み合わせで記述されることはほとんどなく，少数の色や陰影に単純化されるか，複雑な表面の場合

はその表面の映像をポリゴンで構成された構造の上に貼りつける〔テクスチャマッピング（texture mapping）〕ことで実現されることが多い．

openFrameworksなどのグラフィックスライブラリには，ポリゴンを記述しテクスチャマッピングを行う関数が用意されているので，それらを用いればプリミティブベースでモデリングを行うことができる．オブジェクトが複雑になったり，空間が大規模になると，それらをプリミティブのみから構築するのは大変な労力を要する作業になるが，3Dモデラーと呼ばれるアプリケーションを利用すればより簡便かつ直感的にそれらを構築することができる．ただし，3Dモデラーは実験に用いられることは想定されていないので，実験手続きの実装は別途考える必要がある．

被験者がVR視覚情報に働きかけてその位置や状態が変化するような場合，すべての場合についてのモデルをつくっておくのではなく，働きかけや時間の関数としてオブジェクトの位置や状態を出力する演算式によってそのオブジェクトの挙動を記述しておくことが多い．このような演算式を物理シミュレーション（physics simulation）と呼ぶ．シミュレーションによって，より高い任意性と厳密さをもつ相互作用が実現できる．シミュレーションは単にそれっぽく見せるための擬似的・簡易的なものから，物理特性としての厳密さを目指したものまで様々なものが可能だが，一般に厳密にしようとすればするほど計算負荷が高くなり実時間性が犠牲になるので用途に応じた使い分けが必要である．

以上のように構築されたVR視覚情報としてのモデルは，先述したレンダリングという過程を経てディスプレイに提示される．現在では，視覚情報の提示においては視点位置さえ適切に反映することができればレンダリング過程自体をプログラムやアプリケーションの中で意識する必要はほとんどなくなっているが，複数のモダリティの情報を同時に提示する場合には，視覚以外の情報についてはレンダリング過程の明示的な記述が必要になる場合がある．つまり，これまで述べてきたようなモデリングとレンダリングを分ける考え方は視覚情報に限定されたものではなく，VRにおいては例えば触覚モデリングと触覚レンダリングと

2.7.1　バーチャルリアリティにおける視覚情報の生成と提示　　129

いうようにすべてのモダリティにおいてモデリングとレンダリングの問題が存在すると考えなければならないのである（視覚以外の情報の生成と提示については2.7.2参照）．

3）頭部搭載型ディスプレイ

　LCD（液晶）ディスプレイのような小型のディスプレイを眼鏡のように眼の前に置いて画像を提示する方式を頭部搭載型ディスプレイ（head mounted display, HMD）と呼ぶ（図2.62）．画像によって眼を覆ってしまうことで現実世界をバーチャル世界に置き換えてしまうことができる〔シースルータイプを用いることで現実世界にバーチャル世界を重ね合わせることもできる．5)を参照〕．左右眼用にそれぞれ別の小型ディスプレイを用いることで両眼視差情報の提示も容易である．また，通常はベルトなどで頭部に固定しディスプレイの周囲もカバーで覆われて周辺視野も遮断されるため，提示条件の統制も比較的行いやすい．

　画面は視野の広範囲を覆うことができるようにできるだけ眼に近づけて配置されるが，あまり近すぎると調節が難しくなり，また，調節と輻輳との矛盾も大きくなってしまうため，通常は画面と眼の間に光学系が配置されて，提示距離が1m程度になるように調整されることが多い．この光学系で調整された提示面をバーチャルプレーン（virtual plane）と呼ぶ．また，頭部の回転や身体の移動に伴って画像を更新させるために，時々刻々の視点位置や視線方向を計測してシステム側に送る必要がある．そのため磁気式・光学式の3次元位置センサや，加速度センサ，ジャイロセンサなどをHMDに装着するが，最近では初めから位置センサを内蔵した製品も多く出回っているのでそれらを利用することもできる．

　上述のように眼を眼前の画像で覆ってしまうことでVR視覚情報への没入を容易に達成できる利点をもつHMDではあるが，他方で，その特性ゆえに，前方のオブジェクトに手を伸ばす場合など，現実世界なら何をしなくとも視野中に現れる自己の身体を改めてモデルとして記述してそれ自体VR視覚情報として"登場"させる必要があることには注意が必要である．また，HMDはいわゆ

図2.62　HMDの例（Oculus社 Oculus Rift）

るVR酔いを引き起こしやすいこともわかっており何らかの対策が必要になる場合がある．HMDによるVR酔いの原因としては，バーチャルプレーンを用いても輻輳と調整の矛盾が完全には解消されていないことなどが考えられている．

4）大型没入ディスプレイ

　大きなスクリーンで空間を囲って，いわば"映像の壁"をもつ部屋に被験者が入り込めるようなVR視覚情報の提示方式を大型没入ディスプレイ（immersive display）と呼ぶ．曲面スクリーンを用いる方式と，大型平面スクリーンを組み合わせて多面体スクリーンとする方式に大別されるが，ここでは複雑な光学系を必要とせず製品やライブラリなども用意されている多面体スクリーン方式（図6.63）に絞って解説する．

　没入ディスプレイでは被験者の視線方向以外の周囲にも環境を提示することでより広視野を得ることができ，また焦点距離もHMDに比べると大きくとれるので負担も少ない．ただし没入ディスプレイの場合でも，各面の映像をレンダリングする際の視点と被験者の実際の視点位置を合致させなければ平面スクリーンの接合部で直線が折れ曲がってしまうなど，バーチャル世界の幾何学的構造が正確に提示できなくなってしまう．そのため，通常は何らかの位置センサを頭部や立体視のための眼鏡（後述）に装着することで時々刻々の視点と視線方向を計測してシステム側に送り，それらの情報を基に各面のレンダリングを行う．

　また，被験者の左右眼それぞれに左目の視点でレンダリングした画像と右目のそれを提示できれ

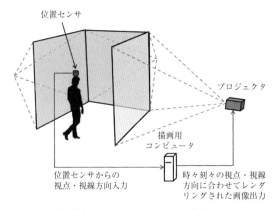

図 2.63　多面体大型没入ディスプレイの概念図

ば両眼視差による立体視が可能となり，そのことでさらに平面スクリーンの接合部やスクリーンの平面性が気にならなくなる．左右眼それぞれに適切な画像を提示するために，偏光フィルタを用いる方式と，画像フレームを用いる（時分割）方式の2つが主に用いられる．

偏光方式ではレンズに互いに直交する直線偏光フィルタを装着した2つのプロジェクタを用いて左右眼の情報を同じスクリーンに同時に提示する．被験者はやはり互いに直交する偏光フィルタをレンズとした眼鏡を装着することで偏光方向が一致した画像のみを各眼で受け取ることができるのである．スクリーン材質は偏光方向を維持するものでなければならない．

時分割方式では，左右眼用の画像を画像フレームごとに交互に提示し，これを眼鏡に装着された液晶シャッタを左右交互に開閉しながら観察する．画像フレームに同期して眼鏡の液晶シャッタを開閉するためには各フレームの提示タイミングが赤外線などによって眼鏡に送信される必要がある．また多面体スクリーンの場合はすべてのスクリーンでフレームが同期していないと両眼立体視が破綻してしまうため，スクリーンごとに異なるコンピュータを用いる場合にはコンピュータ間で何らかの通信を行ってすべてのフレームを同期させなければならない〔フレームロック（frame lock）〕．視覚系の時間解像度を前提にすればフレームレートは各眼 30 Hz，すなわち両眼で 60 Hz 程度あれば十分なはずだが，実際は両眼合わせて 120 Hz 以上ないと特に明るい場所で視聴する場合にちらつき〔フリッカー（flicker）〕

が生じてしまうことが経験的に知られている．

没入ディスプレイでは，ユーザは自分の身体も眼鏡を通じて見ることができるため，HMD のときのように自分の身体を改めてモデルとして表現しなくても，バーチャル世界に自分の身体の一部を"登場"させることができる．他方，自分の身体の一部は常に画像よりも手前に存在するために，バーチャル世界内のオブジェクトの「向こう側」に手をやる場合などに遮蔽関係に矛盾が生じてしまうという問題がある〔遮蔽矛盾（occlusion inconsistency）〕．

5) オーグメンティドリアリティ

HMD や没入ディスプレイなどを用いた VR は基本的に現実の視覚情報を VR 視覚情報で置き換えてしまうものであったが，一方，現実に VR 視覚情報を重ねて提示する考え方と技術も存在し，これを VR と区別してオーグメンティドリアリティ（augmented reality，AR）と呼ぶ．

AR ではシースルー型の HMD を用いて，現実に VR 視覚情報をシームレスに重ね合わせて提示する．そのためには，ユーザの視点から見たときの現実世界の幾何学構造をシステム側に伝えて VR 視覚情報が矛盾なく配置され，そのうえで被験者の視点位置と視線方向に合わせたレンダリングが行われる必要がある．このような現実と VR 視覚情報の位置合わせの処理をトラッキング（tracking）と呼ぶ．カメラを使ったトラッキング手法は，AR マーカーと呼ばれる2次元バーコードのような画像を現実世界の幾何学構造に合わせて置いておくマーカー方式と，そのようなマーカーを用いず画像的な特徴解析によって行う自然特徴方式の2つに大別される．AR マーカーは openFrameworks や ARToolKit など，多くのグラフィックスライブラリで利用可能である．

AR では，大型没入ディスプレイの項で述べた遮蔽矛盾や，現実世界とバーチャル世界で焦点位置が異なることなどが問題となるが，光学式シースルー HMD ではなく，頭部に設置したカメラで撮影することで現実世界をも画像として提示する画像式シースルー HMD で解決することができる．

〔茅原拓朗〕

2.7.2 バーチャルリアリティを使った複合モダリティ情報の取得と提示

バーチャルリアリティ（VR）を特徴づける要素には，3次元の空間性，実時間相互作用，自己投射性があげられる（舘，2000. 2.7.1 参照）．3次元の空間性とは，映像などによる提示内容が3次元的な広がりをもつことであり，実時間相互作用とは，頭部運動など人間の動作に応じて提示内容が実時間で更新されることを指す．自己投射性とはコンピュータの生成した3次元空間内に，自分の身体があると感じられることである．特に，複合モダリティ情報の取得および提示によってもたらされる後二者は，知覚認知の身体性など人間の自然なふるまいの心理学的理解と深く関わるものである．

1）VR を用いた聴覚刺激との複合提示

3次元音空間を提示する手法には，主として，ステレオや 5.1 チャネルサラウンドなど聴取点における音の到来方向を再現するもの（音の方向感制御），聴取者の耳元における音圧を再現するもの（聴取点音圧制御），ある領域における音圧分布自体を制御するもの（空間的音場制御）の3つがある（鈴木・西村，2010）．聴取点音圧制御は，ステレオよりも正確な音像定位を実現することが可能であり，音源から耳に届くまでの伝搬特性（頭部伝達関数：head-related transfer function, HRTF. 2.2.1 参照）を信号処理により音源信号に付与することによって音像位置を制御する．ただし，この伝搬特性は個人によって異なるため，聴取者本人かそれに近い HRTF を準備する必要がある．また，音源と耳との相対的な位置関係によって HRTF は異なるため，聴取者自身の移動を伴う実験では，後述のトラッキング技術を用いて頭部位置を把握し，それに応じて HRTF を切り替える必要がある．さらに，聴取者本人の HRTF を用いた場合でも，前後誤りが生起することがあるため，事前に十分確認する必要がある．空間的音場制御では境界音場制御法や波面合成法など高度な信号処理によって制御を行う．再現範囲内であれば頭部位置の変化に強く，個人性の影響は原理的にはない．しかし，正確な再現のためにはきわめて多くのスピーカを必要とするなど大規模な装置が求められる．そのため，視覚刺激と組み合わせた実験では，音の方向感制御方式や聴取点音圧制御方式がよく用いられる．例えば，大型スクリーンに（3次元）映像を投影すると同時に，ヘッドホンによる3次元音空間の提示を行うことや，大型音響透過型スクリーンの後ろに設置されたスピーカから音を提示することによって，音の到来方向を制御した実験も行われている．

2）VR を用いた体性感覚刺激との複合提示

体性感覚は大きく皮膚感覚と深部感覚に分けられる．このうち触圧覚など皮膚感覚を提示する装置はタクタイルディスプレイと呼ばれ，深部感覚を提示する装置は力覚ディスプレイと呼ばれる．心理実験でよく用いられるタクタイルディスプレイには，オプタコン（OPTACON）があげられる．これは視覚障害者用に開発された装置であり，カメラで画像を撮影し，それを指先大のピン列の振動に変換し，指先で読み取ることができるようにしたものである．心理実験ではピン列の動作を単独で制御するプログラムを組むことが多い．

力覚ディスプレイには装着型，把持型などがあり，装着型の一例がデータグローブである．これは手袋型の入出力装置であり，手指に力覚刺激を提示するアクチュエータ部分と手指の位置や動きを捉えるセンサ部分からなる．物体に触れた感覚や物体をつかむ感覚の提示のみならず，物体把持時の指間の連携など運動学的要素を捉えるためのモーションセンサとして用いられる．ただし，骨格サイズの個人差に対する調整が必要である．把持型でよく用いられるのが PHANToM（Sensable Technology 社）である．指先（指サック型）またはペン先（ペン型）の位置を検知し，仮想物体に触れたときに物体から返ってくる反力を与えることにより，触れている感覚を再現する．指サックやペンといった道具を介することで，制御点も限定され，誰でも指サックをはめるまたはペンを握るだけで触れている感覚を得られる．一方で，指先などの1点のみを制御するためデータグローブのような物体をつかむ動作は再現できない．

これらの装置では不透明ミラー（通常の鏡）や半透明ミラーを用いることによって，視覚刺激と位置を合わせて提示することができる．半透明ミラーを用いる場合，触力覚刺激や刺激身体部位と視覚刺激を同時に見せられる一方，視触覚刺激の空間位置を完全に一致させると提示装置や身体部位が視覚刺激の提示を妨げることになるため，少しずれた位置に提示することになる．一方，不透明ミラーを用いる場合，触力覚刺激と視覚刺激の空間位置を一致させられるが，触力覚刺激や刺激身体部位自体を見せることはできない．

3）VR を用いた前庭刺激との複合提示

視覚-前庭相互作用に関する研究では，従来様々な方法で前庭刺激と大視野視覚刺激の同時提示が試みられている．古い研究では，回転椅子（Bárány chair）と縞模様のカーテンなどが用いられてきたが，近年では，スチュワートプラットフォーム，車椅子型装置やブランコ型装置といった前庭刺激提示装置に，大型スクリーン，頭部搭載型ディスプレイなど（2.7.1 参照）を組み合わせて用いられることが多い．刺激方向や加速度，速度，視覚刺激のサイズや種類のほか，両刺激の同期性を操作した研究などが見られる．能動運動と受動運動の違いを調べる研究では，後述のモーションキャプチャなどを用いて能動運動時の頭部の動きと映像を収録しておき，受動運動条件においてそれを前庭刺激提示装置と視覚ディスプレイを用いて再生するといった工夫がみられる．聴覚-前庭相互作用に関する実験では，スチュワートプラットフォームや車椅子型装置を用いた場合，その大きな駆動音や地面との摩擦音が交絡因子となりうるため何らかの対策が必要である．また，VR 環境で複数の感覚モダリティに刺激を提示する際に注意しなければいけないのが，VR 酔い（2.7.1 および 2.7.3 参照）である．その原因には，立体映像観察時の輻輳と調節のずれ，複数の感覚モダリティ情報の不一致や頭部を動かした際に再描画されるべき映像の遅延などがあげられる．個人差もあるため，被験者の状態に気を配りながら，実験を遂行することが求められる．

4）位置センサによる身体位置・動きの捕捉

VR 環境においては，人間が自由に動いて，その身体の位置や動きに応じて，コンピュータによって生成された環境を実時間で更新することが行われる．この目的でよく用いられるのが磁気方式と光学方式のモーションキャプチャと呼ばれる装置である．

磁気方式のモーションキャプチャでは，3 次元交流磁場を発生させ，この中で小型コイルの移動によって生じる誘導起電力から，位置および角度を測定するものである．センサ部は小型であるため，ステレオ眼鏡や頭部搭載型ディスプレイなどに装着することによって，頭部位置や角度の変化に応じたレンダリング内容の更新が可能となる．原理上，周囲の金属の影響を受けやすいため，他の実験機器と併用する場合には注意が必要である．計測精度は一般に高いが，磁場のソースとセンサ間の距離が大きくなるほど精度は低下する．

光学方式のモーションキャプチャには，計測対象にマーカを配置するものとそうでないものがある．マーカを配置するものには，赤外線照明光を反射素材によって反射するパッシブ型と，自ら発光するアクティブ型があり，いずれも周囲に取りつけられた 2 台以上のカメラによってマーカ位置を計測する．原理上，マーカがカメラの撮影範囲から外れたり，障害物によって隠れたりする場合には計測できないため，実験に応じて適切なカメラの数と位置を決める必要がある．また，多くの場合，あらかじめ物体・人体モデルを登録しておき，その制約条件を適用することで，認識精度の低下を防ぐ．計算速度や計測精度は，カメラのリフレッシュレートと解像度に依存する．計測対象にマーカを配置しないものは，カメラからの観察画像のみで画像処理によって計測を行うものである．そのほとんどが映像との同期を考慮し，ディスプレイのリフレッシュレート（30 〜60 Hz）に合わせた計算速度を実現しており，通常の動作であれば対応できる．しかし，激しい動きを捉える必要がある場合には，高性能なシステムが求められる．　　　　　　　　　　　　　　〔寺本　渉〕

2.7.3 リアリティの測定

実験心理学では，実験者は実世界に存在する物体や景色，場面などを刺激として利用したくなることがある．しかし実際にはそれができないことが多いため，写真やコンピュータグラフィックス（CG）などの人工物で代替することになる．その際，刺激が十分に本物らしいことが必要となり，場合によっては本物らしさの評定を行う必要が生じる．このような本物らしさのことをここでは「リアリティ」と呼び，この節ではリアリティとそれに関わる心理計測について述べる．

実際にリアリティが問題になる場合には，大きく分けて2つの状況が考えられる．1つは「現在いる場所とは異なる場所にいるような感覚」で，これは臨場感あるいは presence と呼ばれることが多い（寺本ほか，2010；Witmer & Singer, 1998）．一方，物体や対象が本物のように感じられるときには，迫真性〔vraisemblance, fidelity（行場・寺本，2012）〕や実物感といった表現が用いられる．

1）臨場感，presence

Witmer と Singer（1998）は"presence"を「ある場所や環境にいるという主観的な体験」と定義し，これを測定する質問紙法を提案した．ここでいう presence は日本語の「臨場感」とおおむね一致する感覚であると考えうる（寺本ほか，2010）．Witmer と Singer（1998）の質問紙は PQ（presence questionnaire）と ITQ（immersive tendency questionnaire）からなる．PQ はあるバーチャルリアリティ（VR）環境下で個人がどれだけ presence を感じその感覚にどのような要因が寄与しているのかを測るためのものであり，ITQ はある個人にどれだけ没頭（involvement，特定の対象に注意やエネルギーを集中すること）・没入（immersion，自分がある環境に囲まれ・含まれ・関わり合っていると感じること）する能力や傾向があるのかを測るためのものである．いずれも7件法の質問項目からなり，PQ は 32，ITQ は 29 の項目から構成されている．ITQ のデータをクラスタ分析すると没頭，集中，ゲームの3つ

の下位スケールが存在することが示された．一方 PQ については没頭／支配，自然，インタフェースの質の3つの下位スケールが存在することが示された．Witmer ら（2005）は PQ の質問項目を再構成し，没頭，感覚迫真性，順応／没入，インタフェースの質の4つの下位スケールを設けた．

このような presence や臨場感を測定するための質問紙法には Slater ら（1994）や Lessister ら（2001）などもあるが，Witmer と Singer（1998）の方法がこれまで最も多くの研究で用いられている（2018年2月時点で Google Scholar による計数で 3,356 回の引用）．ほかにも，複数の質問項目を用いることなく「臨場感の強さ」という単一の項目の主観評価によって臨場感を計測しようとする試みもあるが，日本語の「臨場感」という語の理解は必ずしも1つに定まるものではなく，「あたかもその場にいる感じ」という偽物の場の本物らしさを評価する言葉としてだけではなく，現実場面での実際に生じた生の体験の印象（「心を揺さぶられる」「非日常性」）を評価する言葉としても用いられる傾向があるため（寺本ほか，2010），注意が必要である．

2）他のリアリティに関連する評価法

◆ 動揺病・映像酔い

前庭系への刺激を含む VR 環境などでは不快な感覚や嘔吐，発汗などの生理的反応が生じることがあり，これらの現象は「動揺病」「運動酔い」（motion sickness）と呼ばれている．この現象が視覚刺激の提示のみで生じた場合は「映像酔い」（visually induced motion sickness）と呼ばれる．また，頭部搭載型ディスプレイ（head mounted display, HMD）などを用いたバーチャルリアリティ環境で生じた酔いは VR 酔い（virtual reality sickness, cybersickness）と呼ばれる．これらの強度はもっぱら主観評価によって計測されており，simulator sickness questionnaire〔SSQ（Kennedy et al, 1993）〕がこの現象についての質問紙法の事実上の標準として用いられている．SSQ は気分の悪さ，頭痛，吐き気，めまいなどを含む16項目の4件法の質問からなり，それらの一部または全部を合算することで，むかつき（nausea），眼運動（oculomotor），方向感覚

喪失（disorientation），総合（total）の4つの得点を求めることができる．しかし，連続して何度も強度を測定する場面などには複数の質問に回答する必要のあるSSQの使用は適さないこともある．そうした場合には，「気持ち悪さ」や「不快感」といった単一の項目について視覚的評価スケール（visual analogue scale, VAS）やスライダー，ボリュームによって回答したり，マグニチュード推定を用いたりする．そのうちの1つが高速動揺病スケール〔fast motion sickness scale, FMS（Keshavarz & Hecht, 2011）〕である．FMSは0～20の単一項目による動揺病の主観報告であり，SSQの得点との高い相関が報告されている．ただし，いずれの場合も測定値は実験参加者の主観的な報告にのみ依存するため，実験の目的によっては問題が生じることもある．そこで，近年多くの研究者によって生理的指標と酔いの関連が調べられてきた（Graybiel & Lackner, 1980；Kim et al, 2008；Nichols et al, 1997；中川ほか，2000；Abe et al, 2013；Farmer et al, 2015；Miyazaki et al, 2015）が，現在までに酔い評価の標準と呼べる生理的指標は確立されていない．

◆ 身体動揺

人の直立姿勢は絶えず小刻みに動揺して修正を繰り返すことで維持されるが（Thomas & Whitney, 1959），この動揺はその人の状態と提示される刺激によって変化する．これは身体動揺・重心動揺（body sway, postural sway）と呼ばれ，VR環境が身体に与える影響の1つとしてしばしば計測の対象となる．身体動揺の計測は重心動揺計で行われることが多い．重心動揺計は板状の装置で，その上に参加者が直立した状態で計測される．医療場面で使用されるJISなどの規格に準拠した重心動揺計は高価であるため，近年は家庭用ゲーム機（Clark et al, 2012；Young et al, 2011）や体幹（肩や腰）に固定されたジャイロ（Horlings et al, 2008）などが使われることも多い．測定値としてはCoP〔center of (foot) pressure, 足圧中心〕の軌跡長・軌跡の外周に囲まれた面積・単位面積軌跡長などが使用される．重心（center of gravity, CoG）は通常直接算出することは困難であるので，CoPから推定する（Shimba, 1984；

Benda et al, 1994）．また，ロンベルグ率（Romberg quotient）は閉眼での計測値を開眼での計測値で割った値であり，軌跡長，軌跡外周面積など様々な計測値から算出され，視覚情報が姿勢制御に与える影響を調べる際に頻繁に使用される（Van Parys & Njiokiktjien, 1976）．

◆ 視覚誘導性自己運動感覚

広視野の運動刺激を観察したときに，実際には動いていないはずの自分の身体が動いていると感じることがある．これを視覚誘導性自己運動感覚〔ベクション（vection）〕と呼ぶ（Fischer & Kornmüller, 1930. 2.3.3参照）．ベクションはあくまで主観的な体験であるので，その測定は主観報告に頼ることになる．参加者にベクションが知覚されている間ボタンを押すように指示することで，視覚刺激のオンセットからの潜時や持続時間を計測することが一般的である（Wong & Frost, 1981）．他にも，方向，強度，速度などが計測される．

ベクションは実験者の教示（Palmisano & Chan, 2004）や注意（Kitazaki & Sato, 2003）などの認知的な影響を受けやすいことや，初心者にはどの感覚がベクションであるかわからないことがあるなどの理由から，主観報告によらない測定法が模索されており，これまでに眼球運動（Kim & Palmisano, 2010），脳波（Tokumaru et al, 1999；Thilo et al, 2003），身体動揺（Apthorp et al, 2014；Palmisano et al, 2014）などとベクションの関係について調べられてきている（Palmisano et al, 2015によるレビューが詳しい）．

3) リアリティ計測の本質的な問題点

われわれは実際の物体や自然の状況に対して「本物らしい」と思うことはまれであり，人工的に生成された偽物に対して「あたかも本物のようだ」と思うことはしばしばある．このように，真に本物であるものには本物らしさの感覚は生じにくく，偽物であるとわかっているものにこそ本物らしさの感覚が生じるという矛盾した関係が存在する．このことは意識される本物らしさを全知的な手続きを使って評定することの困難さを意味している．〔原澤賢充〕

2.7.4 バーチャルリアリティと心理学

1) リアリティを決めるもの

私たちは「現実」とされる世界にしか住んでいないので，何が現実であり，リアリティが高いかを定義するのは難しい．ゆえに，現実ではないうそ・非現実との対比でリアリティを定義していると考えられる．それは多くの場合，人工的につくった画像や刺激，空間が基準となるので，リアリティを定義しているというよりは，人工的な非リアリティを定義しているといえる．また，人が漠然と感じるリアリティや直接的に生じる現実感の喪失との対比でリアリティが語られることもある．離人症や現実感喪失で失われる現実感とは何かを考えることもリアリティの本質的解明につながる．

バーチャルリアリティ（VR）は，感覚入力を生成・操作して，現実と変わらない感覚・知覚・体験を生じさせるものとされる（舘, 2002）．したがって，リアリティの要因として，物理的リアリティ要因といえるものと心理的リアリティ要因の2つが考えられる（図2.64）．

2) 物理的なリアリティ要因

私たちの知覚は，外界から刺激を得て，知覚表象をつくり上げる過程と考えられる．VRでは，外界の情報をそのまま感覚器官に提示するのではなく，人工的に生成した刺激を提示する．この感覚器官に提示する人工的な刺激がどれくらい外界の現実世界と類似しているかを決めるのが物理的リアリティ要因である．

ヒトに提示する感覚情報の時空間的な解像度や精度は，単純な要因だがリアリティの最重要規定要因の1つである．テレビの空間解像度の向上（SD：720×480画素から，HD，そして4K：3,840×2,160画素）が高いリアリティをもたらしているのが好例である．また，人工的な映像や音声などを生成する場合には，外界情報をいかにモデル化・数式化し，情報表現にするかに関わるモデリングの精度も問題となる．表面下錯乱を模擬するコンピュータグラフィックス（CG）では肌など半透明な物体の質感を高いリアリティで生成できる．他にも，視野など感覚受容領域をどれだけカバーできるか，頭部や身体の運動に対して遅延なく刺激が連動して変化するかなどが物理的要因といえる．主に装置の改良や刺激生成手法の改良で改善できるリアリティに関与する要因が物理的リアリティ要因である．

3) 心理的なリアリティ要因

一方で，感覚器官を通して脳が処理を行い知覚表象を生成する際，そしてより高次な認知・情動などをもたらす過程においてリアリティに関与するのが心理的リアリティ要因である．これはまさに知覚心理学や認知心理学の範疇であり，認知メカニズムの解明と利用が心理的リアリティの向上に寄与する．例えば，奥行き知覚における陰影やキャストシャドーはモデリングに基づき正確に高精度に生成する（物理的リアリティ要因）ことも大切だが，ヒトが仮定しやすい光源の位置や，一般視点，剛体的運動の仮定（自然制約条件）などを考慮して脳の処理に対して最適化することも重要である．また，前後の文脈などストーリーやコンテンツの特性も心理的リアリティに影響する．

ただし，物理的要因と心理的要因は必ずしも独立・平行ではなく，脳の処理（心理的要因）としてどの物理的要因に重きが置かれるかは状況（個別要因間の信頼性の違いなど）や個人差（経験，身体特徴など）に依存する．

4) 心理学におけるバーチャルリアリティの利用

特に知覚心理学では，初期からVR装置が研究や実験に導入された．両眼立体視を簡便に実現するフレームシーケンシャルによる液晶シャッターゴーグルとディスプレイの組み合せ，眼前に固定されたディスプレイを有する頭部搭載型ディスプ

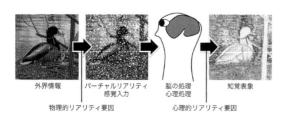

図2.64 リアリティを決める2つの要因

レイ，頭部位置をリアルタイムに計測できる磁気や光学式の 3D モーションセンサなどは，顎台で視点を固定された観察者の知覚心理学から，自己運動を考慮した知覚心理学への拡張を容易にした．また，手や全身の運動をリアルタイムに計測できるサイバーグローブやサイバースーツ，モーションキャプチャ装置，そして触力覚提示装置は，身体運動感覚や触力覚の知覚心理学，視聴覚と組み合わせた複合感覚知覚の研究を促進した．

このように市販の VR 装置を用いることで，以前は非常に高価で特殊な装置を特注しないとできなかった実験・研究が比較的容易にできるようになった．ただし，VR の市販装置は，従来の心理物理学実験に利用するには精度が足りないことや，フレーム落ちが頻繁に非定常的に生じるなど時間的更新が厳密でないことなど注意しなければならない点もある．したがって，使用する装置の特性や精度を把握し，利用可能な精度で適用可能な心理物理学実験を計画すること，得られたデータの信頼性を定量的に推定しておく必要がある．

5）バーチャルリアリティにおける心理学の利用

効果的な VR 技術を実現するには心理学の知見は欠かせない．それは先に述べたようにリアリティ（知覚表象）が物理的にも心理的にヒトの感覚器官と脳の処理を経てつくられるからである．したがって，VR は，心理学，特に認知心理学の知見を用いて脳を騙すこととういわれる．例えば，サイバースペースでの移動を体験させる際には，視覚誘導性自己運動知覚（ベクション．2.3.3 参照）を効果的に適用して静止した観察者にリアルな移動体験を誘発する．また，実際に歩行して移動感覚を提示する際にも，change blindness やサッカード抑制（6.2.1 参照）を利用して，実際には頭部搭載型ディスプレイをつけて狭い場所をぐるぐるまわっているだけなのに，広い空間を歩きまわっているように感じさせる手法が研究されている（Suma et al, 2011）．

近年は複合感覚を利用した VR のアプリケーションが開発され，注目されている．マウスカーソルの移動速度やサイズを操作して，触覚の変化を体験させる擬似触覚（pseudo haptics）は，機械的制御なしで触覚を誘発・制御できる手法である（Lecuyer et al, 2000）．また，味覚が視覚や嗅覚の影響を受けやすいことに着目し，オーグメンティドリアリティ（拡張現実．2.7.1 参照）の技術を用いて見た目を変え，香りを同時提示することでプレーンなクッキーから様々な味を体験させるシステムや食物を噛むときの音を操作して食感やクリスプ感を変えるシステムも開発されている（鳴海ほか，2010；小泉ほか，2013）．

6）バーチャルリアリティと心理学の複合・融合

VR と実験心理学が複合し，互いに融合することで，これまでにない研究領域を切り拓くことも増えてきた．例えば，現在では倫理的な問題からも実施が難しいミルグラム実験がサイバースペースとアバターを用いて行われている（Slater et al, 2006）．このような研究は，ロボットやアバターなど人工的なエージェントに対してヒトがどのように感じ，情動反応を生じるか，そして意志決定やコミュニケーションを行うかを対象とする新しい問題領域を導く．また，恐怖症や PTSD（心的外傷後ストレス障害）の治療方法である曝露療法についても VR を用いることで，それまでできなかった体験や定量的な操作が可能となった．VR を用いれば，一度きりしか起きない大震災をある程度リアルに追体験することができる．またそのような体験も，恐怖症の対象（クモやヘビなど）も，解像度やモデリングの精度を操作してリアリティを定量的に操作することで，段階的な曝露療法が容易になる．

VR を用いて体外離脱，身体所有感や行為主体感の研究が精力的に行われている（Lenggenhager et al, 2007）．ラバーハンド錯覚（4.1.5 参照）を全身アバターの背中に適用したり，身体運動と連動するアバターをサイバースペース内の鏡で観察することで，目に見えているアバターの身体が自分のように体験される．これらを用いた研究は，身体とは何か，自己とは何かを解明する新しいツールにもなり，身体を変えることでヒトの認知がどのように変わるかを明らかにする基礎研究をもたらす．（北﨑，2016）　〔北﨑充晃〕

第3部

感覚・知覚・感性

第1部　実験の基礎

第2部　感覚刺激の作成と較正

第3部　感覚・知覚・感性

第4部　認知・記憶・注意・感情

第5部　学習と行動

第6部　生理学的測定法

付　録

▶ 感覚・知覚・感性

3.1　心理物理学的測定法 140
3.2　信号検出理論 146
3.3　評定法と尺度構成 150
3.4　多次元評価と時間変動評価 166
3.5　多様な研究アプローチ 178
3.6　自然画像の解析 192
3.7　多様な実験参加者 196

3.1 心理物理学的測定法

3.1.1 心理物理学的測定に必要な基礎知識

1) 心理物理学的測定における定数

心理物理学では定数の測定が重要となる．心理物理学で測定の対象となる定数については，必ずしも研究者間で意見が一致しているわけではないが，田中（1977）は定数を「閾に関係するもの」と「等価値（等価点）に関係するもの」に分類して整理している．それによれば，閾に関係する定数には，絶対閾（absolute threshold），弁別閾（difference threshold, DL），刺激頂が含まれる．等価値に関係するものには，主観的等価点（point of subjective equality, PSE），定比値，等価差異値が含まれるという．

刺激頂は，「感覚の生じる最上限の刺激値」である．定比値は「1つの標準刺激に対し，主観的にそのn倍（$1/n$倍）となる刺激値」とされる．等価差異値は，「2つの刺激 A，B の距離 AB と主観的に等しく感じられる刺激 C，D の距離 CD」を表す．絶対閾，DL，PSE については以下に述べる．

2) 絶対閾

絶対閾は，刺激閾とも呼ばれる．絶対閾は，感覚を引き起こすのに必要な最小エネルギーと定義される．刺激をゼロの状態から徐々に強くしていくと，ある強度で感覚を生じるようになる．感覚を初めて引き起こす刺激強度は測定ごとに変化するが，刺激強度が増すにつれ，感覚の生じる確率も増大する．刺激強度をϕ，感覚生起確率をρと置くと，

$$\rho = F(\phi) \qquad (0 \leq \rho \leq 1) \qquad (1)$$

となる．縦軸にρ，横軸にϕをとると，(1)式は通常はＳ字状のグラフ（オージブ関数．累積正規分布関数のこと）として表される．(1)式は心理測定関数（psychometric function）と呼ばれる．刺激が「存在する・しない」で答える Yes/No 法の場合，絶対閾は$\rho = 0.5$と定められる．

3) 弁別閾，主観的等価点

絶対閾より強い刺激を提示した場合，感覚レベルで何らかの変化がわかるためには，刺激強度をある臨界量だけ増加あるいは減少させる必要がある．この臨界量のことを DL と呼ぶ．DL は，感覚上の丁度可知差異（just noticeable difference, JND）を生じさせるのに必要な刺激量と定義される．

2つの刺激を提示して，それらの感覚量を比較する場合を考える．ここでは，感覚量を「大きい・小さい」で表記することにする．さて，2つの刺激の一方を標準刺激（standard stimulus），他方を比較刺激（comparison stimulus）とし，標準刺激と比較刺激の主観的大きさを比較する．そのとき観察者は，標準刺激と比較刺激のどちらが大きく感じるかを，「比較刺激のほうが大きい・小さい」の2件法で答えることにする．標準刺激の強度をϕ_s，比較刺激の強度をϕ_c，標準刺激より比較刺激のほうが大きいとする確率をρと置くと，

$$\rho = F(\phi_c) \qquad (0 \leq \rho \leq 1) \qquad (2)$$

と表せる．(2)式も(1)式と同様の単調増加する心理測定関数となる．縦軸にρ，横軸にϕ_cをとって(2)式を図示すると，図 3.1 のようになる．

さて，標準刺激と比較刺激を同じ大きさに感じる刺激強度では，「比較刺激のほうが大きい」と答える確率が 0.5，「比較刺激のほうが小さい」と答える確率も 0.5 となる．このときの比較刺激の強度を$\phi_{0.5}$と置くと，

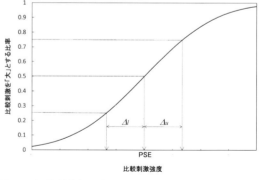

図 3.1　標準刺激を固定し，比較刺激を変化させて得られた心理測定関数

この関数は，通常はＳ字状のオージブ曲線となる．主観的等価点（PSE），上弁別閾（Δ_u）下弁別閾（Δ_l）

$$F(\phi_{0.5}) = 0.5 \qquad (3)$$

となる．この$\phi_{0.5}$を PSE と呼ぶ．通常，PSE は標準刺激の強度ϕ_sとは完全には一致しない．PSE と標準刺激との差$\phi_{0.5} - \phi_s$を恒常誤差（constant error, CE）という．

PSE では標準刺激と比較刺激の弁別はできないが，比較刺激強度を PSE から変化させると，図 3.1 に示すように，「比較刺激のほうが大きい」と答える比率も変化する．DL を求めるために用いられるのは，「比較刺激のほうが大きい」とする確率が 0.75 および 0.25 の点である．DL は，上弁別閾と下弁別閾に分けられる．上弁別閾を$\mathit{\Delta}_u$，下弁別閾を$\mathit{\Delta}_l$と置くと，

$$F(\phi_{0.5} + \mathit{\Delta}_u) = 0.75 \qquad (4)$$
$$F(\phi_{0.5} - \mathit{\Delta}_l) = 0.25 \qquad (5)$$

となる．DL は，上弁別閾と下弁別閾を平均した平均弁別閾として以下のように求められる．

$$\frac{(\phi_{0.5} + \mathit{\Delta}_u) - (\phi_{0.5} - \mathit{\Delta}_l)}{2} = \frac{\mathit{\Delta}_u + \mathit{\Delta}_l}{2} \qquad (6)$$

4）ウェーバーの法則

生理学者であったウェーバー（Weber, E. H.）は，2 つの錘の重さを比較する実験を行った（Ross & Murray, 1996）．その結果，重さの違いに気づくためには，錘が軽いときよりも重いときのほうが 2 つの錘の間に大きな差が必要であることに気づいた．錘の重さをϕ，DL を$\mathit{\Delta}\phi$と置くと，その関係式は，

$$\frac{\mathit{\Delta}\phi}{\phi} = c \qquad (c\text{ は定数}) \qquad (7)$$

となる．(7) 式は，重さだけでなく，視覚，聴覚などの感覚強度についても成り立つ．

5）フェヒナーの法則

フェヒナー（Fechner, G. T.）は，感覚次元における JND をウェーバー比と関連づけて考え，「DL$\mathit{\Delta}\phi$の大きさにかかわらず，JND は心理的にすべて等しい」と仮定した．これを式で表すと，

$$\mathit{\Delta}\psi = k\,\frac{\mathit{\Delta}\phi}{\phi} \qquad (8)$$

となる．ただし，$\mathit{\Delta}\psi$は JND を表す．フェヒナーは (8) 式の$\mathit{\Delta}\psi$と$\mathit{\Delta}\phi$を微小量と考え，それぞれを微分で置き換えて積分した．その結果，

$$\psi = k\,\log_e \phi + C \qquad (9)$$

が得られた．絶対閾（$\psi = 0$）における刺激量をϕ_0と置き，この値を (9) 式に代入すると，

$$\psi = k\,\log_e \frac{\phi}{\phi_0} = k\,\log_e \phi \qquad (10)$$

が導出される．ただし，(10) 式ではϕ_0を尺度の単位にとり，$\phi_0 = 1$としてある．(10) 式がフェヒナーの法則として知られる式である．

6）スティーブンスの冪法則

技術者たちがフェヒナーの法則を仮定した dB 尺度を作成し使用しているうちに，これが人間の感覚判断と一致しないことが明らかとなってきた．そこで，音響心理学者であったスティーブンス（Stevens, S. S.）は，観察者に感覚の大きさに関する直接判断を求めるマグニチュード推定法（magnitude estimation method）を提唱した．マグニチュード推定法では，刺激を提示したときに感じる感覚量を直接数値で表現することを観察者に求める．この数値を，提示された刺激に対するマグニチュード推定値と呼び，推定代表値としては幾何平均値を用いる．スティーブンスは，マグニチュード推定実験で得られた推定値（感覚）ψと刺激ϕの間に，冪関数，

$$\psi = a\phi^b \qquad (11)$$

が成り立つとした（Stevens, 1957）．ここで，aは測定の単位に関する定数，bは感覚モダリティに依存する指数である．bの値は感覚の種類によって異なり，その値が冪関数の形を決める．$b = 1$なら (11) 式は線形関数，$0 < b < 1$なら負に加速された増加関数，$b > 1$なら正に加速された増加関数となる． 〔宮岡　徹〕

3.1.2 心理物理学的測定法

1) 恒常法

恒常法は，絶対閾，弁別閾（DL），主観的等価点（PSE）の測定に用いることができる．

絶対閾測定の場合，まず予備的な測定によって刺激の範囲を設定し，最も弱い刺激はほとんど検出されず，最も強い刺激はほぼ検出されるようにする．恒常法では通常，5〜9個の刺激セットを用意し，各刺激を100回以上ランダムな順序で提示する．古典的な測定では，観察者は刺激についてYes/No法により応答する．

Yes/No法からイエス反応の割合を計算し，各刺激値に対してプロットすると，心理測定関数が得られる．得られた心理測定関数は，典型的には図3.2に示すようなオージブ曲線となる．実際の実験データは種々の誤差を含むので，これらを取り除いた心理測定関数を算出するためには，最小二乗法によりデータに曲線を当てはめる操作が必要となる．ここでは心理測定関数を線形関数に変換して当てはめる方法について説明する．

図3.2の縦軸はイエス反応の比率 ρ，横軸は刺激強度 ϕ であるが，z 変換表を用いて縦軸の ρ を z に書き換える．ϕ と z の間には，

$$z = \frac{\phi - \mu}{\sigma} \tag{1}$$

の関係があるので，図3.2のオージブ関数は線形関数となる．ここで，(1)式の μ はイエス反応時の刺激強度平均値，σ は標準偏差を表す．最小二乗法により求めた $z = a\phi + b$ に $z = 0$ を代入すると，絶対閾にあたる ϕ が求められる．

恒常法で，DL・PSE を測定する場合は，観察者に標準刺激（ϕ_s）と比較刺激（ϕ_c）を提示し，比較刺激強度を試行ごとに変化させて，標準刺激と比較刺激のどちらが（例えば）「大きい」かの判断を求める．比較刺激には，最も弱い刺激がほとんど標準刺激よりも「小さい」と判断され，最も強い刺激がほとんど標準刺激よりも「大きい」と判断されるような5〜9種類の刺激を選択しておく．提示に際しては，標準刺激と比較刺激の提示順序・提示位置に依存する恒常誤差が生じる可能性があるので，これらの誤差を相殺するように実験を計画する．

2件法で測定した場合，各比較刺激（ϕ_c）に対するイエス反応の比率（ρ）をプロットすると，全体としてはオージブ曲線が得られる．各データ点は誤差を含むので，絶対閾測定の場合と同様 ρ を z に変換したうえで，最小二乗法により $z = a\phi + b$ を計算する．この式に $z = 0$（$\rho = 0.5$ に対応）を代入すると，PSE（$\phi_{0.5}$）が求められる．上弁別閾は $z = 0.67$（$\rho = 0.75$ に対応）の値と PSE との差，下弁別閾は PSE と $z = -0.67$（$\rho = 0.25$ に対応）との差として求められる．

2) 極限法

極限法は，絶対閾，DL，PSE の測定に用いられる．恒常法に比べると精度はよくないが，測定時間ははるかに短くて済むので，定数測定にはよく採用される．

極限法で絶対閾を測定する場合は，刺激が「存在する・しない」の2件法を用いる．極限法では，刺激を上昇系列（ascending series）もしくは下降系列（descending series）で提示し，実験者が刺激強度を少しずつ変化させる．上昇系列では，観察者が刺激の存在を報告した時点で，下降系列では観察者が刺激の消失を報告した時点で提示を打ち切る．上昇系列の場合，「ない」反応の最大値と「ある」反応の中間点，下降系列の場合は「ある」反応の最小値と「ない」反応の中間点を遷移点とする．各遷移点が閾値の推定値であり，それらの値を平均して絶対閾とする．

極限法での測定結果には，2つの恒常誤差が影

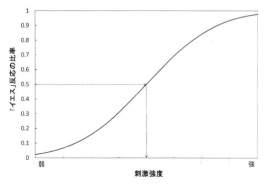

図3.2 Yes/No 法による絶対閾測定の心理測定関数
Yes/No 法の場合，絶対閾は「イエス」反応の出現比率が 0.5 の点と定義される．

響する．1つは慣れの誤差であり，もう1つは期待の誤差である．慣れの誤差は，刺激が閾値に達してからも観察者が同じ反応を繰り返す傾向を指す．これに対し期待の誤差は，刺激が閾値に達する前に観察者が感覚の変化を報告する傾向を指す．

極限法でDL・PSEを測定する場合は，標準刺激と比較刺激を対にして提示し，実験者が比較刺激を標準刺激方向に少しずつ変化させて，観察者の判断を求める．弁別判断には3件法が用いられることが多い．上昇系列では，例えば比較刺激が標準刺激よりも「小さい」と反応する点から開始し，「等しい」を経て「大きい」という反応が出た点で刺激提示を打ち切る．下降系列では，比較刺激を「大きい」と反応する点から開始し，「等しい」を経て「小さい」という反応が出現した点で提示を打ち切る．この方法では，上昇系列についても下降系列についても，それぞれ上閾 (upper limen, L_u) 下閾 (lower limen, L_l) の2つの遷移点が得られる．L_uは「大きい」という反応と「同じ」という反応の中間点，L_lは「同じ」という反応と「小さい」という反応の中間点を表す．このとき，DLはL_uの平均値とL_lの平均値から，

$$DL = \frac{\bar{L}_u - \bar{L}_l}{2} \quad (2)$$

と計算される．また，PSEは，

$$PSE = \frac{\bar{L}_u + \bar{L}_l}{2} \quad (3)$$

となる．

3）強制選択法

Yes/No法による判断では，刺激が閾下にあるときには，あるいは刺激が存在しないときには，観察者が刺激の存在を報告する反応バイアス (response bias) を避けることができない．これを取り除く試みとして強制選択法 (forced-choice procedure) が開発された (Gescheider, 1997)．強制選択法における観察者の課題は，いくつかの観察対象の中から刺激が含まれる対象を選ぶというものである．観察には，次々に提示される選択対象の中から選ぶ時間的強制選択と，同時に異なった位置に提示された対象から選ぶ空間的強制選択とがある．

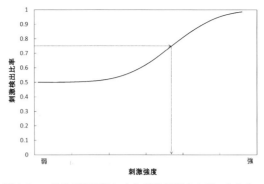

図3.3　二肢強制選択法により絶対閾測定を行ったときの心理測定関数

観察者が刺激を検出できなければ，2つの刺激をランダムに選ぶことになるので，刺激検出比率は0.5となる．刺激を検出できるようになると，この比率は上昇する．

強制選択法によって反応バイアスを排除できるのは，刺激を報告するか否かの選択の余地が観察者にはないからである．二肢強制選択法の例で説明すれば，刺激が弱くて検出できないなら正しく選択できる確率はチャンスレベル（50%）にとどまる（図3.3）．刺激を検出できるようになると，成績はチャンスレベルを上回るようになる．閾値は，例えば75%の正答率の刺激強度とされる．

4）調整法

調整法は，主にPSEの測定に用いられるが，絶対閾の測定に用いることもできる．この方法の特徴は，刺激の変化のコントロールを観察者が行うところにある．

調整法をPSEの測定に用いる場合は，標準刺激と比較刺激のマッチング作業を行う．例えば比較刺激強度を変化させ，標準刺激と同じ大きさに感じられるデータ点を求める．十分な数のデータ点を求めて平均することにより，PSEの平均値が得られる．

絶対閾の測定では，刺激の強度レベルを閾値のはるか下あるいは上に設定し，刺激が知覚できるまで，あるいは刺激の知覚が消失するまで，観察者に刺激強度レベルを調節させる．刺激は連続的に変化させることが望ましいが，離散的な変化も可能である．調整法は厳密な測定には適していないが，感度低下を調べる臨床的な用途や予備的測定には十分用いることができる．〔宮岡　徹〕

3.1.3　適応的測定法

1）適応的測定法

　3.1.2で紹介された古典的心理物理学的測定法（classical psychophysical methods）は，原理が単純なため実装が容易だが，必ずしも効率が高いとはいえない．そのため，高い効率を目指して適応的測定法（adaptive methods）が開発されてきた．測定効率は試行回数と測定値のバラツキの積に反比例し，より少ない試行数で安定した結果を得られるときに効率が高いという．古典的測定法では刺激がしばしば測定対象の本来の閾値から離れた強度で呈示されるため，効率が低下する．これを解決するために適応的測定法では，呈示する刺激の強度をなるべく閾値に近づけるよう工夫されている．刺激の強度は，古典的測定法（恒常法と極限法）では実験開始前に前もって決めておくのに対し，適応的測定法では参加者の応答に応じて変更する．個々の測定法は，①刺激強度をいつ変えるのか，②刺激強度の決定方法は何か，③いつ測定を終えるのか，④最終的な推定値はどのように求めるのかという4点によって特徴づけられ，測定対象のもつ心理測定関数（psychometric function）に関する実験者の事前知識や前提，測定の目的によってノンパラメトリックな方法とパラメトリックな方法の2つに分けることができる．

2）ノンパラメトリックな方法

　心理測定関数が単調に増加（もしくは減少）することが唯一の適用条件で，閾値のみを計測するときに用いる．極限法を基に改良されたものが多い．

◆上下法

　上下法（up-down method）もしくは階段法（staircase method）は極限法を改良した最も実装が容易な適応的測定法の1つである．参加者の応答が変化した試行〔Yes/No課題では「見えない」から「見える」に変化したところ，二肢強制選択（2AFC）課題では，誤答から正答に変化したところ〕でその系列を打ち切り，刺激増分の符号を反転してすぐさま次の系列を開始することで，閾値から離れた強度での刺激呈示を減らしている（図3.4a）．刺激強度の変化方向の反転が6～8回起きたところで測定を打ち切る．最終的な推定値は，最後の刺激強度の値，直近数回の反転時の刺激強度の平均，偶数回目の系列の平均強度の平均（mid-run推定）などいくつかの方法によって求められる．

◆変形上下法

　上下法では参加者の応答が変化した1試行のみを用いて系列を打ち切り増分を反転させるのに対し，変形上下法〔transformed up-down method（Levitt, 1971）〕では直前の数回の応答を考慮して増分の符号を決定する．例えば，1-up/2-downという手続きだと，1回の負反応で強度を上げ，2回の正反応で強度を下げることを意味する（図3.4b）．この数値によって，最終的に求められる閾値が理論的に何％の反応率をもたらすことになるのかが決まる．1-up/2-downだと70.7％，1-up/3-downだと79.4％の反応率となる閾値を求めることになる．終了は上下法と同様に系列反転の回数で決められ，最終推定は最後の刺激強度やmid-run推定によってなされる．

◆PEST

　TaylorとCreelman（1967）が開発した適応的測定法であるPEST（parameter estimation by sequential testing）は，上下法にいくつかのヒューリスティックな規則を追加したものである．上下法と異なり，PESTでは刺激強度の増分の大きさが変化する．刺激強度が連続して小さくなったり大きくなったりしたときには増分を倍にし，変化の方向が反転したときには半分にする（図3.4c）．これによって閾値から離れたところでは増分を大きくし，閾値近傍では増分を小さくして効率の向上を図っている．ある刺激強度での試行を数回繰り返し（この一群の試行をステップと呼ぶ），その平均反応率と求める閾値の反応率の差が大きかったときに刺激強度を変化させる．反転を繰り返して，増分が最初に決めた値よりも小さくなったときに測定を終え，最後の刺激強度をもって推定値とする．PESTの手続きは原澤（2003）が詳しい．

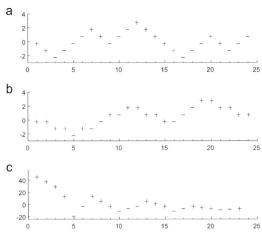

図 3.4 ノンパラメトリックな測定での刺激強度の推移
横軸は試行（c はステップ），縦軸は刺激強度を示す．「＋」は正反応，「－」は負反応を意味する．a：上下法．b：変形上下法．1-up/2-down．c：PEST．原則として同反応が 2 回続くと増分が倍になり，反応が反転すると増分が半分になる．

3）パラメトリックな方法

心理測定関数の一般的な形状がわかっていて，そのパラメータ（閾値や傾き）を測定するときに用いる．もし傾きが既知ならば閾値のみを測定すればよいことになる．

◆QUEST

心理測定関数の形と傾きがわかっていてその位置だけが知りたい場合には QUEST（Watson & Pelli, 1983）を用いることができる．QUEST では，ベイズ推定により試行ごとにそのときに最も閾値として確からしい強度の刺激を呈示し，それに対する応答に従って閾値の確率密度関数を更新する．最初に閾値がどこにありそうかという予想を確率密度関数として設定し，その確率密度関数が最大となる値を最初の刺激強度とする．それに対する応答に応じて異なる確率密度関数を掛け合わせる．掛け合わせる関数はあらかじめ仮定された心理測定関数から求められる．元となる心理測定関数を左右反転させたものを成功関数，それを 1 から引いたものを失敗関数として定義し，呈示した刺激の強度に応じてこれらを水平移動させ，正の反応があった場合には成功関数を，負の反応があった場合には失敗関数を掛け合わせる．

こうして更新された確率密度関数を用いて，次の試行の刺激強度が決定される．Yes/No 課題の場合は心理測定関数は 0～1 の値をとるので，成功関数と失敗関数は上下対称となり確率密度関数に与える影響の大きさに違いはない．2AFC 課題では心理測定関数は 0.5～1 の値をとるので，2 つの関数は非対称になり，成功関数よりも失敗関数のほうが確率密度関数に与える影響は大きい．この手続きを繰り返すと確率密度関数はだんだん急峻になっていく．測定はあらかじめ決められた試行数で終了し，そのときの確率密度関数の最大値をもって最終的な閾値の推定値とする．詳細な手続きについては原澤（2003）が参考になる．Psychtoolbox（Brainard, 1997；Pelli, 1997）や，PsychoPy（Peirce, 2007）などの実験環境で実装されているため利用が容易であり，近年非常に多くの研究で用いられている．

4）その他の方法

他にも多くの適応的測定法が提案されている．例えば，Adaptive Probit Estimation（Watt, 1981），ML-PEST（Harvey, 1986），Best PEST（Pentland, 1980），ZEST（King-Smith et al, 1994），Spearman-Kärber 法（Ulrich & Miller, 2004）などである．さらに閾値が既知のときに心理測定関数の傾きを測定する方法（King-Smith & Rose, 1997）や，閾値と傾きを同時に測定する方法（Kontsevich & Tyler, 1999；Brand & Kollmeier, 2002），強制選択ではなく「わからない」という回答も許したときの測定法（Kaernbach, 2001），2 つの変数の閾値を同時に求める方法（Kujala & Lukka, 2006）なども提案されている．これらのうち一部は，Treutwein（1995）や Klein（2001）などがまとめて概観しているので参考にされたい． 〔原澤賢充〕

3.2.1 信号検出理論の基礎と応用

1) 知覚と判断

初期の心理物理学者たちは，刺激によって引き起こされる感覚系の神経的変化と訓練された観察者の報告の間には，密接な対応関係があると考えていた．しかし，実験結果が蓄積するにつれて，観察結果から非感覚的な要素を取り除けないことが明らかになってきた．例えば，観察者の反応に一貫して影響を与えることがわかった変数は，刺激を提示する確率である．提示刺激中にキャッチトライアル（catch trial，無刺激試行）を混入させると，キャッチトライアル提示確率が高いときと低いときで，観察者が刺激の生起をどの程度期待するかが異なってくる．たとえ実験事態にどれほど習熟した観察者であっても，この影響を免れられない．そこで，刺激の存否と観察者の判断戦略を明確に分離する方法として，信号検出理論（signal detection theory，SDT）が開発された．

2) 信号分布と判断基準

SDT は，1950 年代初期に数学者や工学者により開発され，1953〜1954 年に Tanner, W. P. や Swets, J. A. により心理学に初めて応用された（Green & Swets, 1966）．SDT では，信号・ノイズ分布と観察者の判断基準を明確に区別する．これにより，古典的な閾理論の曖昧さを指摘するとともに，それを SDT の枠内に位置づけてみせた（Gescheider, 1997）．

信号（刺激）は，人間が検出する場合も機械が検出する場合も，背景ノイズの中から検出される．観察主体が人間である場合，背景ノイズは観察者の外部から来る場合もあるし，観察者の内部から発生する場合もある．これらの背景ノイズのレベルはランダムに変動する．検出事態において，観察者は観察 x を実行し，その観察について判断を下す．x が「ノイズ」なのか「信号＋ノイズ」なのかの区別は，信号が弱い場合は特に難しくなる．「ノイズ」はランダムに変動するので，ある場合は「信号＋ノイズ」と間違うほど強くなる場合もあるし，「信号＋ノイズ」が「ノイズ」と間違うほど弱くなる場合もある．この「ノイズ」と「信号＋ノイズ」の変動は，図 3.5 に示すように 2 つの確率分布として考えることができる．通常は，これらの分布を，いずれも分散 1 の正規分布として表す．今，「ノイズ分布」（N 分布）の平均を 0 とすると，その確率密度関数は，

$$f_N(x) = \frac{1}{\sqrt{2\pi}} \exp\left(-\frac{x^2}{2}\right) \tag{1}$$

となる．「信号＋ノイズ分布」（SN 分布）は N 分布よりも大きな平均をもつので，SN 分布の平均値を d' とすれば，その確率密度関数は，

$$f_{SN}(x) = \frac{1}{\sqrt{2\pi}} \exp\left\{-\frac{(x-d')^2}{2}\right\} \tag{2}$$

と表される．

さて，観察者は，SN 分布または N 分布からランダムに選ばれたサンプルについて観察を行い，観察結果に基づいてサンプルが SN 分布に属するか，N 分布に属するかを判断する．図 3.5 の SN 分布の縦座標は信号が存在するときの確率密度 $f_{SN}(x)$ を，N 分布の縦座標はノイズのみが存在するときの確率密度 $f_N(x)$ を表す．この 2 つの確率密度の比である尤度比（likelihood ratio）は，

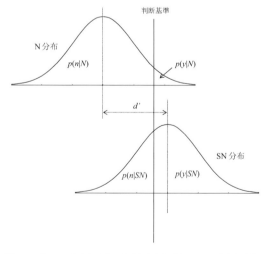

図 3.5 「ノイズ分布」（N 分布）と「信号＋ノイズ分布」（SN 分布）
観察者の判断基準の位置により，誤警報率 $p(y|N)$ とヒット率 $p(y|SN)$ が決まる．

$$l(x) = \frac{f_{SN}(x)}{f_N(x)} \quad (3)$$

となる．観察 x が交点より大きければ，観察は SN 分布から生じる確率のほうが高く，小さければ N 分布から生じる確率のほうが高くなる（図 3.6）．

信号検出理論では，特定の尤度比を β とし，$l(x) = \beta$ となるときの x を c と置く．観察者は c を判断基準（criterion, c）とし，各感覚観察が β よりも大きいか小さいかで判断を決める．すなわち，$l(x) \geq \beta$ なら「信号+ノイズ」を選択し，$l(x) < \beta$ なら「ノイズ」を選択するのである．特に制約がなければ $\beta = 1$ となるように判断基準を設定するのが賢明であろうが，判断事態に様々な利益と損失が設定される場合は，判断基準が 1 から外れる場合も生じてくる．

3) ROC 曲線

SDT で問題とする事態は，信号がある（SN）か，信号がない（N）かのどちらかである．それぞれの事態に対して，観察者は判断基準に基づく $l(x) = \beta$ の下で，あり（y），なし（n）の判断を行う．信号と判断の関係を整理すると，表 3.1 のようになる．

「信号あり」のとき正しく「あり」と判断する事態をヒット（hit），「信号あり」のとき誤って「なし」と判断する事態をミス（miss），「信号なし」のとき誤って「あり」と判断する事態を誤警報（false alarm），「信号なし」のとき正しく「なし」と判断する事態を正棄却（correct rejection）という．ここで，

$$\begin{aligned} p(y|SN) + p(n|SN) = 1 \\ p(y|N) + p(n|N) = 1 \end{aligned} \quad (4)$$

であるから，分析する場合は $p(y|SN)$（ヒット）と $p(y|N)$（誤警報）のみを考えればよい．

ヒットを縦軸，誤警報を横軸にとって観察者の応答を表した曲線を ROC 曲線（receiver operating characteristic curve）と呼ぶ．様々な強度の刺激に対する ROC 曲線のパターンは理論的に求めることができ，それを実験結果とデータと照らし合わせて検討することができる．ここで，図 3.5 に示した信号検出理論モデルから ROC 曲線を導く方法について，図 3.7 に基づき説明する．

図 3.7 右中段では，観察者の判断基準は $l(x) = 1$ となる部分にある．このとき $p(y|N) = 0.309$, $p(y|SN) = 0.691$ なので，左の座標は（0.309, 0.691）となる．ここで，実験事態を変化させ，ヒットに対して報酬を与えるように設定すると，観察者は刺激がより多く検出できるように判断基準を変える．その結果，判断基準は右上段のようになり，左の座標は（0.691, 0.933）となる．また，誤警報に対し罰を与えるように設定すると，観察者は，誤警報が少なくなるように判断基準を変え（図

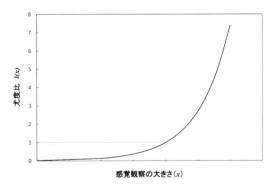

図 3.6 感覚観察 x と尤度比 $l(x)$ との関係

表 3.1 信号検出における信号と判断の関係

	「あり」判断（y）	「なし」判断（n）
信号あり（SN）	$p(y\|SN)$ ヒット	$p(n\|SN)$ ミス
信号なし（N）	$p(y\|N)$ 誤警報	$p(n\|N)$ 正棄却

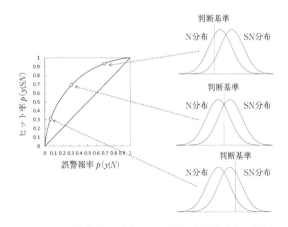

図 3.7 ROC 曲線と N 分布，SN 分布，判断基準との関係 観察者の判断基準の変化によって，ROC 曲線上の点が移動する．ヒット率は，判断基準より上の SN 分布面積に等しく，誤警報率は判断基準より上の N 分布面積に等しい．

3.2.1 信号検出理論の基礎と応用

3.7右下段),左の座標は(0.067, 0.309)となる.

図3.7からわかるように,判断基準が左から右へ移動すると(低い判断基準から高い判断基準へと移動すると),ROC曲線上の点は,右上から左下へと移動する.このとき,SN分布とN分布の位置関係は変化していないので,SN分布とN分布の平均間距離であるd'も変化せず(図3.5),したがってROC曲線の形も変化しない.N分布に対するSN分布の位置は,刺激強度と感覚系の特性に完全に依存するため,d'は観察者の判断基準位置の影響を受けない,純粋な刺激検出力の指標となる.

図3.8に,d'が0~3.0の場合のROC曲線を示す.$d'=0$の場合はSN分布とN分布が重なり,誤警報率とヒット率の値が同一となるので,ROC曲線は正の対角線となる.d'が増大するにつれ,ROC曲線の形状は弓なりとなり,$d'=3.0$では,x軸,y軸に接近する.図3.5からも,d'が大きい場合はSN分布とN分布の重なりが少なく,観察者の弁別力が高くなることがわかる.ROC曲線のパターンは刺激強度と感覚系の特性に完全に依存する.ROC曲線は観察者の判断基準の影響を受けないので,d'を決定することができれば実験結果がどのROC曲線上にのっているかがわかる.

そこで,次にd'を計算によって求める方法を示す.(4)式から$p(y|N)+p(n|N)=1$であるから,

$$p(n|N) = 1 - p(y|N) \to Z_N \quad (5)$$

という変換が成り立つ.すなわち,誤警報から正

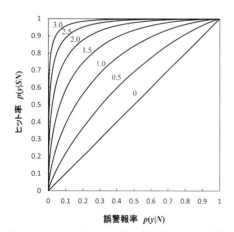

図3.8 0~3.0までのd'値に対応するROC曲線

棄却の値を求め,それをz得点の値Z_Nに変換するという操作により,当該のZ_Nの位置が求められる.同様に,

$$p(n|SN) = 1 - p(y|SN) \to Z_{SN} \quad (6)$$

という操作により,Z_{SN}の位置も求められる.d'は,図3.5および(5)式,(6)式から,

$$d' = Z_N - Z_{SN} \quad (7)$$

として算出される.図3.7の例では,3つの判断基準のいずれの場合についても,$d'=-0.50-(-1.50)=1$,$d'=0.50-(-0.50)=1$,$d'=1.50-0.50=1$となる.どの判断基準でもd'は一定で,1本のROC曲線上にのっていることがわかる.

4) 反応バイアス

観察者が他の反応よりもある反応を好む傾向を反応バイアス(response bias)という.反応バイアスは,信号強度以外の要因で決定される.感度の測度d'は信号強度に依存して変化するが,報酬などある反応が他の反応より高い頻度で起こるように設定された事態では変化しない.したがって,d'は反応バイアスとは独立している.

反応バイアスを測る指標として,まずCがあげられる.Cは,判断基準cとd'を用いて,

$$C = c - \frac{d'}{2} = \frac{Z_{SN} + Z_N}{2} \quad (8)$$

と定義される.$C=0$のとき,誤警報率とミス率が等しくなる(すなわち,ヒット率と正棄却率も等しくなる).このとき,反応バイアスは存在しない.$C<0$の場合は,「イエス」反応が多くなる方向へのバイアスが存在することを示し,$C>0$の場合は「ノー」反応が多くなる方向へのバイアスが存在することを示す.(8)式からわかるように,CはZ_{SN}とZ_Nから計算されるので,その値は,SN分布とN分布が交わる点(バイアスのない点)から判断基準がどれだけずれているかを,z得点を単位として表した数である.このように表現すると,感度の測度d'と判断基準の双方がz得点という共通の単位で表される利点がある.

SDTの説明では,尤度比$l(c)=\beta$を計算することにより反応バイアスを測定してきた.βは有

効な反応バイアス指標であるが，判断基準に対し非対称で，しかも正に加速された増加関数なので，直観的に理解しにくい（図3.6）．この非対称性によるわかりにくさは，$f_{SN}(x)$ と $f_N(x)$ の尤度比の自然対数を計算することにより解消できる．(1), (2), (3) 式から，

$$\log_e \beta = \log_e\left[\frac{1}{\sqrt{2\pi}}\exp\left\{-\frac{1}{2}\left(c-d'\right)^2\right\}\right]$$
$$-\log_e\left\{\frac{1}{\sqrt{2\pi}}\exp\left(-\frac{c^2}{2}\right)\right\} \tag{9}$$
$$= d'\left(c-\frac{d'}{2}\right) = \frac{Z_N^2 - Z_{SN}^2}{2}$$

となる．(9) 式から，β を Z_{SN} と Z_N で書き表せることがわかる．

3番目の反応バイアス測度は C' である．β は，判断基準位置における尤度比，C は SN 分布と N 分布の交点から判断基準位置までの距離を z 得点で表したものであるが，C' は感度の測度 d' に対する C の割合を表しており，

$$C' = \frac{C}{d'} = \frac{Z_{SN} + Z_N}{2(Z_N - Z_{SN})} \tag{10}$$

となる．

これら3つの反応バイアス測度の間には単純な関係があり，d' とバイアス測度の1つがわかっていれば，他の測度は容易に計算できる．C を d' で割ることによって C' が得られ，C に d' を掛けることにより $\log_e \beta$ が得られる．

5）信号検出理論における不等分散モデル

これまで，SN 分布と N 分布がいずれも正規分布し，いずれの分散も1の場合について説明してきた．しかし，実際の測定では，等分散の仮定が成り立たない場合もしばしばある．

測定で得られた Z_{SN} を Z_N に対してプロットしたとき，正規分布の仮定と等分散の仮定が成り立てば，データは傾き1の直線となるはずである．実験データはほとんどの場合直線になるため，正規分布の仮定は広く受け入れられている．しかし，傾きに関しては1にならない場合が多く，このとき等分散の仮定は成り立たない．今，SN 分布と N 分布の平均と分散をそれぞれ $N(\mu_{SN},\ \sigma_{SN}^2)$，

$N(\mu_N,\ \sigma_N^2)$ と置くと，ROC 曲線の傾きは，

$$s = \frac{\sigma_N}{\sigma_{SN}} \tag{11}$$

となる．さて，はじめに紹介する指標 Δm は，

$$\Delta m = \mu_{SN} - \mu_N \tag{12}$$

と定義される．Δm は $Z_{SN} = 0$ において算出され，また $\sigma_N = 1$ となっている．Δm の定義は d' と似ており，等分散のケースでは d' と一致する．

SN 分布，N 分布双方の分散を考慮した検出力指標として d_e' がある．d_e' は両分布の標準偏差の算術平均によって標準化された指標である．d_e' は，$\sigma_N = 1$ であることを考慮すると，

$$d_e' = \frac{2\Delta m}{(\sigma_N + \sigma_{SN})} = \frac{2s}{1+s}\Delta m \tag{13}$$

と書ける．等分散のケースでは $\Delta m = d'$，$s = 1$ となるので，(13) 式から $d_e' = d'$ が導ける．

次に紹介する d_a は，N 分布，SN 分布の標準偏差の RMS（root-mean-square）平均で標準化された指標で，

$$d_a = \frac{\Delta m}{\sqrt{\frac{1}{2}(\sigma_N^2 + \sigma_{SN}^2)}} = \sqrt{\frac{2s^2}{1+s^2}}\Delta m \tag{14}$$

と定義される．等分散の場合は，(14) 式から $d_a = d'$ が導ける．

最後に ROC 曲線下の面積を用いた測度について説明する．図3.8からわかるように，ROC 曲線よりも下側にある面積の割合を $p(A)$ とすれば，観察者の成績がチャンスレベルの場合は $p(A) = 0.5$，完全に弁別できている場合は $p(A) = 1$ となる．観察者の弁別がその間にある場合は，$p(A)$ は 0.5 と 1 の間にある．$p(A)$ の面積はグラフ的に求めることもできるが，より正確には，z 得点で表した ROC 曲線に直線を当てはめ，その曲線下の面積 A_Z を計算すればよい．A_Z では，ROC 曲線が直線で表示できること，すなわちデータが正規分布する必要がある（Gescheider, 1997；大山, 2011）．

〔宮岡　徹〕

3.2.1　信号検出理論の基礎と応用　　149

3.3 評定法と尺度構成

3.3.1 評定の尺度

1）測定の尺度

実験によって得られるデータは，一定の規則に従って測定された値である必要がある．この測定の規則のことを尺度（scale）と呼ぶ．どの尺度を用いて測定されたかによって，データの扱い方を変える必要がある．逆の言い方をすると，どのような分析結果を得たいかに基づいて尺度や測定の仕方を選定する必要がある．次に，スティーブンス（Stevens, 1946）による4つの尺度（名義尺度，順序尺度，間隔尺度，比率尺度．表3.2）について水準の低いほうから順に説明する．

◆名義尺度

最も水準の低い尺度は，名義尺度（nominal scale）である．被験者の反応（回答）を分類するために，反応のカテゴリーに名前をつけ，それぞれのカテゴリーの頻度を数えることを可能にすること自体が，数値化の基礎である．例えば好きな季節を問い，春であれば1，夏であれば2，秋であれば3，冬であれば4といったように，分類したカテゴリーに便宜的に割り当てた数値は名義尺度となる．他に，性別やプロ野球チームなども名義尺度として表すことができる．このときのカテゴリーは，反応が必ずどれか1つに属するよう用意されなければならない．また，ここで割り当てられた値は各カテゴリーを指す便宜的なものであるため，量的な意味はもたず，各カテゴリーに与えられた数値について差分を求めたり平均値を

求めたりするような四則演算をすることはできない．カテゴリーに数値を割り当てず，そのまま用いることもある．この尺度には，各ケースの数（頻度），最頻値，連関係数を統計量として用いることができ，2項検定やχ^2検定などの分析を実施できる．

◆順序尺度

2番目に水準が低い順序尺度（ordinal scale）は，測定値の順序関係や大小関係を表す尺度である．例えば5科目の得意な順位を問い，それに対する各科目の順位（1～5）の値は順序尺度である．また，各科目の得意な程度を問い，とても得意であれば4，まあまあ得意であれば3，あまり得意でなければ2，まったく得意でなければ1，と割り当てられた値も順序尺度である．この場合，順序や得意の程度の1と2の間の差と，3と4の間の差はいずれも心理的に等距離であることが保証されないため，名義尺度と同様，四則演算をすることはできない．この尺度には，名義尺度の統計量に加え，中央値，パーセンタイル，順位相関係数といった統計量を用いることができ，マン・ホイットニーの検定，符号つき順位検定などの分析を実施できる．

◆間隔尺度

次に水準の低い間隔尺度（interval scale），測定値の順序関係や大小関係を表す尺度であることに加え，測定値間の等距離性が保証される．ただし，この尺度には絶対的な零点は存在しない．したがって，測定値間の差は意味をもつが，比は意味をもたない．例えば時計が示す時刻は，1～2時の間の差と，3～4時の間の差は等しいが，0

表3.2　スティーブンスによる4つの尺度の概説

	測定値の意味	例	統計量	分析法
名義尺度	反応（回答）を分類する	性別（男：1，女：2）	各ケースの数，最頻値，連関係数	2項検定やχ^2検定など 四則演算不可
順序尺度	順序や大小を表す	好意度（とても好き：4，まあまあ好き：3，あまり好きでない：2，まったく好きでない：1）	上記に加え，パーセンタイル，順位相関係数	マン・ホイットニーの検定，符号つき順位検定など 四則演算不可
間隔尺度	大小を表し測定値間の等間隔性が保証される絶対的な零点は存在しない	時刻，温度，標高，音程	上記に加え，平均値，標準偏差，相関係数	t検定，分散分析など 四則演算可
比率尺度	大小を表し測定値間の等間隔性が保証される絶対的な零点は存在する	長さ，重さ，時間，金額	上記に加え，変動係数	上記と同じ

時は時刻がないわけではなく，3時は1時の3倍とはならない．他には，摂氏や華氏による温度，標高，音程などが間隔尺度にあたる．ただし，間隔尺度による測定値であっても，零点が実用において標準化されている場合には，絶対量として扱うこともある．例えば標高は，海面を基準としたときの地表の高さであり，0mは高さがないわけではない．しかしながら，実用においては，標高0mに零点が標準化されていると考えられるため，「標高2,000mの山は1,000mの山の2倍の高さがある」ということができる．以上の意味も含めると，間隔尺度に四則演算を適用することは可能である．なお，順序尺度の項に記述した程度などの測定において，程度表現に用いる語（とても，わりに，やや，あまり，まったくなど）の心理的な距離が等しいことが想定できる場合には，その評価値は間隔尺度として扱うことができる〔「2）評定尺度法」参照〕．この尺度には，順序尺度の統計量に加え，平均値，標準偏差，相関係数といった統計量を用いることができ，t 検定，分散分析などの分析を実施できる．

◆ 比率尺度

4つの尺度のうち最も水準の高い比率尺度（ratio scale）は，測定値が示す大小関係，測定値間の等間隔性に加え，絶対的な零点が存在する尺度である．例としては，長さ，重さ，時間（○時間○分），金額などが間隔尺度にあたる．これらが0であることは，測定対象が「ない」ことを意味している．また，絶対的な零点が存在するため，測定値間の比を扱うことができ，四則演算を適用することが可能である．この尺度には，間隔尺度の統計量に加え，変動係数を統計量として用いることができ，間隔尺度と同様の分析を行うことができる．

なお，例えば人数やりんごの個数のように，測定値が単位そのものを表す絶対尺度（absolute scale）は，比率尺度と別に定義される．ただし，扱い方や用いることのできる統計量などは比率尺度と同様である．

2）評定尺度法

評定尺度法は，知覚量や自分の内にある感情，対象について抱く印象や感情について，その主観的程度，量を測定する場合に用いる．例えば，ある絵画の美しさについて，「とても美しい」「わりに美しい」「美しい」「やや美しい」「まったく美しくない」といったように，用意されたカテゴリーのうち自分が感じる美しさの印象の程度に当てはまるものを1つ選択することによって回答する．図3.9は評定尺度法で用いられる質問紙の例である．

◆ 尺度の単極 / 双極性

単極性の場合，左右どちらか一方の側にいくほど程度が大きくなるよう設定する（図3.9a）．両極性の場合，真ん中を「どちらでもない」とし，対となる評価語を左右各々に配置する（図3.9b）．ただし，双極性の尺度設定であっても，カテゴリー数を偶数とする場合には「どちらでもない」は設けない．

◆ カテゴリー数

評定尺度法では，2つ以上の反応カテゴリーを用意する．カテゴリー数が2つの場合としては，例えば「赤が好きですか」という問いに対して「Yes-No」や「好き-嫌い」で判断する．3つ以上のカテゴリー数については実験の目的に応じて設定すればよいが，特に5つ以上のカテゴリーを設定する場合には，次の点に留意が必要である．

まず小嶋（1975）によると，9段階の尺度設定

(a) 単極性，カテゴリー数5の場合

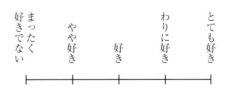

(b) 双極性，カテゴリー数7の場合

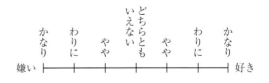

(c) 双極性，カテゴリー数7，数値を直接付す場合

図3.9 評定尺度の例

では評定の再現性が低く，5段階では尺度の両極端（「とても」や「まったく」など）を選択しにくいことから，7段階の評定尺度を用いることが適当であるとされる．他方，種々の音圧レベルに対する1,000 Hz純音のラウドネス判断の評定を5〜11の各カテゴリー数で行った難波ら（Namba et al, 1968）によると，カテゴリー数によって結果は異ならないことが報告されている．音圧レベルのように，物理的特徴が明確で，両極端の項目を選択しやすい評定対象か，印象のように，主観的であるために両極端の項目を選択しにくい評定対象かによって，カテゴリー数の影響が異なる可能性を考慮する必要がある．また，「どちらともいえない」といった中立的なカテゴリーに評定が集中することを避けたい場合には，カテゴリー数を偶数にし，中立的カテゴリーは設けないこともある．

　各カテゴリーには，単極性の尺度を用いる場合は「まったく〜ない」を0としてカテゴリーごとに1, 2, …といった値を割り当て，双極性の尺度を用いる場合は「どちらでもない」を0として段階ごとに1（-1），2（-2），…といった値を割り当て，分析する．割り当てられた数値については，測定値間の等間隔性が保証されていない場合には順序尺度として，測定値間の等間隔性が保証されている場合には間隔尺度として扱う．なお，双極性の尺度を用いる場合には分析時に必要に応じてこの値の符号を入れ替えてもよい．

◆ 程度表現語

　評定尺度法によって得る測定値が順序尺度であることを考慮すると，程度表現語の順序性に配慮し，慎重に選定する必要がある．程度表現語の順序性を示した尺度値図については，織田（1970）による程度量表現用語に関する研究（図3.10）を参照するとよい．また，順序尺度および間隔尺度の項で述べたように，評定尺度法によって得る測定値を間隔尺度として扱う場合には，程度表現語の順序性のみならず，語間の等間隔性にも配慮し選定する必要がある．これについても前述の織田（1970）による検討がなされており，例えば単極性でカテゴリー数が5の尺度を用いて評定を行う場合には，「とても」「わりに」「すこし」「あまり」「ぜんぜん」の語間では等間隔性が保たれて

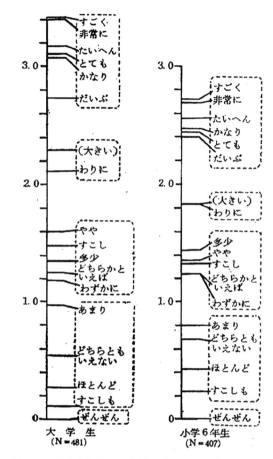

図3.10　程度表現語の尺度値図（織田, 1970）

いる（図3.10）．

3) 系列効果・係留（アンカー）効果

◆ 系列効果

　現在提示されている刺激に対する反応が，直前に提示された刺激に対する反応に近づくようバイアスがかかる現象を，系列効果（sequential effect）という（Holland & Lockhead, 1968）．系列効果は知覚的な判断一般において認められる現象である．評定尺度法においても，現在の評定が直前の評定に影響する系列効果が生じることがある．被験者ごとに刺激の提示順序を変えるなどの工夫をすることによって，系列効果を相殺するよう留意することが必要である．

◆ 係留（アンカー）効果

　最初の刺激に対する反応が基準となり，後の刺激に対する反応に影響を及ぼすことを係留（アンカー）効果（anchor effect）という．系列効果と

同様，係留（アンカー）効果も知覚的な判断一般において認められる現象である．例えばホワイトノイズのラウドネス判断の評定を求めた実験結果を示す図3.11（Namba et al, 1972）を見ると，後に評定した刺激は同じ音圧レベルであるにもかかわらず，初めに提示した刺激（係留刺激）が60 dBの場合と90 dBの場合とで，ラウドネスの評定値に差があることがわかる．これは，刺激系列に対して音圧レベルの大きい90 dBが最初に提示されたことによってそれが後の評定の基準となったため，刺激系列全体の評定が低くなったものと考えられる．このように，刺激系列から特徴（この場合は音圧レベル）の隔たりが大きい刺激を最初に提示すると，その後の評定では刺激系列全体にわたって影響が及ぶことがある．係留（アンカー）効果による評定への影響を避けるためには，練習試行を含め，最初に提示する刺激を極端な強度にしないようにしたり，被験者ごとに刺激の提示順序を変えたりするなどの工夫をするよう留意することが必要である．

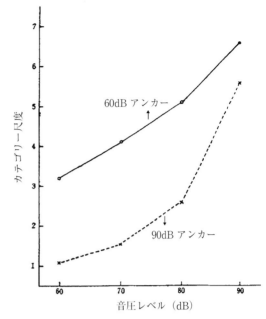

図3.11 音のラウドネス判断における係留効果（Namba et al, 1972）

4）評定値の信頼性

評定尺度法は，最低限，紙と鉛筆があれば実現できるため，使いやすい方法である．しかしながら，カテゴリー数，程度表現語の項で記したように，評定値の信頼性を保つ細心の注意が不可欠である．特に，感情や対象についての主観的印象が評定対象の場合，単純接触効果（ポジティブな方向への変化）など，評定を繰り返し行うことによる評定自体への影響に配慮しなければならない．この場合，被験者によって刺激提示順のカウンターバランスを行ったり，被験者群を分けて実験を行ったりするなどの工夫をすることが望ましい．

評定尺度法は比較的簡便に実施することのできる方法であるため，子どもにも適用できる．ただし，その際には，年齢による評定値の信頼性に配慮すべきである．これに関する実験報告（賀集ら，1969）によると，小学校低学年以下の場合には評定値の信頼性を保つことが困難であるが，「好き−嫌い」「良い−悪い」といった評価性（3.4.1参照）の印象次元に関しては，一定の信頼性が保たれることがわかっている．したがって，評定尺度法の適用可能年齢は，小学3年生以上，ただし，評価性の印象次元に関する評定の場合は小学1年生以上と考えるのが適当である．

5）分析方法

評定尺度法によって得た測定値の分析は，順序尺度あるいは間隔尺度いずれであるかによって各尺度に適当な統計量および分析方法によって行う〔「1）測定の尺度」参照〕．特に間隔尺度として得た場合には，t検定や分散分析などにおいて平均値を用いて条件間の比較をすることができる．また，各条件において平均値と信頼区間を用い，例えば「どちらでもない」などの特定の反応カテゴリーからの有意な乖離の有無の検討が可能である．

〔政倉祐子〕

3.3.2 尺度構成法

データは，名義尺度，順序尺度，間隔尺度，比率尺度などの水準の尺度で観測される（3.3.1 参照）．ある尺度で得られたデータを別の尺度上の集合に変換する手法を尺度構成法と呼ぶ．多くの尺度構成法においては，観測値よりも新たな尺度上に変換された数値のほうが尺度水準が高くなる．

感覚は心理的事象であるため，直接的に尺度化することはできない．しかしながら，刺激の物理的強度は測定によって尺度化できる．また，刺激の物理的強度を変動させると，その観察で生じる感覚量も変動する．これらのことから，刺激強度と感覚量との間には何らかの関数的関係が存在すると考えることができる．この関数的関係を特定することができれば，心理的事象であるために直接的には尺度化することが難しい感覚量を，刺激強度の関数として尺度化することができる．

1）直接的尺度構成法としてのマグニチュード推定法

刺激の物理的強度とその観察で生じる感覚量との関数的対応関係を特定することが心理物理学（精神物理学）の主要な目的である．スティーブンス（Stevens, S. S.）が提案したマグニチュード推定法（magnitude estimation, ME 法）は，フェヒナー（Fechner, G. T.）が提案した方法を基にした3通りの古典的な心理物理学的測定法（極限法，調整法，恒常法．3.1.2 参照）とともに，心理物理学の主要な方法論の1つである．刺激の物理的強度とその観察で生じる感覚量との関数的対応関係について調べるために，多くの研究で用いられている．

フェヒナーは，感覚量の最小単位として丁度可知差異（弁別閾）を想定し，これを累積していくことにより間接的に感覚尺度を構成する方法を提案していた（間接的尺度構成法．3.3.4 参照）．このような間接的な尺度構成法に批判的であった Stevens (1957) は，人間は自分の感覚を量的に直接把握できると仮定し，様々な対象の刺激強度の系列の観察によって生じた感覚の量を観察者に言語的に数値を報告させるマグニチュード推定法を用いた測定を行った．

スティーブンスはこのマグニチュード推定法を用いて，音の大きさ，光の強さ，錘の重さ，握力の強さ，色紙の白さ，コーヒーの香り，サッカリンやショ糖の味，腕で感じる冷たさや温かさ，光や音の頻度，ホワイトノイズの持続時間，声の大きさ，指に与えられた電気刺激の強さなど，様々な刺激についての感覚に対して，刺激強度と感覚量との対応関係を調べた．このような方法は，観察者が報告する数値から直接的に感覚尺度を構成する方法ということで直接的尺度構成法と呼ばれる．

マグニチュード推定法を用いた感覚量の測定においては，モデュラスと呼ばれる標準刺激を用いることが多い．この場合，標準刺激の観察で得られた感覚量に特定の数（例えば，一般的には 1.0, 10 や 100 といった「切りのよい」数値が使われやすい）を割り当てる．そのうえで，観察者には，比較刺激の観察において生じた感覚量に相当する数値を，標準刺激に対して割り当てられた数字に対する比率として言語で報告させる．この方法は，その感覚刺激が提示された感覚様相と言語的な量を産出する形での異種感覚マッチング法（後述）と捉えることができる．また，実験者が特定のモデュラスを設定せず，観察者自身に割り当てる数値を決定させてマグニチュード推定法を実施することもある．

また，モデュラスを特に指定せずに，観察者に自由に数を割り当てさせる方法でマグニチュード推定法を実施することもある．この方法を用いる場合，長さや面積，重さなど，日常生活の中で単位（cm, m^2, g など）がわかっているものであっても，無理にそうした単位に従う必要はない．むしろ，直観的な自分の感覚に従って，数値を割り当てさせる方法が一般的である．

測定においてモデュラスを使う場合も，使わない場合も，通常の観察者は感覚の量に対して数値を割り当てるという課題遂行には慣れていないものである．そのため，実際に測定を始める前に，練習用の刺激系列を使って，観察者が刺激強度に対する数字の割り当てに慣れて測定値が安定するまで，数回の練習試行を実施することが推奨され

る．この際，マグニチュード推定法には後述する文脈効果や推定に用いる数値の範囲の効果などがあるので，観察者が練習で用いる数値や刺激強度の系列は，実際に実験で用いる数値や刺激強度の系列と同様の範囲から選ぶことが望ましい．

2）マグニチュード推定法で得られたデータの処理方法

マグニチュード推定法で測定された感覚量（ψ）と物理的な刺激強度（ϕ）との間には，刺激強度が極端に大きい場合や小さい場合を除くと，どの知覚様相においても，おおよそ以下のような関係が成立することが経験的に認められている（κは定数）．

$$\psi = \kappa \phi^n \tag{1}$$

あるいは，

$$\log \psi = \log \kappa + n \log \phi \tag{2}$$

(1)式における冪指数であるnの値は，経験的に，それぞれの感覚様相に固有の値と見なされている．この式が表す刺激強度と感覚量との間の関数的な対応関係はスティーブンスの冪法則と呼ばれる（法則の詳細については3.1.1参照）．(2)式は，刺激強度と感覚量とをともに対数座標上にプロットすると，nの傾斜をもつ1次線形関数によって刺激強度と感覚量とを対応づけられることを示している．

マグニチュード推定法によって得られた実測値から対数座標上にプロットして，最小二乗法などによって直線をフィッティングすることで指数nの値を特定することができる（図3.12）．例えば，スティーブンスの測定に基づく様々な感覚様相での刺激についての感覚における冪指数の値は，視角5°の刺激の見かけの明るさで0.33, 片耳で聴いた音の強さで0.54, ホワイトノイズの持続時間で1.1, 指に与えられた60 Hzの交流電流刺激の強さで3.5, 握力計に加えられる握力の強さで1.7, 持ち上げた錘の重さで1.45, サッカリンの甘みで0.8であった．

フェヒナーの法則（$J = k \log S$, Sは刺激強度，Jは感覚量，kは定数．詳細は3.1.1参照）は，ウェーバーの法則（$\Delta S = k'S$, ΔSはjnd, Sは刺激強度，

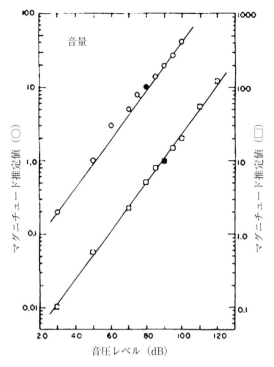

図3.12 マグニチュード推定法で測定された音の大きさの知覚量（Stevens, 1975）
横軸はdB（対数的に変動）．80 dBを標準刺激にした場合（上）と90 dBを標準刺激にした場合（下）の18名の観察者の結果．

k'は定数）から導かれたものであり，刺激強度と感覚の分解能との対応づけにとどまっていた．それに対し，スティーブンスの法則は，絶対閾上の広い範囲の刺激強度と感覚量とを直接的に対応づけることを可能にした点で優位性をもつものと考えられている．また，フェヒナーの法則におけるJは感覚の差異に基づいているため，一般的には間隔尺度と見なされている．それに対し，スティーブンスの法則におけるψは，直接的な方法によって求められた感覚量であるため比率尺度と見なされており（Stevens, 1975），より高い尺度水準とされている点でも優位性があると考えられている．

3）異種感覚マッチング法

マグニチュード推定法での感覚量の報告の仕方として，観察者に，ある様相における感覚量を，他の知覚様相における感覚の強さに対応づけて産出させることで報告させる方法がある．例えば，音の大きさによって生じた感覚量を，その強度に

対応する光の強度を産出させる形で観察者に報告させるのである．このような測定方法は異種感覚マッチング法と呼ばれる（Stevens & Marks, 1965；Stevens et al, 1960）．

また，このような測定方法は，感覚量を何らかの手段で，別のモダリティ（感覚様相）において産出する形で報告するので，マグニチュード産出法（magnitude production 法，MP 法）と呼ばれることもある．この場合，産出の方法は，特定の感覚様相に限定されない．描画表現や楽器演奏による音の産出など，多様な形態をとることも可能である．

異種感覚マッチングで得られたデータを両対数座標上にプロットすると，データに適合する直線の傾きは，組み合わされた感覚様相の冪指数から予測される値とほぼ一致する．例えば，指に与えられる交流電流刺激の強さを，握力計やボールなどを握る強度で観察者に報告させた場合，その勾配の値は 2.13 となる．この値は，交流電流刺激の強さとその感覚量との関係から求められた冪指数（3.5）と握力の強さとその感覚量との関係から求められた冪指数（1.7）から予測される値（2.06）とおおよそ一致している．

異種感覚マッチングにおいて組み合わされた感覚様相の間にこのような対応関係があることは，刺激強度に数値を当てはめる単純なマグニチュード推定法が，その単純さにおいて，複数の様相を組み合わせる異種感覚マッチング法に対して特別な優位性があるわけではないこと，どちらの方法も同様の基礎に基づく測定法であることを示している．さらには，上述したように，刺激観察で生じた感覚量に相当する数値を言語で報告する方法は，感覚刺激が提示された感覚様相と言語的な量を対応させる異種感覚マッチング法と見なすことができる．また，手元を見ずに，手の動きの感覚だけで，見えた大きさに対応する長さのテープをテープメジャーのケースから引き出すことも，異種感覚マッチング法に基づくマグニチュード推定法の 1 つとしてしばしば用いられている．

マグニチュード推定法を用いて得られたデータを整理する際には，刺激強度も測定された感覚量に対応する数値もともに対数変換し，線形的な 1 次関数的対応関係を特定するための分析を実施す

るのが一般的である．このような分析が定着しているのは，マグニチュード推定法が刺激強度と感覚量との対応関係を求めるために構築された方法論であり，これまでの多くの研究で，それらの間には両対数座標上での 1 次関数的な対応関係が見出されてきたという経験的事実があるためである．

しかしながら，同様の方法を用いて感覚量の測定を行った場合であっても，必ずしも刺激強度と感覚量との対応関係を検討することだけが測定の目的でない場合もあるだろう．そのような測定にマグニチュード推定法を用いた場合，刺激強度に対して測定された知覚量を両対数座標上にプロットしたうえで分析する必要は必ずしもない．この場合，あらかじめ測定の目的を明確に示したうえで，各条件における測定値をそのまま感覚量として処理し，条件ごとに得られた代表値を用いて，目的に対応した分析を実施すればよい．

4）マグニチュード推定法の問題点

特定の知覚様相において，マグニチュード推定法を用いて刺激強度と感覚量との対応関係や冪指数を特定する際に，留意すべき事柄がいくつかある．例えば，上述したように，Stevens（1957）は感覚を量的に直接把握できると仮定し，感覚量に対して観察者に直接的に数値を割り当てさせ，その結果として得られた数値を比率尺度として扱った．しかしながら，マグニチュード推定を行う観察者自身が評価において適用する尺度が直観的なものなので，それを比率尺度として見なし，報告された数値の間に無条件で比率関係を認めることに問題があることが指摘されている．例えば，ある刺激強度に対して観察者が主観的に割り当てた 100 という数値は，同じ観察者が他の刺激強度に割り当てた 10 に対して感覚尺度上で 10 倍であることが保証されているわけではない（Oyama, 1968；大山，2005）．

また，マグニチュード推定法もマグニチュード産出法も，ともに測定に用いられる刺激強度の系列の範囲や用いられるモジュラスの値によって冪指数 n の値が変動することが経験的に知られている（Teghtsoonian & Teghtsoonian, 1978）．さらには同じ刺激強度についての推定であっても，別

の刺激強度系列に対する推定を行った前と後とでは，系列間の刺激強度の関係によって，感覚量の推定値が変動するという文脈効果があることが知られている（Foley et al, 1990）．すなわち，弱い刺激強度の系列に対する評定を行った後で強い刺激強度の系列に対する評定を行った観察者は，逆の順序で同じ刺激強度の系列に対する評定を行った観察者よりも，全体的に大きな推定値を報告しやすい（図3.13, 3.3.1 も参照）．こうしたことから，測定において用いるモデュラス（用いるか否かを含めて）や刺激強度の範囲の設定は，合目的性などを含む妥当性に配慮して，慎重に行う必要がある．

マグニチュード推定法やマグニチュード産出法に対しては，いくつかの批判もある．例えば，マグニチュード推定法で測定されたデータについて，全観察者のデータをまとめた場合には冪法則が成り立っていたとしても，観察者個人ごとのデータだけ用いて分析した場合には冪法則が成立しないことがある（Green & Luce, 1974）．また，マグニチュード推定法やマグニチュード産出法を用いた測定から得られたデータが冪法則におおよそ適合すること自体は，冪法則自体を検証したことを意味するものではない（Luce, 2002）．

さらには，そもそもマグニチュード推定法を用いて得られたデータから導かれた冪法則の成立の基礎にある過程は特定されていない．測定の結果として，データが冪法則に適合したことを確認したとしても，そのこと自体は，刺激強度と感覚量との間に冪法則が成り立つという経験的事実を追認しただけのことである．測定結果の冪法則への適合の確認は，測定を行っている感覚の基礎にあるメカニズムについて何らかの特性の解明を可能にするものではない．

このように，マグニチュード推定法を用いて得られたデータにおける冪法則の成立要件や，推定において観察者が用いる数値がどのような体系を持つものであるかといったことに関しては，すで

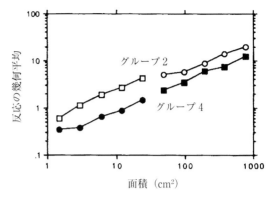

図 3.13　マグニチュード推定法における文脈効果（Foley et al, 1990 の実験結果より）

三角形の面積に対して，小さい刺激系列（1.5〜24 cm²）の後に大きい刺激系列（48〜768 cm²）の評定を行った観察者群（Group 2）と，その逆の順序で評定を行った観察者群（Group 4）の結果．

にそれらの基礎が解明された整理済みの事柄というわけではない．それらはむしろ，現時点においても，さらなる解明が必要な研究の対象にとどまり続けているといえる．

なお，様々な批判はあるものの，マグニチュード推定法や，異種感覚マッチング法を含むマグニチュード産出法は，複数の観察者からデータを得る場合には，特別な装置を必要とせず，被験者の直観に基づいて実施できる簡便で有効な方法論といえる．例えば，本節で紹介してきたように，これらの方法は，刺激強度と感覚量との対応関係を理解することを目的とした多くの研究で用いられてきている．そればかりではなく，社会的望ましさ（Barriga et al, 2001）や政治的態度（Welch, 1971），宗教的態度（Finnie & Luce, 1960），罪の重さと罰との対応関係（Sellin & Wolfgang, 1964）といった社会的な判断や，言語表現の妥当性（Bard et al, 1996），擬音語や擬態語で表現される事象の強度（苧阪, 1999）といった言語コミュニケーションに関する判断にも用いられている．こうしたことは，マグニチュード推定法やマグニチュード産出法が適用範囲の広い測定方法であることを意味している．　　　　　〔一川　誠〕

3.3.3 間接的尺度構成法

普段の生活で感覚の量的特性を直観的に理解するのは難しい．なぜなら，日常の生活においてわれわれが感覚的に体験するのは，観察対象の質的な特性であり，量的な特性ではないからである．

例えば，明るさに関しては，暗さから明るさへと質的に変移する連続性がある．しかしながら，そこに直観的にすぐに数値に対応させることができるような強弱を感じることはないだろう．そのため，人間は自分の感じた感覚量を直接表現することは困難と考える研究者が多い．

こうした研究者は，自分の感じた感覚量を直接表現するのではなく，質的な判断から間接的に間隔尺度を構成する方法を提案している．こうした方法は間接的尺度構成法と呼ばれる．この節では，こうした尺度構成法のうち，利用頻度の高いサーストン（Thurstone, L. L.）の一対比較法，系列カテゴリー法，累積丁度可知差異法について紹介する．

1) 一対比較法

間接的な間隔尺度構成の方法論の1つに一対比較法がある．特定の，個別の対象の観察で生じた感覚や印象の強さを数値で表現したり，複数の対象について感覚や印象の強さを一度に比較したりするのは難しいことである．上述のように，私たちが得る感覚的体験や印象は，一般的には，量的というよりも質的な特性をもっているからである．ところが，それらの対象を2個ずつ組み合わせて対をつくり，それら2つの間で個別の感覚や印象の強さを比較することは，それほど難しくない．一対比較法は，このように2つの対象を組み合わせてつくった対に対して，より強い感覚や印象を生じる対象を選ぶことで，尺度構成する方法である．

このような方法を用いれば，例えば，複数ある刺激の明るさや大きさ，重さといった感覚に関する尺度構成も比較的簡単にできる．また，絵画や音楽などの芸術作品における好悪や美しさ，快適感，調和感，バランスなどの印象に関する尺度構成も可能となる．

この一対比較法では，観察者に一度に提示される刺激は2つだけである．その間の感覚や印象の強度比較は，一般的には長い時間をかけてもあまり結果が変動しない．そのため，短時間のうちに多くの刺激を一度に提示し，それらに対して特定の次元における比較を求めるような方法に比べると，一試行当たりの刺激提示時間が短くなりやすい．このことは特に，比較される刺激の特性の間に明確な差がある場合には，観察者の負担を少なくすることにつながる．

2) 一対比較法で得られたデータの解析

一対比較法で得られたデータの解析においては，判断の一貫性についての判断と，判断がなされた感覚や印象の尺度次元上への個別の対象の位置づけを行うのが一般的である．すなわち，判断の一貫性に関しては，個別の観察者における判断の一貫性と，観察者間での判断の一貫性が検討の対象となる．

個別の観察者の判断が一貫している場合，特定の尺度上では，AがBよりも上位にある場合を想定しよう．この場合，同じ尺度上でBがCよりも上位であれば，Aは必ずCよりも上位にあるはずであり，CがAの上位にあることはないはずである．しかしながら，その観察者の判断に一貫性がなかった場合，AがBより上位にあり，BがCよりも上位であるにもかかわらず，CがAより上位にあると判断されることがありうる．このような「三すくみ」の状態になるような判断が生じた頻度を算出し，その観察者の判断の一貫性の基準とする．「三すくみ」の組み合わせ（一巡三角形）の個数をdとしたとき．判断の一貫性についての指標，ケンドール（Kendall, M. G.）の一貫性係数ζは以下の式のとおりとなる（Kendall, 1955）．

比較の対象となるものの数kが奇数のとき，

$$\zeta = 1 - \frac{24d}{k^3 - k}$$

比較の対象となるものの数kが偶数のとき，

$$\zeta = 1 - \frac{24d}{k^3 - 4k}$$

ζ は，判断に完全な一貫性があれば 1 となり，整合性が全然なければ 0 となる．

　ケンドールは，判断が完全にランダムに行われているという仮説の下での d の確率分布を求め，$2 \leq k \leq 7$ の範囲で判断の一貫性の基準を示した（表 3.3）．特定の観察者の d が棄却域に入ったら，「判断がランダム」という仮説を棄却し，その観察者の判断に一貫性があるものと判断する．k が 8 より大きい場合，χ_0^2 の値が自由度 v の χ^2 分布に近づくことを利用し，その観察者の χ_0^2 の値が棄却域にあれば，判断に一貫性があるものと判断する．

　特定の観察者の判断の一貫性が低い場合，その理由を検討する．その観察者に固有の理由によって判断の一貫性が低くなった可能性がある場合は，その観察者のデータを除外して，その他の分析へと進むこともある．

　判断の一貫性が低下する理由は様々ありうるが，判断実施後に観察者に内省報告を求めることで，明らかになることがある．例えば，内省報告で，教示の失敗，課題についての誤解，疲労，集中力の低下，判断次元の変動などが起こっていなかったかを確認しておくことは，一貫性が低下した場合の理由を検討するうえで有効であろう．

　観察者間での判断の一貫性は，以下の式によって規定されるケンドールの一致性係数（一意性係数，整合性係数）u を用いて検討される．

$$u = \frac{8S}{k(k-1)n(n-1)} - 1$$

ここで，

$$S = \sum_{i<j} x_{ij}^2 - n \sum_{i<j} x_{ij} + \binom{n}{2}\binom{k}{2}$$

n は全観察者数である．u が 1 に近いほど，観察者の判断は一致していることになる．判断の一致性の最小値は，n が奇数の場合に $-1/n$，偶数の場合に $-1/(n-1)$ となる．

　ケンドールは，各観察者の判断が完全にランダムに行われるという仮説の下で S がどのような確率分布に従うか調べ，n と k が小さいときの S の分布を示す数表を作成した．このうち，危険率 5％の場合の棄却域を表 3.4 に示す．n と k がこ

表 3.3　一対比較の一貫性係数 ζ

k	6	7
$d_{0.05}$	1	3

k は対象数，d は一巡三角形の数を示す．得られた d がこの値より小さければ，危険率 5％の水準で有意な一貫性が得られたと判断する．

表 3.4　一対比較の一致性係数

		n					
		3	4	5	6	7	8
k	3	9	14	22	31	41	52
	4	14	24	38			
	5	22	40	60			
	6	30	55				

S が表中の値以上であれば，5％の有意水準で，一致があると判断する．k は対象数，n は観察者数．

の表に含まれていない場合，n と k が大きくなるにつれて χ_0^2 が自由度 v の χ^2 分布に近づくことを利用して検定を行う．χ_0^2 の値が棄却域にあれば，観察者間に判断の一致があるものと判断する．

　個々の観察者の判断に一貫性がない場合は，通常，一致性も低くなる．個人の判断に一貫性があるのにもかかわらず，観察者間の一致性が低くなった場合は，観察者別の判断の傾向の違いや，判断基準に違いがある可能性が考えられる．どのような理由で一致性が低くなったのかを考察するためにも，評定後に，個々の観察者から上述したような内省報告を得ておくことは有効だろう．

3）サーストン法

　一対比較法において，各刺激の尺度次元上への位置づけには，サーストン法〔等現間隔法とも呼ばれる（Thurstone, 1927, 1959）〕を用いることが多い．すなわち，それぞれの対象に対してより程度が大きいと判断した観察者数 x_{ij} を全観察者数で割った値を標準得点（z_{ij}）化する方法である．この方法を用いて標準得点化することで，尺度上での刺激間の相対的な関係がわかりやすくなる．

　サーストンは，人間の判断の内容や反応の強度には確率的変動があるという考えに基づき，一対比較法を用いた測定の結果から判断の対象に対する心理学的尺度を与える方法を提案した．特定の対象 A_i に対する判断を繰り返すたびに，それに対応する反応強度 q_i は確率変動し，期待値

3.3.3　間接的尺度構成法　　159

μ_i, 分散 σ_i^2 の正規分布に従うと仮定した. 対象 A_i と A_j とを比較する場合, それぞれに対する反応強度を q_i, q_j とし, $q_i - q_j > 0$ のとき, 「対象 A_i のほうが A_j よりも~である」となると仮定する. このとき, 「対象 A_i のほうが A_j よりも~である」確率 $p_{ij} = Pr(q_i - q_j > 0)$ と記述できる. q_j についても期待値 μ_j, 分散 σ_j^2 の正規分布に従うと仮定すると, $(q_i - q_j)$ の分布は期待値 $(\mu_i - \mu_i)$, 分散 $(\sigma_i^2 + \sigma_j^2 - 2\rho_{ij}\sigma_i\sigma_j)$ の正規分布となる (ρ_{ij} は q_i と q_j との相関). ここで, 標準得点 z_{ij} について以下の式で表される法則的関係が成り立つ.

$$z_{ij} = \frac{\mu_i - \mu_j}{\sqrt{\sigma_i^2 + \sigma_j^2 - 2\rho_{ij}\sigma_i\sigma_j}}$$

ただし, p_{ij} が 1 または 0 の場合には z_{ij} は求められない.

サーストンは, この比較判断の法則の適応に 5 つのケースを考えている. ケース I は, 1 人の観察者の反復判断である. ケース II は, 多数の観察者が各刺激対に 1 回ずつ判断を行う場合である. ケース III は, ρ_{ij} が 0, つまりどの刺激対に対する回答の間にもまったく相関がないと仮定される場合である. ケース IV は, ρ_{ij} が 0 で, σ_i と σ_j とがほぼ等しい場合である. ケース V は, 簡単な解析を行うために考えられたもので, ρ_{ij} が 0 で, $\sigma_i = \sigma_j$ となる場合である. この場合, $\sigma_i = \sigma_j$ なので, 比較判断の法則は以下のように簡略化される.

$$\mu_i - \mu_j = z_{ij}\sigma_j\sqrt{2}$$

ここで, $\sigma_j\sqrt{2}$ を尺度の単位とすれば, $\mu_i - \mu_j = z_{ij}$ となる.

比較の結果から得られる各対象の尺度値 $\hat{\mu}_i$ は以下のようになる (ここで n は比較対象の個数).

$$\hat{\mu}_i = \sum_{i=1, i \neq j}^{n} z_{ij}/n$$

この値は標準化されているので, 全対象の尺度値の平均は 0 となり, 0 から正側に離れるほど比較の際に選ばれやすかったことを意味する.

4) 一対比較法の問題

一対比較法には, いくつかの実施上の問題がある. 例えば, この測定においては, 刺激を 1 つひとつ組み合わせて提示する. したがって, 刺激の数が増えればそれだけ比較する組み合わせが増え, 判断回数が膨れ上がることになる. そのため, 刺激数が多い場合にはこの方法を用いるのは現実的ではない.

また, 単純接触効果のように, 繰り返しの刺激提示は, たとえ観察者がそれぞれの対象について明確に記憶していなかったとしても, 対象についての特定の次元の印象に影響を及ぼす可能性がある. したがって, 対にされた 2 つの対象の間の提示回数に偏りがある場合, 繰り返しの効果が比較判断自体に影響を及ぼす可能性がある. そのため, 好悪判断について検討する場合は観察者間で刺激提示順序をカウンターバランスするなどして, 繰り返し提示の効果が測定結果に大きな歪みを生じないように配慮する必要がある.

5) 系列カテゴリー法

刺激を意味の明確な連続体上にある, 量的に異なる一定のカテゴリーのどれかに当たるもの, という判断から間隔尺度を構成するのが系列カテゴリー法である (系列範疇法, 系列間隔法とも呼ばれる). この方法では, カテゴリー間の間隔が, 心理学的に等間隔であるかないかを考慮しない. ただし, 意味のある連続体上でそれらのカテゴリーの順序は正確であり, カテゴリー間の区別 (境界) は明確であると仮定できることが必要である. 例えば, 特定の対象について, ①非常に好き, ②好き, ③やや好き, ④好きでも嫌いでもない, ⑤やや嫌い, ⑥嫌い, ⑦非常に嫌い, という 7 種のカテゴリーで対象について評価する場合を例としてあげることができる. 原理的には, カテゴリーによる判断が行われる評定尺度法 (3.3.1 (2) 参照) もこの方法に含まれる.

ただし, この方法が適用できるのは, 判断が個別の対象に対して行われ, その対象の尺度上の位置やカテゴリーの境界が不変である場合に限られる. そのため, 他の対象との相対的関係によって個別の対象に対する判断や, 判断の際のカテゴリーの境界が変動するような場合には, この方法を適用することはできない.

系列カテゴリー法で得られた結果を間隔尺度化する手続きは簡単とは言いがたい. しかしながら, この方法においては, 判断を行う際の操作が, 実

験者にとっても観察者にとっても簡単であるために使われやすい.

この方法の適用の際には，ある刺激に対する反応の分布は，心理学的連続体上の正規型であることが仮定される．また，各刺激に対するその時々の判断は，それぞれについての心理量と相関していることが仮定されている.

度数のデータに対して正規型の分布を仮定できると，後述の分析を行うのに都合がよい．そのため，恒常法のような方法を使ってカテゴリー間の境界の値を明確にしたり，各カテゴリーに1つずつの尺度値を決めたりする方法が使われることが多い.

各刺激の判断の度数分布が正規型であることを仮定すれば，測定された判断の度数に基づいて尺度化を行うことができる．すなわち，それぞれのカテゴリーにおける度数に対して，正規分布表（付表）の面積からz値を得ることができる．この際，各カテゴリーのz値の差分が，それぞれのカテゴリーの尺度上の幅になる．各刺激に対するこの幅の平均値がカテゴリー幅の平均の推定値となる．また，この値は上限値なので，それぞれのカテゴリーを代表する値としては通常中央値を用いるのが一般的である.

例えば，十分な数の参加者が，上述の7種のカテゴリー①〜⑦を用いた評定を行い，①が5％，②が15％，③が20％，④が25％，⑤が20％，⑥が10％，⑦が5％となる度数のデータを得たとする．この度数の比率で正規分布の面積を分割し，その分割点を各カテゴリーの心理的連続体上の境界とする．この場合，この心理的境界は，小さいほうから順に−1.64，−0.84，−0.25，0.39，1.04，1.64となる.

6）累積丁度可知差異法

対象の差異の感知という質的な判断から間隔尺度を構成する方法に累積丁度可知差異法（累積JND法）がある．この方法は，フェヒナー（Fechner, G. T.）の提案した丁度可知差異（JND）法，もしくは極小変化法に由来する．すなわち，感知できる最小の刺激変化（JND）を積み上げる形で尺度を構成する方法である.

感知できる最小の刺激量のJNDを1単位とする．この単位は，定義上，感覚尺度上では同一の間隔ということになる．そのため，この方法で得られた尺度は間隔尺度ということになる．具体的には，基準となる刺激に対して，JNDを特定し，その作業の積み重ねに基づいて尺度構成を行うことになる.

この方法は，刺激の物理的量である$S = S_i - S_0$の関数としての間隔量$\Psi = \phi(S_i - S_0)$を求めることと同等である．ΔS_iに対応する$\Delta \Psi_i$は等間隔の心理量ということになる.

この方法の基礎は理念的にはわかりやすい．しかしながら，その実際の適用には大きな方法論的問題がある．まず第1の問題は，この方法では測定における試行数が膨大になることである．原点となるS_0から知覚可能な範囲の上限S_iまで弁別閾の測定を積み上げるということは，多数回の測定を行うことを意味するが，それの回数は膨大になるために，実際に実施するのはかなり困難である.

第2の問題は，多数回の測定を繰り返すうちに，誤差も蓄積されてしまうことである．測定を積み上げることで，初期の測定誤差が逐次大きくなってしまうために，最終的に得られた感覚尺度が精確なものであると考えるのは難しい.

これらの問題への対策として，実際には，複数の弁別閾ΔSの測定値から，Sの関数を求めて，尺度値を推定する方法を用いるのが一般的である．そうした推定方法として，Sの関数としての$1/\Delta S$のグラフのプロットから定積分によってΨ_iを求める方法，便宜的に絶対閾を原点S_0として比率尺度に座標変換した関数を求める方法が提案されている（森・鈴木，2008）. 〔一川 誠〕

●付表 正規分布．zに対応する面積と縦座標（例：ギルフォード，1954）

http://www.asakura.co.jp/books/isbn/978-4-254-52023-1/

3.3.4 その他の尺度構成法

一対比較的な一対一の比較に基づく尺度化には，前節で紹介した Thurstone（1927，1959）により提案された方法以外にも，よく用いられる方法がいくつかある．本節では，そのうち，主要なものとして，Scheffe（1952）と Bradley（1952）の方法を紹介する．また，一対比較のように対象間の順序判断に基づく尺度構成以外にも，間隔判断，比率判断に基づく尺度構成法についても紹介する．

1）Scheffe の方法

評定の対象それぞれの組み合わせに対する一対比較を行う．この際，特定の尺度のうえでどちらが他方より大きいかだけではなく，その度合いについても 3〜7 段階（例えば，5 段階では，「A より B がはっきりと大」「A より B がやや大」「どちらとも判断できない」「B より A がやや大」「B より A がはっきりと大」など）で答えさせる．

観察者の半数には，一方を先に見せ，もう半数の観察者には他方を先に見せる．後に見たほうを基準にしたとき，前に見たほうがどの程度よいか（あるいは，ある尺度次元で，より程度が大きいか）−2〜+2 の値を用いて評価させる．それぞれの対について，評価した順番別に，それぞれの評価値別に人数を数える（表 3.5）．

表 3.5 Scheffe の方法における評点の度数表

	−2	−1	0	1	2
$A_1 > A_2$	2	4	4	2	
$A_2 > A_1$			2	6	4
$A_1 > A_3$	4	8			
$A_3 > A_1$			2	2	8
$A_1 > A_4$	8	3	1		
$A_4 > A_1$				1	11
$A_2 > A_3$	1	5	5	1	
$A_3 > A_2$				8	4
$A_2 > A_4$	2	9	1		
$A_4 > A_2$			1	4	7
$A_3 > A_4$	9	3			
$A_4 > A_3$			2	7	3

24 名の観察者の例．上の段に A_i，A_j の順，下の段に A_j，A_i の順で評価した評価者について，それぞれの評点の人数を示す．（日科技連官能検査委員会，1973）

A_i を先に（A_j を後に）見た 1 人目の評価を x_{ijl} とすると，その構造は次の式で表すことができる．

$$x_{ijl} = (\alpha_i - \alpha_j) + \gamma_{ij} + \delta_{ij} + \varepsilon_{ij}$$

この式において，α_i は対象とする集団全体における A_i の平均的好ましさの度合いを示す．他方，γ_{ij} は A_i と A_j とを対にしたことによる影響，δ_{ij} は A_i を先に見たことによる順序効果，ε_{ij} は誤差項で，観察者個人特有の特性による全体のデータからのずれや観察誤差を含む．検定では，これらのパラメータを次のような制限の下で推定を行い，それぞれの項目が表す効果の有意性について，分散分析に基づいて判断する．

$$\sum_{i=0}^{t} \alpha_i = 0, \ \sum_{i=0}^{t} \gamma_{ij} = 0, \ \gamma_{ij} = -\gamma_{ji}$$

$$\delta_{ij} = \delta_{ji}, \ V(\varepsilon_{ijl}) = \sigma^2$$

ここで t は評定の対象の個数を示す．

N 人の観察者がいたとする．t 個の対象から 2 個ずつ組み合わせると，その数は $t(t-1)/2$ となる．このとき，それぞれの対において，どちらを先に提示するかを考えると，この 2 倍の $t(t-1)$ 組の順序のある対があることになる．N 人の評定者をランダムに $t(t-1)$ 群に分けると，1 つの群の観察者の数 n は $N/t/(t-1)$ 人となる．

t 個の対象を比較する場合，平均嗜好度，組み合わせ効果，順序効果，分散の母数の推定値は次の式によって求められる．

平均嗜好度：$\hat{\alpha}_i = \dfrac{1}{2tn}(x_{i\cdot\cdot} - x_{\cdot i\cdot})$

組み合わせ効果：$\hat{\gamma}_{ij} = \dfrac{1}{2n}(x_{ij\cdot} - x_{ji\cdot}) - (\hat{\alpha}_i - \hat{\alpha}_j)$

順序効果：$\hat{\delta}_{ij} = \dfrac{1}{2n}(x_{ij\cdot} + x_{ji\cdot})$

分散：$\sigma^2 = \dfrac{S_\varepsilon}{t(t-1)(n-1)}$

ここで，$\cdot$ についてであるが，

$$x_{i\cdot\cdot} = \sum_{j=1}^{t} \sum_{l=1}^{n} x_{ijl} \quad x_{\cdot j\cdot} = \sum_{i=1}^{t} \sum_{l=1}^{n} x_{ijl}$$

$$x_{ij\cdot} = \sum_{l=1}^{n} x_{ijl}$$

である．

表 3.6 Scheffé の方法における分散分析表

要因	平方和	自由度	不偏分散	F 値
主効果	S_α	$f_\alpha = t-1$	$V_\alpha = S_\alpha/f_\alpha$	V_α/V_ε
組み合わせ効果	S_γ	$f_\gamma = (t-1)(t-2)/2$	$V_\gamma = S_\gamma/f_\gamma$	V_γ/V_ε
順序効果	S_δ	$f_\delta = t(t-1)/2$	$V_\delta = S_\delta/f_\delta$	V_δ/V_ε
誤差	S_ε	$f_\varepsilon = t(t-1)(n-1)$	$V_\varepsilon = S_\varepsilon/f_\varepsilon$	
総平方和	S_T	$f_T = t(t-1)n$		

それぞれの効果の有意性については，以下のように平方和や自由度を計算して分散分析表を作成し，検定によって判断する．それぞれの効果の平方和の計算式は以下のとおりである．

$$S_\alpha = \frac{1}{2tn} \sum_i (x_{i\bullet\bullet} - x_{\bullet i\bullet})^2$$

$$S_\gamma = \frac{1}{2n} \sum_i \sum_{i<j} (x_{ij\bullet} - x_{ji\bullet})^2 - S_\alpha$$

$$S_\delta = \frac{1}{2n} \sum_i \sum_{i<j} (x_{ij\bullet} + x_{ji\bullet})^2$$

$$S_\varepsilon = S_T - \frac{1}{n} \sum x_{ij\bullet}^2$$

$$S_T = 2^2(N_{-2} + N_2) + 1^2(N_{-1} + N_1)$$

これらの値を用いて分散分析表（**表 3.6**）をつくり，分散分析の結果に基づいて，各要因の効果の有意性を検討する．

2）Bradley の方法

Scheffé の方法は点数による評価に基づく分析である．それに対し，Bradley の方法は，一対比較的な判断に基づき，どちらが良いかについての評価から分析する方法である．

この方法では，1 人の観察者が k 個の対象について，各対に対する判断を r 回ずつ行う．「対象 A_i が A_j よりも～である」と判断される場合を P_{ij} とする．対象 A_i の心理的尺度値を π_i とする．$P_{ij} = \pi_i/(\pi_i + \pi_j)$ とし，π_i を推測する．この時，$\pi_i \geq 0$ との制約の下で，

$$\sum_{i=1}^{k} \pi_i = 1$$

と仮定する．

π_i の推定値は次の連立不定式の解より求められる〔近似的な解の求め方は，日科技連官能検査委員会（1973）第 10 章を参照〕．

$$\frac{f_i}{\pi_i} = n \sum_{j \neq i} \frac{1}{(\pi_i + \pi_j)}$$

$$\sum_{i=1}^{k} \pi_i = 1$$

「対象間の評価に差がない」を帰無仮説として，以下の値を求める．

$$B_1 = 2 \times \left\{ \sum_{i=1}^{k} \sum_{j>i} \log_e(\pi_i + \pi_j) - \sum_{i=1}^{k} f_i \log_e \pi_i \right\}$$

この B_1 から，

$$\chi^2 = nk(k-1) \log_e 2 - B_1$$

を求め，この値を自由度 $k-1$ の χ^2 分布の 5% よりも大きければ，帰無仮説を棄却する．

3）順位法

順位法は品等法とも呼ばれる．比較的多数の刺激を互いに関連させて判断することが簡単であり，適用範囲が広い．例えば，一対比較に基づく尺度の構成も同様の特性をもつが，系列的な順序に並べることができる刺激であれば，比較的簡便に順位法を用いることができる．また，一対比較に基づく様々な方法と比べると，観察者には，順位法のほうがわかりやすく，容易である．そのため，精神測定法のうちで，最も一般的に用いられてきた方法の 1 つである．

順位法においては，多数の観察者に刺激を特定の基準に従って順位を決めさせ，その結果を統計的に処理する．順位の決め方は，最も程度の著しいものを 1 番とし，その他の刺激を次々と配列する．刺激の数が多いときは，いちいち比較を行うのは時間と労力を要するという問題がある．

表 3.7 に，特定の観察者によって，特定の刺激に与えられた順位を示す．1 が最高の順位である．刺激が n まであったとすると，順位も n まであることになる．各数値は，特定の刺激が特定の順位に割り当てられる度数を示す．f_{3g} は，刺激 S_g に順位 3 を与えた人数を示す．

順位の総和である順位値 R_i と r_i との関係は $R_i = n - r_i + 1$ となる．順位値の平均は意味をもたず，中央値も順序尺度数（**図 3.14** Ⅱ）でしかない．間隔尺度の構成のためには，正規化順位法と比較判断法が用いられることが多い．

正規化順位法では，順位づけられた対象の間の

表3.7 n通りの順位にn個の対象を割り当てた場合の度数行列

	対象						
	S_a	S_b	S_c	...	S_j	...	S_n
r_1	f_{1a}	f_{1b}	f_{1c}	...	f_{1j}	...	f_{1n}
r_2	f_{2a}	f_{2b}	f_{2c}	...	f_{2j}	...	f_{2n}
r_3	f_{3a}	f_{3b}	f_{3c}	...	f_{3j}	...	f_{3n}
•	...	...	...	...	...	...	...
r_i	f_{ia}	f_{ib}	f_{ic}	...	f_{ij}	...	f_{in}
•	...	...	...	...	...	...	...
r_k	f_{ka}	f_{kb}	f_{kc}	...	f_{kj}	...	f_{kn}
•	...	...	...	...	...	...	...
r_n	f_{na}	f_{nb}	f_{nc}	...	f_{nj}	...	f_{nn}

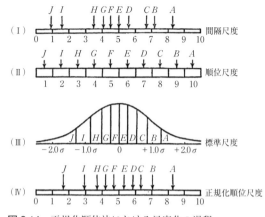

図3.14 正規化順位法における尺度化の過程
A～Jまでの10刺激の例．Ⅰは一対比較値を示す．Ⅱは各順位が同じ間隔をもつ場合．Ⅲは順位が正規分布すると仮定した場合．Ⅳはそれぞれの順位の面積を2等分するz値を順位値とした場合．

距離を，正規分布をなす母数から得られたと仮定し，順位の間の距離の割り当てを決定する．すなわち，対象の分布が正規分布しているのであれば，分布の中心では対象間の距離は近く，両端では大きいことが期待できる．各順位の面積を同等とする（図3.14 Ⅲ）．それぞれの面積を2等分するz値を用いる．

Guilford（1954）は正規化順位を求めるのにC尺度を用いることを推奨している．C尺度は，11単位の尺度で，平均が5.0，標準偏差が2.0になるものである．各対象に対するC得点は，$C=2z+5$によって得られる．正規化順位を決めるのに便利な表3.8を示す．

対象間の順位がわかれば，すべての対象の対に上下関係を示すことができる．このとき，特定の対象jが，他の対象kよりも上位と判断される回数の比率（$p_{j>k}$）を以下のように推定することができる（比較判断の比率の推定法）．

f_{ji}を，対象jに順位値R_iが与えられる回数，$f_{k<i}$を，対象kにR_iより小さい順位値が与えられる回数とする．また，$f_{ji}f_{k<i}$は，対象jに順位値R_iが与えられるときに，それが対象kよりも大きいと判断される回数となる．

順位値R_iについては，対象jが対象kよりも大きいという判断の総数は次の式で与えられる．

$$C_{(j>k)i} = f_{ji}f_{k<i} + \frac{1}{2}f_{ji}f_{ki} = f_{ji}\left(f_{k<i} + \frac{1}{2}f_{ki}\right)$$

これを，1からnまでのすべての順位値について合計すると，以下の式のようになる．

$$C_{j>k} = \sum \left[f_{ji}\left(f_{k<i} + \frac{1}{2}f_{ki}\right) \right]$$

ここで，各刺激が順位づけられる回数をNとしたとき，対象jが対象kよりも大と判断される回数の比率は以下の式で計算されることになる．

$$p_{j>k} = \sum \frac{[f_{ji}(f_{k<i} + (1/2)f_{ki})]}{N^2}$$

4）間隔尺度構成，比率尺度構成

ここまで，順位判断に基づく尺度構成法に関して解説してきた．それ以外にも，間隔判断，比率判断に基づく尺度構成を行う方法がある．

間隔が相等であるという観察者による判断は，心理学的な間隔尺度構成の基礎である．間隔が相当という判断に基づく尺度構成の方法は，大きく2つの方法に分けられる．1つは，一時に2つの間隔を等しくさせる方法で，等感距離法に代表される．もう1つの方法は，一時に2つ以上の間隔を等しくさせる方法であり，等現間隔法がこれにあたる．

等感距離法においては，観察者は，特定の心理学的連続体上の一定の距離を2等分する．具体的には，極小変化法などが用いられる．すなわち，

表 3.8　順位をつける各個数の対象の C 尺度値に対応する順位 (Guilford, 1954)

順位をつける個数	C尺度値								
	1	2	3	4	5	6	7	8	9
10	…	10	9	7～8	5～6	3～4	2	1	…
11	…	11	9～10	8	5～7	4	2～3	1	…
12	…	12	10～11	8～9	6～7	4～5	2～3	1	…
13	13	…	11～12	9～10	6～8	4～5	2～3	…	1
14	14	…	12～13	9～11	7～8	4～6	2～3	…	1
15	15	14	13	10～12	7～9	4～6	3	2	1
16	16	15	13～14	11～12	7～10	5～6	3～4	2	1
17	17	16	14～15	11～13	8～10	5～7	3～4	2	1
18	18	17	15～16	12～14	8～11	5～7	3～4	2	1
19	19	18	16～17	12～15	9～11	5～8	3～4	2	1
20	20	19	16～18	13～15	9～12	6～8	3～5	2	1
21	21	20	17～19	14～16	9～13	6～8	3～5	2	1
22	22	21	18～20	14～17	10～13	6～9	3～5	2	1
23	23	22	19～21	15～18	10～14	6～9	3～5	2	1
24	24	22～23	20～21	15～19	11～14	6～10	4～5	2～3	1
25	25	23～24	20～22	16～19	11～15	7～10	4～6	2～3	1
26	26	24～25	21～23	17～20	11～16	7～10	4～6	2～3	1
27	27	25～26	22～24	17～21	12～16	7～11	4～6	2～3	1
28	28	26～27	23～25	18～22	12～17	7～11	4～6	2～3	1
29	29	27～28	23～26	18～22	13～17	8～12	4～7	2～3	1
30	30	28～29	24～27	19～23	13～18	8～12	4～7	2～3	1

2つの刺激強度の間で，少しずつ刺激量を上昇系列，もしくは下降系列で変化させ，その刺激強度が，2つの刺激強度の中間より強いか弱いか判断させるのである．

　等現間隔法では，多くの刺激を与えられた観察者は，それをいくつかの刺激の順序の組に分ける．この分類において，順序の隣り合った組の間の間隔が等しく感じられるようにする．複数の観察者に分類を行わせ，刺激ごとに評定結果を累積度数分布の形でまとめると，累積正規分布に似た形が得られることが期待される．観察者が多い場合は，通常，その中央値と四分位間範囲や四分位偏差をその刺激の尺度値として用いる．観察者が少ない場合は，分布の平均値と標準偏差をその刺激の評定値とすることもある．四分位偏差や標準偏差が大きな刺激は，その後の分析から削除することが多い．

　間隔等分法は，3つ以上の刺激を同時，または継時的に提示し，それらの刺激間の感覚的な間隔や比率が等しく感じられるように観察者に調整させる方法である．これらの間隔や比率は，それぞれ，等価刺激差異，等価刺激比率と呼ばれる．3つの刺激のうち，中央の刺激を調整して，2つの等価刺激差異を求める方法は感覚距離等分法とも呼ばれる．

　比率判断として，ある刺激の大きさの1/2，1/3や1/4などにあたる大きさを見出すことを求められる分数法（分数刺激法ともいう）や，他の刺激の2倍，3倍，4倍などにあたる刺激を見出すことを求められる倍数法（倍数刺激法ともいう）などが用いられることもある．これらの比率に関する判断に基づく方法は，心理学的な比率尺度構成の基礎となる．ただし，これらの方法には著しい個人差があることも指摘されている（Hanes, 1949）．

〔一川　誠〕

3.3.4　その他の尺度構成法　　165

3.4 多次元評価と時間変動評価

3.4.1 SD法

セマンティックディファレンシャル（semantic differential, SD）法は，コンセプト（concept）に対する情緒的意味（affective meaning）を測定する技法であり，オズグッド（Osgood, C. E.）により考案された（Osgood, 1952；Osgood et al, 1957）．なお，SD法におけるコンセプトとは，直訳となる「概念」に限定せず広く評定対象全般を指す（岩下，1983）．SD法はもともとオズグッドの提唱する意味論を定量的に検証するために開発された技法であったが，その後オズグッドの意味論の是非とは独立に，「刺激に対して人々が抱くイメージ（印象）を簡便かつ多次元的に測定する」技法として，色・形・素材などのデザイン要素，音や音楽，製品，建築物，都市景観など様々なコンセプトの印象評価に適用されてきた．

1）基本的な意味次元

SD法では多数の形容詞対尺度を用いるが，後述する因子分析（factor analysis）により少数の因子に要約できる．オズグッドらは，言語圏・文化圏を超えた基本的な因子，すなわち情緒的意味次元として「価値〔評価性（evaluation）〕」「力量性〔潜在性（potency）〕」「活動性（activity）」の3次元が抽出されると主張した（Osgood, 1952；Osgood et al, 1957）．この3次元構造は後続の多くの研究においても確認された一方で，用いられたコンセプト・尺度によっては必ずしもこの因子構造と一致しない場合もある．例えば，色，形，映像，音楽など複数の感覚刺激に共通する因子構造を検討した大山ら（1993）においては，力量性の因子が「軽明性（lightness）」と「鋭さ（sharpness）」に分離した4因子構造が確認されている．

2）尺度構成

形容詞対の選択においては，コンセプトに対する関連性（relevance）が高く，被験者にとって語彙的に馴染みのあり，単語の意味が個人の価値観に左右されないことに留意する必要がある（Marinelli et al, 2014）．オズグッドらはコンセプトに関連性が高い語を自由連想法や類語辞典検索により収集している（Osgood et al, 1957）が，現在では多くのSD法研究が蓄積されていることから，先行研究で妥当性が確認された尺度を用いることも有効であろう．例えば，感覚刺激の基本的な印象を測定するうえでは，大山ら（1993）によって選定された11尺度（表3.9）などが利用できる．

形容詞対の配置は一般的に図3.15のようになされる．評定尺度の段階については，「微細な感性印象の差異を判別できること」と「段階が細かすぎると回答にかかる被験者の負担が増える（結果的に真面目な回答が得られにくい）こと」のバランスを考慮すると，5段階か7段階が採用される場合が多い．SD法ではこれらの段階を等間隔（間隔尺度）と見なした分析を行うことから，評定尺度用語（「とても」などの程度量表現語）のみでなく線分尺度を明示して被験者に評定段階の心理的等間隔性がわかるようにする必要があろう．なお，評定尺度値を間隔尺度と見なすことの留意点については織田（1968）や田中と山際（1992）などを参照のこと．尺度の提示順序はランダムに配置されることが多いが，「最初に好みに関する尺度を配置しないほうがよい」「類似した情緒的意味をもつ尺度を連続させないほうがよい」「形

表3.9 大山ら（1993）で用いられた形容詞対

因子	因子負荷の高い形容詞対
価値	良い-悪い，好きな-嫌いな，美しい-汚い
活動性	騒がしい-静かな，動的-静的，派手な-地味な
軽明性	軽い-重い，明るい-暗い，陽気な-陰気な
鋭さ	鋭い-鈍い，緊張した-ゆるんだ

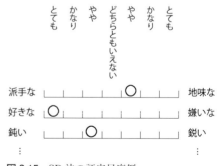

図3.15 SD法の評定尺度例
○印は回答例．

容詞対の左右配置順を一定にしない（『暗い–明るい』『弱い–強い』など常に尺度左側の語がマイナス方向，右がプラス方向の語となることを避ける）」などの工夫がなされる場合もある（岩下，1983）．

3）結果の分析法

SD法における因子分析の数学的手順については岩下（1983）などに詳しいが，現在では統計パッケージなどを用いることで比較的簡便な手順で因子分析を行うことができる．因子分析では因子解の求め方と因子回転手法を選択する必要がある．因子解の求め方では主因子法，あるいは因子数推定の手がかりが得られる最尤解法が用いられることが多い（田中・山際，1997）．因子回転法については，上述のようにSD法がもともと情緒的意味次元の単純構造化を目指していたことや計算機性能の制約などから，直交回転法の1つであるバリマックス（varimax）回転が用いられることが多かった（村上ほか，1978）．一方で，直交回転法では因子間の無相関が仮定されるが，感性印象を扱ううえではこの仮定が成立しない場合も多く，また計算機性能の向上などもあり，現在は因子間相関を仮定するプロマックス（promax）回転などの斜交回転法が主流となっている（豊田，2000）．

なお，SD法のデータは被験者（n名）×コンセプト（m個）×尺度（s個）の3相からなるが（図3.16），いずれの相に着目するかによって必要なデータ処理や分析が異なってくる．因子分析を行う際にも，全被験者の平均値か総和値をとることで$m \times s$のデータに関して因子分析を適用する総和法，$(n \times m) \times s$のデータに適用するstring-out法，各被験者について$m \times s$の行列をつくる平均相関法など，研究目的に応じて3相データを2相化するデータ処理が必要になる〔詳しくは杉浦・加藤（1992）などを参照〕．いずれの処理においても，組み合わせて1つの相とみなされた2つの相自体の構造，および相の間の関連性は不明瞭となることには留意する必要があろう．対象の基本

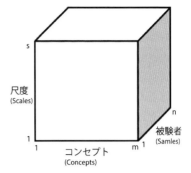

図3.16　SD法の3相データ

的な情緒的意味次元を調べる研究においては，全被験者の平均評定値を用いるなど被験者情報を圧縮した分析がなされることが多い．この場合には前述のように評定の個人差が少なくなるような尺度選定を心がけるとともに，因子分析を行う前に各コンセプト・各尺度に対する平均評定値の標準偏差を確認するなど，尺度に対する個人差も把握したうえで分析の妥当性を検討するとよい．なお，3相データ構造を維持したままでの分析として3相因子分析（Tucker，1964；村上ほか，1978），探索的ポジショニング分析（豊田，2001）などが提案されている．

4）SD法と関連する測定技法

SD法と同様に対象の多次元的な印象を評価する技法として，レパートリーグリッド（repertory grid）法や多次元尺度構成（multidimensional scaling, MDS）法がある〔詳細は若林（1987）などを参照．MDS法は3.4.4も参照〕．また，鈴木ら（2006）は，対象の多感覚的な特性を把握する手法としてモダリティディファレンシャル（modality differential, MD）法を考案した．これはSD法で評価される感性印象が，視覚，聴覚，触覚といった各感覚モダリティにどの程度関連するかを定量的に記述するための技法である．詳細は鈴木ら（2006）や行場（2010）に譲るが，五感との関連から対象の感性印象構造を捉えるうえで有効な手法といえる．　　　　　〔木村　敦〕

3.4.2 記述データ・記述選択法

対象から受ける情緒的印象を多次元的に測定する方法としてSD法は適用範囲の広い方法だが，対象領域の評価に適切な基本因子の不変性の確認，意味が相互に反対となる反対語の選定など慎重な基礎作業が必要である．また実際のSD法の適用において実験参加者はすべての尺度対に反応することが求められ，対象の評価上，適切でない用語が尺度の中に含まれていても反応を避けることは許されない．以下の方法にはそのような制約はない．

1）記述データ（チェックリスト法）

対象を記述するにふさわしい用語リスト（形容詞）を用意し，対象を提示してその印象を該当する用語にチェックマークを入れる．選択された用語を集計することで情緒的印象を記述データとして取り扱う素朴な方法がある．Gundlach（1935）やHevener（1936）らが提案したような，音楽の印象を表現する形容詞を用意しておいて，実験参加者は音楽演奏を聴取した後，演奏を表現するにふさわしい形容詞にチェックマークをつけるという研究例である．このチェックリストによる音楽印象の表現に関する諸研究については梅本（1966）の詳しい紹介がある．

種々の研究例の中でHevenerの方法の優れている点は，単に形容詞を羅列するのではなく似た形容詞をグループにまとめ，かつグループの配置を円環状にして，隣接するグループは相対的に意味が近く，反対の意味をもつグループは円環上で反対の位置になるように並べたチェックリストを作成した点である．この方法は実験参加者にとって反応が容易で現在でも使用例がある（Schubert, 2003）．Hevenerの手法の問題点は，類似の形容詞を選択し，類似の程度に応じて円環状に配置する過程が実験参加者と相談しながら作成したという任意性にある．

2）記述選択法

この方法は形容詞選定の手続きを数量化し，クラスター分析，因子分析などの手法を用いて，各クラスターや因子を代表する少数の形容詞を選択し，形容詞の数を絞り込むことで，変化する音の印象を時々刻々判断する「連続記述選択法」（3.4.3参照）へと発展させた点に特徴がある．音楽演奏の印象評価に用いられた具体例を通してその手続きについて述べる（Namba et al, 1991a）．

◆形容詞リストの作成

●予備実験

音源としてムソルグスキー作曲の「展覧会の絵」の4つのプロムナード（アシュケナージ演奏の場合は5つのプロムナード．各プロムナードのメロディは同じだが演奏表現に顕著な相違がある）を5人の演奏家が演奏したCDを再生し，音楽専攻生（15名）を含む110名の実験参加者に各演奏の印象を表現するにふさわしい形容詞の自由記入を求めた．集まった形容詞のリストから重複した言葉を除き，さらに楽譜の表情記号なども参考に60の形容詞のリストを作成した．

●形容詞選択実験

各プロムナードの演奏音を聞いて498人の実験参加者が選択した形容詞の頻度を求めた．選ばれた形容詞とその頻度から各演奏の印象の特徴がある程度うかがえる．

◆因子分析

各プロムナードを通じて3位までに選ばれた24の形容詞を用いて次の分析を行った．まず同時に選択された形容詞のマトリックス表を基礎に形容詞間のファイ（ϕ）係数を求め，ϕ係数のマトリックスから主因子法による因子分析を行いvarimax回転を実施した．因子分析の目的は大きなデータ行列の情報を誤差を最小にとどめながら少ない因子に集約することである．多くの形容詞から少数の形容詞を選択・代表させる目的にふさわしい方法である．なお主因子法では変量の分布型に特定の仮定を設ける必要がないが，一般に主因子法に用いられる偏差積率相関係数は変量間の直線性を前提としている（芝, 1972）．直線性の保証のないϕ係数の行列から得られた因子負荷量の取り扱いにあたり，同じ因子に高い負荷量をもつ用語群を選択する手がかりとして用いる程度にとどめるべきと考える．因子得点を求めて外的基準（例えば刺激の物理量）などとの対応関係（回帰式）を探索するには別の手法を用いるべきであ

表 3.10 因子分析結果 (Namba et al, 1991a)

Adjective	Factor 1	Factor 2	Factor 3
1. Strong	−.667	−.128	−.159
2. Bright	−.578	.011	−.122
3. Sorrowful	.156	−.036	.787
4. Quiet	.265	.452	.389
5. Relaxed	−.428	.337	−.149
6. Lonely	.230	.163	.726
7. Peaceful	.150	.655	.029
8. Mild	.064	.612	.077
9. Tranquil	.081	.069	−.067
10. Calm	−.106	.584	.104
11. Leisurely	−.050	.674	.059
12. Vigorous	−.593	−.122	−.150
13. Grand	−.653	.136	−.219
14. Radiant	−.609	−.013	−.117
15. Depressed	.146	.087	.726
16. Majestic	−.574	.068	.009
17. Pastoral	.044	.646	−.074
18. Powerful	−.614	−.130	−.116
19. Stirring	−.684	−.160	−.152
20. Tragic	.123	−.101	.728
21. Graceful	−.428	.348	−.042
22. Grave	−.501	.010	.102
23. Triumphant	−.689	−.088	−.201
24. Magnificent	−.698	−.076	−.193

ろう．

　因子分析の結果を表 3.10 に示す（形容詞の和訳は図 3.17）．第 1 因子に負荷量の高い形容詞は「堂々とした」「力強い」「迫力のある」であり，力動性の因子といえる．第 2 因子に負荷量の高い形容詞は「のどかな」「ゆったりとした」「牧歌的な」など「のどかさ」に関係する因子といえる．第 3 因子に負荷量の高い形容詞は「悲しい」「寂しい」など「悲しさ」に関係する因子と解釈できた．

　$(1-\phi)$ を形容詞間の非類似性の指標としてクラスター分析を行った．その結果を図 3.17 に示す．結果より形容詞は 3 つのグループに大別される．第 1 のクラスターには「力強い」「堂々とした」「迫力のある」などの形容詞が属し，第 1 因子と関係する．第 2 のクラスターには「悲しい」「寂しい」などの形容詞が属し，第 3 因子と関係する．第 3 のクラスターは「静かな」「のどかな」「牧歌的な」「ゆったりとした」などの形容詞が属し，第 2 因子と関係する．

　因子分析とクラスター分析という異なる方法の間で同様の形容詞群が得られたことで，多くの形容詞で表現される印象の諸側面を少数の形容詞で

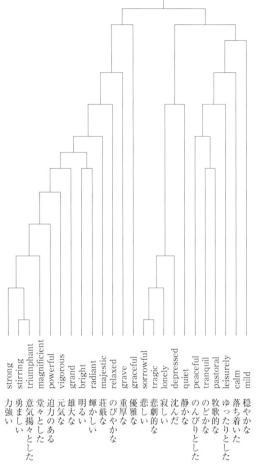

図 3.17 クラスター分析の結果（Namba et al, 1991）

代表する，いわば記述の効率化を図る手がかりが得られたといえる．分析の結果，15 の形容詞を選択することができた．この形容詞群を用いて行った連続判断の結果は 3.4.3 で紹介する．

　記述選択法は，対象の印象に該当する形容詞のみにチェックマークをつけるという簡便な方法で実験参加者にとって反応の容易な手法である．形容詞の選択にあたって因子分析やクラスター分析などの分析手法の助けを借りることで，必要にして十分な形容詞を求めることができる．この方法は言語を異にする国における社会調査（国際比較）での各国語における用語間の用例の等価性を確認する作業にも使われている（Namba et al, 1997）．

〔難波精一郎〕

3.4.3 カテゴリー連続判断法・連続記述選択法

1) カテゴリー連続判断法の手続き

聴覚が日常場面で受け取る情報は音声，音楽，もの音などその多くは時間的に変化する変動音で，特に音楽や音声など音の流れ（文脈）の中で，その音の担っている情報を理解することになる．生態学的観点からみれば変動音こそ聴覚心理学の中心になるべきであるが，変動音を支配する諸変数の制御や変動の代表値の決定など多くの問題があるし，精神物理学的にも持続時間が長くて変化する音の取り扱いは難しい．

ここで紹介するカテゴリー連続判断法は，ピアノ演奏にヒントを得て考案された方法である（難波ほか，1977）．ピアノ演奏における運指の速度はベテランピアニストの場合，1秒10回を超え，継時的に提示される母音を聴覚が辛うじて識別できる識別臨界速度（寺西，1977）6～7個／秒を上回る．ピアノ演奏のように運指で連続的に判断を求める方法をカテゴリー連続判断法という．ランダム変動する無意味な音の流れの評価には適さない．この方法の実際は以下のカテゴリー連続判断法の教示例（音の大きさの連続判断）を読むと理解しやすい．

●教示例

「これは音の大きさを判断していただく実験です．スピーカから様々な音をお聞かせします．それらの音の印象は時間とともに変化します．音の時々刻々の大きさを"1：非常に小さい"から"7：非常に大きい"まで7つのカテゴリーで判断し，その数字に対応するキーを押してください．もし大きさの印象が変わらなければ，キイを押す必要はありません．モニタに表示されている印象が続いているとみなされます．大きさの印象が変わったとき，その印象に対応するキイを押してください．

実験者が合図するまでは，キイには手を触れないでください．実験者からの合図があればすぐスペースバーを押し，続いて音が聞こえ始めたら，すぐに判断を始めてください．はじめに，練習をしていただきます」

カテゴリー連続判断法には反応盤が必要だが，コンピュータのキーボードの数字キイをそのままカテゴリー連続判断法の入力キイとして利用できる．データは時系列的に入力されるが，コンピュータに取り込むサンプリングの時間間隔は実験目的にもよるが，通常100 ms間隔程度が実用的である．データはエクセルなどの表計算ソフトを用いて入力時の時間情報や刺激の物理量とともに種々の処理ができる．連続して入力されたカテゴリー値と対応する音刺激の騒音レベルの対応関係を図3.18に示す．

図のように騒音レベルの変化に応じた実験参加者（被験者）の判断の変化がみられるが，反応の遅れもみられる．実験参加者が刺激音と聞いて判断するまでには反応時間が必要である．その反応時間を推定するために100 msごとの刺激の物理量と同じく100 msごとにサンプリングされたカテゴリー値を対応づけて，ある時点における実験参加者のカテゴリー値を100 msずつずらしながら，刺激の物理量との相関係数を求め，最も高い相関係数が得られた時間のずれを反応時間とみなしている．

このようにして求めた反応時間はあくまで平均的な時間であり，実験参加者の聴取態度などによって反応時間は変化するので実験目的によって詳細に検討することも必要である（Kuwano & Namba, 1985）．

本例ではカテゴリー数7の場合を示したが，カ

図3.18　自動車交通騒音のレベル変動パターンとそれに対する被験者の時々刻々の反応の例（Kuwano & Namba, 1985）

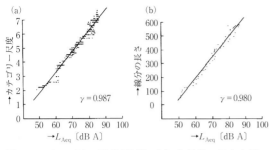

図 3.19 カテゴリー連続判断法（a）と線分の長さを用いた ME 法による連続判断法（b）の結果（Kuwano & Namba, 1990）

a：カテゴリー連続判断法による時々刻々のラウドネスと L_{Aeq} の関係．b：線分の長さを用いた継時 ME 法による時々刻々のラウドネスと L_{Aeq} の関係．

テゴリーの代わりに，コンピュータのモニタ上に線分を提示し，マウスやトラックボールを用いて線分の長さを音の印象に合わせて調整するという方法も使いやすい．この方法はモニタのサイズによって線分の長さが制約されるという限界はあるが，加藤の実験によるとスクリーンに投影された 1 m を超える長い線分とコンピュータモニタの短い線分を用いた実験結果の間に有意差はなく，実験目的によっては有用な方法である（加藤，1997）．

図 3.19 に同じ刺激系列に適用したカテゴリーと線分判断の結果を示す．両者の間に同様の結果がみられる．

2）カテゴリー連続判断法の適用例

音楽演奏音のディナーミク（大きさの変化）の連続評価（荒川ほか，1996），種々の変動する複合音の大きさの評価手法の検討（Kuwano & Namba, 2010；難波ほか，2011）などの基礎的問題のほか，放送音の音質に与える種々の劣化要因のトレードオフ関係（難波ほか，1982），航空機の飛来数と背景騒音との関係の分析（Kuwano & Namba, 1996），種々の飛行形態で飛来するヘリコプター騒音の連続評価（Namba et al, 1993），入眠時における騒音への慣れの影響（Kuwano et al, 2002），自動車車内騒音の連続評価（Bisping, 1991；Parizet et al, 2003），運転中の時々刻々の判断に与える視覚的刺激の影響（Namba et al, 1997）など多様な応用的課題に用いられている．

それは音の流れの中で音を細分化することなく，あるがままの流れの中で反応の変化を与える

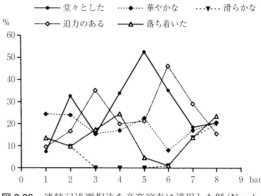

図 3.20 連続記述選択法を音楽演奏に適用した例（Namba & Kuwano, 1990）

図の横軸は小節の番号，縦軸は該当する形容詞が選択された度数．

要因を見出すという本方法の「生態学的妥当性」の高さによると考える．

3）連続記述選択法

カテゴリー連続判断法は大きさ，やかましさなど，音の 1 つの次元について量的な判断を求める方法である．しかし音源によってはその印象が多次元的でかつ時間的に変化する場合も多い．そのような目的のためには，3.4.2 の記述選択法で選択した少数の形容詞を用いて，変化する音色の時々刻々の印象を連続的に測定する方法を提案した（Namba et al, 1991a）．この方法の手続きは記述選択法であらかじめ選択された形容詞のリストを用意し，例えば，"美しい"ならばその頭文字のローマ字"u"のキイのように，各形容詞とコンピュータのキイを対応づけておく．時々刻々の判断はカテゴリー連続判断法と同じ要領で時々刻々の音の音色の印象を判断し，その印象に対応するキイを押すことを求める．はじめに実験参加者がキイの操作に慣れるための練習セッションが必要である．

結果の処理は，カテゴリー連続判断法と同様に時々刻々の判断について各形容詞が選択された時間経過と，全時間で各形容詞が選択された時間を計測し，物理量や刺激系列全体を対象になされた全体判断と対応づけて検討する．

結果の一例として音楽演奏に連続記述選択法を適用した結果を図 3.20 に示す．音色の変化が時間的に変化していく様子がわかる．〔難波精一郎〕

3.4.4 多次元データ分析に用いる多変量解析

人間の心理プロセスでは多くの要因が影響を与えている．例えば，「幸福感に影響を与える要因は何か？」という問題に関する研究に取り組んでいるとする．幸福感は様々な要因に影響を受けていると思われる．幸福感を生み出す心理プロセスを明らかにするためには，各要因が幸福感に対してどのような影響を与えているのか，また要因間の関係を分析する必要がある．

幸福感を生み出す心理プロセスを明らかにするために，幸福度（"あなたは今幸せに感じるか"），人間関係（家族，恋人，職場それぞれで"関係性は良好か"），仕事（"仕事はうまくいっていると思うか"），健康（"健康状態は良好か"）についてビジュアルアナログスケール（「まったくそう思わない」～「非常にそう思う」を0～100に変換）でn人に尋ね，表3.11のようなデータが手元にあるものとする．心理学の研究では，このような多次元のデータを扱いながら人間の心理プロセスを明らかにしていくことが多い．この際に用いる統計的手法が多変量解析である．

1）回帰（重回帰）分析・パス解析

表3.11のデータから，"家族との関係が良好であれば，私たちは幸福を感じる"という仮説を検証する1つの方法が回帰分析である．例えば，家族関係と幸福度，2つの変数の散布図を作成したところ，図3.21左のようなデータが観察されたとする．この際，2変数間に線形関係を仮定して，統計的に分析する方法が回帰分析である（図中の直線が回帰直線と呼ばれる）．この分析では，独立変数（家族との関係性）によって従属変数（幸福感）が直線式でどれだけよく説明されるかという点から仮説を検証する．つまり，独立変数である家族との関係性から従属変数である幸福感に関する予測を以下の式から行う．

$$予測値(幸福感) = a \times (家族との関係性) + b$$

a，bは係数で，aは直線の傾き，bは切片を意味する．

図3.21左のデータが得られている場合，直線

表3.11　データの例

個人ID	幸福感	人間関係			仕事	健康度
		家族	恋人	職場		
1	52	45	21	62	75	25
2	33	33	77	54	30	62
…	…	…	…	…	…	…
n	78	68	45	38	92	39

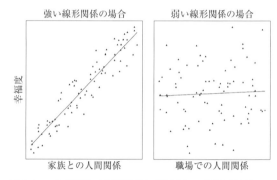

図3.21　2変数間（人間関係と幸福度）の関係（仮想データ）

で2変数間の関係をよく表現できている．つまり，「家族との関係性が良好であれば幸せと感じている」という関係性が存在しており，仮説が統計的に検証されたと考えることができる．また"職場での人間関係が良好であれば，私たちは幸福感をもつ"という仮説に対して同様の分析を行ったとする．図3.21右のようなデータが得られている場合，2変数の関係は直線であまりよく表現されていない．この場合，仮説は統計的に支持されているとはいえない．

独立変数は1つの変数ではなく，2つ以上の変数を仮定する場合もある．例えば，前述の仮説に合わせて，"健康状態が良好であれば幸福感を感じる"という仮説を検証したい場合もあるだろう．このようなときは以下のように，2つの独立変数を用いて幸福感を予測する．

$$予測値(幸福感) = a_1 \times (家族との関係性) + a_2 \times (健康状態) + b$$

a_1，a_2，bは先ほどと同様に係数である．

1つの独立変数を仮定する場合は単回帰分析，2つ以上の独立変数を仮定する場合を重回帰分析と区別して呼ぶ場合もある．

単回帰分析・重回帰分析は単純な変数間の関係

性について検証する方法であるが，より複雑な変数間の関係を伴う仮説を検証したい場合もある．例えば，"家族との関係が良好であれば，人はより幸福になり，自分が幸福だと感じる人は仕事に一生懸命取り組み，仕事のパフォーマンスが高くなる"といった仮説を立てたとする．このようなより複雑な関係性について検証する場合はパス解析を実施して，各変数の影響度や，モデル全体の適合度などから仮説の妥当性を検証していく．

2）主成分分析

表 3.11 のように，家族，恋人，職場，3 つの場面における人間関係のデータがある場合，共通する要素が存在すると考えられる．例えば，"フレンドリー"と評される人は，誰とでもすぐに打ち解けやすいので，結果として相手に関係なく良好な人間関係を築くことが考えられる．人間関係について詳細に分析する研究を行っている場合，家族，恋人，職場，それぞれの人間関係について細かく分析していく必要があるだろう．しかし幸福感に与える要因の分析など，人間関係以外の要因も同時に検討していく場合，相手に依存しないよりも一般的な人間関係構築力を仮定したほうが比較は行いやすくなるだろう．このように，もともとあった 3 つの次元（家族，恋人，職場）を縮約し，1 つの次元（人間関係構築力）から分析を行いたい場面がある．

このときに用いる手法の 1 つが主成分分析である．主成分分析は，もともとのデータ（家族，恋人，職場それぞれの人間関係の良好さ）に存在する分散（情報）を，新たな軸（成分）で記述するための数学的手法である．この新たな軸は，もともとの変数の線形結合，かつ新たに構成される軸は互いに無相関という仮定の下で構成される．

心理学では通常，仮説駆動で研究を進めることが多いため，統計的手法も仮説の検証に用いられることが多い．一方，主成分分析は前述のような軸の縮約が主な目的である．よって，特定の仮説がなく，手元にある多次元のデータから何らかのパターンを見つけ出したいとき，つまりデータ駆動で研究を進めたい場合，軸の解釈に注意しながら活用すると，有用な方法になる．

3）因子分析・構造方程式モデリング

ある国 X の国民性に関するイメージについて調査したとする．アンケート項目の中に，(a)時間を守りそうか，(b)メールをすぐに返しそうか，(c)整理整頓が好きそうか，(d)笑顔が多そうか，(e)自分の意思を正確に伝えることが得意か，(f)相手の意図を正確に汲み取るのがうまいか，などの項目があったとする．各項目は独立しているが，(a)(b)(c)は几帳面さ，(d)(e)(f)はコミュニケーション能力についても尋ねているように思える．このように，各項目はわれわれがもつイメージについて独立に問うものであるが，背景に共通する評価軸が存在している可能性が考えられる．

このように観測された変数（ここでは質問項目へ対する評定点）に影響を与えていると考えられる，目に見えない要因（ここでは"几帳面さ""コミュニケーション能力"のような評価軸）で説明する統計的手法を因子分析という（図 3.22）．心理学では通常，観測されたデータから目に見えない要因（因子）について議論することが多く，因子分析は広く用いられている手法である．例えば，SD 法（3.4.1 参照）のデータ分析の際に 3 相因子分析法が用いられているように，活用法は多岐にわたる．

図 3.22 ではイメージの評価背景に「几帳面さ」「コミュニケーション能力」という 2 つのイメージ評価軸が存在することを仮定し，観測した評定値を説明するための比較的単純なモデルを示している．しかし仮説によっては因子間に複雑な関係性を仮定する場合もあるだろう．このような場合

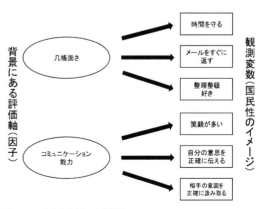

図 3.22　因子分析の概略図

は，構造方程式モデリングによって仮説を検証することが可能である．

因子分析や構造方程式モデリングは，目に見えないプロセスの解明を目指す心理学の研究において，大変有用な手法であるといえる．一方で，数学的には難解な側面があるために，誤解や誤用が多いのも事実である．使用する際は細心の注意を払いながら分析を進める必要がある．

4）クラスター分析

世界各国の100個のチョコレートを試食してもらい，"どのくらい甘いか"（0〜100），"どのくらい苦味があるか"（0〜100）をビジュアルアナログスケールで尋ねたとしよう．その結果として図3.23のようなデータが得られたとする．図から，甘みも苦味も強いチョコ（"■"の点），甘みあるいは苦みが強いチョコ（"×"または"○"の点），またどちらも弱い（"▲"の点），4つのまとまりに分かれているように見える．つまり，4つのタイプのチョコが存在しているような印象を受ける．このようなとき，類似性を基準として統計的に対象を分類していくクラスター分析を用いて，まとまりについて検証するのがよい．

クラスター分析は大きく分けて，階層的クラスター分析と非階層的クラスター分析がある．階層的クラスター分析では，個々のデータを1つのクラスターとして見なし，類似性に基づいてクラスターを結合していく．そして，この手続きを最終的に1つのクラスターが形成されるまで続ける．一方で非階層的クラスター分析（例えばK-Means法）では，分析者が事前にクラスター数を設定し，データをそのクラスター数に分ける方法である．

研究の目的に応じてこれらの方法は使い分けるとよい．例えば，個々のデータ間のまとまり具合の関係を分析したい場合，階層的クラスター分析を用いるのがよいだろう．一方，事前にクラスター数に関する何らかの仮説が存在している場合，K-Means法を用いた非階層的クラスター分析を用いたうえで，クラスター数に関する仮説の妥当性を検証するのがよい．

5）多次元尺度構成法（MDS）

バナナ・パイナップル・イチゴ・キウイ・リンゴの5種類の果物に対してわれわれはどのようなイメージをもっているであろうか．対象にもっているイメージを理解する1つの方法として，類似性から推測する方法が考えられる．似たイメージをもっているのであれば類似性は高いと判断され，逆に異なるイメージをもっているのであれば類似性は低いと判断されるであろう．よって，この果物間の類似性判断の関係性を明らかにすることによってわれわれが果物に対してもっているイメージの一側面を明らかにできると考えられる．このようなときには，多次元尺度構成法（multidimensional scaling, MDS）を用いるのがよい．

MDSでは，対象間の距離に関するデータを用いて分析を行う．例えば，5種類の果物のそれぞれの対に関して類似性判断（0：似ていない〜100：似ている）を求め，表3.12の上に記したようなデータ（仮想データ）が手元にあったとする．なおここでは，同じ果物の類似性は最大の100（同じものなので，類似性は最大であると仮定できる）とする．この類似性判断を反転させたもの（100 − 類似性判断値）は，距離と見なすことが可能である（表3.12）．つまり，「似ているものは距離が近く，似ていないものは距離が長くなる」という形式に値を変換している．MDSでは，対象間の距離に関する行列を用いて，統計的手法に基づいて類似性を表現する新たな軸を構成していく．MDSで構成された2つの軸上に5つ

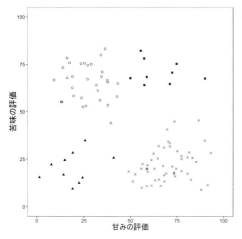

図3.23 100個のチョコへ対する味評価の分布（仮想データ）

表 3.12 類似性判断のデータとそこから算出した距離（いずれも仮想データ）

	バナナ	パイナップル	イチゴ	キウイ	リンゴ
バナナ	100/0	-	-	-	-
パイナップル	45/55	100/0	-	-	-
イチゴ	15/85	35/65	100/0	-	-
キウイ	50/50	75/25	85/15	100/0	-
リンゴ	60/40	95/5	25/75	30/70	100/0

類似性判断の例（0 似ていない－ 100 似ている）／距離（類似性判断から算出）

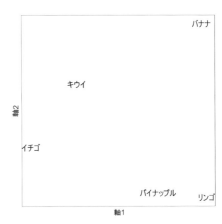

図 3.24 MDS の 2 次元解のプロット

の果物をプロットしたものを図 3.24 に記す．ここでいう"軸"とは，地図における緯度・経度をイメージすればよい．例えば，北海道・東京・京都・福岡・沖縄の 5 都市の位置関係を把握する場合，緯度と経度という 2 つの軸を視点とすると理解しやすくなる．MDS では統計的手続きに則り，対象間の距離に関するデータから地図上の緯度と経度のような，対象間の関係性をわかりやすく理解するための軸を構成していく．例えば，図 3.24 では，パイナップルとリンゴは似たイメージがもたれており，またイチゴとバナナに対するイメージは似ていないという解釈が可能である．

対象間の関係性を理解するうえで必要となる軸数は，分析結果に基づき決定する．例えば，3 都市 A，B，C の位置関係を理解したい場合を考えてみよう．もし 3 都市の緯度がほぼ同じである場合，緯度の情報はあまり意味をなさないため，位置関係を理解するうえで 1 つの軸（経度軸）に注目し関係性を理解すればよい．一方，3 都市が東西南北全く異なる場所に位置している場合，経度に合わせて緯度も位置関係を把握するうえで重要な情報をもっている．この例のように，MDS によって構成された軸がもつ情報量に基づいて，関係性を理解するうえで必要となる軸数を決定するのがよい．

6) R での実行

統計解析向けのソフトウェア R は近年多くの場面で活用されている．フリーであるために操作

表 3.13 R で分析を実施する際の関数例

分析法	関数
回帰（重回帰）分析	lm, glm
パス解析　構造方程式モデリング	specify.model によるモデル構成（"sem" パッケージ）
主成分分析	prcomp, princomp
因子分析	factanal, fa ("psych" パッケージ)
三相因子分析	T3 ("ThreeWay" パッケージ)
階層的クラスター分析	hclust
非階層的クラスター分析	kmeans
多次元尺度構成法	cmdscale

注：三相因子分析における T3 は Tucker（1966）の Tucker 3 モデルの解を求める関数である．ThreeWay パッケージでは他のモデルでの解も求めることが可能である（Giordani et al, 2014）．豊田（2001）が提案している分析法は，SAS マクロが論文内で公開されている．なお理論については，Kroonenberg（2008）が詳しい．

に慣れれば，誰でも手軽に使用できる．本節で触れた分析法の多くは R で実行可能である．表 3.13 に例を示す．新しいパッケージが次々とリリースされており，今後もより便利な関数が利用できる可能性がある． 〔本田秀仁〕

●参考文献

足立（2006），南風原（2002），中村（2009），Johnson & Wichern（2007），Everitt & Hothorn（2011）．

3.4.5 官能評価における多次元評価と時間変動評価

官能評価（sensory evaluation）とは，人間の感覚によって食品や工業製品などの事物を評価することである．官能評価では評価者をパネリスト，その集団をパネルと呼ぶ．官能評価は分析型と嗜好型に分けられ，前者は人の感覚によってものの特性を知る，後者はものによって引き起こされる人の感覚を知ることを目的としている（山口，2012）．事物を評価する属性は多次元であり，製品を消費・使用中にも評価は刻一刻と変化する．官能評価では多次元の属性を捉えるために，複数の感覚強度の評定や，時間的変化の測定も行われる．このように官能評価では，心理学と類似した手法を使用する．しかし，官能評価は事物の特性の測定として人間の五感と評価を計測センサとその出力として用いる点で心理学の感性評価と目的が大きく異なり，これに応じて，実験・評価の実施方法や分析の方向などが工夫されている．本節では，近年の官能評価でよく使用されている多次元評価法と時間変動評価について紹介する．

1) 分析型官能評価における多次元尺評価

分析型官能評価ではパネルは事物の特性を計測するセンサの役割を担っている．したがって，計測機器と同様に精度・真度・再現性の高さが求められる．そのため，評価の目的に応じた能力があるパネリストを選定し，評価の仕方を訓練する．この点が一般的な心理学実験と考え方が大きく異なる．例えば食品のパネリストの評価・訓練についてはISO8586：2012のような国際基準が存在する（早川，2012）．また，訓練されたパネルは訓練されていないパネルよりも感覚強度の評定において真度・精度とも優れていることを示した事例も報告されている（Masuda et al, 2013）．

官能評価では，多次元の属性を捉えるためにパネリスト自身がサンプルセットの描写に必要な用語をあげ，それに基づいて複数の項目について強度の評定を行う．これを記述型官能評価という〔descriptive sensory test（例：Murray et al, 2001；今村，2012）〕．これには訓練されたパネルの合議によって製品を詳述するフレーバープロファイル法，テクスチャプロファイル法などが含まれるが，quantitative descriptive analysis〔QDA法，定量的記述分析法（Stone et al, 1974）〕が得られる情報が多く，多変量解析も適用しやすい．QDA法では，10名程度の訓練されたパネリストが線尺度（visual analog scale, VAS）を用いて事物の属性を評価する技法である．評価対象となるサンプル群（例えばリンゴ，リンゴの中でもサンプル範囲が1品種に限られているのか，複数にわたるのかなど）を決定した後，その中からいくつかのサンプルを提示し，それについて，個々のパネリストに具体的な言葉として描写させる．つまりサンプル群および目的に特化した尺度を構成する．この点で幅広い対象に対する評価を同一の尺度で行おうとするSD法とは異なる．また，同じ言葉でも表す意味がパネリスト間で異なる可能性があるため，出現した言葉が表す意味をパネリスト間で確認し，言葉の意味をパネル内で統一し，パネリストが共有できる感覚属性を表す言葉を評価項目として選定する．このようなステップを経て，実際に評価したいサンプル群のVASによる評価をパネリストが個別に行う．食品を評価する場合，サンプルごとに水（場合によっては無塩クラッカーなども使用する）によって口腔内をすすぎ，休憩を挟んで疲労を緩和するなどの工夫がなされる（詳しくは2.5参照）．このように，官能評価では，個人差，疲労などによる評価の変動を極力少なくするように努める．

QDA法の評価結果は多次元の線尺度の出力であり，SD法に用いられる統計技法（主成分分析，分散分析など．3.4.4参照）が適用できる．また，QDA法のデータを独立変数，消費者の嗜好を従属変数にするような分析が試みられている．

2) 嗜好型官能評価における多次元評価

嗜好型評価における多次元評価ではSD法もよく用いられるが（3.4.1参照），尺度の数が比較的多く，評価の仕方にも個人差が大きい．そこで近年は，記述選択法と同様の方法が，CATA（check-all-that-apply）と呼ばれて，よく用いられている（例：Dooley Lee & Meullenet, 2010）．CATAでは，その事物の特性を表す項目（甘い，柑橘類の香りなど）のリストの中から，評価者が，

実際に評価対象に対して感じた項目すべてを選んでチェックする．評定尺度に比べて評価者が容易に実行でき，実施時間も短くて済むという利点がある．ここでは，リストに含める項目の選定が非常に重要となる．この場合は評価対象に対して訓練されたパネルが評価し，描写に用いられた項目をリストアップし，その中から一般の消費者にとっても理解しやすい用語を選定するなどして，評価対象の特性を表すのに有効であると考えられる項目を抽出する方法がとられる．CATAでは，パネリストが感じた事物の複数の特性を質的変数として測定するため，そのデータにはコレスポンデンス分析を適用できる．

また，ある商品の評価を左右しうる多くの属性の相対的な効用を検討するにあたってはコンジョイント分析（conjoint analysis）が使われている（Green, 1974）．例えば，チョコレートの場合，価格，産地，味の傾向，フェアトレード，エネルギー，ポリフェノールの量など様々な属性が商品の評価に与える影響を検討する場合に，組み合わせが非常に多くなる（例えば，6属性2水準の場合，2^6で64の組み合わせ）．それゆえ，すべての属性についての評価を行わせるのは難しい．そこでコンジョイント分析では直交表を用いて，できるだけ少ない組み合わせ（上記の例だと8つの組み合わせ．図3.25）を実験参加者に評価させ，相対的な効用を検討する．評価者はこれらの組み合わせのどれが好ましいかを，順序や点数，一対比較で評価する．いずれの方法で得られた従属変数からでも実験参加者ごとの属性別の効用値を算出でき，分散分析やクラスター分析などの分析を適用できる．コンジョイント分析は官能評価というよりはマーケティング調査に用いられる方法だが，実験参加者を対象とした多次元評価として有効である．

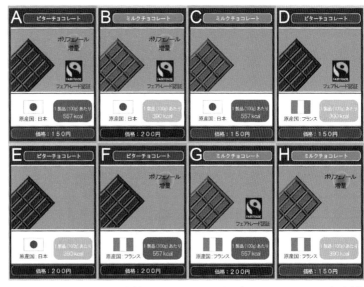

図3.25　コンジョイント分析に用いるカードの例（Kimura et al, 2012を改変）

3）官能評価における時間変動評価法と多次元評価法の関係

近年，食品の官能評価において，摂食中の評価対象の時間変動が注目されており，3.4.3で紹介された，カテゴリー連続判断法と連続記述選択法と類似した方法であるtime intensity（TI）とtemporal dominant sensation（TDS）とがよく適用されている（2.5.2参照）．TIでは，パネリストが1つの感覚属性に注意を向け，その都度変化する強度の評定を行うため，食品の味わい方が不自然であり，複数の属性を測定したい場合は同一サンプルの測定を何度も繰り返さなければならない．その一方でTDSは複数のパネリストに複数の感覚属性からその時々に最も優勢に感じられる属性を選ばせ，その結果を集計して，事物に対する人間の評価の変化を捉えようとする．TIはQDAと同様に強度の評定である一方で，TDSは時間ごとの最も優勢な感覚属性の選択確率である．このため後者が感覚強度と対応しているとは厳密にはいえないが，共通の製品評価を両者で測定し，比較すると，両者の結果の傾向は類似していることが報告されている（Le Révérend et al, 2008）．

〔和田有史〕

3.5 多様な研究アプローチ

3.5.1 実験現象学

1）実験現象学の要点

実験現象学が強調している事柄は，徹底的に観察することとその記述から出発することである．どのような量的指標を得て，統計的処理を行い，モデルを立て，説明を試みたとしても，根本の記述が欠けていては何の意味もないということである．まず確かなものとしておかなくてはいけないのは,実際にそこで何が知覚されているかである．同一の知覚対象に様々なディメンジョンがあり，実験者の意図と参加者の知覚が食い違う可能性もある．そうすると，測りたいものが測れているのかという妥当性が問題となる．

実験現象学が特に重要視してきたのは，主として，①経験を出発点とすること，②徹底的な観察，③詳細な記述の3点である．

2）実験現象学の領域

Kanizsa（1984）は実験現象学の目的を「現象の領域を支配している法則を明確にすること」としている．この目的は，現象の領域から外れることなく行われる．つまり，その背後に存在する神経生理学的過程や，同時に発生しているかもしれない論理的思考・記憶・情動などを全く考慮することなく行われる．

実験現象学は，「知覚する」こと自体を扱う．われわれの日常生活の水準で経験していることをその水準で扱う．Vicario（2003）は知覚を物理・神経・心的水準の3水準の実在を貫く過程としている（表3.14）．心理学が扱うのはその最上位の心的水準であり，その知覚の諸事実である．知覚の事実を物理の水準だけで記述することを刺激錯誤，また神経過程の水準だけで語ることを過程錯誤としている．知覚の水準で知覚の諸事実を扱うために可能な唯一の方法は，知覚者に知覚したこ

とをそのまま記述するように求めることである．どのように知覚されたかについての知覚者自身の記述抜きに心理学として知覚を扱うことはできない．

3）「観察」と「記述」

現象学を Koffka（1935）は，「直接経験に関する，可能な限り先入観を抱かない綿密な記述（a naive and full description）」とした．原理的には，どのような理論的立場，観点からも完全に独立の観察・記述は不可能であろう．そもそも，観察したことはそのままでは共有できるデータとならない．必ず言語記述を伴う．それは言語化できない情報が欠落することを意味する．また，言語記述は，ある特定の個人の視点から切り取られたものである．だからこそ，「可能な限り先入観を抱かない」ことを意識する必要がある．現象学的な立場に立つ実験心理学者の最大の留意点はここにある．それが「物自体へ戻ること」である．

4）「実験」

Wertheimer（1959）は「最も重要なのは，注意深い観察と，質的な実験事態における研究である」と述べている．ここでいう「質的な実験事態」とは，供覧（デモンストレーション）である．ある現象に関する自身の観察結果（記述）をデモンストレーションによって他者に伝える（境，2002）ことである．

実験現象学の「実験」は基本的にはデモンストレーションなので，「経験的」ではあるが，そのすべてが必ずしも「実験的」ではないかもしれない．しかし，それは「実験」としての要件を備えてはいけないということではない．Vicario（1993）は，カニッツアの研究について「彼自身の実験を彼の著作のページのうえで行っている」と評している．カニッツアの提示する様々な現象のデモンストレーションは，現象の生起条件に関する仮説とその検証の実験の論理が含まれている．図3.26に主観的輪郭図形における非感性的完結化の重要性について示したデモンストレーションを示す．

実験現象学の「実験」について精緻化したのはミショット（Michotte, A.）だとされる（Thinès, 1977）．ミショットは円盤法という独自の装置を

表3.14 知覚の3水準

心的水準	知覚の諸事実	知覚の心理学
神経水準	神経過程	知覚の生理学
物理水準	物理刺激	知覚の物理学

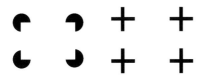

図 3.26 主観的輪郭図形における非感性的完結化の重要性（Kanizsa, 1979, 野口監訳, 1985 を基に作成）

用いて，因果知覚などの実験を行った．その実験における実験参加者の課題は「観察」と「記述」である．実験現象学的分析は，意味をもつ世界をそのままに記述しようとすることである（柿崎，1993）．ミショット自身，「主観的な経験を記述するために主体によって使用される言葉は，経験の変容に符合する『示唆的試薬（リトマス試験紙）』のようなもので，実験が適切にデザインされているならば，被験者の言語反応は主体の体制化の妥当な指標となる」と考えていた（Michotte, 1959 ; Thinés, 1977, 小野訳, 1982）．

ミショットの「実験」には量的に規定できる独立変数がある．しかし，そこで求めるのは言語記述である．その独立変数に従い，観察者が自由に行った言語記述に使われる言葉がどう変化するかを捉える．そのために言語記述をいくつかの明確なカテゴリーに分類する．データとしては，そのカテゴリーの頻度（割合）ということになる．

カテゴリー分類の基準の信頼性については，行動観察で行われるように複数の独立の分類者間の一致率を求めて，検証することは可能である．どのような単語，フレーズ，表現が含まれていたら，どのカテゴリーに分類されるかを観察者の言語記述から定義する．その定義に従って，別の者が独立に分類し，同じように分類できるかについて一致率を指標として検証する．

表 3.15 知覚研究のプロトコル（Vicario, 2008；境, 2013）

1	現象を観察して綿密に記述する
2	現象を特定する変数を探索的に操作し観察する
3	熟練した観察者との議論から，操作すべき現象的変数を決定する
4	先入観のない観察者に典型例を示し，自由記述を求める
5	記述の分析から重要語・頻出語を選定し，観察者に与える課題を決定する
6	実験計画を策定し，実験を実施し，結果を統計的に分析する
7	実験後の観察者からの聴取により，実験者が気づかなかった現象特徴を理解する

こうした手続きは可能であるし，客観科学としては重要でもある．しかし，その重要性は実験現象学としては本質的ではない．重要なのは日常のありふれた経験の中から新たな知覚のディメンジョンを切り取ることである．統計的に適切な参加者に自発的な言語記述を求め，カテゴリーの分類を試みてもそのディメンジョンに該当するカテゴリーは浮かび上がらないかもしれない．多くの者がそのままでは気がつかないかもしれないが，指摘されれば，そう知覚できる，場合によっては，もうそのようにしか見えないということもあるだろう．例えば Katz（1935）の色の現れ方の重要性は，表面色，平面色，空間色といった分類カテゴリーの提唱，その切り口そのものである．

Vicario（2008）は実験現象学的なアプローチを基礎とした知覚研究のプロトコルを提唱している（表 3.15）．実験現象学に 1 つの決まった方法論など存在しない．何を指標として，どのような方法をとるべきかはその対象によって決まるのである．

〔小松英海〕

3.5.2 心理物理学実験パラダイム

1) 知覚システムにゆさぶりをかける

　実験心理学では，異なる条件の刺激に対する被験者の反応の違いを調べることにより，その反応の基礎となる情報処理を考察する．例えば，様々な大きさのパターンの弁別力を測定し視覚系の空間解像度を把握するなどである．だが，こうした実験から判明するのはシステム全体の大まかな特性にとどまる．その背後にあるより具体的なメカニズムに迫るため，心理物理学者はマスキング，順応，閾下加算，プライミングなど数々の巧妙な実験ツールを編み出してきた．それらは，付加的な刺激を与えてシステムを「ゆさぶる」ことにより，ターゲット刺激の認識に関わる本質的な処理過程をあぶり出すことに成功している．ここでは，各手法の概要と意義，実施上の注意点などを解説しよう．

2) マスキングと対比効果

　マスキングとは，時間的・空間的に近接した他の刺激によりターゲット刺激の知覚が損なわれる現象あるいは刺激方法のことである．例えば，正弦波縞パターン（ターゲット）と同じ場所に高コントラストのノイズなど（マスク）を重ねて提示すると，ターゲットの検出感度は大きく低下する（同時マスキング，図3.27左上）．同様の感度低下はマスク刺激がターゲットと空間的に異なる位置（例えば両側）に提示された場合も強く認められる（側方マスキング）．マスキングは，方位や空間周波数といった視覚特徴がターゲットとマスクの間で類似しているときに選択的に起こることから，低次視覚チャンネルの動作特性を解析する道具として広く用いられてきた．その成果として，低次視覚チャネルの応答は自分自身と他のチャネルの応答により再帰的に抑制されるという理論（ゲイン制御モデル）が提案されている．

　側方マスキングと同じ刺激布置ではターゲットの見えが大きく変容させられることがある．例えば，異なる特徴をもつ刺激を周囲に配置するとターゲットのコントラストや方位などが周囲と逆

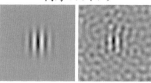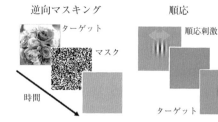

図3.27　各種の実験手法で用いられる刺激例

方向にずれて知覚される．これは対比効果として古くから知られている錯視である（図3.27右上）．対比効果は，特徴選択性などの点で側方マスキングと類似したふるまいを示し，上述のチャネル間抑制モデルでよく説明される．

　マスキングは，マスク刺激がターゲットと同じ位置に先行して提示されたとき（順向マスキング）や後に提示されたとき（逆向マスキング，図3.27左下）にも起こる．マスク刺激がターゲットの両側に100 msほど後に提示されたときに起こる逆向マスキングは，特にメタコントラストと呼ばれる．逆向マスキングやメタコントラストは，低次の視覚チャネル間の時間的な相互作用により引き起こされると説明されてきたが，見えなくなったターゲットも意識下では検出・分析されていることを示す根拠も多い．現在では，ターゲットの意識的知覚を媒介する視覚皮質内のフィードバック信号が，遅れて到達したマスク刺激のフィードフォワード信号により抑制された結果であるとする説も有力である．また，見えない刺激が意識下で処理されるという特質を生かして，逆向マスキングは知覚意識や閾下知覚の実験ツールとしても用いられている．

3) 順応と残効

　順応とは，特定の順応刺激を長時間観察した後に，ターゲット刺激の知覚が損なわれたり見えが

変容したりする現象を指す．例えば，高コントラストの正弦波縞パターン（順応刺激）を数十秒観察した後では，同じ場所に提示される同じ正弦波縞の検出感度は大きく低下する（図3.27右下）．実験では，順応した状態を維持するため試行ごとに順応刺激（トップアップ）を数秒観察するのが通例となっている．また，残像が生じるのを防ぐために順応刺激を往復運動させたり，上述の順向マスキングの効果と分離するため順応刺激とターゲットの間に1秒程度のブランクをあけたりする．順応による検出感度の低下も空間周波数や方位などに選択性を示すことから，低次の視覚チャネルを解析するために用いられてきた．特に，マスキング法では原理的にターゲットとマスクの信号が共在してしまうのに対し，順応法ではターゲットの信号のみを扱うことができるため，実験ツールとしてはよりシンプルかつ強力であるとされる．

順応は後続する刺激の見えをしばしば大きく変容させる．この現象は「残効」と呼ばれる．代表的なものには，特定の方向に動く刺激への順応後に静止刺激が反対方向に動いて見える運動残効や，少し傾いた方位の縞パターンに順応後に垂直の縞パターンが逆方向に傾いて見える傾き残効がある．これら低次の特徴について起こる残効は，順応刺激の運動方向や方位に選択的に応答する一部のチャネルの感度が低下した後で，少し異なる特徴をもつターゲット刺激が与えられると，より離れた特徴に感度をもつ別のチャネルが相対的に強く応答することによると考えられている（図3.28）．また，残効は顔や表情，物体の形や質感など高次の視覚属性についても認められ，高次属性の脳内表現を探るツールとしても用いられる．

多くの順応実験の結果は，脳が環境から得られる情報の分布に応じて適応的に処理特性を変化させることを示唆している．それゆえ，順応そのものの機構や意義にも大きな関心が寄せられてきた．これらの研究は，感覚順応という比較的短時間で起こる脳情報処理の可塑的な変化をモデル現象として，脳機能の獲得と調整の普遍的機序に関する深い洞察をもたらすと期待される．

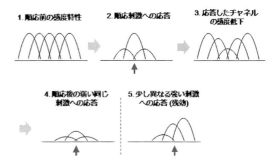

図3.28 視覚チャネルの感度低下に基づく順応と残効

4）信号加算とプライミング

マスク刺激が検出閾以下の低い強度しかもたない場合，マスクの信号はターゲットの信号に足し合わされ検出を促進する．この信号加算現象は，2つの閾下刺激AとBを足し合わせた刺激（A＋B）の検出感度を調べる「閾下加算」実験においても，低次の視覚チャネルの諸特性を解析する目的で用いられている．信号加算は，2つの刺激AとBに対して同一のチャネルが応答するため，あるいはAとBにそれぞれ応答するチャネル間に促進性の相互作用があるために生じると考えられている．

信号加算と形式的に類似した現象にプライミングがある．プライミングとは，先行するプライム刺激が呼び水となって後続のターゲット刺激に含まれる特定の属性の検出を促進する現象を指す．例えば，右方向に運動する縞パターンを短く提示した後に曖昧な運動をする縞パターンを提示すると，それは右方向に動いて知覚される．同種のプライミングは，概念的情報の認知や記憶の研究においても広範に用いられている．例えば，様々な人物の画像をプライム刺激として提示した後に単語を提示してその意味や価値（例えば善い／悪い）を回答させ，顔から自動的に読み取られる社会的ステレオタイプの存在を探る研究などがある．ただし，高次のプライミング効果の多くはマスキングや順応の効果に比べると著しく微弱なものであることに注意すべきである．　　　　〔本吉　勇〕

3.5.3 classification image

1) classification image の特徴

　一般的な心理学実験では，各条件で性質を異にする刺激を提示し，ある刺激がどのような反応（回答の正誤，反応時間など）を生じさせるかを調べる．これに対して，classification image（CI）を計測する場合，「ある反応をもたらすのは提示刺激のどのような部分や特徴なのか」を明らかにするという一般的手法とは全く異なる目的で実験がデザインされる．CI は刺激のどの部分に影響を受けて実験参加者が課題を行うのか，すなわち，刺激のどの部分を利用しているのかのストラテジーを詳細に可視化する「マップ」のようなものといえる．

2) classification image 測定の実際

　CI の測定は，「ノイズ」（同期してないブラウン管テレビに映るようなホワイトノイズ）の提示と「反応による分類（response classification）」と呼ばれる分析手法を組み合わせて実現される．刺激弁別課題を用いる場合，弁別すべき刺激（図3.29 の例では顔 A or 顔 B）に毎試行ランダムに生成するホワイトノイズを重ねて提示する（図3.29A）．CI 研究の多くでは，画像ピクセル単位で独立したノイズを付加する．例えば，128×128ピクセルの画像イメージでは，$128^2 = 16,384$ 個の独立したノイズを扱うことになる．課題の難易度は，例えば刺激コントラストで調整する．刺激コントラストを大きくし SN 比を上げると刺激を簡単に弁別でき，刺激コントラストを小さくし SN 比を下げると困難となる．刺激コントラストは課題正答率がおよそ 70% 程度になるように調整される．ここで，ある程度の誤反応（本例では 30%程度）を生じさせることが重要である．

　さて，ある試行で顔 A が提示されるとき，ランダムに生成されるノイズが顔 A の特徴を強調する場合もあれば，顔 B の特徴に類似し顔 B であると誤って知覚される場合も生じる．このように，いずれの顔が提示されたかの知覚判断は付加されるノイズの作用を受けることとなる．データ

解析においては前述のとおり，実験参加者の反応によってデータを分類することを特徴とする．

　刺激（顔 A or 顔 B）と反応（顔 A or 顔 B）を組み合わせた刺激–反応クラスは 4 つ存在する（AA，BA，BB，AB）．全試行で提示されたノイズをクラスに応じて分類し，各クラスにおける全試行のノイズをそれぞれ N_{AA}, N_{BA}, N_{BB}, および N_{AB} と表現する（図 3.29B）．データ解析では，まず，クラスごとに各空間位置でノイズを平均する〔Mean (N_{AA}), Mean (N_{BA}), Mean (N_{BB}), および Mean (N_{AB})〕．ここで，クラスごとの「平均ノイズ」が何を意味するかを考えたい．図3.29A に見られるように，顔 A の眉は顔 B よりも高い位置にある．少々極端であるが，顔 A の右眉（つまり，向かって左側の眉）の空間位置の情報「だけ」を手がかりに顔弁別を行ったと仮定する．このとき，その空間位置に付加されるノイズの極性がマイナス（すなわち，黒）であれば顔 A に，プラス（すなわち，白）であれば顔 B という反応が生じる可能性が高くなる．逆に反応から考えると，顔 A と反応したときにはノイズの極性がマイナスとなるはずである（図 3.29C）．また刺激として顔 B が提示されたにもかかわらず顔 A と反応する場合 Mean (N_{BA}) には，より強くこの特徴が見られるはずである．なお，手がかりにしていない位置のノイズは実験参加者の反応には影響しないので，平滑化されゼロに近い値となる．

　CI は次式によって表現される．反応による分類に従い，反応 A を行った項と反応 B を行った項とで独立して平均ノイズを加算する．次に，反応 A の項と反応 B の項では極性が違うため，極性が揃うよう減算を行い，CI を得る（図3.29D）．

$$CI = [\text{Mean}(N_{AA}) + \text{Mean}(N_{BA})] \\ - [\text{Mean}(N_{BB}) + \text{Mean}(N_{AB})]$$

　図 3.29C および D の例は，片方の眉だけを利用し，他の位置の情報はまったく利用していないという極端なストラテジーであるが，実際には図3.29E に見られるように左右の目や眉の情報をより広い範囲にわたって利用することを示す CI が得られる．図中でコントラストが強く描かれているピクセルは，その位置の情報が強く利用されていることを示す．

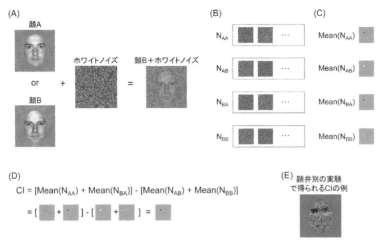

図 3.29 classification image の実験手続きと得られる CI の例

ところで，CI を得るためには相当数の試行を必要とする．目安として，刺激領域（顔の実験では顔の領域内）に存在する画像ピクセル数，つまり，独立したノイズをかける要素の数となる．すなわち，ここで解説した例や Gold ら（2000）では約 10,000 試行必要であるが，Nagai ら（2013）では刺激提示を工夫し独立ノイズの数を減らすことにより（サブサンプリング法）1,500 試行程度で CI を計算することに成功している．

3) classification image のメリット，バリエーション

CI の導入には特定の事前仮説は必要なく，探索的に，課題遂行にクリティカルな要素を可視化することができるというメリットをもつ．このメリットを生かして，Nagai ら（2013）では CI によって，自閉症者は額の情報を用いて顔弁別を行っているという「予想外」の顔認知ストラテジーを発見している．また，ニューロンの受容野測定では CI と同様の原理による逆相関法によって探索的アプローチのメリットを享受し，受容野の計測時間の短縮が実現されている（DeAngelis et al, 1995；Neri & Levi, 2006；Ringach & Shapley, 2004）．ニューロンの受容野は 1 つの神経細胞がどのような刺激に反応するかを示すものであるが，CI は脳という 1 つの情報処理システムの特性を示すものであり，CI によって可視化されるものを行動的受容野（Gold et al, 2000）あるいは知覚的受容野（Neri & Levi, 2006）と呼ぶことがある．

本節で説明した弁別課題に限らずターゲット検出課題をはじめ様々な課題に CI は適用できる．また，ピクセル単位の画像刺激だけでなく，他の構造をもった刺激にも適用可能である．例えば，Olman と Kersten（2004）では 4 本足動物のスティックフィギュア刺激（頭部，首，胴体，足，尾の各パーツの長さや角度を変化させ，様々な動物を表現できるもの）を用いた．各パーツの長さと角度にノイズをかけ，キリンかキリンでないかの弁別課題を課し，キリン弁別にクリティカルなパーツの長さと角度を明らかにした．このように，刺激構造を工夫することで，様々な対象や状況におけるストラテジーを可視化することができる．また，画像ピクセルごとに独立したノイズを与える場合に比べ，ノイズ数が非常に少なく，必要とされる試行数が少なくて済むという特徴をもつ．さらに，静止刺激でなく動的刺激を提示し時空間的な処理ストラテジーを CI によって明らかにする場合，空間次元のノイズ数を落とす工夫がみられる（Nagai et al, 2007；Neri & Heeger, 2002）．最後に，CI に類似した手法として Bubbles がある（Gosselin & Schyns, 2001）．この手法では，実験参加者が課題で正答を得るために必要な刺激の要素を明らかにする．ノイズの与え方などは CI とは異なるが，ある反応を行うのにクリティカルな刺激要素を調べるという点は CI と同様である．

〔永井聖剛〕

3.5.3 classification image 183

3.5.4 パターングッドネス研究の刺激図形

2次元空間のパターン認知では，知覚的体制化が必要とされる．ゲシュタルト心理学では，「パターンの良さ（pattern goodness）」が提唱され（Wertheimer, 1923），構造化されやすいとは「良いパターン」であると現象的考察がなされた．「良さ」を定量的に評価するために様々な刺激パターンが作成され理論的考察がなされてきた．

1) 単一構造の冗長構造説

Attneave（1954）は，「冗長度（redundancy）」を提唱した．Attneave の主要な目的は，良さを含めたゲシュタルト理論を情報処理論の枠組みから検討することであった．刺激パターンは，3×4のマトリクス上に5つのドットが配置されるものを基本とし，マトリクスサイズが操作された（図3.30）．マトリクスとはドットを配置するセルであり，ドットとともに背景となる直線を示す場合をマトリクス，示さない場合を仮想マトリクスと表現することが多い．対称な刺激パターンは対称軸の一方の刺激パターン部分から他方の刺激パターン部分を予測できるため冗長度が高いと説明される．つまり，マトリクスサイズが増加しても情報量（ビット）は一定であると考えられている．ここで，「良いパターンは冗長度が高い（情報量が小さい）」と定義される．しかし，Attneave（1955）の実験では，情報量が同じでもマトリクスサイズが異なる刺激パターン同士の記憶成績は異なることが示されており，知覚的妥当性の低い可能性がある．以上について，今井（1977）は「単一構造の冗長構造説」と呼んでいる．

2) 推測部分集合の冗長構造説

◆ 推測部分集合で規定される対称性

Garner（1962），Garner と Clement（1963）は，冗長度をパターン集合の観点から定義することを目的とし，同等集合サイズ（equivalent set size，ESS）を提唱した．ESS とは，回転・鏡映変換（rotation and reflection, R & R）によって心理的に推測される集合の大きさである．刺激パターンは，3×3の仮想マトリクス上に5つのドット

が配置される（図3.31）．刺激統制として，「配置されたドットと相補的関係にあるマトリクス内に付加的にドットを描くか否か」「枡目を描くか否か」は，いずれでも評定値に違いはないことが示されている（松田, 1978）．ESS-1 は，両変換で同じ刺激パターンが推測される（1種類）．ESS-4 は，回転変換（90°, 180°, 270°）でのみ別々の刺激パターンが推測される（4種類）．ESS-8 は，両変換で別々の刺激パターンが推測される（8種類）．これらを用いて，良さ評定課題がなされた．課題では，提示された刺激パターンに対して実験参加者が主観評定（良い：1～悪い：7）を行った．その結果，ESS が小さくなるにつれて良さ評定値が上昇した．つまり，ESS が小さくなるにつれて心理的に推測される変換パターンも少なくなると考えられる．物理的には冗長度が高くなり，心理的には「良いパターン」と知覚されやすくなると解釈できる．以上について，今井（1977）は「推測部分集合の冗長構造説」と呼んでいる．

◆ 部分的対称性で規定される全体的対称性

Howe（1980）は，5×5の仮想マトリクス上に9つのドットが配置される刺激パターンを用いた（図3.32）．ガーナー（Garner, W. R.）のR&Rを考慮した全体的対称性に関して，水平軸・垂直軸について対称である刺激パターン（ESS-1），垂直軸について対称である刺激パターン（ESS-4），いずれの軸についても対称でない刺激パターン（ESS-8）が作成された．ESS-8 には，刺激パターンに含まれる部分的対称性の程度（degrees of partial symmetry，DPS）の観点から，ESS-8H（high：対称性が高い），ESS-8M（middle：中程度），ESS-8L（low：低い）の3種類が含まれた．ESS-8H は，仮想マトリクスの4象限のうち1象限のドットを移動して作成される．ESS-8M は，仮想マトリクスの4象限のうち2象限のドットを移動して作成される．ESS-8L は，仮想マトリクスの4象限のうち3象限のドットを移動するため，どの象限同士も対称にはならない．これらの刺激パターンを用いて良さ評定課題を行った．結果 ESS が小さくなるにつれて良さ評定値が上昇した．特に重要な結果は，ESS-8 では，DPS が高くなるにつれて良さ評定値が上昇したことである．良さは，①全体的対称性に依存し，②全体的

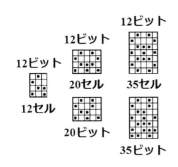

図 3.30 マトリクスサイズと情報量（ビット）との関係（Attneave, 1955 を一部改変）

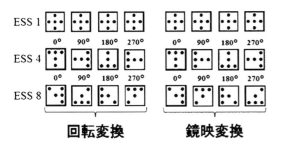

図 3.31 同等集合サイズ（ESS）における回転・鏡映（R & R）変換の例（Garner & Clement, 1963；Takahashi et al, 2012 を一部改変）

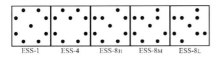

図 3.32 部分的対称性の程度（DPS）の操作例（Howe, 1980 を一部改変）

対称性の低い刺激パターンでは，それに含まれるDPSに依存して評定値が変容するといえる．

3）変換構造説

Imai（1977）および今井（1977）は，個別的な刺激パターンの内部構造に対する認知的変換（回転・鏡映変換）の不変性が良さを決定する要因であると考えた（変換構造説）．変換構造には，回転変換構造（rotation, R），鏡映変換構造（mirror, M），OR-結合変換構造（M or R），空変換構造（empty, E）が分類される．回転変換構造（R）は 90°，180°，270° の回転変換をとる．鏡映変換構造（M）は，対角軸（diagonal, MD），水平軸（horizontal, MH），垂直軸（vertical, MV）に関する鏡映変換をとる．OR-結合変換構造（M or R）は，両変換に対して不変である．すべての変換に対して配置を変える刺激パターンは空変換構造（E）となる．松田（1978）は，ガーナーのパターンを上記に従って分類し，良さ評定課題を行った．その結果，OR-結合変換構造，鏡映変換構造，回転変換構造，空変換構造の順に評定値が低くなった．冗長構造説では区別できない構造が，変換構造説では細分化されたといえる．

4）今後の展開

◆刺激パターンの知覚的妥当性

現在では，刺激パターンの理論的研究だけでなく，それを実験変数とした認知心理学的研究への発展もみせている．ここでは，主観的指標に頼ってきた諸理論の知覚的妥当性が客観的指標（認知課題）に基づいて証明されているとも解釈できる．認知課題には，主に視覚探索課題（Makovski & Jiang, 2008；Rauschenberger & Yantis, 2006），変化検出課題（Lachmann & van Leeuwen, 2005a, 2005b, 2007, 2010；Lachmann & Geissler, 2002；Takahashi et al, 2013a, 2014），瞬間逐次視覚刺激提示課題（Takahashi et al, 2013b）がある．以上の結果は，検出や記憶について目標刺激のESSが小さいときに検出率や符号化効率の高いことを示している．視覚情報処理において，実験変数としてのESSの知覚的妥当性の高さをうかがわせる．

◆感性特性としての刺激パターン

知覚事態では，良さだけでなく意味空間に存在する他の指標も一緒に喚起される可能性がある（Gyoba, 2007；行場ほか，1985）．行場ら（1985）は，ガーナーの刺激パターンを用いてSD法（意味微分法）（Osgood et al, 1957）により検討を行った．実験では，良さに加えて様々な形容詞対（「好み」や「おもしろさ」など）を用いた．その結果，「形態的簡潔性（"まとまった-ばらばらな"）」「評価性（"おもしろい-つまらない"）」「活動性（"動的な-静的な"）」「力量性（"鋭い-鈍い"）」の4因子が抽出されることが示された（Takahashi et al, 2012, 2015 も参照）．今後は，刺激パターンの物理情報に関する理論的研究，その知覚的妥当性に関する研究，物理情報だけでは規定されにくい心理反応の存在についても検討する必要がある．

〔髙橋純一〕

3.5.5 錯視デザインからのアプローチ

1）錯視デザインとは

　錯視とは，例えば対象の大きさや色が実際と違って見えるとか，静止画が動いて見えるといった視知覚現象である．月の錯視（出たばかりの月は大きく見える現象）や静脈の錯視（皮下静脈は測色的には黄色～オレンジ色のいわゆる肌色の色相であるが青く見える現象）のようにいつでもどこでも見られる錯視もあるが，多くの錯視はその表現に専用の図を必要とする．錯視研究も心理学，すなわち自然科学の一種だから，錯視の図は簡潔明瞭で，余計なものが描かれていないということが求められる．もし錯視を含んでいるが錯視以外のものを表現しようとする絵があるなら，それは「錯視アート」と呼ぶべきである．それに対比させて，本節では錯視を含み錯視だけを表現することを目的としている絵を「錯視デザイン」と呼ぶことにする．古典的な錯視図もこの定義では錯視デザインの一種である．筆者は数多くの錯視の作品を作ってきたが，ほぼすべてが錯視デザインである．筆者の作品名には深みのない単純なものが多いが，それは錯視デザインを意識しているからである（弁別さえできればよいので）．もっとも，アートとは何であるかは見る側が決めるという側面もあるから，筆者の作品が「錯視アート」と呼ばれてもかまわないし，むしろ光栄に思うべきだろう．

2）錯視デザインに求められること

　錯視デザインはそれぞれの錯視をわかりやすく示す図であるから効果の大きい図でなければならない．錯視が見られればそれでよいというものではない．錯視に限らないことではあるが，デザインは伝えたいものができるだけ多くの人に，速やかに，なめらかに，正しく伝わるというところに重要性がある．ということは，描こうとする錯視についてよく知っている必要があるということだ．どのような条件のときに錯視の強さが最大になるかということを知っているということなのだから，錯視デザインは実験心理学の成果を表現したものである．例えば，図3.33Aはツェルナー錯視の図の変形版であるとともに静止画が動いて見える錯視の図である．ツェルナー錯視とは，2つの線が交わるとき，その鋭角側の交差角が過大視される錯視である．交差角は10～30°のときに錯視量は最大で，斜線（誘導図形）はあまり長くないほうがよい．図3.33Aは，「傾き錯視と静止画が動いて見える錯視は同時に見られることが多い」ということを表現するために作成されたデザインの1つである．両錯視が同期しているという仮説がテーマなので，ツェルナー錯視の錯視量

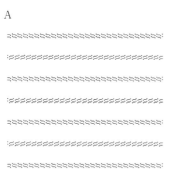
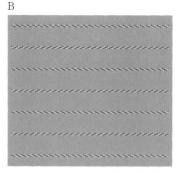

図3.33　ツェルナー錯視を用いた錯視デザイン
　A：7本のブロックは互いに平行であるが，上から左・右・左・右・左・右・左に傾いて見える．各ブロックが左右に動いて見える錯視も観察できる．なお，このような錯視が見えない人は一定数いると思われるので，デザインするだけでなく，事後に実験心理学的測定が望まれる．
　B：7本のブロックは互いに平行であるが，上から左・右・左・右・左・右・左に傾いて見える．各ブロックが左右に動いて見える錯視も観察できる．
　C：斜めの黒線は互いに平行であるが，交互に反対方向に傾いて見える．各ブロックが揺れて見える錯視も観察できる．

はできるだけ多くなければならない．なお，その静止画が動いて見える錯視のほうは仕組みがよくわかっていないが，今のところ錯視量最大の錯視デザインは図3.33Bである．ツェルナー（Zöllner, F.）のオリジナルの絵に近いデザインを描き起こしても静止画が動いて見える錯視は観察できる（図3.33C）から，デザインすることをもっと重視していれば，19世紀にも静止画が動いて見える錯視という分野ができていたかもしれない．もちろん，当時はコンピュータもプリンタもなかった．

3）錯視デザインで実験心理学する

錯視は自分で見ればある程度はその効果がわかるものである．このため，第三者に見せるための錯視デザインを作成するつもりでよいデザインを作ろうと努力することは，そのまま実験心理学手法となる．つまり，研究対象となる錯視の予備実験となる．いろいろと要因を操作してよいデザインを工夫することは，実験心理学の一過程である．だが，筆者の観察によれば，研究者の多くはそうしない．グラフィックスやプログラミングに習熟していないからやるのが面倒だ，ということもあるだろう．研究を思い立ったらすぐ実験したいものである．そのような積極的な研究態度には好印象があると思うが，筆者に言わせればそのようなやり方は実は直線的で無駄が多く，結局は視野の狭い硬直化した研究になる可能性が高いと思う．

もし，錯視を研究しようというのなら，まずは錯視デザインを時間をかけて行うことを勧める．錯視でなくても閾上知覚に属する対象であるならば同じことである．早く実験を始めたい気持ちを抑え，第三者を意識した上質のデモンストレーションを作る時間をあらかじめ十分とっておくことが，独創的研究への近道であると思う．

4）錯視デザインで客引きする

錯視デザインは学会などでのデモンストレーションで役に立つ．錯視には娯楽性があるため，研究の場以外のいろいろな場面でも役に立つ．例えば，学校や科学館などにおける理科教育に向いている．学問の成果を用いて客を呼び込むことは，

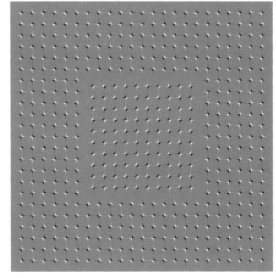

図3.34　静止画が動いて見える錯視「トゲトゲドリフト錯視」
内側の四角形領域が動いて見えることは，多くの人はすぐに気づくが，内側の歪んだように見える四角形領域は実は正方形であり，傾き錯視の反映であるということには，そのように指摘されないとなかなか気づかない．本図は「傾き錯視と静止画が動いて見える錯視は同時に見られることが多い」ことをデモンストレーションするデザインの1つである．

一昔前までのアカデミックの世界では眉をひそめるべき不良行為だったかもしれないが，今や大学や研究機関はその活動の説明責任を問われる時代なのだから，錯視デザインは積極的に活用したいものである．

とはいっても，錯視デザインだからといって必ず客が来る（目立つ，人気が出る）とは限らないということには注意しておく必要がある．なぜなら，錯視デザインに表現されているものがお客さんに錯視とわからなければそれは錯視ではなく，ただの絵だからである．静止画が動いて見える錯視（図3.34）に人気がある理由は1つには運動視の現象だから（動くものはおもしろいから）であるが，もう1つの有力な理由はそれが錯視であると気づきやすいからである．紙に印刷してあるものが動いて見えるのだから，それが錯視であることがわかりやすいのである．わかってもらえなければ普通のデザインだから，デザインの腕前勝負ということになる．

〔北岡明佳〕

3.5.6 産出法（描画法）

1）フェヒナーの提案―実験美学の3手法

フェヒナー（Fechner, G. T.）は『美学入門』において，美を実証的に検討するため3つの方法を提案した（Fechner, 1872）．選択法，産出法，使用法である．

黄金比研究を例にとれば，選択法は様々な長短比の矩形から最も美しいと思うものを選ぶ手法，産出法は最も美しいと思う矩形を描く方法，使用法は実際に使われている美しいものの比率を計測する方法である．産出法と使用法の違いは，その場で制作させるか，すでに制作されているものを計測するかにあるともいえる．また，これらの3手法は実験美学に限ったものではない．選択法は一対比較による尺度構成法や心理物理学的測定法としての恒常法，記憶研究における再認法にも用いられ，産出法も，マグニチュード産出法〔(MP法) 異種感覚マッチング〕として，比率尺度を得るのに用いられる．ここでは産出法の1つ，描画法を取り上げて，使用例を紹介する．

2）知覚・認知研究への適用

知覚研究においては，描画法は現象を記述する方法として用いられてきた．ゲシュタルト心理学はもとより，Kawabeら（2010）は定量的分析に先立ち，きらめき格子錯視の交点の円をダイヤ形に代えると，この部分がジグザグした形状に見えることを，複数の参加者の自由描画によって示している．

認知研究の例では，IntraubとRichardson（1989）が直前に見た写真を描画で再生させ，境界が外側に移行する（写真での「引き」として再現される）境界拡張現象を紹介し，その特徴を示

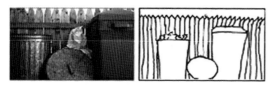

図3.35 刺激画像（左）と記憶に基づくスケッチ（右）
（Intraub & Richardson, 1989を改変）

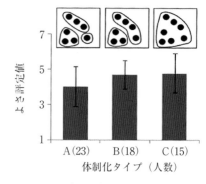

図3.36 パターンの良さと体制化（児玉・三浦，2008）

すのに用いている（図3.35）．境界拡張研究はその後，選択法による再認や，画枠の大きさを調整法で再現させる心理物理学的測定法などで，定量的な測定が行われている．

一方，すでに提示されている画像に線を描き込むよう教示し，体制化（群化）のあり方を調べる研究も行われている．Van TonderとEjima（2000）は中間明度の飛んだ白黒の写真（「ジェームスの犬」）に，見えた形状を線で描かせ，群化の個人差を指摘している．児玉と三浦（2008）もランダムに配置されたドットの見え方を線で囲んで示すように教示し，体制化（群化）とパターンの良さの関係を調べている．その結果，群化数が少ないと，良さ評定値が高くなることを見出し，処理負荷の観点から論じている（図3.36）．なお，この研究では，図形によって群化数の範囲が異なることから，その後の統計処理では，3名以上が描いた群化パターンの最大値と最初値のみを用いて，分析にかけている（児玉・三浦，2011）．

3）感性・感情研究への適用

Schiffman（1966）は産出法を用いて黄金比研究を行っている．黄金比が美しいのは両眼視野の形状に一致するからだという仮説を検証するためである．最も美しいと思う矩形を描かせたところ，描かれた矩形は横長で視野形状と類似したが，黄金比とは一致せず，仮説は支持されなかった．

特定の印象を喚起する絵画表現を通して，その視覚因を特定する研究も行われている．三浦（1999）は「すばやく」「ゆっくり」「止まった」を3枚1組で描かせ，絵画における速度感や停止の印象が構図の方位や画像の空間周波数で表現さ

図3.37 感情・性格を表す描写例（Takahashi, 1995）
右：怒り，中：憂うつ，左：病的．

図3.38 立体表現の発達（Chen & Cook, 1984を改変）
課題の立体（左端）とクラス1～クラス6の描写例．

れることを指摘し，さらに，それらの表現が他者に伝わるかを調べている．この実験では，描画全体に占める特定の空間要因の使用の割合を考察の際の量的指標に用いている．

描画結果を刺激として用いる場合もある．Takahashi（1995）は，怒り，憂うつ，病的など，人格や感情を表す言葉を非具象画で描かせ（図3.37），絵の印象と単語の概念をそれぞれSD法で調べ，因子分析による印象構造を比較した．その結果，言語概念と描画印象の構造は共通し，評価性と活動性では構成する尺度対も類似するが，力量性では含まれる尺度対が異なることから，言語印象は情緒的，絵画印象は感覚的であると指摘している．その後，この研究で用いられた描画例を刺激に用い，Suzukiら（2005）や鈴木と行場（2002）は，SD法を行っているときの脳活動を測定したり，MD（modality differential）法による感覚間相互作用の研究に展開したりしている．

4）発達・比較認知研究への適用

乳幼児や児童の空間の捉え方を，彼らの描いた絵や補足描画から理解する試みも行われている．ピアジェ（Piaget, J.）は同一テーマの描写や補足画をもとに，子どもの空間がトポロジー的，射影的，ユークリッド的と順次変わっていくことを指摘した（Piaget, 1947）．幼児に限らず，認知地図の制作も描画法の一種といえる．身体性を含む空間認知のあり方や，空間に対する視点を理解するのに用いられる．

一方，ChenとCook（1984）は6～8歳の児童に，立方体や円錐などの実物，写真，線画を模写させ，3次元物体の知覚と表現の発達を検討した．分析方法は描画例（図3.38）を，あらかじめ決めた1～6の水準に分類し，この数値を用いて課題（実物，写真，線画）×描画水準の2要因分散分析を

図3.39 ヒトの幼児とチンパンジーの補足画（齋藤，2014）
左：ヒト3歳2か月，右：チンパンジーの例．

行い，発達の程度の考察に利用している．

また，齋藤（2014）はチンパンジーとヒトの幼児の描画行動を観察するとともに，一部が欠けた線画への描き込みの比較を行っている．その結果，ヒトの子どもは2歳になると造作の欠けた顔に目を描き込むが，チンパンジー（成体）は顔の輪郭をなぞることから，「ないもの」へ関心の向かうヒトと「あるもの」へ関心の向かうチンパンジーの違いを議論している（図3.39）．さらに，齋藤らは「逆さネコ耳図形」（模式的に描いたネコの倒立顔の一部）に対し，2～4歳児に補足描画を行わせ，空間の上下と概念発達の関係を検討している（Saito et al, 2011；齋藤，2014）．この研究でも表現のレベルを設定して分類し，出現頻度を年齢別に数えて，χ^2検定で比較している．

5）神経心理学への適用

半側空間無視の検査では，画像の模写や，時計の文字盤に数字を記入する課題が用いられる．こうした描画例は症状の把握に役立つだけでなく，健常な観察者の注意や空間把握についても示唆を与える（本田，1998）．例えば，半側空間無視では，景観（空間）の右半分のみを描く症例と空間内の各物体の右半分のみを描く症例がみられるが，このことを通して，観察者中心座標系と対象物中心座標系に関する議論が行われている．また，物体の右半分を描写する症例から，視覚的注意は空間的な位置ではなく，事物を単位に焦点化されるのではないか，といった議論も行われている．

〔三浦佳世〕

3.5.7 オノマトペ・触相図

1) 感覚カテゴリーと言語記号

私たちは，感覚を分類し，そのカテゴリーに名称を与えることで（記号化することで），感覚に関する情報を効率的に記憶，伝達している．例えば視覚では，色名や光の様態の表現（「明るい」や「暗い」）のような感覚カテゴリーの名称が存在することで，ある範囲の光によって生じる感覚をまとめて認識している．また，聴覚では，音の周波数特性に基づく音階のカテゴリーや，日本語五十音のようなカテゴリーが存在している．このように，私たちは連続で多様な感覚とは別に，離散で有限の記号化された感覚カテゴリーをつくり出している．そして，そのカテゴリーを創作，体系化し，操作することが，言語の1つの役割であるといえる．また，翻って，感覚を表す言語記号自体やその関係性を分析することは，人間の感覚認知の特性を調べる1つの方法である．本節では，感覚を表す言語記号の中でも特にオノマトペ（擬音語・擬態語の総称）に着目し，オノマトペの特徴に着目した感覚の評価，分類法に関する試みを紹介する．

2) オノマトペ

オノマトペは柔軟な感覚伝達手段として，日常生活においても頻繁に使用されている．しかし，オノマトペは一般的な語とその伝達や生成のあり方が異なっている．一般的に，言語記号は音韻と意味が恣意的に結びつけられ，その対応づけの辞書を共有しないと情報の伝達を行うことができない．一方，オノマトペは語の音韻とそれが表す感覚イメージとの間に，感覚や発声に関する身体的な情報処理機構を基盤とした音象徴（sound symbolism）と呼ばれる一定のルールが存在している（Hamano, 1998）．例えば，触覚の粗い感覚イメージを表すオノマトペでは第1音節の子音に /z/ が多く使用され（「ざらざら」など），滑らかな感覚イメージを表すオノマトペの多くは第1音節の子音に /s/ が使用されている（「すべすべ」など）．

3) オノマトペによる印象評価

清水ら（2014）は，このようなオノマトペの音象徴に着目し，オノマトペが表す質感や感性的印象を，その音韻の特性に基づいて定量化するシステムを開発している．このシステムは，オノマトペを構成する音韻に，第1子音の種類，第1母音の種類，第2子音の種類，第2母音の種類，濁音・半濁音の有無，繰り返しの有無などの，13の属性を定義するとともに（例えば，「ざらざら」の属性は，第1子音 /z/，第1母音 /a/，第2子音 /r/，第2母音 /a/，濁音あり，繰り返しあり），それぞれの属性がオノマトペ全体の印象に与える影響の大きさを特定し，それら属性の合計としてオノマトペ全体の印象を視触覚や快不快などの情緒感覚的意味に関する43対の形容詞対の値として表している．このシステムは任意の音韻のオノマトペの印象を，43項目の評価値として定量的に表すことができる．つまり，この音象徴を利用したシステムによると，複雑な感覚印象に対しても，多くの形容詞対に回答するという煩雑で負担の多い手順を経る代わりに，オノマトペを一言答えるだけで，43項目の形容詞対の回答と同等の定量化されたデータを得ることが可能になる．

4) 触覚オノマトペマップ

前述のように，視覚や聴覚では，人間の感じる感覚は定量的な根拠をもって分類され，それらを表す名称も細かに定められている．そして，これらの感覚カテゴリーに基づいて配色理論や作曲理論など，人間の感性に関する組み合わせ理論が構築されてきた．一方で，触覚では，金属や布，紙といった素材に関するカテゴリーは存在しているが，視覚の色に対応するような一般的・統一的感覚カテゴリーの分類は明確には定義されてはいない．そこで筆者らは，触覚のオノマトペに着目して，触覚の感覚カテゴリーとその認知特性について研究を行ってきた．日本語の触覚に関するオノマトペは，他の言語，他の感覚に比べて，非常に数が多いことが知られており，触覚のオノマトペを触覚の感覚カテゴリーの名称のように捉え，その関係性を触覚のオノマトペの2次元分布図（以下，オノマトペマップ）として視覚化し（早川ほ

か，2010），そのうえで触感の関係性について論じてきた（渡邊ほか，2014）．

オノマトペマップは以下のような手順で作成された．はじめに，触覚を表すのに用いられやすい日本語オノマトペを42語集め，被験者20名にそれぞれの語自体がもつ感覚イメージ（大きさ感，摩擦感，粘性感）を5段階の数値で回答してもらった（直接対象に触れるのではなく，オノマトペが語としてもつイメージを回答）．「大きさ感」とは，指を動かさずとも感じられる表面凹凸を表す指標で，例えば，「ごつごつ」などが高い値を示した．摩擦感は，触素材表面上の細かい凹凸や摩擦を表す指標で，「ざらざら」などが高い値を示した．粘性感とは，触素材を押したときの粘性や弾性を表す指標で「ぐにゃぐにゃ」などが高い値を示した．

20名の評価値を基に，主成分分析によって42語のオノマトペを2次元上に配置した分布図（図3.40a）を示す．この分布図では，語が表す触感が近いオノマトペが空間的にも近く分布している．例えば，図左上には「じゃりじゃり」や「じょりじょり」など，粗い触感を表す語が集まり，右下には「つるつる」や「すべすべ」など，滑らかな触感を表す語が集まった．また，触感を得るための指の動きに着目すると，右下から右上に向けては指の動きが接触面に垂直方向，つまりは，軟らかい感覚に関連する語が並び，右下から左上にかけては，指の動きが接触面に水平方向，つまりは，粗い感覚に関連する語が並んでいる．この分布図は，触覚に関する日本語のオノマトペが網羅的に使用されており，日本語がどのように触覚を分類・構造化しているのかを，できるだけ漏らさず連続的な空間上に可視化したものといえる．

5）触相図

オノマトペマップ上に実際の触素材を配置すると，近い触感の素材がマップ上でも空間的に近く分布するため，実際の素材の触感の関係性を2次元平面上に可視化することが可能である（以下，可視化された触素材の関係図を「触相図」と呼ぶ）．触相図の例を図3.40bに示す．これらの図は，それぞれ6名の被験者が，合意をとりながら10個の触素材をオノマトペマップ上に配置し，各参

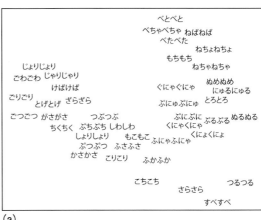

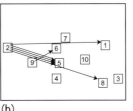
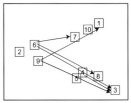

図3.40　オノマトペマップ（a），異なる2つのグループによって作成された2つの触相図の例（b）

嫌いな触り心地から好きな触り心地への矢印を引き，各人の傾向を比較した．各数字は素材を表す（1：ゴム，2：園芸素材，3：アクリルボード，4：和紙，5：合成毛皮，6：サンドペーパー，7：発泡シート，8：光沢紙，9：合皮，10：発泡スチロール）．

加者が好きな触素材と嫌いな触素材をそれぞれ1つ選び，嫌いな触素材から好きな触素材へ向けた矢印をマップ上に記入したものである．矢印1本は1人の参加者の好き嫌いの方向を表している．これらの図では，左上の硬い乾いた感覚から，右下の滑らかな感覚へ向かう矢印（滑らか好き）や，右上の軟らかく湿った感覚へ向かう矢印（軟らか好き）が多く見られる．

オノマトペマップは，これまで一対の評価項目として利用されてきたオノマトペそれ自体を分析対象とし，平面上に配置することで，複雑な素材の触感や好き嫌いといった個人の感性的判断を体系的に捉え，共有することを目的としたものである．この試みにおいて重要なことは，オノマトペの配置自体ではなく，一度，感覚を記号化，体系化したうえで，実素材を操作，組み合わせる方法論である．そうすることで，新たな感覚カテゴリーや複雑な現象についても，定量的に取り扱うことが可能になると考えられる．〔渡邊淳司，坂本真樹〕

3.6 自然画像の解析

3.6.1 画像統計学

1）画像統計学とは

実験心理学では，しばしば単純な刺激に対する人間や動物の反応を測定し，そのデータから心や脳の仕組みを考察する．しかし，もし刺激が現実世界とかけ離れたものならば，意味のある知見は得られないだろう．生態学的に妥当な知見を得るには，現実世界における複雑な画像や音声の構造を正しく把握する必要がある．画像統計学（image statistics）とは，複雑な自然画像に潜む単純な構造を，画像処理と統計解析を用いて把握するための方法である．

画像統計学を駆使すれば，モノや人物などの複雑な画像をそのまま刺激として用いつつ，その画像に含まれる「統計量」を分析することによって，人間の行動反応や神経活動を決定づける真の要因を探ることができる．また，すでに知られている脳情報処理が進化論的・計算論的に「なぜそのようになっているのか」という究極の説明に迫ることも可能になる．

2）画像統計量の分析方法

画像統計量の分析は難しいものではない．画像から単純な処理で特徴を取り出し，その特徴の量や関係を分析するだけである．以下では，静止画についての基本的な手続きを解説する．

◆**画像データを集める**

まず分析対象となる画像データを収集する．自ら撮影する場合，カメラの非線形性（ガンマ特性）を考慮して画素値データを輝度値に補正する．自然画像は輝度レンジが非常に大きいことがあるため，異なる露光時間で撮影した同一の光景の画像を合成して物理的な輝度分布を正確に記録した高ダイナミックレンジ（HDR）画像を得る必要もある．色情報を分析したい場合は，カメラの分光特性を計測したうえで錐体信号に変換することが望ましい．インターネットなどから取得した画像は，カメラの特性がしばしば不明であるため自然界における画像を純粋に分析する目的に用いることは難しい．しかし，心理実験などでは実際に提示された刺激の輝度・色データを正確に把握している限り，その刺激の画像統計量と被験者の反応の関係を分析することはできる．一部の研究機関では正確に計測された画像データベースを公開しており，それらを用いることもできる．

◆**画像特徴を抽出する**

得られた画像データは目的に応じて様々に分析できる．まず前処理として，RGBの輝度信号を適切な色空間に変換することが望ましい．次に画像の「特徴」を抽出する．視覚の心理学や神経科学の研究では，1次視覚野の情報処理モデルにならい，画像を様々な空間周波数と方位の成分（サブバンド）への分解が広く行われる．最近では，深層学習などのアルゴリズムを用いて特徴を自動的に推定する試みも盛んになりつつあるが，心理学研究においては，推定された特徴が生物学的に妥当なものであるかに注意する必要がある．

◆**統計量を計算する**

続いて，分解されたサブバンド画像それぞれの統計量を算出する．最も基本的なものとしては，標準偏差，歪度，尖度などのモーメント統計量（ヒストグラム統計量）がある（図3.41）．これらに加え，各サブバンド画像の自己相関関数や，異なる周波数帯域のサブバンド画像間の相関係数を計算することがある．統計量を計算する前に閾値処理を挟むケースもある．どのような画像特徴のどのような統計量を計算するかはまさに研究の目的によるが，心理学や神経科学の研究においては，生物の初期視覚系のメカニズムを考慮すべきである．

◆**統計量を分析する**

最後に，得られた統計量を分析する．例えば，実験で用いた刺激の画像統計量と反応データとの間の相関関係を分析することにより，特定の知覚や脳活動がどのような画像統計量により決定づけられるかを推察することができる．さらに，その画像の被写体である物体の物理的な属性（例えば表面反射率や人物の年齢）に関するデータをもっているならば，そのデータと画像統計量の相関関係を分析することにより，ある性質をもつモノの網膜像はどのような統計量をもつ傾向があるか，を理解することもできる．

単に多くのサンプル画像の統計量の平均や分散

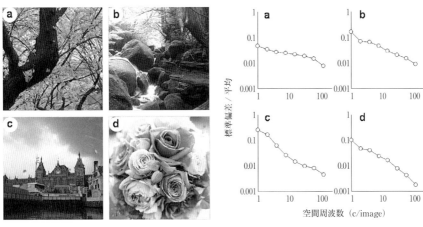

図 3.41 自然画像とサブバンドヒストグラム統計量の例

を求めるだけでも，人間や動物が生息する視環境のもつ普遍的性質を知ることができる．このアプローチにより，自然画像はおおむね $1/f^a$ の空間周波数スペクトルをもつ，ヒストグラム尖度は正規分布よりもはるかに大きい（スパースである），などの重要な発見が得られている．主成分分析や判別分析を駆使すれば，自然画像の全体的な統計的性質の背後にあるより単純な構造について洞察を得ることもできる．

3）画像統計量に基づく認知

もし外界の物理属性・画像統計量・人間の知覚の三者の間に一貫した相関関係が認められるならば，それは，人間の視覚系が外界の物理属性を正しく推定するためにその画像統計量を利用していることを示唆する1つの根拠と見なすことができる．このような考えに基づき，視覚系が画像統計量を利用して外界の様々な事物を認知している可能性が指摘されている．例えば，Motoyoshiら（2007）は，物体表面の光沢の知覚がサブバンドヒストグラムの歪度により決定づけられることを示した．TorralvaとOliva（2003）は，画像の空間周波数スペクトルやその空間分布が光景カテゴリーの認知において有益であることを報告している．最近，こうした統計的認知は顔や人物などの集合から社会的意味を読み取るためにも有効であることが示唆されている．

4）画像統計量の符号化メカニズム

視覚系がどのような画像統計量をどのように符

図 3.42 テクスチャ合成の例
左は原画，右は合成結果を示す．

号化するかについては，多くの心理物理学的・神経生理学的研究で調べられている．古典的なテクスチャ知覚の研究は，線分などで構成される人工的なテクスチャ刺激を用いた実験から画像統計量の計算モデルを提案している．近年では，これらのモデルで想定される画像統計量に基づき自然なテクスチャ画像をつくり出す「テクスチャ合成」と呼ばれる技術を駆使して，視覚系がどれほど高次の統計量まで利用可能であるかを探るアプローチが浸透しつつある（図3.42）．テクスチャ合成を用いた最近の生理学的研究によると，V1野は主にモーメント統計量を，V2野はサブバンド間の相関などより高次の統計量を符号化している．

〔本吉 勇〕

3.6.2 フラクタル解析

1) フラクタル

フラクタルとは，全体の構造が部分の繰り返しによって構成される自己相似性（self-similarity）をもつものを指す（Peitgen et al, 1992）．フラクタルという言葉がフラクション（＝分数）に由来しているように（山口, 1999），その代表的な例であるコッホ曲線（図 3.43）は，どのように拡大しても類似のパターンが現れ，部分の構造が全体とよく似た形となっている．このように，フラクタルパターンは視覚的に複雑でありながら，非常に単純な規則を用いて生成される構造をもつ．なお，自己相似性には厳密なものと統計的なものの2種類ある（Taylor, 2002）．コッホ曲線のように，コンピュータ生成されたフラクタルパターンは，厳密な繰り返しのパターンになっている．一方，自然界（例えば，雲や海岸線など）にみられるフラクタルの場合，繰り返しのパターンは厳密ではなく，同じ統計的性質をもつとされる．

数学者 Mandelbrot, B. が 1982 年に発表した著書 "The Fractal Geometry of Nature" をきっかけに，フラクタルという概念が注目されるようになった．今では，物理学，地学，医学，そして心理学といった幅広い分野で扱われている．本節では，ボックスカウンティング法によるフラクタル次元の算出法について紹介する．

2) フラクタル次元の算出方法

フラクタル次元の算出法の1つにボックスカウンティング法がある．Mandelbrot によって提案されたこの手法は，定規と両対数方眼紙さえあれば誰でもフラクタル次元を測定できることから，比較的簡便で，かつ汎用性が高いといわれている（本田, 2013）．

ボックスカウンティング法は，その名のとおり，画像を格子状のボックスに分けて，そのボックスの一辺の長さを変化させ，線が通るボックスの数を計算する方法である．図 3.44 のように，ボックスの大きさ（$1/n$）が $n=2$ の場合，線が通過するボックスの個数は3，$n=4$ の場合は7，$n=8$ 場合は12…というように，ボックスの大きさを次々と変えて同様の作業を繰り返す．

横軸にボックスの大きさ（L）の対数，縦軸にボックスの個数（N）の対数をとり，得られた直線の傾きがフラクタル次元である（図 3.45）．

フラクタル次元は D で表され，2値画像（白と黒で表現された画像）の場合，$1 \leq D \leq 2$ の非整数の値になる．図 3.46 にパターンごとの D を示す．D は，画像の複雑さの指標としてしばしば用いられ，D 値は1に近いほど単純で，2に近いほど要素が入り組んだ，より複雑なパターンとなる（Cutting & Garvin, 1987 ; Gilden et al, 1993）．

次に，ボックスカウンティング法を用いたフラクタル解析のための画像処理の例を紹介する．まず，画像をコンピュータに取り込む．そして，128×128，256×256，512×512 ピクセルといった2の冪で画像を正方形にトリミングする．その

図 3.44　ボックスによる線の被覆の例

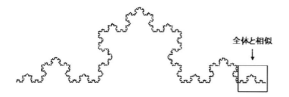

図 3.43　コッホ曲線
図中の□の部分を拡大すると，全体と同じパターンになる．

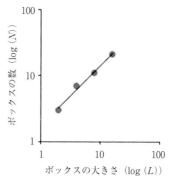

図 3.45　フラクタル次元の計測の例

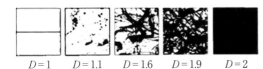

$D=1$
(non-fractal)　$D=1.1$　$D=1.6$　$D=1.9$　$D=2$
　　　　　　　　　　　　　　　　　　　　　(non-fractal)

図 3.46　各パターンのフラクタル次元（Taylor, 2002）

図 3.47　Pollock, J. 作 "Number 1, 1950 (Lavender Mist)" (1950)（National Gallery of Art 所蔵）

後，画像を 2 値化する．なお，どの閾値をもって 2 値化するかに関しては，画像ごとに濃淡が異なるため，筆者の知る限り定められた閾値がないのが現状である．そのため，画像の濃淡を考慮しつつ任意で 2 値化する必要がある．画像処理ソフトによっては，閾値を任意で設定する閾値指定のほかに，p タイル法，判別分析法，モード法などが選択できるものもある．

今回紹介した方法で D を算出する場合，以下の点に注意を要する．ボックスカウンティング法は便宜上，正方形にトリミングした画像で 2 値化する．そのため，基画像の比率が変わってしまう．つまり，絵画作品や写真などを用いた場合，その構図や色の情報などが損なわれてしまうことになる．色彩（Polzella et al, 2005；Hekkert & van Wieringen, 1996）や構図（McManus et al, 1993；Vartanian et al, 2005）は，作品の質や美的評価に関わる要因であることから，この点には留意する必要がある．

3）絵画作品のフラクタル解析の試み

Taylor ら（1999）は，Pollock, J. の作品を対象に，ボックスカウンティング法によるフラクタル解析を行った．Pollock は抽象表現主義の画家として知られており，作品の多くは絵の具を筆に含ませて滴らす，ドリッピングと呼ばれる技法で描かれている（図 3.47）．偶然を利用した作品は，無秩序でデタラメに絵の具が塗り重ねられているようにも見える．しかし，彼らの研究結果から，Pollock の絵はフラクタル構造をもつことが明らかとなった．

さらに，Taylor ら（2011）がコンピュータで生成したフラクタル画像を用いて行った実験から，中程度の D をもつ画像が最も好まれ，D が高い画像および低い画像はあまり好まれないこと

が示された．つまり，視覚的な好みの評価は D に依存するといえる．適度な D をもつ作品は単純さと複雑さが調和し，見ている者に快い印象を与えるのかもしれない．絵画を扱った研究からも，D が美しさの評価に影響を与えることが示されている（Forsythe et al, 2011）．また，景観評価や街路評価の研究においても，新たな評価手法としてフラクタル解析が取り入れられている（小川ほか，1995；奥谷・高瀬，2001）．

4）フラクタル研究の今後の課題

先行研究は，ある範囲の D をもつ画像は美的な印象を喚起することを報じている．これは，D が美的評価の判断に利用されている可能性を示唆している．また，Joye ら（2016）は，パズルを解くときに，高フラクタル図形を呈示したほうが，低フラクタル図形を呈示した場合よりも，正確かつ速くパズルを解くことができることを示した．高フラクタル図形は，視覚的に複雑である反面，繰り返しのパターンが多く，低フラクタル図形と比べてその法則性に気づきやすいと推測される．この結果は，高いフラクタルパターンをもつ画像は処理が容易であることを示唆している．

しかし，人間がフラクタルパターンを知覚しているという直接的な証拠はほとんどない．フラクタルパターンは知覚できるのか，またどのように処理されるのかについては，今後の研究課題である．

〔長　潔容江，三浦佳世〕

3.7 多様な実験参加者

3.7.1 乳幼児を対象とする知覚研究

1) 行動観察

　乳幼児を対象とした研究では，言語的な教示を与えることが不可能か難しい場合が多く，非言語的な実験手法が必要となる．その最も古典的な手法は，様々な状況下で乳幼児の行動を観察することであろう．例えば一定の高さに固定された透明な支持面を通して下が透けて見えるとき，生後半年以降の乳児は，典型的にはその透明な面を渡ろうとしない（Gibson & Walk, 1960）．この「視覚的断崖（visual cliff）」による奥行き知覚の実験は，行動観察による知覚発達研究の代表例といえよう．

　行動観察による実験は，乳幼児の身体能力の個人差，発達差によって制約を受ける．例えば，視覚的断崖の実験は，参加児の自律的な移動行動が可能であることを前提としており「参加児は十分に移動行動が可能であるにもかかわらず，支持面から透けて見える高さ（奥行き）を知覚することで移動行動が抑制される」という結果が得られて初めて，乳児の奥行き知覚について言及できる．したがって，奥行き知覚の有無にかかわらず移動行動を産出しない，より幼い乳児には適用しがたい．行動観察は知覚発達研究の有効な手法の1つであるが，乳幼児の身体機能と実験課題の関係について注意を払いながら実施する必要がある．

2) 選好注視法

　選好注視法（preferential looking method）はファンツ（Fantz, R. L.）によって開発された手法で，参加児に複数の視覚刺激を同時，あるいは系列的に呈示し，それらに対する注視時間に統計的に有意な偏りがあれば，参加児が刺激を弁別したと判断する．

　例えば，AとBの2種類の視覚刺激の弁別を同時呈示の手続きで調べる場合には，AとBを刺激呈示領域の左右に同時に呈示する．通常は，このような呈示試行をAとBの呈示位置をカウンターバランスをとりながら複数回繰り返す．刺激呈示領域の近傍には覗き穴や小型のビデオカメラを設置し，参加児が各試行において呈示領域の左右どちらを注視しているのかを，実験条件についてナイーブな評定者が観察する．その際，評定者は，乳児が呈示領域の左右いずれか，またはそれ以外の場所（呈示領域の外や，自身の手足など）のうち，どこを注視しているのかをイベントレコーダによってリアルタイムに記録していく（乳児の注視行動を録画し，動画の1フレームごとに乳児がどこを注視しているのか評定する場合もある）．こうして参加児ごとにA，Bそれぞれの刺激に対する累積時間を測定し，参加児全体でそれらの平均値に有意な差があれば，すなわち一方の刺激に累積注視時間が有意に偏れば，参加児らはA，Bを弁別したと判断する．この注視時間の偏りを自発選好（spontaneous preference）あるいは単に選好（preference）と呼ぶ．なお，選好注視法の派生的手法である強制選択選好注視法〔force-choice-preferential looking method（Teller, 1979）〕では，注視時間ではなく注視頻度（注視回数）を指標とする．一般的には，特定の視覚刺激対の呈示を数十試行程度繰り返し，各試行における初発眼球運動の方向と特定の刺激の呈示位置の一致率を求めることによって選好を評価する．ヒトの乳児は，特定の視覚特徴に対して選好を生じる傾向がある．例えば，顔のような図形，コントラストの強い図形，大きい図形，数の多い図形，複雑な図形などを，そうでない図形よりも選好することが報告されている（Fantz, 1961；Fantz & Yeh, 1979）．

　選好注視法は参加児の視線を測定するため，新生児を含め幅広い年齢の乳幼児に適用可能な点で有効な手法である．一方，特定の刺激間に有意な選好が観察されない場合に，参加児がそれらの刺激を弁別ができないことを示すのが難しいという特徴もある．仮に参加児が刺激弁別の能力を有していても，それが選好として表立って観察されないことも十分にありうる．選好注視法による実験結果の解釈においては，乳幼児の弁別能力を過小評価する可能性に留意する必要がある．

3) 馴化 – 脱馴化法

　馴化 – 脱馴化法（habituation-dishabituation method），または馴化法（habituation method）

は，乳幼児の刺激弁別を選好注視法よりも敏感に検証可能な手法である．乳幼児に同一の視覚刺激を反復呈示すると刺激に対する注視時間が減少〔馴化（habituation）〕するが，新奇な刺激が呈示されることによって注視時間が回復する〔脱馴化（dishabituation）〕という一般的特性（Fantz, 1964；Saayman et al, 1964）を利用している．

例えば，乳児がA，Bの2つの刺激を弁別可能かどうか調べる場合には，まず一方の刺激Aを参加児に繰り返し呈示して，Aに対する馴化を形成する（馴化試行）．この際，選好注視法と同様の方法で参加児の各試行における刺激注視時間を測定し，注視時間の減少があらかじめ定めた基準に達した時点で馴化が生じたと判断し（例えば，直近の連続する3試行の平均注視時間が，最初の3試行の平均注視時間の半分以下になったときに馴化が成立したと見なすなど），ただちにテスト試行へ移行するといった手続きが一般的である．テスト試行では，馴化刺激（A）と新奇刺激（B）が同時，あるいは系列的に呈示され，通常は参加児間で刺激の呈示位置や呈示順のカウンターバランスをとりながら，複数回のテスト試行が実施される．上述したように，乳幼児は特定の刺激に馴化した後に新奇な刺激が呈示されると（新奇刺激を馴化刺激と弁別可能な限りは），新奇刺激をより注視する傾向がある．したがって，テスト試行で新奇刺激に対する有意な選好〔新奇性選好（novelty preference）〕が認められれば，参加児は2つの刺激の弁別が可能であったと結論づけることができる．

馴化法にもいくつかの派生的手法があり，例えば，特に馴化の基準を設けず，あらかじめ設定された時間や試行数，馴化刺激の呈示を実施した後にテスト試行へ移行する手法（familiarity/novelty preference method）が存在する．通常の馴化法とは異なり，必ずしもリアルタイムに注視時間を測定する必要がなく，注視時間が馴化基準を満たすまで刺激呈示を繰り返す必要がない（短時間で実験を実施できる），より簡便な方法である．また，特定の結果に帰結することが予測されうる

事象の呈示後に，予測に近い結果よりも予測を裏切るような結果が呈示される場合に生じる選好を測定する手法〔期待背反法（violation of expectation method）〕もある〔例えば，乳児に障害物の背後に2つの物体が配置される様子を呈示した後，障害物を取り除くと物体が2つある場合には注視時間が増加しないが，1つしか存在しない場合には注視時間が増加することをもって，乳児の数的概念の有無を調べるなど（Wynn, 1992）〕．

馴化法とその派生的手法は，選好注視法よりも敏感に乳幼児の弁別能力を調べることができるうえに，選好注視法では検討の難しい，自発選好を生じない刺激の組み合わせに対しても，弁別の有無を検討できる点で優れている．その一方で，実験に時間がかかるため，実験を途中でリタイアする参加児が多くなる傾向がある．

4）その他の手法

現在では，身体運動や視線などの行動指標のほかに，脳活動の計測も一般的な手法として用いられている．とはいえ，脳活動を計測中に参加児の身体運動を強制的に抑制することは難しい．したがって乳幼児の脳活動の計測には，身体的拘束が比較的少ない，脳波（electroencephalogram, EEG）や近赤外分光法（near infra-red spectroscopy, NIRS）といった技術が主に用いられる．両者とも，現在では乳幼児専用のプローブが開発され，その装着手順は簡便で，装着に要する時間もかつてより短縮されている．

その他に，近年では非接触型の視線計測装置が普及し，乳幼児の注視行動をより詳細に分析できるようになった．例えば「視覚刺激のどこを注視しているのか」といった微細な眼球運動の分析や，視覚刺激の出現時に生起するサッケードの潜時の分析など，評定者の目視に頼った旧来の手法では難しい分析も可能である．また，選好注視法や馴化法による実験で，評定者による作業を視線計測装置による測定に置き換え，データの収集を自動化する，といった使い方も増えてきている．

〔白井　述，伊村知子〕

3.7.2 高齢者・弱視者による知覚研究

　心理学研究の圧倒的多数がいわゆるノーマルな大学生を対象に行われてきたが，別のタイプの参加者に目を向けると別の心理学がみえてくる．先進国が急激に高齢化して，近年多くの研究が高齢グループを対象にして新知見を出している．高齢のほかにも障害グループでは，その感覚・知覚・認知属性のためにノーマルな青年と異なる行動特性を示すことがある．それが日常生活の困難を引き起こしている．一般の心理学が説明する範囲ではないと壁をつくってしまうこともできるが，一般心理学の原理が適応できる変数の範囲を知ることや，別の変数範囲で起こる別の現象と，その発現機構への洞察を得ることができる．新しい研究のフロンティアがあるわけである．さらに，研究成果は障害による生活の困難の解決策に直接つながりやすく，社会貢献しやすい利点がある．

　加齢が人口に与える影響は一般的には機能・能力の低下にみえるが，実際には分布の拡大である（図3.48）．例えば，コントラスト感度に対する加齢効果は初め高周波側の感度低下とされていたが，眼疾患のない眼の健康な参加者に限定したところ青年期と違いがなかった（小田，2000）．このように高齢と若年の人口は地続きである．また，疾患・障害は加齢とともに高くなり，障害人口とも地続きになっている．

　本節では，高齢の参加者，ロービジョン（low vision）の参加者を対象とした知覚研究をどのように実施することができるかを述べる．なおロービジョンとは，眼鏡で矯正してもなお日常生活に支障のある視覚の状態を指す（Faye, 1984）．弱視という言葉は視覚機能の発達障害である医療的弱視（amblyopia）と，ロービジョンと同義の社会的弱視あるいは教育的弱視（visual impairment）が混同されやすいので，ここでは避ける．

1）参加者募集の問題

　大学生の研究参加者は得やすいが，高齢やロービジョンの参加者は難しいと考えられるであろう．高齢の参加者については，各地に存在しているシルバー人材センター（http://www.zsjc.or.jp）に，高齢の人たちが多数登録されているので比較的容易である．年齢の範囲や要件を示して募集を依頼することができる．ただし，シルバー人材センターから派遣される参加者は健康な上位層のみで，高齢の人口を適切に反映しているのかという問題がある．実際，大学生の成績と大差ない場合もあり，高齢研究の難しさを表している．

　ロービジョンの人口は日本眼科医会（2008）によって日本全国で約150万人と推定されている．多くは高齢者であるが，シルバー人材センターに登録していないのが普通であるため，参加協力を得る便利な方法が存在していない．地域の視覚障害者団体や点字図書館，ロービジョン外来のある医療機関（http://www.gankaikai.or.jp/lowvision/）や視覚障害リハビリテーション機関（http://www.tesshow.jp/reinecker/link_j03.shtml）などの施設を探して問い合わせてみたり，知り合いのつてで依頼するなど，試行錯誤で参加者を募ることになる．また，ロービジョンと一口にいっても，個人ごとの視覚の特性は多岐にわたる（小田，2008）ため，参加者の視覚特性をどのように入手・記録・制御するかということがポイントとなる．ある視覚特性，例えば中心暗点という属性の影響について知りたければ，中心暗点のある参加者に限定して募集する必要がある．

　さらに留意すべき点は，ロービジョン人口が多くないということである．150万人は決して少なくないが70%は高齢であり，多くは後天性で支援なしには外出困難なことが多い．研究に参加できる人はごく限られてくる．若い人は日中仕事や学校がある．どうしても障害のある人を使う必要がある場合に限り，また参加者にも利益があるような配慮をして募集すべきである．最近はシミュ

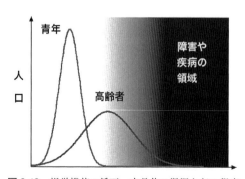

図3.48　視覚機能の低下・水晶体の混濁などの程度

レーションを使い，晴眼の参加者を人工的にロービジョンにした研究が増えている．シミュレーション研究で見通しがついてから，障害のある参加者で検討する慎重さが研究倫理的にも求められる．

2) ロービジョンのシミュレーション

ロービジョンの視覚特性には，以下に列挙するように，いくつかの軸がある（小田，2007, 2008）．実際のロービジョンの患者の場合には，これらが複合的に組み合わさっていることも多い．

①視力（空間解像度）の低下
②コントラストの低下
③空間の歪み
④周辺視野の縮小
⑤中心視野の欠損・感度低下
⑥適した照明範囲の違い，まぶしさ，夜盲，ダイナミックレンジの縮小

最もよく検討されているのが視力（空間解像度）の低下である．例えば，弱視（amblyopia）治療用眼鏡箔（occlusion foil）を使うと簡便かつ組織的に視力を低下させることができる（鵜飼・波呂，1992）．眼鏡箔のラベルに記載されている視力と必ずしも同じにならないので，実測の必要がある．刺激画像のガウスぼかしもよく使われるが，ぼかしの程度と視力低下の関係を定量的に対応させておく必要がある．

コントラストの低下は，刺激画像のコントラストを定量的に制御するのが一般的だが，ロービジョンの患者のコントラスト感度曲線は個人差が非常に大きい（小田，2000）．

この次によくシミュレートされるのは周辺視野の縮小で，先端を切った円錐を通して観察する（小田，2008）ことで簡単に定量的制限ができる．眼球運動を測定しながら，視線の周りの画面を窓状に制限する方法もよく使われている．表示窓を遮蔽に反転させると中心暗点のシミュレーションになる．眼球運動の測定周波数や画面の表示周波数が低く，人間の眼球運動の速度に追従できず一瞬中心視野で見えてしまう課題がある．

ロービジョンの疑似体験キットとして市販されているものもあるが，どのような定量的属性をもっているかは実測して利用する必要がある．

3) 参加者の属性

参加者の属性がデータに影響を及ぼすことを想定しているため属性情報を収集する必要がある．高齢参加者の場合には，年齢，性別，認知機能（mini-mental state examination, MMSE），視力の情報は収集しておく．さらに老視により焦点の合う距離が固定化しているので，視距離を想定して適した眼鏡を持参させたうえで，視距離における視力を実測する．さもないと刺激が見えなくてデータを無駄にすることがある．

ロービジョンの参加者の場合はこれら（MMSEは必ずしも必要ない）に加え，視力以外に視野（中心暗点の有無，求心性視野障害の角度），疾患などの情報をできる限り詳しく入手するようにする．これらの眼科的情報を自身で把握してない場合もある．その場合，最近眼科を受診していないのであれば，受診を奨励することは当人の眼の健康維持のためにもプラスである．情報提供は研究参加の条件として，観察者の視覚特性が行動に与える影響の検討ができるようにすることが重要となる．その際，個人情報は研究に利用しないことを十分，説明する必要がある．

4) 実施上の配慮

高齢やロービジョンの参加者を対象に実験を実施する場合，視機能に応じて，刺激のレンジを拡大する必要がある．サイズやコントラスト，照明，提示時間，提示視野などの次元について十分考慮をする必要がある．疲れやすいことがあるため，実験時間は長めに確保し，休憩時間を多めにとれるような準備が必要である．

実験時間以外にも，実験室や施設までの移動方法について個別の配慮が必要になることがある．

まれに「障害者を実験動物のように使うとは何事か」という反応や，逆に「どうして実際の障害者をもっと参加させないのか」という意見が寄せられることもあるが，研究倫理的配慮を適切に行い，過度に保護的にならず，対等の人間として相互に尊重する態度で理由を丁寧に説明すれば，誤解は避けられるであろう．　　　　〔小田浩一〕

3.7.3 オンラインによる知覚研究

1) クラウドソーシング

伝統的な基礎心理学的実験の遂行はすべて研究室内で完結している．観察者の心理物理学的測定法への習熟が必要な実験では，実験参加者全員が著者やラボメンバーであることも珍しくない．一方で，研究手法や研究者自身を取り巻く状況の多様性が増すにつれ，研究室外のリソースを使用する機会も増えてきた．近年ではインターネット環境やモバイル情報端末のスペックの充実から，クラウドソーシングという手法が用いられるようになってきている．

クラウドソーシングとは，インターネットを介して不特定多数の対象へ作業の遂行を依頼する方法である．基本的に仲介業者を通じて実験参加者（作業者）の募集と実験結果の提出が行われ，依頼者と作業者の匿名性は互いに保たれる．有名な仲介業者に，米国の Amazon Mechanical Turk や日本の Yahoo! クラウドソーシングがあげられる．利用コストは作業量に依存しつつも小さく，数十項目の調査票程度であれば 2015 年現在で 10 円 / 人にて依頼することができる．調査規模は依頼者が指定することができ，仲介業者のもつ人材プールによっては 1 万人規模の調査・実験も可能である．支払いに関しては，国立大学にて役務費として科研費を使用できた実例がある．時間的効率は大きく，1 千人程度のデータを 1 日で取得することができ，時間制限もないため 24 時間常に実験を実施することができる．さらに，海外のサービスを利用することで，比較文化的な調査・実験を行うことも可能である．作業者の平均年齢は40 歳弱で，男女の割合はほぼ等しい．

2) 利用範囲と精度

これまで自己報告の尺度評定（Crangle & Kart, 2015），反応時間（Nosek et al, 2002），学習（Crump et al, 2013），記憶（Brown et al, 2014）などの様々な実験に使用されてきた．

オンライン実験の精度に関しては，追試研究や，データの質を実験室データと比較する研究によっ

て検討されている．追試研究ではこれまで語彙判断（Simcox & Fiez, 2014），注意の瞬き（Barnhoorn et al, 2015），フランカー効果（Simcox & Fiez, 2014），ストループ効果（Barnhoorn et al, 2014），視覚探索（de Leeuw & Motz, 2015），経済的意思決定（Brown et al, 2014）などで追試を成功させている．一方で，閾下プライミング効果については追試結果が一貫しておらず（Barnhoorn et al, 2015；Crump et al, 2013），顔魅力におけるチアリーダー効果についても追試は成功していない（Ojiro et al, 2015）．追試に成功したオンライン実験と実験室実験との比較では同傾向の結果が得られており，データの質も高いことが示されている（Buhrmester et al, 2011；Crump et al, 2013；de Leeuw & Motz, 2015）．このように，オンライン実験の利用範囲は幅広く，そのデータは高い信頼性を示すといえるが，例外も存在することは留意すべきである．

3) 知覚研究への応用

現時点で，心理物理学的測定を用いた厳密な知覚実験を行った研究報告は少ない．これまでコントラスト感度（Yamada & Sasaki, 2015），色知覚（Kitaoka & Yamada, 2017），ならびに乱雑さ知覚（Yamada, 2015）を扱う研究が行われてきたが，オンライン実験の内包する種々の問題により，妥当な結論を下せるレベルの厳密な知覚実験を実施するのは難しい．例えば，恒常法を用いたオンライン実験にて得られたコントラスト感度曲線を実験室実験の場合と比較すると，グラフのピーク位置は一致しているものの，計測された感度は大きく異なることがわかっている（図 3.49）．

4) ソフトウェア環境

クラウドソーシング上で獲得した実験参加者を，実験者自身が用意したウェブサイトへジャンプさせることで多様な条件での調査・実験を行うことが可能である．多くの研究では JavaScript 製の実験プログラムをウェブブラウザ上で動作させている（水野・松井, 2014）．調査研究では Google Forms や Qualtrics をはじめとする無料のオンラインサービスが利用されている（一部有料化）．反応時間は Inquisit や ScriptingRT

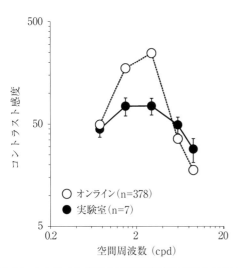

図 3.49　オンライン実験と実験室実験におけるコントラスト感度曲線（Yamada & Sasaki, 2015）

(Schubert et al, 2013) などの Java や Adobe Flash を利用したソフトウェアにて計測できる．さらに，iPad ユーザー向けに知覚実験を行うための環境も提供されている〔PsyPad（Turpin et al, 2014）〕．2015 年には Apple 社が ResearchKit というフレームワークを公開したことから，心拍数，歩数，消費カロリーなど多種の生体データや GPS 情報を計測しながら様々な調査・実験を行うこともできるようになった．

5）諸問題

注意すべき問題の 1 つは実験環境の統制である．オンライン実験は作業者のもつ環境に依存するため，ディスプレイの種類，視距離，実験時の照明条件に関する統制ができない．スマートフォンやタブレットを用いた実験では視野の安定性を確保することもできない．ゆえに刺激の時間・空間解像度やコントラストが重要となる実験，特定の視野を調べる実験には不向きである．実際，ウェブブラウザでは刺激が設定よりも常に 20 ミリ秒程度長く呈示されることがわかっており（de Leeuw & Motz, 2015），Crump ら（2013）において閾下プライミング効果の追試に失敗したのは，各作業者のコンピュータ環境では刺激の厳密かつ高速な時間制御が実現できなかったためであると考えられている．また，音声処理や音声出力について保証できない聴覚実験においても類似した問題が生じる（Plant & Turner, 2009）．

次に，実験参加への承諾を取得できないことが問題点としてあげられる．多くの心理学専門誌や総合誌は，実験参加者の筆記によるインフォームドコンセントの取得を論文掲載の条件としている．クラウドソーシングでは作業者は完全に匿名化されているため，また作業者との接触がインターネット上で完結しているため，筆記による署名つきの合意確認を得ることができない．雑誌によってはこれだけで事前審査をパスできなくなる恐れがあることに留意しておくべきである．

なお，作業者が対面実験時よりも課題に真剣に取り組まない可能性も考慮する必要がある．作業者はそもそも心理学実験を受けるという前提をもたないまま参加しており，かつ実験者が側にいないこともあり，モチベーションを高く保ったまま実験を実施することは難しい．作業者に教示が正確に伝わっていない場合も多い．他の日常的な作業をしながら実験を受けているので「気が散っている」ことも多い（Chandler et al, 2014）．こうした背景から，クラウドソーシングによるオンライン実験では多くの場合，ランダムなタイミングで注意チェック質問（ACQ）が挿入される（Aust et al, 2012；Oppenheimer et al, 2009）．通常，ACQ では回答が誰の目にも明らかでかつ主課題とはまったく関係のない質問がなされる（例えば，20＋15＝？）．少しでも注意深く課題に取り組んでいれば誰でも正解することができるため，この質問に失敗した人は注意散漫であったかあるいは正しい回答を行う意思がなかったとし，失敗者の結果を分析から除外することでデータの質を高めることができる．

さらに，複数の作業（実験課題）を課す場合に，それらを実施する作業者が同一であることを確認しがたいことも問題である．これは IP アドレスにて個人の紐づけを行おうとしても，複数の作業者で使用するコンピュータが同一であれば意味をなさないためである（Berinsky et al, 2012）．同様に，練習効果が問題になるような課題に対して未経験の作業者のみの参加を求める場合にもこの問題が生じる．

このように，オンラインであることの長短を顧慮しつつ，最適な運用を目指すことが求められる．

〔山田祐樹〕

第4部
認知・記憶・注意・感情

第1部　実験の基礎

第2部　感覚刺激の作成と較正

第3部　感覚・知覚・感性

第4部　認知・記憶・注意・感情

第5部　学習と行動

第6部　生理学的測定法

付　録

▶ 認知・記憶・注意・感情

4.1　認　知……………………………204
4.2　記　憶……………………………216
4.3　注　意……………………………234
4.4　感　情……………………………246
4.5　思考・意思決定…………………260
4.6　言　語……………………………276

4.1 認知

4.1.1 パターン認知研究法

認知心理学の領域において，パターンの内部表現に関する考え方やモデルとしては，鋳型表現，特徴表現，構造記述表現，PDPモデルなどが代表的なものとしてあげられる．一方，これらの内部表現を生成する，あるいは利用する処理の流れに関する考え方としては，データ分析から駆動されるボトムアップ（bottom-up, data-driven）処理と，内部表現の先行的活性化から駆動されるトップダウン（top-down, conceptually-driven）処理，そしてそれらが交互に現れるとするナイサー（Neisser, U.）の知覚循環（perceptual cycle）モデルという考え方がある（行場，2005）．さらに，これらの処理が進行する範囲に関しては，パターン認知は大域情報から局所情報の処理に向かうとする Navon（1976）の大域優先（global precedence）仮説がある．ここでは主としてこのような処理の流れや処理範囲を研究する手法や刺激について解説する．

1）断片図形

ボトムアップ処理ではデータが豊富であれば誤りの少ない信頼性の高いパターン解が得られるが，ノイズが多いパターンではトップダウン処理が有効である．これを端的に示すのが断片図形（fragmented figure, 不完全図形とも呼ばれる）の認知で，最も有名なものに，写真家 James, R. C. の作品「ダルマチア犬」がある．もともとは Gollin（1960）の図形が始まりで（図4.1），ランダムノイズのようなマスクパターンを輪郭線にかけてつくるのが一般的であり，Snodgrass ら（1987）のパターンセットを用いると輪郭線の約15％が見えていれば，認知が可能になる閾付近であることが報告されている（Chikhman et al, 2006）．ただし，古くから Attneave の SP（salient point）法（主観的に顕著性が高いと思われるポイントをマークさせる方法）や，ビーダーマン（Biedermann, I.）のジオン研究で知られているように，冗長性が小さく顕著性が高いコーナー成分と，冗長性の高い直線成分を断片的にする場合には効果が異なることが考えられる．近年の研究

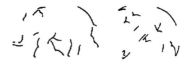

図4.1 断片図形の例（Gollin, 1960 を改変）

では，直線線分は群化を行う初期段階のボトムアップ処理に，曲線成分はマッチングを行う後期段階のトップダウン処理で重要なことが示されている（Panis & Wagemans, 2009）．断片図形（Gollinテスト）はパターン認知の発達（Foreman & Hemmings, 1987），潜在的記憶の検証（Snodgrass & Hirschman 1994），認知症の研究（Mack et al, 1993）にも広く利用されている．

2）Navon 図形

Navon（1976）は，「木を見て森を見ず」の格言とは反対に，"Forest before trees"という主張を Navon 図形と呼ばれる階層パターン（複合パターン）を使って行った．図4.2に示すように，大域文字と局所文字を直交的に組み合わせて構成される．実験の課題が大域文字と局所文字のいずれか一方がHかSかを答える課題にすると，左端上と右端下は一致条件，左端下と右端上は不一致条件，その他のものは中立条件となる．この課題を行うと大域文字の認知反応時間は局所文字のそれよりも速く，つまりパターンの大域情報が先に処理される大域優先（global precedence）と，また，局所文字を答える不一致条件で反応時間が遅延すること，すなわち大域情報が局所情報の処理に干渉をもたらす大域干渉（global interference）が示された．後続する研究により，大域パターンの大きさや，局所パターンの密度が与える影響など，種々の批判がなされたが，大域パターンと局所パターンの見えやすさ，つまり相対的弁別性を揃えるなど，条件を整えれば，グローバル情報の利用容易性は頑健にあらわれるという（Navon, 2003）．近年では，大域優先は空間周波数処理に関連する初期の視覚ストリームの特性の違いで，大域干渉は，大域・局所情報を統合する比較的後期の段階で生じることが示されている（Robertson & Lamb, 1991；二瀬・行場, 1997）．Navon 図形は，大域・局所情報を独立にしかも確率的に一致・不一致条件も操作できるので，認

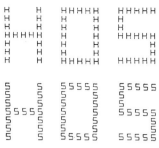

図 4.2 Navon 図形の例（Navon, 1976 を改変）

図 4.3 刺激布置優位効果を調べる図形
左の図形に同じ L を付加すると，右のようにまったく異なる刺激布置が現れる．（Pomerantz, 1981 を改変）

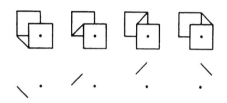

図 4.4 物体優位効果を調べる図形（Weisstein & Harris, 1974 を改変）

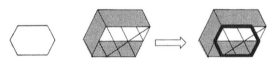

図 4.5 埋め込み図形テスト（EFT）の一例（Poirel et al, 2008 を改変）

知スタイルの研究（Poirel et al, 2008），加齢の効果（Staudinger, 2011），失認症や ADHD・自閉症の研究（Robertson & Lamb, 1991；Song & Hakoda, 2011；Muth, 2014）などでも広く用いられている．

3）刺激布置優位効果を調べる図形

Pomerantz（1983）は，Navon 図形は局所パターンの位置情報だけが大局パターンにとって意味がある図形（Type P と呼ばれる）であり，古くから論じられてきた部分・全体の問題（part/whole problem）を検討するには不適当であることを論じている．彼は位置だけではなくその性質も全体に大きな影響を与える図形（Type N と呼ばれる）刺激の使用を勧めた（図 4.3）．Weisstein と Harris（1974）は，傾きをもつ線分をターゲットにして同定課題を行わせたところ，その線分が 3 次元的物体の一部として見える文脈刺激条件ほど正答率が高いことを見出し，物体優位効果（object superiority effect）と名づけた（図 4.4）．この効果は全体処理が部分処理を促進する現象とも考えられるが，Pomerantz（1981, 2003）は，ターゲット線分自体が知覚されやすくなるわけではなく，図 4.3 に見られるように，文脈刺激の付与によって新たに形成される創発特徴（emergent feature）を手がかりとして知覚されるためであるとし，ゲシュタルト心理学との関連から刺激布置優位効果（configural superiority effect）としてまとめた．創発特徴の特性をもつか確かめる方法としては，トリーズマン（Treisman, A.）が見出したポップアウト性，結合錯誤や探索非対称性などの指標が使われるが，最近，刺激布置効果の脳内基盤も検討されている（Kubilius et al, 2011）．

4）埋め込み図形

個人差の一側面である認知スタイルとして，周囲の背景や枠組みに大きな影響を受ける場依存型と，影響を受けにくい場独立型があげられる．1971 年にウィットキン（Witkin, H. A.）はそのような認知スタイルを調べる方法として，埋め込み図形テスト（embedded figure test, EFT. 隠し絵テストとも呼ばれる）を開発した．図 4.5 に示すように，複雑な図形の中から，指定された単純な図形を見つけ出し，ペンでなぞるタスクが課せられる．Poirel ら（2008）は集団式 EFT で，高いパフォーマンスを示す，つまり場独立型傾向が高い参加者ほど，Navon の方法を用いた複合図形で大域優先的な特性が減少することを見出している．Shah と Frith（1983）をはじめとして，自閉症傾向が高いと埋め込み図形テストのパフォーマンスがよいことが，全体的統合処理が弱いとする考え方（weak central coherence）との関連から報告されてきたが，近年では結果の一貫性が不足しているという指摘もなされている（White & Saldaña, 2011）．

〔行場次朗〕

4.1.2 顔の認知

1）顔の認知

　人間の顔が果たす役割は，コミュニケーション活動において重要である．一般に，顔以外の物体やパターンの認知とは独立し，ヒトが視覚的にあるいは視聴覚的に情報を取り入れる脳内の情報処理過程でも，顔は特異的なパターンとして取り扱われている．

　特に，顔の認知研究は主に「人物同定」「表情および発話認知」「属性（性別，年齢，人種など）の認知」について個別に，あるいは相互の関係性を探ることに重点が置かれる．1つの顔パターンを処理する場合も，課題に応じた単独の経路から処理系を活性化する，あるいは並列に処理を行うために複数の経路から処理系を活性化する特性をもつことが考えられる．

　顔に関わる研究は，基礎および認知心理学のみならず，神経生理学，工学（顔認識システムなどの製品開発を含む），合成（エンターテインメント業界を含む），臨床，司法（目撃者の顔記憶に関わる証言など）に至るまで，多岐にわたる領域で進められており，分野単独での話題に限った議論はむしろまれであるともいえるだろう．近年の技術の進歩により，コンピュータグラフィックス（CG）によって実物と見分けがつかないほどの顔の作成も可能となってきた．顔から人物が同定できることで肖像権などの問題が発生するが，CG化によりそれが回避できる場合もあり，今後の技術的発展と心理学への適用動向が注目される．

2）顔刺激データベース

　顔に関わる認知実験を行う場合，顔刺激を作成する，あるいは入手する必要がある．顔データベースとして公開されているものもあり，構成内容が実験の趣旨に即していれば，研究者が自ら作成する必要がないこと，先行研究の結果との比較が可能であることなどから，データベースの利用はむしろ推進されている傾向も見受けられる．

　一方で，どのような研究内容にも利用可能な顔データベースはほぼ皆無であるため，特に新規性のある実験には刺激の新規作成の可能性は考慮しなければならない．データベースに依存して研究内容を設定するのは，研究目的や手法の新規性を妨げることにもなりかねないため注意を要する．

　現在公開されている顔データベースのリストが載せられた Web サイトなどもあるが，それぞれの公開内容，公開手法は研究者・団体ごとに異なるため，確認してほしい．

3）顔刺激のサイズ・回転角度

　顔の特徴となる目や口，鼻などの位置（配置，布置）は人により異なり，その微妙な視覚情報の違いこそが特異的な顔認知を可能にしている．それら各特徴の輪郭に対する大きさ，配置などが実験条件，パラメータの重要な要素となる場合もある．生得的な顔の大きさの与える影響などを調べる場合を除き，視覚刺激としての顔のサイズは正規化されていることが望ましい．

　実験中の画像は顔画像上の両耳間距離（耳珠間幅）の付近を基に顔幅（face width）が一定となるように設定がなされるとよい．その他，実験条件に応じて，正規化する箇所を変化させる場合もあるだろう．また，3次元の場合は回転角度の設定方法も重要である．

　2次元で画像の視覚刺激として提示される場合，一般に視覚刺激のサイズは視角の単位を用いて /deg（画面上 1 cm の刺激を約 57.3 cm 離れた距離から見ると視角 1 deg）という表現がなされるが，顔刺激の場合は，/fw として表記されることも多い．この /fw という表現は顔幅を意味する単位である．例えば単位長当たりの空間周波数フィルタを施す場合，一般には cycle/deg，顔に対しては cycle/fw と換算可能である．

　CG で作成された場合や平均顔である場合を除き，個々の顔の左右特徴はかなり非対称なものであるため，完全に左右対称な軸を基にした回転角度などは算出が難しく，頭部の回転角度を検出する工学分野での応用研究なども盛んに行われている．

4）顔認知情報の種類と実験遂行上の留意点

◆人物同定

　顔の認識のうち，初期から最も研究が進んでい

るのは「人と人との顔を見分ける」ことを指す「人物同定」である．それぞれの顔の違いを記憶しているときの方略や，記憶する期間，経年変化なども実験で取り扱われる対象となる．人物同定は主に，被験者からみてすでに知っている顔（既知顔）を用いるか，あるいは新たに既知になるような学習過程を設けた場合には，その記憶精度を測るために正答率が主な従属変数として測定される．また，独立変数としては様々なものがあり，目や口などの特徴の布置，その他の顔周辺の特徴（髪型や眼鏡などの装飾品）や，記憶した環境などがそれにあたる．

一方，まったく知らない人（未知顔）に対する人物同定は，独立変数として変化させた特徴に応じて，顔が識別できるか否かの正答率，あるいは類似度などが独立変数となる．

◆ **表情認識，発話認識**

表情認識には主に，基本表情と呼ばれる幸福や悲しみなどの感情を表す顔刺激が用いられ，以前は極端に強い表情の刺激が多かったが，近年では微小な表情あるいは曖昧な表情を刺激として用いる場合も多くみられる．歴史的にみて，快−不快など次元で説明するか，あるいは感情カテゴリーで説明するかなどが問題にされる場合もある．一方，物理的な特徴量の変化を問題とし，それらの特徴量とカテゴリーの関連性を調べるものもある．不用意な顔表情刺激を利用すると，刺激として成り立たない（というよりも，論文が受理されない），あるいは結果が説明できない場合もあるため，実験前の十分な計画が必要である．

静止画としては線画，モノトーン，カラー画像が主に用いられる．他の視覚刺激と同様に，それぞれの視覚情報量を知りたい要因が実験的に調べられるよう整えておくことが基本的な手法として重要であるが，顔の場合はテクスチャの部分や目の虹彩など，差異の分布が非常に多岐にわたるため注意を要する．

データベースとしては，情動を喚起したときの自然に発せられる表情，他者がそう感じるという

知覚者中心として整備されたもの，文化人類学的に共通している筋運動を表すことから整備された表情など様々である．

コミュニケーション活動をより直接的に調べるときは発話中の顔を刺激とする場合がある．発話内容や，発話している相手との位置関係により頭部や視線に変化があることなど，会話時ならではの刺激制御の手法が必要であろう．音声とのマルチモーダルな処理を調べる研究も多く，音声刺激の取り扱いにも精通しておく必要がある．

表情および発話に共通するのは，動画の刺激を利用して運動情報の研究も 2000 年代以降増加してきた点であろう．動画刺激の場合，運動情報の時間的要因が加わることに留意する．また，別の共通点として，視線との組み合わせにより意味づけが変化する点があげられる．さらに，他の課題と比較して，CG での顔の作成が実験上有効となる場合も多い．

◆ **属性・感性的印象の認知**

顔から得られる属性として，年齢，性別，人種があり，また魅力などの対人コミュニケーション上で重要な役割を果たす感性的印象もよく研究される．これらの研究を行う場合は特に，顔モデルや実験被験者の人権および肖像権を守るために最大の配慮をすることはいうまでもない．

顔刺激側の年齢や性別，人種による違いを実験的に調べることと同時に，認知側の各属性識別との関連性も重視される．例えば，若年層の被験者が高齢層の顔の識別をどの程度できるか，またはその逆はどうかなどである．進化的あるいは遺伝的な解釈，生得性と経験による学習の性質にも着目したうえで解釈がなされ，実験心理学の醍醐味が味わえる分野ともいえるであろう．

これら，属性の識別を行う場合，目や口の特徴という他の識別と同様の特徴に加え，さらに肌（しみ，しわ，つや）の特徴間の情報が利用されると考えられ，画像制御としてはやや高度な技術が必要である．　　　　　　　　　　〔蒲池みゆき〕

4.1.3 物体認知測定法

物体認知研究では，3次元物体に対する記憶表現および物体の入力画像と記憶表現の間の比較照合過程を明らかにすることが目的となる．そのため，再認課題（recognition task）や継時見本合わせ課題（sequential matching task）といった記憶研究での測定手法が用いられることが多い．また，記憶研究と同様，物体認知研究では記銘時に提示した物体をターゲット（target），テスト時に提示するターゲットと異なる妨害物体をディストラクター（distracter）と呼ぶ．しかし，物体認知研究では，記銘時に提示するターゲットとテスト時に提示するターゲットが物理的に同一の刺激とは限らない．例えば，3次元物体の景観（view）は物体を観察する視点によって様々に変化するが，われわれはある程度一貫した認知が可能である．この視点不変性（view invariance）を検討する場合，テスト時に記銘時のものと異なる視点からターゲットの景観を提示し，ターゲットとテスト時の景観の距離に応じた正答率や反応時間の変動を調べる．これまで，その結果を説明する記憶表現として，物体が3次元的な部品の組み合わせで表現される3次元モデル表現と2次元的な景観の組み合わせで表現される2次元画像表現が提案されており，現在も議論が続いている．本節では物体認知研究における主要なテーマである不変性を検討するための刺激，測定手法，従属変数について述べる．

1) 刺 激

コンピュータの普及により，1980年代を境に物体認知研究においてコンピュータグラフィックス（CG）によって作成された刺激を用いて実験が行われるようになった．CGを用いることにより，計算によってランダムな形状を生成することで無意味物体を自動的に生成する，物体を様々な照明条件の下で，様々な視点から観察したときの景観を生成するといったことが可能になった．特に1990年代以降，無意味物体を用いた実験により，物体認知の視点不変性が検討されてきた（図4.6）．無意味物体は，実験協力者にとってこれ

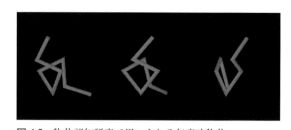

図4.6 物体認知研究で用いられる無意味物体
上：ジオン（Biederman, 1987）で構成された物体，下：ペーパークリップ物体（Bülthoff & Edelman, 1992）．左右の景観は中央の景観から物体に±45°垂直軸回転を加えたものである．

まで経験したことのない新奇な物体であることから，個別の物体に対する経験の影響を排除して物体認知特性を検討できる．さらに，刺激の物理的特徴を統制して実験を行えるという利点がある．例えば，物体を構成する特徴の数（棒や部品の数）によって形状の複雑さを定量的に変化させることができ，独立変数として利用可能である．これらの刺激は市販の3Dグラフィックソフトウェア，各種プログラミング言語上で機能するグラフィックライブラリ（例えばOpenGL）によって作成可能である．また，Tarr, M. J.の研究室によるウェブサイトでは実験に使用された無意味物体の画像をダウンロードできる（http://wiki.cnbc.cmu.edu/TarrLab）．近年の3Dプリンタの普及により，3Dプリンタで作成した無意味物体を刺激として用いる研究も行われている（Yildirim & Jacobs, 2013）．これにより，同一の無意味物体によって視覚と触覚の物体認知特性を検討できる．これらの刺激もインターネットよりダウンロード可能である（http://www.bcs.rochester.edu/people/robbie/jacobslab/dataset.html）．

一方で，日常的な物体を用いた実験では，より自然な状況での物体認知特性を検討でき，日常的な物体に対する経験，知識が物体認知に与える影響や，物体カテゴリーの記憶表現を検討できる．主に物体の線画や写真が刺激に用いられるが，その場合，名称の一致度，親近性，刺激の複雑さな

どの要因を統制する必要がある．これらの要因について標準化された刺激セット（Snodgrass & Vanderwart, 1980；Brodeur et al, 2010 など）も提案されているので，そのような刺激を実験に用いることも可能である．

2）刺激の提示法

物体中の視覚的特徴を走査するために大きな眼球運動を必要としないような大きさで刺激を提示することが多い（例えば，視角10°以内）．また，他の視覚実験と同様に，顎台を用いて視距離を一定にし，刺激以外の視覚情報が入らないように暗室のような環境で実験を行うことが望ましい．液晶シャッターゴーグルを利用するなど，両眼立体視による奥行き手がかりを与えることで，より現実感のある刺激提示を行う場合もある（例：Edelman & Bülthoff, 1992）．

3）測定手法

冒頭で述べたとおり，物体認知研究における測定手法は記憶研究で用いられる手法と共通点が多いため（詳細は4.2参照），本節では物体認知研究に特化した点を中心に述べる．

再認課題は，実験協力者に記銘したターゲットとそうでない物体（ディストラクター）を見分けさせる手法である．一般的な手続きは以下のとおりである．①学習フェーズ：実験協力者にターゲット物体（ターゲットが複数の場合は物体セット）をある時間提示し，物体の形状を記銘させる．②テストフェーズ：ターゲットもしくはディストラクターを提示し，実験協力者に既知の物体か否かボタン押しなどによって答えさせる．継時見本合わせ課題は，1個のターゲットの提示に続けて，1個のターゲットまたはディストラクターを提示し，ターゲットか否か答えさせる手法である．

再認課題は一度に物体の全体やある範囲の景観を記銘させる場合や記銘方法による違いを調べたい場合などに用いられる（例：Harman et al, 1999）．継時見本合わせ課題は，特にターゲットの1個の景観からの視点不変性を調べるときに用いられる（Tarr et al, 1998 など）．例えば，毎試行異なるターゲットを用いれば，課題中に記憶表現の形成に利用できる情報を統制し，実験者が意図せぬターゲット景観の学習を防ぐことができる．

日常物体を用いた実験では，プライミング法（4.2.3参照）がよく用いられる．例えば，呼称課題（naming task）と組み合わせることで，以下のようにして大きさの不変性（size invariance）が調べられる(Biederman & Cooper, 1992)．まず，プライマーとして様々なカテゴリーの物体をあるサイズで提示し，その後ターゲットとしてプライマーで提示したものと同一カテゴリーであるがサイズが異なる物体を提示する．それらを呼称させたときにプライミング効果が現れた場合，その刺激サイズに対する大きさの不変性があると考えられる．

4）従属変数と視点依存，視点非依存

ターゲットが提示されたときターゲットと答えられた正答率，信号検出理論（3.2.1参照）に基づく d' などターゲットの検出感度の指標や，反応時間が主に用いられる．物体認知研究ではこれらの指標が記銘したターゲットの景観とテスト時に提示された景観との間の距離に応じて変動するかどうかにより，視点不変性が検討される．特に，記銘時のターゲットとテスト時のターゲットの景観の距離が大きいほど反応時間が延長，または正答率が低下すれば視点依存（view dependent），距離に依存して変動しなければ視点非依存（view independent）と呼ばれる．前者は2次元画像表現，後者は3次元モデル表現が行われている根拠とされている．ただし，使用する刺激自体が視点依存・非依存な結果を生んでいる可能性については議論がある（行場, 1995）．例えば，ターゲットとディストラクターの物理的類似度によって正答率や反応時間が変化するため，フォールスアラーム率が過剰に大きくならないよう，ターゲットとディストラクターの物理的類似度を統制するなど，実験に用いる物体のセットが明らかにしたい仮説を検証するうえで適切かどうか十分に検討することが重要である．

〔笹岡貴史〕

4.1.4 心的イメージ測定法

心的イメージは，記憶に基づいて再現，再構成，創造される類知覚的経験である．心的イメージの研究ではイメージが映像的表象か命題的表象かというイメージの表象形式を巡る研究論争（「イメージ論争」）を通して，数多くの客観的測定法や実験課題が考案されてきた．それにより主に視覚イメージの特性が明らかにされ，知覚とイメージが視覚認知過程の表裏一体の関係にあることが示されてきた（Kosslyn et al, 2006）．心的イメージの測定法には，①行動データ（反応時間，正誤成績など）に基づく心理物理学的測定法，②質問紙やチェックリストなどの自己評定法，③PET やfMRI などにより脳活動を測定する脳機能画像法がある．ここでは代表的な方法を取り上げる．

1) イメージの心理物理学

◆知覚との類同性

心的イメージの特性が反応時間を用いて精神物理学的に客観的に測定可能であることを示し，イメージ研究に新たな道を開いたのが心的回転（mental rotation）の実験である．最初に発表された実験（Shepard & Metzler, 1971）では，3 次元ブロック立体図が実験刺激として作成された．角度差の異なる 2 つの立体図形がペアで呈示され，それが同一か鏡像かを判断するまでの反応時間が測定された．その結果，反応時間は 2 つの図形間のなす角度差に比例して増加したが，これは実空間内の物体の回転を知覚するのと同様に心の中でイメージを「回転」させて他方の図形と照合するような心内処理過程を反映するデータと解釈された．心的回転の実験バリエーションは多く，英数字やランダム図形など，様々な刺激を用いて追試が行われている．

イメージと知覚の類同性を示すもう 1 つのよく知られた実験は，イメージされた対象の心的走査（mental scanning）である（Kosslyn et al, 1978）．この実験では，まず架空の島の地図を明瞭にイメージできるまで覚えさせた後，その地図をイメージさせて，地図内の目印の間を視覚的に走査（scanning）するのにかかった時間を測定す

る．結果は，実空間と同様にイメージで視察した際の視線の移動には距離に応じて時間がかかることを示すものであった．さらに Finke と Pinker（1982）や Dror ら（1993）の走査課題（矢印方向走査課題）では，より単純な刺激パターンが使われ，参加者の暗黙の知識に基づく実験バイアスの問題（Pylyshyn, 1981）が巧みに回避されるように，実験課題はより洗練されたものになっている．

反応時間を指標にイメージの特性を検討した方法には，他にも，デジタル表示された時刻をアナログ時計で想起し，短針と長針でつくる角度の大きさを比較させる心内時計課題（Paivio, 1978），立方体の平面展開図上の 2 つの矢印が織り上げて完成した際に符合するかどうかを判断させる心的折り紙課題（Shepard & Feng, 1972），呈示された小文字のアルファベットの大文字ブロックをパソコン画面上のマトリックス上にイメージし同時に呈示されるプローブの×印がイメージした文字と重なるかどうかをできるだけ速く判断させるブロック文字イメージ生成課題（Podgorny & Shepard, 1978；Kosslyn et al, 1995）など数多く考案されている．これらの課題はそれぞれがイメージの生成，維持，視察，操作・変換といった視覚情報処理の下位プロセスを想定した課題になっている．例えば心的回転は典型的なイメージの操作・変換の課題であり，心内走査はイメージの視察過程に関わる課題である．

◆知覚との相互作用

知覚入力がイメージ想起によって妨害されることは，古くはパーキー効果として知られている（Perky, 1910；Waller et al, 2012）．Segal と Fusella（1970）は，視覚あるいは聴覚的イメージを思い浮かべた状態で，認知閾値すれすれの強度で呈示された色刺激や純音の信号検出課題を用いてこの効果がモダリティ特異的に生じることを確認した．イメージは知覚に対して促進効果をもつことも検出課題を使った実験で確認されている（例：Ishai & Sagi, 1995, 1997）．

Pearson ら（2008）が考案した両眼視野闘争を用いたイメージ測定法は，イメージの知覚的特性を検討するための新しい方法として重要である．彼らは両眼視野闘争で観察される刺激パターンの

表 4.1 イメージ次元と測定尺度

測定次元	質問紙尺度	測定内容	参考文献
鮮明性	Betts' QMI	7 感覚モダリティのイメージ鮮明性	リチャードソン（1973）
	SMI	7 感覚モダリティのイメージ鮮明性	長谷川（1993）
	VVIQ	視覚イメージの鮮明性	菱谷（2005a）
	AIQ	聴覚イメージの鮮明性	菱谷（2005b）
	VAIQ	聴覚イメージの鮮明性	岡田（1990）
統御性	TVIC	視覚イメージの統御可能性	リチャードソン（1973）
	MRT	心的回転課題の紙筆版	Vandenberg（1971）
選好性	VVQ	言語化傾向・視覚化傾向 1 次元尺度	長谷川（1993）
	VVQ（改訂版）	言語化傾向・視覚化傾向 2 次元尺度	須永・羽生（1990）
	OSIQ	物体イメージ・空間イメージの選好性	Kawahara & Matsuoka（2012）
没入性	TAS	没入傾向	Tellegen & Atkinson（1974）
	CEQ	空想傾向	岡田ら（2004）

優位性がイメージによって促進されることを見出した．実験では赤横縞と緑縦縞の Gabor 刺激パターンを左右両眼それぞれの同位置に呈示することにより，視野闘争刺激が作成された．参加者はどちらか一方のパターンをイメージした後で，短時間呈示される視野闘争刺激の優位に知覚されたほうを報告する．視野闘争状態ではイメージしたパターンがより優位に知覚される傾向が確認された．一連の実験から，この効果は網膜局在的な反応選択性をもち，イメージが鮮明なほど強く，注意や努力の認知要因とは独立していることなどが明らかにされており，イメージの感覚強度を客観的に測定するうえできわめて有効な実験ツールとして利用可能である（Pearson, 2014；Pearson et al, 2011）.

2）イメージの自己評定法

心的イメージの研究では，イメージ体験やイメージ能力の個人差を査定するため，自己評定に基づく数多くの質問紙尺度が開発されてきた．こうしたイメージ個人差の測定次元には，①鮮明性，②統御性，③選好性，④没入性の 4 つがある（表 4.1）．この中でイメージ鮮明性の測定指標である VVIQ（Vividness of Visual Imagery Questionnaire）は，視覚イメージがどの程度実際の視覚的な情景に近いかを 5 段階尺度で評定させるものであり，多くのイメージ研究で使われている．選好性とは主観的に選ばれやすい情報処理スタイルを示す次元であり，言語的思考とイメージ的

のどちらを好むかを測定する VVQ（Verbalizer-Visualizer Questionnaire）が比較的よく使われる．最近では，イメージの色や形などの物体視的な処理と位置や動きなど空間視処理の選好性を測定する物体・空間イメージ質問紙（Object-Spatial Imagery Questionnaire, OSIQ）が新しい査定ツールとして注目される．イメージの自己評定法は利用の仕方によって研究上きわめて有効な指標となるが，一方で尺度の妥当性・信頼性などの方法論上の問題も指摘されている（菱谷, 2011, 2012）.

3）脳機能画像法によるイメージの測定

心的イメージに伴う脳活動の測定は，PET，fMRI，fNIRS などの脳機能画像法を用いて行われており，視覚イメージ想起時に初期視覚野 V1 の賦活が確認されるなど，イメージと知覚が共通の脳神経基盤をもつことを示す研究知見が蓄積されている（Kosslyn et al, 2006）．最近では脳情報デコーディングの技術を用いて，fMRI によって計測されたイメージ想起時の脳賦活情報のデータから視覚情報を映像的に再現したり，イメージされた内容を推定する研究も一般に行われるようになっている（Reddy et al, 2010；Lee et al, 2012；Radoslaw et al, 2012）．この方法を使って睡眠中の脳活動のデータから夢見の内容を高い精度で解読できることも示されている（Horikawa et al, 2013）．脳機能画像法の技術的な進展によって，心的イメージに関する実験心理学的研究の新たな展開が期待されている．　〔松岡和生〕

4.1.5 身体性の認知研究法

1) 身体図式

身体図式（body schema）は，経験によって獲得された多感覚情報（視覚，聴覚，体性感覚など）を統合する無意識的な自己身体の表現であり，自己の身体を知覚するために必要な概念である．サルとヒトの脳に共通して，大脳皮質の頭頂葉連合野および運動前野が身体図式に関わっており，特に可塑性に特徴がある．道具使用中のサルの神経細胞活動を記録した研究では，頭頂葉（parietal lobe）のニューロンは，触覚刺激と視覚刺激の両方に反応し，異なる種類の情報に反応するバイモーダルニューロン（bimodal neuron）が見出されている（Iriki, 2006）．サルが道具（ここでは熊手）の使用を学習する前は，被験体への視覚刺激または直接的な触覚刺激にだけ頭頂葉のバイモーダルニューロンは反応する．しかし熊手の使用を学習すると，熊手に対する視覚刺激にも反応するようになる．つまり，熊手は身体の一部でないにもかかわらず，熊手の先端までニューロンが反応する．身体に関する異なる種類の情報が相互につながることで，身体図式が脳内で再構築され，身体空間を拡張することが示唆されている．

2) 身体知覚の錯覚

自己と他者の身体を区別することは重要であるが，その身体性の境界線を実験的に曖昧にすることができる．その一例としてラバーハンド錯覚（RHI）があげられる（Botvinick & Cohen, 1998）．RHIとはマネキンの手（ラバーハンド）があたかも自身の手（リアルハンド）だと感じる錯覚現象である．参加者から見えない位置にリアルハンドを，また目の前にラバーハンドを置き，ラバーハンドを注視させ続ける（図4.7）．この環境でリアルハンドとラバーハンドへ同時に一定時間の触覚刺激を与えると，リアルハンドの位置感覚がラバーハンド側に移動し，またラバーハンドに対する自己所有感覚が増大する．数回の刺激では錯覚は生じにくく，約5分間（多くの研究では2～10分程度）のトレーニング時間が必要で

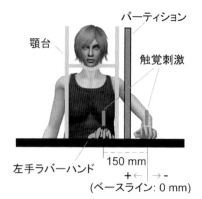

図4.7 RHIの実験装置
参加者はリアルハンドを机に置き，パーティション（壁）で見えないようにする．参加者から見える位置にラバーハンドを置き，リアルハンドとの距離を約150 mm（多くの研究では100～200 mm）離して参加者にラバーハンドを注視させる．RHIトレーニングの試行前にリアルハンド（例えば左手中指）の知覚位置を机の裏からペンなどで線引きさせ，またラバーハンドに対する自己所有感を報告させる．トレーニング後に再び同じ課題を行い，前後の差分を錯覚量とする．

あり（例えば2秒に1回の刺激），学習の要素が強い錯覚である（Honma et al, 2014）．触覚刺激にはブラシで擦る方法や，棒でつつく方法などがあるが，ラバーハンドに対する視覚刺激のみ（リアルハンドへの刺激なし）でも生じるという報告もある（Durgin et al, 2007；Honma et al, 2009）．刺激の体験時間が長いほどラバーハンド方向に主観的位置が移動し，視覚刺激と触覚刺激の時空間的一致によって主観的位置の移動が生じやすくなる．時間的に非同期にすると明らかにRHIの錯覚量が減少し，ある一定の閾値が確かめられている（Shimada et al, 2009）．ただし空間的一致に関しては様々な報告がある．Ehrssonら（2004）では，ラバーハンドの向きをリアルハンドと不一致（この実験では参加者から見て垂直方向に逆向き）にした場合ではRHIの錯覚量が大幅に減少する．自己身体は視覚と体性感覚を統合して認識されるので，それらの矛盾が小さいほど錯覚は強まると考えられる．一方で，ArmelとRamachandran（2003）では，2mほどのラバーハンドに対してもRHIは生起すると報告している．さらにラバーハンドの代わりに机を鈍器で叩いたときも同様の結果を導き，触感覚の定位には対象物の類似性はさほど関係なく，身体図式の時間的一致が重要だと考えられている．これらの知

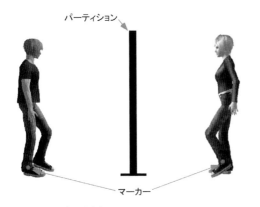

図 4.8 同調現象の測定
足踏み同調の測定．両者の足首にマーカーを装着し，モーションキャプチャ装置を使用してマーカーの移動座標を取得する．

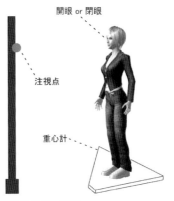

図 4.9 平衡感覚機能の測定
平衡感覚機能の測定．参加者を重心計プレートに乗せ，安定した姿勢をとらせる．開眼時の視線は同じ目線の注視点に合わせ，開眼時と閉眼時の微細な重心動揺を測定する．

見は，ラバーハンドとリアルハンドの形態的・空間的類似性は RHI の生じやすさに影響を与えるが，その要因よりも刺激の時間的同期性が重要であることを示している．また RHI の生起後に，前運動皮質（premotor cortex），頭頂間溝（intraparietal sulcus）および小脳（cerebellum）でBOLD 信号（脳血流量）の大幅な上昇を示すことがわかっている（Ehrsson et al, 2004, 2005）．これらの結果から，多感覚統合を含む前運動皮質の活動は身体の自己所有感覚を反映すると考えられている．

3） 身体の同調現象

自己の運動と他者の運動が相互作用するジョイントアクションは，個人間で共通の目標を達成するためのコミュニケーションを円滑にする機能と考えられており，時空間的に動作を協応化させる社会的相互作用と定義される（Sebanz et al, 2006）．多くの研究では，ヒトが他者の運動を観察したとき，共通の目標がなくとも他者の運動を模倣する傾向があることを示している（Kilner et al, 2007）．さらに無意識的に二者間の身体動作が同調（同期）する例も数多く報告されており，例えばロッキングチェア運動（Richardson et al, 2007）や指運動（Oullier et al, 2008），足踏み運動（Honma et al, 2008）などが，時系列的分析から検討されている（図4.8）．この身体の模倣や同調メカニズムには，相手の動作を見るだけで反応する運動前野（premotor cortex）のミラーニューロンが関与しているとされ（Gallese et al, 1996），また予測機能と知覚‐運動カップリングのプロセスも同調行動に関与していると考えられている（Gangopadhyay & Schilbach, 2012）．

4） 身体の微細動揺

生物が身体のバランスをとるうえで，平衡感覚機能は重要である．この機能は視覚や聴覚，体性感覚などの統合過程に依存しており，例えば回転する視覚情報を提示されると身体がふらついてしまう．さらにこの機能異常は様々な疾患を反映することがわかっている．平衡感覚機能の推定には，身体の微細な揺れを測定する重心計が用いられる（図 4.9）．平衡感覚は視覚補正によって安定しているので，開眼と閉眼の差を比率で表したロンベルク率が多用され，また揺れの振幅を調べるために right-left, anterior-posterior 方向を区分した周波数解析が用いられる．それらの指標は，三半規管，前庭神経，脳幹などの末梢性障害や，ストレスや不安などによる中枢性障害を反映しやすい（Redfern et al, 2007）．末梢性障害の症状は身体の重心が粗い揺れ（低周波数）として現れ（Goto et al, 2011），他方，中枢性障害は細かい揺れ（高周波数）として現れる（Kapoula et al, 2011）．その他にも目眩（Stambolieva & Angov, 2006）や巨大地震の経験（Honma et al, 2012）などで異常が現れることがわかっており，身体の微細な動きと様々な症状が関連することが指摘されている．

〔本間元康〕

4.1.6　認知発達の研究法

1) 模倣の発達から探る摸倣のメカニズム

　人の動きの模倣は出生直後から観察される．新生児期には口の開閉，舌出し，手の開閉，発声の模倣が見られる（新生児模倣）．生後6か月頃から自動詞的動作（バイバイ，イヤイヤ）そして他動詞的動作（物体を用いた動き）が模倣できる．8～9か月頃には，動きの模倣と動作による結果の模倣とを区別して行うようになり，12か月頃から他者の行為を観察して学習し始める．発達最初期には自分の顔を見たことがないにもかかわらず，モデル人物の表情を模倣できるのだが，なぜそれが可能なのか．

　この点を検討するために重要な機能に，次の2種類がある．1つは感覚運動予測機能である．発達初期の生後6か月までに，自分の手を見ることなくスムーズに到達運動を行うことができる．これは，「自分が手をどのように動かすと，どんな感覚（視覚情報，自己受容感覚）を得られるか」と運動の結果を予測しながら実行していることを示す．この機能により，自分の身体を見なくても運動することができる．

　もう1つは，観察されたモデルの動きを自己の身体運動に変換する機能である．これについてMeltzoff らは，感覚モダリティを超えた表象システム（supramodal representation system）の存在を仮定したうえで，視覚的知覚能力と運動出力を自動的かつ直接的に照合するメカニズム（like-me システム）が生得的に備わるために，新生児模倣が可能だと説明した〔能動的異種情報間写像理論（Meltzoff & Moore, 1997）〕．この変換を実現する脳内メカニズムとして，ミラーニューロンが考えられる．これはサルの腹側運動前野 F5 にある，特定の動作の実行に関わる運動ニューロンだが，他者が同じ動作を行う場面を観察したり，その動作で発生する音を聞いたりしたときにも活動する（Di Pellegrino et al, 1992）．Meltzoff らが仮定した表象システムは概念的なものだが，ミラーニューロンは運動前野において，観察された他者の行為を自己の運動として内的に生成するこ

とで表現する神経学的基盤と位置づけられる．

2) 模倣の様々な発達

　模倣能力の発達は認知発達の行動学的指標と捉えられている．例えば自閉症をはじめとするコミュニケーション機能の発達障害では模倣の困難さが指摘される．しかし注意深く調べると，模倣全般が困難なのではない．物体を伴うような目標指向的行為は模倣できるが，顔の動きや無意味な動作といった動きを模倣できないという特徴がある．このことから自閉症のような発達障害では，身体運動の視覚情報を身体運動情報に直接変換する処理が必要な模倣が特に困難なのだとわかる．

　模倣する経験だけでなく，模倣される経験（被模倣）もまた，認知発達には重要である．特にコミュニケーションにおける共感の働き，向社会的行動の発達に影響するといわれる．成人を対象とした被模倣の実験では，実験協力者の無意識的なしぐさが他者に模倣されると，その模倣した他者への好意の増大（カメレオン効果）や，寄付や援助といった向社会的行動の頻度の増加が報告されている．幼児の自由遊び場面の研究においても，被模倣経験の多さとコミュニケーション時の役割交代の実施との関連が指摘されている．

3) 心の理論課題

　われわれはミラーニューロンシステム（MNS）の機能により他者と自己を同一視することで，他者の行為やその意図を理解できる．しかしわれわれは，自身と他者を別個の存在として認識したうえでコミュニケーションを図る．つまりわれわれが他者を適切に理解するには，自己と同一視するだけでなく，自己と他者との境界を明確にして，他者の心の状態を推定する働きが必要である．

　この働きを調べる課題に「心の理論課題」があり，2種類に大別される．1つは画面中央に表示されたモデル人物の表情や，目元の表情をクローズアップした画像を提示し，モデルの心の状態（困惑している，うれしいなど）を問う課題である．Baron-Cohen ら（1986）はこの課題の遂行中の脳活動を調べた．その結果，下頭頂小葉，島，および扁桃体に強い活動がみられた．MNS の一部が含まれることから，この種の心の理論課題を解

図4.10 Baron-Cohenら（1986）で用いられた刺激の例
上からそれぞれ因果的・力学的課題，記述的・行動的課題，心理的・意図的課題に用いられる．

くには like-me システムの働きが重要とわかる．

　もう1つは4〜5コマの漫画でストーリーを提示して，最後のコマにいる登場人物が次にどのように行動するかを問うものである．特に「サリーとアンの課題」や「誤信念課題」として知られる．これは幼児期〜成人までを対象に広く適用されるが，1歳未満の乳児を対象として期待違反法を用いて調べる方法もある（Luo, 2011）．この種の課題の遂行には背内側前頭前野（DMPFC），側頭極，側頭頭頂接合部，楔前部といった，先の種類の課題とは異なる部位の関与がわかっている．

　Baron-Cohen と Uta Frith らのグループは定型発達児群と自閉症児群を対象に，因果的・力学的課題，記述的・行動的課題，心理的・意図的課題の3種類の漫画を理解する課題を実施した（Baron-Cohen et al, 1986．図4.10）．このうち心理的・意図的課題は，誤信念課題に相当する．彼らは，自閉症児群は心理的・意図的課題においてのみ，定型発達児群よりも成績が有意に低いと報告した．

4）メンタライジング機能—「なぜ」という問い

　誤信念課題を解くのに最も重要なのは，ストーリー全体を把握し理解する観察者自身の知識や心の状態ではなく，漫画に登場する人物の知識，心の状態に関する情報に基づいて，次の行動を推論する能力である．このためには「登場人物がそのように行動するのはなぜか」がわからなければならない．行為の原因を行為者の外からは観察できない心的状態に求め，推定する働きをメンタライジング（mentalizing）という．

　行為観察時のメンタライジングの働き方は，巧みな実験で検討されている（Spunt et al, 2011）．実験協力者に，例えばある人が読書している場面の動画を5秒間見せた後，その場面に関して質問する．質問は，「彼は何をしているか（中間レベル）」「それをどのように行っているか（低レベル）」，および「なぜそれを行っているか（高レベル）」の3種類である．このうち低レベルの質問については「ページをめくって（読書をしている）」のように，観察したことを記述すればよい．一方，高レベルの質問には，例えば「知識を得たいから」のように答えられるが，このためには行為者の意図を推定し，行為の理由として記述する，すなわちメンタライジングの働きが必要となる．そしてこの課題遂行中の脳機能イメージングを行うと，中間レベル課題と低レベル課題では like-me システムが，高レベル課題では誤信念課題の遂行に関わる部位がそれぞれ強く活動すると確認された．

5）他者の心的状態の理解と DMPFC

　誤信念課題の遂行時に最も顕著な活動を示す DMPFC は，模倣に関してある操作が加えられた場合にも活動する．例えば他者の単純な動作を観察したら，それを模倣せずに，それとは異なる動作を行うとき（模倣抑制）や，協力者がモデル人物からアイコンタクトを受けるときなどに活動する場合である．誤信念課題では，視覚的に捉えられた他者の状態とは異なる，外からは観察されない他者の内部状態，心的状態を推測することが重要である．これらのことから DMPFC の働きは，観察した動作と自らの動作が異なる状況でも適切に行動したり，他者と自己との境界を明確化したりするのに重要とわかる．

〔吉田千里，乾　敏郎〕

4.2.1 記憶研究法の基礎

1) 記憶研究法の基本的枠組

人間を対象に行われる心理学的記憶実験の多くは，実験参加者に何らかの刺激材料を呈示して記銘するよう求め，直後または一定時間経過後に，保持されている記憶内容の再現を求める，という手続きをとる．実際に呈示された刺激材料がどの程度正確に再現されたかを調べ，記憶成績とする．

「記憶実験の四面体モデル（tetrahedral model）」（Jenkins, 1979）によれば，記憶実験における重要な変数は大きく，①実験参加者，②刺激材料，③方向づけ課題，④テスト課題の4種類に分かれる（図4.11）．つまり，このモデルは，①どのような人が，②何を，③どのように覚え，④どのように思い出すか，という記憶実験の状況を構造化したものである．これら①～④の中の1つの変数の効果や影響だけを調べようとする場合は，4つの頂点のいずれかに注目していることになる．2つの変数群間の関係や交互作用を検討する場合は四面体のいずれかの「辺」に，3つの変数群間の関係や交互作用を検討する場合は四面体のいずれかの「面」に注目していることになる．

2) 代表的な記憶測定法

前述の四面体モデルでは「テスト課題」に相当するが，個人における想起・再現の正確さを測定するための主要な方法は次のとおりである．

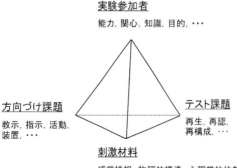

図4.11 記憶実験の四面体モデル（Jenkins, 1979を一部改変）

◆**再生法（method of recall）**

実験参加者に一定の刺激材料を記銘させた後，それを思い出すように求める，あるいは，もともと実験参加者が知っている事柄について思い出すよう求める方法．記憶内容が言語的なもの（文字，単語，文，文章など）の場合，実験参加者が声に出して答える口頭再生（oral recall）や，用紙に書いて答える書記再生（written recall）がある．記憶内容が非言語的なもので，絵や図形，写真，光景などであれば書記再生，身体活動であれば動作による再生，音楽の旋律であれば歌唱やハミングによる再生や楽譜による書記再生が可能である．

刺激材料が呈示され，記銘学習が行われた後に再生を求めるときに，思い出せるものから順に（もともとの呈示順序に関係なく）再生させる方法を自由再生（free recall），元の呈示された順序のとおりに再生させる方法を系列再生（serial recall）または順序再生（ordered recall）という．思い出すときの手がかりとして何らかのヒントを与えて，それを基に再生させる方法を手がかり再生（cued recall）という．刺激材料の呈示終了後すぐに再生を求める直後再生（immediate recall）と，ある一定の時間をおいた後で再生を求める遅延再生（delayed recall）がある．

◆**再認法（method of recognition）**

1つの刺激項目を呈示し，それがすでに保持されている項目と同一であるかどうかの判断を求める方法．通常の手続きでは，はじめに記銘項目のリストを呈示し，記銘するよう求める．次に，記銘された項目（旧項目またはターゲットという）と，呈示されなかった項目（記銘されなかった項目：新項目またはディストラクターという）とを混ぜたリストを呈示する．最後に，実験参加者にそのリストの中から正しく旧項目を示すよう求める〔多肢選択法（multiple choice recognition），または強制選択法（forced-choice recognition）〕．あるいは，そのリストの項目を1つずつ単独に呈示し，実験参加者にそれぞれについて旧項目であるのか新項目であるのか（「あった」か「なかった」か）を答えるよう求める〔単一項目法（single-item recognition），または真偽法（yes-no recognition）〕．再認法では，当て推量で答えても一定の正答率が得られる．実験参加者が完全に

当て推量によって答え，偶然に正しく再認できたときに得られる成績水準のことをチャンスレベル（chance level）という．通常は，実験参加者から得られた正答率がチャンスレベルに比べて有意に高いかどうかを統計的検定によって確認する．

単一項目法の場合，実験参加者の再認反応は，①旧項目に対して正しく旧項目であると答える「正再認（hit）」，②旧項目を誤って新項目であると答える「ミス（miss）」，③新項目を正しく新項目であると答える「正棄却（correct rejection）」，④新項目を旧項目であると答える「虚再認（false alarm）」の4種類に分類される．このうち，正再認には当て推量による正答が含まれている可能性があるため，単純に正再認率から虚再認率を減じた値をもって修正再認率とし，これを再認成績とする場合がある．あるいは，信号検出理論（signal detection theory）に基づいて，旧項目に対する熟知感（X_o）の分布と新項目に対する熟知感（X_n）の分布を正再認率と虚再認率から推定し，両者の距離（$X_o - X_n$）をもって d' という値を算出することもある．d' は旧項目と新項目に対する実験参加者の弁別力を示し，d' が大きいほど再認能力は優れていることになる（3.2 参照）．

◆再構成法（method of reconstruction）

何らかの位置情報や順序情報をもつ記銘材料を実験参加者に呈示し，その後，位置情報や順序情報の再現を求める方法．例えば，一定の順序に並べられた項目のリストを呈示した後，それらの項目の配列をランダムに並べ直して再呈示し，元の順序のとおりに復元させる．あるいは，チェスの駒が並んだ盤や碁石が置かれた碁盤などを呈示し，別の盤上またはマトリクス上のマス目に駒や碁石の配置を再現させるといった手続きがとられる．再構成法では，個々の項目を再生する必要も，再認する必要もなく，リストやパターンの全体構造の再現が求められる．

◆再学習法（method of relearning）

実験参加者がすでに一度，一定の学習完成基準に達するまで学習した刺激項目を，一定時間の経過後に再び呈示し，再度学習を求める方法．最初の学習を第1学習，2度目の学習を第2学習とすると，第2学習では第1学習よりも短い時間，または少ない試行数で学習完成基準に達することが

できれば，そこで節約された時間や試行数は，第1学習の記憶保持による影響の程度を示すと考えられる．節約率（saving rate, SR）は，第1学習に要した時間または試行数を L1，第2学習に要した時間または試行数を L2 とすると，

$$SR = \frac{L1 - L2}{L1} \times 100$$

によって求められる．例えば，第1学習で学習完成基準に達するのに100試行要したが，第2学習では70試行で達したのであれば，このときの節約率は，以下のとおりである．

$$\frac{100 - 70}{100} \times 100 = 30\%$$

3）刺激材料の特性に関する基準表

学習者の過去経験や既有知識による影響をできるだけ排除するために無意味綴り（nonsense syllable）という刺激材料が開発されている（Ebbinghaus, 1885, 1964）．英語では，「子音（consonant）-母音（vowel）-子音」という順序で並ぶ3文字列（trigram）を特にCVC綴り（CVC syllable）といい，一定時間内に何らかの連想がなされるかどうかを調べた基準表が作成されている．連想価（association value）は無意味綴りなどから一定時間内に連想反応が生じた実験参加者の割合を示す指標である．また，ある刺激項目に対して実験参加者が一定時間内に反応した連想語の数を有意味度（meaningfulness）という．ある1つの刺激項目をどの程度頻繁に見聞きしたかに関する評定尺度への反応の結果に基づく熟知度（familiarity）という指標もある．記憶実験に用いられる刺激材料については，現在，無意味綴りや数字などの意味をもたない言語材料から，単語や文などの有意味言語材料，図形や写真，音楽などの非言語材料も多く用いられており，記憶実験用の様々な刺激特性の基準表が作成されている．

〔清水寛之〕

●参考文献

今井・高野（1995），梅本（1973），清水（2012）など．

4.2.2　メタ記憶測定法

1）メタ記憶の理論的構成

　メタ記憶（metamemory）は，自己の記憶や他者の記憶に関連した個人の認識や知識，理解，思考，経験，活動などを含む広範な概念である．メタ記憶は大きくメタ記憶的知識（個人が人間の記憶について知っている事柄）とメタ記憶的活動（自己の記憶活動に対する開始，終結，修正，調整など．メタ認知的経験ともいう）とに分かれる．

　メタ記憶的知識には，記憶する個人に関する変数，記憶課題に関する変数，記憶方略に関する変数などについての知識が含まれている．記憶活動を行う人の特性や状態，記憶課題の難易度，記憶材料の特徴，記銘・想起の方略などに関する種々の知識に基づいて，個人は記憶に関連した判断や活動を行うことができる．個人がどのようなメタ記憶的知識をもっているかについては，メタ記憶質問紙（metamemory questionnaire）を用いた調査研究がよく知られている．メタ記憶質問紙を構成する質問項目は，①人間の記憶過程・記憶活動全般に関する知識や信念，態度などを尋ねる項目と，②調査参加者自身の個人の記憶に関する能力や行動傾向，特性，動機づけなどについて主観的評価や回想的判断を求める項目に分かれる．

　メタ記憶的活動には，「何かを記銘しなければならない状況にいる」という認識をもつことや，将来の想起の必要性を自覚すること，刺激材料や記憶課題の性質に合わせて適切な記憶方略を実行すること，自己の記憶活動の効果性を監視すること，自己の既有知識の中に課題遂行に必要な情報が保持されているかどうかを点検することなどが含まれる．特に，自己の記憶システム内の情報を確認したり，記憶活動による課題遂行の結果を捉えたりする過程は記憶モニタリング（またはメタ認知的モニタリング）と呼ばれている．これには，記憶にかかわる種々の意思決定や選択，予測，判断，気づきなどが含まれる．こうした記憶モニタリングに基づいて，実際の記憶活動の目標設定や計画，実行，修正，調整などの記憶コントロール（またはメタ認知的コントロール）が行われる．

　メタ記憶的活動は，記憶過程における記銘・保持・想起という諸段階で個人がどのように記憶課題に取り組むかという観点から特徴づけることができる（図4.12）．記憶モニタリングは記銘段階において刺激項目に対する学習容易性判断（ease-of-learning judgment, EOL．ある刺激項目への記銘学習がどの程度容易であるのか），学習判断（judgment of learning, JOL．ある刺激項目が後続のテストでどの程度再生されるか），既知感判断（feeling-of-knowing judgment, FOK．ある刺激項目が想起できないときにその項目をどの程度「知っている」と思うか）などの判断があり，想起段階では既知感判断，ソースモニタリング判断（source-monitoring judgment．ある刺激項目をどこから知りえたか），確信度判断（confidence judgment，再生した答えの正しさについてどの程度自信があるか）などが含まれる．

　一方，記憶コントロールには，記銘方略の選択，学習項目の選択，学習時間の配分，記銘学習の終結，検索方略の選択，検索の終結などが含まれる．

2）記憶モニタリングに関連した実験法

　学習容易性判断の正確さを測定する場合，実験参加者が刺激項目を記銘する前に，個々の項目に対して「覚えやすいのか」または「覚えにくいのか」に関する多段階評定を実験参加者に求めることが多い．そうした評定結果と実際の再生テストでの成績との関連が検討される．

　学習判断の正確さを測定する代表的な実験方法としては，刺激項目に対する記銘学習の進行中または終了後に，学習した項目が後続の再生テストにおいて正しく再生できるかどうか，あるいはどのくらいの項目を再生できるかの見込みを実験参加者自身に予測させる．実験参加者は刺激項目を記銘した後に，それぞれの項目について，次に行われる再生テストにおいてどのくらい想起可能であるかを評定し，最後に再生テストを受ける．学習判断では，特定の項目が別の項目に比べてどの程度正確に判断がなされるかという観点から相対的な正確度〔レゾリューション（resolution）〕が検討される場合と，再生できると予測された項目が実際にどのくらい再生されるか（予測された成績と実際の成績とどの程度一致するか）とい

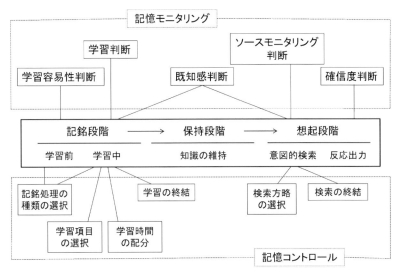

図 4.12 記憶過程の諸段階におけるメタ記憶的活動（Nelson & Narens, 1990； Dunlosky & Metcalfe, 2009 を一部改変）

う観点から絶対的な正確度〔キャリブレーション（calibration）〕が検討される場合がある．相対的正確度の指標には，グッドマン・クラスカル（Goodman-Kruskal）のガンマ（γ）係数が用いられることが多い．絶対的正確度の指標には，予測された成績と実際の成績との差異（差の得点）が利用されることが多く，学習判断の評定値を横軸に，実際の再生成績を縦軸にとったキャリブレーションカーブ（calibration curve）を描いて絶対的正確度のパターンを把握するという手法も考案されている．

既知感判断の正確さを測定するための典型的な実験手続きの1つは，RJR法（recall-judgment-recognition paradigm. 再生・判断・再認法）である（Hart, 1965）．実験参加者に一般知識問題を与え，答えられなかった問題については，多肢選択式の質問形式であれば正しい答を選べる（再認できる）かどうかを実験参加者自身に判断させる．その後，実際に多肢選択式の再認テストを行い，既知感判断の正確さを評価する．これまでの多くの実験結果では，実験参加者が正答を再認できないと予測した場合に比べて，再認できると予測した場合のほうが再認成績は高い．既知感判断は，対連合学習をはじめ，様々な学習事態で検討されている（村山，2009；清水，2009）．

ソースモニタリング判断は，自分が保持している記憶情報が外部からもたらされたものか，あるいは内的に産出されたもの（内的なイメージや思考，想像，夢など）かについて，①2つの異なる外部情報の区別，②2つの異なる内部情報の区別，③外部情報か内部情報かの区別，の3種類に分かれる．このうち，③はリアリティモニタリング（reality monitoring）と呼ばれる．実験事態としては，①の場合，実験参加者にソース（情報源）の異なる様々な刺激項目を記銘するように教示した後，特定の情報源に由来する項目と別の情報源に由来する項目をどのくらい正確に弁別できるかに焦点が当てられる．

3) 記憶コントロールに関連した実験法

記憶コントロールについては，記憶方略（記銘方略や検索方略など）の効果を調べる実験が知られている．例えば，実験参加者に対して特定の記銘方略を用いることを教示し，そうでない教示を受けた実験参加者との間で記憶成績を比較するという手法が用いられる．その際，記銘方略について特に教示されない実験参加者がどのような方略を用いるのかを事後に質問紙法などで調べる方法がある．実験参加者による学習時間の配分の問題を取り扱う場合は，記銘項目の呈示時間や呈示速度を実験参加者にゆだね（実験参加者ペースで記銘学習を行わせ），どのような項目に対してどれくらいの学習時間を割り当てるのかを測定するという手法もある．

〔清水寛之〕

4.2.3 潜在的記憶測定法

1) 想起意識を伴わない潜在記憶

Graf と Schacter（1985）によれば，顕在記憶は検索時に想起意識を伴う記憶で，潜在記憶はそれを伴わない記憶と定義されている．"想起意識"は，ある学習エピソードを自分の経験として思い出しているという意識である．代表的な顕在記憶課題とされる再認記憶テストを例にとれば，ある単語リストを学習した直後に呈示されるテストリストの中で，直前に学習した単語が出てきたときに，「これはさっき学習した単語だ！」と思う感覚が生じてくる．それが想起意識である．

顕在記憶も潜在記憶も，ある対象（刺激）に関する特定の経験（エピソード）の影響を，その後の記憶課題の成績で測定する点では同じ手続きをとる．両者の違いは，テストの時点で，ある対象に関する学習エピソードを意識的に想起しているか否かにある．言い換えれば，顕在記憶課題では学習エピソードを"直接"想起することが求められ，潜在記憶課題では，学習エピソードの想起が求められない（できない）状況で，その影響を別の課題の判断を通じて"間接"的に問う形で測定される．これより，潜在記憶の測定は間接測定（indirect measurement）といわれることも多い（Richardson-Klavehn & Bjork, 1988）．

2) 単語完成課題

代表的な潜在記憶課題とされる単語完成課題（word completion task）では，実験参加者に「だいどころ」のような単語のリストの学習を1単語当たり2秒程度で求め，それから1か月ほどして，その学習とは無関係な語彙調査として，「だ□ど□ろ」のような虫食い語のリストを与え，その穴埋めを1項目当たり5秒程度で求める．虫食い語のリストを，1か月前に学習された単語と学習されなかった単語で構成し（カウンターバランスの手続きを含む），それぞれの正答率を比較すると，1か月前に学習された単語の正答率が有意に高くなる．その差がプライミング効果（priming effect）で，潜在記憶が検出されたとみなされる．

虫食い語に代えて，単語の最初の何文字かをテスト時に呈示し（前述の例では，だい□□□），単語を完成させる課題は，語幹完成課題（word-stem completion task）と呼ばれる．

単語完成課題のように，刺激を先行呈示し，その刺激（単語や絵画など）の一部を欠損（degraded）させた刺激をテスト時に呈示し，その刺激の同定を求め，先行呈示された刺激とされていない刺激の同定成績や同定時間を比較し，先行学習の効果を検討する潜在記憶課題は多数考案されている（太田，1988；藤田，1999 参照）．

3) 同一課題内の顕在記憶と潜在記憶の要素の分離

1か月前の学習エピソードの効果を単語完成課題で測定する場合，実験参加者が穴埋め問題を行っている最中に1か月前の学習エピソードを思い出すことはごくまれにある．ましてや学習直後の単語完成課題の遂行時に，想起意識が生じることを防ぐことは難しく，潜在記憶課題の成績に顕在記憶の影響が加わることは避けられない．この問題は，意識的想起汚染問題といわれ（林・太田，2005），純粋な潜在記憶の測定が困難といわれる原因である．テスト時に与えられる手がかり（虫食い刺激）を，再生の手がかりとして実験参加者が用いた場合，その課題は顕在記憶課題になってしまうなど，その処理を統制することは難しい．

さらに，各種記憶課題を，顕在記憶と潜在記憶のいずれかに一対一対応させること自体困難であることも明確にされ，同一の記憶課題の成績から，顕在記憶と潜在記憶の要素を分離する方法に研究者の関心が向けられた．

その1つは，remember/know 手続きである．この手続きは，再認記憶テストの判断時に「学習した」と判断された項目について，その判断の根拠を，それが「思い出せる（remember 判断）」からか，単に「わかるだけ（know 判断）」のいずれかから選択させる手続きであり，前者が顕在記憶，後者が潜在記憶の要素を反映していると仮定されている．この手続きはかなり主観的な判断が求められる点でその妥当性が問題となるが，両判断によって分けられた再認記憶テストの成績は，顕在記憶と潜在記憶にそれぞれ影響を与える

とされる要因に対して，整合的な挙動を示す（例えば Gardiner & Java, 1990；稲森，2008 参照）．

もう1つの分離方法は，Jacoby（1991）によって提唱された，過程分離手続（process dissociation procedure）である．これは，記憶成績には自動的な処理プロセスと，意識的で制御的な処理プロセスの2つが関与すると仮定し，さらに，2つのプロセスが協働して成績を上昇させる条件と，自動的処理（促進）と意識的制御的処理（抑制）が成績に対して相反する効果をもつ条件を設けることで，両プロセスを分離しようとする方法である（藤田，2005 参照）．この手続きはいくつかの仮定に依拠し，限界もあるが，理論的バックグラウンドをもっている点で，注目に値する．

4）間接再認課題

より純粋な潜在記憶を測定する方法は，学習エピソードを想起できない状況をつくり，間接測定を行うことである．一般的な潜在記憶課題でプライミング効果を検出している研究では，学習からテストまでのインターバルは，直後から長くても数週間程度のものが多い．単語完成課題を用い，72週間のインターバルをあけてプライミング効果を検出している研究（Sloman et al, 1988）もあるが，安定して，かつ確実に検出できる方法は見出されなかった．それに対し，学習直後でも想起できないような聴覚刺激を用い，1〜数か月のインターバルを入れ，非常に大きなプライミング効果を確実に検出できる課題が見出されている（例：上田・寺澤，2008，2010；西山・寺澤，2013）．

間接再認課題と呼ばれるその手続きは，2つのセッションから構成され，第1セッションの学習エピソードの影響を第2セッションの課題の成績から検出する点は，一般的な潜在記憶課題と同様である．注意が必要な点は，第2セッションは一般的な再認記憶実験がなされる点である．すなわち，第2セッションではリスト学習とそのリストに関する再認テストが行われるのみで，第1セッションで学習した項目の想起は求められない．ただし，再認テストリストのターゲットとディストラクターは，それぞれ第1セッションで提示された刺激と提示されなかった刺激から構成され，第1セッションの学習の有無の影響をヒット率と虚再認率ごとに比較する．

間接再認課題は，日本語2字熟語を用いた再認記憶テストの成績に，かなり以前のわずかな学習エピソードの影響が現れてくるという理論的予測に基づき考案された課題である（寺澤・太田，1993；寺澤，1997）．しかし有意味な刺激よりも，意味を同定できないような刺激を用いたほうが，より大きなプライミング効果が検出できることが明らかになっている（寺澤，2001 参照）．上田ら（2008，2010）の研究では，意味の同定が難しい3秒程度の音列を材料として，その音列の好意度を評定する（つまり，聴き流す）だけの偶発学習の影響を，2〜3か月後の課題の成績に非常に大きな効果として検出している．用いられた音刺激は，聴いた直後でもリハーサルが難しい刺激であるにもかかわらず，2〜3か月ものインターバルをおいて確実に大きな効果が検出できることは驚きに値する．その他，同様の方法で顔の線画刺激を用いた場合も，音刺激と同様の大きなプライミング効果が検出できることが明らかにされている（西山・寺澤，2013）．

5）忘却曲線にみられる潜在記憶の特徴

エビングハウスの忘却曲線（図 4.13）は，特定の無意味つづりのリストを完全に覚えるまでに要する学習時間を，最初の学習から1時間後，1日後，31日後に同様に測定し，最初に要した学習時間に比べて再学習にかかった時間がどのくらい節約されたか（節約率）を記憶成績の指標にしたものである．ここで，再学習では，最初に学習した学習リストを直接想起することは求められない．つまり，学習項目は最初に学習したものと同

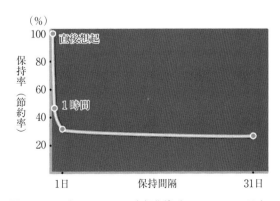

図 4.13 エビングハウスの忘却曲線（Ebbinghaus, 1885）

じであるが，思い出すのはその時点で学習するリストであり，「最初の学習でその項目を学習した」というエピソードの直接的想起は求められない．この点からすると再学習法は，前述した間接再認課題の再認記憶実験を再生記憶実験に置き換えたものといえる．それらからすれば，忘却曲線の測定手続きは，間接課題（潜在記憶課題）といえ，そこには潜在記憶の特徴が現れていると考えられる．事実，忘却曲線は1日経過する間に急激に減衰するが，31日後でも最初の学習の効果は残っている．1か月経過してもなお学習効果が保持されている事実は，潜在記憶の特徴に合致している．忘却曲線における学習当初の急激な成績の低下は，顕在記憶の記憶要素の影響が無意味つづりの場合には急激に消失することを示しているが，一方で潜在記憶の影響は1か月以上持続することを忘却曲線は示している．

6）期末試験と模擬試験

　学校において，一夜漬けの学習で臨む期末試験の成績には，顕在記憶の影響が強く現れる一方，模擬試験などで，普段の勉強によって（いつ学習をしたかわからないが）成績が上がる場合は，潜在記憶の影響が現れたといえる（寺澤，2016a）．一夜漬けの学習効果は顕在記憶，実力は潜在記憶の表れと考えてよい．

　学校現場では，前述した忘却曲線を引き合いに出し，記憶はすぐに忘れるので忘れる前に繰り返し勉強するよう指導することが多い．しかし，忘却曲線における最初の成績の急激な減衰は，前述したように顕在記憶に起因する部分で，すぐ消えるのは一夜漬けの学習効果といえ，模擬試験などの成績には当てはまらない点に注意が必要である．

　教育上重要なポイントは，長期に保持される潜在記憶が日常の学習によりどのように積み重なっていくかである．しかし，従来の記憶の測定法は，単発的な実験法を前提とし，日常の文脈の中で，長期にわたり同じ内容に関して何度も連続してなされる学習状況には対応しておらず，模擬試験の成績を上げる学習法については検討できなかった．

7）マイクロステップ法

　寺澤ら（2007）は，英単語学習のように，日常

的に，長期にわたって繰り返される学習状況をターゲットとし，潜在記憶の積み重ねを可視化するマイクロステップ法というスケジューリング原理とそれを可能にするコンピュータシステムを開発した．そこでは，単にテストを連続実施するだけでなく，そのテストに含まれる学習内容が，いつどのタイミングで，どのように学習され，それからどのくらいのインターバルをあけてテストが行われるのかを，一般の教育場面で用いられる多数の内容ごとに，年単位でスケジューリングし，学習やテストイベントを生起させ，それに対する反応データをすべて収集する技術を確立している（原理は，寺澤ほか，2007，2008，アルゴリズムは寺澤，2006，2013，活用例は寺澤，2015a 参照）．

　日常の学習状況を測定対象とする場合には，長期に何度も連続して生起するイベントを時間軸上にどのように配置するのかという，従来，心理学で考慮されてこなかった，時間次元の要因をどう統制するかという問題を解決する必要がある．それを，スケジュールという概念で定式化し，何十万というイベントの詳細な生起スケジュールを年単位で生成するためのアルゴリズムがその測定法の本質である．この方法論は，従来ひとくちに「経験」といわれてきたものを，どのようにコーディングするのかという心理学の本質的な問いの1つの解決法でもある．

　近年，教育現場にタブレットなどのICT端末が普及し，多種多様な反応データを年単位で収集することが実質的に可能になってきた．それにより，1人当たり何十万という詳細な縦断的データが，年単位で容易に収集できるようになった（収集されるデータは“教育ビッグデータ”と呼ばれる）．特に，スケジューリング技術により収集される教育ビッグデータは，時系列条件が揃っているため，高精度の個人予測が可能とされる．例えば，図4.14は，3人の高校生の3週間程度の英単語学習による成績の上昇を可視化したものであるが，確実に学習の積み重ねが描き出されている．さらに，その結果を印刷媒体として個別にフィードバックすることも実現され，それにより，学力低位層の子どもの意欲が有意に向上することも検証され始めている（趙，2015；寺澤，2015b）．

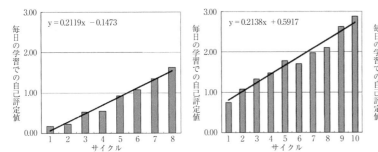
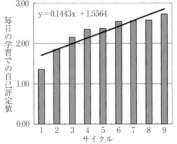

図4.14 3人の高校生の英単語学習に対応する自己評定成績の変化（期間は約3週間）

8) 縦断的ビッグデータ時代の実験法

　従来の心理学は，横断的調査や単一のインターバルを設けた記憶実験など，長期に連続する「経験」のうち，ある1時点で得られる反応から因果関係を論じてきた．それに対して，近年は，先の教育ビッグデータに加え，IoT (internet of things) といわれる各種センサやモバイル技術の進歩が加わり，行動データを収集する敷居は確実に低くなっている．この状況は，長期に連続する「経験」を科学する研究に道を開くものといえる．

　しかし，大量の縦断的データを集めれば，有益な知見が手に入るわけではない．そこには縦断的データ特有の本質的な問題がある．例えば，コンビニでカードを提示して商品を買えば，いつどこで誰が何を買ったのかという詳細な購買行動データが集約される．そのデータを使って，ある人がある日にビールを購入する確率を予測しようとした場合，前日にその人がビールを1ケース購入していた場合と3週間前に購入していた場合ではその確率は大きく異なる．先の忘却曲線も同様で，あるイベントが生起してから評価までのインターバルの違いは人間の行動を大きく左右する．また，どのようなタイミングでそのイベントが反復生起したのかという条件も同様に行動に影響を及ぼす（例えば，スペーシング効果など）．

　実は，この時間軸上に想定される要因の影響は非常に大きく，それらを制御せず収集された行動データは，解析する際にその要因が大きな誤差を生み出すことになる．つまり，行動データには時間次元の要因に起因する誤差が含まれており，解析の際には，その誤差が実際に存在する微細な特徴を埋もれさせてしまい，誤差よりも大きな，あ

りきたりの傾向しか見出せなくなる．

　さらに因果関係の推定を困難にする要因が潜在記憶の長期持続性である．前述した間接再認課題を用いて報告される長期的記憶現象のほかに，視覚刺激との遭遇回数が数か月後のその刺激に対する好意度をシステマティックに変化させる事実なども報告されている（梶上ほか，2002；原・寺澤，2000，2001）．これらは，些細な経験が長期にわたり，累積的に，また潜在記憶的にその後の行動に影響を与え続けることを意味しており，高い精度の行動予測を困難にしている．しかし，潜在記憶の影響は，刺激に特異的に現れる．そのため，人間が遭遇する対象（たとえば，英単語）ごとに関連するイベントの生起を制御し，その効果を一定間隔で連続測定するスケジュールを生成すれば，長期にわたる累積的変化を可視化することは不可能ではない．

　図4.14のような，個人別の成績の変動が可視化されたのは，1人当たり何十万という学習やテストイベントの生起を事前に制御し，時間次元の要因の影響を最小に抑えたからにほかならない．その制御技術には，材料の統制法やカウンターバランス法など，イベントの効果を正確に測定するための実験心理学の方法論が基盤となっている．

　ビッグデータの研究は，大量データをいかに集めるかに焦点が当てられてきたが，人間の行動データに限っては，人間の行動特性の理解なく有益な情報を見出すことは原理的に難しい（寺澤，2016b）．それを解決する心理学の実験法は，他領域にも広がっていくべき方法論といえる（寺澤，2015c）．また逆に，心理学者は，他領域の新たな方法論を積極的に取り込んでいく必要がある．

〔寺澤孝文〕

4.2.4　展望的記憶測定法

　近い将来何かを行おうとする意図をもっているならば，適切な機会に意図した行為を思い出し，実行に移すことが必要になる．このような意図に関する記憶は展望的記憶（prospective memory）と呼ばれている．ロフタス（Loftus, E. F.）は展望的記憶に関する研究を行うために，聞き取り調査への参加に同意した人々に自身の出身地（生まれた州）を調査終了時に調査者に伝えるように教示する方法を用いた（Loftus, 1971）．調査のはじめに形成された，出身地を伝えるという意図が調査終了時に思い出され，実行されるかどうかがこの研究の従属変数である．この研究では，出身地を調査前に聞いてしまうと調査に影響するかもしれないと調査協力者に対して調査者は説明した．調査が終了すると調査者は礼を述べてその場を立ち去る．したがって，調査協力者は調査終了時に，なすべきことがあったことと，そのなすべきことは出身地を伝えることであることを思い出す必要があった．

　この研究でロフタスは2つの要因を検討している．第1の要因は教示に手がかりが含まれるかどうかである．手がかりがある条件では，最後にブラックパンサー党について質問するのでその質問に答えたら出身地を報告するように教示した．手がかりがない条件では，単に，質問が終了したら出身地を報告するように教示した．第2の要因は，意図の形成と意図の実行の間に挿入される質問の数であった．手がかりあり条件は出身地の報告のし忘れが少なく，質問の数が少なく実行までの経過時間が短い条件では長い条件より意図の実行が容易であった．

1）さまざまな課題

　展望的記憶に関する研究では，行為に関する意図の形成と，意図した行為の実行を遅延する期間，そして適切な状況での意図の想起と実行の3つの局面が含まれる．意図の遂行が出来事や場面に依存する展望的記憶か，それとも時刻あるいは経過時間に依存する展望的記憶に分けられる．実験者が実験参加者に他の実験者への伝言を依頼す

る研究では，実験終了時に伝言の実行が求められた（Kvavilashvili, 1987）．この研究は出来事に基づく展望的記憶を検討している．時間に基づく展望的記憶の研究では，実験参加者による時刻の確認回数が従属変数になることがある．例えば，10歳と14歳の子どもたちに30分後にカップケーキをオーブンから取り出すことを求めた研究では5分ごとに子どもたちが時計を確認する回数が観察された（Ceci & Bronfenbrenner, 1985）．

　日常場面での展望的記憶に関する研究では，郵便を送る（Meacham & Singer, 1977），電話をかける（Maylor et al, 2001），小型の記録装置を携帯し，決められた時刻や場所で装置のボタンを押す（Sellen et al, 1997），あるいは意図を実行すべき状況で展望的記憶の内容を音声で携帯している小型レコーダに記録する（Rendell & Craik, 2000）などの方法が用いられている．意図が想起された状況を実験参加者が記録する方法も用いられている．記録用紙を綴じた冊子を5日間携帯してもらい，意図の想起と関連する状況について記録することを実験参加者に依頼した研究では，注意を必要とする活動に集中していない状況で意図の想起が起こりやすいことが見出された（Ellis & Nimmo-Smith, 1993）．また，実験者に電話をかける意図を記憶してもらい，その意図の想起を7日間にわたって実験参加者が携帯した日誌に記録したところ，意図の想起が1日の予定について思慮する機会によってではなく，むしろ自動的な処理によって引き起こされることが示された（Kvavilashvili & Fisher, 2007）．

　日常での展望的記憶の利用について実験室内で研究を行うためにバーチャルウィークと呼ばれるボードゲームが開発されている（Rendell & Craik, 2000）．バーチャルウィークは日常的活動を模したゲームであり，実験参加者はサイコロを振って自分のコマをボード上のマスに沿って移動させる．マスに沿ってボード上を一まわりすることが1日に相当し，マスには時刻や出来事の指示が含まれている．バーチャルウィークには展望的記憶課題を数多く埋め込むことが可能であるため，個人差測定の信頼性を高めることができる（Rendell & Henry, 2009）．また，2名の協力によって展望的記憶課題が遂行される過程がバーチャル

ウィークを用いて検討されている（Margrett et al, 2011）.

Kvavilashvili（1992）は，展望的記憶に関する研究を計画するうえで考慮すべき点を5つあげている．①意図の保持期間に実験参加者が行う行動を統制する．②想起した意図を何らかの理由で実行に移さないことが起こらないようにする．③どの実験参加者にとっても意図を実行する動機が同じ水準である．④形成された意図がいったん忘却される必要がある．⑤日常生活でも起こりうる自然な意図の形成を行う．これらの5つの考慮すべき点に加えて，展望的記憶を1人の実験参加者に対して同一条件で繰り返し測定することが結果の信頼性を高めるために望ましいと指摘している．結論として，Kvavilashvili は実験参加者の行動を統制できる実験室研究において，意図の記憶を自然に形成でき，実験参加者が従事する課題と展望的記憶の関連性が意識されない手続きを用いることが望ましいとしている．

2）実験室研究

実験室内で展望的記憶を検討するために Einstein と McDaniel が用いた実験手続きは（Einstein & McDaniel, 1990；McDaniel & Einstein, 2007），アインシュタインパラダイムと呼ばれ展望的記憶に関する研究に広く影響を及ぼした．彼らの実験では，例えば，実験参加者はコンピュータの画面に提示された単語に対する好悪評定に取り組む．実験の開始時に展望的記憶の課題として，特定の単語（ターゲット語）が現れたときにはキーボードの特定のキイを押すことが教示される．例えば，「スパゲッティ」が提示されたらキーボード上のスラッシュキイを押すなどである．展望的記憶課題に関する説明を行った後に，挿入課題を遂行し，特定の単語に対して特定のキイを押す意図を作動記憶から忘却させるようにする．その後，実験参加者は単語の好悪を評定する課題を遂行する．評定課題で提示された単語がターゲット語であれば，実験参加者は特定のキイを押すことを思い出すことを求められる．この展望的記憶課題の成功数が従属変数である．例えば，Einstein らの実験では，192試行の判断を実験参加者が行い，そのうちの4試行でターゲットが提示された（Einstein et al, 2005）．彼らは展望的記憶課題でのターゲットが単語の条件とシラブルの条件を比較し，単語条件で展望的記憶課題の成績が良くなることを示した．

Einstein と McDaniel が用いた方法では，実験参加者が遂行している課題に展望的記憶課題が埋め込まれている．Smith は遂行している課題の成績が展望的記憶を課されることで低下することを見出した（Smith, 2003）．彼女の実験では実験参加者は提示された文字列が単語であるか単なる文字列であるかを判断する語彙判断課題を行いつつ，特定の単語に対しては F1 のキイを押す展望的記憶課題を行う必要があった．展望的記憶課題を伴う条件では伴わない条件よりも語彙判断課題の反応時間が遅くなる結果が示された．この結果からスミスは注意を伴う記憶処理が展望的記憶に関与すると主張する．一方，Einstein と McDaniel は遂行中の課題に成績低下がみられない実験結果を示し，自発的な記憶検索の過程が展望的記憶に関与すると仮定している（Einstein & McDaniel, 2010）．展望的記憶課題の性質についてビジランス課題との比較で論じられている（Graf & Uttl, 2002）．後者ではターゲットを検出しようとする意図が作動記憶内で活性化され，意識されている．前者では競合する遂行中の課題が意識され，意図は作動記憶の外に置かれる．ただし，このような性質の違いは連続的であり，明確に区別されない．

意図の実行が遅延されている期間の展望的記憶の状態に関する実験が行われている（Goschke & Kuhl, 1993）．この実験では，一連の行為に関する記述（例えば，「ろうそくを灯す」）を学習し，後で実験参加者が記述どおりに遂行すると教示された条件と実験者が遂行し実験参加者が観察すると教示された条件が比較された．遂行する予定の記述に含まれていた単語に対する再認記憶課題での反応時間は統制条件の単語よりも速くなったが（意図優位性効果），観察する予定の記述に含まれていた単語に対する反応時間には変化がなかった．遂行する予定の行為に関する記憶は利用されやすい状態になっていると考えられる．

〔星野祐司〕

4.2.4 展望的記憶測定法　　225

4.2.5　自伝的記憶測定法

1）自伝的記憶とエピソード記憶

　自伝的記憶とは過去の自己に関する記憶の総体である．エピソード記憶と似ているが，自己を定義したりライフストーリーを構成するといった面から，エピソード記憶とは区別される．自伝的記憶研究では想起量を測定するだけでなく，その記憶を様々な観点から評定したり，内容を分析したり，個人差変数などとの関連を検討したりすることも多い（佐藤，2008a）．そこで狭義の実験や測定に限定せず，研究方法を紹介する．

　自伝的記憶には具体的・個別的なエピソードだけでなく，自分自身に関する事実（例：〇年に小学校を卒業した）なども含まれる．自伝的記憶面接（autobiographical memory interview）では，人生を幼少期，青年期，最近の3つの時期に分けて，各時期でのエピソード（例：学校での経験）と事実（例：学校の名称）が問われ，エピソードの詳しさや特定性，事実の完全性を評価する．自伝的記憶面接やそれを改訂した面接から，健忘症患者や高齢者の特性が明らかにされている．例えば健忘症患者ではエピソード・事実ともに最近の得点が低い（Kopelman, 1994）．また高齢者の想起では，エピソードの特定性が低下し，一般的な知識や事実が増える（Levine et al, 2002）．

　自伝的記憶研究では，実験室的なエピソード記憶研究とは異なり，研究者が記銘材料を用意することはできない．しかし協力者（または研究者自身）が，特定の出来事やその特性を日誌に記録しておき，これらの出来事について再生や再認を求めることができる〔日誌法（diary method）〕．こうして想起量，想起に有効な手がかりの特性，記憶の歪みなどが検討される（神谷，2008）．

2）自伝的記憶の想起を方向づける方法

　自伝的記憶の想起を求める際には，何らかの手がかりを提示して，想起を方向づけることが一般的である．研究目的に応じて，単語，写真，音楽，匂いなどが用いられる．また，想起された出来事から別の出来事を連想的に想起させる方法もある（Brown, 2005）．

　研究手続きとしては，言語的な手がかりを提示することが最も簡便である．単語を提示する方法は古くから用いられており，手がかり語法（cue-word method）と呼ばれる．それ以外に，「中学生の頃」「成功経験」「鮮明な出来事」のように，時期や内容や特性を指定することもある（佐藤，2008b）．

3）想起される出来事の単位

　協力者には「特定の出来事」の想起を求めることが多い．ただし想起内容が曖昧な場合は分析から除外することもある．協力者が抑うつ状態にある場合は，具体的な出来事ではなく，それらが集約され一般化されて想起されること（概括化）が知られている（松本・望月，2012）．

　個別の出来事ではなく，ある程度まとまりのある内容を想起してもらう方法〔ナラティヴ法（narrative method）〕もある．この場合も研究の目的に応じて，「人生のストーリー」や「配偶者との死別」など，時期やテーマが提示され，想起と語りが方向づけられる．

4）想起された記憶の分析

　協力者が想起した記憶は，その量，内容，特性などが分析される．

　想起された自伝的記憶の量を時間経過に従って分析すると，3〜4歳以前の出来事がそれ以降に比べると想起されにくい「幼児期健忘（childhood amnesia）」や，青年期〜成人前期の出来事が他の時期よりも想起されやすい「レミニセンスバンプ（reminiscence bump）」という現象がみられる．

　尺度を用いて，①想起された出来事の特性（例：時期，重要度，感情価），②想起過程（例：リハーサル，鮮明度，再体験の程度），③想起された出来事の意味づけ〔自伝的推論（autobiographical reasoning）〕の評定を協力者に求めることも多い．①と②を包括的に捉える尺度としては，例えばMemory Characteristics Questionnaire（Johnson et al, 1988；Takahashi & Shimizu, 2007）が開発されている．③を捉える包括的な尺度として自伝的推論尺度（佐藤，2017）がある．また，ネガティブな出来事の意味づけを評定する Centrality of

Event Scale（Rubin & Berntsen, 2008）や Post-traumatic Growth Inventory（宅, 2010, 2014；Tedeschi & Calhoun, 1996）が開発されている. 宅や Tedeschi らのものは自伝的記憶研究ではないが, こうした領域との交流も重要である.

想起内容を分析, 定量化し, 個人差変数などとの関連を検討する方法もある. 例えば McAdams ら（2001）は, ライフストーリーに, 救済（悪い出来事の後に良い出来事が続けて語られる）と汚濁（良い出来事の後に悪い出来事が語られる）という2種類の構成があり, 想起内容のポジティブさよりも, ストーリーの救済の程度のほうが, ウェルビーイングと強く結びつくことを見出した.

5）反応潜時や脳機能画像の分析

手がかりの提示から想起までの反応潜時は, 自伝的記憶の構造や想起過程を検討するのに有益な情報となる. 例えば Conway と Bekerian（1987）は, 「大学時代」などの時期（lifetime period）を最初に提示することで, その時期に経験した出来事の細部を想起するまでの潜時が短縮されることを見出した. そして自伝的記憶の構造の最上位に時期を置く, 階層構造モデルを提案した.

脳機能画像法の進展により, 自伝的記憶の神経基盤についても明らかにされつつある. 例えば D'Argembeau ら（2014）は自分を象徴する自己定義的記憶（self-defining memory）の内容を想起する条件と, その意味を考える条件を設定し, fMRI で脳内の活動を計測した. その結果, 意味を考えるときには概念的処理に関与する左半球のネットワークの活性化が高まることを見出した.

6）自伝的記憶の機能に関する尺度

自伝的記憶の機能に対する関心が高まり, 過去を思い出すことにどういう価値を置いているかという個人差を測定する尺度が開発されている. Thinking about Life Experiences Scale（Bluck & Alea, 2011；落合・小口, 2013）は, 「自己継続」「行動方向づけ」「社会的結合」の3つの機能について問う尺度である. 高齢者の回想研究では Reminiscence Functions Scale が開発されている（Webster, 1997）. これらの尺度を用いた研究で,

世代, ジェンダーや文化によって重視する機能が異なることが指摘されている（Alea & Wang, 2015）.

7）無意図的想起

ここまでは協力者が意図的・意識的に自伝的記憶を想起する方法を概観した. しかし日常では, 思い出がふと浮かぶことがある. こうした無意図的想起（involuntary remembering）を研究する様々な方法が近年, 洗練されてきた（雨宮, 2014）. サーベイ法では協力者に, これまで経験した無意図的想起の事例を思い出してもらい, その特徴を報告させる. 日誌法では協力者が構造化された日誌を携帯し, 無意図的想起を経験したときの状況や想起内容を記録する. 実験的方法では, 協力者に何らかの課題に取り組んでもらい, その最中に想起された記憶の内容や特徴を検討する.

8）縦断的研究と横断的研究

幼児期における自伝的記憶の発生と発達については, 縦断的研究が不可欠である（Fivush, 2011）. 研究者が定期的に家庭を訪問して質問紙調査を実施したり, 一定の場面を設定してそこでの親子の会話を観察したりする. 子どもの自伝的記憶の発達とアタッチメント, 心の理論などの認知発達, 親の語りのスタイルなどとの関連が検討されている（佐藤, 2008c）.

成人期以降については, 複数の世代を対象とした横断的研究により, 自伝的記憶の世代差を検討することが多い. 例えば青年～高齢者までを対象にナラティブ法を用いた研究から, 出来事と自己を結びつけ意味づける程度が, 加齢とともに強くなることが指摘されている（Pasupathi & Mansour, 2006）.

9）倫　理

自伝的記憶の研究では協力者に, きわめて個人的な情報を求めたり, また不快な経験の想起を求めたりすることがある. そのため倫理的な配慮が不可欠である. 越智（2008）は自伝的記憶研究を実施するうえでの倫理基準を独自に作成している.　　　　　　　　　　　〔佐藤浩一〕

4.2.6 カテゴリー化測定法

1) 家族的類似

　カテゴリー化（categorization）とは，身の周りにある多様な事物を何らかの共通性に基づいてまとめあげ，共通のラベルをつけて認知的に処理する働きのことを指す．「野菜」や「乗り物」のように人が日常的に使用している自然カテゴリー（natural categories）は，家族的類似（family resemblance）と呼ばれる事例のまとまりによって成立していることが知られている（Rosch & Mervis, 1975）．家族的類似とは，カテゴリーのまとまりが，そのカテゴリーへの所属を必要十分条件として規定する定義的属性ではなく，緩やかな属性の重なり合いによって成立するようなカテゴリーの構造のことである．

　ロッシュ（Rosch, E.）とマービス（Mervis, C. B.）は，様々な自然カテゴリーの事例に共有される属性の分布を調べた．使用したカテゴリーは，家具（furniture），乗り物（vehicle），果物（fruit），武器（weapon），野菜（vegetable），衣類（clothing）の6カテゴリーについて各20事例である．実験では，事例「ブロッコリー」についてならば「緑色」「茹でて食べる」というように，各事例のもつ属性リストを作成した後，属性「緑色」が「野菜カテゴリー」の20事例中6事例に共有されるというように，属性ごとにカテゴリー内で共有される事例数を調べた．図4.15には，属性がカテゴリー内で共有される事例数（1～20）の分布が示されている．それによると，多くの属性はすべてではないが数個の事例に共有されており，カテゴリーの事例は緩やかな属性の重なりを構成していることがわかる．また，わずかに示されたすべての事例に共有されている属性（20）は，果物カテゴリーに関する「食べられる」のように，果物カテゴリーに所属しないものにも当てはまる属性であった．すなわち，そのカテゴリーへの所属を決定するような定義的属性，すなわちカテゴリーのすべての事例に共通して備わっているが，そのカテゴリーに所属しない事例には備わっていないような属性を見出すことはできなかった．この結果から，自然カテゴリーの事例のまとまりは，家族的類似によって成立しているということが示唆された．

2) 人工カテゴリー

　カテゴリー化の研究においては，実験者が作成したカテゴリー，すなわち人工カテゴリーを使用し，その学習や認知処理を調べる方法もある．一般に，自然カテゴリーの構造を反映した人工カテゴリーは，プロトタイプ（prototype）となる刺激を設定し，それに変形を加えることによって各事例が構成される．またプロトタイプからの変形の程度やプロトタイプとの属性共有の程度が事例によって変化することで，定義的属性が存在することなく事例同士が類似性によって緩やかにまと

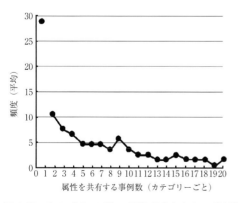

図4.15　カテゴリーごとの属性が共有される事例数の分布（Rocsch & Mervis, 1975）

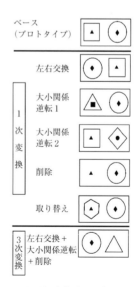

図4.16　プロトタイプと変換事例（Franks & Bransford, 1971）

表 4.2　典型性評定値（改田，1986）

野菜		動物		家具	
キャベツ	1.14	トラ	1.20	タンス	1.22
ピーマン	1.30	ウマ	1.40	ソファー	1.65
タマネギ	1.51	イヌ	1.49	机	1.65
セロリ	1.71	ライオン	1.56	ベッド	1.83
パセリ	2.28	ウサギ	1.68	イス	2.10
モヤシ	2.35	スカンク	2.59	カラーボックス	2.58
サツマイモ	3.64	ワニ	3.10	コタツ	3.35
ダイズ	4.05	オットセイ	3.34	傘立て	4.20
トウモロコシ	4.35	イルカ	3.75	テレビ	4.75
ショウガ	4.63	ダチョウ	3.69	時計	5.28
ニンニク	4.98	クジラ	4.10	掃除機	5.56
トウガラシ	5.42	カメ	4.36	蛍光灯	5.58

数値は，事例の典型性に関する 7 段階評定値（低い数値ほどよい事例）の平均である．

められている家族的類似と同様のカテゴリー構造が構成される．

　図 4.16 は，このようにして構成される刺激の一例である（Franks & Bransford, 1971）．この実験では，プロトタイプ刺激に左右交換や大小関係逆転などの変換操作を加えて事例を構成した．学習事例には，プロトタイプに加えた変換の回数に応じて，1 次変換〜5 次変換事例までの事例が含まれていた．その他の人工カテゴリー構成法としては，事例を複数の次元の属性値として表現する方法がある．例えば，架空の動物の線画について，「手の長さ」や「体の模様」などの属性次元を設定し，「長い」「短い」といった属性値により各事例を構成する．この場合，プロトタイプとの属性共有度やカテゴリー内の他の事例との属性共有度を実験目的に応じて操作したカテゴリーを構成することができる．人工カテゴリーは，多様なカテゴリー構造を構成することが可能であり，既有知識を導入した人工カテゴリーを使うことによって，カテゴリー化における理論の働きなども検討されている．

3）典型性判断

　典型性とは，自然カテゴリーについてある事例がどの程度そのカテゴリーの良い事例であるか，どの程度そのカテゴリーらしいかについての判断である（Rosch, 1975）．「キュウリは野菜らしい」「ダチョウは鳥らしくない」というような判断のことである．このような典型性判断の信頼性は，繰り返し確認されている．表 4.2 は，日本人の大学生による典型性判断（7 段階評定）を典型性の高い

順に並べたものである．

　事例がカテゴリー内で他の事例と属性を共有する程度の指標（家族的類似度）は，事例の典型性と強い相関関係にある．すなわち，カテゴリー内の他の事例と多くの属性を共有しているほど，その事例は典型的だと判断される．このことは，カテゴリーの表象はカテゴリーの構造を反映しており，その表象は典型性評定値と密接な関係があることを示している．実際，事例の典型性評定値は，カテゴリーの関わる認知処理の様々な従属変数に影響することが知られており，以下のような典型性効果が確認されている．①そのカテゴリーの所属を判断する反応時間は，典型的な事例ほど短い．②典型的な事例のほうが非典型的な事例よりも，早期にカテゴリーの事例として学習される．③カテゴリーの事例を列挙する課題において，典型的な事例のほうが先に列挙されやすい．④カテゴリー語を含む文において，典型的な事例はカテゴリー語との入れ替えが可能である．

4）カテゴリー群化

　記憶におけるカテゴリーの働きを示す例に，カテゴリー群化（category clustering）があり，同じカテゴリーに所属する事例ほど連続して再生されやすいという現象である．実験では，複数のカテゴリーの事例群によって構成された記銘リストの単語を 1 項目ずつ継時的に提示した後，自由な順序で再生する自由再生課題を行う．

　カテゴリー群化は，記銘リストが典型的な事例によって構成されるほど成立しやすくなる．

〔改田明子〕

4.2.7　目撃者の記憶測定法

1）人物識別の方法

　捜査面接の過程における目撃証言が判決の帰趨に影響を及ぼすことは疑いようがない．しかし，捜査面接において的確なやり方で目撃証言が得られているかといえば必ずしもそうとはいえない．まず，人物識別の方法について述べる．その方法には大きく分けて，写真面割りと面通しがある．

◆写真面割り

　警察では犯罪捜査を行う場合，目撃者に写真面割り帳（写真ラインナップ）を見せ，目撃した人物を特定するという手続きを行う．この場合注意すべきは，用いられる写真の統一性である．例えば被疑者の写真だけが，警察で撮影された逮捕写真（警察署の名前と番号が記載されたもの）であったり，眼鏡をかけた人物であったり，あるいは表情が他とは異なったものであったりしてはならない．さらに，写真を見せるにあたって，必ずしも犯人が写真帳に含まれているわけではないことを明確に伝えるべきである．

　写真選択中に，誰が容疑者であるかという手がかりを選択者に与えてはいけない．特定の人物を見ているときに頷いたり，咳をしたり，体を近づけたりすることは，その人物が疑われているとの手がかりを与えてしまう．使用される写真の枚数についても議論がある．写真が少数であると各写真が偶然に選択される確率は高くなる．しかし枚数をむやみに増やせば良いというわけではない．むしろどのような写真が用いられるかということが問題である．いくら多くの写真を用いても，事件を目撃していない人を対象に写真面割りを求めた場合（mock witness identification），選択がそのうちの特定（例えば，被疑者）の写真に集中するようであれば，写真選択のうえで機能している写真は少ないことになる．機能している写真の枚数を機能的サイズといい（Wells et al, 1979），写真面割り帳の公正さを表す指標とされる．被疑者を選んだ目撃者の数を目撃者の数で割った値，すなわち D/n を算出しその逆数 n/D が機能的サイズである．ただし，n は参加者（目撃者）の人数，

D は被疑者を選んだ参加者（目撃者）の数である．

　機能的サイズが被疑者に対するバイアス（偏向）の指標であるのに対して，同じく公正さの指標であるが，被疑者に向かうバイアス，離れるバイアスを反映する指標として効果的サイズが提案されている．これについては Malpass（1981）を参照されたい．

◆面通し（実物ラインナップ）

　複数の人物の中から犯人を特定させる方法を面通し（実物ラインナップ）という．被疑者1人だけを対象に面通しを行うことを単独面通しという．単独面通しは警察側がこの人物を疑っているとの暗示を与えることになる．英国においては1984年に制定された「警察・刑事証拠法（Police and Criminal Evidence Act, PACE）」によって，写真面割り，面通しを含む犯人識別の手続きの詳細が規定されており（大出，1997），単独面通しが行われることはない．しかし，日本ではいまだに単独面通しが実施され，証拠として使われている．法と心理学会は，単独面通しを禁止すべきと主張している（法と心理学会・目撃ガイドライン作成委員会，2005）．

2）凶器注目効果

　凶器注目効果とは，「目撃者が凶器を持った犯人を目撃した場合，目撃者はその犯人の顔よりも凶器のほうに注目し，そのために顔の容貌に関する"知覚"や"記憶"が成立しにくくなる現象」を指す（有斐閣『心理学辞典』）．しかし，この効果が文字どおり，注目が原因で起こるのか，それとも他の原因で起こるのかには議論がある．

　凶器注目効果の代表的な実験（Loftus et al, 1987）を例にして，凶器注目効果の測定法について述べる．①凶器条件あるいは統制条件のスライドの呈示：凶器条件では，ある人物が銀行に入り，窓口で凶器を突きつける．統制条件では，凶器の代わりに小切手を差し出す場面を描いたスライドを呈示する．②スライド観察中の眼球運動の測定：凶器条件において統制条件の小切手よりも凶器を頻繁にかつ長く凝視するかどうかを眼球運動計を用いて測定する．③場面の詳細の記憶と人物の再認記憶成績が両条件でどのように異なるかを調べる．目撃した場面の様々な事物についての質

230　4.2 記憶

問（犯人の毛髪や服装など）と，人物配列の中からその人物の写真面割り（ラインナップ再認）を行う．

この研究の結果，凶器条件の人物に関する質問は統制条件よりも不正確（56％対67％），ラインナップ再認も不正確（15％対35％）．眼球運動データは，実験参加者は拳銃を小切手よりも頻繁に凝視（3.72回対2.44回），小切手よりも拳銃を長く凝視する（242.0 ms対200.3 ms）．このことから，凶器を持つ人物の再認記憶成績が低いのは凶器への注目が原因だとしているが，むしろ，凶器の存在が引き起こす有効視野の収縮が原因であると主張する研究もある（Harada et al, 2015）．

Harada ら（2015）の研究では，眼球運動測定器を用いて，凶器あるいは日常の事物の静止画が呈示されたときに凝視点の1, 3, 6, 9, 11°離れた位置に数字が呈示され，数字に気づくかどうか調べた．凶器あるいは日常の事物への平均凝視時間には差が認められなかった（凶器条件435 ms，日常の事物432 ms）が，凶器が呈示された場合，日常事物に比べて，有効視野が縮小すること（正認識率が50％になる視角において，凶器条件5.96°，日常事物条件7.06°）が明らかになった．この研究は凶器へ目が釘づけになることによって凶器注目効果が生じるのではなく，有効視野の狭窄化によって起こることを示している．

3）事後情報効果

事後情報効果とはある出来事を経験した後，それに関連した誤った情報に接すると元の出来事の記憶成績が損なわれることをいう．事後情報効果に関する代表的な研究（Loftus et al, 1978）では，次のような方法で実験を行っている．①交通事故を描いた一連のカラースライドを呈示する．その中に誤導対象となる要素（例，「停止標識」が含まれている）．②スライドを見た直後に，20問からなる質問に回答，一部の参加者にはそのうちの一問が「赤いダットサンが徐行標識で止まってい

る時にほかの車が通りましたか」という質問（誤導情報），残りの参加者には，徐行標識が停止標識となっている質問（一致情報），が与えられる．③その後，2者択一の再認記憶テストを行う．2枚のスライドを呈示する．そのうち1枚は最初の出来事で呈示されたもの，もう1枚は詳細を変化させたもの．

この実験の結果は，誤導情報を受け取った参加者の正解率が41％，一致情報を受け取った参加者の正解率が75％であった．このことは事後情報が元の記憶を変容させたためであると解釈された．

その後，この変容説に対して異なる研究方法を使って批判する研究が登場してきた．Bekerian と Bowers（1983）は Loftus ら（1978）と同じ手続きで実験を行ったが，ただ1つ，記憶テスト時に，ロフタスらのようにランダムな順でなく，最初の出来事順に質問項目を呈示した．すると，ランダム呈示群ではロフタスらと同様に事後情報効果が得られたが，順序呈示群では事後情報効果はみられなかった．このことは，順序呈示群の参加者はテスト問題が出来事で起こった順に呈示されるので，検索時に出来事のテーマに関する情報が引き出され，そのことにより元の記憶と接触することができたものとされた．もし，ロフタスらが言うように事後情報によって出来事の記憶が変容しているのならばこのようなことは起こらないはずである．

Lindsay と Johnson（1989）は，記憶内容をどの情報源から得たのかを尋ねる情報源モニタリングを使って，その情報を「出来事で得た」「事後情報で得た」「両方で得た」「どちらからも得なかった」の選択肢から選んでもらった．その結果，ロフタスらのやり方では事後情報効果が得られるが，情報源モニタリングテストでは得られないことを発見した．このことは事後情報効果の生起には，情報源の誤帰属が関与していることを示している． 〔箱田裕司，大沼夏子〕

4.2.8 ワーキングメモリ測定法

1) ワーキングメモリの概念と測定の工夫

　言語理解や思考のような認知活動を支える，情報の一時的保持と操作のためのシステムをワーキングメモリ（working memory）と呼ぶ．ワーキングメモリは，従来の短期記憶概念とは異なり，情報を単に保持するだけではなく，目標とする課題を遂行するための利用が強調される．したがって，その容量を測定する際にも，数字や単語を何個復唱できるか（言語的短期記憶），ランダムなドットパターンを何個まで再生できるか（視覚的短期記憶）といった単純なスパン課題（simple span task）ではなく，情報の処理と保持を同時に行うような評価方法が必要とされた〔複合スパン課題（complex span task）〕．

　Daneman と Carpenter（1980）のリーディングスパンテスト（reading span test，RST）は，その代表的な測定法である．被検査者は，検査者が示す文（例えば，"When at last his eyes opened, there was no gleam of triumph, no shade of anger" と "The taxi turned up Michigan Avenue where they had a clear view of the lake"）をいくつか声に出して読んだ後，各文の最後の単語（anger, lake）を，順序どおり思い出して答えるように求められた．2 文条件を 3 セット実施し，2 セット以上正答すれば 3 文条件に進んだ（正答が 1 セット以下の場合，そこで打ち切り）．同様にして，最大 6 文条件まで行われ，2 セット以上正答した文の数が RST 得点とされた．

　RST は，苧阪と苧阪（1994）や苧阪（2002）による日本語版も開発されている．日本語の場合，文末にくる語はかなり限定されるので，記憶すべきターゲット語は文中の様々な位置にあり，下線や色を変えて示される（例えば，「電車に乗り遅れたので母に車で送ってもらった」「彼はぶっきらぼうだが，根はいいやつだと思う」）．日本語版では，2 文から 5 文条件まで各 5 セットが準備されている．また，ターゲット語の再生順序は自由であるが，新近性効果を防ぐために，最後の文のターゲット語を最初に報告することは禁止されて

いる．実施方法には，5 セット中 1 セットしか完全正答できなかったときに途中で打ち切る方法と，全セットを最後までテストする方法がある．

　RST や後述するリスニングスパンテストには，成人用のほかに，刺激文などを工夫した幼児用，小学生用，高齢者用もある（苧阪，2002）．得点化の方法も複数あり，全セットを試行する方法を採用すれば，スパン得点以外に，ターゲット語の総正再生数，正再生率，完全に正答できた試行の再生数の合計などを指標として，被検査者の特性をさらに詳しく調べることができる（Friedman & Miyake, 2005；大塚・宮谷，2007）．

2) 様々なワーキングメモリテスト

　RST では，文を読むという課題と，それに必要な情報の記憶を同時に遂行することが求められる．どのような認知活動と関連するかによって，様々なワーキングメモリスパン課題（working memory span task）が考案されてきた．RST が文の読解時に働くワーキングメモリを測定すると考えられるのに対し，聴解能力に注目する課題として，聴覚呈示される文の正誤判断とターゲット語の記憶を同時に求めるリスニングスパンテスト（listening span test，LST）が考案されている．

　RST や LST が主として言語的情報を扱うのに対し，視空間的情報に関与するワーキングメモリ容量を測定するための方法として，空間スパン課題（spatial span task）が提案されている（Shah & Miyake, 1996）．この課題では，アルファベットが鏡像文字かどうかを判断した後に，各文字の向き（正立から 45°刻みで 8 方向）を報告させる．また，計算の正誤判断と単語の記憶を組み合わせたオペレーションスパンテスト〔operation span test，OST，演算スパンテストともいう（Turner & Engle, 1989）〕や，画面に呈示される図形の計数とその結果の保持を求めるカウンティングスパンテスト〔counting span test，CST（Case et al, 1982）〕が考案されている．それぞれの検査に日本語版が作成されている．ただし，OST のように，文化に依存しないと考えられる課題であっても，海外で開発された検査をそのままの手続きで実施すると，被検査者の得点の分布の偏りなどにより，個人差の測定が困難になる場合がある（小林・大

久保，2014）ので，検査を実施予定の集団の特性について考慮したうえで，検査の適切性を判断する必要がある．

3）テストバッテリー

現在のワーキングメモリ研究や測定法の多くが，Baddeley（1986）の3要素モデル（音韻ループ，視空間スケッチパッド，中央実行系），あるいはその発展型（例：Baddeley, 2007）を想定している．個々のワーキングメモリ検査は，どれも単独でワーキングメモリ全体の評価をできるわけではないし，特定の構成要素の働きのみを反映しているわけでもない．したがって，ワーキングメモリを適切に測定するためには，例えばRSTとOSTのように複数の検査を組み合わせて実施することが望ましい（Conway et al, 2005）．

情報の記憶と何らかの認知課題の同時遂行を要求されるワーキングメモリスパン課題（複合スパン課題）の成績は，注意資源の配分などの実行機能を担う中央実行系の働きに依存する部分が大きいと考えられる．ワーキングメモリの関与が想定される多数の課題の成績間の相関を分析することにより，そもそも中央実行系にどのような機能を想定できるかが検討されてきた．例えば，Miyakeら（2000）は，ストループ課題，ウィスコンシンカード分類テスト，ハノイの塔課題，乱数生成課題，OSTなど15種類の課題を実施し，それらの成績について潜在構造分析を行った結果から，中央実行系の機能として，切り替え（shifting），更新（updating），抑制（inhibition）の3つが存在することを示している．最近では，ワーキングメモリモデルの中に流動性知能が取り入れられ，様々なスパン課題と知能検査やその下位検査との関連も分析されている．

4）ワーキングメモリの自動評価

ワーキングメモリを適切に評価するためには，複数の検査からなるテストバッテリーを実施するのが望ましい．しかし，そのために検査時間が長くなったり，多数の熟練した検査者が必要になったりすることがある．このような問題を解決するために，テストの実施と評価を自動的に行うシステムの開発が試みられてきた．Alloway（2007）が開発したAWMA（automated working memory assessment, 自動化ワーキングメモリ検査）は，幅広い年齢の児童生徒の①言語的短期記憶（音韻ループにあたる），②言語性ワーキングメモリ（音韻ループと中央実行系に基づく働き），③視空間的短期記憶（視空間スケッチパッド），および④視空間性ワーキングメモリ（視空間スケッチパッドと中央実行系）のそれぞれを測定するためのコンピュータベースのテストバッテリーである．これら4つの要素を測定するために，それぞれ3つの下位検査〔言語的短期記憶：数字，単語，非単語それぞれの系列生成，言語性ワーキングメモリ：LST，CST，数字の逆向再生，視空間的短期記憶：ドットマトリックスと迷路それぞれの再生，コルシブロック課題，視空間性ワーキングメモリ：異形選択，ミスターエックス課題（2人の人物のボールを持つ手の異同と位置の判断），視空間スパン課題〕が準備されており，特に知能検査や心理検査に関する訓練を受けたことのない教師でも実施が可能である．標準得点やパーセンタイル値とともに，結果のグラフや解釈が自動的に出力される（大塚，2011）．

最近では，HUCRoW（Hiroshima University computer-based rating of working memory）のように，ウェブを通じて実施可能なワーキングメモリ課題も開発されている〔home.hiroshima-u.ac.jp/hama8/assessment.html を参照．利用目的による制限がある（湯澤ほか，2015）〕．ワーキングメモリ研究の進展に伴い，その測定方法も変化してきた．今後も，新しい検査やテストバッテリーの開発や，現存するものの改善が続くと考えられる．それぞれの測定法の理論的背景を理解したうえで，研究目的や対象に適した方法を選択する必要がある．　　　　　　　〔宮谷真人〕

第4部　認知・記憶・注意・感情

4.3 注意

4.3.1 先行手がかり法

1）先行手がかり法の基本パラダイム

先行手がかり法（precuing method）は，空間的注意を評価するための代表的な課題の1つであり，空間手がかり法（spatial cuing method）と呼ばれることもある．また，同方法を用いた実験パラダイムを体系化したのがポズナー（Posner, M. I.）であることから（Posner, 1980），その名をとってポズナーパラダイムとも呼ばれる．

先行手がかり法における典型的な刺激系列を図4.17に示す．最初に注視点および左右のボックスを提示し，次に手がかり（cue）を与える．手がかりはその提示方法によって，周辺手がかり（peripheral cue）と中心手がかり（central cue）に大別される．周辺手がかりは左右いずれかのボックスの輝度を一過的に上昇させることで，中心手がかりは左右いずれかのボックスを指し示す矢印を注視点と置き換えることで与えることが多い．いずれの手がかりにおいても，空間的な注意の影響と眼球運動の影響を分離するため，実験参加者には視線を注視点に向け続けるように教示するのが一般的である．その後，標的を左右いずれかのボックス内に提示する．実験参加者には標的の検出課題（標的が出現したらキイを押す）または弁別課題（標的の位置や特徴に基づいて選択的に反応する）を課し，その反応時間や正答率を計測する．検出課題では，実験参加者が標的を確認せずに反応することを防ぐため，標的が提示されないキャッチ試行（反応しない試行）を全試行のうち5～20%程度の割合で含めることが多い．

先行手がかり法では，手がかりで示された位置に標的を提示する試行を有効試行（valid trial），別の位置に標的を提示する試行を無効試行（invalid trial）と呼び，これらの試行をランダムな順で実施する．また，課題遂行成績のベースラインを評価するため，中立試行を設定することもある．周辺手がかり課題では左右両方のボックスに手がかりを与えるなどの方法で，中心手がかり課題では左右両方を指し示す矢印を提示するなどの方法で中立手がかりを提示する．

先行手がかり法で操作する主な独立変数として，有効試行の出現確率〔有効試行数÷（有効試行数＋無効試行数）〕，すなわち有効率（validity）がある．標的が出現する可能性がある位置が2か所の場合，有効率が50%よりも高ければ実験参加者は手がかりが与えられた位置に注意を向けるメリットがある（有効率80%程度を用いることが多い）．一方，有効率が50%であれば，手がかりが示す位置に注意を向けるメリットはないと考えられる．もう1つの重要な独立変数として，手がかりが与えられてから標的出現までの時間（stimulus onset asynchrony, SOA）がある．系統的に操作されたSOAに対する課題遂行成績の変化を検討することで，空間的注意移動の時間特性を明らかにできる．

2）先行手がかり法における結果の解釈

前述のように，先行手がかり法は空間的注意を評価するために考案されたパラダイムである．もし手がかりが与えられた位置に実験参加者の注意が向けられていれば，有効試行での課題遂行成績は無効試行よりも高くなると予想される．中立試行をベースラインとした場合，有効試行における課題遂行成績の向上を利得（benefit），無効試行における課題遂行成績の低下を損失（cost）と呼ぶ．このことから，先行手がかり法は利得‐損失法と呼ばれることもある．利得や損失が認められた場合，空間的注意が手がかりの示した位置に向いており，その位置での情報処理が促進され，他の位置での情報処理が抑制されたと解釈できる．

手がかりの与え方について，周辺手がかりと中心手がかりの2種類があるが，これらの手がかりで反映される注意の制御様式は異なっていると考えられている．周辺手がかりではSOAが短く，

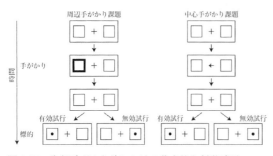

図4.17 先行手がかり法における代表的な刺激系列

有効率が低い場合にでも利得が認められるが，中心手がかりでは SOA が長く，かつ有効率が高い場合でないと利得がない．また，先行手がかり課題に加えて記憶課題などを課した二重課題の事態において，周辺手がかりにおける利得は二重課題を与えず単独で行った場合と大きな違いはないが，中心手がかりにおける利得は大きく減少する（Jonides, 1981）．これらのことは，周辺手がかりでは注意が自動的に誘導されるのに対して，中心手がかりでは注意を能動的に向けるプロセスが必要であることを示している．前者のような注意を外発的注意（exogenous attention）と呼び，後者のような注意を内発的注意（endogenous attention）と呼ぶ．ただし，矢印のように形状とその手がかりが指し示す位置の関係が既存の知識として決定されているような中心手がかりの場合には，外発的注意が関与しているという指摘もある（Pratt & Hommel, 2003）．このため，純粋に内発的注意のみを検討したい場合には，色を中心手がかり刺激として使う（例えば，赤の注視点は右のボックスに，緑の注視点は左のボックスに標的が提示されやすいことを教示する）など，手がかりと位置の間に特定の関係性がない方法を用いるべきである．

3）先行手がかり法を用いた研究の展開

先行手がかり法は特定の空間に対する抑制メカニズムを研究するパラダイムとしても利用されている．ポズナーとコーエン（Cohen, Y.）は周辺手がかりの有効率が 50%，SOA が 300 ms 以上で検出課題を行った場合，通常の注意による促進効果とは逆に，無効試行よりも有効試行で課題遂行成績が低下する現象を発見した（Posner & Cohen, 1984）．この現象は復帰抑制（inhibition of return）と呼ばれており，注意の抑制機能に関連した重要な現象として多くの研究で検討されている．

オリジナルの先行手がかり法は 2 次元の視空間における注意特性を検討するパラダイムであるが，その後の研究では刺激の提示方法に改良を加

えることで，より広範囲な研究テーマで利用されている．例えば，手がかりによって示される奥行き位置と標的が出現する奥行き位置を系統的に操作することで，奥行き方向に対する注意特性を調べることができる（Downing & Pinker, 1985）．また，手がかりの位置と標的が出現する位置を 1 つのオブジェクトで囲むことで，注意がオブジェクト内をどのように拡散するのかを調べることができる（Egly et al, 1994）．さらに，手がかりを聴覚や触覚で，標的を視覚で提示するなど，異なる感覚モダリティで手がかりや標的を与えることで，感覚モダリティ間で共通する注意の制御様式を明らかにすることができる（レビューとして Driver & Spence, 1998）．このように，先行手がかり法は，1980 年代以降，様々なバリエーションが開発され，注意研究における多くの実験パラダイムの基礎となっている．

先行手がかり法は基礎研究のみならず，臨床研究にも利用されている．例えば，頭頂葉の損傷によって生じる半側空間無視の患者に先行手がかり課題を課した場合，無視側に標的が提示されても有効試行であれば健常者とほぼ同等の課題遂行成績を示すが，無効試行では著しい課題遂行成績の低下を示す（Posner et al, 1984）．この結果から，半側空間無視は注意の解放（disengagement）に関連した機能低下であることがわかっている．また，先行手がかり法は人間工学的研究でも用いられている．例えば，自動車運転中のドライバーに危険を知らせる警報装置において，注意を向けるべき位置を知らせる手段として先行手がかり法を利用した研究がある．この研究では，聴覚刺激で危険を知らせる場合，危険な対象（標的）と空間的に一致した手がかりを与えた場合に利得が得られることが示されている（Ho & Spence, 2005）．

これまで述べてきたように，先行手がかり法はそのパラダイムの確立から 30 年以上が経過しているが，パラダイムの改良や適用範囲の拡大によって現在でも頻繁に利用されており，実験心理学における重要なパラダイムであり続けている．

〔武田裕司〕

第4部　認知・記憶・注意・感情

4.3.1　先行手がかり法　　235

4.3.2 視覚探索課題

1) 視覚探索課題とは

視覚探索課題とは，画面上に複数の視覚刺激を提示し，その中からあらかじめ定められた特定の刺激（標的刺激）を見つけることを求める実験課題である．トリーズマン（Treisman, A.）らの一連の研究から，視覚的注意を検討するための実験課題として用いられるようになった．

刺激画面は探索すべき標的刺激〔ターゲット（target）〕と，その周辺に呈示される妨害刺激〔ディストラクター（distractor）〕から構成される．標的刺激は，事前に特徴によって定義される場合（例：赤い垂直線分）や，周辺刺激との関係によって定義される場合（例：1つだけ違う色の刺激）がある．目的に応じて妨害刺激の個数〔セットサイズ（set size）〕や均一性（homogeneity），標的刺激と妨害刺激の類似性など様々な刺激特徴を操作する．実験参加者に標的刺激が画面内に存在しているかどうかを二肢強制選択（two-alternative forced choice task, 2AFC）で反応させる標的存否反応や，標的刺激に対する弁別反応（例：多数のLの中から1つだけ存在する左右いずれかに90°回転したTを探し，その回転方向を弁別する）を求める．このときの反応時間や正答率の変化から探索中の視覚的注意のふるまいが検討される．

2) 探索関数

標的刺激に対する反応時間を指標とした場合には，セットサイズに対する反応時間の関数である探索関数（search function）を求め，検討することが多い．図4.18に典型的な探索画面と，それらに対して実験参加者がターゲットの有無を判断する際に得られる探索関数の例を示している．図中の探索関数のうち，標的刺激が存在する場合の存在反応を実線で，存在しない場合の不在反応を点線で示した．図4.18aのように標的刺激が単一の特徴だけで定義できる場合（例：緑の線分の中から赤い線分を探す．この図では赤い線分は黒く塗りつぶしてある）には，セットサイズが増加しても反応時間は増加せず，平坦な傾きをもった探索関数が得られる．このような探索は，標的刺激が画面からあたかも飛び出してくるように見えるため，ポップアウト（pop out）と呼ばれる．それに対して，図4.18bのように複数の特徴の組み合わせで定義された標的刺激を探索する場合（例：様々な傾き・色をもった線分の中から赤色の垂直線分を探す）や，図4.18cのように標的刺激が複数の要素の配置によって定義される場合（例：Lの中からTを探す）には，セットサイズの増加に伴って反応時間が増加する，急峻な傾きをもった探索関数が観察される．また，図4.18aの場合は特に標的刺激の存在/不在によって探索関数に違いは認められないが，図4.18b, cの場合には標的刺激が不在の場合に，より急峻な傾きの探索関数が観察される．

探索関数は反応時間に線形関数をフィットさせて得られる，2つのパラメータによって議論される．1つは，上述の傾き（slope）で，画面内における視覚的注意の移動の効率の指標とされる．つまり，傾きがより平坦であるほど標的刺激の探索を効率的に行うことができていることを示していると解釈される．もう1つは，切片（intercept）であり，これには画面内の刺激に対する視覚的注意処理以外の成分，つまり反応生成やそれに関わるバイアスなどを反映していると解釈される．以前は，探索関数の傾きが平坦なものを並列探索，急峻なものを系列探索と呼び，2つの質的に異なった探索処理を反映していると考えられていたが，その後様々な研究結果からそのような単純な

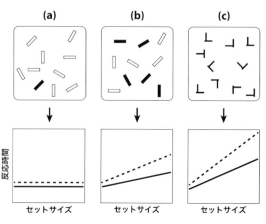

図4.18 代表的な視覚探索課題の刺激と結果（探索関数）

二分論は正しくないと考えられるようになってきた（Wolfe, 1998）.

なお，正答率を指標とする場合は，探索画面を短時間呈示し，直後にマスク画面を呈示することが多い．この探索画面とマスク画面の呈示の時間差（stimulus onset asynchrony, SOA）を操作することによって，SOA に対する関数として正答率をプロットする．非常に効率的な探索が行われる画面であれば，非常に短い SOA 下においても高い正答率が観察される．探索画面に含まれる刺激の数が多い場合や，標的刺激と妨害刺激の類似性が高く効率的に探索を行えない場合には，一定の正答率を得るためにはより長い SOA が必要とされる．短い呈示時間（>250 ms）では眼球運動が生起する可能性を排除することができるため，眼球運動の影響を除いた視覚的注意の性質を検討する際には，正答率を指標とすることは有用である．

3) 視覚探索課題の応用

視覚探索課題は，視覚的注意のふるまいを検討するためのツールとしてだけではなく，注意と記憶や意思決定などの他の認知メカニズムとの関連を検討するためにも用いられる．例えば，同じ探索画面内の刺激配列を実験参加者に気づかれないように繰り返し呈示すると，実験参加者にその配列を学習したという意識がない場合でも，探索処理が促進され反応時間が短縮される．この現象は，文脈手がかり効果〔contextual cueing effect（Chun & Jiang, 1998）〕と呼ばれ，無意識的な記憶表象による視覚的注意の制御メカニズムへの影響を反映した現象として注目されている．また，標的刺激がポップアウトするような効率的探索においても，直前の試行と同じ位置や同じ特徴で定義された標的刺激が呈示されることによってより反応時間が短縮されるポップアウトプライミング〔priming of pop out（Maljkovic & Nakayama, 1994, 1996）〕と呼ばれる現象は，それまで純粋に刺激駆動的・自動的な注意処理を反映していると考えられてきたポップアウトのメカニズムに，反応履歴などのトップダウンの要因が影響することを示していると考えられている．

視覚探索課題には，自然画像などを刺激として用いることによって，われわれの日常場面における視覚的注意処理や探索行動を検討することができるという利点がある．視覚探索課題の現実場面への応用例として，空港のセキュリティでの手荷物検査や医師の診断場面における MRI 画像などの読影検査のように，見つけるべき標的の出現頻度が非常に低い場合に標的の見落としの確率が大幅に増大する標的出現頻度効果〔prevalence effect（Wolfe et al, 2005）〕があげられる．見落としは様々な形でフィードバックを与えたり，報酬を与えたりしても減少しないことが知られており，われわれが探索課題を行う際に，探索処理をどこで打ち切るかに関する無意識的な意思決定を反映していると考えられ，現在も研究が進められている．　　　　　　　　　　〔小川洋和〕

4.3.3 瞬間呈示法・高速逐次視覚呈示法

1) 短時間呈示法と部分報告手続き

　注意の時間的側面を調べるための一手段としての短時間呈示法では，例えば3×4の格子状に並べた文字刺激を50 ms程度だけ呈示し，すぐに消す．被験者は見えた文字を報告する（Sperling, 1960；菊地, 1985）．このとき，すべての文字を報告させると，4文字程度しか答えられない．実際はそれ以上の個数の文字が報告可能でも，報告の最中に忘却するため，回答できない．しかし，部分報告手続きを使うことで，この忘却を防ぐことができる．例えば，文字刺激の呈示とともに音刺激を呈示し，高音なら上段，低音なら下段というように，音を手がかりにして部分的に報告すべき文字を指示した場合は，手がかりなしですべてを報告させる場合よりも多くの文字を報告できる．部分報告手がかりは視覚呈示することもできる．部分報告成績を刺激全体の数に当てはめたときにいくつ答えられるかを計算して求める．また，刺激を消してから部分手がかりを与えることで，一時的な感覚記憶の保持時間を推定できる．一方で，刺激よりも前に手がかりを呈示すれば4.3.1で示したような空間的手がかりとなる．

2) ブロックの法則

　短時間呈示法と部分報告手続きを用いて刺激や手がかりの時間間隔を操作するときには，呈示時間と刺激の強度に留意する必要がある．具体的には，100 msを下回る範囲で刺激を呈示するときは，網膜の感光色素反応は光の強度と光の当たった時間の乗法関数となる（ブロックの法則）．Iを光の物理的強度，tをその持続時間，kを定数とすると，一般的に$I \times t = k$となる．したがって，100 msよりも短い範囲で呈示時間を操作する場合は，呈示時間を短縮するだけであれば刺激は暗く見えてしまい，呈示時間の操作と見かけ上の刺激の明るさが交絡する．これを防ぐために，事前に階段法などで呈示時間ごとの刺激強度を調整しておく必要がある．

3) 視覚マスキング

　短時間呈示法で刺激を瞬間呈示して消しても，感覚情報はすぐには途絶せず，知覚は成立しうる．呈示した刺激を消しても視覚的持続としてその後も300 ms程度維持されるため，その間に情報抽出はできる．したがって，呈示時間を操作する場合は，刺激を単に消すだけでなく，その直後にマスク（逆向マスク）を呈示して刺激処理を中断するといった操作が必要になる．そのような手続きを用いない場合，刺激情報がどの時点まで利用可能であったかが定かではなく，知覚分析のプロセスに関しての言及が困難になる．

　視覚的な部分報告手がかりを用いるときは，視覚刺激を消した直後にその位置に手がかりを呈示してしまうと，これが逆向マスクとして働く．そのため，部分報告手がかりを呈示したにもかかわらず報告成績が大幅に低下することもありうる．視覚刺激よりもマスクが先行する順向マスクの効果は100 ms程度のSOA（stimulus-onset asynchrony）で消失するが，逆向マスクの効果は200 ms以上のSOAでも持続し，特に注意が分散しているときは強く残る．報告すべき刺激と手がかりの輪郭が重なっていなくても逆向マスキングは起こりうる（メタコントラストマスキング）．そのため，刺激と手がかりの間の距離をあけ，手がかりの輪郭を減らすなどの工夫が必要になる．

4) 高速逐次視覚呈示法

　この方法は複数の視覚刺激を1つずつ順番に同じ位置に短時間で呈示する（図4.19左）．同じ位置に刺激を呈示するため，空間的な成分が関わらないという特徴がある．この方法は視覚処理のスピードを調べたり，注意をあるものから別のものに向け直すまでの時間を測定するために用いられる．記憶符号化・分類を調べるために，文字以外に単語や写真などが用いられることもあり，標的カテゴリーがあらかじめ知らされていれば，呈示レートが速く（約10枚／秒）ても標的を高精度で検出できる．しかし，標的を特定せずに刺激をすべて見てから標的を再認するためには，約3枚／秒の遅いレートでの呈示が必要になる．この

ような場合には（Potter et al, 2002），1試行に視角で約10°の大きさの画像を10〜20枚程度呈示することが多い．

注意のシフトを調べるためには，数字や文字を高速逐次視覚呈示し，その中で唯一の特徴をもつもの（例えば1つだけ枠をつけた文字や，唯一赤い文字）を同定させたり（Botella et al, 1992），続く数個の文字を報告させる（Weichselgartner & Sperling, 1987）方法がとられる．このときも10文字/秒程度のレートで，1試行につき10〜20文字呈示する．

いずれの目的でも，標的は高速逐次視覚呈示する系列の最後には置かず，必ず標的の後に非標的を呈示する．その理由は，標的の後に何も呈示しないと逆向マスキングがなくなり，逆向マスクの有無と系列中の呈示位置が交絡するためである．一般に，検出成績は標的文字が高速逐次視覚呈示系列の前半に出現するときは低く，後半に出るほど高い（Ariga & Yokosawa, 2008）．

5）注意の瞬き

注意が1つの標的に向いているとき，次の標的に向けられるまでの時間を調べるために，高速逐次視覚呈示法を用いることができる．通常，1試行で5〜20文字/秒程度のレートで10〜20文字を呈示する．例えば，標的として文字を2つ，数字を非標的とした系列に混ぜて高速逐次視覚呈示すると，第1標的は標的間隔にかかわらず一貫してかなり高い精度で検出できる．一方，第2標的は第1標的との間隔が200〜300 msあいているときに最も正答率が低下する（図4.19）．この現象を注意の瞬き（attentional blink）と呼ぶ（Raymond et al, 1992；Dux & Marois, 2009）．

この手続きによって，注意が第1標的に向き，第2標的が意識にのぼらない事態を頑健につくり出すことができる．そのため，注意を奪った状態で，ある刺激が意識的に知覚可能かを調べるための有効な手段となる．例えば，数字を非標的，文字を第1標的とし，顔画像を第2標的とすること

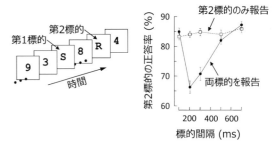

図4.19 2標的を含んだ高速逐次視覚呈示課題（左）と注意の瞬き現象（右）
両標的を報告するときは第2標的の正答率が標的間隔200〜300 msで低下する．

で，注意が向けられていない状態で顔の意識的知覚ができるかを調べることが可能になる．非標的を呈示せず，第1・第2標的とそれぞれの逆向マスクだけを呈示するなど，様々な亜種が考案されている．

このような実験デザインを組み立てるときの留意点がいくつかある．その1つは，標的間隔を適切に設定することである．注意が十分に向いていない事態を設けるためには，第1標的の200〜300 ms後に第2標的を呈示するのが一般的である．統制条件として注意が向いている事態を設けるため，800〜1,000 msの標的間隔を少なくとも1水準加えておく．注意の瞬きが起こったことを主張するためには，呈示間隔と調べたい要因の交互作用が得られるような条件設定が必要となる．もう1つの留意点としては，短すぎる標的間隔（第1標的から約100 ms程度）は避けたほうがよい．このタイミングで第2標的を呈示すると，注意の瞬きとは独立した，見落とし回避という現象が起こりうるためである．さらに，第1標的の課題の困難度も注意の瞬きの大きさに影響しうる．第1標的の判断があまりにも容易すぎると，注意が十分に奪われないため，注意の瞬きが大きく生じないことがある．そのような場合は第1標的に同時マスクをかけて見にくくしたり，弁別課題の選択肢を増やすことなどで負荷を高める必要がある．

〔河原純一郎〕

4.3.4 タスクスイッチ

1) 刺激と反応の割り当て

タスクスイッチとは，1つの実験ブロックの中で2つ以上の異なるタスク（課題）を切り替える状況における実験参加者の遂行成績を記録する実験パラダイムの総称である．タスクに対する構え（set）の準備に関わる認知メカニズムの解明に主として用いられる．原理的には，どのようなタスクの組み合わせでも実験は可能であるが，多くの実験では刺激と反応の対応（割り当て）を複数（通常は2セット）用意し，それらをあらかじめ決められた方法で試行ごとに切り替えることを実験参加者に求める．研究の目的に応じて，割り当てのどのような側面を切り替えさせるのか，あるいは，どのようにタスク切り替えのタイミングを指示するかなどを実験的に操作する．

例えば，画面に赤色あるいは緑色の円形または四角形を1つ標的として表示し，その標的の色が赤の場合には形に関係なく右手のキイ，緑の場合には左手のキイを押すというタスクと，標的の形が円形の場合にはその色に関係なく右手のキイ，四角形の場合には左手のキイを押すというタスクを用意する（図4.20）．このような場合には，標的の色と反応キイの割り当てと標的の形と反応キイの割り当ての間での切り替えが行われる．すなわち，反応は固定であり，標的のうち判断をする次元のみを，あらかじめ決められた規則，あるいは，その都度与えられる手がかりに従って切り替える．また，反応の切り替えの性質を調べる目的であれば，判断次元は固定して反応のみを入れ替える．例えば，赤色あるいは緑色の円形を標的とし，赤の場合には右手キイ，緑の場合には左手キイを押すというタスクと，赤の場合には左手キイ，緑の場合には右手キイを押すというタスクとを切り替えることを実験参加者に求める．上記の例のように，まったく同じ刺激と反応のセットを用いて，その割り当てだけを切り替えるような場合を両価（bivalent）割り当てと呼ぶ．一方，2つのタスク間で異なる刺激と反応のセットを用いる場合は単価（univalent）割り当てと呼ばれる．色

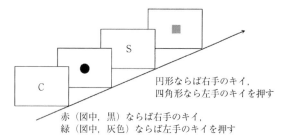

図4.20 タスク切り替え課題の刺激例

判断タスクでは赤色あるいは緑色の円形を標的とし，形判断タスクでは灰色の四角形か三角形を標的とするような場合が単価割り当ての例である．

2) タスクスイッチの指示

タスクスイッチの古典的な研究では，単一タスクブロックと混合タスクブロックの比較による方法が用いられた（Jersild, 1927）．これは，1つのタスクを一貫して行う単一ブロックと，2つのタスクを交互に行う混合ブロックを実験参加者に行わせる．一般に，同じタスクの成績（主として課題の遂行時間）を比較すると，混合ブロックの課題成績が低い．このような，単一ブロックに対する混合ブロックの成績の低下を混合コスト（mixing cost）と呼ぶ．単一ブロックでは，1種類の刺激−反応割り当てのみを用いればすべての試行で反応できるのに対し，混合ブロックでは2種類の刺激−反応割り当てをワーキングメモリ内に保持しなくてはならないことが混合コストの原因と考えられている．

上述の2つのタスクを交互に切り替えるような場合には，実験参加者にあらかじめその規則を教示として与えておく．このような方法で切り替えを指示する方法を，予測可能（predictable）タスクスイッチと呼ぶ．予測可能タスクスイッチの代表的なものとして，連続数を固定した交互切り替え系列がある．その中でも最も多く用いられるのは，2つのタスク（それぞれをAとBとする）をAABBAABBのように2回ずつ交互にスイッチする系列である（例：Rogers & Monsell, 1995）．このような系列において，A, Bそれぞれの遂行成績を，直前の試行が同じタスクであったか否かに分けて集計する．一般に，直前に異なるタスクを遂行した直後（タスク切り替え試行）

のほうが，同じタスクを遂行した直後（タスク繰り返し試行）よりも遂行成績が低い．タスク切り替え試行とタスク繰り返し試行との遂行成績の差を，タスク切り替えコスト（switching cost）と呼ぶ．系列が固定されている場合には，直前の試行が終了した時点で，次にどのようなタスクを遂行すべきかがわかるにもかかわらず，直前の試行に対する反応をした時点から，次の試行の標的呈示までの時間間隔（response-stimulus interval, RSI）が長くなると切り替えコストは減少する．一般にタスク切り替えコストは，新しいタスクへの準備の過程を反映していると考えられている．

もう1つの代表的な切り替え方法は，タスク手がかり（task-cueing）法である（例：Meiran, 1996）．この方法では，各試行の標的呈示に先行して手がかりを呈示する．例えば，図4.20の例では，色判断タスクの場合には「C」（color の意味），形判断タスクの場合には「S」（shape の意味）を画面に呈示する．手がかりの呈示系列は無作為に作成されるので，実験参加者には，手がかりが呈示されるまでどちらのタスクを遂行すべきかわからない．タスク手がかり法でも，タスク切り替えコストが主要な従属変数となる．また，タスク手がかり法では，手がかりが呈示されてから標的が呈示されるまでの間の時間間隔（cue-target interval, CTI）を独立変数として操作する．一般に，CTI が長くなると切り替えコストは減少する．しかしながら，いくら CTI を長くしても切り替えコストはゼロにはならない．このコストのことを特に残留（residual）コストと呼ぶ．

また，図4.20のようにタスクを連想しやすい手がかりのほうが，そうでない手がかり（例えば，色判断タスクに X，判断タスクに Y のような任意の手がかり）よりも，切り替えコストは小さくなることから，記憶負荷も切り替えコストに影響する（Logan & Bundesen, 2004）．

1つのタスクに対して複数の手がかりを用いることで，手がかりの切り替えとタスクの切り替えの要因を分離することができる．例えば，上の例で，色判断タスクを指示するのに C のほか

に G のような別の手がかりを同時に用いる（2：1 cue-to-task mapping と呼ばれる）．実験参加者は，C と G どちらの手がかりが呈示されても，色判断タスクを実施しなくてはならない．このような場合，同じタスクが繰り返されても，手がかりが替わるだけで切り替えコストが生じることから（Logan & Bundesen, 2003），切り替えコストには手がかりそのものが切り替わることによる要因も含まれることがわかる．手がかりの切り替えには，手がかりの符号化や記憶の検索の要因が関与すると解釈されている．

3）自発的切り替え

タスクの切り替えを手がかりやルールなどに従わせるのではなく，実験参加者に自発的に行わせる課題もある（Arrington & Logan, 2004）．これは，2つのタスクを毎試行できるだけ無作為に選んでどちらか一方を実行するように実験参加者に教示する．また，この場合，キイを共通にすると，解析時に参加者がどちらのタスクを実行したかがわからなくなるので，2つのタスクで異なるキイを用いるようにする．このように自発的にタスクを切り替えるような事態でも，タスク切り替えコストはみられる．

4）タスク系列の効果

切り替えコストは，現試行のタスクと直前1試行のタスクの関係に基づいて算出される．一方で，直前の試行よりも先行する試行のタスクが，現試行に影響することも知られている．特に，2試行前のタスクの影響が広範に調べられてきている．例えば，直前の試行とは異なるタスクを実行した場合（BA）であっても，そのさらに前に現試行と同じタスクを実行した場合（ABA）には，異なるタスクを実行した場合（CBA）よりも，現試行の課題成績が低下する（n-2 タスク繰り返しコストと呼ばれる）．タスク系列の効果を調べることで，タスクへの準備のメカニズムを詳細に調べることができる（Mayr & Keele, 2000）．

〔熊田孝恒〕

4.3.5 二重課題法・PRP法

1) 二重課題法

二重課題法は，実験参加者に対してある課題の遂行中に別の課題を同時または継時的に行わせる実験手法である．最初の課題を単独で行う場合の成績と二重課題法を用いた場合の成績とを比較して，2つの課題の遂行に必要とされる認知機能を探るためなどに用いられる．

2) 処理の限界

二重課題法の背景には，様々な課題の遂行に必要な認知機能または処理資源が，課題の間で共通している，または異なっているという考えがある．さらに，認知機能が一度に扱うことのできる情報の量や課題に割り振ることのできる処理資源には限界があるとされる．これが処理におけるボトルネックや容量限界といった処理の限界として作用し，これを超えた場合には情報処理の遅延が生じる（Kahneman, 1973；Pashler, 1994）．したがって同じ認知機能や処理資源を必要とする課題を同時に複数行う場合，この限界に近づいたり超えたりすると課題の間で干渉が生じて両方または一方の課題成績が低下してしまう．これとは逆に，異なる認知機能や処理資源が必要となる複数の課題は，干渉なしにそれぞれの課題を単独で行う場合と同じくらいに課題を遂行することができる．

3) 二重課題法の目的と方法

このような考えから二重課題法は，2つの異なる課題の遂行に共通の認知機能が必要とされるのかどうかを調べることや，複数の課題を協調的に遂行するための制御機能を調べることにも用いられる．また，特定の認知機能がもう一方の課題の遂行に使えないようにするための妨害課題としての側面ももっている．

実験では焦点となる認知機能を必要とする2つの課題を設定する．特に研究の焦点となる課題を主課題または1次課題と呼び，実験試行の最初に提示する．主課題への干渉を企図する課題を副次課題または2次課題と呼び，主課題の遂行の最中または主課題の後に提示する．素早さを求める反応はいずれか一方の課題にのみ用いられる．主課題の成績に副次課題の遂行が及ぼす影響を調べるため，どちらの課題も行う実験条件と主課題のみを行う統制条件を設定して，その際の主課題の課題成績を比較する．統制条件では副次課題の刺激の提示やその刺激に対する反応などの点は実験条件と同一であるが，副次課題を遂行しないという点においてのみ異なっていることが望ましい．また，両課題の成績を一定程度保ちながら一方の課題を優先するように教示することで，その課題の成績がもう一方に比べて高くなる（Tsang & Shaner, 1995）．これは2つの課題の優先度に応じて処理資源が柔軟に配分されることを示している．最後に，副次課題の遂行が主課題に対する干渉を引き起こすために十分であることを示す必要があるほか，副次課題の遂行が十分であることを示すために試行の最後またはセッションの最後などに反応や理解度の測定を行うことが望ましい．

4) 心的不応期

2つの課題を連続的に提示していずれの刺激に対しても素早い反応を求める二重課題法では，1つ目の刺激の提示から2つ目の刺激の提示までの時間間隔（stimulus onset asynchrony, SOA）が非常に短い（<300 ms）と，2つ目の刺激への反応が著しく遅くなる．その一方で，1つ目の刺激への反応はSOAの長さの影響を受けない（図4.21）．この効果を心的不応期（psychological refractory period, PRP）と呼び（Telford, 1931），このような実験手続きをPRP法と呼ぶ．

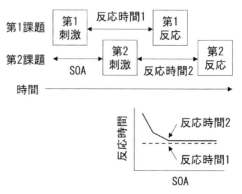

図4.21 PRP法での刺激と反応のタイミング（上）と反応時間（下）

PRP 法では実験参加者に対して，多くの場合，2つの課題の刺激の SOA を 1,000 ms 以内で操作して連続的に提示する．それぞれの課題では刺激の種類に応じて識別反応を素早く行うように求める．このとき，実験参加者には最初の課題を優先するように教示する．また，刺激には識別しやすい文字や音声を用いることに加え，それぞれの刺激は妨害刺激を伴わずに単独で提示して比較的容易に知覚できるようにする．

PRP は知覚における処理の限界ではなく，反応選択といった実行機能における処理の限界を反映するとされる（Pashler, 1994）．刺激には単純なものを用いるため，知覚的な処理への負荷は比較的少ない．さらに，PRP は課題間で反応の仕方や刺激の種類が異なる場合でも認められる（Pashler, 1999）．例えば，一方の課題では手によるボタン押し反応で，もう一方の課題では眼球運動による反応や口頭での反応といったように反応の仕方が異なる場合でも PRP が認められる．刺激の種類が一方では視覚刺激で，もう一方では聴覚刺激の場合でも同様に効果が認められる．したがって，PRP は多くの課題に共通して認められる反応選択のような実行機能における処理の限界を反映していると考えられる．他にも，記憶への固着化も反応選択と同様に実行機能の1つと考えられている（Jolicoeur et al, 2001）．

5）二重課題法を用いた基礎的研究

基礎的研究は単純な刺激を用いてそれに対する反応を測定することにより，ヒトの基本的な認知機能の解明を目的として行われる．

プローブ RT 課題は，副次課題遂行に必要とされる時間を測定することによって，主課題遂行によって消費される処理資源の多さを測定する課題である．代表的な実験では，主課題として連続して提示される2つの文字の異同判断を素早く行うことと，副次課題として試行中ランダムなタイミングで提示されるプローブ音に素早く反応することが求められる（Posner & Boies, 1971）．実験の結果，プローブ音に対する反応時間は1つ目の文字が提示されたタイミングでは上昇しなかったが，2つ目の文字が提示されたタイミングで上昇した．これは文字の符号化が処理資源をほとんど消費しない一方で，文字の特徴の識別や反応選択が一定程度の処理資源を消費することを示唆している．

別の二重課題は，課題遂行中に記憶負荷をかけることによって，課題を遂行するために行われる情報の操作と一時的な保持の関係を明らかにするために用いられる．情報を一時的に保持する短期貯蔵庫は，言語情報を保持する音韻ループと視空間情報を保持する視空間スケッチパッドの2つがある（Baddeley, 2012）．これら2つの機能が独立しているのか否かを調べるために二重課題法が用いられている．ボード上のチェスの駒の配置を覚えてそれを別のボードで再現する主課題と，副次課題として音韻ループに干渉する課題，視空間スケッチパッドに干渉する課題，またはそれら2つを制御し認知課題を遂行するうえでの情報の操作を担う中央実行系の処理資源を消費する3つの課題が比較される（Robbins et al, 1996）．実験の結果，視空間スケッチパッドの干渉および中央実行系の処理資源を消費する課題が副次課題として用いられたときに，主課題の成績が低下した．これは，チェスの配置という視空間情報の一時的な記憶は，音韻ループとは独立して視空間スケッチパッドが担っていることと，視空間スケッチパッドは中央実行系の制御下にあることを示唆している．

6）二重課題法を用いた応用的研究

応用的研究は現実場面に即した環境を用いることにより，日常的な活動を行ううえで必要とされる認知機能の解明を目的として行われる．

応用的研究の代表例として，ドライブシミュレーターを用いた携帯電話の使用が運転時に与える影響の検討があげられる（Strayer et al, 2003）．このときの主課題は，前方を走行する車がランダムなタイミングで減速するのに合わせて参加者が運転する車を減速させることであり，副次課題は運転中にハンズフリーの携帯電話である話題について議論することだった．実験の結果，携帯電話を使用しながら運転をする二重課題条件では，運転のみを行う単一課題条件に比べて，前方の走行車のブレーキランプに対する反応が遅くなることと，それを補うために車間距離を広く取ることが示された．　　　　〔犬飼朋恵〕

4.3.6 課題無関連属性の干渉効果測定

1) 課題関連属性と課題無関連属性

物体は，色，形，大きさ，テクスチャなどの様々な視覚的特徴から構成される．そのうちの特定の特徴（属性）に関して判断などを行う課題を用いて，注意による情報の選択特性が調べられてきている．このとき，課題として判断などを求められている特徴，すなわち実験参加者が注意を向けるべき特徴のことを課題関連特徴〔task-relevant feature，または課題関連属性（task-relevant attribute）〕と呼び，それ以外の特徴を課題無関連特徴〔task-irrelevant feature，または課題無関連属性（task-irrelevant attribute）〕と呼ぶ．注意による選択特性を，課題関連属性に基づく反応に対する，課題無関連属性からの干渉効果の大きさを調べることで解明する．このような課題無関連特徴からの干渉効果を調べるための課題が考案されてきている．

2) ストループ課題

課題無関連属性からの干渉効果に関する最も古典的な課題がストループ課題（Stroop task）である（Stroop, 1935）．オリジナルの実験では，用紙に印刷された単語のリストが刺激として用いられたが，最近では，ディスプレイに単語を1つずつ表示するのが一般的である（MacLeod, 1991）．典型的なストループ課題では，例えば，赤色で書かれた「あお」のような色つきの色名語を標的として呈示し，実験参加者には，標的が何色で表示されているかをできるだけ素早く呼称することを求める．標的が呈示されてから呼称が開始されるまでの時間（反応時間）を，ボイスキイなどを用いて計測する．このとき，表示色が色名と一致する条件と一致しない条件を設ける．一般に，一致条件のほうが不一致条件に比べて呼称に要する時間が短い．この反応時間の差を，一致性効果（congruency effect，あるいはストループ効果）と呼び，課題無関連属性（色名）から課題関連属性（単語色）の処理への干渉効果と考える．この干渉効果は，文字を読むという経験によって獲得

された優勢（prepotent）反応からの干渉に対する，課題関連属性の選択効率の限界を示していると考えられている．

3) Simon 課題

優勢反応の抑制の限界を示すもう1つの代表的なものとして Simon 課題（Simon task）がある（Simon & Small, 1969）．Simon 課題は，もともと聴覚刺激を用いたものであるが，現在では視覚刺激を用いたものが一般的である（Lu & Proctor, 1995）．Simon 課題は，例えば，赤色あるいは緑色の円形1つを標的として，画面の右側あるいは左側に呈示する．実験参加者の課題は，呈示位置に関係なく，標的が赤色の場合には右手に割り当てられたキイを，緑色の場合には左手に割り当てられたキイをできるだけ速くかつ正確に押すことである．標的呈示からキイ押しまでの時間が反応時間となる．キイは，画面の標的呈示位置に対応するように左右に配置される．この場合，標的色が課題関連属性，標的位置が課題無関連属性になる．押されるべきキイの側に表示された標的（位置対応条件：上の例では右側に表示された赤色や左側に表示された緑色）に対する反応時間は，押されるべきキイの反対側に表示された標的（位置不対応条件：左側に表示された赤色や右側に表示された緑色）に対する反応時間よりも短くなる．このように，物体の位置以外の特徴の判断において，その空間位置が，位置と対応するように配置されたキイ押し反応に影響する効果を Simon 効果と呼ぶ．Simon 効果もまた，優勢反応である位置の情報が，キイの位置に基づく色の反応の選択に干渉するために生じると考えられている．

Simon 効果は，様々な刺激に対する反応時間実験において，系統誤差の原因となりうる．Simon 効果は，反応キイに近い側に呈示された刺激への反応は，そうでない刺激に比べて速くなる傾向があることを示している．そのため Simon 効果を調べることが目的ではない場合には，刺激位置とキイ位置との間の対応関係が相殺されるような実験条件の設定が必要となる．

4) Eriksen（フランカー）課題

Eriksen 課題は，位置に基づく刺激の選択性

を調べるための課題である (Eriksen & Eriksen, 1974). 典型的な実験では，5つの英大文字を横一列に呈示し，中央の文字（標的）がHかKならば右手のキイ，CかSならばもう左手のキイを押すよう実験参加者に教示する（図4.22）．例えば標的以外の左右の計4文字（妨害文字）が標的と同じ反応に割り当てられている文字の条件（反応一致条件）と，もう一方の反応に割り当てられている文字の条件（反応不一致条件）があり，標的に対するキイ押し反応時間は反応一致条件のほうが反応不一致条件よりも短かった．このときの反応時間の差をEriksen効果と呼ぶ．また，妨害文字をフランカー (flanker) と呼ぶことから，この課題をフランカー課題，効果をフランカー効果と呼ぶこともある．

Eriksen効果は，画面の中央という標的位置が課題関連属性，その周辺という妨害文字位置が課題無関連属性とみなすことができる．Eriksen効果は，課題関連属性である標的位置があらかじめわかっているにもかかわらず，その周辺に呈示された妨害文字からの干渉効果を排除できない現象，つまり，位置に基づく視覚情報の選択の失敗を示す現象と解釈されている．標的と妨害文字の間隔を広げるとEriksen効果は減少することから，Eriksen効果には，注意の空間的な広がりが関与すると考えられている．

Eriksen効果は，標的に向けられた注意が周辺の妨害文字に拡散することによると考えられていることから，注意の拡散の程度が刺激の性質や実験参加者に対する負荷などの要因によってどのように変化するかといった注意のメカニズムを調べる方法として用いられてきている．Eriksen課題を応用した研究として，知覚的なグルーピングと注意の関係 (Baylis & Driver, 1992)，物体に基づく注意の影響 (Shomstein & Yantis, 2002)，特徴に基づく注意の選択性の影響 (Kumada, 2014)，実験参加者に対する知覚的負荷の影響 (Lavie, 1995) などがある．

5） Navon 課題

Navonは，小さな文字（局所文字）を要素と

図 4.22　Eriksen課題で用いられた16種類の刺激例

して，大きな文字（全体文字）を構成する複合文字 (compound letter. 4.1.1 の図 4.2 参照) を用い，全体処理の優位性を調べた (Navon, 1977)．局所文字が全体文字と一致する条件と，一致しない条件，どちらかの文字が反応とは関連しない中立条件が設けられた．全体文字を判断する課題においては，局所文字との一致性の影響はみられなかったが，局所文字を判断する場合には，全体文字が一致している場合に比べて，不一致の場合の反応時間が遅延したことから，視覚処理における部分情報に対する全体情報の優位性が示された．

6） 試行間効果

これらの課題無関連属性から干渉を調べる課題は，いずれも課題関連属性と課題無関連属性の間に反応に関する競合が生じる場合に，反応時間が遅延する現象とみなすことができる．このような反応競合が生じる課題においては，一連の実験試行の中で，直前の試行における反応競合の有無が，現試行の反応に影響を及ぼすことが知られている (Gratton et al, 1992)．例えば，Eriksen効果の場合，直前が一致試行のときに比べて，不一致試行のときには，現試行におけるEriksen効果が小さくなる．これは，現試行の反応時間を，直前の試行が一致試行であったか不一致試行であったかに分けて計算することによって得られる．

〔熊田孝恒〕

4.4 感　情

4.4.1　感情喚起

1）感情喚起（誘発）法

感情を喚起する方法は大きく分けて２つの方法がある．１つは外的刺激の呈示により感情を直接誘発する感情喚起法，もう１つは外的な刺激によらず，感情が喚起された場面を想起させたり，一般的にイメージすると思われる場面を呈示し，イメージさせるイメージ法である．

◆外的刺激を用いた感情喚起方法

写真，音，音楽，映像，感情喚起語などの刺激を用いて，実際に感情を喚起しようとする方法であるが，実験参加者によって評価されたものが，実際に実験参加者に喚起された感情を評価したものであるのか，呈示された刺激に対する評価であるかの細心なチェックが必要となる．

視覚に関する感情喚起刺激として有名なものに Florida 大学の感情と注意に関する研究センター（The Center for the Study of Emotion and Attention, CSEA）が開発した IAPS〔International Affective Picture System：読み eye-aps（Lang et al, 1988, 2008）〕がよく用いられている．IAPS は 1,000 以上の場面のカラー写真集で，それぞれの写真について，SAM（self-assessment manikin）という評価用の人形を用いて測定された感情価（誘意性），覚醒度，そして優位性の評価値が求められている．日本人を実験参加者として用いる場合，その評価表の数値が適切な評価なのかを確認することが望ましい．また特に不快な，覚醒度の高い画像として用いられるものは倫理上問題になる画像も多く，注意が必要である．Badley と Lang（2007）は IAPS を使用した研究を概観し，IAPS は速やかに注意を喚起し，人の感情の基礎となる動機づけシステムを活性化することで，特定の感情を喚起するだけでなく，自律神経系や脳神経系の反応も促進することや，視覚野および注意と行動に関係する脳領域に感情の喚起に伴う活性化が認められることなどを報告している．

各感情を表す表情写真も使用されることが多い．こうした表情写真集として有名なものに Ekman と Friesen（1976）の写真集（"Picture of Facial Affect"）がある．この写真集はエクマン（Ekman, P.）の考案した FACS（facial action coding system）に従って各感情を表出させたものであるが，白黒写真という大きな欠点がある．その他に，7 つの感情を表出させた Matsumoto と Ekman（1988）による JACFEE（Japanese and Caucasian Facial Expressions of Emotion）という写真集もある．しかしながら，1 人の表出者が，すべての感情を表出していない点，日本人とされるモデルは中国系もしくは日系二世と思われ，日本人の表情とは言いがたいという問題を含んでいる．また，"Picture of Facial Affect" のある表情，例えば Fear（恐れ）の表情を日本人が評価すると驚きの表情と評価されることが多いなど，外国人の表情と日本人の表情が同じものであるかどうかも議論のあるところである．最近 ATR（2006）が 6 人の男子と 5 人の女子の正面，左右 15°，30°，45°からの表情写真と心理的評価のデータベース（ATR 表情画像データベース DB99）を公表している．DB99 には 10 の表情〔真顔，喜び（開口および閉口），悲しみ，驚き，怒り（開口および閉口），嫌悪，軽蔑，恐れ〕が各表情 3 枚ずつ含まれている（ただし真顔は 1 枚のみ）．日本人を表出者とした表情写真としては出色である．

聴覚感情喚起刺激としては IAPS と同様 CSEA が作成した IADS〔International Affective Digitized Sound System（Bradly & Lang, 1999a）〕がある．また，感情を喚起する語を用いた感情喚起用の刺激語リストとして，同じく CSEA が作成した ANEW〔Affective Norms for English Words（Brandly & Lang, 1999b）〕がある．ANEW は 1,034 の単語について SAM を用いて評価をさせたものである．本間（2014）はこれを翻訳し，SAM を用いて日本人のデータを得ている．

映像を用いた喚起刺激としては，78 本の映像を英語を話す大学生に提示し，8 種の感情カテゴリーの感情を特に強く喚起する映像として各 2 本ずつ選択した計 16 本からなる Gross と Levenson（1995）が有名である．この喚起映像については，野口ら（2004）が喚起映像の妥当性を報告している．このほか Hewig ら（2005）が 20 の映像をク

ラスター分析し，6つの感情を喚起する映像各2つずつを提案している．

その他，音楽を用いた喚起法も用いられている（谷口，1991）．特に感情を喚起した状態で課題を行わせる場合のように感情喚起された状態を長く維持する場合には有用であるが，研究者間で共通の刺激セットはつくられていない．

◆イメージを用いた感情喚起法

実験参加者にある感情が喚起された場面をイメージさせ，イメージ時，あるいはイメージ後の主観的反応，生理的反応，行動などを検討する方法で，感情研究では非常に多く用いられている．イメージ法を用いる場合，いかに実験参加者に鮮明なイメージを喚起させるかが鍵となる．このため音楽などを用いてよりイメージしやすくする方法を併用することもある．

感情が喚起される，あるいは，された場面をイメージさせる方法として，あらかじめ実験者が用意した感情喚起場面を与え，イメージさせる方法もあるが，実験参加者自身に，ある感情が喚起した自己体験の場面を記載してもらい，その内容をアレンジした内容を提示し，イメージしやすくする方法もよく用いられている．

実験者が用意した場面を用いる方法は，場面想定法ともいうべき方法で，社会的感情（自尊感情，羞恥など）の研究など複雑な状況を必要とするような場面での感情研究に適している．

自己の体験を呈示する方法は，実際に自分が体験したことをイメージすることになるため，よりイメージされやすいことが想定される．この方法を用いるときによく使われるのがヴェルテン法と呼ばれる方法である．ヴェルテン法は Velten（1968）によって提案された感情の喚起方法で，感情を喚起する目的で書かれた文章を実験参加者に自分のペースで読ませ，感情の喚起を促す方法である．ヴェルテンは感情を喚起させるための文（60文章）や中性の感情を喚起するための文などを報告している．このヴェルテン法の有効性は多くの研究で支持されている（例：Clark, 1983）．しかしながらヴェルテンの提案した方法は，文章が多いことや実験参加者のペースで行うため時間的な統制がとりにくく，最近では文章の数を減らしたものを使うなどの工夫もなされている．

このヴェルテン法を応用した方法として，先述した，実験参加者の実体験をアレンジした文章を作成し，順々に呈示していくといういわば改訂ヴェルテン法ともいうべき方法も用いられている．①実験参加者に所定の感情を体験した状況について詳述させる，②実験者がそれをアレンジし，3段階位に分割した文章を作成する，③実験参加者に所定の感情が生じるきっかけとなった状況や環境を呈示し，その状況を思い出させる，④その状況をさらに詳しく呈示し，イメージを強める，⑤ある感情が生じた状況そのものを呈示する．つまり，ある感情が生じた状況あるいは環境を徐々に呈示し，想起を促すことで所定の感情を喚起するという方法である．この方法の利点は，実験参加者にとって実体験にきわめて似た状況が呈示されるため，所定の感情をイメージしやすいこと，またイメージした感情が鮮明で，通常の喚起方法よりも強烈なことが期待できる．また，実験者が実験参加者に与える文章をコントロールしているため，時間的統制が可能であり，実験場面に適しているという利点もある．

2）感情喚起実験の限界と留意点

感情研究の一番大きな問題点は，ある特定の感情（例えば喜び）を除き，実際に感情が喚起された場面で研究すること，さらには感情を喚起するような実験条件をつくることがきわめて困難なことにある．本節では感情心理学の研究で主に感情を喚起するために用いてきた方法について述べたが，これらの方法に共通する問題は，日常喚起される感情は一般に強烈なものであるのに対し，喚起される感情が比較的弱いところにある．実験室条件の中で実際に感情が喚起された人物のみを対象とする研究もないわけではないが，特にネガティブな感情についての検討は倫理上の観点からもきわめて難しい．特にネガティブな感情を喚起するような操作を行った場合，PTSD（心的外傷後ストレス障害）になる可能性もあり，実験後にポジティブな感情を喚起する操作を加えたり，アフターケアーに留意するなど，倫理上の問題にも細心の考慮がなされなければならない．

〔鈴木直人〕

4.4.2 心理的感情測定尺度

　一般に心理的感情測定尺度は感情の主観的経験を測定するための尺度のことを指す．感情の主観的な経験を言い表すとき，「いらいらした」や「落ち込んだ」など形容詞やそれに類した言葉を用いることが多い．感情状態を言い表す言葉を提示し，この言葉によって表現された感情をどの程度の強さで感じているかを評定させる．このような試みは Nowlis と Nowlis（1956）によって初めて行われ，感情形容詞チェック表（MACL）と名づけられた感情測定尺度がつくられた．その後，欧米において様々な用途を意図した感情測定尺度がつくられてきた．

　以下に述べる感情測定尺度は主に現在あるいは過去の一定期間の感情状態を測定するために作成されたものである．いずれの尺度も特定の実験的操作や人為的介入の結果，どのように感情状態が変化していくのかを個人内において比較するという用い方が一般的であり，推奨される．さらに，これらの感情測定尺度に共通するのは，因子的妥当性に基づき尺度が作成されている点である．因子的妥当性に基づいて作成されているとはいえ，各質問紙に含まれる尺度の数と内容は異なる．また，尺度の名称は異なっていても同じような感情を測定していることも多い．当然のことではあるが，どのような目的で尺度を使用するかを考慮し，必要とする尺度が含まれている質問紙を選択しなければならない．

1) profile of mood states（POMS）

　POMS は McNair と Lorr（1964）によって作成された気分状態を測定するための質問紙である．この質問紙は6つの尺度（緊張-不安，抑うつ-落込み，怒り-敵意，活気，疲労，混乱）から成り立っている．この質問紙は，当初，精神療法のために来院している精神科外来患者に対する薬物療法の効果を評価することを意図して作成されたものである．このため以下に紹介する感情測定尺度にはない思考力の低下を示す「混乱」に関する尺度が含まれている点が1つの特徴である．さらに，教示文において，今日を含め1週間を振り返って各項目の言葉で表される気分をどの程度感じることがあったかを尋ねており，ある程度持続的な感情状態（気分）を測定することを意図している．

　POMS は日本語版が市販されており，検査手引き書が完備しているので，研究者以外にも使いやすくなっている（横山・荒木，1994）．反面，ネガティブな感情を測定するための尺度が6尺度中5尺度であり，ポジティブな感情を測定するための尺度は「活気」の1尺度のみである．このことは，この質問紙の制作者の当初の目的から考えると不思議ではないが，ネガティブな感情もポジティブな感情も幅広く測定しようとする場合には注意しなくてはならない．

2) 多面的感情状態尺度

　この質問紙は Nowlis と Nowlis（1956）が作成した MACL に匹敵するような幅広い感情を測定する尺度を含み，かつ日本人に適合した質問紙とすることを意図してつくられたものである．そのために単に MACL の日本語版をつくるということではなく，感情を言い表す日本語の言葉を広く収集することから出発したという点に特徴がある．この質問紙も他の感情測定尺度と同様に因子分析を用い，尺度の作成が行われた．その結果，安定して再現される8つの因子に基づいて，8つの尺度（抑うつ・不安，敵意，倦怠，活動的快，非活動的快，親和，集中，驚愕）が作成された（寺崎ほか，1992）．

　この質問紙の特徴はネガティブな感情尺度だけに偏るのではなく，ポジティブな感情も測定できるという点にある．このため，応用範囲も比較的広く，MACL の場合と同様に様々な用途で用いられてきた．しかし短所としては各尺度10項目から成り立っているために全尺度を利用すると時間を要する点である．このため，各尺度の項目数を半数に減らした短縮版（古賀ほか，1992）を用意しているが，やはり，短時間の測定を要する実験場面には不利である．

3) positive and negative affect schedule（PANAS）

　この尺度は主観的感情経験に基づく感情の構造

に関する理論的な研究を基礎にして作成されたものである（Watson et al, 1988）．WatsonとTellegen（1985）は過去に行われた因子分析による感情状態に関する9つの研究を取り上げ，それらの結果を再分析し，ポジティブ感情とネガティブ感情の独立した2因子を抽出した．図4.23に彼らが想定した感情の2因子構造と各感情次元の両極を代表する感情形容詞を示した．PANASはこのような感情の構造を想定しつくられており，ポジティブ感情（PA）とネガティブ感情（NA）の2尺度から成り立っている．各尺度の項目数は10項目（全20項目）であり，比較的短時間に実施できるという利点がある．PAとNAの各尺度を構成している項目はすべて，各次元の高いほうの極を表す項目で成り立っている．PANASの日本語版は佐藤と安田（2001）によって作成されている．

4）一般感情尺度

一般感情尺度は，少数の項目でポジティブおよびネガティブな感情を含む全体的な感情状態を測定することを目的にしてつくられた（小川ほか，2000）．肯定的感情（PA），否定的感情（NA），安静状態（CA）の3尺度からなり，各尺度8項目の計24項目である．一般感情尺度のPAとNA尺度はPANASにおけるPAとNA尺度に相当すると考えられる．一方，CA尺度はPANASの理論的な基礎にあるNA次元の低いほうの極に一致した内容であるが，PANASにはみられない尺度である．内容は，多面的感情状態尺度の非活動的快尺度に相当すると考えられる．一般感情尺度は比較的短時間で測定でき，繰り返し感情状態の測定を必要とするような実験デザインに適している．

5）感情測定尺度使用時の留意点

以上に紹介した感情測定尺度はいずれも，感情の主観的な経験を測定することを目的にしているが，以下の3点について留意する必要がある．第1に，評定の対象とする感情経験を現在なのか，特定の1日なのか，あるいは過去1週間なのかなど，測定の対象期間を尺度使用者の目的に合わせて選択することができる点である．次に，評定内容に関しては，感情の強度の評定を求めるのか，あるいは，ある期間における感情の経験頻度の評定を求めるのかという問題がある．一般に評定対象の期間が現在であれば強度評定になり，過去の一定期間を対象にする場合には頻度評定を求める傾向になるが，最終的には使用者が決定すべきことである．第3点は評定形式に関することである．一般にこれらの尺度はリッカート法による評定が用いられる．その際に目安となるラベルのつけ方をどのようにするかによって，評定分布が異なってくることが指摘されている．例えば，4件法の場合，「まったく感じていない」「わずかに感じている」「かなり感じている」「はっきり感じている」のような評定形式が用いられることがある．この場合には尺度の連続性は保たれる（少なくとも2山分布にはならない）が，「まったく感じていない」のほうに反応が偏る傾向がみられる．これに対して「まったく感じていない」「あまり感じていない」「すこし感じている」「はっきり感じている」のような評定形式の場合には，反応分布の偏りが是正される傾向にあり，前者に比べ，推奨される（Russell, 1979）．〔寺崎正治〕

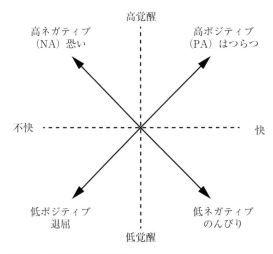

図4.23　感情の2因子構造

4.4.3 基本感情説的研究法（感情研究法1）

1）基本感情説的研究法

　基本感情説的研究法は，感情の符号化と解読の2つに大別される．符号化研究では，基本感情に対応した，表情，音声，身体表出などの非言語情報や生理反応のパターンを明らかにすることに主眼が置かれる．一方，解読研究では，コミュニケーション時の非言語情報から，どのような基本感情が読み取られるかを検討する．基本感情の種類は研究者間で異なるが，代表的なものは，喜び，恐れ，怒り，悲しみ，驚き，嫌悪の基本6感情である（例：Ekman, 1972）．

2）表　情

　表情の符号化研究では，facial action coding system〔FACS（Ekman & Friesen, 1978, 2002）〕を用いることが多い．FACSは，顔面の動きに伴う表情筋群をaction unit（AU）と呼ばれる単位に割り振り，基本6表情に特徴的な顔面の動きをAUで記述することができる．実験参加者の表情を映像で記録し，評価対象となる範囲の記録画像を1フレームずつ切り出し，FACSでコーディングする．コーディングをする人は資格認定が必要だが，市販のマニュアル（Ekman & Friesen, 2002）に沿ってコーディングを行うこともできる．評価の信頼性を担保するため，2名以上によってコーディングを行い，コーエン（Cohen）のカッパ（κ）係数などの一致率を算出することが望ましい．

　表情の解読研究では，標準化された表情刺激を用意する．最も広く使用されているPicture of Facial Affect〔POFA（Ekman & Friesen, 1976）〕は，欧米人モデルを中心に，FACSによってコーディングされた基本6表情の静止画写真が収録されている．日本人モデルを対象に，静止画写真に加えて動画の表情を収録したものとしては，藤村（2016）がある．これは，次元的観点（4.4.4参照）に基づき，2次元の感情的意味空間上に9つの表情を付置したものである．人物の相貌的特徴の影響を排除するため，比較したい感情種すべてについて同一人物のモデルによって表出されている表情セットを使用することが望ましい．

　実験では，表情刺激を紙媒体もしくはコンピュータのディスプレイ上に呈示し，表情が表している感情について回答を求める．表情刺激の呈示順序は実験参加者間で無作為化する．代表的な評価方法として，強制選択法やリッカート法がある．強制選択法では，複数の感情種の選択肢の中から1つを選択する．反応データの分析は，各表情について，実験者が意図した感情との一致率がチャンスレベル以上かどうかを検討する．ただし，表情刺激と選択肢の感情種がともに基本6感情であった場合，快表情は喜び表情1種類しか含まれないため，喜び表情の一致率は天井効果によって100%近くになる．このように，強制選択法による表情の感情解読は，刺激や選択肢の感情種の数によって大きく影響を受けることに留意する必要がある．リッカート法では，各感情に対する評価を距離行列に置き換え，多変量解析を用いて各表情の付置を行い感情意味空間上での表情間の関係を探ることもできる（4.4.4参照）．

　基本感情説では表情知覚を離散的現象としてみなすことから，表情のカテゴリー知覚を検証する研究手法もある（図4.24．Calder et al, 1996も参照）．刺激として，モーフィングによる表情系列を作成する．表情の評価方法として，同定課題と弁別課題を用いる．同定課題では，表情が表出している感情を二者択一で評価する．2つの選択肢は，モーフィング表情のオリジナルの表情の感情種を設定する．カテゴリー知覚が生じていれ

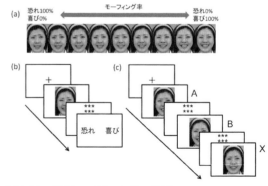

図4.24　表情カテゴリー知覚の検証
a：モーフィング表情（写真撮影協力：日本大学文理学部顔情報研究室），b：同定課題，c：弁別課題（ABX課題，XAB課題）．

ば，感情の同定率は表情のモーフィング率に対するシグモイド曲線として描かれる．弁別課題は，ABX 課題や XAB 課題とも呼ばれる．2 つの表情（A, B）をペアとして継時的に呈示し，ターゲット表情（X）が A と B いずれの表情と同一か判断する課題である．ABX 課題ではターゲット表情は 1 試行の最後に，XAB 課題ではターゲット表情は 1 試行の最初に呈示する．カテゴリー知覚が生起すれば，表情系列内のカテゴリー間をまたぐ表情ペアは，カテゴリー内の表情ペアよりも弁別が容易になるため，課題の正答率が上昇する．これらの手法は音や色などの他の刺激種のカテゴリー知覚の検証にも有効である．

3）音　声

音声では，言語的情報のみならず，音の大きさやピッチなどの音響的特徴で表現される非言語的情報によっても感情が伝達される．基本感情説的研究法では，この非言語的情報に着目し，符号化研究と解読研究を行う．

まず，感情音声刺激を用意する．広く使用されているものは，The Montreal Affective Voices（Belin et al, 2008）があるが，日本語音声のものとして自ら作成してもよい．作成を行う際には，マイクやアンプなどの機材や録音環境を十分に注意して設定する必要がある（聴覚刺激の作成方法の詳細については 2.2 参照）．

感情音声刺激は，その言語的情報や音源によって 3 つのタイプに分けられる（Murray & Arnott, 1993）．1 つ目は無意味語で，単音のランダムな連なりや，聞き手に言語的知識がない外国語が代表的な例である．2 つ目は，言語的には中立感情を示す短文である．例えば，「そうですか」「もしもし」などがあげられる．3 つ目は，自然な会話状況における感情音声である．映画やドキュメンタリー映像などの音声情報から採取したり，実際の会話場面から収録する方法もある．上記の感情音声の特徴からわかるように，実験刺激としての言語的情報の統制と自然な感情表現はトレードオフの関係にある．それぞれの長所・短所を考慮し，研究目的に合わせて音声刺激を選択する．

符号化研究では，収集した感情音声の音響的特徴の解析を行う．音響的特徴は，ピッチに対応する基本周波数（F_0），音の大きさを表す音圧，声質を知覚させる高周波数帯のエネルギーやフォルマント周波数，時間的側面であるスピーチの速度やポーズがある（Juslin & Laukka, 2003）．まず，音声の感情種を基準変数，音響的特徴を説明変数として判別分析などの多変量解析を適用し，感情をよりよく識別する音響的特徴を調べる．解読研究での評定・分析方法は 2）表情で述べた．

4）姿勢，しぐさ，身体表出

符号化研究としては，感情状態にあるときの姿勢やしぐさを観察する．例えば，怒りや喜びの感情状態を喚起し，姿勢の変化を観察する．重心動揺計で前傾・後傾姿勢を判断したり，腕や脚の筋電図を導出し筋肉の緊張度合を定量化してもよい．また，コミュニケーション時の身振りや手振り，うなずき，まばたきなどのノンバーバル行動を映像で記録し，出現頻度や継続時間をコーディングすることもできる．解読研究では，身体で感情を表現した刺激を用意する．The Bodily Expressive Action Stimulus Test〔BEAST（de Gelder & Van den Stock, 2011）〕があり，喜び，恐れ，怒り，悲しみの身体表出が収録されている．評価方法や分析方法に関しては，2）表情で述べた．

5）生理反応

感情に伴う生理反応については，符号化研究が中心である．まず実験室内で主観的な感情状態を喚起し（4.4.1 参照），生理反応を計測する．末梢神経系としては，心拍，皮膚電気反応，呼吸，表情筋活動が感情状態をよく反映する．中枢神経系としては，脳波や脳機能イメージング法を用いることもできる（各指標の計測手法は第 6 部参照）．指標を増やせば符号化の精度も高まるが，実験参加者に貼付するセンサーや電極も増えるため，実験参加者の負担も考慮しながら計測指標を選ばなければならない．分析方法としては，各指標の平均値について感情種間で比較するだけでなく，多変量解析法やパターン識別技術を適用し，生理反応から感情種を推定するモデルを作成することもできる．　　　　　　　　　〔藤村友美〕

4.4.3　基本感情説的研究法（感情研究法 1）　　251

4.4.4 次元説の研究法 (感情研究法2)

1) 基本的な考え方

次元的研究法においては，他人の感情的表情表出（表情）を認識する際に行われる一連の認知処理を，その背後に存在する構造として視覚化し，幾何学的表象の観点から理解することがある．例えば，多様な表情を感情強度や非類似度を用いて評価させ，整数次元から構成される認知空間内にそれらを幾何学的に布置し，互いの距離関係や位置関係，あるいはグルーピングなどの視点から表情認知構造の全体像を明らかにする．この幾何学的な布置を実現するのが多次元尺度構成法（multidimensional scaling, MDS）である．さらに，認知構造内に刺激を布置した後に認知次元（軸）を様々に回転させて認知構造の総合的解釈を探索する．また，適宜クラスタ分析（cluster analysis）を併用し，より的確な認知構造把握への一助とすることがある．

2) 多次元尺度構成法 (MDS)

MDS では，実験や調査などで得られた多くの変量データを2次元や3次元などの低次元に圧縮して視覚化することが最大の目的となる．MDS の基本概念は，「似ている対象同士を近くに配置し，似ていない対象同士を遠くに配置する」という単純明快なものである．MDS 適用時の注意点は，収集しようとしているデータの尺度レベルにある．他の解析手法と同様に，質的データと量的データのどちらを扱うかによって，MDS の手法が異なる．データが順序尺度の場合には非計量的MDS（non-metric MDS）を適用し，間隔尺度や比率尺度の場合には計量的 MDS（metric MDS）を用いる．ただし，両者の違いはデータの尺度レベルにあり，表象空間が計量的あるいは非計量的ということではない．なお，これらの手法は，最近のほとんどの統計パッケージに実装されている．

非計量的 MDS では，表情間の非類似性の順序情報のみを用いて視覚化する方法で，一対比較法を用いて全表情刺激における総当たりペアの非類似度（似ていない度合い）を評価させることが多い．この場合，類似度ではなく非類似度の評価であることに注意が必要であり，非類似度を5段階評定や7段階評定などで評価させるときには，評定段階の最大値を「まったく似ていない」とする．得られるデータは表4.3のようになる．

一方，計量的 MDS では，各表情刺激の感情強度を基本6表情のそれぞれについて評価させ，得られたデータから距離行列を作成して空間布置を行う．例えば，いくつかの表情を単独提示し，その表情が喜び・悲しみ・怒り・嫌悪・恐怖・驚きのそれぞれについてどの程度の強度を有しているのかを判断させる（表4.4）．そして，各表情間のユークリッド距離を算出し，総当たりの表情刺激ペアの距離を求めて分析を実行する．

他方，大人への教示が理解できない子どもを対象とした実験で，Ward（1977）の並べ替え課題を基に刺激間類似度を算出することがある（Russell & Bullock, 1985）．この課題では，全刺激に対して似ているもの同士を 2, 3, 4, 7, 10 の各グループに分類させる．そして，同じグループに分類された刺激ペア間の回数を類似度と定義して刺激間類似度を算出する．

MDS の実行後，いくつかの整数次元における刺激の空間布置（座標値）が得られる．どの整数次元を採用するかについては，視認の容易さから

表4.3 一対比較による非類似度の評価例

	表情1	表情2	表情3	表情4	表情5	表情6
表情1	1					
表情2	2	1				
表情3	1	3	1			
表情4	5	5	3	1		
表情5	3	2	1	4	1	
表情6	4	3	3	2	4	1

表4.4 感情強度の評価例

	喜 び	悲しみ	怒 り	嫌 悪	恐 怖	驚 き
表情1	1	5	3	4	4	1
表情2	5	1	2	1	1	5
表情3	1	3	1	1	3	1
表情4	1	1	2	1	5	5
表情5	2	1	2	1	4	3
表情6	3	1	1	2	2	4

表 4.5 ストレス値と適合度の関係

ストレス値	適合度
0.200	poor
0.100	fair
0.050	good
0.025	excellent
0.000	perfect

2次元が選択されることが多いが，一般的にはストレス（stress）値の推移から採用次元数を判断する．先述のように，MDSでは多くの変量を低次元に圧縮するため，次元によって当てはまりの良さが変化する．この当てはまりの良さが表4.5に示すKruskal (1964) によるストレス値であり，その変化と適合度とを比較しながら採用次元数を決定する．ただし，表4.5はあくまでも目安であり，絶対的な基準ではないことに留意する必要がある．さらに，1～10次元程度までのストレス値の推移をグラフに描き，グラフの傾きが急激に変化する，いわゆるエルボー効果が発生している次元を採用次元とする方法もある．

各刺激の座標値が得られたら，それらを空間布置して散布図を作成し，図上に次元軸を引いて各次元の意味を推定する．ここで重要になるのは，因子分析や主成分分析と異なり，次元軸の回転は研究者自身が恣意的に行ってもよいということである．これは，MDSが刺激間の相対的な位置関係のみに着目した解析手法であるため，絶対的な次元軸が存在しないからである．

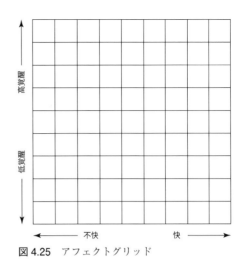

図 4.25 アフェクトグリッド

3) アフェクトグリッド（affect grid）

上述のMDSは複雑な計算によって実行されるが，感情認知実験においてMDSを使用しない簡便な認知構造の視覚化テクニックが開発された（Russell et al, 1989）．アフェクトグリッドと呼ばれるそのテクニックは，縦9セル・横9セルの合計81セルから構成され，横軸は快－不快に対応するvalence，縦軸は覚醒度に対応するarousalを示している（図4.25）．感情刺激を提示した後に，刺激の感情成分がアフェクトグリッド上のどのセルに当てはまるかを直接回答させる方法で（藤村・鈴木, 2008），このテクニックによって被験者の負担が大幅に低減された．しかし，アフェクトグリッドはあくまでも補助的に使用すべきであり，可能ならばMDSを実行できるように努めるべきであろう．
〔竹原卓真〕

4.4.5 社会構成主義の研究法 (感情研究法 3)

1) 感情の社会構成主義とは何か？

感情の社会構成主義 (social constructionism) とは，ヒトにおける感情の生得普遍性に疑いを持ち，文字どおり，種々の感情が社会・文化的に構成されると仮定する理論的立場を指していう．もっとも，それは必ずしも一枚岩ではなく，大きくは，感情の生得的あるいは神経学的基盤をある程度認めつつも，社会・文化によって，その経験や表出などに一定の差異が生じうることに注目する弱形態の社会構成主義と，そもそも感情，その中でもことに主観的情感 (feeling) が，ある特異な神経生理学的基盤に結びついて生じることを否定し（あるいは端からそれへの着目を拒み），むしろほぼ完全に，個々の社会・文化に固有の認知的枠組みに規定されてあることを前提視する強形態の社会的構成主義とに分けて考えることができる．また，基本的前提については後者と軌を一にするが，社会・文化による差異以上に，個人の中で感情概念が主観的情感の形成に果たす役割のほうにより強い関心を寄せる心理学的構成主義のような立場もある．

2) 弱形態の社会構成主義における研究法

既述したように，この立場は，感情の様々な側面にいかにしてどのような社会・文化的差異が生じるかを研究のターゲットとする．実のところ，それは，必ずしも各種感情の生得普遍性の仮定と矛盾するものではない．それどころか，その基本発想は，基本感情理論の旗頭の1人であるエクマン (Ekman, 1972) の神経文化モデルの中に色濃く見てとることができ，彼は感情の生物学的・神経学的に規定されている諸側面が，文化の産物である社会的経験規則や社会的表示規則によって異なった現れ方をする可能性を仮定していたのである．

現に，エクマン自身は，米国人と日本人に，同じ凄惨な内容の映画を，単独条件と，実験者同席条件で呈示し，その表情の差異を見る実験を行っている．そして，後者の条件で，日本人の表情が全般的に乏しくなり，いわゆるポーカーフェースが増えたことから，エクマンは人前ではあまり表情を顕わにしないことを是とする日本固有の社会的表示規則が，元来，生得普遍のものとしてある恐れの表情の制御・抑制をもたらした可能性を示唆している．

これは特に感情の表出に焦点化したものであるが，基本的にこの立場の研究スタイルは，事象との遭遇から認知的評価を経て表情や行為の産出へと至る，感情の一連のプロセスにおける各種要素を取り上げ，そこにどのような社会・文化による違いが存在するかを実験や質問紙調査などを通して明らかにしようとするものである．その研究は大きく，以下3種に分けて捉えることができるかもしれない（遠藤, 2013）．

1つの方向性は，基本的に，日常，より頻繁に経験あるいは表出される感情の種類が，また特定感情を引き起こしやすい事象の種類が，さらには，特定の同一事象に対してなされる認知的評価の質が，複数の文化圏の調査協力者の間で，どれだけ一貫した違いを見せるかを解明しようとするものである．2つ目の方向性は，エクマンの研究がそうであったように，各種感情の表出やその認識にどれだけの文化的差異があるかを問おうとするものである．そして，もう1つの方向性は，どのような感情経験や感情表出に，より高い価値が置かれ，それを積極的に促すような社会化がなされやすいのか，そして結果的に特定の感情経験がどのような行為あるいは行為傾向に結びつきやすくなるのかの文化的違いを探ろうとするものである．

例をあげて説明するだけの紙数はないが，こうした比較文化的研究は数多くなされており，すでにとりわけ，感情の始発点，すなわちどのような出来事をどういう評価に結びつけるかという部分と，感情の終止点，すなわち内的に経験された感情をどう制御し表すかという部分に，相対的に広汎な文化差が生じやすいことが結論づけられているようである（遠藤, 2013）．

3) 強形態の社会構成主義における研究法

上述した立場は，（元来，ヒトに共通に備わってあるであろう）各種感情が社会・文化の影響を受けて多少とも変化しうるということを主張する

254　4.4 感 情

ものであり，その意味からして，少なくともいくつかの感情を，生物学的実体性を備えた，いわゆる自然類（natural kind）と見なす基本感情理論と必ずしも矛盾するものではない．それに対して，強形態の社会構成主義は，この基本感情理論にほぼ真っ向から異を唱える理論的立場といえる．

この立場は，喜び，怒り，悲しみ，恐れといった各種感情を，人が，それぞれの社会・文化に固有の認知的枠組みに従って，ある意味，恣意的に切り取り概念化した，いわゆる人工類（human kind）であると見なすものである．それは，そうした感情が，まさにヒトの進化の確固たる産物として，脳や身体にそれぞれ特異な生物学的実体性を伴って存在しているということを否定し，それらを，あくまでも私たちの認知およびその延長線上に生じる主観的情感（feeling）の中にのみ生じると主張するのである（喜怒哀楽といった感情カテゴリーは，あくまでも認知主体たる人間がただ「あると思い込んだもの」にすぎない）．

したがって，この立場の研究者の関心は，おのずと，感情の文化相対性の検証に向かうことになる．すなわち，ある文化には際立って顕著に認められる感情が，他の文化では全面的に欠落しているような事例，あるいは，逆にある特定文化にしか認められない特異な感情の存在を示すような事例を見出そうとするのである．結果的に，この立場の研究者は，ある特定の理論仮説を掲げてその検証をトップダウン的に図るオーソドックスな心理学的手法ではなく，むしろ，特定の文化をフィールドとして参与観察などを行い，その中でボトムアップ的に文化的に特異な事象を分厚く記述し，そこに潜む固有の意味構造を探ろうとする文化人類学的方法を多く採ってきたようである．

特に，この立場にくみする論者は感情の身体生理的側面よりも主観的情感に関心を払い，またそれを文化成員がいかに言語化するかに注視する．さらに，そうした言語を支える感情のエスノセオリー（民族固有の素朴理論）を分析対象とする．例えば，広く感情に関わる語彙数は英語圏での約2,000語から，マレーシアのChewong族の7語まできわめて文化的分散が大きいことが知られているが，こうした感情語や感情概念の違いこそが，感情の社会的構成の部分的証左になると見なすの

である（遠藤，2013）．

4）心理学的構成主義における研究法

上記の立場と同じく，主観的情感が文化固有の解釈枠に従って経験されることを暗黙の前提とするが，それが個人の中でいかに生じるか，その内部プロセスにより強い関心を払うのが心理学的構成主義である．この立場は，各種感情カテゴリーの1回1回の発動事例すべてに通底するような定義的特性は元来，存在しないことを主張する．そして，恐れや怒りといった感情それぞれに一対一対応で結びついた表情や生理的反応パターンなどがあるという基本感情理論の前提を覆すような証左を探ろうとする．加えて，この立場の代表的論者であるバレットら（Barrett & Russell, 2014）によれば，事象に対するあらゆる感情的反応の本質としてあるのは，ただ感情価（快・不快）と覚醒度の2次元からなるコアアフェクトのみであり，その時々において独特の質感を有するこの状態に，個人が感情概念やそれに基づく状況的解釈をもち込む（概念的行為を起こす）ことによって，そこにカテゴリカルな主観的情感が生み出されるのだという．

彼らは，そうした内的機序が現に生じていることを明らかにするために，逆に個人の能動的な概念的行為が阻害されれば，感情のカテゴリカルな知覚が困難になるであろうと予測を立て，それを実証しようとする．その1つの研究は，同一語を何十回も繰り返し復唱させる中で，一時的にその語の意味へのアクセス可能性を低下させる，いわゆる意味的飽和の手続きをとった実験を実施している（Lindquist et al, 2006）．具体的にそれは，例えば「怒り」という言葉に関して，この意味的飽和を誘発したうえで，実験参加者に，呈示された表情写真が自身が先に復唱していた「怒り」に合致するか否かの判断を求めたり，2枚同時呈示された表情写真が同じく「怒り」か否かの判断を求めたりしたのである．結果は，現に「怒り」の弁別的判断が遅れたり，部分的にその正確さが損なわれたりすることを示しており，このことをもって，彼らは概念的行為によってこそ，初めて感情はカテゴリカルに知覚されると結論したのである．

〔遠藤利彦〕

4.4.6 感情と記憶と認知

1) 感情の2次元構造に応じた感情の基本的な操作方法

一般に，感情（emotion）は2つの次元に区別できる（Russell, 1980）．すなわち，1つは，ポジティブかネガティブといった感情価（valence）の次元であり，もう1つは，感情の強弱の程度である感情強度〔厳密には概念的に異なるものの近年は覚醒（arousal）と呼ばれることも多い〕の次元である．この区別に応じて，独立変数となる感情の操作方法は，感情価と覚醒のどちらに重点を置くかによって異なってくる．

第1の感情価の操作方法は，感情の状態（state）か特性（trait）のいずれに注目するかで，さらに2つに分けることができる．すなわち，参加者の感情の状態を操作する方法というのは，言語的方法（ヴェルテン法など）や非言語的方法（音楽誘導法など）を使って特定の感情状態に誘導するというものである（4.4.1参照）．通常，ベースラインとなるニュートラルな感情状態も設定したうえで，誘導操作が成功しているかどうかを，操作の前後に感情測定尺度でチェックする（4.4.2参照）．もう1つの方法は，参加者に固有の特性である抑うつ（depression）や不安（anxiety）などを感情測定尺度によって，あらかじめ分類しておくことで，感情を操作するというものである．この場合，使われる感情測定尺度のカットオフポイントを基に，臨床群と非臨床群に分けて比較する場合と，非臨床群の健常者（多くは大学生）だけを対象として，感情測定尺度の高得点群と低得点群に分けて比較する場合がある．

第2の感情の覚醒の次元に関する操作方法は，呈示する刺激材料から喚起される覚醒水準を変化させる．すなわち，覚醒水準の高い刺激材料（「殺人」という単語や出血場面を含んだ写真など）と，覚醒水準の低い刺激材料を用意するのである．この場合の覚醒水準の操作チェックには，先に述べた感情測定尺度を用いることも多いが，覚醒水準の測定に特化した尺度（Thayer, 1978）もよく使われている．また，覚醒水準の変化に応じて身体

的変化（血圧の上昇，発汗や心拍数の増加など）が起こるので，これらを測定し操作チェックとして活用することもある．

このように独立変数として感情（感情価や覚醒）を操作すると，注意（attention），記憶（memory），高次認知（higher level cognition）に対して，本質的に類似のバイアス（bias）が認められる．そこで，次に，これら3つの領域で使われる課題について見ていくことにする．

2) 感情による注意バイアスの実験方法

特定の感情価（多くはネガティブ）をもった刺激材料に注意が自動的に向いてしまうという現象は，感情による注意バイアス（attentional bias）と呼ばれ，感情ストループ課題（emotional Stroop task）や感情プローブ課題（attentional-probe task）を使って検討が行われることが多い（Yiend, 2010）．

よく知られているように，ストループ効果とは，カラー印刷された「赤」「青」などの色名単語の文字を無視して色名だけを呼称する際に，書かれている単語の意味に妨害され（つまり，自動的に注意が向いてしまい），色名呼称の反応時間が遅くなる現象である．感情ストループ課題では，色名単語の代わりに，特定の感情を喚起するカラー印刷された単語（「病気」「失敗」など）を使い，色名呼称の反応時間を測定する．例えば，抑うつという感情特性の臨床群を対象に，感情を喚起する単語に対する色名呼称の反応時間が（非臨床群や，感情を喚起しないニュートラル単語の反応時間より）遅くなるという注意バイアスを検討できる（Gotlib & Cane, 1987）．

一般に，空間的な注意の研究で使われるドットプローブ課題（dot-probe task）とは，画面の右か左に呈示されるターゲット刺激（ドット「・」）を検出したら，できるだけ速くボタンを押して反応する課題である．このターゲット刺激の呈示の前に，凝視点を挟んだ画面の右か左に手がかり（プローブ）が呈示されるので，参加者の注意は，自動的に，このプローブに引きつけられる．ただし，このプローブの呈示位置に毎回必ずターゲット刺激が呈示されるわけではないので，このプローブの呈示によって（自動的に注意が引きつけられて）

ターゲット刺激の検出時間が遅くなることがある（4.3.1 参照）．感情プローブ課題では，このドットプローブ課題と同様のロジックで，プローブとして（先の感情ストループ課題と同様の）感情を喚起する単語を呈示する．この課題でも，反応時間の遅れという側面から注意バイアスを検討する（Fox et al, 2001；MacLeod et al, 1986）．

3）感情による記憶バイアスの実験方法

感情一致効果（emotion congruent effect）とは，記銘時や想起時の感情価（ポジティブかネガティブ）と一致した感情価をもつ刺激材料の記憶のほうが，感情価と一致しない刺激材料の記憶よりも優れることをいう（Bower, 1981）．このバイアスは，感情の覚醒度の比較的弱い気分（mood）に限定されるので，しばしば，気分一致効果（mood congruent effect）とも呼ばれる．

気分一致効果の典型的な研究では，感情価の操作方法の項で述べたように，参加者の感情価を実験的に誘導するか，あらかじめ参加者の感情特性を分けて，ポジティブ感情とネガティブ感情を設定する．次に，標準化された基準や予備調査などに基づいて，刺激材料（単語，文章，画像）の感情価をポジティブ材料とネガティブ材料に分けて学習させ，それぞれの記憶成績を比較する（Bower et al, 1981）．なお，再認法を使う場合には，想起に要する反応時間も指標とすることができる（4.2.1 参照）．また，人工的な刺激材料の記憶ではなく，自分自身に関する出来事の記憶である自伝的記憶（autobiographical memory）を検討する場合には（4.2.5 参照），学習段階を設定できないので，特定の感情状態の下で想起を求め，想起された出来事の感情価を実験者ないしは参加者本人が分類したうえで，比較検討する（Snyder & White, 1982）．

一方，感情の覚醒に関連した記憶バイアスの研究では，ネガティブ感情の覚醒水準の高低を操作した刺激材料を呈示し，その記憶成績を比較する．ただし，分析に際しては，刺激材料の空間的・系列的な分析も行うのが望ましい．空間的な分析では，同じ刺激材料の中でも，覚醒水準を高くしている中心情報（画面の中の「凶器」など）

と，それ以外の背景となる周辺情報に分けて分析する（Christianson & Loftus, 1987）．また，系列的な分析では，覚醒水準の高い刺激材料と，その前後の刺激材料に分けて比較検討する（Loftus & Burns, 1982）．

4）感情による高次認知バイアスの実験方法

高次認知の一部である解釈（interpretation）や判断（judgement）でも，記憶における気分一致効果と同様，感情によるバイアスが認められる（Blanchette & Richards, 2010）．

解釈バイアスを調べるには，一義的な解釈のできない（曖昧な）刺激材料（同音異義語，文章，ビデオ映像，表情など）を呈示して解釈を求める．例えば，同音異義語の単語（「die（死ぬ）」と「dye（染める）」など）を聴覚呈示して，それを書き取らせることで解釈バイアスを調べることができる（Mathews et al, 1989）．また，曖昧な文（「医者はエミリーの診察にやってきた」など）に続けて，この曖昧さを解消するための文として，ネガティブな文（「彼女の腫瘍は前回の診察時とほとんど変わりなかった」）かニュートラルな文（「彼女の身長は前回の診察時とほとんど変わりなかった」）を与えて，文章全体の意味の理解ができるまでの反応時間を測定することも行われる（MacLeod & Cohen, 1993）．

判断バイアスの検討では，例えば，参加者の感情価を誘導した後，ネガティブな出来事（「飛行機事故」「胃がん」など）やポジティブな出来事（「幸せなロマンス」など）を用意して，これらの出来事が将来に起こる主観的な確率を判断させる（Johnson & Tversky, 1983）．出来事の種類（身近な出来事かテロなどの国家的惨劇など）や，将来の時間的スパン（近い将来か遠い将来など）を細かく分けて検討することも可能である．

〔高橋雅延〕

●参考文献

De Houwer & Hermans（2010），北村ら（2006），高橋（1996, 2002, 2007），および Wells & Matthews（1994）．

第4部 認知・記憶・注意・感情

4.4.6 感情と記憶と認知　257

4.4.7 感情と発達

1) 乳児の表情知覚

乳児における表情の知覚に関する研究は，以下に記すような選好注視法および馴化‐脱馴化法を用いて行われる．例えば，選好注視法では，乳児は，刺激呈示用のスクリーンから40～50cm程度離れて母親の膝に抱かれて座る．実験者は，ビデオモニタを通して乳児の顔をモニタし，乳児がスクリーンの中央を見たと判断したら，スクリーンの左右に異なる表情の顔刺激を呈示する．刺激の呈示時間は，乳児の注視に任される．これを乳児統制法（infant-control procedure）という．それぞれの刺激に対する乳児の注視時間を計測し，どちらか一方の刺激を長く注視すれば，表情が弁別できたということである．ちなみに，新生児は，中立的な表情と恐れの表情は弁別できなかったが，喜びの表情と恐れの表情は弁別できた（Farroni et al, 2007）．

ただし，乳児が表情の異なる顔を弁別したからといって，その背後にある感情を理解したわけではない．感情の理解にはもう少し複雑なアプローチが必要である．例えば，喜び，悲しみ，怒りの表情とそれらに対応した音声刺激のマッチングを調べる方法があげられる．この実験では，それぞれの表情とそれらに対応する音声刺激が同時に呈示される．このような実験の結果，7か月児は，表情と音声刺激がマッチした刺激をよりよく注視することがわかった（Walker, 1982）．

2) 幼児の感情理解

言語が使用できるようになると，研究の幅も広がる．幼児の感情理解については，物語を聞かせその主人公の感情を尋ねるというのが常套手段である．ここでは，その代表的な方法を紹介する．PonsとHarris（2004）は，3歳，5歳，7歳，9歳，11歳児を対象に，9つの異なるコンポーネントからなる物語を絵本を用いて呈示した．絵本には，主人公がある感情を誘発される場面のシナリオがあり，対象児は実験者によってそれを読み聞かされた．その後，その場面に相応しい主人公の感情

を，表情を表す線画の顔を選択することで答えさせた．9つのコンポーネントは以下のとおりである．

- コンポーネント1（認知）：様々な感情語と表情の対応の理解．
- コンポーネント2（外的な原因）：外的な理由が特定の感情を誘発することの理解．
- コンポーネント3（欲求）：ヒトの感情は欲求に依存して生起することの理解．
- コンポーネント4（信念）：他者の誤った信念や本当の信念の理解．
- コンポーネント5（記憶を想起させるもの）：記憶と感情の関係の理解．
- コンポーネント6（感情の調整）：感情をコントロールする方略の理解．年齢に応じてより巧妙になる．
- コンポーネント7（感情の隠ぺい）：潜在的に，外に表出される感情と，実際に感じる感情の食い違いがあることの理解．
- コンポーネント8（感情の混合）：与えられた状況に応じては，異なる2つの感情，たとえそれが相反する感情であっても，同時にもちうることの理解．
- コンポーネント9（道徳感）：道徳的に非難されるべき行為からネガティブな感情が生まれ，道徳的に賞賛されるべき行為からポジティブな感情が生まれることの理解．

以上のコンポーネントは，1から9へと課題の難度が増すものであり，幼児の年齢が上がるにつれて，実際にそれぞれのコンポーネントに対する正答が増加した．このテストは，Test of Emotion Comprehension（TEC）として，ヨーロッパ各国の言語に翻訳され広く使用されている．

3) 社会的参照

乳児は，表出された他者の感情を理解するようになると，その感情情報を外界に対する反応のために使用するようになる．

直面した曖昧な状況や新奇な状況に対して，自分の態度を決定するために，他者の感情情報を参照することを「社会的参照（social referencing）」という．こうした社会的参照は，生後10か月くらいからみられるという．社会的参照の発達には，

単に他者の感情を検出したり弁別したりするだけでなく，他者の感情と環境に存在する事象や物体との連結を理解することが必要である．

典型的な社会的参照の実験では，曖昧な状況が設定され，母親にその状況に対して，事前に決められたとおりに反応することが求められる．具体的にはその状況に対して，ポジティブもしくはネガティブにふるまうのである．選択される状況は，新奇なおもちゃを呈示する場面，知らない人がいる場面，そして視覚的断崖（visual cliff）を用いる場面など，多様である．例えば，Klinnert（1984）は，対象児に新奇な動くおもちゃを呈示し，母親に，楽しい表情（happy expression），恐れの表情（fear expression），および中立的な表情（neutral expression）をすることを求めた．その結果，乳児は，母親の表情に応じて反応が変動した．母親が恐れの表情を示した状況では，乳児は母親から離れずに新奇なおもちゃと一定の距離を置いて静止した．母親が中立の表情を示した場合は，乳児はおもちゃと母親の中間あたりに位置し，楽しい表情を示した場合は，乳児は母親から離れておもちゃに近づいた．視覚的断崖を用いた実験においても同様のロジックが用いられる．母親の表情に対応して，断崖を渡るか否かが記録された．また，見知らぬ人を刺激として用いた場合も同様である．なお，乳児の反応指標としては，乳児が新奇対象物や新奇事象にどの程度接近するかということのほかに，心拍数や表情が用いられる場合もある．

4）乳児における共感研究

乳児における感情的な反応は，これまで，心拍の変化，皮膚コンダクタンス，瞳孔径の大きさなどが，指標として用いられてきた．中でも瞳孔径の大きさという指標は，乳児に特別なストレスを与えることなく，容易にかつ正確に記録できるという技術的な側面でもきわめて有効であるとされる（Gredebäck & Melinder, 2010；Jacobson & Sirois, 2009）．こうした瞳孔の生理的機能を踏まえて，Geangu らは，異なる感情価が，乳児の感情的反応に影響を与えるか否かを，刺激呈示時の瞳孔径の大きさを計測することにより検討した（Geangu et al, 2011）．対象となったのは，6 か月

児と 12 か月児それぞれ 15 名であった．使用された刺激は，3 名の乳児が，中立，ポジティブ，ネガティブな感情を表す 50 秒間の映像であった．中立刺激では，乳児は中立的な表情をしており，感情を伴わないバブリングの発声が含まれていた．ポジティブ刺激では，乳児は笑い声を伴った喜びの表情を示した．また，ネガティブ刺激では，乳児は泣き声を伴った怒りの表情を示した．このような刺激を見ているときの，参加児における瞳孔径の大きさが，アイトラッカーを用いて計測された．

結果は，他の乳児の感情によって，瞳孔径が大きくなるというものであった．また，この変化は，感情価によって異なるものだった．他者のポジティブな感情もネガティブな感情も，6 か月児と 12 か月児の瞳孔径の拡張を誘発したが，その時間は，ネガティブな感情のほうが長かった．確かに他者の感情状態が，乳児の瞳孔径の大きさに影響を与えたのであり，それは感情価に応じて異なっていたのである．

同様に，瞳孔径の変化を用いた研究として，養育者の共感傾向が，乳児の他者の感情状態に対する覚醒にどのように影響するのかを検討したものがある（Upshaw et al, 2015）．Upshaw らは，先にあげた Geangu らの研究を基にした刺激を，12 か月児と 15 か月児に呈示し，瞳孔径の大きさを計測した．また，参加児の養育者の共感性を Interpersonal Reactivity Index〔IRI（Davis, 1983）〕で，向社会性を Prosocial Personality Battery〔PBS（Penner et al, 1995）〕により調べた．

乳児の瞳孔径の変化に関しては，Geangu らの結果と同様，中立的な表情よりも，喜び，悲しみの表情を呈示されたときに，有意に拡大した．また，喜びと悲しみの表情では，悲しみの表情のほうが，乳児のより大きな瞳孔径の拡張を誘発した．また，このような瞳孔径の大きさの変化と養育者との共感傾向の関係を調べてみると，他者の視点をとる傾向の強い養育者は，他者の感情に対して強い覚醒を示す子どもの親であることが示された．さらに，Geangu らは，養育者の利他的な行動の頻度と乳児の他者の感情に対する覚醒，特に喜びの表情に対する反応との関係を見出した．

〔板倉昭二〕

4.4.7 感情と発達　　259

4.5 思考・意思決定

4.5.1 二過程理論

1) 条件的推論課題

　二過程理論とは，表 4.6 に示されるように，直観的な過程と内省的な過程を区分して想定する理論である．この先駆的な研究は，Evans（1972）によるマッチングバイアス（matching bias）の発見である．このバイアスは，4.5.4 で紹介するウェイソン選択課題（Wason selection task）において観察された．ウェイソン選択課題とは，例えば表にアルファベット，裏に数字が印刷されているカードがあり，「もし表が B ならば，裏は 2 である」という条件文の真偽を調べるには，B, F, 2, 5 と表示されたカード（アルファベットの裏は数字，数字の裏はアルファベットだが，それらは隠されている）のどの反対側を調べる必要があるかという課題である．規範解は，B と 5 だが，多くの人は B と 2 を選んでしまう．当初この誤答現象は，条件文が正しいことを確証させる項目が選択されるとする確証バイアスによるものとされた．

　しかし，Evans と Lynch（1973）は，「もし表が B ならば，裏は 2 ではない」というように否定条件文にすると，規範解である 2 の選択率が増加することを見つけた．もし，人間が確証バイアスの影響を受けるならば，2 ではないカード（この場合は 5）を選択して条件文が正しいことを確証しようとするはずである．エヴァンズは，肯定文における誤りも，否定文における規範解も，いずれも条件文に明示されている項目（この場合は 2）と，マッチするカードが選択されやすいと解釈したのである．

2) 進化的に古いシステムと新しいシステム

　人間は，マッチングバイアスを受けやすいと同時に，上記のウェイソン選択課題については説明されれば規範解を理解できる．ここに，Evans と Over（1996）によって，マッチングバイアスが生ずる過程と規範解にたどり着くことを可能にする過程という二過程を仮定した理論が提唱される．前者の過程は潜在的で，後者の顕在的な過程

表 4.6　二過程についての分類と各々の諸特徴（Evans & Stanovich, 2014）

タイプ 1 過程（直観的）	タイプ 2 過程（内省的）
定義的特徴	
ワーキングメモリを必要としない 自律的	ワーキングメモリを必要とする 認知的非干渉化，心的シミュレーション
典型的関連項目	
速い 高容量 並行的 無意識的 バイアスがある反応 文脈的 自動的 連想的 経験則的意思決定 認知的能力とは独立	遅い 容量に限界 系列的 意識的 規範的反応 抽象的 制御的 ルール基盤的 帰結主義的意思決定 認知的能力と相関
システム 1（旧精神）	システム 2（新精神）
古い進化 動物の認知に類似 潜在的知識 基本的感情	新しい進化 人類独自 顕在的知識 複雑な感情

が処理しきれない膨大な情報の関連性判断が行われる．そして，関連があると判断された情報が後者の過程において処理される．マッチングは関連性判断の手がかりの 1 つとして位置づけられ，マッチするものが関連性ありと判断される．

　二過程理論は，1970 年代の研究アプローチの 1 つであるヒューリスティック（heuristic）またはバイアス（bias）アプローチの流れを汲む．ヒューリスティックスとは，ある規範解に至るための具体的手順と根拠を与えるアルゴリズム（algorithm）と対比され，経験則的に獲得されて暗黙のうちに用いられている簡便な解法や法則のことを指す．1970 年代は，人間が，ヒューリスティックスの使用によっていかに推論において誤りを引き起こしやすいかが誇張された時代であった．そのような中から，ヒューリスティックスの過程と規範解を導くアルゴリズムの過程を区別する理論が登場したわけである．この考え方は，当時，記憶研究においても自動的な過程と制御的な過程を区別する理論（Shiffrin & Schneider, 1977）とも整合し，認知の総合的な理論となっていった．

　非合理的とされていたヒューリスティックスの過程が，実は別の意味で合理的であると主張した

のが進化心理学である．進化心理学は，人間の脳や認知機構がどのように進化してきたのかを問うもので，ヒューリスティックスの誤りは，人間の脳が進化してきたとされる1,000万年単位の野生的環境では適応的であったというのである．

現代文明における規範の歴史は，これに比べるとはるかに短い．したがって，人間の脳は現代の文明化社会にまだ適応していないのである．進化心理学では，人間の認知機構は，特定の刺激領域にのみ敏感で，いったんそれらが入力されると，他の領域からの干渉を受けずに固定的な反応に至るモジュールの束から構成されているとされる．モジュールは，野生環境の特定の問題を解決するのに適しており，例えば，社会交換モジュールは，交換という適応的な行動を可能にすると同時に，利益を受け取ってお返しをしない個体には敏感である．

二過程理論者は，ヒューリスティックな過程については進化心理学が主張するモジュールの束とみなし，アルゴリズム的な過程についてはモジュールを統括あるいは制御する汎用的なシステムを仮定している．しかし，進化心理学者は，この汎用的なシステムについては認めていない．なぜならば，野生的環境において進化する認知機構に，多様な問題が解決可能な汎用的なシステムは現実には不可能だからである．一方，二過程理論者は，進化によって増大した認知容量（ワーキングメモリ容量）が，汎用的なシステムを可能にしたと考えている．

現在，二過程理論は，表4.6に示すようにまとめられる．システムとしては，進化的に古い精神と新しい精神として区別され，処理過程のタイプとして，直観的・内省的という区別が行われている．そして，定義的な特徴として，前者がワーキングメモリ容量を費やさないのに対して，後者はそれに支えられているとされている．またそれによって，前者は自律的，すなわちそれぞれのモジュールが特定の刺激に対して自動的に作動するという特徴を有する．一方後者は，認知的非干渉化を実現する顕在的な認知的努力と仮定的な思考が可能となり，「○○すれば，〜となる」のような仮定的な心的シミュレーションを実行させてくれる．

3）知能との関係

二過程理論における進化的に新しい精神は，認知的容量に支えられているという点で，知能の個人差と密接に関わっているとされる．この点を実験で検証したのが，StanovichとWest（1998a，1998b）である．彼らの基本的な方法は，知能テストに代わるものとして，SAT（scholastic aptitude test）を使用し，このテストとこれまでに行われたヒューリスティックスによって誤りやすいとされた課題の成績の関係をみるというものである．SATとは米国やカナダで行われている大学入学適性検査で，知能テストと非常に似ている．彼らの実験では，誤りやすい課題の例として，ウェイソン選択課題などが用いられており，実際，これらの課題で規範解を得ている大学生のSAT得点は高かったのである．彼らによれば，SATの得点は知能と関わっており，この結果は，知能に代表されるタイプ2過程が，自動的で直観的なタイプ1過程を抑制する働きによるものとして解釈される．すなわち，二過程理論とは，表4.6に示されるように，認知能力と相関があるタイプ2の過程が，タイプ1からの出力を抑制・制御するという理論なのである． 〔山 祐嗣〕

4.5.2 演繹的推論

1) 推論パフォーマンス

推論過程を実験によって明らかにするためには，その特性を浮き彫りにする課題が不可欠である．極限まで単純化された課題を使い，課題に取り組む人のふるまい（パフォーマンス）を数理的ツールによって分析するのが標準的アプローチとなる．つまり，巧妙に考案された課題こそが，この領域の主な実験手法であり，また測定法でもある．

2) 推論の種類

推論とは，既存の知識から新しい知識を導き出すことである．演繹は推論の代表的形態で，前提を正しいとしたときに論理的に正しい結論を導くものである．これまでに，量化推論（quantified reasoning）と条件推論（conditional reasoning）がよく研究されてきた．量化推論とは，「すべての〜（all…）」や「いくらかの〜（some…）」といった量化子（quantifier）を含む文に関する推論で，アリストテレスが最初に定式化した定言三段論法（categorical syllogism）がその代表である．条件推論とは，「もし〜ならば〜（if… then…）」という形の文に関する推論である．

1990年代以降，推論研究には大きな変化が起こった．それは，それまでの論理を中心とした考え方から確率的アプローチへのシフトであり，新パラダイム（new paradigm）と呼ばれている．この動きに伴い，推論研究の流れは，演繹を中心としたものから演繹を特別扱いしない方向へ，あるいは，演繹と帰納（induction）を区別しない方向へと変化してきた．それとともに，使われる課題自体も変化してきている．例えば，真偽を問う課題から確率を問うものに変わってきた．このような変化はあるが，それでも多くの課題はいくつかに類型化することができる．ここでは，4.5.4のウェイソン選択課題以外の2種類の課題について述べる．

3) 推論課題

推論課題の基本形は，前提を与えて，前提から導かれる結論を考えさせるものである．例えば，伝統的な定言三段論法推論研究では，前提を与えて結論を選択させる課題が使われてきた（例：Dickstein, 1974）．

(1)　どの議員も銀行員でない
　　　すべての銀行員は運動選手である
　　∴　？

線の上が前提，下が結論を表す．実験参加者は，前提から論理的に導かれる結論を次の5つの選択肢から選ぶ．①すべての運動選手は議員である，②いくらかの運動選手は議員である，③どの運動選手も議員でない，④いくらかの運動選手は議員ではない，⑤妥当な結論はない．（正解は④）

他に，結論を参加者自身に生成させる場合（例：Johnson-Laird & Steedman, 1978）や，前提と結論のセットを与えて，その結論が論理的に正しいかどうかを Yes/No で答えさせる場合もある（例：Rips, 1994）．同様の推論課題を使って，条件推論について調べることもできる（例：Schroyens et al, 2001）．

(2)　もし表にAがあるならば，裏に2がある
　　　表にDがある
　　∴　？

直接推論課題（immediate inference task）は，定言三段論法の推論課題をさらに単純化したもので，次のように，1つの前提文から結論が導かれるかどうかを判断するものである（例：Newstead & Griggs, 1983）．

(3)　どのMもZでない
　　∴　いくらかのMはZでない（真／偽）？

以上のような推論課題は，演繹以外の推論過程を調べるためにも使われてきた．例えば，Rips（1975）は，「ある島でどのスズメもある病気にかかっていることがわかったとき，コマドリもその病気にかかっている確率はどれくらいと思うか」を実験参加者に尋ねた．これは，帰納であるが，次のような推論課題に表現できる．

(4) スズメは病気 X にかかっている

∴ ワシは病気 X にかかっている（＿＿%）？

Rips（1975）は，結論のカテゴリー（ワシ）のトリとしての典型性が，帰納の強さを左右すると考えた．よって，重要なのは確率の絶対値ではなく，むしろ相対的な差である．そこで，例えば，(4)と(5)のどちらがもっともらしいか（論証強度）を聞くこともできる．

(5) スズメは病気 X にかかっている

∴ コマドリは病気 X にかかっている

前述のとおり，新パラダイムによって演繹と帰納の区別が曖昧になった今，こうした連続的・相対的評価は演繹においても重要になっている．演繹的に正しくないが因果的（帰納的）に正しい推論(6)と，演繹的に正しいが因果的に正しくない推論(7)を比べると，論理的妥当性を評価する場合は(7)の確信度が高くなるが，論証強度を評価する場合は(6)の評価が高くなる（Rips, 2001）．この結果は，演繹と帰納が依然として質的に異なる推論であることを示唆する．ただし，議論は今も続いている．

(6) 車が壁にぶつかる

∴ その車は停止する

(7) 車が壁にぶつかると，車は加速する
車が壁にぶつかる

∴ その車は加速する

4）真理値表課題

条件文と論理学の実質含意（material implication）の対応は，心理学でも古くから議論になってきた．実質含意の真理値表を**表 4.7** に示す．

表 4.7 は，p, q が真や偽のときの $p \to q$ の真偽を表すが，真理値表課題（truth-table task）ではこれを人に尋ねる．「もしカードの片面が A ならば，もう片面は 3 である」といった規則を用意し，「A と 3」や「B と 1」などが書かれたカー

表 4.7 論理学の実質含意「$p \to q$」の真理値表

p	q	$p \to q$
真	真	真
真	偽	偽
偽	真	真＊
偽	偽	真＊

ドを実験参加者に見せて，それらが規則に「一致する」「しない」「無関係」を判断してもらう（Johnson-Laird & Tagard, 1969）．そうすると，カードの片面が A でないとき（p が偽のとき）は，多くの参加者が規則と無関連と判断する．このような結果から，人間にとって，p が偽のときの「もし p ならば q」の真理値（表 4.7 の＊の箇所）は，真でも偽でもない値（無関連）とする説が有力である（例：Wason, 1966；Evans & Over, 2004）．

真理値表課題は，確率的に拡張することができる（Over et al, 2007）．「もしガソリンの値段が上がるならば，交通渋滞は改善される」といった条件文について，この条件文に対する信念の程度（この規則をどれくらい信じるか）とともに，以下の各ケースがどのくらいの確率で起こると思うかを主観的に回答する．

価格上昇	かつ	渋滞改善	＿＿%
価格上昇	かつ	渋滞改善なし	＿＿%
価格上昇なし	かつ	渋滞改善	＿＿%
価格上昇なし	かつ	渋滞改善なし	＿＿%

100%

この結果から，「もし p ならば q」という条件文の確率（信念の度合い）が，p や q の確率とどういう関係にあるかを調べることができる．こうした研究から，条件文の確率 $P(p \to q)$ は，おおむね条件つき確率 $P(q \mid p)$ に一致し，論理学の実質含意とは大きく異なることが明らかになってきた．

〔服部雅史〕

●参考文献

Manktelow（2012）.

4.5.3 メンタルロジックとメンタルモデル

1）論理的推論

　前提から論理によって結論を導くという働きは，ヒトのふるまいとして奇異ではない．次のような三段論法の成立は自明に受け容れられよう．

　　　ジョンは朝食にベーコンエッグを好む．
　　　朝食メニューにベーコンエッグがある．
　　　ジョンは朝食にベーコンエッグを注文する．

　また，英語圏の幼児は，過去形を習得してすぐに「goed」と発話する．「go」の不規則過去形たる「went」の獲得はそうした発話の後になる．心理学にとっての疑問とは，どのような認知機能がこうした推論を実行させているかということである．ここではそうした認知機能の説明として双璧と呼べる「メンタルロジック」論と「メンタルモデル」論を対比する．

2）メンタルロジック

　Rips（1994）に代表されるメンタルロジック論者は，論理的推論は内化された論理規則，あるいは推論スキーマを命題に当てはめた帰結であるとする．こうした議論の前提として，推論課題に現れる命題は作業記憶に表象され，そうした表象のネットワークは推論者が受け容れる推論ルールを内在させている．そうしたネットワークが，前提から結論までを，推論者が納得する説明とともにつなげるのである．肯定式三段論法（modus ponens）によれば，

　　　PならばQである．
　　　Pである．
　　　したがってQである．

となるが，これはメンタルロジックの一例である推論スキーマとされる．
　メンタルロジック論者は，認知機能の本質を論理処理（rule-based）システムに求める．すなわち認知情報処理を，論理・数学的に妥当な認知規則を命題に適用する過程と見なす．論理処理システムは，命題あるいは語の意味的内容を考慮せず，

ルールを適用した結果を支持する．システム機能が意味から独立する点は，次に述べるメンタルモデル論との主要な相違点である．

3）メンタルモデル

　Johnson-Laird（1986）が主張するメンタルモデル論によれば，認知システムは前提のセットに対して，前提の意味内容に沿った内的モデル（メンタルモデル）を作成し，そのモデルとの対比で結論の妥当性を判断する．したがってメンタルロジックの立場からは，メンタルモデル論は理論として不適切に見える一方，メンタルモデル論者は，この考えの利点を人間の見せる推論の論理的誤謬を説明できる点に求める．
　Byrne と Johnson-Laird（1989）は，次の例をあげる．

　　　三角形は丸の右にある．
　　　丸はダイアモンドの右にある．

これらの前提から，認知システムはまず次のモデルを作る．

　　　◇　　○　　△

推論者は，モデルと前提の矛盾の有無を確認する．結論として次が現れた際，

　　　三角形はダイアモンドの右にある．

認知システムは「三角形」と「ダイアモンド」をモデル内に確認し，それらの位置関係と結論の内容を照合する．モデル内に結論を反証する内容が確認されなければ，この結論は妥当であると判断するのがメンタルモデル論の提唱する認知過程である．

4）両者の相違

　メンタルモデル論の批判者は，メンタルモデルは論理的に無限に存在し，それらをすべて確認する認知システムを想定するのは，認知システムの「限定合理性」（Simon, 1947）に照らし合わせて不適切であると指摘する．一方，Byrne らは，メンタルモデルに依拠する認知過程は少数のモデルしか検討せず，限定合理性を反映させるからこそ認知の妥当なモデルであると主張する．メンタル

モデル論の利点は，前提を満足させる「だけ」のモデルから，論理的には不健全な結論にたどりつくという現象を説明できる点にあるというのが，Byrne らの主張である．

前出の三角形とダイアモンドの位置関係に関する推論は，メンタルロジック論者によれば次の「推移律」規則を想定することで説明できる．推移律の一例は，算術における次の前提から結論に至る思考である〔前提(1)，A＞B　前提(2)，B＞C　結論，ゆえに A＞C〕．三角形とダイアモンド推論の推移律は，次のとおりである．

すべての△，○，◇について，もし△が○の右にあり，○が◇の右にあるならば，△は○の右にある．

しかし，このような論理規則による説明が困難な例を，メンタルモデルの立場からあげることができる．

聡子は加奈子より背が高い．
加奈子は明子より背が高かった．

これらの前提より，一番背が高いのは誰か．加奈子に関する前提は，過去形を含むため推移律の適用妥当性を保証しない（Goodwin & Johnson-Laird, 2005）．長さ関係に関する推移律の適用は，児童の発達段階を判定する基準となるほど基礎的な認知機能であるが，こうした基礎的認知機能の発露にさえ意味的要素が干渉することを説明できるのが，メンタルモデル論の利点である．

メンタルロジック論からは，前述の例に次の反論が可能である．「高い」と「高かった」は等質の論理関係ではない．よって，両者の間に推移律を期待するのは的外れである．しかし，Goodwin と Johnson-Laird は，次のような新たな例から，メンタルロジック論をさらに追い詰める（以下，三段論法の表現は日本人読者向けに変更してあるが，論旨は原著に準拠している）．

前提［1］：明子は加奈子の先輩である．
前提［2］：加奈子は聡子の先輩である．

これらの前提から，「明子は聡子の先輩である」という結論を受け入れられるか．メンタルロジックの立場でみれば，前提［1］は「明子➤加奈子」という論理関係（➤は序列を示す記号であり，直線構成の＞が数値関係の大小を示すと同様，序列の優劣を表す）を示し，前提［2］は「加奈子➤聡子」という論理関係に相当する．したがってメンタルロジック論の帰結は，推移律により「明子➤聡子」となる．しかし，前提［1］［2］の解釈により，「明子は聡子の先輩である」という結論は妥当とも不適ともとれるのである．最初の解釈では，明子，加奈子，聡子はともに同一省勤務の官僚で，入省年度順に明子，加奈子，聡子となる．この場合，推移律に沿った結論は妥当である．しかし，異なる解釈として，明子，加奈子は入省年度の異なる官僚であり，加奈子は聡子と同門の大学卒業者で，かつ明子と聡子は勤務先が異なる場合はどうか．前提［1］［2］はこの解釈も許すが，「明子は聡子の先輩である」保証はないのである．

では軍配はどちらの立場に上がるか．両者一理ある，という議論は過度な単純化である．Goel ら（2000）は，三段論法評価中の脳活動を fMRI によって測定した．

すべての犬はペットである．
すべてのペットはふさふさしている．
したがってすべての犬はふさふさしている．

このような三段論法の妥当性を検討している実験参加者は，論理的処理と意味的処理に対応する脳部位の活性化を見せた．一方，

すべての A は B である．
すべての B は C である．
したがってすべての A は C である．

こうした A，B，C の関係にまつわる三段論法を評価する実験参加者の場合，数学的推論，特に数量情報処理に対応する脳部位が活性化した．

以上より，論理的推論の説明を単一の認知機能に求めることは困難であろう．メンタルロジック論とメンタルモデル論には「両者一理ある」と結論するよりは，推論の類型化を確立し，どのタイプの推論がどのような認知機能によって実行されるかを詳述することが，推論の認知心理学の発展すべき方向と考える．　　　　〔山岸侯彦〕

4.5.3　メンタルロジックとメンタルモデル　　265

4.5.4 ウェイソン選択課題

1) 標準抽象課題

ウェイソン選択課題〔Wason selection task（Wason, 1966）〕は，推論研究の中で最も重要な課題で，日本では「4枚カード問題」という名前で呼ばれることも多い．数多くの変形版があるが，標準抽象課題（standard abstract task）と呼ばれるオリジナル版は次のとおりである．実験者は，片面にアルファベットの文字，もう片面に数字が書かれているカードを実験参加者に見せて，「もしカードの片面に母音が書かれていれば，もう片面には偶数が書かれている」という規則があると説明する．参加者は，この実験者が嘘をついているかどうかを決めるために，どのカードを裏返す必要があるかを答える．

通常，カードは，母音，子音，偶数，奇数（例えば，A, K, 4, 7）の4枚が与えられる．すなわち，規則は条件文（conditional）「もしpならばq」であり，カードはp, not-p, q, not-qの4枚である．多くの人がpとqを選択するが，正解はpと not-qの選択であり，正答率は通常1割前後とされている（Wason & Johnson-Laird, 1972）．

この課題についてのよくある誤解は，正答率が低いのは課題材料が抽象的だからであり，具体的にすると正答率が上がるというものである．実は，課題を具体的にするだけでは正答率は上昇しない（例：Manktelow & Evans, 1979）．この課題が膨大な数の研究を生んできた背景には，まさにその正答率を左右する要因は何かという論点がある．

2) 実用的推論スキーマと社会契約

ウェイソン選択課題の難しさの原因を探るために数多くの実験がなされる中で，初期に考えられたことは，違反事例を思い出しやすいと正答率が上がるのではないかということであった．飲酒年齢版課題では，与える規則を「ビールを飲んでいるならば20歳以上でなければならない」として，警官になったつもりで規則が守られているかどうかを考えてもらう．未成年者の飲酒という規則違反事例は，誰にとっても想起が容易である．こう

すると，正答率は8割程度まで上昇した（Griggs & Cox, 1982）．

その後，想起より課題構造の理解のほうが重要と考えられるようになっていった．封筒版課題では，「封筒に封がしてあれば20セント切手が貼ってなければならない」という規則が使われ，郵便局員になったつもりで手紙をチェックしてもらう．この課題では，香港の参加者は，類似した郵便規則に馴染みがあるため9割程度の正答率を示したが，米国の参加者は規則に馴染みがないため正答率は6割程度にとどまった（Cheng & Holyoak, 1985）．ところが，米国の別の参加者に，この規則が運用されている理由として「個人的な手紙から利益を上げるためにこの規則が運用されています．個人的な手紙は一般に封がされているので，封がされていれば個人的手紙であるとされ，封がされていない手紙よりも高い切手を貼る必要があるのです」と説明し，同じように解いてもらったところ，正答率が9割程度まで上昇した．

実用的スキーマ理論〔pragmatic reasoning schema（Cheng & Holyoak, 1985）〕によれば，人は，条件規則の前提条件と行為の関係についての抽象的な枠組みをもっている．これは，許可スキーマ（permission schema）と呼ばれ，次の4つの規則からなる．

- 規則1：もし前提条件が満たされるならば，行為がなされてもよい
- 規則2：もし前提条件が満たされないならば，行為がなされてはならない
- 規則3：もし行為がなされるならば，前提条件が満たされなければならない
- 規則4：もし行為がなされないならば，前提条件が満たされる必要はない

これらの一群の規則は，どれか1つでも活性化すると他も活性化する．課題を許可スキーマで捉えると，規則2と3から裏返すべきカードがわかる．飲酒年齢版課題の条件規則は規則3の形をしているが，規則2から正解の not-q（未成年）カードを裏返す必要があることがわかる．規則に馴染みがあって違反事例を思い出しやすい場合や，説明によって規則の構造がよく理解される場合は，許可スキーマが起動して正答率が上昇する．

義務や許可に関する規則を義務論的（deontic）

規則というが，義務論的課題の正答率が高い理由については別の考え方もある．社会契約理論〔social contract theory（Cosmides, 1989）〕によれば，私たちは生得的に違反者検出の能力をもっている．なぜなら，そうした能力の進化的獲得が互恵的利他行動の進化の前提になるからである．すなわち，人間は，社会で互いに協力し合うことによって個別に活動するよりも多くの利得を得ているが，こうした協力社会が成立するためには，「もし私があなたのために何かをするならば，お返しにあなたは私のために何かをしてくれることを私は期待し，あなたもそれを受け入れる」という暗黙の社会契約を皆が遵守しなければならない．そのためには，お返しをしない「裏切り者（cheater）」を排除する心の仕組みが必要である．義務論的規則は，しばしば「便益を得るならば費用を払わなければならない」（義務），「費用を払うならば便益を得てもよい」（許可）という費用便益（cost-benefit）構造になっているが，違反者は「費用を払わず便益だけを得る」という裏切り者であり，その検出に私たちが長けているのは，そのための心の仕組みを生まれつきもっているからと考える．

Cosmides は，「もしある男性がキャッサバの根を食べるならば，彼は顔に入れ墨をしていなければならない」という規則を用いた．こうした馴染みのない規則は，それ単独では正答率が低かったが，キャッサバの根を食べることが便益（貴重な食物で既婚男性のみに許されている），入れ墨をすることが費用（入れ墨は既婚を表す）であることを明らかにする説明文をつけると正答率は 8 割程度まで上昇した（Cosmides, 1989）．

3）関連性と情報獲得

義務論的課題が解きやすくなる理由は，実用的推論スキーマや社会契約の理論が明らかにした．しかし，標準抽象課題の正答率が低い理由を説明するためには，別の概念が必要であった．それは，認識論的効用（epistemic utility），すなわち信念更新に関する情報の有用性である．

関連性理論〔relevance theory（Sperber & Wilson, 1995）〕によれば，私たちの認知過程は，最も関連性のある情報を，最も関連性のある方法で処理することを目的とする．関連性の最も重要な側面は，信念更新に関する情報の有用性である．何かについて知る価値があればあるほど，それは関連性が高くなる．Sperber らは，「この国では，就労年齢に達しているならば誰もが仕事についている」といった規則を用いた．発言の関連性は，文脈に依存する．これが，急進的な資本主義を推進している王子の発言ならば，発言の関連性は高く，また，発言が嘘であることを証明する失業者（すなわち，正解の「p かつ not-q」の事例）を見つけ出すことの価値も大きい．よって，課題の正答率は高くなると予想され，実際，7 割程度の正答率が得られた（Sperber et al, 1995）．しかし，同じ文脈で「65 歳以上ならば仕事をもたない」といった当たり前のことを言うだけの発言は，信念の更新に役立たないため関連性は低く，こうした課題では正答率は低くなる（実験結果は 25%）．

この認識論的効用の考えを，論理と確率と情報量の概念を駆使して定式化したのが，情報獲得理論〔information gein theory（Oaksford & Chater, 1994）〕である．標準抽象課題は，規則を使った推論課題というよりは，むしろ，仮説（規則）をデータ（カード）によって検証する仮説検証課題であり，どのデータ（カード）を選択するかという意思決定課題である．論理学では，規則に合うデータは，どんなに多数存在しても規則の証明にとって無意味であるが，確率論的な信念更新の枠組みでは，仮説（規則）を支持するデータは多ければ多いほど仮説の確信度を高める．分析の結果，よくみられる「誤り」の q カード選択は，論理的正解の not-q カード選択よりも効率的な仮説検証方略であることが明らかになった．つまり，非合理的な選択が，見方を変えると合理的であることが示された．その結果，合理性とは何かという議論を引き起こすことになった．　〔服部雅史〕

●参考文献

服部（2013），Manktelow（2012）．

4.5.5 意思決定

人間の意思決定（decision making）に関する研究は様々な視点から行われている．例えば，"Annual Review of Psychology" に掲載された 2000 ～ 2015 年の論文に関して，タイトルに "decision making" というキーワードを含む論文を検索すると，28 件ヒットする．またその内容は，個人の意思決定，テロリストの意思決定，感情と意思決定，集団意思決定，神経科学と意思決定，臨床や医療に関する研究など，多岐にわたる．本節では Oppenheimer と Kelso（2015）に基づき，個人の意思決定研究について概説する．

1）意思決定研究の手法

個人の意思決定研究は他の科学的研究がそうであるように，あるモデルが提唱され，それにそぐわない意思決定現象が確認されると新たなモデルが提唱され，またそれにそぐわない意思決定現象が確認され，そして新たなモデルの提唱，ということが繰り返されてきた（そして現在もそれが進行中である）．意思決定理論は歴史的に，人が意思決定場面でいくつかの選択肢に直面した際に，どのようにゴールを追い求めるのか，という点を理解するために提唱されてきた（Hagen et al, 2012）．ここで述べるゴールとは「富を得る」「健康になる」「幸福になる」などが例としてあげられ，つまりこれらのゴールを達成するために，人間はどのような意思決定を行っているのか，ということを調べるのが個人の意思決定研究であるといえる．

個人の意思決定研究では，しばしばギャンブルの選択から議論が行われる．例えば，
- 選択肢 A：1 万円もらえる
- 選択肢 B：50％の確率で 2 万円もらえ，50％の確率で何ももらえない

といった二者択一の選択を求め，選択から意思決定プロセスを分析するというものである．一見すると，ギャンブルの選択とわれわれが日常的に行う意思決定との間の関連性は弱い．しかしギャンブルは日常的に行う意思決定がもつ性質を縮約している．例えば，上で述べた「富」「健康」「幸福」に対して各個人は主観的な価値をもつ．また各選択肢は通常，不確実性をもつことが多い（例：ある会社に株を投資して，利益を上げられるか否かの不確実性）．このような選択肢がもつ価値・不確実性をギャンブルにおける金額と確率に単純化し，その選択から意思決定プロセスを分析していく．

2）意思決定研究の変遷 ―期待値からプロスペクト理論まで

意思決定に対する科学的アプローチが始まったのは，パスカルやフェルマーのギャンブル問題に関する手紙のやりとりが行われた 17 世紀と考えられる（Oppenheimer & Kelso, 2015）．彼らは，人は以下の式で表現されるような，期待値（EV）を最大化にする意思決定をすべきであると考え，また人間の意思決定を記述できると考えていた．

$$EV = \sum p_i u(x_i) \tag{1}$$

ここで p_i, x_i とはある選択肢において $i (i = 1, 2, \cdots, n)$ という結果になる確率，またその際に得る（または失う）金額を表す．一見するとこの考え方は数学的に精緻であり理にかなっているようにも思えるが，この考え方にそぐわない決定行動が指摘された．ただし，注目すべきは，基本的にはこの期待値に基づく意思決定のフレームワークは踏襲され，確率や金額の関数形についての議論が続く点である．

Bernoulli は，選択肢の結果は金額で考えるのではなく，効用という概念を導入することが必要であることを述べ，期待値を最大化するのではなく，期待効用を最大化する意思決定という視点を取り入れた．ここでは現在の財産に依存して金銭に対する価値，すなわち効用が決まると考える．例えば，なけなしの 200 円を使ってロト 6 を購入し，1 万円当たったときはかなり嬉しいであろうが，なけなしの 200 円を使ってロト 6 を購入し 1 億円が当たった翌日に，また 200 円を使ってロト 6 を購入して 1 万円当たったときの喜びはそれほどではないだろう．このように同じ 1 万円でも，心理的な金額に対する感度（例：お金を得たときの喜び）はそのときの状況に依存して変化する．特に，感度は線形ではなく，値が大きくなるにつ

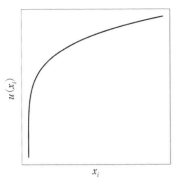

図 4.26 x_i (金額など) と効用 $u(x_i)$ の関係

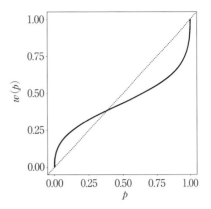

図 4.27 確率値 p と心理的な重み $w(p)$ の関係
この関数形は Kahneman と Tversky (1979) ではなく, Gonzalez と Wu (1999) に基づく.

れて減少する (図 4.26). そこで(1)の式は以下のように期待効用 (EU) に修正された.

$$\mathrm{EU} = \sum p_i u(x_i) \quad (2)$$

ここにおいて, $u(x_i)$ は金額 x_i に対する効用である.

効用の概念は, 金額に対する価値は個人ごとに異なることを説明する (そしてそれは理にかなっているように思える). ただしこれは"個人で価値観が違う"ことを述べているにとどまり, 個人の価値を越えた系統的な予測を行うことはできない. そこで von Neumann と Morgenstern (1944) は合理的な意思決定者が行う選択行動が予測可能になるような公理論的な定式化を行った.

しかしながら, 期待効用最大化から予測される意思決定パターンと一致しない選択行動に関する知見は蓄積された. カーネマンとトヴェルスキーは期待効用最大化の視点から予測できない選択パターンを含め, 包括的に意思決定行動を説明するために, プロスペクト理論を提唱した (Kahneman & Tversky, 1979. 4.5.6 参照). ここでは, 確率に対する非線形の心理的な重み関数 (w, 図 4.27) と, 金額に対する主観的な価値関数 v が仮定され, 選択肢に対する価値 (V) が,

$$\mathrm{V} = \sum w(p_i) v(x_i) \quad (3)$$

という形で表現された (4.5.6 も参照).

このように, 意思決定研究の流れは期待値に基づく意思決定というフレームワークを源流として, 選択肢に対する価値 (または効用) を最大化する選択肢を人間は選択するというフレームワークの下, 研究が行われてきた.

3) 意思決定研究の今

期待値モデルを源流とする枠組みの中で説明ができない選択行動が明らかにされるたびに, モデルの修正が行われ, 人間が行っている意思決定行動に関して多くの研究が蓄積されてきたといえる.

一方で, 近年は別の枠組みから, 意思決定を説明する研究も増えてきている. 例えば, これまでの研究の大前提であった効用・価値, 確率の関数を決定プロセスにおいて一切仮定しない研究が行われている. Stewart ら (2006) は人間が見せる独特の価値・効用, また確率加重に関する関数の形状は, 非常に単純な比較プロセスから導かれることを議論している. また, 関数を一切仮定しないヒューリスティックによって選択行動を予測できることを示す研究もある (Brandstätter et al, 2006).

これまでの意思決定研究は, 人間は"どのような"意思決定を行っているのか, という問いに対する答えを探求してきた. この中で人間は独特の価値・効用関数, 確率加重関数を示す, 言い換えれば意思決定に独特の"くせ"が存在することを明らかにしてきた. 対して新たなフレームワークによる研究は, このような独特のくせが"なぜ"生まれるのか, という問いに対する答えを探求しているといえるだろう.

〔本田秀仁〕

4.5.6 プロスペクト理論

1) プロスペクト理論の経緯

プロスペクト理論 (prospect theory) は，カーネマンとトヴェルスキー (Kahneman & Tversky, 1979; Tversky & Kahneman, 1992) によって提唱された．この理論は，結果の確率分布が既知のリスク下の意思決定や結果の確率分布が曖昧な場合の不確実性下の意思決定を扱う理論である．この理論は，von Neumann と Morgenstern (1944, 1947) やサヴェッジ (Savage, 1954) によって提唱された期待効用理論 (expected utility theory. 4.5.5 参照) では説明できない様々な現象を説明するために提案された．

2) プロスペクト理論の定性的性質

プロスペクト理論の「プロスペクト」とは，ある選択肢を採択した場合の諸結果とそれに対応する確率の組み合わせである．

プロスペクト理論では，意思決定過程は，問題を認識し，意思決定の枠組みを決める編集段階 (editing phase) と，その問題認識に従って選択肢の評価を行う評価段階 (evaluation phase) とに分かれる (Kahneman & Tversky, 1979)．前者の段階は状況依存的であり，少しの言語的表現の相違などによっても変化し，意思決定の評価の原点に相当する参照点を規定するが，後者の段階では，ひとたび問題が同定されると状況に依存しない評価と意思決定がなされることになる．

編集段階において各プロスペクトが再構成され，それらを基にして評価段階では最も評価値の高いプロスペクトが選ばれる．評価段階では，彼らが価値関数 (value function. 図 4.28) と呼ぶ一種の効用関数と確率への加重関数 (weighting function) によって評価されることになる．重要なことは，編集段階において，価値関数の原点である参照点が決まるということである．

3) 累積プロスペクト理論とショケ積分

期待効用理論とは異なり，プロスペクト理論では，確率測度を一般化した非加法的な集合関数を

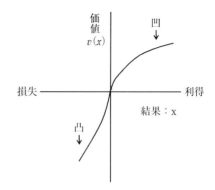

図 4.28 プロスペクト理論の価値関数

考えている (Tversky & Kahneman, 1992)．すなわち，非空な自然の状態の集合 θ の部分集合からなる集合体から閉区間 $[0, 1]$ への集合関数 $W: 2^\theta \to [0, 1]$ である．また，有界性の条件 $[W(\phi) = 0, W(\theta) = 1]$ と単調性の条件〔θ の部分集合 S_i が S_j の部分集合であるとき，すなわち，$S_i \subseteq S_j$ ならば $W(S_i) \leq W(S_j)$ という関係〕を満たす．

数理的に精緻化した累積プロスペクト理論ではショケ積分による総合評価を仮定しており，以下のように示すことができる (Takemura, 2014)．まず，自然の状態 $s_i \in \theta$ が，選択肢 f による結果 $f(s_i)$ に対する効用価値 $v[f(s_i)]$ に応じて，$v[f(s_1)] > v[f(s_2)] ... > v[f(s_n)]$ のように順位づけられているとする．非加法的確率 π に関する有限集合上のショケ積分による総合評価値 V_c は，

$$V_c = v[f(s_1)]\pi(s_1) + \sum_{i=2}^{n} v[f(s_i)]\left[\pi\left(\bigcup_{j=1}^{i} s_j\right) - \pi\left(j \bigcup_{j=1}^{i=1} s_j\right)\right]$$

である．もし π が加法的測度であり，自然の状態 s_j が互いに背反であれば，上の総合評価値は，主観的期待効用理論によるものと一致する (Wakker, 2010)．

4) 累積プロスペクト理論に関する実験

Tversky と Kahneman (1992) は，大学院生に，コンピュータで，いろいろなプロスペクトを提示して選択実験を行い，累積プロスペクト理論の価値関数を推定した．彼らの提示したプロスペクトは，150 ドルを得る確率が 25% で 50 ドルを得る確率が 75% というようなものであり，彼らはそ

のようなプロスペクトを，確実なプロスペクトとも比較をさせ，どちらが望ましいかの選択実験を行ったのである．彼らは，価値関数として以下のような冪関数を仮定した．

$$v(x) = \begin{cases} x^\alpha & (x \geq 0 \text{ の場合}) \\ -\lambda(-x)^\beta & (x < 0 \text{ の場合}) \end{cases}$$

彼らは，この実験の選択結果を基にして，非線形回帰分析を行い，α と β についてはともに 0.88，λ については 2.25 を推定した．推定された α と β の値が 1 以下であることは，価値関数が利得の領域で下に凹，損失の領域で下に凸であることを示している．また，推定された λ の値は，損失が利得よりも約 2 倍インパクトがあることを示しており，損失忌避の性質が強いことを示している．

オリジナルなプロスペクト理論では，確率荷重関数は，非加法性，低確率事象の過大評価，非比例性，端点付近での非連続性を示していたが，累積プロスペクト理論では，先に示したように次のように定式化されている．

$$W(p) = \frac{p^\gamma}{(p^\gamma + (1-p)^\gamma)^{\frac{1}{\gamma}}}$$

ただし，p は確率を，$W(p)$ は確率 p に対する

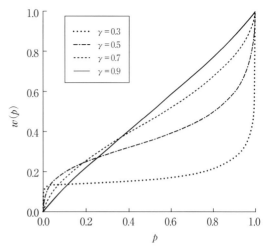

図 4.29 累積プロスペクト理論における確率荷重関数（Tversky & Kahneman, 1992 のモデルを基に作図）

主観的な重みを，γ はパラメータを表している（図 4.29）．

これまでの実験研究では，確率荷重関数の評価式において様々な計量モデルが提案されており，その比較が行われている（例：Stott, 2006；Takemura, 2014；Takemura & Murakami, 2016）．　　　　　　　　　　〔竹村和久〕

4.5.6　プロスペクト理論

4.5.7 問題・問題解決

問題とは，①目標とする状態（目標状態）が存在し，②現在の状態（初期状態）が目標状態と異なっており，③初期状態を変化させ目標状態と一致させるために何らかの心的な操作を必要とする状況のことをいう．問題解決とは，上記③の，初期状態を変化させ目標状態と一致させることをいう．一次方程式の問題を考えてみよう．目標状態は x の値がわかっている状態であるが，初期状態では x は未知である．元の式を少しずつ変化させ x の値を求める操作は心的な操作であるので，この問題は上の定義に合致している．ただし，上記③の必要な操作が主体にとって未知である場合のみを問題と定義する研究者も多く（例：Mayer, 1992），その場合，問題解決とは初期状態から目標状態に至る変化の操作を探し出すこと，となる．この立場に立つと，上記の一次方程式の例はほとんどの読者にとっては「問題」ではない．

1) 認知心理学以前

問題解決は実験心理学の歴史の中で早い時期から研究されてきた．ソーンダイク（Thorndike, 1911）は，ネコを問題箱（puzzle box）と呼ばれる箱に閉じ込め，箱に取りつけられた紐を引くことによってドアを開けて箱から脱出するまでの様子を調べたところ，ネコは最終的に偶然に紐を引くまで，様々な行為をでたらめに行っていた．ソーンダイクは，問題解決は試行錯誤（trial and error）によってなされると考えた．

これに対してゲシュタルト心理学者のケーラー（Köhler, 1917）は，問題解決には一貫性のある構造の構築が含まれると考えた．彼は空腹のチンパンジーを，いくつかの空の木箱のある部屋に入れ，手の届かない部屋の天井にバナナを取りつけた．チンパンジーはバナナと木箱を眺めていると，突然バナナの下に木箱を積み上げ，それに登り，バナナを取ったのである．チンパンジーは積み上げられた木箱の高さとバナナの高さの関係を見抜いたというのである．ケーラーはこのような問題解決のメカニズムを洞察（insight）と呼んだ．

2) 認知心理学的なアプローチ

認知心理学では，問題解決の研究は2つの道具を手に入れることによって大きな発展を遂げた．まず，問題解決の研究でしばしば用いられた問題の例を紹介しておこう．

● ホビットとオークの問題

「3人のホビットと3人のオークが旅をしていたところ川に行き当たった．1艘の2人乗りのボートを使って全員向こう岸に渡りたいのだが，どちらの岸でも，オークの数がホビットの数を上回ると，オークはホビットを殺してしまう．全員が無事に向こう岸に渡るにはどうしたらよいか．」

問題解決研究の第1の道具は，問題空間（problem space）とオペレータ（operator）という考え方である．問題空間とは，初期状態，目標状態，およびその状態を変化させることによって得られるすべての状態と，その間の遷移によって表される空間である．状態を変化させる方法のことをオペレータという．図 4.30 にホビットとオークの問題の問題空間を示す．この問題では，オペレータはホビット殺しが発生しないようなボートでの移動である．この問題の問題空間は非常に単純であるが，各状態に複数の可能なオペレータがあると状態の数は非常に大きなものになる（図 4.31）．このような表し方をすると，問題解決とは，問題空間の中を探索し，初期状態から目標状態に至る道筋を見出すこと，ということができる．では人間はどのようにして問題空間内を探索しているのだろうか．

3) アルゴリズムとヒューリスティクス

問題空間の中をくまなく探索すれば必ず目標状態にたどり着くことができる．このような探索の仕方をアルゴリズム（algorithm）という．人間

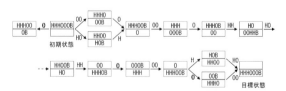

図 4.30 「ホビットとオークの問題」の問題空間
四角形は状態，矢印はオペレータ，H, O, B はホビット，オーク，ボートを表す．

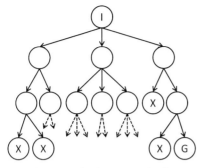

図 4.31　問題空間の例（架空の問題のもの）
円は状態，矢印はオペレータを表す．円の中のIは初期状態，Gは目標状態，Xは解決につながらないことを示す．各状態から複数のオペレータが選択可能な場合，問題空間は枝分かれして巨大なものになる．ヒューリスティクスにより右の枝だけに探索を絞れば，目標状態に到達しやすい．

にとってこのような探索は困難な場合が多い．その第1の理由はワーキングメモリの制約である．問題空間をくまなく探索するには，各状態でどのオペレータはすでに試みたのかを覚えておかなければならない．これを人間の小さな容量のワーキングメモリで行うことは困難である．第2に，問題空間が大きなものになれば，くまなく探索するには膨大な時間がかかってしまう．そのために，人間はアルゴリズムによる問題解決は行わない，と考えられる．人間は，問題空間をくまなく探索することはせずに，問題空間の一部だけを探索していると考えられる．このような探索の仕方をヒューリスティクス（heuristics）という．

ニューウェルとサイモン（Newell & Simon, 1972）は，人間が用いる一般的なヒューリスティクスとして，試行錯誤，ヒルクライム，手段-目標分析などがあるとしている．試行錯誤はオペレータをでたらめに適用してみる方法であるが，問題空間が非常に単純な場合以外はうまくいかない．ヒルクライムは，オペレータ適用後の状態が最も目標状態と近づくオペレータを選択し，それ以外のオペレータとその先の部分を探索対象から除外するやり方である．このヒューリスティックは，解決のために途中でいったん目標状態から遠ざかることが必要な問題ではうまくいかない．先にあげたホビットとオークの問題では，途中元の岸に2人でボートを漕いで戻ってくる部分で目標状態から遠ざかるオペレータを適用する必要があるが，ヒルクライムによりこのオペレータを探索対象から除外してしまっているため，このオペレータに思い当たらないものと考えられる．手段-目標分析は，直接目標に到達するオペレータが見つからない場合，下位目標を置き，そこに到達するオペレータを探すことにより目標への距離を縮めようというものである．ヒューリスティクスは，アルゴリズムと異なり解が得られることを保証しないが，人間は多くの場合，うまくヒューリスティクスを用いて解を得ているものと思われる．

4）コンピュータシミュレーション

問題解決の研究の第2の道具立ては，コンピュータシミュレーション（computer simulation）である．この方法では研究者は，人間が問題を解くのと同じように問題を解くコンピュータプログラムを作成した．本来コンピュータは人間のワーキングメモリよりもはるかに容量の大きな記憶をワーキングメモリとして用いることができ，また単純な作業を高速で行うことが可能であるため，多くの場合アルゴリズム的に問題を解くプログラムをつくることができる．しかしあえて人間と同様の制約の下で，人間が行っていると思われるやり方で問題を解くようなプログラムをつくるのである．そしてこのプログラムが問題を解く際のふるまいを，人間のふるまいと比較し，十分に似ているようであれば，プログラムは人間の問題解決の仕方を表していると考えるのである．先にあげたニューウェルとサイモンによる人間のヒューリスティクス使用に関する研究は問題空間の考え方とコンピュータシミュレーションを用いて成し遂げられている．

20世紀後半以降，問題解決研究は2つの道具を手に入れ，飛躍的に発展した．しかし，これらの道具は意識的で直列的な過程を扱うには適切であるが，無意識的で並列的な過程を十分に扱うことは難しい．今後，問題解決の研究では，無意識的，並列的な過程に焦点を当てた研究の重要性が増すであろう．

〔伊東裕司〕

4.5.8 類 推

　類推はある事柄 X と別の事柄 Y の間に何らかの類似性を見つけ，そこから推論を行うことを指す．そこでの基本的なロジックは，X と Y はある部分において類似しているのだから，別の部分においても類似しているだろうというものである．

　別の観点から考えると，類推においては自分がよく知っている事柄＝ソースを，まだよく知らないが類似している事柄＝ターゲットへと適用してその理解を深めることが行われる．これは類推においては既知の事柄を未知の事柄に拡張する心の働きを含んでいることを示している．

　類推は帰納推論の一種であり，その推論結果は正しいという保証があるわけではない．こうした蓋然的な性質をもつがゆえに，日常語では確たる証拠がないときの推論を類推と呼ぶことがある．

1) 類推の遍在性と重要性

　類推は日常の中できわめて頻繁に起きている．例えば，①外見がとてもよく似た商品があれば，それらの値段はほぼ同じだろうと考える，②以前に解いた問題とよく似た問題があれば，その問題は以前の問題の解き方と同じ方法で解けるだろうと考える，③ある人が激怒したときの状況と似た状況が再度起これば，またその人は怒るだろうと考える．これらはいずれも 2 つの事柄の間に類似性を見つけ出し，片方で成立していることがもう片方でも成立していると推論している．その意味ですべて類推と呼ぶことができる．

　学校教育場面でも類推は頻繁に用いられる．学校，特に理数系の科目では基本公式，解法などを例題を通して学習させ，これを利用して応用問題を解かせることが多い．この場合，例題で得た知識を応用問題で利用するという形での類推が行われると考えられる．

　類推は各分野の専門家にもよく用いられる．ガリレオの地動説やダーウィンの進化論のような偉大な科学的発見では類推が重要な役割を果たしている．また通常の科学者の活動においても頻繁に類推が用いられることが明らかになっている．医療や司法の場においても，類推は欠くべからざるものとなっている．判例法主義だけでなく，制定法主義においても過去の判例は司法判断において重要な役割を果たしている．

2) 類推のプロセス

　類推の研究は 1980 年代から認知心理学，認知科学の中で集中的になされた．その結果類推は，①ターゲットの表象の構成，②ソースの検索，③写像（mapping），④理由づけ（正当化），⑤学習の 5 つのサブプロセスからなるものと考えられるようになった（鈴木，1996）．

①ターゲットの表象の構成：まず問題（ターゲット）が与えられた際に，それがどのような問題であるかを理解する段階である．問題をどのように理解するかでその後の検索，写像が大きく変化するのでこの段階は重要である．ただしこれは問題解決研究での問題表象の生成と同じであり，類推に固有の心の働きではない．

②ソースの検索：ターゲットと類似している自分の経験，知識を長期記憶から検索してくる段階である．むろんソース，ターゲットともに与えられている場合は，この段階は存在しない．意味ある類推は関係や構造レベルの類似が必要なケースが多いが，人は表面的な類似性にとらわれ，類推には利用できないソースを検索しがちであるということが多くの研究から示されている．

③写像：ソースとターゲットに含まれる要素の間の対応関係をつくり出すこと，およびソース中の要素をターゲットに移行することであり，類推という認知活動の中心に位置するものである．一般にソースは既知の事柄であるので，きわめて多数の情報を含んでいると考えられる．類推においてはこれらがすべて写像の対象になるわけではなく，そのごく一部のみが利用される．よってどの要素が写像の候補になるのかを決めなければならない．要素を n 個と考えれば，論理的には 2 の n 乗の可能性がある．また仮にこの中から m 個の要素が選び出されたとすると，その対応づけの仕方は一対一対応があるとしても m の階乗だけ存在する．

　人はこのような莫大な数の可能性を検討しな

がら写像をしているわけではない．Gentner (1983) は構造写像理論を提出し，適切な写像が短い時間で行える原理を明らかにした．この理論に従えば，適切な類推においては，①ソース中の情報を高次のレベルで結びつけている関係（因果関係など）が写像されなければならないこと，②この関係に支配された情報が一貫した形で写像されねばならないこと，③個々の情報の性質（色，形，大きさなど）は写像の対象とはならないことの3つの条件が成立しているという．つまり，ソース中の個々の要素の類似関係ではなく，ソースに存在する関係の構造に基づいた写像が行われねばならないというのがこの理論の骨子である．人間の類推もおおむねこの理論に従っていることが多くの実験やシミュレーションから確認されている．ホリオーク (Holyoak, 1995) と Thagard (1995)は，これに加えて要素間の意味的な類似性，および目的も人の行う写像には深く関係することを提唱し，多重制約理論を提案している．

④理由づけ（正当化）：用いられた類推が妥当なものか否かをチェックするプロセスである．最初にも述べたように，類推による結論は妥当であるかどうかはわからない．したがってそれが現実的なものか，また自らの目的に合致しているものか，他の事実と整合的かなどを検討しなければならない．この際には，同じ問題から結論の異なる別の類推をつくり出し，相互に比較を行うことが有効である．

⑤学習：2つのタイプの学習が区別できる．1つはソースとターゲットの間に特定の形で類推が成立することを記憶することである．もう1つはより重要で，ソースとターゲットの2つの事例の間に共通することを，スキーマのような一般化した形で記憶するというものである．類推ではソースとターゲットの比較が行われることで，各々の要素が共通する構造に従った形で整列される（構造整列）が起こり (Lassaline, 1996)，一般化されたスキーマが抽象される．

これを利用した類推エンコーディングにより，通常は獲得困難な知識が獲得されやすくなることが明らかになっている (Gentner et al, 2003)．

3）類推で用いられる課題

歴史的には四項類推と呼ばれる知能テストなどにみられる課題が用いられた．これはa：b＝c：xという形をとる類推である．この課題では野球：バット＝テニス：xという問題が与えられ，xに該当するもの（ラケット）を答えることが求められる．

類推を問題解決の文脈で扱う研究もある．これはソースとなる例題やストーリーを事前に与え，その後にターゲット問題を解決させるというものである．デュンカーの放射線問題をターゲットとする類推問題解決研究は多数行われてきた．

4）類推と関連する認知機能

類推は類似性に基づく推論であるから，類似判断が重要な役割を果たす．類似性に関しては膨大な研究の蓄積がある（大西・鈴木, 2001）．ただし，類推においては重要な部分における類似が大きな役割を果たすので，単なる見た目の類似とは異なる処理が必要となる．

類推では，抽象的スキーマが獲得されることもある．この意味で多数の事例から共通する性質を導き出す帰納推論，概念学習などとの関連も考えられる．

また類推と関連の深いものとして比喩があげられる（楠見, 2007）．比喩もたとえる事柄（喩辞）とたとえられる事柄（被喩辞）の間に類似性が存在しており，前者の性質が後者に適用されている．

最初にも述べたが，類推は既知の事柄を拡張する働きがある．これはいわゆる学習の転移（学校教育でいう応用）に関係していることを示している．類推が起こりやすい条件や，類推を促進する要因を特定することにより，学校教育における知識の獲得を援助できる可能性がある．〔鈴木宏昭〕

4.6 言語

4.6.1 音韻

音韻的な言語処理は，知覚（perception）と産出（production）の2つに大きく分けられる．知覚は音声提示された語や音の認知プロセス，産出は意図した実在語や無意味語などの発音プロセスである．両者の処理メカニズムは異なっている．例えば，正しく発音されているかどうかを監視する「自己モニター機構（self-monitoring mechanism）」は産出のみで機能し，知覚では働かない（詳細は Levelt et al, 1999；Roelofs, 2008；Özdemir et al, 2007）．そのため，知覚と産出の音韻処理を考察する実験方法も大きく異なる．

1）音素モニタリング課題

典型的な音素モニタリング課題（phoneme monitoring task）は，実在語あるいは無意味語を聞いて，その刺激語に特定の音素が含まれているかどうかを，できるだけ速く判断する課題である．刺激語を音声提示してから，判断までの処理時間（ms）と誤答率（%）を測定する．例えば，母音の /o/ が含まれているかどうかの判断では，/o/ が単独のモーラ（拍）として区別されるような「タオル」/ta o ru/ の条件と，「会得」/e to ku/ のように，1モーラ2音素の /to/ の条件を比較すると，平仮名の「お」に相当するほうが，「と」に相当する場合よりも迅速に処理される．また，「金庫」（/kin ko/）に含まれる撥音の /N/ あるいは /n/ は，1音節2モーラの「きん」/kin/ に含まれている．一方，「茸」（/ki no ko/）の /n/ は，1モーラ「の」に含まれている．/n/ の音を見つけ出す課題では，モーラに含まれた /n/ のほうが音節に含まれた /n/ よりも迅速に音素を判断できる（Cutler & Otake, 1994）．

2）絵の対象に含まれた音素のモニタリング課題

音素をモニタリングするには，提示した絵の名前に含まれる音素を判断する場合もある．例えば，4枚の絵を準備する（図4.32）．「時計」の絵は，/to ke i/ と発音され，初めのモーラに /t/ の音素が含まれる．「刀」の絵は，/ka ta na/ と発音されるので2番目のモーラに /t/ が含まれる．「空手」の絵は /ka ra te/ と発音されるので3番目のモーラに /t/ が含まれる．「さくら」の絵は /sa ku ra/ と発音され，/t/ の音は含まれていない．絵から発音へアクセスする際の処理時間や語彙使用頻度の影響などを最少にするために，絵とそれを示す語の発音の対応関係を，実験前にあらかじめ被験者によく学習させておく．そして，モニタに絵をランダムに提示して，/t/ の音素が含まれるかどうかの判断課題を課し，処理時間と誤答率を測定する．欧州の諸言語と同様に日本語も「左から右への逐次的クラスタ化（left-to-right incremental clustering）」により処理される（Levelt et al, 1999）と仮定されるので，/t/ の音素の位置が1番目にくるほうが，2番目，さらに3番目にくるよりも迅速に知覚されるはずである．

3）最適区分点

語が左から右へと逐次検索モデル（serial search model）に従い音韻処理される（Forster, 1976）と仮定すれば，ある語が特定されるのは，他に類似した発音が存在しない場合である．例えば，ca+ であれば，caterpillar, category, capital, capture, captain など可能性のある語が多い．cap+ までに，cat+ の caterpillar や category が排除される．その後，capt+ で，capital が排除され，capta+ では，capture が排除される．そして，残った captain が知覚されると考えられる．capta の位置が，captain の「最適区分点（optimal discrimination point）」あるいは「唯一性ポイント（uniqueness point）」と呼ばれる．この区分点は，辞書を使って音素の重なりを見ていくことで容易に見つけることができる．また，少しずつ音素数を増やして知覚させる方法で，特定の語の区分点を実験的に確認できる．

図4.32　音素のモニタリング課題の図

4）命名課題

音韻的な産出課題として最もシンプルなのは，命名課題である．これは，書字的（視覚的）に語などの刺激を提示して，発音までの命名潜時（ms）と誤答率（％）を測定する課題である．例えば，3モーラ3音節の「けたぺ /ketape/」，3モーラ2音節の「けんぺ /kenpe/」，2モーラ2音節「けぺ /kepe/」をひらがなで視覚提示して，発音までの時間を測定する．命名潜時は，「けたぺ」(645 ms) >「けんぺ」(533 ms) =「けぺ」(537 ms) となる（Tamaoka & Terao, 2004）．「けんぺ」と「けぺ」は，モーラ数は異なるが，音節数は同じなので，日本語の産出は，音節単位であるとしている．命名潜時で注意すべきことは，ボイスキイでスイッチを切る方法をとっているが，音圧は音素によって違いがあり，スイッチの切れる速さが100 msの範囲で異なることである（Kessler et al, 2002）．そのため，刺激の条件ごとのセットで初頭音素が同じになるよう統制する必要がある．

5）言い誤り

言い誤り（speech error）のデータを集めて，誤りの規則性を調べる方法がある．言い誤りについて，音素，モーラ，音節，形態素，語などの単位で分類し，頻度を調べる．統制条件は特にないので，ランダムに日常的にデータを集めることになる．この方法で，英語では音素レベル（Bock, 1991；Dell, 1995），中国語では音節レベル（Chen, 2000），日本語ではモーラレベル（寺尾, 2002）の誤りが多いという言語に特有の傾向がみられる．これは証明というより仮説設定に役立つアプローチである．実際，言語に特有の産出の「近似単位（proximate unit）」があるという発想へとつながり（O'Séaghdha, 2015），複数の言語で実験が展開されることになった．

6）前方マスクプライミング課題

産出における近似単位については，前方マスクプライミング課題（forward masked priming task）で研究されている．この課題は，図4.33のように（Verdonschot et al, 2011, 実験1），まず凝視点「+」を750 ms提示し，その位置に前

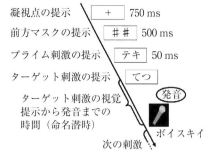

図4.33　前方マスクプライミング課題の進行例（Verdonschot et al, 2011）

方マスク「＃＃」を500 ms提示する．その後，プライム刺激の「テキ」を50 msという思い出せないくらい短い時間提示し，次のターゲット刺激の「てつ」を提示する．そして，命名課題を課す．ターゲット刺激に対する課題は研究の目的に応じて変えることができる．

プライム刺激の「テキ」は50 msという短い時間の提示であるが，音韻の /teki/ が自動的に活性化される．そして，ターゲット刺激の「てつ」の /tetu/ と初頭1モーラの /te/ が重なっており，これが命名潜時を短くする．これはプライム効果（priming effect）といわれる．一方，プライム刺激が「トミ」/tomi/ の場合は，初頭1音素の重なりだけであり，促進効果はみられない．命名潜時は，プライム刺激の初頭モーラが重複する場合にのみ促進され，初頭音素では変化がない．これによって日本語の音韻産出における近似単位はモーラであることが示された（Kureta et al, 2006；Verdonschot et al, 2011）．

この実験手法は，アルファベット言語でまず使われ，loner, level, list のように初頭の音素 /l/ が1つ重複する場合には促進効果があるが，murder, ponder, boulder のように +der が重なって韻を踏んだ条件ではプライム効果がみられなかったことが報告された（Meyer, 1990, 1991）．一方，中国語では，初頭音素の重複では促進効果がないが，音節レベルでの重なりでは促進効果がみられた（Chen et al, 2002；O'Séaghdha et al, 2010）．以上の結果から，アルファベット諸言語では音素，中国語では音節，日本語ではモーラと，産出における音韻処理の近似単位が異なることが示されている（詳細は，O'Séaghdha, 2015；Roelofs, 2015）．

〔玉岡賀津雄〕

4.6.2 語彙

1) 語彙処理の実験法

語彙記憶の集合体である心的辞書の構造と機序に関する理論的枠組みの検証にあたって，これまでに用いられてきた反応時間を指標とする語彙の認知過程を調べる代表的な実験法に，語彙性判断課題（lexical decision task）がある．これは，モニタ画面に呈示された刺激語が，実在語であるかどうかを被験者に弁別させ，その反応を検出する課題である．被験者は，ランダムに呈示される刺激語の中から，実在語に対しては肯定の反応，非単語に対しては否定の反応を示すよう求められる．肯定と否定の反応を同じ回数にするために非単語を同数入れる．実験の目的を遮蔽するために錯乱語（distractor）を含むこともある．その場合も，肯定と否定の反応を同数回にする．

呈示法には，文字や画像など視覚的な言語情報，音声を用いた聴覚的な刺激呈示のほか，刺激の入力様式を交差させる感覚様相間（cross-modal）法などが利用される．

語彙性判断では，母語話者の場合，正答率が高いこともあり，正答の反応時間のみを分析の対象とする．ただし，誤答率（あるいは正答率）を被験者ごとに算出し，速さと正確さの両面から検討することもある．また，正しいと判断する場合と誤りであると判断する場合では，誤りの判断の処理時間が長くなることが知られている（この理由については，語彙処理モデルがそれぞれに説明づけを試みている）．そのため，肯定と否定の反応を直接には比較しないのが一般的である．

しかし，否定反応を検討の対象とする場合もある．例えば，語彙層構造について検討する際，実在語の書記素（grapheme）や音素（phoneme）などを置換した擬似語（pseudo-word）を用いることにより，非単語との反応を比較する．アルファベット文字言語では，発音可能な非単語と表4.8のように発音そのものができない非単語を作成することができ，両者を観察することで単語らしさ（word-likeness）の源泉を探索することがある．ただし，この方法は音韻体系によって制約があり，

表 4.8 単語の例（日本語の例は玉岡・タフト，1994）

実在語	MILK	カメラ
擬似語	MILC	コメラ
非単語	MIJG	ソキラ

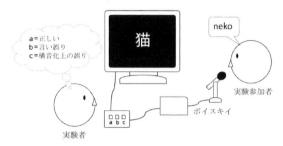

図 4.34 命名課題実験の手続き

日本語はモーラ言語なので，かな表記であれば基本的に発音のできない非単語は作成できない．

2) 命名課題（naming task）

語彙の産出過程の検討には，命名課題（音読課題ともいう）が用いられる．これは，モニタ画面に呈示された刺激の呼称を読み上げる課題である（図 4.34）．刺激が呈示されてから，語の初頭音が産出されるまでの命名潜時（naming latency）はボイスキイを通じて記録する．正誤に対する判断は実験者が行う．反応に対する誤りには，ターゲットに対する言い誤りと，構音化時に生じた非言語的な音の生成による誤りがあり，後者は分析データから除外する．視覚呈示による場合，表記の書記素が音韻の手がかりとなることがある．この問題を解消するには，線画や画像を呈示する手法（picture naming task）が有効である．文字を介さないため，書字形態による直接的な影響の問題を回避することができる．

3) 意味的なプライミング実験課題

語彙は書字，音韻，意味概念表象を形成しており，相互作用的である．感覚や知覚と同様，語彙の処理も前後の刺激連鎖や整合性に影響を受ける．例えば，実験内に何度も同じ語が出てくると，後続の同項刺激の反応は短くなる．その性質を利用して，意図的に促進や抑制（干渉）を引き起こすことで，語彙構造や機序を推測する．刺激文脈を操作し，ターゲット語の前に特定の刺激を呈示

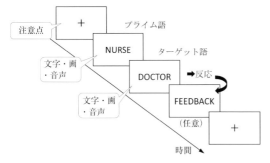

図 4.35 プライミング実験の手続き

表 4.9 発音の一貫性 (Glushko, 1979)

| 規則 || 不規則 ||
実在語	疑似語	実在語	疑似語
dean	hean	deaf	heaf

するプライミングは，語彙処理研究において最もよく使われる手法の1つである．

ターゲット語に先行して呈示されるプライム (prime) は，被験者が気づかないほどごく短い時間 (50 ms など) で呈示する．代表的な手法として，ターゲットと同一のプライム語を連続して呈示する反復プライミング (repetition priming) や，意味的に類似した語を先行呈示する意味プライミング (semantic priming, DOCTOR に対する NURSE) などがあげられる (図 4.35)．バイリンガルを対象とした研究では，2つの言語において同等の意味や音韻的な類似をもつ語をプライムとすることも多い [言語間プライミング (cross-linguistic priming)]．言語間プライミングを用いる場合には，少なくとも対象の言語それぞれにおける出現頻度などを確認して，あらかじめ語彙処理における基本的な効果を考慮し条件統制をしておく必要がある．刺激語の呈示時間については，SOA，ISI の長さによって活性化情報や効果が異なってくる可能性があることから，呈示時間については目的や課題の特性をよく考慮して決める．プライミング効果量は，統制条件（例えば，「****」のような符号）とプライム条件の処理時間の差分比較によって確認される．

4) 干渉課題

干渉課題は，言語刺激間の関連性の操作や，一方の処理を妨害することで特定の語彙情報の効果を検出する．試行中にある無関係の音声産出を強制し（例：「あいうえお，…」），内的な音韻符号化を妨害する構音抑制 (articulatory suppression) は，読みにおける音韻の役割を検討するのに有効である．意味的関連性，意味-音韻間の相互作用を検討する手法としては，線画-単語干渉課題などがある．線画や画像（例：ネコ）の上に錯乱語（例：イヌ）を重ね，両語彙間の不一致情報による干渉を引き起こさせる．実験参加者は錯乱語を無視して絵の命名を行うが，関連が強いほど干渉効果は大きい．そのため，意味単位構造や音韻ノードとのリンク強度を検討するのに向いている．また，語彙情報の一致によって干渉を引き起こさせることもある．音韻-意味間の相互作用に照準を当てた，Van Orden (1987) は，"ROWS" に対して「花」という意味カテゴリーを与えると，同音異義語の "ROSE" が干渉し同定反応が遅延する音韻一致が引き起こす意味干渉の効果を見出した．これらは一例であり，干渉効果を利用した課題は目的に応じて様々な手法が考案されている．

5) 刺激選択

一般的に，語彙処理に強い影響を与える属性は，頻度，親密度などが知られている．書字的な関連をみる場合，語長や隣傍語数，表記体系などが関与してくる．日本語の場合，3つの表記を使い分けているので，通常とは異なる表記を用いて呈示すると，表記の親近性効果を検出することができる（例：机，つくえ，ツクエ）．かなや漢字を材料とする場合には，書字的複雑性が処理効率に関わる（海保・野村，1983）ため，語長とともに画数の操作が必要となる．意味概念水準の検討にあたっては，意味類似度，上位・下位範疇，具体・抽象，語義数，心像性などの語義特性のほか，語義間の連合を検討する場合には，習得期間を変数として語彙獲得年齢 (age of acquisition, AoA) を含むこともある．音韻-書字形態間の場合は，綴り規則や発音の一貫性（表 4.9）が問題となる．特に文字-音韻符号化に困難を生じる失読障害の場合，音韻操作をした刺激材料の音読過程を観察する．実験の目的や対象者を考慮して，これらの変数を統制することが重要となる．　〔早川杏子〕

4.6.3 統語

1）文内の語の階層的依存関係

文意の決定に文内の個々の語が関わるのはもちろんだが，同じ語からなる文でも語順によって文意は異なる．また，「小さな少女の家」など，解釈の可能性が複数ある文が自然言語には偏在している（「小さな少女とその少女の住んでいる家」「少女の住んでいる小さな家」）．したがって，「誰が何をどうした」という命題的意味の決定には，文内の語の意味と語順に加え，語の階層的依存関係が必要で（図4.36），統語規則は文内の階層的依存関係に対する制約として保持されていると一般に考えられている．複数の語からなる意味的まとまりを「構成素」と呼び，文の理解では構成素構造の構築が想定されている．

図4.36 曖昧文と文内の階層的依存関係
文内の語の依存関係は文末まで確定しないが，実時間内の文理解で入力を構造化せずに保持することはワーキングメモリに対する負荷が大きい．したがって，構成素構造の構築は文末を待たず，逐次的（incremental）に進むと考えられている．

入力の構造化は統語規則に従うはずだが，統語規則がいかなる情報に言及しているかについては議論があり，品詞，主語・目的語などの文法機能，選択制限を含む語の共起関係などが統語規則上の単位概念として提案されている．

2）再解析を利用した統語処理研究

統語処理研究の材料として多く議論されてきたのは，(1) に例示する再解析（ガーデンパス）文である．命題は記憶の単位として働くので，統語処理が逐次的に進むなら，(1) の「焼いた」「冷やした」入力時点では，第1文節を主語，第2文節を目的語とした節構造の構築が想定できる．しかし，第4文節の入力で，この節構造は変更を迫られるので，第1～第3文節の節構造を第4文節を含む構造へ再構築する統語処理が予想され，この再解析負荷は行動・生理反応や眼球運動で観察できる．また (1b) は，第4文節までの品詞と助詞の連鎖が (1a) と同一だが，第4文節での統語構造が (1a) とは異なり，(1a) よりも処理負荷が大きい．この処理負荷差異は再解析前後の統語構造の異同に対応する再解析過程に起因すると理解できる．

(1) a：道子が 焼き鳥を 焼いた 店員に 飲み物を 注文した．
  b：山田が ミルクを 冷やした コーヒーに 少し 入れた．

また，関係節の主要部名詞（head noun）の意味特性やアクセント核の連鎖，先行入力に基づく後続入力の予測可能性などを操作することで，種々の情報が構成素構築へ与える影響の大小が検討されている．

3）不連続要素間の依存関係構築

自然言語の文に特徴的なことは，「息子は少しもニンジンを食べない」における「少しも」と「ない」のように，離れた語が隣接する語よりも強い意味的結びつきをもちうることである．Aoshimaら（2004）は，以下の (2) について実験参加者ペースの読文実験を行い，不連続な依存関係の処理メカニズムを考察した．実験の結果，(2a) の文頭にある「どの社員に」は，主節目的語として「言いましたか」と不連続依存関係をもつが，文処理前半では従属節の間接目的語として解釈されていることが示唆された（角括弧は従属節を示す）．

(2) a：どの社員に 専務は [社長が 会議で 課長に 昇給を 約束したと] 言いましたか？
  b：どの社員が 専務に [社長が 会議で 課長に 昇給を 約束したと] 言いましたか？

Aoshimaら（2004）によれば，「どの社員に」が従属節要素として選好されるのは，意味役割（thematic role）についての制約を早期に充足させるためだが，不連続要素の意味役割を決定する心的メカニズムの詳細は，現時点では不明である．

4）統語構造の実験的検証

言語入力に統語規則を適用し，統語構造を付与するのが統語処理だが，翻って，実時間処理の知見から統語構造を検討する例もある．英語・中国

語などの孤立語に比べて，接辞（助詞）が文法機能を表す膠着語の日本語では，語順が自由で，命題的意味を維持したまま，主語と（直接・間接）目的語の位置を (3) のように交代できる．

(3) a：女の子が 桃を 食べた．（基本語順）
　　 b：桃を 女の子が 食べた．（かき混ぜ語順）

(3b) の構成素構造には図 4.37 に示す複数の理論的立場がある（e は音形をもたない構造的位置で「空所（gap）」と呼ばれる）．

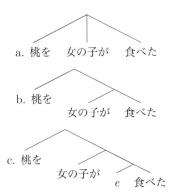

図 4.37　かき混ぜ文の構成素構造

読文時間や文意理解の難易，また眼球運動の知見から，かき混ぜ文の処理負荷は基本語順文より大きいことが知られている．処理負荷を構造の大小に還元するなら，かき混ぜ文の構成素構造は (c) となろう．ただし，目的語が 2 つある場合は，かき混ぜの可能性は 5 通りとなり，それぞれについて反応傾向に異同がある．また，空所と「基本語順」の心理学的意味も現状では不明である．

5）文脈の影響と幼児の統語処理

統語処理研究における刺激単位は基本的に文だが，文脈を与えることで，処理負荷や解釈の選好性が変化する場合がある．また，文理解における反応傾向が，構文が頻繁に使用される文脈に起因する例も知られている．

母語発達においては，構文の獲得順に規則性があり，例えば，かき混ぜ文や受動文の獲得は，基本語順文や能動文よりも遅い．幼児にとっての構文の難易度は成人と多く共通している．また，母語の獲得には，ある程度の統語処理が必要だと考えられるので，幼児と成人の統語処理メカニズムには共通点・連続性があると予想されるが，今後の課題である．

6）文産出研究と統語的プライミング

発話意図の実験的操作が難しいため，文産出における統語処理の研究は言い間違いから多くの知見を得てきたが，近年，直前に処理した文と同じ構文を発話する傾向を利用した「統語的プライミング」によって文産出の実験的考察が可能になった．ここでの課題は，線画の口頭・筆記による描写やターゲット文の再生で，例えば，プライムとして受動文を使用すると，再生文において受動文の頻度が高くなる．プライム文の使用は聴解，書字，朗読，黙読など様々である．統語的プライミングは，第一・第二言語に加え，2 言語間，さらに失語症患者にも適用されている．

7）統語処理の神経基盤

統語処理の脳内メカニズムについて多くの知見を提供してきた研究手法は，fMRI と事象関連電位（event-related potential, ERP）で，ここでは一般に正文と非文を相当数呈示し，正文を基準とした非文の脳活動によって統語処理の神経基盤が考察される（6.6 と 6.7 参照）．空間解像度に優れる fMRI と時間解像度に優れる ERP の知見を統合することで，構成素構造構築と人称，数，文法性，時制の一致処理，また不連続依存処理それぞれの時間的順序と処理部位を含む文処理モデルが複数提案されている．ただし，近年，統語処理を反映する ERP として代表的な潜時 600 ms を中心とした陽性成分（P600）が統語処理以外の処理についてもしばしば観察されていて，言語惹起性 ERP の解釈は錯綜している．最近の脳波計測では，刺激呈示に伴う時間周波数帯域別のパワー値の変化〔事象関連スペクトル摂動（event-related spectral perturbation, ERSP）〕を考察に加え，ERP の時間周波数成分を検討する例が増加している．また近年，離れた脳領域間の相互作用が認知的機能単位として働く可能性が注目され，ここでは血流に代表される代謝量の相関や脳波の位相同期が条件差を示している．ERP に反映されない統語処理が脳波の大域的同期に現れるとする報告もある．

〔時本真吾〕

4.6.4 語用論

仕事が終わって帰ろうとしているとき，同僚に「この後時間ある？」と尋ねられたらどう思うだろうか．飲みに誘われるのかと思うかもしれない．仕事の状況によっては，残業の手伝いを頼まれるのかと思うかもしれない．語用論（pragmatics）は，字義どおりではない意味の産出や理解の過程，またそこに人間のどのような顕在的／潜在的な動機が働いているかを，文脈，状況，人間関係などに照らして把握することを目指す．

1) 反応時間と誤答率による意図理解の把握

Searle（1969）の発話行為理論（speech act theory）によれば，現実のコミュニケーションの場で言葉を発することは何らかの行為をすることであり，話し手は言葉を発することによって聞き手に何らかの変化をもたらすことを意図しているという．例えば相手を誘ったり頼んだりするときの最終的な目標は，普通はその意図を伝えること（発語内行為）ではなく，その内容を聞き手が実際に行ってくれること（発語媒介行為）である．

発話行為を実現しようとするとき，話し手が「誘う」や「頼む」などの発話行為動詞を使うことは多くはない．社会の常識ある成員として，相手をいたずらに傷つけまいと不躾な表現を避けるからであろうし，自分自身も断られて傷つきたくないからでもあろう．自分と相手の関係を保持するという対人配慮（politeness）は，間接的な発話行為の主要な動機である（Brown & Levinson, 1987）．

間接的発話行為の理解過程を探る手法の1つに，認知プローブ課題（recognition probe task）がある．実験参加者は，シナリオによってある文脈が与えられ，続いてある発話行為が実現されているターゲット発話を聴く／読む．その後，その発話行為を表すプローブ単語（「誘う」など）が提示され，それが直前に聴いた／読んだターゲット発話内に含まれていたかどうかを判断するものである．ターゲット発話には，プローブ単語（「誘う」）と内容的に一致する発話行為条件（例：「明日パーティーに来ない？」）と一致しないコントロール条件（例：「昨日なぜパーティーに来なかったの？」）の2つがある（その妥当性は事前に操作チェックをしてある）．両条件とも字義的にはプローブ単語を含んでいないので，いずれも否定が正答となる．しかしプローブ単語と内容的に一致する発話行為条件では，それが否定反応をする際の干渉要因となる（発話行為動詞が含まれていたと肯定しそうになるのを抑制しなければならない）ので，コントロール条件よりも誤答率が高く，反応時間が長くなる（Holtgraves, 2008）．このような行動データから，聞き手が字義的に示されていない間接的発話行為を自動的に認知する様子を見てとることができる．

2) 視覚世界から探る含意の理解過程

ヒトは，言葉の字義どおりの意味から派生して，他のいろいろなことを推論する（Sperber & Wilson, 1986）．母親に「ここにあったお菓子勝手に食べたの？」と責められた子どもが，「2つくらいだよ」と答えたら，それは「全部食べたわけではない（から責めないでほしい）」と伝えていると思われる．すなわち，"some" は "not all" を含意する（Sadock, 1978）．聞き手はこのような含意（implicature）をどのように理解するのか．まず字義どおりの意味（"some"）を理解し，その後語用論的な解釈（"not all"）に移るという逐次的な過程をたどるのか，それとも両者が同時並行的に活性化されるのかを理解する．

眼球運動実験によってこの問題が検討されている．Huang と Snedeker（2009）は，四象限にヒト（男の子と女の子）とモノ（例：靴下とボール）を配置した絵を提示し，実験参加者が含意のある指示文を聴いている間の視線を計測した．左側の上下に男の子が1人ずつ（1人は2つの靴下，もう1人は何もない），右側の上下に女の子が1人ずついる（1人は2つの靴下，もう1人は3つのボール）．参加者は，"Point to the girl who has some of the socks（いくつかの靴下を持つ女の子を指してください）" と（音声によって）指示される．正答は2つの靴下を持った女の子（語用論的ターゲット）であるが，指示文の細い下線部の "some of" を聴いた時点では，女の子の持ってい

るモノが何であるか明らかになっていないので，太い下線部の "socks" を聴き終わるまで3つのボールを持っている女の子（字義的ターゲット）を排除できない．ところが，もし "some of" と聴いて即座に語用論的含意である "not all" を活性化するなら，この絵に提示されているモノの最大数はボールの3つであるので，ボールを持つ女の子（字義的ターゲット）には注意が向かず，2つの靴下を持つ女の子（語用論的ターゲット）を先に注視するはずである．ところが測定の結果は，"some of" を聴いた時点では2人の女の子への注視に違いが認められなかった．したがって，語用論的含意は字義的な意味と同時に活性化されるのではなく，字義的な意味理解の後に起こるという逐次的理解過程が支持された．しかし，彼らと同様の実験手法で追試を行った Grodner ら（2010）は同時並行的理解過程を支持する結果を報告しており，さらなる検証の余地が残る．

3）語用論的言語処理の神経基盤

　種々の生理指標を援用した語用論的言語処理過程の研究も行われている．言語処理時の時間的推移を鋭敏に検出する事象関連電位（event-related potential, ERP）においては，語用論的処理がN400（刺激提示後約400 ms後をピークとする陰性電位）を誘発するという．Hagoort ら（2004）は，「オランダの電車は黄色でとても混んでいる」というベースラインの文に対して，意味逸脱文である「オランダの電車は酸っぱくてとても混んでいる」と，世界知識逸脱文である「オランダの電車は白くてとても混んでいる（注：実際オランダに白い電車はない）」の両方に N400 効果を見出した．N400 が言語処理の何を反映しているかについては数多くの実験結果に基づき議論が重ねられているが，おおむね，文脈や現実世界に関する知識に関連づけながら語彙的意味を統合していく処理に関わると考えられている（Kutas et al, 2006；Nieuwland et al, 2010；van Berkum, 2009 など）．

　このような含意や世界情報を統合する推論自体は，1人で完結する作業である．一方，対人的相互作用の中で語用論的言語処理がどのように実現

するかを検討する ERP 実験は，まだほとんど行われていない．その中で Egorova ら（2014）は，他者の意図の適切な理解が求められる間接的発話行為の知覚に際して，N400 より速い段階での陰性成分を初めて観察した．彼らは，いくつかのモノを挟んで話し手と聞き手が向かい合って座っている写真とともに，その中の1つの命名を促す先行発話（例：「これは何と呼ばれるものですか？」）と依頼の発話行為を促す先行発話（例：「何をとりましょうか？」）の2条件を用意し，各々の提示後にヒトの写真を背景としてターゲット刺激語（例：「植木」）を提示した．すると命名条件に比べ，依頼条件で約120 ms後により大きな陰性電位が認められ，発話行為が俊敏に認知される過程がうかがわれた．先述の Holtgraves による行動実験による知見とも一致する．ただし，彼らの課題では1語による発話行為が検討対象となっていたが，より長い文単位からなる発話行為にもこれほど速い成分が認められるのかどうかは，確かめられていない．

　語用論的言語処理を脳内のどこが担っているかについては，機能的磁気共鳴画像（functional magnetic resonance imaging, fMRI）などを用いた脳機能イメージングによって検証されている．語用論的含意の理解や世界知識の統合には，主に左下前頭回（inferior frontal gyrus, IFG, ブローカ野を含む）が関わるという（Groen et al, 2010；Li et al, 2014 など）．また語用論的言語処理における対人機能には，前頭前皮質内側部（medial prefrontal cortex, mPFC）や側頭頭頂接合部（temporo-parietal junction, TPJ）などとの関連が報告されている（Sassa et al, 2007）．TPJ や mPFC は，適切な社会的相互作用を実現する「心の理論〔theory of mind（Baron-Cohen et al, 2000）〕」の能力の基盤と考えられている領域でもある（Tesink et al, 2009 など）．さらに，相手に動作を求める発話行為の理解に運動関連領野が賦活するという（van Ackern et al, 2012）．現実のコミュニケーション場面における語用論的言語処理は，言語処理そのものとは独立して，他のあらゆる高次機能を誘発しうることがわかる．

〔木山幸子〕

4.6.5 第二言語習得

1）語彙知識の測定

第二言語（以下，L2）の語彙知識を豊かにすることはL2習熟の主要因であり，産出，聴解，読解のすべての能力において語彙知識は強い独立変数であることがわかっている．語彙知識は，語彙の広さ（breadth of vocabulary）と語彙の深さ（depth of vocabulary）の2つの側面から評価される．語彙知識の広さとは学習者が知っている語彙の量（語彙サイズ）のことで，測定方法としてはVLT〔vocabulary levels test（Nation, 1990）〕，EVT〔European vocabulary test（Meara & Buxton, 1987）〕があり，具体的には，単語認知，同義語の選択，Yes/No の択一などの方法がある．語彙知識の深さとは，ある単語についての知識であり，例えば，発音，綴り，語幹，派生語，語形成，品詞に関する知識，統語上の性質，意味の多義性，同意性，反意性，使用頻度などの知識である．語彙の深さの測定方法としては，4段階レベル分類（Dale, 1965），VKS〔vocabulary knowledge scale（Paribakht & Wesche, 1999）〕，DVK〔depth-of-vocabulary-knowledge test（Read, 2000）〕などがあり，具体的には，刺激語に対する自己評価（知っている，見たことがある，見たことがあるが意味は知らないなどの選択）や刺激語と他の単語との関係を問う方法などがある．

しかし，これらの方法は主に英語圏に住む英語学習者の語彙知識を測定する方法であり，日本人研究者が必要とするものは日本語を母語とする国内の英語学習者の語彙知識測定方法であろう．望月ら（2003）の「英語語彙サイズテスト」では，日本人英語学習者を対象としたテストで7,000語レベルまでの語彙サイズを測定できる．これは7ページにわたり，各ページに30問ずつ問題がある．各問題は2つの日本語の意味に近い英単語を6つの語から選ぶ形式である．6者2択なので，1つ目の答えは6つの英単語から選ぶが，2つ目の答えは残りの5つの英単語から選ぶことになり，正解の確率が異なるという難はあるが，各レベルに該当する単語数に限りがあるということと，テ

ストを簡便なものにするという意味でこの方法は有効であると考えられている．以下に問題例をあげる．

〈問題例〉
(1)小麦粉を焼いた菓子　(2)集まり，会
① birthday　④ party
② cookie　⑤ star
③ fork　⑥ sweater

(1) の答えは②であり，(2) の答えは④である．語彙サイズの算出方法は以下のとおりである．例えば，3,000語まで測定したいなら，1〜3ページ目までテストを行い，

$$[（1ページ目の正答数＋2ページ目の正答数＋3ページ目の正答数）÷3ページまでの全問題数]×3000$$

というように計算する．つまり，1ページ目で20問，2ページ目で10問，3ページ目で5問できていれば，

$$[（20＋10＋5）÷90]×3000＝1166$$

で1,166語を知っているという計算になる．このテストは日本人の英語語彙サイズを測定する有力な方法である．

2）WPM（word per minute）

word per minute とは1分間に読める英単語の数を表すが，このテスト方法は読みの速さと読みの正確さの2つの指標をもつ．英語読解の習熟度という観点から考えると，どんなに速く読めても正確に読めなければ「読んだ」ことにはならず，どんなに正しく読めてもあまりにも時間がかかりすぎるのであれば，語学の習熟として良好であるとはいえないからである．WPM値の算出は文章の単語数と読み時間と正答数で行うことになっている．例えば，300語の読み物を200秒で読み，5問中4問正解（正答率80％）の場合，（300÷200×60）×0.8＝72と算出される．当然，決められた時間より早く終わる参加者もおり，読み時間の個人差が成績に反映されないという点で，この方法は完璧とは言い切れない面もある．しかし，時間制限を設けずに行った場合，成績には正答率しか

反映されないので，時間を区切って行う手法は有効であると考えられる．WPM は TOEFL（Test of English as a Foreign Language）や，GTEC（Global Test of English Communication）などの大規模テストでも使用されることがあるが，読解能力テストやリーディングスパンテストとの関係を分析する際にも用いられる方法である．

3）文章難易度の測定

　心理実験では刺激文や刺激テキストを使用することが多い．その内容は研究の目的によって異なるが，文あるいは文章の難易度を統制する必要がある場合が多い．文章の難易度の研究は英語圏で始まったものであるため，英語の文章の難易度測定方法は 200 以上もある．現在では英語だけでなく，スペイン語，フランス語，中国語，イタリア語，ヘブライ語，ベトナム語など，様々な言語において文章難易度を測定する方法がある．その代表的な例を以下にあげる．

　アスタリスク（*）はいずれも掛け算を表し，各式の後にあるカッコ内は式の名称である．

(1) $0.4 *$（1 文の平均単語数 $+ 100 *$ 全語数に対する複合語の割合）（Gunning Fog index）

(2) $5.89 *$ 1 語中の平均文字数 $- 29.5 *$（文の数 ÷ 単語数）$- 15.8$（Coleman Liau index）

(3) $0.39 *$ 1 文の平均単語数 $+ 118.8 *$ 1 語中の平均音節数 $- 15.59$（Flesh Kincaid Grade Level）

(4) $0.5 *$ 1 文の平均単語数 $+ 4.71 *$ 1 語の平均画数 $- 21.43$（Automated Readability Index）

(5) $1.043 \sqrt{（30 * 1 文の平均音節数）} + 3.1291$（Simple Measure of Gobbledygook）

(6) $206.835 - 1.015 *$ 1 文の平均単語数 $- 84.6 *$ 1 語中の平均音節数（Flesch Reading Ease）

　これらはいずれもアルファベットを文字表記とする文章の難易度測定方法であるが，日本語の場合は以下のような問題から，難易度測定式をつくるのはきわめて難しい．まず，日本語には文字種が漢字，ひらがな，カタカナ，ローマ字の 4 種類があるため，同じ文を複数種類で表記することが可能であり，そのため 1 文の長さを決定すること

が困難である（柴崎，2014）．次に，漢字には学年配当があり，読み手が成人か子どもかという違いによって，読みやすさ読みにくさに差が生じるということがある（柴崎，2010）．このような課題を解決した方法として，現段階では以下の文章難易度判定式がある．

$$Y = -0.145 * X_1 + 0.587 * X_2 + 14.016$$

$Y =$ 学年，$X_1 =$ 文章の総文字数に対するひらがなの割合，$X_2 = 1$ 文の平均述語数（特許：2008-141689）（柴崎・玉岡，2010）．

　この式は学年により極端な誤差がないという長所があるが，小学 1 年〜中学 3 年までの 9 学年のみの判定である．日本語の文章では高校 1 年〜3 年までの 3 学年は差別化が困難であるという問題があり，この点については解決できていない．

4）話す能力の測定

　第二言語習得において習熟度は最も重要な研究対象の 1 つである．第二言語を話す能力の測定方法としては，モノローグ式，ロールプレイ式，ダイアローグ式などいくつかあるが，一般的に ACTFL（American Council on the Teaching of Foreign Languages）基準に基づく OPI（oral proficiency interview）がよく使用される．これは 30 分程度の面接式で 1 対 1 の会話をしながら，当該言語を話す能力を測定するという方法である．まず，自己紹介などの自然な会話から開始し，評価者は被評価者のおおまかなレベル（上級，中級，初級）を判断する．次に，レベルを難しくしたり，反対にやさしくしたりしながら，級の下限と上限を探っていく．さらに，ロールカードを用いて，超級，上級の上中下，中級の上中下，初級の上中下の 10 段階のどのレベルに相当するか判断し，最後に自然な会話に戻って終了する．レベルの決定は，機能・総合的なタスク遂行能力，社会的場面・話題領域，談話の型から判断され，正確さにおけるレベルは，文法，語彙，発音の 3 つの面から評価される．近年は超級の上に卓越級を設けており，これは「広い範囲にわたって，全世界の包括的な問題や高度な抽象概念について，文化的に適切な形で意見を述べることができるレベル」とされている．

〔柴崎秀子〕

第5部

学習と行動

第1部　実験の基礎

第2部　感覚刺激の作成と較正

第3部　感覚・知覚・感性

第4部　認知・記憶・注意・感情

第5部　学習と行動

第6部　生理学的測定法

付　録

▶ 学習と行動

5.1　古典的条件づけ……………………………288
5.2　走路 / 迷路学習・逃避 / 回避学習…………304
5.3　オペラント条件づけ………………………312
5.4　比較認知の研究法…………………………364
5.5　ヒトの学習研究法…………………………382

5.1 古典的条件づけ

5.1.1 基本手続き

1）古典的条件づけの手続きと実施

生得的には反応を喚起しない中性刺激と，生得的に明確な反応を喚起する刺激を随伴提示し，中性刺激に対して新たな反応を獲得させる手続きを古典的条件づけ（classical conditioning），または発見者（Pavlov, 1927）にちなんでパブロフ型条件づけ（Pavlovian conditioning）あるいはオペラント条件づけと対応させてレスポンデント（respondent）条件づけと呼ぶ．生得的に強い反応を誘発する刺激を無条件刺激（unconditioned stimulus, US），USが喚起する反応を無条件反応（unconditioned response, UR）と呼び，USとの対提示によって中性刺激が反応を喚起するようになると，それを条件刺激（conditioned stimulus, CS）と呼び，CSが喚起する反応を条件反応（conditioned response, CR）という．

実際の研究では複数のCSを1つの実験の中で使用する場合があるが，それについては5.1.5に譲り，ここでは単一のCSとUSの対提示を扱う．この事態においては，CS-USの随伴提示がCR獲得の原因であること，およびCRがCSによって喚起されたものであることを明確に示す必要がある．実験の流れは獲得期（acquisition phase）とテスト期（test phase）に大別できる．獲得期においては，被験体はCSとUSの対提示（あるいは後述するような統制手続き）を経験する（ヒト対象の研究については5.1.6参照）．テストにおいては，通常はCSの単独提示を行い，統制条件との間でCR強度の差を検討する．

実験の中で餌や水の摂取を用いる場合には，毎日一定の時間に実験を行わなければ被験体の動因（drive）の程度に応じて反応が変化してしまい，データのバラツキを大きくする．飼育ケージで被験体に水や餌を与える時刻も統制する必要がある．また，用いるCSが動物にとって既知のものであると，CR獲得が阻害されることがあり，これを潜在制止〔latent inhibition（Lubow & Weiner, 2010）〕という．

実験の際には，実施場所についても留意が必要

である．音刺激や光刺激を用いる場合には，これらの発生措置は防音箱内に設置する．また，マスキングノイズなどの定常音を提示し，実験刺激以外の要因による影響を防がなければならない．提示する刺激が風味刺激の場合には，動物の飼育ケージで実験を行うことも可能である．その場合は，用いる刺激の嗅覚成分が他個体に与える影響を事前に検討しておかなければならない．飼育ケージを用いる場合は，実験セッション以外に動物が飼育ケージで過ごす時間はすべて，実験文脈に対する消去手続きに相当するので，文脈が重要な現象を扱う場合には注意が必要である．

実験文脈自体がCSやUSと連合することがある．これは実験文脈もまた被験体の反応を喚起することを意味する（Balsam & Tomie, 1985）．文脈ではなくCSがCRの生起因であると明確に示すためには，獲得期とは異なる実験文脈でのテスト実施も検討するべきである．その際には，実験開始前やテスト前に文脈刺激に対する馴化訓練を行うなど，文脈そのものが不必要な反応を喚起しないように準備する．

古典的条件づけにおいては，CSとUSの随伴関係が被験体の反応とは無関係に決定される．被験体が決められたタイミングで受容する刺激であれば問題ないが，餌や水などをUSとして用いる場合には，USの摂取タイミングが被験体に依存してしまう．こうした刺激をUSとして用いる場合には，オペラント条件づけ訓練と同様に1日程度の給餌装置訓練（マガジン訓練，餌箱訓練）を行い，装置作動音などをUS到来信号にしておく必要がある．

2）CSとUSの時間配置

CSとUSの時間配置については古くから様々な検討が加えられている．USより時間的に先行させてCSを提示する手続きを，一般に順行条件づけ（forward conditioning）と呼ぶ．中でも，CSとUSの提示時間に重複がある手続きと，CS提示の終結と同時にUSが提示される手続きを延滞条件づけ（delay conditioning）と呼ぶ．使用する刺激の組み合わせによって異なるものの，CS提示開始とUS提示開始の間の時間間隔には最適値が存在し，短すぎたり長すぎたりすると

288 5.1 古典的条件づけ

CR 獲得がうまくいかない．CR 生起は，通常は CS 提示直後からであるが，訓練試行数が過剰な際には US 提示タイミングの直前まで遅延し〔延滞制止（inhibition of delay）〕，場合によっては CR 強度の過小評価につながる恐れがある．

CS 提示終結と US 提示開始の間に時間的空白が挿入される手続きを痕跡条件づけ（trace conditioning）と呼ぶ．実験事態や被験体種によって差はあるものの，一般に CS 終結と US 開始の間隔が長くなるにつれて CR 獲得が困難である．味覚嫌悪学習のように，数時間の遅延が挿入されても CR が獲得される事態があるものの，あくまでも程度の問題であり，いわゆる接近の法則（law of contiguity）が成立する．

CS と US が同時に提示開始・終結する手続きを同時条件づけ（simultaneous conditioning）と呼ぶ．この手続きでは，延滞条件づけに比べて CR 獲得が困難であるが，同時条件づけ事態では反応表出はしないものの，CS と US の時間関係に関する知識は獲得されていることが示唆されている（5.1.3 参照）．

US が CS に先行して提示される手続きを逆行条件づけ（backward conditioning）と呼ぶ．この手続きにおいては CR 獲得は良好ではないとされていたが，対提示試行数が少数の場合には US 到来を予期するような興奮の反応（excitatory response）が，多数の場合には US の非到来を予期するような制止の反応（inhibitory response）の両方が獲得されるという報告がある（Heth, 1976）．詳細は，漆原（1999）を参照されたい．

3）古典的条件づけの統制手続き

古典的条件づけの成立には CS と US の随伴関係が重要な役割を果たすため，この随伴関係に依存しないような行動変容の統制が，適切な統制手続き設定の主眼となる．Rescorla（1967）は，これを受けて 6 つの統制手続きをあげている（表 5.1）．このうち，CS 単独提示と US 単独提示は，条件づけを行う群と同一回数の CS あるいは US を単独経験する群を設定する方法であり，CS への親近性増加や US による鋭敏化（sensitization）による行動変容を統制する．新奇 CS 提示は，条件づけ経験のない群に対してテスト試行で初め

表5.1 Rescorla（1967）による古典的条件づけ実験の統制手続き（宮田，1969 を改変）

	獲得期	テスト期
実験群	CS-US	CS
新奇 CS 提示	なし	CS
CS 単独提示	CS	CS
US 単独提示	US	CS
CS-US 非対提示	CS/US	CS
逆行条件づけ	US-CS	CS
分化条件づけ（群内で比較）	CS1-US/CS2	CS1/CS2

実験群とそれぞれの統制群が比較されるが，分化条件づけは単一の群として実験が行われる．
注：- は対提示，/ は非対提示を意味する．

て CS を提示する方法であり，CS に対する無条件的な反応の効果を統制する．CS-US 非対提示では，実験群と同数の CS と US を時間的に離して提示する手続きである．この方法では，実験群と CS 提示経験数・US 提示経験数の両方を統一できるが，刺激間に十分な時間間隔が必要である．逆行条件づけは，US を CS に先行させて提示する方法である．これらの統制方法では，条件づけを行う群とは別個に統制群を設けるが，分化条件づけ（differential conditioning）では，同一個体に対して 2 種類の異なる CS を準備し，一方は US と対提示して他方を単独提示する．これにより，CS-US 随伴関係に依存しない「疑似条件づけ（pseudo-conditioning）」の影響を排除して US との随伴関係の影響のみを抽出する．

Rescorla（1967）は，こうした伝統的な統制手続きを批判し，真にランダムな統制手続き（truly random control, TRC）を提案した．CS-US 非対提示では刺激間に負の随伴性（5.1.4 参照）が存在するのに対して，TRC 手続きでは，刺激間には随伴関係が存在しないように刺激提示回数やタイミングが調整される（北口，1996）．しかし TRC 手続きを，厳密に実行するためにはセッション時間や CS 提示時間が長くなる，また US 提示回数が相当に多くなるという問題があり，実際には CS-US 非対提示や分化条件づけが用いられることが多い．なお，刺激般化（stimulus generalization）の統制については，澤（2011）を参照されたい． 〔澤 幸祐〕

5.1.2 代表的な古典的条件づけ事態

1) 古典的条件づけを研究するための実験設定

　古典的条件づけは，条件刺激（CS）と無条件刺激（US）の随伴提示によって生じ，この学習は条件反応（CR）として計測される．古典的条件づけ研究で用いられる実験設定は「事態（preparation）」と呼ばれ，計測するCRの種類によって分類することが多い．なお，古典的条件づけの体系的研究はイヌの唾液分泌条件づけ（salivary conditioning）で始まったが（Pavlov, 1927），現在この実験事態を用いている研究者はいないと思われる（Freeman, 1997）．本節ではヒト以外の動物で今日最も頻繁に使用されている実験事態を紹介する．イヌの唾液分泌条件づけや，イヌ・ウサギ・ラットの心拍条件づけ，ハトや魚類の活動性条件づけの手技については金城（1975）を参照されたい．なお，ヒトを対象とした古典的条件づけの実験手法については5.1.6で紹介する．

2) 条件性抑制

　代表的な古典的条件づけ事態である恐怖条件づけ（fear conditioning）の中でも，最も標準的な手続きが条件性抑制（conditioned suppression）である．これは，動物が従事している行動（ベースライン行動）がどれだけ抑制されるかを古典的条件づけの指標とするものである．一般的にはラットを被験体とし，CSとして音や光，USには格子床からの電撃を用いる．条件づけが成立すると，CSはベースライン行動を抑制するようになる．これは，CSが恐怖などの条件性情動反応（conditioned emotional response, CER）を喚起してベースライン行動と競合するようになったためだと考えられている．なお，後述のように音CSは凍結反応を喚起するが，光CSが喚起する反応を特定することは困難であり（Kim et al, 1996），末梢的反応ではなく脳中枢レベルでの競合が仮定されている（Rescorla & Solomon, 1967）．

　ベースライン行動として，①摂食制限を行ったラットがレバーを押して餌を得る（Estes & Skinner, 1941），②摂水制限を行ったラットが給水管から水をなめ飲む（Leaf & Muller, 1965；Yoshida et al, 1969），のいずれかが用いられることが多い．レバー押し反応はオペラント条件づけによる学習行動で，安定した反応率を長時間継続するVI 60～120秒程度の強化スケジュール（5.3.5参照）を用いて維持することが多く，60～120分程度のセッションを1日1回行うのが標準的である．CSの提示時間は固定で30秒～2分程度，試行間間隔（intertrial interval, ITI）は疑似ランダムに変動させるが，平均して数分～十数分間隔である．一方，水なめ行動は生得的行動であるが，些細な刺激で乱れやすいため，安定したベースラインを得るために数日～十数日の摂水訓練を事前に行うことが必要である．水なめ行動は10～15分経過すると散発的になるため，セッション時間は5～10分程度で1日1回毎日同時刻に行う．なお，なめ回数は1分当たり250～300回と高率であり，給水管-ラット-格子床の間に生じる微弱電流回路の開閉により測定する（土江・中島, 2000）．CSの提示時間は固定で5～10秒，ITIは疑似ランダムに変動させ平均60秒程度とすることが多い．

　古典的条件づけ処置はベースライン行動を行わせながら実施する場合（on-the-baseline手続き）と，ベースライン行動ができないようレバーや水管を取り外した実験箱で実施する場合（off-the-baseline手続き）がある．前者の手続きには，古典的条件づけの獲得の様子を試行ごとに観察できるという長所があるが，反応抑制に罰（弱化）の効果が混入する（ベースライン行動の自発直後に偶然電撃が伴う）可能性がある．一方，後者の手続きでは，ベースライン行動が可能な状況に被験体を戻してからCRをテストする．

　ベースライン行動の抑制指標としてはAnnauとKamin（1961）の抑制率（suppression ratio）が最も妥当である（Church, 1969）．これはCS提示前の反応率（pre-CS rate, A）とCS提示中の反応率（CS rate, B）を，B÷（A＋B）の式で計算したもので，0.5で無抑制（条件づけなし），0.0で完全抑制（条件づけ最大）を示す．抑制比率は試行ごとに計算する場合も，複数の試行をまとめ

て求める（例えば，セッション全体の値として抑制比率を1つ算出する）こともある．ベースライン行動の安定度が低いときは後者を用いるべきである．なお，水なめをベースライン行動とする場合，安定した水なめ行動が確認された時点でCSを提示し，それにより水なめ行動が中断した後，再開するまでの所要時間（潜時）をテスト時の条件づけ指標とする方法もある．この場合，得られた秒数を対数変換してから統計的検定を行う（例：Witnauer & Miller, 2013）．

3）条件性凍結反応

条件性凍結反応（conditioned freezing response）も電撃をUSとした恐怖条件づけの一種であるが，動かずにじっとしている凍結反応（すくみ反応）の時間を条件づけの指標とする．CSには条件性抑制事態と同じく音刺激を用いる場合もあるが，実験装置そのものをCSとすることが多く，文脈恐怖条件づけ（contextual fear conditioning）の手続きとして用いられている．

比較的長いセッション中に複数回の電撃USを与える研究もあるが（Fanselow & Tighe, 1988），標準的な手続きでは電撃を1回与えるだけである．いずれの手続きでも，再び装置に入れたときの凍結反応の潜時や持続時間をCRの指標とする．

1回の電撃USだけで条件性凍結反応を形成する際の最適タイミングはラットの場合，装置に入れてから2分前後である（Fanselow, 1986；Bevins & Ayers, 1995）．それより短いと装置内の特徴（文脈CS）を認識することが不十分であり，長いと文脈CSに対する潜在制止（5.1.1参照）が生じるため条件づけが困難になる．なお，条件づけセッションに先立って実験装置にさらすだけの処置を施しておくと，条件づけセッションにおける電撃US提示の最適時間は短くなる（Fanselow, 1990；Kiernan & Westbrook, 1993）．

条件性凍結反応はベースライン行動を事前に形成しておく必要がないため，より簡便な恐怖条件づけ事態である．このため，ベースライン行動を形成しづらいマウスを用いた研究や，てっとり早く学習させてその神経メカニズムや薬理効果を調べる研究などで多用されている．

4）味覚嫌悪学習

味覚嫌悪学習（taste aversion learning）は，学習の容易さと獲得後の消去のしにくさや，長遅延学習が可能であるなどの点で，条件づけとは異なる学習だとの主張もあるが（Garcia, 1989），こうした特徴は量的相違にすぎないとの見解が現在では主流であり（Klosterhalfen & Klosterhalfen, 1985），味覚嫌悪条件づけ（taste aversion conditioning）や条件性味覚嫌悪（conditioned taste aversion）とも呼ばれ，多くの研究が行われている（Reilly & Schachtman, 2009）．なお，味覚と嗅覚が複合したCSを用いる場合や，両感覚を特に区別しない場合は，風味（flavor）という語を使う．

典型的な実験事態では，摂水制限下にあるラットにサッカリン溶液のような新奇な味覚刺激をCSとして一定時間（10～20分）提示し，毒物をUSとして投与する．なお，味覚刺激として溶液を用いるのは，摂取量が容易に測定できる（溶液ボトルの重さを計量するか溶液シリンダーの目盛を読む）ためである．この実験処置は飼育室で行う方法と，他の条件づけ実験のように実験室で実施する方法がある．後者の場合は，事前に摂取訓練を最低1日は行っておく．なお，条件づけ時に用いるCSが既知であれば味覚嫌悪学習は阻害される（潜在制止）．したがって，事前の摂取訓練では水道水が用いられることが一般的である．

条件づけ処置後，通常は1～2日の回復日を設ける（水道水をCS溶液のときと同じ時間与える）．その後，味覚CSを忌避するかどうかを，提示したCS溶液の摂取量により確認する（提示時間は条件づけ時と同じにすることが多い）．味覚嫌悪学習の生起をテストする際は，CS溶液だけ提示して摂取量を測定する方法（1ボトルテスト）と，CS溶液を水道水などの比較溶液と同時提示して選択させ摂取量を比べる方法（2ボトルテスト）があり，感度が異なるため，実験目的に応じた方法を用いる必要がある（Batsell & Best, 1993）．

味覚嫌悪学習の場合，摂取量がCR指標となるので，摂水制限の統制がきわめて重要である．このため，実験は毎日同時刻に行う．また，動物福

社の観点から，飼育室で 10 ～ 30 分程度の水道水の給水を行うことが望ましい．

味覚嫌悪学習研究の初期に用いられた US は放射線照射であるが，現在ほとんどの研究では毒物 US が使用されている．特によく用いられるのは塩化リチウムであり，0.3 M 溶液を体重の 1% 量，あるいは 0.15 M 溶液を体重の 2% 量を注射器により腹腔内に投与するのが標準的処置である（溶液濃度が体液と等張である後者のほうが推奨される）．この場合，CS 溶液提示開始から 15 ～ 30 分程度のときに注射すると嫌悪学習が最大になるとの報告があり（Schafe et al, 1995），摂取直後から 10 分以内に注射するのが望ましいが，数時間の遅れでも嫌悪学習は可能である（Garcia et al, 1966）．

味覚以外の CS を用いた場合は毒物 US では嫌悪学習が生じにくく，電撃 US では味覚嫌悪学習が困難であるという選択的連合（selective association）の事実（Garcia & Koelling, 1966；Domjan & Wilson, 1972b）は，味覚嫌悪学習を特殊な学習だとする立場を支持するものだが，連合学習の選択性は多かれ少なかれ他の条件づけ事態においてもみられる．また，電撃の種類によっては味覚嫌悪学習が獲得可能である（Krane & Wagner, 1975）．

なお，毒物としては塩化リチウムのような催吐剤（ラットは嘔吐できないが，催吐剤が気分不快感を喚起していることは運動性の低下や排便などの指標から推察できる）のほかに，アンフェタミンなどの依存性薬物が用いられることもある．しかし，この場合，味覚は回避するものの，後述の嫌悪的な反応がみられず，投与した場所に対しては選好を示すため，嫌悪感情が生じているか議論があり，味覚嫌悪ではなく味覚回避（taste avoidance）と表現することがある（Parker, 2003）．味覚嫌悪学習の形成に有効な US としてはこのほかに，高速回転（乗りもの酔いを引き起こす），腫瘍移植，高温，強磁場，回転カゴ運動，水泳運動，気分不快を呈している他個体の提示などがあげられる．

アメリカン大学のライリー教授の下に味覚嫌悪学習の論文データベースが構築されており（Riley & Freeman, 2004），様々な US や CS，被験体変数（性差，系統差），味覚嫌悪学習の諸現象などを検索可能である．なお，味覚嫌悪学習は雄のほうが成績がよい（Chambers et al, 1997）．

CS を強制的に経口投与したり（Domjan & Wilson, 1972a），静脈に投与する（Bellingham & Lloyd, 1987）など摂取行動を伴わない場合でも CS の忌避反応が獲得されることから，味覚嫌悪学習はオペラント条件づけの弱化によるものでないとされている．弱化の関与が全くないとはいえないが（Li et al, 2013），CS を与えた際には口開け（gaping）や顎こすりつけ（chin-rubbing）などの嫌悪性の味覚反応（gustatory reactions）が観察される（Grill & Norgren, 1978）ことからも，味覚嫌悪学習はオペラント条件づけの弱化にとどまらない．

5）嗜好性条件づけ

嗜好性の US を用いた古典的条件づけを総称して嗜好性条件づけ（appetitive conditioning）という．例えば，味覚刺激を CS とした条件づけ事態で，甘味やカロリーを呈する物質を US にすると，動物は当該味覚 CS を好むようになる〔条件性風味選好（conditioned flavor preference）．(Sclafani, 1991)〕．また，特定の場所（CS）で嗜好性薬物（US）を与えると，その場所を好むようになるという条件性場所選好（conditioned place preference）の事態は，薬物の嗜好性検査の技法として活用されている（Bevins & Cunningham, 2006）．この事態では，側壁の模様や床の材質などが異なる 2 区画のうち一方でのみ薬物を与え，後日（薬理効果が消失した後），2 区画を選択させる．

視聴覚刺激を CS とした場合は，US として餌（食餌性条件づけ）・水・配偶相手・快適熱源を US とした嗜好性条件づけがしばしば用いられる．このとき記録される CR は，サイントラッキング（sign-tracking，信号追跡）と呼ばれる CS 提示位置への接近行動や，ゴールトラッキング（goal-tracking，目標追跡）と呼ばれる US 提示位置への接近行動であることが多い（Boakes, 1977）．

ラットの場合，局在光 CS に対してはその場所を確かめるかのような立ち上がり（rearing）反応，音 CS に対してはその場所を探すかのような

頭振り（head-jerking）反応が生じ，その後に餌
US の提示位置への接近が観察される（Holland,
1977）．餌 US は装置パネル中央下部に設けられ
た開口部の奥に提示されることが多いため，開口
部に赤外線センサを設けて開口部への鼻先ないし
は頭部突込み（nose- or head-poking）反応を計
測する．開口部奥は餌箱〔マガジン（magazine）〕
になっているため，突込み反応をマガジン反応
ともいう．CR の指標は，CS 提示前の反応率
（A）と CS 提示中の反応率（B）の差（difference
score，B−A）を用いることが多い．

　CS の提示時間は固定で 10 〜 30 秒程度，ITI
は疑似ランダムに変動させ平均数分とすることが
一般的だが，CS 提示時間が短く ITI が長いほど
CR 獲得は容易で，その容易さは CS 提示時間で
ITI を割った値に比例する（Holland, 2000；Lat-
tal, 1999）．

　ところで，マガジン反応を行わないと餌を得る
ことができないことから，マガジン反応は古典的
条件づけではなく，オペラント条件づけの一種（例
えば，音がしたとき開口部に頭を突っ込めば餌が
得られる）ではないかとの議論がある（Farwell
& Ayers, 1979）．しかし，負の自動反応維持の手
法（5.1.3 参照）を用いた研究ではオペラント条
件づけの要因は小さいことが示されている（Har-
ris et al, 2013）．

　ハトの嗜好性条件づけでは，装置内の壁に取
りつけられたキイの点灯を CS，餌を US とした
サイントラッキング事態での研究が多く，CS へ
のつつき反応を CR として計測する．これは，
Brown と Jenkins（1968）により自動反応形成と
して最初に報告されたものであるが（5.1.3 参照），
オペラント条件づけの反応-結果随伴性（つつく
と餌が出る）を除き，CS-US だけの随伴性（つ
つき反応の生起にかかわらず，キイ光 CS の後に
餌 US が提示される）として，1980 年代以降は
古典的条件づけの研究で多用されている．この場
合，CS の提示時間は固定で 5 〜 10 秒程度，ITI
は疑似ランダムに変動させ平均 1 分程度とする
ことが多いが，CR 獲得の容易さは「CS 提示時
間で ITI を割った値」に比例する（Gibbon et al,
1977）．

　なお，室内灯を消灯していると CS であるキイ

光が装置内壁に反射して内壁全体が明るくなり，
CS の局在性が減弱するため，キイつつき反応の
獲得と維持が阻害される（Wasserman, 1973）．
CS が拡散光であっても，一般的活動性の増加を
CR として測定可能である（Longo et al, 1964）．
音のように局在性が低い CS の場合も同様である
が，音 CS →餌 US の条件づけ訓練の後に，キイ
光 CS →音 CS の 2 次条件づけ（5.1.5 参照）を行
うと，キイ光 CS へのつつき反応が CR として出
現する（Rashotte et al, 1977）．

　ハト以外の種でのサイントラッキングの研究も
数多く行われている（山田，1987）．

6）瞬目条件づけ

　眼あるいはその周辺に侵害刺激（US）を与え
ると無条件性の瞬目（eyeblink）反射が生じるが，
侵害刺激を信号する刺激（CS）を提示すると瞬
目反射を条件づけできる（Tracy & Steinmetz,
2006）．ウサギは目が大きく瞬目を測定しやすい
ため，瞬目条件づけ（eyeblink conditioning）の
被験体として最もよく使用される．まぶた〔眼
瞼（eyelid）〕のほかに，まぶたの下にある瞬膜
（nictitating membrane）の動きを測定する場合
もあり，それぞれ眼瞼条件づけ，瞬膜条件づけと
呼ばれる（瞬目条件づけはそれらの総称）．実験
期間の前に，眼瞼・瞬膜に小さな輪を接合する手
術を行う．実験時にはこの輪に金具をかけ，金具
に結わえた細い糸の動きを電気信号に変えて，一
定の大きさ以上の変動を瞬目と定義する．CR 指
標は瞬目の生起割合である．CS として光・音・
触刺激（体に貼ったパッドから与える微弱電流），
US として目じりへの空気吹きつけや微弱電流が
用いられる．なお，実験中，ウサギは胴体・頭部
とも固定する．

　瞬目条件づけの最適 CS-US 間隔は約 250 ミリ
秒であり，2 秒を過ぎるとほとんど形成できない
（Gormezano et al, 1983）．ITI は平均 15 〜 300
秒で 1 日 20 〜 100 試行程度行うことが一般的で
あるが，1 日 1 試行だけで行うと，3 秒を超える
CS-US 間隔でも十分な CR が獲得される（Kehoe
et al, 1991）．なお，2 次条件づけでは CS_1-CS_2 間
隔が 8 秒でも形成できる（Gormezano & Kehoe,
1981）．　　　　　　　　　　　　　　〔中島定彦〕

5.1.3 古典的条件づけにおける連合構造とその表出

1）学習の内容とその表出

学習の連合理論的研究では，①学習を成立させる要件，②何が学習されるか（学習内容），③学習がいかに行動に反映されるか（反応表出），の3つに焦点が当てられる（Rescorla & Holland, 1982）．このうち①については他節（特に5.1.1）で述べられているので，本節では②と③について解説する．

2）S-R連合かS-S連合か

Watson（1924）やHull（1943）らは古典的条件づけにおいて形成されるのは条件刺激（conditioned stimulus, CS）と反応（conditioned response, CR）との新たな結びつき（S-R連合）であると考えた．一方，Tolman（1932）らによれば，形成されるのは，CSと無条件刺激（unconditioned stimulus, US）の関係性（S-S連合）である．いずれの見解が正当であるかについては長く議論されてきた（Holland, 2008）．

S-S連合説を支持する証拠としてまずあげられたのが，感性予備条件づけの現象（5.1.5参照）である．この手続きでは第1期において反応を引き起こさない2つの刺激（S_2, S_1）が用いられるため，S-R連合の余地がないと思われる．したがって，感性予備条件づけの報告はS-S連合説の妥当性を示すことになる．しかしながら，当時，感性予備条件づけは再現性（頑健性）と一般性に疑問がもたれていた（Razran, 1961）．また，第1期でS-R連合の可能性がまったくないわけではなく，S_1 は S_2 が喚起する定位反応と連合する可能性があること（Osgood, 1953）から，この現象だけではS-R連合を否定できなかった．

3）価値変化法

S-R連合説とS-S連合説の争いに1つの解決法を示したのがRozeboom（1958）である．図5.1は彼の考えを現代の用語に直して模式化したものである．条件づけ後に何らかの方法でUSから無条件反応（unconditioned response, UR）への経路を阻害することで，CSによるCR誘発が妨げられればS-S連合説が正しく，CR誘発に影響がなければS-R連合説が支持される．この方法は今日，USの価値低減〔無価値化（devaluation）〕と呼ばれている．

例えば，Rescorla（1973）は，大音響の雑音をUSに用いて，ラットに光CSへの恐怖反応を条件づけた．その後，雑音USだけを繰り返し与えて雑音が誘発する恐怖URを馴化させた（US→UR経路を阻害したことになる）．その結果，光CSを提示しても恐怖CRはあまりみられなかった．S-S連合説を支持する結果は，このほかにも，餌USを用いたラットのゴールトラッキング事態（Holland & Rescorla, 1975）やハトのサイントラッキング（自動反応形成）事態（Stanhope, 1992），雌USを用いた雄ウズラのサイントラッキング（性的条件づけ）事態（Hilliard & Domjan, 1995）など多くの実験事態でも確認されている．なお，USの価値低減には馴化や飽和化（例えば，餌USの場合は飽食させる）といった手法のほかに，拮抗条件づけ（例えば，餌USを単独で与えて毒物を投与することで餌USの嗜好性を低下させる）を用いることもできる．

S-S連合説によれば，条件づけ後にUS→UR経路を増強するとCRが増大するはずである．Rescorla（1974）は，音CSと0.5 mA電撃USの随伴提示により音CSに恐怖条件づけを行った後，2 mAの電撃USを単独提示した．この手法で電撃表象が強められたラットは，その後にテストされた音CSへの恐怖反応が大きかった．

条件づけ後のUS→UR経路の阻害または増

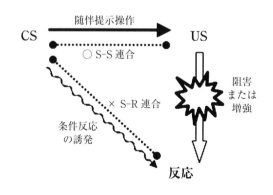

図5.1 価値変化法の論理

強は，CS-US 訓練後に US の価値を変化させる手続きである．先に述べた感性予備条件づけは，S_2-S_1 訓練後に S_1 の価値を変化させるものといえるから，価値変化法の一種であるとみなせる．ところで，通常の感性予備条件づけでは S_1 の価値変化は S_1-US 訓練によって行うわけだが，Fudim（1978）は以下の方法を用いて直接的に S_1 の価値を操作した．まず，A 風味の塩水と B 風味の砂糖水を毎日交互に 20 日間ラットに与えた（A と B はバナナとアーモンドで被験体間でカウンターバランス）．その後，ホルマリンの皮下投与により塩分への欲求を高めたところ，ラットは A 風味の蒸留水を B 風味の蒸留水よりも好んだ．A 風味を S_2，塩味を S_1 とすると，20 日間の訓練によって S_2-S_1 連合の形成が期待できる．この連合は，ホルマリン処置による S_1 の価値変化（塩分嗜好性増強）により顕在化し，S_2 が選択されることになる．なお，ホルマリンの皮下注射は組織損傷を引き起こして痛みを生じさせるため，類似実験を今後行う際は，フロセミドの腹腔内注射（Curz et al, 1977）を用いるべきである．

　以上のように，価値変化法は，古典的条件づけにおける S-R 連合説と S-S 連合説を対比する有効な行動技法であり，多くの場合後者が支持されている．しかしながら，同じ実験事態でも価値変化の具体的方法によって，CR が変化する場合と変化しない場合がある（Holland & Straub, 1979）．神経経路の複雑性を考えれば，単純に S-R 連合か S-S 連合を決することは困難であるが，より巧妙な価値変化法を編み出すチャレンジングな課題でもある（Holland, 1990）．

4）複雑な連合構造

　価値変化法は 2 次条件づけ（5.1.5 参照）における連合構造の行動的理解にも資する．例えば，Rizley と Rescorla（1972）はラットの恐怖条件づけ事態において，2 次条件づけされた CR は 1 次条件づけを消去しても変化しないことを示した．また，Holland と Rescorla（1975）はラットのゴールトラッキング事態で，餌 US の価値低減は 2 次条件づけには影響しないと報告している．2 次条件づけが価値変化操作の影響を受けないことは多くの条件づけ事態で確認されており，2 次条件づけが S-R 連合に基づいていることを意味している．ただし，S_2 と S_1 が同じモダリティであったり，同時条件づけになっている場合には，S-S 連合が報告されている（Kaneshige et al, 2001）．

　古典的条件づけでは CS-US 訓練だけでなく，例えば音 CS と餌 US が随伴提示されるのは，音 CS の前に光が提示された場合のみであるといった複雑な弁別訓練を行うことができる．この場合，光と音が一体化〔形態化（configuration）〕した CS が US と連合するのか，それとも光が〔音 CS-餌 US〕連合のスイッチとして機能〔場面設定（機会設定），occasion setting〕するのかが詳しく研究されている（Holland, 1992；中島, 1994；Schmajuk & Holland, 1998）．

　古典的条件づけで学習されるのは刺激間の随伴関係だけではなく，その時間関係も同時に獲得される．これを時間的符号化（temporal coding）という．詳しくは，漆原と中島（2003）や Mollet と Miller（2014）を参照されたい．なお，刺激間の空間的関係についても同様に学習されるという報告がある（例：Sawa et al, 2005）．

5）古典的条件づけにおける反応の表出

　これまで述べてきたように，古典的条件づけにおいて学習は必ずしも反応の表出を意味しない．例えば，感性予備条件づけの場合，第 1 期での学習は第 2 期の処置によって初めて反応として顕在化する．表出される反応は，その有無や量だけでなく質，つまり物理的形態〔型（topography）〕についても様々な要因の影響を受ける．したがって，適切な反応指標を用いることが重要である（5.1.2 参照）．

　反応表出の量と質は，個体と種の適応的側面から考える必要がある（Hollis, 1997）．つまり，実験に用いる動物（あるいはその祖先）の野生での環境や生得的行動にも配慮しなければならない．Timberlake（1994, 2001）の行動システム的アプローチはそうした研究方略の 1 つである．

〔中島定彦〕

5.1.4 古典的条件づけの消去とそれに関連する現象

1) 実験的消去とそのメカニズム

条件刺激 (conditioned stimulus, CS) と無条件刺激 (unconditioned stimulus, US) の随伴提示により形成された条件反応 (conditioned response, CR) は，CS の単独提示により減少する．これを Pavlov (1927) は実験的消去 (experimental extinction) と名づけた．彼によれば，消去は学習の消失〔学習解除 (unlearning)〕ではなく，内制止 (internal inhibition) と呼ばれる新たな学習であり，これが CS による興奮学習を暫定的に抑制する．この考えは，消去後しばらく経過すると再び CR が見られるという自然回復〔自発的回復 (spontaneous recovery)〕や消去後に外的刺激を与えると再び CR が見られるという脱制止 (disinhibiton) によって支持された．

現在の連合学習理論では，消去のメカニズムとして，① CS-US 連合の喪失（学習解除），②般化減衰，③ CS 馴化，④ US 表象劣化，⑤ S-R 制止連合（反応制止），⑥ S-S 制止連合（CS と US の間のマイナスの連合，あるいは CS と非 US の連合），などが考えられており（中島, 2007），これらの仮説の妥当性は以下に述べる様々な現象や実験方法によって検討されている（Bouton, 2004；Rescorla, 2001, 2002）．

2) 自然回復

自然回復（自発的回復）は消去期からテストまでの遅延期間が長くなれば大きくなる．遅延期間と回復量の関係は負加速関数であることが多い（例：Burdick & James, 1970）．

自然回復を検証するための実験計画は表 5.2A（保持期前後で CR を比較）または B（CS_1 と CS_2 がそれぞれ誘発する CR を比較）が一般的である．しかし，これらの実験計画ではテストの実施時期が異なっているため，同一時期にテストする計画（表 5.2C）も提唱されている（Rescorla, 1997）．

3) 復位効果と更新効果

消去後に US を単独で提示すると CR が再発す

表5.2 自然回復を検証するための実験計画

A. 一般的な計画1

獲得期	消去期	遅延期	テスト期
CS → US	CS	—	CS？

B. 一般的な計画2

獲得期	消去期	第1テスト期	遅延期	第2テスト期
CS_1 → US	CS_1		—	CS_1？
CS_2 → US	CS_2	CS_2？	—	—

C. テスト期を統制した計画

獲得期	第1消去期	遅延期	第2消去期	テスト期
CS_1 → US	CS_1	—	—	CS_1？
CS_2 → US	—	—	CS_2	CS_2？

る（Bouton & Boles, 1979b；Rescorla & Heth, 1975）．この復位効果〔再帰効果 (reinstatement effect)〕は，異なる実験装置（背景文脈）内で US を提示しても生じないため，背景文脈-US 連合が閾値下の CS-US 連合と加算された結果だと考えられており，実際に背景文脈への条件づけが検出される（Bouton & King, 1983）．

一方，消去後に背景文脈を変更すると CR が再発する（Bouton & Boles, 1979a）．この更新効果〔復元効果 (renewal effect)〕には背景文脈-US 連合は大きく関与しておらず（Bouton & King, 1983），その機能は主として場面設定（機会設定. 5.1.5 参照）によるものだと考えられている（Bouton & Swartzentruber, 1986）．ただし，消去後の更新効果は，獲得期→消去期→テスト期を A → B → A のように変化させる（つまりテスト期は獲得期文脈に戻す）場合のほか，A → B → C，A → A → B のように変化させる場合でもみられるが，ABA 更新効果が最も顕著であり，背景文脈-US 連合の関与もあることが指摘されている（Polack et al, 2013）．

更新効果の実験では，通常，実験群（ABA 群，ABC 群あるいは AAB 群）と統制群（AAA 群または ABB 群）のテスト期の CR が比較される．その際，脱制止や装置内探索行動が結果に影響しないよう，被験体をテスト文脈に十分慣らしておく必要がある．

通常，背景文脈は複数のモダリティで異なるものが用意されるが，CS と感覚的に干渉しないよ

うにしなければならない．例えば，音をCSに用いてABA更新効果を検討する場合，文脈1は明るく滑らかな透明アクリル製でアーモンドエッセンスを床に振りかけたもの，文脈2は暗く壁には黒色の粗いサンドペーパーを貼付してリンゴ酢を床に振りかけたものを用いる，という具合である．この2種類の文脈のどちらが文脈AとBになるかは被験体間でカウンターバランスする．

更新効果は，ヒトの恐怖症を曝露法により治療した後にときおりみられる症状再発の動物モデルとみなされている．このため，理論的研究のみならず，臨床応用を視座に入れた基礎研究がラットで数多く行われている（Bouton et al, 2006；中島・遠座，2017）．

更新効果を予防するには，消去期をきわめて長くする（Denniston et al, 2003），消去期は試行間隔を長くする（Urcelay et al, 2009），獲得後すぐに消去する（Myers et al, 2006），通常の消去手続きの代わりに負の随伴性（後述）で反応を除去する（Rauhut et al, 2001），他のCSとともに消去する（Thomas & Ayers, 2004），複数の背景文脈で消去する（Gunther et al, 1998），消去期に手がかり刺激を与えてそれをテスト期にも用いる（Brooks & Bouton, 1994）といった操作が有効だとの報告がある．

4) 消去の防止と促進

CSを単独提示するのではなく他の刺激と複合して提示すれば当該CSの消去は遅れる（Kamin, 1968）．また，複合する刺激が条件制止子（5.1.5参照）であれば，消去はより生じにくくなる（Rescorla, 2003；Soltysik, 1985）．一方，十分に条件づけを行っておいた2つのCSを複合提示して消去すれば，消去が促進される（Rescorla, 2006）．

5) 随伴性空間

古典的条件づけにより形成されたCRは，CSとUSを無関係に提示することによっても減弱する（Ayers & DeCosta, 1971；Frey & Butler, 1977）．図5.2はCS提示時とCS非提示時のUS提示確率を随伴性空間（contingency space）と

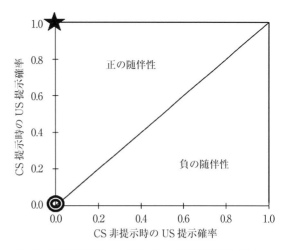

図5.2 随伴性空間におけるCS→US随伴提示（★）と消去（◎）の位置

して表現したものである．一般的なCS→US随伴提示はこの図の左上の★，消去は◎に当たる．★から下または右方向への移動はCS→US随伴性の劣化（Rescorla, 1968）を意味し，CR減少をもたらす．しかし，CSとは無関係に提示したUSを他の刺激（カバー刺激）で信号するとCR減少を緩和できる（Durlach, 1983；Nakajima, 2008；Rescorla, 1984）．

6) オペラント条件づけにおける消去

オペラント条件づけにおける消去手続きは，反応に対して報酬〔提示性（正の）強化子〕を与えない操作である．この場合にも，自然回復（Skinner, 1938），脱制止（Brimer, 1970），復位効果（Baker et al, 1991），更新効果（Nakajima et al, 2000）が確認されるほか，消去されていた反応が別の反応の消去に伴い復活する現象も知られている（5.3.9参照）．

オペラント条件づけにおいても，随伴性劣化手続き（反応と無関係に強化子を与える）により反応は減少するが，その強化子に信号刺激を付すと減少は緩和される（Hammond & Weinberg, 1984）．

負の強化により維持されている反応の消去は逃避／回避学習の節（5.2.2）を参照されたい．

〔中島定彦〕

5.1.5 複数の手がかり刺激を用いた手続き

1）刺激競合

古典的条件づけ手続きにおいて，2つの条件刺激（CS）を同時提示し無条件刺激（US）と対にすると，各CSへの条件反応（CR）は，いずれかのCSを単独で用いた場合よりも，概して弱くなる．この現象は隠蔽〔overshadowing (Pavlov, 1927)〕と呼ばれる．隠蔽は，一方のCSとUSの間の連合学習が他方のCSとUSの間の連合学習に干渉する現象だと考えられているが，このように，複数のCSが存在する場面で生じる連合学習の相互妨害現象は刺激競合（stimulus competition）または手がかり競合（cue competition）と総称される．刺激競合の実験は，複数のCSが含まれ比較的複雑なデザインとなるため，略記号などにより簡潔に記述するのが通例である．表5.3の2段目には上述した隠蔽の手続きを示したが，英字AおよびXは，CS_AとCS_Xという異なる2つのCSのその試行での提示，＋はその試行でのUS提示（強化），−は非提示（非強化）を表す．CS_Xに対し生じるCRの強さは，Cr, crなど文字のフォントや大きさを変えて表す．隠蔽は，ターゲット刺激単独に対し通常の条件づけ獲得訓練を行う群（表5.3 1段目）との比較により示される．なお，隠蔽群で単純にAX＋訓練後にXテストを行うと，テスト時にX単独提示が初めて経験されるので，Xに対し新奇性による反応（驚愕や定位反応など）が生じる可能性がある．これを避

表5.3 隠蔽，阻止，過剰予期を検討する実験デザイン

群	第1段階	第2段階	テスト
通常獲得	—	X＋	X？：CR
隠蔽	—	AX＋	X？：Cr
阻止	A＋	AX＋	X？：cr
阻止の統制	B＋	AX＋	X？：Cr
過剰予期	A＋/X＋	AX＋	X？：Cr
過剰予期の統制1	A＋/X＋	—	X？：CR
過剰予期の統制2	A＋/X＋	X＋	X？：CR

群間計画として示す．実験を個体内計画で行う（例えば，X_1＋とAX_2＋を実施してからX_1とX_2をテストすることで隠蔽が生じたかどうかを検討するなど）こともある．

けるため，隠蔽を含めた刺激競合の実験では，複合条件づけ前に各刺激の単独提示を少数回行うなどの工夫がなされる．また，刺激競合の研究の多くは，比較的複雑なデザインを用い詳細な理論的検討を行うため，すでに十分に確立されパラメータに関する知見の蓄積が多い実験事態(5.1.2参照)で行われる．

2つのCSの明瞭性が同程度だと，互いに反応を減弱し合う形で隠蔽が生じる〔相互隠蔽（reciprocal overshadowing）〕が，明瞭性が異なる場合，明瞭性の高いCSが低いCSを妨害する形で，より明確に隠蔽が生じる．単に隠蔽現象を示すには，ターゲットCSの明瞭性を低く，他方を高く設定するのが一般的である．なお，AX＋試行では，2つのCSを同時提示した場合に隠蔽は強固になる（Blaisdell et al, 1997）．また，①AX＋訓練前にCS_X（Blaisdell et al, 1998）あるいはUS（Urushihara & Miller, 2006）の単独提示を集中的に行う，②AX＋訓練時の試行数を過剰に増やす（Urcelay et al, 2012），③試行間間隔（intertrial interval, ITI）を短縮する（Stout et al, 2003），④比較的長いCSを用いる（Urushihara et al, 2004），⑤部分強化を行う（Urushihara & Miller, 2007），⑥ITI中にUS単独提示を行う（Urcelay & Miller, 2006）などによって，隠蔽は消失し，後に述べる増強現象が生じるという報告がある．これらの手続きは総じて，単独CSへの条件づけ場面で用いられるとCRを弱める効果があるが，隠蔽場面では正反対の効果をもちうるのである．また，AX＋訓練後に①十分な保持期間を置く（Kraemer et al, 1988），②Aの消去（5.1.4参照）を十分に行う（Kaufman & Bolles, 1981）などによって，隠蔽が消失しXへのCRが回復することがある．

第1段階で，ある刺激（A）への条件づけを十分形成し，第2段階でAとターゲット刺激（X）を複合提示し強化すると（表5.3 3段目），第1段階の処置がない場合と比較し，Xに対するCRは著しく阻害される．この現象は阻止またはブロッキング〔blocking (Kamin, 1968)〕と呼ばれる．阻止は，Aに対する事前の条件づけなしに複合条件づけを行う統制群との比較により示される．この統制群は理論上，上述の隠蔽と同じ手続きだが，

阻止の実験では隠蔽とは異なり，AとXの明瞭性を同程度に設定する．なお，群間計画では，統制群のUS総提示数を同一にするため，第1段階で別の刺激（B）への強化試行（B+）を同数施行することも多い（表5.3 4段目）．この際，AとBに対応する刺激は被験体間でカウンターバランスする必要がある．また，第1段階の試行数はAへの条件づけが強固になるよう多めに，第2段階の試行数は統制群でXに対し適度な条件づけが形成される程度に少なめに設定する．ただし，第1段階の試行数が著しく多いと阻止は逆に減弱するとの報告もある（Pineño et al, 2006）．

阻止は，①第1段階と第2段階で異なる文脈（Bonardi et al, 1990）あるいは異なるUS強度（Dickinson et al, 1976）を用いる，②訓練とテストの間に保持期間を設定する（Pineño et al, 2005），③訓練後にAを十分に消去する（Blaisdell et al, 1999）などの方法で減弱（XへのCRが回復）する．また，AとUSの間の時間関係とXとUSの間の時間関係が異なると，阻止は生じにくくなる（Barnet et al, 1993）．

阻止の第1段階と第2段階の訓練内容を逆の順序（AX+→A+）で行うことによりターゲット刺激のCRが減弱する現象は逆行阻止（backward blocking）と呼ばれるが，動物の古典的条件づけ事態では限られた条件下でしか生じない（Miller & Matute, 1996；Urushihara & Miller, 2010）．

CS間だけではなく，US（結果事象）の間でも隠蔽や阻止に相当する現象が生じうる（Rescorla, 1980a）．また，逆行条件づけ手続きを用いてもCS間で隠蔽や阻止が生じる（Burger et al, 2000）．前者のような現象は，手がかり競合に対し，結果事象競合（outcome competition），後者のような現象は後続事象間の競合（competition between subsequent events）と呼ばれる．

より複雑な刺激競合に，相対的手がかり妥当性（relative cue validity）現象がある（Wagner et al, 1968）．3つのCS（A，B，X）を用意し，AX，BXの複合刺激を同回数提示する．実験群では，AX複合刺激はすべて強化，BXはすべて非強化（AX+/BX−）とし，統制群ではAXもBXも半分の試行は強化，残り半分は非強化（AX±/BX±）とする．Xに対する強化試行数と非強

化試行数は両群で同じだが，実験群のXへのCRは統制群よりも弱くなる．また，過剰予期効果（overexpectation effect）も刺激競合の1つである．第1段階で2つのCSをそれぞれ単独で十分に強化し，第2段階で，2つを複合提示し第1段階と同じUSで強化する（表5.3 5段目）．その結果，ターゲット刺激（X）に対するCRは，第2段階で複合訓練を経験しなかった群（表5.3 6段目），第2段階でX単独に対する同数の強化試行を経験した群（表5.3 7段目）と比較し，弱くなる（Rescorla, 1970）．過剰予期効果は理論上，第1段階のX単独強化試行を除けば阻止と同じ手続きだが，実施される試行数は阻止とは異なる．第1段階で各刺激に十分な条件づけが生じる程度の試行数を設定し，第2段階の試行数を第1段階よりもさらに多く設定するのがよい．なお，この2つの現象ともに，①訓練終了後に競合刺激（A）の消去を行う，②訓練とテストの間に保持期間をおくことで，ターゲット刺激へのCRが回復する（Blaisdell et al, 2001；Cole et al, 1995, 1997）．刺激競合は原則的に，訓練時に何らかの形で複合提示されたCSの間で生じるものだが，複合訓練なしに個別に訓練された刺激の間で生じる特殊な刺激競合も存在する（Amundson et al, 2003）．

2）文脈条件づけ

CSとUSの対提示訓練の前に集中的にUSを単独提示すると，CSへの条件づけは減じられる〔US先行提示効果（US preexposure effect）．Mis & Moore, 1973〕．また，CSへの条件づけ時，ITI中にUSを単独提示すると，条件づけは阻害される〔随伴性低下効果（degraded contingency effect）．Rescorla, 1968〕．これらの現象は，US単独提示により，訓練時に存在する文脈とUSの連合が増し，文脈がCSと競合する力が強まった結果として説明される．これを裏づけるように，US先行提示効果の実験において，文脈のみの長時間提示（文脈刺激の消去，5.1.4参照）を条件づけの前あるいは後に行うと，CSへのCRが回復するとの報告がある（Hinson, 1982；Matzel et al, 1987）．CS訓練時のITIを短縮した場合に条件づけが阻害される，集中試行効果〔trial massing effect（Terrace et al, 1975）〕も，ITIが短く

5.1.5　複数の手がかり刺激を用いた手続き　　299

なることで，文脈-US連合が消去される機会が減り，CSと文脈の間の刺激競合が強くなった結果であると説明される．これらの説明を裏づけるように，条件性抑制事態（5.1.2参照）において，US単独提示や短いITIでの条件づけを行うと，時としてベースライン反応そのものが抑制される．よって，これらの手続きを含む実験を計画する際には，ベースライン回復期間を比較的多くとる，条件づけ文脈と異なる文脈でCSをテストするなどの工夫が必要となる．

3）制止条件づけ

古典的条件づけでは，CSとUSの対提示により，CSはCRを生じる力をもつ．この過程は興奮（excitation）と呼ばれ，CSがCR喚起力を獲得する現象を興奮条件づけ（excitatory conditioning）あるいは条件興奮（conditioned excitation），条件興奮が生じた刺激を興奮子（excitor）と呼ぶ．一方，後述する特定の手続きを用いると，CSはCRの生起を抑制する力を帯びるが，この過程を制止（inhibition）と呼び，CSがCR抑制力を獲得する現象を制止条件づけ（inhibitory conditioning）あるいは条件制止（conditioned inhibition），条件制止が生じた刺激を制止子（inhibitor）と呼ぶ．制止条件づけ手続きは多数あり，一部は，刺激競合の一種とみなすことができる．

Pavlov（1927）が最初に発見した，おそらく最も確実で強力な制止条件づけ手続きは，あるCS（A）の単独提示に対し強化，Aと別のCS（X）の複合提示に対しては非強化を繰り返すというものである（A＋/AX－）．これはAとXの間の刺激競合とみなすことができる．また，CS提示時のUS生起確率を，CS非提示時のUS生起確率よりも低く設定する負の随伴性（5.1.4参照）下での訓練によっても，CSに対する条件制止が生じる（Rescorla, 1969a）が，これはCSと文脈の間の刺激競合とみなすことができる．ほかにも，①多数回の逆行条件づけ（Siegel & Domjan, 1971），②Aの単独強化とX単独非強化を繰り返す分化条件づけ（Pavlov, 1927），③CS開始からUS開始までの間隔が非常に長い延滞条件づけ（Rescorla, 1967），④CS-US対提示による興奮条件づけ後の過剰なCS消去（Calton et al, 1996）

などの方法で制止条件づけが生じる．

CSに対して生じるCRが学習の直接の指標となる興奮条件づけと比較し，制止条件づけの検出は難しい．ハトのサイントラッキング（5.1.2参照）では，興奮条件づけの結果CSへの接近が，制止条件づけの結果CSからの遠ざかりが生じる（Hearst & Franklin, 1977）が，このように制止がCSへの直接的な反応として観察できる実験事態は少なく，多くの場合，制止子は観察可能な反応を喚起しない．例えば，条件性抑制事態では，制止子を単に提示しても，中性刺激を提示した場合と同様，ベースライン反応の抑制も促進も生じないため，単なる興奮条件づけの不在と制止条件づけを見分けることはできない．この問題を解決するために，加算テスト（summation test）と遅滞テスト（retardation test）が用いられる．

加算テストとは，制止条件づけとは無関係な別のCSに対し興奮条件づけを行い，そのCSを単独提示した際に生じるCRと，そのCSと制止子とを複合提示した際のCRを比較する方法である．制止条件づけが生じていれば，複合提示した場合のCRは弱くなる．遅滞テストとは，制止条件づけ後，制止子に対し興奮条件づけを行い，その獲得の程度を観察する方法である．もし条件制止が生じていれば，そのCSへの条件づけ獲得は，通常の中性刺激よりも遅滞する．加算テストだけでは，単に他の刺激を提示したために生じるCRの減弱〔外制止（external inhibition）．Pavlov, 1927〕の可能性，遅滞テストだけでは潜在制止（5.1.1参照）の可能性が残るため，条件制止が生じたかを結論するには，この2つをセットで用いるのが望ましい（Rescorla, 1969b）．加算テスト用CSの条件づけも，遅滞テストにおける制止子への条件づけも，US強度を低く設定し試行数を減らすなど，天井効果を避けるためにCRを適度に抑える工夫が必須である．

制止子とターゲットCSを複合提示しUSと対にすると，ターゲットCSに対するCRが強くなる．これは超条件づけ（superconditioning）と呼ばれる（Rescorla, 1971）．制止性CSとの競合によりターゲットCSに対するCRが増大する超条件づけは，興奮性CSとの競合によりCRが減弱する阻止とは正反対の現象であるとみなされる．

4）高次条件づけおよび連合学習間の促進効果

刺激競合は，複数刺激間で連合学習の相互干渉が生じる現象であるが，特定の条件下では，刺激間で連合学習の相互促進効果が生じる．パブロフは，ある刺激（CS_1）に対する条件づけを強固に形成した後，新たな刺激（CS_2）と CS_1 を対提示することにより，US を用いることなく CS_2 に対する条件づけが形成されたことを報告した．これは2次条件づけ（second-order conditioning）と呼ばれる．もし CS_2 を用いて新たな CS（CS_3）に対する条件づけを形成すれば，3次条件づけ（third-order conditioning）となる．2次条件づけ以上のものは高次条件づけ（higher-order conditioning）と総称される．2次条件づけの手続きは，CS_1 を A，CS_2 を X と置き換えるとわかるように，訓練の実施順序以外は前述の条件制止手続きと同じである．つまり，同じ手続きで正反対の結果が生じうるが，① A＋試行と AX－試行を混在させ，② AX－試行で A と X の同時提示手続きを用い，③訓練試行を多くすれば，制止条件づけが生じやすく，① A＋をまず行った後に AX－を行い，② AX－試行で X → A の継時提示を用い，③訓練試行数を少なくすれば，2次条件づけが生じやすい（Stout et al, 2004；Yin et al, 1994）．

2次条件づけの各段階の順序を逆，すなわち，第1段階で CS_1 と CS_2，第2段階で CS_1 と US を対提示しても，同様に CS_2 に対する CR が生じる．これを感性予備条件づけ〔sensory preconditioning（Brogden, 1939）〕という．なお，感性予備条件づけにおいて，CS_1-US 間の連合学習を強固にするために第2段階での CS_1-US 試行数を多く設定すると，CS_1 が CS_2 なしに多数提示されるため，形成された CS_2-CS_1 間の連合が阻害され感性予備条件づけは生じにくくなる（Rescorla, 1980a）．第2段階では，強度の高い US を用いるなどして，強固な条件づけを少数試行で形成するのが望ましい．また，2次条件づけとは異なり，第1段階での CS 対提示時には継時複合提示ではなく同時複合提示を用いるほうが，CS_2 に対する CR は強くなる（Rescorla, 1980b）．

2次条件づけが生じたと結論するには，どちらかの段階で刺激の非対提示を実施する2つの統制群，すなわち，第1段階で CS_1 と US の非対提示訓練を行い第2段階で CS_2 と CS_1 の対提示訓練を行う統制群と，第1段階で対提示訓練を行い第2段階で非対提示訓練を行う統制群を設定する必要がある．前者は CS_1 が本来反応喚起力をもっていた可能性，後者は CS_2 に対する反応が CS_1 からの刺激般化によるものである可能性を否定するためのものである．感性予備条件づけでも同様に，第1段階あるいは第2段階で刺激の非対提示を実施する2つの統制群が必須である．この2つの現象は，それ自体が興味深いだけでなく，刺激競合など他の現象のメカニズムを研究するための手法としても広く用いられている．

パブロフの条件制止と理論的に同じ手続きによって2次条件づけが生じるのと同様に，隠蔽や阻止と同様の手続きにより連合学習の促進効果が生じることがある．隠蔽と同様に2つの CS を複合提示し US により強化した結果，CS 単独で条件づけを行った場合と比較し CR が強まる現象は増強〔potentiation（Rusiniak et al, 1979）〕と呼ぶ．また，阻止と同様の手続きの結果，ターゲット刺激に対する CR が強まる現象は増大〔augmentation（Batson & Batsell, 2000）〕と呼ぶ．

5）場面設定（機会設定）

手がかり刺激や文脈が，他の CS により生じる CR の調整（modulation）機能をもつことがある．例えば，刺激 A に対する強化試行（A＋）と非強化試行（A－）を行う際，強化試行の直前にのみ刺激 X を提示し，非強化試行には提示しない（X → A＋/A－）という訓練〔系列特徴正弁別（serial feature-positive discrimination）〕を行うと，X の後に提示される A に対し CR が生じるが，A 単独に対して CR は生じないようになる（Ross & Holland, 1981）．同様に，文脈 X では A の強化試行を，文脈 Y では A の非強化試行を繰り返し行うと，文脈 X でのみ A に対する CR が生じ，Y では生じなくなる（Swartzentruber, 1991）．古典的条件づけ場面において，このように他の CS の CR を調整する働きをする刺激は場面設定子（機会設定子，occasion setter）と呼ばれる．

〔漆原宏次〕

5.1.6　ヒトの古典的条件づけ

1）条件づけの対象

　ヒトの古典的条件づけ研究で用いられてきた生理指標は，唾液分泌，皮膚電気活動，血管運動反応（脈波），瞳孔反応，心拍，瞬目反応，嚥下・開口運動など多岐にわたる（Hilgard & Markquis, 1940；古武・宮田，1973；宮田，1997）．本節ではヒトを対象とした3つの代表的な実験事態を紹介する．

2）唾液条件づけ

　"梅干し"と聞いただけで唾液が口の中に出てくる．こうした条件反応（conditioned response, CR）は，Pavlov（1927）が古典的条件づけ研究の糸口としてイヌに認めたように，ヒトの日常生活にも認めることができる（古武，1944）．この場合，"梅干し"という言葉は条件刺激（conditioned stimulus, CS），梅干しの酸味は無条件刺激（unconditioned stimulus, US），酸味によって生じる唾液分泌は無条件反応（unconditioned response, UR）となる．この現象は梅干しの酸味を知る人にはことごとく認められ（林，1950），チョコレートなど他の食物でも広く観察される（Watson, 1919）．

　唾液分泌の測定には，①一定量の歯科用綿球を口腔内に挿入し，綿球の重量変化によって回顧的に唾液分泌量を評価する Razran 法（綿球法）と，②口腔内にゴムチューブを挿入し，継時的に耳下腺分泌を観察する Lashley-Krasnogorski 法（人唾管-マノメータ法）がある（Lashley, 1916；Krasnogorski, 1926；Razran, 1935）．前者の計量単位は綿球挿入前後の重量変化（mg），後者の計量単位は一定時間内のマノメータの移動量（mm）である．②の変形として，マノメータの代わりに適数計を用い，単位を適数とすることもある．

　唾液条件づけ（salivary conditioning）の事態では，US として酸味を含む酒石酸や乳酸飲料，または甘味を含むチョコレートなどの菓子が用いられ，CS としてはメトロノームの拍節音や言語などの音声刺激，文字や図形などの視覚刺激が用

いられる（古武・新浜，1976）．この事態で実験結果に影響する要因に，思考や運動の有無がある．佐久間（1962）は，被験者がただラムネや梅干しを見るだけでは分泌は生じず，これらの対象について考えるよう教示した場合や唾液を出そうと口を動かした場合に分泌が顕著になると報告している．Razran（1955）はヒトを対象とした研究をまとめ，唾液条件づけにおける意識の役割を論じている．なお，綿球法は実験実習などにも応用できるため（Abramson et al, 2011），教育目的で現在も用いられている．

　唾液分泌を用いた CR の形成は嗜好性条件づけ（appetitive conditioning）の一種で，長期の訓練日数を要する慢性実験である．これは Pavlov（1927）が重要視した"自然"な条件反応を観察するための優れた方法だが，ヒトを対象とした研究では，効率の観点から今日では使用されなくなってきた．むしろ実験統制の容易さの観点から，Bechterev（1933）が用いたような"人工"的な CR の形成を目的とした急性実験，後述する皮膚電気活動や瞬目反応を指標とした嫌悪性条件づけ（aversive conditioning）の事態を用いることが一般的といえる．

3）皮膚電気条件づけ

　精神的に緊張すると手に汗をかく．こうした精神性の発汗を電気的に捉えたものの1つが皮膚コンダクタンス変化（skin conductance change, SCC. 6.5.2 参照）であり，被験者の情動状態や認知活動を継時的に評価する指標となる．

　SCC は鋭敏な指標であるため CR 形成が容易であり，短時間で大量の実験結果を収集できる利点がある．そのため，ヒトの古典的条件づけ研究で用いられてきた生理反応は，種々の不随意反応の中でも SCC が最も多い（宮田・山崎，1986）．

　SCC の測定には手掌や手指に装着した一対の電極間に微弱な電流を流し，皮膚の見かけ上の抵抗変化を測定する通電法が用いられる（Fowles et al, 1981）．計量単位は電気抵抗の逆数（単位：μS）で，発汗量と正の相関をもつためにデータの解釈は比較的容易である．SCC には①刺激の提示に伴う急速な反応（SCR）と，②緩徐な基線の変動（SCL）が観察され，条件づけ研究ではそ

のどちらもが分析対象となる．例えば，条件づけが進行するとCS提示中SCRに複数の峰が生じることがあり，前から数えて第2の山の高さ（振幅）をCRとみなしたり（Stewart et al, 1961），それらを複合反応とし全体を分析する試みがある（Pineles et al, 2009）．またCS提示後と前のSCLの平均値差分でCRを定義することもある（Lovibond, 1992）．統計的検定の前提条件を満たすため，分析前にデータを対数または開平変換することも多い（沼田・宮田，2011）．

皮膚電気条件づけ（electrodermal conditioning）の事態では，USとして指先や手首への触覚刺激，または強音などの聴覚刺激が用いられ，CSとしては純音やブザーなどの聴覚刺激，または図形や表情などの視覚刺激が用いられる．この事態では慣れ（habituation）の問題に配慮を要する．KimmelとBevill（1991）は対提示の反復でURが減衰するとCRも弱まるために，阻止現象（5.1.5参照）が統制条件に比して見出しにくくなることを報告している．一方，Hinchyら（1995）は対提示回数に配慮しUS（電撃）の回数を減らすことで，阻止の現象を見出している．

SCRやSCLの変化から同定されたCRが"何を反映するか"には議論がある．SCRにみられる一過性の複合反応では，第1の山がCSへの注意（Prokasy & Raskin, 1973），第2の山がUSへの予期を反映すること（Öhman, 1979）が示されている．SCLの持続的変化は不安などの情動的側面だけでなく（Lovibond, 1992），推論など認知的側面を反映するという指摘もある（Lovibond, 2003）．こうした議論とは別に，適当な統制条件との比較によりCRを"恐怖"と操作的に定義し，PTSDなど精神疾患のモデルとした研究もある（Shiller et al, 2010）．

4）瞬目条件づけ

普段われわれが繰り返すまぶた（眼瞼）の開閉をまばたき（瞬目）と呼ぶ．瞬目反応は直接観察できるという特徴があり，複数の電極を貼付し電位変化（単位：mV）を記録するほか，ビデオカメラでも測定できる（田多ほか，1991）．瞬目は被験者の認知活動や覚醒水準を継時的に評価する指標となる（瞬目を含む眼球運動系の詳細と測定法については6.2参照）．瞬目反応については，①一定時間内の瞬目回数や，②目の周りの筋肉変化である驚愕反応（fear potentiated startle, FPS）の強度など，様々な測定法がある（Lissek et al, 2005）．瞬目もまたCRの形成が容易で，短期のデータ収集に適している．

瞬目条件づけ（eyeblink conditioning）事態では，USとして眼球への空気吹きつけや顔面への触覚刺激，または強音などの聴覚刺激が用いられ，CSとしては純音やブザーなどの聴覚刺激，または光や図形など視覚刺激が用いられる．この事態で特に重視されるのは意識性の問題である（5.5.1参照）．ShanksとLovibond（2002）は瞬目CRの形成がUSへの主観予期に依存することを示したが，Mannsら（2002）は瞬目CRとUSへの主観予期が状況により乖離すると報告している．これは瞬目条件づけの事態が意識性とも情動の問題とも密接に関連することを示す．fMRIなどの神経科学的な手法を併用した研究も増えており（Thürling et al, 2015），瞬目CRを指標とした研究はさらに増加することが予想される．

5）その他の実験事態

免疫反応をCRの指標とした研究（土江，2002）や男性の陰茎反応を用いた研究（Lalumière & Quinsey, 1998）がある．ラットの恐怖条件づけで用いられる条件性抑制（5.1.2参照）事態をコンピュータ上のインベーダーゲーム様課題で疑似的に再現する試みもある（Arcediano et al, 1996）．

6）条件反応と認知

かつて古典的条件づけ研究は"つばきとひきつり"の心理学と揶揄された（Rescorla, 1988）．しかし，本節で紹介したヒト研究や近年の動物研究の展開（中島，2014）をみる限りは，古典的条件づけ研究の目的がCRの形成をめぐる考察だけでなく，表象や情報処理の働きを調べる点にあることがわかる．また，唾液や瞬目CRはヒトだけでなく動物にも外見上見られる反応の形態である．異なる種間で異なる学習プロセスが作用しているのか，古典的条件づけのメカニズムを理解するためには，こうした実験事態を用いた種間での比較研究がさらに求められる．　　　　〔沼田恵太郎〕

5.1.6　ヒトの古典的条件づけ　　303

5.2　走路／迷路学習・逃避／回避学習

5.2.1　走路学習と迷路学習

1）走路学習と迷路学習

　走路と迷路は主にラットを対象とした学習研究に用いられてきたが，改良により多様な種の研究に用いられている．ここでは，現在もよく用いられている装置を中心に，その構成と使用法について述べる．歴史的には，時間迷路（temporal maze）や多重 T 迷路（multiple T maze）のように多様な迷路が用いられてきたが，これらについては森口（1975）を参照されたい．主要な迷路については，Anderson（2006）にも解説がある．

2）直線走路

　直線走路（straight runway）は，出発箱，走路，目標箱が直線上に配置された装置である（図5.3a）．ラット用で，幅 8 ～ 12 cm，長さが出発箱 30 cm 程度，走路 90 ～ 140 cm，目標箱 35 cm 程度，全長 150 ～ 200 cm である．15 cm 程度の高さの壁で囲まれた廊下式であり，天井は開閉可能な金網製とする．出発箱と目標箱は上下式のギロチンドアで走路部分と仕切られる．目標箱の突き当たりには餌皿を設置する．自由摂食時の85%の体重への食餌制限，毎日 3 分程度のハンドリング，実験餌への馴致といった一般的な予備訓練を 1 ～ 2 週間行う．10 分程度の自由探索を個別に 2 ～ 3 回行い，装置に馴致させる．

　本訓練では，目標箱のドアを閉じた状態で動物を出発箱に入れ，5 秒後に出発箱のドアを開放する．動物が目標箱に達するとドアを静かに閉める．60 ～ 120 秒の上限を定めておき，この時間内に目標箱に達しない場合には実験者が取り出して目標箱に入れる．餌を食べ終わると取り出して待機用ケージに戻す．無報酬試行の場合には目標箱に10 ～ 20 秒間とどめた後に取り出す．試行間間隔は 20 秒程度から 24 時間（1 日に 1 試行）まで実験変数として操作される．マイクロスイッチや赤外線センサにより，出発箱のドアの開放から出発箱を出るまでの時間（反応潜時）と出発箱を出てから目標箱内に到達するまでの時間（走行時間）を計測する．反応潜時と走行時間を合計して走行

時間という単一の測度として用いることも多い．走行時間は素データとして利用するほかに，対数変換を施したり，移動距離を走行時間で除して走行速度（cm/秒）に変換して利用することもある．

　直線走路は様々な学習現象の検討に用いられている．部分強化消去効果〔partial reinforcement extinction effect（石田，1989）〕では，連続強化よりも部分強化，または規則的な部分強化よりも不規則な部分強化による訓練後の消去抵抗が高くなる．継時的負の対比効果（successive negative contrast）では，中程度の報酬量を用いて走行訓練を行い，遂行が安定した後に報酬量を少量に減少させると，最初から少量の報酬で訓練された統制条件よりも走行が遅くなる．過剰訓練消去効果（overtraining extinction effect）では，例えば，習得訓練が 45 試行の場合よりも，90 または 135試行の場合に，後の消去が速やかになる（North & Stimmel, 1960）．種によっては継時的負の対比効果や過剰訓練消去効果が認められない．

　系列パターン学習（serial pattern learning）では，連続する試行において目標箱で与える 45 mgの餌ペレット数を 14-7-3-1-0 のように一定の順序で変化させると，大報酬に対する速い走行と，小報酬，特に無報酬に対する遅い走行が発達し，報酬量予期が示される（Hulse & Dorsky, 1977）．1 日に複数回の系列提示を行う場合には，20 秒程度の走行間間隔に対して 20 分程度の系列間間隔を設定する．報酬量の系列学習には，放射状迷路（後述）のアームごとに異なる報酬系列を割り当て，アーム間の選択順位によって報酬量予期の指標とする方法も用いられる（谷内，1998）．

3）T 迷路・Y 迷路

　T 迷路（T maze）は出発箱から延びた走路部分（ステム）の先の選択点から 2 つの目標アームが分かれた迷路である（図 5.3b）．ラット用で幅10 ～ 15 cm，長さ 30 ～ 40 cm の出発箱と目標箱が用いられる．天井は開閉可能な金網の廊下式迷路とするが，動物が登れない高さの壁を設置して天井を設けないこともある．出発箱と目標箱はギロチンドアによって走路やアームと仕切られる．目標箱側には一方向ドアを用いることもある．目標箱の奥に餌皿を設置し，45 mg の餌ペレット 2

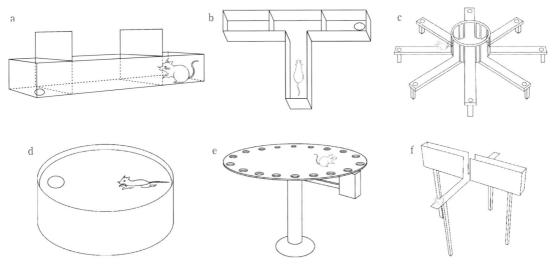

図5.3　各種の迷路
a：直線走路，b：T迷路，c：放射状迷路，d：モリス水迷路，e：バーンズ迷路，f：高架式十字迷路．

〜5粒を報酬として与える．

多様な使用法が可能である．位置弁別課題（spatial discrimination task）では，左右のアームのいずれかへの進入を正反応とする．視覚同時弁別課題では，アーム上部からの照明の有無，一方向ドアや目標箱の突き当たりに提示した視覚刺激，あるいは視覚的に異なる着脱式の入れ子状の箱をアーム内に設置して訓練を行う．異なる床材を配置して弁別刺激とすることもある．左右のアームへの弁別刺激の割りつけは疑似ランダム系列（Fellows, 1969；Gellermann, 1933）に従う．

位置交替課題（spatial alternation task）では，左右のアームの正負を試行ごとに交替する．位置非見本合わせ課題（non-matching to position task）では，2回の走行を1試行とする．最初に一方の目標箱のドアだけを開放して強制選択を行わせる．遅延時間を経た後の走行では，両方の目標箱のドアを開放し，先に選択しなかったほうの目標箱への進入を正反応とする．条件性位置弁別課題（conditional position discrimination task）では，走路部分や選択点付近に弁別刺激を提示し，弁別刺激の種類に応じて左右のアームへの進入を正反応とする．その他の予備訓練法や実験手続きは直線走路に準じる．

T迷路における位置弁別学習あるいは視覚刺激などの同時弁別学習の成立後に弁別刺激の正負の逆転を繰り返す連続逆転学習（serial reversal learning）をラットで行うと，逆転後の最初の課題の習得は第1課題よりも困難になるが，逆転を繰り返すと課題習得までに生じる誤反応数は漸減し，最終的には1〜2回の誤反応で新たな課題を学習するようになる．この漸次改善効果の種間比較が行われている．その他にも，推移的推論（5.4.4参照）や指示性忘却などの多様な比較認知研究にも応用されている．

報酬訓練とは別に，同一の3アームを120°の角度で接続したY迷路（Y maze）を用いた自発的交替テスト（spontaneous alteration test）が，特にマウスの神経科学的研究で用いられている．これは直前に進入したアームへの再進入を避けるという生得的傾向を利用したもので，作業記憶を反映する課題とされている．アームはマウス用で3〜5cm幅，長さ40cm程度であり，高さ12〜15cmの壁で囲まれるが，天井は設けない．食餌制限は行わない．マウスをアームの先端に突き当たりを向けて投入し，5〜10分のテスト中のアーム間移動を記録する．総アーム進入数から2を引いた数に対する「3つの異なるアームに連続して進入した回数」の比率を算出して交替行動率とする．交替行動率が高いほど作業記憶能力が高いと評価される．

4）放射状迷路

放射状迷路〔radial arm maze（Olton & Samuelson, 1976)〕は，ラットの空間記憶・作業記憶課題として開発された装置で，直径 30 〜 50 cm の中央プラットホームから幅 7 〜 10 cm，長さ 70 〜 90 cm の走路アームが 45°の角度で 8 方向に放射状に延びた形状をしている（図 5.3c）．実験室の床から 60 cm 程度に高架され，アームには高さ 2 〜 4 cm の側壁を設置することもある．中央プラットホームは高さ 30 〜 40 cm の透明な壁で囲まれ，各走路の入口にはギロチンドアが設置される．アームの先端には餌皿が設置され，通常は 45 mg の餌ペレットが 1 つ置かれる．実験室の壁などに豊富な視覚的手がかりを設置する．食餌制限などの一般的な予備訓練に続いて装置への馴致を行う．自由探索では，餌皿と走路各所に餌ペレットを置き，すべてのドアを開けて 10 〜 20 分の探索を個別に 1 日 1 回で 3 回程度行う．

自由選択課題では，8 本のアームのすべてに餌を置く．ラットを中央プラットホームに置き，数秒後にすべてのドアを同時に開放する．ラットがすべての報酬を獲得して中央プラットホームに戻るまでの行動を記録する．ラットの四肢がアームに入ることをアーム進入の基準とする．一度進入した既選択アームへの再進入を誤反応（作業記憶エラー）とする．最初の 8 選択における正反応数を偶然水準の 5.3 回と比較して遂行成績の指標とする．放射状迷路課題では強い順向性干渉が生じるため（Roberts & Dale, 1981），基本的には 1 日に 1 試行を行う．短い試行間隔で試行を反復すると，第 2 試行以降で誤反応が増加するか，隣接するアームを周回するように選択する行動が発達する．順向性干渉の解除には試行間間隔を 2 時間程度まで増加する必要がある（Cohen et al, 1994）．

強制選択-自由選択課題では，まず実験者が定めた 4 アームのドアを順番に開放して強制的に進入させ（強制選択段階），保持間隔を経た後に，8 アームのすべてのドアを開放して未進入のアームを選択させる自由選択段階を行う．自由選択段階における最初の 4 選択における正反応数を遂行の指標とする．作業記憶-参照記憶課題では，8 アームの特定の 4 アームには常に餌を置かずに訓練する．常に餌の置かれないアームへの進入を参照記憶エラー，餌の置かれたアームへの再進入を作業

記憶エラーとして，異なる記憶過程の測定に用いる．その他，強制選択によるアーム選択順序と後の選択段階における誤反応の分析による記憶の系列位置効果などの多様な記憶現象の検討にも応用されている（5.4.2 参照）．

5）モリス水迷路

モリス水迷路〔Morris water maze（Morris, 1981)〕は，ラットやマウスの空間記憶課題として広く使用されている（図 5.3d）．参照記憶課題では，迷路外の視覚手がかりに基づいて，円形のプール内の一定の位置に置かれた逃避台を探すことを求める．迷路の周辺には実験室内の設備やポスターなどにより豊富な迷路外手がかりを与える．プールの直径は 130 〜 200 cm，壁の高さ 50 〜 70 cm で，動物が立てない深さ（ラットで 15 〜 30 cm）に 20 〜 23℃の水を入れる．逃避台は直径 10 〜 15 cm の円柱で，上面が水面の約 1 cm 下になるようにする．水を毒性のない物質（粉ミルクや酸化チタン）で不透明にすることで，プラットホームを視覚的に知覚できないようにする．

迷路を仮想上の東西南北に基づいて 4 象限に分割する．動物の投入地点は 4 象限の間で 4 試行ごとにランダムに変更し，動物を壁に向けて静かに投入して試行を開始する．試行の上限を 60 〜 90 秒で定め，上限までに逃避台に達しなかった場合には，実験者が動物をプラットホームに誘導する．動物が逃避台にのってから 10 〜 15 秒後に待機用のケージに戻す．複数試行を行う場合には，5 分程度の試行間間隔を設ける．待機用ケージ周辺は温かく保つ．

逃避台に動物の四肢がのるまでの潜時と遊泳距離を遂行の指標とする．習得後に行うプローブテストでは逃避台を除去する．逃避台が置かれていた象限から最も遠い投入点から試行を開始し，20 〜 45 秒間の遂行を記録する．逃避台の置かれていた象限での遊泳時間の割合を期待値の 25％と比較するとともに，逃避台の置かれていた地点を横切った回数も遂行成績の指標とする．

逃避台の位置が常に固定される参照記憶課題のほかに，4 試行程度の少数の試行ごとに逃避台の位置を移動することで，作業記憶を測定することもある．視覚弁別課題を行う場合には，視覚的に

異なる２つの逃避台（上部は発泡スチロール製）を水面から３cm程度突出させる．正刺激の逃避台は上ることができるが，負刺激のほうは糸で錘とつながって浮いているだけであるので，動物は上れない．正負の逃避台は隣接する象限に配置し，対面の方位から動物を投入する．逃避台の配置は試行ごとに変更する．なお，モリス水迷路に相当する課題を欲求性の動機づけにより提供する装置として，砂迷路〔sand maze（Hanson, 2006）〕がある．

6）バーンズ迷路

　バーンズ迷路〔Barnes maze（Barnes, 1979）〕は，明るい開けた場所を忌避するげっ歯類の生得的傾向を利用した空間学習装置である（図5.3e）．直径90～130cm程度の白い円盤の外周沿いに直径5～10cm程度の穴が等間隔で12～40個（オリジナルは18個）設置された構造をしている．迷路の上部に照明を設置し，逃避行動が安定して生じるように円盤上の照度を70～700lx程度に調整する．円盤が実験室の床から100cm程度になるよう高架にする．１つの穴を目標に定め，その下に着脱可能な逃避箱を設置することにより，目標の穴を通じて円盤下の逃避箱に移動できるようにする．

　迷路の中央に置いた直径10～20cmの円筒に動物を入れ，10～30秒後（実験内では一定）に円筒を取り除くことで試行を開始する．動物が逃避箱に入ったら迷路上の照明を消し，１分後に取り出して待機用ケージに戻す．動物が逃避箱から迷路上に戻ることを防ぐために蓋をしてもよい．試行時間の上限を３分前後で定め，この時間内に目標に達しない場合は実験者が誘導する．１日当たり１～４試行を15分程度の試行間間隔で行う．遂行成績の主な測度としては，目標に達するまでの誤反応の数（逃避箱のない穴に鼻先を突っ込むノーズポーク反応の数）が用いられるが，目標に達するまでの潜時と移動距離も用いられる．プローブテストでは，逃避箱を除去する．90秒程度のテスト時間中に訓練時に目標であった穴に対するノーズポーク反応数を計測し，他の穴に対する反応と比較する．

　実験日内は標的を固定するが，日ごとに標的の位置を変更することで，作業記憶の測定に用いられることもある．

7）高架式十字迷路

　高架式十字迷路〔elevated plus maze（Pellow et al, 1985）〕は，ラットの不安水準（anxiety level）の測定を目的として考案された迷路である（図5.3f）．直角に配置された４本の長さ50cm（マウスでは25～30cm），幅10cm（マウスでは5cm）程度のアームが実験室の床から40～70cmに高架された迷路で，対面する２本のアームには側壁がないが，他方の２本のアームには高さ40cm（マウスでは15cm）程度の側壁が取りつけられる．迷路の床と壁は黒や白で統一するが，壁は透明の場合もある．試行時間中の探索行動では，壁のある閉鎖アーム（closed arm）よりも壁のない開放アーム（open arm）への進入が少なくなる．開放アームへの進入率が不安水準と関係する諸操作（抗不安薬の投与，隔離飼育，急性ストレス操作など）と相関する．指標としては，開放アームと閉鎖アームの合計滞在時間に占める開放アームへの滞在時間の比率，およびアーム進入総数に占める開放アームへの進入数が用いられる．アーム進入の総数，閉鎖アームへの進入数，および移動距離は一般的な活動性の指標として用いられる．

　中央部分に閉鎖アームのほうを向けて動物を置いて試行を開始する．試行時間は５分を標準とする．アーム進入は動物の四肢の進入により定義する．カーテンなどにより迷路外の手がかり条件をできるだけ一定にする．照明の明るさは各指標に影響するが，迷路の床面で50～250lx程度に設定することが多い．実験を飼育場所から離れた実験室で行う場合には，２時間程度前に実験室に動物を運び，実験室に馴致することが望ましい．

〔谷内　通〕

5.2.2　逃避学習と回避学習

1）逃避と回避

　動物学習心理学では，存在する嫌悪刺激を避けることを逃避（escape），きたるべき嫌悪刺激を事前に避けることを回避（avoidance）という．逃避/回避行動には生得的なものもあるが，環境に応じて新たな逃避/回避行動を獲得する場合，逃避学習/回避学習という．逃避/回避の学習訓練では電撃（電気ショック）を嫌悪刺激とすることが多く，被験体にはラットやマウスを用いるのが一般的である．ただし，ハト（例：Smith & Keller, 1970）やイヌ（例：Solomon & Wynne, 1953）を用いた電撃の逃避/回避学習の研究も行われている．本節ではラットやマウスを対象とした電撃逃避/回避訓練手続きに限定して述べる．

2）逃避/回避学習の装置と事態

　嫌悪刺激は生得的で種に特有な防衛反応（species specific defense reactions, SSDRs）を喚起する（Bolles, 1970）．ラットやマウスでは逃走反応，闘争反応，凍結（すくみ）反応が主たるSSDRsであるが，特に重要なものは逃走反応（嫌悪刺激から遠ざかる全身の移動反応）である．

　典型的な逃避/回避訓練は図5.4に示すような装置で行われる．シャトル箱（shuttle box）と呼ばれるこの装置は左右2つの区画からなり，電撃は金属棒が平行に並べられた格子（グリッド）状の床から与えられる（Mowrer & Miller, 1942）．2区画の中間地点にはハードル（バリア）またはゲートが設けられることがある．被験体は区画間を移動可能であり，電撃は左右いずれの区画の床からも与えられる．両区画の中間地点にギロチンドアを設け，試行ごとにドアを上げて区画移動させる訓練もできる．この場合，移動した個体は次の試行までの間に実験者が元の区画に戻すことになる．また，出発区画と目標区画を固定して行う片道回避（one-way avoidance）とそれらを交互に変更する往復回避（two-way avoidance）の2種類があるが，前者のほうが学習が容易である（Kunitomi et al, 1964）．なお，自由反応状況で行う場合は往復回避となる．移動反応の測定は赤外線ビームセンサを設置するか，シーソー式の床にする（移動した側への傾きをスイッチで検出する）ことで行う．

　2階建てケージの1階部分だけ通電して，2階への登り反応を測定したり（Hunter & Pennington, 1939），棒を登ることで床からの電撃を避けられる設定（Cook & Weidley, 1957）なども，被験体がその全身を位置移動することで嫌悪刺激を避ける訓練事態である．これらに類似したものに，格子床の上に置かれた絶縁体（プラスチックや木材）に移動することで電撃を避ける（格子床に降りると電撃を受ける）ステップダウン式装置（Kameyama et al, 1986）がある．また，ラットやマウスは明るい場所を避け暗い場所を好む習性をもつことから，暗箱の格子床に通電し，明箱に置かれた被験体が暗箱への侵入を避けるようになるかをみるステップスルー式装置がある．ステップスルー式はステップダウン式とともにEssmanとAlpern（1964）が考案したもので，現在では改良されたものが市販され，行動薬理学の研究などで頻用されている．

　なお，モリス水迷路やバーンズ迷路での学習（5.2.1参照）も全身移動による逃避学習である．また，全身移動ではなく局部的移動に基づく逃避/回避事態もある．例えば，電極の取りつけられた前肢を動かして電撃を避ける実験（Liddell et al, 1934；Schlosberg, 1936）がこれに当たる．

　以上は生得的な移動逃避反応が学習によって強められる実験場面であるが，オペラント実験箱（5.3.2参照）でのレバー押し反応により電撃

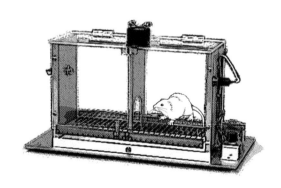

図5.4　シャトル箱の例（中央にゲートを設置したもの）

を避けるという実験事態もある（Sidman, 1953a, 1953b）．また，Miller（1948）の装置では2区画のうち一方の床だけが電撃格子になっており，仕切りに設置された車輪を前肢で回すとドアが開いて隣の区画に移動できる（片道回避）．この場合は最終的な移動反応こそ生得的逃避反応であるが，車輪回しは実験者が任意に設定したものである．レバー押しや車輪回しのようにSSDRsに含まれない反応による逃避／回避訓練は容易ではない．赤外線センサを設置した装置内での立ち上がり反応や跳躍反応（島井，1977；Shishimi & Imada, 1977）や回転カゴでの走行反応（Brogden & Culler, 1936；磯，1985）は，移動は伴わないもののSSDRsの要素を含み，訓練は容易である．

3）電撃の与え方

電撃はスクランブラを介して与える（直流電流よりも交流電流が望ましい）．被験体に流れる電流値は被験体自身の電気抵抗にも依存するため，同種個体であっても体サイズや格子上での四肢の位置によって異なる．この影響を小さくするために電気回路には固定抵抗器が組み込まれる（例えば，ラットの電気抵抗値は100 kΩ前後であるので，ラットと直列になるよう250 kΩの固定抵抗を接続して200 Vを与えた場合, 0.57 mAとなる）．電撃強度を条件によって変える際は，さらに可変抵抗器を組み込むことになる．なお，市販の電撃発生器（ショックジェネレータ）の電流値は出力電流であって実際に流れている電流値ではないので注意が必要である（電流計測機能を有する機器もある．5.3.10参照）．

4）逃避／回避学習の種類

逃避／回避学習は，①単純な逃避学習，②受動的回避学習，③能動的回避学習に分類される．単純な逃避学習（escape learning）では，被験体は与えられた嫌悪刺激からの逃避反応を学習する．多くの回避学習事態は逃避学習の要素を含む．

受動的回避学習（passive avoidance learning）は，ステップダウン式あるいはステップスルー式装置を用いて行われることが多く，格子床に近づかないことで電撃を回避できる（Millin, 2006）．なお，学習理論的には，電撃を回避する反応（不

動）に対する「除去型（負の）強化」とみなすよりも，格子床への接近反応に対する「提示型（正の）弱化」と，格子床や周辺刺激への文脈恐怖条件づけ（5.1.2参照）と捉えるべきであろう（Randall & Riccio, 1969）．

能動的回避学習（active avoidance learning）は，信号つき回避学習（signaled avoidance learning）と信号なし回避学習（unsignaled avoidance learning）に分けられる．信号つき回避学習は弁別回避学習（discriminated avoidance learning）とも呼ばれ，電撃の到来が光や音などの刺激によって警告（信号）されるものであり，警告刺激（warning stimulus）の提示中に所定反応を行うと警告刺激が停止し，電撃の到来も回避できる．警告刺激が停止せず電撃が回避されるだけの場合は学習が遅い（Kamin, 1956）．通常，この回避反応は電撃からの逃避反応と同一のものが選ばれる．例えば，シャトル箱では区画間の移動反応であり，オペラント実験箱ではレバー押し反応である．信号つき回避訓練の初期に被験体は電撃を受け，それから逃避することを学習する．その後，警告刺激の間に反応することで電撃を事前に回避することを習得する．警告刺激が電撃と随伴提示されることにより警告刺激が嫌悪的になる（Mowrer, 1947）と考えれば，信号つき回避学習は警告刺激からの逃避学習だとみなしうる．信号つき回避学習の方法論はHoffman（1966），平井（1969），森口（1975a），今田（1991）に詳しい．

一方，信号なし回避学習は非弁別回避学習（nondiscriminated avoidance learning），自由オペラント型回避（free-operant avoidance）とも呼ばれ，電撃の到来を警告（信号）する刺激がない．しかし，通常は電撃は一定間隔で与えられ，所定反応により電撃提示を延期できる．この種の訓練は考案者の名を冠してシドマン型回避（Sidman avoidance）という（Sidman, 1953a, 1953b）．なお，電撃の提示間隔は不定であるが反応によって提示確率が低くなるという状況でも回避学習が可能である（Herrnstein & Hineline, 1966）．また，信号なし回避学習の回避反応はオペラント実験箱でのレバー押しであることが多いが，シャトル箱での移動反応などが用いられることもある．信号なし回避学習の方法論は，Sidman（1966），森口

5.2.2 逃避学習と回避学習　　309

(1975b),Hineline (1977),Baron (1991) に詳しい.

逃避/回避学習の指標は,離散試行状況では反応潜時や逃避/回避成功数(または割合),自由反応状況では反応率や回避電撃数である.受動的回避学習では安全な場所での滞在時間や,誤って電撃床に近づくまでの時間(長いほど好成績)が用いられる.

5) 逃避/回避学習に影響する要因

◆反　応

前述のように,逃避/回避学習では形成する反応が SSDRs に含まれるかどうかが訓練の容易さに反映される.受動的回避学習は 1 試行でも形成できるが,シドマン型回避では長期間の訓練でも学習しない個体がいる.

シャトル箱で移動反応を離散状況で訓練する場合,前述のように一方向訓練よりも二方向訓練が困難であるが,これは左右両区画で電撃を受けるため両区画とも嫌悪性を帯びる(移動反応によって完全に安全な状況に逃げることができない)ことによる.同じことは自由オペラント型回避状況でのシャトル箱回避訓練にもいえる.

◆電　撃

逃避/回避学習に適切な電撃強度は課題により異なる.一般に,受動的回避学習では電撃が強いほど獲得が速く,長期間保持される(Ader et al, 1972;Pearce, 1978).シドマン型回避でも電撃強度が強いほどレバー押し反応率は高い(Boren et al, 1959).しかし,逃避学習(Moyer & Korn, 1964)やレバー押し反応による信号つき回避学習(D'Amato & Fazzaro, 1966)では電撃強度が強いと学習が阻害される.また,図 5.5 に示すように,シャトル箱での信号つき回避学習は,片道回避では電撃強度が強いと学習が速く,往復回避ではこの逆である(Moyer & Korn, 1964;獅々見・今田,1972).強電撃は凍結反応を生じやすいため,実験状況によっては逃避・回避反応を阻害する.訓練前に装置に長期間の馴致を行って凍結反応を生じにくくすれば,往復回避でも電撃強度が強いほうが成績が優れるとの報告もある(McAllister et al, 1979).

ラットの場合,受動的回避学習では 1 mA 前後,シャトル箱での信号つき回避学習では 0.5 mA 前

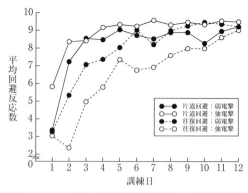

図 5.5　シャトル箱における片道回避および往復回避の成績(獅々見・今田,1972 を一部改変)

後で数秒間電撃を提示することが多い.シドマン型回避では 1〜2 mA で 0.2〜0.3 秒の電撃が効果的である.マウスではこれらの 1/3〜半分程度の電流値を用いることが一般的である.

◆装　置

逃避/回避学習の成績は装置の特徴によって大きく左右される.例えば,シャトル箱で警告刺激に局在光(ランプ)を用いる場合は,移動先区画のランプが光る条件では,現在いる区画のランプが光る条件よりも移動回避反応の獲得が難しいが(Whitleton et al, 1965),マウスではランプ位置の影響はないとの報告もある(Bignami et al, 1985).また,レバー押しによる逃避/回避学習ではレバーを常に押し下げたままにする行動が見られることがある(Campbell, 1962;Myers, 1962)ので,レバーの形状に留意する必要がある.

反応の容易さも学習に影響する.例えば,シャトル箱で左右 2 区画の中間地点にハードルを設けた場合は学習が遅滞する(Henderson, 1970;Kunitomi et al, 1964).ステップダウン式装置では絶縁体の形状や床面積,電気格子からの高さが逃避/回避反応の容易さに影響することは自明であろう.逃避/回避が困難な状況に長く置かれた動物は,その後,対処可能な状況でも適切な反応の学習が困難になるという現象は学習性無力感(learned helplessness)としてよく知られており(Peterson et al, 1993;Seligman, 1975),逃避/回避訓練を行う際には,訓練初期に被験体を対処不可能状態に置かないよう留意する必要がある.

◆被験体

逃避/回避学習には系統差がある.例えばラッ

トの場合，能動的回避学習ではFisher系が優れており，Sprague-Dawley（SD）系が悪い．例えば，Potts（1970）がこの2系統とWistar系について，シャトル箱で信号つき回避学習を行わせたところ，Fisher系は平均して約70％の試行で回避に成功したが，Wistar系で約30％，SD系では5％前後であった．こうした系統差は電撃の感受性や情動性，学習能力だけでなく，SSDRsの違いに起因しているとされる．例えば，回転カゴでの信号つき回避学習においてWistar系はFisher系に匹敵し，ともにSD系よりも成績が良い（Iso et al, 1988）．なお，同系統でも供給業者により学習成績が大きく異なることもある（Nakamura & Anderson, 1962）．また，同系統で供給業者が同じでも個体差は大きく（Brush, 1966），回避学習の成績を基にした選択交配で遺伝要因を明らかにする試みも行われている（Brush et al, 1985）．

受動的回避学習は雄，能動的回避学習は雌が優れる（Denti & Epstein, 1972；Van Oyen et al, 1981）．これは，電撃を受けた場合，雄は凍結反応，雌は移動反応を示しやすい（Archer, 1975）ためだと説明されるが，電撃のストレス（Drago et al, 1980）や記憶（Heinsbroek et al, 1988）に性差があるためだとの見解もある．なお，系統により性差にも違いがあり，Lister系ラットでは雄のほうが能動的回避学習に優れている（Gray & Lalljee, 1974）．

◆時間要因

逃避学習は速やかで，受動的回避学習も通常は1試行で学習が成立するが，能動的回避学習には多くの試行数を必要とする．その際に考慮すべき要因として，試行間間隔（intertrial interval, ITI）がある．信号つき回避学習の場合，一般にITIが長いほど成績が良くなる（Bolles & Groessen, 1970；Levine & England, 1960；Murphy & Miller, 1956）．長いITIでは凍結反応が生じにくいので，移動反応との競合が少ないためだと考えられている．ただし5分を過ぎると成績が低下するとの報告もあり（Brush, 1962），これは記憶の減衰によると考えられる．通常は60秒程度のITIが用いられる．信号つき回避学習では警告刺激と電撃との時間間隔も重要である．シャトル箱では10秒程度が最適であり（Black, 1963；

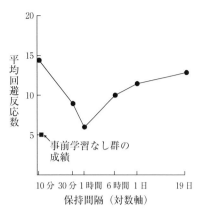

図5.6　信号つき回避学習における中断後の再学習成績（Kamin, 1957を一部改変）

Low & Low, 1962），レバー押し事態では20秒以上が望ましい（Berger & Brush, 1975）．

信号なし回避学習では被験体はいつでも反応可能なので，ITIはない．その代表的事態であるシドマン型回避では，反応しないときの電撃間間隔（S-S間隔）と反応による電撃延期時間（R-S間隔）が反応率を決定し，最大反応率は両間隔がほぼ等しいときに得られる（Sidman, 1953a, 1953b）．

6）逃避／回避学習の保持と消去

逃避／回避学習は長期間保持される．図5.6はシャトル箱での信号つき回避学習において，中断を挟んだ後の再学習成績である．19日群は訓練直後に再開した10分群と差がなく，ほぼ完全な保持が示されている．一方，1時間群で成績が最も悪い．こうしたU字型保持曲線は発見者の名前からKamin効果と呼ばれ，様々な逃避／回避学習事態で報告されている（Brush, 1971）．

提示型（正の）強化による学習では，反応後に何も与えないという消去手続きが反応減弱に効果的である．一方，逃避／回避学習では通常の消去手続きは有効でないとの研究（Solomon & Wynne, 1953）が，この頑強さを示す例としてよく言及される．また，逃避／回避反応に電撃を与えても反応は減弱せず，むしろ一時的に増加してさらに電撃を受けてしまうという自罰行動（悪循環行動）も観察される（Fowler, 1971）．しかし，通常の消去手続きや電撃による弱化は逃避／回避反応を速やかに減弱することが多い（Bolles et al, 1971）．

〔中島定彦〕

5.3 オペラント条件づけ

5.3.1　個体内実験法

実験法では，独立変数を操作して従属変数のふるまいを調べる．しかもそのとき，独立変数以外の剰余変数が従属変数に影響しないように統制する．その目的は，独立変数の操作が従属変数の変化を生んだという結論の確からしさ，つまり内的妥当性を高めることである．実験法の一種である個体内実験法（within-subject design）では，特に個別の個体について得られる結論の内的妥当性を高めるために，個別の個体について剰余変数や撹乱要因の影響を統制しながら，各個体に複数の独立変数の値を適用し，従属変数の測定を多数回繰り返す．すなわち，個体内実験法は，複数の条件下で同じ個体から従属変数の測定値を得て，それらを比較することで独立変数を操作した効果を調べる研究法だといえる．

個体内実験法は，生物の個体を対象とする様々な研究分野で用いることができる．心理学の分野ではオペラント条件づけを研究する際に多く用いられ，発展してきた．他の呼称として，シングルサブジェクト（一個体）実験デザインや，単一事例実験法（single-case design）などがあるが，この項では個体内実験法に統一する．

1）実験計画の基本的な単位

個体内実験法の実験計画を構成する基本的な単位として，実験セッションがある．実験セッションとは，実験者が被験体や実験参加者をある時間だけ実験環境下において，必要に応じて従属変数を測定するという活動を指す．例えば，動物を用いたオペラント条件づけの実験では，被験体を実験箱に入れてから，その環境下でしばらく行動させた後に再び実験箱から出すまでが1回の実験セッションである．多くの実験では実験セッションを複数回実施する．

実験セッションをどの程度の長さで何回実施するか，またセッション内やセッション間でいかに独立変数を操作するかといった具体的な実験計画を決めるためには，様々な要因を考慮する必要がある．例えば，独立変数の操作によって従属変数の値が時間をかけて徐々に変化する場合は，それ

に応じて実験セッションを長くしたり，多数回繰り返したりする必要がある．また，1回の実験セッションから測定値が1つだけ得られる場合は，多くの測定値を得るために実験セッションを繰り返す必要がある．さらに，複数の条件を比較するときに，セッション内とセッション間のどちらで独立変数を操作するほうが剰余変数をよく統制できるか，実験の実施に費やすことのできる時間や労力などの資源，倫理上の要請などについても考える必要がある．

このような様々な要因を考慮した結果として，個体内実験法の実験計画には無数の変種が生じるが，実際に計画を立てるときには何らかの基本的な型に従うことが多い．そのような型として，実験セッション内で独立変数を変化させる場合には，混成（多元）スケジュールや，精神物理学的な測定法などがある．他方，実験セッション間で独立変数を変化させる場合には，後で紹介するように，反転法（reversal design），条件交代法（alternating treatments design），基準変更法（changing criterion design），多層ベースライン法（multiple baseline design）などがある．

2）内的妥当性への脅威とその統制

内的妥当性の保証を危うくするような要因は内的妥当性への脅威（threats to internal validity）と呼ばれ，さまざまな種類の脅威があげられている（Cook & Campbell, 1979）．それらの脅威や，その他の剰余変数が個体内実験法でどのように統制されるかを，反転法を例として以下に示す．

ここでは，ある特定の環境要因が「ない」（A条件）か「ある」（B条件）かの2値をとる独立変数を考える．また，1日当たり1回の実験セッションを実施するごとに，従属変数の測定値が1つ得られるとする．個体の覚醒度や動機づけ要因などを統制するために，実験セッション中以外でも管理された環境下で個体を生活させ，実験セッションは毎日同時刻に開始する．

基本的な反転法の実験計画では，まずA条件の実験セッションを数日連続して実施する（図5.7）．A条件は，特定の環境要因がないことを除くと，B条件と同じになるようにしておく．そのようなA条件をベースライン条件，B条件を

実験条件もしくは介入条件と呼ぶ．ベースライン条件では，繰り返し得られた測定値が安定しており，原則として上昇や下降傾向を示さないことを確認するのが重要である．それにより，測定の反復自体が従属変数のふるまいに影響しないことや，測定装置や測定基準が信頼できることを保証できる．また，条件が一定であるときに測定値がランダムに変動する範囲を見積もり，条件を変えた後に得られる測定値との比較対象とする基準，つまりベースラインを確立できる．

次にB条件での実験セッションを数日連続して実施する．そこで得られた測定値がベースラインと異なっていれば，独立変数の操作に効果があった可能性がある．ただし，ここまでの時点では，B条件の開始と同時に独立変数以外の何らかの要因が影響したことによって測定値が変化した可能性も排除できない．例えば，統制できなかった実験外の出来事が影響した可能性や，実験対象の個体自体が成熟や加齢などによって変化したことが影響した可能性もある．

そこで，B条件を続けたときの従属変数のふるまいを十分に記述できるだけの測定値を得た後で，再び独立変数を操作してA条件に反転させ，さらに数日連続して実験セッションを実施する．それにより測定値も再びベースラインの水準に戻れば，B条件下でみられた測定値の変化を生んだのは独立変数の操作であった可能性が高まる．

以上が反転法の一種であるABA法であるが，この後さらに独立変数を操作してB条件を適用したり，A条件に反転させたりすることを繰り返し，それによって測定値の変化を繰り返し再現できれば，独立変数の操作と従属変数の値の変化

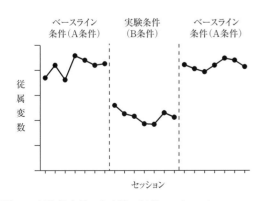

図 5.7　反転法を用いた実験の仮想データ

の関係についての信頼性がさらに高まる．他方，もしもA条件に反転させた後で測定値がベースラインの水準に戻らなければ，独立変数以外の要因が影響していた可能性や，B条件の適用が不可逆的な効果をもっていた可能性などを検討するため，別の方法で実験する必要がある．

3）個体内実験法と倫理

倫理的配慮も個体内実験計画に影響する場合がある．特に，従属変数の変化が個人や個体の生活の改善に関係する場合がそうである．例えば，ある子どもの問題行動を減らす介入プログラムの効果を調べる実験において，介入後（B条件）に介入前（A条件）よりも問題行動の頻度が低下したとする．このとき，介入自体がその低下をもたらしたという結論の妥当性を高めるためには，介入を中止して問題行動が再び増えるかどうかを確認すべきである．しかし，実験に参加した子どもや周囲の人たちにとっては問題行動の頻度が低下したままであるほうが望ましいので，A条件への反転は行わないほうがよい．

このようなジレンマが見込まれる場合には，いくつかの対策が考えられる．まず，後述する基準変更法や多層ベースライン法のようにA条件への反転を伴わない実験計画が可能であれば，そのいずれかを用いればよい．また，問題行動の深刻さや介入プログラムの有効性を実証する必要性などを吟味して，問題行動の増加で生じるリスクよりも実証を行う便益のほうが大きいと判断され，それについて関係者の同意が得られた場合には，A条件への反転を実施することもできる．ただしその場合には，A条件に反転したまま実験を終えるABA法ではなく，再度B条件を導入するABAB法を用いるべきである．

なお，以上のように個体内実験法で特に必要となる配慮のほかに，実験参加者の人権を尊重したり，実験動物の福祉向上を図ったりするための通常の倫理的配慮ももちろん必要である．

4）個体内実験計画の種類

以下に，セッション間で独立変数を操作する実験計画に関して，反転法以外の基本型を紹介する．これらの基本型においても，独立変数の操作を繰

り返し，従属変数の値を反復測定することにより内的妥当性を高めるという考え方は同じである．

条件交代法は，独立変数の操作を反転法よりも頻繁に繰り返す方法である（図5.8）．例えば，ベースライン条件と実験条件の2種類があるとき，日ごとにどちらの条件を用いるかをランダムに決めながら，実験セッションを繰り返す．そうすることで，各条件下で従属変数について多数の測定値を得られ，それらを比較することで独立変数の操作の効果を確かめられる．このような実験計画は，独立変数を操作してから従属変数の値が変化するまでに時間がかかる場合には用いにくい．他方，ベースライン条件だけを繰り返していても従属変数の値が一定の傾向をもって変化してしまうため反転法を用いにくい場合でも，従属変数の値が独立変数の操作を敏感に反映するならば，条件交代法を用いることで効果を検出できる．

基準変更法は，独立変数の値を段階的に操作できる場合に用いることができる（図5.9）．独立変数は実験対象の行動をオペラント条件づけで強化するときの基準などである場合が多いので，それがこの実験計画の名前の由来となっている．独立変数の値が，x_1, x_2, x_3, x_4 の順で小さくなるとすると，この実験計画ではまず x_1 の条件下で従属変数を反復測定する．そこで得られた測定値が安定していれば，これをベースラインとして独立変数を x_2 に変え，再び従属変数を反復測定し，測定値がベースラインとは異なる水準で安定することを確認する．ここまでは反転法と同様だが，基準変更法では次の段階で独立変数の値を x_1 に反転させる代わりに，x_3 に変化させて，さらに従属変数の測定を反復する．つまり，x_2 の条件下で安定した測定値の水準を新たなベースラインとし

たうえで，独立変数を x_3 へと操作する．それによってまた従属変数の値が新しい水準で安定すれば，同様にそれをベースラインとして独立変数を x_4 に操作できる．このように，基準変更法では，独立変数を操作したときに従属変数の値がそれまでとは別の水準に変化することを示すことで，内的妥当性を高める．この方法を用いるには，独立変数の値を2値よりも多く用意できることが必要だが，独立変数の値を反転できない場合にも使えるという利点がある．

多層ベースライン法は，類似した複数の従属変数を並行して反復測定し，それぞれについてベースラインを確立してから，それらに対してタイミングをずらしながら独立変数を操作して効果を調べる方法である（図5.10）．行動研究の場合，複数の従属変数を設定する方法としては，同一個体の1種類の行動について複数の場面で調べる方法，同一個体について同じ場面で見られる複数の行動について調べる方法，複数の個体について同じ場面で1種類の行動について調べる方法などがある．いずれの場合でも，もしも何らかの剰余変数が影響するとしたら，複数の従属変数に対して同様に影響するはずだといえることが重要である．それを保証したうえで，あるタイミングで1つの従属変数に対してだけ独立変数を操作したときに，その従属変数の値だけが変化すれば，その変化を生んだのは剰余変数の影響ではなく独立変数の操作であったと考えられる．このような実験計画には適切な従属変数が複数必要だが，独立変数の操作を反転させたり，独立変数の値を3つ以上用意したりできなくても内的妥当性の高い実験を行えるという利点がある．

個体内実験法には，以上のほかに，2種類以上

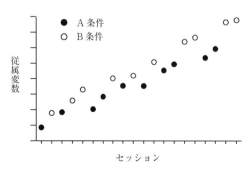

図5.8 条件交代法を用いた実験の仮想データ

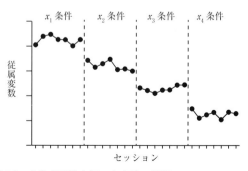

図5.9 基準変更法を用いた実験の仮想データ

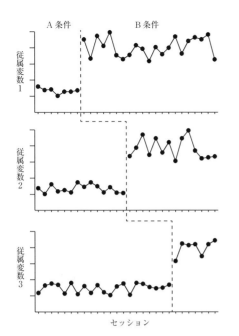

図 5.10　多層ベースライン法を用いた実験の仮想データ

の独立変数の操作について調べる実験計画や，独立変数間の交互作用について調べる実験計画などもある（Barlow et al, 2009）．

5）効果の判定

独立変数を操作した効果を判定するために，複数の条件下で得た従属変数の測定値を比較する必要があるのは，個体内実験法でも他の実験法と同様である．判定の方法には，視覚的判断（visual inspection）と統計的検定を用いる判断がある．

視覚的判断では，反復測定によって得られたデータを用いてグラフを描き，それを研究者が見て独立変数の効果の有無を判断する．描かれるグラフの種類は，測定の回数を横軸として，測定ごとに1つのデータ点をプロットする折れ線グラフが最も一般的であるが，オペラント条件づけ研究においては，実時間に沿って得られた反応の累積記録もかつては多く用いられていた．いずれのグラフを用いるにせよ，効果の有無を判断する際には，独立変数の操作によってデータに不連続な変化が生じたか否かを見る．すなわち，独立変数を操作した後に得られた測定値の集合が，独立変数の操作前に得られていた測定値の傾向や変動の範囲からは乖離したものであるか否かが判断の要点である．この方法の利点は，反復測定によって徐々に増えるデータを逐次的に用いながら判断し，その結果をすぐに次の実験操作に活かせることである．その一方で，判断の基準が曖昧であり，判断の信頼性を保証しにくいという問題がある．

個体内実験法で得たデータに対して統計的検定を適用する場合，データの系列依存性に注意する必要がある．系列依存性があると，連続的に得られた測定値に自己相関が見られ，そのようなデータに対して通常の F 検定などのパラメトリック検定を用いるのは不適切であるため，代わりに時系列分析やランダマイゼーション検定を用いる（山田，1998）．しかし，前者を使う場合には多くの測定値が必要となることや，後者を使う場合には独立変数を操作する時点を事前にランダムに決めておく必要があることなどの制限があり，現時点では実際の適用例は少ない．

6）外的妥当性

個体内実験法における外的妥当性とは，特定の個体を対象とした実験において独立変数と従属変数の関数関係が見出されたとき，その実験では検討しなかった他の場面や時点，独立変数を操作する際の他の順序と組み合わせ，他の個体などに対してもその関数関係を一般化できる程度のことである．外的妥当性を検討するためには，直接的反復（direct replication）や系統的反復（systematic replication）などの反復実験を行う必要がある．直接的反復では，元の実験と同じ実験場面において，同じ個体に対して異なる時点で実験を繰り返したり，元の実験の個体と同様の特徴をもつ他の個体を用いて同じ実験を繰り返したりする．他方，系統的反復では，対象とする個体の特徴や，実験の手続きや場面などの一部を意図的に元の実験から変化させて，一般化が可能な範囲を系統的に探索する．直接的反復は特定の独立変数と従属変数の関数関係について外的妥当性を検討するときの最初の段階で行われ，その後で系統的反復が行われる．

〔石井　拓〕

●参考文献

Madden ら（Eds.）（2013），石井（2015），岩本・川俣（1990）など．

5.3.2 オペラント実験箱

1）オペラント実験箱

図 5.11 にオペラント行動の研究に使用する標準的なハト用とラット用オペラント実験箱を示す．オペラント実験箱は，過去にはスキナー箱とも呼ばれたが，現在この名称の使用は少ない．オペラント行動の測定に走路や迷路が利用されることもあるが，オペラント実験箱の普及後の利用は限定的である．

オペラント条件づけの研究では環境要因が行動に与える影響に関心があるので，実験事態は厳密な統制を必要とする．走路や迷路のゴール地点に達した動物を実験者が次試行の開始のためにスタート地点まで持ち上げて移動させる離散試行型実験法は，それ自体が動物にとっての剰余変数として働き，特定すべき環境要因の効果を不明瞭にしてしまう．オペラント実験箱を利用した自由オペラント型実験法での利点は，そのような試行の切れ目での実験者の介入がなく，個体の行動を厳密な統制下で観察することができる点にある．

オペラント実験箱は多くの場合，主に次のものから構成されている．

◆ **オペランダム（operandum）**

オペラント反応による環境操作の対象〔操作体（manipulandum）と呼称する場合もある〕．オペランダムになされたオペラント反応は入出力装置を介してコンピュータに送られ，反応時刻や反応数などが記録される．ハトの場合は，パネル上に用意された小さな丸窓〔キイ（key）と呼ばれる〕がそれにあたる．円形にくり抜かれたパネルの裏側を，通常，スリガラス板かアクリル板で覆い，さらにパネル表側からの丸窓へのつつき反応をマイクロスイッチで受け止めている．パネル裏側からスリガラスやアクリル板へ色光や簡単な図形が提示され，次のディスクリミナンダムの役割を果たすことが多い．ラットの場合は，実験箱内に突き出た，主にステンレス製のレバーをオペランダムとすることが多く，レバー押し反応の対象となる．この金属製のレバーは押しやすいようにある程度幅があり，比較的軽い力でパネル裏面にあるマイクロスイッチに力を伝える．またラットの強靭な歯に耐えられるものである必要がある．このほかにもペダル踏み反応の対象となる踏み板や，天井から吊るした鎖を引く反応の対象となる鎖，鼻突っ込み（ノーズポーク）反応の対象となる壁面の窪みなどがオペランダムとして時に使われる．ヒトの場合には，実験室内の制御コンピュータに接続した入力装置へと働きかける反応の対象としてパネルやボタン，ゲームコントローラ，キーボードのキーなどが使われる．

◆ **ディスクリミナンダム（discriminandum）**

オペラント反応の弁別刺激およびその提示装置．弁別刺激は，反応の機会を設定する手がかりであるので，多くの場合，視覚刺激や聴覚刺激が用いられる．特に視覚刺激については主に色覚を有する動物（例えば鳥類，霊長類）を対象に，写真，動画なども用いられている．まれではあるが，嗅覚刺激や味覚刺激，内受容刺激も弁別刺激として用いられる場合がある．ヒトの場合はこれらに加

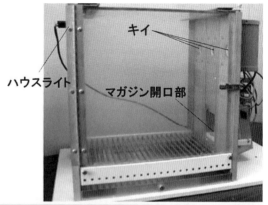

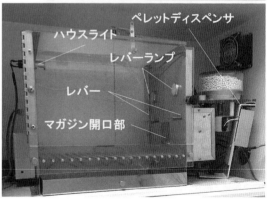

図 5.11 オペラント実験箱の例（慶應義塾大学心理学研究室）
上：ハト用．下：ラット用．

えて言語刺激をはじめとする，サインやシンボルを用いた刺激が頻繁に用いられる．マウスやラットなどのげっ歯類は一般的な実験動物であるが色覚はもたないため，ランプの点灯の有無や点滅など明度の変化や聴覚刺激を利用する．

最近では，タッチスクリーン付きのタブレット型のコンピュータによる制御も普及しており，ヒトを対象とする実験での利用に限らず，動物実験においてもオペラント実験箱の前面パネルに取り付けて利用することもある．図 5.12 はタッチスクリーンを搭載したハト用オペラント実験箱の一例である．伝統的には，前述のようにオペラント実験箱のオペランダムやディスクリミナンダムをハードウェアの工夫により用意するのだが，タッチスクリーンを利用するならば，それらの機能をプログラムの変更というソフトウェア操作により実現可能なため，軽い負担によって手続きの自由度を高めることができるという利点がある．

◆給餌器（feeder）もしくは強化子（弱化子）提示装置

動物を被験体とした場合，ハトでは穀物粒〔特に麻の実（hemp）〕，ラットやサルでは市販されているペレット（pellet）が一般に用いられる．類人猿などの場合には，飽きないように種類の異なる餌，様々な果物，穀類のセットが与えられることもある．これらにはそれぞれの強化子の特性に合わせた給餌器が用いられることになり，ハトでは餌箱（マガジン）をソレノイドやステッピングモータを使って上げ下げする装置，ラットやサルではステッピングモータなどを使ったペレットディスペンサが市販されている．また多種類の強化子を円盤の円周上の小さな窪みに入れ，その1つずつを刷毛のようなもので所定の位置に掃き落とすユニバーサルフィーダ（universal feeder）と呼ばれる装置も考案されており，こうした装置は金魚などに与える湿った強化子を提示するのにも利用されている．

また水やサッカリン水などの液体を強化子として使用する場合に利用するドリンコメータも市販されている．ドリンコメータでは給水瓶の先管をなめた回数を記録するために，床のステンレス棒，飲み口，被験体の身体を通じた回路を構成し，微弱な電気の通電を利用している．これは次に述べる正の弱化子としての電気ショックに比べはるかに小さく，動物が水飲みを嫌悪することはない〔例えばラットの場合は，電流 $0.1\,\mu A$ を弁別できるが，$0.5\,\mu A$ 程度かそれ以下であれば問題はないとされる（Slotnick, 2009）〕．ドリンコメータは反応記録をとれるため，強化子提示装置として使用する場合のほか，反応が別の反応に随伴する強化相対性の実験で前述のオペランダムとしての役割を果たすこともある．

ヒトの場合には，食物，商品，金銭，これらと交換可能なポイント，賞賛の声かけ，頷き，ビデオクリップなど実に様々な無条件および条件強化子が用いられている（5.5.3 参照）．

動物への正の弱化子（嫌悪刺激と呼ばれることもある）としては，まず動物福祉の観点から問題がないことを確認する必要がある．つまり動物に苦痛を与えてでもすべき実験であるのかを考える．たいていの場合には短く（0.2〜1秒程度），微弱な電気ショック（0.5〜3 mA 程度）が用いられ，確実にショックを与えるために，動物の下肢が触れているステンレス製の格子に極性をランダムに変えながら電流を与えるショックスクランブラーや，手術による電極の身体への植え込みなどの装置や技術がこれまでに開発されてきた（5.2.2, 5.3.10 参照）．一方，餌を一定期間与えず，その間実験箱を暗黒にする暗間隔（blackout．暗くしない場合はタイムアウトという）の使用も，反応を弱化する際，特にハトの場合には用いられることがある．ヒトの場合，正の弱化子として音によるノイズやビデオ再生中の画像ノイズ，叱責，

図 5.12　タッチスクリーンを前面パネルに搭載したハト用オペラント実験箱（慶應義塾大学心理学研究室）

弱い電気ショックなどが使われるが，その使用にあたっては動物実験にも増して倫理的な問題を考慮する必要がある．

◆箱内照明

実験開始によって，多くの場合，天井に取りつけられた照明がまず点灯されて，箱内の照明の役割を果たす．この照明は普通，試行間時隔（試行間間隔）中には消灯される．また弱化子で述べたように，しばしば弱化の1つの実現法として反応に随伴して用いられる場合もある．

◆防音箱とノイズ

通常オペラント行動研究は何か月にもわたって行われるために，複数の個体を同時に実験することが多い．そのことによる互いの干渉を避けるために，オペラント実験箱は防音箱中に収納され，ホワイトノイズが流されている中で実験が行われる．ノイズは専用の発生装置もあるが，FMラジオ受信機のザーという音で代用する場合もある．また，防音箱につけられた換気扇のノイズを代用した時代もあった．最近ではコンピュータに発生させたノイズ10数秒を収めた短く軽い電子ファイルを作成し，実験制御用プログラム上で繰り返し再生操作を行うこともある．

◆動物実験用装置

オペラント実験箱を含む動物実験用装置の供給元として米国のMed Associates, Inc.が知られている．Med社は実験箱とそれに付随する消耗品などや防音箱のほかに，電源と入出力インターフェース，MedState Notation™と呼ばれる簡便なプログラムソフトウェアまで揃えており，動物実験遂行に必要な物品の一覧を提供している．

またペレットなど動物の強化子として使用する餌粒については米国のBio-Serv社から購入可能である．日本では室町機械などがMed社やBio-Serv社の取り扱い代理店として知られている．

近年はUSB入出力インターフェースが安価に入手できるため，これを介して市販のコンピュータと実験箱内の入出力装置を接続することが容易になり，制御の選択肢が増している．また前述のように，実験箱にタッチスクリーン付きタッチパネルコンピュータを直接搭載することによって入出力を管理することも可能になっている．これらの場合，制御プログラムもVisual BasicやC⁺⁺などの一般的な言語で記述でき，複雑な実験制御を実現可能とする一助となっている．

2）オペラント実験箱の拡張

実森と牧野（1999）はハトの弁別訓練を行う実験装置としてこれまでのオペラント実験箱の欠点を補うためにDelius, J. D.らの考案したMPP（multistimulus, portable, and programmable）条件づけパネルの改良版実験装置を提案している（図5.13）．これは実験装置パネル本体を飼育ケージに取りつけて使用する．パネル背部には強化子のキビを貯蔵するためのカップが左右キイ用に2つあり，カップの底に取りつけられたソレノイドで作動するモータの回転に合わせて定量のキビが1回の強化として与えられる仕組みとなっている．キビは皿状のキイの上に落ちる．改良型パネルでは，キイの位置には反応検出用のデジタル入力ボードがあり，刺激を液晶ディスプレイで提示することで，ヒトの顔画像など複雑な刺激を提示することが可能である．

実森と牧野はこれまでのオペラント実験箱の問題点として，①動物にとって普段の飼育ケージと異なる新奇な場面に置かれることで凍結反応が生じやすく，給餌装置訓練（マガジン訓練，餌箱訓練）や，雑音への順化などに相当の時間を必要とすること，②通常1日の可能な強化数や試行数が40～100強化に制限されるため，安定した大量のデータ収集が困難であること，③弁別刺激や反応の位置と強化子が提示される餌箱の位置が異なることをあげている．最後の点について付言する

図5.13 改良型MPPパネル（千葉大学比較認知科学研究室より提供）

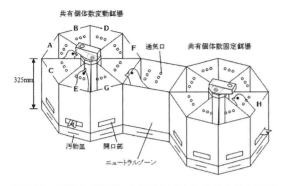

図 5.14 北野ら (2013) の実験箱 (大阪市立大学心理学研究室より提供)

と,通常のハト用オペラント実験箱では弁別刺激は反応キイ上に提示される場合が一般的であるため,弁別刺激-反応間の時間的・空間的一致性は高い.しかし,強化子を回収するためには餌箱部位や餌皿部位へ移動を伴うため,弁別刺激-強化子および反応-強化子間の一致性は高くない.

①に対して,MPP 条件づけパネルは,ハトをホームケージから出して実験箱に入れるのではなく,逆にホームケージの前面に実験パネルを設置することで実験環境を実現する.また,刺激および強化子を水平プレート上に提示することにより,地面を探索して餌をついばむという,ハトの生態学的な食餌行動との類似性を高めている.②に対して,MPP パネルを 7 時間半設置し,1 強化として 4〜8 粒程度のキビを提示した場合,合計 20g 程度のキビ取得まで十分に反応を維持させることができ (Xia et al, 1996),これは 2,000 強化試行を 1 日でこなせる水準である.③に対して,刺激が提示される反応キイの上に強化子が即時に提示されるため,通常のオペラント実験箱で起きる移動に伴う強化遅延が起こらず,そのためごく少量のキビ提示で,通常のハト用実験箱での混合飼料 3〜4 秒の提示に匹敵する効果を示す.

同様に,実森と牧野 (1999) は 3 項強化随伴性の時間的・空間的一致の利点により,通常の実験箱での弁別訓練に比べて MPP パネルを利用した場合に弁別基準が飛躍的に短期間で達成できることを確認している.

オペラント実験箱は個別の個体の行動をもっぱら測定するものであるが,社会性動物が集団生活を通して自然に発達させた個体間相互作用の要因を検討するために実験箱を拡張した例もある.北野ら (2013) が作製した実験箱 (図 5.14) は両端に八角形の餌場を設け,実験個体はニュートラルゾーンから隣接する台形状の領域へ移動可能となっており,この移動を選択反応として床下に設置したマイクロスイッチによって検出する.餌場の前面壁には試行が有効であることを示すランプおよび,餌場の違いを示す弁別刺激ランプがディスクリミナンダムとして与えられている.八角形の他の区画に餌場を共有する他個体を配備し,実験個体は各餌場の開口部から頭を出すことで,共有他個体と一緒に採餌ができる.

北野らは餌場を共有する個体数の違いによる選択行動の感度を測定するために実験箱を利用しているが,ニュートラルゾーンを複数辺に設置し,複数個体の選択行動を同時に測定することや,餌場の開口部に仕切りを入れ,餌取得の競合性を排除するなど実験箱の微修正が容易なため,餌場の共有による価値割引測定や,囚人のジレンマゲーム事態による検討など,ハトの社会性に関する多角的検討がなされている.

本節で言及できなかったオペラント実験箱の変遷や実験箱の拡張について,「行動分析学研究」の第 30 巻第 1 号,第 2 号でインスツルメンテーションの特集が組まれているので,参照されたい.

〔八賀洋介,坂上貴之〕

5.3.3 反応形成手続き

1）給餌装置訓練と反応形成

オペラント行動研究法を実施するにあたって，典型的なオペラント行動を，ヒトを含む動物個体に形成する必要がある．そのような典型的なオペラント行動はハトの場合はキイつつき反応，ラットの場合はレバー押し反応である．

動物飼育室で所定の食物遮断化レベルに達した動物に，まず給餌装置訓練〔マガジン訓練，餌箱訓練（magazine training）〕を行う（これ以前の動物の取り扱いについては付録参照）．給餌装置訓練はハトの餌箱，ラットのペレットディスペンサ（pellet dispenser）などオペラント実験箱で用いられる給餌器餌提示が行われる餌箱および受け皿や，それらとともに起こる刺激提示に馴化（habituation）させる訓練である．例えばハトの実験で用いる餌箱は，たいていの場合，電磁ソレノイドによって所定の位置まで引き上げられるので大きな音が発生する．と同時に，ハトがそこに頭部を差し入れて餌箱に向かう開口部には，餌箱照明用ランプが点灯する．この様々な音と光による驚愕反応（startle response）を減少させることが馴化の大きな目的となる．ラットの場合のペレットディスペンサもモータ音やソレノイド音を発生するものがある．

動物をオペラント実験箱に初めて入れると，そこから出ようと暴れたり探索したりと様々な行動が生起する．そこに給餌器を操作すると，いっそう怯えや恐怖などに相当する反応が生み出される．そこで給餌装置訓練は，最初に餌箱を上げておく（ハト），あるいはペレットを数粒受け皿に出しておく（ラット）ことで摂食が可能な状態から始める．動物がやや実験箱に慣れて落ち着き，餌を見出してそれを食べ始めるまで実験者は待機する．そして食べ始めて数秒後に，餌箱を下げる．それによって落下音と光が消えるので，再び驚愕反応が生じ，しばらく落ち着かない状態が続く．落ち着いたところで再び給餌器を操作する．これを何度か繰り返し，給餌器の操作音や餌箱用の照明の点灯によって，素早く個体が餌箱や受け皿に近づくようになれば給餌装置訓練は終了である．

次の段階が本節で述べる反応形成（shaping）である．これから形成しようとするキイつつき反応やレバー押し反応などの標的反応は，もともとハトやラットの反応レパートリーにはなかった行動である．したがって個体を実験箱にただ放置しておくだけでは，これらの反応が生起する可能性はきわめて低い．この状態を模式的に表したのが図5.15である．例えば，これが実験箱内で観察されるハトの反応型のうち，標的反応との近さを表す分布であり，分布の右側ほど，より標的反応に近づくことを表すとすれば，はじめのうちは分布それ自体の平均も低く，標的反応と実際の反応の乖離は大きい．反応形成を行うことにより，分布全体を右へと移動させる．図5.15の左には，反応形成開始前の反応の分布が描かれている．右には最終的に形成された標的反応の分布が描かれている．

図5.15左の最初の反応分布からわかるように，反応は元来変動するものであり，形成対象となっている標的反応からは遠いとはいえ，すでに一定の分布に従って様々な反応が生じている．反応形成では，このもともと存在している行動変動性を利用する．なお形成開始以前に，実験箱に置かれただけで自然に自発される標的反応の頻度をオペラントレベル（operant level）と呼ぶ．

反応形成は，漸次的近似〔逐次的接近（successive approximation）〕と分化強化（differential reinforcement）という2つの原理を使って，新しい反応を形成する．漸次的近似とは図の左から右に向かう複数の分布の中心値が，徐々に目標とされる分布の位置に近づけられることをいう．一

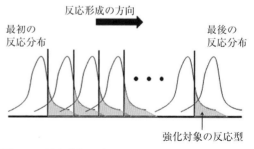

図5.15　反応形成の原理
①強化基準を少しずつ変化させて最終基準に近づける（漸次的近似）．
②反応の一部の反応型に強化子を随伴する（分化強化）．

方，分化強化とは1つの反応分布に含まれる種々の反応のうち，ある基準を満足した反応（この図の場合は垂直線の右側）だけに強化子を与えることである．とりわけ，基準を満たすか否かに基づいて強化子を随伴させる反応を取捨選別し，その結果，反応が標的となっている反応分布へと変容していく過程を，進化論との類比から結果による淘汰（selection by consequence）と呼ぶことがある．

具体的にはハトの場合，次のような反応形成を行う（Skinner, 1951）．まず，給餌装置訓練が終了したハトが，餌箱が出てくる前面パネルに向いたときだけに餌を提示する．このときの餌箱の提示は，手元のスイッチを使って行う．大切なのはその反応直後に餌箱を即時提示することである．数秒の遅延もまったく異なる反応を強めてしまうことがあるからである．次第にハトが前を向くようになったならば，次には前面パネルへの接近反応を強化する．そしてパネル上のキイ付近に頭部を近づけると強化する．そのような反応が増えたならば，いよいよキイに向かう反応を分化強化する．こうしてキイに方向づけられた反応が十分な頻度で起こるようになったならば，キイに対するつつき行動を強めていく．すると何回かキイを弱くつつく反応が出現するので，それに合わせて餌箱を上げる．次第にキイをつつく反応が増加するので，手元スイッチのほかに，キイの裏にある，本来つつき反応を検出するスイッチによっても餌箱を上げるようにする．

ここまでくればキイつつき反応はかなり頻繁に起こるようになる．スケジュールが連続強化スケジュール（5.3.6参照）であれば，餌を何度も提示することによる飽和化を避けるために，徐々に固定比率（FR）スケジュールに変えていくことが望ましい．例えば比率を2，4，8というように上げていき，キイつつきの2回，4回，8回目に強化子を与える．ここを通過したならば，さらに比率の高いスケジュールに移行したり，変動強化スケジュールに移行したりする．安定した反応率を維持したいのであれば，最終的には変動時隔（VI）スケジュールの下で強化子を与えればよい．

ラットの場合も基本的にはハトの場合と大きくは変わらない．最終的な反応がレバー押し反応な

ので，レバーへの接近後には上から下に向かう反応が生成される必要がある．例えばラットには伸び上がっていろいろなところを嗅ぎ回る反応があるので，それを利用して前面パネル上部に向かって伸び上がり，その後床に前肢をつける反応を形成してから，レバー上に前肢をのせ，それに体重をかける反応を導いてやればよい．もし，ほとんど伸び上がる反応を自発しない個体であれば，わずかでも床から前肢を離したならば餌を提示し，反応を増やすようにし，徐々にレバーの高さまで前肢を上げるように導いていく．個体ごとに反応の分布は異なることが当然であるため，各個体の現状の反応傾向を見極め，柔軟に分化強化基準を設定する．

このように反応形成はあらかじめ生起している行動の中からより目標に近い行動を分化強化していく技法であるため，そもそも行動の変動性が存在していることが前提となる．何が行動変動性に影響を与えるのかについていまだ包括的な理解は得られていないが，摂食制限により高まることや，餌の提示によって覚醒水準（arousal）が高まり全般的な活動量が増加することなどが知られている．また変動性を高めるための分化強化スケジュールも知られており，それらについては5.3.13で触れる．

2）自動反応形成と自動反応維持

ここまで述べてきた反応形成手続きは，実験者が直接，動物個体の反応を観察し，先に述べた漸次的近似と分化強化の原則に従って，徐々に標的反応へと変容させていく手続きとなっている．そうした観点からは，反応に刺激を随伴させることによって反応を変容させるオペラント条件づけの原理を用いているといってよい．

これに対してレスポンデント条件づけの原理を用いてキイつつき反応を形成する手続きがBrownとJenkins（1968）によって開発された．この手続きは自動反応形成〔autoshaping，もしくは正の自動反応維持（positive automaintenance）〕と呼ばれている．この自動反応形成に対して，これまで述べてきた反応形成を特に手動反応形成（hand shaping）と呼ぶことがある．

彼らは給餌装置訓練を終了したハトをオペラン

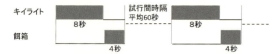

図 5.16　自動反応形成・自動反応維持の手続き例
① 自動反応形成手続きでは，キイライト点灯中にキイつつき反応を自発するとその試行の餌箱がすぐに提示され，その後，試行間時隔が始まる．
② （負の）自動反応維持手続きでは，キイライト点灯中にキイつつき反応を自発すると餌箱提示が省略され，試行間時隔が始まる．

ト実験箱に入れ，キイライトを 8 秒間提示し，消灯とともに 4 秒間の餌箱の提示を行った（実験 1，図 5.16）．これを 1 試行とし，試行間時隔（試行間間隔）を変動時間 60 秒スケジュール（次の試行開始まで，平均 60 秒間の時隔がある）と設定し，実験を行ったところ，36 羽中 36 羽（100％）が平均 45 試行までに，点灯したキイに対してつつき反応を出現させた．なおこの実験では，キイへの反応はそれが生じた時点で餌箱が提示され，技法としての自動反応形成はこれに従っているが，8 秒間経過後に餌箱を提示する方法もある（このような固定タイプを正の自動反応維持と呼んで区別する場合がある）．

この方法は，手動反応形成のような，実験者による精密な観察を必要とせず，かなり高い成功率でキイつつき反応を生成することから，現在では一般的な反応形成手続きの 1 つとなってきている．ラットの場合は，リトラクタブル〔retractable（箱の内側への出し入れが可能な）〕レバーを用い，レバーが実験箱内に出現するタイミングでペレットを提示することを何度か繰り返す方法が用いられている．

以上述べたように自動反応形成の手続きは，条件刺激として点灯したキイに無条件刺激としての餌を随伴するレスポンデント条件づけの 1 つである延滞条件づけの手続きを用いている．実際に形成される反応型は無条件刺激（US）の種類によって異なることが知られている．ハトの場合，US が食べ物の場合にはやや口を開き気味に力強くキイをつつき，一方，US が水の場合には閉じ気味にゆっくりとつつく（Jenkins & Moore, 1973）．同様に，ラットの場合にも US がペレットの場合にはレバーをなめたりかじったりする反応が出現するが，脳内電気刺激の場合では前肢や頬ひげで軽く触れたりするなど異なった反応型を示す（Peterson et al, 1972）．

自動反応形成の手続きで出現したキイつつきがレスポンデント条件づけを通じて形成されたことを明らかにした手続きは，自動反応維持〔auto-maintenance（もしくは負の自動反応維持）〕である（Williams & Williams, 1969）．この手続きでは，反応が出現するまでは自動反応形成と同じである（図 5.16）．もしもキイをつつく反応が生じた場合，自動反応形成ではその時点で（もしくは決められた点灯時間後に）餌が提示されるが，自動反応維持ではその時点で（もしくは定められた点灯時間後に）餌提示なしで試行間時隔が開始される．この手続きでは，つつき反応の出現は餌の提示を妨げるので後続する強化子はなくなり，その反応がオペラント行動であれば，速やかにつつき反応は消失されることが予測される．しかしながら得られた実験結果によれば，出現した反応はなかなか消えることがなかった．この事実から，自動反応形成あるいは自動反応維持によって形成されたキイつつき反応をレスポンデント行動と捉え，さらに一歩進んで，この行動をレスポンデント条件づけの様々な手続きの中で利用することがある（5.1.2 参照）．

一方，こうした自動反応形成がすべてのオペラント研究法で用いられる反応を生成することができるかについては，特に標的反応が複雑な場合には疑わしい．例えばハトに踏み板を足で踏ませる反応（treadle response）やラットに鎖を引っ張らせる反応（chain pulling response）を自動反応形成することは，かなりの困難が予想される．こうした反応形成には，現在でも主に手動反応形成が用いられている．

3）パーセンタイルスケジュール

前述の手動反応形成は，個体ごとに異なる反応の特徴を見極め，どの反応を強化するのか，どこで基準を変化させるのかなどを決定することが求められるため，経験に裏打ちされた職人技のような要素が強い．一方，そのような観察と強化操作の高度な技芸によらない，いわばあらかじめプログラムされた反応形成手続きも開発されてきた．そのような手続きの一部は 5.3.13 で紹介するが，

ここではその代表的な手続きの1つであるパーセンタイルスケジュール（percentile schedule of reinforcement）について紹介する.

例えばキイに加えられる強度の次元で, より高い強度を形成することを目標とした典型的なパーセンタイルスケジュールを考えてみよう. 現在から過去にさかのぼった5個の反応について, その強度順に反応を並び替えた結果, 強い順に25, 23, 17, 15, 11N（ニュートン）であったとする. 今, 基準を中央値よりも高い強度であれば強化するとした場合, 次に現れる反応の強度が17Nを越えれば, その反応は強化される. このスケジュールでは, 過去にさかのぼって対象にする反応の個数を決める必要がある. あまりに少ない場合には周期的に力を入れたり抜いたりするなど, 実験者が意図せぬ行動パターンを学習者が形成する場合があり, 他方あまりに多くの反応個数を含む場合には, 現在の行動を代表する分布ではなくなり, 十分な分化強化の効力を発揮できなくなる可能性がある. 多くの実験で20～40反応程度を利用していることは1つの目安となろう. 対象とする過去の反応個数に加えて, どのような基準で強化するかも決める必要があるが, 適切にこれらが選ばれれば, 先に述べた漸次的近似と分化強化の原理がそのまま働くのがわかるであろう. 実際例については Platt（1973）および Galbicka（1994）を参照してほしい.

手動反応形成の場合, 一般的には, 漸次的近似については, できるだけ小さなステップを踏むように, また分化強化については, 強化率をできるだけ低下しないようにすることが, 標的反応を効率よく生成することの秘訣とされてきたが, 同時にこれらに従うほど, 形成に多くの労力や時間が伴うことも事実である. パーセンタイルスケジュールは, こうした秘訣の, より行動工学的な回答を与えてくれる手続きとみなすこともできる. なおいっそう, このスケジュールを実用的な方法にするためには, 多種多様な反応を測定できる装置の開発が強く望まれる.

手動反応形成の自動化については現在も様々な試みがなされているが, まとまった論評はない. 例えば魚類の3次元における特定の回遊反応や, 哺乳類での2次元平面における特定の移動反応の形成の自動化などが現在でも議論されている.

4）反応連鎖

ここまでに述べた単一のオペラント反応の形成を越えた, 複数のオペラント反応の組み合わせでできている, より複雑な反応の形成手続きもある.

例えば, ラットの訓練場面で, トンネルを走り抜けると（R_1）, そこに滑り台が現れ（S_1）, それを滑り降りると（R_2）, レバー（S_2）に接近可能になり, レバーを押す（R_3）とペレット（S_4）が出てくるとしよう. このように, R_1 にとって条件強化子として働く S_1 が同時に R_2 にとっての弁別刺激として働き, R_2 の条件強化子（S_2）が R_3 の弁別刺激として働くという随伴性によって, 複数のオペラント反応がつながることを反応連鎖（response chain）と呼ぶ. ヤドカリの貝殻探索のように学習が不要と考えられる生得的反応連鎖（reaction chain）と区別される. 反応連鎖手続きには, 連鎖の最初の反応 R_1 を単独に形成することから始め, R_2, R_3 を順次加え形成を進める順行（順向）連鎖（forward chaining）と, 最後の反応（R_3）から形成を始め, 次第に R_2, R_1 とさかのぼって連鎖を伸ばしていく逆行〔逆向（backward）〕連鎖があり, 後者のほうが効果的であることが知られている. ヒトの反応連鎖形成技法には, 最初の訓練から連鎖のすべての段階を経験させ, つまずく課題では手助けやヒントを与えながら連鎖を完了させる全課題法〔total task method（chaining）〕も使用される.

〔坂上貴之, 八賀洋介〕

5.3.4 オペラント条件づけの基本手続き

オペラント条件づけ（operant conditioning）とは，個体の自発した反応（何らかの装置により測定された行動）に随伴して何らかの外的な刺激（強化子）を提示すること（操作的定義），またはその結果として，その後の当該反応が変化すること（機能的定義）である．オペラント条件づけの対象となるのは，個体の自発的な行動であり，個体が能動的に環境に働きかけ，その結果により行動が変容する過程（自発的な行動の変容過程）である．このようなオペラント条件づけがパブロフ（Pavlov, I.）の発見した古典的条件づけ（誘発された行動の変容過程）とは異なる学習の過程であることをスキナー（Skinner, B. F.）が指摘したのは1930年代のことであった(Skinner, 1937)が，スキナーによるオペラント条件づけの定式化以前にその先駆的研究がソーンダイク（Thorndike, E. L.）により行われていた．

1） ソーンダイクの先駆的研究と離散試行場面

ソーンダイクは1898年に，ネコやイヌ，あるいはヒヨコを被験体とした実験の結果をまとめた学位論文「動物の知能：動物における連合過程の実験的研究」を公刊したが，これは，ソーンダイクの問題箱としてよく知られた実験装置を用いた研究であった（Thorndike, 1911）．この装置には，いくつかの仕掛け（例えば，ペダルを踏む反応，紐を引く反応，バーを上または下に押す反応が必要とされる）が設けられており，それらを一定の順番で外すことで，最終的に問題箱の扉が開くのである．空腹のネコを問題箱に入れ，扉の前に餌皿を置いておくと，ネコは，箱から出ようとして，最初はでたらめに動き回るが，偶然仕掛けが外れて，箱の外に出られることも起こる．餌を食べたら，再び問題箱に入れ，外に出るまでの時間を測定する（これを試行という）．こうした試行を繰り返していくと，やがてネコは，順番に仕掛けを外して外に出られるようになり，学習が成立する．図5.17は，問題箱の一例（問題箱K）を示している．

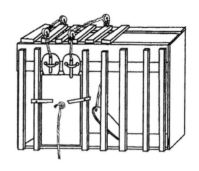

図5.17　ソーンダイクが用いた問題箱K

ソーンダイクの扱った学習は，問題箱におけるネコの行動から，試行錯誤学習（trial-and-error learning）と名づけられたが，この場面では，行動が試行という単位に区切られ，試行と試行の間には，個体は行動を自発することができない．このような実験場面を離散試行（discrete-trial）場面と呼ぶ．これは，後述するように，スキナーにより体系化されたオペラント条件づけ研究における自由オペラント（free-operant）場面と本質的に異なる実験場面である．ソーンダイクの問題箱実験のように，行動を，刺激提示とその刺激に対する反応を1単位とする試行によって区切る離散試行場面の条件づけを，特に，道具的条件づけ（instrumental conditioning）としてオペラント条件づけと区別することがある．この区別は後述するように，単なる手続き上の相違だけではなく，行動の捉え方の本質的な相違を示しており，さらに行動への影響も異なることが明らかになっているので重要である（Hachiya & Ito, 1991；伊藤，2005）．また，様々な実験手続きは，こうした離散試行場面と自由オペラント場面とを両端とした1次元上に位置づけることもできる（Logan & Ferraro, 1970）．

ソーンダイクは，このような学習を「効果の法則（law of effect）」と呼ばれる行動の原理によって説明した．効果の法則とは，「個体にとって満足がもたらされるような反応は，再び生じやすくなる」というもので，事態と反応の結合（連合）が反応の結果により強められることを意味しており，オペラント条件づけにおける強化の原理（強化随伴性）を別の言葉で表現したものといえる．

2) スキナーによるオペラント条件づけの体系化と自由オペラント場面

スキナーは，アメリカン・サイコロジスト誌（*American Psychologist*）に，自身のオペラント条件づけ体系化の研究史を非常に興味深いエピソードを交えて紹介している（Skinner, 1956）．それによると，直線走路という実験装置を用いた驚愕反射の研究から出発したスキナーは，実験手続きの自動化という目的のために，ラットが直線走路の目標点に到達して餌を食べた後，実験者がラットを再び出発点に戻さなくて済むように，帰還式の走路を付加した実験装置を考案した．このとき，餌を食べた後のラットの行動に一定の規則性のあることを見出したことがオペラント条件づけへの着想の契機となり，行動が試行により中断されることのない自由オペラント場面における行動研究の方法論を確立したのである．さらに，自動給餌装置や反応の累積記録法の開発を通して，1930年代の初めには，後に，「スキナー箱」と呼ばれたオペラント実験箱の原型（Skinner, 1932）ができあがった．スキナーが開発した実験装置（実験箱）は，行動を空間的な移動ではなく，時間軸上で起こる出来事として捉える見方，いわば行動研究の"思想"を具現化したものといえる．ハトのキイつつきやラットのレバー押しなどの自発反応は，時間軸上で起きる出来事である．したがって，オペラント条件づけでは，反応強度を単位時間（例えば1分）当たりの反応数，すなわち，反応率（response rate）で表現する．自由オペラント場面では，こうした自発反応の起こり方の変化の幅がきわめて大きくなることが特徴であり，そのため，独立変数の効果をより正確に検出できることが利点としてあげられる．

図5.18に，1950年代に用いられていたハト用実験箱の模式図を示す．ハトが背後から照明された円形の窓（キイ）をつつくと，給餌装置が作動し，餌が一定時間（通常3秒程度）食べられるような仕組みになっている（5.3.2参照）．空腹なハトを実験箱に入れると，ハトは最初でたらめに動いて必ずしもキイをつつかないが偶然キイをつつくと餌皿が提示される．このようなことが何度か起きると，やがてハトは安定してキイをつつくようになる．つまり，オペラント条件づけが成立したのである．

FersterとSkinner（1957）によって紹介された実験装置類も，50年以上経過した現在（2017年）では，当時とは刺激の提示法や実験制御の方法もかなり異なっているが，実験箱という実験空間の構成には，本質的な変化はないといえる．現代では，コンピュータが刺激の提示や反応の検出・記録という実験制御の装置として用いられている．現代のオペラント条件づけ実験のインスツルメンテーションの一例（伊藤ほか，1999）を図5.19に示すが，刺激は，CRTモニタ（現在は，液晶モニタ）上に提示されるので，実験箱の前面パネルの一部を透明アクリル板とし，その背後に置かれたモニタ上の刺激を見ることができるようにしている．餌などの強化子の提示には，図5.18にあるような給餌装置（餌皿の一定時間の提示），またはペレット給餌器（設定された数の餌ペレットの提示）を用いる（5.3.2参照）．

3) 3項強化随伴性

自発された反応に，餌の提示を随伴させた結果，反応率が増加することを強化（reinforcement）

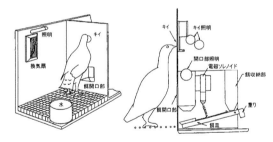

図5.18 ハト用実験箱とその側面図（Ferster & Skinner, 1957を改変）

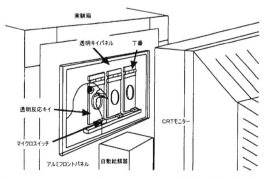

図5.19 コンピュータのモニタを刺激提示装置とした実験システムの模式図（伊藤ほか，1999を改変）

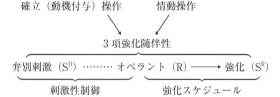

図 5.20 3項強化随伴性の模式図（佐藤，1976 より一部改変）

といい，ハトがキイをつつくと餌が提示されるという反応と刺激の随伴性を強化随伴性（contingencies of reinforcement）という．このとき餌は，反応率を増加させる，すなわち強化子（reinforcer）であるといえる（逆に，電気ショックのように，反応率を減少させるものは，すなわち弱化子という）．このように，オペラント条件づけの成立には，自発する反応とその結果としての強化子（または弱化子）提示が必要であり，この随伴性に基づいて，それに先行する反応を自発する手がかり（弁別刺激）との随伴性が成立するのである．これらの，弁別刺激-反応-強化子の関係を3項強化随伴性という．

図 5.20 は，オペラント条件づけの基本パラダイムである3項強化随伴性の模式図であるが，この模式図は，どのような手がかり刺激のもとで，どのような反応が自発され，どのような強化子（弱化子）により反応が強められる（弱められる）のか，というオペラント条件づけ研究の課題を表している．3項強化随伴性のうち，反応と強化子の関係は，強化子の提示の仕方を決める強化スケジュールの問題であり，弁別刺激と反応との関係は，弁別刺激が反応の起こり方を制御する刺激性制御の問題である．このほか，このような強化随伴性に影響する要因として，強化子が反応を強める働きを保持するのに必要な「空腹にさせる」（逆に「満腹にさせる」）という〔確立（establishing），最近では動機付与（motivating）も使われる〕操作や，電気ショックなどの嫌悪刺激の提示により情動を誘発する情動操作がある．

4）弁別オペラント条件づけ（弁別行動の形成）

弁別オペラント条件づけの研究テーマとは，先に述べた3項強化随伴性の刺激性制御の確立，すなわち弁別刺激がどのように反応を制御するのかという問題のことである．2種類以上の弁別刺激間の区別を行わせるには，弁別訓練〔分化強化（differential reinforcement）〕手続きを用いる．この手続きでは，例えば，赤色と緑色の弁別刺激の区別の場合，赤色の刺激（正刺激と呼ぶ）が提示されているときの反応には，強化子を提示し，緑色の刺激（負刺激と呼ぶ）が提示されているときの反応には，強化子を提示しないという操作を行うのである．また，弁別刺激の提示法の相違から，同時弁別（simultaneous discrimination）手続きと継時弁別（successive discrimination）手続きが区別される．前者では，複数の弁別刺激が同時に提示され，いずれかの刺激に反応することが求められる．後者では，複数の刺激の1つだけが交代提示され，この刺激に反応するか否かが求められる．このため，継時弁別手続きを go-no go 型の手続きと呼ぶことがある．

こうした弁別訓練の手続きも，離散試行場面と自由オペラント場面とでは大きく異なる．典型的な離散試行場面における継時弁別手続きでは，例えば，弁別刺激は 10 秒間提示され，正刺激の場合，この間に反応があれば刺激が消え，強化子が提示され，試行間間隔（intertrial interval, ITI）へ移行する．負刺激の場合には刺激が消え，強化子提示がなく，同じく ITI へ移行する．このように，離散試行場面では，各刺激提示に対し，反応は1回限りという形で反応を自発する機会が制限されるのである．

一方，自由オペラント場面の継時弁別手続きでは，例えば，各弁別刺激は 30 秒間提示され，この間は自由に反応を自発することができる．正刺激の場合には，間欠強化スケジュール〔通常は，変動時隔（VI）スケジュールが用いられる〕により，反応の自発に対して，間欠的に強化子が提示される．用いられる VI スケジュールの値によっては，1回の正刺激提示時間中に複数の強化子提示がある場合もあり，また逆に，正刺激提示期間中に1度も強化子提示が行われない場合もある．負刺激の場合には，強化子は提示されない．正刺激と負刺激は交代して提示されるが，刺激の交代時に実験箱の照明をすべて消す，短い暗間隔（black out, BO）を挿入して，刺激交代を明瞭

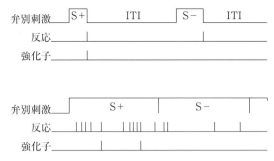

図 5.21　離散試行場面（上）と自由オペラント場面（下）における継時弁別手続きのタイムチャート

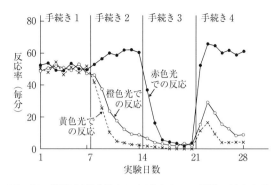

図 5.22　継時弁別手続きにおける 3 つの刺激に対する分化強化（弁別訓練手続き）の効果（Reynolds, 1975 を改変）

縦軸は 1 分当たりの反応率，横軸は訓練セッションをそれぞれ表す．

にする手続きも用いられる．このように，自由オペラント場面では，刺激提示中は，何度でも自由に反応を自発できるのである．こうした 2 つの場面は，行動への効果が異なり，自由オペラント場面に比べて，離散試行場面では，弁別行動の形成を阻害すること，また，試行間間隔が短いとその阻害効果が軽減されることも明らかにされている（Hachiya & Ito, 1991）．

図 5.21 は，2 つの場面の手続きの相違をタイムチャートで表したものである．時間は，左から右へと進行し，基線の上側への動きは，刺激の提示や反応の生起を表している．正刺激と負刺激の交代は，ランダムに行われるが，例えば，10 回の刺激提示の間に，正・負刺激の提示が等頻度（5 回ずつになる）となるように設定する．1 セッション当たりの刺激の交代は，正刺激に対する反応への強化頻度との兼ね合いから，被験体が飽和しない範囲で決められる．

従属変数としての反応測度は，頻度（反応数）そのものでは，刺激提示時間の長短により変化するので，単位時間当たりの反応数，すなわち反応率（1 分当たりの反応数）を用いて表現される．正刺激に対する反応率と負刺激に対する反応率との差は，被験体が 2 つの刺激を区別していることを表している．また，こうした反応率の差を相対化した弁別測度（discrimination index）が用いられることもある（5.3.15 参照）．

本節では，自由オペラント場面における継時弁別手続きの下で反応率がどのように変化するかを 3 つの刺激を用いたハトの実験データ（図 5.22）から見てみよう（Reynolds, 1975）．

手続き 1 は，3 つのいずれの刺激に対する反応も強化されるベースライン（比較のための基準反応レベル）である．各刺激に対する反応率は，およそ 1 分間に 50 回ほどとなっていることがわかる．手続き 2 は，赤色に対する反応だけが強化され，他の橙色と黄色の下では，強化されないという弁別訓練（分化強化）手続きを導入したときの反応率の変化を示している．弁別訓練手続きの導入後，橙色と黄色に対する反応率は低下〔消去（extinction）〕するのに対し，手続き 1 と変わらず強化される赤色に対する反応率は逆に増加していることが認められる．これは行動対比（behavioral contrast）と呼ばれる現象である（5.3.15 参照）．赤色（正刺激）に対する反応率とその他の橙色と黄色（負刺激）に対する反応率の差がどの程度かにより刺激間の区別ができているか否かを判定する．また，橙色と黄色に対する反応率の低下の程度が異なるのは，強化されている赤色に類似した橙色への刺激性制御の波及，すなわち般化（generalization）の現象である．手続き 3 では，すべての刺激に対する反応消去の手続きに移行すると，すべての刺激に対する反応率がほぼゼロに近い値まで低下することを示している．手続き 4 では，再び赤色に対する反応が強化されると，赤色に対する反応率の増加に伴い，橙色と黄色に対する反応率も一過的に増加すること（誘導）が認められる．この橙色と黄色に対する反応率の増加の違いにも，般化がみられるのである．

〔伊藤正人〕

5.3.5 強化スケジュール―要素スケジュール

1) 強化スケジュールと累積記録

強化スケジュール（schedules of reinforcement）とは，オペラント反応と後続事象（強化子）との随伴関係における規則性を記述したものである（Ferster & Skinner, 1957）．強化スケジュールは，反応が逐一強化される連続強化（continuous reinforcement, CRF）スケジュールと，反応の一部が強化される間欠（歇）強化（intermittent reinforcement）スケジュール〔部分（partial）強化スケジュールとも呼ばれる〕に二分される．間欠強化スケジュールの独立変数として反応回数（ratio）と時間間隔（interval）があり，さらにそれらの独立変数には，固定（fixed）と変動（variable）がある．これらの組み合わせにより，間欠強化スケジュールは，固定比率（fixed-ratio, FR）スケジュール，変動比率（variable-ratio, VR）スケジュール，固定時隔（fixed-interval, FI）スケジュール，変動時隔（variable-interval, VI）スケジュールの4種類に分類される．これらは基本強化スケジュールと呼ばれ，これらの手続きの一部を変更したり組み合わせたりすることにより，多様な単一強化スケジュールや複合強化スケジュールを構成できる（5.3.6 参照）．本節では正の強化の随伴性に基づく単一強化スケジュールのみを取り上げる．

測定対象となる反応は，その自発を同定しやすく，高頻度で何回も自発可能であり，種に固有な特性をもたないことが望ましい．反応の測定には累積記録器がこれまで多用されてきた．累積記録器は，記録紙が一定速度で水平方向に移動し，反応の自発により記録ペンが垂直方向に一定距離移動する（図 5.23）．累積記録器により描かれる線（累積記録）の形状により，リアルタイムで反応頻度を観察可能である．累積記録上の右肩下がりの短線は強化，水平線は反応休止，右肩上がりの直線は一定頻度の反応，曲線は反応頻度の変化をそれぞれ表し，直線の勾配が急であるほど反応頻度は高い．近年では，累積記録器の代替として，コンピュータプログラムにより累積記録を描く方

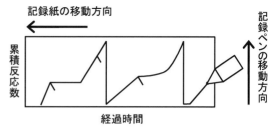

図 5.23 累積記録
記録ペンが上端に達すると，記録ペンの位置が直ちに下端にリセットされるため，累積記録に垂直線が示される．

法も用いられる（望月，1990）．

同一の強化スケジュールに長期間さらされると累積記録上に定型的な反応パターンが生じ，この状態を定常状態（steady state）と呼ぶ．強化スケジュールの効果は，もっぱら定常状態における反応パターンにより分析される．特に，基本強化スケジュールでは固有の反応パターンが見られる（図 5.24 左）．

2) 基本強化スケジュール

◆FRスケジュール

自発された反応数が一定の値（FR設定値）に達したとき強化子を提示する．例えばFR100は，先行の強化後に自発された反応数が100回に達したとき，100回目の反応に随伴して強化子を提示する．

FRスケジュールの累積記録（図 5.24A）は，高頻度で一定の反応を示す右肩上がりの直線成分と強化後休止（post-reinforcement pause, PRP）を示す水平成分という2成分からなる階段状〔反応休止・走行（break and run）パターン〕となる．

◆VRスケジュール

自発された反応数がある値（VR設定値）に達したとき強化子を提示する．VR設定値の比率要素は，強化ごとに変動する．比率要素が 30, 10, 20 であれば，比率要素の平均値 20 が VR 設定値となる．比率要素を，等差数列，等比数列，あるいは指数関数（Fleshler & Hoffman, 1962）により決定した後に無作為な順序に配列し，強化数に応じてこの配列を繰り返すことによりVRスケジュールを実施する．

VRスケジュールの累積記録（図 5.24B）は，急勾配の右肩上がりの直線となる．すなわち，

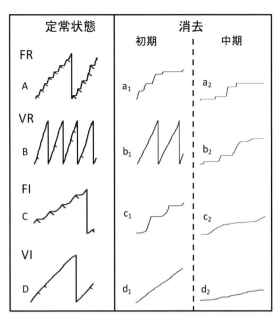

図 5.24 基本強化スケジュール（FR, VR, FI, VI）の累積記録（Ferster & Skinner, 1957 を改変）
定常状態と消去における反応パターンを示す．消去初期終了時から中期開始時までの累積記録は省略した．

PRP がなく高頻度で一定の反応が自発される．
◆FI スケジュール
　一定の時間間隔（FI 設定値）が経過後の初発反応に対し強化子を提示する．時間間隔は，実験開始，または先行の強化子提示終了時からの経過時間として計時する．例えば，FI 1 分においては，先行の強化から 1 分経過すると強化子が入手可能（available）となり，この後の初発反応に随伴して強化子を提示する．
　FI スケジュールの累積記録（図 5.24C）は，「スキャロップ」（scallop）と呼ばれる正の加速度曲線を描く．すなわち，PRP 後に反応頻度が時間経過とともに増加し，入手可能状態となる直前で反応頻度が最も高くなる．
◆VI スケジュール
　ある時間間隔（VI 設定値）が経過後の初発反応に対し強化子を提示する．VI 設定値の時隔要素は強化ごとに変化する．時隔要素が 15 秒，45 秒，30 秒の場合，これらの平均値 30 秒が VI 設定値となる．時隔要素は，等差級数，等比級数，あるいは指数関数（Fleshler & Hoffman, 1962）により設定される．いずれの設定方法においても，最も短い時隔要素は，0 または 0 に近似した値を使

用すること，すなわち試行開始直後に生起した反応が強化されるように設定することが通例である．個々の時隔要素を決定した後，これらをランダムな順序に配列し，強化数に応じてこの配列を繰り返すことにより VI スケジュールを実施する．
　VI スケジュールの累積記録（図 5.24D）は，勾配の緩やかな直線となる．すなわち，PRP がなく一定頻度の反応が自発される．ただし，VR スケジュールと比べ反応の自発頻度は低い．

3）消去（extinction）

　ある反応に対する強化子の提示を中止する手続きである．消去に移行すると，バースト（burst, 反応連発）と呼ばれる一時的な反応の増加の後，反応の頻度は徐々に低下し，やがて消失する．ただし，完全に反応が消失しても，時間をおいて再び消去を実施すると反応が自発される．これを自発的回復（自然回復）と呼ぶ．消去を継続すると，自発的回復の程度は減少する．
　消去下における反応頻度の減少の過程は，消去に移行する直前の強化スケジュールにより異なる（図 5.24 右）．したがって，各強化スケジュールの特性を分析する手続きとして，消去が用いられることもある（5.3.9 参照）．以下に，各基本強化スケジュール後の消去における反応の特徴を示す．

◆FR スケジュール
　消去の初期の段階では，休止・走行の反応パターンが維持される（図 5.24a$_1$）．消去の中期では，反応持続時間が短くなるとともに反応休止時間が長くなり，反応は次第に消失する（図 5.24a$_2$）．
◆VR スケジュール
　消去移行直後は，高頻度で一定の反応が維持される（図 5.24b$_1$）．消去の中期では，反応休止が出現し，反応持続時間が短くなるとともに反応休止時間が長くなり，やがて反応は消失する（図 5.24b$_2$）．
◆FI スケジュール
　消去移行直後は，高頻度の反応が維持される（図 5.24c$_1$）．消去の中期では，急激な反応の停止と休止期間の長化，およびスキャロップが再現し，その後，反応休止が出現する（図 5.24c$_2$）．このようなパターンを繰り返しながら，反応休止時間

の増加および反応頻度の減少を示し，次第に反応は消失する．

◆VIスケジュール

消去の初期の段階では，一定頻度の反応が維持される（図 5.24d₁）．消去の進行に伴い，反応頻度が徐々に低下し，やがて反応が消失する（図5.24d₂）．この間，反応頻度が急激に変化したり，反応が突然停止するということはない．

4) その他の単一強化スケジュール

◆乱動（random）スケジュール

乱動スケジュールには，乱動比率（random-ratio, RR）スケジュールと乱動時隔（random-interval, RI）スケジュールがある．これらは，要請される反応数や時間間隔が変動的であるという点で VR や VI のような変動スケジュールと同一である．しかし，反応が強化される確率を一定に保つという点で変動スケジュールとは異なる．変動スケジュールでは，反応が強化される確率は一定とならない．例えば比率要素〔1, 2, 3, 4, 5〕の VR3 において反応が強化される確率は，1 番目の反応は 1/5，2 番目は 1/4，5 番目は 1/1 となり，反応数により異なる．乱動スケジュールは，反応数や時間間隔が変動的であるという点で変動スケジュールと共通するため，変動スケジュールの代替として使用されることもある．ただし，乱動スケジュールの場合，計画されない異常に大きな値を経験することがある．

◆RRスケジュール

各反応を一定の確率で強化する．RR 設定値は，各反応に対し強化子を提示する確率で除した値とする．確率 ＝0.05 のとき，RR 設定値は 1/0.05 ＝20 となる．RR20 の場合，反応が自発されるたびに 1 ～20 までの番号をもつ 20 個の乱数を発生させ，例えば 12 番が発生したときに限り，強化子を提示する．

RR スケジュールの累積記録は，VR スケジュール（図 5.24B）と同様，PRP が生じず右肩上りの直線となる．

◆RIスケジュール

一定の単位時間が経過するたびに一定の確率で強化子入手可能状態を設定する．RI 設定値は，単位時間を強化子が入手可能な確率で除した値と

する．単位時間 ＝1 秒かつ確率 ＝0.05 のとき，RI設定値は 1/0.05 ＝20 となる．RI 20 秒の場合，単位時間 1 秒ごとに 1 ～20 までの番号をもつ 20 個の乱数を発生させ，例えば 15 番が発生したときに限り，強化入手可能な状態を設定する．

RI スケジュールの累積記録は，VI スケジュール（図 5.24D）と同様，PRP がなく，勾配が緩やかな直線となる．

◆反応率分化強化（differential reinforcement of rates）スケジュール

反応率分化強化スケジュールは，連続する 2 反応間の時間〔反応間時間（interresponse time, IRT）〕を独立変数とする強化スケジュールであり，短い IRT を分化的に強化する高反応率分化強化（differential reinforcement of high rates, DRH）スケジュールと長い IRT を分化的に強化する低反応率分化強化（differential reinforcement of low rates, DRL）スケジュールに分類される．これらは，他の強化スケジュールと組み合わせて反応頻度を制御するための手続き，あるいは単独で時間弁別行動を検証するための手続きとして多用される．

◆DRHスケジュール

主な手続きとして，①第 1 反応と第 2 反応との IRT が設定値以下であった場合にのみ，第 2反応に随伴して強化子を提示する方法（Frank & Wasserman, 2005）と，②一定の単位時間内に自発された反応数が設定値以上であった場合にのみ強化子を提示する方法（Ferster & Skinner, 1957）がある．①は，DRH 2 秒の場合，第 1 反応と第 2 反応との IRT が 2 秒以下のとき，第 2反応に随伴して強化子を提示する．ただし，IRTが 2 秒を超えたときは強化子を提示しない．引き続き，強化されなかった第 2 反応と第 3 反応との IRT に応じて，第 3 反応に対する強化子提示を決定する．②は，反応数を 3，単位時間を 5 秒とした場合（DRH 3/5），反応が 5 秒以内に 3 回自発されたとき，第 3 反応に随伴して強化子を提示する．ただし，5 秒以内に 3 回自発されなければ，5 秒経過後に次の単位時間を開始する．

いずれの手続きにおいても，短い IRT の反応が自発されやすくなるため，DRH スケジュールでは一定で高頻度の反応パターンが出現する．

◆DRL スケジュール

主な手続きとして①第1反応と第2反応との IRT が設定値以上であった場合にのみ，第2反応に随伴して強化子を提示する方法（Staddon, 1965）と，②一定の単位時間内に自発された反応数が設定値未満であった場合にのみ強化子を提示する方法（Dietz & Repp, 1973）がある．通常，①の手続きを使用することのほうが多い．①は，DRL 2秒の場合，第1反応と第2反応との IRT が2秒以上のとき，第2反応に随伴して強化子を提示する．ただし，IRT が2秒未満であった場合は強化子を提示せず，第2反応と第3反応との IRT に応じて第3反応に対する強化子提示を決定する．②は，反応数を3，単位時間を5秒とした場合（DRL 3/5），5秒以内に自発された反応数が3回以下であったとき，単位時間終了時に強化子を提示する．ただし，5秒以内に4回以上反応が自発された場合，5秒経過後に次の単位時間を開始する．

いずれの手続きにおいても，長い IRT の反応が自発されやすくなるため，DRL スケジュールでは，一定で低頻度の反応パターンが出現する．

◆制限時間 (limited-hold, LH)

LH は，強化子の入手可能状態に時間的制限を付加する手続きである．FI 1分 LH 10秒スケジュールの場合，先行の強化から1分経過すると強化子が入手可能となるが，その時点から10秒以内に反応が自発されないと入手可能状態は取り消され，次の FI 1分を開始する．また，DRL 2秒 LH 2秒スケジュールの場合，第1反応と第2反応との IRT が2秒以上4秒未満のときに限り，第2反応に対して強化子が提示される．

◆他行動分化強化(differential reinforcement of other behavior, DRO)スケジュール

先行の強化から次の強化までの一定時間間隔（S^R-S^R 間隔）中に，測定対象となる反応（標的反応）が自発されなかったときは，S^R-S^R 間隔終了後に強化子を提示する．S^R-S^R 間隔中に標的反応が自発されたときは，強化を一定時間（R-S^R 間隔）延期する．R-S^R 間隔中に標的反応が自発されたとき，その時点からさらに強化を延期する．標的反応をキイつつき，S^R-S^R 間隔を10秒，R-S^R 間隔を20秒と設定した場合，先行の強化から10秒（S^R-S^R 間隔）経過するまでにキイつつきが自発されなければ，S^R-S^R 間隔終了時に強化子を提示する．S^R-S^R 間隔中にキイつつきが自発された場合は強化子を提示せず，その時点から R-S^R 間隔を開始する．R-S^R 間隔開始から20秒間キイつつきが自発されなければ，R-S^R 間隔終了時に強化子を提示する．他方，R-S^R 間隔中にキイつつきが自発されたときは，その時点から新たに R-S^R 間隔を開始し，次の強化までの時間を20秒延期する．ただし，S^R-S^R 間隔および R-S^R 間隔における強化の延期はキイつつきにのみ随伴するため，キイつつき以外の反応は強化を延期しない．

DRO スケジュールの手続きは，標的反応に随伴して強化子を除去するという除去型（負の）弱化の随伴性であるため，標的反応は次第に減少し，やがて消失する．他方，標的反応以外の反応は，S^R-S^R 間隔または R-S^R 間隔終了時に偶発的に強化される可能性があるため，増加することもある．

◆時間 (time) スケジュール

ある時間間隔が経過した直後に，強化子を提示する．他の強化スケジュールと異なり，強化子提示は反応の自発に依存しない．固定時間（fixed-time, FT）スケジュール，変動時間（variable-time, VT）スケジュール，乱動時間（random-time, RT）の3種類に分類される．

◆FT スケジュール

一定の時間間隔（FT 設定値）経過後に強化子を提示する．時間間隔は，実験開始，または先行の強化子提示終了時からの経過時間として計時する．例えば，FT 1分においては，先行の強化から1分経過後に強化子を提示する．

時間スケジュールでは，ある反応が自発された直後に偶発的に強化子が提示されることがある．その結果，その反応の自発頻度が増加し，その後も維持され続けることがある．このような偶発的強化により定型化する反応パターンを，迷信行動（superstitious behavior）と呼ぶ（5.5.3参照）．

◆VT, RT スケジュール

ある時間間隔経過後に強化子を提示する．時間要素の設定方法は VI，RI と同様である．

〔古野公紀，茅野一穂，小美野 喬〕

5.3.6 構成スケジュール

オペラント条件づけ研究では，反応 - 強化子間の様々な随伴性を「強化スケジュール」と総称する．強化スケジュール研究の目的として，①強化随伴性の基本原理の解明，②他の変数（例えば薬物）を検討するためのベースラインの構築，③日常場面の随伴性を抽象化して検討，の3つがあげられる．Ferster と Skinner（1957）の大著『強化スケジュール（Schedules of Reinforcement）』以降，これまでに膨大な数の強化スケジュール研究が行われてきた．

強化スケジュールは強化子の提示条件に基づき様々に分類される．前回の強化子提示からの反応回数と時間経過のどちらに依存するのかにより，それぞれ比率（ratio）スケジュールと時隔（interval）スケジュールに分類される．また，その反応回数や時間経過が固定なのか変動するのかという観点から，固定（fixed）スケジュールと変動（variable）スケジュールに分類される．これらを組み合わせた固定比率（FR），固定時隔（FI），変動比率（VR），変動時隔（VI）が基本4スケジュールである．加えて，時隔スケジュールでは時間経過の条件を満たした後に1回の反応を求めるが，これを求めない（つまり自動的に強化子が提示される）固定時間（FT）スケジュールや変動時間（VT）スケジュールもある．さらには，反応間時間といった特定の反応特性に対して強化子を提示する，高反応率分化強化（DRH），低反応率分化強化（DRL），他行動分化強化（DRO）といったスケジュールも考案されている（5.3.5 参照）．

ここで取り扱う構成スケジュールとは，これらの要素スケジュールを1つの成分（component）として組み，様々な形で構成したものである．ここでは代表的な構成スケジュールとして混成（multiple, mult），混合（mixed, mix），連鎖（chained, chain），連接（tandem, tand），並立（concurrent, conc），共立（conjoint, conjt），並立連鎖（concurrent-chain, conc-chain），論理和（alternative, alt），論理積（conjunctive, conj），連動（interlocking, int），調整（adjustment, adj），連結（yoked），高次（higher-order）の各スケジュールを紹介する．

1）混成・混合・連鎖・連接スケジュール

混成，混合，連鎖，連接の各スケジュールでは，各成分が時系列的に直列に配置され，任意の時点では1つのスケジュールのみが機能する．これらは弁別刺激の有無と強化子提示のタイミングから分類される（表5.4）．

例えば，ハトのキイつつき反応を対象とし，VI 30秒と VI 60秒の2成分でスケジュールを構成したとする．混成，混合スケジュールでは，それぞれの成分で独立に，割り当てられたスケジュールに従って強化子が提示される．成分は数分〜数十分ごとに交代して機能するが，成分に応じた弁別刺激（例えば赤色キイなら VI 30秒成分で緑色キイなら VI 60秒成分）を伴う場合が混成スケジュール，伴わない場合が混合スケジュールである．これに対して連鎖，連接スケジュールでは，まず VI 30秒の強化条件を満たし，その後 VI 60秒を完了させることで初めて強化子が提示されるというように，強化子の提示が成分間で非独立の関係にある．成分に応じた弁別刺激を伴うのが連鎖スケジュール，伴わないのが連接スケジュールである．連鎖，連接スケジュールでは，当該成分における強化条件を満たした時点で成分交代が行われる．

混成スケジュール下で示される代表的現象に，行動対比（behavioral contrast, Reynolds, 1961）がある（5.3.4, 5.3.15 参照）．例えば，まず混成 VI 60秒 VI 60秒を反応が安定するまで実施する．その後，前者の成分のスケジュールを消去に変更する．すると，当然ながら，前者の成分での反応率は減少する．しかしこの時，何ら変化のない後

表5.4 混成・混合・連鎖・連接・並立・共立スケジュールの分類

スケジュールの名称（略称）	成分構造 継時／同時	成分間独立性 独立／非独立	弁別刺激 有／無
混成（mult）	継時	独立	有
混合（mix）	継時	独立	無
連鎖（chain）	継時	非独立	有
連接（tand）	継時	非独立	無
並立（conc）	同時	独立	有
共立（conjt）	同時	独立	無

者の成分では反応率が上昇する．この現象は，ある成分での環境変化が，別の成分で行動対比の行動にも影響することを示すものである．

連鎖スケジュールは，行動連鎖（behavioral chain）や条件強化子（conditioned reinforcer）に関わる研究で用いられる．行動連鎖とは，複数の行動成分を継時的に組み合わせることでつくられる一連の行動パターンである．連鎖スケジュールを用いて，どういった行動連鎖が形成可能か，どのような手続きがその形成に有効か（例えば，時間的に先行する行動成分をまず形成し，それを後ろに連鎖化させていく順行連鎖と，これの逆となる逆行連鎖）といったことが検討されている（5.3.3参照）．

行動連鎖では，連鎖の最後の成分でのみ強化子が提示される．しかしそれ以前の行動も，条件強化子の随伴により維持されている．条件強化子とは，他の強化子との随伴により，強化子の機能を獲得した刺激である．2成分の連鎖スケジュールで説明すると，強化子は第2成分の終わりに提示されるため，その成分の弁別刺激は，強化子との随伴により条件強化子としての機能を獲得する．そしてこの条件強化子により第1成分の反応が維持されることになる．連接スケジュールと対比させると，こちらでは成分間での刺激変化がないため，第1成分と第2成分の反応は，ともに第2成分の終わりに提示される強化子によって維持されることになる．これより連鎖スケジュールと連接スケジュールの比較から条件強化子の機能を調べることが可能である．しかし条件強化子に関わる研究の多くは，後述の並立連鎖スケジュールにより検討されている（5.3.12参照）．

連接スケジュールは，強化子が随伴する反応を意図的に操作する場合にも用いられる．例えばPeeleら（1984）は，VIへのDRHの連接による反応率の上昇，またVRへのDRLの連接による反応率の減少を示した．この結果は，反応率の増減は強化直前の随伴性に敏感であること，つまりオペラント条件づけの基本原理としての反応-強化子の接近性を示している．

2）並立・共立スケジュール

並立スケジュールでは，複数（ほとんどの研究で2つ）の成分が同時に機能している．各成分にはそれぞれ異なる弁別刺激が伴い（例えば左右2つの異なる操作体），それぞれの成分から独立に強化子が提示される（表5.4）．選択肢間で異なる食物強化子や貨幣を配置し，その選好を見る研究もある（Neef et al, 1992；Sumpter et al, 2002）．こうした意味で並立スケジュールは，ヒトの選択行動（意思決定）を反映した場面であると考えられる．

並立スケジュールは手続きの面からさらに2つに分類される．図5.25左に示す2選択肢型手続き（Herrnstein, 1961）では，2つのスケジュールがそれぞれ2つの独立したキイに割り当てられる．これに対して図5.25右に示す切り替え型手続き（Findley, 1958）では，2つのスケジュールが同一のキイに，しかし異なる弁別刺激を伴って割り当てられる．そして別のキイに，選択肢（弁別刺激）を切り替える機能が付与される．後者の手続きは，「切り替える（changeover；switching）」という反応や，2つの選択肢のそれぞれに従事する時間を明確化したい場合に用いられる．

なお切り替えに関して，これに偶然に強化子が随伴することで，強化のパラメータとは無関係に切り替え行動が頻発してしまう場合がある（並立迷信行動）．これを避けるために，切り替え後の一定時間（1〜5秒）スケジュールの進行を止める選択変更後遅延（changeover delay, COD）がしばしば併用される．

並立スケジュール研究は，オペラント条件づけ数量化の道を開いた．Herrnstein（1961, 1970）は，2つの選択肢に異なるVIスケジュールを割り当て，その値を様々に操作した結果，一方の選択肢への相対反応率（当該選択肢への反応数／全

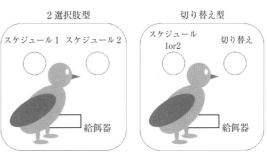

図5.25 2選択肢型並立スケジュールと切り替え型並立スケジュール

反応数）がその選択肢からの相対強化率（当該選択肢での強化数／全強化数）に一致するマッチング法則（matching law）を発見した．これよりオペラント条件づけの理解は，強化随伴性により反応が増加するという質的なレベルから，反応率と強化率の関数関係として，それが「どのくらい」増加するのかという量的なレベルへと前進した（5.3.12 参照）．

混成スケジュールと並立スケジュールの違いは，成分構造が継時か同時かという点にある（表 5.4）．並立スケジュールは自由選択場面，混成スケジュールは強制選択場面と解釈することもできる．そしてこの両スケジュール下での行動が共通して示しているのは，ある成分での環境変化が，別の成分での行動にも影響するということである．構成スケジュール下での行動の理解には，成分間相互作用は欠かせない要因なのである．

共立スケジュールと並立スケジュールの違いは，成分の違いに対応する弁別刺激の有無にある（表 5.4）．共立スケジュールでは，同時に機能する複数の成分が，単一のキイに割り当てられる．そして各反応はすべての成分への反応としてカウントされる．共立スケジュール使用の代表例は弱化研究である．弱化は，ベースラインである程度の反応率を維持したうえで，そこからの減少の度合いにより定義される．こうした研究では，VI での強化子提示によりある程度の反応率を維持しつつ，これと共立させる形で弱化のスケジュールが導入される（Azrin & Holz, 1961）．また別の用途として，反応に非依存的に強化率を操作する場合にも，VT との共立という方法が用いられる．

3）並立連鎖スケジュール

並立連鎖スケジュールとは，名称どおり，並立スケジュールと連鎖スケジュールを組み合わせたものである．典型例を図 5.26 に示す．まず，2 つの連鎖スケジュールの第 1 成分が並立で提示される．図のとおり，共に VI スケジュールとし，その値も等しくするのが一般的である．この段階は初環（initial link）と呼ばれる．仮に左側の VI スケジュールで強化条件が満たされたとしよう．ここではキイが緑色へと変化し，左側の連鎖スケジュールの第 2 成分に割り当てられた FI スケジュールが開始する．このとき右側のキイライトは消灯し，その第 2 成分に割り当てられたスケジュールは機能を止めている．またどちらかの終環が機能している間は，初環のスケジュールの機能も止めている（つまり初環の VI の時間経過は終環の最中は止まっている）．終環は機能中の FI スケジュールからの強化子提示により終了し（所定の時間経過とされる場合もある），その後初環へと戻る．初環で右側の VI スケジュールで強化条件が満たされた場合にもこれと同様である．

並立連鎖スケジュールにより，異なる場面間の選好を調べることができる．例えば図 5.26 のように，一方の終環には FI 10 秒を，もう一方の終環には VI 10 秒を配置すれば，強化率は同一だがその変動性が異なる 2 場面間の選好を問うことになる．この場面では後者への選好が示されている（Mazur, 1984）．また，終環の一方には並立スケジュールを，もう一方には単一スケジュールを配置すると，これは自由選択と強制選択のどちらを好むかという問いになる．この場面では前者の自由選択への選好が示されている（Catania, 1975）．

また定義上，終環の弁別刺激は，初環の選択行動に対する条件強化子ともなる．これより並立連鎖スケジュールは，条件強化子に関わる選択行動を検討する場面ともなる．この研究では，初環の VI 値の絶対量を大きくすると（例えば VI 40 秒 VI 80 秒を VI 400 秒 VI 800 秒へ），その選好が無差別に近づくという初環効果〔initial-link effect（Fantino, 1969）〕や，逆に終環の時間が長くなるほど初環の選好が極端になるという終環効果〔terminal-link effect（Williams & Fantino,

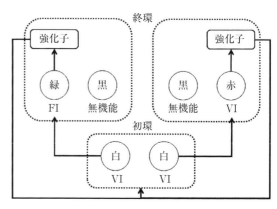

図 5.26　並立連鎖スケジュールの典型例（Fantino, 1969）

1978)〕が報告されている．これらの結果は，強化率といった各種の強化パラメータの選択肢間相対値（もしくは比率）のみに依拠するマッチング法則の限界を示している．現在では，こうした条件強化子に関わる効果を包含したモデルの構築が進められている（5.3.12参照）．

4）論理和・論理積・連動・調整スケジュール

これら4つのスケジュールは，ある成分での反応遂行が，別の成分のスケジュール値に影響する（スケジュール値が成分間で非独立）という特徴を有する．論理和スケジュールでは，複数の成分が同時進行し，いずれかの成分での強化条件が満たされると強化子が提示される．また，この強化子提示によりすべての成分のスケジュール値がリセットされる（この点が共立スケジュールと異なっている）．一方，論理積スケジュールでは，強化子提示にはすべて成分での強化条件を満たす必要がある．例えば論理和FI 30秒FR 30では，先の強化子提示から30秒以上が経過した後に1回反応するか，「もしくは」30回の反応が行われた時点で強化子が提示される．これに対して論理積FI 30秒FR 30では，先の強化子提示から30秒以上が経過し，「かつ」30回以上の反応が行われた時点で強化子が提示される．

連動スケジュールでは，強化条件を満たす方法が複数用意される．例えば30単位を満たすと強化子が提示されるという条件において，1単位を得る方法として，1反応もしくは1秒経過という2種類の方法が設定される．前者のみがFR 30，後者のみがFT 30秒ということになる．

調整スケジュールでは，被験体の反応遂行に依存してスケジュール値が変化する．例えばMcDowellとWixted（1986）は，前回の強化子提示以降の反応から計算される反応率が高いほどVIの値を短くすることで，基本構造はVIでありながら，疑似的にVRを実現するスケジュールを考案している．

本節の冒頭部で，強化スケジュール研究の目的として「③日常場面の随伴性を抽象化して検討」をあげた．論理和，論理積，連動，調整の各スケジュールは，われわれが日常場面で経験する複雑な随伴性をまさに抽象化したものといえる．例えば，金銭報酬を得るために2種類の労働成分が設定されているとする．論理和は片方だけ，論理積はその両方の労働成分を，それぞれ満たす必要があるということである．連動は2種類の労働成分を合計して一定量こなせばよいということであり，調整は，一方の労働成分に基づき他方の労働成分の内容が決まるということである．しかしこうした複雑性は，強化スケジュール研究の別の目的である「①強化随伴性の基本原理の解明」や「②他の変数を検討するためのベースラインの構築」とは相性がよくない．こうした理由もあり，論理和・論理積・連動・調整の各スケジュールに関する系統的な研究はほとんど行われていない．

5）連結・高次スケジュール

連結スケジュールでは，被験体間・条件間で何らかの実験パラメータを揃えるために，一方のスケジュールの結果に応じて，もう一方のスケジュールの値が決定される（これより一種の調整スケジュールともいえる）．例えば，VRとVIの違いが反応率に及ぼす影響を調べたいとする．スケジュールの影響を検出するには，反応率に影響するもう1つの変数である強化率を揃える必要がある．そこで，まずVRを実施し，そこで得られた強化間間隔の値をそのまま用いたVIが実施される．こうした場合のVIを指して連結VIと呼ぶ．

高次スケジュールでは，成分が入れ子状に構成されている．ここでは，例えばFR5の完了を1反応の単位とし，これに対してVI5分を適用するといったように，高次のスケジュールの反応単位を低次のスケジュールの完了に求める．多くの場合，反応単位の完了ごとに，ライトの点滅といった何らかの刺激提示が伴われる．高次スケジュールは，オペラント条件づけにおける反応単位の研究や，トークンシステムの研究に用いられている．

〔丹野貴行〕

5.3.7 その他の強化のパラメータを用いた研究法

以下に強化スケジュール以外の強化のパラメータのうちで重要なものを解説する．これらは消去や選択行動の研究においても重要であるが，それについては本書で別に解説があるため，ここではオペラント条件づけの成立と獲得されたオペラント行動の維持に及ぼす影響を中心に解説する．

1) 強化率

強化率（rate of reinforcement）は単位時間（例えば1分や1時間）当たりの強化の頻度である．例えば，1分間当たりに4回強化される条件では，2回強化される条件よりも強化率は2倍高い．後述する強化確率（probability of reinforcement）とは異なるので注意が必要である．

一般に，強化率が高いほどオペラント行動の強度は強くなる．例えば，Baum (1993) は，ハトのキイつつき行動を変動比率（VR）スケジュールと変動時隔（VI）スケジュールで強化し，強化率が高まるほど反応率が高まる傾向を見出している．ただし，強化率が極端に高い場合には，反応率はむしろ低くなる（図5.27）．

多くの場合，従属変数としての反応率は1回の実験セッション全体を平均して算出するが，実験セッション内で反応率が系統的に変化する場合があり注意が必要である．この反応率のセッション内変動（within-session change）に大きく影響する要因が強化率である．一般に，強化率が高い場合には，反応率は実験セッション内で単調に減少するが，強化率が中程度（例えば1時間の実験セッション中に60回の強化）の場合には，反応率はセッション内でいったん上昇しピークに達した後，減少に転ずる（McSweeney et al, 1996）．強化率が極端に高い場合にセッション全体の平均反応率が低くなるのは，セッション内での反応率の減少が激しいことが大きな要因である．

強化率の操作は強化スケジュールと密接に関係する．また，強化子の提示は通常，ヒトや動物の行動に随伴するものであるため，強化率は実験者によって完全に制御されるものではない．特に，FRやVRなどの比率スケジュールでは，行動の出現頻度に直接的な影響を受ける．例えば，研究者がFR 5を用いる場合は，FR 10を用いる場合よりも強化率が高くなることが期待されるが，前者が後者の2倍の強化率になるとは限らない．例えば，もし後者で前者の2倍の反応率が生じるならば強化率は等しくなる．一方，固定時隔（FI）やVIなどの時隔スケジュールでは，強化率はある程度正確に実験者が統制できる．例えば，FI 60秒の強化スケジュールを用いた場合，強化率はほぼ1時間当たり60回となる．しかし，この場合でも，強化可能期の到来から実際に行動が出現するまでの時間によって，前の強化から何秒後に強化子が提示されるかは変化する．したがって，強化率は完全には実験者によって制御されるものではない．

2) 強化確率

強化確率は，標的行動の出現当たりの強化頻度である．例えば，レバーを10回押して4回強化される場合と，2回強化される場合では，前者の強化確率が後者の2倍になる．

一般に，強化確率が高いほどオペラント条件づけの成立は早くなり，形成された行動の強度も強くなる．例えば，強化率の項で紹介したBaum (1993) のVRスケジュールでのデータは，実際にはVRの設定値により強化確率を操作し，強化確率が高いほど反応率が高くなることを示したものである．したがって，オペラント条件づけの早期の成立を目的とした訓練では，最も強化確率の

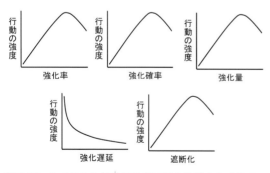

図5.27 オペラント行動の強度に対する種々のパラメータの影響の模式図

強化率が高いほど，強化確率が高いほど，強化量が多いほど，遮断化の程度が強いほど，強度は強まる．ただし，それぞれ一定の程度を越えると，むしろ強度は弱まる．強化遅延は長くなるほど行動の強度は低くなる．

高い連続強化スケジュールから始めることが一般的である．ただし，強化確率が極端に高い場合には，維持される行動の強度が弱くなることもある．

先述の強化率と同様，強化確率の操作は強化スケジュールと密接に関係し，実験者によって完全に制御できるとは限らない．強化確率が最も高い強化スケジュールは連続強化スケジュールであり，標的行動が生じるたびに強化子を提示するので，強化確率は1（100%）となる．また，FRやVRなどの比率スケジュールを用いることで，実験者は強化確率を操作することができる．例えばFR10やVR10を用いれば強化確率は0.1となる．一方，FIやVIなどの時隔スケジュールを用いる場合には，強化確率の制御は単純ではない．例えば，FI 60秒とFI 120秒では，一般に前者のほうが反応率は高くなるが，仮に1分間当たりの反応数が前者で30回，後者で20回であれば，前者の強化確率は1/30，後者は1/40となり，前者の強化確率がより高い．ただし，もし1分間当たりの反応数が前者で40回，後者で20回となれば，強化確率はともに1/40となる．このように，FIやVIなどの強化スケジュールでは，強化確率は行動の頻度に大きく影響を受けるため，実験者による厳密な制御は困難である．なお行動経済学では価格を，1強化子を得るために必要な反応数として定義する場合があるが，これは強化確率の逆数になる．

3）強化量

強化量（amount of reinforcement）は，強化子を提示する機会当たりの強化子の量である．例えば，ラットがレバーを押すたびに餌ペレットを1粒与えるか，2粒与えるかというように操作する．動物が強化子を得ることができる時間の長さで強化量を操作することも多い．例えば，ハトがキイをつついた後，強化子である雑穀が入った餌箱の蓋が開く時間が4秒の場合よりも，8秒の場合のほうが強化量は多い．また，強化子が液体の場合には，濃度で強化量を調整することもある．ヒトを対象とした実験では，強化子として実験終了後に換金可能なポイントを用いることが多い

が，その場合，換金のレートによって強化量を操作できる．例えば1ポイント1円で換金する場合よりも，1ポイント5円の場合のほうが強化量は多い．

一般に，強化量が多いほどオペラント条件づけの成立は早くなり，行動の強度も強くなる．例えば，ReedとWright（1988）は，ラットのレバー押し行動をVR 30で強化したが，その際の餌ペレットの数を1〜4個までの範囲で操作した．その結果，ペレットの数が多いほど反応率が高くなった．ただし，極端に強化量が多い場合には，維持される反応率が低くなることもある．

強化量は，近年では他のパラメータとの組み合わせでの効果が検討されることが多い．例えば，強化遅延と組み合わせて，後述する自己制御場面での選択行動が検討されている．なお，強化量は強化の質（quality of reinforcement）と対比されることが多い．例えば，苦い味を加えた餌は甘い味を加えた餌よりも質が低いとされる．

4）強化遅延

標的行動の生起から強化が与えられるまでの時間を強化遅延（delay of reinforcement）と呼ぶ．一般に，遅延が短いほど条件づけの成立は早くなり，維持される行動の強度も強くなる（例：Schlinger & Blackely, 1994）．したがって，条件づけの早期の成立を目的とした訓練では，遅延のない即時強化を用いることが一般的である．

5）確立操作

確立操作の最も一般的な方法は，餌や水を強化子とする場合に，実験前に食物や水分を制限あるいは剥奪する遮断化である．一般に，遮断化の程度が厳しいほど条件づけの成立は早くなり，維持される行動の強度も強くなる．ただし，遮断化の程度が極度に激しくなると，むしろ条件づけの成立は遅くなり，維持される行動も弱くなる．

〔青山謙二郎〕

●参考文献

Mazur（2006）およびMurphyとLupfer（2014）．

5.3.8 強化効果の測定法

ここでは，Hursh, S. R. らを端緒とする行動経済学（behavioral economics）の需要分析を用いた強化効果の測定方法を紹介する．この方法は，単一の強化子の効果（価値）の測定を基礎とし，質や量の異なる強化子（食物や薬物など）の効果の検出と比較を可能にする．需要分析の独立変数は強化子の価格（price）で，従属変数は消費量（consumption）である．価格の上昇に対する強化子の消費量の変化を定量的に分析する．

1）オペラント行動実験による消費量データの取得

行動実験の被験対象は，ヒトを含む動物種である．強化効果を正確に測定し，多くの種に共通する消費行動の法則性を体系的に理解するため，価格を金銭ではなく1強化子当たりのオペラント反応量で設定し，かつ，広範囲に操作する．通常，実験では，価格の大小に応じて，操作体に対する自発反応の要求反応数を変化させる．操作体とは，それを介して，環境に何らかの効果をもたらすものであり，種に合わせてプランジャー（ヒト），レバー（ヒヒ，ラット），キイ（ニワトリ，ハト）などを用いる．

実験では，価格を強化スケジュールで設定する．典型的には，個体への要求反応数とその完了により獲得される1強化子の量の交換比率が一定の固定比率（fixed-ratio, FR）スケジュールを使用する．そして，1つまたは複数の実験セッションごとにFR値を上昇させ，各価格に対する1セッション当たりの強化子の摂取量や強化回数を測定し，データを取得する（恒松, 2009も参照）．

2）需要の価格弾力性と水準

個体の消費量データを取得したら需要分析を行う．需要曲線は，価格と消費量の関係を両対数軸上で記述したものである．図5.28のように，需要曲線は傾きと高さから構成され，前者が需要の価格弾力性〔price elasticity（以下，弾力性）〕を，後者が需要の水準(level)を示す．まず，弾力性（e_p）は式(1)で表される．

$$e_p = \frac{\Delta q/q}{\Delta p/p} \tag{1}$$

ただし，pとΔpは価格とその変化量であり，qとΔqは消費量とその変化量である．価格の変化率に比べて消費量の変化率が小さい場合，非弾力的需要（$e_p > -1$）を示し，価格の変化率に比べて消費量の変化率が大きい場合，弾力的需要（$e_p < -1$）を示す．図5.28の数値は，各価格（FR値）の中間点における弾力性を算出したものであり，曲線（a）と（b）の比較で，最小の価格（FR1）の高さは等しいが傾き（弾力性）が異なる需要曲線を表した．次に水準は，弾力性を変化させることなく，上方または下方に変化する．曲線（a）と（c）の比較で，傾きは等しいが高さ（水準）が異なる需要曲線を表した．弾力性が強化子の強化効果を示すのに対し，水準は強化子の強度性（intensity）を示す．強度性は，量（size）や用量（dose）などの強化子の大きさ，強化子の質的な差異（例えば，体重1kg当たりの用量の違い），吸収率などの生理学的な個体差に規定される（Hursh, 2000；Hursh & Roma, 2013）．

弾力性を使って需要の水準が異なる強化子間の強化効果を比較する場合は，消費量を標準化する（Hursh & Winger, 1995）．この方法では，消費量の各値を最小の価格の消費量の値の百分率に変換して表す．具体的には，すべての消費量の値を最小の消費量の値で除し，それに定数（100）を乗じて，標準化した消費量を求める．図5.28では，曲線（c）の各価格の消費量を標準化したものが曲線(a)の各消費量に相当する．この変換により，需要曲線の高さは変化するが，傾きは変化しない．

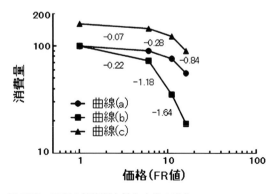

図5.28 需要の価格弾力性と水準の変化

3）需要の指数関数モデルと強化真価

弾力性（e_p）の算出で，価格の上昇に伴う強化効果の減少はある程度把握できる．しかし，HurshとSilberberg（2008）は，弾力性の使用上の問題点として，①価格の上昇に対して，各強化子の弾力性が一定ではなく連続的に変化すること，②強化子間の変化率が価格のどの値をみるかで異なることを指摘し，強化効果を定量的に分析するため，式(2)の需要の指数関数モデル（以下，指数モデル）を導入した．

$$\log Q = \log Q_0 + k(e^{-a \cdot P_s} - 1) \quad (2)$$

ただし，e は自然対数の底を表す．P_s は後述の標準化した価格であり，Q は消費量である．また，k は定数であり，消費量の範囲を特定する．

式(2)の指数 a と Q_0 はともに事後的に推定されたパラメータである．まず，a は P_s の上昇に伴う消費量の変化率を表し，この値が弾力性（e_p）に代わる強化効果の推定値となる．次に，P_s が0のとき，式(2)は最大の消費量（$\log Q_0$）をとり，この値が需要の水準の推定値となる．また，P_s は Q_0 を維持するために必要な総コストとして標準化した価格であり，式(3)で算出される．

$$P_s = Q_0 \times C \quad (3)$$

ただし，C はコストを表し，1強化子当たりの要求反応数（FR値）などで定義される．

指数モデルの傾きは，k と a の2つで決定されるため，強化子間の比較を行う場合は，共通の k を用いる．これにより，傾きの変化率は a のみで表すことができる．k が同一の条件下で，a の違いが指数モデルの傾きに及ぼす影響を図5.29に示した．a が大きいほど，傾きの変化率は大きくなり，消費量は低い価格でより急激に減少する．

指数モデルでは，強度性の効果が数学的に Q_0 に分離されるため，それに左右されない強化子の絶対的な強化効果を a だけで推定できる（Hursh & Roma, 2013）．そこで，HurshとSilberberg（2008）は，この値を，強化子の基本的な価値，すなわち，強化真価（essential value）の測度とした（坂上，2007も参照）．強化真価は，a が大きいほど低くなる．典型的な需要分析では，価格

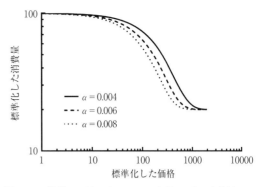

図5.29 指数 a の違いがモデルの傾きに及ぼす効果

と消費量を標準化した後，データに，式(2)を適用して，a と Q_0 を事後的に推定する．そして，単一の強化子の強化効果の測定や強化子間の比較を a で行う．種や強化子の種類が異なっても指数モデルの適合度は高い（Christensen et al, 2008；Foster et al, 2009）．

4）確立操作が強化効果に及ぼす影響

確立操作は，強化子の強化効果に影響を及ぼす操作である（5.3.7参照）．強化子に食物を用いた行動実験では確立操作の具体的な操作方法として，①セッションの内外で個体の自発反応とは無関係に与える給餌（以下，不労食物）の量，②不労食物を与えるタイミングや回数，③セッションの長さなどがある（Cassidy & Dallery, 2012；Hursh et al, 1989）．①で不労食物のない条件を封鎖経済的実験環境といい，それのある条件を開放経済的実験環境という（Hursh, 1984）．

例えば，2つの実験環境で③が同一である場合，封鎖よりも開放条件の遮断化の水準は低いことから，同じ強化子であっても後者の強化効果は低くなると期待される．Hurshら（1989）はアカゲザルを用い，12時間セッションの直後に，不労食物を与えない封鎖条件，最小の価格で獲得した食物消費量の1/3を不労で与える1/3開放条件，同じく2/3を不労で与える2/3開放条件で，同じ価格の上昇に対するセッション内の消費量の変化を比較した．このデータを指数モデルで再分析（Hursh & Silberberg, 2008）した結果，不労食物の増加とともに a は大きくなり，食物の強化真価は低下した．この実験例は，a が①の確立操作の変化に敏感なことを示している． 〔恒松 伸〕

5.3.9 消去に関わる研究法

消去（extinction）とは，条件づけ手続きにより形成された反応に対して，レスポンデント（古典的）条件づけにおいては無条件刺激が，オペラント（道具的）条件づけにおいては強化子が提示されないことによって，その反応が減少していく現象を指す．あるいはそのような反応の減少を生み出す操作や手続きを指す．消去は，以前に学習された反応が消し去られてしまうことを意味しない．事実，消去された反応は，自発的回復〔自然回復（spontaneous recovery）〕や反応復活（resurgence），更新（復元）効果（renewal effect）など様々な形態で再出現することが示されており，その現象のメカニズムについて多くの研究が行われている．他にも消去を導入した場合の個体の反応の抵抗や持続は消去抵抗（resistance to extinction）と呼ばれ，部分強化効果（partial reinforcement effect）や変化抵抗（resistance to change）に関する研究では，この消去抵抗が重要な従属変数となっている．

1）自発的回復

一定の頻度で安定して生起しているオペラント反応を数セッションにわたって消去した場合，その反応率は時間経過とともに減少していく．しかし新しいセッション開始直後の反応率は，直前のセッション終了時のそれよりも高くなることがある．この現象は自発的回復と呼ばれており（Skinner, 1938），連続する消去セッション間のみならず，単一セッション内でも生じることが知られている（Kendall, 1965）．自発的回復が生じるメカニズムとしては，反応形成時と消去時におけるセッション開始時の文脈刺激の類似性があげられている（例：Skinner, 1950）．一方，直前の消去セッションから次のセッションまでの間隔が長いほど，より顕著に自発的回復が見られるという結果も報告されており（例：Quirk, 2002），自発的回復のメカニズムについてはいまだに統一的な結論は得られていない．今後の研究においても，自発的回復が生じるメカニズムやその量的な側面に影響を及ぼす要因が争点となるであろう．

2）反応復活

反応復活とは，最近まで強化されていた反応が消去されることで，それ以前に消去されたはずの反応が再出現する現象である（Epstein, 1983）．この現象は，主にハトやラットで検証されてきたが，近年ではヒトを対象とした研究も盛んである．

反応復活の標準的な手続きは，次の3つのフェイズで構成される．フェイズ1では復活の対象となる反応（以下，標的反応）を形成する．フェイズ2では標的反応を消去すると同時に，新たに別の反応（以下，代替反応）を形成する．これらの操作を分離して，標的反応の消去のみを行った後に代替反応を形成する場合もある（例：Lieving & Lattal, 2003）．フェイズ3では代替反応を消去して標的反応の復活を検証するのが一般的であるが，単に代替反応の弁別刺激を除去する操作のみでも反応復活は生じることが報告されている（Podlesnik & Kelley, 2014）．主要な測度としては，フェイズ3の各セッションにおける標的反応の総生起数や反応率，あるいはベースライン比（フェイズ3の各セッションにおける反応率を，フェイズ1の最後の数セッションの平均反応率で除算した値）などが用いられている．

主な独立変数としては，標的反応や代替反応を形成する際の強化率や反応率，標的反応や代替反応を消去する際の減少操作（例えば消去，他行動分化強化，弱化など），代替反応の反応型などに関する実験操作があげられる．これらの諸要因の効果を検証する際には，複数の強化スケジュールが継時的に提示される混成（多元）スケジュールを用いることが多いが（Doughty et al, 2007；Mulick et al, 1976），複数の強化スケジュールが同時に提示される並立スケジュールをフェイズ1において用いることもある（da Silva et al, 2008）．

上述した様々な独立変数の効果は，測度（反応率 vs ベースライン比）や実験手続き（混成スケジュール vs 並立スケジュール）に依存する（Podlesnik & Shahan, 2009）．また，反応復活が生じるのは一定期間であることに加え，ごくわずかな量の反応しか復活しないこともあり，独立変数の効果を比較することが困難な事態も起こりう

る（例：Cançado & Lattal, 2013）．そのため，十分な量の反応復活を高い精度で生じさせるための実験手続きや，実験条件間でのわずかな差を正確に検出するための測度や分析方法の開発が，今後の反応復活研究の進展において強く望まれる．

3）部分強化効果

部分強化効果とは，すべての反応に対して強化子が提示される場合より，部分的に（間欠的に）強化子が提示される場合に，より強い消去抵抗がみられる現象である（レビューとして，Mackintosh, 1974）．すべての反応が強化された場合のほうが反応と強化の結びつきは強くなるため，消去抵抗は強くなることが予測されるが，実際には逆の傾向が観察される．このため，部分強化効果は，逆説的な強化効果を示す事例として紹介されてきた．

部分強化効果は，レスポンデントおよびオペラント条件づけ手続きにおいて確認される．オペラント条件づけ手続きでは，走路を用いた離散試行型の実験や，レバー押しなど自由オペラント型の実験で検討されている．消去抵抗の測度として，離散試行型の実験では，消去までに要する試行数，消去試行中の潜時（反応が開始するまでの時間）や速度が，自由オペラント実験では，消去までに要する反応数や消去時の反応率が用いられる．部分強化効果は，ラットで検討されることが多いが，ハトやヒトにおいても確認されている．他にも，爬虫類（例えばカメ），両生類（例えばイモリ），魚類（例えばキンギョ）においても検討されており，系統発生的に古い種になるほど，部分強化効果の確認は難しいとされる（柴崎・石田，2006）．

部分強化効果の生じる原因については，訓練時と消去時の弁別のしやすさや，訓練時と消去時の類似性の違いによる般化減少（generalization decrement）に基づく説明がなされている．般化減少に関する理論として，Amsel（1967, 1992）のフラストレーション理論や Capaldi（1966, 1994）の系列（sequential）理論が代表的である．これらの理論の検討を目的として，強化率，強化量，訓練試行数，試行間間隔や，強化・無強化試行系列の操作が主要な独立変数として検討されて

いる．

4）変化抵抗

変化抵抗は，環境変化に対する行動の持続性や抵抗性として定義される．部分強化効果研究と，研究手法の類似点は多いが，現在では独自の発展を遂げている（レビューとして，Craig et al, 2014；井垣・坂上，2003；Nevin & Grace, 2000；Nevin & Wacker, 2013）．変化抵抗の標準的な実験手続きでは，複数の強化スケジュールが継時的に提示される混成スケジュールで動物個体（典型的にはハト，ラット，ヒト）を訓練する．各強化スケジュールの下で反応が安定するまでベースライン訓練を行った後，反応を減少させる操作（反応減少操作）を導入し，ベースラインに対してどの程度反応が減少したか（ベースラインに対する比）が変化抵抗の指標とされる．反応減少操作としては，実験開始前に給餌する先行給餌，反応に依存しない強化子の提示，そして消去が典型的に用いられている．これまでの様々な研究では，強化率の高いスケジュールで維持された反応ほど変化抵抗が強いこと（強化率と変化抵抗の正の相関関係）が繰り返し確認されている．この傾向は，部分強化効果の一般的な傾向（強化率の低い間欠強化スケジュールでの強い消去抵抗）とは異なっている．変化抵抗と部分強化効果の傾向の違いは，実験手続き（被験体間比較 vs 被験体内比較）や従属変数（消去時の反応率 vs ベースライン比）の違いが原因である可能性が指摘されている（Cohen et al, 1993；Nevin, 1988）．

変化抵抗研究において，消去は，変化抵抗を生み出す反応減少操作の1つとして位置づけられている．消去は他の反応減少操作と異なる性質をもつことも指摘されており（Harper & McLean, 1992），消去と他の反応減少操作による変化抵抗の違いを生み出す要因を明らかにすることで，消去という現象のメカニズムの解明が期待される．

〔井垣竹晴，藤巻　峻〕

●参考文献

Domjan（2015, Chapter 9），Lattal ら（2013），Vurbic と Bouton（2014）．

5.3.10 嫌悪性制御の基本的研究法—弱化・逃避／回避

1）嫌悪性制御

　オペラント条件づけの基本手続きは強化と弱化の行動随伴性である．嫌悪刺激（aversive stimulus）である負の強化子もしくは正の弱化子が用いられる手続きを一般に嫌悪性制御あるいは嫌悪統制（aversive control）と総称する（5.2.2 参照）．特定の反応に随伴して出現した場合にその反応の生起頻度が上がるものを正の（あるいは提示型）強化子（positive reinforcer），逆に消失した場合にその反応の生起頻度が上がるものを負の（あるいは除去型）強化子（negative reinforcer）と呼ぶ．また，対照的に特定の反応に随伴して消失した場合にその反応の生起頻度が下がるものを負の（あるいは除去型）弱化子（negative punisher），逆に出現した場合にその反応の生起頻度が下がるものを正の（あるいは提示型）弱化子（positive punisher）と呼ぶ．正の強化子は負の弱化子と，負の強化子は正の弱化子と同じ機能をもつことが多いが，それぞれがまったく同一かどうかは実験的に確認しなければわからない．以下では負の強化子と正の弱化子を嫌悪刺激として扱う．なお，嫌悪刺激を反応と独立して提示することで反応頻度が変化する場合は，嫌悪性制御に含めない（Crosbie, 1998）．

◆弱　化

　弱化には，正の弱化および負の弱化の2つのタイプがあり，正の弱化が嫌悪性制御に含まれる．すなわち正の弱化子が特定の反応に随伴して出現することでその反応の頻度が下がることである．弱化の研究においては，まず正の強化で特定の反応を強化・維持しておく必要がある．一般には変動時隔スケジュールで安定したベースラインを得たうえで，弱化の手続きを導入する．弱化については，スケジュール，強化子の強度，頻度，種類などの変数の効果が検討されてきた（Azrin & Holz, 1966；Baron, 1991）．

◆逃避／回避（負の強化）

　逃避は，負の強化である．存在している嫌悪刺激が，特定の反応に随伴して消失することでその反応の頻度が上がることをいう．一方，回避では，まずパブロフ型（古典的）条件づけの手続きに基づいて，音や光などの中性刺激（条件づけが形成された後は条件刺激と呼ばれる）と嫌悪刺激とを一定の時間間隔で対提示する．嫌悪刺激が提示された後に特定の反応が生じれば，音や光と同時に嫌悪刺激が停止するため，逃避と同様に負の強化である．また，条件刺激が提示されている間にその反応が生じることで，条件強化子としての条件刺激が停止されるため，負の強化と考えることができる．また，1次強化子としての嫌悪刺激を回避する，つまり特定の反応が嫌悪刺激の提示をあらかじめ阻止することから，「嫌子出現の阻止による強化」と呼ばれることがある．こうした外的な条件刺激を用いずに，一定の時間間隔で嫌悪刺激を提示し，同様に嫌悪刺激提示中に反応が生じれば嫌悪刺激の停止，その時間間隔の間に反応が生じれば，嫌悪刺激提示までの時間を延長させる手続きを，シドマン型回避と呼ぶ．嫌悪刺激から次の嫌悪刺激提示までの時間間隔（S-S 間隔）と反応が生じてから次の嫌悪刺激提示までの時間間隔（R-S 間隔）を設定する（5.2.2 参照）．

2）嫌悪刺激と装置

◆嫌悪刺激

　実験場面で嫌悪刺激として使用される刺激は，その強度，持続時間，生起頻度の操作が容易であることが必要である（Lattal, 2013）．同時に，負の強化子としての機能を十分に維持するものとして，ラットやハトなどの実験で一般的に用いられてきたものが電撃（電気ショック）である．後述するオペラント実験箱やシャトル箱の床面に等間隔に敷かれたグリッドを通じて提示したり，ラットの尻尾やハトの羽根のつけ根に固定電極を植えて電撃が提示される（Azrin, 1959）．また，サルやイヌに対しては，拘束椅子に固定したうえで，尾や皮膚に通電される．直接身体に電極を付置する場合には，胴体でなく四肢に，同心円の電極を使用する，ヒューズを設置する，実験セッションの前後で身体に損傷がないことを確認するなどの配慮が必要である（Crosbie, 1998）．

　提示方法として，一般によく用いられるのは定

電流型と定インピーダンス型である．ラットの場合は，定電流型では0.05〜3.0 mAに，定インピーダンス型では200 kΩの抵抗をラットと直列に入れて50〜500 Vに設定される（石井，1975）．また一定の強度を保つには身体抵抗，湿度，グリッドや四肢の汚れなどによって強度が変化することにも留意する必要がある．

電撃以外で嫌悪刺激として使用されているものは，大きな音，強い光刺激などの物理的刺激である（Reed & Yoshino, 2001）．これまでの研究で使用されてきた大きな音の強度は68〜110 dB（中央値98 dB）であるが，強度に関係なく3,000 Hzの純音は十分に嫌悪的であるとされる（Crosbie, 1998）．これらの電撃以外の物理的な刺激は，負の強化子としての機能はあっても，その効果は電撃に比べると馴化しやすい．実験前に，強度などについてあらかじめ検討することが必要である．

◆ 装置および実験場面

動物実験で嫌悪統制の実験で使用されてきた装置は，弱化では標準的なオペラント実験箱，逃避や回避ではシャトル箱である．

動物を使用する際に注意しなければならないのは，種に固有な防御反応（Bolles, 1970）である．例えば，電撃を使用したラットの回避場面において，オペラント実験箱でのレバー押しをオペラントとした場合は，シャトル箱での移動に比べて反応獲得により長い時間がかかることがわかっている．また，ある系統のマウスでは移動でなく立ち上がり反応がより容易に獲得できることも報告されている．これらは，種が生得的にもっている刺激状況に対して生じやすい反応傾向の違いによって説明される．

3）倫理的問題

◆ 倫理的問題とその対処

電撃は効果的な嫌悪刺激として操作も容易であるが，動物倫理の観点から電撃の使用が肯定的に捉えられなくなっている．研究を進めるうえで，国内外に限らず共通して必要とされているのは，電撃に限らず，動物や参加者に与える苦痛を，実験の目的にかなう範囲で最小限にすることである．また，前項で述べた種に固有な防御反応を考慮して，使用する種に獲得が容易な刺激と反応の組み合わせを設定することも，倫理的な配慮の1つとなるだろう．

それでも電撃のような嫌悪刺激を用いた研究が再び盛んになるとは考えにくい．代替刺激として大きな音を使用するなどでなくCritchfield（2011）はヒトを研究対象として，弱化などの基礎研究を継続することを提唱している．嫌悪統制における様々な研究から，選択する種，設定する刺激や反応を通じて基本的な特徴は驚くほど共通しているとCrosbie（1998）は指摘している．すなわち嫌悪刺激を使用しなくても同じ機能をもつ事態を設定すれば嫌悪統制によって行われてきた基礎研究は継続可能ということである．すべての実験研究において倫理的な配慮は必要であり，嫌悪統制は使用する刺激の性質上，厳密な配慮が求められるが，ヒトを対象とした実験研究は，今後の基礎研究のブレイクスルーとなると期待できる．

◆ ヒトを対象とした研究における留意点

動物を使用する場合と違って，ヒトを参加者とする場合には，倫理的な問題のほかにも少なくとも以下の2点について特別な配慮が必要である．まず，回避場面において，回避をもたらす反応のオペラント水準が一定以上あることを確認して，必要な場合は言語的な教示や反応形成の手続きを実施しなければならない（Ader & Tatum, 1961）．次に，ヒトの実験の場合は，参加者が実験セッションの途中やセッション後に脱落する危険性が伴う．そうした脱落を防ぐために，要求されている反応に対応するだけでなく，実験に参加すること自体を強化する必要があるだろう．

弱化，逃避，回避といった嫌悪性制御は，行動の形成，維持，抑制に関わる基本的な過程を研究する重要な行動随伴性である．使用される刺激や手続き自体が嫌悪的であることから，倫理的な配慮が他の手続きに増して要求される．こうした倫理的な配慮を満たしながら，基礎的な過程を研究する手段として，ヒトを対象とした研究が望まれる．　　　　　　　　　　　　　　　〔吉野俊彦〕

5.3.11 オペラント条件づけにおける連合構造とその表出

1) オペラント条件づけの連合理論的研究

連合理論は古典的条件づけの研究を中心に構築されてきたが，そこで用いられた方法論はオペラント条件づけの研究にも適用可能であり（Rescorla, 1987），古典的条件づけの場合（5.1.3 参照）と同じく，①学習成立要件，②学習内容，③反応表出の 3 つが研究テーマとなる（Rescorla & Holland, 1982）．①は連合理論以外の立場に基づくオペラント条件づけ研究と同じであり，他節で述べられているため，本節では②と③について解説する．

2) S-R 連合か R-O 連合か

Thorndike（1911）や Hull（1943）は，動物は刺激（stimulus, S）と反応（response, R）の結びつき（S-R 連合）を学習すると考えた．そして，この連合は後続する事象によって増強または減弱するとした．つまり，後続事象は S-R 連合の触媒（catalyst）ということになる．これに対して，Tolman（1932）は目標とそれに至る手段との関係把握がこの種の学習の本質であるとした．手段とは反応のことであり，目標は反応に後続する結果（outcome, O）であるので，現在では R-O 連合と表現されることが多い．

オペラント条件づけで形成される連合の性質は 1980 年代以降，主として価値変化（revaluation）と制御転移（transfer of control）の 2 技法およびその組み合わせを用いて解明されてきた（Colwill, 1994；Colwill & Rescorla, 1986；Rescorla, 1991, 1998）．

3) 価値変化法

価値変化法の基本的アイデアは Rozeboom（1958）による（5.1.3 参照）．オペラント条件づけの強化学習にこの技法を適用する場合，報酬（強化子）の嗜好性を低下させることになる．しばしば用いられるのが，嫌悪性の古典的条件づけ手続きを用いた報酬の嫌悪化である．例えば，餌粒を

報酬としてラットにレバー押し反応を形成した後，味覚嫌悪条件づけの手続き（5.1.2 参照）で餌粒を嫌悪化する（餌粒を与えて塩化リチウムを注射する）．「レバー押し反応は餌粒をもたらす」との R-O 連合が形成されていたなら，テスト時には嫌悪的となっている餌粒のためにレバーは押さないはずである．なお，嫌悪的になった餌粒が反応に対する弱化（罰）とならないよう，テストは餌粒を与えない状況（反応消去下）で行う必要がある．

このような価値変化法を最初に用いた初期の研究（例：Adams, 1980）ではレバー押し反応は減弱せず，S-R 連合説が支持された．つまり，報酬は S-R 連合形成の触媒にすぎず，報酬の性質に関する情報は学習されないと結論された．しかし，その後の研究で，訓練状況によっては反応減弱がみられることが示された（Adams, 1982）．

この技法を用いた最も洗練された研究は Colwill と Rescorla（1985）によるもので，R-O 連合を明確に示した実験として名高い（表 5.5）．第 1 期では，レバー押し反応（R_1）を餌粒（O_1），チェーン引き反応（R_2）を砂糖水（O_2）で訓練し，第 2 期で O_1 か O_2 のいずれかを嫌悪化した．テスト期はレバーとチェーンが設けられた装置で実施した．O_1 を嫌悪化されていた個体は R_1 より R_2 を，O_2 を嫌悪化されていた個体は R_2 より R_1 を多く自発した．

ところで，食物報酬の嗜好性を低下する最も簡単な方法は飽食させること〔飽和化（satiation）〕である．飽和化によって反応が減少しても，それは活動全般が低下したためだとも解釈できるが，2 種類の食物報酬を用いることでこの可能性を否定できる．Colwill と Rescorla（1985）は表 5.5 の第 2 期における処置を嫌悪化ではなく特定報酬の飽和化（O_1 か O_2 のいずれかを飽食させる）にして同様の結果（報酬に対応した反応の減弱）を確認し，R-O 連合の証拠とした．

オペラント訓練後に報酬の嗜好性を増強する技法も開発されている．例えば，まずオペラント実験箱でラットのレバー押し反応に音だけを随伴させる訓練を行う（音そのものの強化効果は小さいため，反応はあまり自発されない）．その後，オペラント実験箱からレバーを取り外し，音に餌粒

表 5.5 Colwill と Rescorla（1985）の実験手続き

第 1 期	第 2 期	テスト期
$R_1 \rightarrow O_1$	$O_1 \rightarrow$ LiCl	R_1 vs. R_2
$R_2 \rightarrow O_2$	$O_2 \rightarrow$ LiCl	

R_1, R_2：レバー押し反応とチェーン引き反応，O_1, O_2：餌粒と砂糖水．第 2 期は個体によって O_1 か O_2 のいずれかに，毒物である塩化リチウム（LiCl）の腹腔内投与処置が行われた．反応と報酬の組み合わせ方は被験体間でカウンタバランスされていたが，理解を容易にするため本文中ではその 1 つのパターンだけを述べている（表 5.6 についても同様）．

を随伴提示する．このようにして音の報酬価を高めると，再びオペラント実験箱に入れた際に（音も餌粒も与えられないのに）レバー押し頻度が高まる．この現象は，古典的条件づけにおける感性予備条件づけ（5.1.5 参照）と類似した現象であるので，反応予備条件づけ（response preconditioning）と名づけられている（St. Claire-Smith & MacLaren, 1983）．

4）制御転移法

古典的条件づけはオペラント条件づけに影響する（Davis & Hurwitz, 1977；河嶋, 1982）．例えば，古典的条件づけの手続きで電撃と随伴提示された音は，餌報酬で維持されているオペラント反応を抑制するが（負の転移），電撃回避により維持されているオペラント反応を促進する（正の転移）．こうした転移は脳中枢レベルにおける動機づけの相互作用として生じると考えられる（Rescorla & Solomon, 1967）．このように古典的条件づけの条件刺激がオペラント反応を制御すること（あるいはオペラント条件づけの弁別刺激が他のオペラント反応を制御すること）を制御転移というが，この現象を，オペラント条件づけの連合構造を解明する道具として用いることができる．

表 5.6 はその一例である（Colwill & Rescorla, 1988）．第 1 期では鼻先でのパネル押し反応（R_c）を訓練する．R_c によって得られる報酬は，光（L）が提示されているときは餌粒（O_1），雑音（N）が提示されているときは砂糖水（O_2）である（いずれも提示されていないときは報酬は与えられない）．第 2 期では，レバー押し反応（R_1）を O_1 で，チェーン引き反応（R_2）を O_2 で形成した．レバーとチェーンが設けられた装置で実施したテスト期では，L 提示時には R_1，N 提示時には R_2 が多く

表 5.6 Colwill と Rescorla（1988）の実験手続き

第 1 期	第 2 期	テスト期
L：$R_c \rightarrow O_1$	$R_1 \rightarrow O_1$	L：R_1 vs. R_2
N：$R_c \rightarrow O_2$	$R_2 \rightarrow O_2$	N：R_1 vs. R_2

L, N：光と雑音，R_c：パネル押し反応，R_1, R_2：レバー押し反応とチェーン引き反応，O_1, O_2：餌粒と砂糖水．

自発された．

この実験の場合，第 1 期では，R_c-O_1 連合，R_c-O_2 連合，L-O_1 連合，N-O_2 連合が形成されると考えられる．第 2 期で形成されるのは R_1-O_1 連合と R_2-O_2 連合である．したがって，テスト期に L が提示されると O_1 の表象が喚起され，かつてそれをもたらした R_1 が自発される．N についても同様に，O_2 の表象を介して R_2 が自発される．

5）分化結果効果

上記の諸事実は，動物は結果に関する知識を符号化し，それを期待して反応する（Bolles, 1972；Dickinson, 1989）ことを示唆している．関連する現象に分化結果効果（differential outcome effect, DOE）がある．例えば，2 つの刺激（S_1, S_2）にそれぞれ異なった反応（R_1, R_2）を行うよう動物を訓練する場合，2 種類の報酬（O_1, O_2）を用いて，$S_1 \rightarrow R_1$ には O_1，$S_2 \rightarrow R_2$ には O_2 を与えると，S_1 が喚起する O_1 期待や S_2 が喚起する O_2 期待が反応の付加的な手がかりになるため，学習が速やかである（Trapold & Overmier, 1972）．ただし，分化結果効果は他の説明も可能である（Urcuioli, 2005）．

6）オペラント条件づけにおける反応の表出

潜在学習の研究（Tolman & Honzik, 1930）以来，オペラント条件づけにおいても学習と遂行（反応表出）の区別は重要視されてきた．特にオペラント条件づけでは，反応表出に動機づけの問題が大きく関与するため，その働きの理解が必須であり（Dickinson & Balleine, 1994），それには行動的手法のほかに神経学手法も用いられる（Balleine, 2011）．また，古典的条件づけの場合と同じく，行動システムアプローチ（Timberlake, 1993, 2001）などの生態学的視点も重要である．

〔中島定彦〕

5.3.12 選択行動の測定法

1) 並立スケジュール

オペラント研究では，操作体（オペランダム）が1つしかない場合でも，被験体は反応しないという反応を選ぶことができる．その意味で，すべてのオペラント行動は選択行動である（Baum, 2010）.

選択行動の研究では，選択行動を定量的に分析するために，被験体に2つの選択肢が明示的に提示される．具体的には，2つの操作体が取りつけられた装置を用いて，各操作体への反応をそれぞれ異なるスケジュールや報酬（強化子）で強化した場合の相対的な反応頻度を選択行動として測定する．これを，並立スケジュール（concurrent schedules）という（5.3.6参照）．この手法を用いて，動物の異種飼料間の選好（Sumpter et al, 2002）や，ヒトの貨幣と代用貨幣間の選好（Neef et al, 1992）などが明らかにされている.

並立スケジュールでは，強化子が反応に随伴するスケジュールが用いられることが多い．その場合，強化頻度は被験体の反応の仕方に依存するので，実験者が強化頻度の比を一定（例えば1：2）に保つことは難しくなる．そこで，強化頻度比を厳密に制御したい場合には，一方のスケジュールが強化準備状態になると反対側のスケジュールを停止する，あるいは，単一のスケジュールに従って強化準備状態を用意し，用意された強化準備状態を2つの操作体に対して一定の割合（例えば1：2）でランダムに振り分けるなどの方法が用いられる．これを，強制選択法（forced choice），あるいは，Stubbs & Pliskoff 法という（Stubbs & Pliskoff, 1969）.

2) マッチング法則と一般化マッチング法則

並立スケジュールの研究では，2つの選択肢における強化頻度比を系統的に操作した場合の反応頻度比の変化もまた研究されてきた．その結果，反応頻度と強化頻度の関係は次の式により記述されることが示された（Herrnstein, 1961）.

$$\frac{B_1}{B_1+B_2} = \frac{r_1}{r_1+r_2} \tag{1}$$

または，

$$\frac{B_1}{B_2} = \frac{r_1}{r_2} \tag{2}$$

ここで，B_1 と B_2 はそれぞれ，各選択肢に対する反応頻度（または滞在時間，すなわち各選択肢での反応に費やされた時間）を，r_1 と r_2 は各選択肢から得られる強化頻度を，添え字は選択肢を表す．式(1)は相対反応頻度が相対強化頻度に対応することを意味する．これを，マッチング法則〔対応法則（the matching law）〕という.

その後，相対反応頻度は相対強化頻度と完全には一致しないことが明らかにされ，式(1)から導き出された式(2)が以下のように改変された（Baum, 1974）.

$$\frac{B_1}{B_2} = k \cdot \left(\frac{r_1}{r_2}\right)^a \tag{3}$$

これを，一般化マッチング法則〔一般化対応法則（the generalized matching law）〕という．ここで，k の値は2つの選択肢間の偏好（bias）を表しており，1から逸脱する場合にはどちらか一方の操作体に対する偏好（報酬間の選好や位置偏好など）が存在することを意味している．一方，a の値は強化頻度比の操作に対する反応頻度比の感度（sensitivity）を表し，$a=1$ の場合には反応頻度比が強化頻度比に一致し，$a>1$ の場合には反応頻度比が強化頻度比の値よりも大きくなり，$0<a<1$ の場合には反応頻度比が強化頻度比の値よりも小さくなる.

式(3)の両辺の対数をとると，以下のような1次式になる．そのため，実験から得られた強化頻度比と反応頻度比のデータに線形回帰を適用することにより，a と k の値を分離して推定することが容易となる.

$$\log\left(\frac{B_1}{B_2}\right) = a \cdot \log\left(\frac{r_1}{r_2}\right) + \log k \tag{4}$$

実験から推定された a の値が1より小さい場合を過小マッチング（undermatching），1より大き

い場合を過大マッチング（overmatching）という．また，aとkの値が1の場合には式(3)は式(2)と等しくなる．これを完全マッチング（perfect matching）という．

式(3)は，ヒトや動物の様々な選択場面において広く成立すること（McDowell, 2013），偏好（k）を指標として異種報酬間の選好尺度を開発することができること（Sumpter et al, 2002），反応頻度比の感度（a）は2つの選択肢の弁別性，切り替えコスト，報酬の性質，選好パルス，言語的教示により影響されることが例証されている（Baum, 1979, 2010；Magoon & Critchfield, 2008；Takahashi & Iwamoto, 1986；Takahashi & Fujihara, 1995；Takahashi & Shimakura, 1998）．

3) Herrnstein の反応率双曲線

冒頭で述べたように，単一の操作体を用いた実験においても，実際には反応する行動と反応しない行動の間の選択行動を分析していると考えられる．そこで，Herrnstein（1970）は，単一操作体場面におけるオペラント行動を記述するために，式(1)を次のように改変した．

$$\frac{B}{B+B_0}=\frac{r}{r+r_0} \qquad (5)$$

ここで，Bは，操作体に対する反応頻度を，B_0は，操作体に対する反応以外の行動〔これを他行動（other behavior）という．例えば，キイつつき反応以外の行動〕の頻度を，rは操作体に対する反応によって得られる強化の頻度を，r_0は操作体に対する反応以外の行動に伴う強化頻度を表す．式(5)において，実験箱内で自発しうるすべての行動（$B+B_0$）を定数であるAに置き換えて変形すると，次の式が得られる．

$$B=A\cdot\frac{r}{r+r_0} \qquad (6)$$

これを，Herrnstein の反応率双曲線（Herrnstein's response-rate hyperbola）という（Herrnstein, 1970）．この式は当初，単一の操作体に対する反応頻度（B）を測定した実験結果をよく記述できるとされた（de Villers, 1977）．だがその後，r_0

の値は一定ではなく，強化頻度（r）の値により変化することが示された（Baum, 2015）．例えば，餌を強化子とする実験では，餌の提示が多様な行動（ハトでは，歩き回る，床をつつくなど）を誘導する．それらの中には，キイつつきを促進するものもあれば，キイつつきと拮抗するものもある．そのため，他行動の報酬の頻度（r_0）は強化頻度（r）の操作により変化する可能性が大きい．また，最大行動頻度（A）が一定であるという仮定についても疑問が呈された．例えば，ハトでは強化頻度の増加とともに反応トポグラフィが変化し，強化頻度が低い場合には1回の反応が1反応として記録されるつつき反応（key pecking）が優位だが，強化頻度が高い場合には，1反応が数反応として記録される猛打反応（key swiping）や軽打反応（key flicking）が優位となる．そのため，強化頻度の変化による他行動の強化頻度（r_0）や最大行動頻度（A）の変化を考慮に入れたモデルが提案されている（Baum, 2015）．

4) 選好パルス

選択行動研究では，ある条件の下で長い間訓練を行った後の定常状態（steady state）における選択行動が主な分析の対象とされてきた．例えば，2つの選択肢の強化頻度比を1:2に設定して長期間訓練を行い，安定状態に達した段階における反応頻度比が分析の対象とされてきた．一方，最近では，選択行動が定常状態になる前の過渡状態（transient state）における選択行動もまた詳細に分析されるようになってきた．具体的には，2つの選択肢の強化頻度比をセッションごとに変化させる，あるいは，1セッション内で10回の強化ごとに変化させる（強化頻度比を最初の10強化は1:1，次の10強化は1:2などのように変化させるなど）という手続きを用いて，各選択肢での1回の滞在時間や反応数などの微視的な行動配分の過程が強化や非強化によりどのように変化するかという問題が分析されてきた．その結果，一方の選択肢で強化が行われると，その直後の1〜3回の反応において，強化された選択肢への選好が一時的に高くなる現象が見出されてきた．これを選好パルス（preference pulse）という（Davison & Baum, 2002）．選好パルスは，強化頻度比のよ

り高いほうの選択肢でより顕著に見出される．また，行動配分の微視的な分析では，被験体は強化頻度のより高いほうの選択肢に比較的長い時間とどまり，時折強化頻度の低いほうの選択肢に反応して強化の有無を点検するという行動パターンがしばしば見出される．これを，停留・点検パターン（fix-and-sample pattern）という．過度状態の分析から，強化頻度の高いほうの選択肢において強化が連続して行われるにつれて，強化頻度の高いほうの選択肢での停留時間が次第に長くなることが確認されており，このような微視的な過程の積み重ねにより巨視的な現象であるマッチング法則を説明できるとされている（Baum, 2010）．

5）並立連鎖スケジュール

並立スケジュールでは，2つの反応を異なる報酬で強化し相対反応率を分析することにより，異なる報酬間の選好を測定することができた．一方，並立スケジュールにおいて，報酬の代わりに，報酬をもたらす強化場面を一定の時間提示すれば，2つの強化場面間の選好を測定することができる．これを，並立連鎖スケジュール（concurrent-chain schedules）という（5.3.6 参照）．具体的には，まず選択期として2つの操作体が提示され，各操作体への反応に対して一定のスケジュールが適用される．この段階（選択期）を，初環（initial link）という．初環においてどちらかのスケジュールが満たされると，それぞれの操作体に対応した強化場面が弁別刺激とともに一定時間だけ提示される．この段階（結果期）を，終環（terminal link）という．この手法を用いて，終環中に時間経過を知らせる刺激変化がある選択肢はより好まれない〔分割効果（Doughty et al, 2004；Takahashi, 1993)〕などの興味深い行動現象が明らかにされている（5.3.6 参照）．

6）遅延低減理論

並立連鎖スケジュールにおいて，終環で提示される強化場面の性質は同一として（例えば2つの終環をどちらも VI スケジュールとして），終環の強化頻度を操作した一連の研究から，並立連鎖スケジュールの初環における選択率は，以下の式により予測されることが示されてきた（Fantino, 1969；Squires & Fantino, 1971）．

$$\frac{B_1}{B_2} = \left(\frac{R_1}{R_2}\right)\left(\frac{T - t_1}{T - t_2}\right) \quad \{T > t_1, \quad T > t_2\} \tag{7}$$

ここで，B_1 と B_2 はそれぞれ，各選択肢に対する反応頻度を，R_1 と R_2 は各選択肢における（初環と終環の時間を含む）全体的な強化頻度を，T は初環の開始時点における強化までの平均遅延時間を，t_1 と t_2 はそれぞれ終環の開始時点から強化までの平均遅延時間を，添え字は選択肢を表す．t_1 または t_2 が T よりも長い場合には，他方の終環への排他的な選好が出現するとされる．式(7)は，初環における相対反応頻度が，終環の提示によって起こる遅延時間の低減の程度（$T - t_i$）により予測されることを意味している．この理論を，遅延低減理論（delay-reduction theory, DRT）という．この理論は，初環の長さにより選択行動が異なること（初環効果），および終環の長さにより選択行動が異なること（終環効果）を予測する．これらの予測は，餌場と出会う頻度が低いほど好ましい選択肢の選択率が減少することを予測する最適食餌理論とも整合性があり，各種生物の食餌についての実験結果を広く説明できる（Fantino, 2012）．一方，遅延低減理論は，終環中の刺激変化が終環の価値を低下させる分割効果〔segmentation effect（Dougthy et al, 2004)〕を説明できない（Takahashi, 2000）．そこで，低減遅延時間から刺激終了時の遅延時間を減じるモデルも提案されている（Takahashi, 1996）．

7）文脈的選択モデル

並立スケジュールと並立連鎖スケジュールは構造的に類似しており，例えば，終環の長さを0秒間に設定した並立連鎖スケジュールは並立スケジュールと等しい．したがって，並立スケジュールと並立連鎖スケジュールの下での選択行動は同一のモデルにより説明されるべきである．このような考え方に基づいて，Grace（1994）は，前述の一般化マッチング法則を用いて並立連鎖スケジュール下での選択行動を説明する文脈的選択モデル（contextual choice model, CCM）を提案した．ここで，文脈的選択とは，選択行動が選択肢（終環）の属性以外の要因（文脈）により影響

されることを意味する．このモデルは，以下の式により表される．

$$\frac{B_1}{B_2} = b \left(\frac{r_{i1}}{r_{i2}}\right)^{a_i} \left(\frac{r_{t1}}{r_{t2}}\right)^{a_t(T_t/T_i)} \tag{8}$$

ここで，B_1 と B_2 はそれぞれ，各選択肢に対する反応頻度を，r_{i1} と r_{i2} は各選択肢の初環における強化頻度を，r_{t1} と r_{t2} は各選択肢の終環における強化頻度を，b は選択肢間の偏好を，添え字の数字は選択肢を表す．また，a_i は初環のスケジュールの差に対する感度を，a_t は終環のスケジュールの差に対する感度を，T_i と T_t はそれぞれ初環の平均時間と終環の平均時間を表す．式(8)を終環のない並立スケジュールに適用すると式(2)になる．式(8)は，遅延低減理論と同様に，選択行動が初環と終環の相対的な長さにより予測されること（初環効果と終環効果）を予測する．

8）自己制御

並立連鎖スケジュールにおいて強化量と強化の即時性（遅延時間の逆数）を同時に操作することにより，「早い小さな報酬（soon small reward, SS）」と「遅い大きな報酬（late large reward, LL）」の間の選択行動を分析することができる．例えば，右の操作体に対する反応を，FR1 に従って0秒間遅延される2秒間の餌提示により強化し，左の操作体に対する反応を4秒間遅延される4秒間の餌提示により強化することにより，早い小さな報酬（0秒間遅延される2秒間の餌提示）と遅い大きな報酬（4秒間遅延される4秒間の餌提示）の間の選択を行わせるのである．このパラダイムでは，前者の選択が衝動性（impulsiveness）の現れであり，後者の選択が自己制御（self-control）の現れであると定義される（Rachlin & Green, 1972）．このような選択をハトに行わせた場合，ハトはほとんどの場合 SS の選択肢を選択する（Green et al, 1981）．一方，SS の選択肢を遅延される小さな報酬とした訓練から始めて，SS の遅延時間を少しずつ短くしていくフェイディング法（fading procedure）を用いると，ハトは LL の選択肢をある程度選ぶようになる（Logue & Mazur, 1981）．また，SS と LL の両方の選択肢の前に十分に長い遅延を加えると，後者の自己制

御を選ぶ選好逆転（preference reversal）が起こる（Green et al, 1981；Green & Estle, 2003）．

選好逆転は，Mazur（1984, 1987）の双曲線減衰モデル（hyperbolic-decay model）により説明することができる．

$$V = \sum_{i=1}^{n} p_i \left(\frac{A}{1+kD_i}\right) \tag{9}$$

ここで，V は選択肢の主観的な価値を，p_i は D_i 秒間の遅延が起こる確率を，A は強化量を，k は遅延により報酬の価値が割引される程度を，D は遅延時間を表す．式(9)は，各選択肢の主観的価値が遅延の増大とともに急速に低下し，その後は主観的価値の低下率が小さくなることを予測するので，遅延時間の増大による選好逆転をうまく説明することができる．

さらに，Mazur（2000）は，式(9)が並立連鎖スケジュールの初環と終環の主観的価値を記述し，かつ，初環における選択率が終環に入ることにより加算される価値によって規定されると仮定し，以下の双曲線価値加算モデル（hyperbolic value-added model, HVA）を提案した．

$$\frac{B_1}{B_2} = b \left(\frac{r_{i1}}{r_{i2}}\right)^{a_i} \left(\frac{V_{t1}-a_t V_i}{V_{t2}-a_t V_i}\right) \{V_{t1}>a_t V_i, V_{t2}>a_t V_i\}$$

$$\tag{10}$$

ここで，B_1 と B_2 はそれぞれ，各選択肢に対する反応頻度を，r_{i1} と r_{i2} は各選択肢の初環における強化頻度を，V_{t1} と V_{t2} は各終環の主観的価値を，V_i は初環の主観的価値を，b は選択肢間の偏好を，添え字の数字は選択肢を表す．また，a_i は初環のスケジュールの差に対する感度を，a_t は終環のスケジュールの差に対する感度を表す．どちらかの終環の価値が初環の価値よりも小さいときは，他方の終環への排他的な選好が出現するとされる．HVA と DRT は，「終環がもたらす相対的利点」が選択率を決める点で，「初環と終環の相対的持続時間」が選択率を決める CCM と異なる（Mazur, 2003）．終環がもたらす相対的利点を操作した実験の結果は，CCM よりも DRT と HVA のほうがより高い予測力をもつことを示唆している（Mazur, 2000, 2003）．　　　　〔高橋雅治〕

5.3.12　選択行動の測定法　349

5.3.13 行動変動性の研究法

行動変動性とは，複数の種類の反応が生起可能な状況において生起する反応群がもつ行動特性の1つである．カテゴリカルな反応（複数のレバーへの反応など）だけでなく，連続量（反応位置など），複数の反応次元の組み合わせなどを扱う場合がある．基礎的研究では，左（L），右（R）2つの反応キイなどの操作体の下で生起した反応系列を扱う場合が多い．本節では，測定指標について等確率性（すべての事象の生起確率が同じ）と無規則性（すべての生起に規則性がない）という乱数の性質との類似度について紹介し，行動変動性の制御を分化強化と反応誘導の点から整理する．

1) 行動変動性の指標

行動変動性の指標としてはU値が多く利用される．U値はエントロピー概念を援用したものであり，以下の式によりセッションごとに各反応の相対頻度を基に算出される（Denney & Neuringer, 1998）．

$$U = \frac{-\sum_i [\log(r_i)]}{\log(n)}$$

UはU値を指し，nは生起可能な反応の種類でありrは各反応の相対頻度である．U値は0〜1の値をとる．各反応の頻度に偏りがあると0に近づき，各反応が均等に生起している場合1に近づく．これは等確率性の指標である．類似した指標として，標準偏差，四分位偏差，生起した反応の種類などを利用する場合もある．無規則性については，反応出現の条件つき確率や，条件つき確率を基に算出されたU値，χ^2値が利用される(山岸, 2005)．

2) 分化強化

分化強化手続きによって行動変動性を増加させる場合には，一般的にラグスケジュール（lag schedule）や閾手続き（threshold procedure）を使用する．これらの手続きでは，生起可能な反応をいくつかのカテゴリに分類したうえで，過去に生起した反応を参照し，最近生起した反応と異なる反応，あるいは相対頻度の低い反応を分化強化する．

ラグスケジュールは，直前のN試行において生起した反応のすべてと異なる反応が生起した直後に強化子を提示する（lag N）．例えば，A，B，Cの3種類の反応が生起可能な場面でlag 2が導入され，AABBCという順序で反応が生起した場合，3・5番目の反応の直後に強化子が提示される．この手続きでは，行動が変動的になると強化率が高くなり，行動が定型的になると強化率が下がる．この手続きの行動変動性に対する効果を測定する場合，強化率が行動変動性に影響を与えるため，この手続きの下で提示された強化子と同等の強化子が，生起した反応の傾向とは無関係に提示される連結スケジュール（yoked schedule）などとの比較が必要になる．一般的にNの値が増加すると行動変動性は増加するが（Page & Neuringer, 1985），Nの値が1や2など極端に小さい場合には複数の反応が周期的に生起することもある．

閾手続きはパーセンタイルスケジュールに類似した手続きである．基本的には，1試行ごとに各反応の相対頻度が算出され，生起した反応の相対頻度が設定された閾値（基準値）以下であれば強化子が提示される．多くの場合，生起した反応の重みづけを，試行の経過に伴って徐々に軽くしていく，重みづけ相対頻度を相対頻度の代わりに使っている．このとき重みづけ相対頻度はセッション内の全反応を対象として計算している．一般的にDenneyとNeuringer（1998）の手続きが使用されている〔Machado（1989）も参照〕．事前に決められた範囲の反応群における相対頻度によって強化基準が決まるため，強化率はおおむね安定している．閾値を下げると，強化率が減少するとともに行動変動性が増加する．

これらの分化強化によって増加した変動的な反応は定型的な反応と比較して，強化遅延に対して頑健であり（Odum et al, 2006），事前給餌や反応非依存強化に対する変化抵抗が高くなることが報告されている（Doughty & Lattal, 2001）．

3) 反応誘導（induction）

反応誘導は強化子提示自体や，そのスケジュー

ルの効果により，強化子が直接随伴した反応以外の反応が間接的に増加することで行動変動性へ影響を与える．強化子提示自体に伴う反応誘導として，IversenとMogensen（1988）は壁に9×5の計45の窪みを設置した実験箱で，ラットが窪みに鼻を突っ込む（ノーズポーク）反応を観察した．開始から5分をベースラインとし，5分経過した時点で窪みの1つに餌を置き，ラットの餌回収後の5分間の反応と比較したところ，強化子提示後2分間は一時的に強化子を得た窪みと，その周辺の窪みへの反応が増加した．

強化スケジュールに伴う反応誘導の例として，Mechner（1958）は2つのレバーを設けたオペラント箱で一方のレバーを操作レバーとし，このレバーへの一続きの反応（反応連）が強化基準の長さを超えてから他方のレバーを押す試行は強化し，基準に満たない反応連でレバーを移る試行は強化省略した．訓練とともにその基準を満たすラットの反応連は増加したが，基準をぎりぎり下回る反応連の試行も増加した．消去スケジュールに伴う反応誘導の例として，Antonitis（1951）は実験箱内の壁に幅50 cmにわたる横長の窪みを設け，ラットのノーズポーク反応を測定した．どの位置に自発した反応も等しく強化したところ，特定の位置へと反応は定型化していったが，消去スケジュールへ移すと反応位置の変動が高まった（5.3.9参照）．消去手続きへの移行のほか，強化率の条件変化も行動変動性に影響する．反応の連や位置のほかに，反応の物理的強度，持続時間，潜時，反応間時間，反応系列などでも類似の誘導が報告されている．

また Killeen（1975）は実験箱の床を6枚の板で構成し各板の裏のマイクロスイッチの開閉により反応を記録し，固定時間(fixed time)スケジュールでハトに強化子を周期的提示したところ，強化子提示後一時的に活動が高まった．

加えて，周期的な強化子提示に対して，動物の飲水行動や攻撃行動，逃避行動などが高まる，スケジュール誘導性行動（schedule-induced behavior），あるいは付随行動（adjunctive behavior）が知られている（例：Falk, 1971；Staddon & Simmelhag, 1971）．利用される強化スケジュールについては固定型スケジュールの報告が多いが，変動型スケジュール下での観察報告もある（例：Allen et al, 1975. 5.3.5 参照）．

前項の分化強化の手続きでは，1試行を左右の反応キイへの合計8反応の自発とし，その組み合わせを対象反応群として分化強化をすることがある．ところが，その反応系列は，別に定義可能な下位次元を想定でき，そのような下位次元の分化強化で，反応系列全体の行動変動性を増減させることもできる．Machado（1997）では，8反応系列内の左右キー変更回数が基準を超えた場合に強化することで，ハトの自発する反応系列の変動性が増すことを示した．これは基準値に合致した切り替え数だけでなく，それより多い，あるいは少ない切り替え数も増加したためであり，反応誘導による変容例とみなすことができる．

4）行動変動性と強化による淘汰

新奇な行動の形成は，変異（行動変動性の増加）と強化による淘汰に基づいて行うことができる．例えば，長く難しい標的反応系列は，まず閾手続きの強化率を低く設定して反応系列の変動性を十分に増加させ，そのうえで標的反応系列の自発があれば常に強化（連続強化）することによって実現できることが報告されている（例：Grunow & Neuringer, 2002）．

また，LoceyとRachlin（2013）は，各試行でRRRRLLLLという標的系列を自発させるために，この系列を自発した試行では8単位の強化量を与え，その部分系列であるRRRLLLのみが含まれる試行では4単位，RRLLのみが含まれる試行では2単位，RLのみが含まれる試行では1単位の強化量を与えた．このように部分系列の自発も強化した場合，ハトの標的系列の自発は増えなかった．それに続く条件でより単純な部分系列から順に強化をやめていき，徐々に強化の淘汰圧を高めていくと定型的な標的反応系列が形成された．これらの手続きは行動変動性と強化による淘汰が前提であり，「反応形成の手続き」（5.3.3）と関連している．　　　　　　　　〔山岸直基，八賀洋介〕

5.3.14 計時行動と計数行動の研究法

1）計時行動と計数行動の研究法

動物は時間を計ることができる．その能力は時間知覚と呼ばれている．これは動物の生存戦略上，重要な能力である．数秒～数分程度の計時行動（timing behavior）は時隔計時／インターバル計時（interval timing）と呼ばれている．多くの動物ではほぼ同じ計時能力が報告されている．実験的に計時能力を調べる方法は持続時間の長さを評価する評価法（estimation method），持続時間をつくり出す産出法（production method），見本時間と同じ時間を再生する再生法（reproduction method）がある．

一方，計数行動（counting behavior）に関する実験もなされているが，反応する数が増えるとその数に到達するまでの反応時間も長くなるので，計時行動と計数行動の厳密な分離ができない難しさがある．逆に言えば，一定の率で反応をして，その反応数が増えれば時間経過を計っていることと同じことになる．しかし，動物が多くの数をカウントしている実験的証拠はないので，むしろ一定の反応率で反応を続けることは経過時間を測定していることとも解釈できる．計時行動研究の再生法の結果の解釈については，計数行動との分離に注意する必要がある．計時行動あるいは計数行動だけで説明できる実験結果が得られれば，他方の研究も進展することになる．数を象徴的，言語的に表すことができれば計数行動を測定することが可能であり，それはチンパンジーの実験では示されている．

◆ 残存時間法（time left procedure）

経過時間に対する残りの時間の長短により選択行動が変わるかどうか検討した実験がある（Gibbon & Church, 1981）．2本の反応レバーを用いたラットの実験で，並立連鎖強化スケジュールを用いた．実験Ⅰにおいて，左右の2本のレバーを用い，光刺激とともに箱内に挿入される左レバーに反応すれば常に60秒後に強化を得ることができる．音提示とともに挿入される右レバーへの反応は30秒後に強化を得ることができる．左レバー

が挿入されてから音刺激とともに右レバーが挿入されるタイミングが15秒後，30秒後，45秒後の3つの条件がある（図5.30上）．ラットは左レバーが挿入されてから15秒後に右レバーが挿入されたときには，右レバーに反応をシフトすれば残り30秒で強化を得ることができるので，合計45秒で強化を得ることができる．30秒後の場合には残り30秒を加えると，左右どちらのレバーでも60秒で強化を得ることができる．時間的に等距離と考えられる選択条件になる．45秒後の場合には，45秒経過後にさらに30秒かかるので，75秒必要なことになる．つまり強化を得るまでの残りの時間がどれだけかで，どちらのレバーを押すかの選択反応を変化させたほうがより早く強化を得ることができるように設定されている．結果は左の60秒レバーに対する反応率が残り15秒，30秒，45秒の順に高くなった．4匹のラットの左の60秒レバーへの選択反応率の平均は，残り15秒の場合には75%，残り30秒の場合には50%，残り45秒の場合には25%となった（図5.30下）．

ハトを用いた実験Ⅱでは，2つの反応キイを設定し並立連鎖スケジュールを用いている（図5.31上）．初環では左の白色光のキイと右の赤色光のキイが設定され，ハトはどちらでも選択することができる．変動する時間T秒経過の後，終環のどちらかがスタートする．初環で赤を選択すると白色光キイは消灯して，赤が緑に変わり終環になり，固定したS秒後に強化される．初環で白色を選択すると，赤色キイは消灯し，試行開始からC秒後の反応が強化される．このときの赤色キイの消灯は変動するT秒後であるが，そこから強化されるまでの時間は全体のC秒後からT秒を差し引いたL秒後に強化される（L=C-T）．L秒はT秒に依存して変動する．残された時間に対する反応は残り時間が短くなれば増えることになり，試行開始からの経過時間を横軸にとり，残された時間に対する反応を縦軸にプロットするとS秒の設定が長くなるほどグラフは右に延びるが，相対化すると重なる．これはスカラー特性（後述）を示している（図5.31下）．

◆ ピーク法（peak procedure）

オペラント条件づけの強化スケジュールには反応率に依存したスケジュールと時間間隔に依存し

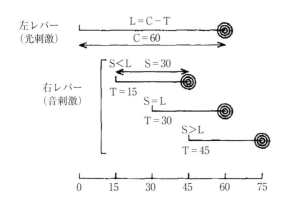
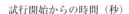
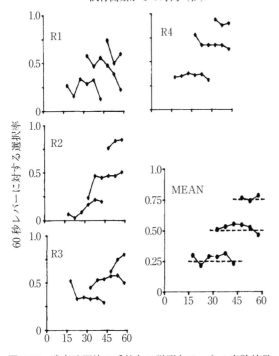
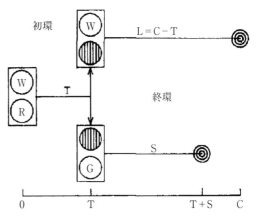
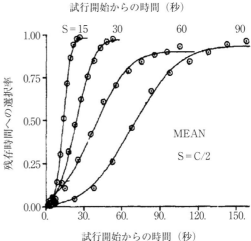

図 5.30 残存時間法の手続きの説明とラットの実験結果
(Gibbon & Church, 1981)

上：残存時間法で用いられた並立連鎖スケジュールの説明図．ラットは最初に光刺激提示下で左のレバーに反応する．15 秒，30 秒，45 秒のいずれかの時点で光刺激はそのままで音刺激が加わる．音刺激提示下で右レバー押し反応をすると，その 30 秒後に強化が提示される．15 秒のときに音刺激が提示され，右レバー押し反応にシフトすれば合計 45 秒で強化を得ることができる．逆に，光刺激提示下 45 秒で音刺激が提示されたときは，そのまま左レバーに反応を続ければ 15 秒後に強化を得るが，右レバーにシフトした場合には，強化を得るまでにさらに 30 秒かかる．これは光刺激提示下から 75 秒後に強化を得ることになる．
下：上の条件での 4 匹のラットの実験結果．右下には 4 匹の平均の結果が示されている．

図 5.31 ハトで用いた残存時間法の手続きと実験結果
(Gibbon & Church, 1981)

上：ハトの残存時間法実験で用いられた並立連鎖スケジュールの説明図．左から右に試行開始からの経過時間をとっており，左端の最初は白色（W）キイか赤色（R）キイを選択する．W を選択すれば T 秒後にそのままの経過で R が消灯して C 秒後に強化が与えられる．一方，試行開始から初環で R を選択すれば，T 秒後に赤色が緑色（G）に変わり，S 秒後に強化が与えられる．初環の時間 T が短いときは R を選択すれば早く強化を得られるが，T が長いときには W を選択したほうが R を選択したときよりも相対的に早く強化が与えられる．
下：横軸に試行開始からの経過時間をとり，縦軸に強化されるまでの残された時間 W に対する反応率をとると，T 秒が長くなるほど，また S 秒が長くなるほど強化されるまでに残された時間の短い W キイへの反応率が高くなることを理論的に示したものである．

た行動パターンが出現するようになる．FI スケジュールではスキャロップ（scallop）と呼ばれる貝殻の縁のようなカーブパターンや，休止・走行（break and run）パターンと呼ばれる階段状の反応パターンが出現するようになる．これらのパターンは動物の時間経過に対する期待を反映した行動であると解釈されているが，強化子が提示さ

5.3.14 計時行動と計数行動の研究法　353

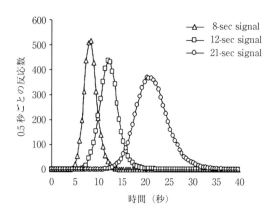

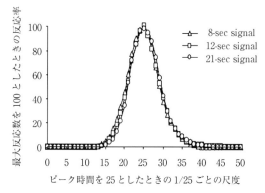

図 5.32 8秒, 12秒, 21秒の見本刺激に対する再生法で産出した反応分布 (Rakitin et al. 1998 を改変)
上は実際の時間と反応数. 下はピークを 100, 設定時間を 25 に相対的に変換して同一グラフ上に描くとすべて重なる.

れた時点でその行動は終了する. つまり, 反応が 0 から徐々に増加して高い反応率になって強化子提示時点でストップする. この FI を基本強化スケジュールとして, 時間刺激を提示する離散試行 (discrete trial) で実験を行うと, 正規分布の左半分の形が行動パターンとして得られる. FI スケジュールにときどき強化子が提示されずにそのまま刺激が提示され続けるプローブ試行 (probe trial) を混入させると, いつも強化子が得られる時間が過ぎた時点で反応が減少する. この試行を PI (peak interval) 試行と呼び, 反応パターンが強化を受ける時間をピークとする正規分布様を示す. 反応分布の右半分の行動パターンも得られることになる. 時間刺激提示から強化設定時間までは FI 試行も PI 試行もまったく同じであるので, 経過時間に依存して強化設定時間にピークを示す反応パターンが時間弁別能力を反映する行動パ

ターンとして分析される. ピーク法で出現する反応パターンは強化時間を期待する行動パターンであると考えられ, 短い強化設定時間と長い強化設定時間で得られた反応分布を, ピークと強化設定時間を揃えるように相対化して分布を描き直して重ねると見事に一致する (図 5.32). これをスカラー特性 (scalar property) という.

◆ 二等分法 (bisection procedure)

持続時間の長さを絶対的な時間の長さ (absolute duration) で判断しているのか, 相対的な時間の長さ (relative duration) で判断しているのかを知ることは重要である. 4秒と 1秒の長短持続時間の弁別を行わせたときと, 16秒と 4秒の長短持続時間の弁別を行わせたときの結果を比較することでこの問題を解決することができる. 4秒は 1秒に対しては長い持続時間であるが, 16秒に対しては短い持続時間になる. 持続時間の長さを評価させる課題として一番よく使用されるバイセクション法である 8秒と 2秒の長短持続時間弁別を例に説明すると, 反応レバーを 2本用意し, 一方を 2秒レバー, 他方を 8秒レバーと対応させて強化する. 2秒刺激が提示されたときに 2秒レバーを押せば強化され, 8秒刺激が提示されたときに 8秒レバーを押せば強化される. ラットにこの学習を行わせると容易に学習する. このときの 2秒レバーをショートレバー, 8秒レバーをロングレバーと呼ぶ. 8秒と 2秒の長短持続時間弁別学習が成立した後に, 2秒と 8秒の間の 5種類の長さの刺激を提示してどちらのレバーに反応するかをみると, 反応率が 50%になる時点が 2秒と 8秒の持続時間の二等分点 (bisection point) であり, これは主観的等価点 (point of subjective equality, PSE) の時間となる. 横軸に時間刺激の長さを, 縦軸にロングレバーへの反応率をとると, 図 5.33 に示したような S 字状のカーブが得られる. 1秒と 4秒, 2秒と 8秒, 3秒と 12秒, 4秒と 16秒の実験で得られた結果を相対的に変換して横軸の時間の長さを対数尺度で表示したものである. この結果から動物は時間の長さを相対的に判断していることが明らかになっている (Church & Deluty, 1977).

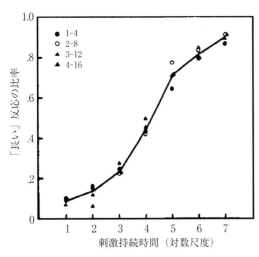

図 5.33 　二等分法を用いたラットの実験結果（Church & Deluty, 1977）

横軸は対数尺度で示した時間単位，縦軸はロングレバーへの相対反応率．短い持続時間（1）と長い持続時間(7)の間の長さが等間隔になるように5種類の持続時間を提示したときのロングレバーへの反応率をプロットすると，1秒と4秒，2秒と8秒，3秒と12秒，4秒と16秒の実験結果は一致する．

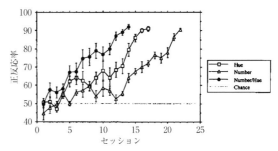

図 5.34 　色と反応数（単独／両方）を手がかりとした正反応率の変化（Fetterman & MacEwen, 2003）

横軸は訓練セッション数，縦軸は正反応率．各群4羽のハトに赤と緑の色を手がかりとした弁別（Hue）とFR 5かFR 20かの刺激に対する反応数（Number）を手がかりとした弁別，その両方（Number/Hue）を手がかりとして使用できる弁別訓練を行ったところ，学習成立までに要したセッション数は，反応数を手がかりとした弁別が一番遅かった．

2）計数行動

数の弁別学習においては，数の表象（representation）としての数字を用いた弁別実験がオウムのアレックスやチンパンジーのアイとアユムの実験などで知られている．これらは象徴見本合わせ課題（symbolic matching-to-sample task）の手法を用いて訓練された結果，その獲得ができたと報告されたものである．また，孵化したヒヨコを用いたインプリンティングを利用した数の弁別学習においても，数の「多い-少ない」を弁別できたと報告がある．原猿類でも3か4までなら数の弁別ができると報告があるが，計数行動に関する研究報告の数は多くない．その理由の1つは実験をうまく工夫しないと，数を数える（counting）ことと持続時間の経過（duration）が重複することになってしまうからである．

刺激弁別学習においてハトを用いた実験では，反応数の弁別よりも色の弁別のほうが早く学習が成立することが知られている．FettermanとMacEwen（2003）は各群4羽のハトで赤と緑の色弁別か，キイを5回つつく固定比率強化スケジュール（FR）5と20回つつくFR 20かの弁別，あるいはその両方を関連させた弁別学習を行った．その結果，両方を手がかりとして使用できる群の学習が最も早く，次に色単独弁別群，最も学習成立の遅かったのは反応数を単独手がかりとしたハトであった（図5.34）．

単純な物理刺激の弁別学習は比較的やさしい課題であるが，数を手がかりとした弁別学習はそれよりも難しい課題であることが知られている．これを反応数ではなく経過時間を手がかりとしても，反応数同様に難しい課題となる．反応数が増えれば経過時間も長くなるので，反応数の弁別と時間の長さの弁別は関連している．しかしこの実験で興味深いのはFR 5よりもFR 20の反応数を求めたほうが色弁別においては学習が早くなることを示していることであり，より長い時間，弁別するべき刺激にさらされたほうが刺激弁別の学習成績が良くなることを示唆している．

〔坂田省吾，大瀧　翔〕

5.3.15　刺激性制御の基本的研究法

1）刺激性制御

　ある刺激に対するある反応の出現頻度やその他の反応様式（例えば，ハトがキイを押す強さなど）が，他の刺激に対して異なっているとき，刺激性制御（stimulus control）があるという．それらが他の刺激にも同じように生じるとき，刺激性制御がないという．前者は刺激弁別（stimulus discrimination）が起きた場合で，後者は刺激般化（stimulus generalization）が起きた場合である．刺激性制御は弁別と般化を統合した用語で，反応の出現頻度やその他の反応様式の差が大きいほど刺激性制御が大きいという．

2）弁別行動の形成

　弁別行動の形成には，分化強化（differential reinforcement）の手続きがとられる．通常，2刺激のうち一方の刺激への反応は一定の強化スケジュールで強化し，もう一方の刺激への反応は強化しない（消去）．前者を正刺激（S$^+$），後者を負刺激（S$^-$）と呼ぶ．どちらも実験者が操作的に定義する刺激で，刺激のどの特性が実際に刺激性制御をもっているか（色光の場合，明るさ，色相，提示位置など）は，後に述べる般化テストによって知ることができる．

　同時弁別訓練では，S$^+$とS$^-$を同時に提示し（提示位置は毎回ランダム），S$^+$を選んだ試行数の割合（正答率）を測定する．継時弁別訓練では，S$^+$とS$^-$を試行間間隔を挟んで1つずつ提示する（自由反応場面では，試行間間隔がゼロ秒のことがある）．通常，S$^+$試行とS$^-$試行が等頻度で交替し，総反応数に対するS$^+$試行での反応数の割合（弁別率）が測定される．同時弁別訓練ではS$^+$の強化効果とS$^-$の消去効果を分離しにくいため，以下の研究では継時弁別訓練が用いられた．

3）行動対比

　Reynolds（1961）は，ハトに赤色光と緑色光の弁別を訓練した．まず，どちらの色への反応も変動時隔スケジュール（VI）3分で強化した（非分化強化）．安定して両方の色に反応するようになったところで，赤色光での強化スケジュールをVI 3分にしたまま，緑色光への反応を消去した（赤色光がS$^+$，緑色光がS$^-$の継時弁別訓練）．赤色光での強化スケジュールは不変だったにもかかわらず，緑色光への反応が消去によって減少するのと対比的に赤色光への反応が増加した．このように，強化スケジュールを変化しなかった不変成分での反応傾向が増大することを正の行動対比（behavioral contrast）という．これに対して，一方の刺激の下での強化スケジュールが変化して反応が増加したとき（例えばVI 3分からVI 1分に変化），不変成分の反応数が減少することを負の行動対比という．不変成分の相対的な強化率の変化が，行動対比の原因の1つだと考えられている．

　行動対比は，異なる成分間の相互作用を表している．それぞれの成分や両者の相互作用が反応を制御する仕方は，刺激次元上の新しい刺激への般化をみることによって明らかにできる．

4）刺激般化勾配の測定

　弁別訓練や条件づけに用いた刺激のある特定の次元上に数種のテスト刺激を選び，反応頻度を測定する．刺激次元を横軸にとり，テスト刺激への反応数（または相対反応率）を縦軸にとると，般化勾配（generalization gradient）が得られる．勾配が急なら刺激性制御が大きく，勾配が緩やかなら刺激性制御が小さい．般化勾配の測定には以下のような方法がある．

◆消去法

　Guttman と Kalish（1956）は，530，550，580，600 nm の色光をS$^+$とする4群のハトのキイつつき反応をVI 1分で強化した（単一刺激条件づけ）．VIスケジュールが用いられたのは，消去したとき反応が緩やかに減衰するからである．暗間隔10秒を挟んで，S$^+$が60秒提示される試行が1日につき30試行行われた（刺激提示中のみ，実験箱内照明を点灯）．安定した反応率が得られた後，訓練刺激を含む11種の色光を暗間隔を挟んで30秒ずつ提示した．このテスト中，どの刺激に対する反応も強化されなかった（消去）．各刺激を1回ずつ提示する11試行を1ブロックとする計12ブロックが行われ，刺激順序はブロッ

クごとにランダムにされた．ランダム化されたブロック法（randomized block design）と呼ばれ，提示順序による消去効果を刺激間でなるべく均等にするために用いられる．図5.35のように，最大の反応数はS⁺で得られ，S⁺から離れるほど反応数が減少した．

◆ 維持性般化法

訓練刺激への反応を維持するために，般化テスト中も強化を続ける．それ以外の刺激への反応は強化しない．テストが進むと，訓練刺激に近い刺激に反応し，訓練刺激から離れた刺激に反応しないという弁別行動が形成される．そのため，訓練刺激を頂点とする急峻な勾配が得られる．刺激次元上の狭い範囲の般化勾配の測定に適している（Blough, 1972）．

5）絶対般化勾配と相対般化勾配

般化テスト中の各刺激の総提示時間が等しいとき，個体の般化勾配をみるだけなら各刺激への反応数から絶対般化勾配を求めればよい．異なる実験条件で得た般化勾配をグループ間で比較するとき，実験条件や個体によって総反応数が大きく異なる場合は相対般化勾配を用いる．各刺激への反応数の総反応数に占める比率（％），または訓練刺激への反応数を1としたときの各刺激への反応比率を用いる．グループの平均般化勾配は，個体ごとに得た相対般化勾配から求める．

6）次元間継時弁別後の般化勾配

JenkinsとHarrison（1960）は，2群のハトに1,000 Hzの純音をS⁺とする訓練を行った．キイが点灯する試行（33秒）の間に，キイ光も音刺激も提示しない暗間隔（7秒）を挿入した．非分化強化群では，すべての試行でS⁺を提示し，点灯しているキイへの反応がVIスケジュールで強化された．分化強化群では，S⁺試行のほかに，キイ光は提示するが音を提示しないS⁻試行を加え，キイへの反応が消去された．その後，周波数次元で消去法による般化テストを行った．図5.36は，個体ごとの相対般化勾配である．非分化強化群は点灯しているキイに反応することを学習しただけで，音そのものが刺激性制御を獲得していなかった．分化強化群は，S⁺を頂点とする般化勾配を示し，周波数が刺激性制御を獲得した．S⁻として使われた強度ゼロの音刺激は，S⁺の周波数次元上に存在しないので，後述の次元間弁別の

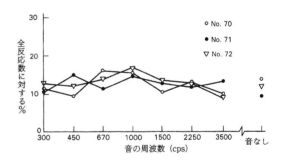

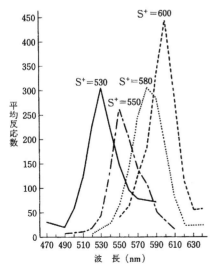

図5.35 波長次元での単一刺激条件づけ後の般化勾配（Guttman & Kalish, 1956）

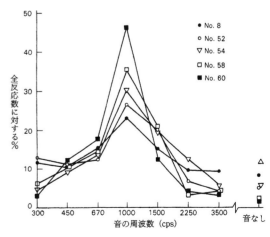

図5.36 音の周波数次元での般化勾配（Jenkins & Harrison, 1960）
上：1,000 Hzでの非分化強化後の勾配，下：提示−非提示弁別後の勾配．

一種である．S⁻はすべてのテスト刺激から等しく弁別可能なため，般化勾配の形はS⁻による反応抑制効果を受けない．次元間弁別後の般化勾配は，単一刺激条件づけ後に得たGuttman-Kalishの般化勾配と同様に，S⁺に頂点がある．

7） 次元内継時弁別後の般化勾配

Hanson（1959）は，550 nmの色光をS⁺とし，VI 1分で反応を強化した．S⁻が555，560，570，590 nmの4つの実験群を設けた（次元内弁別）．10秒の暗間隔を挟んで，S⁺とS⁻を60秒ずつランダムな順で提示した．弁別訓練の後，波長次元で消去法による般化テストが行われた．統制群のハトは，般化テストの前にS⁺だけの訓練（単一刺激条件づけ）を受けた．図5.37のように，実験群の般化勾配の頂点はS⁺からS⁻とは逆方向に移動し，この移動はS⁺とS⁻の差が小さく弁別が困難なほど大きい．これを正の頂点移動（peak shift）と呼ぶ．頂点の反応数は統制群に比べて増大し，勾配も急峻になった（行動対比と類似の現象）．

図5.37ではS⁻付近の反応が少ないので明らかではないが，S⁻からS⁺とは逆方向にずれた位置で反応数が最も低い．これを負の頂点移動と呼ぶ．Guttman（1965）は，後の般化テストで用いる色光をランダムな順で提示し，それらへの反応をVIスケジュールで均等に強化した．その後，Hanson（1959）と同様の方法でS⁺とS⁻（550 nmと560 nm）の弁別訓練を行った．消去法で得た般化勾配は，波長次元両端で高い反応数を維持していたが，S⁻とそれに近いS⁺付近の中心部で反応数が減少した．この凹型の勾配では，S⁻からS⁺とは逆方向にずれたところで反応が顕著に少なく，負の頂点移動が明らかに示された．

8） 抑制性般化勾配の測定

次元内継時弁別後の般化勾配は，S⁺の強化効果とS⁻の消去効果の両方の影響を受ける．頂点移動は，両者の相互作用によって生じる．GuttmanとKalish（1956）が単一刺激条件づけ後に得た凸型の般化勾配はS⁺の強化効果を反映し，興奮性般化勾配（excitatory generalization gradient）と呼ばれる．S⁻の消去効果を反映する般化勾配は，S⁻から遠くなるほど抑制傾向が減少し反応数が増大する．この凹型の勾配は，制止（抑制）性般化勾配（inhibitory generalization gradient）と呼ばれる．制止性般化勾配の測定には，主に以下の方法が用いられる．

◆ 強化による均等化法

Honig（1961）は，負の頂点移動を得たGuttman（1965）と類似の方法を用いた．後のテストで用いるすべての色刺激への反応をVIスケジュールで強化して均等に反応を高めた後，570 nmの色光だけを連続提示して反応を消去した．その後，無強化の手続きによる般化テストを行い，570 nmに負の頂点をもつ凹型の般化勾配を得た．しかし，勾配がきわめて緩やかで，均等化訓練によるアーチファクトなど，いくつかの問題が指摘された〔詳細は，Hearstら（1970）を参照〕．

◆ 次元間弁別訓練法

Honigら（1963）は，制止性と興奮性の般化勾配を同時に得て両者を比較した．1群のハトでは，白色背景上の黒い垂直線がS⁺，白色背景のみがS⁻だった．第2群では，S⁺とS⁻が逆だった．弁別訓練（刺激提示時間1分，暗間隔10秒）の後，消去法による般化テストが線分の傾き次元で行われた．白色背景だけの訓練刺激は，線分の傾き次元上の般化勾配に影響しないため（S⁺とS⁻が直交する次元間弁別），興奮性と制止性の効果が混在しない般化勾配を得ることができる．図5.38のように，第1群ではS⁺を頂点とする凸型の興奮性般化勾配が得られ，第2群ではS⁻を最低点とする凹型の制止性般化勾配が得られた（△と○

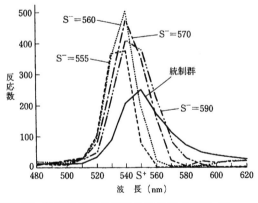

図5.37　弁別後般化勾配における頂点移動（Hanson, 1959）

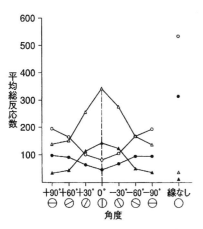

図5.38 興奮性般化勾配と制止性般化勾配 (Honig et al, 1963)

は実験歴があるハトで行った最初の実験の第1群と2群の結果, ▲と●は実験歴がないハトで行った次の実験の第1群と2群の結果だが, 結果の再現性の検証のために両方示されている).

◆強化抵抗法

興奮性般化勾配を得たGuttman-Kalish法では, 強化によって形成された興奮傾向は, テスト中の消去に対する抵抗を強めて反応を増大すると考えられる. これを消去抵抗法と呼ぶのに対して, 強化抵抗法ではS⁻への反応を先に消去しておく. その後, すべての刺激への反応を強化しながら般化テストを行う. 消去によって形成された抑制傾向は強化に対する抵抗を強めて反応数を減少すると考えられるので, こうした呼び方がされる.

Hearstら (1970) は, 白色キイ (S⁺) への反応をVI 30秒で強化し, 白色背景上の黒い垂直線 (S⁻) への反応を消去した. 弁別完成後, 角度次元上のすべてのテスト刺激への反応をVI 30秒で強化しながら般化テストを行った (刺激提示時間30秒, 暗間隔7秒). テスト中に反応が減少しないので般化テストを多数回繰り返せるが, テスト初期でのみS⁻を負の頂点とする急峻な凹型の勾配が得られた.

9) 無誤反応学習

継時弁別訓練中は, S⁻にも多くの反応が出現する. 消去されるべき反応なので, 誤反応とみなされる. Terrace (1963a) は, 訓練初期からS⁻を導入し, その強度と提示時間をはじめは弱く短くし, 次第にS⁺の強度と提示時間に近づけると, ほとんど誤反応なしに弁別が形成されることを見出した. これを無誤弁別学習 (errorless discrimination learning) という.

赤色光をS⁺, 緑色光をS⁻とする弁別訓練が行われたが, 1日目の第1段階では, S⁺で反応形成した後, S⁺を30〜90秒に徐々に長くしながらVI 1分で強化した. その間, S⁻もS⁺と交替提示されたが (試行間間隔はゼロ秒), S⁻の強度はゼロだった (実験箱内照明が点いているだけで, キイ上にS⁻は非提示). この時間が, 5〜30秒まで次第に長くされた. 第2段階では, S⁻は常に5秒で, 最も暗い強度から徐々にS⁺と同じ強度になった. 第3段階では, S⁻の強度はS⁺と同じで, 提示時間が5秒から徐々に30秒になった. 2日目は, S⁺の提示時間が180秒 (強化はVI 1分) になり, S⁻はS⁺と同じ強度のまま30〜90秒まで徐々に長くなった. 3日目, S⁻が90秒から徐々にS⁺と同じ180秒になった (強度もS⁺と同じ). この状態で訓練を継続し, 通算21日間弁別訓練を行った. その後S⁺だけの再訓練を14日間挟んで, 最終段階と同じ弁別訓練 (最初からS⁺とS⁻の提示時間と強度が同じ) を7日間行った. S⁻が逐次導入されたのは最初の3日間だけだったが, 弁別訓練全過程 (合計28日) を通して, 誤反応がほとんどみられなかった.

ハトは, 光が提示されていない暗キイに反応しない傾向が強い. 暗キイへの無反応が, 逐次導入されたS⁻に徐々に転移し, 通常の継時弁別にみられるS⁻への反応抑制が関与しないまま弁別が完成したと考えられた. また, 赤-緑弁別完成の後, 垂直線と水平線をそれぞれの色に重ね合わせて提示し, 色光の強度を徐々に弱めていくと, S⁻への無反応が色から線分に転移し, 垂直-水平弁別の無誤弁別学習が完成した (Terrace, 1963b). 徐々に刺激を導入または除去することを, 溶化 〔フェーディング (fading)〕 という. 無誤弁別学習後の般化勾配には, 頂点移動が生じないことが知られている (Terrace, 1964). 〔實森正子〕

●参考文献

Mostofsky (Ed.; 1965), およびTerrace (1966).

5.3.16 高次学習の研究法

ここでの高次学習は，弁別学習に基づきつつも，それ以上の学習がなされる場合を意味する．

1）移 調

大きさの異なる2つの刺激間の単純な弁別学習を考えてみる（図5.39）．大きいほうが正刺激で，これに反応すれば強化されるが，小さいほうは負刺激で，強化されない．学習が完成して，正刺激にのみ反応するようになったとき，これは刺激の物理的特性に対して反応しているのであろうか（絶対反応），あるいは「より大きい」ほうに反応しているのであろうか（相対反応）．もし後者であれば，テストとして別の大きさの弁別刺激対（関連次元が同じで値が異なる）を与えたとき，大きいほうへの反応がみられるであろう．これを移調（transposition）という．単なる弁別を超えた一般的な反応を学習しており，高次学習と呼べる．

このほかに学習時に3つの刺激を提示する課題がある．また近年は刺激対を複数与えて訓練を行った後で移調テストをする実験が多く行われるなど，移調場面における相対反応の研究が再び注目を集めている（Lazareva, 2012の展望参照）．

2）学習セット

1つの弁別学習が成立した後，今度は次元と値がまったく異なる刺激で学習するとしよう．完成後さらに次々と刺激対を変えて多くの弁別課題を与えていくと次第に学習成績が向上していく．それまで経験したことのない刺激であるにもかかわらず，多くの弁別を経験すると学習成績が向上することから「学習の仕方の学習」がなされたとして，「学習セット（learning set）」と呼ばれている．

ハーロウ（Harlow, 1949）はアカゲザルに対し，ウィスコンシン一般テスト装置（Wisconsin General Test Apparatus, WGTA）という実験装置のトレーに2つの物体刺激をのせて提示した．一方の刺激（正刺激）の下には報酬（強化子，干しブドウなど）が隠されていて，その刺激を持ち上げると報酬を得る．このような弁別課題を，刺激対を変えて300課題以上行った結果，図5.40のように最終的には各課題の第2試行で100％に近い正反応をするようになった．

以上のように刺激を次々と変えて単純な弁別を繰り返す手続きは弁別学習セットと呼ばれる．他にも，刺激を3つ提示し，そのうち2つは同じもので，それ以外のもの，すなわち特異（odd）な刺激への反応を学習する「特異性学習セット」など，様々な学習セットが研究されている．

3）連続逆転学習

1つの刺激対で弁別が完成した後，刺激を変えず，正負のみ逆転して完成まで訓練し，さらにまた逆転するというように，逆転を繰り返す過程で生じる学習を連続逆転学習（serial reversal learning）という．この事態では典型的に逆転学習に要する試行数が次第に少なくなっていき，条件によっては逆転した最初の試行でのみ誤反応で，その後は正反応が続くという1試行逆転がみ

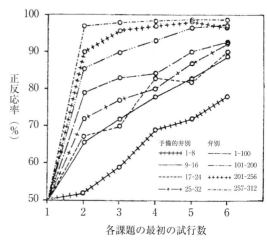

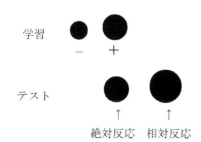

図5.39　2刺激移調実験の例
＋は正刺激，－は負刺激．

図5.40　学習セット実験の学習曲線（Harlow, 1949）
曲線の番号は課題番号を示す．

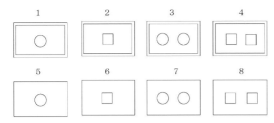

図5.41 人工概念の形成実験で用いられる刺激図形の例

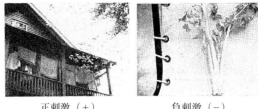

正刺激（＋）　　　　負刺激（－）

図5.42 木という概念の学習に用いられた刺激の例
（Herrnstein et al, 1976）

られる．この行動は「逆転の仕方の学習」といえ，上述の学習セットと類似の学習と考えられる．

4）概念形成

学習セット実験のように多くの弁別課題を行うとき，正刺激が何らかの共通の特徴をもっていたり，共通のグループに入る場合，学習者はその共通性に基づいて正刺激をまとめる学習をする．このような過程を通して概念が形づくられると考えることができる〔概念形成（concept formation）〕．日常生活で使っているような概念を自然概念（natural concept）と呼ぶが，これらは属性次元や値が明確でないことが多く，厳密に統制された実験的研究が困難である．そこで初期の概念形成研究においては，弁別手がかりを実験的に設定することによって人為的に概念をつくり，学習させる人工概念の研究が多く行われた．

人工概念について簡単な例で説明しよう．図5.41に示す8個の刺激図形は形（丸，四角），図形の数（1個，2個），枠線の数（1本，2本）を組み合わせたものである．実験者はこれらから任意に抽出し，例えば「四角で2個」を概念とする．学習者は各試行で正事例と思う刺激を選び，実験者はその反応が正しいかどうかのフィードバック（強化）を与える．このような試行を繰り返すうちに学習者は正しい反応（4番か8番の選択）を続けるようになり，概念を獲得したと判断される．

同様の実験事態で，関係または抽象概念も研究された．これは例えば「枠線の数と図形の数が同じ」や「四角のときは2個で丸のときは1個」というように，具体的な刺激属性そのものではなくそれらの関係によって概念が決まるものである．

一方，自然概念を用いて特定の属性を正概念とする実験はHerrnsteinら（1976）によって行われた．彼らは継時弁別課題において図5.42に示すような日常の光景を多数（1日80枚）ハトに提示し，木が写っている刺激（＋）をつついたときは強化し，そうでない刺激（－）のときは強化しなかった．ハトはこれらの弁別をほぼ完璧に学習した．これだけでは「木」という概念を獲得したのか単に弁別刺激を記憶していたのか決定できないので，彼らはハトが今まで一度も見たことのないまったく新しい刺激でテストした．するとハトはここでもほぼ完璧に，木が写っている刺激のみに反応したのである．

近年は動物の関係概念の研究にも注目が集まっている．その中に同質/異質（same/different）概念の学習がある．Wassermanら（1995）は，ハトに継時弁別課題を与え，16個の同じアイコンが提示されたときには一方のキィをつつき，1度に16個の互いにまったく異なるアイコンが提示されたときには反対側のキィをつつくように訓練した．これらのアイコンは人間環境でよく見られる物体をコンピュータイラスト化したものである．この訓練で正確に弁別できるようになった後で，新たなアイコンを用いて同様な同質/異質弁別課題を与えると高い遂行がみられた．

以上のように，ある弁別学習から，異なる弁別課題への課題間転移が生じることを利用して，様々な高次の学習過程を研究することができる．「高次」という用語には知的レベルが高いという意味がある．高次学習はどちらかというと，年齢的に高い子どもや系統発生段階で上位の動物で生じやすいと予想できよう．このことから発達的差異（北尾・杉村，1978）や種差（藤田，1969；辻，1983）の研究にも，高次学習は用いられている．

〔平岡恭一〕

5.3.17　行動薬理学研究法

　行動薬理学（精神薬理学）は，①薬物の行動効果（精神作用）や作用機序，②薬効評価，③薬物効果を利用した行動メカニズムの解明などを扱う．したがって行動薬理学の研究法は心理学のあらゆる分野の手法を適宜応用するものとなる．ここでは，薬物の乱用や依存に深く関わる薬物刺激効果の，ラットを用いた研究法を中心に概説する．その他，各種精神疾患の様々な動物モデルや研究法については他書（Iversen & Iversen, 1981；田所，1991；日本薬理学会編, 2010 など）を参照されたい．

1）弁別刺激効果，自覚効果

　薬物摂取後に主観的に感じられる効果は，薬物の自覚効果（subjective effects）と呼ばれ，動物においては，このような内的な効果が光や音などの外部刺激同様，弁別刺激として機能することが知られる．典型的な薬物弁別実験は餌強化を用いた2レバー選択事態である．すなわち，レバーを2個備えたオペラント実験箱を用い，一方を薬物（D）レバー，他方を溶媒（V）レバーとして，セッション開始前のDないしV投与を手がかりとした弁別訓練を行う．ラットでは，固定比率（FR）10スケジュールが多く用いられるが，連続10回の正反応に餌を与え，誤反応で，当該 FR を満たすための累積正反応数をリセットするのが一般的である．1日1セッションとしてDセッションとVセッションをゲラーマン系列〔DとVが各5ずつ, 10個からなり，同じものが4回以上連続しないなどの条件で，チャンスレベルの正答率を50%とする系列（Gellerman, 1933）〕や2重交代（DDVV…）で与え，最初の餌を得るまでの両レバーへの合計反応数（first food pellet, FFP）が12回以下であり（餌提示を手がかりとする可能性があるため），かつセッション全体の正反応率（正反応数の，両レバーへの総反応数に対する割合）が90%を超えることが10セッション連続することを弁別完成基準とする．弁別完成後は，訓練を反復しつつ，テストセッションを与える．テストは，全強化〔いずれのレバー押しについてもFR 10で強化（10回連続した反応がみられたレバーを以後の正反応とする，あるいはいずれのレバー押しについても10回連続すれば強化するなど）〕，あるいは全消去（餌は与えず，例えば10回連続した反応がみられればセッションを打ち切る）のいずれかで行われる．いずれの場合も，Dレバー選択率（% D）80〜90%を基準として，般化の有無を観察する．このようなテストにより，他薬物との弁別刺激効果（discriminative stimulus effects）の類似性や用量効果関係の検索，また，各種受容体拮抗薬の併用などによる作用機序の解明が可能である．単回投与での検索は，投与間に少なくとも数日間のウォッシュアウト期間（体内から薬物が完全に消失するまでの期間）が必要であり，時間を要するため，累積用量投与法により，1日で用量効果関係を得る方法もよく用いられる．これは，例えば投与後10分で試行（例えば3強化を得るか5分経過で終了）を与え，投与間隔を15分に固定して，% D ≧ 90 となるか，反応率が最初の溶媒試行の半分以下となるまで（明らかな反応抑制がみられるまで）反復する．したがって，あらかじめ試行を反復しても安定した正選択率が保たれることを確認しておく必要がある（V試行を数回与え，最後にD試行を与えるなど）．累積用量では，各試行前に，例えば溶媒，薬液1, 2, 7 mg/kg の順で投与すれば，累積で0, 1, 3, 10 mg/kg の効果が得られると仮定する．投与からセッションないし試行開始までの時間は，使用する薬物の動態や他の行動実験結果を参考に，効果が十分に現れる時間帯を選定する．

　これまでの知見（1940〜2012）は，Drug Discrimination Database（European Behavioral Pharmacology Society, http://www.ebps.org/ より入手可能）に網羅されている．

2）強化効果

◆自己投与試験

　薬物強化効果の検索には，静脈内にカテーテルを慢性的に植え込み，反応に対して一定量の薬液（単位用量）を注入する静脈内自己投与法〔intravenous self-administration（SA）method〕が，最も妥当性の高いものとして広く用いられている．水に難溶な薬物では胃内に，また揮発性の物質では鼻腔内にカテーテルを留置して用いる．

　はじめに，餌強化によりレバー押し訓練を行う．

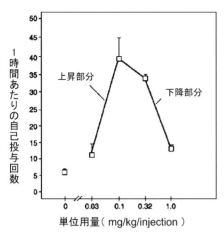

図 5.43 薬物自己投与での用量効果曲線（Thomsen & Caine, 2005）
横軸：単位用量（0 を除き対数尺度で表示）．
縦軸：1 セッション（1 時間）当たりの自己投与回数．データはラットでのコカイン自己投与実験結果（平均±SEM）．

次いでカテーテルを外頸静脈ないし内頸静脈に留置（サルでは大腿静脈も用いる）する．自己投与では，単位用量が同じであれば注入速度が速いほど強化効果が強いとされ，ラットでは 5 秒以内に単位用量を注入することが望ましい（Thomsen & Caine, 2005）．同一薬物の同一用量を数日間以上，24 時間連続して摂取させる方法は連続自己投与（continuous SA）と呼ばれ，自由摂取時の摂取パターンや，毒性発現の有無強弱や質の検定に優れている．しかし用量効果関係の検索に時間を要するため，標準薬（例えばコカイン）と溶媒を異なるセッションで与え，標準薬では安定した自己投与が，溶媒では自己投与がほとんどみられなくなった後，溶媒の代わりにテスト薬物を摂取させる交差自己投与（cross SA）法がよく用いられる．いずれの方法でも逆 U 字型の用量効果関係（図 5.43）が得られるが，摂取回数は強化効果の強さを反映するわけではなく，例えば高用量での摂取回数の減少は，少ない摂取回数で十分に満足したのか，嫌悪効果あるいは行動毒性の発現によるのか，区別がしにくい．なお，cross SA では，テスト薬物／用量の強化効果が標準薬に比べ極端に低ければ，単独では強化効果がみられる用量でも効果が把握できない場合も考えられる．

強化効果の強さの比較には，比率累進（progressive ratio）スケジュールが用いられる．すなわち，1 回の注入ごとに FR 値を上げ，一定時間内に注入がみられなくなるまで反応を観察する．最終注入の得られた FR 値をブレイクポイント（break point, BP）ないし最終比（final ratio）と呼び，これをテスト薬物（用量）の強化効果の強さの値とする方法である．通常の自己投与セッションで安定した反応がみられた後，PR スケジュールでのセッションを挿入する．FR 値の上げ方や，BP 決定のためのカットオフポイントは動物種や研究者によりまちまちである〔例えばマウス（Parsons et al, 1998），ラット（Li et al, 2003），アカゲザル（Yanagita, 1973））．

ヒトの場合，薬物自覚効果は一般に質問紙で検索するが，薬物弁別実験や静脈内自己投与実験も行われ，質問紙では自覚効果の類似性がみられないのに般化する，あるいは何ら効果が認められないにもかかわらず自己投与が維持されるなど，質問紙では捉ええない側面が認められている．

◆条件性場所選好（条件づけ場所嗜好性試験）

条件性場所選好（conditioned place preference）とは，薬物効果と連合した環境への接近行動を測定する，条件強化子を介して強化効果の有無を間接的に検索する方法である．薬物投与後はある特定環境下（例えば黒いボックス），生理食塩液投与後は別の環境下（例えば白いボックス）に一定時間置き，特定環境と薬物効果との条件づけを行う．次いで，薬物フリーの状態で白黒ボックスの仕切りを外し，環境（場所）の選好を，各ボックスの滞在時間により観察する．薬物効果が報酬的であれば，それと連合した環境の滞在時間が長くなるという仮定である．自己投与法に比べ簡便であり，報酬のみならず嫌悪効果も観察可能であるなどの利点がある．ただし，用量ごとに群が必要であることから，用量効果関係を得るのに多くの被験体数が必要という欠点がある．また，この方法が汎用されているげっ歯類では，ペントバルビタールなどの典型的依存性薬物でも選好がみられないなど，結果の解釈には慎重を要する．Tzschentke (1998, 2007) に，この手法の広範なレビューがある．

〔高田孝二〕

● 参考文献
Cunningham ら（2006），柳田（編；1990）．

5.4 比較認知の研究法

5.4.1 見本合わせ法

1）単純弁別と条件性弁別

オペラント条件づけにおいて，反応に先行する刺激（先行事象）の有無や種類によって反応の結果（後続事象）が異なる状況をオペラント弁別学習事態という（5.3.14 参照）．例えば，純音が提示されているときだけラットにレバー押し反応に餌粒を与えるような状況であり，この例では純音は反応の手がかりとなる弁別刺激である．単純な弁別学習は，弁別刺激を同時に複数提示し，それらの間の選択を求める同時弁別（simultaneous discrimination）と，複数の弁別刺激を順次提示してそのたびに反応機会を設ける継時弁別（successive discrimination）に大別される．いずれの場合でも，被験体は提示された刺激そのものの性質に基づいて反応すればよい．

一方，複数の弁別刺激の組み合わせに基づいて被験体が反応する状況を条件性弁別（conditional discrimination）という．例えば，明室では純音提示時，暗室では純音非提示時のレバー押しだけに餌粒を与える状況では，「部屋の明暗」と「純音の有無」の組み合わせが反応の手がかりとなる．

2）見本合わせ法の概要

条件性弁別訓練のうち，最も典型的なものが見本合わせ（matching-to-sample, MTS）法であり，実験者が設定した見本刺激（sample stimulus）と比較刺激（comparison stimulus）の対応関係が反応手がかりとなる．見本合わせ法は，ヒトを含む様々な動物の記憶・注意・概念・時間判断などの研究手続きとして用いられてきた（岩本ほか，1993；中島，1995a, 1995b）．ここでは，ハトを用いた場合の手続きについて述べる．ハトでの実施は Skinner（1950）による実験を嚆矢とするが，この技法の普及については，Cumming と Berryman（1965）および Carter と Werner（1978）の貢献が特筆される．

図 5.44 にハトを被験体とした見本合わせ法の一例を示す．中央の反応キイが見本刺激であり，赤または緑に点灯する．中央キイをハトがつつく

図5.44 ハトにおける選択型の同時同一見本合わせ

と，左右のキイに赤と緑の比較刺激が提示される（赤と緑の左右位置は試行ごとに異なる）．見本刺激が赤のときは比較刺激の赤キイ，緑のときは緑キイをつつくと餌が与えられるが（正反応），見本刺激が赤のときの緑キイや緑のときの赤キイへのつつき反応には餌は与えられない（誤反応）．

3）見本合わせ法の分類

◆被験体に要求される反応に基づく分類

上例のように，各試行における見本刺激を実験者が決定し，被験体は比較刺激を選択する課題を選択型見本合わせ（choice MTS）という．一般に見本合わせといえば選択型見本合わせを指す．選択型見本合わせでは，比較刺激への 1 回の反応で試行が終了することが一般的であり，正しい比較刺激の選択割合を正答率とする．比較刺激が 2 つであれば，偶然水準は 50% になる．

これに対して，比較刺激の決定も実験者が行う（つまり比較刺激は 1 試行につき 1 つしか提示されない）のが継時見本合わせ（successive MTS）である．例えば，キイが 1 つだけ取りつけられた装置で，キイが「赤→赤」または「緑→緑」の順に点灯した場合に反応することは正答で，「赤→緑」や「緑→赤」のときは誤答とするものである．ここで，第 1 刺激が見本刺激，第 2 刺激が比較刺激となる．

継時見本合わせは go/no-go 型と yes/no 型に細分できる．go/no-go 型見本合わせでは，見本刺激と比較刺激の組み合わせに応じて「反応する」か「反応しない」かの判断が被験体に求められる．これを「反応 A を行う」か「反応 B を行う」かにしたものが yes/no 型見本合わせである．例え

ば，3つの反応キイがある装置で，中央キイが「赤→赤」または「緑→緑」の順に点灯したときは左キイ（Yes 選択肢）をつつけば餌が与えられ，「赤→緑」や「緑→赤」のときは右キイ（No 選択肢）をつつけば餌が与えられる手続きである（左右キイの選択を間違えると餌は与えられない）．

go/no-go 型見本合わせの場合は，比較刺激を一定時間（例えば5秒間）提示して，正答試行における比較刺激への反応率（A）と誤答試行における比較刺激への反応率（B）の比を A/(A+B) の形で表示した弁別比（discrimination ratio）で示すことが多く，偶然水準は 0.5 である．yes/no 型見本合わせでは，正しく Yes 選択肢を選んだ割合を正答率とする．偶然水準は 50％である．

◆見本刺激と比較刺激の類似性に基づく分類

これまで紹介してきた例はすべて，見本刺激と比較刺激が物理的に同一である場合を正答とする同一見本合わせ（identity MTS）の状況であったが，見本刺激と比較刺激が異なる場合を正答とする方法もある．非見本合わせ（nonmatching-to-sample, NMTS），異種合わせ（oddity matching），異種見本合わせ（oddity-from-sample, OFS）と呼ばれるこの手続きは，特にラットを用いた実験で多用される（ラットは同じ選択の繰り返しを避ける傾向があるので，同一見本合わせよりも非見本合わせのほうが訓練が容易なため）．

正答となる見本刺激と比較刺激の組み合わせを任意に実験者が決めることもある．例えば，見本刺激が□のとき比較刺激は赤，見本刺激が△のとき比較刺激は緑が正答という手続きで，これを象徴見本合わせ（symbolic MTS）または恣意的見本合わせ（arbitrary MTS）という．刺激等価性（stimulus equivalence）に関する研究はこの訓練を用いてなされる（図 5.45）．詳しくは山崎（1999）や Urcuioli（2013）を参照されたい．

なお，象徴見本合わせでは，例えば，見本刺激が□のとき，比較刺激が赤と緑なら赤が正答，比較刺激が青と黄なら青が正答というように，見本刺激と比較刺激を1対1関係ではなく1対多（この場合は2）の関係で構成することや，多対1，あるいは多対多の関係で構成することもできる．

◆見本刺激と比較刺激の時間関係に基づく分類

比較刺激の提示時に見本刺激が存在している

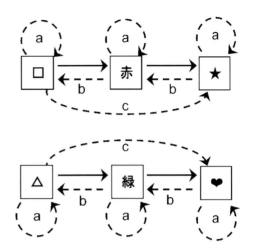

図 5.45 刺激等価性
実線は訓練した組み合わせである（例：見本刺激が□のときに緑でなく赤を選ぶ）．点線は派生的関係で，反射性（reflexivity, 図中 a, 例：見本刺激が□のとき△でなく□を選ぶ），対称性（symmetry, 図中 b, 例：見本刺激が赤のとき△でなく□を選ぶ），推移性（transitivity, 図中 c, 例：見本刺激が□のとき♥でなく★を選ぶ）と呼ばれる．a～c が派生的に生じた場合，刺激等価性が成立したという．なお，推移性の逆関係（例：見本刺激が★のとき△でなく□を選ぶ）は，論理的にはこれら3つの派生的関係を必要とするため，この関係の派生を確かめることを等価性テストと呼ぶことがある．

ものを同時見本合わせ（simultaneous MTS），そうでないものを遅延見本合わせ（delayed MTS, DMTS）という．遅延見本合わせは記憶研究に利用できる（室伏，1983；津田，1984，1985；White, 2013）．

4）見本合わせ法の変法と成績に影響する諸要因

見本合わせ法の基本手続きは前述したとおりであるが，研究目的や動物種によって様々な変法が用いられている．また，被験体の成績は見本合わせ法の手続き変数の影響を強く受ける．具体的には，①試行開始合図（準備刺激）の有無や試行の自己開始の可否，②見本刺激の数と属性，③見本刺激への反応の必要性，④遅延見本合わせの場合は遅延時間の長さおよび遅延期間中の干渉刺激の有無，⑤比較刺激の数と反応の種類，⑥試行間間隔などである．これらに関する詳細な解説は Mackay（1991）や中島（1995a）を参照されたい．

〔中島定彦〕

5.4.2　記憶に関わる方法

1) 主要なテスト課題

◆遅延反応課題

　動物を対象とした記憶実験の代表的な課題は，遅延反応課題と遅延見本合わせ課題（5.4.1 参照）である．遅延反応課題では，特定の刺激に対して特定の反応を求める際，反応が許されるまでに遅延が置かれ，遅延期間中は刺激が除去される．遅延反応課題において記憶しておくべき情報は反応（運動情報）である．課題設定によっては，運動表象が記憶されるのではなく，反応対象の空間位置を視覚的に記憶するという方略をとることも可能である．しかし，その際も記憶表象が感覚表象なのか運動表象なのかの区別は容易ではない．

◆遅延見本合わせ課題

　遅延見本合わせ課題では，見本合わせ法の手続きにおいて，継時的に提示される見本刺激とテスト刺激の間に遅延が挿入される．遅延見本合わせ課題における記憶情報は刺激の感覚的表象であり，見本刺激の表象と反応すべき刺激の表象がありうる．遅延期間中に見本刺激を覚えておき，テスト刺激に対してその記憶情報を基に反応するのが前者であり，見本刺激が提示された際に，その情報を基に反応すべきテスト刺激の表象を生成あるいは変換し，それを記憶しておくのが後者の方略である．刺激に関する情報は，あらゆる感覚モダリティで与えることが可能である．視覚，聴覚，嗅覚，触覚情報を対象とした課題に関する報告は存在するが，味覚情報を対象とした課題はほとんど報告がない．反応の求め方としては，同時弁別状況と継時弁別状況が想定できる（5.4.1 参照）．遅延期間を 2 回設けることで，遅延反応課題と遅延見本合わせ課題を組み合わせた課題を構成することも可能である（Hasegawa et al, 1998）.

◆象徴見本合わせ課題

　遅延反応課題や遅延見本合わせ課題は，短期記憶や作業記憶を検討する際に用いられる課題だが，刺激対の連合を形成させ，象徴見本合わせの手続きを用いることで，長期記憶を検討することも行われている（Sakai & Miyashita, 1991）.こ

の場合は，刺激対間の連合が長期記憶であり，対の一方が見本として提示された後に，遅延期間中にその情報（あるいは変換された対のもう一方の表象）を保持することを短期記憶とみなす．

◆干渉効果の制御

　遅延見本合わせ課題においては，用いる刺激のセットサイズが重要である．試行ごとに異なる（trial-unique）刺激を用いることによって，順向干渉を最小限にとどめることが可能である（Mishkin & Delacour, 1975；Overman & Doty, 1980）.また，trial-unique 刺激の使用によって，記憶される情報を見本刺激の表象に限定することもできる．反対に，用いる刺激のセットサイズを限定的にすることは，順向干渉を高める効果がある．覚えておく情報を試行ごとに更新する必要があり，作業記憶の負荷が増すことになるためである．さらに，試行間間隔を変化させることで，順向干渉の程度を操作する方法もある．

◆系列再認課題

　再認記憶の検討に系列再認記憶課題が用いられることもある（Fahy et al, 1993）.この課題では，一定の期間をあけて連続して刺激が提示される．そして，それぞれの刺激に対して，それが以前に提示されたものか，あるいは少なくともセッション内において初めて提示されたものかについて判断させる課題である．この課題を構成するには，多くの刺激が必要となる．

◆遅延交替反応課題

　多くの動物が有している自発的に交替反応を行う傾向を利用したものに，遅延交替反応課題がある．2 つの操作体に対して交替反応を行わせるのだが，その反応間に遅延を設定するのである．げっ歯類を対象とした実験が多く，オペラント実験箱内で行われる場合は 2 つのレバー間での交替反応を行わせる．遅延期間中はレバーを格納しておくことが多い．

2) いろいろな実験装置

　実験事態については，ウィスコンシン一般テスト装置（WGTA）などを使用し，実際の物体を記憶させる刺激として用いる場合や，コンピュータなどによってディスプレイ上に刺激を提示する場合などがある．後者の場合は，タッチパネルを

使用してディスプレイ上の刺激に直接反応させる方法，眼球位置を計測し，眼球運動によって反応させる方法，手元などディスプレイとは別の場所にレバーなどを設置し，それに対して反応を求める方法などがある．眼球運動による反応は，霊長類を対象とした，ディスプレイ上のターゲットの空間位置を記憶させる遅延反応課題や，画像を覚えさせる遅延見本合わせ課題などでよく用いられる方法である．鳥類を対象とする場合はキイ反応，げっ歯類を対象とする場合は鼻入れ反応（ノーズポーク）というように，対象とする動物種に適した反応形態が選択されることが多い．

◆ 放射状迷路

げっ歯類の場合は放射状迷路（5.2.1 参照）などを使用して，空間情報を記憶対象とする場合も多い．放射状迷路において，効率よく餌を取得するには，すでに訪れた場所を覚えておき，そこには再び訪れないことが求められる．その実現には，すでに訪れた場所を覚えておく方略と，まだ訪れていない場所を覚える方略が考えられる．ラットが効率よくこれらの方略を切り替えることが報告されている（Cook et al, 1985）．放射状迷路を走行する試行の前半では，すでに訪れた場所を覚えておき，後半では，まだ訪れていない場所の記憶情報を利用するのである．迷路を用いた課題では，空間情報だけではなく，非空間情報が対象となることもある．例えば，迷路内のアームに視覚刺激や触覚刺激を提示し，それを記憶させる状況も設定可能である．

放射状迷路を用いた実験では，作業記憶と参照記憶が標的となることが多い（Olton & Papas, 1979）．放射状迷路の一部のアームにのみ報酬を配置し，走行させる課題において，試行内で訪れたアームの記憶が作業記憶であり（試行ごとに更新されなければならない），報酬の置かれたアームの場所の記憶が参照記憶である（どの試行においても常に同じ場所）．動物を対象とした作業記憶課題では，言語情報を使用できないので，感覚情報が対象となる．この点がヒトを対象にした場合との大きな違いだが，必要な期間にのみ情報を動的に保持しておくという作業記憶の性質は同等だと捉えられる．特にその点が色濃いのは，限定された刺激セットを用いるなど順向干渉の高い課題状況で，その場合，刺激の情報をその試行内でのみ保持し，それ以降は忘却する必要があり，作業記憶が必要とされる．

◆ エピソード記憶

放射状迷路を使用して，エピソード記憶を必要とする課題を構成することも可能である（5.4.7 参照）．ラットにおける実験（Babb & Crystal, 2005, 2006）では，まず 8 本中 4 本のアームへの強制選択を行わせる．その際，4 本のうちの 3 本には通常のペレット，残り 1 本にはラットがより好むチョコレートペレットが置かれる．30 分あるいは 4 時間の遅延の後に，遅延前には訪れなかった 4 本のアームに通常ペレットが置かれる．4 時間の遅延後は，さらにチョコレートペレットが遅延前と同じアームに置かれる．訓練の結果，ラットは 4 時間の遅延後には，チョコレートペレットのアームを通常ペレットのアームよりも早く訪れる傾向が認められた．これは，ラットが「いつ」（30 分後か 4 時間後か），「どこ」（チョコレートペレットのアーム）に，「なに」（チョコレートペレットか通常のペレットか）があったのかを区別できることを示している．

◆ 信号検出理論の適用

再認記憶課題において，そのパフォーマンス評価に信号検出理論の受信者動作特性（receiver operating characteristic, ROC）曲線を利用し，回想と親近性の二過程検索が行われていることを示すことがある（Yonelinas, 2001）．対角線に対して左肩上がりに歪んだ ROC 曲線を，y 切片が正の値をとる直線的な成分と，対称な ROC 曲線の成分とに分離できる二過程とみなし，それぞれの成分が回想と親近性による判断に対応すると捉えるのである．親近性を基にした判断は，信号を誤差と識別する過程と同様とみなすため，対角線上において対称な通常の ROC 曲線と同様の変化となる．一方，直線的に増大する成分は，誤報率とヒット率が比例することを意味する．また，その y 切片が正の値であることは，最も慎重に報告する場合でも（誤報率が 0）一定のヒット率を示すことを意味する．つまり，直線的な成分は判断基準によらない一定の信号強度を示唆しており，これが回想による判断に相当するとみなすのである．

〔佐藤暢哉〕

5.4.3 知覚に関わる方法

1) 知覚に関わる基本的な研究手法

訓練方法は，調査対象とする刺激次元について刺激性制御が形成されるように弁別訓練を行う．例えば形の知覚を調べるときには，大きさや色や明るさではなく，形が手がかりになっていることが必要条件である．なお，ヒトを含めた多種比較を行う際には，広範な種に対して適用可能なオペラント法を用いた弁別訓練が向いている．

分析方法は，①弁別訓練中の，あるいは最終的な正答比率や反応時間，刺激検出の容易さなどに基づいて主観的類似度を推定する．②訓練後のテストにおいて，例えば錯視を誘導する刺激などの新奇刺激を提示して，刺激変化による正答比率や反応時間の変化を分析する．これらにより，錯視，補間，知覚的体制化，閾値の測定など様々な知覚現象を調べることができる．同時弁別，継時弁別，条件性弁別，視覚探索などが課題としてよく用いられる．

2) 条件性弁別を用いた錯視研究

Nakamuraら（2006）は，水平線分の長さを手がかりとした条件性位置弁別課題を用い，ハトのミュラー・リヤー錯視実験を行った（図5.46）．この実験では水平線分の長さを手がかりとした条件性弁別課題を利用した．各試行では水平線分が1本，タッチモニタ中央に提示され，これを数回つつくと，線分の左下と右下に2つのアイコンが現れた（図5.46d）．6本の異なる長さの線分のうち，長いほうの3本のいずれかが提示された場合には，一方のアイコンに反応をすることが強化され，短いほうの3本のいずれかの場合には他方のアイコンに反応することが強化された．不正解アイコンへの反応はタイムアウトによって弱化された．十分な正答比率が得られたら，テストへの準備として，図5.46b, cに示したような図形を用いて，先と同様の弁別訓練を行った．これは，新奇図形（矢印）の出現によって長さ次元に基づく弁別が崩壊することを防ぐためである．テストでは，図5.46cの図形が提示されるベースライン訓練試行の合間に，錯視図形（図5.46a）を提示するテスト試行を不規則に少数（全試行数の1/4）挿入した（プローブテスト）．テスト試行では選択に関係なく常に強化を与えた（全強化）．この結果，「長い」ほうの選択キイの選択比率は，内向矢印図形（＞―＜），ベースライン図形，外向矢印図形（＜―＞）の順に高くなった．これによりハトでもヒトと同方向の錯視が生じていることが示された．

2つの刺激を対提示し，長いほう（あるいは短いほう）を選択させる同時弁別の手続きを用いた研究もある．Watanabeら（2014）はセキセイインコに対し，矢印なしの水平線分と，図5.46a, cの図形のうちいずれかを対提示した．その結果，＞―＜，＞―＞，＜―＞の順に「長い」選択率が高く，ヒトやハトと同方向の錯視が生じていることを示した．なお，本実験では参照刺激として錯視を誘導しない図形が同時提示されたので，当該の錯視誘導図形の効果を独立に測定可能であったが，図5.46aのように2つの錯視誘導図形を同時提示する場合には，2刺激間の交互作用によって反応が決定されるため，それぞれの図形の錯視誘導効果を分離して取り出すことはできない．仮に＜―＞より＞―＜に対する「長い」選択比率が高いという結果が得られても，「一方の図形のみで錯視が生じている」という可能性がある．両図形間で選択比率に差がない場合には，「両図形ともに錯視が生じない」「両図形とも同程度に過大視（もしくは過小視）が生じている」など複数の可能性が残る．同時弁別を用いる一般的な利点は，各刺激の効果が逆方向に生じることがすでにわかっている場合に，対提示によって図形間の効果の違いを最大限に取り出すことができる点にあるが，分析を行う際には注意が肝要である．

3) 視覚探索を用いた知覚的体制化の研究

FagotとTomonaga（1999）は，視覚探索を用いて階層構造をもつ図形の知覚をチンパンジーとヒトで比較した．画面中央に提示されるセルフス

図5.46 錯視実験の刺激例（a〜c）と長さを手がかりとした条件性弁別課題の例（d）

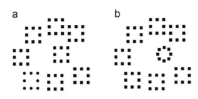

図 5.47 視覚探索の例

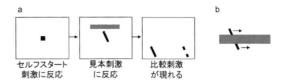

図 5.48 見本合わせを用いたアモーダル補間研究の例（a）とテスト刺激の例（b）

タート刺激に反応すると，その刺激は消え，複数の妨害刺激（小さな正方形で構成された大きな正方形，図 5.47）と標的刺激〔小さな円で構成された大きな正方形（図 5.47a），もしくは小さな正方形で構成された大きな円（図 5.47b）〕が提示された．標的刺激に反応すると画面上の刺激はすべて消え，強化子が提示された．標的刺激と妨害刺激は，構成要素の形（図 5.47a）もしくは図形全体の形（図 5.47b）のいずれかのみが異なり，それが唯一の弁別手がかりであった．これと類似の手続きで Deruelle と Fagot（1998）は，標的刺激が存在する試行ではジョイスティックを動かし（go 試行），標的刺激が存在しない試行では動かさないこと（no-go 試行）をギニアヒヒに対して訓練した．

訓練や，構成要素間の距離や刺激全体の大きさなどを操作したテストにおける正答比率・反応時間を分析すると，ヒトでは，図 5.47a よりも図 5.47b タイプの探索のほうが常に容易であった．チンパンジーでは，構成要素間の距離が広くなると，図 5.47a タイプの試行で標的探索が容易となった．ヒヒでは，全般的に図 5.47a タイプの標的探索が容易だが，構成要素間の距離が狭くなると図 5.47 の a と b タイプ間での差がなくなった．以上の結果から，ヒトは他の動物と比べて全体的な処理を優先する傾向が強いことがわかった．

4) 見本合わせを用いた知覚的補間研究

Ushitani ら（2001）は，条件性弁別の一種である見本合わせ法を用いてハトが物体の一体性を知覚するかを検討した．画面中央に提示されるセルフスタート刺激に反応すると，その刺激は消え，1 本もしくは 2 本の棒図形が提示された（見本刺激）．それに数回反応すると，その下方に 1 本・2 本の棒図形の両方が提示された（比較刺激）．見本刺激と同じ比較刺激に反応することが強化された．初期訓練では比較刺激選択時に見本刺激が提示されたが，最終課題では，見本刺激が消えた状態で比

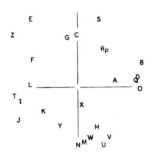

図 5.49 ハトにおけるアルファベット文字の知覚（Blough, 1985 より）

較刺激の選択を求めた（ゼロ遅延見本合わせ，図 5.48a）．その後，幅の狭い水平の帯を見本刺激と重ならない位置に提示して同様の訓練を行った後，見本刺激の中央部分を帯が"覆う"テストを実施した（図 5.48b）．ヒトは，文脈刺激に"覆われて"見えない部分を自動的に補う（アモーダル補間）ことで，見本刺激が 1 本の棒であると認識する．しかし，ハトは見本刺激を 2 本の棒であると報告した．つまり，"隠された"部分を補間せず，物体を"ありのまま"に知覚していることが示唆された．

5) 類似度評定を用いた形態視の研究

Blough（1985）はハトがアルファベット文字をどのように知覚しているかを調べた．壁に取りつけられた 3 つのキイの上に 2 種類のアルファベットを提示し，その中から 1 つだけ異なる標的文字（例えば CCT なら T）に反応することをすべてのアルファベット文字の組み合わせについて訓練し，正答比率の行列を算出した．2 つの文字の知覚的類似性が高いほど正答比率が低くなると考えられる．その正答比率行列を多次元尺度構成法（MDS）を用いて分析し，似て見える文字ほど近く並ぶように全 26 文字を平面上に配置した（図 5.49）．その結果，例えば W と M のようにヒトにとって互いに似て見える文字がハトの結果でも近くに配置される（互いに似て見える）ことが示された． 〔中村哲之，藤田和生，牛谷智一〕

5.4.4　思考に関わる方法

1）数概念

　数概念は基数性（cardinality）と序数性（ordinality）に大別される．基数性は，集合に含まれる要素の数であり，数え上げにより最後の要素に割り当てられた標識によって示される．序数性は，基数間の大小による順序関係を指す．それぞれ，「何個あるか」と「何番目か」に対応する概念である．

　数概念は，カードやコンピュータディスプレイ上に描かれた図形，あるいは物体といった視覚刺激の弁別訓練により調べられることが多い．群泳傾向をもつサカナでは，水槽の両端に同時提示される大小の個体群への接近行動を通じて，同種個体数の弁別を検討する方法もある（Agrillo et al, 2008）．自らが発した道具的反応の数，音刺激の提示数，食物の提示回数，身体への接触数の弁別を求める実験では，刺激は継時的に提示されることが多い．

　数的手がかりの抽象度を調べるために，訓練刺激を用いた数的弁別学習の成立後に，新奇な刺激に対する学習の転移がテストされる．幾何学図形などの視覚刺激を用いる場合には，数の大きさと，幾何学図形の総面積，刺激が囲う領域の大きさ，あるいは刺激の密度などが交絡することを防ぐため，刺激の大きさや配置を試行内や試行間で操作する．聴覚刺激では，個々の刺激音の長さや刺激間の間隔を操作することで，数の大きさと，刺激の提示時間の総計や刺激提示の開始から終了までの長さが交絡することを防ぐ必要がある（Breukelaar & Dalrymple-Alford, 1998）．

　基数性の検討では，2種類の刺激集合の一方を正刺激とする同時弁別法，一列に並べた刺激の中から特定の順序位置の標的刺激に反応させる課題（Davis & Bradford, 1986），あるいは提示された刺激数について任意のシンボルや操作子で弁別反応を求める象徴見本合わせ法（Matsuzawa, 1985；Xia et al, 2001）が用いられる．乳児の数認知研究で用いられるような馴化-脱馴化法あるいは期待違反法（expectancy violation method）

による研究も行われる（Santos et al, 2005）．序数性の検討では，複数の刺激集合を同時提示し，基数が小さい，あるいは大きい順に反応することを求め，正しい順序で反応が完了した場合に報酬を提示する方法などが用いられる（Brannon & Terrace, 2000）．加算（addition）については，2つの刺激集合を重複しないように継時的に提示した後に，その合計を表すシンボルで反応させる課題（Boysen & Berntson, 1989；Pepperberg, 2006），あるいは正しい合計数の刺激集合と誤った数の刺激集合の間の選択を行わせる課題（Cantlon & Brannon, 2007）などが用いられる．

2）類　推

　類推（analogical reasoning）には，ある刺激セット内に含まれる関係性と他の刺激セットに含まれる関係性が同じか否かの判断が求められる．ヒト以外の動物における類推の検討には，関係見本合わせ課題（relational matching-to-sample task）が用いられる．例えば，見本刺激として，2つの刺激からなる刺激対 AA が提示され，比較刺激として BB と EF が与えられる．見本刺激に含まれる「同」関係と等しい関係をもつ BB が正刺激となる．CD が見本刺激の場合には，見本と同じ「異」関係をもつ EF が正刺激となる．この課題は，見本刺激対内の関係性と比較刺激対内の関係性について「関係性の間の関係性」の理解を要請することから，2次的関係性課題と呼ばれ，チンパンジー（Thompson & Oden, 2000）やフサオマキザル（Truppa et al, 2011）における習得が報告されている．チンパンジーでは，身近な物体の機能に基づく類推の証拠も示されている（Gillan et al, 1981）．例えば，「錠前とカギ」を見本として提示する一方で，「ペンキ缶」を示して，選択肢として「缶切り」と「ハケ」という共通してペンキ缶と関係のある選択肢を与えた場合にも，缶切りへの選択反応が示された．これは，「後者で前者を開ける」という機能に関する関係性に基づく類推の例と考えられている．

3）推移的推論

　推移的推論（transitive inference）とは，A＞B と B＞C という前提情報に基づいて，明示され

370　　5.4　比較認知の研究法

ていない関係性 A＞C を演繹する型の推論である（Bryant & Trabasso, 1971）．動物では，弁別学習の手法を用いて検討することが多い（von Fersen et al, 1991）．主に視覚刺激が用いられるが，ラットでは嗅覚刺激も用いられる（Dusek & Eichenbaum, 1997）．同時弁別により，A＋B－，B＋C－，C＋D－，D＋E－（＋が強化，－が非強化を示す）という 4 つの前提課題を併行して遂行するように訓練する．70 〜 80％以上の正反応率を示すことを学習基準とする．習得訓練後，BD 対をプローブテストとして訓練試行間に低頻度で挿入する．テスト対については，全消去または非分化強化を行う．BD 対の B に対する反応率が推論の指標とされる．また，多くの前提課題に基づく序列関係（例：A-B-C-D-E-F-G）において，より離れた項目からなるテスト対に対する反応が速く，正確になるという象徴距離効果（symbolic distance effect）が，ヒト，サル，ハトで認められている．

　前提課題を 1 つずつ継時的に訓練した後に推移反応を検討する場合には，習得後にテスト試行のみを集中して 20 〜 30 試行実施する．A＋B－から訓練を実施する条件とその逆順の条件を行い，訓練順序の効果を評価する．

　より生態学的妥当性を高めた課題として，同種他個体間の優劣関係の観察に基づく推移的推論を検討する研究も行われている．Paz-y-Miño ら（2004）は，マツカケス同士が出会ったときに示す服従行動を利用している．例えば，A＞B，B＞C という他個体間の関係性を個別に観察させた後で，B と被験体を対面させる．C がもともと被験体にとって上位の場合には，B に対する服従行動が生じたが，C が被験体にとって見知らぬ個体である場合には，服従行動は生じにくいことが示された．淡水魚シクリッドの 1 種においても同種他個体間の闘争場面の観察に基づく推移的推論様の行動が認められている（Grosenick et al, 2007）．

4）利用可能な情報に基づく推論

　利用可能な情報に基づいて，直接的には知覚できない情報を演繹的に推論させる課題も行われている．最初に観察させた情報とその後の選択行動から，食物の存在に関する推論の成立を検討することが多い．Call（2006）は，作業台の上に置かれた左右 2 つの不透明な容器に，実験者がバナナ片とブドウ粒を入れるところをチンパンジー，オランウータン，ゴリラ，ボノボに観察させた．左右の容器の間には不透明な目隠し板があり，類人からは目隠し板の裏側が見えないようになっていた．次に，実験者は，容器に手を入れ，食物を握って取り出し，目隠し板の裏に置き，空になった手を見せる動作を両方の容器について順に行ったが，一方の容器からは食物を取り出すふりをしただけであった．その後，目隠し板を取り除き，実際に取り出したほうの食物を類人に観察させた後でバケツに捨てた．作業台を類人の手が届く位置に移動し，左右の容器間の選択テストを行うと，類人は，実験者が取り出さなかったほうの食物が残っている容器を有意に多く選択した．取り出すところを直接観察しなくても，眼前の食物が容器から取り出されたものであることを推論し，食物が残っているはずの容器を排他律（exclusion）に基づいて選択した結果と考えられる．

　板の下に隠された物体の存在と大きさを板の傾きから推論させる課題（Call, 2007）や，不透明な容器の中の食物の存在を，容器を振ったときの音から推論させる課題（Call, 2004）もある．また，餌場に対する他個体の行動という社会的情報に基づいて，直接は知覚できない餌の残存に関する推論を示した研究も行われている（Brown et al, 2007；Takahashi et al, 2015）．

　排他律による推論は，ヒト幼児の言語学習において重要な役割を果たしている．未知の音声に対して名称既知の事物と未知の事物が与えられると，幼児はその音声を未知の事物の名称として学習する．Pilley と Reid（2011）は，任意の名称に対応する物体を回収する訓練を受けたボーダーコリーに対して新奇な物体名を提示したところ，名称を学習済みの物体の中から名称未知の新奇物体を選択可能であったことから，排他律に基づく推論がイヌにも可能であること示している．

〔谷内　通，藤田和生〕

5.4.5 社会的知性に関わる方法

1）個体認知

個体認知を調べる際によく用いられる手法として，注視時間を利用した選好注視法（preferential looking method）や期待違反法（violation of expectation method）がある．例えば，選好注視法では，同時に2つの画像（母親と母親以外の個体の顔など）を対提示する（例：Myowa-Yamakoshi et al, 2005）．被験個体の刺激注視時間や注視間隔・注視回数を測定する．どちらか一方の刺激を有意に長く注視したり，短い間隔で頻繁に注視したりする反応が見られれば，被験個体が2つの刺激を区別していて，一方を選好しているといえる．

ただし，既知性の影響を統制したうえで検討するためには，弁別訓練を用いた課題も有効である．例えば，同時弁別や継時弁別などの単純弁別課題（simple discrimination task），複数の刺激を同時に提示してそのうちの正解となる刺激を選択することを要求する視覚探索課題〔visual search task（例：Tomonaga & Imura, 2015）〕，そして先行して提示される見本刺激に対応する刺激を後続の比較刺激の中から選択する見本合わせ課題〔matching-to-sample task（例：Dahl et al, 2013）〕などの条件性弁別課題である．このとき，単純な画像弁別にならないように，複数の刺激セットを用意して実験を進めるなどの工夫をする．

2）他者理解

他者の社会的手がかりの理解を調べる課題には，物体選択課題〔object choice task（Anderson et al, 1995）〕がある．この課題では，被験個体の前に2つ以上の不透明の容器を並べて置く．実験者は，被験個体に餌を見せた後，不透明のついたての後ろでどの容器に隠したかわからないように容器の1つに餌を隠す．ついたてを取り去り，実験者は餌の入った容器に社会的手がかりを付与する．例えば，実験者の顔の向きや表情・視線・指さし，それらを組み合わせたものなどである．被験個体が餌の入った容器を正しく選択するためには，実験者による手がかりを利用することが必要になる．被験個体がその手がかりに従って正しい容器を選択できるか否かを測定する．正答割合がチャンスレベルを有意に超えれば，被験個体が他者の視線や表情・身ぶりといった社会的手がかりを理解し，それを利用することができるといえる．ただし，その手がかりと容器との距離が近く，局所的強調（local enhancement）が生じただけである可能性を排除する必要がある．例えば，実験者がはずれの容器の近くに立って正解の容器を指し示す手がかりを出すなどの局所的強調手がかりと社会的手がかりが一致しない条件を設定し，その条件でも正解の容器を選択できることを確認する（Okamoto et al, 2002）．

他者の視線に対する感受性や共同注意の能力を調べるには，物体選択のような反応を要求しない視線追従課題もある（例：Itakura, 1996）．この課題では，ヒトまたは同種他個体によるある方向への頭や目の定位に対する視線追従を指標として測定するため，特別な訓練は不要である．よって，この課題はより幅広い対象に対して使えるだろう．

他者の視点の理解を調べる課題には，視点取得課題〔visual perspective taking task（Hare et al, 2000）．図5.50〕がある．不透明な障壁が2つ置かれた中央の部屋を挟んで，劣位個体と優位個体が向き合う．2つの餌を，①両個体から見える位置に2つ，②両個体から見える位置に1つ，優位個体のみから見える位置に1つ，③両個体から見える位置に1つ，劣位個体のみから見える位置に1つ置く条件を設定する．優位個体がねらっ

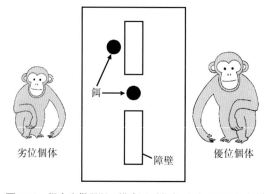

図5.50 視点取得課題の模式図（瀧本・山本, 2014を改変）

ている餌を取りにいっても勝算がないため，劣位個体が餌を得るには，優位個体からは見えない場所に置かれた餌を取りにいくことが良い戦術である．測定するのは，中央の部屋への入室を許されたときに劣位個体が餌を得ることができた割合である．劣位個体が①や②よりも③で餌を得ることができた割合が有意に高く，その得られた餌が劣位個体のみから見える位置の餌であれば，劣位個体は相手が何を見ているのかを理解していたことになる．また，餌を隠すときと中央の部屋への入室を許すときに優位個体側のブースにいる個体を交換すれば，誰が餌の隠し場所を見ていたのかも理解し，相手の知識の有無に合わせて行動を変えるか否かも調べられる．

3）欺き行動

欺き行動を調べる課題でも物体選択課題を用いることができる（Woodruff & Premack, 1979）．まず，被験個体の前に2個の不透明な箱を置き，その1つに餌を隠す．箱を開けてどこに餌があるかを被験個体に見せる．訓練では，餌の場所を実験者に知らせる方法として，被験個体に，餌の入っている箱を見ることや，その箱に顔を向けたり腕を伸ばすことを学習させる．本実験では，被験個体のみが餌の場所を知っている．しかし，被験個体からは箱に手が届かないので，対面する実験者（協力的な人か競合的な人）に代わりに取ってもらう必要がある．協力的な人は餌を見つけたら被験個体に渡す．一方，競合的な人は餌を見つけたら自分のものにするが，餌がなければその人が立ち去った後に被験個体が餌を得ることができる．この対面場面における被験個体の反応を測定する．被験個体が協力的な人に対しては餌の場所を示すのに対し，競合的な人には嘘の情報を提供したり何も情報を伝えなかったりして餌の場所を隠し通すことができれば，必要に応じて柔軟に他者を欺くことができるといえる．

この課題における役割を入れ替えると，被験個体が欺き行動を読み取れるか否かについても検討できる．協力的な人は常に正しい餌の場所を指示し，被験個体の顔と餌が入っている箱を交互に見る．一方，競合的な人は常に餌のない箱を指示す

図 5.51　ひも引き課題の模式図（友永，2014 を改変）

る．被験個体は正しい箱を選択できたときのみ餌を得られる．測定するのは被験個体の箱の選択行動である．被験個体が協力的な人の指示には従い，競合的な人の指示した箱を回避する選択をすれば，他者の欺きを見破り，それに対抗する行動をとることができるといえる．

4）協力行動

協力行動を調べる課題の1つに，ひも引き課題（Hirata & Fuwa, 2007．図 5.51）がある．課題は単純で，餌台を柵の向こうなどに置き，餌台に通された1本のロープの両端を隣り合ったブースにいる2個体が同時に引っ張ると，餌台を手前に引き寄せることができ，それぞれの皿の上の餌を得られる．訓練では，被験個体に，ロープを引っ張り，餌台を手の届くところまで引き寄せれば餌を得られることと，餌を得るためにはパートナーと協調してロープを引き，餌台を引き寄せる必要があることを学習させる．その後，①装置のロープをパートナーと同時に引いて協力できるか，②実験ブースに遅れて入ってくるパートナーを待ち，タイミングを合わせて協力できるか，③異なる相補的行為を互いに行い，協力できるか，④即時的な見返りがない場面で協力を維持できるかなどを調べれば，協調技術のレベルを測定できる．さらには，パートナーを選択できる場面を設定することで，被験個体が自身の経験や個体間関係を参照してよりよいパートナーを選択し，協力成功率を高めることができるかをも調べられる（Melis et al, 2006）．

〔瀧本彩加，友永雅己〕

5.4.6 感情に関わる方法

1) 感情表出

ヒト成人が表出する可視的な顔の表情を解剖学に基づいて客観的に調べる手法に，顔面動作符号化システム〔facial action coding system, FACS（Ekman & Friesen, 1978；Ekman et al, 2002）〕がある．このFACSを基に，近年では，ヒトの乳児〔BabyFACS（Oster, 2006）〕，チンパンジー〔ChimpFACS（Vick et al, 2007）〕，オランウータン〔OrangFACS（Caeiro et al, 2013）〕，テナガザル〔GibbonFACS（Waller et al, 2012）〕，アカゲザル〔MaqFACS（Parr et al, 2010）〕，イヌ〔DogFACS（Waller et al, 2013）〕，ウマ〔EquiFACS（Wathan et al, 2015）〕などのFACSも開発されている．FACSを用いたアプローチにより，動物の顔の表情の表出・知覚の生起を支えるメカニズムの解明が期待される．

また，近年盛んにヒト以外の動物で実験研究されているのが不公平嫌悪（inequity aversion）である．標準的な課題はトークン交換課題〔token-exchange task（Brosnan & de Waal, 2003）．図5.52〕である．この課題では，被験個体は常にトークンをヒト実験者に手渡すという作業をして価値の低い報酬（キュウリなど）を得る．これに対し，パートナー個体は条件によって同じ作業しかしていないのに価値の高い報酬（ブドウなど）を得たり不労所得を得たりする．測定するのは，被験個体がトークン交換を拒否する割合である．公平条件でよりも不公平条件で拒否割合が高くなるか，また試行が進むほどに拒否割合が高くなるのかなどを確認する．なお，被験個体の拒否割合の増加が，パートナー個体が不当に報酬を得ることに対する不公平嫌悪によるものか，単なる期待違反によるものかを区別するため，パートナー個体はおらず価値の高い報酬を見せるだけという統制条件と不公平条件を比較することも重要である．個体の組み合わせを変えると，不公平嫌悪の表出における社会関係の影響を調べることもできる．

2) 感情制御

感情制御の能力の1つに満足感遅延（delay of gratification）がある（自己制御については5.3.12参照）．これは，将来のより良い報酬のために自己の衝動や感情を制御し，目先の報酬に対する反応を先送りする行動である．この能力を調べる課題では，即座に反応して小さな報酬（価値の低い報酬）を得るか，反応するのを待って大きな報酬（価値の高い報酬）を得るかの2つの選択肢が与えられる．後者を選択すれば満足感遅延に成功したと解釈できる（例：Beran et al, 1999）．満足感遅延をする能力の程度を調べるには，積立課題〔accumulation task（例：Beran, 2002）〕が有効である．この課題では被験個体の手の届くところに報酬が蓄積していく．長い時間を待って報酬を多く得られるほど，満足感遅延をする能力が高いと解釈できる．

3) 感情伝染

原初的な感情伝染に関しては，近年あくびの伝染（contagion of yawning）に関する研究が幅広い種で行われている．あくびの伝染を調べる課題では，被験個体に対してモニタで動画を提示する（Anderson et al, 2004）．動画は他個体があくびをしている動画とただ口を開けているだけの動画である．それぞれの動画を見ているときに，被験体があくびをする回数，反応時間，反応間間隔を測定する．他個体があくびをしているときに，被験個体がより多くあくびをするなら，あくびが伝染しているといえる．また，原初的な快感情の伝染を調べる手法には，遊び場面におけるプレイフェイスの伝染を観察するものが挙げられる（例：

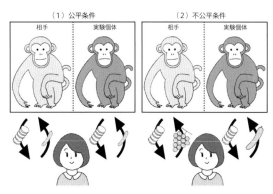

図 5.52 トークン交換課題の模式図（瀧本・山本，2014を改変）

Davila-Ross et al, 2008).

不快感情の伝染を調べる手法としては，被験個体自身がストレスを受ける条件（A）と他個体がストレスを受けるのを観察する条件（B），ストレスを誘発する行為のみを観察する条件（C）などにおける反応を比較するものが一般的である（例：Edgar et al, 2011）．被験個体におけるストレス行動やストレスによる生理的変化が，C条件に比べてB条件で，またB条件ではA条件と同様に強く頻繁にあるいは長く見られれば，他個体の不快感情が伝染したといえる．

4）感情理解

他者の感情の理解を調べる課題には，発達心理学の研究にヒントを得た社会的参照場面における物体選択課題（object choice task．5.4.5参照）などがある（例：Buttelmann et al, 2009）．被験個体に2つの容器を提示する．被験個体に見えないように不透明の仕切りの後ろで，報酬や嫌悪刺激などを容器の中に1つずつ隠す．仕切りを外して，実験者のみが容器の中を見て感情反応（喜び，真顔，嫌悪）を示す．被験個体は実験者の感情反応を手がかりに，容器を1つ選択する．被験個体は選択した容器の中身を得られる．感情を弁別し，感情から容器の中身を推測できるか（喜びの反応が示された容器が多く選択されるか，嫌悪の反応が示された容器を多く回避するか）を測定する．被験個体が肯定的な感情が示された容器を選択し，否定的な感情が示された容器を回避すれば，感情を理解しているといえる．

5）向社会行動

向社会行動を調べる手法には大別して2種類がある．向社会的選択課題〔prosocial choice task (Silk et al, 2005)．図5.53〕では，行為者に，自分と相手の両方に報酬が渡る相利的な選択肢と自

図5.53 向社会的選択課題の模式図（瀧本・山本，2014を改変）

分だけに報酬が渡る利己的な選択肢を提示し，選択させる．どちらを選択しても，行為者の報酬は同じである．ポイントは，その選択傾向を，相手がいるときといないときで比較することにある．単に相利的な選択肢をよく選ぶというだけでは，その個体が向社会的にふるまっているとは断定できない．なぜなら，相利的な選択肢には，利己的な選択肢よりも置かれている報酬の総数が多かったり，報酬の総価値が高かったりするため，選択が相利的な選択肢の他の属性に影響を受けている可能性もあるからである．一方，相手がいないときよりもいるときに相利的な選択肢を多く選択していれば，「意図的に相手に対して報酬を与えている」ことを示すことができる．

一方，援助行動課題〔helping task (Warneken et al, 2007)〕では，まず，相手の手の届かないところにある物体を相手が必要としている状況を行為者に見せる．その物体は行為者の手に届くところにあるため，行為者に，その物体を手に取って相手に渡すかを選択させる．統制条件では，行為者に同じ物体が提供されるが，相手はその物体を必要としていない状況などを設定する．相手が物体を必要としているときに，必要としていないときよりも多く物体を手渡す行動が見られれば，「意図的に相手に対して相手が必要とする物体を渡している」といえる．

〔瀧本彩加，友永雅己〕

5.4.7 意識，内省に関わる方法—エピソード記憶，心的時間旅行

1) 自己認知

自己認知とは，自己と他者を含む環境を区別し，自分が存在することに気がついていることをいう．チンパンジーは初めて鏡に映る自分の姿を見ると，それに対する威嚇や挨拶などの社会行動をする．しかし，これらの行動はすぐに消失し，鏡を見ながら自分の身体を調べる自己指向行動（self-directed behavior）を示す（Gallup, 1970）．鏡映像を自己像として理解することを鏡映像自己認知（mirror self-recognition）といい，以下に述べるマークテストにより検討される．鏡に慣れた動物に，自分自身では直接見ることができない場所に気づかれないように印をつけ，鏡を見せたときに，印を触れるなどの自己指向行動が生起するか観察する．鏡を見たことがない統制群の動物は，自己指向性反応を示さない．この自己指向行動の生起を自己認知の傍証とするという考えがある一方，自己認知とは関係なく，鏡映像を視覚的なフィードバックとして用いる運動学習であるという考えもある（Heyes, 1994）．

また，自己の働きかけによる環境変化に伴う主観的な感覚のことを自己主体感（sense of self agency）という．動物にトラックボールなどの反応デバイスでモニタ上のカーソルを操作する訓練をした後，自分が操作するカーソルとコンピュータによって自動的に制御されるカーソルを提示し，どちらのカーソルが自分の操作するものかを弁別できるかを調べることで外部の事象を変化させた主体が自分であることを認識するか検討できる（例：Kaneko & Tomonaga, 2011）．

2) メタ認知

メタ認知とは自己の認知状態（知識や記憶に関する確信のなさなど）をモニタリングし，行動を調整することをいう．動物に視聴覚刺激を用いた弁別や遅延見本合わせなどの記憶課題を課し，課題の遂行中および前後に，それらの課題の回答反応とは異なる，回避反応（escape response）や，正反応を導くための情報希求反応（information-seeking response）を分析することで検討される〔図5.54（中尾・後藤，2015）〕．回避反応や情報希求反応には，それらの反応なしに課題を遂行し，正反応が生じた場合よりも好ましくないが，誤反応が生じた場合よりも好ましい強化随伴性を設定する．したがって，動物が「不確かさ」や「確信のなさ」などの内省を手がかりとして反応するのであれば，正反応が生起しにくい課題難易度の操作を加えた場合，そうでない場合よりも高い頻度で，回避反応や追加手がかりを求める反応が生じると考えられる．

3) エピソード記憶

エピソード記憶は，「時間的に限定された出来事や，出来事間の時間的・空間的な関係についての情報を受け取り保存する」ものとして定義されている（Tulving, 1972, 1983）．この記憶は元来ヒトに固有のものと考えられてきたが，ClaytonとDickinson（1998）によって報告された，貯食の習性をもつカケスの研究を発端に，動物のエピ

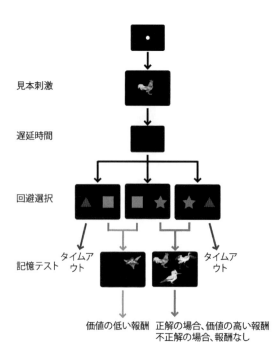

図5.54 遅延見本合わせを用いたメタ認知課題の例

被験体は見本刺激提示に続く遅延後に見本合わせに回答するか選択できる．回答せず回避した場合，見本合わせに正解する場合よりも価値の低い報酬が与えられるが，見本合わせに不正解の場合，タイムアウトが与えられる．

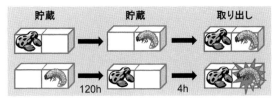

図5.55 ClaytonとDickinson(1998)の実験パラダイム
カケスは製氷皿に食料であるピーナッツあるいはハチミツガの幼虫を隠すことができた．貯食フェーズの最初のフェーズにピーナッツを隠させ，120時間後にハチミツガの幼虫を隠させる条件と（上），逆に，ハチミツガの幼虫を先に隠させ，その120時間後にピーナッツを隠させる条件があった（下）．2枚の製氷皿の両方ともに食料を隠させた4時間後に，隠した食料を掘り起こさせた．この訓練の後に行ったテストでは，食物のにおいを統制するため，最後に掘り起こさせる際には食物が取り除かれた．

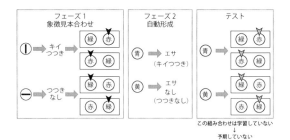

図5.56 Zentallら（2001）の実験パラダイム
第1フェーズでは，ハトに対して，縦線が提示された場合はキイつつきを，横線の場合にはつつかないでおくことを要求し，続いて赤か緑かのキイの選択をさせた．この図の例では，縦線が見本として提示された場合は赤が，横線の場合は緑が正解であった．第2フェーズでは，黄のキイ後には餌が提示され，青のキイの後には何も提示しなかった．この結果，キイつつき行動が自動形成された．テストフェーズのプローブ試行では，黄か青のキイが提示された後に，続いて赤か緑のキイ選択を行わせた．この組み合わせは訓練しておらず，ハトにしてみれば予測していない状況であり，その時に，過去を振り返って自身の行動（キイをつついたか否か）を思い出す必要がある．

ソード記憶の報告がなされるようになった（図5.55）．彼女らは，2つの場所に時間を置いてピーナッツとハチミツガの幼虫を隠させ，後ほど掘り起こさせるという実験を行った．通常，カケスは新鮮なハチミツガの幼虫を好むが，長時間経過後には腐ってしまうので，その場合はピーナッツを好む．彼女らは，カケスが，「いつ」（4時間前か124時間前か），「どこ」に（2つの容器のどちらか），「なに」（ピーナッツかハチミツガの幼虫か）を隠したかを記憶し，より好むエサを掘り起こすことを示した．ラットにおいても，類似した実験が行われている（Babb & Crystal, 2005, 2006）．また，探索行動を利用したエピソード記憶の実験パラダイムも存在する（Dere et al, 2005 ; Kart-Teke et al, 2006）．

4) 心的時間旅行

エピソード記憶は，いつ，どこ，なに，という記憶内容の時空間的側面を問題にする場合と，その記憶を意識的に振り返って思い出すプロセスを重視する場合がある（佐藤，2010）．後者の場合は，エピソードの記銘時に，後にそれを思い出す必要があるということを顕在化させないという偶発記憶の手続きが課される．Zentallら（2001）は，ハトにおいて象徴見本合わせの手続きを用いて，課題を解決するうえでは覚えておく必要のない過去の自己の行動についての記憶を利用できることを示した（図5.56）．彼らは，ハトにキイつつきを自動形成する課題と，キイつつき反応あるいは無反応を要求する刺激（縦・横線）とテスト刺激（赤・緑）の象徴見本合わせ課題の2つの課題を学習させ，自動形成した刺激に反応させた後に，テスト刺激を提示するプローブテストを行った．その結果，テストは予期できない状況だったが，ハトは直前にキイつつきを行っていたか否かによって想定されたテスト刺激への反応を示した．同様の予測できない状況で，直前につついたキイの「位置」について答えさせた場合でも，一部のハトはチャンスレベル以上の成績を示した（Singer & Zentall, 2007 ; Zentall et al, 2008）．また，ラットにおいて放射状迷路を利用し，同様の手続きを実施した研究もある（Zhou et al, 2012）．

〔後藤和宏，佐藤暢哉〕

5.4.8　社会的学習

1）社会的学習

　バンデューラは，当時優勢であった行動主義的な連合学習とは異なる，社会的学習理論を提唱した（Bandura, 1977）．個体は直接行動し，強化を受けずとも，他個体の行動やその結果を観察することで行動を変化させる．こうした観察学習の過程はモデリングと呼ばれる．バンデューラによると，モデリングは以下の4つの過程からなる．①注意過程：モデルとなる観察対象に選択的に注意を向ける，②保持過程：観察対象の行動パターンを記憶として保持し，表象する，③運動再生過程：保持した記憶を実際に行動で再生し，フィードバックを受けながら少しずつ修正することで行動の正確さを高めていく，④強化と動機づけ過程：学習した行動を遂行するための動機を高める．

2）ヒト以外の動物における社会的学習

　ヒト以外の動物も社会的場面で観察学習する．その学習の過程については，様々な分類が試みられてきた．中でもThorpeが提唱した定義は，ヒト以外の動物の社会的な学習の過程を分類する方法として多く引用されてきた．彼は，動物の社会的学習を以下の3つに分類した（Thorpe, 1956）．①社会的促進（social facilitation）：ある行動生起が，観察個体に同じ行動を誘発させる刺激として働く．すでにレパートリーの中にある行動が，他個体が示す同じ行動を引き金として促進される．②刺激（局所）強調（stimulus/local enhancement）：ある特定の刺激（場所）に向かっている他個体の行為が，観察個体の注意をその刺激（場所）へと引きつける．観察個体は刺激に対して試行錯誤を重ね，結果的に他個体と同じ行為が獲得される可能性が高くなる．③真の模倣（true imitation）：ある行為（観察個体にとって新奇な行為）の型を，相手が，試行錯誤することなく再現（しようと）すること．①②とは異なり，学習の過程において試行錯誤を伴わないこと，ただ「見ただけで」新奇な行動を獲得できる．

3）模倣による学習

　模倣には，他個体の目の前で行為を再現する「即時模倣（immediate imitation）」，他個体が目の前にいなくても以前に観察した行為を再現する「延滞模倣〔遅延模倣（deferred imitation）〕」などがある．延滞模倣では，他個体の行為をある期間記憶保持し，そのイメージを心的に操作する表象（representation）能力が必要となる．この能力は，ヒトの個体発生においてはある物や出来事（シンボル，象徴記号）を目の前にはない別の心的要素（指示対象）へと意図的に結びつける行為，「ふり（pretense）」と結びつくと考えられている（明和, 2014）．

　1990年代以降現在に至るまで，ヒト以外の動物で模倣がみられるかどうかについての検証が盛んに行われてきた．これまでの結果は，おおよそ以下にまとめられる．①大型類人猿では，「真の模倣」に分類される実証的証拠がいくつかある，②イルカも数例ではあるが「真の模倣」に当てはまる証拠が示されている．

　では，模倣を介した社会的学習はどのような方法で確認できるのだろうか．以下では，ヒトおよび真の模倣能力をもつ可能性が高い大型類人猿を対象とした実験を中心に紹介する．

4）"Do this !" テスト

　観察個体の目の前でモデルがある行為を行い，それを観察個体に再現させる訓練を行った後，テスト試行として新奇な行為を提示，そのときの反応をみるものである．両行為の偶然の一致率はきわめて小さいため，模倣能力を示す強力な証拠とみなされている．HayesとHayes（1952, 1953）は，ヒトの子どもと同様に養育されたチンパンジー，ヴィッキーに，"Do this !" という教示の後に提示された頭を叩く，拍手するなどの行為を再現する訓練を生後17か月より開始した．訓練は，ヴィッキーの身体を持ってその行為をかたち作ったり（molding），言語および食物報酬を与えたりして行われた．テスト試行で，ヴィッキーは提示された70種類の無意味な行為のうち，55の行為を見ただけで再現したという．その後，Custanceら（1995）は，より厳密な統制下で"Do

378　5.4　比較認知の研究法

this！」テストを行った．2個体の若いチンパンジー（4歳）に，48種の新奇な身振りをヒトがモデルとなって提示した．その結果，それぞれ13種と20種の身振りを再現した．さらに，ヒトが養育したチンパンジー，ボノボ，オランウータンを対象とした類似の研究でも，同様の結果が報告されている（Miles et al, 1996；Tomasello et al, 1993）．

5）2行為選択法（two-action method）

　「Do this！」テストは，その評価において判断に迷う場合が少なくない．それに対し，2行為選択法では，ある目的をもった行為が遂行される過程に2種類の異なる動作（A・B）が挿入される．モデルはAあるいはBのどちらかの動作を介して目的を達成してみせる．それを観察した個体が，観察したほうの動作を期待値よりも頻繁に用いて目的に達したかを判断する．Whitenら（1996）は，若いチンパンジーとヒト幼児に，透明な箱の中に食物を入れ，留め具に何らかの操作をすると箱が開く「人工果実」の操作を観察させた．操作は「つつく」「回す」といった動作であり，その動作のうちどちらかをモデル（ヒト）がして見せた．その結果，チンパンジーは観察したほうの動作を選択して行為を遂行した．ただし，それはヒト乳幼児による正確な再現に比べると曖昧なものであった．2行動選択法は，"Do this！"テストに比べ，多くの動物種に適用が可能である．これまで，ラットや鳥類などでも2選択法による模倣能力の検証が行われてきたが，そこでの結果が真の模倣の証拠であるかどうかについては議論の余地がある（Heyes, 2016）．

6）行動再現手続き法（the behavioral re-enactment procedure）

　観察者は，他個体の行為をどのように理解し，行為の何を再現しようとするのか．目では直接確認できない，行為の背後にある他個体の意図の理解度を調べる方法として「行動再現手続き法」がある．Meltzoffは，18か月齢のヒト乳児を対象に，次のような実験を行った（Meltzoff, 1995）．モデルは次の4条件のうちの1つで乳児にとって新奇な物の操作をして見せた．①ターゲット操作（例：シリンダーの中に首飾りを入れる・目的の提示），②ターゲット操作を行おうと試みるが，手を滑らせて失敗する（意図の提示），③ターゲット操作以外の無意味な操作（例：シリンダーに首飾りを近づける・別の操作の提示），④物を持つだけの操作（ベースライン）．その後，乳児に物を渡して反応を記録した．その結果，乳児は①②条件でターゲット操作を行った．しかし，③④条件ではターゲット操作は見られなかった．この結果は，18か月児は他個体の行為の失敗を見ただけで，他者の意図を推測し，行為目的に達することを示している．Myowa-YamakoshiとMatsuzawa（2000）は，チンパンジーを対象に同様の方法で他個体の意図理解を調べた．その結果，観察した行為の目的が達成されたか否かにかかわらず，チンパンジーは操作された物（の定位方向）の情報に注意を向け，それに基づき行為を再現した．他方，他個体の動作情報は，再現する際の手がかりとはなっていなかった．

7）遅延再現法（the delayed re-enactment procedure）

　延滞模倣をするためには，他個体の行為から得られた情報を長期記憶として貯蔵し，必要なときに検索する必要がある．Meltzoff（1988）は，「腰を前傾して額でタッチパネルに触れる」という新奇な行為を生後14か月のヒト乳児に見せた．1週間後，乳児は，例えば手を使うといったより簡単な方法ではなく，観察したモデルの行為と同様に，腰を前傾し額を使ってパネルに触れた．また，Barrら（1996）は，生後6か月の乳児でも，モデルの行為を観察してから24時間後に物の操作に関する行為を模倣できること，さらに，12，18か月と月齢が上がるにつれて，より正確に模倣できることを示した．記憶表象される要素は，発達とともに変化していくと考えられる．

〔明和政子，藤田和生〕

5.4.9 系統発生・行動生態学的研究

1) 行動生態学的研究

動物の行動は，形態同様，個体の生存と繁殖の確率を上げるように，自然選択により生活環境の中で適応的に進化してきたものであると考えられる．動物の行動に関する研究の枠組みは，ティンベルヘンが提唱した4つの「なぜ」といわれる問いにまとめることができる（Tinbergen, 1963）．すなわち，至近要因（行動が生起する仕組み），機能（環境への適応としての行動），発達要因（個体の一生のうちにおける発達的変化），系統発生（進化史における行動の変化）である．

行動生態学の重要な手法は，動物の行動観察である．自然観察法では，雄同士の闘争行動や，雌に対しての求愛行動など，自然環境での動物の行動を観察し，個体がとりうる行動選択肢を戦術として捉え，生存率や繁殖率を測定することで，各個体を取り巻く環境要因と個体の戦術の関係を明らかにする．

実験的観察法では，環境に体系的な操作を加えながら行動を観察する．比較行動学の黎明期の研究で著名なフォン・フリッシュ（von Frisch, K.）は，ミツバチが蜜源から巣に戻ったとき，ダンスといわれる特別な動きによって，蜜源までの距離と方角を仲間に伝えていることを明らかにした．彼は巣でのミツバチのダンスがガラス越しに観察できるような装置を設置し，砂糖水を入れた蜜源を設置するなど，体系的に環境変数を操作しながら動物の行動を観察した．フォン・フリッシュとともに，ノーベル生理学・医学賞を受賞したローレンツ（Lorenz, K. Z.）やティンバーゲンも同様に，体系的な環境変数の操作をしながら，動物の行動を観察した．ローレンツは，早成性の鳥類のヒナは孵化直後の特定の時期に見た動くものに対して後追い行動を示すようになるという刷り込み〔刻印付け（imprinting）〕を詳細に研究した．ティンバーゲンは，特定の刺激によって生得的な反応が誘発される仕組みである生得的解発機構に関して，オスのトゲウオが赤い腹部をした侵入者を見ると攻撃行動を示す仕組みを明らかにした．

行動生態学と心理学の基本的な手法は異なるものの，両分野は隔絶しているわけではなく，採餌行動のように学際的領域を形成するテーマもある．採餌選択の問題は，大別すると，どの餌を採るかという問題と，どの餌場を利用するかの問題であり，どのように採餌効率の最適解が導かれるかを明らかにするものである．心理学からは，実験的行動分析により，個体の選択行動の問題として研究され，採餌選択に関わる様々な要因が検討されている．

2) 系統発生

行動生態学における重要な手法が，動物の行動観察であるのに対して，心理学における重要な手法は，条件統制がなされた実験室における行動の実験的分析である．かつての動物を研究対象とした実験は，ヒトを含む様々な動物種に共通する行動の比較的永続的な変化がどのように生じるかという学習の一般法則の解明を目指していた．しかしながら，同一課題であっても，動物種によって異なる反応が観察される場合もある．このような種差が，個々の実験における課題や手続きの違いによるものではなく，動物種のもつ機能特性の違いによることを示すためには，同一の実験課題や手続きを用いた種間比較が必要である．

種間比較における種差の解釈の1つは系統発生的な類縁性に基づくものである（図 5.57）．同一課題での異なる動物種の反応は，系統発生的に近縁な種ほど似たものになり，類縁性が低い種ほど異なると考えられる．学習セット課題(5.3.16参照)

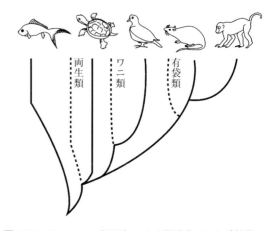

図 5.57　Bitterman（1965）による簡略化された系統樹

では，被験体に2つの物体のうちどちらかを正解選択肢とする弁別訓練を行うと，最初の弁別を獲得するのに多くの試行数を要するが，物体を変え，弁別訓練を繰り返すと，徐々に少ない試行数で弁別が獲得されるようになる（Harlow, 1949）．これは被験体が個々の刺激セットの弁別を学習するのに加え，どう弁別すべきかを学習した（学習セットの形成）ためであると考えられる．哺乳類を中心に同じ手続きを用いて比較すると，アカゲザル，リスザル，マーモセット，ネコ，リス，ラットという順に，ヒトに近縁な種ほど学習セットが形成されやすく，系統発生に基づく序列になると考えられた（Warren, 1965）．しかし，他の哺乳類を含めると，そのような解釈は必ずしも成立せず，また少なくともアオカケスというカラス科鳥類ではアカゲザルと同様の win-stay/lose-shift 戦略が観察され，比較的速く学習セットが形成されることから（Hunter & Kamil, 1971），種差をヒトとの系統発生的な類縁性だけで体系的に解釈することは困難であると考えられる（図5.58）．

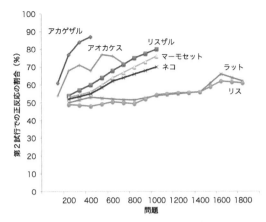

図5.58 学習セット課題における成績の種間比較
Warren（1965）にHunterとKamil（1971）のアオカケスのデータを追加して再描画した．

もう1つの種差の体系的な解釈は，生活環境や生活様式への適応に基づくものである．適応には，異なる動物種が異なる生活環境に適応することでそれぞれの環境に適した異なる機能を獲得する放散適応と，類似の生活環境に適応することで類似の機能を獲得する収斂適応の2つが考えられる．放散適応を検討する種間比較では，近縁種でありながら，生活環境が異なると考えられる複数の種を同一課題で比較し，行動の違いを示すことで，環境への放散適応について検討できる．例えば，アメリカカケス，メキシコカケス，マツカケス，ホシガラスの4種はカラス科鳥類であるが，生息地の標高に違いがみられ，高地に生息する種ほど夏〜秋にかけてより多くの餌を貯蔵し，冬の間，貯蔵した餌を掘り返すという貯食への依存の程度が高い（Balda & Kamil, 2006）．この生活様式に適応することで，貯食依存度が高い動物種は，依存度が低い動物種よりも空間認知に関して優れていると考えられる．一方，これら4種は視覚に関しては同じような適応をしていると考えられるため，視覚認知に関しては種差があるとは考えられない．空間性非見本合わせ課題では，前面パネルの左右の反応キイのどちらか1つが見本刺激として点灯し，遅延時間の後に見本刺激とは異なる位置にあるキイへの反応が強化された．視覚性非見本合わせ課題では，前面パネルの2つの反応キイのどちらか1つが点灯し，遅延時間の後にその色とは異なる色の反応キイへの反応が強化された．どちらの課題でも正答率が一定の基準に達したところで遅延時間が延長された．その結果，空間性非見本合わせ課題では，自然環境での貯食性の高さの順に一定の正答率を維持できる遅延時間が長くなったが，視覚性非見本合わせ課題では，貯食性の高さの順と遅延時間の長さにはそのような関係がみられなかった（Olson et al, 1995）．

収斂適応を検討する種間比較では，系統発生的な類縁性が低い動物種であっても，生活環境が類似していれば，同一課題において類似した行動が観察されると考えられる．例えば，ヒト科の動物種とは系統発生的な類縁性が低い鳥類の中でも，カラス科鳥類は比較的大きな脳をもち，複雑な社会を形成し，柔軟な行動を示すなどのヒト科の動物種に共通する特性が観察されている（Emery & Clayton, 2004）．これらの動物種におけるエピソード様記憶や道具使用，因果関係の理解に関する比較研究は，社会性などの生活様式に関する収斂適応を種間比較によって示した代表的な例である．

〔後藤和宏〕

5.5.1 評価条件づけと随伴性学習

1) 評価条件づけ

"社会心理学の領域全体で態度よりもその中核に近い概念はない"（Murphy et al, 1937）。態度（attitude）の定義は様々だが（Allport, 1935；竹村, 2009），その多くに共通するのは①"対象に対する接近回避に関連した何らかの反応準備状態"を指す仮説構成体で,②感情成分である"好き嫌い"と密接に関連する点である（林, 2011）．

学習や行動を研究対象とする領域の中で，評価条件づけ（EC）と呼ばれる態度形成に関する学習手続きが注目されている（Walther et al, 2011）．ECは"刺激の対提示による好き嫌いの変化"と操作的に定義され（De Houwer, 2007），その手続きは古典的条件づけにおける条件刺激（CS）と無条件刺激（US）の対提示と類似する（図5.59）．CSである評価対象は自分自身（Dijksterhuis, 2004），他者（Unkelbach et al, 2012），商品（Ewing et al, 2008）など多岐にわたる．商品広告のECによる消費者行動への影響も期待されるが（Gibson, 2008），否定的な見解もある（Pornpitakpan, 2012）．USである感情刺激としては，快または不快な視覚刺激（文字や画像），聴覚刺激（音声や音楽）の使用が一般的だが，CSへのYesやNoなどの発声（Kawakami et al, 2000），レバー押しやカード投げによる接近回避行動（Kawakami et al, 2008；尾崎, 2006）を用いることもある．

2) 意識性の問題

ECには一般的な古典的条件づけとは異なる4つの特徴があるとされる（De Houwer et al, 2001）．①ECによって形成した評価反応には消去（5.1.4参照）が生じ難い点，②評価反応はCS-US間の随伴関係（5.1.2参照）に敏感でない点，③ヒトの古典的条件づけ（5.1.6参照）では意識性が反応形成に重要だがECでは必須でない点，④ECでは階層的刺激関係や刺激競合（5.1.5参照）が生じにくい点である．③については異論も多く，過去研究のメタ分析では意識性の効果量が最大である（Hoffman et al, 2010）．

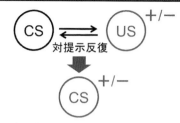

図5.59 評価条件づけの手続き
正号は刺激が快の感情価を，負号は不快な感情価をもつことを示す．CS-US対提示を繰り返すことで（上段），CSは快（または不快）な感情価をもつようになる（下段）．

この議論の中，意識性は随伴性意識と要求意識に区別されるようになった（Field, 2000）．随伴性意識（contingency awareness）とは実験的に設定されたCS-US関係に被験者が気づくことを指し，要求意識（demand awareness）とは被験者が実験の目的に気づくこと（つまり要求特性のバイアスが生じること）を指す．EC研究では意識性のほか，CSの新奇性（Dedonder et al, 2010），CS-US時間間隔（Maris & Hoorens, 2012），CS-US提示順序（Hütter & Sweldens, 2013）にも配慮が必要である．

3) 潜在連合テスト

EC研究では潜在連合テスト（implicit association test, IAT）や，感情プライミング法（4.4.6参照）などの新しい測定法がよく用いられている（Hermans et al, 2002；Olson & Fazio, 2001）．CSの評価を間接的（非言語的）に求めることで，意識性（要求意識）の影響が小さい潜在的態度（implicit attitude）が測定できる（Greenwald, 1998）．IATの方法は藤井（2011）や尾崎（2010）を参照されたい．EC研究の区分に従うならば，前者はUSの感情価がCSの分類動作に干渉するか，後者はCSの感情価がUSの分類動作に干渉するかを査定することになる．他方，SD法（Osgood, 1952）などでCSの評価を直接的（言語的）に求める場合は，意識性（要求意識）の影響が大きい顕在的態度（explicit attitude）が測定される（Gawronski & Bodenhausen, 2006）．

4) 随伴性判断

環境内に存在する事象間の関係に随伴性（contingency）がある．随伴性は条件づけ学習研究の

中心的概念であり（Shanks, 2007），意識性の問題とも関係が深い（Kattner et al, 2011）．

随伴性の記述には，図5.60左に示す随伴性テーブルを用いる．投薬有をX，投薬無を$\bar{X}$，頭痛有をY，頭痛無を$\bar{Y}$とすると，これらの頻度情報から"投薬有のときに頭痛が生じる条件つき確率P（Y｜X）"と，"投薬無のときに頭痛が生じる条件つき確率P（Y｜$\bar{X}$）"が求まる．P（Y｜X）からP（Y｜$\bar{X}$）を減算した値はΔPと呼ばれ，事象間の統計的随伴性を示す指標として用いられる（Jenkins & Ward, 1965）．

ΔPは+1～-1の値をとる（図5.60右）．上の例で値が正なら投薬で頭痛が生じやすくなる（薬に興奮作用がある）こと，負なら投薬で頭痛が生じにくくなる（薬に鎮静作用がある）こと，ゼロなら投薬と頭痛が無関係であることを示す．

随伴性判断（contingency judgment）事態では，いくつかの2値事象を被験者に提示して"a"～"d"の各セルの頻度情報を操作することで，①被験者が事象間の随伴性をどのように評価するか，②その評価はΔPなどの規範値に従うかを検討する．随伴性の評価を求める際は実験課題のカバーストーリーに応じて，随伴性の概念をXがYにもつ"効き目"や"予測力"などに置き換えて質問することが一般的である（嶋崎, 1994）．大学生を被験者とすることが多いが，子ども（Simms et al, 2012）や高齢者（沼田, 2015）とする場合もある．

5) 錯誤相関

ヒトは設定された随伴性（ΔP）に敏感であるが（Baker et al, 1989；Wasserman et al, 1993），状況により逸脱（バイアス）を示す．例えば，事象Xと事象Yの間が時間的に接近していれば随伴性は高く評価される（Vallee-Tourangeau et al, 2005）．また事象Yの基礎生起確率（頭痛の生起頻度）が高ければ随伴性は高く評価される（Crump et al, 2007）．この傾向はΔPがゼロの場合でも生じるため，錯誤相関（illusory correlation）の一因と考えられている（片桐, 2002）．

6) 因果性の問題

随伴性判断実験では，①事象の性質，②随伴性

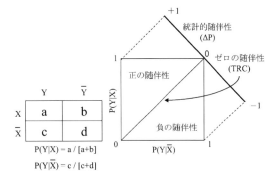

図5.60 　随伴性テーブル（左）と随伴性空間（右）
"a"～"d"の頻度情報はP（Y｜X）とP（Y｜$\bar{X}$）の2つの条件つき確率に変換され，その大小関係はΔP，および随伴性空間上の一点として表現される．

の提示方法，③評価方法，④カバーストーリーの設定方法に配慮すべきである（澤ほか, 2011）．

①には随伴性を文章や図表で一括提示する"要約提示法"と試行ごとに提示する"継時提示法"がある．提示方法により判断の正確さが異なる（Vallee-Tourangeau et al, 2008）．

②には事象Xが"刺激"である場合と"反応"である場合がある（事象Yは刺激が一般的である）．前者は刺激-刺激間（古典的条件づけに相当），後者は反応-刺激間（オペラント条件づけに相当）の随伴性を扱うため，これらの事態を用いて学習メカニズムを検証することも多い（嶋崎, 2003）．

③には"評定"と"反応"がある．前者の場合は被験者に質問に対する尺度上の判断を求める．質問文が"効き目"など因果性（causality）を問うものか否かで評価内容が変わるという報告もある（Matute et al, 1996）．後者の場合はボタン押しの多寡などで随伴性の評価を求めるが，これは"予測力"など予測性（predictiveness）の測度とされる（Arcediano et al, 1996）．

④には様々な変形があるが，食物とアレルギー反応（Wasserman, 1990），ミサイルの発射と戦車の破壊（Shanks, 1985），電鍵押しとランプの点灯（Alloy & Abramson, 1979）のストーリーは代表的である．ストーリーへの馴染みや具体性，因果性に関する先行知識が，判断の正確さ（片桐, 1996）や刺激競合の生起に影響する（Melchers, 2005）．随伴性判断は学習のほか，因果推論の領域にも関連している．

〔沼田恵太郎〕

5.5.2 知覚-運動学習

1) 知覚-運動学習

目の前にあるものに手を伸ばすとき，ヒトは簡単に手を伸ばすことができるが，同じことをロボットに行わせようとすると，複雑な制御が必要になる．ヒトはこれまでの経験を通して，知覚（感覚）と運動の関係を学習（知覚-運動学習，感覚-運動学習）し，記憶しているため，速く正確な運動ができると考えられる．知覚-運動学習の仕組みの多くは，知覚と運動の対応関係を人為的に変更し，実験参加者に新たな関係を学習してもらう実験（知覚-運動変換実験）の中で明らかにされてきた．

本節ではまず，知覚-運動学習の代表的な実験方法を紹介し，次に運動技能の学習，知覚学習の実験方法について述べる．

2) プリズム適応

実験参加者に，三角形のプリズムを装着した眼鏡をつけてもらう（図5.61）．光が屈曲して眼球に到達するので，実際とは異なる位置に目標が見える（虚像）．この状態で手伸ばし運動を行うと，虚像のほうに手を伸ばす．実際の目標と手先の到達位置のずれを終端誤差とする（図中の矢印）．手伸ばし運動を繰り返すと，参加者は新たな知覚と運動の対応関係を学習し，徐々に終端誤差は減少する．プリズムを外しても，新たな対応関係の記憶はすぐには消えない．このため，最初の誤差とは反対方向に手を伸ばす（残効）．残効は参加者による意図的な修正が難しいため，学習効果を評価する尺度として用いられる．実験の注意点としては，参加者が運動の途中で手先と目標を見比べながら修正運動を行うと，終端誤差が消えてしまう点である．このため，運動時間を短く制限（1秒以内）して修正を困難にする，コンピュータ制御の液晶シャッターで，運動中は参加者の視野を遮るなどの工夫が必要になる．プリズム適応（prism adaptation）の代表的な展望論文として Held と Freedman（1963）がある．

3) 鏡映描写

実験参加者の目の前に鏡を立て，手先は遮蔽板で覆い隠す（図5.62）．机の上に，一定の道幅をもつ経路（例えば星形）を描いた紙を置く．参加者は鏡を見ながら，ペンで経路をたどることを繰り返す．スタートからゴールまで移動するのにかかった時間や，道からの逸脱回数でパフォーマンスを評価する．代表的な例として，海馬周辺を切除した患者H.M.が鏡映描写（mirror drawing）の学習を行えることを示した研究がある（Milner, 1962）．

4) 視覚運動回転

コンピュータマウスやジョイスティックを利用することで，手の動きと画面上のカーソルの動きの間に，様々な変換を加えられる．カーソルが動く方向と，マウス（ジョイスティック）が動く方向の間に回転変換を入れる方法がよく使われる（図5.63）．これは視覚運動回転（visuomotor rotation）といわれる．実験参加者には，画面上に現れる目標に素早くカーソルを移動させる照準課題（aiming task）や，動き回る目標を追跡する追跡課題（tracking task）を行ってもらう．照準課題では，カーソルがはじめに動き出した方向

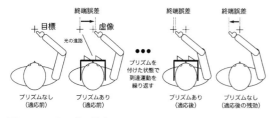

図5.61　プリズム適応
実験参加者を上から見た図．実験手続きは，左から右に進む．プリズムをつけた状態で，目標への到達運動を20～30回程度繰り返す．

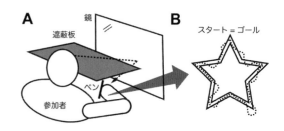

図5.62　鏡映描写
A：実験参加者を右斜め後ろから見た図．B：ペンでたどる経路の例（星形）．点線はペンの軌跡を示す．

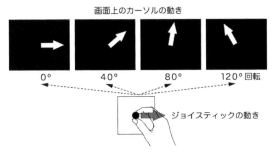

図 5.63　視覚運動回転
上の図はさまざまな回転角条件下（0, 40, 80, 120°）で，ジョイスティックを左方向に動かしたときに，画面上のカーソルが動く方向を示す．下の図はジョイスティックを上から見たところ．

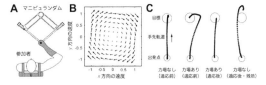

図 5.64　力場への適応（今水，2017）
A：マニピュランダムと実験参加者を上から見た図．B：反時計回りの回転力場を示す．縦軸と横軸の速度で手先が動くとき，矢印の方向に，矢印の長さに比例した力が，参加者の手先にかかる．速度が0のときは力も0で，速度が大きくなるにつれて力が増える．C：様々な条件下での手先の軌道を示す．

と，目標の方向の角度差を「照準誤差」としてパフォーマンスを評価する．追跡課題では，カーソルとターゲットの間の距離を一定時間内（2〜3秒）で平均した値を「追跡誤差」として評価に用いる．回転の角度で，課題の難しさ（誤差の大きさ）を大幅に調節できる点が，実験をデザインするときに便利である．回転の角度が増えるにつれて課題は難しくなるが，90〜120°が最も難しく，180°は比較的容易である（Cunningham, 1989；Imamizu & Shimojo, 1995）（Webデモ）．

5）力場への適応

実験参加者の運動中に手先に力を加え，環境や身体の動力学的な特性を変更する．マニピュランダムというロボットアームを用いる．最近では市販品も存在する（例えば，KINAM End-Point Lab™）．図 5.64Aに示すようにロボットアームの先端を実験参加者が握った状態で，到達運動を行う．腕とマニピュランダムを覆い隠すようにスクリーンを置き，プロジェクタで目標やカーソル，参加者への教示を映し出す．マニピュランダムは一定の規則に従って力を発生する〔力場（force-field）〕．よく用いられるのが回転力場といわれるものである（図 5.64B）．これは参加者の手先が進む方向に対して垂直な方向に，手先の速度に比例した力をかける．このとき，手先はマニピュランダムが発生する力に押し流され，手先の軌道は目標の方向から外れる（図 5.64C）．到達運動の練習を繰り返すと，参加者はマニピュランダムがどのような力を発生するか予測できるようになり，それを打ち消すような力を発生するため，軌道はまっすぐになる．力場に適応した後に，突然，力場を消す（マニピュランダムが力を発生しない）と，軌道は練習前の方向とは逆の方向に曲がる（残効）．残効は参加者の意図的な修正を受けにくいので，残効で軌道がどれくらい曲がったかを，学習の指標に用いる場合が多い．最初の実験論文は1994年に出版された（Shadmehr & Mussa-Ivaldi, 1994）．

6）運動-感覚の時間遅れへの適応

以上は，運動と結果の知覚との関係を空間的に変換する方法であるが，参加者の運動（例えば，マウスの動き）とその結果（カーソルの動き）の間に，時間遅れを入れる実験もある．最も単純な方法では，ボタンを押してフラッシュを点灯させる．ボタン押しとフラッシュの間に0.2秒程度の時間遅れを入れる．参加者は，時間遅れがあることをはっきり知覚できるが，これを10回ほど繰り返すと，次第に知覚される時間遅れは減少する．この状態で，突然時間遅れをなくすと，ボタンを押す前にフラッシュが点灯するような錯覚が生じる〔因果関係の逆転（Stetson et al, 2006）〕．外界で生じた変化が，自分の運動によるものか，他者の運動によるものかは，主に運動と知覚の同時性に基づいて判断される（自分の運動と同期する知覚的な変化は，自分の運動が原因である場合が多い）．実際の環境では，この同時性はかなり揺らいでいる．例えば，疲労で筋肉の応答時間は変化するので，脳から運動指令が発せられてから，身体が動くまでの時間は常に一定であるとは限らない．アクセルを踏んでから車が加速するまでの

時間は，車の状態（選択されているギアなど）によって変化する．しかし，多くの場合，自己の運動結果を適切に認識できるのは，脳が時間遅れを，短時間で適切に補正するからと考えられる．

7）運動技能の学習

運動学習は，大きく分けて，新たな運動技能（motor skill）を習得する場合と，環境や自分の身体の変化に対して適応する場合がある．前者は，例えば，新たなスポーツや楽器の演奏の仕方を覚える場合であり，後者は，水中で抵抗を受けながら体を動かすことや，疲労や怪我によって変化した身体の特性に適応することである．後者の場合を特に「運動適応（motor adaptation）」という．知覚-運動学習として，上記のような方法で調べられてきたのは，主に運動適応のメカニズムである．

知覚と運動の対応関係を変更せずに，運動技能の学習を調べる方法としてよく用いられるのは，回転追跡課題（pursuit rotor task）である．レコードプレーヤのような回転する円盤の上に，小さな円形のターゲットを置く（図5.65）．回転速度は毎分40〜80回程度が一般的である．参加者は，スタイラスを手に持ち，その先端が常にターゲットと接触するように手を動かす．1分ほど行い，ターゲットと接触していた時間でパフォーマンスを評価する．50年以上前から使われている課題で（Adams, 1952），様々な実験条件による学習の違いが調べられている．

8）系列学習

スポーツ，楽器の演奏，車の運転など，多くの運動技能の学習では，動作の順番を記憶して，動作と動作の間を滑らかにつなぐことが要求される．動作の順番を学習する仕組みは系列学習（sequence learning）として研究されてきた．

最も単純な課題の例は，親指と他の指を向かい合わせる拇指対向運動（finger-to-thumb opposition task）である（図5.66）．例えば，左手のひとさし指を1，中指を2，薬指を3，小指を4として，4-1-3-2-4の順番で親指と向かい合わせにする．これを繰り返し行い，速さ（例えば1分間に何回できるか）や正確さを調べる．体の動きを最小限に抑えられるので，MRI装置内で脳活動を計測

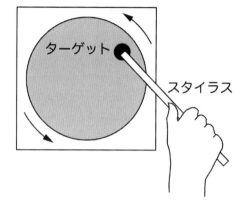

図5.65 回転追跡課題
回転する円盤の上に置かれたターゲット（黒丸）からスタイラスの先端が離れないように追跡する．

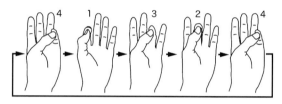

図5.66 拇指対向運動
決められた順番で親指と他の指を向かい合わせにする．図では小指（4）→ひとさし指（1）→薬指（3）→中指（2）→小指（4）．

するときの運動課題としてもよく用いられる．

「習うよりも慣れよ」と言われる．多くの運動学習においては，「頭で」意識的に理解しても運動は上達せず，体を動かして「体で覚える」ことが重要になる．拇指対向運動の場合も，初めは「4，1，3…」と意識的に順番を思い出しながら運動するが，慣れてくると指が自然に動くようになる．系列学習課題の中でも，系列反応時間課題〔serial reaction time task, SRTT（Nissen & Bullemer, 1987）〕は，意識的・明示的な学習（explicit learning）と無意識の暗黙的な学習（implicit learning）を対比する際によく用いられる．

典型的な実験では，参加者の前に4か所の視覚刺激（ランプ）と同じ数の反応ボタンが置かれる（図5.67）．参加者は，1つのランプが点灯したら，対応するボタン（例：左から2番目のランプが点灯したら，左から2番目のボタンを押す）をできる限り早く押す．ボタンを押すとランプは消える．しばらく（0.2〜0.5秒程度）すると別なランプが点灯し，そのランプに対応するボタンを押す．

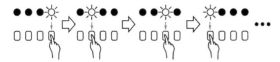

図 5.67　系列反応時間課題
ランプが点灯したら,対応するボタンをなるべく早く押す.ランダムに点灯しているように見えるが,長い期間では同じ順番が繰り返されており,参加者が気づかないうちに学習が進み,反応時間が早くなる.

これを繰り返す.ランプが点灯する順番は,例えば,左から順に 1, 2, 3, 4 とすると,4-2-3-1-3-2-4-3-2-1 のように決まっている.1 つの系列が終わると始めに戻って繰り返す.長い順番を連続的に繰り返すことで,参加者が同じ系列が繰り返されていることを気づきにくくしている.比較のために,直後にランダムな系列を行い,両者の反応時間の差を学習効果とする.参加者が同じ系列が繰り返されていることに気づかなくても,学習効果がみられる場合がある.

連続的な追跡課題でも,暗黙的な学習効果を調べる方法が提案されている (Maquet et al, 2003).図 5.68A は,追跡課題のターゲットの軌跡を示している.2 次元の軌道を見る限り,何か規則性があることは気づきにくい.実際,垂直方向の動きは,振幅と周期の異なる複数の正弦波の組み合わせであり,周期を無理数の比にすることで,同じパターンが出現しないランダムな軌道である(図 5.68B).しかし,水平方向は,単純な正弦波で往復運動をしている(図 5.68C).追跡課題の訓練をした後,ターゲットの軌道が「水平方向＝単純な正弦波,垂直方向＝ランダム」の場合と,軌道が「水平方向＝ランダム,垂直方向＝単純な正弦波」の場合で追跡誤差を比較すると,訓練時と同じ方向に単純な正弦波が含まれているほうが,誤差は少なくなる.

このように規則性をわかりにくくして,暗黙的な学習をさせる方法はいくつか提案されている.しかし,参加者が規則性に気づいていないことをどのように検証するか(多くの場合,参加者の主観的な報告に依存している)など,いまだに実験方法の改良の余地が残されている.

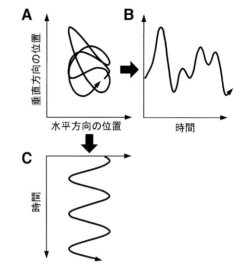

図 5.68　追跡課題における暗黙の学習 (Maquet et al, 2003)
ターゲットの 2 次元軌跡 (A).垂直方向はランダムな動きをする (B) が,水平方向は単純な往復運動である (C) ことに気づきにくい.

9) 知覚学習

心理学・神経科学では,知覚学習といわれる分野がある.例えば,視覚刺激の微妙な違い(線分の傾きなど),音刺激の周波数におけるわずかな違いなどを検出する能力は,長期間の訓練によって向上する.このような知覚固有の学習を研究する手法については Kellman (2002) が詳しい.

10) 動物心理学における知覚学習

動物に刺激を弁別させるには,古典的条件づけ・オペラント条件づけのように,報酬や罰を用いる方法が提案されている.しかし,報酬や罰を用いなくても,単に刺激を提示する(知覚させる)だけで,動物はその刺激について学習することがあり,これも知覚学習と呼ばれる.このような動物心理学における知覚学習の実験方法については,中島 (2001) に詳しく述べられている.

〔今水　寛〕

● Web デモ
視覚運動回転のデモプログラム
http://www.cns.atr.jp/~imamizu/visuomotor/

5.5.3 ヒトのオペラント行動研究法

ヒトを対象としたオペラント行動の実験は，実験的人間行動分析（experimental analysis of human behavior, EAHB）と呼ばれ，これまで①強化と弱化（罰），②選択と選好，③社会的行動と言語行動，④刺激等価性，⑤行動薬理学，などの領域で研究が行われてきた（Dymond & Critchfield, 2002）．

ヒトのオペラント行動を実験的に研究する目的は，大きく2つある．1つは，動物実験によって得られた行動法則をヒトに適用することによって行動法則の種を超えた一般性と，種による特異性を明らかにすることである．2つは，認知，思考，言語，意識などの心理現象を実験変数の中に包括的に取り込んでヒトに特有なオペラント行動の特徴を明らかにしようとするものである．

ヒトの実験においても，動物実験と同じように確立操作，先行刺激操作，オペラント行動，結果の随伴操作の4つがその構成要素となるが，ヒトの場合は，いくつかの困難を伴うことが指摘されてきた（Baron et al, 1991）．その主なものは，食物制限などの厳密な確立操作を実施することが困難であること，実験以前の学習履歴の影響を排除できないこと，非言語行動に対する言語や意識性の介入が予想されることなどである．ヒトのオペラント行動研究は，ある意味ではこれらの困難や問題を解決する試みの中で発展してきたと言えよう（Critchfield et al, 2000）．

1）実験セッティングと実験装置

ヒトの実験は，通常，隣り合った2つの小部屋（compartment）の一方を実験者用の制御室，他方を参加者用の部屋とするか，あるいは大きな部屋の一部を仕切り材で囲んだブース内に参加者が滞在し，実験者はその外側で作業をする，といった形が多い．いずれにしても実験中参加者が課題に集中できる環境が必要であることは，他の実験と変わらない．参加者用の部屋には机と椅子が置かれ，机の上にコンソールと呼ばれる刺激提示と反応取得のための器具が取りつけられた実験装置がセットされる．刺激提示は各種のランプやプロジェクタ，スピーカからなり，また，反応装置はオペランダム（operandum）と呼ばれテレグラフキー，プランジャー，ボタン，レバーなどが用いられてきたが，最近では，マウスボタン，キーボード，テンキーボードなどのほか，タッチパネルつきモニタが広く用いられている．タッチモニタを用いた実験の1例として，例えば，Raiaら（2000）は，モニタに敵の宇宙船を表示し，味方の宇宙船をジョイスティックで移動させながら敵の宇宙船を攻撃する場面で，画面上の発射ボタンを押す行動を変動時隔（VI）あるいは変動比率（VR）スケジュールで強化するという実験を行っている．

ヒトのオペラント行動実験の代表的なものとしてCataniaら（1982）のルール支配行動（rule-governed behavior）に関する実験装置を紹介する．図5.69が実験で用いられたコンソールである．コンソールの下半分は刺激-反応パネルで，下側の大きな2つの円が反応ボタンでその上の小さな円が弁別刺激用ランプである．適用された強化スケジュールは混成（多元）スケジュールで，左のランプが点灯しているときは左のボタンへの反応がRR40スケジュールで強化され，右のランプが点灯しているときは右のボタンへの反応がRI40sスケジュールで強化される．コンソールの上半分は強化パネルで，中央の四角い部分がポイントカウンター，その左右にある強化通知ランプが点灯したときに四角の下の小さなボタンを押す（完了反応という）とカウンターに1点加点されるようになっている（1点は後に1セントに換金され

図5.69 Cataniaら（1982）の実験で使用されたコンソール

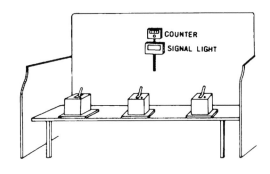

図 5.70 Ono（1987）の実験で用いられたレバー装置

た）．このような装置を用いた一連の実験によってCataniaらは，ヒトの強化スケジュールに対する反応は言語として提示されるルールの影響を受けやすいこと，一方，反応を反応形成（シェイピング）法によって形成したり，あるいは，強化手続きに完了反応を導入するとその影響が軽減することを明らかにした．

そのほかレバー装置を用いた研究としては，ヒトの迷信行動の獲得過程を調べたOno（1987）の実験がある（図5.70）．

2）強化子—その選択と提示法

ヒトのオペラント行動の実験的分析を行ううえで大きな問題は，行動に後続させる強化子をどのように決定するかということである．動物実験においては正の強化（提示型強化）であれば，確立操作として餌量を制限しそのうえで餌を強化子として用いることができる．また，逃避行動や回避行動を調べるために1次性の嫌悪刺激である電気刺激を用いることもある．しかしながら，ヒトを対象に身体的な苦痛を伴う確立操作を実施することはできない．

KangasとHackenberg（2009）は，過去50年間に"Journal of the Experimental Analysis of Behavior（実験的行動分析誌）"に掲載されたヒトを対象とした実験で用いられた強化子を調べ，主なものは次の7種類であることを示している．①換金可能なポイント：実験後にポイントに応じた現金を渡す．②食物：強化時に即座に摂取する少量の菓子，飲み物．③トークン：プラスチックの代理貨幣を提示し，後に食物や現金と交換する．④非随伴的金銭：実験参加に対してセッション後，金銭を支払う．⑤ポイントのみ：実験後の換金なし．⑥現金の直接提示：強化反応に対して現金を即時に提示する．⑦ゲームへの従事：一定時間ゲームなどの遊興的活動に従事できる．

以上の中で，使用頻度が高いのは，①の換金可能なポイントである．この強化操作の優れた点は，ポイントは実験場面において明確に提示でき，また，その量や遅延時間の調節が容易なことであり，さらに金銭がポイントのバックアップ強化子として確立操作を可能にするということである．

しかし，参加者に多額の金銭を支払うことは研究者にとって負担が大きい．かといってポイントだけの提示の場合，それが強化として機能するかどうかを判定することは難しい．そこでよく用いられるのが，社会的なバックアップ強化子で，その1例は学生が参加者である場合に限られるが，心理学概論や実験実習科目などの単位取得の1要件として組み込んでおくものである．さらに社会的な設定として競争的随伴性を導入し，ポイントの高い参加者に賞金を出す場合もある（Dougher et al, 1994；Madden et al, 2002）．また可能ならば，実験セッションの終了要件を，時間や強化数でなく，到達可能なポイントの値とするのも参加者に対する確立操作を高めるのに効果的である．

3）教示の問題

動物実験では，通例，反応の始発を反応形成（シェイピング）によって行うが，ヒトの実験では多くの場合，言語教示が用いられる．したがって，実験開始時の教示によって実験時の行動が大きく影響されることがある．例えば，「ボタンを押してください」という教示は，「ボタンを使ってください」の教示よりも，参加者がボタンを押す頻度が高くなることが予想される．このように教示の提示に関しては細心の注意が必要である．

4）説明と同意

ヒトを対象とした実験として，参加者の人権に配慮した説明と同意が必要であることは他の実験と同じである．

〔小野浩一〕

●参考文献

LattalとPerone（1998），中鹿ほか（2011）．

5.5.4 価値割引

1）価値割引の測定・分析の概要

ある事象の主観的価値が種々の要因によって低下する現象を価値割引（discounting）といい，割引要因が，その事象が実現するまでの遅延時間の場合を遅延割引（delay discounting），その事象が実現する確率の場合を確率割引（probability discounting），その事象の他者との共有の場合を社会割引（social discounting）という．ヒトを対象とした価値割引研究では，通常，割引要因を含む事象と含まない事象との間の主観的等価点（point of subjective equality, PSE）を測定する．例えば，遅延割引の場合，「1年後にもらえる10万円」との間で主観的に等価な即時報酬量を，確率割引の場合，「70％の確率でもらえる10万円」との間で主観的に等価な確実報酬量を，社会割引の場合，「面識のない4名とあなたでもらえる10万円」との間で主観的に等価な独占報酬量を測定する（社会割引では割引要因が社会的距離の場合もある）．さらに，このような測定を複数の遅延条件，確率条件，共有人数条件（または社会的距離条件）について実施し，PSEが割引要因の関数としてどのように低下するかを，割引関数の適用によって推定される割引率や，曲線下面積によって表す．図5.71は，報酬が10万円の場合の遅延割引の様子を示している．左図のように割引関数を適用する場合，最小二乗法を用いて割引率を推定する．この割引関数は，Mazur (1984, 1987) が提案した双曲線関数（hyperbolic function）であり，ヒトや動物の遅延割引をうまく記述することが知られている（Rachlin et al, 1991；Richards et al, 1997；Takahashi et al, 2008）．この関数は，自己制御（self-control）選択場面における選好逆転（preference reversal）（Green & Estle, 2003；Green et al, 1981；Kirby & Herrnstein, 1995）を記述可能である（Green & Myerson, 1993）．割引率（k）の値は報酬量によって変化する．例えば，Greenら (1997) は，24名の大学生を対象に遅延割引を測定し，双曲線関数を用いて割引率を推定した結果，割引率は，報酬量が100ドルの場合は0.007〜0.764（中央値は0.025），2,000ドルの場合は0.001〜0.139（中央値は0.012）の範囲で分布することを報告している．

2）心理物理学的測定法の適用

PSEの測定には，心理物理学的測定法がよく用いられる．以下では，遅延割引測定を例にあげるが，確率割引や社会割引についても，同様の方法により測定できる．

Rachlinら (1991) は，仮想報酬を用いて，「1年後にもらえる1,000ドル」と即時報酬の間の選択問題を設定し，これらへの回答からPSEを測定した．即時報酬量は，1試行目では1,000ドルであり，30問を通して，実験参加者の選択にかかわらず1ドルまで低下した（あるいはこの逆順序の上昇系列で提示された）．30問の間で，選好が即時報酬から遅延報酬へと切り替わった場合（上昇系列による提示では，これとは逆方向に切り替わった場合），切り替わり前後の即時報酬量の平均値をPSEとした．この測定法は，心理物理学的測定法の極限法を応用したものである．

図5.71に示したように，通常，価値割引を測定するには，割引要因の条件を複数設定し，そこから得られる複数のPSEを用いて割引の程度を推定するが，1点のPSEから割引率を推定する簡易的方法が用いられることもある（Kirby & Marakovic, 1996）．例えば，「今もらえる8万円」と，「一定の遅延後にもらえる10万円」との間の選択場面を設定し，10万円の遅延時間を極限法により変化させ，等価となる遅延時間を求め

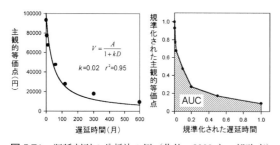

図5.71　遅延割引の分析法の例（佐伯, 2009を一部改変）
左図は，PSEに遅延割引の双曲線関数（左図内の等式）を適用し，割引率（k）を求める方法を，右図は，PSEの曲線下面積（area under the curve, AUC）を求める方法を表す．等式のVはPSE，Aは遅延報酬量，Dは遅延時間を表す．

る．次に双曲線関数を用いて，Dに等価点，Vに80,000，Aに100,000を代入し，kについて解くことで，割引率を求めるのである．この方法を用いることにより，問題数を節約できるが，1点の等価点から割引率を算出するため，割引率の信頼性が問題となる．

このほか，心理物理学的測定法を応用した方法として，実験参加者の選択に応じて即時報酬量を増減させる調整法（adjusting method）がある．価値割引測定には，調整法の一種であるランダム調整量手続きがよく用いられるが，これについては5.5.5を参照されたい．

調整法の変型版として，実験参加者の選択が変化するまで刺激を一定の方向で提示し，選択が切り替われば，刺激の提示方向を反転させることによりPSEを求める上下法（up-and-down method）がある．Duら（2002）は，試行の進行に伴って即時報酬量や確実報酬量の増減量が少なくなる上下法を用いて，仮想報酬の遅延割引と確率割引を測定している．例えば，遅延される10,000ドルとの間で主観的に等価な即時報酬量を求める場合，1試行目における即時報酬量は遅延報酬量の半分の値（この場合5,000ドル）に設定され，1試行目から2試行目の間における即時報酬量の変化量は，さらにその半分の値（2,500ドル）とされた．すなわち，2試行目で提示される即時報酬量は1試行目で遅延報酬が選択されたならば，7,500ドルとなり，1試行目で即時報酬が選択されたならば，2,500ドルとなった．2試行目から3試行目の間における即時報酬量の変化量は，さらにその半分の値（1,250ドル）とされた．このように，即時報酬量の増減量を試行ごとに半減していき6試行が実施された．この研究では，PSEとして，最後に選択された即時報酬量と最後に拒否された即時報酬量の間の中点が採用された．

彼らが用いた上下法には，比較的少ない試行数でPSEを測定できるという利点を有するが，初期の試行における選択によってPSEの値が大きく左右されるため，この点について実験参加者に注意を促し，選択を誤った場合には，選択のやり直しができるように工夫する必要がある．

3）仮想の選択場面と実際の選択場面

価値割引測定において重要な点の1つに，判断・選択の対象が仮想であるか実際に提示されるものであるかの違いがある．遅延割引研究の多くは，「1,000ドル」といった大きな報酬量や，「10年」といった長い遅延時間を実現するのが難しいことから仮想報酬を用いているが，「10ドル」などの比較的少額の報酬量や，「1か月」といった比較的短い遅延時間を用いて実際報酬を実現した研究もある（Kirby, 1997）．実際報酬を用いて測定を行う場合には，ランダム調整量手続きを採用するなど，「実験参加者が，得られる報酬量を多くするために，PSEを故意に高くする」ことを防ぐような工夫が必要である（5.5.5参照）．

実際報酬を用いた実験では，一連の試行における選択内容のすべてを実現するのではなく，実験参加者が行った選択のうちの1つを，実験者が無作為に選択し，実験後に実現する方法が用いられる（Kirby, 1997；Kirby & Maraković, 1996）．そのため，選択結果を経験することによって生じる学習効果を明らかにすることは不可能である．遅延割引研究では，複数回の選択試行を通して，実験参加者に選択内容を経験させ，学習効果を検討しているものもあるが，実験室内で実現可能な数十秒程度の遅延時間では，価値割引が生じにくいことから，遅延報酬の実現確率を低下させたり（Reynolds & Schiffbauer, 2004），遅延中にそれまでに獲得した報酬を減少させる（Rodriguez & Logue, 1988；佐伯・伊藤, 2003）ことにより遅延割引を測定している．一方，確率割引研究や社会割引研究では，コンピュータプログラム（烏野ほか, 2010；佐伯・伊藤, 2008）によって不確実報酬や共有報酬を，くじ（実光・大河内, 2007）によって不確実報酬を実現できるため，選択結果を経験することによる学習効果を検討できる．

価値割引測定では，選択の切り替わり点が複数出現するなど，等価点がうまく測定できない場合がある．安定したデータが得られない原因として，多くの研究では，実験参加者に選択肢の内容を複数回経験させ，反応が安定した時点でのデータを分析に用いるという，学習心理学の手法を用いていないことがあげられる． 〔佐伯大輔〕

5.5.5　選好の測定・行動経済的測定法

1）ランダム調整量手続き

遅延報酬と直後報酬への選好を測定する際には直後報酬の報酬量を上下方向に系列的に変化させたり，短い遅延から長い遅延に変化させることが多い（5.5.4 参照）．しかしこれらの方法では，①選択回数が多くなり測定時間が長くなる，②仮想的な報酬ではなく実際にお金を支払う場合には，参加者は選択肢の系列を予測できるので，受け取り報酬が多くなる選択をするよう動機づけてしまう，という問題点がある．

ランダム調整量（random adjusting-amount）手続きは報酬量を一定の範囲でランダムに提示し，その範囲を参加者の反応に応じて調整することで遅延報酬の主観的等価点（point of subjective equality, PSE）を測定する方法である（Richards et al, 1999）．この手続きでは，例えば「3 日後の 10 ドル」（遅延報酬）と「今すぐの 6 ドル」（直後報酬）のどちらが好ましいか，という質問が提示され，参加者はどちらかを選択する．遅延報酬は報酬量が固定されるため「基準量」と呼ばれ，また直後報酬は手続きにより報酬量が調整され変化するため「変動量」と呼ばれる．

Richards ら（1999）では，5 つの遅延（0, 2, 30, 180, 365 日）後の 10 ドルを基準量とした．各基準量は同じ確率でランダムに質問に用いられた．変動量はランダム調整量手続きにおける 4 つの値の範囲でランダムに決められた．この 4 つの値は最大上限，最小上限，最大下限，最小下限という．5 つの遅延それぞれに対する最大上限，最小上限はともに 10 ドル，最大下限，最小下限はともに 0 ドルであり，変動量の値は最大上限と最大下限の範囲の 0.5 ドル刻みの値の中からランダムに選ばれた．

この範囲は参加者の行った選択に応じて次第に狭くなっていく．参加者が基準量を選択した場合には次の選択肢における上の 4 つの値は以下の 3 つのルールに従って上昇する．

①もしも変動量が最小下限よりも大きいならば，最小下限は変動量と同じ値に更新し，最大下限は前回の最小下限の値に更新する．

②もしも変動量が最小下限よりも小さいならば，最大下限は変動量と同じ値に更新し，最小下限はそのままにしておく．

③もしも変動量が最小上限よりも大きいならば，最小上限は変動量の値に更新し，最大上限は 10 ドルとする．

一方，参加者が変動量（直後報酬）を選択した場合には，以下の 3 つのルールによって 4 つの値を低下させる．

④もしも変動量が最小上限よりも小さいならば，最小上限を変動量の値に更新し，最大上限は前回の最小上限の値に更新する．

⑤もしも変動量が最小上限よりも大きいならば，最大上限は変動量と同じ値に更新し，最小上限はそのままにしておく．

⑥もしも変動量が最小下限よりも小さいならば，最小下限は変動量の値に更新し，最大下限は 0 ドルとする．

もしも最大上限と最大下限の差が 0.5 ドルとなった場合には，そのときの変動量が PSE となり，その基準量についての質問は提示されなくなった．また参加者が自分自身の選択に応じて調整されていることをわからないようにするため，70 試行以降にはディストラクター試行が 50% 挿入された．また実験セッション終了後に試行 1 つがランダムに選ばれ，選択結果が直後報酬の場合はその場で，遅延報酬の場合は遅延期間後に郵送で報酬金額が支払われた．

ランダム調整量手続きの長所は，選択肢の遅延時間・直後報酬の金額をある程度ランダムにするため，系列的に選択肢を提示する手続きと比較して，参加者に実験者の意図が悟られにくいことである．また必要な選択回数も少なくて済むため，実験時間を短くできる点もある．

2）2 位価格オークションと BDM 法

行動経済学において，ある商品やくじがあるときに支払ってもよい最大の金額を支払意志額（willingness to pay，WTP）という．反対にすでに持っている商品やくじを売り渡すとき，また廃棄物処理施設の建設など環境が悪化する際に受け入れ可能な最低限必要な補償金額を受入意思額ま

たは受入補償額（willingness to accept, WTA）という．しかしオークションにおいて事前に高額の入札をするとうそを言って競争相手を撤退させる手口のように，単純にWTPがいくらなのか聞くと参加者はより多くの利益を得るために偽りの値を言う可能性がある．インセンティブ両立性（incentive compatibility）とは，参加者が真の選好・評価値を表明することが各参加者にとって最も有利な戦略であることをいう．インセンティブ両立的なWTPの測定方法として，2位価格オークション（Vickrey, 1961）およびBDM法（Becker-DeGroot-Marschak method）がよく用いられる（Becker et al, 1964）．

2位価格封印入札オークションでは，1番高い金額を入札した人が落札をするが，支払額は2番目に高い入札価格とするオークションであり，入札価格は入札者が互いに知ることはできない．このオークションでは各入札者は出品物に対する自己の真の評価額で入札することが最も利益となる．

Kirby（1997）は2位価格オークションを利用して遅延報酬に対するWTPを測定した．参加者は3〜4人が1グループとなり，コンピュータのある個室にそれぞれ入った．各コンピュータはLANによりオークションをコントロールする競売人役のコンピュータに接続されていた．実験ではまず2位価格オークションの仕組みと，この種類のオークションでは自分の本当に思っている真の評価額で入札することが自分自身にとって最も有益であることが詳しく教示され，オークション入札の練習が行われた．

遅延報酬の報酬量は10ドルと20ドルの2種類，遅延期間は1〜29日までの間の奇数日間（15種類）が用意され，合計30試行のオークションが行われた．オークション実施中，コンピュータスクリーン上には「今回のオークションでの出品物は」の後に「15日後の10ドル」のように遅延と金額が表示され，この下に「この出品物に今すぐここまでならば出してもよいという金額は」と表示され，次に参加者の入力した入札額が表示された．入札額の入力が済むと参加者は「封印入札」ボタンを押して，競売人役のコンピュータに入札額を送った．参加者グループ全員の入札が終わっ

た後に次の試行へと移った．実験終了後に，すべてのオークションの中から1つがランダムに選ばれて，落札した参加者が落札金額を支払い，代わりに遅延期間後に郵送で遅延報酬を受け取った．

BDM法でWTPを測定するには，例えば確率pで1,000円が獲得できるが，確率$1-p$で0円となるくじがあった場合に，参加者がいくらならばこのくじを購入するか購入希望額を尋ねる．次にコンピュータなどで0〜1,000円の間でランダムにくじの販売価格が選ばれる．参加者の購入希望額がくじの販売価格以上に高いならば，参加者は販売価格を支払ってくじを購入しなければならない．そして実際にくじを引いて0か1,000円を受けとる．反対に購入希望額がくじの販売価格よりも低いならば，くじの購入は行われないので利得は0円である．参加者はくじの真の評価値を購入希望額にすることが最も利益となる．

Benhabibら（2010）では遅延報酬に対する参加者のWTPを測定するためにBDM法を応用した．参加者はまずBDM法の仕組みおよび真の評価値を答えることが有利であることが教示された．実験第1期には「t日後のxドルと差異がない，今日支払われる金額はいくらか」という質問形式で，金額xには10, 20, 30, 50, 100ドルの5種類，遅延期間tには3日，1週間，2週間，1か月，3か月，6か月の6種類を組み合わせた合計30問が質問紙により提示された．すべての質問への回答後に，30問の中から1つがランダムに選ばれ，その金額が支払われた．例えば1か月後の50ドルに対して，参加者が40ドルと答えたとする．BDM法に基づき0〜50ドルの範囲の一様分布からランダムに選ばれた金額が40ドルよりも低いならば実験の1か月後に50ドルが参加者に支払われ，逆に選ばれた金額が40ドル以上ならば参加者が答えた40ドルがその場で支払われた．

2位価格オークションとBDM法においては真の評価額を表明することが有利とされているが，実際に参加者が真の評価額で入札していることを保証するものではないことにも注意が必要である（Noussair et al, 2004）．例えばBDM法ではランダムに選ばれる価格の分布がWTPに影響することなどが指摘されている（Horowitz, 2006）．

〔川嶋健太郎〕

5.5.6 不確実性と曖昧性の伝統的な研究法と測定法

1) 不確実性, 曖昧性と確率

不確実性（uncertainty）や曖昧性（ambiguity）は意思決定での状況の分類である. 確実性と情報の全くない無知性（ignorance）の間を不確実性, さらにこれを確率で記述可能なリスク性と曖昧性（ambiguity）とする分類がよく使われてきた. ただ心理学では単に不確実性という場合, 確率で記述される状況であることも多い. なおこれらは統計学, 経済学などでも使われるが定義は異なる.

2) 不確実性の提示法

不確実性下での意思決定研究法は認知系と行動系で異なる. 認知系では主に確率や統計情報を用いて言語的に不確実な課題状況を示し, それに対する判断・意思決定を提示された複数の選択肢から1つ選ばせるという選好（preference）を求める. この際, 各選択肢に対する主観的好みの程度はリッカート型尺度で回答させるのではなく, 選択肢の選択, あるいは可能性の主観判断（確率）により測られる. そこでの不確実性は, 直接的に言語で%やオッズ（例：勝ちは1対10）などの数値で示される. また意思決定は1回のみで, 実験参加者間比較が一般的である. 一方, 行動系の研究（特に動物系）や認知系のうち欧州で進められてきた経験からの意思決定（decision from experience）の研究では, 報酬の頻度や当たりの出現を確率的にし, 継時的・経験的に確率を学習させる方法がとられる. だがこの方法では必然的に実験参加者や被験体は複数回不確実性に接するので言語的に1回で状況提示する研究とはその点も異なり, 結果の大きな違いが論争を生んでいる（Hertwig, 2016）.

3) 曖昧性の提示法

曖昧性は「エルスバーグの壺問題」で最初に指摘された. この問題は, 壺の中に赤玉が30個, 黒と黄の玉が合計60個あることがわかっている状況で, 赤か黒どちらかに賭けるときは赤が選ばれるが,「赤か黄」または「黒か黄」が出る賭けでは後者が選択され, これは黒と黄の割合が不明の曖昧性状況によるとされた. この状況は2次確率で記述できるため（Einhorn & Hogarth, 1985）, これを用いて曖昧性を変化させた研究が行われてきた（増田, 2009）. 一方, 言語的な曖昧状況は vagueness としてさらに曖昧性と区別されている.

4) 主観確率の測定

主観確率の研究は心理学の意思決定理論の端緒でもある Edwards（1954）に始まるが, 海外では実験参加者の主観確率の測定も心理学にとどまらず盛んである. その理由は, 気象や経済など, 不確実な事象の予測では主観確率がしばしば用いられるからである. 以下では主観確率の測定法について紹介する. 導出手続きには大別して確率分布のパラメータ（平均など）や確率値を直接1つ導出する離散値の導出と, 連続量の導出の2つがある.

5) 主観確率の導出手続き―離散値の場合

離散値の導出には求める選択肢の数に応じて①～③の手続きがある.

① 1選択肢のみを求めるもので, 例えば「アブサンは宝石である」この文が正しい確率を直接回答してもらう方法である.

② 2選択肢, 例えば「アブサンは(a)宝石である, (b)リキュールである」を与え, これらから正解を1つ選択させたうえで正解の確率を回答させる. 確率の回答手法にも2つあり, 半範囲手法では選択が正解である確率を 0.5〜1 の間で, 全範囲手法では 0〜1 の間で回答してもらう. 心理学で最もよく使われてきたのはこの二肢強制選択法〔the two-alternative（half range）forced-choice, 2AFC〕である.

③ 3つ以上の選択肢, 例えば「アブサンは(a)宝石である, (b)リキュールである, (c)カリブの島である, …」を提示し最も正しい選択肢を選ばせた後, 回答の正しさを選択肢数 k に応じて 1/k〜1 までの範囲で回答するか, または 0〜1 の間で回答させる.

6) 主観確率の導出手続き―連続値の場合

累積分布関数または確率密度関数を求める方法

で固定値法と固定確率法がある．固定値法ではまず変数の全体幅を均等な間隔に分け，確率密度関数を求める場合は回答者はある値が各間隔に存在する確率を，累積確率分布の場合はその量が提示された特定の値よりも小さい確率を回答する．前者のほうがやさしいといわれる．固定確率法は，特定の％分位点，または信頼区間で区切られた値の推定を求める．例えば「未知の量が，xという値より25％の確率で小さくなるようなxの値を回答せよ」などである．％分位点としては中央値，3分位点，4分位点，8分位点，極端な値（0.01, 0.99）がよく使われ，具体的にはまず中央値，次に4分位点，8分位点…のように進める．ただしこの方法は累積エラーや自信過剰に陥りやすいという批判がある．固定確率法と固定値法では，後者のほうがよく較正されるといわれる．

7）キャリブレーションにおける指標

導出後は得られた値が正しいかについてキャリブレーション（較正）が行われる．連続確率分布のキャリブレーションでは4分位指標とサプライズ指標がよく使われる．前者は得られた主観確率の分布での四分位範囲（0.25～0.75）に真値が含まれる割合で，分布が完全に正しいならこの値は0.5となる．サプライズ指標は得られた分布での最も極端な特性点の外側に，真値が落ちる割合（％）である．例えば最も極端な特性点が0.01と0.99なら理想的なサプライズ指標は2(％)になり，真値がそれより大きいなら回答者のもつ信頼区間は非常に狭く，自信過剰ということになる．

8）スコアリングルール

導出では回答者へのフィードバックとしてスコアリングルールが使われることがある．これは客観確率からの「ずれ」に関する評価で，回答者が正しい値を出すための動機づけともなる．有名なものは離散値に対するブライアスコア（Brier score）で気象庁の季節予報で使われている．以下の式で求められる．

$$BS = \frac{1}{N} \sum (p_i - a_i)^2$$

p_i：主観確率，a_i：客観確率，N：サンプル数，$0 \leq BS \leq 1$．

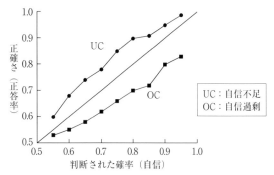

図5.72 キャリブレーションカーブの例（半範囲）

9）心理学でのキャリブレーション研究

心理学では離散値の全範囲が，また主観確率の実験室研究に関しては2AFC（半範囲）が主に使われてきた．典型的なパラダイムでは，実験参加者は多数の一般知識問題または百科事典的問題に回答し，次に回答全体に対して自分の選んだ回答が正解である確率（割合）の評定を求められ，確率をX，正答率をY座標とするキャリブレーションカーブとして描く（図5.72）．結果については，従来自信過剰の傾向が指摘されている．自信過剰の程度は課題の難易度に影響される一方，課題の種類や領域，尋ね方の方法，評価者の性質には依存しないといわれている（広田，2009）．

10）主観確率の利用分野と今後

日本では主観確率の利用が天気予報や経営学，原子力分野以外あまり知られておらず，特に心理学では重要性の認識が低かった．だが欧米では専門家から導出された主観確率は長年頻繁に使われてきた．O'Haganら（2006）は医療場面での診断と治療の意思決定，臨床心理学での診断，生存分析，農業，天文学，ビジネス場面や経済・ファイナンス，環境保全など幅広い例を紹介しており，特に診断場面での事例は多い．この背景には，専門家の主観確率がベイズ統計の事前確率としてよく用いられること，また根拠に基づく医療（EBM）により数量的根拠を示す必要性があったためと推測される．ベイズ統計やEBMは今後日本でもより一般化すると推測されることから，本節の手法はむしろ今後重要になる可能性がある．

〔広田すみれ〕

5.5.7 ゲーム理論

1) 相互作用とゲーム理論

ヒトは，相互作用を行いながら，交渉をしたり，相互的・集団的な意思決定を行っている．複数のヒトの対立や相互作用を説明しようとするゲーム理論（game theory）と呼ばれる理論的体系がある．ゲーム理論に基づく研究は，単に理論的研究だけにとどまらず，実験による検証もきわめて頻繁に行われており，相互作用における意思決定を捉えるうえでは，非常に有効な知見を提供している．

ゲーム理論は，数学者 von Neumann と経済学者 Morgenstern によって提唱された経済行動を記述するための理論である（von Neumann & Morgenstern, 1944, 1947）．現代の理論経済学，社会学，心理学，工学においても採用されている．

ゲーム理論は，学習，認知，社会行動に関する実験心理学的研究とも関連が深く，実験ゲームでの行動を研究する行動ゲーム理論（behavioral game theory）という分野も存在している．ただし，伝統的ゲーム理論は成員の意思決定の合理性を仮定しており，実際の相互作用における意思決定との乖離が指摘されることも多い．

2) 標準形ゲームとゲームのタイプ

意思決定に関わる個々の成員（プレイヤーと呼ぶ）の選択肢（戦略）と利得との関係で定義されるゲームを戦略形ゲーム（game in strategic form）または，標準形ゲーム（game in normal form）と呼ぶ．相互依存関係は 2 人以上の複数の個人によって構成されているので，n 人ゲームとして抽象化すると，n 人ゲームは，次の要素の組によって定義される（岡田，2011）．

$$G = (N, \{S_i\}; i \in N, \{f_i\}\ i \in N) \tag{1}$$

ここで，①$N = \{1, 2, \cdots, n\}$ は，プレイヤー（個人意思決定者）の集合，②S_i は，プレイヤー i の選択可能な行動（行動選択肢）あるいは戦略の集合，③f_i は，直積集合 $S = S_1 \times S_2 \times \cdots \times S_n$ 上の実数値関数であり，プレイヤー i の利得関数（効用関数）を表す．なお，すべての戦略 $S = (s_1, s_2, \cdots, s_n)$ に対して，

$$\sum_{i=1}^{n} f_i(s_1, \cdots, s_n) = 0$$

が成り立つ場合をゼロ和ゲーム（zero-sum game）という．また，ある定数 K が存在して，総利得が K となる場合を定数和ゲーム（constant-sum game）という．なお，ゼロ和ゲームでないゲームを一般に，非ゼロ和ゲーム（non-zero-sum game）という．

3) 最適反応とナッシュ均衡

◆最適反応

まず最適反応について定義を行う．プレイヤー i の戦略 $s_i \in S_i$ が他の $n-1$ 人のプレイヤーの戦略の組 $s_{-i} = (s_1, s_2, \cdots, s_{i-1}, s_{i+1}, \cdots, s_n)$ に対する最適反応（best response）であるとは，

$$f_i(s_i, s_{-i}) = \max_{t_i \in S_i} f_i(t_i, s_{-i})$$

であるときをいう．ここで，$f_i(s_i, s_{-i})$ は，他者がある戦略をとったときそれを所与としたときの自分が戦略（選択肢）S_i を採用したときの利得であり，最適反応は，自分の利得が最大になるもののことである．

◆ナッシュ均衡

ナッシュ均衡は，すべてのプレイヤーにとって自分の戦略が最適反応になっているときの組み合わせの状態である．n 人ゲーム(1)式において，プレイヤーの戦略の組 $s^* = (s_1^*, \cdots, s_i^*, \cdots, s_n^*)$ がナッシュ均衡点（Nash equilibrium point）であるとは，すべてのプレイヤー $i(=1, \cdots, n)$ に対して，戦略 s_i^* が他のプレイヤーの戦略の組に対する最適反応であるときをいう．

◆パレート最適

パレート最適（Pareto optimal）とは，n 人ゲーム(1)式において，すべてのプレイヤー $i(=1, \cdots n)$ に対して，$f_i(t_1, \cdots, t_n) > f_i(s_1, \cdots, s_n)$ となる戦略の組 $(t_1, \cdots t_n) \in S$ が存在しないことをいう．

4) 囚人のジレンマゲーム

囚人のジレンマゲーム（prisoner's dilemma game）は，心理学においてよく用いられているゲームであるが，抽象的に定義すると**表5.7**の利

表5.7　囚人のジレンマゲームの利得行列

	黙秘 C	自白 D
黙秘 C	R, R	S, T
自白 D	T, S	P, P

得行列（pay-off matrix）において，$T>R>P>S$および$2R>(S+T)$の関係が成立する場合に，囚人のジレンマゲームという（藤井，2003）.

　囚人のジレンマゲームでは，2人の囚人を別室で取り調べ，2人ともが自白すれば8年の刑を受けるが，1人のみが自白すれば自白した者が3か月，黙秘した者が10年の刑を受け，2人ともが黙秘すれば2人とも1年の刑になるというストーリーで説明される（岡田，2011）.

　囚人のジレンマゲームにおいては，ナッシュ均衡点（DまたはCという戦略のみで確率で戦略を組み合わせない純粋戦略上の均衡点）は，DとDの組み合わせのみである．また，パレート最適点は，それ以外の組み合わせになる.

　囚人のジレンマゲームでは，なぜ協力反応が得られるのかということが問題になる．ゲーム理論の観点からすると，自白（D）と自白（D）の非協力反応の組は，ナッシュ均衡点であるが，パレート最適ではない．これまでに，ヒトの囚人のジレンマについて様々な実験研究が行われており（Colman, 1995；藤井，2003；川越，2007），近年では，ラットを用いた実験も行われている（Wood et al, 2016）.

5）最後通牒ゲームと実験ゲームの方法

　ゲーム理論の心理学的研究で盛んな議論が行われたものに，最後通牒ゲーム（ultimatum bargaining game）がある．まず，2人で分けることのできるある金額x円があるとする．プレイヤーの2人は，いずれかが配分額を提示する側（プレイヤー A）とその提示を受け入れるかどうか

を決定する側（プレイヤー B）とに役割が決められている．プレイヤー A は B に金額k円（$0 \leq k \leq x$）を分配額として提示する．プレイヤー A にとっては，$x-k$円が自分に配分される金額となる．この提示の後，プレイヤー B はこの A の提案を受け入れるか否かを決める．A の提案を受け入れたら，A は$x-k$円，B はk円を得られる．しかし，B が A の提案を拒否すれば，2人とも何も受け取れなくなる.

　部分ゲーム完全均衡（subgame perfect equilibrium）に至るための遡及的帰納法（backward induction）を用いると，最適反応として，プレイヤー A はほとんど0円に近い最低の金額（1円）をプレイヤー B に提示し，プレイヤー B はそれを受け入れるということが導き出される．B が A の提示を拒否することによって，取得額が0円になることよりも提示を受け入れることが明らかに金銭的には優越している．しかし，これまでの実験結果は，プレイヤー A の提案額の平均総額は，理論的予想のほぼ0%とはかなり隔たっていたのであった（Camerer & Ho, 2015）．このゲームでのプレイヤーの行動をどのように説明するのかについての様々な理論モデルが提案されている（Camerer & Ho, 2015；川越，2007）.

　最後通牒ゲームやその他の実験ゲームについては，Camerer と Ho の展望論文があり，様々な実験ゲームについての実験方法，意思決定のモデル，計量分析の方法などが紹介されている（Camerer & Ho, 2015）．また，実験ゲームに関する学習過程や認知過程についての理論的考察やアイカメラや情報モニタリング法などの過程追跡技法を用いた実験ゲームでの認知過程研究の方法論については，Camerer の展望論文に詳しい（Camerer, 2015）.　　　　　　　　　　〔竹村和久〕

第6部

生理学的測定法

第1部　実験の基礎

第2部　感覚刺激の作成と較正

第3部　感覚・知覚・感性

第4部　認知・記憶・注意・感情

第5部　学習と行動

第6部　生理学的測定法

付　録

▶ 生理学的測定法

6.1	心の測度としての生理反応	400
6.2	眼球運動	404
6.3	循環器系	412
6.4	内分泌・免疫系	418
6.5	筋肉・皮膚・呼吸	424
6.6	脳　波	432
6.7	脳機能イメージング	448
6.8	脳機能操作	462
6.9	共同利用情報	464
6.10	ニューロン活動の測定	466
6.11	*in vitro* 実験	468
6.12	定位脳手術	472
6.13	*in vivo* 実験	476
6.14	組織学的解析	478
6.15	遺伝子	480

6.1.1 生理的測度は心の何を測っているか

1) パフォーマンスとアクティビティ

生理的測度のみならず，心理学における測定は直接的に心を測るものではない．刺激を入力し，出力された反応との関連性を測ることで「心」のありようを記述する試みである．ただし，反応時間や正答率のような反応は刺激に応じた外界への働きかけ・パフォーマンス（performance）であるのに対し，生理反応は刺激に応じたパフォーマンスを生成する際に生体内で生じた変化・アクティビティ（activity）を捉える測度である点が異なる．

2) 測度とカントの三分モデル

この違いを，知・情・意の区分に則して考えてみたい（図6.1）．この区分は，心や態度の構造を知（cognition, cognitive component），情（affect, affective component），意（conation, behavioral component）の3つに分ける捉え方であり，カントによる宗教の三分モデル（Kantian tripartite model）になぞらえた伝統的な考え方である（Vande Kemp, 1999）．感覚・知覚・記憶・イメージ・信念などがcognition，感情・気分などがaffect，行動・意図・意思などがconationに属するものとされている．

図6.1では，暗算課題（カッコ内左側）とともに，説明の補助として自動車（カッコ内右側）を例にとって示してある．

まず自動車を例に，現在14時で，15時までに取引先に行かなくてはならないという運転目的（刺激・与件）が与えられ，14時50分に着いたというような事態を仮定する．このとき，スピードメータ経由で得られた最高時速60 km/時・所要時間50分などがデータとして得られる．これがパフォーマンスである．これは主にconationの測度である．

一方，タコメータを経由して記録される運転中のエンジンの平均回転数は，スピードとは相関があるが，車種によってギア比設定やエンジン出力が異なるので，軽自動車などのエンジン出力の小さい車であれば，より高い回転数が記録されることになる．これがアクティビティに該当する．これはaffectの測度として考える．

3) ロジスティクスとポテンシャル

エンジン回転というアクティビティは，ガソリン供給によって支えられる活動である．ガソリン供給は，いわばアクティビティを支えるロジスティクス（logistics）である．通常これを測るメータは自動車についていない．アクセルの踏み込み角度やキャブレターにメータをつけるなど，特殊な測定を行う必要がある．これはaffectの測度に位置づけておく．

ここまで記述した刺激・パフォーマンス・アクティビティ・ロジスティクスの関係は，自動車のスペックによって異なるものになる．大型自動車と軽自動車を比べた場合，同じパフォーマンスを得るために，大型車は低いアクティビティ・多量のロジスティクス，軽自動車は反対に高いアクティビティ・少量のロジスティクスとなるだろう．この差異は，エンジン性能などスペックの制限に基づく．自動車であればカタログに記載されているようなスペックであり，人間でいえば定常的な個人差である．知・情・意で区分された心の働きの前提となる活動傾向・くせであって，一種のポテンシャル（potential）である．知・情・意とは別にする必要があることから，図6.1では知・情・意の下に描いた．

4) 知・情・意と心理学的測度

ここまで自動車を例にとって説明したことを，表6.1を参照しながら暗算課題に適用してみたい．暗算という刺激はcognitionの働きによって生体に取り込まれ，意味づけられ，conationの働

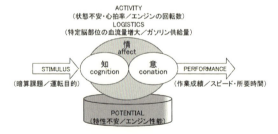

図6.1 知・情・意の区分に基づいた反応の分類

表 6.1 測定内容と測度の対応

自動車のたとえ （表示）	測定内容	生理的測度の例	その他の測度の例	伝統的分類との対応
スピード （スピードメータ）	結果・成績 performance		作業量，正答率， d'（記憶），反応時間	cognition conation
エンジンの回転数 （タコメータ）	当該器官の活動 activity (state)	MEG，脳波，心拍率， 皮膚温，瞳孔径	状態不安，感情経験	affect
ガソリン供給量 （アクセルの踏み 込み角度）	エネルギー供給 logistics	fMRI，NIRS，PET， コルチゾール濃度		affect
性能 （カタログ数値）	活動傾向・くせ potential (trait)		特性不安，パーソナ リティ， 知能	⌈cognition⌉ affect ⌊conation⌋

きによって表出された作業成績などのパフォーマンス（自動車でいえばスピード・所要時間）として測定される．暗算課題を難しくすれば作業成績は落ちるだろう．

このとき，状態不安や心拍率の上昇という affect 由来の反応も得られる．しかしこれは暗算課題に応答したパフォーマンスではなく，そのパフォーマンスを得るための生体内の変化であり，アクティビティ（エンジンの回転数）に相当する．一般に状態（state）として測定される測度である．そして交感神経-副腎髄質系の活動が高まることがロジスティクス（ガソリン供給量）に相当する．

なお，特性不安が高いことによって，状態不安や心拍率の増大傾向が高まったり，作業成績が低下したりすることが推測される．特性不安のほかにもパーソナリティや知能など，いわゆる trait として測定されるものがポテンシャル（カタログ数値）に該当する．

5）生理的測度の区別

表 6.1 で注目してほしいのは，同じ脳活動であっても，MEG（脳磁図）や脳波がアクティビティに区分されているのに対し，fMRI, NIRS (near infra-red spectoroscopy)，PET（ポジトロン断層法）などはロジスティクスに位置づけられていることである．MEG や脳波で測定される生理変化は，脳の電磁波を介して測定され，その変化は脳の特定部位のアクティビティを反映する．一方，fMRI, NIRS, PET などは，その脳活動を支える血液供給や代謝などのロジスティクスを反映する．ロジスティクスの測定は，ガソリン供給量のメータが常設されていないように，測定難度がやや高い．

コルチゾール濃度をロジスティクスに分類したのは，コルチゾールが，グルコースを要求する臓器のロジスティクスとして機能するからである．パブリックスピーチという刺激で血中のコルチゾール濃度が増大し，それが唾液中コルチゾール濃度に反映し，その変化が記録される．おそらく，スピーチに伴う脳活動で多量に消費されるグルコースを供給するための活動であろう（阿部，2002）．脳波などと同じく affect の反映であるにしても，脳波が脳のアクティビティを反映した測度であるのに対し，コルチゾールはその活動を支えるロジスティクスの測度である．アドレナリン濃度などの交感神経-副腎髄質系の測度もまた，心拍や皮膚温，あるいは瞳孔径などの末梢器官が運動量増大に適した状態を整えるためのロジスティクスの測度である．

ロジスティクスに相当する測度については，心理的な変化の反映である前に，生理学的な機序の中で，どの臓器の活動をターゲットとした変化であるかを考慮することが，測定の意義を明瞭にしてくれるものと思われる． 〔阿部恒之〕

6.1.2 測定機器情報

6.3 循環器系, 6.4 内分泌・免疫系, 6.5 筋肉・皮膚・呼吸で扱われる指標を実際に測定する際に役立つ情報を以下にまとめる. なお, 各社のホームページに詳細が記されているので, 併せて参照されたい.

1) ポリグラフ全般

生体由来の電気信号を増幅する, あるいは生体内外の微細な変化を電気的に捕捉・拡大することで, 多様な生理測度を測定する装置をポリグラフ (polygraph) という. ポリグラフの中核は, 多用途・多チャネルの生体アンプシステムである.

生体由来の電気信号を増幅するタイプの測度としては, 心電図 (心拍数), 脳波, 筋電図, 眼球運動などがあり, 生体内外の微細な変化を電気的に捕捉・拡大する測度としては, 脈波, 呼吸, 皮膚温などがある. 皮膚電気活動のうち, 皮膚電位活動については前者のタイプであるが, 皮膚抵抗や皮膚コンダクタンス変化は通電に基づく測度なので後者に属する. 以下, 個別の情報を記す.

2) 心臓・血管

心電図の計測には, 小型・軽量な生体計測機器が便利である. ポリメイトシリーズ (ミユキ技研) や BIOPAC の MP システム (ゼロシーセブン) などがある. アクティブ電極によるシステムもあり, 通常の室内でもノイズを抑えて安定した生体反応を計測することができるようになった.

心電図計測のために使用できる使い捨て電極は各社から販売されている. 日本光電, メッツ, フクダ電子などから様々なタイプのものが出ている.

心拍変動解析専用のソフトウェアがいくつかあるが, 心理生理学的研究を実施するうえでは, 時間の管理や分析区間ごとの解析などが容易にできることが必要と考える. 特に短い時間単位での分析を可能とする complex demodulation (CD) 法 (6.3.1 参照) は, 心理生理学的研究においてはとても有効なツールといえよう. のるぷろライトシステムズが CD 法に基づく高機能のソフトウェア

を開発・販売している.

心理生理学的研究として使用することのできる容積補償法の原理に基づいた連続血圧計としては, メディセンスの MUB101 と, Finapres Medical Systems の Finapres がある. いずれも指にカフを巻き測定するタイプであるが, MUB101 ではうっ血の少ない部分開放カフを使用している. Finapres では血圧値以外にも心拍出量などの血行動態指標の評価も行える.

アドバンス, オメガウェーブ, Moor Instruments から, それぞれレーザードップラータイプの血流計が販売されている. また最近は 2 次元計測が可能な製品も開発されている.

3) 筋肉

筋電図を用いた筋活動の記録の中でも, 特に動作遂行中の筋活動を記録する際には, 電極の装着によって動作を拘束することがないように, 最大限に配慮する必要がある. 最近では, ワイヤレスセンサを用いることで, こうした問題を最小限にとどめることができる装置が開発されている.

例えば COMETA 社 (イタリア) のワイヤレス筋電計 "MiniWaveInfinity" では, 2 つの電極とアンプが一体化したワイヤレスセンサが, 重量わずか 7 g と非常に軽量につくられており, 装着時の負担感がほとんどない. 心理学実験の場合, 広い空間を動き回るといった実験ではないため, ワイヤレスセンサと無線受信器との距離が遠すぎることによる通信障害の問題もなく, 精度よく測定することが可能である.

4) 皮膚

精神性発汗活動の評価としては, 電気的な測定法が心理生理学的研究においては一般的である. 電位法による計測は, 通常の生体アンプにより計測・評価が可能であるが, 緩徐な汗腺活動を適切に計測するためには, 直流増幅か 3 秒以上の長い時定数を有した生体アンプが必要である.

米国精神生理学会の勧告回路に準拠した皮膚コンダクタンス変化 (SCC) を測定する専用の装置として, ヴェガ・システムズの DA-3 がある. また, ポリメイトにも SCC を測定する EDA ユニットが用意されている. 勧告電解質濃度を有した使い

402   6.1 心の測度としての生理反応

捨て電極（PPS-EDA）はティアックが販売している.

生体計測用として使用できる高精度のサーモグラフィとしては，日本バイオニクスから様々な機器が販売されている．データ収録・解析用のソフトウェアも添付されている製品もある.

規準化脈波容積（NPV）を計測する装置はメディセンスが製造している．AC成分波形およびDC成分波形ならびにNPV値それぞれのアナログ出力をすることができる.

5）呼　吸

米国AMI社（Ambulatory Monitoring, INC）製のポータブルレスピトレースを紹介する（日本とアジア総代理店サニタ商事）．6.5.3で述べるrespiratory inductive plethysmograph（RIP）に相当する測定機器であり，マスクやマウスピースを装着することなく，非侵襲的に換気量を測定できることが最大の特徴である．呼吸運動波形の測定で一般に用いられているワイヤ方式のピックアップに比べて直線性に優れ，体動によるアーチファクトが混入しにくいという特徴も有する．ポータブルレスピトレースは，呼吸運動測定用のレスピバンドと本体から構成されている．測定の際には，実験参加者の胸郭（rib cage）と腹壁（abdomen）の周囲に，テフロンで包まれているコイルを編み込んだ伸縮可能なレスピバンドを下着の上から巻きつける．装着ずれを防ぐため，ネットなどを用いて固定する．換気量は，rib cageとabdomenを合成した呼吸運動波形から計測する.

6）内分泌系

内分泌系と免疫系は，電気信号をポリグラフで捉えるのではなく，唾液や尿などの液性情報を化学的に分析するためにウエットラボ環境を必要とする.

HPLCは，高価であることが弱点だが，カテコールアミン，コルチゾールともに測定可能な優れた方法である．ユニットの組み合わせや分析条件を工夫すれば，様々な物質が測定できる汎用性も備えている．大阪ソーダ，島津製作所などで製作・販売されているが，コルチゾールについては，

1991年から8年間，産業科学技術研究開発プロジェクトの「人間感覚計測応用技術」を受託して分析技術を深めたNANOSPACE（大阪ソーダ）に定評がある．一般的には，科学機器の代理店を通じて購入するが，メンテナンスが重要なので，購入にあたっては購入価格のみならず，メンテナンス契約の充実に留意すべきである.

コルチゾールは他にもRIA，ELISA，LIAなどの方法が用いられる．ELISAについてはSalivary Cortisol ELISA KIT（SLV-2930, DRG International, Inc., USA；コスモ・バイオ取り扱い），Cortisol EIA Kit（Salimetrics, LLC., USA；フナコシ取り扱い），LIAについてはCortisol LIA（IBL Hamburg, Germany；タカラバイオ取り扱い）が多用されている．放射性物質を使うRIAよりも，ELISA・LIAが使いやすく，一般化してきた.

なお，分析を外注することも可能である．SRL，LSIメディエンスなどに実績がある.

7）免疫反応

免疫反応の中でもsIgAをはじめとする唾液中物質のELISA用分析キットはSalimetrics社から販売されている．Salimetrics社のホームページから研究用キット（Research Kit）を選び，多数ある唾液中物質の中から研究目的に合った分析キットを選択するのがよいだろう（Salimetrics社：http://www.salimetrics.com/assay-kits#researre）.

また，Salimetrics社のホームページには，Passive Droolやスワブを用いた唾液採取のための容器，子ども用の採取容器なども掲載されている.

ELISAで吸光度を計測するには吸光度計が必要となる．吸光度計には多くの種類が存在するが，機器がコンパクトであること，価格がリーズナブルであることからサーモフィッシャーサイエンティフィック社のMultiskan FC吸光マイクロプレートリーダを薦める．測定波長範囲が広く，上記のELISA用分析キットで必要になる波長をカバーしている（製品URL：https://www.thermofisher.com/order/catalog/product/51119000).

〔阿部恒之, 樋口貴広, 廣田昭久, 木村健太, 寺井堅祐〕

6.2 眼球運動

6.2.1 眼球運動の種類

1) Donders の法則と Listing の法則 —3次元の眼位の調節

　眼球運動は3対6本の外眼筋によって行われ，1点を中心とした3軸の回旋運動として記述できる．視軸を上下に動かす上転と下転，耳側に動かす外転，鼻側に動かす内転という運動に加えて，視軸を軸として眼球の上部が耳側に向かって運動する外旋，鼻側に運動する内旋という運動（回旋）がある．上転，下転，外転，内転は随意的に実行することが可能だが，回旋を随意的に実行することはできない．回旋の大きさは残り2軸を中心とした回転量に依存して決まっており，3次元回転運動の非可換性にもかかわらず，ある一定の方向に視軸を向けると，その状態へ至るまでの回転運動にかかわらず同一の回旋量となる．この性質をDonders の法則と呼ぶ．頭部を垂直に保って真っ直ぐ正面に視線を向けた状態を第1眼位，第1眼位から上下左右へ視線を向けた状態を第2眼位，斜め方向へ視線を向けた状態を第3眼位と呼ぶが，第1眼位以外の方向へ視線を向けたときの回旋量は，第1眼位から Listing 面と呼ばれる面上に横たわる軸を中心にその方向へ視線を向けた場合の回旋量と一致する．この性質を Listing の法則と呼ぶ（図6.2）．Listing の法則は後述のサッカード（saccade）およびスムースパシュートといった眼球運動中にもほぼ成立するが（Tweed & Vilis, 1990；Tweed et al, 1992），頭部運動中，両眼を大きく輻輳運動させた場合や睡眠中などには Listing の法則に従わない眼球運動が生じる（Leigh & Zee, 1999；Nakayama, 1975, 1983）．

　Donders の法則と Listing の法則より，頭部を地面に対して垂直にして安静にしている状態で認知的な課題を行うときの眼球運動は，2次元のパラメータで表現することができる．ただし，第1眼位以外の眼位にあるときの両眼視の研究などにおいて，網膜像の両眼対応について議論する必要がある場合は眼球の3次元の姿勢を考慮する必要がある．

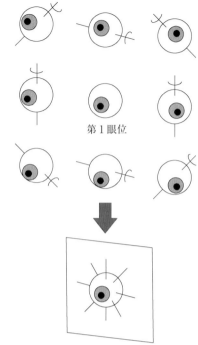

回転軸は第1眼位の視線方向にほぼ垂直な平面上に存在する

図6.2　Listing の法則

2) 前庭動眼反射，視運動性眼振 —視野を安定させる運動

　身体の周囲の地面や壁などに対して頭部が相対的に運動すると，その運動を打ち消して視野を安定させる不随意な眼球運動が生じる．この種の視野安定化運動のうち，頭部運動の加速度を検出する感覚器である前庭器が刺激されることによって生じるものを前庭動眼反射（vestibulo-ocular reflex, VOR）と呼ぶ．VOR は，頭部運動の反対方向に眼球が運動する緩徐相（slow phase）と，頭部運動と同一方向に急速に運動して眼球位置をリセットする急速相（quick phase）からなっており，緩徐相と急速相が交互に生じて眼球が往復運動する様子を眼振（nystagmus）と呼ぶ．頭部の回転運動に対して生じる VOR を rotational VOR，頭部の並進運動に対して生じる VOR を translational VOR あるいは linear VOR と呼ぶ．頭部のロール運動に対する VOR を torsional VOR と呼ぶ．

　VOR に対して，視野の広範囲が一様に運動す

る視覚刺激によって生じるものを視運動性眼振（optokinetic nystagmus, OKN）と呼ぶ．VORと同様に緩徐相と急速相からなり，特に緩徐相を視運動性反応（optokinetic response）と呼ぶこともある．OKNの緩徐相は視覚刺激の運動方向と同一であり，急速相は逆方向である．OKNが生じている状態で視覚刺激を停止させてもOKNはただちに停止せずに次第に減衰する．この残効を視運動性後眼振（optokinetic afternystagmus, OKAN）と呼ぶ．周辺視野の運動刺激がOKNの発生に重要である．静止した状態でOKNの適刺激を観察すると，視野が運動しているのではなく観察者自身の身体が運動しているという自己運動感覚が生じる．視覚刺激によって誘導される自己運動感覚をベクション（vection）と呼ぶ．

VORが頭部運動に対して短い時定数で反応するのに対して，OKNは長い時定数で反応する．十分に明るい環境では，VORとOKNが協調することによって頭部運動に対する視線の高い安定性を実現している（Leigh & Zee, 1999）．

3) 固視—対象を視野中心に維持する運動

静止した対象を視野中心で捉え続ける眼球運動を固視（fixation, fixational eye movement）と呼ぶ．固視中にも眼球は固視微動と呼ばれる小さな運動をしている．認知課題遂行中などに生じる自発的な眼球運動の測定データの中から固視を抽出するためには速度，加速度，固視開始位置からの移動距離，固視の持続時間といったパラメータを用いて固視を定義する必要がある．

固視時間は遂行中の課題によって変化するが，視覚探索課題や読書などの課題遂行中にはおよそ200〜250 msを頂点として長時間側へ長い裾野をもつ分布を示す（Findlay & Gilchrist, 2003）．後述する修正サッカードなどにより，100 ms未満の短時間の固視や，1.0 deg未満の微小なサッカードで区切られた固視が連続する場合があるが，こういった固視を独立した固視とするか単一の固視としてまとめて分析するかは統一的な基準がない．読書などの高次な認知機能の研究ではこれらの固視は1つにまとめられることが多い一方で，視知覚や視覚的注意の研究，眼球運動の制御機構の研究ではこれらの動きを詳細に分析しなけ

ればならないことがある．分析方法の違いにより，1回当たりの平均固視時間や一定時間内に生じるサッカード回数といったパラメータが変化するため，先行研究の結果を比較する場合には注意する必要がある．

固視は様々な認知課題を遂行中の情報処理過程を検討する際の指標としてしばしば用いられる．シーン内の各位置における固視時間を比較したり，各位置を固視する順序を分析したりする手法は広く用いられており，ヒューマンインターフェースや広告といった研究分野でも利用されている（Duchowski, 2007）．また，課題遂行における視野の機能や記憶能力を検討するなどの目的で，眼球運動計測装置を用いて固視位置と同期させて周辺視野をマスクする，中心視野をマスクする，あらかじめ定められた領域に固視が向けられたら刺激を変化させるといった手法も用いられる（Findlay & Gilchrist, 2003）．

4) スムースパシュート—運動する対象を視野中心に維持する運動

運動する対象を視野中心で捉え続ける運動をスムースパシュート（smooth pursuit）と呼び，滑動性追従眼球運動と訳される．スムースパシュートは随意運動だが，追跡している刺激の網膜上の位置を視野中心で捉えるように眼球を運動させるフィードバック制御によって制御される運動であり，追跡する視覚刺激なしに実行することはできない．ただし，パシュートは刺激運動の予測に基づいて制御されるため，視覚刺激が遮蔽物の背後を通るかのように一時的に消滅しても運動を継続することが可能である（Bennett & Barnes, 2006）．

速度は刺激の速度に応じて増加するが，約80 deg/秒で飽和する（Meyer et al, 1984）．視覚刺激の運動速度に対するスムースパシュートの速度の比（ゲイン）は1.0を下回る．暗室内において0.15 Hzで運動する刺激を追う場合のゲインは約0.9だが，静止した背景刺激が存在すると約0.8に低下する．0.5 Hzで運動する刺激を追う場合のゲインは暗室で約0.7，背景刺激があれば約0.6まで低下する．パシュートのゲインが1.0を下回るということは，追跡するに従って刺激が中心視

野からずれていくことを意味している．ずれが大きくなると，自動的にサッカードが生じて再び刺激を中心視野に捉える．このサッカードを含めて計算するとパシュートのゲインはほぼ1.0となる（Collewijn & Tamminga, 1984）．

運動する刺激の速度が，固視を維持しながら観察するよりも，スムースパシュートで追跡しながら観察したほうが遅く知覚される現象をAubert-Fleischl現象と呼ぶ．スムースパシュート実行中に，静止した背景がパシュートと反対方向へ運動するように知覚される現象をFilehne錯視と呼ぶ．これらの現象は，パシュート中の網膜上での刺激速度と眼球運動速度の誤差によって生じると考えられる（Freeman, 2001）．

5）サッカード
─新たな対象を視野中心に捉える運動

視線を移動させて固視位置を変更する高速な眼球運動をサッカードと呼び，衝動性眼球運動と訳される．サッケードと表記されることもある．振幅が約20°以下のサッカードでは振幅に対してほぼ線形に速度が増加するが，より大振幅のサッカードでは速度は次第に飽和する（Leigh & Zee, 1999）．振幅と速度の関係を主系列特性と呼ぶ．約20°未満の視線移動はほぼ眼球運動のみで達成されるが，より大振幅の視線移動ではゲイズサッカード（gaze saccade）と呼ばれる頭部運動を伴う高速な視線移動が生じる．視線方向は左右にそれぞれ約55°動かすことが可能だが，頭部運動に制限がない状況下では眼球運動による視線移動の寄与は約30°で飽和する（Freedman, 2008）．

視覚刺激の出現に対するサッカードの潜時は，振幅1〜15°の範囲で平均150〜250 ms程度である．この範囲より小振幅のサッカードも大振幅のサッカードも潜時は長くなる．高輝度刺激に対するサッカードほど平均潜時は短い（Kalensnykas & Hallett, 1994）．サッカード潜時の分布を描くと平均値付近にピークをもち長潜時側に裾が広がった分布が得られるが，100 ms付近に小さなピークがみられる場合がある．この短潜時のサッカードをエクスプレスサッカードと呼ぶ．エクスプレスサッカードの発生頻度は，周辺視野にサッカードの目標刺激が出現する直前の数

百ms前に固視刺激を消去することによって高めることができる．この現象をギャップ効果と呼ぶ（Fischer & Ramsperger, 1984）．

刺激が出現したその位置に対して行うサッカードを外因性サッカードと呼び，「視野中心に赤い刺激が出現したら右の刺激にサッカードを行う」課題のように内的な処理を経て行うサッカードを内因性サッカードと呼ぶ．内因性サッカードは外因性サッカードよりも潜時が長い．特に「刺激が周辺視野に出現したら，刺激の出現位置と反対方向にサッカードを行う」という課題はアンチサッカード課題と呼ばれ，外因性サッカードの抑制や内因性サッカードの準備などの高度な制御能力の研究に用いられる（Fischer & Weber, 1992；Munoz et al, 2007）．

サッカードの振幅は第1眼位から遠ざかる方向へ行うときに不足する傾向があり（アンダーシュート），大振幅のサッカードほど顕著である．逆に第1眼位へ近づく方向へ行うときには超過する傾向がある（オーバーシュート）．サッカードがオーバーシュートもしくはアンダーシュートした際には，通常のサッカードより短潜時で修正サッカードが生じる．修正サッカードは多くの場合自覚を伴わずに行われる（Becker, 1989；Leigh & Zee, 1999）．

サッカードの実行に重要な役割を果たす大脳皮質の前頭眼野や中脳の上丘では，異なる複数の位置へのサッカード指令を同時に準備することが可能である．複数の指令間の競合が解決されないままサッカードが実行されると，各位置の重みづけ平均となる位置へ向かうサッカードが生じたり，サッカード実行中に目標位置が変化して大きく彎曲した軌道のサッカードが生じたりする（McPeek, 2006；McPeek et al, 2003；Port & Wurtz, 2003）．このようなサッカードは目標刺激の提示に前後して妨害刺激を異なる位置に提示したり，目標刺激をサッカードの潜時より速く移動させたりすることで誘発することができる（Godijn & Theeuwes, 2002；Sheliga et al, 1994）．これらの現象を利用して，サッカード実行に関与する処理系の時間的・空間的特性を検討することができる．

サッカードを実行すると視野は一様に反対方向

へ流れるが，この不鮮明な像は通常知覚されない．サッカード実行時には光点検出や運動方向の知覚などの閾値が上昇することが知られており，サッカード抑制と呼ばれている（塩入，1993；Volkmann, 1962）．閾上の刺激であれば知覚することが可能だが，刺激の位置が誤って知覚される錯視が生じる（Awater & Lappe, 2006；本田，1993）．

6）輻輳開散眼球運動 ―奥行方向に固視点を動かす運動

VOR や OKN，スムースパシュート，サッカードはいずれも両眼が同一の方向に運動する．この運動を共役運動と呼ぶ．対して，奥行方向に固視点を移動させるときには両眼が別方向の運動をする．これを非共役運動と呼ぶ．固視点を近づけるために両眼を内転させる運動を輻輳（convergence）と呼び，遠ざけるために両眼を外転させる運動を開散（divergence）と呼ぶ．両者を併せて輻輳（vergence）運動と呼ぶこともある．vergence という語は「寄せ運動」と訳されることがあるが，「寄せ運動」に対してサッカードなどの共役運動を「向き運動」（version）と呼ぶ．

輻輳開散運動は眼球の水晶体の屈折調節反応および瞳孔反応と連携しており，より固視点を近づける際には輻輳運動，屈折力の増加，瞳孔径の縮小が生じる（近見反応）．輻輳開散運動はそれに対応する調節の変化（輻輳性調節）を，調節の変化はそれに対応する輻輳開散運動（調節性輻輳）を引き起こす．これらの連携は反射によって実現されており，特に刺激の変化によって駆動される（Schor, 1999）．ステレオグラムの観察時には，輻輳性調節や調節性輻輳によって実現される自然な輻輳と調整とは異なる状態を維持する必要があるため，自然な状況と比較して疲労が生じやすくなる（Shibata et al, 2011）．

7）瞬目と瞳孔

瞬目には，睫毛や角膜などへの触刺激や強度の視覚刺激，聴覚刺激に対して生じる反射性瞬目，随意的に行う随意性瞬目に加えて，1分間に 10 〜 20 回程度自発的に生じる自発性瞬目がある（Leigh & Zee, 1999；三島，2003）．自発性瞬目の頻度はドーパミン神経系の活動が活発化すると増加し，低下すると減少する（Kerson, 1983）．自発性瞬目の発生頻度は一様ではなく，読書中における戻り読みや行頭への視線移動時（Orchard & Stern, 1991），鑑賞中の映画の登場人物の一連の動作の終了時といった非明示的な区切りに同期して増加する（Nakano et al, 2009）．瞬目中に視覚刺激を知覚できないのは自然なことだが，瞬目実行前後のまだ瞼が閉じていない時間帯にも視覚刺激に対する閾値の上昇がみられる．瞬目による閾値上昇とサッカード抑制の間の類似性が指摘されており，共通する神経機構の関与が示唆されている（Ridder 3rd & Tomlinson, 1993）．

瞳孔は網膜における照度を調節するために，明所では径が小さくなり（縮瞳），暗所では径が大きくなる（散瞳）．カメラにおける絞りと同様に，瞳孔径が小さくなるほどピントが合う範囲は広くなる．網膜照度に対するこれらの瞳孔径の変化は反射によって制御されており，対光反射と呼ばれる．対光反射は両眼性であり，片側の眼への光の照射によって両眼に反応が現れる（清水，1995）．瞳孔径はより高次な情報処理とも関連があり，遂行中の認知課題の負荷が増大するにつれて瞳孔が散大する．この反応は，課題の内容に依存するが，高齢者や統合失調症患者において弱くなることが報告されている（Minassian et al, 2004；van Gerven et al, 2004）．　　　　〔十河宏行〕

6.2.2 眼球運動の測定

眼球運動には様々な種類があり (6.2.1 参照), それぞれ動特性が異なる. そのため, 眼球運動を測定する際には, どのような種類の眼球運動をどのような目的で測定するかによって測定方法を選択する必要がある. ここでは, 実験を行う際に適切な眼球運動計測法を選択して正しく使用するための実用的な内容を示すことを基本的な目的とし, それぞれの測定法の基本的な原理と, その特性や測定における制約, 長所や短所について述べる. それぞれの測定法の歴史や開発の経緯などは, 他の文献 (古賀, 1998；鵜飼, 1994；Carpenter, 1988 など) を参照していただきたい.

1) 眼電位法

ヒトの眼球は帯電しており, 網膜側に対して, 角膜側は正の電位をもっている (Mowrer et al, 1935). そのため, 眼球付近の皮膚表面電位は, 眼球の回転角にほぼ比例して変化する. 例えば, 眼球が左方向に回転すると, 顔面上の眼窩左側の皮膚表面電位が上昇し, 反対側の電位が下降する. 眼球が右を向くとこれとは逆の電位変化が起こる (図 6.3). この性質を用いた眼球運動測定法が眼電位法 (electro-oculography, EOG) である (Meyers, 1929).

一般的な EOG 装置は, 生体用電極および電位増幅アンプから構成され比較的単純である. 測定の際は, 例えば図 6.4 に示すような位置に生体用電極を貼付する. 水平方向の眼球運動を測定する際は眼球の左右位置, 垂直方向の運動の場合は上下位置に貼付された電極の差分を用いるのが基本的であるが, 眼球からの距離や方向などが信号に影響するので最適な電極位置を探す必要がある.

EOG 法では, 顔面上の微弱な電位を指標とするため, 表情筋による電位変化や脳波, 皮膚表面の状態変化などによる影響を受けやすく, 絶対的な眼球位置の測定精度は期待できない. そして, EOG 信号は眼球位置のみならず眼球運動の速さや, 上下方向の動きに関してはまぶたの動きにも影響される (Carpenter, 1988). また, 顔面に電極を直接貼付するため, 肌に影響が生じることが

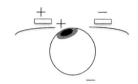
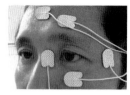

図 6.4 皮膚表面電極の装着例

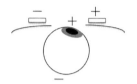

図 6.3 角膜網膜電位, 眼球回転方向と皮膚表面電位の関係

ある. しかし, 相対的な眼球位置の変化であればある程度の精度で測定でき, 水平方向は 30 deg 程度の範囲で眼球運動と信号の関係がおおむね線形となり, 1 deg 程度の分解能が期待できる (Shackel, 1960). 時間的に連続な電圧信号が基本となる指標であるため, 時間的精度が要求される測定に適している. そして, 閉眼時も使用できるため睡眠時の測定も可能であり, 装置が簡易で小型にできる点も大きな長所である.

2) サーチコイル法

一様な磁場の中に置かれたコイルには, コイルを貫く磁束 (Φ) の変化に比例した誘導起電力 ($V = -d\Phi/dt$) が生じる (ファラデーの法則). そのため, 磁場に時間変化を与えると, それに応じて時間変化する誘導起電力が生じるが, コイルと磁場の角度 (θ) に応じてその振幅量が変動する. 例えば図 6.5 に示すように, 磁束密度 (B) が角周波数 (ω) と振幅 (B_0) で正弦波状に時間変化するとき, 面積 (S) のサーチコイルを貫く磁束と, コイルに生じる誘導起電力が定まる. この関係を用いて, 眼球に装着したコイルからの誘導起電力を指標として眼球回転角度 (θ) を計測するのがサーチコイル法 (search coil method) の原理である (Robinson, 1963；Collewijn et al, 1975).

基本的なサーチコイルシステムは, 水平および垂直方向にそれぞれ磁場を生成する 2 組のフィールドコイルとパワーアンプ, コイルを組み込んだコンタクトレンズ (図 6.6), コイルからの誘導起電力を増幅し解析する装置からなる. 水平および垂直方向の眼球運動は, 通常の 1 つの円形コ

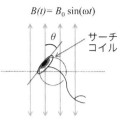

$B(t) = B_0 \sin(\omega t)$

$V(t) = -S \sin(\theta) \omega B_0 \cos(\omega t)$

図6.5 サーチコイル法の原理図

図6.6 サーチコイルつきコンタクトレンズ（Chronos vision社 http://www.chronos-vision.de より許可を得て掲載）
a：水平垂直用レンズ，b：水平垂直回旋用レンズ，c：コンタクトレンズを装着した眼．

イル（図6.6a）からの出力を用いるが，水平方向と垂直方向の磁場の変動周期もしくは位相を変えることにより，それぞれの信号を分離する．また，回旋眼球運動も計測でき，その際は，円形コイルを1回ひねった8の字型コイルを用いる（図6.6b）．このコイルの場合，実際には一方向の磁場であっても，コイルには反対方向の磁場が異なる場所に同時にかかることになる．そして，このコイルを眼球強膜部分に眼球の形状に沿って配置すると（図6.6c），コイルを貫く磁束が回旋角度に応じて変化する（Collewijn et al, 1985）．

この方法の短所は，コイルを装着する際の侵襲性である．正確な計測を行うためには，眼球に対してコイルをしっかりと密着させる必要があり，そのために大型コンタクトレンズ（図6.6）が用いられるが，違和感が大きく着脱も難しい．そのため，通常は使用時に点眼麻酔薬が用いられ，1回の使用時間も制限される．そしてコイルから外部へ信号を送るリード線は非常に細く破損しやすいため，取り扱いには十分な注意を要する．また，原理上，頭部や身体の動きと眼球の動きの区別はできないため，頭部に対する眼球の動きを正確に計測するには，歯型などで頭部を固定するか，頭部に固定したコイルなどにより，頭部位置を別途測定し，眼球運動信号を補正する必要がある．

この方法の測定精度は非常に優れており，理想的な条件での空間的分解能は15 arc sec程度であるとされる（Robinson, 1963）．また，線型性，測定方向の独立性にも優れており測定範囲も広く，回旋眼球運動が測定できる数少ない方法の1つでもある．動物実験においてもサーチコイル法はよく用いられ，その場合は，コイルを直接眼球に縫着して用いられる（高木，1991）．

3）角膜反射法

ヒトの眼球は外界からの光を反射する．そして，眼球（直径約24 mm）は完全な球形ではなく，角膜表面部分の曲率が大きく（曲率半径約7.8 mm），眼球から出っ張った形状をしている（西信ほか，1990）．このため，凸形状をもつ眼球の角膜表面によってつくられる外界の静止光源の像（第1プルキンエ像）の位置は，眼球の動きに応じて変化する（図6.7）．この像の位置を指標として眼球位置を計測する方法が角膜反射法（corneal reflection method）である（Jasper & Walker, 1931；奥山，1991）．プルキンエ像は厳密にいうと眼球中の各部位の表面からの反射光を指し，第1～第4プルキンエ像はそれぞれ角膜の前面と後面，水晶体の前面と後面による反射像である．基本的には，強度が強く眼球位置と対応がある第1プルキンエ像のみを用いるが，眼球（頭部）の並進移動でも位置の変化があるため，並進と回転に対して第1プルキンエ像と異なる動きをする第4プルキンエ像の位置を用いて，眼球回転角度を精度よく測定する方法も提案されている（Cornsweet & Crane, 1973）．

この方法で用いる装置は，眼からの反射光を生

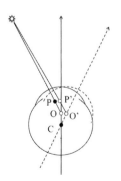
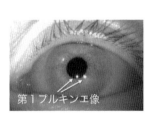

図6.7 眼球の向きと角膜反射光の方向の関係（左），眼球と第1プルキンエ像（右）

左：Cは眼球の回転中心，O, PとO', P'は，それぞれ眼球が正面を向いたとき（実線）と右を向いたとき（点線）の角膜の曲率中心と第1プルキンエ像の位置を示す．右：2つあるのは光源が2つあるためである．

成する光源と反射光検出のためのデバイスからなる．光源は通常，視野を妨害しないような位置に置かれ，赤外線光が用いられる．反射光の位置測定については，光学素子やビデオカメラを用いることが可能である．後述するビデオ画像解析法 (video oculography, VOG) は，角膜反射光を指標の1つとして用いる場合が多く，角膜反射法の1つであるといえる．

角膜反射法は，水平および垂直眼球運動の計測に用いることができるが，当然ながら閉眼時の測定は不可能であり，角膜反射光の位置変化がない回旋運動を測定することはできない．また，頭部位置と眼球位置の分離が難しい点も短所の1つである．そのため，前述のように第4プルキンエ像による補正を行うか，歯形により頭部を固定する，頭部装着式のシステムを用いるなどの方策をとる必要がある．また，眼球の乾きや周辺光の変化が，測定に影響を及ぼしやすいのも短所である．これらの影響を低減するには，頻繁なキャリブレーションが必要である．この方法の長所は，光学情報を眼球位置の指標としているため，センサの選択次第で時間遅れのない時間的に連続なデータを得られる点である．用いる装置も単純で自作も可能であり，安価にシステムを組むことができる．

4) リンバス追跡法

ヒトの眼は黒目（角膜）と白目（強膜）のコントラストが高く，リンバスと呼ばれるその境界部に着目すると眼の動きを捉えることが肉眼でも容易である．このリンバスに光を当て，その反射光の変化を計測して眼球位置を検出する手法がリンバス追跡法 (limbus tracking method) である (Smith & Warter, 1960). 図 6.8 に示すように，1つの眼の左右のリンバス周辺の光強度を検出して差分をとれば，左右の動き，また，同じセンサからの信号の和を用いれば，上下の動きに対応した信号が得られる．ただし，左右方向に比べて信号の変化が小さく，安定した測定は困難である（古賀，1998）．

この測定法のための装置は，眼に当てる照明（通常は赤外線），リンバス周辺の反射光を検出する受光素子，信号を増幅するアンプから構成される．精度の高い信号を取り出すためには，眼と照明，受光素子の位置関係が非常に重要なので，それら

のマウント装置の精度も重要である．

この方法の短所は，原理的制約から測定範囲が比較的狭いことである．左右はそれぞれ 20 deg 程度であり，線形性が保たれるのはさらに狭い．上下については基本的に定量的な測定には向かない．また，眼の乾燥状態や眼と光学素子との微妙な位置関係のずれに影響を受けやすいので，キャリブレーションを頻繁に行う必要がある．そして，センサ位置の調整がやや困難であり，熟練を要する．ただし，一度調整がうまくいくと，安定した線形性の高い信号が得られる．長所としては，装置が小型で単純であり，安価に自作することが可能である点，アナログ信号を基本的な出力とするので，連続データとして計測できる点があげられる．

5) ビデオ画像解析法

前述のリンバス追跡法もそうだが，眼球の動きは肉眼でわかるので，眼球表面の特徴を追跡してその動きを測定するという考えは自然である．このアプローチでは，目視や静止写真による眼球運動測定が古くから行われてきたが，近年，動画撮影用のカメラと画像解析ツールを用いて，多くの眼球運動計測システムが開発されており，ビデオ画像解析法 (VOG) と呼ばれる．その多くのシステムでは，角膜反射光と瞳孔または虹彩位置を検出し，統合的に用いるアルゴリズムを採用している（坂下ほか，2006；松田ほか，2013；Sogo, 2013）．そのため，前述の角膜反射法とリンバス追跡法の進化型ともいえる．

図 6.9 左に示すように，赤外線照明を当て閾値を適切に設定すると瞳孔部分と角膜反射光（第1プルキンエ像）が検出できる．そして，眼球の3次元モデル，キャリブレーションデータなどを用いて，検出したそれらの位置から眼球回転方向を推定するのがアルゴリズムの基本的な流れで

赤外線LED　受光素子　センサ

図 6.8 リンバス追跡法で用いられるセンサと照明の構成例（左）とセンサの装着例（右）

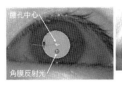 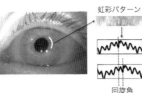

図 6.9 画像処理により抽出した瞳孔部分と角膜反射光（左）と代表的な回旋角計算アルゴリズムの流れ（右）

 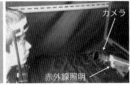

図 6.10 頭部装着型 VOG システム例（左）と据置型 VOG システム例（右）

ある．また，回旋運動量も画像処理により計算することが可能である．虹彩の領域の円周に沿った一部を切り取り（図 6.9 右），その輝度変化形状を時系列の画像間でパターンマッチングして回旋角度を計算するのが基本的なアルゴリズムだが（Hatamian & Anderson, 1983；Moore et al, 1996），それぞれの画像処理段階において多くの手法が提案されており，測定精度や環境による影響，被験者の違いに対する安定性は異なる．

VOG を用いた眼球運動計測システムは，眼の映像を撮影するカメラと得られた映像を解析するためのコンピュータから構成される．このようにシステムが単純であり，自らソフトを開発することも可能である．カメラを頭部に装着するシステム（図 6.10 左）と，カメラを頭部から離れた位置に設置して遠方から眼の動きを撮影するシステム（図 6.10 右）の構築が可能である．

2000 年代の初めくらいまでは高速度カメラは非常に高価で，サッカードなどの高速眼球運動の測定が困難であった．しかし，最近はサッカードを含めた眼球運動計測のために十分なスペックである 400 Hz 程度以上の高速で撮影できるカメラも一般的になり，この問題はおおむね解決したといえる．しかし，画像処理をする時間をゼロにすることはできないため，リアルタイムのデータ出力は原理的に不可能である．遅れ時間はコンピュータの演算速度やデータ転送速度に依存するが，現状では最小でも数 ms の遅れがある．また，測定結果が取得した映像の状態に影響されるので，メガネやコンタクト装着時の測定精度が落ちる．さらに，環境光の変化にも大きく影響を受ける．これらの欠点については，今後の改良が期待される．基本的に画像解析手法と計算速度次第で性能が向上するので，当面はこの方法が主流となるであろう．

以上に述べた測定法以外にも多くの方法が提案されてきた．1800 ～ 1900 年代中盤にかけては眼に石膏や金属製のコンタクトレンズあるいは，小さいミラーを装着し，その動きを利用した測定法が数多く提案された（Huey, 1898；Yarbus, 1967；古賀，1998）．

観察者の主観に基づく眼球運動測定法もいくつか提案されている．それらの中で現在も実際によく使われるのがノニウス法である．左右の眼に呈示された単眼像の位置関係により両眼輻輳の状態を測定する方法である．例えば，固視点の上下に垂直線分を呈示するが，上の線分は右眼のみに，下の線分は左眼のみに呈示する．このとき，上下の線分が一直線に知覚されれば，輻輳が固視点の奥行き位置に合っていると解釈できる．左右方向の水平線分を用いて，回旋輻輳を推定することも可能である．ノニウス法が輻輳角度量の測定に用いられることはあまりないが，奥行き方向の固視，すなわち水平輻輳が保持されているかを確認する手段としてよく用いられる．

さて，今後の眼球運動測定法はどのように発展していくのであろうか．今回述べた測定法では，時間的・空間的解像度の向上，あるいはインターフェースの洗練が進んでいくであろう．しかし，眼球が剛体ではないことを考えると，VOG やリンバス追跡法など，眼球表面の特徴を指標とした方法では，眼球形状の歪み以上の精度の向上は意味がない．そもそも眼球運動測定の目的が，視線方向，すなわち網膜の中心窩に像を映す対象の方向を知ることだと考えられるので，視覚像の網膜上の位置を直接測定する方法を開発することが，1 つの方向であろう．さらには，視線方向だけでなく，注意方向を加味して「見ている方向」を知ることが眼球運動測定の目指すところであろう．そのためには，注意位置を測定する方法を開発することも必要であり，近年，そのための具体的な提案もなされている（Yamagishi et al, 2008；Kashiwase et al, 2012；金子・田中，2013）．

〔金子寛彦〕

6.3 循環器系

6.3.1 心臓（心電図）

1）心電図

心臓を挟んだ2つの身体部位に電極を装着して電位を測定することにより，心臓の拍動に伴う電位変化を記録することができる．この電位変化が心電図（electrocardiogram, ECG）である．心電図の誘導法には標準的な方法（第Ⅰ・第Ⅱ・第Ⅲ誘導および胸部誘導）があるが，心拍数の変化を検討することを目的とする場合には，安定的なR波の検出ができる第Ⅱ誘導〔右上肢（−），左下肢（＋），右下肢（アース）〕が一般的に用いられる．電極としては，一般的には使い捨て電極が用いられる．図6.11には典型的な心電図の波形が示されている．P波からQ波までが心房の興奮を，Q波からT波までが心室の興奮を，T波の終末から次のP波のはじめまでが心臓の拡張（弛緩）期を示している．

2）心拍数

心理学的研究においては，心電図から心拍数（heart rate, HR）を求めて分析をすることが一般的である．心拍数は1分当たりの拍動数（beats per minute, bpm）として示される．心臓を支配する心臓交感神経と心臓副交感神経（迷走神経）の特性から，呼吸に伴って拍動は変化する．吸気時には心臓副交感神経が一時的にブロックされるため一過性に心拍数は増加し，呼気時には復帰するため心拍数は低下する．この現象は呼吸性洞性不整脈（respiratory sinus arrhythmia, RSA）と呼ばれる．このように心拍数は1拍ごとに変化しているが，この現象に加えて，状況に応じた持続的な心拍数の変化が生じる．心拍数の計測には，心電図をデジタル化し，連続した2つのR波の時間間隔を測定し，HRに換算する．また，R波の時間間隔も指標として分析され，R-R間隔またはIBI（interbeat interval）と呼ばれ，単位はミリ秒（ms）で示される．R波のピーク検出による心拍数の評価を正確に行うためには，心電図のサンプリング間隔は1ないし2msであることが推奨されている（Berntson et al, 1997）．

持続的な心拍数の変化を検討する場合には，分析区間をいくつかの時間単位に分け，そこでの平均を求めて分析をするが，RSA現象があるため，呼吸周期以上の時間単位で区切り，呼吸に伴う一過性の増減を時間単位内で平均して相殺する必要がある．

3）心拍変動

心拍にはRSA現象があるが，さらに約10秒周期のゆっくりとした増減変化などもみることができる．このように心拍には複数の成分からなるゆらぎが存在しており，これを心拍変動（heart rate variability, HRV）と呼ぶ．近年，心拍変動が心臓副交感神経機能の定量的な指標として用いられるようになった．現在までに心拍変動の複数の定量化法が考案されてきた．

◆R-R間隔変動係数

分析区間内のR-R間隔を記録し，その平均と標準偏差から変動係数（coefficient of variation of R-R intervals, CV_{R-R}）を求める方法．一般的にこの値が大きいほど，心臓副交感神経機能が高いと解釈する．

$$CV_{R-R}(\%) = \frac{標準偏差}{平均値} \times 100$$

◆peak-valley法

呼吸周期ごとの呼気に伴う最大IBI値から吸気に伴う最小IBI値との差を求め，分析区間内で平均して評価する方法．一般的には値が大きいほど，心臓副交感神経機能が高まっていると推測することができる．

以上の方法は計測が容易であるが，純粋な副交感神経機能を反映しておらず，呼吸周期と呼吸量によって評価値が影響を受けるとの指摘がなされ

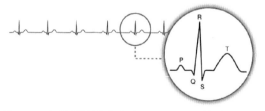

図6.11 心電図記録と各波（P, Q, R, S, T波）（フクダ電子ホームページより）
連続するR波の時間間隔に基づいて心拍数が計算される．

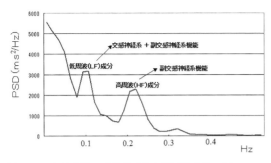

図 6.12 心拍変動の高周波成分と低周波成分の例
横軸は変動周波数，縦軸はパワースペクトル密度（power spectral density, PSD）で変動振幅に対応する．

ている (Grossman et al, 1991).

◆ スペクトル分析法

心拍変動の周波数とその振幅を分析する方法で，高速フーリエ変換法，自己回帰スペクトル分析法，最大エントロピー法などが用いられている．スペクトル分析により図6.12に示されるような呼吸周波数にピークを示す高周波 (high frequency, HF) 成分と，0.1 Hz付近にピークを有する低周波 (low frequency, LF) 成分とを得ることができる．LF成分は交感神経と副交感神経の双方に影響を受けるのに対し，HF成分は副交感神経機能のみを反映し，信頼性のある妥当な指標と考えられている．

スペクトル分析ではデータの定常性を必要条件とする．つまり，分析期間内では心拍数の平均とバラツキが一定であることを条件としている．変動成分の推移をみるためには，評価しようとする区間の時系列データを短いセグメントに区切ってスペクトル分析を行う以外にないが，その場合，周波数分解能は低下してしまうため，詳細な変動成分の時間的推移を分析することは難しい．

◆ complex demodulation (CD) 法

CD法では，心拍変動のHF成分とLF成分の

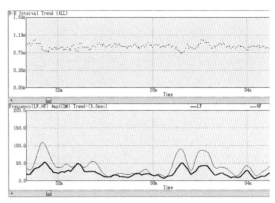

図 6.13 complex demodulation (CD) 法の出力結果例
上段にR-R間隔の時系列データが示され，下段にHF成分およびLF成分振幅の時間的変化が示されている．本図では0.04〜0.15 HzをLF成分（細線），0.15〜0.45 HzをHF成分（太線）として求めている．

各振幅の経時的変化を求めることができる（早野，1993）．図6.13は解析結果の例である．

CD法の利点は，スペクトル法の前提であるデータの定常性を要求しないことである．したがって，長時間の時系列データの解析も可能であるばかりでなく，短時間内の一過性の変化を分析することも可能である．数十秒〜数分といった各種の心理学的課題・条件下での心臓副交感神経機能の変化を分析することができる．しかしながら，CD法では，時系列内の既知の周波数成分（一般的に0.04〜0.15 HzをLF成分，0.15〜0.45 HzをHF成分とする）の時間的変化を分析する方法であるため，呼吸周波数が低下し0.15 Hz以下の周波数（6.7秒以上の周期）となった場合には，正しくHF成分を評価することができなくなってしまう．低いレベルまで呼吸周波数が低下する可能性があるようなリラクセイションなどの研究において使用する際には注意が必要である．

〔廣田昭久〕

6.3.2 血管（血圧）

1）心臓血管系の構造

心臓と血管から構成される循環系を心臓血管系（cardiovascular system）という．心臓は血液を体中に循環させるポンプとして絶え間なく鼓動を繰り返し，心臓から押し出された血液は体中に行き渡る配管としての血管をたどって各組織に至り，再び心臓へと戻ってくる．具体的には，心臓の左心室から大動脈に拍出された血液は，大動脈→動脈→細動脈→毛細血管→細静脈→静脈→大静脈を経て，心臓の右心房へと戻る（図6.14）．その後血液は右心房→右心室→肺動脈を経て肺に送られ，肺から肺静脈を経て左心房→左心室に送られてくる．血液がこの血管系を一巡するのに成人の安静時では約1分かかる．

毛細血管を除く血管は血管平滑筋の作用により収縮と拡張をすることができる．その結果として，血管の内径が変化し，血液の流れの調節がなされる．血管平滑筋の活動は交感神経（血管運動神経）によって調節されている．交感神経の賦活により血管は収縮し，交感神経活動の低下・抑制により血管は拡張する．

心理生理学的研究においてセンサを主に装着するのは皮膚部位であり，皮膚の血管構造は，細動脈，毛細血管，細静脈が主体となり，それらの血管構造による血液循環を微小循環と呼ぶ（図6.15）．

細動脈と細静脈との間に介在するのが広義の毛細血管であるが，毛細血管は2つに大別できる（大橋，2009）．細動脈から細静脈への比較的太い血管を優先路または大通り毛細血管と呼ぶ．その動脈寄りの血管部分にはまだかなりの平滑筋細胞がありメタ細動脈と呼ばれる．一方，細動脈やメタ細動脈から多数分岐する真毛細血管はきわめて細く，密に連絡して毛細血管網を形成している．真毛細血管には平滑筋細胞はなく内皮細胞のみからなり，能動的な収縮・拡張はせず，この部位で物質交換が行われる．真毛細血管が分岐する部分に前毛細血管括約筋があり，その収縮・拡張により血管の開閉がなされ，真毛細血管への血流が調節されている．

2）心臓血管系の調節

心臓血管系の基本的な役割は輸送機能である．身体の各器官・組織・細胞の活動に必要な酸素や物質を血液によって輸送し，組織などから産生された代謝物を運び去る．

心臓血管系の中枢は延髄にある．副交感神経系の調節としては，延髄弧束核が圧受容体からの求心性情報を受け，それに応じて延髄の疑核から心臓に向かう迷走神経（心臓副交感神経）を介して心拍数の低下方向への調節を行っている．延髄の迷走神経背側運動核も心拍の低下方向への調節を行っている．疑核からの迷走神経のニューロンは，相対的に速い伝導速度を示す有髄のB線維軸索を有し，心拍数に与える効果として呼吸性洞性不整脈（RSA）現象（6.3.1参照）を示す．これに

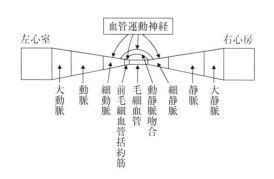

図6.14 直列的に配置した血管の配列（佐藤ほか，1979）
心臓の左心室から送り出された血液は各種血管を循環して心臓の右心房へと戻る．

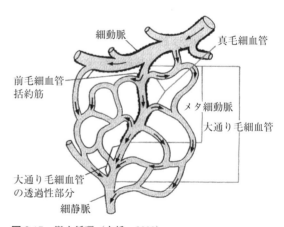

図6.15 微小循環（大橋，2009）
平滑筋細胞が存在している箇所の血管壁は太く描かれている．

対し，背側運動核由来のニューロンは，相対的に遅い伝導速度を示すC線維を有し，心拍数への効果はRSA現象を示さず，最大の効果・減衰までにはより長い時間がかかる．

心臓血管系に対する交感神経系の中枢は吻側延髄腹外側部（rostral ventrolateral medulla, RVLM）であり，この部位の賦活は，末梢の交感神経活動を亢進させ，心拍数の増加や心収縮力の増大，血管の収縮，また，副腎髄質からのアドレナリンの分泌にも作用する．

心臓血管系は，血圧の維持を目標として調節・制御がなされていると考えられている（澤田，1990）．その時々で適切な血圧の状態を保つために，短期的・長期的に，かつ全身的に調節がなされている．したがって，心臓血管系の全体的な動向は，血圧を評価することによって判断することができると考えられる．実際，刺激負荷量と血圧の変化量とには，dose-response関係が存在し，刺激負荷が大きければ，その分，血圧変化量も大きくなることが示されている．

血圧（blood pressure, BP）は心拍出量（cardiac output, CO）と総末梢抵抗（total peripheral resistance, TPR）という2つの生理的変数によって決定されており，これらの変数の間には，オームの法則（電圧＝電流×抵抗）と同様な，次のような数式的関係が存在し，これを血液循環における血行力学的関係式という．

$$平均血圧＝心拍出量×総末梢抵抗$$

このように，BPはそれ自体が直接的に調節されるのではなく，COとTPRの2つの変数をそれぞれ調節することによって間接的にコントロールされている．

BPは動脈管内を流れる血液の側圧であり，管壁を内側から外側へ押し広げようとする圧である（澤田，1998）．BPは心臓の収縮期で最高値へ達し，拡張期に最低値になるが，それぞれ収縮期血圧（systolic BP, SBP）および拡張期血圧（diastolic BP, DBP）と呼ばれ，両者の差（＝SBP－DBP）は脈圧（pulse pressure）と呼ばれる．また，1心周期内に生じたBP波形を時間積分し，その平均値を平均血圧（mean BP, MBP）と呼ぶ．MBPは次の式によっても近似的に求めることが

できる．

$$平均血圧＝拡張期血圧 + \frac{収縮期血圧－拡張期血圧}{3}$$

COは，心臓が1分間に拍出する血液量で，成人男性の安静時には約5 L/分であり，激しい運動時には安静時の5～6倍に増加する．COはさらに以下の式により表すことができる．

$$心拍出量＝1回拍出量×心拍数$$

1回拍出量（stroke volume, SV）は心臓から1回の拍動当たりに拍出される血液量で，心拍数（heart rate, HR）は1分当たりの拍動数である．安静時のHRは60～70 bpmであり，SVは成人男性で70～85 mL程度である．しかるに，SVは安静時とストレス刺激負荷時とで，さほど変化をしないため，COの増減に寄与するのは主にHRである（澤田，1998）．

血液が血管を移動する際の抵抗を血管抵抗（vascular resistance）という．血管抵抗は血管内の血流を妨げる要因である．血管内の2点間の血圧差と血流により以下の式により求められる．

$$血管抵抗＝\frac{血圧差}{血流}$$

血圧差が1 mmHg，血流が1 mL/秒のときの血管抵抗は1 PRU〔末梢抵抗単位（peripheral resistance unit）〕であり，これが単位量として用いられる．血管抵抗は血管内径の4乗に反比例する（ポアズイユの法則）ため，血管内径のわずかな変化も血管抵抗の大きな変化を引き起こす．細動脈では，血管平滑筋の緊張の程度に応じて内径が大きく増減するので，これに応じた血管抵抗の変化も非常に大きい．そのため，細動脈のことを抵抗血管（resistance vessels）と呼ぶ．皮膚の血管構造は，細動脈，毛細血管，細静脈が主体であるため，皮膚での血管抵抗の変化は大きいと考えられる．

TPRは，全身性に評価した動脈系から静脈系への血液の流れにくさの測度である．TPRは主に細動脈の収縮・拡張によって決まる．末梢の血管部位としては皮膚・内臓と骨格筋とに大別され

6.3.2 血管（血圧）　　415

る（澤田，1998）．これらの部位での血管抵抗の状態により，TPR は決まると考えられる．

以上のことから，血圧変化（増加・低下）の機序には，特に血行力学的関係式から，それぞれ3つの典型的なパターンが考えられる．

- 血圧の増加
  ①心拍出量（CO）の増加
  ②総末梢抵抗（TPR）の増加
  ③CO と TPR ともに増加

①は，主に心臓交感神経の賦活によって生じる HR の増加によってもたらされる．②は，交感神経の賦活により末梢の血管が収縮することによって生じる．①と②の反応が同時に生じることによって③のパターンによる血圧の増加がもたらされる．

- 血圧の低下
  ①心拍出量（CO）の低下
  ②総末梢抵抗（TPR）の低下
  ③CO と TPR ともに低下

①は，主に心臓副交感神経（迷走神経）の賦活によって生じる HR の低下によってもたらされる．②は，交感神経活動の低下・抑制により末梢の血管が拡張することによって生じる．①と②の反応が同時に生じることによって③のパターンによる血圧の低下が生じる．

なお，CO と TPR とが，一方が増加し，他方が低下するといった，相殺的な変化を生じた場合には，血圧においては変化がみられないこともありえる．また，TPR については，皮膚・内臓部位での血管抵抗と，骨格筋部位での血管抵抗の状態によっては，変化が相殺され（例えば，皮膚・内臓では増加，かつ骨格筋では低下），TPR としては変化が生じないことも想定できる．したがって，後述のように，血圧の増減だけを捉えるのではなく，血圧と CO，TPR（皮膚・内臓・骨格筋）の変化がどのようなパターンとなっているかを把握することは，その変化が生じた状況・条件が有した，生体にとっての心理生理学的な意味を検討するうえでとても重要である．

3）連続血圧の測定法

現在は一般家庭でも簡便に血圧を測定できる血圧計が市販されている．このような機器は，ある時点での平均的な血圧の状態を評価することが目的であれば，機能的には十分なものと考えられるだろう．

しかし，実際のところ血圧はその時々の状態や状況に応じて，心臓の拍動ごとに時々刻々と変化をしており，一瞬のうちにも血圧は変化する．着席の状態から立ち上がっただけでも，血圧は大きく変化する．心理学的研究などにおいて，設定する各種の条件や課題時の短い時間の中での経時的な変化を分析したい場合には，心臓の拍動ごとの血圧変化を連続的に計測・評価する必要がある．

連続血圧を測定する方法として，従来いくつか提唱され，それに基づく計測装置が市販されてきたが，現在，理論的にも妥当な方法は容積補償法に基づく計測方法といえよう．

血管の外部から圧を徐々に加えていくと，血管の内圧（これがすなわち血圧）と外圧の差が小さくなるにつれ，血管の弾性は次第に増加してくる．血管の内圧と外圧が一致した時に血管壁は無負荷状態となり，最大の弾性を示す．血管弾性が最大となる現象は，外圧を加えながら脈波（6.5.2 参照）を記録することで捉えることができる．内圧と外圧の差が小さくなるにつれ，容積脈波の波高値（振幅）が徐々に増加し，内圧と外圧が一致した時に最大の振幅を示す．血圧は心臓の各拍動ごとに SBP と DBP とを繰り返しているが，それに沿うように脈波の振幅が常に最大になるように外圧を連続的に制御すれば，その外圧の変化それ自体が連続的に記録した血圧そのものとなる．

この容積補償法に基づく装置は数社から販売されているが，いずれも指にカフを装着し外圧をかけ，指の動脈圧の変化から連続的に血圧を計測する．この計測装置では，指にカフを装着するため，腕の動きや体位の変化を伴う運動中や作業中の連続血圧の計測は困難である．手指や腕の動きによって指の動脈内の血液の流れが影響を受け，また，カフを装着する指と心臓との位置（高さ）関係が変化することで静水圧が変化し，それが血圧波形に影響したりするからである．したがって，連続血圧の計測と評価を行う場合には，実験参加者が着席あるいは仰臥した状態である必要がある．

表 6.2　血行力学的反応パターン

	パターンⅠ	パターンⅡ
血圧	+	+
心拍数	+	－
総末梢抵抗	?	+
骨格筋血管	拡張	収縮
内臓・皮膚血管	収縮	収縮

＋：増加，－：低下，?：時によって増加または低下．

4) 血行力学的反応パターンⅠ・Ⅱ

　心臓血管系が大きく変化する心理生理学的条件・刺激として各種のストレスがある．全般的にストレスにさらされると血圧は増加する．既述のように，血圧の増加には，その原因となる CO と TPR との関係から複数のパターンがある．ストレス下の血圧増加は，その背景となる機序が，ストレスの内容・特性によって異なる 2 つのパターンに分類される（澤田，1998）．それぞれ血行力学的反応パターンⅠとⅡと呼ばれるもので，両パターンともに血圧は増加を示すが，その反応の元となる機序が異なる（表 6.2）．パターンⅠでは，主に心拍数が増加をして CO が増大することで血圧が増加を示す．骨格筋での血管は拡張する一方で皮膚・内臓の血管は収縮をするため，TPR は増加も低下も示しうるため，反応は一貫しない．これに対し，パターンⅡでは，心拍数はおおむね低下を示す一方で，骨格筋も皮膚・内臓もともに血管は収縮をするので，一貫した TPR の増加が効いて，血圧は増加する．

　血行力学的反応パターンⅠとⅡは，行動的には能動的対処（active coping）と受動的対処（passive coping）に関連したものと理解される．能動的対処とは，ストレス刺激に直面し，積極的にそのストレスに対処しようとすることで，挑戦や競争が求められたり，評価を受けたりする事態がそれにあたる．実験課題としては，暗算，反応時間課題，電撃回避が能動的対処課題といえる．

　パターンⅡに関連する受動的対処とは，ストレス刺激に直面し，動きがとれないまま注視や監視を続けなくてはならず，有効な手だてが見つからず，なす術もなくただ耐えるといった事態である．

騒音曝露，事故場面や手術シーンなどのストレス映像注視，寒冷昇圧などが典型的課題といえる．またパターンⅡでは注意の高まりという点が特徴ともいえる．

　各パターンとそれに対応した各対処は，生体にとってどのような意味があるのか．パターンⅠ（能動的対処）の最も顕著なものは，闘争か逃走か反応（fight-or-flight response）と考えられる．つまり，パターンⅠは動作へ向けて筋緊張が高まり，緊急事態を乗り越えようとする反応と解釈できる．これに対して，パターンⅡ（受動的対処）の顕著なものが凍結（freezing）反応と考えられる．いわば擬死状態で，死んだふりをすることで敵の攻撃を避ける，一種の適応的な防御反応と理解できる．

　このように，血圧の変化を捉えるばかりでなく，その変化の起因となる心臓側と末梢血管側の反応変化のパターンを見ることで，その状況に置かれた生体が，その状況・事態をどのように捉えているのかなど，その状況・事態の意味や性質などについてより踏み込んだ検討をすることができる．

5) 血行力学的観点からの計測と検討

　心臓血管系の反応を計測し，評価する際には，血行力学的観点から必要な生理指標の計測と適切な反応の解釈をする必要がある．つまり，血圧，心拍数，末梢血管動態に関わる指標（血流量，皮膚温，脈波など）のどれか 1 つだけを計測し，評価することは，時に誤った結果の解釈につながる危険性がある．例えば，心拍数についてみた場合，心拍数が低下したからといって，その状況が生体にとって安静をもたらすリラクセイション環境と即断することはできない．血行力学的反応パターンⅡに示されるよう，心拍数は低下しても，末梢部の血管は収縮をし，血圧が増大した顕著なストレス反応を示している可能性も想定できる．生体が置かれた状況・状態の正しい把握と理解には，血行力学的関係式に示されるよう，心拍数変化が実質的に寄与する CO の変化と，皮膚や筋肉の血流量や脈波容積の変化など末梢の皮膚・内臓や筋肉部位の血管動態つまり TPR の状態を同時に捉えておく必要がある．　　　　〔廣田昭久〕

6.4 内分泌・免疫系

6.4.1 交感神経-副腎髄質系

1) 内分泌系

内分泌系（endocrine system）は，免疫系・神経系とともに体内の機能を調節する仕組みであり，ホルモンを介する点に特徴がある．ホルモンの分析には化学的処理が要求され，ウエットラボを整える必要があるので心理学には馴染みが薄かったが，最近は免疫系とともに，次第に多用されるようになってきた．本節と次節では，内分泌系の中でも心理学的測度として重要な交感神経-副腎髄質系と HPA 系を取り上げる．

2) 交感神経-副腎髄質系の生理

交感神経系（sympathetic nervous system）と副交感神経系（parasympathetic nervous system）は，互いに拮抗した作用を担って自律神経系（autonomic nervous system）を構成している．副交感神経系がエネルギー蓄積方向の作用をもたらすのに対して，交感神経系は副腎髄質（adrenal medulla）のホルモン分泌を支配しながら，エネルギー消費方向の作用を担っている．この，交感神経系と副腎髄質からのホルモンの協調的な伝達経路を合わせて交感神経-副腎系（sympatho-adrenal system, sympathic-adrenal system, sympathico-adrenal system），あるいは交感神経-副腎髄質系（sympathic adrenomedullary system, sympathetic adrenomedullary system）などと呼称する．日本語も英語も揺らぎがあるので，ここでは髄質の関与を明示した交感神経-副腎髄質系を用いる．

交感神経-副腎髄質系の説明をするにあたり，まずは自律神経系について概説する．随意的制御の可能な体性神経系と異なり，自律神経系は視床下部などの中枢の統合的支配を受けながら（一部，局所性反射作用もあり），不随意的にホメオスタシスを実現する伝達系である．中枢から末梢に至る経路の間に形成されたシナプス〔自律神経節（autonomic ganglion）〕を境に，中枢側を節前ニューロン，末梢側を節後ニューロンという．

節前ニューロンのすべてと副交感神経の節後ニューロンの伝達物質はアセチルコリン（acetylcholine）であるが，交感神経の節後ニューロンからはノルアドレナリン（noradrenaline）が放出されて（汗腺などは例外），これによって効果器に興奮性の反応をもたらす．副腎髄質のみは節前ニューロンが直接に支配しているが，副腎髄質は神経と同じ外胚葉由来であり，節後ニューロン神経が軸索を失ってアドレナリン（adrenaline）を分泌する器官になったと理解される．

アドレナリン，ノルアドレナリンそしてドーパミン（dopamine）は，化学構造の類似性からカテコールアミン（catecholamine）と総称される．副腎髄質において，ドーパミンからノルアドレナリンが，ノルアドレナリンからアドレナリンが合成される〔米国ではアドレナリンをエピネフリン（epinephrine），ノルアドレナリンをノルエピネフリン（norepinephrine）とする異称が用いられている〕．副腎髄質からの分泌は最終生産物であるアドレナリンが主たるものであり，血中のノルアドレナリンのほとんどは交感神経終末由来である．ノルアドレナリンは直接支配する効果器の主として α 受容体に，副腎髄質から分泌され液性の伝達経路で広範な効果器を支配するアドレナリンは $\alpha \cdot \beta$ の両受容体に作用する．すなわち交感神経-副腎髄質系とは，カテコールアミンによって $\alpha \cdot \beta$ 受容体を介して効果器に興奮性の活動をもたらす伝達系である．

3) 測定の基本

交感神経-副腎髄質系の興奮は，心拍率の上昇，気管支筋弛緩，末梢血流低下，瞳孔散大，平滑筋の弛緩など，エネルギー消費的な効果器の変化を促す．キャノン（Cannon, W. B.）は，この変化を「闘争か逃走か（fight or flight）」の危急反応（emergent reaction）であるとみなした．

交感神経-副腎髄質系の活動は，これら効果器の興奮として測定することが可能であり，脈拍の測定は，最も素朴な方法である．露出させた猫の腸を，犬におびえた猫の血液に浸してその活動を記録するというのは，キャノンが行った古典的な方法である．現在一般的な方法としては，心電図，呼吸，皮膚温，指尖容積脈波などがある．

一方，カテコールアミンの測定は，効果器の変

化を介さずに，交感神経-副腎髄質系の活動を直接捉えるものである．血中に放出されるアドレナリンのみならず，ノルアドレナリンも交感神経神経終末で回収されなかったものが血液に拡散する．よって注射器で採血し，その血液を検体としてアドレナリンやノルアドレナリンを分析・定量できる．あるいは，腎臓を通過してわずかに尿中に放出されるので，尿を検体とすることもできる．

血液検体は医師などによる採血が必要になるので，心理学分野においては非侵襲検体である尿が適している．尿検体は，尿が膀胱にたまる時間を要し，短時間の変化は苦手とするが，蓄尿期間に分泌された血中ホルモン総量を反映するので，感情喚起課題のような，ある期間の総和的・平均的変化を捉えたい場合には，むしろ好適である．

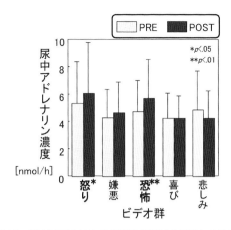

図6.16 映画ビデオによる感情変化に伴うアドレナリンの変化（阿部，2002を改変）

4）測定方法

尿検体を例に，測定の過程に沿って具体的な測定方法を説明する．

まずは採尿である．大きめの取っ手つき樹脂ビーカーなどを参加者に渡して，これに排尿してもらう．全量を採取するよう依頼する．ただちにメスシリンダーで尿量を測定し，10 mL を取り分ける．菌や空気中酸素による変性を防ぐため，即座に 6 N の塩酸を滴下し酸性にする．pH 3 が目安である．

次が保存である．取り分けた 10 mL を空気の入らない遮光密閉容器に移す．吸い口を焼いて癒着密閉できるチューブが便利である．そして $-25℃$，できれば $-80℃$ の冷凍庫に入れて凍結保存する．

分析は，高速液体クロマトグラフィ，RIA，ELISA，LIA などの方法が用いられる（6.4.2 参照）．自ら分析することができない場合，やや高額であるが，生体試料を検査してくれる会社に外注することができる．

こうして得られる分析定量値は，基本的に $\mu g/L$ のような重量 / 容積を単位とする．しかし，様々な観点から異なる単位が使われることが多い．分子量の観点から，重量を mol に置き換えることもある．換算に用いる分子量は，アドレナリン 183.20，ノルアドレナリン 169.18，ドーパミン 153.20 である．また，水分を多量に摂取すれば尿量が多くなり，$\mu g/L$ を単位とすると小さな値となって不正確になる．そこで分泌速度が一定のクレアチニン（creatinine）を同時測定して，pmol/mg creatinine（p：ピコ）などの単位を用いることがある．しかしクレアチニン分泌にも揺らぎがあるので，採尿した検体中の全量を求めて，1時間当たりの分泌量である nmol/時（n：ナノ）などの単位を用いたほうがよい．総尿量 0.4 L，排尿から採尿までが 2 時間，アドレナリン測定値が 9 $\mu g/L$ ならば，$[9(\mu g/L) \times 0.4(L) \div 183.20 \div 2(時) = 9.825 \times 10^{-9}(mol/時) = 9.825(nmol/時)]$ となる．

5）実測例

男子大学院生 100 名を 20 名ずつ 5 群に配し，異なる映画を鑑賞した前・後の尿中アドレナリン濃度を測定した結果を図6.16に示す．PRE は映画鑑賞前の安静期間終了後に，POST は映画観賞後に採取した尿である．怒り，ならびに恐怖をもたらす映画を鑑賞した群で有意にアドレナリンが増大しており，「闘争か逃走か」の反応が生じたことを的確に捉えている．　　　　　〔阿部恒之〕

6.4.2 HPA系

1) HPA系の生理

視床下部は様々なホルモンを分泌して下垂体前葉のホルモン分泌を支配している．それを受けて下垂体前葉からは多様な末梢内分泌器官を支配するホルモンが選択的に分泌されている．この，ホルモンに依存した液性の（humoral）伝達経路である視床下部-下垂体-末梢内分泌系は副腎皮質・甲状腺・肝臓・精巣・卵巣などの活動を制御しているが，このうち副腎皮質への連絡系を，視床下部-下垂体-副腎皮質系〔hypothalamus-pituitary-adrenal（cortex）axis，通称 HPA系〕と称する．

視床下部の室傍核から分泌された CRH（corticotropin releasing hormone）は血流にのって下垂体門脈を通って下垂体前葉に至る．刺激された下垂体前葉は ACTH（adrenocorticotropic hormone）を分泌する．そして ACTH は血流によって副腎皮質に到達し，副腎皮質ホルモン（adrenocortical hormone）分泌を促進する．副腎皮質ホルモンの化学構造はステロイドであり，コレステロールから合成される．作用の観点から，糖質コルチコイド（glucocorticoids），電解質コルチコイド（mineralocorticoids），副腎男性ホルモンに分類される．このうち，心理過程との関連で重要なのは糖質コルチコイドである．動物によって利用される糖質コルチコイドの組成は異なり，ヒトの場合は主にコルチゾール〔cortisol（別名hydrocortisone）〕，ラットの場合は主にコルチコステロン（corticosterone）が分泌される．

コルチゾールは効果器の受容体に結合・活性化して核内に移動し，標的とする遺伝子の転写調整を行い，遺伝子の発現調節を通じて効果器に作用する．特に重要な生理作用は糖新生（gluconeogenesis）である．肝細胞以外でのアミノ酸取り込み抑制・蛋白質合成抑制でアミノ酸を糖の基質として確保し，脂肪細胞においては糖〔グルコース（glucose）〕の取り込み抑制と，中性脂肪の合成抑制などを行い，糖新生を促進する．また，末梢における抗インスリン作用をもつが，脳と心臓は例外であり，脳と心臓に血糖を集中する作用を担う．免疫系には抑制的に作用し，免疫力の低下・抗炎症作用などを生じる．血管におけるカテコールアミン感受性に影響し，間接的に血圧上昇に寄与している．

副腎皮質は中胚葉由来の内分泌器官であり，節後ニューロンが節後線維を失った外胚葉由来の髄質をくるむような形になっている．

コルチゾールは，起床する頃に多量に分泌し，以降低下する明瞭なサーカディアンリズム（circadian rhythms）を有する．夜間に糖の補給がないので早朝の低血糖を防ぐためだと考えられる．

2) 測定の基本

コルチゾールは血糖を消費するスポーツにおいては明瞭な上昇を示さないが，人前での発表時には，標準値の数倍に増大する．不快感で増大することも示されている．脳活動が多量の糖を必要とすること，コルチゾールが選択的に脳（と心臓）への糖供給を促進することを考え合わせると，コルチゾールが脳活動の維持に寄与し，その濃度が脳活動のレベルを反映している可能性が示唆される（6.1.1 参照）．

コルチゾールは血液・尿・唾液などを検体として測定できる．コルチゾールはカテコールアミンと異なり油溶性なので，唾液腺を介して唾液に拡散する．コルチゾールは血中でトランスコルチン〔transcortin，コルチコステロイド結合グロブリン（corticosteroid-binding globulin）〕やアルブミンと結合するが，遊離コルチゾールのみが生理活性を有する．唾液中のコルチゾールは血中の遊離コルチゾール濃度と高い相関をもつ点で優れた検体である．また，血液や尿に比べて採取が容易であり，短時間間隔での採取が可能であるという利点も有する（尿検体の利点は 6.4.1 参照）．

コルチゾールの分析方法としては，検体に含有された個々の物質とカラム充填剤の相性でカラムの通過時間が異なることを利用して分離・定量する高速液体クロマトグラフィー（high performance liquid chromatography，HPLC）や，抗原-抗体反応（antigen-antibody reaction）の特異性・選択性に基づいた放射免疫分析法（radioimmunoassay，RIA），enzyme-linked im-

420　6.4　内分泌・免疫系

munosorbent assay (ELISA), luminescence immunoassay (LIA) などが行われている．RIA・ELISA・LIA の違いは，標識が放射性物質か酵素か化学発光物質かの違いである．RIA の研究蓄積が多いが，最近は放射性物質を使わない ELISA，さらに感度の良い LIA が多用されるようになってきた．これらに比べて HPLC はいっそう正確であるが，装置が高額である．

3）測定方法

コルチゾールはカテコールアミンに比べて安定性が高く，酸性化処理の必要がない．また，唾液は採取が簡便であり，多様な場面での採取が可能になる．唾液中コルチゾールは利点が多い．

唾液採取具は，実験器具の代理店から容易に入手できるサリベット（Salivette, Sarstedt 社）が便利である．鉛筆ほどの太さ×3.5 cm の脱脂綿を1分間ほどくわえてサリベットに戻してもらい，それを遠心分離機（回転速度 3,000 min^{-1}）に5分かけて唾液を分離する．1 mL 以上確保することが望ましい．保存の際はコットンと分離具を外したサリベットに入れたまま，通常の冷蔵庫の冷凍室で保存することができる（密閉のこと）．

分析の際はそれを室温で解凍する．分析は上記の方法のいずれかを選択することになる．HPLC による具体的手順をホームページに掲載したので参照願いたい（http://www.sal.tohoku.ac.jp/psychology/abe.bio.html）．

4）HPLC 標準値・HPLC と RIA の測定値換算

HPLC-UV 検出による，男女別・時刻別の唾液中・尿中コルチゾール濃度の標準値を表 6.3 に示した．唾液では，早朝にピークがあり，サーカディアンリズムが明瞭である．尿においては，起床時採取後から午前10時まで膀胱に蓄積された午前10時の値に早朝ピークが反映されている．

なお，RIA の測定値は HPLC の測定値より大きい．これは抗原-抗体反応の選択性の限界に起因するものと思われる．同一検体測定により，以下の式が求められているので，RIA による測定値との比較の参考になる．

表 6.3 HPLC による男女別・時刻別の勤務日コルチゾール濃度標準値（阿部，2002 を改変．年齢別データ，休日データなどは本文中の URL 参照）．唾液 pmol/mL, 尿 pmol/mg creatinine.

		起床時	10:00	11:40	14:00	16:00
唾液	男性	9.82	5.21	5.01	5.41	4.01
		6.00	5.68	4.46	5.13	4.20
	女性	8.74	2.75	2.59	2.57	1.92
		4.39	1.95	1.70	1.77	1.20
尿	男性	59.41	81.26	45.87	53.29	35.36
		61.68	71.08	46.27	51.88	53.59
	女性	79.10	135.79	71.99	86.98	49.25
		75.78	86.74	51.23	55.95	30.02

上段：平均値，下段：標準偏差．

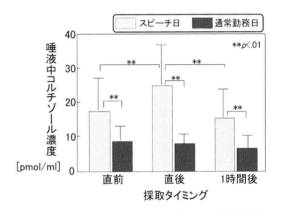

図 6.17 スピーチによるコルチゾールの変化（阿部，2002 を改変）

唾液：RIA 測定値 = 1.355 × HPLC 測定値 + 2.764　（R^2 = .645）

尿：RIA 測定値 = 1.534 × HPLC 測定値 + 112.695　（R^2 = .527）

5）実測例

100 名ほどの聴衆を前に，3分間のショートスピーチを行った31名の唾液中コルチゾール変化を，同時刻の通常勤務日と比較した結果を図 6.17 に示した．スピーチによる顕著な増大が認められる．なお，緊張を感じ始めたタイミングが早いほど「直前」におけるスピーチ日-通常勤務日の差異が大きい．コルチゾール増大は，脳活動を支える糖の供給を反映するという考え方を支持する結果である．〔阿部恒之〕

6.4.3 免疫反応

1) 免疫系の概略

　免疫系は，多くの構成要素の相互作用により体系的な生体防御機構を築いている．免疫系は様々な軸により分類できるが，一般的に自然免疫系と獲得免疫系に分けることができる．自然免疫系はナチュラルキラー細胞（natural killer cell, NK cell），マクロファージや好中球などからなり，細菌やウイルスの侵入に対して迅速かつ非特異的な排除を行う．一方，獲得免疫系は T 細胞，B 細胞などからなり，時間はかかるが抗原特異的に強力な排除機能を発揮する．免疫細胞間は，微量生理活性蛋白質であるサイトカイン（cytokine）による情報伝達で密なネットワークを形成している．サイトカインには，インターロイキン-6（interluikin-6, IL-6）などがあり，免疫細胞間の情報伝達だけではなく中枢神経系にも作用する（Dantzer & Kelly, 2007）．免疫系は，このようなシステム間の相互作用により絶え間ない外来抗原の侵入を防いでいる．

2) 代表的な免疫系指標

　免疫系指標は無数に存在するため，研究の目的に応じて適切な指標を選択する必要がある．一般的に，白血球の一種であるリンパ球を形態・機能により分類したリンパ球サブセット（lymphocyte subset）が多くの研究で計測される．代表的なリンパ球サブセットはヘルパー T 細胞，細胞障害性 T 細胞，サプレッサー T 細胞，B 細胞，NK 細胞である．また，NK 細胞の細胞殺傷能力の指標である NK 細胞活性も計測される．

　心理学では，唾液中の分泌型免疫グロブリン A（secretory immunoglobulin A, sIgA）の計測が盛んである．免疫グロブリンは B 細胞の産生する糖蛋白分子であり，体内に侵入した細菌やウイルスを排除する役割を担う．特に sIgA は，唾液，初乳，涙，鼻粘膜，消化管分泌液中に含まれており，外来抗原の粘膜部への吸着を阻害する．

　近年はサイトカインも活発に計測される．サイトカインは数百種類にも及ぶが，心理要因との関連を探るときには炎症促進機能をもつ炎症性サイトカイン（pro-inflammatory cytokine）を計測することが多い．同じく，炎症反応時に肝臓で生成される C 反応性蛋白（C-reactive protein, CRP）も計測される．

3) 免疫系指標の分析

　リンパ球サブセットの分析に用いられるフローサイトメトリ（flow cytometry）と sIgA の分析に用いられる酵素免疫測定法（enzyme-linked immunosorbent assay, ELISA）を説明する．

　フローサイトメトリとは，細胞を 1 つずつレーザー光に通過させたときに発生する散乱光や蛍光を計測することで細胞の特徴を高速で解析する技術である．例えば，血液から処理されたサンプル液に対してフローサイトメトリを用いると，白血球 1 つひとつについて大きさ，形態，核や顆粒などの細胞内部構造に応じた散乱光が生じる．この散乱光の検出と分析により白血球をリンパ球，単球，顆粒球に分離することができる．

　リンパ球サブセットの分析では，ヒトの血液から単離した白血球と蛍光色素をつけたモノクローナル抗体を反応させた試料を作成する．この試料に対してフローサイトメトリを用いると，細胞表面分子に結合するモノクローナル抗体に基づきリンパ球を細分化できる．この分類は CD（cluster of differentiation）分類と呼ばれる．例えば，NK 細胞は CD3 分子を発現せずに CD16 分子と CD56 分子を発現している細胞と定義される．よって，散乱光と蛍光を組み合わせることで白血球からリンパ球，リンパ球から各サブセットへと細胞を細分化できる．リンパ球サブセットは全リンパ球中の比率を統計値として用いることもあるが，白血球の数を計測しておくことで細胞の絶対数（細胞数 /μL）に換算して用いることもある．

　ELISA は，酵素で標識した抗原と抗体との反応を使用して試料中に含まれる標的物質の濃度を定量化する方法である（図 6.18）．ELISA には，競合法，サンドイッチ法などがあるが，ここでは競合法の原理について説明する．分析には抗体が固定されている 96 穴のマイクロプレートを用いる．唾液から前処理をした試料と酵素標識抗原を各穴に加えて抗体と結合させた後，余剰な抗原を

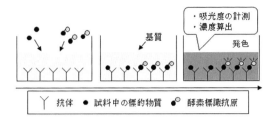

図 6.18　ELISA の原理

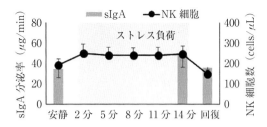

図 6.19　心理ストレス負荷時の免疫反応（Kimura et al, 2005 を参考に作成）
エラーバーは標準誤差を表す.

洗浄する．洗浄後，酵素の発色基質を注入することで酵素標識抗原を発色させる．この発色の度合を吸光度計により計測することで試料中の標的物質の濃度が算出できる．試料中の標的物質の濃度が高ければ抗体に結合する酵素標識抗原は少なくなるために発色は弱くなる．標的物質の濃度は，濃度が既知の標準物質の吸光度から標準曲線を算出し，試料の吸光度を代入することで求める．ELISA は sIgA だけではなく唾液中 IL-6 や CRP など多様な物質の計測に用いられるが，検査会社に委託する方法と市販のキットを利用して自ら分析する方法がある（6.1.2 参照）．

4）免疫系指標計測における留意点

心理学では血液採取が難しいことから唾液中の免疫指標が多く計測される．代表的な指標は sIgA である．唾液の採取はスワブとチューブがセットになったサリベット（Salivette, Sarstedt 社）や自然に分泌された唾液を短いストローなどで容器に移す Passive Drool（PD）により採取される．唾液採取は，採取方法が標的物質の濃度に影響しないかを考慮する必要がある．例えば，サリベットで採取した唾液中 sIgA 濃度は PD よりも濃度が低い（Shirtcliff et al, 2001）．採取方法以外にも多くの点に注意が必要である sIgA は，起床時に最も高く，午後は平坦な日内変動を示す．このため，実験や調査で sIgA を計測するときには採取時間を揃える必要がある．また，sIgA の濃度は個人の生活習慣や特性に影響を受ける．例えば，女性は男性よりも，喫煙者は非喫煙者よりも sIgA 濃度が低い（Evans et al, 2000）．得られたデータの妥当性の確認や外れ値の解釈のために，被験者や被調査者の年齢，性別，最近の健康状態，直前の飲食物，睡眠時間，口腔内の健康状態，薬の服用の有無，女性であれば月経周期などをしっかり把握しておくことが重要である．

近年，唾液中の IL-6 や CRP も計測される．sIgA 同様，IL-6 や CRP の濃度にも日内変動や個人差があるため，参加者の特性や状態を十分に把握しておくべきである．また，唾液中 IL-6 は血中 IL-6 と相関が低く（Minetto et al, 2007），唾液中 CRP は血中 CRP と中程度の相関がある（Out et al, 2012）．標的物質の濃度が口腔内の局所的な免疫活動を反映しているのか，血中の免疫活動を反映しているのかを区別して用いるべきである．

唾液中物質は，唾液量によって濃度が変化する．このため，計測時点により唾液量にバラツキが予測される場合，唾液量や総蛋白濃度により濃度を補正することが推奨される．例えば，唾液量による補正では，濃度に唾液量を乗じ，測定時間で除した値を分泌率として算出する．

5）心理的要因と免疫系指標

クレペリン型暗算課題などの心理ストレス負荷は血液中 NK 細胞数と sIgA 濃度を増加させる（図 6.19）．これは両者が交感神経系活動に敏感なためである．一過性の免疫反応は新しい細胞の生成ではなく，貯蔵された細胞の唾液・血中への移動を反映している．炎症性サイトカインも心理ストレスにより一過性に増加する（Steptoe et al, 2007）．また，CRP などの炎症マーカーは心理社会的特性やうつ病と関連する（Slavich & Irwin, 2014）．

〔木村健太〕

6.5.1 筋電図

1）測定原理

　私たちの動きは，骨格筋の収縮によって引き起こされる．目の前のコップをつかむといった単純な動きであっても，そこには多くの骨格筋が関わる．また，見かけ上ほとんど同じ動きであっても，中枢神経系は個々の動きに対して，関与する骨格筋をどのように収縮させて制御するかについて，状況に応じて微調整している．こうした特性から，動作遂行中の骨格筋の活動を測定することで，中枢神経系が私たちの動きをどのように調整しているのかについて，アプローチすることができる．本節では，心理学研究において利用しやすい表面筋電図について，その測定原理や測定手法について概説する．

　表面筋電図の測定原理を理解するためには，そもそも骨格筋はどのような作動原理で収縮するのかを理解する必要がある．図6.20は，脳の運動指令が，骨格筋を収縮させるまでのプロセスを簡略的に示している．私たちがある動作を行うとき，大脳皮質運動野からの運動指令が，錐体路という経路を通って脊髄に入力される．脊髄には，不随意的な経路（錐体外路）として，視床，大脳基底核，中脳，小脳から，運動指令を調節するための入力もある．これらの入力情報に基づき，ターゲットとなる運動神経が興奮する．運動神経は，終末部が分岐して，10～1,000本の筋線維と結合している．興奮した運動神経は，結合しているすべての筋線維の脱分極を引き起こし，筋線維を収縮させる．

　筋収縮の強さは，運動単位（motor unit）が動員される数，および個々の運動単位が興奮する頻度で決まる．運動単位とは，脊髄から伸びる運動神経（運動ニューロン）と，その神経が直接支配する筋線維（筋肉を構成する線維）のセットのことをいう．例えば，肘の屈曲に関わる上腕二頭筋（いわゆる力こぶの筋肉）には，20万本の筋線維がある（勝田, 2007）．仮に，1本の運動神経が平均して300本の筋線維とつながっているとすると，上腕二頭筋には667個の運動単位が存在することになる．表面筋電図は，こうした運動単位の活動を総和的に拾い上げる測定法である（図6.21）．

2）測定手法

　一般的な表面筋電図は，ターゲットとする筋肉に対して，筋線維の方向に沿って2つの電極を貼ることで得られる（図6.22）．貼りつけた電極が筋線維に対して平行でない場合，得られる信号が50％減衰するという指摘もあるため（Robertson

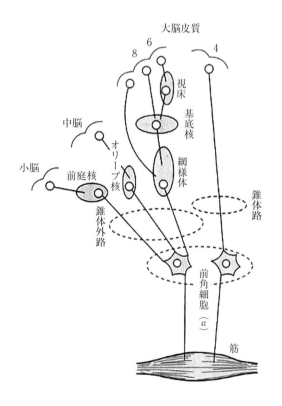

図6.20　中枢指令が筋に到達するプロセスの簡略図（勝田編，2007）

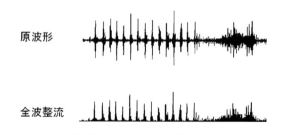

図6.21　表面筋電図で得られる典型的な波形
上：原波形，下：振幅の大きさを計算するために全波整流した波形．

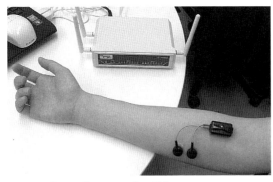

図 6.22 指の屈曲に関わる筋の測定
無線によるワイヤレス筋電計（イタリア，COMETA 社製）を用いている．

et al, 2004），貼りつけ方には注意が必要である．電極装着前には，電極を貼る皮膚表面部位をアルコール綿花でしっかりと拭き，皮膚抵抗を小さくする．2つの電極間の距離は数 cm が一般的である．ターゲットとする筋肉の大きさにより，電極の大きさや距離を調整する．電極間の距離の要因が実験結果を歪めないように，実験内においては統一された電極間距離となるように留意する．

表面筋電図は，概念的には，ターゲットとする筋肉において活動している運動単位の電気的総和を表現する．ただし，皮膚表面に電極を貼りつけるという性質上，各運動単位が表面筋電図に貢献する度合いは，皮膚表面（10〜20 mm 程度）に近い筋線維を含むものほど大きいことになる（Barkhaus & Nandedkar, 1994）．また，筋肉のサイズが小さいほど，表面筋電図を用いた正確な筋活動の計測が難しい．小さい筋肉であるほど，得られた筋電図に対して，隣接する筋肉の活動が混入しやすくなるためである．

骨格筋の筋電図は，通常 $10\,\mu V$〜$10\,mV$ の振幅と，20〜200 Hz の周波数帯域をもつ．筋電計は，この広い範囲を歪みなく測定できる必要がある．サンプリング周波数は 1,000 Hz 以上が望ましい．

3）分析方法

筋電図の重要特性は，振幅と周波数である．心理学研究においては，振幅を用いて筋活動の大きさを検討する場合がほとんどである．通常の筋電図は交流（AC）信号であり，陽性と陰性の両方の電位方向へ変化する．信号の平均がゼロになるため，原波形を平均しても，振幅の大きさを表す指標とはならない．したがって，測定区間における平均振幅値を計算するには，まず初めに信号を整流し，すべての電位を正の値へ変換する必要がある（全波整流，図 6.21）．

4）研究応用の事例

骨格筋は，表情筋のような例外を除けば，動作を行う筋（主導筋）とそれを妨げる筋（拮抗筋）とが密接に関係しながら，相互に作用する．しかしながら，極度に緊張した状況においては，主導筋と拮抗筋が共収縮を起こすことが知られている．以上のことから，動作に関わる複数の筋電図を同時に測定し，共収縮が起きているかを調べることで，対象者の緊張状態にアプローチすることができる．

さらに，ある動作を遂行中の筋電図と脳波を，コヒーレンス解析という手法を用いて解析してみると，両者は一定の間隔で同期する関係にある（牛山, 2013）．もし「筋電図は筋骨格系に下降してきた運動指令を反映する」と考えれば，両者の間に相関関係があったとしても，特に不思議とは思わない．なぜならその相関現象は，中枢の信号が末梢の筋骨格系に波及しただけにすぎないからである．ところが実際には，この相関関係は，中枢の信号による一方向的な影響によって形づくられるのではなく，身体状況の影響を受ける．例えば，測定対象となる四肢を冷却して，その感覚・運動特性を変えると，脳波と筋電図の相関関係が変化する（Riddle & Baker, 2005）．この結果は，筋骨格系の状態に応じて，中枢の指令が調整されている可能性を示している．

これらの研究事例からもわかるように，筋電図は，感情の状態や運動制御に関わる中枢神経系の働きなど，心理学的に重要な問題にアプローチするのに有用である．筋電図の測定手法は，比較的簡便である．しかしそれゆえに，誤用もしやすいという指摘もある（渡邊, 2014）．より詳細な文献などを参考にしながら，正しい使用を心がけたい．

〔樋口貴広〕

●参考文献
市原（1991），Robertson ら（2004）．

6.5.2 皮 膚

1）心理生理学的測定部位としての皮膚

　心理生理学的研究においては，皮膚部位から計測できる様々な生体反応を指標として用いることが多い．現在までに広く活用されてきた皮膚からの生体情報としては，汗腺の活動と皮膚血管の活動をあげることができる．本節では，この2つの活動について，その方法論を中心に解説する．

2）汗腺の活動

◆皮膚の汗腺活動

　発汗には温熱性発汗と精神性発汗の2種類がある．温熱性の発汗は，手掌・足底の部位を除いた全身の皮膚で生じ，体温の過度の上昇を防ぎ，体温の恒常性を維持する目的がある．一方，精神性発汗は，興奮したり，緊張したり，覚醒状態や感情の変化によって，主に手掌と足底で生じる発汗活動であり，緊急時に生じる，闘争か逃走か反応（fight-or-flight response）と密接に関連していると考えられている．汗腺は一般にエクリン腺とアポクリン腺とに分類されるが，温熱性発汗も精神性発汗もエクリン腺の働きとして生じる．

◆汗腺活動の測定

　心理生理学的に有用な情報を提供するのは精神性発汗である．精神性発汗を定量的に測定する方法には，直接的に皮膚から拍出された汗の量を測定する方法と，汗腺活動に伴う皮膚の電気的な変化を測定する方法がある．

　前者の方法としては，小型のカプセルなどを皮膚に装着し，湿度センサを用いたり，換気ガスの水分含有量を測定したりして，局所的な発汗量を直接的に測定する．一方，精神性発汗現象を基にして，覚醒レベルの変化や緊張・弛緩の状態，あるいは刺激に対する一過性の心理的変化の計測・評価を行うことが目的である場合には，汗腺活動に伴う皮膚の電気的な変化を測定する方法が，その鋭敏な反応性から有効である．汗腺活動に伴う皮膚の電気的変化は皮膚電気活動（electrodermal activity，EDA）と呼ばれ，19世紀末にその現象が発見されて以降，様々な測定方法の検討がなさ

れてきた．現在は表6.4に示すような分類がなされている．

　EDAの測定法には，手掌や手指に装着した一対の電極間に微弱な電流を流し皮膚の抵抗の変化を計測する通電法と，電流を流すことなく一対の電極間の電位差を測定する電位法とがある．通電法でも電位法でも，一過性の反応（response）と持続的な緩徐な変動（level）が記録される．通電法で計測される一過性の反応には，皮膚抵抗反応（SRR）と皮膚コンダクタンス反応（SCR）があるが，抵抗の逆数がコンダクタンスであるので基本的に同じ現象である．また，通電法で計測される持続的な緩徐な変動には，皮膚抵抗水準（SRL）と皮膚コンダクタンス水準（SCL）がある．そして，SRRとSRLを皮膚抵抗変化（SRC），SCRとSCLを皮膚コンダクタンス変化（SCC）と呼ぶ．なお，市販の装置はSCCを計測するものがほとんどであるため，本節では通電法をSCCに限定して記す．

　一方，電位法で計測される反応が皮膚電位反応（SPR），持続的な緩徐な変動が皮膚電位水準（SPL）であり，両者を併せて皮膚電位活動（SPA）と呼ぶ．

　また，通電法による反応（SRR，SCR）と電位法による反応（SPR）を総称して皮膚電気反応（electrodermal response）と呼ぶこともある．

　汗腺は交感神経にのみ支配されているため，EDAは交感神経活動の指標である．

◆皮膚電気活動の測定

　EDAを測定するための電極，電極糊（ペースト），電極の装着法，計測装置については，米国

表6.4　皮膚電気活動（EDA）の分類

通電法（exsomatic method）
- 皮膚抵抗変化（skin resistance change，SRC）
  　皮膚抵抗反応（skin resistance response，SRR）
  　皮膚抵抗水準（skin resistance level，SRL）
- 皮膚コンダクタンス変化（skin conductance change，SCC）
  　皮膚コンダクタンス反応（skin conductance response，SCR）
  　皮膚コンダクタンス水準（skin conductance level，SCL）

電位法（endosomatic method）
- 皮膚電位活動（skin potential activity，SPA）
  　皮膚電位反応（skin potential response，SPR）
  　皮膚電位水準（skin potential level，SPL）

心理生理学会（Society for Psychophysiological Research, SPR）の勧告（Fowles et al, 1981 ; SPR Ad Hoc Committee on Electrodermal Measures, 2012）に準拠することが求められている.

電極は安定性の良い銀/塩化銀（Ag/AgCl）電極を用いる. 電極糊は NaCl 0.05 mol か, KCl 0.067 mol の電解質濃度のものを用いる. 現在は推奨電解質濃度をもった粘着ゲルつきの使い捨て電極も市販されている.

電極は精神性発汗部位である手掌, 手指, 足指に装着して記録できるが, SCC の測定では一般的に同側の第 2・第 3 指の末節か中節の腹側部に装着する. SPA の測定では, 手掌の小指球または手指の末節部に探査電極を置き, 電位変動の少ない不活性部位として同側の前前腕部に基準電極を装着する. 実験環境や条件によっては基準部位の不活性化処理が必要になることもある（堀・新美, 1986）.

通電法による測定で使用する装置は, 米国心理生理学会で勧告されている 0.5 V 定電圧回路を使用したものが標準となっている. 電位法の測定では, 一般的な多用途生体アンプ（増幅器）で計測ができる. ただし, 緩徐な変動を正確に捉えるために, アンプの時定数は 3 秒以上に設定する必要がある.

◆ 定量化法

SCR については, 主に反応立ち上がり点から反応頂点までの振幅値を計測する. 単位は μS（マイクロジーメンス）である. SCR 振幅は皮膚交感神経の活動量に対応して変化する.

SPR には, 陰性波, 陽性波, 陰陽二相性波がある. 陰性波, 陽性波ともに, 基線からの振幅を計測する〔単位はミリボルト（mV）〕. 陰陽二相性波については, 反応の極性ごとの振幅を求めたり, 陰性陽性のピーク間の反応量を計測する方法もある.

SCL については, 分析対象とする区間内や, 単位時間内の皮膚コンダクタンスの平均値を求めて評価する. 実際のところは皮膚コンダクタンスの変化には, 持続的な緩徐な変動に一過性の反応が重なっているので, SCL のみを取り出して分析することは難しく, 両者を区別せずに分析区間内の皮膚コンダクタンスの平均を求めて, 全体的な汗腺の活動量の指標として扱うこともある.

◆ 皮膚電気活動の活用と評価

刺激に対して生じる一過性の反応を評価したい場合には, 皮膚電気反応（EDR）の計測は有効である. 汗腺の活動は交感神経系のみによる支配を受けているので, 刺激に対する交感神経系の反応性を評価することになる. 刺激強度の評価や, 刺激の感情価の検討, 定位反応と順応（慣れ）の効果, ポリグラフ検査など様々な刺激の心理生理的効果の比較や相違などの検討のために活用することができる. また, 覚醒レベル（緊張・興奮, 鎮静・リラックスなど）の評価としては, SCL が有効である. 情動やストレスの評価, リラクセイション, 注意, 睡眠などの指標として活用できる.

3）皮膚血管の活動

◆ 皮膚血管の運動

毛細血管を除く血管は平滑筋細胞を有し, 収縮・拡張することができ, 結果として血行動態の変化を生じる. 血管の収縮（拡張）により, 血液量（blood volume, BV）と血流量の低下（増加）が生じる. また, 血管の弾性も変化し, 血管の収縮により弾性は低下（硬くなり, こわばる）し, 血管の拡張により弾性は増加（柔らかく, 変動性が増加）する.

心理生理学的測定部位としてよく活用される指先や手掌, 足底など四肢末端部位での皮膚血管の収縮・拡張は, 皮膚交感神経の血管運動性神経の活動による. 交感神経が賦活することで, 皮膚部位の血管を支配する血管運動性神経の神経終末からノルアドレナリンが放出され, それが血管に存在する α_1 アドレナリン受容体に作用して, 血管平滑筋の収縮を引き起こし, 皮膚血管は収縮する. これに対し, 交感神経の賦活レベルが低下することで, 血管運動性神経の活動が低下して受動的な血管拡張が生じる.

皮膚の血管活動を反映する指標には, 皮膚血流量, 皮膚温, 脈波がある.

◆ 皮膚血流量

皮膚血流量はレーザードップラー血流計により経時的に計測が可能である. 皮膚面からレーザー光を皮膚内に照射し, その散乱光を受光して周波

数スペクトルを解析する．血流からの散乱光はドップラー現象を示してその周波数がシフトすることから，血液の量と速度に応じた情報を得ることができる．プローブを装着した皮膚面から深さ0.5～1mm程度の変化（主に毛細血管レベルの反応）について計測する製品が多い．血流量は血液量と血流速度の積によって求められる．プローブは直径1cm程度のディスク型のものから，非接触型のものもある．ディスク型のものは両面テープにて皮膚に装着することができる．非接触型のものでは，血流状態の分布を2次元画像としてマップ化することができるものもあり，部位による血流分布の違いなどの検討には非常に有用である．

◆皮膚温

深部体温と異なり，皮膚などの末梢皮膚温は，その直下を流れる血流量によって決まる．血流量が多ければ皮膚温は高く，少ない場合には皮膚温は低下する．皮膚血流量は皮膚の血管の収縮・拡張により決まるので，皮膚温の変化を計測することは血管の収縮・拡張の変化を捉えていることになり，つまりは皮膚交感神経活動をモニタしていることになる．

皮膚温の計測として最も簡便な方法はサーミスタを用いた方法である．サーミスタは温度の変化に対応して抵抗が変化する半導体で，皮膚表面に直接装着して計測する．一方，非接触で皮膚温を計測する方法にサーモグラフィがある．サーモグラフィは物体の表面温度を物体が放射する赤外線を検知することで測定し，画像として表示する．サーモグラフィでは温度分解能が性能を決めるが，最近では0.02℃という高精度の分解能をもった製品も市販されている．

皮膚温の計測においては計測部位に影響を与える環境要因に注意する必要がある．エアコンからの温風・冷風や，日差しが計測部に当たったりすると，正しい温度評価ができなくなる．また環境温も皮膚温には影響を与える．発汗が生じる暑い環境では，気化熱で皮膚表面の温度は低下し，寒い環境では生体の恒常性維持から皮膚血管が収縮をするため皮膚温は低下してしまう．さらにサーモグラフィでは体表面からの赤外線放射に基づき計測を行うため，化粧品や薬剤の使用が影響する可能性もあるので，計測部位の状態については注意が必要である．

◆脈　波

心臓が収縮するごとに，左心室から大動脈基始部へ血液が急激に送り込まれると弾性管である血管壁が引き伸ばされて膨らみ，縦波が発生し，この波動がすべての動脈分岐へ伝播していく．この心臓のポンプ作用によって生じる動脈系の圧波動の伝播を脈波と呼ぶ（澤田，1998）．発生した縦波を，血管の容積変化から捉えたものを容積脈波（plethysmogram）と呼ぶ．

生体組織は近赤外帯域の光を透過するが，血液中のヘモグロビンはその光をある程度吸収する．そのため，血管が拡張し，血液量が多ければ，吸収される光量は大きく，逆に血管が収縮して，血液量が少なければ，吸収される光量は小さいので，吸収される光量の変化を描くことで，脈波を波形として描くことができる．このような方式で計測した脈波を光電式容積脈波と呼ぶ．指先から記録されることが一般的であり，それを指尖光電式容積脈波（finger photoplethysmogram, FPG）と呼ぶ．FPGには，発光部と受光部の位置関係から2つの記録方式がある．指尖部の腹側と背側に発光部と受光部を対面する形で装着して計測する方式を透過光式と呼ぶ．発光部と受光部が同じ側に置かれて，光源部からの光の反射光を同じ側の受光部で捉える方式を反射光式と呼ぶ．

FPGの波形は，時定数の長短によって異なる波形を描く．図6.23には同一部位での脈波について，時定数0.3秒で増幅した短時定数波形（上側）と，直流増幅した波形（下側）が示されている．短時定数の波形では主に脈波振幅の変化が示され，この波形を脈波容積（pulse volume, PV）と呼ぶ．この波形は心臓の拍動に伴う血液容積の

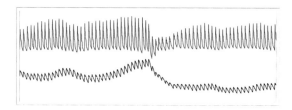

図6.23　指尖光電式容積脈波（FPG）の例
短時定数（0.3秒）で増幅した波形（上）と直流（DC）増幅した波形（下）を示した．

変化を反映している．これに対し，直流増幅あるいは時定数を大きくした（3秒以上）波形では主に緩徐な基線変動が捉えられ，血液量を反映する．

脈波は末梢血管動態の指標であり，ストレス刺激が提示されると，皮膚交感神経が賦活することで，指尖部皮膚の細動脈・細静脈血管ともに収縮をする．その結果，血液量を反映するとされるBVは低下し，収縮した血管はこわばり一時的に血管の弾性が低下するため，PVの振幅は小さくなる．

発光部・受光部の装着には注意が必要である．各部を皮膚面に強く押しつけ装着圧を高めて装着すると，装着圧が血管内圧に近づくため，血管の弾性が高まり，PVの振幅は増加することになる．したがって，発光部・受光部ともに実験参加者間，実験条件間で装着圧が一定になるようにして計測する必要がある．また，FPGの場合，測定部位の位置（高さ）も重要である．静水圧の効果により，指尖部が心臓よりも高い位置にある場合に，指尖部では相対的な虚血が生じる．このとき，指尖部の血液の流出が促され，血液量が低下するためBVは低下する．また，血液量の低下により血管壁の緊張度は低下するためPVは増加する．これに対し，指尖部が心臓よりも低い位置に置かれた場合は，指先ではうっ血が生じることになり，血液量の相対的な増加が生じBVは増加する．また血液量の増加により血管壁の緊張度は増すためPVは低下する．以上の理由から，FPGの計測においては，指尖部の位置は心臓の高さに保つのがよい．

FPGは装着が容易であり，また，刺激に対する反応性が鋭敏かつ慣れを生じにくいという利点もあるが，数量化のための明瞭な単位がないため，絶対的な評価ができない．また，光の吸収量を基にして計測をしているため，光の吸収に影響を与える要因はすべて誤差の原因となる．皮膚の色の違いや，指の太さ（厚さ）の相違，組織組成の違いなどがFPGの違いを生じさせるため，個人間の比較を不可能にしている．

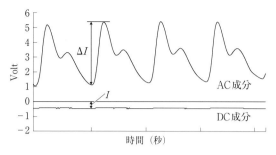

図6.24 規準化脈波容積（NPV）の求め方
NPVは各脈動ごとに，脈波のAC成分振幅値（ΔI）を同じ区間のDC成分の平均値（I）で除することにより求める．つまり，NPV = $\Delta I/I$．

◆ 規準化脈波容積

上述のFPGの問題を解消し，絶対評価を可能とし，より鋭敏な交感神経活動を反映するものとして新たに開発されたものが規準化脈波容積（normalized pulse volume, NPV）である（Sawada et al, 2001）．

NPVは，発光部に波長810 nmの赤外線LEDを使用し，爪付け根部に装着する．その対面する指尖の腹側部にフォトダイオードを装着し，受光した光に応じた電圧値を出力する．直流（DC）増幅してDC成分波形を出力すると同時に，時定数0.3 sで増幅してAC成分波形を出力する．そして，各拍動ごとにAC成分の振幅値電圧を，同一心周期の平均DC成分電圧で除してNPVを算出する（図6.24）．ΔIはPVに相当し，Iは組織と血液を合わせた透過光強度に相当する．

従来の脈波計測上の各種の誤差要因はΔIとIの双方に影響し，含まれているため，ΔIをIで割り算してNPVを求めることで，影響要因を相殺することができる．したがって，NPVは従来のFPGに比べ皮膚血管に対する交感神経活動をより高い純度かつ鋭敏に反映することができる．

そして，最大の利点は，NPVはΔIもIも電圧値（V）として求まるため，NPVはV/Vという無次元量となり，絶対値として扱うことが可能である．したがって，数量化されたデータとして各種の統計解析が可能となる．〔廣田昭久〕

6.5.3 呼　吸

1) 呼吸活動の概要

　呼吸系活動の主な目的は，代謝に必要な酸素（O_2）を体内に取り込み，代謝により産生された二酸化炭素（CO_2）を体外に排出することである．このため，呼吸系は動脈血中の O_2 と CO_2 の濃度を一定に保つように機能している．特に，動脈血中 CO_2（$PaCO_2$）が上昇すると，呼吸系は $PaCO_2$ を正常な値に戻すため換気を亢進させる（West, 2008）．このように，呼吸系は基本的に自律性制御を受けて変化するが，一方で会話や深呼吸などの随意性制御も可能であるというユニークな特徴を有している．

　代表的な呼吸測度の測定方法と，実験刺激に対する反応パターンを表 6.5 にまとめた．呼吸活動は，伝統的に，リズム（時間）と深さ（量）という 2 つの次元で表される．健康な成人は，安静状態において，毎分 15〜18 回（cpm）程度のリズムで呼吸している．これを呼吸数（respiration rate, RR）と呼ぶ．このとき 1 サイクル当たりの換気量はおおよそ 500 mL の値を示し，これを 1 回換気量（tidal volume, TV）と呼ぶ．RR が増加しても，TV が増加しても，1 分当たりの換気量に相当する分時換気量（minute ventilation, $\dot{V}E$）は増加する．ストレッサーに対して，RR と TV は必ずしも一貫した反応を示さないが，$\dot{V}E$ は安静時に比べて有意に増加する．同様に，快情動と不快情動を誘発する映像刺激も有意な $\dot{V}E$ 増加をもたらす．このように，呼吸測度は，ストレッサーや情動誘発刺激に対して，非特異的な反応を示すと考えられている（寺井, 2013；梅沢, 1991）．

2) 呼吸温曲線の測定方法

　実験参加者の鼻孔か口元に温度センサをテープで固定し，呼気における温度上昇と吸気における温度下降を記録する．増幅器は，おおよそ ±1.5 ℃の範囲の変化を検出するように設定する（Gevirtz & Schwartz, 2003）．長所は，マスクの装着が不要であり，実験参加者の負担が小さいことである．一方，短所は，センサの装着が十分でないと測定精度が著しく低下することである．

3) 換気量曲線の測定方法

　換気量曲線は，一般に，呼吸流量計を用いて測定する．鼻と口を覆うフェイスマスクに気流速度を測定するためのトランスデューサを接続する．空気漏れを防ぐために，実験参加者の顔にマスクを密着させてからベルトで固定する．マスクを通して呼吸したときの気流速度を積分して呼吸流量を求める．ピストンなどを用いて校正信号を入力すれば $\pm3\%$ の精度で換気量を測定可能である（桑平, 2009）．長所は，呼吸温曲線に比べて，体動によるアーチファクトが混入しにくいことである．一方，短所は，マスク装着が必須であり，一過性の息苦しさや不自然な呼吸が現れることである．これを防ぐには，マスクを装着した後，最低でも 10 分程度の測定前時間を設定するとよい．

4) 呼吸運動曲線の測定方法

　胸郭と腹部の容積変化を測定する respiratory inductive plethysmograph（RIP）がよく利用されている（Cohn et al, 1982）．コイルを縫いつけたバンドを胸郭と腹部の周囲に巻きつけて，呼吸に伴う容量の変化を電気的に取り出して記録する．バンドの装着ずれを防ぐために，ネットなどを用いて固定する．小さいサイズのバンドを使う

表6.5　代表的な呼吸測度の測定方法と刺激反応性

呼吸測度（略号）	単位	測定方法				反応パターン		
		温度センサ	圧・長さセンサ	RIP	カプノメータ	ストレッサー	快映像	不快映像
呼吸数（RR）	cpm	○	○	○	○	・	↑	↑
1 回換気量（TV）	mL	×	×	○	×	・	・	・
分時換気量（$\dot{V}E$）	L／分	×	×	○	×	↑	↑	↑
呼気終末 CO_2（$PetCO_2$）	mmHg	×	×	×	○	↓	↓	↓

と天井効果が生じ，大きいサイズを使うと床効果が生じるので，実験参加者のサイズに合ったバンドを装着することに注意する．胸郭と腹部の呼吸運動の合成波形は，換気量との間に直線性を示すと考えられている．RIPは，マスクを装着することなく換気量測定ができるため，日常生活場面における測定（ambulatory monitoring）に適している（梅沢，1997）．

5）呼気 CO_2 曲線の測定方法

呼気 CO_2 曲線は，カプノメータを用いて，呼気中の CO_2 濃度を連続的に測定する．具体的には，実験参加者の鼻か口の周辺にチューブを装着して，呼気をガス分析装置に導く．波形が得られるまでには，数秒の遅延時間が生じる．呼気終了時点の CO_2 濃度（pressure end-tidal CO_2, $PetCO_2$）は $PaCO_2$ を反映することから，トータルな呼吸状態を評価することができる．安静状態における $PetCO_2$ は，$36 \sim 44$ mmHg の範囲で推移する（Grossman, 1983）．$PetCO_2$ は呼吸系が促進性変化を示せば下降し，抑制性変化を示せば上昇する．促進性変化を例にあげると，パニック障害患者が呈する過呼吸発作では，$PetCO_2$ が 36 mmHg 以下にまで下降する．呼気ガス指標は，呼吸リズムが速く，換気量が小さいとき，測定精度が低下する恐れがある．具体的には，RR が 20 cpm を上回り，かつ TV が 250 mL を下回るときは注意を要する（Fukuda et al, 1997）．

6）呼吸波形の分析方法

測定機器からのアナログ出力を A/D 変換してコンピュータに記録する．一般的な心理学実験で得られる呼吸リズムは速くても 30 cpm 程度なので，サンプリング間隔はおおよそ 0.1 秒に設定すれば十分である．デジタイズしたデータについて，サイクルごとに呼吸測度を計測すれば，刺激に対する一過性の呼吸反応を分析することができる．具体的には，図 6.25 に示したように，吸気と呼気の開始時点におけるピーク検出を行う（Cohen et al, 1975）．吸気開始時〜呼気開始時までを吸気時間（inspiratory time, IT），呼気開始時〜次のサイクルの吸気開始時までを呼気時間（expiratory time, ET）とする．呼気流速が毎分 100 mL を下

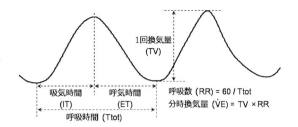

図 6.25 換気量曲線のサイクル分析

回る区間を休止時間（pause）として，ET と区別して分析している先行研究もある．IT と ET の和を呼吸時間（respiration time, Ttot）とし，RR は 60/Ttot の式を用いて求める．以上の分析は，呼吸温，換気量，呼吸運動の波形に対して実施できる．これに加えて，換気量曲線では，呼気開始時と吸気開始時の振幅から TV が得られる．さらに，TV×RR の式から $\dot{V}E$ が算出できる．呼気 CO_2 曲線は，サイクルごとに呼気終了時のピークを検出すれば $PetCO_2$ を求めることができる．

7）呼吸測定における注意点

呼吸測定で混入するアーチファクトの要因として，くしゃみ，咳，吃逆，唾液の飲み込みなどがあげられる．また，発話，笑い，泣きなども呼吸曲線に影響を及ぼすと考えらえる．具体的には，一過性の RR 増加と TV 減少の出現が予想される．アーチファクトを特定するには，実験において，呼吸測定と併行して行動観察を実施するとよい．これに加えて，われわれは，息苦しさなどの呼吸感覚が生じていないか主観評価を実施している．

刺激に対する一過性の呼吸反応を比較検討する場合，課題時間や分析区間の設定にも注意が必要である．なぜなら，単位時間当たりに得られる呼吸測度のデータ数は，心拍数や血圧など他の自律神経系指標に比べて少なく，代表値が外れ値の影響を受けやすいからである．例えば，不安や恐怖を喚起するスライド刺激を呈示し，スライド呈示から 30 秒の呼吸曲線を分析したとする．このとき，RR が 20 cpm であれば，サイクル分析で得られるデータ数は 10 個にすぎない．呼吸測度の分析において信頼性と妥当性を担保するためには，十分な課題時間や分析区間を設定するか，複数試行の繰り返しデザインを用いるなど，実験計画について工夫をこらす必要がある． 〔寺井堅祐〕

6.6　脳　波

6.6.1　脳波計測の基礎

　ヒトを対象とした心理学実験で「脳波」という場合，ほとんどは頭皮上に置いた電極による脳の電気活動の記録を指す．ウサギやイヌなどの動物の脳からの記録は行われてきたが，ヒトの頭皮上記録脳波を最初に報告したのはドイツの精神科医Berger（1929）である（脳波の基本律動であるα波，β波もBergerによる命名である）．2つの電極間の電圧（電位差）の変動を，時間を横軸として記録すると波として記録されることから一般に脳波（brain wave）と呼ばれるが，学術的には脳電図（electroencephalogram, EEG）と記されることが多い．脳波は昏睡-睡眠-安静-興奮といった覚醒水準に対応して周波数・振幅が変化することや，心理過程・情報処理過程に関連した反応を測定できることから，心理学実験でも従属変数として用いられる．

　脳での情報処理に関わる電気活動というとまず活動電位（action potential）を思い浮かべるが，脳波は活動電位の反映ではない．脳波は，大脳皮質にあるニューロンの中でも大型で長い樹状突起を有する錐体細胞の同期したシナプス活動を反映しており，シナプス後電位によって生じるダイポール（電気双極子）の総和が容積伝導を経て頭皮上の電極で記録される（Jackson & Bolger, 2014）．発生源から頭皮上の電極に至るまでは脳の実質，膜，脳脊髄液，頭蓋骨，皮膚など伝導度や静電容量の異なる物質を介して記録される．そのため，ある電極で記録された脳波はその直下の脳部位の活動を反映しているとは限らない（脳波は電気活動の反映なので，代謝活動を測っている脳画像法に比べると時間分解能は高いが，この理由により空間分解能はかなり劣る）．また，脳の活動の一部を記録しているだけなので，脳波に差がないからといって脳での処理に差がないとはいえない．

　ここでは脳波計測の基礎について，特に心理学実験で脳波を従属変数として記録する際に留意すべき点について簡単に触れておく．

　脳波計測の際，脳波と同時に記録される脳波以外の記録をアーチファクト（artifact）と呼ぶ．例えば，電灯線（交流電源線）からの静電誘導・電磁誘導によるラインノイズ（東日本では50 Hz，西日本では60 Hz．ハムノイズとも呼ばれる）や周辺の機械・機器からのノイズなど，外来のノイズや，被験者に由来する瞬目，眼球運動，筋緊張や皮膚電気活動などがある．これらアーチファクトを最小にした信頼性の高い脳波記録でないと，高度な分析法も役に立たない．

1）脳波記録システム

　脳波を記録するためのシステムは，センサとしての電極，増幅部（生体アンプ），記録部に大別できる．単に脳波計という場合は，増幅部＋記録部を指すことが多い．

◆電　極

　脳波は2か所の電極部位での電位の差を測定する〔脳波計は平衡増幅器なので，1チャネルの脳波を記録する場合でも接地電極（ground electrode）を含む3か所に電極をつける必要がある〕．心理学実験では，ある部位を基準〔基準電極（reference electrode）〕として，頭皮上各部位の電極〔活性電極（active electrode）〕での電位を記録する基準導出法〔referential recording, 単極導出法（monopolar recording）〕を用いることが多く，基準電極は，耳朶，乳様突起（マストイド），鼻先などに置く（両耳朶を物理的に連結してはいけない）．基準電極部位は脳波が出現しないところが理想だが，実際にはこれらの部位でも低振幅の脳波が記録される．脳波の出現しない部位なら頭部以外に置けばよいように思うが，そうすると心電図（ECG）の混入があり現実的ではない．

　なお，2電極とも活性電極として記録する双極導出法（bipolar recording）は医学臨床検査として脳波を記録する際に用いられることが多く，心理学実験で用いられることは少ない．

　被験者間や研究間で脳波データを比較できるように，標準的な電極配置法が決まっている．最も多く用いられているのは頭蓋骨の特徴点を基準に電極部位を決定する国際10-20法（Jasper, 1958）や，同じ基準で電極部位を増やした10-10法である〔10%法，拡張10-20法とも呼ばれる（American Electroencephalographic Society, 1994；Klem et al, 1999）〕．

　脳波計が高性能・低価格になってきたことから，

多チャネル記録も行われるようになり，個別に電極を装着する手間を省くために電極帽（electrode cap）を用いることも多くなってきた．これは実験者の手間を省くだけでなく被験者の負担の低減にもなり，また記録電極部位の間違いを防ぐことにも役立つ．ただし，実際にメジャーで頭部を計測し，各部位に電極を配置する経験（訓練）は不可欠であろう．

多チャネル記録は，以降の節で紹介される多変量解析を用いることによりデータの情報量が飛躍的に増加するだけでなく，アーチファクトのコントロールも可能になるという利点もあるが，被験者への負担は大きい．研究目的によっては少数チャネルからの記録で十分な場合もあり，今後の心理学研究では，多チャネル計測と少数電極計測に2極化していくだろう．少数電極での脳波実験では，どの部位から記録するかが非常に重要な問題となる．研究目的に応じて適切な部位を選択する必要があり，そこを選んだ理由の説明も求められるであろう．装置の形態や頭髪がないからなどの理由で，電極をつけやすい部位から記録するというのでは本末転倒である．

電極について他に留意すべき点として，その材質や大きさ・形態がある．脳波記録電極に適しているかどうかは，主に分極（polarization）の影響が少なく低周波成分を安定的に記録できるかどうかが重要とされ，ほとんどの場合，銀／塩化銀（Ag/AgCl）電極が用いられる．低周波成分を分析することがないなら銀やスズでも構わないが，異なる材質の電極を混在させてはいけない．電極糊（ペースト）も脳波計メーカー推奨のものでまず問題ない．

電極接触抵抗，すなわち皮膚と電極間のインピーダンス（交流抵抗）は5kΩ以下，あるいは10kΩ以下に下げるのが標準である．大雑把にいうと，接触抵抗が低いほうがノイズに強く，きれいな脳波を記録することができる．

◆増幅部

頭皮上で記録される脳波の振幅はμV単位であり，後の処理のために増幅する必要がある．脳波計を含む生体アンプはほとんどが平衡増幅器であり，電位差を測るための2つの電極に加え，接地電極を装着する．接地電極とそれぞれの電極とに

同相で出現する信号を除去することにより外来ノイズを減らす．この共通信号を除去する能力は同相信号除去比（common-mode rejection ratio, CMRR）として表される．

脳波計は他の電圧を計測する機器と同様，高い入力インピーダンスをもつことが望ましい．入力インピーダンスが低いと入力の際に電圧低下が生じ信号が歪んでしまう．また，交流のみを増幅する交流増幅器に対して，直流成分まで増幅するものを直流増幅器と呼ぶ．

この段階で不要な周波数成分を除去する〔フィルタリング（filtering）〕．低周波成分・高周波成分を除去するフィルタをそれぞれ低域遮断〔low-cut，あるいは高域通過（high-pass）〕フィルタ，高域遮断〔high-cut，あるいは低域通過（low-pass）〕フィルタと呼ぶ．これらを組み合わせて，特定の帯域のみを通過するバンドパス（band-pass）フィルタをつくることができる．注意すべき点として，例えば，50Hzのローパスフィルタをかけたからといって，50Hz以上の成分が全くなくなるわけではなく，また，50Hz以下の成分も減衰するということがある（ロールオフ特性）．フィルタをかけるということは情報を捨てることであり，また，位相がずれて波形が歪むこともあるので極力かけないほうがよいという意見と，見たい周波数帯以外は無用の情報であり積極的にフィルタをかけるべしという意見がある．ただし，ラインノイズを除去するためのバンドストップフィルタ（いわゆるハムフィルタ）は機種により周波数特性が一様でないことが多く，かけないほうがよい，という意見は一致する．今ではオフラインで種々のデジタルフィルタを施すことが可能であるので，測定時にはなるべくフィルタをかけないほうがよい．フィルタをかけなくてもきれいな脳波を測定しなければならない．

◆記録部

最近では脳波をペン書き記録することはまれで，デジタル化（AD変換）し電子記憶媒体に記録する．ここでまず留意すべき点はサンプリング周波数（sampling frequency）である．これはアナログ信号を1秒間にいくつデジタル化してサンプリングするかを表す数値である．サンプリング定理により，観察したい周波数の2倍以上のサン

6.6.1 脳波計測の基礎 **433**

プリング周波数でデジタル化する必要がある．実際は4～5倍のサンプリング周波数が必要であろう．サンプリング周波数を倍にすれば記録されるデータ容量や計算量も倍になる．しかし，記録や処理に用いるコンピュータの高速化や記憶媒体の価格低下に伴い，わざわざサンプリング周波数を下げてデータ量を節約する必要性は薄れてきた．また，後にサンプリング周波数を下げる（down sampling）ことも容易にできる〔逆に，サンプリング周波数の1/2（ナイキスト周波数）を超える周波数成分は入力信号には存在しないエイリアスを生じさせる（aliasing）．これを防ぐために，アンチエイリアシングフィルタによりナイキスト周波数を超える周波数成分を除去しておく必要がある〕．

AD変換では入力電圧の分解能も重要である．アナログ信号を細かく分解できるほど，元のアナログ信号をより正確に再現できる．8 bitよりは12 bit，12 bitよりは32 bitのAD変換器のほうが性能がよい．これに関わって脳波計測時に留意すべき点は増幅率である．増幅率を大きくしすぎて信号が振り切ってしまう（俗に「サチる」という）とその部分のデータはないことになる．例えば，瞬目などのアーチファクト部分を捨てて処理しない（リジェクトする）なら瞬きなどは振り切ってもよいが，何らかの方法でこれを補正しようとするなら，大きな瞬目も振り切ってはならない．逆に増幅率を小さくしすぎるとAD変換器の分解能を十分に発揮できなくなる．

2）脳波計測での留意点

ここからは，実際に心理学実験で脳波を計測する際に留意すべき点について述べる．

◆測定場所

自由に測定場所を選べないことのほうが多いと思うが，可能な限りノイズ源から離れた場所を選ぶ．例えば，大容量の電気を使うモータやコンプレッサなどから離れた場所がよいのはいうまでもない．照明の自動スイッチやエアコンなど，オン・オフする装置が近くにある場合もノイズを拾うことがある．その他，刺激呈示装置からのノイズや携帯電話からパルス状のノイズがのることもある．ノイズ対策としては，記録用のコンピュータを含めて脳波計測システムを良質のアースに接続できる場所がよい．また，ケーブル類が電灯線と平行になっているとラインノイズを拾いやすく，ケーブル類の配置を変更するだけでノイズが低減する場合もある．

脳波計の性能がよくなり，必ずしもシールドルームがなくても記録できるようになったが，ないよりはあったほうがよい．脳波計測自体とは直接関係はないが，一般の心理学実験と同様に外部の騒音や話し声，実験装置の操作音などが入らないように遮音設備があるとよい．被験者にボタン押し反応させる装置のカチッというクリック音も反応に同期した聴覚刺激になることから，これを嫌う研究者もいる．

◆電　極

電極を装着する際には前処理として，エタノールに浸した脱脂綿や綿棒などで皮膚の汚れと皮脂を除去する．その際，体液や血液が出るほど擦りすぎてはいけない．被験者に痛い思いをさせるだけでなく，脳波の記録もできなくなる．可能であれば，実験に先立ってシャンプーしておいてもらうのが効果的である．整髪料などはつけないように依頼しておく．

電極をつけた直後よりも少し時間を置いたほうがペーストが馴染んで接触抵抗が下がることもある．全部位の記録に関係する基準電極や接地電極を先につけておくほうがよい．なお，特定のチャネルに高周波ノイズがのる場合にはその電極の接触不良（断線も含む）や筋電図（EMG）の影響が考えられる．全チャネルにノイズがのる場合は基準あるいは接地電極の問題である．

最近は入力インピーダンスが非常に高い脳波計も開発されてきた．アンプの入力インピーダンスとの関係でいうと，電圧低下に関しては接触インピーダンスがある程度高くても歪みのない脳波が記録できる．ただし，接触抵抗が高いと皮膚電気活動はのりやすくなり，また，電極間で接触抵抗が異なるとCMRRは低くなる．対ノイズ対策だけでなく，多チャネル脳波の解析の際にもチャネル間で接触抵抗が異なるのは好ましくない．この意味でも，5あるいは10 kΩ以下という基準は理にかなっている．

脳波計測時，ある程度の体動は問題ないが，そ

の際電極ケーブルが揺れないようにまとめておくなどの工夫は必要である．不要な体動は避けるように教示するが，瞬きをしないように教示することについては賛否両論がある．瞬きを我慢すること自体が付加的課題となる場合もあるし，我慢しすぎると眼が乾燥し，実験後半に群発する可能性もある．我慢するよりは，してもよいタイミングで瞬きをするように，練習させるほうがよい場合もある．緊張していたり，姿勢によっては筋電図が重畳する場合もある．

最近は電極で増幅するアクティブ電極システムも利用されるようになってきた．うまく利用すれば実験者・被験者の負担を減らし，また，外部ノイズ源が多い環境での記録に力を発揮する．ただし，電極装着時間は慣れた実験者にとっては従来のパッシブ電極で記録するのと大差はない．記録時に電極トラブルがあった場合の対処の容易さなども考えれば，シールドルームのある環境では，わざわざアクティブ電極を使うメリットはないかもしれない．

◆ **安　全**

最近の脳波計はバッテリー駆動のものが多く，また，被験者と電気回路は絶縁（アイソレート）されているはずなので，感電の危険はほぼないと考えてよい．ただし，ノイズ除去のためのシートを敷きアースに接続している場合，そのシートに触れていれば被験者が直接アースにつながれていることになる．バッテリー駆動の脳波計から電流が漏れることはないにしても，例えば刺激呈示装置やボタン押しのための装置などを経由して電流が流れ込む可能性はゼロではないことに留意しておく必要がある．

もう一点注意すべきは感染症対策であろう．普通に脳波実験をしている限り感染症伝播の危険はないと考えられるが，万全を期すなら複数の被験者に接する電極，キャップ，シリンジなどの物品を市販の哺乳瓶用殺菌剤などを用いて殺菌することも有効である．

◆ **研究倫理**

倫理的な問題としては，電極を装着する際に（場合によっては異性の）実験者が頭部や顔，耳などに触れることを事前に承諾を得ておく必要があ

る．多チャネル記録時は実験終了後に，被験者自身に洗髪してもらうこともある．顔に電極をつける場合には化粧を落とすこともあるので，これらのことも事前に承諾を得ておく必要がある．また，神経科・精神科の病歴や服薬中の薬を聞くことも実験参加を決める前に伝えておく必要があろう．

脳波計測についてのガイドラインが公表されている（例：Keil et al, 2014；Picton et al, 2000；Pivik et al, 1993）．また，脳波を指標として心理学実験を行う際にも非常に有用な情報もある（例：Luck, 2014；宮内，2013；入戸野，2005）．

脳波計測は他の脳機能計測と比べてはるかに安価で手軽に実施できる．しかし，これがデメリットにもなる．例えば fMRI や PET の実験は経験のない心理学者だけでは不可能で，技術的な支援が不可欠である．結果として大きく誤った計測は生じえない．それに対して，脳波は少し予算があれば一式購入して簡単に測定を開始できる．これが脳波のメリットでもあるが，不適切な計測をしてしまう可能性は高まる．

安価で手軽な脳波計も増えてきた．安価だからダメだということはない．ただし，増幅部の周波数特性など基本的な特性を理解して使用する必要がある．基礎研究としては測定パラメータの自由度は高いほうがよいが，フィルタ特性が固定，あるいは少数の選択肢しかないからといってダメだというわけではない．基本情報が公開されていないものは論外としても，その特性が実験の目的にかなっているのかを見極めて購入する必要がある．

初めて脳波測定を試みる場合には，できるだけ，実際に脳波計測を行っている研究者に事前に（できるなら脳波計購入前に）相談することを強く勧める．そして，まずは脳波の基本的な実験，そして自身の研究テーマでの典型的な実験の追試から始めてほしい．上述のように，脳波は他の脳機能計測に比べるとはるかに安価に簡便に，被験者の負担も少なく実施可能である．研究成果が確実な仮説検証型の実験だけでなく，様々な事態での脳波を測ってみて楽しんでほしい．実験室で大いに遊んでほしい．　　　　　　　　　　〔片山順一〕

6.6.2 時間領域分析

1）事象関連電位とは

事象関連電位（event-related potential, ERP）とは，事象（光，音といった外的刺激や，外的刺激からは比較的独立な心理的過程）に対して安定したタイミングで観察される脳の電気的活動である（Vaughan, 1969）．ERPはミリ秒単位で脳活動の変化を捉えることができ，行動では観察できない反応を捉えることが可能である．

ERPは背景脳波と重なって記録されることから，加算平均法により観察されてきた．加算平均法では，フィルタなどの前処理を行った後，数十試行の脳波データについて，事象生起時点前後の一定区間を切り出す（図6.26A）．そして，切り出したデータの基線を合わせ（例：刺激提示前100 msから提示までの平均電位を0 μVとする），アーチファクトの含まれるデータを除去したうえで，同一条件に分類される脳波データについて時点ごとに平均値を算出する．図6.26はオドボールパラダイムにより得られた脳波とERPの例である．オドボールパラダイムは出現頻度の異なる刺激を提示する手続きであり，この例ではX（高頻度刺激）かO（低頻度刺激）が視覚的に提示された．加算平均法により，図6.26Aに示されるような脳波から，図6.26BのようなERPが得られる．

この加算平均法により観察されるERPには，事象によって生じた電位や，事象による背景脳波の周期的変動のタイミング（位相）の同期が反映されると考えられている．この2つのうちどちらであるかは時間周波数解析（time frequency analysis, TFA）によりある程度区別できる（6.6.3参照）．また近年では，独立成分分析（independent component analysis, ICA. 6.6.4参照）などの手法によりSN比（signal-to-noise ratio）を上げることで，加算平均法では観察できない試行ごとのERPの変化についても検討されている〔single-trial ERP analysis（Jung et al, 2001）〕．このように解析法は多様化しているが，加算平均法には50年以上に及ぶ研究の蓄積と，比較的安定した脳活動の観察が可能といった利点があることから，新たな解析法とともに，現在も広く用いられている．

ERPは出現時間（潜時），電位の大きさ（振幅），極性や頭皮上分布の異なる一連の電位変動からなっており，どのようなERPが観察されるかは刺激や課題などに依存している．図6.26BにおけるN2やP3などはそれぞれの波形の名称であり，PとNは極性を表す（Pは陽性方向，Nは陰性方向への波）．これらの名称の数値は出現順を表しているが，P300やN400といったように典型的な頂点潜時（ミリ秒単位）が付される場合もある．またCNV（contingent negative variation, 随伴性陰性変動）のように頭字語で命名されているものもある．以降では代表的なERPについて概説する．

2）事象に先行する陰性電位

随伴性陰性変動（CNV）はWalterら（1964）によって初めて報告された緩やかな陰性電位であり（図6.27），警告刺激（第1刺激，図6.27ではクリック音）と，その後に提示される反応を求める命令刺激（第2刺激，図6.27では点滅光）との間で観察される．CNVの初期成分は警告刺激に対する定位反応と，後期成分は命令刺激

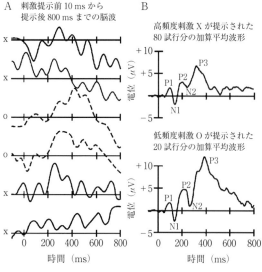

図6.26 オドボールパラダイムにより正中頭頂部（Pz）から得られた（A）脳波と（B）ERPの例（Luck, 2014を一部改変）

0 msは刺激提示時点を示す．

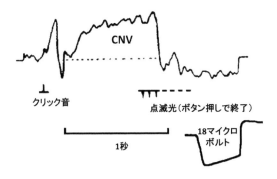

図 6.27 前頭部で観察された CNV（Walter et al, 1964 を一部改変）
クリック音後の点滅光の提示が参加者のボタン押しで終了する条件において CNV が生起している．上方が陰性．

に対する刺激提示の予期や運動の準備などと関連していると考えられている（Brunia, 1988；van Boxtel & Böcker, 2004）．

CNV と類似したものに刺激前陰性電位（stimulus-preceding negativity, SPN）と準備電位（readiness potential, RP，または bereitschafts-potential, BP）がある．SPN は有意味な刺激（フィードバックや嫌悪刺激など）の提示の予期をしている際に，前頭～頭頂部で観察され，その刺激に対して明示的な反応を求めずとも生じる（例：van Boxtel & Böcker, 2004）．

RP は自発的に手を動かすといった随意運動の直前に観察される陰性電位である（Kornhuber & Deecke, 1965）．RP は運動開始の約 2 秒前から中心頭頂部で緩やかな勾配の電位として観察され（初期成分），運動前 400 ms 付近からその勾配が増大する〔後期成分（Shibasaki et al, 1980）〕．後期成分は動かそうとしている手と反対側の中心部で最大となることから，反対側の電極と同側の電極の電位差〔偏側性準備電位（lateralized readiness potential, LRP）〕を算出し，左右の反応の準備状態を表す指標としても用いられている（RP の例：Shibasaki & Hallett, 2006．LRP の例：Smulders & Miller, 2012）．

3）誘発電位（evoked potential, EP）

EP とは視覚，聴覚，体性感覚などへの感覚入力により求心路や 1 次感覚野などで生起する ERP である．感覚モダリティに応じて視覚誘発電位（visual EP, VEP），聴覚誘発電位（auditory EP, AEP），体性感覚誘発電位（somatosensory EP, SEP）と呼ばれている（EP の例：Pratt, 2011）．同じ感覚モダリティでも刺激の種類（例：明るさの変化やパターンの変化）などによって観察される波形は異なる．閃光刺激に対する VEP は速いもので 20～25 ms 後に観察される（Cobb & Dawson, 1960）．AEP は VEP よりも反応が速く，クリック音提示後 10 ms までに 7 つの陽性波が観察される（Chiappa et al, 1979）．

これらの短潜時成分に続いて図 6.26B の P1，N1，P2 といった電位が観察される．VEP における P1，N1 は主に後頭の電極において観察され，刺激の性質のほか，選択的注意によっても振幅が変化する．選択的注意に関して，P1 は注意を向けないようにする（抑制）過程を，N1 は注意を向ける（促進）過程を反映していると考えられている（Hillyard et al, 1998）．P2 については Crowley と Colrain（2004）のレビューに詳しい．

感覚刺激を高頻度に周期的に繰り返し提示すると，上述のような各刺激に対する一過性の EP（transient ER）が干渉し合い，刺激の周波数と対応した周波数をもつ正弦波様の波形が観察される．これは定常 EP（steady-state EP, SSEP）と呼ばれ（Regan, 1977），その解析には周波数解析が用いられる（6.6.3 参照）．定常 EP は，短時間に SN 比の高いデータを取得でき，注意などの心理的要因の影響を受けにくい（Regan, 1977）．そのため，感覚障害の診断（青柳，2010）や brain-machine-interface への応用が検討されている（Vialatte et al, 2010）．

4）N170 と VPP

N170 は刺激提示後約 170 ms に頂点をもつ陰性電位であり，後頭側頭領域で観察される．顔画像に対して顔以外の画像よりも大きな振幅を示す．N170 は視覚誘発 N1 の一部であるが，顔刺激に対する振幅の増大分は顔に特有の知覚過程を反映していると考えられている（例：Rossion & Jacques, 2012）．

VPP（vertex positive potential）は中心部（Cz）において N170 と類似した潜時で観察される陽性電位であり，その発生源は N170 と同じとされている（Joyce & Rossion, 2005）．N170 よりも先に

報告されたが（Jeffreys, 1989），N170 のほうが側性の検討に向いていることなどから N170 に注目して検討されることが多い（Rossion & Jacques, 2012）.

5）N2

N2（もしくは N200）は刺激提示後 200 ms 付近で観察される陰性電位であり，大きく 3 つの下位成分（N2a, N2b, N2c）に分類される（Pritchard et al, 1991）. 近年，N2a はミスマッチ陰性電位（mismatch negativity, MMN），N2b は前頭部 N2（anterior N2），N2c は後頭部 N2（posterior N2）と呼ばれることが多い（Folstein & Van Petten, 2008；Luck, 2014）.

MMN は優勢な刺激文脈からの逸脱（ミスマッチ）に対して生起する電位である. オドボールパラダイムの低頻度刺激のように，連続的に提示される標準刺激から逸脱した刺激に対して生起する. その際，刺激に対して注意が向けられていなくても生起することから，逸脱に対する比較的自動的な過程を反映していると考えられている. 当初は聴覚刺激に対して前頭中心部で観察されるMMN について広く検討されたが（聴覚 MMN の例：Garrido et al, 2009；Näätänen & Kreegipuu, 2012），後に視覚刺激に対しても頭頂後頭部でMMN が生起することが確認されている（視覚MMN の例：Kimura, 2012；Pazo-Alvarez et al, 2003；Stefanics et al, 2014）.

前頭部 N2 は前頭中心部で観察される N2 である. 3 刺激のオドボール課題（高頻度刺激，反応を求める低頻度刺激，反応を求めない低頻度の新奇刺激が提示される課題）において，新奇刺激に対して振幅が大きくなる〔novelty N2（Suwazono et al, 2000）〕. 前頭部 N2 は刺激の新奇性のほかにも，反応の抑制，競合の検出，フィードバックの処理といった認知制御との関連が報告されており（例：Folstein & Van Petten, 2008），それぞれ no-go N2（Bruin & Wijers, 2002），競合関連 N2〔conflict-related N2（例：Larson et al, 2014）〕，フィードバック関連陰性電位〔feedback-related negativity, FRN（例：佐藤・安田，2004；小野田ほか，2012）〕とも呼ばれている. 後述の反応後に認められるエラー関連陰性電位〔error-related negativity（ERN）もしくは error negativity（Ne）〕も含めて，これらの電位間の関連性についての検討が進められている（van Noordt & Segalowitz, 2012）.

後頭部 N2 は MMN と同様に，聴覚刺激に対しては前頭中心部で，視覚刺激に対しては頭頂後頭部で観察される N2 である. MMN とは異なり注意を向けている刺激に対して生起し（Pritchard et al, 1991），3 刺激オドボール課題では反応の求められる低頻度刺激に対して振幅が大きくなる（Suwazono et al, 2000）. 一方で，提示頻度には影響を受けない後頭部 N2 も報告されており，N2pc（N2 posterior contralateral）と呼ばれている（Luck & Hillyard, 1994）. N2pc は注意を向けた刺激の反対側の後頭部で観察され，焦点的注意との関連が指摘されている（例：Luck, 2012）.

6）P3

P3（もしくは P300）は Sutton ら（1965）により初めて報告された陽性電位であり，刺激提示後約 250 ～ 900 ms に観察される（図 6.26B）. 大きく P3a と P3b という成分に分類される（Squires et al, 1975. 例：Polich, 2007, 2012）.

P3a は（前頭）中心部で観察される. 前頭部 N2 と同様，3 刺激のオドボール課題の反応を求めない新奇刺激に対して生起する〔novelty P3（例：Friedman et al, 2001）〕が，前頭部 N2 とは異なり高頻度刺激と低頻度刺激の弁別が難しいときに振幅が大きくなる（Katayama & Polich, 1998；Folstein & Van Petten, 2008）. また，P3a は 3 刺激オドボール課題の反応を求めない低頻度刺激が新奇刺激ではない場合にも生起する（Polich & Comerchero, 2003；Combs & Polich, 2006）. さらに，反応を求めない刺激が低頻度でなくとも P3a（no-go P3）は観察される（Falkenstein et al, 1999）. Polich（2007, 2012）は新奇刺激や反応の抑制を求められる刺激といった注意をひく刺激に対して，十分な焦点的注意が向けられて処理された際に，P3a が生起するのではないかと述べている.

P3b（もしくは classic P3）は頭頂部で観察され，潜時は P3a よりもやや長い（Conroy & Polich, 2007）. オドボール課題では反応が求められる

438　6.6　脳　波

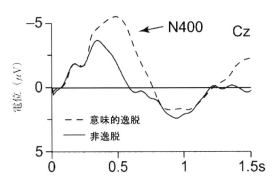

図 6.28 中心部（Cz）で観察された意味的逸脱に対して大きな振幅を示す N400（Friederici, 2002 を一部改変）

上方が陰性.

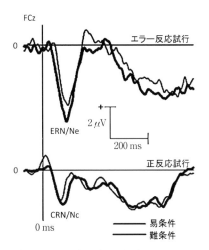

図 6.29 前頭中心部（FCz）で観察された ERN/Ne と CRN/Nc（Masaki et al, 2007 を一部改変）

0 ms が反応時点.

低頻度刺激で観察される（Duncan-Johnson & Donchin, 1977；Katayama & Polich, 1996）．その他にも弁別課題（Andreassi & Juszczak, 1984），記憶課題（Karis et al, 1984；van Hooff et al, 1996），二重課題（Wickens et al, 1983）などの多様な課題で観察される．P3b の振幅は刺激カテゴリーの提示頻度や課題の複雑さなどに影響を受ける（Johnson, 1984, 1986；Polich, 2012）ことから，配分された注意資源の指標となると考えられている（Polich, 2007）．また，P3b の潜時は刺激のカテゴリー化といった刺激の評価に要する時間の指標とされている（Kutas et al, 1977）．Polich（2007, 2012）は注意をひく刺激に対して，記憶に関わる処理のために注意資源が投入されると P3b が生起するのではないかと述べている．

7）N400, P600

N400 は Kutas と Hillyard（1980）により初めて報告された刺激提示後約 400 ms に頂点をもつ陰性電位であり，主に中心頭頂部において観察される（図 6.28）．文脈から意味的に逸脱した刺激に対して大きな振幅を示すことから，意味処理に関連した電位であると考えられている（後述の P600 や E/LAN も含めた例：Friederici, 2002, Kaan, 2007；Swaab et al, 2012）．

P600（もしくは syntactic positive shift, SPS）は刺激提示後約 500〜900 ms に観察される緩やかな陽性電位である（Hagoort et al, 1993；Osterhout & Holcomb, 1992）．主に中心頭頂部において観察されるが，前頭部優勢の P600 も報告されている（Kaan & Swaab, 2003）．統語的に逸脱した刺激に対して大きな振幅を示す．刺激カテゴリーの提示頻度などによって振幅が変化しないことから，P3b とは異なる成分であると考えられている（Osterhout et al, 1996）．言語処理に関連する ERP としては他にも LAN（left anterior negativity）や ELAN（early LAN）がある．

8）反応後に観察される電位

エラー反応後には，前頭中心部においてその約 60〜80 ms 後に頂点をもつエラー関連陰性電位（ERN もしくは Ne）が観察される（Falkenstein et al, 1991；Gehring et al, 1990, 図 6.29）．ERN はエラーの検出（Coles et al, 2001；Gehring et al, 1993）や競合の検出（Botvinick et al, 2001；Carter et al, 1998）などを反映していると考えられている．正反応後も ERN よりも振幅は小さいものの，類似した陰性電位が生起する（correct-response negativity, CRN, もしくは correct negativity, Nc. 図 6.29）．また，ERN の後（エラー反応後約 200〜500 ms 後）には中心頭頂部優勢の Pe（error-positivity）が生起する．これらの成分の機能的意義も含めて，反応後に生起する処理過程についての検討が進められている（例：Gehring et al, 2012；Overbeek et al, 2005；正木ほか, 2004）．

〔中尾　敬〕

6.6.3　周波数領域分析

1）ヒトの心的状態と脳波の周波数

　脳波の周波数分析は，計測されたデータの特徴を量的に捉えるための分析手法の1つとして，古くから用いられてきている．脳波の周波数帯域は低いほうから順に，δ帯域（0.5〜4 Hz），θ帯域（4〜8 Hz），α帯域（8〜13 Hz），β帯域（13〜30 Hz），およびγ帯域（30 Hz〜）に分類されており，覚醒水準をよく反映する指標として知られている．ヒトが十分な覚醒水準を維持しながら作業している場合にはβ帯域やγ帯域が優勢であり，覚醒水準が低下してくるとα帯域が，眠気が強い段階になるとθ帯域が，入眠期から睡眠状態になるとδ帯域が優勢となる．また，刺激の入力・処理による頭頂-後頭部α帯域の減衰（αブロッキング），作業への集中を反映して生じる前頭正中線部θ帯域の増大（fmθ），接近-回避欲求に関連しているとされる前頭部α帯域の偏側性など，ヒトの知覚や認知に関連した脳活動の変化も周波数分析によって観察することができる．近年は単純な周波数分析のみならず，何らかのイベントに対する脳活動の時間的変動を周波数ごとに特定する時間周波数分析（time-frequency analysis, TFA），複数の電極から計測された脳波信号の関係性を周波数ごとに分析し，脳領域間の情報伝達状態を推定するコヒーレンス分析（coherence analysis）や位相同期分析（phase-locking analysis）など，多様な分析手法が用いられている．

2）周波数分解の方法

　脳波の一般的な周波数分析では高速フーリエ変換（fast Fourier transform, FFT）を用いることが多い．高速フーリエ変換とは，自然発生的な時系列データは様々な周波数の正弦波（sine wave）と余弦波（cosine wave）の合計で表現することができるという原理を利用して，各周波数における正弦波と余弦波の強さを算出するものである．結果はパワースペクトル密度（power spectral density, PSD）として表記されることが多い．パワースペクトル密度とは，高速フーリエ変換で得られた各周波数における正弦波と余弦波の係数から強さ（パワー値）を算出し，その強さを計算上の周波数幅に依存しないように1 Hz当たりの強さに補正したものである．

　高速フーリエ変換は一定の時間窓の波形全体からそこに含まれる各周波数の強さを算出する方法であり，時間的変動の評価には適していない．そこで，各周波数における振幅や位相の時間的変動を評価する場合にはウェーブレット変換（wavelet transformation）を用いることが多くなってきている．脳波の分析では正弦波（余弦波）にガウス関数を掛け合わせた複素数 Morlet ウェーブレット関数が使われる．ウェーブレット変換では，ウェーブレット関数を基底関数として脳波信号との畳み込み積分を行うことで，ある時間のある周波数における振幅と位相を算出することができる．また，ウェーブレット変換以外にも，ヒルベルト変換や短時間フーリエ変換（時間窓に窓関数を当てはめて，時間窓をずらしながら高速フーリエ変換を行う方法）を用いて脳波の周波数の時間的変動を評価することもある．いずれの方法を用いても問題はなく，結果に大きな違いはない（Bruns, 2004）．

3）時間周波数分析

　提示された刺激に対する認知処理など，何らかのイベントに対する脳内情報処理を評価する場合，事象関連電位を検討することが多い．事象関連電位とは，イベントと無関連に生じる脳波成分を加算平均法によって取り除き，イベントにタイムロックされた脳活動のみを取り出したものである．事象関連電位の欠点の1つとして，イベントの発生時点から脳活動が生起するまでの潜時に試行間でバラツキがある場合に成分を検出できないということがあげられる．このような成分を検出するのに，時間周波数分析が用いられる（Sinkkonen et al, 1995）．時間周波数分析では，ウェーブレット変換などによって各試行の脳波信号を各周波数におけるパワー値の時間変動に変換し，それらのデータを加算平均処理する．これによって，潜時や位相が厳密には一致していない脳活動も検出することができる（図6.30）．

　時間周波数分析は，特に高い周波数で振動す

440　　6.6 脳　波

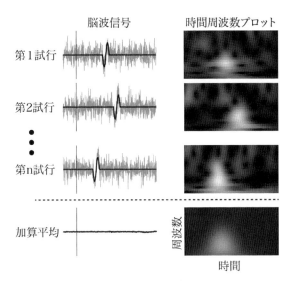

図 6.30 時間周波数分析の例
脳波信号にイベントに対する電位変動（黒太線）が含まれていても，潜時にバラツキがあると加算平均処理では検出できない（左）．しかし，同じデータを時間周波数に分解してから加算平均を行うと成分を検出することができる（右）．

る脳活動を評価するうえで有効であると考えられる．例えば，γ帯域（40 Hz 近傍）の脳活動は様々な認知処理に関連していることが知られているが，波長が短い（25 ms 程度）ため，潜時に半波長以上のバラツキがあることが多く，事象関連電位としては検出されにくい．このような脳活動については，時間周波数分析による検討が必要となる．近年，時間周波数分析を用いた研究が増加してきており，脳波の解析でよく利用されているオープンソース解析ソフト EEGLAB（Delorme & Makeig, 2004）にも実装されている．

4）コヒーレンス分析と位相同期分析

ヒトの認知処理は局所的な脳領域の活動のみに反映されるものではなく，脳領域間の情報伝達によって実現されている．このため，事象関連電位や時間周波数分析など，局所的な活動の評価だけではわからなかったことを脳領域間の情報伝達状態を可視化することで明らかにできる．脳領域間の情報伝達状態を示す方法としてコヒーレンス分析が使われてきている（Shaw, 1984）．脳波のコヒーレンス値とは，2か所からの脳波信号に対して相互相関を示すクロススペクトル密度関数を算出し，各信号の自己相関を示すパワースペクトル密度関数で正規化したものであり，解析対象とする周波数ごとに 0（2つの脳波信号は無関係）〜1（2つの脳波信号に完全な関係性がある）の値が得られる．

最近は，コヒーレンス分析に代わって，位相同期分析を用いることも多い．位相同期分析では，2か所からの脳波信号に対してウェーブレット変換やヒルベルト変換を行い，各信号の各時点における位相を目的の周波数ごとに取り出す．次に，特定の周波数における2つの位相ベクトルの差を算出する．ある特定の周波数と時点において，この位相差が試行間で安定していれば，それらの脳波信号が何らかの関係性をもっていると推定する．位相差の試行間での安定性を示す指標は PLV（phase-locking value）と呼ばれ，0（2つの脳波信号の位相差は完全にランダム）〜1（2つの脳波信号に位相差は全試行で完全に一致）の範囲で変動する（Lachaux et al, 1999）．

コヒーレンス分析と比較した場合，位相同期分析の利点は以下のようにいわれている．まず，PLV の算出にはウェーブレット変換などが用いられるため，高速フーリエ変換に基づいて計算されるコヒーレンス値よりも特定の瞬間の情報伝達量を評価しやすい．また，コヒーレンスは振幅と位相の両方の影響を受け，それらの影響力を区別できないのに対して，PLV は位相のみを評価することから，位相が重要な役割を担っていると考えられている認知情報処理過程の推定には有利である．さらに，イベント発生前後の変化を高時間分解能で評価できることから，ホワイトノイズなどと比較することの多いコヒーレンス分析よりも有意な情報伝達の有無を統計的に評価しやすい．なお，現時点では位相同期分析がよく使われているものの，脳領域間の情報伝達量を推定する分析法の開発は現在も続いており，発展途上段階にある．今後，より検出力の高い分析法が提案されていくと期待される． 〔武田裕司〕

6.6.4　多変量解析

本節では脳波や脳磁図データに対して主成分分析（principal component analysis, PCA）や独立成分分析（independent component analysis, ICA）といった統計的手法を用いて解析を行うための基本的な知識を述べる.

1）主成分分析

主成分分析（PCA）は多次元のデータを集約して記述するための手法である. 例えば, 20名の生徒の国語, 英語, 数学, 社会, 理科の5科目のテストの点は5次元空間上の20個の点として表現することができる. この空間上でその20点が最大の分散をもつような新しい軸を想定するとその軸が第1主成分となる. この新しい軸上での各点の位置（座標）を主成分得点と呼び, 主成分得点と元のデータ（各科目の得点）との相関を主成分負荷量と呼ぶ. 次に第1主成分の軸と直交し, 最大の分散をもつ軸を設定するとその軸が第2主成分となる. 第2主成分に関しても主成分負荷量と主成分得点を算出することが可能である.

主成分負荷量はその主成分がどのような特性を反映しているかを表している. 例えば, 第1主成分の負荷量を5科目ごとに見てみたときに国語と英語, 社会の値が高かったとすれば, 第1主成分はいわゆる文系能力を反映する指標だと考えることができる. 第2主成分の負荷量が数学, 理科で高かったとすれば第2主成分はいわゆる理系能力を反映するものと考えられる.

さらに各成分に関してすべて（20個）のデータに関して主成分得点が産出される. このそれぞれの成分に関する得点を見ればその生徒の文系能力と理系能力をそれぞれ評価することが可能となる. つまり, 5次元のデータから文系能力, 理系能力という新しい評価軸を統計的に算出することができる.

2）脳波データへのPCAの適用

さて, この手法を脳波データにどのように活用していくかという点に関しては多様性がある. 様々な適用の仕方が考えられるが, ここでは比較的よく用いられているSpencerら（1999）による時空間主成分分析（spatiotemporal PCA）の手法を紹介する.

脳波データは様々な心的処理に関わる神経活動を含んでいるが, 各処理は異なった脳波成分に反映されることがある. 例えば事象関連電位で考えてみれば P300 や N400 といった様々な成分が知られている. これらの成分は時間的, 空間的に重畳しているため, 単独の成分のふるまいから心理的過程を推察していくことが時に困難な場合がある. 例えば, P300 のふるまいから注意の状態を評価しようとしたときに, P300 に重畳してくる N400 の成分は邪魔になり, 正確なふるまいが観察されない可能性がある. ここで PCA を用いてデータ上における成分を別々に評価することが可能になる. つまり, もし各成分が異なった時間的・空間的特徴をもつのであれば, データの縮約の過程で異なった成分として検出されるであろう.

例えば, 32 チャネルから計測された事象関連電位データ（400 タイムポイント）を考えてみよう. このデータ（400×32 matrix）の空間情報に注目して PCA を行う（空間的 PCA）ものとする. 上であげた例でいえば電極情報が教科に対応し, 各生徒情報が時間情報に対応する. 結果として得られるのは電極間の相関に基づいた主成分である. ここでは主成分負荷量の分布が頭皮上分布に対応し, 主成分得点が時間的変化, 要するに ERP 波形を表すものと考えてよい. つまり, 負荷量の分布が示すような頭皮上分布をもつ ERP 成分が時間的にどのように変化しているのかを示している（図 6.31）. このような成分が複数得られるため, 他の成分の影響を無視して評価することが可能である. 空間的 PCA によって分離された成分は他の空間的分布をもつ成分の影響が除外されていると考えることができ, 純粋にその成分の条件による変動を検討することが可能となる.

さらに, 得られた各空間的成分の主成分得点, つまり ERP 波形の時間的変化に注目して PCA を行う（時間的 PCA）. ここで主成分負荷量をみれば, 各成分は時間的に異なった特性をもっている複数の成分に分離することができる. しかも, 各時間的成分の主成分得点は空間的 PCA で得られたデータに基づいているので, 時間的 PCA の

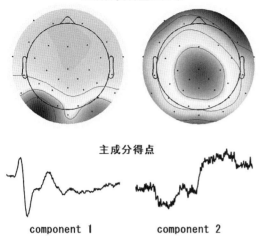

図6.31 空間的PCAで分離された成分

主成分得点を検討することで空間的な情報を考慮した時間情報を得ることが可能である．ここでは例としてたった1つのERPデータで行うことを紹介したが，実際にはすべての実験参加者のすべての部位のすべての実験条件のERP波形をひとまとめにしてPCAを行うことで得られたデータを分散分析などの統計処理にもちこむことも可能である．

3）独立成分分析

独立成分分析（ICA）を行う目的に関しての基本的な考え方は主成分分析のそれとさほど大きな違いはない．データを縮約することにより混合したデータを統計的に分離しようというものである．PCAとICAの最も大きな違いは，どのような情報に基づいてデータを分離するかという点である．PCAがデータの直交性に基づいてデータを分離するのに対してICAではデータの統計的な独立性に基づいて分離を行う．正規分布したデータのうえでは複数の成分が直交していれば，同時にそれらの成分は独立であるが，正規分布していなければ直交していても必ずしも独立とはいえない．いってみればICAではより厳しい条件で分離を行うため，より精度が高い分離が可能になる．ただし，独立成分を解析的に求めることは不可能なので独立性を最大にするような変換を学習により探っていく手法をとる．

PCAと同じようにICAをどのように脳波データに適用していくのかに関しては様々なバリエーションがあるが，ここでは最もよく使われていると思われるMATLAB上で起動するフリーソフトEEGLAB（http://sccn.ucsd.edu/eeglab/）を例にとって説明する．EEGLABでは空間的な情報に関してのICAを行っており，空間的PCAのように，空間的に独立な成分に分離していくことを目的としている．データの混合を表現（モデル）している行列を算出し，その逆行列 W をデータにかけることでデータの分離を行う．少し乱暴ないい方をすればこの W は空間的PCAでは主成分負荷量に対応し，頭皮上分布に置き換えることができ，W をデータにかけて得られたものは主成分得点に置き換えることができる．つまりICAを行った後のデータは特定の頭皮上分布をもつ複数の独立成分の時間的な変化を反映していると考えられる．

EEGLABでは W は通常，加算平均前のデータから算出され，分離された信号も加算平均される前のデータから算出されるため事象関連電位だけでなく，独立成分の時間周波数情報も検討することが可能である．また，複数の独立成分から瞬きや筋電などのアーチファクトの成分を除外しその後またデータを再構成することもでき，この手法を用いれば脳波研究で大きな問題になる生体ノイズや外来ノイズも除去することも可能である．

4）PCA，ICAの適用の多様性

ここでは主に成分の分離に関しての手法を述べてきたが，PCA，ICAは本来データを集約するための手法であり，重畳する成分を分離する以外の目的での使用法も存在している．例えばFargierら（2014）は学習前のERPデータと学習後のERPデータに対応分析と呼ばれる手法を適用した．彼らは学習前と学習後のERPの変化を，集約された2次元空間上で表現し，その変化をわかりやすく視覚的に示すことに成功している．同様の解析は主成分分析でも行うことが可能なはずで，データのわかりやすい視覚化という観点からもこれらの手法は威力を発揮するはずである．

〔松本 敦〕

6.6.5　発生源推定

1）脳波の発生源推定の意義

　特定の情報処理に関わる脳部位を明らかにするには，高い空間分解能をもつ機能的磁気共鳴画像法（functional magnetic resonance imaging, fMRI）や陽電子断層画像法（positron emission tomography, PET）を用いるのが一般的である．しかしこれらの方法は，脳の神経細胞の電気的活動そのものではなく，電気的活動に伴って生じる局所血流量の変化に関連した信号を計測対象としている．局所血流量の変化は神経活動に比べて長い時間スケールで生じる（数秒～数十秒）．この計測対象そのものに規定される時間分解能の低さのため，各脳部位における神経活動の時間関係を明らかにすることは難しい．

　脳波（electroencephalogram, EEG）は脳の神経活動によって生じた電位を頭皮上に配置した電極から計測したものである．脳の神経活動のすべてを反映するわけではない（主に大脳皮質の神経活動を反映し，皮質下の神経活動はほとんど反映しない）という制約や，ある程度大きな神経集団が同期して活動しない限り計測できないという制約があるものの，電気的活動そのものを計測しているため，ミリ秒単位の高い時間分解能をもつ．したがって脳波として計測された電位の脳内発生源を高い精度で推定できれば，各脳部位における神経活動の時間関係を探るための有用なツールとなる．

　この約30年の間に，様々な発生源推定法が提案されてきた．しかしどの方法にも問題が指摘されており，今のところ十分な信頼に足る方法の確立には至っていない．本節では，脳波の発生源推定の難しさの要因，および代表的な推定法とその問題点について概説するとともに，実際に発生源推定を行う際に注意すべき点について述べる．

2）発生源推定の難しさの要因

　難しさの要因には大きく2つある．1つ目は容積伝導（volume conduction：物質を伝わって電流が流れること）の問題である．脳波として計測される電位は，神経活動によって生じた電位が脳・脳脊髄液・頭蓋骨・頭皮などの組織を伝わって頭皮上に現れたものである．これらの組織では導電率が異なるとともに（例えば，頭蓋骨の導電率は低く，脳脊髄液の導電率は高い），場所によって厚みや形状が異なる．そのため発生源から頭皮上の電極に到達する間に，電位の減衰や電位分布の歪みが生じてしまう．したがって頭皮上のある場所で電位が最大であったとしても，その直下に発生源があるとは限らない．2つ目は，脳波の発生源推定という逆問題（inverse problem：出力から入力を推定すること）が，不良設定問題（ill-posed problem）となっていることである．頭皮上で計測された特定の電位分布を生じさせる発生源の組み合わせは1つとは限らない（原理的には無限に存在する）．可能性のある組み合わせの中でどれが正しい組み合わせなのかを決定できない限り，発生源を明らかにすることはできない．

　これらの問題を解決するため，各発生源推定法には，頭部モデル（各組織の導電率や容積を記述したもの）が組み込まれるとともに，可能性のある発生源の組み合わせの中から最も信頼できる組み合わせを決定するための制約が設けられることになる．以下に代表的な方法について紹介する．

3）代表的な推定法と問題点

　発生源推定にはいくつかの方法があるが，大きく①離散型（discrete）の発生源を仮定した方法と，②分布型（distributed）の発生源を仮定した方法に分類できる．

　離散型発生源を仮定した方法では，発生源を"点"で求める．この方法では，頭皮上の電位が位置や方向がはっきり異なる少数（一般的には10個以内）の双極子（dipole）電源によって生じていると仮定する．電源の位置や方向を繰り返し変えながら，実際に計測された電位分布とモデル化した電位分布の誤差が最小になるような電流源を特定する．BESA〔brain electrical source analysis（Scherg, 1990；http：//www.besa.de/；市販のソフトウェア）〕や，EEGLAB（Delorme & Makeig, 2004；http：//sccn.ucsd.edu/eeglab/；無償で利用可能だがMATLABは必要）のプラグインの1つであるDIPFITを用

いて実施できる．離散型の問題は，電源の数をユーザ自身が最初に設定しなくてはならないことである．推定結果はこの初期設定に高く依存しており，初期設定が誤っていた場合，事実とまったく異なる電流源が示されてしまう．この問題を回避するため，MUSIC〔multiple signal classification（Mosher et al, 1992）〕など，電源数を数学的に決定する方法も提案されている．しかし脳内に広く分布する神経活動を数個の電源でモデル化すること自体の妥当性については，長きにわたる議論がある．

一方，分布型発生源を仮定した方法では，発生源を"広がり"として求める．この方法では，頭皮上の電位が脳内のたくさんの場所での電源の組み合わせによって生じていると仮定する．脳を一定数（数千個）のボクセルに分割し，すべてのボクセルに双極子電源を仮定する．そして実際に頭皮上で計測された電位分布を説明しうる電流源分布を推定する．最小基準推定〔minimal norm estimation（Hämäläinen & Ilmoniemi, 1994）〕や，LORETA〔low resolution electromagnetic tomography（Pascual-Marqui et al, 1994；Pascual-Marqui, 2002, 2007 も参照；http：//www.uzh.ch/keyinst/loreta；無償で利用可能）〕に実装されているラプラシアン重みつき最小基準推定（Laplacian weighted minimum norm estimation）などがこれにあたる．一意の解を得るため，最小基準推定では，頭皮上の電位分布を説明しうる電流源分布のうち，電流の総量が最小となる電流源分布を最適解とする．そのため弱い電流源分布や局在化した電流源分布が示されやすい．LORETA では，なめらかさが最大（あるボクセルと隣のボクセルの変化が最小）となる電流源分布を最適解とする．そのため焦点や輪郭がぼやけた電流源分布が示されやすい．分布型の場合，ユーザ自身が制約を設定する必要はない．しかし，各方法で採用されている制約はあくまで数学的なものであり，実際の脳の神経活動に常に当てはまるという保証はない．

4）発生源推定を行う際の注意点

発生源推定は一般的な手続きで計測された脳波データに対して実施できるが，いくつかの注意点がある．1つ目は電極数である．電極数が多くなるほど，電位分布の空間解像度が上がり歪みも小さくなるため，推定結果はより信頼できるものとなる．では何電極以上であれば得られた結果を信頼してよいのか．これについては今のところ定説がない．しかし，電極数が推定エラーに及ぼす影響を調べた研究では，25 ～ 60 に増えるにつれてエラー率が大きく減少すること，60 ～ 100 に増えるにつれて徐々にではあるがさらに減少すること，100 を超えるとほぼ頭打ちになることが報告されている（Michel et al, 2004）．60 以上，あるいは 100 以上かどうかは，結果の信頼性に関する1つの目安といえるかもしれない．2つ目の注意点は電極配置である．興味の対象となる頭皮上部位だけに電極を配置することは非常に危険である（Michel et al, 2004）．例えば，頭皮上後部を中心に分布する視覚誘発電位の発生源を推定したいからといって，頭皮上後部だけに電極を配置すると推定エラーが生じやすくなる．興味の対象となる電位の頭皮上分布にかかわらず，頭皮上全体（理想的には顔を含む頭部全体）を均一にカバーするような電極配置を採用するのが望ましい．

これらの点に注意を払ったとしても，前述のとおり，脳波の発生源推定にはいまだ様々な問題があることに変わりはない．今後，神経活動に関する新たな知見が制約として組み込まれることで，推定の精度が大きく向上する可能性はある．しかし現時点では，同様の実験パラダイムを用いた fMRI や PET 研究の知見との整合性や，複数回の実験での再現性を注意深く吟味するなど，結果の解釈には慎重さが求められる．　　〔木村元洋〕

●参考文献

Luck（2014），宮内（2013），入戸野（2005），Picton ら（2000）．

6.6.6 皮質脳波（ECoG）

1）皮質脳波の計測

通常，心理学で脳波測定という場合には，頭皮上に設置した電極から脳活動信号を計測することを指す．しかしながら，このようにして計測された脳波信号は，頭蓋骨や頭皮などのために信号が弱く，ノイズが大きい．そのため，加算平均などの手法によりノイズの除去が必要である．一方，皮質脳波（Electrocorticography，ECoG）とは，てんかんの患者で脳外科手術の際に，てんかん発作の焦点を見極めるためなどに計測されるもので，脳表面〔硬膜下（subdural）〕に直接設置した数 mm〜数 cm の間隔で複数の電極（プラチナなど）が埋め込まれたシート（脳表面からの信号用），あるいは複数の電極を縦に並べた針状のもの（脳深部からの信号用）を用いて記録される（図 6.32）．ECoG の信号は，電極の直下半径数 mm の範囲にある神経集団の応答を反映していると考えられている．

ECoG で計測される信号の機能的意味と関連して，fMRI で計測される脳血流応答（BOLD 信号）との関係が検討されている．両者の相関を示唆するものもあるが，結論には至っていない（Logothetis, 2002；Ojemann et al, 2013；Lachaux et al, 2007；Privman et al, 2007）．

ECoG と同じ電極で計測される信号のうち，非常に高い周波数領域の信号を local field potential と呼ぶ（ECoG では通常 300 Hz まで）．こちらは，より狭い範囲の神経応答を反映している．そのため，ECoG よりも電極の密度を高くすることができる（意味がある）が，ECoG の測定を行う場合には，電極間間隔は 1 cm 程度で十分であると考えられる．

2）皮質脳波の特徴

ECoG の特徴は，信号の安定性と得られる情報量の多さである．てんかんの患者では，数日間継続的に信号計測が可能である．その間，電極がついたシートは頭蓋内に留置されるため，試行ごとに電極の位置が変わるという心配が少なく，ある程度の頭部を含む身体の動きに対して頑健性がある．また，情報量としては，頭皮上からの脳波では計測が困難なハイガンマと呼ばれる帯域（30 Hz から，150 または 300 Hz 程度まで）の信号をクリアに記録することができる．これらの特性から，brain-machine-interface への応用も精力的に検討されている（Taylor et al, 2002；Hochberg et al, 2006）．

3）皮質脳波の分析

ECoG 信号は，時間周波数分析（time frequency analysis）によって，各時間窓，各周波数帯域（ビン）の振幅に変換される．時間と周波数との間には，片方を細かくすれば他方が大まかになるという関係がある．分析の際には，実験の目的に合わせて時間と周波数を設定しなければならない．また，隣り合うビンの間で信号は，時間・周波数ともに完全に独立ではなく，重なりがある．例えば，80 Hz を中心とするビンの信号には，60 Hz や 100 Hz の成分がいくらか含まれている．そのため，60 Hz の電源ノイズを避けるために，80〜150 Hz 帯域の脳波の振幅に注目するなどが考えられる．実際に分析を行う場合には，BESA® あるいは EEGLAB などのソフトウェアを用いることが多いと思われる（6.6.5 参照）．

心理学の実験データの分析では，同じ被験者から計測されたデータ同士には関連があるものと考え，それらを独立なものとしては扱わない（個人を単位として扱う）．それに対して，ECoG の分析の場合には，各チャネルから計測されたデータを別のデータとして扱うことがある（チャネルを

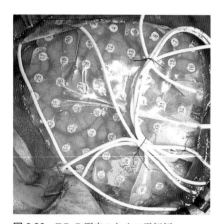

図 6.32　ECoG 測定のための電極例

単位として扱う）．また，脳の形状（MRI構造画像）から明確に区別できる領野を扱う場合には（視覚野など），領野内のチャネルの信号をまとめることもある．どのような単位で分析するにしろ，明確な基準をもって行うことが重要である．

4）実際の皮質脳波信号

ここでは，筆者らが分析したECoGの一例を紹介し，実際の測定について簡単に述べる．筆者らは，てんかんで外科手術適用の患者の後頭部から光刺激に対する視覚野の応答を先述のシート型の電極から記録した（Matsuzaki et al, 2012）．患者は電極の設置と電極の取り外しの2回手術を受ける．つまり，ECoGの測定は両手術の間に行われる．ただし，時間の経過とともに電極の位置がずれたり，患者の体調変化も生じやすくなるため，測定は1回目の手術後できるだけ早い時期に行うことが望ましいであろう．なお，ECoGを用いた実験は，通常の心理学実験と同様，患者の同意の下行われることを記しておく．

図6.33の下図は単一チャネルから記録された信号になる．上の波形は元のデータであり，多くの周波数帯の信号を含んでいるため，一般的な頭皮上から計測される信号と見かけが変わらない．当然，光フラッシュのタイミングもわからない．ところが，低周波数帯域の信号をカットする（ハイパスフィルタリング）と，光フラッシュに対する応答が振幅の増大として観察できる．しかも，加算平均などの処理を行わずに，単回の試行でも応答を確認できる．

5）限　界

ここでは，ECoG計測の限界について述べてお

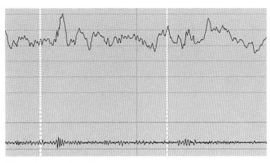

図6.33　ECoGの例
横軸は時間，縦軸は電位．白点線は光フラッシュのタイミング．フラッシュ間間隔は0.5秒．

く．まず，ECoGの測定は，前述のように負荷が大きい．そのために，一般の被験者から皮質脳波を計測することはない．したがって，もっぱらてんかんなど脳神経関係の患者のデータのみで議論をせざるをえない．患者のデータが一般人のデータとして解釈できるかどうかについて一概に結論を述べることは難しい．

また，これらの手術は臨床治療のために行われるものであり，学問上の関心に基づき電極の位置を決めることはできない．患者の負担を必要最小限とするために，測定部位は患者の病変・てんかん焦点があると推定される部位だけであり，全球からの記録などはできないことが多い．

このような限界はあるものの，上記のように，ECoGは信号として優れており，計測できれば通常の脳波では得られないような情報が見出される可能性をもつ．ECoGは，脳活動と行動・主観など心理学の関心対象との関係の理解に役立つものと考える．　　　　　　　　　　〔松嵜直幸〕

6.7 脳機能イメージング

6.7.1 脳機能イメージング──近年の動向と測定法

1) 脳機能測定法

脳機能測定とは，生体の脳内の活動を様々な方法で測定し，知覚や認知などに関する精神活動に，脳内の各部位がいかに関わっているかを検証する方法である．この章では特に，脳波（electroencephalography, EEG），脳磁図（magnetoencephalography, MEG），機能的磁気共鳴画像（functional magnetic resonance imaging, fMRI），近赤外分光法（near-infrared spectroscopy, NIRS）について扱う．放射性同位体を用いるポジトロン断層法（PET）は，脳機能測定法の一種であるが，侵襲性が高く時空間解像度が低いため，基礎心理学実験での使用は減少傾向にある．そのため，本章では PET については扱わない．

動物を使用した研究は，神経メカニズムについて細胞レベルでの知見をもたらすが，実験動物の認知能力やコミュニケーションの問題がある．動物で使用される電気生理実験は侵襲的であるため，ヒトでは使われない．

すべての脳機能イメージングは，刺激や行動と神経活動の相関を測定しているにすぎない．ある脳領域の活動がある特定の行動に必要であることを示すには，その脳領域が正常に機能しないとその行動が生起しないことを示さねばならない．脳損傷研究による検証は可能であるが，損傷は不可逆的であるためヒトを対象とすることはできない．一時的に特定の脳領域の活動を操作することにより，その脳領域の機能を検証する方法としてTMS がある．TMS については 6.8.1 で述べる．

2) EEG

EEG は，頭皮上に置かれた電極によって脳活動に由来する電場変化をミリ秒単位の時間解像度で測定する手法である．脳波は MEG とともに，シナプス伝達時の興奮性シナプス電位（EPSP）を計測していると考えられている．

基礎心理学研究で用いられる代表的な脳波成分として，誘発電位と事象関連電位があげられる．光や音などの外部刺激を与えることによって惹起される脳波成分を誘発電位（evoked potential, EP）と呼ぶ．一方，単に外部刺激に対して惹起される脳波成分だけでなく，課題遂行に伴う被験者の様々な心的状態の変化，特に注意や記憶といった高次機能を反映する内因性の電位を含む事象関連電位（event-related potential, ERP）と呼ばれる概念もある（6.6.2 参照）．

ヒト脳波研究として他に注目を浴びているものに，脳波の振動現象がある．脳波を時間周波数解析すると，δ 波（0.5〜4 Hz），θ 波（4〜8 Hz），α 波（8〜13 Hz），β 波（13〜30 Hz），γ 波（30 Hz〜）などと名づけられる複数の周波数帯域における活動のピークが観察される．こうした振動成分と様々な知覚，認知課題成績との関連を調べることで，脳の周期的活動が心的機能に与える影響が検討されている．

EEG は主に脳回の活動を計測している一方，次に述べる MEG は主に脳溝の活動を計測していると考えられている．

3) MEG

EEG が脳活動が生み出す微弱な電流を測定するのに対して，MEG は，その電流の周りにビオ・サバールの法則に従って生じる微弱な磁場変化（脳磁界）を測定する方法である．

基礎心理学場面においては，EEG と同様，誘発磁場や事象関連磁場といった刺激や課題依存の脳磁界変化を測定できるほか，周波数帯域ごとの信号測定にも用いられる．

MEG は EEG と同様ミリ秒単位の時間解像度をもち，また EEG に比べ空間解像度に優れている．これは，EEG が計測する脳内の電気的活動は脳脊髄液などの影響で空間的に拡散してしまうのに加え，MEG が計測する磁場は大きさと方向をもつベクトル量であるため空間的に加算されにくいからである．ただし，EEG や MEG の信号自体には信号源の位置に関する情報は含まれておらず，センサ間の信号分布から事後的に信号源を「推定」しているにすぎないため，脳機能マッピングには限界がある（信号源推定の逆問題，6.7.2 参照）．一方，次に述べる fMRI は信号そのものに空間情報が含まれ，信号源を直接「測定」する手法といえる．

4) fMRI

MEG が脳活動によって生じる微弱な磁場変化を計測する手法であるのに対し，fMRI 法は，生体を強力な静磁場内に置き，物質によって核磁気共鳴の緩和時間が異なることを利用して，脳活動に関連した血流動態反応を可視化する測定手法である．磁気共鳴現象は元来，化学物質の立体構造の解析に利用されていたが，1980 年代に脳活動に伴って信号強度が変化することが報告され，以来脳機能イメージング研究に大きなブレイクスルーをもたらしてきた．

局所の神経活動が活発になると局所脳血流量が増加する（神経血管結合）．神経活動によって酸素が消費されると，酸素を供給するため血液とともに酸素化ヘモグロビンが運ばれてきて，脱酸素化ヘモグロビンが減少する．fMRI は，両者の緩和時間の差を利用し，BOLD 信号（blood oxygenation level dependent signal）の局所変化として脳活動の局在性を検討する．

多くの fMRI 研究では，ある条件における BOLD 信号を，統制条件や他の条件における BOLD 信号と比較する．イベントによって引き起こされる BOLD 信号の変化は数秒単位の非常に緩慢なものであるため，条件間の信号を分離するには実験デザインや解析に工夫が必要である（6.7.4 参照）．

近年では古典的な fMRI 測定法に加え，様々な実験・解析手法が基礎心理学研究に用いられるようになっている．課題遂行中の脳領野間の機能的結合を測定する方法（functional connectivity）や，安静時の機能的結合を測定する安静時 fMRI（resting state fMRI），脳内の賦活パターンから機械学習を用いてデコーダを作成し，fMRI データから測定時の心理状態を推定するデコーディング手法（6.7.5 参照）などがある．

5) NIRS

NIRS は，fMRI と同様脳活動に関連した血流動態反応を視覚化する手法である．NIRS は，酸素化ヘモグロビンと脱酸素化ヘモグロビンの吸光スペクトルの違いを利用し，近赤外光（700〜900 nm）を照射した際の吸収・散乱度合いから，酸素化ヘモグロビンの濃度変化を計測する．可視光（400〜700 nm）は生体物質による吸収率が高く，近赤外光より長い波長では生体内の水による吸収率が高くなるため，生体を透過しやすい近赤外光が用いられる．

fMRI に比べ計測装置が安価で携帯性に優れているため，新生児・乳児の計測や運動中の計測が可能であり，実験環境の制約が少ない点が利点とされる．同様の利点をもつ EEG に比べ空間解像度は高いものの，fMRI ほどの空間解像度はもたず，脳深部の計測は困難である．NIRS のサンプリング周波数は 10 Hz 程度であり EEG，MEG ほどの時間解像度はないものの fMRI に比べると優れている．また脳以外の血流信号がアーチファクトとなる場合もあり，計測・解析時には注意が求められる．

6) その他の手法

上述のように，それぞれの計測手法には測定原理に由来する時間・空間解像度の限界が存在するのに加え，神経活動と血流動態との関係性も議論が続いている．近年，複数の計測手法を組み合わせることでこうした問題の解決が試みられている．

fMRI と脳波の同時測定では，fMRI が計測する血流動態と EEG が計測する神経の電気的活動との相互関係が調べられているほか，fMRI の時間解像度の悪さと EEG の空間解像度の悪さを相互補完する手法としても提案されている．6.7.7 で取り上げる NIRS と脳波の同時測定も，血流動態と神経活動の関係性に着目する点では同様である．その他，TMS などによって局所脳活動を変化させた際の神経活動の様子を EEG や fMRI によって計測することもあり，マルチモダリティ計測は今後普及していくものと思われる．ただし，これらの手法では同時計測に由来する様々なノイズやアーチファクトの存在が問題になることも多く，測定・解析手法に関する十分な知識が求められる．

また近年の傾向として，脳活動の計測にとどまらず，脳構造や特定の脳領域における神経伝達物質の濃度を計測し，知覚や認知といった精神活動との関連を検討する手法も登場している．実験者には，研究の目的に沿った測定手法の選択が求められているといえよう．　　　　　　〔四本裕子〕

6.7.2 MEG

1）MEG計測の原理

◆MEGの発生機序

脳活動によって微弱な電流が発生すると，ビオ・サバールの法則に従って，その周囲に微弱な磁場（脳磁界）が生じる．この磁場を，高感度磁気センサで計測するのが脳磁図（magnetoencephalography, MEG）である．脳波（EEG）と同様MEGで計測しているのは，錐体細胞（pyramidal cell）の興奮性シナプス電位（EPSP）が中心であると考えられている（南部・佐々木，1993）．これは，EPSPと静止膜電位の差が大きく，10 ms程度持続するので空間的に加重が生じるためである．スパイクは持続時間が1 ms程度で空間的な加重が起きにくいため，抑制性シナプス電位（IPSP）は静止膜電位からの差が小さいため，いずれもMEGでは計測しにくいと考えられている．脳波では脳脊髄液や頭蓋骨などの影響で，脳内の電気的活動が空間的に広がって計測されるのに対し，MEGではこのような影響を受けにくいという利点がある．MEGは主として脳溝の活動に，EEGは主として脳回の活動を計測しており，両者は相補的であると考えられる．

◆MEG計測システム

脳磁界は地磁気や各種の都市雑音の1万〜1億分の1の大きさであるため，一般に磁気雑音を遮蔽する磁気シールドルーム内で計測が行われる．シールドルームの壁などに設置されたコイルで磁気ノイズを検出し，逆向きの磁界を生成してノイズを低減するアクティブシールドが用いられることもある．

微弱な磁場を計測するため，超伝導量子干渉素子（superconducting quantum interference device, SQUID）が使われる．MEGで用いられるセンサには単一のコイルで磁場をそのまま計測するマグネトメータと磁場の空間差分を検出するグラディオメータが存在する．後者では，2つ以上のコイルが逆相に巻かれており，環境ノイズをキャンセルすることが可能である．頭表に対して法線方向の磁場を法線方向に微分する軸型と法線方向の磁場を接線方向に微分する平面型などがある．マグネトメータは脳深部の活動を拾えるがノイズが非常に大きいため，通常何らかの信号処理を施してからデータを解析することとなる．メーカーによって，様々な方式のセンサが採用されてきたが，直交する2つの平面型グラディオメータとマグネトメータのセットが頭部全体に配置されたシステムを採用するElekta Neuromag社の装置が現在の主流である．

2）MEG解析の基礎

シールドルーム，グラディオメータなどを用いてノイズを低減しても，脳磁界は環境雑音に比べて小さいので，通常100試行程度の刺激，タスクを繰り返す．試行にわたる加算平均，直流成分の除去，バンドパスフィルタ（例えば1〜40 Hz程度）を適用し，ピークの潜時，強度を調べるのが最も基本的な解析である．試行ごとのMEGの変動に着目し，知覚，行動の変動と対応づけることも可能であるが，SN比の低さが問題となる．

◆ノイズの除去と加算平均

まずは各試行のデータを順に観察し，大きなノイズののっている試行を除去することが推奨される．電源ノイズに加えて，眼球運動や瞬き，筋電によるノイズは独立成分分析（ICA）を適用し，時間に対して統計的に独立な異なる信号を分離することで，ある程度除去できる．ただし，複数の活動源から生じる脳活動は一般に独立ではないため，ICAによって活動源を分離するのは困難である．

このほかにも様々なノイズ除去手法が提案されている．例えばElekta Neuromag社のシステムには，球面調和関数での級数展開によって，脳内由来の信号と脳外由来の信号を分離するsignal space separation（SSS）と呼ばれる方法およびその時間方向への拡張（temporally extended SSS）が実装されており，ノイズの除去に効果的である．ただし，ノイズの除去，真の信号の保存とも完全ではないことに注意されたい．

◆時間周波数解析，コヒーレンス解析

各試行のデータを時間周波数解析した後，試行にわたって平均することで，刺激のオンセットに対して位相がロックした成分のみならず，ロック

していない成分も抽出することが可能である．詳細は 6.6.3 を参照されたい．

3）MEG 活動源推定

◆MEG 順問題と逆問題

EEG に比べた MEG の利点の 1 つが，活動源推定を行い，脳の部位と対応づけた議論が可能である点である．EEG データからも活動源推定は可能であるが，空間解像度が劣る．計測されたデータから脳活動の位置を決定するのが MEG 逆問題と呼ばれる問題である．逆問題は，脳活動の自由度に対して，MEG データから得られる制約式はたかだか数百（センサ数に対応）であるため唯一の解をもたない．様々な手法が提案されているものの，多くの研究者が共通して最良と認める手法は存在しないのが実情である．論文などでは使用した手法，そのパラメータなどを明確に記述することが不可欠となる．

◆ダイポール推定法

最もシンプルな方法は，数か所の領域が局所的に活動したと仮定して，等価電流双極子を計算する手法である．この場合には，推定パラメータが計測データ数よりも少なくなるため，計測磁場と最も近い磁場を生ずるダイポールの位置と電流ベクトルを推定する．仮定するダイポールの数は磁場の空間パターンや他の生理学的知見などを参考に，事前に実験者が決定する必要がある．単純な視覚刺激や聴覚刺激などを用いた実験など，局在した活動が予想される場合には，高い精度での位置推定が可能である．

◆ノルム最小化法

脳を格子状に区切り，各格子点でのパワーを推定する場合には，解の自由度がセンサ数に比べて多くなるため，何らかの基準で解を選択する必要がある．例えば，L2 ノルムを最小化する方法（Hämäläinen & Ilmoniemi, 1994），L1 ノルムを最小化する方法（Huang et al, 2006）などがある．一般に，前者では空間的に広がった解が，後者では局在した解が得られる．脳の解像画像を MRI で事前に計測しておき，灰白質のみに活動源の候補を置く方法（Dale et al, 2000）や，fMRI の活動情報を事前情報として用いる方法なども提案されている．

◆空間フィルタ法

計測された磁場パターンのうち，ターゲットとする脳部位の活動のみを通し，それ以外の部位の活動を抑制するようなフィルタ（空間フィルタ）を適用する方法の典型が，SAM〔synthetic aperture magnetometry（Robinson, 1998）〕，LCMV〔linearly-constrained minimum-variance（Van Veen et al, 1997）〕などのビームフォーマ法である．全格子点の活動を同時に推定するノルム最小化法と異なり，空間フィルタ法では各格子点での推定が独立である．通常，fMRI の解析と同様 2 つの条件間のコントラストをとるため，タスク期間の 5 分の 1 からほぼ同じ長さのベースライン期間を設けられるように実験をデザインすることが推奨される．データの共分散行列を用いて適応的なフィルタを作成するため，例えば左右聴覚野の活動など，時間的な相関が非常に高い 2 つの活動が存在する場合には分離が困難である．

4）神経科学への応用

MEG は主に脳活動のダイナミクスを計測したり，異なる周波数帯域での信号を計測する目的で使用される（6.6.3 参照）．例えば，チェッカーボード刺激，コヒーレント運動刺激を用いると，それぞれ 1 次視覚野由来，hMT+ 野由来の脳活動のタイムコースを高い精度で推定可能である．また，聴覚刺激に対する第 1 次聴覚野，四肢などを電気的あるいは機械的に刺激して得られる第 1 次体性感覚野などの電流源も正確に特定することができる，一方で，複数の領域が多数同時に活動する，より複雑な認知課題における活動源の推定には限界があるため，活動源をある程度局在される刺激，タスクデザインを使用することが重要である．

fMRI では得られない，ミリ秒オーダーの時間分解能を有するうえに，一般に脳波では困難な脳の活動部位に基づく議論が可能である点で MEG は大きな利点をもっていると考えられる．一方で，すべての脳活動を計測できるわけではない点，原理的に活動源が一意には定まらず，推定結果に曖昧性が残る点は弱点であるといえる，MEG の長所，短所を十分に理解したうえで，実験に用いることが望まれる． 〔天野　薫〕

6.7.3　fMRI の原理

1）MRI/fMRI の原理

　MRI/fMRI は，静止磁場，傾斜磁場，電磁波パルスを利用して，脳の構造や機能を可視化する非侵襲のイメージング法である．脳の構造を撮像する手法を MRI，脳の機能（function）を撮像する手法を fMRI という．

　MRI/fMRI の撮像には，直径 60 cm 程度のチューブ上の開口部をもつ機械が使われる．この機械の中には，強力で均一な静止磁場を形成するためのコイル，傾斜磁場を形成するためのコイル，磁場調整のためのコイルが入っている．脳の撮像では，電磁波パルスを発生させ信号を測定するための，RF コイルをヘッドコイルとして使用する．

　体内に多く存在する水素原子核（陽子）は核スピンと呼ばれる磁気的特性をもつ．静止磁場内では，脳内の水分子に存在する水素原子は磁場に沿って並び平衡状態となる．平衡状態にある水素原子に電磁波を与えることによって，その平衡状態が崩れることを励起という．MRI/fMRI は，核スピンと電磁波（radio frequency, RF）間のエネルギーの相互作用と磁気共鳴（magnetic resonance, MR）を利用することから，その名がつけられた．

2）仕組み

　傾斜磁場コイルによってつくられる空間的な勾配をもつ磁場を，磁気勾配という．線形に勾配する磁場において，水素原子が規則性をもって歳差運動（すりこぎ運動）する．そのため，異なる空間的位置は，異なる共鳴周波数で特定できる．その仕組みを利用して，高速で勾配をスイッチさせることによる単一の励起を利用して撮像する方法をエコプラナーイメージング（echo planar imaging, EPI）という．一方，変化する磁場勾配と振動場の系列を利用することをパルスシークエンスという．

　近年の MRI 装置は，MR 信号の 3 つの空間座標をエンコードするために，3 つの相互直交の傾斜磁場コイルが使われている．測定では，まず 1 つの励起を用いて，撮像領域内のある特定のスライスが選ばれる．そして，フェーズと周波数により，スピン磁化の空間的配置を算出する．撮像の空間範囲は撮像範囲（field of view, FOV）として定義される．

3）T_1 強調画像と T_2 強調画像

　短い電磁波の照射により，水素原子がエネルギーを吸収し（励起），平衡状態が崩れる．水素原子は，再び平衡状態に戻るまで，同じ周波数のエネルギーを放出（緩和）する．スピンする陽子の磁気ベクトルは，X, Y, Z の 3 軸で測定される．緩和に伴って，磁気共鳴の 2 つの要素が変化する．縦緩和（longitudinal relaxation）は，スピンと周辺の格子のエネルギー交換によるもの〔スピン-格子緩和（decay constant T_1）〕であり，横緩和（transverse relaxation）は，複数のスピンのフェーズがずれることで生じる〔スピン-スピン緩和（decay constant T_2）〕．T_1 は磁場の強さに依存し，磁場が強いほど緩和時間が長くなる．T_2 は磁場強度にかかわらず，常に T_1 よりも短い．観察される横緩和時間 $T_2{}^*$ は，常に T_2 よりも短い．励起パルス間の時間間隔（repetition time, TR），励起とデータ取得の時間間隔（echo time, TE）は，磁気共鳴を用いた撮像において，注意が必要なパラメータである．

　T_1 画像には，中時間の TR と短時間の TE が推奨される．短時間と長時間の TR では，縦緩和からのリカバーに時間が足りないか，完全にリカバーしてしまい，組織間のコントラスト低下につながるからである．さらに，T_1 画像は，T_2 よりもかなり短い TE を使用するべきである．同様に，T_2 画像には，中時間の TE が推奨される．

　磁気共鳴の変化は，傾斜磁場のみ，もしくは傾斜磁場と 180° の電磁パルスにより引き起こされる．傾斜磁場を用いる場合をグラディエントエコー（gradient echo, GE）シークエンスといい，傾斜磁場と電磁パルスを用いる場合をスピンエコー（spin echo, SE）シークエンスという．T_2 画像はスピンエコーシークエンスによってのみ撮像可能である．一方，T_1 画像はグラディエントエコーとスピンエコーのどちらでも撮像できる．スピンエコーは 180° の電磁パルスを用いること

により，磁場の不均一性に依存しない真のスピン-スピン緩和をもたらす（T_2^*効果）．したがって，スピンエコーシークエンスは，眼窩前頭野や側頭で観察されやすい生体内の空気のアーチファクトを避けるのに有効である．一方，スピンエコーシークエンスではT_2^*の感度が下がるため，BOLDの測定で用いられることは少ない．

測定されたRF信号は，磁場の不均一性などの複数の要因により減衰する．不均一性が大きいと信号強度が弱くなる．

4）BOLD信号

機能的MRI（fMRI）は，血中酸素濃度の変化に伴う磁場の不均質性の変化を測定する．

ある物質が磁場に置かれた場合に，その物質が磁化する量を磁化率という．脱酸素化ヘモグロビン（deoxy-Hb）は常磁性であり，近接する磁場に不均質性をもたらす．一方，弱い反磁性をもつ酸素化ヘモグロビン（oxy-Hb）が磁場に与える影響は小さい．そのため，常磁性の脱酸素化ヘモグロビンが血管とその周辺組織間の磁化率の差をもたらす．

脳内の神経活動の増加は，酸素消費量を増加させる．その後，約2秒遅れで，活動した領域に血流が流入し，酸素量を過剰に補填する．その血流の増加により血中酸素量が増加し，脱酸化ヘモグロビンが減少する．このことから，fMRIで測定される値は神経活動の量と相関していると考えられている．実際に，fMRIと脳波の同時測定によって，BOLD信号が刺激に誘発された神経活動を直接的に反映していることを示唆する報告もある（Logothesis et al, 2001）．fMRIで測定される値は，神経細胞のスパイク活動ではなく，信号入力による局所フィールド電位と相関するので，fMRI信号がないことは，その領域で情報処理がされていないことを意味するわけではない．

5）解剖画像（T_1画像）

構造画像に機能画像を重ねて呈示する場合が多い．また，構造画像から，灰白質，白質，脳脊髄液などの成分に対応するボクセル数を計算する手法はVBM（voxel-based-morphometry）解析と呼ばれる．脳内の水分子の振動ベクトルの非等方性を測定する拡散テンソル法により，白質線維の密度や領域間をつなぐ白質の走方向の推定が可能である．

6）機能画像

fMRIで脳の機能を推定する複数の方法がある．最も基本的なものは，刺激を呈示しない時間の脳活動をベースラインとし，刺激が呈示された時間の脳活動との差をコントラストとして測定する方法である．その他には，安静時の脳機能を測定することでネットワークとしての活動を測定する安静時fMRI（resting state fMRI），領域間の機能的接続を測定する方法（functional connectivity），ボクセルの賦活量ではなく賦活のパターンを解析する方法がある．機械学習でデコーダを作成し，脳機能から測定時の心理状態を推定する方法〔デコーディング（decoding）〕については，6.7.5で詳しく述べる．

7）安全と倫理

強力な磁場を用いて撮像するため，磁性体や電気伝導体の実験室への持ち込みは，吸着事故や熱傷の原因となる．MRI/fMRI実験において，発生件数が最も多いのは熱傷である．身につけている金属類を取り外すだけでなく，磁場に反応する可能性がゼロではないとされるカラーコンタクトレンズ，刺青，アートメイクに加え，最新の化学繊維が素材として使われているインナーにも注意が必要である．騒音が大きいため，被験者の耳栓やヘッドフォンの着用も必須である．

各研究施設のガイドラインに従って，インフォームドコンセント，撮像前のスクリーニング，撮像データの匿名化を徹底するとともに，撮像によって異常の可能性が見つかった場合の対応についても明文化しておくことが望ましい．

〔四本裕子〕

6.7.4　fMRI デザインと解析

1）血流動態反応関数（HRF）

　刺激呈示などのイベントによって脳内のある部位の活動が生起されると，それに伴って BOLD 信号の値が変化する．イベントの発生時間をゼロとすると，BOLD 信号値はゆっくりと上昇し，4〜6秒後にピークに達した後，ゆっくりと下降して約20秒後にベースラインに戻る．課題に対応したこの信号変化曲線を，血流動態反応関数（heymodynamic response function，HRF）という．

2）測定の時空間特性

　fMRI では，対象とする脳領域を，複数枚のスライスに分けて撮像する．例えば，スライス厚3.5 mm で39枚を撮像すると，13.65 cm の範囲が撮像できる．大脳皮質全体を対象とする場合は，前交連（anterior commissure，AC）と後交連（posterior commissure，PC）を含む AC-PC 面と並行にスライスを配置することが多い．限られた脳部位を撮像する場合は，スライス厚を減らしたり撮像枚数を減らしたりすることがある．より広い領域を撮像する場合は，スライス厚を増やす，スライス間にギャップを入れるなどして対応する．それぞれのスライスは，マトリックスとして撮像される．例えば，64×64 のマトリックスで，その大きさが3 mm，スライス厚が4 mm の場合，測定の単位は3×3×4 mm となる．この単位をボクセルと呼ぶ．

　測定では，1TR の間に各スライスが1度ずつ測定される．つまり，各ボクセルは TR ごとに1つの値を出力する．一般的に使用される TR は2秒程度であるため，各ボクセルからのデータは，2秒程度の TR ごとに1つしか得られないことになる．

3）刺激呈示デザイン

　機能的 MRI の解析では，ある条件中の脳活動を，ベースライン中や別の条件中の脳活動と比較する．イベントに対応する信号の変化が遅く，そ

して，得られるデータの時間解像度が低いため，条件間の信号をうまく分離することが必要である．そのため，刺激呈示や課題の時間を最適化させることが，fMRI 実験デザインの鍵となる．

　fMRI 実験における主な刺激呈示方法として，ブロックデザインと事象関連デザインがある．事象関連デザインはさらに，単一事象関連デザインと rapid 事象関連デザインに分けられる．ブロックデザインと事象関連デザインを合わせたものをミックスドデザインと呼ぶこともある．

◆ブロックデザイン

　ブロックデザインでは，同一条件の刺激を決められた時間内で繰り返し呈示する．複数の条件が存在する場合，それぞれの条件を1ブロックとし，条件を交互に呈示する．多くの場合，実験条件のブロック間に注視課題などのベースラインブロックが挿入される．ブロックデザインは多くの前提を仮定することを理由に批判されることもあるが，結果は頑健で検出力が高く，ベースラインから大きな BOLD 信号変化が測定できる．

◆事象関連デザイン

　事象関連デザインでは，1つの事象から生じる血行動態（hemodynamic response，HDR）を測定する．事象関連デザインでは，1つの事象に対応した活動を測定できるため，被験者の反応やエラーに対応した活動の測定も可能となるが，その検出力はブロックデザインに劣る．1つの事象によって局所的に生じる血流量の変化は緩慢であり，前述のとおり，血流量がベースラインに戻るには20秒程度の時間がかかる．20秒以上の間隔をあけて事象を呈示することで HRF を測定する方法を単一事象関連デザインという．事象に反応して増加した血流量がベースラインに戻る前に次の事象を呈示する方法を rapid 事象関連デザインという．rapid 事象関連デザインでは，それぞれの事象に対応した HRF を数学的に分離する．rapid 事象関連デザインは，単一事象関連デザインよりも多くの事象を呈示できる点で優れているが，HRF 特性の推定力は単一事象関連デザインよりも劣り，複数の事象の HRF が重なったBOLD 反応において，線形性が仮定できないなどの制限もある．rapid 事象関連デザインにおいて，線形性の仮定に基づいて重複した HRF の畳

み込みを解くためには，連続する事象の間隔をランダムに変化させる必要がある．

4）解　析

◆前処理
解析に先立って，頭部位置補正，スライス補正，解剖学的標準化，平滑化などの前処理を行う．

◆1次レベル解析
単一被験者内での解析を1次レベル解析という．各条件を回帰子として，ボクセルごとに一般線形モデル（general linear model, GLM）を当てはめて，パラメータを推定し，統計量を求める．機能的MRIは，TRごとに，3×3×4 mm程度のボクセル単位で測定され，64×64×40程度の次元（約16万ボクセル）を構成する．それぞれのボクセルに対して統計値を求めると，必ず多重比較の問題が生じる．

fMRIデータでは，各ボクセル内の活動は互いに独立ではなく，近隣のボクセル間では相関が強いと考えられるため，空間的な特性を考慮に入れた多重比較補正が必要となる．

多重比較補正の方法としてよく使われるのが，familywise error rate（FWER）と false discovery rate（FDR）である．FWERは，ボンフェローニ補正とランダムフィールド理論に基づいて検定統計量を算出する．FDRは，統計値の分布を考慮した多重比較補正で，FWERがfalse testの割合を補正するのに対し，FDRはfalse claimsの割合をコントロールする．FWERと比べるとFDRのほうが，多くの有意なボクセルを検出する．FWERは保守的になりすぎる傾向があることから，FDRが使われることが多い．

ボクセルごとではなく，隣接するボクセルの集まり（クラスター）に対して統計値を算出する方法を，クラスター分析という．クラスター分析では，まず各ボクセルの統計量を計算し，その統計量に対して任意の閾値を決める．そして，その閾値を超えたボクセルでクラスターを定義する．クラスター分析でも多重比較補正は必要であるが，クラスター数は比較的少ないため，検出力も比較的高い．

すべてのボクセルではなく，実験前に定義した関心領域（region of interest, ROI）内での活動のみを統計処理の対象とする方法をROI解析という．ROI解析では，機能的または解剖的に定義された領域内の信号量の平均値を使用する．

◆2次レベル解析
複数の被験者のデータを平均化したり，グループ間を比較したりすることを，2次レベル解析という．複数の被験者のデータを比較するため，解剖的特徴を被験者間で標準化したものに統計的処理を適用する．2次レベル解析には，fixed-effects解析とrandom-effects解析の2つの方法がある．fixed-effects解析では，実験的操作の効果は被験者間で固定されていて，被験者間の差はランダムノイズによるものと仮定する．random-effects解析では，実験的操作の効果を被験者間の変数と仮定する．実験では，独立変数をfixed-effect，被験者間の効果の差をrandom-effectsとするmixed-effect解析が使われることが多い．

5）ソフトウェア

MRIデータ解析のためのソフトウェアには，SPM，FreeSurfer，AFNI，FSL，BrainBoyger，MrVistaなどがある．SPMはGUIが充実しており使用人口が多い．FreeSurferは，脳構造のセグメント化や脳を膨らませての統計処理や可視化に長けている．FSLは統計処理や拡散テンソル画像の解析に優れている．BrainBoygerは有料のソフトウェアであるため，テクニカルサポートが利用できる．その他のソフトウェアは，Matlabのライセンスを必要とするが，ソフトウェアそのものは無料である．統計ソフトRでも，脳画像解析用パッケージが開発されている．〔四本裕子〕

6.7.5　fMRI デコーディング

1)　脳活動情報のデコーディング

　脳機能イメージングにより計測した脳活動は，外界からの刺激入力や外界への運動出力，あるいは内的な心的活動をコード（符号）化した神経活動を反映したものである．脳活動情報のデコーディング（decoding）とは，この計測した脳活動から脳が何を処理しているかを読み取る技術のことをいう．「デコード」という用語は主に情報工学の分野で用いられ，符号化されたデータを元のデータに変換することを意味する．脳活動からその人が何を見ているのか，体をどのように動かそうとしているのか，何を思考しているかを読み取ることは，脳活動の情報をコード化されたデータと捉えて，それをデコード（復号化，解読）することといえる．

　脳活動の情報から脳が何を処理しているかを読み取ることは，fMRI に限らず EEG や NIRS などでも可能であるが，fMRI は他の非侵襲的計測法に比べて空間解像度が高いことから，デコーディングの技術は fMRI において特に発展してきた．ただし，非侵襲的計測法の中においては相対的に高解像度とはいえ，fMRI 情報の画素にあたるボクセルは数 mm の空間解像度であり，数 μm の神経細胞のサイズよりはるかに大きく，その機能的なクラスターである「コラム」構造よりもさらに粗い．そのため，詳細な脳活動の内容，例えば，見ている縞の方位などを視覚野のボクセルの脳活動情報から推定することは従来のボクセル単位の分析では困難だと考えられてきた．そこで Kamitani と Tong は，各ボクセルでは小さな信号の差しか生じない縞刺激の方位やドットの運動方向に対する脳活動情報に対して，複数のボクセルの信号をパターンとして扱い，パターン認識で用いられる手法を用いて解析することにより，高い精度のデコーディングが可能であることを示した（Kamitani & Tong, 2005, 2006）．

2)　ボクセル情報の多変量パターン解析（MVPA）

　一般的な fMRI の分析手法は，条件間の BOLD 信号の違いをボクセルごとに統計解析し，条件の違いに相関して変化したボクセルをその条件の処理に関連した領域としてマッピングする手法である．この手法は個々のボクセルをそれぞれ独立に分析しているため，単変量解析（univariate analysis）という．

　一方，多数のボクセルによる BOLD 信号のパターン情報を利用すれば，従来の単変量解析では判別できないような高精度な推定が可能であり（Haxby et al, 2001），脳活動情報のデコーディングではこの手法が広く採用されるようになった．このような解析手法は多変量パターン解析（multivariate pattern analysis, MVPA），あるいは多ボクセルパターン解析（multi-voxel pattern analysis, MVPA）という．

3)　知覚内容の fMRI デコーディング

　MVPA を利用した知覚内容のデコーディングの具体的な方法について，Kamitani と Tong（2005）による縞の方位の推定の研究を例にとって説明する．脳活動のパターンを判別するためには，その判別を行う「デコーダ」をあらかじめ作成する必要がある．様々な方位による縞刺激を観察したときの脳活動のパターンを方位ごとに多数測定しておき，これをトレーニングデータとして，方位ごとの脳活動パターンの違いをサポートベクターマシン（SVM）などの機械学習のアルゴリズムやニューラルネットワークによってコンピュータに学習させてデコーダを作成する．作成したデコーダは，学習に用いたデータ以外のテスト用データを判別することができ，この検証の結果が一般にデコーディングの精度の指標となる．この Kamitani と Tong（2005）の研究，および Haynes と Rees（2005）による同様の研究の手法は縞の方位のデコーディング以外にも適用でき，その後のデコーディング研究の急速な発展につながった．また，この MVPA の手法は，脳が何を処理しているかを推定すること自体を目的とするだけでなく，その判別の精度を指標として，脳の

各部位がどのような機能を担っているかを推測するためのツールとしても広く用いられている.

このデコーディングの手法では,あらかじめ学習しておいた,いくつかの限定した条件に対する脳活動のパターンの違いのみを判別するため,デコーダが判別できるのはその学習に用いた条件の違いに限られる.Miyawaki ら（2008）は学習したパターン以外の任意の画像パターンを脳活動から再構成できるように,視野上の各位置の局所的なデコーダを組み合わせることによって,単なる画像の判別ではなく,被験者が見ている画像自体を再構成することに成功している.

デコーダを機械学習などによって作成する方法とは別のアプローチとして,刺激入力に対するボクセルの応答をエンコーディング（符号化）モデルとして記述し,様々な刺激入力に対する脳活動の出力をこのモデルに予測させて,実際に計測した脳活動情報に近い出力予測をもたらす刺激入力を被験者が見ているものと推定する方法もある.この方法は自然画像のような入力に対して適用しやすいという利点があり,多数の自然画像の中から被験者が見ているものを推定したり（Kay et al, 2008）,動画観察時の脳活動をエンコーディングモデルで予測し,ある動画を見ているときの脳活動情報と類似した出力予測をもたらす動画を複数選び出して,類似度に応じた重みづけでそれらの動画を合成し,刺激入力の動画を可視化すること（Nishimoto et al, 2011）に成功している.

4）主観的内容の fMRI デコーディング

上述の知覚内容のデコーディングは入力刺激を推定したものであるが,この手法を用いて心の中にしか存在しない主観的な情報をデコードすることも可能である.Kamitani と Tong（2005）は,方位のデコーダを用いて,直交する2つの方位の縞刺激を重ねた画像のうち,注意を向けている縞の方位を推定できることを報告した.どちらの方位に注意を向けているかは脳の中にしか存在しない情報であり,デコーディング技術が「マインドリーディング」の技術につながることを示している.

Harrison と Tong（2009）は同様の手法を用いて,継時的に提示された2つの異なる方位の縞刺激のうち,ワーキングメモリとして内的に保持している方位の情報が初期視覚野の脳活動情報からデコードできることを示した.さらに,視覚的に想起したイメージのデコードも可能であることが複数報告されている（Stokes et al, 2009；Reddy et al, 2010；Naselaris et al, 2015）.また,Horikawa ら（2013）は,観察している視覚刺激のカテゴリを判別するデコーダをあらかじめ作成しておき,これを睡眠中の脳活動情報に適用すると,その時に見ていた夢の内容をデコードできることを報告した.このように,fMRI による脳活動情報から,注意対象,ワーキングメモリ,イメージ,夢の内容など,入力刺激以外の心的な内容のデコードも可能なことが明らかになっている.

5）デコーディング研究の今後の展開

ここまで知覚内容のデコーディングの研究を中心に紹介してきたが,脳活動から意図した体の動きの出力情報をデコードできれば,その情報を機械とつなぐことによって,脳から機械を直接操作するブレイン・マシン・インタフェース（BMI）への応用にもつなげることができる.ただし,fMRI によるデコーディングは高価で大がかりな装置を必要とし,狭い装置内で横になるという制約があるため,日常生活への応用は難しいという側面がある.

デコードした脳活動の情報をリアルタイムに視覚的にフィードバックすることで,ある方位の縞刺激を観察したときの脳活動パターンが生じるように訓練すると,その訓練した方位の縞に対する感度が上昇することが報告されている（Shibata et al, 2011）.この研究のように,脳活動のデコーディング結果を被験者自身にフィードバックすることで,ある脳活動パターンを任意に誘発できるように自らが脳を操作し,訓練することができるようになる可能性がある.

デコーディング技術は,本来は他者が覗き見ることのできない究極のプライバシー情報である心の中の内容を読み取ることを可能にするため,その扱いには十分な注意が必要である.今後さらに高精度な心的内容の解読が可能になれば,深刻な倫理的問題を引き起こす恐れもある.そのため,こうした技術の利用については,法整備の検討も含め,慎重な議論が必要である.　　〔繁桝博昭〕

6.7.6　NIRS

　実験心理学において脳機能イメージング研究は四半世紀ほど前から徐々に質，量ともに増大し，現在は実験心理学に不可欠な分野となった．その浅い歴史の中でも比較的新しい近赤外分光法（near-infrared spectroscopy, NIRS）はその特性から他の装置とは異なるイメージング手法として独特の役割を担ってきた．特に自然な環境での測定が可能で，少々の測定中の体動を許容できる functional NIRS（fNIRS）は，乳幼児，学童，高齢者そして発達障害や人工内耳患者など障害をもつ者にも適用しやすい装置として使用されてきた．本節ではそれら fNIRS の特性を測定原理，実験デザイン，解析手法などを含め概説する．限られた紙幅にて要点のみの記述となるが，詳細は NIRS の教科書ともいえる酒谷（2012）を参照されたい．NIRS は Hb 濃度を厳密に定量化できる時間分解スペクトロスコピー，MRI に近い空間分解能をもつ拡散光トモグラフィなど様々に活用されているが，ここでは実験心理学で一般的に用いられている連続光 NIRS についての解説とする．

1）計測原理

　脳波計や MEG は脳活動の 1 次信号である電位変化を捉えるが，fNIRS や fMRI は 2 次信号である血流変動すなわち局所脳活動による神経血管カップリングを測定信号源とする．典型的な脳活動は血液中の酸素化ヘモグロビン（oxy-Hb）の増加と脱酸素化ヘモグロビン（deoxy-Hb）の軽微な減少として特徴づけられる．fMRI の BOLD 信号が後者のみに対応するのに対し，fNIRS は両者を測定する．Hb 濃度は Beer-Lambert 則を基に次のように求められる．

　NIRS の連続光測定では，近赤外光がプローブから照射され，光は生体で散乱，吸収を繰り返し，数 cm 離れた検出プローブが減衰した光量を計測する（図 6.34）．したがって実際の計測箇所は照射と検出プローブの間であり，その部分はチャネル（CH）と呼ばれる．NIRS は生体透過性の高い 700～1,000 nm の近赤外光を用いるが，

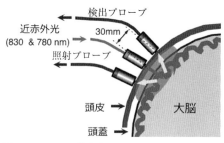

図 6.34　NIRS 計測原理

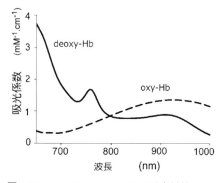

図 6.35　oxy-Hb, deoxy-Hb の吸光係数

その中でも oxy-Hb, deoxy-Hb の吸光係数が異なる特徴（図 6.35）を活かして 2, 3 種の波長の近赤外光を照射する．組織中の Hb 酸素化状態が変化すると，照射された光が各 Hb の吸光係数に応じて減衰する．この光減衰量の変化（照射量－検出量）を測定することで oxy-Hb, deoxy-Hb の濃度変化値を得る．例えば 780 nm 照射の場合，（光の減衰量変化）＝（oxy-Hb 濃度）×（780 nm の oxy-Hb 吸光係数）＋（deoxy-Hb 濃度）×（780 nm の deoxy-Hb 吸光係数）という式が得られ，2 つ目の波長 830 nm からも同様な 2 つ目の式が得られるが各吸光係数は図 6.35 より既知な値であり，各波長の光減衰量を計測すればこれらの 2 式の連立方程式を解くことで各 Hb 濃度を求めることができる．上記は単純化した式であるが，正しくは全体に光路長やプローブ間隔長が掛け合わされる．ところが，実際にはこの光路長は正確には求められず，得られる Hb 濃度変化は絶対量ではない．そこで濃度の単位としては濃度 mM に光路長の mm が掛けられた mM・mm となる（ただし計算方式によってモデル化された光路長をあらかじめ考慮している場合もある）．

2) 利点と欠点

　NIRS の利点として装置の簡便性，可搬性，騒音が生じないという点がまずあげられる．少々の体動は許されるため，自然な環境での実験遂行が可能である．このために，冒頭でも述べたとおり乳幼児，障害をもつ者，高齢者などいわゆる弱者の計測に適しており，他の装置との同時計測（例：NIRS-EEG）も行いやすい．MRI スキャナ内では行えないような現実世界に近い社会的場面や運動場面における測定も可能になる．リハビリテーションの研究では歩行訓練中の脳機能計測も行われ，2 者間のハイパースキャンも初期から行われている．そして生理学的な側面からも oxy-Hb，deoxy-Hb の両方が測定できるという利点がある．このためいまだ詳細が解明されていない神経血管カップリングのメカニズムの研究にも有用である．

　空間分解能と時間分解能の観点からは，まず上述した利点を同様にもつ脳波計より優れた 2〜3 cm 程度の空間分解能をもつ一方で，MRI ほど優れた空間分解能をもたない．特に連続光 NIRS は頭表から 3 cm 程度の深さまでしか計測できないことは痛い点である．時間分解能は ms レベルの脳波計には劣り，サンプリング周波数は 10 Hz 程度である．この値は MRI よりは優れている．そのため血行動態の時間経過情報が重要となる脳機能結合の解析には MRI よりもやや有利になる．

　NIRS 独特の欠点もあり，例えば皮膚血流信号が混入する場合がある．特に成人の前額部計測で顕著であり，このアーチファクトを除去する手法なども開発されている．また fNIRS は比較的新しい手法であるために，計測や解析に"標準"が存在しない．このために試行錯誤する点が多く，皮膚血流など外部由来の信号を混入しにくくするための実験計画や，Hb 反応パターンの解釈など様々なコツがあるが，いまだ十分に共有できている状況ではない．

3) 実験のデザインと解析

　fNIRS の実験デザインは基本的には fMRI と同様であるので，6.7.4 を参照いただくこととし用語の説明は省略する．fNIRS にもブロックデザインとイベントデザインの 2 種がある．多くの場合，ベース区間（あるいはレスト区間）に対する 5〜30 秒程度の刺激区間（タスク区間）の脳血液量の変化として計測され，それらのブロックを繰り返し行うことで安定したデータを得る．通常，刺激区間中に脳が賦活し oxy-Hb の増加が観察されるが，ベース区間ではその活動が十分減衰するまでの時間が基本的には必要となる．以上のブロックを設定する方法以外にも，脳波の睡眠研究と同様に数時間以上の長時間の計測が行われることもあるし，fMRI の resting 計測のように 4〜5 分以上同じ状態での連続計測が行われることもある．

　解析手法は脳波計と fMRI の解析に共通した部分がある．基本的には先述したとおり，ベース区間の Hb 反応の平均値と刺激区間全体や所定の時間窓中の Hb 反応の平均値を各 CH で比較することで各 CH の活動の強度や有意性を検討する．さらには同じ CH の Hb 平均値を条件別に比較することもできる．以降の 2 次的解析は通常のパラメトリック統計手法を用い，例えば行動指標とある CH 値との相関なども検討できる．これら脳波の手法に近い平均値法のほかにも fMRI で用いられている GLM を使用した手法も用いられている．絶対量を算出できない NIRS においては得られた反応波形と hemodynamic response function モデルの類似性を評価する GLM のほうが適している場合も多いであろう．さらに fMRI と同様に脳機能結合を評価する様々な解析手法も取り入れられている．

　ヒトの認知機能計測装置としての fNIRS が誕生し 20 周年を記念する特集号が 2014 年 "Neuroimage" 誌において組まれた（Vol. 85 No.1）．特集号は装置，解析手法，神経発達，知覚と認知，運動制御，精神疾患，神経学・麻酔の 7 セクションに分かれているが，これらが示すとおり fNIRS は実験心理学，認知神経科学のほかに精神科，神経外科や麻酔時のモニタリングなど臨床医学にも多く用いられている．本節では実際の研究内容に触れられなかったが，この特集号は 7 つのテーマ別にレビュー論文が数本掲載されているので，より具体的な先行研究についての参照にお勧めする．

〔皆川泰代〕

6.7.7 NIRS と脳波の同時測定

1) 同時測定への期待

　脳の血液動態と神経活動が時間的・空間的に緊密に関係する現象は神経-血管カップリング（neurovascular coupling）と呼ばれ，こうした現象を生じさせる細胞・分子レベルの複雑なメカニズムが着実に解明されつつある（例：Haydon & Carmignoto, 2006）．今後，こうした研究成果がfMRI，EEG，MEG，NIRS などの脳機能イメージング研究と結びつき，脳機能の詳細をイメージング技術から読み取れるようになると期待されている．

　これまで fMRI と脳波の同時測定は，脳の血液動態と神経活動の同期現象（BOLD 信号と脳波の同期現象）をある程度明らかにしてきた（Feige et al, 2005；Kaufmann et al, 2006）．NIRS は fMRI に対して空間解像度が低く，測定可能な脳領域も限られるが，時間解像度は高い．したがって，NIRS と脳波の同時測定は，血液動態と神経活動の同期現象〔酸素化ヘモグロビン濃度変化（oxy-Hb）あるいは脱酸素化ヘモグロビン濃度変化（deoxy-Hb）と脳波の同期現象〕の時間的性質について，詳細な知見を提供すると期待される．また，NIRS と脳波は，計測装置が安価で携帯性に優れ，日常場面での実施も可能であり，小児や新生児の測定にも向いている．したがって，NIRS と脳波の同時測定は，神経-血管カップリング研究の応用範囲を広げることも期待される．

　ただし，NIRS 信号には，脳活動由来の血液動態だけでなく，循環器活動や呼吸器活動などに由来する全身性血液動態も混入している（Obrig et al, 2000；Katura et al, 2006）．NIRS と脳波の比較だけでは本来の神経-血管カップリングを見誤る恐れもあるため，さらに血圧や心拍などの全身性血流信号も同時測定したうえで，NIRS 信号が全身性血流をどの程度反映するのかについて評価する方法が重要になってくる．

　以下では，まず同時測定におけるセンサの配置法を紹介し，NIRS と脳波の関係を解析するための方法，さらに NIRS と脳波と全身性血流信号の関係を解析する方法について紹介する．

2) NIRS と脳波のセンサ配置

　同時測定の際，NIRS センサと脳波電極を頭皮上に配置する方法は主に 2 種類ある．1 つは NIRS センサと脳波電極を頭皮上の同じ位置に置く方法，もう 1 つは NIRS センサと脳波電極を頭皮上の離れた位置に置く方法である．

　前者の置き方は，同じ脳領域の神経活動と血液動態を比較したい場合や，皮質電流源推定の精度向上を図る場合に採用される．同じ位置に置くといっても，脳波電極を NIRS の照射プローブと検出プローブの中点（NIRS の計測チャネルに相当する位置）に置くのが主流である．このような配置を簡単に実現できる同時測定用ヘッドキャップはすでに製品化が進んでおり，いくつかの研究でも使われている（Takeuchi et al, 2009；Aihara et al, 2012）．一方，新生児を対象にした同時測定では，小さな頭部に多数のセンサを置くことが困難なため，NIRS プローブと脳波電極を一体型にしたセンサが使われることがある（Wallois et al, 2012）．この場合，NIRS プローブと脳波電極を文字どおり同じ位置に置くことになる．

　後者の置き方は，できるだけ少ないセンサで測定したいときや，性質のよく知られた脳波信号と特定の皮質領域の活動の関係を調べたいときなどに採用される．例えば，P50 dual-click paradigm（Adler et al, 1982）のような確立された計測パラダイムに基づく誘発電位を正中線上の 3 地点（Fz, Cz, Pz）で計測すると同時に，着目した皮質領域（背外側前頭前野）を NIRS で計測して関連を調べた研究（Ehlis et al, 2009）などがある．

3) NIRS と脳波の関係解析

　同時測定は NIRS と脳波双方の計測装置に同期信号を送るシステムを装備して行い，同期信号に基づいて NIRS と脳波のデータ測定時点を揃えたうえで解析することが肝要である．以下では，脳波を誘発電位と基礎律動に大別するとき，これら 2 種類の脳波と NIRS を比較するための手法を各々紹介する．

◆誘発電位と NIRS の比較

　誘発電位は何らかの事象に関連して一時的に出

現する微弱な電位変化であり，多数回の試行で得られた脳波を事象の生起時点に揃えて加算平均することにより検出される．誘発電位のみの計測であれば通常は数秒間隔で試行を繰り返すところだが，NIRS と同時測定する場合は，試行ごとに血液動態反応がベースラインに戻るのを待つ必要があるため，試行間隔を延長し，十数秒〜数十秒間隔に設定する．解析では，誘発電位と血液動態反応がどの脳部位で顕著に生じたかを各々に適した手法（ピーク検出法，一般化線形モデルなど）で調べ，脳波と NIRS の最終的な結果がどのように対応するか確認すればよい．ただし，誘発電位の波形が複雑になり，複数のピークが数十〜数百ミリ秒の範囲で同じ脳部位あるいは異なる脳部位に次々と現れるような場合，NIRS との比較も複雑になる．例えば Takeuchi ら（2009）によると，通常の体性感覚誘発電位では，刺激部位とは反対側の 1 次体性感覚野と上頭頂小葉に P22（潜時 22 ms の陽性波）と P47 が出現するが，刺激部位と同側の上頭頂小葉にも P47 が出現する．oxy-Hb でも同様の脳部位に有意な反応が観測されたが，刺激部位と反対側の 1 次体性感覚野と上頭頂小葉に反応ピークが刺激後 6 秒程度で出現する一方，同側上頭頂小葉の反応ピークは刺激後 11 秒程度になったという．このように，刺激後の反応潜時に着目することで，NIRS と複雑な誘発電位の間に明確な対応関係が見えてくることがある．

◆基礎律動と NIRS の比較

基礎律動とは，例えば α 波のような持続的なゆらぎとしての電位変化のことを指す．基礎律動を時間周波数解析〔短時間窓フーリエ変換解析，Wavelet 解析，complex demodulation（CD）法など〕にかけると，α 波帯域や β 波帯域など任意の周波数帯域の振幅変動〔またはパワースペクトル変動〕が得られる．そして，睡眠状態や安静状態で生じる様々な基礎律動の振幅変動は NIRS 信号と相関することが知られている．こうした知見は，主に相互相関解析によって明らかにされてきた．相互相関解析は，2 つの時系列信号間の類似度や時間遅れを測定するための方法である．この方法によって，例えば安静時の 1 次視覚野における α 波の振幅変動は，9 秒程度遅れて追従する deoxy-Hb と高い正の相関があること（Moosman

et al, 2003），また，安静時の β 波振幅変動は，4 秒程度先行する oxy-Hb と正の相関があること（Pfrtscheller et al, 2012）などの知見が報告された．相互相関解析の前処理で注意すべき点は，基礎律動の振幅変動と NIRS 信号を必要に応じて各々リサンプリングし，サンプリング周波数を信号間で統一しておくこと，双方の時系列を適切な長さに区切ってセグメント化し，セグメントごとに正規化しておくことである．各セグメントの時系列の長さは，注目する揺らぎの 2 周期以上にしておくのが妥当であり，例えば 0.1 Hz のゆらぎの類似性について調べたい場合は，各セグメントを短くとも 20 秒程度に区切って解析を試みることが望ましい．

4）NIRS と脳波と全身性血流の関係解析

1）で述べた全身性血流信号の影響による神経-血管カップリングの誤認を避けるために，NIRS・脳波・血圧や心拍などの信号の関係性を，偏相関解析あるいは内因性移動エントロピーに基づく情報移動解析によって評価することが試みられてきた．

偏相関解析を利用すると，同時測定した 3 つの変数（NIRS，脳波，何らかの全身性血流信号）のうち，全身性血流信号の影響を除外して NIRS と脳波の直接的な関係を評価することができる．例えば，血圧の影響を除外して NIRS と α 波振幅変動の関係を評価したい場合，3）で紹介した相互相関解析と偏相関解析を組み合わせることにより，NIRS と α 波振幅変動の信号間の時間遅れの推定精度が向上したケースもある（Uchida-Ota et al, 2008）．

内因性移動エントロピーに基づく情報移動解析（Katura et al, 2006）を利用すると，同時測定した変数間の情報移動量や情報の移動方向を評価し，脳波や血圧などの NIRS 信号への寄与を定量的に示すことができる．例えば，睡眠から覚醒への移行期における oxy-Hb は，α 波振幅変動から 23%，血圧から 17%，心拍から 17%，その他から 33% の情報を受け取る（仙石ほか，2009）というような信号間の類似性の定量的評価が可能となる．　　　　　　　　　　　　〔内田真理子〕

6.8 脳機能操作

6.8.1 経頭蓋磁気刺激（TMS）

1）TMSの基本的原理と特徴

経頭蓋磁気刺激（transcranial magnetic stimulation, TMS）は，認知神経科学の分野で用いられる，非侵襲的に脳を刺激するための手法である．基本的原理は，頭皮上に設置した磁気コイルにパルス電流を流すことで変動磁場を生じさせ，頭皮や頭蓋骨を通過した磁場がコイルに流した電流とは逆方向の渦電流を大脳皮質内に発生させ，これによって神経組織を電気的に刺激するというものである（Hallett, 2000；Walsh & Cowey, 1998）．

TMSの長所は，TMSによって誘発される行動の変化（反応時間や正答率の変化）を観察することで，特定の心的機能に対する脳領域の因果的関与を調べられる点にある（Robertson et al, 2003）．ただし，TMSの効果は，頭皮上に置いた磁気コイル直下の領域だけではなく，神経結合を有する離れた領域へも波及しうるため，因果関係の解釈には注意が必要である．

2）TMS誘発効果の神経メカニズム

ある認知課題の遂行に重要な脳領域にTMSを与えると，一般的には干渉効果が生じる．単発ないし複数発のTMSによる干渉効果は，神経活動にランダムなノイズを加えることによると考えられてきた（Walsh & Cowey, 2000）．

近年，TMSは完全にランダムなノイズを誘導するのではなく，被刺激部位の活動状態に依存して，活動の低いニューロン集団を相対的に強く活性化させるという状態依存性（state dependency）を示すことがわかってきた（Silvanto & Pascual-Leone, 2008）．つまり，課題遂行中にTMSが与えられた場合，すでに活動している課題関連ニューロン集団よりも課題に無関連なニューロン集団が相対的に強く刺激され，S/N比が低下すると考えられている．この状態依存性の考えは，課題遂行前に与えられたTMSによる課題成績の向上（Grosbas & Paus, 2003）もベースライン活動の上昇としてうまく説明できる（図6.36）．

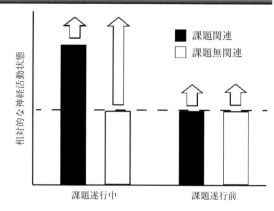

図6.36 課題遂行中あるいは遂行前にTMSが施行された場合の神経活動状態変化の模式図
破線はベースラインの活動状態．

TMSを同じ脳領域に対して反復的に与える（repetitive TMS, rTMS）と，皮質興奮性（cortical excitability）が刺激パラメータに応じて上昇したり低下したりする．この皮質興奮性の変調は，rTMSの施行終了後少なくとも刺激時間の半分程度にわたり持続することが知られている．1 Hz程度の低頻度rTMSは皮質興奮性を低下させ，10 Hz程度の高頻度rTMSは皮質興奮性を上昇させる（Pascual-Leone et al, 1998）．低頻度の電気刺激によってシナプスの伝達効率が低下する長期抑圧（long-term depression）や高頻度の電気刺激によってシナプスの伝達効率が高まる長期増強（long-term potentiation）との関連性が指摘されている．

3）実験プロトコル

刺激のパラメータやパラダイムの選択は難しく，研究の成否を左右することも多い．ここではRobertsonら（2003）とSandriniら（2011）を基に，TMS実験の計画時に留意すべき点を概観する．

◆刺激強度

運動皮質を刺激する場合，各個人の安静時/収縮時運動閾値（resting/active motor threshold）を基準として刺激強度を決めるのが一般的である．同様に，視覚皮質を刺激する場合，静止/運動眼閃閾値（stationary/moving phosphene threshold）を基準として刺激強度を決めることが多い．TMSの影響を外部から観察できない領域を刺激する場合，運動閾値や眼閃閾値を基準と

することも可能だが，TMS の効果は刺激される脳領域によって大きく異なるため，この方法は妥当とはいえない．現在では，刺激装置の出力を基準として刺激強度を固定の値に設定する方法も一般的になりつつある．

◆ TMS パラダイム

単発ないし複数発の TMS を認知課題の遂行中に様々なタイミングで施行するのがオンラインパラダイムである．このパラダイムでは，デザイン次第で，被刺激部位が課題遂行に重要な役割を果たすタイムウィンドウを特定することができる．一方，オフラインパラダイムでは，低頻度ないし高頻度の rTMS によって皮質興奮性を変調した後に認知課題を実施する．rTMS 施行前にも同じ課題を実施し，前後で成績を比較することもよく行われる．オフラインパラダイムでは，TMS に伴う不快感，ノイズ，筋収縮といった非特異的な影響を排除できるが，被刺激部位が関与するタイムウィンドウの検討は不可能である．

◆ 刺激箇所

運動皮質や視覚皮質を刺激する場合は，TMS により引き起こされる筋収縮や眼閃の有無に基づいて刺激箇所を決定することが可能である．頭皮上のランドマークや既知の脳領域からの相対位置で刺激箇所を決める方法もあるが，個人差による影響が大きい．その領域への TMS が特定の行動課題の成績に影響することが知られている（例えば後部頭頂皮質への TMS が視覚探索課題の成績に影響する）場合，当該課題をプローブとして刺激箇所を決める方法もある．フレームレス定位システム（frameless stereotaxic system）を用いて，各個人の構造 MRI 画像に基づき，コイルの位置をオンラインでナビゲートする方法も広く用いられているが，信頼できる解剖学的ランドマークが存在する脳領域はごくわずかである．他にも，同じ課題や類似課題を用いた先行研究の fMRI データから得られた賦活部位の平均 Talairach 座標に基づいて刺激箇所を決定する方法があるが，個人差の問題がつきまとう．現時点で最も信頼性が高いのは，TMS 実験に先立って fMRI データを取得し，対象とする課題の遂行中に賦活する部位を個人ごとに特定し，機能 MRI 画像と構造 MRI 画像を重ね合わせてコイル位置をナビゲートする方法である．

◆ コントロール条件

最も一般的に用いられるコントロール条件は，実際の TMS と同様のクリック音を生じるが皮質を刺激することのない Sham 刺激である．これには，コイル面を頭皮から遠ざけるように傾ける方法と専用の Sham コイルを用いる方法がある．ただし，Sham 刺激は実際の TMS 刺激に付随して生じるはずの皮膚感覚を伴わないため，参加者が偽の刺激を受けていることに気づいてしまうという問題がある．他に広く用いられているのは，頭蓋頂（vertex）への TMS である．この方法は，頭蓋頂への TMS が課題遂行中に活動する神経ネットワークにまったく影響しないという前提に基づいているが，必ずしもその保証はない．

目的の脳領域を含む 2 か所以上に TMS を与えるという方法もある．この場合，TMS による影響が特定の脳領域でのみ観察されれば，その領域が課題の遂行に重要な役割を果たしていると考えることができる．この方法では，TMS により引き起こされる非特異的な影響はどの部位でも変わらないと想定しているが，実際には少しでもコイル位置を動かせば TMS による感覚効果は大きく異なる．また，任意の脳領域に対する TMS の影響を，異なる課題間で，あるいは同一課題の異なる条件間で比較する方法も頻繁に用いられている．この方法では，仮に課題間で乖離が認められた場合でも，TMS の効果の違いが単なる相対的な課題難易度の違いによるものではないことを保証する必要がある．

特定の課題遂行に対する脳領域の寄与を明らかにするためには，2 つ以上のコントロール条件を組み合わせることが望ましい．

4）安全のガイドライン

安全なプロトコルに従い，ガイドラインを遵守したパラメータを用いた実験では医師の立ち会いは必要ない．しかし，非常に高頻度の rTMS など，パラダイムによっては医師の立ち会いを要する．最新のガイドラインについては Rossi ら（2009）を参照されたい．　　　　　　　　〔廣瀬信之〕

6.8.1　経頭蓋磁気刺激（TMS）　　463

6.9 共同利用情報

6.9.1　共同利用情報

1）民間の施設を利用

◆ATR-Promotions 脳活動イメージングセンタ（Brain Activity Imaging Center, BAIC）（http://www.baic.jp）

ATR 脳活動イメージングセンタ（ATR-BAIC）は，MRI 装置と MEG 装置を有し，次の 3 つの面から ATR 内外の脳活動計測研究を支援している.

①脳機能イメージング装置の提供：脳機能イメージング研究を行う際の障害の 1 つは装置の手配が困難なことである. ATR-BAIC では，3T-MRI 装置 2 台（Siemens 社製，MAGNETOM Trio, Magnetom Verio）と 400 チャネル MEG 装置 1 台（横河電機製，PQ1400RM）の利用を研究者に提供している.

②実験に必要な周辺装置の提供：脳機能イメージングの実験では脳活動計測のほかに視聴覚刺激提示と反応採取を必要とするため，これらの刺激提示と反応採取に必要な周辺装置を提供して多様な実験をサポートしている.

③技術的支援の提供：計測データの処理は脳機能イメージングにおいて重要なプロセスであり，高度な数学的知識と熟練した技術を必要とするため，データ処理に精通したスタッフが支援を行っている. 刺激提示制御プログラムや fMRI データ解析に関する講習会も実施している. また，fMRI 実験環境を大学や研究施設に構築するための技術支援サービスも提供している.

2）大学や研究所の施設を利用

大学や研究所に設置されている実験施設を利用する場合は，その機関に所属する研究者との共同研究の実施が前提となることが多い. また，共同研究の受け入れに前向きな施設は共同利用研究機関・拠点を中心に数多く存在する.

共同研究の成否を左右するのは実験施設ではなく，受け入れ側教員の専門性，学術分野間の違いをコーディネートする力量，共同研究をもちかける研究者との相性である. そのため共同研究を

もちかける研究者は，様々な施設の様々な教員と積極的に話し合い，研究を遂行するうえで最適な共同研究者を探し出す努力を行うことが大切である.

脳機能イメージング装置を有している大学や研究所は以下のリスト以外にも多数存在するので，共同利用を希望する研究者には積極的に問い合わせることを勧める.

◆北海道大学医歯学総合研究棟中央研究部門（https://core-research-facilities.med-hokudai.jp）

医学部，歯学部における共同利用施設の 1 つであり，公共性が高く，1 教室で維持することが困難な実験機器を数多く設置している. 脳機能イメージング装置としては 3T-MRI 装置（Siemens 社製，Prisma）と MEG 装置（Electa-Neuromag 社製をカスタマイズ）を備え，医学系のみならず理学系，文学系，教育学系における脳研究にも利用されている.

◆岩手医科大学医歯薬総合研究所（http://amrc.iwate-med.ac.jp）

超高磁場 MRI による臨床研究・基礎研究を推進するために 7T-MRI 装置（GE Healthcare 社製，Discovery MR950）を導入し，医歯薬 3 学部および国内外の研究機関と数多くの学際的研究を進めている. また 7T-MRI の臨床応用は世界的にみてもほぼ皆無であり，新たな研究基盤の確立と医療現場への貢献を目指している.

◆東北大学加齢医学研究所（http://www.idac.tohoku.ac.jp/bir/index.ja.html）

文部科学省が指定する共同利用・共同研究拠点であり，広く研究者に開かれた共同利用・共同研究を実践することにより，生命・医学系研究所として中核的役割を果たし，全国の研究者の要請に応えることを目指している. ヒトを対象とした脳機能イメージング装置としては 3T-MRI 装置（Philips 社製，Achieva 3.0T MRI）と 160 チャネル MEG 装置（横河電機社製）を備え，また大規模脳画像データベースを設置している.

◆国立精神・神経医療研究センター（NCNP）脳病態統合イメージングセンター（IBIC）（http://www.ncnp.go.jp/ibic/）

NCNP は精神疾患，神経疾患，発達障害，筋疾

患を統合的に診療可能な国内唯一の専門病院を備えた臨床・研究施設である．IBIC は，脳波や経頭蓋磁気刺激との同時計測環境を整えた 3T-MRI 装置（Siemens 社製，Verio），306 チャネル全頭型 MEG 装置（Elekta-Neuromag 社製）のほか，PET，NIRS や動物画像実験設備を備え，これらの装置を有機的に組み合わせた統合的イメージングによる基礎・臨床研究を推進するとともに，脳機能計測による精神・神経疾患の診断法とブレイン・マシン・インターフェイスなどを応用した治療法の開発を行っている．

◆**産業技術総合研究所イノベーションプラットフォーム**（https://ssl.open-innovation.jp/ibec/）

様々な研究開発が行われており，幅広い研究分野の実験機器・設備を有している．これらの機器・設備を社会と共有し，研究所内外のノウハウを有機的に連携させることで異分野融合の促進，新規研究分野への参入障壁の低減，研究開発支援を目指している．脳機能イメージング装置としては 3T-MRI 装置（Philips 社製，Ingenia）を備えており，共同研究契約に基づく研究と技術研修のために外部公開している．

◆**東京電機大学総合研究所千葉共同利用施設**（https://www.dendai.ac.jp/crc/souken/equipment/chiba/outline.html）

東京電機大学の研究者と学外研究者との共同研究にも利用されている共同利用施設であるとともに，文部科学省などの研究プロジェクトを支援・推進している研究施設でもある．脳機能イメージング装置としては全頭型 122 チャネル MEG 装置（Neuromag 社製，Neuromag122TM）と 1.5T-MRI 装置（日立メディコ社製，EchelonVega）を設置している．

◆**東京大学進化認知科学研究センター**（http://ecs.c.u-tokyo.ac.jp）

脳活動と行動データ計測のための装置を設置

し，乳児〜成人までの様々な発達段階の認知機能の共同研究を支援している．本研究センターは心の先端研究のためのネットワーク（WISH）事業の実施機関でもあり，同事業の一環として 3T-MRI 装置（Siemens 社製，Prisma）が導入されている．

◆**生理学研究所**（http://www.nips.ac.jp）

大学共同利用機関である生理学研究所は脳機能イメージング装置として 3T-MRI 装置（Siemens 社製，Allegra 1 台，Verio 2 台）と MEG 装置を備え，一般共同研究，計画共同研究，共同利用研究を実施している．3 台ある MRI 装置のうち 2 台はコミュニケーション時の脳活動計測のために連動して利用することができ，社会脳研究への大きな貢献とともに新たな研究分野の開拓が期待されている．

◆**脳情報通信融合研究センター（CiNet）**（https://cinet.jp）

情報通信研究機構と大阪大学に所属している研究センターであり，異分野融合により脳情報科学の研究を推進している．CiNet には 3T-MRI 装置，7T-MRI 装置，360 チャネル MEG 装置が，神戸支所には 1.5T-MRI 装置，3T-MRI 装置，148 チャネル MEG 装置が設置されている．

◆**高知工科大学総合研究所脳コミュニケーション研究センター**（http://www.kochi-tech.ac.jp/kut/research_activities/brain_com.html）

脳科学と情報通信技術を核にして様々な学術領域の知見を高度かつ学際的に融合することで新しいコミュニケーション関連技術を創生することを目的に，脳コミュニケーション研究センターを設置し，3T-MRI 装置（Siemens 社製，Verio）を導入している． 〔中谷裕教〕

6.10 ニューロン活動の測定

6.10.1 電気生理学・イメージング

1) 電気生理学的記録の意義と種類

脳の活動を記録する際，生きた動物の脳や，動物から取り出した脳標本を用いての侵襲的記録が可能な場合には，電気生理学的手法が強力なツールとなる．この手法によると，膜電位変化としてのニューロン活動を実時間で記録することができる．また，ある領域のニューロン集団といったマクロな活動のみならず，個々のニューロンの活動や，その基盤となるイオンチャネルのレベルでのミクロな活動の測定も可能である．

動物の脳や脳標本に適用する記録電極には，先端部以外を絶縁した金属電極か，電解質溶液を詰めたガラス管電極が用いられる．ニューロンの外側に電極の先端を置いて電圧を記録する細胞外記録法，ニューロンの細胞膜からガラス管電極の先端を刺入してニューロンの内側の電圧を測定する細胞内記録法，ガラス管電極の先端部を細胞膜に密着させて膜電位や膜電流を記録するパッチクランプ法などがある．

本節では，動物から取り出した脳標本を用いた *in vitro* の実験を例にあげて説明する．生きた動物を用いた *in vivo* での電気生理学的実験については 6.13.1 で詳説される．

2) 電気生理学的記録のための装置

記録の大まかな流れは，対象となる標本に電極を適用し，電極を通じて得られる電圧信号を増幅器（アンプ）経由でコンピュータに取り込み，記録媒体にデータを保存するということになる．ただし，個々のニューロンはサイズが小さく肉眼で確認するのが一般に難しいこと，標本に対する電極の適用の際に電極を微細に動かす操作が要求されること，記録される微弱な電気信号に周囲の電気的な雑音（ハム）が混入することを防ぐ手立てを講じる必要があることなどから，実際の実験では次のようないくつかの装置と工夫が必要となる．

◆**顕微鏡**

生物用の位相差顕微鏡などを用い，正立型（主にスライス標本に対して）や倒立型（主に単離細胞に対して）がある．倍率（対物レンズ×接眼レンズ）は，スライス標本を用いた細胞外記録には50倍程度でよいが，個々のニューロンにパッチクランプ用ガラス管電極（パッチ電極）を適用する場合には 400 〜 600 倍が必要である．スライス標本の組織表面だけでなく深部を見る必要があるならば，光源として近赤外光を用い，像検出用のカメラを顕微鏡に取りつけ，接眼レンズではなく受像器（ディスプレイ）を介して像を見ることになる．顕微鏡ステージを動かすタイプや，ステージを固定したまま顕微鏡ごと平面上を動かして標本を観察するシステムがある．ステージ上には標本を入れるための区画（チャンバー）を置く．

◆**除振台**

測定を行う際，ステージ上の標本や電極に周囲の振動が伝わるのを極力避ける目的で，除振台を用いることが多い．窒素ガスなどで面を浮かし，その上に顕微鏡などを設置することになる．

◆**ファラデーケージ**

記録される電気信号は微弱なので，周囲の電気的な雑音を遮断するためのファラデーケージを，顕微鏡や除振台を囲うようにして設置する．アングルと金網（銅やステンレス）を組み合わせての自作も可能である．

◆**マニピュレータ**

標本やニューロンに電極を近づける際には電極の非常に微細な動きが要求され，かつその電極の位置が実験継続中にずれないようにする必要があるため，電極操作用のマニピュレータを用いる．前後・左右・上下の3次元に動かすことができ，粗動と微動の両方を備えたものが望ましい．

◆**プラー**

記録にガラス電極を用いる場合，市販のガラス管からその都度電極を作成するためのプラーが必要である．ガラス管の中央に熱を加え，水平（もしくは垂直）にガラス管を引いて，1回につき2本の電極を作成する仕組みになっている．

◆**灌流システム**

顕微鏡のステージ上の標本には常に新たな生理溶液を供給し，また同時にステージ上からは陰圧によって液体を少しずつ吸い出す必要がある．一定の速度で生理溶液を供給するにはペリスタ

ティックポンプの使用が便利である．液体の吸い出しには真空ポンプなどを用いて陰圧をかける．

◆アンプ

記録方法に応じた増幅器が必要である．増幅後の波形をオシロスコープで確認するのが一般的だが，データを取り込んだコンピュータのソフトウェア上で波形を確認することもできる．なお，記録された電圧はアナログ信号なので，A/D変換器を通してデジタル信号にしてからコンピュータに取り込む．速い周波数成分をカットするためのローパスフィルタを別途使用することもある．

◆刺激装置

標本に対して何らかの刺激（電気刺激，液体刺激など）を与える場合には，そのための装置のセットを別途用意する．

電気生理学的実験においては，いかに周囲の電気的な雑音の混入をゼロに近づけるかが必須の作業となる．基本的には，装置を接地する，ファラデーケージ内に交流機器を持ち込まない，といったことになるが，すべての装置を接地することがかえって雑音を増幅させてしまう場合もあり，セットアップを新たに組むたびに，最適な接地の組み合わせを見出す必要がある．

3）細胞外記録

ニューロンの膜電位が変化しているときには電流が生じており，電極を細胞外に置いていたとしても，ニューロン活動時の電流による電位変化を（基準電極を別に用いて）測定することができる．電流の吹き出し口にあたる箇所をソース，注ぎ込み口にあたる箇所をシンクといい，電極が電流のどの位置にあるかによって波形の極性が変わる．細胞外記録の対象は活動電位の場合が多いが，ニューロンが規則正しく層をなして並んでいる組織（海馬など）では集合電位としてシナプス後電位を測定することもできる（6.11.1 参照）．

4）細胞内記録

1つのニューロンの膜電位変化を直接記録する方法が細胞内記録である．3 Mの濃度の塩化カリウム液を詰めた微小ガラス管電極をニューロンに刺入して膜電位を測定する．現在では，パッチクランプ法のカレントクランプモードによって膜電位を測定することも行われている．

5）パッチクランプ法

1976 年に Neher, E. と Sakmann, B. によって開発されたパッチクランプ法は，電極としてガラス管微小ピペット（パッチ電極という）を用い，ニューロンの膜にパッチ電極の先を密着させて電流または電圧の記録を行う．実験者が任意の膜電位に固定し，膜を横切って流れる電流を測定するモードをボルテージクランプ，電流を固定した際の膜電位を測定するモードをカレントクランプという．パッチ電極と膜の密着部の電気抵抗は GΩ（ギガオーム）の単位となり，この密着が悪いと電流が漏れてしまい電極からの記録に失敗するため，パッチ電極の先が滑らかでかつ清潔であることが特に要求される．単一イオンチャネルを通過する電流を測定する方法と，1つのニューロンの膜全体を横切って流れる電流の総和を測定する方法（ホールセルクランプ）がある．

6）イメージング

電気生理学的実験において，記録した細胞の形態をその場で知る必要がある場合や，電気記録と並行してニューロン内の別の変数（例えば細胞内 Ca^{2+} 濃度など）を測定する実験もある．これらの場合には，蛍光色素をニューロンに負荷して，ニューロンの形態を観察したり，ニューロン内の生化学的な変化を検出したりするイメージング法を併用する．顕微鏡の標本観察用の光源とは別に，蛍光物質に照射するための励起光の光源（水銀ランプ，キセノンランプ，LED，レーザーなど）や蛍光強度を検出するための光電子増倍管や CCD などを備えたシステムが必要となる．

例えば，網膜2次ニューロンの一種である双極細胞を単離し，脱分極した際の細胞内 Ca^{2+} 濃度上昇を検出した実験（Tachibana et al, 1993）では，ホールセルクランプによって膜電位固定したニューロンに対し，パッチ電極に詰めた Ca^{2+} 蛍光指示薬 Fura-2 を細胞内に拡散させ，パッチ電極を経由してニューロンを脱分極させた際の Ca^{2+} 濃度上昇の分布を CCD カメラで検出し，軸索終末部において Ca^{2+} 上昇が生じていることを示している． 〔岡田 隆〕

6.10.1 電気生理学・イメージング 467

6.11.1 脳スライス標本を用いた実験

1) 脳スライス標本を利用する意義

動物の脳から，ある厚みをもったスライス標本を作製し，神経科学的手法を適用することがある．脳スライス標本の利点として，記録位置や刺激位置を実験者が目で確かめながら計測を進められる点，電極のアクセスや標本周囲の液体交換が容易である点など，可能な実験操作の幅が in vivo 実験に比べると広くなることがあげられる．一方，スライス標本を作製した後に標本を人工的に生かしておける長さには限度があること，スライス標本にしてしまうと動物の行動との対応がつけにくくなる点などは考慮に入れておく必要がある．

記憶機能に重要な役割をもつとされる海馬のシナプス可塑性の仕組みを明らかにするため，海馬を対象とした電気生理学的実験が数多く行われてきた．当初は in vivo 実験が主流であったが，良好なスライス標本を作製する方法が確立された1980年代以降は，ラットやマウスの海馬スライス標本を用いた実験が数多く行われている．

2) 海馬スライス標本の作製

海馬スライス標本の作製に際し，哺乳類の脳は酸素欠乏に弱いため，実験者による迅速な操作が必要となる．操作に必要な小物はあらかじめ作業台上の手の届くところに配置しておき，脳を取り出すところからスライサーの皿に海馬を設置するまでの過程では，冷却生理溶液を脳標本に随時かけながら操作するといった配慮が必要である．生理溶液を小さな容器に入れてあらかじめ数十分間冷凍庫に入れ，ジェラート状にしておくと使いやすい〔生理溶液の組成は Suzuki & Okada (2012) などを参照〕．標本作製時には，このジェラート状の生理溶液を入れた容器に95％酸素・5％二酸化炭素混合ガスを常に供給しておく．

深麻酔した状態の被験体を断頭し，頭皮下にハサミを後ろから前に入れてから左右に頭皮をよけ，頭蓋骨を露出させる．ハサミで嗅球あたりの骨に切り込みを入れた後，そこから骨の左右の側面を前から後ろにハサミで切っていく．できるだけ脳実質を傷つけないようにする．前方の切り込み部分にピンセットを水平に挿入し，頭蓋骨を前から後ろに向けて蓋を開ける要領で持ち上げて外し，脳を露出させる．このときから冷却生理溶液を脳に随時かけながら行う．小さなスパーテルを脳底に差し込み，脳から出ている神経をスパーテルの先で切断しながら脳を取り出し，冷やしたシャーレ蓋上にのせる（シャーレの中は小さな氷の粒で満たしておき，蓋の上には生理溶液で濡らした丸い濾紙を敷いておく）．

カミソリ刃をアセトン，エタノール，超純水の順に用いて洗浄しておき，脳の大脳縦裂に沿って刃を上から下に降ろして脳を左右に分け，それぞれの正中矢状面を上に向ける．脳幹の部分をスパーテルの先で手前に押し広げると，その下から，前後に伸びる海馬が露出する．小さなハサミで海馬の前後および大脳皮質の部分を切り，海馬の下にスパーテルを差し込んで海馬のみを取り出す．用意した超純水に溶かした4～5％寒天の約1 cm角のブロック上面に左右の海馬を並べる．カミソリ刃を上から当てて海馬の両端を含む寒天の両端を平らに切る（図6.37）．

スライサー（堂阪イーエム社のマイクロスライサーなど）の皿の中央に瞬間接着剤を適量塗り，海馬ののった面がスライサーの刃と相対するように（つまり寒天片を図6.37の状態から90°向こう側に回転させたうえで）貼りつける．冷却生理溶液を静かにスライサーの皿に注ぎ，寒天片の海馬が浸るようにする．スライサーの皿の上に導かれた管より95％酸素・5％二酸化炭素混合ガスを供給しておく（この冷却生理溶液に海馬が浸った時点で標本が酸欠からほぼ解放されることになる）．

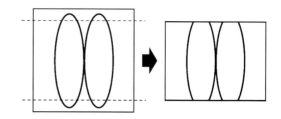

図6.37 左右の海馬を寒天ブロック上に並べて上から見た模式図

左の図の点線部分を上からカミソリ刃で平らに切り，右の図のようにする．スライサーの皿上に設置するときには，向こう側に90°倒した形にする．

断頭からここまでの操作を3分程度に収めることが望ましい．この後，スライサーを動かして，適切な厚さ（約300μm厚が一般的）の海馬スライスを順次作製する．

3）電気生理実験

海馬スライス標本において細胞外記録を行う際の利点として，海馬はニューロンが規則正しい層構造をなして配置されていることから，集合電位として活動電位だけでなくシナプス後電位が測定できる点があげられる．細胞外電極を海馬のどの層に置くかによって，記録される応答波形の極性が変化するので注意が必要である．電流のシンクの位置に電極があると電位変化の極性は負となり，ソースの位置に電極があると電位変化は正となる（6.10.1参照）．なお，全体の電流の向きはシナプス後電位発生と活動電位発生とで逆転するので，細胞外電極を用いて記録される集合EPSPと集合活動電位の極性が，同一波形の中で逆向きとなることがある（図6.38）．

海馬スライス標本に対してパッチクランプ法（ホールセルクランプなど）を行う場合，ニューロンの形や位置を見ながらパッチ電極を近づけるほうが成功率が高いので，スライス標本の表面より深い層の観察も可能な赤外線微分干渉顕微鏡（IR-DIC）などがよく用いられる．単一のシナプス後細胞におけるシナプス応答を記録したい場合などに，このパッチクランプ法が用いられる．

4）遺伝子的操作

ある特定の蛋白質を欠失させたり過剰に発現させたり性質を変化させたりした際の機能変化を調べるために，遺伝子的な操作を行った海馬のスライス標本を実験に用いることがある．遺伝子改変動物を作製し（6.15.2参照）その個体の脳から海馬スライス標本をつくって実験する方法がある．海馬CA1領域においてNMDA型グルタミン酸受容体のサブユニットを欠失させることによって長期増強を阻害したり（Tsien et al, 1996），逆にNMDA型グルタミン酸受容体のサブユニットを過剰発現させることによって長期増強の誘導閾値を下げたりすることが可能である（Tang et al, 1999）．また，組換えウイルスベクターを用いて遺伝子導入をする方法としては，あらかじめin vivoでベクター注入を海馬に行い，遺伝子が発現して蛋白質の変化が生じた頃にその個体の脳から海馬スライス標本を作製して実験を行う例（Okada et al, 2001）などがある．

5）イメージング

単一のニューロンや限局された領域のニューロン群からの記録には電気生理学的手法を用いることができるが，海馬の比較的広域にわたるニューロン活動を同時に記録するためにはイメージングが適している．ニューロン活動の指標となる生化学的変化の蛍光指示薬を海馬スライス標本全体に負荷しておき，活動の伝播パターンの解析が可能である．例えば，ニューロンの活動に伴って上昇する細胞内Ca^{2+}濃度をイメージング法によって検出するためにはCa^{2+}感受性色素が用いられる（膜電位感受性色素も利用可能であるが，大きな蛍光強度変化が得られる点でCa^{2+}感受性色素のほうが有利である）．海馬スライス標本を用いて，カルシウム蛍光指示薬Oregon Green® 488 BAPTA-1を用いる実験プロトコル例を，水沼と池谷（2009）が紹介している．また，電気生理学的実験をどの細胞から行ったのかを形態的に同定するために，パッチ電極の内液から蛍光物質をニューロン内に拡散させることも行われる．

〔岡田　隆〕

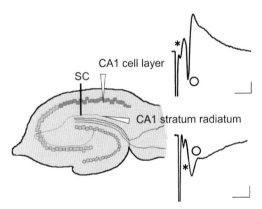

図6.38　細胞外電極を用いて記録されるCA1領域シナプス応答波形の例（岡田，2014）

シャファー側枝（SC）への電気刺激によって誘発された集合EPSP（＊）と集合活動電位（○）の波形であるが，記録電極を細胞層（cell layer）に置いた場合（上の波形）と放線層（stratum radiatum）に置いた場合（下の波形）とで，応答波形の極性が異なっている．スケールは5ms，0.5mV．

6.11.2　剝離網膜標本を用いた実験

1）剝離網膜標本を利用する意義

　網膜は約 0.2 mm の厚みをもつシート状の組織であり，外界像を受容するとともに高次視覚中枢へ情報を送る．視細胞の光応答は，双極細胞，神経節細胞に伝達され，神経節細胞の軸索は眼球を突き抜けて脳に情報を送る．視細胞と双極細胞間のシナプス伝達は水平細胞により，双極細胞と神経節細胞間のシナプス伝達はアマクリン細胞により修飾される．哺乳類の神経節細胞は 20 種類以上あり，それぞれ受容野の特性に依存して視覚情報を活動電位（スパイク）の時系列に符号化し，並列的に中枢側に送る．中枢神経系に属する網膜は最もアプローチしやすい脳といわれており，剝離した標本（剝離網膜標本）を用いて in vitro の実験を行う場合においても自然な光刺激を呈示して各段階のニューロンから応答を記録することが可能であるうえに，薬理学的操作をはじめとして各種実験操作が容易である．また，シート状の組織であるため，そのまま平面型の多点電極を適用することも可能である．このように剝離網膜標本は感覚情報の符号化やその神経基盤を解明するうえできわめて有用であるが，光感受性の組織であるため基本的に暗室内で実験を行う必要があり，実験操作や観察および計測を目的とした可視光の照射には注意が必要である．研究草創期はトラフサンショウウオ，コイ，キンギョ，ウサギの剝離網膜標本が盛んに用いられたが，2000 年代以降ではマウスの剝離網膜標本を用いた実験が多く行われるようになっている．

2）剝離網膜標本の作製

　剝離網膜標本の作製は暗室内で暗い赤色光の照明下において行うか，赤外照明光下で実験者が暗視装置を用いて行う．標本に無用の可視光を照射しないように，実験者の手元のみを照らす赤色のヘッドライトを用いる場合もある．虚血や酸欠による影響を抑えるため，実験者は手早く手術を行うことが肝要であり，手術道具や必要な物品は手順に合わせて整頓して配置する．被験体は実験前に暗順応を行うことで手術の際に網膜の剝離が容易になる場合がある．標本作製時には，用いる動物に合わせた炭酸水素ナトリウムを含む生理溶液を用意する（Yoshida et al, 2001；Ishikane et al, 2005）．生理溶液は 95 ％酸素・5 ％二酸化炭素混合ガスを供給する．

　安楽死処置をした被験体に対し，有鉤ピンセットで眼筋を把持しつつ眼科用剪刀により眼筋を切断して眼球を摘出する．被験体が小さい場合には先端の彎曲したピンセットで摘出する．以降の手術は実体顕微鏡観察下で行う．摘出した眼球は生理溶液を満たしたシャーレに移動し，針やメス刃を用いて前眼部と強膜の間に切れ込みを入れ，そこから眼科用マイクロ剪刀を差し込み前眼部を切除することで眼杯標本を作製する．このとき，硝子体が残留していればピンセットで除去する．また，眼杯は外周部に 4 か所ほど中心部に向かう切れ込みを入れておき，剝離した網膜を花びら状に展開できるようにする．次に眼杯標本の外周部において網膜が色素上皮層から浮いている箇所を見つけ，強膜側をピンセットで把持しつつマイクロ剪刀などを用いて網膜のみを可能な限り傷つけないように慎重に色素上皮層から外す．剝離した網膜は先の太いピペットにより生理溶液ごと吸い取ることで他の容器や実験用チェンバーに移動する．

3）電気生理実験

　多点電極は複数細胞の活動電位を同時記録することを可能にし，データ取得が効率的になるだけでなく，時相関発火の分析を行うことも可能にする．平面型の多点電極を適用する場合には神経節細胞層を下側，視細胞層を上側に向けて標本を設置する．神経節細胞群から活動電位を記録するには，電極に細胞体が近づく必要があり，標本を電極面に密着させることが重要である．半透膜で標本を押さえつける方法をとることが多いが，標本の周りにスペーサーを設置して押さえつけによるダメージを防ぐ必要がある．近年では陰圧をかけるための微細な孔を多数配置した平面型の多点電極も開発されており（図 6.39），陰圧をかけることで標本を電極面に密着させることも行われている（Reinhard et al, 2014）．平面型の多点電極では個々の電極から細胞外記録法で活動電位を記録す

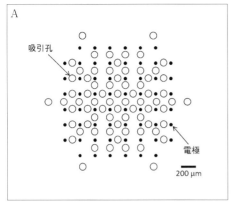

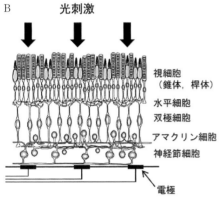

図 6.39 穿孔多点電極
A：格子状に配置された電極の周りには吸入孔があけられており，陰圧をかけて標本を電極側に密着させることが可能．B：網膜断面と電極の模式図．呈示された光刺激は，網膜内神経回路による情報処理を経て神経節細胞の活動電位列に変換される．

る．活動電位由来の信号については，SN比が良く，シングルユニットの分離が容易な場合に記録する．また，波形の振幅や形が安定した状態で記録を行うことが良質なデータを得るうえで重要である．

剥離網膜標本に対して，パッチクランプ法（6.10.1参照）を適用することもできる．神経節細胞のように，細胞体が内境界膜直下にあり，樹状突起が大きく広がっている細胞から記録をとる場合には，剥離網膜をそのまま用いる方法（ホールマウント標本）が適しており，双極細胞などのように，樹状突起の広がりが小さく，細胞体が層の中央部にある場合にはスライス標本が適している．ホールマウント標本で神経節細胞やアマクリン細胞を標的とする場合には，神経節細胞層を上側にして設置し，掃除用のガラスピペットをマイクロマニピュレータで操作して内境界膜に穴を開ける必要がある．また，スライス標本においても，

周辺の組織を必要に応じて除去することで，記録用電極の先端に組織などが付着することなく標的細胞にアクセスできるようにする．

電気生理実験で用いる顕微鏡やヘッドアンプなどの主な実験機器群は，電磁波によるノイズを遮断するファラデーケージ内に設置し，適切にアースをとる．また，網膜標本は光感受性なので，パッチクランプなどで組織を確認しながら実験を行う場合には赤外線微分干渉顕微鏡（IR-DIC）を用いて赤外線照明下で実施する．記録を行った細胞の形態を観察したり，種類を同定する場合には，あらかじめ記録用電極に蛍光色素や染色用色素を充填し，細胞内に拡散させることで可視化する．

4）光刺激呈示

網膜視細胞層に光刺激が呈示されている様子を確認する必要があるため，実験は顕微鏡の上で行う．光刺激は観察に使用しない顕微鏡の光路を用いるか，別の光路を追加して切り替えて呈示する．光刺激の呈示はCRTモニタもしくは液晶モニタで出力するが，測定する対象の時間分解能および空間分解能に応じて特性に問題のない光刺激呈示装置を選ぶことが肝要である．光刺激呈示装置から出力された光刺激は，先に述べた光路上のレンズなどを介して縮小され標本に投影される．このとき，視細胞層に光刺激がシャープに投影されていることを接眼レンズから確認する．光刺激の結像面をある程度調整できるように光路を設計しておく必要がある．微小電極やパッチクランプ電極を適用する場合には，視覚刺激呈示をする目的で光路を切り替える際に振動が生じないように対策を施すことが必要である．

5）薬理学的操作

特定のイオンチャネルや受容体などの機能を操作するために，生理溶液に薬物を溶かして適用する．薬物の適用にあたっては実験の目的に応じてその選択性に注意し，適切な濃度で投与する．投与については，灌流液に溶かして標本全体に投与する方法や，微小なガラスピペット内に薬液を充填して陽圧をかけることで標本の局所的な領域に対して急速に薬物を投与するパフ投与法などがある．

〔石金浩史，雁木美衣〕

6.12.1 サルにおける定位脳手術

脳部位の特定の領域の機能を調べるために，刺入電極による単一神経細胞活動や硬膜下皮質表面電位（ECoG）電極による local field potential（LFP）などの電気的活動を記録することが多く用いられている．また，薬物を特定の脳部位に微量注入し，局所の脳活動を薬理的に操作することによって，脳領域の機能を検討することがなされている．定位脳手術は生きた動物の特定の脳領域に，記録電極や注入針を再現性よく正確に刺入・留置するための手法である．ここでは，マカクサルの定位脳手術について概説する．

1）脳領域の位置決定

脳領域の位置決定は，MRI 画像と脳アトラスを参考にする．

◆MRI 画像

サルはげっ歯類に比べて解剖学的な個体差が大きいため，MRI で正確に解剖学的な脳領域を確認することは大変有用である．特に大脳基底核や中脳などの深い神経核をターゲットとする際には有効である．サルを MRI 対応脳固定装置に，固定し，MRI を撮影する．個体の大きさにかかわらず，それぞれの脳領域の解剖学的な位置が正確にわかる（図 6.40）．

◆アトラス

マカクサルのアトラスを参考にして，目標の脳領域の位置を決定する．多くの日本の大学・研究機関ではニホンザルを実験動物として利用することが多いが，ニホンザルの脳アトラスはあまり見当たらない．市販ではアカゲザルの脳アトラス "Atlas of The Rhesus Monkey Brain" が入手できる．これには 8.2 kg のアカゲザルの雄の脳でアトラスが作成されている．それには冠状面で脳構造がのっており，耳穴からと bregma からの脳部位の位置が示されている．ニホンザルはアカゲザルに比べて，脳の溝が深く多い．また，腹側から背側（高さ）がニホンザルのほうが長い．

この MRI あるいは脳アトラスで得られた解剖画像を用いて，目標の脳領域の位置を決定する．さらにその脳領域へ電極を刺入するための，記録用チャンバー位置，角度を求める．さらに，サルの頭を固定する固定器具の位置を決定する．

2）固定具と記録用チャンバー

頭蓋骨には，頭部を固定するための固定具と記録用チャンバーをインプラントする．頭蓋骨にねじ（アンカー）を埋め込み（図 6.41），そのねじ，固定具と記録用チャンバーをデンタルセメントで固定する．これらは，事前に滅菌処理をする．

3）定位脳手術

手術は清潔環境下で行い，手術器具は滅菌されたものを使用する．

◆導　入

ケタミン（10 mg/kg）とキシラジン（1 mg/kg）の筋注による導入麻酔をする．気管挿管を行う前に，アトロピン（0.5 mL）を筋注し唾液を抑える．この時点で，抗生物質（例：アンピシリン 40 mg/kg など）を筋注しておいたほうがよい．手術時間が長引く場合には，生理食塩水（30 mL/時）などの補液をする．

◆麻　酔

上記の導入後，イソフルラン（1～1.5％，セボ

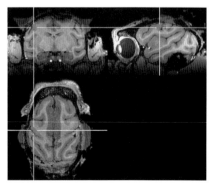

図 6.40　サルの脳の MRI 画像

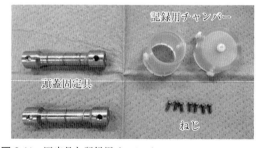

図 6.41　固定具と記録用チャンバー

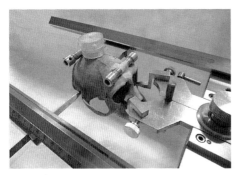

図 6.42　固定の例

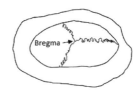

図 6.43　皮膚切開後（左）と開頭後・ねじうち後（右）

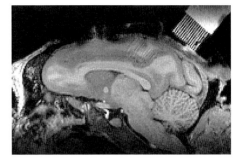

図 6.44　術後の脳の MRI 画像

フルランでも可），酸素（1～1.5 L/分），笑気（0.5 L/分）の混合ガスによる吸入深麻酔下にて外科的手術を行う．吸入麻酔は，麻酔深度を調整することが容易で，動物の状態を管理するのに都合がよい．術中には心拍数（60～120 ppm），SpO_2（95～100％），呼吸数（15～30回/分），CO_2濃度（3.6～4.2％），直腸温（36～38℃）などのバイタルをモニタし，イソフルランの濃度を調節することによって麻酔深度を管理する．

サルの頭をステレオに図 6.42 のように固定する．この図では頭蓋固定装置と記録用チャンバーを頭蓋にのせてあり，最終的にはこのような形となる．

◆開頭手術

滅菌された器具を用い，無菌操作下で行う．

◆皮膚切開・開頭

正中を中心に皮膚を切開し頭蓋骨を露出させる．頭蓋骨には軟部組織がついており，それをきれいに剥ぎ取り，頭蓋骨が"つるつる"になるまできれいにする．軟部組織を剥がすと正中線上にある矢状縫合と前頭鱗側に左右に走る冠状縫合とが見える．その交点である bregma（十字縫合）を基準にして開頭部位を決めるとおおよその目標の脳部位を当てることができる．ここでは1次運動野の手領域をターゲットだとすると，bregmaから外側に 15 mm の位置がそれに当たる．そこから吻側に進み冠状縫合との交点が運動前野に当たる．

頭開範囲を決める．頭部固定器具や電極を頭蓋に固定するために，開頭部の周りと皮膚切開に頭蓋にねじ込むための孔をドリルで開け，ねじをねじ込む（図 6.43）．

ドリルで開頭部をつくる．ドリルを利用する際，ドリルの先端と骨との摩擦により熱が発生し脳にダメージを与えることを防ぐために生理食塩水を流しながらドリルを使用することを勧める．ドリルにより分離された頭蓋骨は硬膜とくっついており，慎重に頭蓋骨を硬膜から剝離する．頭蓋骨が剝離されると，多くの場合，脳の溝が硬膜から透けて見える．

開頭部の周りと頭蓋固定具が位置する予定の頭蓋にはねじを埋め込む．そのねじと記録用チャンバーと頭蓋固定器具とをデンタルセメントで十分に覆う．このとき，頭蓋とデンタルセメントの間には出血や軟部組織がないことを十分に注意する．図 6.44 は手術後に撮影した MRI 画像である．この場合，記録用チャンバーは中脳をターゲットとしている．

◆術後のケア

術後翌日から抗生物質（例：アンピシリン 40 mg/kg）を朝夕5日間，鎮痛剤（ケトプロフェン 5 mg/kg）を朝夕3日間筋注する．2週間程度はサルの頭を固定器具を用いるが固定はしないほうがよい．サルの頭に装着された記録用チャンバーは，外界と体内との通路になる．ここが感染源になり，体調が悪くなる要因になりうる．記録が始まるまでは，積極的にチャンバーを開けないほうがよい．記録は始まったら，ほぼ毎日記録用チャンバー内を生理食塩水で洗浄し，清潔に保つことを心がける．

〔西村幸男〕

6.12.2 げっ歯類における定位脳手術

げっ歯類は,心理学や神経科学の研究において,最もよく用いられている動物の1つである.最近では特に,分子遺伝学的技術を基にした手法が爆発的に発展してきていることから,その重要性はますます高まってきている.本節では,脳活動の測定・操作を行ううえで必須の技術である脳定位手術について,げっ歯類を対象として概説する.

1）脳領域の位置決定

脳領域の位置決定は主に脳アトラスを参考にする.MRI画像を用いることもあるが,研究用に用いられるげっ歯類は純系（遺伝的に均一な系統）動物を用いることが多いため,個体間の違いが比較的小さく,使用する動物の脳が脳アトラスと大きく異なることは少ない.市販のもののほか,最近では様々な機関より脳アトラスが公開されているので,それらを参照することもできる（例：アレン財団によるマウス脳アトラスなど）.ただし,それぞれの脳アトラスは特定の系統・体重の動物を用いて作成されているため,異なる系統・体重の動物を用いる際には注意が必要である.

げっ歯類の脳の座標は,bregma（十字縫合,矢状縫合と冠状縫合の交点）からの距離で表されることが多い.脳アトラスを基に,対象とする脳領域の位置（bregmaからの前後方向・内外側方向への距離,および脳表からの深さ）を特定する.

2）手　術

実験の目的に応じて手術の手順は異なってくるが,ここでは,神経活動を記録するための電極を脳内に留置し,それを固定するための手術について解説する.

◆麻　酔

様々な種類の麻酔法があるが,最近では,塩酸ケタミン+塩酸キシラジンの混合麻酔,塩酸メデトミジン+ミダゾラム+酒石酸ブトルファノールの混合麻酔,イソフルランやセボフルランなどの吸入麻酔が推奨されている（東北大学,2011）.ペントバルビタールやウレタン,エーテルによる麻酔もこれまではよく用いられていたが,安全性や毒性の問題により,最近では使用は推奨されていない.

また,硫酸アトロピンを併用することにより,唾液の分泌を抑えることも（特に気道の狭いモルモットにおいては）推奨されている.注射麻酔は専用の機材を必要としないため,簡便に行うことができる.しかし効果時間が短く,長時間の手術には向いていない.一方,吸入麻酔は専用の気化器を必要とするものの,麻酔深度の調節が容易で短時間で覚醒するため比較的安全であり,長時間の手術にも用いることができる.それぞれの麻酔の適正な使用量・濃度は,動物種や頭部の固定の方法によって異なるため注意が必要である.また,脳圧降下剤（マンニトールなど）を併用することにより,脳が収縮し,手術が容易になる.急性実験を行う場合には,大後頭孔から脳脊髄液を漏出させ,脳圧を下げて実験を行うことも有効である.

◆皮膚切開・開頭

手術前に使用する器具や止血用のガーゼ・綿球,生理食塩水（または人工脳脊髄液）,脳内に留置する電極などを滅菌しておく.滅菌が難しい機材などもエタノール消毒をし,感染を防げるよう注意を払う.

麻酔をかけた後,脳定位固定装置に動物を固定する.術中は保温装置を用いて体温の低下を防ぎ,心拍や呼吸数などをモニタする.麻酔の深度については手術中,常に注意を払う.眼球に眼軟膏を塗布し,眼の乾燥を防ぐ.頭部の毛を剃り,ポビドンヨードやクロルヘキシジングルコン酸などで消毒する.正中線に沿って皮膚を切開し,頭蓋骨上の組織を剥離する.ここで組織が残ってしまうと,後に感染やインプラントの緩みにつながるため,十分に剥離を行う.必要に応じて余分な皮膚や組織を切除する.骨や周辺組織からの出血がたびたび生じるため,適宜止血を行いながら手術を進める.

頭蓋骨を十分に露出させたら,bregmaとlambda（人字縫合）の高さを合わせ,頭蓋骨を水平にする.電極を固定するためのねじ（アンカー）を埋めるための穴をドリルであける.アンカーを埋める位置は記録部位によって異なるが,図6.45のように縫合線をまたぐように複数配置するとより強固になる.

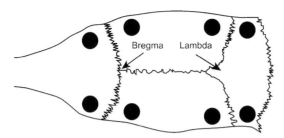

図 6.45 ラット頭蓋骨表面の模式図
黒丸はアンカーを埋め込む箇所の例．

アンカーを埋め終わった後，開頭を行う．開頭する箇所に鉛筆などで印をつけ，ドリルでその周囲に沿って削っていく．骨が薄くなったら，ピンセットなどで骨を持ち上げ，取り去る．このとき，骨と硬膜とが癒着していることがあり，その場合はその癒着を剥がしながら慎重に骨をとる．開頭後は脳表が乾燥しないように生理食塩水で湿らせた状態にしておくなど，細心の注意を払う．

開頭後，必要に応じて硬膜の切除を行う．この場合は，前述の脳圧降下剤を使用することが特に推奨される．硬膜の切除には専用の器具を使用してもよいが，注射針（25 G や 27 G）でも代用できる．その際，注射針の先端を少し曲げておくと脳を傷つけずに硬膜を引っかけやすい．

◆ 電極の留置・固定

使用する電極を準備する．電極は測定装置に接続しやすいようにコネクタに接続しておく．留置した電極を手術後，任意で進めることができるようにするために，マイクロドライブにつけた状態で留置する方法も一般的である（図 6.46）．専用のインジェクタ，もしくはマニピュレータを用いて，目的の領域へと電極を刺入する．

電極を刺入後，デンタルセメントを用いて電極

図 6.46 筆者らが使用している電極（Tateyama et al, 2016 を改変）
3 本のタングステンワイヤを束ねた多点電極が 4 本，マイクロドライブに固定されている．

を頭蓋骨に固定する．この際，脳表にセメントがつかないように注意する．あらかじめワセリンなどを塗布しておくのもよい．マイクロドライブで電極を進める場合には，電極にセメントがつかないようにするために，電極にもワセリンを塗るなどしておく．動物が電極に触れることができないよう，必要に応じて電極の周りをカバーする．筆者らは 50 mL の蓋つきプラスチックチューブの底を切って用いている．

3） 手術後の管理

手術後，最低でも数日間は十分な餌と水を与え，体力を回復させる．その間，疼痛管理や感染防止のため，鎮痛効果のある薬剤（ブプレノルフィンなど）や抗生物質を投与する．抗生物質に関しては，その後も飲み水に混ぜて継続的に与えることもある．

〔筒井健一郎，小山 佳〕

6.13.1 神経活動の測定・操作法

本節では，*in vivo* 実験における神経活動の測定，および操作法について概説する.

1）神経活動の測定法

in vivo 実験において，神経活動を測定する主な方法として，電気生理学的記録法，電気化学的測定法，光学的イメージング法などがあげられる. 以下，それぞれについて解説する.

◆電気生理学的記録法

一般的に電気生理学的記録法は，神経活動に伴う電気現象を直接測定するため，時間解像度が非常に高い（サブミリ秒単位）点が特徴である（Chorev et al, 2009）.

細胞外神経細胞活動記録法は，抵抗値の高い微小電極を脳内に刺入し，電極先端付近に存在する単一，もしくは複数の神経細胞の活動電位を記録する方法である. 最近では，記録装置や電極作成技術の発展により，同時に 100 個以上の神経細胞から活動を記録することも可能になっている. 細胞外記録法の一種である傍細胞記録法は，細胞外から活動を記録しつつ，細胞内に標識物質を電気的に注入することにより記録を行った細胞の形態や投射先を可視化することのできる技術である.

局所電場電位記録法は，比較的抵抗値の低い微小電極を脳内に刺入し，電極先端周囲の神経細胞におけるシナプス電流を主な起源とする電位変化を測定する方法である. 頭皮上に配置した電極から記録される電位変化を非侵襲的に記録する脳波記録や，開頭手術によって硬膜下の脳表面に留置した電極から記録を行う硬膜下皮質表面電位（ECoG. 6.6.6 参照）記録も広い範囲の脳活動を計測する方法として，動物実験においても用いられている.

微小電極を細胞内に刺入し，電位変化を測定する細胞内記録法や，細胞膜とガラス電極との間に非常に抵抗の高いシールを形成することにより電位変化を測定するパッチクランプ法なども *in vivo* の実験で用いられることもあるが，顕微鏡下での実験操作が可能な *in vitro* の系と比べて比較的高い技術が要求される.

◆電気化学的測定法

電極にかける電位を変化させ，それに応答して変化する電流を計測し，電極周囲の液体の化学的分析を行う方法を総称してボルタンメトリと呼ぶ（Bucher & Wightman, 2015）. 神経科学においては，特定の伝達物質（ドーパミンやセロトニンなど）の濃度を測定するために主に用いられ，比較的高い時間解像度（100 ミリ秒単位）で測定を行うことができる. 同様に，脳内の神経伝達物質の濃度を測定する方法として，マイクロダイアリシス法がある. これは，半透膜を介して細胞外液を回収し，その中に含まれる各種物質の濃度を高速液体クロマトグラフィにより測定する方法である. ボルタンメトリと比較して時間解像度が低い（数分単位）ものの，検出感度が高いという利点がある.

◆光学的イメージング法

光学的イメージング法とは高速度カメラで脳の組織を撮影し，神経活動を可視化する方法の総称である. 同時に多数の神経細胞の活動を，相対的な位置関係も把握しながら可視化することができる. これらの方法は，近年では，トランスジェニック技術や，ウイルスベクターなど分子遺伝学的手法と組み合わせることにより，特定の細胞種・回路からの記録を行うことも可能であり，顕微鏡の進歩などとも相まって，急速に利用が拡大してきている（Scanziani & Hausser, 2009）.

膜電位感受性蛍光色素イメージング法は，膜電位の変化に応じて蛍光強度が変化する色素を用いる方法である. 高い時間解像度（ミリ秒単位）で計測を行うことができるが，一般的に信号強度が弱く，SN 比が比較的低いことが知られている.

カルシウムイメージング法は，活動電位が生じた際に，細胞内に大量に流入するカルシウムに対して感受性のある色素を用いる方法である. 信号強度が強く，比較的容易に記録を行うことができるが，時間解像度が低い（数百ミリ秒単位）ことが欠点としてあげられる.

2）神経活動の操作法

神経活動を操作するための方法は数多くあるが，ここでは物理・電気的方法，化学的方法，分子遺伝学的方法に分けて解説する.

◆物理・電気的方法

破壊法は，脳の組織を吸引・切裁・焼灼する，もしくはイボテン酸などの神経毒を注入することにより脳組織を破壊し，その影響を調べる方法であり，古くから用いられている．

冷却法は，水流装置やペルティエ素子などを利用し局所的に脳を冷却することで，神経活動を抑制する方法であり，可逆的な抑制を行うことができる．

電気刺激法は，脳内に刺激電極を刺入して微弱な電流を流し，脳を局所的に刺激する方法である．ヒトの臨床では，パーキンソン病の治療のために，患者の大脳基底核に刺激電極を留置し，定常的な刺激を与える方法が用いられており，大きな成果が得られている．

また，最近では経頭蓋磁気刺激法（6.8.1 参照）と呼ばれる非侵襲的な方法も用いられるようになってきている．これは頭皮上に置いた刺激コイル内に電流を流し，周囲に磁場を発生させることにより，脳の特定の部位に電流を発生させる方法である．刺激の仕方によって，刺激部位の神経活動の促進・抑制を自在にコントロールできる．臨床において，うつ病の治療で特に成果を上げている（Hallett, 2007）．

◆化学的方法

薬物微量注入法は，脳に刺入したカニューレを通して神経系に作用する薬剤を微量注入する方法である．代謝・分解される薬物を用いると，その影響を可逆的なものにすることができるため，同じ部位で繰り返し実験を行うことも可能である．ある領域の可逆的な機能抑制には，$GABA_A$ 受容体の作動薬であるムシモールがよく用いられる．同様に，腹腔や脳室に薬剤を注入することにより，脳全体へと薬剤を作用させる方法もある．

イオン（微小）泳動法は，ガラス管などに充填された薬剤を，電気的に脳内に微量注入する方法である．マルチバレルのガラス管電極を用いて，神経細胞活動記録を同時に行うことにより，その薬剤が活動に与える影響を調べることもできる．

◆分子遺伝学的方法

近年の分子遺伝学的手法の発展により，特定の神経細胞種・回路の活動を操作することが可能になってきている．

光遺伝学は，トランスジェニック技術やウイルスベクターを用いて，ある神経細胞に光感受性蛋白質（オプシン）をコードする遺伝子を導入し，それらの細胞に光ファイバーなどを使って光を照射することにより，活動を操作する方法である（Deisseroth, 2015）．オプシンには光を照射することにより，陽イオンを細胞内に流入させ神経興奮を引き起こすタイプと，塩化物イオンを流入させたり，プロトンを排出させたりすることで神経興奮を抑制するタイプがある．刺激の時間解像度が高く（ミリ秒単位），刺激された神経細胞のある行動における役割をより詳細に調べることが可能である．

DREADD（designer receptors exclusively activated by designer drug）に代表される化学遺伝学的手法は，特定の神経細胞種に，ある薬剤にのみ反応する受容体を発現させ，後にその薬剤を摂取させることにより，その細胞種の活動を調節する方法である（Sterson & Roth, 2014）．光遺伝学に比べ，時間解像度が低いものの，光ファイバーをインプラントしない分，低侵襲性であることや，高効率で細胞の活動を調節できることなどが利点としてあげられる． 〔小山　佳，筒井健一郎〕

6.14 組織学的解析

6.14.1 脳機能の組織学的解析

　動物に課題や刺激を与えて，脳活動への影響を計測するには，いくつかの手段がある．生きている丸ごと（in vivo）動物を使う場合は，①脳波，② fMRI，③脳内微小電極で計測する方法などがあげられる．いずれにせよ，計測にあたって，動物をどれだけ傷つけるかの侵襲度や，動物を拘束する度合いと，計測の時空間的な精度との間には，おおむねトレードオフの関係がある．例えば，脳波の場合は，電気信号を記録するための電線で，動物とアンプとの間をつなぐ必要がある．もっとも，マーモセットなどとは異なり，そもそも平面的に移動することの多いマウスやラットでは，有線であっても，行動への制限は少ない．この方法では，領野ごとを区別できる程度の空間解像度しかないが，ミリ秒単位の神経活動の変化は追跡できる．

　一方，近年の fMRI では，脳活動の起こっている領域を空間的に精度良く特定できる利点があるが，1 回 1 回のスキャンに時間がかかることもあり，動物が動かないように長時間，拘束しなければならない．また，脳内に下した微小電極では，たった 1 つの神経細胞の活動をリアルタイムで記録できるが，電極がわずかでもずれてしまうと，細胞記録は失われてしまう．したがって，単一細胞記録を維持するには，脳定位固定下かつ麻酔下で行われることが多い．

1）神経活動履歴の組織化学

　実験時に，まったく行動を制限せず，有線や無線の計測機器すら装着せずに，生理的な状態での脳内活動の履歴を計測する方法としては，組織化学的な解析があげられる．神経活動が活発に生じると，直後にいくつかの遺伝子発現が誘導され，こういった遺伝子群のことを immediately early gene（IEG）と総称し，c-fos などが最も有名なものである（Bepari et al, 2012）．ただ，なぜ神経活動が増えると，これらの遺伝子が発現されるのか，また，IEG 発現の結果として，どのような細胞生理的な機能が発揮されるのかは，実はほとんどわかっていない．

◆ ISH 法

　IEG の活性化を計測する方法としては，DNA から翻訳された mRNA の発現をみる方法（in situ hybridization, ISH）と，mRNA から発現された蛋白質に免疫抗体反応させて，蛋白質の発現をみる方法〔免疫組織化学（immunohistochemistry, IHC）〕があげられる．前者のほうが発現が早いので，動物をホルムアルデヒドなどで化学固定する直前の履歴をみるのにふさわしく，後者は，もう少し長期間における活動履歴の平均値をみるのに適している．また，ISH のメリットとしては，特定の mRNA に対するプローブは自在に作成することができるので，特異性のある反応が得られることが多いことがあげられる．一方，ISH では，目的 mRNA がどの細胞に発現しているのか，といった発現分布や発現パターンは計測できるが，定量的に，どの細胞でのシグナルが大きい／小さいのかを評価することは難しい．

◆ IHC 法

　IHC を行うにあたっては，特定の目的蛋白質に特異性のある抗体を見つけ出すことが必須だが，首尾よく見つかるかどうかは，多分に運次第である．細胞をすりつぶした標本に抗体を反応させて，western blotting 法を行い，抗体の特異性を確認したところで，それだけでは十分ではないことがしばしばある．組織に反応させるとなると，目的蛋白質以外の非特異的な反応が得られることが多いからである．したがって，2000 年代以降の論文では，抗体の特異性を検証するのに，その蛋白質発現が確実に欠損している遺伝子ノックアウト動物の組織に抗体をかけて，抗体反応が得られないことをチェックすることが，標準的なプロトコルとなりつつある．特異的な抗体さえ見つかれば，目的蛋白質の発現量に関しても，ある程度の定量的解析ができるようになり，また，1 つの細胞の中でも，どのあたりに局所的発現が高いのかを調べることも可能になる．ただ，これは逆にデメリットにもなりえて，細胞のすみずみまで目的蛋白質が発現している状況では，隣の細胞でも発現しているのかどうかを，光学顕微鏡で判別することが困難なことがしばしばある．

　一方，ISH で検出される mRNA は，基本的に細胞体にある．異なる種類の細胞の細胞体は，脳

組織内で異なる場所に配置されていることが多い．したがって，細胞体の位置を見れば，IEGを高発現する細胞の種類を特定できる場合が多い．

2）組織化学解析の注意点

いずれにせよ，検出感度が高ければ高いほど，注意が必要となるのは，背景ノイズである．例えば，*c-fos*のISHシグナルは，何らかの刺激後，10〜40分程度で最大になることが知られている．学習行動実験を実施した後，灌流固定するまでの間に，例えば，ぴかぴかに光るシンクに動物を置いておくと，それだけで新規環境の探索行動が誘発されてしまう．その後に，灌流固定して作製された標本では，直前の刺激によって引き起こされた*c-fos*の発現が大半を占めることになる．したがって，肝心の学習に関連する領野は抽出できなくなってしまう．これを防ぐには，行動実験，麻酔，灌流固定に至るまでの一連の作業をシステム化して，素早くとり行わないといけない．

3）光遺伝学

学習記憶に関わる神経回路は，膨大な数ある神経細胞のうち，ほんの一部であり，これを見つけ出すのは，まさに滄海の一粟を見つけ出すのに等しい．IEGの染色は，関わった回路を浮かび上がらせてくれる強力な手法であるが，標識された細胞が，どの順番でどのように関わり，どのような機能をもつのかを特定するのは，やはり，困難である．近年開発された光遺伝学（オプトジェネティクス）とは，特定の細胞に，光に感受性のある蛋白質を遺伝子発現させ，この細胞に光を当てることで，細胞の活動を光で操作することを可能にする技術のことである．光遺伝学とIEGの組織解析技術を組み合わせると（Tanaka et al, 2012），特定の細胞を光刺激したとき，その細胞がどこに投射し，どういった神経回路を駆動させるのかを明らかにすることができる．

近年，電子顕微鏡技術の発展により，脳内のすべての神経細胞の構造と接続を明らかにすること

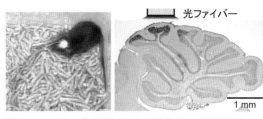

図6.47 グリア光刺激による神経細胞IEG標識（Sasaki et al, 2012）
光遺伝学を使って脳内グリア細胞を刺激．近傍の神経細胞での活動が上昇．グリア-神経間の機能連関が示された．

が試みられており，こういった試みのことをコネクトミクスと呼ぶ．しかし，通常のコネクトミクスでは，静的な回路を描き出すにすぎない．静的コネクトミクスが完了しているものとしては，線虫があげられ，この場合は，神経細胞302個のすべてが同定されており，また，その間の接続も見つかっている．しかし，線虫の場合ですら，個々の細胞間の接続が，果たして興奮性なのか，抑制性なのか，また，それぞれのシナプス伝達の強度がどの程度のものなのか，いまだに明らかにされていない．

4）機能的コネクトミクスへの発展

光遺伝学とIEG標識の組み合わせは，いわば，機能的コネクトミクスといえ，回路の構造だけでなく，機能的な接続を浮かび上がらせることが可能になる．私たちの研究室では，脳内グリア細胞に光遺伝学を適用し，グリア細胞を光刺激したところ，神経細胞でのIEG標識が認められた〔図6.47（Sasaki et al, 2012；Beppu et al, 2014）〕．これは，グリア細胞から神経細胞へと向かう機能的な連関を示したものであり，こういった機能的連関は，電顕画像からはまったく予想されないものであった．光遺伝学を含めた脳機能の操作技術と，組織学的解析などによる脳機能の計測技術を併用することで，今後，脳と心のメカニズムが，細胞レベルで再構築されることが期待される．

〔松井　広〕

6.15 遺伝子

6.15.1 ゲノムと心理学

心理的・行動的形質の形成や発達に対する遺伝・環境要因の影響を調べる方法としては，伝統的なヒト行動遺伝学的研究法である双生児法をはじめ，近年では網羅的な一塩基多型（single nucleotide polymorphism, SNP）情報に基づくゲノムワイド関連解析（genome wide association study, GWAS）のほか，低頻度のまれな遺伝子多型や変異を検出するエクソーム解析や全ゲノムシークエンス解析を用いる方法がある．一方，倫理的観点からヒトには行うことができない実験的介入や要因統制を行うことが可能な実験動物を用いて，遺伝子や環境因子を直接操作し，各遺伝子および環境因子が心理的・行動的形質に及ぼす影響を評価する方法もある．本節では，ヒトおよびげっ歯類の行動遺伝学的研究法と近年の動向について述べる．

1) ヒト行動遺伝学的研究法

ヒト行動遺伝学の伝統的な研究法である双生児法は，遺伝子を 100%共有する一卵性双生児と 50%共有する二卵性双生児を対象に質問紙調査や検査により得られた評価得点の相関を比較する方法であり，行動形質の個人差を遺伝，共有環境（家庭環境），非共有環境の効果の割合として説明する（Plomin et al, 2012）．近年，多数の DNA 断片を小さな基板上に高密度に配置したチップを用いて特定の遺伝子（群）の発現量や特定のゲノム上の変異〔SNP，あるいはコピー数多型（copy number variant, CNV）〕を網羅的かつ迅速に調べることが可能になり，ゲノム配列の個人差と行動形質の個人差との関連づけを行うゲノムワイド関連解析が行われるようになってきた．この解析では，例えば，研究協力者の末梢血や唾液からゲノム DNA を抽出し，ゲノム全体をほぼ網羅するような 50 万～ 100 万か所以上に及ぶ SNP を捉えることが可能な SNP チップに反応させてスキャナ装置で分析し，ゲノム上の変異を検出する．同時に，研究協力者の性格特性や認知機能，精神疾患などについて評価得点データを取得する．両者のデータの相関関係を調べれば，心理的・行動的形質に対する遺伝の影響をゲノムレベルで評価することができる．最近，短時間かつ安価にゲノム情報を解析できる次世代シーケンサーが登場し，蛋白質の翻訳に重要なエクソン領域の変異について調べるエクソーム解析や，全ゲノムを一塩基ごとに解析する全ゲノムシークエンス解析を行うことが可能になっている．また，遺伝子産物（トランスクリプトーム）のみならず，蛋白質（プロテオーム）や代謝産物（メタボローム）などの分子情報を網羅的に解析するオミックス解析が急速に進展している．このような多層生体情報を取得して心理的・行動的形質との関連を明らかにすれば，ゲノム情報のみでは理解しきれない個人差を規定する遺伝子の機能を包括的に調べることが可能であると考えられる．

2) げっ歯類を用いた行動遺伝学的研究法

げっ歯類を用いた古典的な行動遺伝学的研究法には，①近交系・交雑系動物の系統間での行動比較，②特定の行動形質の選択交配，③遺伝子変異個体の行動解析などがある（Hall, 1951）．系統間の行動比較では，兄妹交配を 20 世代以上にわたって繰り返すことで同一系統内のすべての個体がほぼ同じ遺伝的組成になった近交系ラットあるいは近交系マウスを用いて，複数系統の行動を比較する．異なる遺伝的背景をもつ系統間で行動に系統差が見出された場合，その行動の差は遺伝的差異によって生じていると解釈される．しかし，各系統の母親の母胎内環境や養育の違いを反映した結果の可能性もあるため，養母交換法や正逆交雑法により母親効果の有無を確認したほうがよい．行動形質の選択交配を行う場合は，ある集団内で特定の行動形質に関する量的指標の大小を基に両方向性に個体を選抜し，大小それぞれの個体同士で交配を代々継続する．対象の行動が両方向性に分離し，かつ，近交系化された選択交配系が作出されれば，その行動が遺伝的影響を受けていることがわかる．また，自然発生突然変異マウスや X 線照射あるいは化学変異誘導剤 ENU の投与による突然変異マウスの行動を解析する方法もある．突然変異個体の行動に異常が見出された場合は，それらの変異が当該行動に関与していると見なすことができる．しかしながら，近交系や選択系の

場合，どのような遺伝的組成の違いが行動の違いを生み出しているのか不明であり，また，変異系の場合は，変異の起こる場所が不特定かつ複数あるので，行動形質に関与する遺伝子を特定するためにはさらなる遺伝学的解析が必要になる．

ある特定の表現型からその原因となる遺伝子を探り当てる順遺伝学とは対照的に，特定の遺伝子を選択的に改変（欠失，挿入など）することによってその遺伝子機能を直接的に解明しようと試みる逆遺伝学の方法がある．例えば，ある遺伝子を外部から導入したトランスジェニックマウスや逆に欠損させたノックアウトマウスを作製し（6.15.2参照），遺伝子を改変していない野生型マウスとの間で行動を比較する．両者の行動に差異が見出された場合は，その遺伝子が行動の発現調節に関与していると解釈することができる（最初の報告として，Silva et al, 1992）．しかし，遺伝子改変個体は胎生致死であったり，また成長しても何らかの補償作用が働いていたりする可能性があるので，当該遺伝子機能を正確に理解することが困難な場合がある．そこで，必要に応じて Cre/loxP や tTA-tetO システムあるいはウイルスベクターを用いて時期特異的・脳部位特異的な条件的遺伝子改変マウス（6.15.2参照）を作製し行動解析を行う．

ラットやマウスの感覚・知覚機能や運動機能をはじめ，活動量，情動性，社会的行動，うつ様行動，学習・記憶（第5部参照）などを測定するために様々な種類の行動テストが考案されている（Crawley, 2007；高瀬・柳井訳, 2012）．特定の行動に着目して単一種類の行動テストを行う場合もあるが，複数種類の行動テストを組み合わせたテストバッテリーを用いることによって行動を網羅的に解析する方法もある（例：Takao et al, 2007）．同一個体を用いて行動テストバッテリーを実施すれば，被験体数を減らすことができ，倫理的観点から望ましいだけではなく，実験者にとっては効率的で少ない時間と労力で解析できるという利点がある．また，単一のテストデータのみに依拠したために誤った結論を導いてしまう可能性を回避することができる．なお，先行するテスト経験やハンドリングなどが後のテストの行動に影響を与える可能性があることを念頭に置きながら，得られた結果を総合的に解釈する必要がある．実験時間

帯，被験体の週齢や性別などは交絡要因となる可能性があるため事前に統制を行うかあるいは群間でカウンターバランスをとる必要がある．行動測定は，ビデオカメラの画像から自動的に解析する自動解析システムの利用が普及しているが，これを用いれば多数の個体を同時かつ迅速に解析することが可能であり，実験者による観察バイアスや測定誤差を抑えることが可能である．このような行動解析を通して被験動物の行動特性が明らかになれば，その標的遺伝子がどのような心的機能に関与しているのかを推測することができる．

3）近年の動向

近年，DNA 塩基配列の変化を伴わずに長期的に遺伝子発現を制御する仕組みであるエピジェネティクスに注目が集まっている．DNA メチル化やヒストン修飾といったエピジェネティックな変化は，例えば生後初期の経験やストレスによって起こり，成長後の行動に影響を及ぼすことがわかってきた（Champagne & Curley, 2009）．驚くべきことに，親の経験がエピジェネティックな機構を介して次世代・次々世代へ影響を及ぼすという報告も最近相次いでいる（Bohacek & Mansuy, 2015）．また近年，CRISPR/Cas9 などの人工制限酵素を利用して DNA の標的部位を効率的に切断し改変する画期的なゲノム編集技術（Doudna & Charpentier, 2014, 6.15.2参照）が登場し，マウスのみならず様々な生物種のゲノムを高効率的に編集することが可能になった．今後，この技術を用いて多様な種の動物モデルを作製・利用することで様々な心的特性や疾患に関連する遺伝子の機能の解明が進むと予想される．最近では，一般向けゲノム解析サービスの普及や次世代シーケンサーの登場により，膨大なヒトゲノムの解析が行われている．個人の全ゲノム情報（パーソナルゲノム）は「究極の個人情報」ともいわれており，サンプルの取得からデータの解析・保存などを行う場合は個人情報保護の観点や倫理的問題を考慮しながら細心の注意を払う必要がある．今後，各個人の全ゲノム情報が短時間で安価に得られるようになることが確実視されており，ゲノムと心的特性の個人差の関係について理解が進むと期待される．

〔宮川　剛，昌子浩孝〕

6.15.1　ゲノムと心理学　　481

6.15.2 遺伝子操作・遺伝子改変動物

1） 遺伝子改変動物

実験心理学との関係が深く，哺乳動物において最も精巧な遺伝子改変技術の確立された遺伝子改変マウス（gene modified mouse）について主に述べる．なお，遺伝子操作とは広義には遺伝子工学全般を指すが，この節では動物個体または培養細胞のゲノムに人為的操作を加えるための特定の技術についてのみ示す．

2） コンディショナルノックアウト

相同組換えを利用したジーンターゲティング法とマウス ES 細胞（胚性幹細胞）からの生殖系列伝達するキメラマウス作製技術の組み合わせにより，マウスにおいてはほぼ制約なく任意の内在遺伝子の欠損を可能とする遺伝子ノックアウト法が確立された（Capecchi, 1989）．しかしながら標的遺伝子によっては通常のノックアウト法では変異個体の胚性致死や類縁分子による機能的代償が生ずる場合も少なくない．これらの欠点を回避するため開発された手法がコンディショナル（条件的）ノックアウト法である．

コンディショナルノックアウト法で最もよく適用されているシステムは P1 ファージ由来の Cre-loxP 組換え系であり，DNA 組換え酵素である Cre が DNA 配列に存在する 2 か所の loxP 配列を組み換えてその配列間を切り出すという原理に基づいている（Sauer, 1987）．遺伝子改変マウスに適用する場合，一般的には生体内で Cre の発現部位と発現時期があらかじめ調べられているトランスジェニックマウス（Cre 発現マウス，ドライバーマウス）と，標的遺伝子の一部，または全体を挟むようにジーンターゲティング法でゲノム DNA の 2 か所に loxP 配列を挿入されたマウス（floxed 変異マウス）を交配させ，得られたダブルトランスジェニックマウスが Cre 活性に対応した時空間特異的な遺伝子ノックアウトマウスとなる（図 6.48）．

条件的遺伝子発現制御のシステムは他にも多数存在し（特にテトラサイクリン依存的遺伝子発現

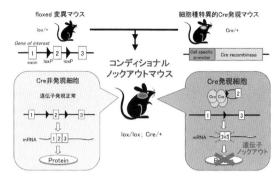

図 6.48 Cre-loxP 組換え系を用いたコンディショナルノックアウト法

誘導システムについては 6.15.3 参照），それぞれ長短併せもつが，内在遺伝子の発現を細胞単位で完全に消失させることが可能であることが Cre-loxP 組換え系の利点である．RNA 抑制に代表される遺伝子ノックダウンなどの技術とは異なり，Cre-loxP 組換え系では遺伝子が発現するための鋳型となるゲノム DNA 配列自体が失われるので，機能的遺伝子が消失する確実性ははるかに高い．しかしながらその確実性を無条件に信頼して実験を進めることは危険であり，標的遺伝子の発現の定量的な検出系によって想定どおりに条件的なノックアウトが生じているか常に検証することが肝要である．

Cre 発現マウス，floxed 変異マウスとも十分に使用実績があり研究目的に合致する系統ならば，作製者からの分与，またはジャクソン研究所（http://jaxmice.jax.org）や理研バイオリソースセンター（http://mus.brc.riken.jp/ja/）などから入手するのが一般的である．しかし最適な系統が常に入手可能であるとは限らず，その場合は研究者個人がデザインして遺伝子改変マウスの作製を試みることになる．Cre 発現マウスについてはいくつかの作製法があるが，内在遺伝子のプロモーター活性に依存した発現様式を忠実に反映する可能性の高い手法はノックイン法であると考えられている．また，通常の Cre のほか，薬剤投与による Cre 活性の制御が可能であるエストロゲン受容体またはプロゲステロン受容体の一部と融合させた Cre（CreER または CrePR）が用いられることも多い．floxed 変異マウス作製については，標的エクソンを選択する際には公にされて

いるデータベースのほか，可能な限りその遺伝子に関係する論文を調べることで，確実に遺伝子の生理機能を消失するよう分子構造上必須の領域を含むエクソンを標的とすることが望ましい．遺伝子改変マウス作製には発生工学，遺伝子工学を中心とする専門的な設備とスキルが必要となるため，未経験者が独力で作製するというのはほぼ不可能に近い．また，実験心理学で主要な研究手法となる行動学的解析では，使用するマウスの系統の選択もきわめて重要であるため（Mishina & Sakimura, 2007），いずれのマウス作製についても経験豊富な研究グループに事前に相談すべきであろう．

3）ゲノム編集，マウス以外の動物

ラットについても2008年に生殖系列伝達するES細胞が樹立されたが（Buehr et al, 2008；Li et al, 2008），それでも伝達効率に難があるのか実際の遺伝子改変ラットの報告数は決して多いとはいえない．いまだほとんどすべての哺乳動物において生殖系列伝達するES細胞が樹立されていない状況ではあるが，近年の幹細胞研究の進展により，他の多くの種からの生殖系列伝達する細胞の樹立に道が拓かれつつあると思われる．

一方，幹細胞を利用せず，生物全般に適用可能な遺伝子改変技術として代表的なものはゲノム編集技術である．任意のDNA配列を特異的に認識して切断するよう設計されたDNA切断酵素の細胞への導入によりゲノムDNAの切断と修復を繰り返すうちに変異を引き起こすという原理に基づいており，受精卵で直接遺伝子改変が可能であるため，ES細胞を介した遺伝子改変マウス作製と比較して作製速度においてはきわめて有利な技術である．ゲノム編集技術の中でも，その実験の容易さと高い変異導入効率から爆発的な勢いで広がっているのがCRISPR/Casシステムである（Cong et al, 2013；Mali et al, 2013）．標的とするゲノムDNA配列に対応した20塩基対の配列を含む短いguide RNAとDNA切断酵素であるCas9をコードするmRNA，またはそれらを発現するプラスミドDNAとともに受精卵へ導入するだけでノックアウトマウスが作製可能であり（Mashiko et al, 2013；Wang et al, 2013），点変異の導入やノックイン法の効率化も進み（Aida et al, 2015; Yoshimi et al, 2016），すでに様々な遺伝子改変動物作製法として実用段階にある（図6.49）．これらのシステムは将来的に遺伝子改変動物作製技術の中核になるであろうと考えられている．

今後の遺伝子改変動物を用いた研究は，リソースとして蓄積された樹立済みの系統を有効利用しつつ，さらに最新のゲノム編集技術などを駆使して研究者独自の視点で作製されたツールが有機的に関連し，発展するであろうと期待される．

〔阿部　学〕

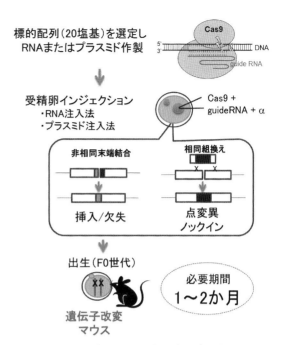

図6.49　CRISPR/Casシステムによる遺伝子改変マウス作製法

6.15.3　近年の技術

1）遺伝子導入

　機能分子を発現させて細胞の機能を操作する，レポーター分子を発現させて細胞の機能を評価するなどの目的で，遺伝子導入を行う．どの細胞に発現させるか，どのタイミングで発現させるか，という場所と時間に関する要素によって遺伝子導入方法が変わってくる．また実験室の設備による制限も導入方法を考慮するうえでの要因となる．本節では，アデノ随伴ウイルスを用いた遺伝子導入法と遺伝子改変マウスを用いた遺伝子導入法について述べる．

2）アデノ随伴ウイルス

　遺伝子の運び屋（ベクター）にはいくつかのウイルスが用いられてきた．レトロウイルス，レンチウイルス，アデノウイルス，ヘルペスウイルスなどである．それぞれに特徴があるが，近年ではアデノ随伴ウイルスを使用することが多くなってきた．最大の理由は，扱いやすさである．動物へウイルスを接種する実験は，封じ込めが必須になる．ウイルスの病原性に応じてレベルが変わるが，前述の病原性のあるウイルスはすべて P2 レベルでの取り扱いになり，非病原性のアデノ随伴ウイルスは P1 レベルでの取り扱いになる．

　アデノ随伴ウイルスに，プロモータ配列と興味のある遺伝子配列を搭載すれば，組換えアデノ随伴ウイルスベクターが完成する．ウイルス膜のカプシド蛋白の違いによって，血清型が異なる．血清型によって感染しやすい細胞，しにくい細胞がある．アデノ随伴ウイルスを用いた遺伝子導入を検討する場合は，血清型とプロモータについて先行研究から情報を集めることになる．実際のウイルス粒子作成は，研究者個人で行うか，企業に委託するか，生理学研究所のような共同研究機関に依頼するかのどちらかになる．

　血清型とプロモータの選別によって，どの細胞に発現させるかという情報が手に入る．多くの場合，興味のある遺伝子と同時に，GFP などのレポーター分子が発現するようにデザインされてい

るので，レポーター分子の発現分布から，どの範囲までウイルスが感染したかを評価することができる．興味のある遺伝子の発現のタイミングは，ウイルスを接種してから 1〜2 週間後から，少なくとも 3 か月間は持続する．

3）遺伝子改変マウス

　遺伝子に何らかの操作が加わっていれば，すべて遺伝子改変マウスになるが，ここで扱う遺伝子改変マウスは「遺伝子導入を目的とした」遺伝子改変マウスとする．マウスがもっていない遺伝子（例えばチャネルロドプシン）を発現させるケース，マウスがもっている遺伝子（例えば Bdnf）を過剰発現，異所性発現させるケースが該当する．

　遺伝子改変マウスを英語に直せば gene modified mouse になるが，この英語はあまり使われることがなく，むしろ transgenic mouse がよく使われる．transgenic mouse を日本語に訳せば遺伝子導入マウスになるが，この日本語訳は使われず，カタカナ表記のトランスジェニックマウスが使われる．遺伝子改変マウス，トランスジェニックマウスは多くの文脈でほぼ同義である．

　実験に使うトランスジェニックマウスは 2 つの種類に大別することができる．1 つは，1 種類のトランスジェニックマウスで遺伝子導入の目的が果たせるもので，他方は，2 種類のトランスジェニックマウスを交配して得られるダブルトランスジェニックで遺伝子導入の目的が果たせるものである．前者はプロモータ配列，興味の遺伝子配列を基本骨格とするもので，Thy1-GFP マウス（Thy1 プロモータによって GFP が発現する）はその代表例になる．後者は Cre-loxP システム，tTA-tetO システムが該当する．Cre マウスと loxP マウスを交配させる（Cre-loxP システムについては 6.15.2 参照），tTA マウスと tetO マウスを交配させることによってダブルトランスジェニックマウスを得る（tTA-tetO システムについては後述）．

　遺伝子改変マウスを実験で使用するうえで有利な点は，まったく同じパターンで遺伝子導入されたマウスを複数準備することができる点にある．ウイルスベクターを用いた遺伝子導入の場合，個体ごとに発現にバラツキが出てしまう．各遺伝子

改変マウスの情報は，ジャクソン研究所（http://jaxmice.jax.org）や理研バイオリソースセンター（http://mus.brc.riken.jp/ja/）などで検索することができ，さらにそのマウスを購入することもできる．導入遺伝子の発現パターンを知るには，原著論文に当たるのが第一だが，用いたプロモータの特性を知るには，GENSAT（http://www.gensat.org/index.html）が役に立つ．各種遺伝子のプロモータを利用した GFP の発現を調べることができる．

遺伝子導入のために遺伝子改変マウスを使うわけだが，どのプロモータを用いているのかを把握することによってどの細胞・どの脳領域に発現するかを知ることができ，結果としてどのような介入実験が可能になるか知ることができる．繰り返すが，遺伝子改変マウスは，個体ごとの介入が同じである点が利点である．

4) 時空間特異的遺伝子発現制御（テトラサイクリン依存的遺伝子発現誘導システム）

遺伝子導入を好きなタイミング（時間）で，好きな細胞集団（空間）に発現させるシステムにテトラサイクリン依存的遺伝子発現誘導システムがある．テトラサイクリントランスアクチベータ（tTA）と呼ばれる分子を細胞種特異的に発現する tTA マウスと，tTA 依存的に目的遺伝子を発現させることができる tetO マウス（TRE マウスとも呼ばれる）の2つを交配させ，得られるダブルトランスジェニックマウスを使用する．このマウスでは，tTA を発現する細胞でだけ目的遺伝子が発現できる（空間特異的）．ただし，この発現はテトラサイクリン存在下では起こらない．飲水中，もしくは食餌中にテトラサイクリンを入れておくと，目的遺伝子は発現しないが，ひとたびテトラサイクリンを除去すると目的遺伝子が発現する（時間特異的）．ジャクソン研究所，理研バイオリソースセンターに様々な細胞種特異的 tTA マウスが登録されているので，実験の目的に合致した tTA マウスがいるかどうか検索してもらいたい．実際の実験ではテトラサイクリンアナログのドキシサイクリンを用いて導入遺伝子発現の時間を制御する．

5) 神経活動を操作・観察するツール

遺伝子導入の目的の1つは，神経活動を操作・観察するための機能分子を導入することである．神経細胞のサブタイプは遺伝子発現によって規定されているので，その性質を利用して機能分子を導入することになる．例えば，線条体の中型有棘神経細胞のうち淡蒼球に投射する神経細胞はドーパミン D2 受容体，アデノシン A2a 受容体を選択的に発現するので，これらのプロモータを利用する．ひとたび細胞種特異的なプロモータを選択したら，用途に応じて機能分子を選ぶ．光を使って神経細胞を興奮させたければチャネルロドプシン2を，光を使って神経細胞を抑制させたければアーチロドプシンを選択する．神経細胞の活動を記録したければ，活動に応じて変化する細胞内カルシウムに注目して，細胞内カルシウムをモニタできるプローブ分子，例えば GCaMP や yellow cameleon を選択する．

操作・観察したい細胞種を決め，機能分子を決めた後には，どのようにして機能分子の遺伝子を導入するかを決める必要がある．アデノ随伴ウイルスを使用するか，遺伝子改変マウスを使用するかは，まずは成功例を参考にする．特に重要なポイントは，機能分子は十分に発現させないと機能しないという点である．日本国内においても成功例と失敗例が蓄積されつつあるので，積極的に情報を集めて，研究目的に応じた遺伝子導入法を決めることになる． 〔田中謙二〕

付　録

| 第 1 部　実験の基礎 |
| 第 2 部　感覚刺激の作成と較正 |
| 第 3 部　感覚・知覚・感性 |
| 第 4 部　認知・記憶・注意・感情 |
| 第 5 部　学習と行動 |
| 第 6 部　生理学的測定法 |

付　録

▶ **付　録**

付録 1　被験体とその飼育方法·····························488
付録 2　解剖図··505

付録1　被験体とその飼育方法

1.1　ハトおよびラット

種名：カワラバト
（*Columba livia*），
ドブネズミ
（*Rattus norvegius*）

本項では，心理学の動物実験で頻用されるハトおよびラットを中心に，その他の実験動物にも通ずる一般的な飼育に関する基礎知識をまとめる．なお，本項のテーマのさらなる詳細については，日本実験動物協会が編纂した『実験動物の技術と応用 入門編』『実験動物の技術と応用 実践編』を参照されたい．

現在の動物実験の原型は，1865年にフランスの生理学者ベルナール（Bernard, C.）が著した『実験医学序説』まで遡り，その後，病原微生物学や血清学，遺伝学，生理学，栄養学，内分泌学，行動学などの多くの分野で新しい学術知見の発見や人類の健康・福祉の向上に貢献することが確認されてきた．その一方で，近現代的な動物実験が開始されて間もなくから，動物の福祉の点への厳しい社会的な責任も問われ続けてきた．わが国では2005年の「動物の愛護及び管理に関する法律（動物愛護法）」改正の際に3R（replacement, reduction, refinement）の原則の考えが導入された（付録1.4参照）．また動物実験の実施については国の許認可制度による管理こそないものの，日本学術会議が定めた「動物実験の適正な実施に向けたガイドライン」（2006）に基づいて，動物実験委員会の設置，実験計画の審査と結果の把握，教育訓練の実施，飼養保管施設の把握などを各研究機関が行うことが期待されている．動物の適切な飼育の背景には，このように動物の福祉やそれに関わる社会的要請があることも理解する必要がある．これらの点の詳細については1.6.5を参照されたい．

1.　実験動物・実験用動物

日本動物実験協会によれば，実験動物は「教育，試験研究，生物学的製剤の製造，その他の科学上の利用に供するため，合目的に繁殖した動物」と定義される．典型的な実験動物はマウスやラット，モルモットなどである．しかし，実際にはこの定義は狭義であり，野生動物や産業用家畜などから科学上の利用へと転用される動物も多くある．野生動物は「自然界から捕獲した動物で，人為的な繁殖や生産は行われていないもの」を指し，家畜は「社会に有用であるため，飼い慣らされ，繁殖，生産される動物」を指す．そこで，科学上の利用に供する動物一般を実験用動物（広義の

実験動物）と呼ぶこともある．したがって，心理学の動物実験でよく利用される種では，ラットは狭義の実験動物に該当するが，ハトやサルは広義の実験動物ないし実験用動物である場合が多い．野生動物や家畜は遺伝的な均質性などの点で狭義の実験動物に劣り，また過去の病歴や年齢がわからないことも多い．家畜由来の場合には生理や病気について比較的知られているが，野生動物由来の場合にはそれもあまり解明されておらず，珍しい動物では飼育法すら情報がないこともある．

実験動物には，無菌動物，保有する菌が把握されているノトバイオート，特定の病原性や寄生虫をもたないことが把握されている（その他どのような菌を保有するかは不明な）SPF（specific pathogen free）動物，保菌状態の情報が不明なコンベンショナル（conventional）動物に分類される．行動実験の場合は，ラットのような実験動物はSPF動物を実験動物生産業者から入手して利用することが一般的である．

動物施設の環境は動物の保菌状態に合わせた厳密さを求められる．無菌動物，ノトバイオートを飼育するためには，外界から完全に封鎖し，実験者や動物技術者が直接動物に接することができないようにした設備を有するアイソレータ方式の施設が必要とされる．一方，SPF動物の繁殖や生産の実施や，施設への病原体の侵入の防止のためには，外界から隔離され，入室の際のシャワー設備を備え，器材の滅菌，消毒が徹底したバリア方式の施設が必要とされる．他方，利用面，経済面を優先して動物を飼育する施設で，外界と厳密な隔離がなされていないものはオープン方式と呼ばれる．心理学の動物実験施設はオープン方式の場合が多いが，この場合，搬入する際にはSPF動物であったとしても，飼育開始後はコンベンショナル動物とみなすべきである．

2.　検収，検疫，動物の健康管理

施設の多くは実験動物を外部から導入する．施設到着時に動物の状態を確認し，受領することを検収と呼ぶ．動物商や繁殖センターで購入された動物は，その履歴が明らかでない場合には検疫を必要とする．検疫とは，施設内へ動物を受け入れる際に，一定期間，隔離・観察し，必要に応じて検査を行うことである．検収・検疫を実施する目的は3点あげられる．1つは実験に使用する動物が実験目的に適した健康状態であることを確認し，適正な動物を使用することにより動物実験の精度向上を図ること，2つ目は動物実験を行

う施設への病原性微生物の侵入を防ぎ，他の動物への感染拡大を防止すること，3つ目は導入した動物による人獣共通感染症から，飼育技術者や実験者を守ることである．

　動物に生じる疾病の診断には専門的知識と技術，時間を要するが，日々の健康状態の把握は，掃除や給餌，給水などの日常の飼育管理中の観察からおよそ可能であり，それが感染症や異常の早期発見へとつながる．表1に一般的な観察のポイントを示す．特別に意識しなくても動物を取り扱う際には個体の行動や全身状態を観察する習慣を身につけるべきである．体重測定も飼育中の動物の健康状態を把握する方法として頻用される．体重は日内変動を示すため，測定は一定時刻に実施することが大切である．

3. 人獣共通感染症とアレルギー

　動物からヒトへ（あるいはヒトから動物へ）感染する病気を人獣共通感染症と呼ぶ．実験動物が自然宿主になりうるものは現在200種程度知られている．しかし，動物施設で注意しなければならない病原体は20～30種類であり，そのうちの多くは野生のサル類，げっ歯類，あるいは病歴の不確かなイヌ，ネコ，家畜などから検出される場合が多い．サル類，げっ歯類，トリ類が関与する人獣共通感染症を表2にまとめた．

　一般に動物施設では，動物の健康，動物の環境が優先され，ヒトの作業環境としての意識が薄いので，作業者の健康と安全にも配慮が必要である．動物による咬みつき，引っ掻き，蹴りなどの傷害を負わないよう動物と接する際に注意することのほか，飼育室の塵

埃に含まれる被毛，ふけ，飼料屑，床敷屑，排泄物などによる動物アレルギーを防ぐためにマスクや手袋などの作業衣を着用することが大切である．ゴム手袋は汚染防止，感染防止，動物アレルギー防止のために利用されるが，ゴムアレルギーが生じる場合もあるため，手袋の材質への注意も必要である．

4. ハトとその飼育方法

　ハトは生理学や解剖学では哺乳類とその他の種の比較をする際に，標準的なトリ類として使用されてきた．また，目覚ましい帰巣能力を示すので，それを研究の対象としてきた歴史もある．心理学では，視覚を用いた弁別に優れているため，刺激性制御にかかわる学習や比較認知の研究で使用されている．

　体重が130～180 g 程度の小さいハトは dove〔例えば，コジキバト（turtle dove），シラコバト（collared dove）〕，350～550 g 程度の大きいハトは pigeon〔例えば モリバト（wood pigeon）〕と呼ばれるが，科学的な区別があるわけではなく，単にサイズに基づいた慣用として区別している．野生のハトでは，サイズ，色，生息環境，採餌習慣に相当のばらつきがみられるが，両性が抱卵を行い，嗉（そ）嚢乳を生み出し雛バトへ授乳を行うといった特徴は共通する．その他にも飛び立つ際の羽音や摂水の際に頭を下げて水を吸う様子など行動的な類似性がある．

　実験動物として使用されるものはカワラバト（Columba livia）やそれを家禽化したイエバト（Columba livia domestica）が一般的で，時にはジュズカケバト（Streptopelia risoria，その原種 Streptopelia roseogrisea）が使用されることもある．その他, 愛玩用（ジャコビン，クジャクバト，タンブラーなど），食用（ホーマー，カルノー，キングなど），伝書用（リュージュ，アントワープなど）に区分され多数の品種がある．ハトの寿命は最長25～30年，平均15年程度である．

　日本国内ではレース鳩として繁殖が行われているので，日本鳩レース協会に所属する鳩舎から購入，あるいはレースに不向きと選別された個体を譲り受けることによって取得することもある．

　家畜由来の実験用動物であるため，外部から実験室へ導入する際に検疫をする必要がある．例えば，ハト特有の病気である鳩痘（鶏痘と同じ）やニューカッスル病のワクチン接種を隔週で2度行い，各々1週間程度の経過観察を行って異常のないことを確認する．この期間はすでに検疫を済ませた他の動物とは別に飼育する．

表1　日常飼育時の観察のポイント

項目	観察のポイント
行動	活動性，横臥，旋回，痙攣
全身	やせる，太る，外傷，痂皮
被毛	毛並み，光沢，よごれ，脱毛
鼻腔	鼻汁，出血
眼	目やに，涙，貧血，充血，眼瞼閉塞，眼球異常
耳	外傷，痂皮，貧血，充血
口腔	よだれ，出血，歯の異常，貧血（色調）
肛門	汚れ，出血
生殖器	奇形，外傷，分泌物，出血
餌・水	消費量の急変，食べこぼし量の変化
排泄物	形，色，におい，硬度，量の変化

日本実験動物協会（2004a）を参考に作成

表2　実験動物における主要な人獣共通感染症

	病原体名	宿主動物	症状	
			動物	ヒト
ウイルス	エボラ出血熱ウイルス	サル類	不顕性，ウイルス株により死亡	頭痛，嘔吐，全身の倦怠感，下痢，出血傾向，内臓の壊死，死亡率は高い
	マールブルグ病ウイルス	サル類	肺，肝，膵の出血，死亡	発熱，頭痛，筋肉痛，発疹，下痢，死亡率は高い
	腎症候性出血熱ウイルス	ラット	不顕性	発熱，乏尿，多尿，蛋白尿，嘔吐，下痢，腹痛，出血斑
	リンパ球性脈絡髄膜炎（LCM）ウイルス	げっ歯類，サル類	不顕性，まれに痙攣，慢性糸球体腎炎	発熱，頭痛，筋肉痛，悪心，嘔吐，反射障害
	狂犬病ウイルス	イヌ，ネコ，サル類	興奮，過敏，流涎，強直	不安，興奮，錯乱状態
	Bウイルス	サル類	口腔粘膜，舌の水疱，潰瘍	リンパ節腫脹，発熱，嘔吐，運動失調，麻痺
	ニューカッスル病ウイルス	トリ類	発熱，濃緑色下痢，呼吸異常	結膜炎，頭痛
細菌	サルモネラ	種々の脊椎動物	発熱，下痢，粘液便，敗血症	発熱，嘔吐，下痢，腹痛（食中毒）
	仮性結核菌	げっ歯類，イヌ，ネコ，トリ類，サル類	下痢，敗血症，脾臓，肝臓の壊死巣	腸間膜リンパ節炎，虫垂炎，結節性紅斑，関節炎
	パスツレラ	イヌ，ネコ，トリ類	気管支炎，肺炎	咬傷部の激痛，発赤，腫脹，呼吸器症状
	結核菌	イヌ，ネコ，サル類	肺，腸，リンパ節に結核菌	肺結核，頸部リンパ節，泌尿生殖器などに病変
	赤痢菌	サル類	水様粘血便	発熱，腹痛，結膜充血，嘔吐，下痢，出血，黄疸
	レプトスピラ	ラット，イヌ	出血性黄疸，嘔吐，下痢，口内潰瘍	発熱，筋痛，結膜充血，嘔吐，下痢，出血，黄疸
真菌	皮膚糸状菌	げっ歯類，ウサギ，イヌ，ネコ，サル類	頭・頸部・四肢の円形・不整形脱毛	手指などに汗疱状・小水疱性白癬，生毛部白癬，小型輪状皮疹多発
原虫	赤痢アメーバ	イヌ，ネコ，サル類	潰瘍性大腸炎	粘血便，嘔吐，発熱，腹痛，大腸潰瘍，肝膿瘍
寄生虫	小型条虫	げっ歯類，ネコ，サル類	腸粘膜炎症，腸閉塞，栄養障害	腹痛，下痢，嘔吐，貧血，栄養障害

日本実験動物協会（2004a）を参考に作成

　ハトは屋内ケージまたは屋外の小屋で飼育を行う．従順なので手でつかむことができる．集団飼育をするような大きな小屋の場合，捕獲用の網を用いる．個別またはペアで飼育する場合には，長さ20〜30cm程度の止まり木を設置でき，ハトが羽根を伸ばしたり，羽ばたいたりできる程度の広さのケージを使用する．ウサギ用ケージやイヌ用ケージを代用することも可能である．ハトは概日周期により午前中に羽ばたき運動を行ったり，鳴いたり，採餌をする傾向がある．屋内飼育の場合には点灯14時間，消灯10時間の周期で電灯を切り替えると繁殖が起こりやすい．屋外小屋には清潔な水を平たいトレイに入れて用意しておくと水浴

び行動を行う．集団飼育をする場合には，両性混合で飼育をしておくと，繁殖シーズンの開始時の雄同士の暴力的傾向を防ぐことができる．雄のみを集団飼育した場合には闘いが起き，羽毛や体表に傷ができる可能性がある．

　飼料及び水は3〜4cm程度の深さのある皿やホッパーにそれぞれ入れて与える．屋内の個別ケージの場合，金属ケージの間からハトが首を伸ばせる程度の開口を設けておき，そこに外づけで皿やホッパーを設置すれば給餌や給水が容易である．ハトは採餌の際に餌を散らかす．そのため多くの餌を一度に与えたとしても，餌皿はすぐに空になる．したがって，給餌と給水

は努めて毎日行うことが必要である.

ハトは,麻の実,トウモロコシ,ソラマメや,粟,キビ,小麦,カラス麦,大麦などの穀粒を食べるのでこれらの混合飼料を与える.それに加え,トリ類には鉱物飼料が必要である.トリ類には歯がないため,穀物をかみ砕くことができない.そこで丸飲みした穀粒をまず嗉囊に蓄え,軟らかくなってきた餌を少しずつ胃へ送っていき,胃の運動によってさらに細かく砕く.このときの細粉を助けるためにトリ類は定期的に小さい石を食べ胃に蓄えている.ハトへ与える混合穀物飼料へこの鉱物飼料としてプラスリン®を混ぜて与える.

ハトの個体識別には個体識別番号が記されたプラスチック製の環状の脚輪ないし脚帯をはめる.鳩レース協会が脚輪を販売しておりこれを購入するか,ニワトリ用の翼帯を利用することもありうる.ハトの性別は見た目だけで識別することは困難であり,1歳以上の成体の求愛行動のパターンの観察から類推する.雌個体を隣接したケージに入れた場合に発情中の雄は,繰り返し頭を上下しながら鳴き声をあげる(bow-cooing).もし発情中の雄同士を隣接したケージに入れた場合,つついたり,羽根で叩いたり(wing-boxing)といった攻撃的な行動が生じる.

ハトの感染性疾患には,*Candida albicans*菌により起こるミューゲ,トリコモナス原虫が口から感染して口腔内や嘴の周囲に粟粒大の黄白色の腫物が出現するトリコモナス症,ニワトリの鶏痘に当たる病気で眼の縁,嘴のつけ根,脚に黄色い小さな腫物状のものができる鳩痘などがある.また,人獣共通感染症であるオウム病クラミジアの保菌率も高い.

5. ラットとその飼育方法

ラットは心理学のほか,生理学,薬理学,生化学,免疫学,内分泌学,菌学,腫瘍学や毒性学などで利用されており,マウスの次に多くの系統が確立された実験動物である.ノルウェーラットあるいはブラウンラット(*Rattus norvegicus*,和名:ドブネズミ)の中に見出されたアルビノが,愛玩用や展示用とならび,実験用として使用されるようになった.性質はおとなしく,産子数が多いため取り扱いやすい.マウスよりも体が大きいので,血液やその他生体材料を得やすく,外科手術にも利用できる.近交系はマウスに比べ少ないが,国際的に登録されている系統は400を超える.成体の重さは雌で200〜400g,雄では300〜700g程度で,寿命は2〜3年である.

代表的な系統にはWistar系,Sprague-Dawley系,Long-Evans系などがある.Wistar系は1906年にシカゴ大学からWistar研究所に導入されたアルビノラットを起源とする.扱いやすく,雄の攻撃行動の発達は比較的遅い.Sprague-Dawley系は1925年にウィスコンシン州で生産を始めた系統で,雌はWistar系ラットを起源とし,雄の起源は不明である.性質はおとなしく,比較的大きく成長する.Long-Evans系は1910〜1915年にカリフォルニア州バークレーで捕らえた雄の野生ラットを雌のWistar系と交配して得た系統である.頭と背筋は黒または灰色で,その他の部位は白色である.この系統も扱いやすいが,攻撃行動の生起水準は一般的に高い.概してラットは頻繁に触れ合い人間に慣れさせておくと従順でおとなしい傾向を維持するが,過度にストレスが与えられたり,人間との接触が長期間なかったりした場合,粗暴になりヒトに攻撃を加えることがある.このようになると,以後の取り扱いは大変困難になるので,常に取り扱いを丁寧に行うべきである.

ラットは実験動物として,生産・供給体制が確立しており,国内でも複数の実験動物生産企業から購入することができる.一方,元来,特殊なミュータント系や疾患モデル動物は大学や研究機関が独自に維持し相互に分与をし合ってきた.

飼育ケージは金属製の金網床型と合成樹脂製の平底型がある.金網床型ではケージの下に糞や尿,餌こぼし用の受け皿を敷く.金網型のケージは排泄物が受け皿に落ちるのでケージが汚れにくく飼育管理の労力を減らすことができる.しかし動物を長期飼育すると四肢(特に後肢)を痛めることがある.また動物の足底の長さに比べて網目が大きいと,間隙に後肢を落として骨折することもある.

平底ケージは,動物が自由に動き回れて,正常な姿勢をとれる広さが必要である.例えば,31×44×23〔幅×奥行×高さ(cm)〕の一般的なラット用飼育ケージでは,体重が300〜500gの動物を飼育する場合2〜5匹の収容が可能である.また,逃亡できないこと,ケージの間隙などに体や四肢を挟まれる事故が防げること,そして動物の摂餌,摂水行動に支障がなく,給餌,給水作業が容易に行える構造であることもケージに求められる.平底ケージでは床敷を敷き詰める.床敷の材質はおがくず状の木製チップ材や,近年はパルプ加工系やトウモロコシの芯を加工したものなども使用される.床敷は,吸湿性に優れて乾燥しやすく,脱臭性があり,有害物質(有毒化学物質,農薬,

殺虫剤など）や微生物を含まないことが求められる．

ラットを含むげっ歯類は夜行性のため，飼育室の電灯は昼に消し，夜に点けるようにし，昼夜を逆転させておく．点灯・消灯は12時間間隔で切り替える．アルビノラットは強い光を当てすぎると網膜に損傷を負うことがある．飼育ケージラックの上段ほど電灯の光を強く浴びる可能性があるので，ラックの天井板などで遮蔽されるように気をつける．室温は20〜22℃程度に保つ．

給餌器は餌が食べやすく，糞尿による汚染が起きにくいように配慮する．市販のラット用平底ケージの場合，ステンレス網製の蓋の窪みへ固形飼料を載せて与えると，網の隙間から採餌できる．ラットの給水瓶はガラスや合成樹脂製で，ゴムやシリコン素材の栓にステンレス製のカバーが掛けられている．カバーはラットが栓を嚙むことを防ぐ．

ラットの個体識別には，麻酔下で左右の耳に穴や切り込みを入れて識別する耳パンチ法，尾に入墨器を用いて線や数字を入墨する入墨法，マイクロチップを背部皮下に埋め込み識別するマイクロチップ法，市販のフェルトペン方式の動物用マーカーで毛や尾に色づけを行う色素塗布法，個別飼育している場合は，ケージに取りつけたカードに必要事項（個体番号，生年月日，性別，体重，経歴など）を記入するカード法などがある．色素塗布法は簡便であるが，永続性はなく，次第に色は落ちていくので，その都度改めて塗布をする必要がある．個別ケージ飼育の場合にもカード法だけでなく，念のためにその他の方法を併用するとよい．

ラットに現れうる病気の種類に次のようなものがある．ウイルス病では，ラットの「おたふくかぜ」といわれ，唾液腺が腫れるため頸部が太くなり，目の周囲の赤色の分泌物や眼球突出が観察される唾液腺涙腺炎（SDA）や，センダイウイルスの感染により，呼吸器疾患を生じるセンダイウイルス病などがある．細菌病では，肺へ感染すると異常呼吸音を示し，気管支肺炎になることもあり，関節に感染すると，前肢や後肢の関節が赤くなったり膨張したりし，弛緩性麻痺症状が起こるマイコプラズマ病や，肝炎や腸炎を主とする疾患で，被毛の色やつやが悪く，行動が不活発となるティザー病などがある．

6. 行動実験への準備

検収および検疫後，ハト，ラットなどの実験動物は個別飼育ケージなどの飼育施設に導入し，個体の体重が安定するまで，好きなだけ餌をとることができるようにする．安定の基準はいろいろあるが，例えばそれほど厳密でない基準としては，5日間にわたって体重値の変化に上昇傾向や下降傾向がみられず，その変動幅が十分に小さくなった時点の5日間の平均をもってその値とするというものがある．幼い週齢で購入をした場合には，一定の養育期間の経過後に安定の基準の検討を始める．得られた体重値は自由摂食時体重〔free-feeding weight．アドリブ体重（ad-libitum weight）ともいう〕と呼ばれる．体重を測定している間，動物の体に触ることで，ヒトに触れられることに慣らすこと（馴化）も行う．馴化の十分に進んでいない個体では実験実施時に緊張やストレスのために十分な遂行を示さない場合があり，そのためにも自由摂食時体重の決定後も日々の体重計測で身体に触り馴化を進めることが大切である．

引き続いて食物遮断化（food deprivation）の手続きに入る．最近では長期の体重の強い遮断化は，動物の福祉への配慮と健康上の問題から，研究の正当な理由がない限り行われなくなっている．したがって過去には自由摂食時体重の約80％が最もよく使われていた遮断化レベルではあったが，今日では85〜90％の体重を遮断化のレベルとする研究が多い．

しかし自然状態では24時間の自由摂食ということはありえず，自由摂食時体重というベースラインもまた，現実場面での採餌とはかけ離れていて，それを基にした遮断化レベルも，やや過大に設定されている可能性がある．いずれにせよ，個体が最も「健康」な状態で実験に向かえるよう，体重変化や健康を常にモニターする必要がある．遮断化は行動制御の観点からは確立操作（establishing operation）の1つと位置づけられている．確立操作とは実験で用いられる強化子や弱化子の効果を「確立」する操作のことである．この意味で遮断化の反対の確立操作は飽和化（satiation）と呼ばれている．

遮断化のレベルが決定されたならば，1か月程度をかけて，徐々に体重を下げていく．その間，毎日，温度や湿度とともに，体重や健康状態を記録することはいうまでもない．実験開始後は，実験中に給餌を行い，実験後に体重を測定し，その結果に応じて飼育ケージ内で追加給餌を行うのが一般的である．

ハトおよびラットの行動実験の装置，装置への馴化，行動形成については，5.3.2, 5.3.3を参照されたい．

〔八賀洋介，坂上貴之〕

1.2 マウス

種名：ハツカネズミ
(*Mus musculus*)

　現在，実験動物として使用されているマウスは，ハツカネズミ種（*Mus musculus*）のうち，*musculus* 亜種，*dometicus* 亜種および *molossinus* 亜種などから交雑などによって樹立されたものである．マウスはヒトと同じ哺乳類であり，個体レベル認知・情動など，脳の高次機能を解析することができることから基礎心理学の分野でも実験に多く使用されている．それに加えてマウスには，遺伝的に均一化されている系統（strain）が存在していること，遺伝子の機能を操作する遺伝子改変技術が確立されていること，成獣でも雌は 18 ～ 40g，雄も 20 ～ 40g 程度であることから比較的小さなケージでも飼育できるなどの特徴があり（早川，1991），モデル動物として広く使われている．マウスは交配後 19 ～ 21 日で出産し，その産仔が 6 ～ 10 週間で次世代の仔を産むことが可能になることから，世代間での薬剤の影響や，遺伝学的な解析にも使われている（小出，2013）．

1. 実験動物の品質と生育環境

　マウスに限らず，実験動物の品質や生育環境は，動物実験で得られるデータに大きく影響する．特に，①微生物学的品質および飼育環境，②遺伝的な品質，について均一性が確保されていないと，行動実験のデータが変動することが報告されており，注意が必要である（早川，1991；小出，2013；小出ほか，2013）．

　微生物学的品質としては，付録 1.1 でも説明されているように，特定の病原微生物に感染していないSPF（specific pathogen free）動物や，微生物学的な配慮を行わずに飼育管理をしているコンベンショナル（conventional）動物などを，実験の目的に合わせて選択する必要がある．マウスに感染症を引き起こすような微生物については，飼育室全体で排除しておかないと動物実験のデータに不要な影響を及ぼすことは言うまでもないが，例えば蟯虫のように重篤な症状を引き起こさないような微生物でもマウスの行動パターンを変えてしまうことが報告されており（McNair & Timmons, 1977），注意が必要である．

　意図したコンベンショナル条件下での実験ではない場合，SPF 動物を入手したあと，飼育・保管し，実験を完了するまでの間，動物が SPF の状態であることが必要となる．そのためには，飼育動物と病原微生物との接触を防ぐようなバリア方式（barrier system）を採用した施設での飼育維持が望ましい．バリア施設での飼育では，高性能フィルタ（high efficiency particulate air filter, HEPA filter）を介した給気，飼育飼料や器材，飼育室の洗浄・滅菌操作の徹底，定期的な微生物感染状態の検査（定期微生物モニタリング）などが運用上必要となる．また，実験者は入室にあたって滅菌された専用衣に着替え，使用する器具類も滅菌したものを持ち込む．バリア施設外からマウスやラットなどの実験動物を導入する際は検疫を行い，その施設で指定している微生物に感染していないかどうかの検査を行うのが一般的である．

　行動実験では，多くの場合，実験に用いる動物群が均一であることが求められる．均一性については生育・飼育環境だけではなく，遺伝的な背景についても注意する必要がある．マウスやラットの場合は，ほぼすべての遺伝子座がホモ接合型となっていて遺伝的に均一な純系である近交系（inbred strain）が存在する．遺伝子改変マウスを用いて遺伝子機能の解析を行う場合にはこのような動物が使用されることが多い．一方で，クローズドコロニー（closed colony）と呼ばれる非近交系の動物を使用することもある（小出ほか，2013）．クローズドコロニーは，個体間では遺伝的なばらつきがあるものの，集団として固有の遺伝的性質をもっている個体群のことである．これらの動物は被験体に遺伝的多様性が求められる安全性試験や薬理学の実験などに多く用いられる．いずれの動物を用いる場合でも，自分の行う研究の目的に合致しているかを事前によく検討することが重要である．

2. 入手方法

　マウスは前述したとおり多くの系統が存在しており，それぞれに異なった特徴をもっている．それらの中から，自分の研究目的に合ったマウスを探すには，FIMRe（Federation of International Mouse Resources）が提供している（International Mouse Strain Resource, IMSR. http://www.findmice.org/）が有用である．このデータベースには，最も多くのマウスの系統を飼育維持・保管しているジャクソン研究所（The Jackson Laboratory）や，日本の理化学研究所バイオリソースセンターなど世界各国から 21 の機関が参加している．IMSR では，必要な遺伝子改変マウスや自然発症モデルマウスなどの情報検索や，各研究機関にマウスの分与依頼などを行うことができる．2015 年には，IMSR に登録されているマウス系統数は生体と

表3 主なマウスの保存・提供機関

機関名	運営	URL
理研バイオリソースセンター	公的機関	http://mus.brc.riken.jp/ja/
ジャクソン研究所	公的機関	https://www.jax.org/jax-mice-and-services
MMRRC	公的機関	https://www.mmrrc.org/
日本クレア	民間企業	http://www.clea-japan.com/
日本チャールズ・リバー	民間企業	http://www.crj.co.jp/
日本SLC	民間企業	http://www.jslc.co.jp/

して維持されているもの, 凍結胚・精子, 凍結卵巣で維持されているものを合わせて 32,396 系統で, また変異導入した ES 細胞として保管されている系統は 209,328 系統と報告されている (Eppig et al, 2015). 遺伝子改変マウスや自然発症モデルマウスなどを探す際には, まずこのデータベースで調べるのがよいだろう.

近交系, クローズドコロニーマウスなどの一般的な動物は実験動物ブリーダーから購入し, 多くの遺伝子改変マウスは表3に示した機関から分与あるいは購入することができる.

3. 飼育方法

マウスの飼育や繁殖については, 優れた成書が数多くあるので一読することを推奨する (吉岡, 2013；早川, 1989；目加田ほか, 2009). また, 所属する研究機関の飼養保管施設の飼養基準やルールに従って飼育を行う必要もあるので, 実験を開始する前に確認しておく. 温度や湿度, 明暗周期などの主に飼養保管施設側で制御する環境要因も実験データに影響するため (Crabbe et al, 1999；山内, 1986；久和, 2015), これらの点も事前に確認しておく.

一般的には, プラスチック製の飼育ケージに, 床敷として木製あるいは紙製のチップを敷き, ペレット状の餌, 給水瓶あるいは自動給水機の給水ノズルを装着して, 温度 20 〜 26℃, 湿度 40 〜 60%RH, 照明 150 〜 300 ルクスの条件で飼育する (久和, 2015；國田, 2015). 明暗周期については, 12 時間周期を採用している施設と, ジャクソン研究所のように 14 時間明期/10 時間暗期を採用している施設がある. 前述したように, 飼育環境はマウスの行動に影響することが報告されているので, 目的に応じて適切な飼育環境を確保し, それを維持することが重要である.

マウスの飼育には市販のプラスチックケージを使用することが多いが, SPF 環境での飼育ではオート

クレーブ滅菌に耐えうる素材のものを選択する必要がある. ケージの洗浄・滅菌を行うことが難しい施設では滅菌済みの使い捨てケージを使うという選択肢もある. ケージの体積と飼育匹数の基準については, ILAR (Institute for Laboratory Animal Research) の定めた基準を参考にして, 過密飼育を避ける (久和, 2015；Garber et al, 2011). 日本では明確な体積基準が定められていないが, 環境省の定めた「実験動物の飼養及び保管並びに苦痛の軽減に関する基準」では,「実験等の目的の達成に支障を及ぼさない範囲で, 個々の実験動物が, 自然な姿勢で立ち上がる, 横たわる, 羽ばたく, 泳ぐ等日常的な動作を容易に行うための広さ及び空間を備えること」とされており, 研究上の特別な目的がない限り過密飼育は避けるべきである.

床敷用の木製あるいは紙製チップ, コーンコブなどは前述した実験動物ブリーダーから購入することができる. 床敷の種類については, 実験の目的や利用する飼養保管施設のルールなどから適切なものを選択すればよいが, 木製チップでは材質によってはマウスに肝臓障害や癌を引き起こす芳香族炭化水素が揮発放散されるため注意が必要である (山内, 2008). あらかじめ高温処理することで揮発性有機化合物の濃度を低くすることができるが, 実験によっては残留する化合物が問題となることもある. 通常は飼育ケージと床敷は 1 週間に 1 〜 2 回の頻度で, 新しいものに交換する. ただし交換の頻度は, 飼育ケージ中の飼育匹数や飼育しているマウスの系統, 週齢によって変わってくる. 例えば, C57BL/6J 系統の 4 週齢のマウスを個別飼育しているケージと, ICR 系統の高週齢のマウスを集団飼育しているケージでは, 糞や尿などで床敷の汚れる速度が違うため, ケージ交換の頻度も異なる. そして SPF 環境での飼育の際は, 飼育ケージ同様に床敷用のチップも滅菌済みのものを使用する必要がある.

餌については, ペレット状の固形飼料が使われることが多いが, 薬剤を混ぜたり強制投与用に液状にし

494　付録1　被験体とその飼育法

たりするなど，目的によっては粉末飼料も使われる．通常の飼育用飼料のほかに，繁殖や長期飼育用に栄養を調整したものもあるので目的に合わせて選択する．前述したように，餌の組成も実験データに影響を与えるため（Reardon, 2016），実験期間中に実験目的と関係ない餌の変更は避けるべきである．また，大豆を主原料にしている餌は植物性卵胞ホルモン様物質（フィトエストロゲン）を豊富に含むため，生殖，体外受精などを伴う実験では注意が必要である（Ramin et al, 2015；Jefferson et al, 2007）．

給水については，給水瓶で与える方法と，飼育ラックなどが自動給水機を備えている場合は，自動給水機のノズルから与える方法がある．マウス用の飲水の滅菌目的で紫外線照射や塩素添加などが行われこともあるが，日本国内で上水道水を使う場合は塩素による殺菌がなされているため，免疫不全動物などの特殊な実験ではない限り水道水をオートクレーブ滅菌する必要はない．自動給水機のノズルや配管は，放置しておくと藻や線虫が発生する場合があるため（山内，1986），定期的な洗浄を行う．マウスは絶水に弱いため，給水瓶を用いる場合は瓶内の水が枯渇しないように注意する．給水瓶についても衛生上の観点から，定期的に新しいものに取り換える．どちらの方法についても，マウスが飲み口を触ったり床敷きを詰めたりして水漏れが生じてしまうことがあるため，日常的に観察することが必要である．

4. 繁殖方法

一度に多数の個体を必要とするような実験を行う場合は，計画的なマウスの生産が必要になる．そのためには，マウスの雌雄判別，性成熟や性周期，特に発情前期の雌マウスの見分け方，交尾後の膣栓（プラグ）の確認などの基礎知識や技術が必要になる．これらについては優れた成書があるので参照してほしい（國田，2015；目加田ほか，2009）．

マウスの性成熟（繁殖が可能になる時期）は，生後約60日である．雌マウスは，性成熟後は4～5日周期で発情前期，発情期，発情後期，発情休止期という性周期を繰り返す．繁殖のための交配は，発情前期（膣口の部分が赤く腫れる）の雌マウスを雄マウスのケージに入れ，同居させることで行う．ファイティングなどを避けるため，交配用のケージには雄マウスは1匹のみを入れるが，雌マウスは2～3匹を入れてもよい．

マウスの場合，雌が交尾を許容するのは発情期のみであるため，一晩だけ雌雄を同居させる交配方法では，発情前期の見極めが重要となる．交尾の成否は，同居させた翌朝，雌マウスの膣口に形成される乳白色の膣栓を確認することでできる．一方で，雌雄マウスを常に同居させておく交配方法もある．その場合は出産後発情による追いかけ妊娠を使って，連続して妊娠と出産を繰り返させることが可能であるが，哺育と妊娠が同時に起こるため，次の出産前に哺育仔の離乳を行うなど注意が必要である．また連続交配の場合は，出産した仔の管理の必要性から，雌はケージに1匹のみを入れる．

マウスの妊娠期間は18～21日間で，マウスの系統により前後する．妊娠10日目以降は腹部が膨満し，出産に備えて通常より大きな巣を作り始める．この時期には振動や騒音などをなるべく与えないようにし，床敷を十分に与え，出産と哺育に適した環境を整えるのが望ましい．また産仔は生後15日齢くらいから固形餌を食べることができるようになるため，18～21日齢で離乳させ，雌雄を分けて飼育する．最近では，体外受精と仮親への胚移植を組み合わせた方法（*in vitro* fertilization–embryo transfer, IVF-ET）で，マウスを同時に大量生産させることもあるが，出産後の対応は基本的に同じである．

これまで述べてきたように，マウスを用いた行動実験では，飼育環境やマウスの系統，微生物学的な状態などで，実験データが変化することが報告されている．これらの飼育条件の制御や行動実験，IVF-ETによる動物の生産など，実験者がすべてを実施することは難しく，所属する研究機関の動物実験施設のスタッフや実験動物学の研究者など専門的な知識や技術をもつ人に相談することを推奨する．

〔西園啓文，高雄啓三〕

1.3 ゼブラフィッシュ

種名：ゼブラフィッシュ
(*Danio rerio*)

ゼブラフィッシュは，成魚の体長が3〜5cm（成長に伴う体長変化については Parichy et al, 2009 参照）のインド，バングラデシュ，ネパールに分布するコイ目コイ科の縦縞の小型魚類である（Spence et al, 2008）．小さいのでわかりづらいが，正面からよく見るとコイ科の特徴である口ひげがついている．脊椎動物としては遺伝子配列が比較的早期に決定された魚類である．遺伝子配列が同定されていることに加えて，卵が透明なため発生過程の観察が容易で，また，心臓の再生が可能であり（Poss et al, 2002），多産かつ，3か月で繁殖可能になるなどの特徴を有していることから，医学・生物学領域でモデル実験動物として確立されている．

心理学領域では，記憶・学習機能の研究に主として利用されており（Bilotta et al, 2005；Colwill et al, 2005），最近では学習実験用の装置の開発も進んでいる（Manabe et al, 2013a；Mueller & Neuhauss, 2012）．

寿命は，飼育状態により変化するが3〜5年である．また，ゼブラフィッシュの体色は，背景適応（background adaptation）により背景が明るいと淡く，暗いと濃くなることが知られている．

1. 入手法

熱帯魚店やペットショップで普通に販売されており，入手が容易であるゼブラフィッシュには，ヒレが長い改良種であるロングフィンタイプと，通常の長さのワイルドタイプがある．孵化日時や系統がはっきりした個体が必要な場合は，実験動物としてゼブラフィッシュの様々な系統を維持管理している機関（日本では理化学研究所など）から入手する．

ゼブラフィッシュの主な系統は，野生由来系統，突然変異系統，遺伝子組換え系統があり，それぞれに様々な系統が作出・維持されている．心理学分野でよく使用される野生由来系統としては，日本では理研ワイルド系統（RW），米国ではAB系統（AB），ヨーロッパではTuebingen（TU）などがあり，いずれもインドなどの原産国で直接採取された系統ではなく，ペットショップのワイルドタイプから維持された系統である．医学生物学領域の学術誌に投稿する場合，系統がはっきりしていることが求められることがあるので，

ペットショップから購入した個体ではなく，上述の系統を利用したほうが無難である．

各種系統のゼブラフィッシュを維持・管理している機関としては，日本では理化学研究所脳科学総合研究センター，国立遺伝学研究所，自然科学研究機構があり，米国では Zebrafish International Resource Center（ZIRC），ヨーロッパでは European Zebrafish Resource Center（EZRC），中国では China Zebrafish Resource Center（CZRC）がある．国内で上述の機関から導入する場合は，卵，若魚，および成魚での購入が可能である．海外から導入する場合は，卵での購入が一般的である．

2. 検 疫

外部から導入した個体は，他の個体への病気の感染を防ぐために，2週間〜1か月間，他個体の飼育水と混じることがない状態で検疫用水槽で飼育する．病気の発生などの徴候が見られないことを確認してから，飼育水槽へ移動する．成体の導入の必要性がない場合は，感染の危険性が少ない殺菌された卵での導入が無難である．

3. 飼 育

◆飼育水

水温は他の魚種に比べて比較的高めでの飼育が推奨されており，28.5℃が一般的であるため，任意の水温設定が可能なサーモスタットを利用するか，エアコンディショナーなどを用いて飼育室全体の温度を一定に保つ．水質は，日本の飲み水に使用される水道水から塩素を除去し，水温を調整した水をそのまま飼育水としても通常は特に問題はないが，硬度などが高い場合などは調整が必要となる．Lawrence と Mason（2012）は，pH は 6.8〜8.5，硬度は 75〜200 mg/L，総アルカリ度は 50〜150 mg/L，総アンモニア態窒素濃度は 0 mg/L，硝酸塩濃度は 0 mg/L，亜硝酸塩濃度は 200 mg/L 以下，溶存酸素濃度は 4 mg/L 以上，二酸化炭素濃度は 20 mg/L 以下に維持することを推奨している．また，水温と pH は，毎日チェックすることが必要であり，総アンモニア態窒素濃度・硝酸塩濃度・亜硝酸塩濃度は水槽の立ち上げ時は毎日，それ以降は週に1回のチェック，他の指標は月に1回のチェックを推奨している．

◆飼育システム

1つの濾過槽と複数の飼育槽との間で水を循環させる集中濾過方式，個別水槽ごとに濾過を行う個別濾過

方式，および濾過を行わない止水方式が利用されている．研究機関向けに市販されているシステムは集中濾過方式をとっており，紫外線殺菌灯を用いて飼育水の殺菌を行い病気の発生を抑え，飼育水の水替えがバルブの開閉で簡単に行えるように工夫されており便利である反面，高価である．予算が限られている場合は，濾過水槽と投げ込み式ポンプなどを利用して自作可能である．集中濾過方式と個別濾過方式の場合は1週間に1回，1/3〜1/2の飼育水を事前に塩素を抜き，温度調整された換え水と交換する．止水方式の場合は，毎日1/3程度の水換えが必要である．野生のゼブラフィッシュは，水流の弱い水域に生息していることから（Spence et al, 2008），ポンプで飼育水を循環するシステムの場合は，水流が速くなりすぎないように留意する．また，エアーポンプとエアーストーンによるエアレーションは溶存酸素を増やし，二酸化炭素濃度を低下させるのに有効であるが，強くなりすぎないように注意する．

◆ 照 明

飼育室では蛍光灯などから発生する光源の点滅が問題になるが，ゼブラフィッシュの光の点滅の知覚の閾値はほぼヒトと同じであることから（Manabe et al, 2013b），通常の蛍光灯で問題ないと考えられる．明暗周期は，繁殖に適している明期14時間，暗期10時間が推奨されている（Matthews et al, 2002）．

◆ 飼育水槽

飼育個体の健康状態が観察しやすい側面が透明なガラスあるいはアクリルの水槽が便利である．ゼブラフィッシュは野生では水深30 cm以下の浅瀬に生息していることから（Spence et al, 2008），深さが25 cmを超えない水槽が推奨されている（Reed & Jenning, 2010）．30 cm規格水槽（幅30 cm×奥行18 cm×高さ24 cm）が，比較的安価で便利である．ゼブラフィッシュはジャンプするので，蓋が必須である．

◆ 飼育密度

ゼブラフィッシュは群泳する習性があり（Delaney et al, 2002），集団飼育が一般的である．"The zebra-fish book"（Westerfield, 2000）で推奨している飼育匹数は1 L当たり0.66匹，米国 National Research Council（2010）は1 L当たり5匹を推奨している．ただし，1 L当たり12匹でも孵化率などの繁殖に関する行動に影響は与えないという報告もある（Castra-nova et al, 2011）．高密度飼育を行う場合は，十分なフィルタリングとエアレーションが必要である．30 cm規格水槽は約13 Lなので，米国 National Research

Council（2010）の推奨匹数で計算すると1水槽当たり65匹になる．

◆ 飼 料

人工飼料は，Tetra社のフレークフードが世界的によく使用されているが，孵化直後の稚魚から成魚まで使用可能なゼブラフィッシュ用の飼料（ひかりラボなど）も開発されている．人工飼料のみでも十分飼育可能であるが，生き餌として，孵化させたブラインシュリンプがよく併用される．給餌は1日に2〜3回行い，最後の給餌の後，排出された糞や残滓をスポイトなどで吸い取ることで飼育水の汚染を少なくすることができる．

4. 個体識別

学習実験などを行う場合は，個体識別が必要になる．Reedと Jenning（2010）は，個体識別の方法として，①個体の体表の模様やヒレの特徴を基に識別する方法，②異なる色のエストラマー（弾性化合物）を透明な皮下に注入して識別する方法，③0℃以下に冷却した先が丸くなった針を皮膚の異なる箇所に押し当てて「ドット」をつけ，識別する方法，④異なる箇所の鱗を剝離して識別する方法，⑤個体ごとに異なるヒレの一部を切り欠いて識別する方法，⑥背びれにタグをつけて識別する方法をあげ，これらの中から麻酔下での処置を必要とせず，ストレスを与えない①の方法を推奨している．ただし，1水槽内の個体数が多いと，①の方法は困難なため，個体数を抑える必要がある．また，1水槽2個体など，少なくしすぎると優勢な個体の攻撃行動により，劣位の個体のストレスが高まることがあり，4〜5匹程度にすべきである．個別飼育では，個体識別の必要性はないが，群泳する習性のゼブラフィッシュにとっては他個体から隔離されることによるストレスが考えられる．個別飼育が必要な場合は，1〜2 Lの透明な飼育水槽を前後左右くっつけて配置し，他個体との相互作用ができるような配慮が望ましい（Manabe et al, 2013a）．

5. 移動の方法

飼育水槽から実験水槽などへの移動を行う場合は，ネット（玉網）の使用は避け，水がたまる容器を使用して飼育水ごとすくって移動させることで，よりストレスを低減できる．実験水槽で餌が得られる条件づけ実験などの場合は，慣れてくると移動用の容器に自ら入ってくるようになる．移動中は，飛び出さないように蓋をする．

1.3 ゼブラフィッシュ 497

引っ越しなど，離れた場所への移動の場合は，丈夫なビニール袋に1/3程度の飼育水を入れ，過密にならない程度のゼブラフィッシュを入れた後，酸素を注入し，ビニール袋の口の部分をねじり，輪ゴムでとめ，保温用の発泡スチロール箱に入れて運搬する．運搬中に内部で袋が転がって衝撃を与えないように余白には新聞紙などの緩衝材を詰める．

6. 繁　殖

十分給餌され成熟した成魚（1歳前後）の雄雌同数を同一の水槽に導入すると，翌朝，点灯直後に産卵が見られることが多い．卵の大きさ（直径約1mm）よりも十分に大きく，親が入り込めない大きさの目をもつネットなどを使用して水槽の床を2重床にすることにより，成魚による食卵から卵を守ることができる．雌雄の判別は，成熟した雌は体型が丸く腹部が銀色，雄は細く腹部が黄色みがかっていることから，体型や体色である程度判別可能であるが，腹部に産卵管が認められれば雌であることが確認できる．

産卵された卵を飼育水などで洗った後，28℃前後に維持した飼育水に入れると，48〜72時間後に孵化し始める．稚魚は水流のない止水水槽で飼育する．孵化直後は水槽の底面や壁面にくっついて動かないが，しばらくすると遊泳を始める．受精（産卵）の5日後から給餌を始める．初期飼料としては，口吻が小さいため，ゾウリムシなどのインフゾリア（微生物）を与え，さらに5日後あたりから孵化したてのブラインシュリンプを与える．最近では，稚魚用の人工飼料が開発されており，ゾウリムシやブラインシュリンプを湧かす手間が省ける．体長に合わせて飼料のサイズを換えていく．　　　　　　　　　　　　　　　〔眞邊一近〕

●参考文献

Avdesh ら(2012), Reed & Jenning(2010), Westerfield (2000).

1.4 リスザル
種名：リスザル（*Saimiri*）

リスザルはオマキザル科リスザル属（*Saimiri*）に属する新世界ザルで，主として生息域，形態などからコモンリスザル（*Saimiri sciureus*），ボリビアリスザル（*Saimiri boliviensis*），セアカリスザル（*Saimiri oerstedi*），クロリスザル（*Saimiri vanzolini*），ハゲミミリスザル〔マデイラリスザル（*Saimiri ustus*）〕に分類され，亜種を含めると16種以上あるといわれている（Rylands & Mittermeier, 2009；杉山，1996；Goldschmidt, 2009）．しかし Thorington（1985）には別の分類もある．南米中部アマゾン川流域から南米北部の広大な地域と中米のパナマ，コスタリカに広く分布し，熱帯多雨林の樹上で木の実や昆虫，花，小鳥などを食べる．群れを構成する集団の大きさは10頭程度から200頭，時に500頭といわれるほど幅がある（Baldwin, 1985）．

ハンドリングが容易な小型霊長類であるため，リスザルは1950年代から医学，薬理学，神経生理学的研究に使われてきた．1960年代になると観察による群れの集団行動，社会的コミュニケーション，母子関係などの研究，学習行動や知覚の実験的研究に積極的に利用されるようになり（Rosenblem & Cooper, 1968），心理学では広範囲に活用されてきた（DeValois & Jacobs, 1974；Smith et al, 1976；Mckenna, 1982；Fragaszy, 1985；Sackett et al, 1982；Jacobs & Neitz, 1985；Masataka, 1987；長田，1987）．また認知実験に使用するモンキーチェア装置の開発も行われてきた（長田，2006）．はじめリスザルは米国で実験動物として着目されたが，1970年代に日本では，旧山之内製薬の鈴木照雄氏によって，輸入したリスザルの実験動物化の研究が本格的に行われるようになり，1980年代には旧国立予防衛生研究所でリスザルの自家繁殖が始まった（鈴木，2013；Hamano, 1990）．実験動物化を基礎にリスザルを使った心理学研究も広がりをみせている（長田，1997, 1999；長坂ら，2000；長坂，2006；Adachi, 2007；Nagasaka & Osada, 2009；Nakata & Osada, 2012）．

心理学の知覚研究から発展した最近のトピックとして色覚研究がある（Jacobs & Neitz, 1985）．ヒトや類人猿などは3種類の視物質によって色を見分けている「3色型」であるが，新世界ザル（リスザルを含む）では，同一種内に6種類（3種類の「2色型」と3種類の「3色型」）の異なる色覚が混在している（Jacobs & Nathans, 2009；平松，2010）リスザルの遺伝子解析によって色覚進化の様相が明らかになりつつある（Hiramatsu et al, 2004）．さらに赤緑色覚異常のリスザルに，視物質の遺伝子ウイルスを組み込んで赤と緑を弁別できるようにする治療研究も試みられている（Wade, 2009）．

リスザルの寿命は野生で10～15年，人工飼育では15～20年程度であるが，飼育環境によっては20年を超える個体もいる．野生由来の個体の年齢は，第三後臼歯の存在によってある程度推察できる．

1. 実験動物としてのリスザル

リスザルを実験動物として研究目的に沿って使用し続けるためには，長期間にわたってコロニーを維持し管理しなければならない．飼育施設のデザインや管理技術，医療的ケア設備を改善していくと，リスザルの病気発生，死亡率は大幅に減少する（Lang, 1968）．実験動物としてのリスザルは野生から離れて，その生涯の大半を同じ仲間と飼育室のコロニーで過ごすので，リスザルの快適な生活環境を維持し，ストレスを減少させるよう個体の健康状態やコロニーの状態をより良くすることは，動物の側の視点から飼育環境を絶えず見直すことでもある．個体の健康状態は身体的健康だけではなく，京都大学霊長類研究所による「サル類の飼育管理及び使用に関する指針」（以下，京大霊長研指針）で指摘されているように，「心的」，行動的なレベルでの健康も重要である．それはまた，生命を扱う研究者の倫理的理念であり，動物実験のガイドラインや指針の基本精神に沿うものである（京都大学霊長類研究所，2010；National Research Council, 2010）．自然環境ではリスザルは大きな群れで生活をしているが，個体間に強い凝集性，親和性があり，同じ年齢間，同性間，成熟した雌に対しては雄のすべてが親和性を示す（Mason, 1975）．このようなリスザルの際立った行動の特徴も，「心的」，行動的なレベルでの健康に配慮しなければならない点である．さらに物理的，社会的なエンリッチメントを広く考えていかなければならない．限られた空間で生活する動物の毎日のケアと管理（給餌，清掃）を通してコロニーの状態と個体を丁寧に観察し記録する作業が飼育に求められる．

2. 入手方法

2005年以降，「絶滅のおそれのある野生動植物の種の国際取引に関する条約（いわゆるワシントン条約）」

付録

1.4 リスザル　499

によって入手できるのは国内飼育されたリスザルのみである．日本国内のペットショップで入手することも可能であるが，正確な検疫がなされていない場合や個体の来歴が明らかでない場合が多い．またリスザル属内で異なる系統と交配された可能性（例えば，コモンとセアカ）もあり，系統や来歴が明らかでないリスザルは学術誌に投稿する場合，問題となる．現在では由来が明確で検疫証明書つきリスザルを入手できる民間企業はハムリーのみ（2017年現在）と，国内ではかなり限定されている．また一般的ではないが研究施設からの入手も考えられる．霊長類はヒトと共通した病気の感染源をもつ（人獣共通感染症．付録1.1表2参照）ので，数か月の個体隔離による観察，結核などの感染症や寄生虫の検査，健康管理などの検疫が重要である．特に，心理学における実験，観察ではヒトと身近に接触するため，検疫を済ませたリスザルでなければ病気発生によるヒトへの感染の危険もある．さらに心理学では行動実験に参加するので，動物の示す異常な行動的反復の有無やヒトに対する過度な緊張の有無など考慮すべきことがあるので，よく観察して入手すべきである．

実験動物としてリスザルを飼育することは，ペットとして飼育する場合とかなり異なる．病気感染によって実験が中断しないためには，飼育者とリスザルとの感染を防ぐシステムをつくること，多数の飼育者がリスザル全体の健康状態を簡単にチェックできること，飼育担当グループでそれらの情報が遅滞なく共有できて緊急の対処ができることなどがきわめて重要である．本節では心理学研究のための動物施設として，20頭以上のリスザルを飼育する規模の施設と飼育体制を具体的に紹介する（図1）．

◆ 検 疫

2005年以前は可能だった輸入によるリスザルは，2か月以上の隔離飼育中に健康状態の観察，体重変化，結核，赤痢，サルモネラ菌などの有無，顕微鏡観察での寄生虫検査，ウイルス汚染などの検査が入手先企業で行われていた（鈴木，2013）．鈴木（2013）によると，赤痢菌，サルモネラ菌，結核の例はなかったが，フィラリア，鉤頭虫などの寄生虫によるリスザル特有の感染が多かったという．その後はこれらの疾患のない自家繁殖されたリスザルと検疫を経た野生由来のリスザル両方を入手してきた．特に，実験動物として長期にわたって安定的に飼育するためには，検疫済みの個体を入手することが基本である．初めて外部から導入した個体はたとえ検疫証明があっても，隔離した検疫室の個別ケージで飼育し，1か月程度健康状態を観察し，病気の発生がないことを確認後，飼育室の個別ケージで飼育を開始する．

3. 飼育のためのハードウェア

当施設の飼育室は1頭ごとの個別ケージと集団飼育ケージが設置され，個別ケージは取り外し可能で，自動水洗架台に収められている．個別ケージはリスザルが止まり木への跳躍ができる大きさが確保され，糞尿はケージ下の架台から数時間に1回程度自動水洗される（図2）．個別ケージは幅50 cm，奥行き80 cm，高

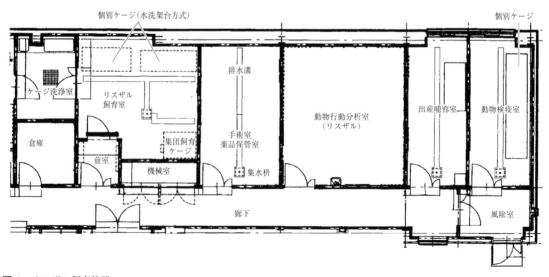

図1 リスザル飼育施設

図2　個別ケージ（水洗架台方式）

さ 76 cm である．NRC（2010）のガイドラインでは体重 1.5 kg までは床面積は $0.2 m^2$，高さ 76.2 cm が最小限サイズとなっている．京都大学霊長類研究所の管理指針（2010）によると，体重 1.0 kg までは床面積 $0.15 m^2$，高さ 50.8 cm である．ケージにはニップル状の自動給水装置が取りつけられ，サルは 24 時間自由に摂水できる．1 日 1 回エサ当番がすべての給水口のニップルを押して目詰まりを確認する．リスザルの肛門部からの雑菌感染を避けるため，ケージの床は糞と食べ残した飼料が床下の水洗架台に落下するよう格子間隔に注意して設計されている．集団飼育ケージは数 m 四方のケージで，数本の止まり木を使えるよう工夫されている．床には滅菌済みのカンナクズを敷き，糞尿を吸収する．ILAR（Institute for Laboratory Animal Research，米国実験動物資源協会）によると $1.6 ft^2$（平方フィート）のケージを取り外し可能で洗浄機能をもつ水洗架台に設置するよう推奨している．また，繁殖コロニーとして，3〜6 ft×8〜20 ft のサイズに 5〜20 頭を飼育するよう推奨している（NIH, 1978）．飼育室の温湿度管理は厳密に制御され，24 時間室温 23〜26℃，湿度 40〜60％に維持されている．Abee（1985）によると，78〜85°F（23.9〜26.7℃）が推奨されている．当飼育室では，その安定的な湿度制御によって，妊娠・出産の確率が高くなった．また，集団ケージの床にカンナクズを敷くことによって，肛門からの雑菌で発病することが減り飼育は安定した．温湿度は学内の管理センターで 24 時間 365 日記録され，毎月記録が報告されるので，サルの発病や死亡原因を遡ってチェックできる．また，温湿度の異常，空調装置停止などが生じると，学内の空調担当者が飼育室に調整に入る体制ができている．空調は室内が外部環境に比べ陰圧になっている．室内の温度差を少なくするため天井から吹き出し壁側面で吸い込みになっている．

図 1 の各部屋の配置を詳細に説明しよう．前室はリスザルの室外逃亡を防ぐ重要な部屋で，これまで一度も逃亡はない．入室にはパスワードによるセキュリティが設置されている．飼育室内は監視カメラで 24 時間記録し，実験室，研究室から随時モニターされている．飼育室には個別ケージの水洗架台と集団飼育ケージが設置され，水洗洗浄が随時可能となるよう排水溝と，汚物を流し溜めるための大型集水枡があり，高圧洗浄が常時可能である．週 2 回の清掃では，個別ケージは隣室のケージ洗浄室で丸ごと洗浄する．集団ケージは，床に敷かれたカンナクズを交換し，床を洗浄する．室温安定のため飼育室には窓がなく，室外の日照時間に応じて自動点灯されている．照明は紫外線蛍光灯を用いている．検疫室，出産哺育室も同様の自動点灯システムとなっているが，出産哺育室には外光を入れる窓がある．また，両室にも同様の監視カメラを設置している．リスザルの臨界ちらつき頻度（CFF）はヒトとほぼ同様であるので，蛍光灯の使用には問題がないと考えられる（Jacobs, 1963）．

飼育棟の配置は，怪我や疾病に対処する手術室がすぐ隣りにある．外部から入荷したリスザルは，検疫済みではあってもまず，最も近いドアから検疫室に入れられ，最低 1 週間健康状態を観察した後，飼育室の個別ケージに移動し他個体との「相性」をみてから集団ケージの仲間に入れるか判断する．検疫室は外部からの病気感染を防ぐため，飼育室から最も遠い位置にあり，廊下に設けられたドアで隔離されている．出産飼育室は出産後，母子ともに大きめの個別ケージで過ごすためのものであるが，社会性の維持のためには早めに飼育室に戻すべきであろう．実験のための実験室への移動は，小型のキャリングケージを使用するが，スムーズな移動をさせるために馴化が必要である．われわれの研究室では 1980 年からリスザルの飼育を始め，1987 年に温湿度を制御した独立した飼育室ができた．2005 年に新キャンパスの動物実験棟が完成し，

本施設，体制ができあがった．この実験棟はリスザルを実験動物化し薬理研究を目指していた製薬会社と専門業者からアドバイスを得ながら計画した．その際Abee の文献は飼育室の設計に大いに役立った（Abee, 1985）．

4. 飼育のためのソフトウェア

実験動物として限られたケージで生活するため，排泄物や食物の残りの処理，つまり飼育環境のクリーニングが重要である．クリーニングによってゴキブリなどの害虫を防ぎ，病気の発生を抑える．

◆給餌と清掃

リスザルは毎日の給餌と清掃が必要であるので，飼育体制の確立が大事である．飼育体制にはいくつか重要な点がある．担当者が給餌や清掃忘れを避けるため，毎日のエサ当番と週2回の清掃当番を同一人物にしない．1日1回の給餌を忘れると，48時間給餌がないことになり，1 kg に満たない小型霊長類にとっては命の危険にかかわる場合がある．特に哺育を開始した出産直後の母ザルには著しいストレスをかけることになり，母乳を与えられないためか子ザルを落としてしまうことがある．落下した子ザルを母親に戻してもそのままでは哺育行動は回復しないので，再度落下して子ザルは絶命する．多くの場合，人工保育に切り替えている．また，担当者がサルへの感染が心配される病気の場合には，飼育室への入室，サルとの接触を禁止し，担当者の交代を調整する．週2回，ケージ，架台，集水枡を規定濃度にした塩素系消毒液（次亜塩素酸ナトリウム）を使って掃除する．飼育者は入室にあたって，前室で白衣を着用し，使い捨てマスク，ゴム手袋をつけ，専用長靴に変える．エサ当番，清掃当番は退出後，終了メールを飼育担当責任者に送り確認する．

◆記 録

エサ当番は記録ノートに記名したうえで，飼育室内2か所の温湿度，給餌内容と給餌量，給餌時間，個体の異常の有無などを記入する．これが最も時間のかかる作業となるが，個体別の行動観察チェックリストに記入する（図3）．記入のためには個体識別ができていなくてはならない．個体の健康状態の変化や，温湿度など設備の異常を発見した場合は，飼育責任者へ速やかに通報する．

◆毎日の給餌

給餌は1日1回定時に行う．主食は新世界ザル用の高蛋白の小型霊長類用ペットフードを使うことができ，国内数社で扱っている．また日々の補助食として新鮮な果物，野菜，ミルワームなどを与える．

◆実験参加個体の扱い

1日を越えるような給餌制限は基本的に行わない．実験はその日の給餌前に行い，実験後，飼育室の個別ケージに戻し給餌する．実験前に必ず体重測定をして健康状態をみる．実験参加個体の給餌は実験後に実験者が行う．実験のためのキャリングケージや実験ブースでの十分な馴化は行動を安定させる．

◆個体ごとの健康管理

個体別のカルテを用意し，来歴，検疫，医療処置，実験参加，体重測定，定期健診，解剖などを記録し管理している．毎日の健康管理は，エサ当番による行動観察チェックリストによるが，年1，2回の定期的健康診断は飼育担当者総がかりで実施する．定期健診では，麻酔後の個体を薬用液で湯浴みさせて寄生虫などの除去，触診による妊娠の有無，怪我の発見，治療処置などを行う．この定期健診は飼育担当者の絶好のトレーニングの機会で，ネットを使った捕獲や怪我をさせない保定方法，妊娠時の触診，筋肉注射の方法など実験動物としての基本的扱いを習得できる．定期健診の研修やリスザルについての講義を通して心理学の動物研究の意義を理解したうえで飼育ボランティアメンバーになることが，安定した飼育体制を維持することにつながっている．

◆麻酔処置

怪我による処置や定期的な健康診断では麻酔薬を使うことが日常的に起こる．種類によっては，麻薬取り扱い許可を公立保健機関から得る必要があり，麻酔薬の厳重な管理が義務づけられている．ケタミン（ケタラール®）は2007年に麻薬指定されており，取り扱い許可と管理義務がある．

京大霊長研指針（2010）によるとマーモセットではケタミンは体重1 kg 当たり15 ～ 20 mg が適切と表示されているが，個体の年齢，健康状態によって麻酔の効き方に違いがあるので，投薬前の体重測定と慎重な観察が不可欠である．また投薬後は覚醒し自発的行動が戻るまで観察が必要である．

心理学の飼育室では，霊長類を診察できる獣医がいないため，怪我など応急処置や小手術しかできない．さらに医療処置が必要な場合には，緊急時のかかりつけ動物病院，獣医学系大学施設との連携をとれるよう事前に対応しておくべきであろう．死亡時の病名解明のための解剖は医学的専門知識が必要なので，可能な施設に依頼し死因をできる限り明らかにしておく．死因が明確にならないことが多いが，肺炎による症状が

行動観察チェックリスト

N = ノーマル
D = 軟便
B = 血便
W = 水溶性の便

個体名

月/日(曜日)	／ ( )	／ ( )	／ ( )	／ ( )	／ ( )	／ ( )	／ ( )
便の状態	N D B W	N D B W	N D B W	N D B W	N D B W	N D B W	N D B W
運動	良 悪	良 悪	良 悪	良 悪	良 悪	良 悪	良 悪
食欲	有 無	有 無	有 無	有 無	有 無	有 無	有 無
眼の色	良 悪	良 悪	良 悪	良 悪	良 悪	良 悪	良 悪
体のつや	良 悪	良 悪	良 悪	良 悪	良 悪	良 悪	良 悪
脱毛 (部位)	有 無	有 無	有 無	有 無	有 無	有 無	有 無
キズ (部位)	有 無	有 無	有 無	有 無	有 無	有 無	有 無
備考							
観察者サイン							

図3　行動観察チェックリスト

発見されることがしばしばある．これは肛門からの雑菌侵入と思われ，ケージ内の糞尿，食べかすなどが残らないようなケージの仕様や止まり木などが重要であることの根拠といえる．

5. 個体識別

　飼育室から移動して実験を行う場合，あらかじめ個体識別が重要である．その方法はいくつかあげられるが，それぞれ長所短所がある．①個体ごとにつけられた名前のタグを首輪につける方法，②リスザルの体躯，性別，顔，行動特性，他個体との関係に着目し識別する方法，③あくまでも個別ケージでのみ飼育する方法である．①は識別が容易であるが，首輪，タグの装着を麻酔下で行う必要がある．タグ装着の毎日の確認や清掃，タグがケージの格子間に入り込み事故が起こらないよう細心の注意などが求められる．②は集団ケージを跳び回る個体の観察を繰り返して憶えなければならず，実験実施者，飼育担当者にかなりの訓練が必要となる．③は全個体を長期間個別ケージで飼育するので，リスザルの社会性や繁殖からみて不適切であろう．最も重要な個体識別は②であることは言うまでもない．実験や飼育の担当者は個体別健康チェックシートへの記述をして個体識別を訓練していく．

　3つの方法は，飼育するリスザルの研究と深く関係している．毎日実験室に移動して行う実験に参加する個体は，基本的には③の方法によらなければ，給餌制限の十分な制御もできないし，キャリングケージへの円滑な移動も困難である．個体間の社会関係の観察研

究では，②による個体識別が前提となる．外部からの新しい個体を飼育室に導入した場合には，一時期，①の方法を使うことも多い．飼育室でのコロニーへの馴化のために同室内でしばらく飼育すると飼育担当者も新しい個体の識別が容易となる．個体識別は研究の前提となるだけではなく，安定した飼育体制を維持する重要な事項である．これらを支えているのが，定期的な健診を基に作成する個体ごとのカルテであり，コロニーの家系図である．ハードとソフトが安定的に運用されて初めて，精度の高い実験データを得られるようになる．

近年，生活空間であるケージから実験装置への移動を行わないでケージ自体に実験装置を設置する方法も採用されている例がある．実験に参加する個体のストレスを軽減できる優れた方法であるが，使用する実験装置や研究課題によっては難しい．

6. 繁　殖

熱帯雨林という野生環境では，交配は乾期に行われ，5か月の妊娠期間を経て，雨期に入って出産，ほぼ半年の哺育といわれている．交配期には雄は体重が増加し活発になる．飼育室に野生由来のリスザルが大半であった1980～1990年代では，出産は夏～秋に決まってあったが，年を経るごとに秋～冬，冬～春に変化をして，南米の繁殖期とは異なる期間になり，人工環境下での自己繁殖がある程度可能となった．しかし限られた個体間で繰り返し交配が生じると，劣勢の個体が生まれる確率も高くなる．近親交配によって生じる問題を避けるためには，群れの外部からの新しいリスザルの導入がある程度必要である．当施設ではここ20年で30頭近く出産があったが，およそ20%は成体に成熟する前に死亡している．

交配をさせるため，繁殖期には雄1頭と雌数頭を連結した大型の個別ケージに一緒にする．ただし，雌雄間の「相性」があるので，強い攻撃行動が多い場合には個体の入れ替えが必要である．触診で妊娠を確認後，その個体を個別ケージに移して運動量を少なくして流産を防ぐ．妊娠した個体には，栄養価の高い餌，果物を与えて毎日の観察を詳細に行い，出産が近くなるとケージに赤外線カメラを設置し出産を待つ．出産後，母体に後産があることを確認する．後産がない場合，体内に異物が残り，母体に重大な影響を及ぼし死に至ることもある．子ザルは出産直後から母ザルの腹部側にしがみつき，授乳が開始される．出生後，わずか数時間で子ザルは母ザルの背中に乗り，授乳時にだけ腹部に廻る．飼育室で生まれた個体は生後6～9週で離乳が始まり，子ザルは母ザルから離れて餌を食べるようになる（長田，1995）．生後半年～1年を経過すると母ザルから独立して仲間と過ごせるようになるので，個別ケージから集団飼育ケージに移すことができる．性成熟は雄は4歳，雌は2歳半といわれている（Coe et al, 1985）．

7. 死亡したサルの処置

長期間のコロニーの維持，管理の中で，寿命が尽きる個体もあるが，病気や事故による死亡，出産後の母子の衰弱などに直面することがある．死亡原因が明らかになることは必ずしも多くはないが，関係機関に持ち込んで死体解剖（necropsy）を依頼し原因を探ることは飼育体制をより良いものにするため重要である．死体解剖後は当施設は動物霊園と関係した専門業者に処置を依頼してきた．

以上，リスザルの飼育方法について論じてきたが，実験動物としてリスザルを使って研究を進める前提には，動物実験の3Rの原則を踏まえ意識することが重要である．3Rの原則とは実験動物に代わる方法の検討（replacement），動物数の削減（reduction），苦痛の除去，軽減（refinement）である（動物の愛護及び管理に関する法律，2006）．近年の動物実験のガイドラインや指針は，動物の側に立って動物が生活している限られた空間とその社会環境の改善を研究者に強く求めている．

当施設は，毎年の飼育ボランティアの募集と教育を経てリスザルの飼育に参加するという組織づくりを繰り返して飼育ボランティアを組織してきた．毎年10人以上の心理学科学生がリスザルの飼育に積極的に参加してくれたお陰で，飼育のハードウェアを維持してきたわけである．しっかりした飼育体制を組織化することが，飼育の重要なポイントである．

〔長田佳久，中田龍三郎〕

付録2 解剖図

視覚関連領野

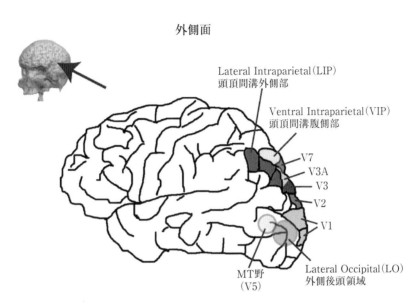

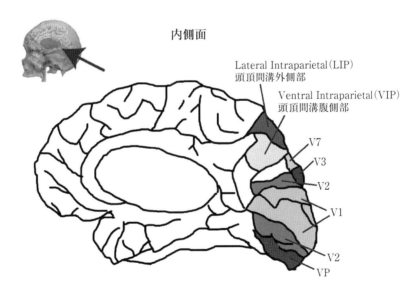

視覚関連領野

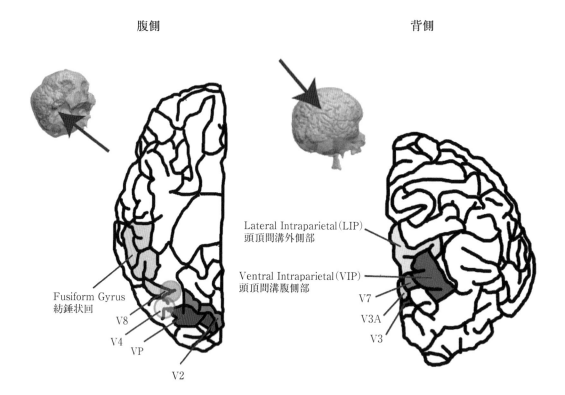

視覚皮質の活動に深く関与する
Dorsal attentional network (Spreng et al, 2013より改変)

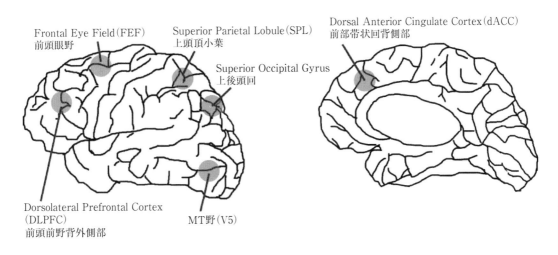

Default mode networkに関連する領域
(Spreng et al, 2013より改変)

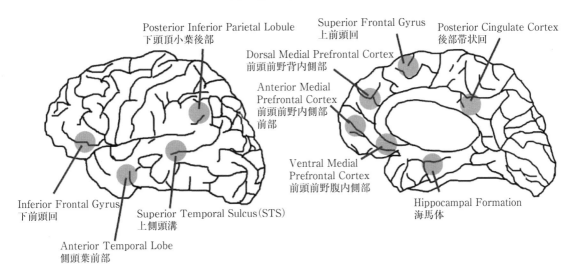

〔伊丸岡俊秀〕

文　献

各文献の末尾についている［　］内の数字は，引用および参照している節を表す.

■第1部■

Akins, C. K., Panicker, S., & Cunningham, C. L. (Eds.) (2005). *Laboratory animals in research and teaching：Ethics, care, and methods.* American Psychological Association. [1.6.5]

Alloway, T., Wilson, G., & Graham, J. (2011). *Sniffy the virtual rat：Pro* (ver. 3). Wadsworth. [1.6.5]

American Psychological Association (2010). Ethical Principles of Psychologists and Code of Conduct. [1.6.3]

APA (2012). *Guidelines for ethical conduct in the care and use of nonhuman animals in research.* http：//www.apa.org/science/leadership/care/care-animal-guidelines.pdf [1.6.5]

Asch, S. E. (1946). Forming impressions of personality. *The Journal of Abnormal and Social Psychology*, **41**(3), 258-290. [1.4.1, 1.4.2, 1.4.3]

Atkinson, J., Braddick, O., & Braddick, F. (1974). Acuity and contrast sensitivity of infant vision. *Nature*, **247**(5440), 403-404. [1.4.1, 1.4.2, 1.4.3]

Awh, E., Barton, B., & Vogel, E. K. (2007). Visual working memory represents a fixed number of items regardless of complexity. *Psychological Science*, **18**, 622-628. [1.4.4]

Benjamini, Y., & Hochberg, Y. (1995). Controlling the False Discovery Rate：A Practical and Powerful Approach to Multiple Testing. *Journal of the Royal Statistical Society. Series B (Methodological)*, **57**(1), 289-300. [1.6.1]

Boksem, M. A. S., Meijman, T. F., & Lorist, M. M. (2005). Effects of mental fatigue on attention：an ERP study. *Cognitive Brain Research*, **2**(1), 107-116. [1.4.1, 1.4.2, 1.4.3]

Boksem, M. A. S., & Tops, M. (2008). Mental fatigue：costs and benefits. *Brain Research Reviews*, **59**(1), 125-139. [1.4.1, 1.4.2, 1.4.3]

Bransford, J. D., & Johnson, M. K. (1972). Contextual prerequisites for understanding：Some investigations of comprehension and recall. *Journal of Verbal Learning and Verbal Behavior*, **11**(6), 717-726. [1.4.1, 1.4.2, 1.4.3]

Button, K. S., Ioannidis, J. P. A., Mokrysz, C., Nosek, B. A., Flint, J., Robinson, E. S. J., & Munafò, M. R. (2013). Power failure：why small sample size undermines the reliability of neuroscience. *Nature Reviews. Neuroscience*, **14**(5), 365-376. [1.6.1]

Campbell, D. T. (1957). Factors relevant to the validity of experiments in social settings. *Psychological Bulletin*, **54**(4), 297-312. [1.4.1, 1.4.2, 1.4.3]

Carroll, M. E., & Overmier, J. B. (Eds.) (2001). *Animal research and human health：Advancing human welfare through behavioral science.* American Psychological Association. [1.6.5]

Cobb, L. A., Thomas, G. I., Dillard, D. H., Merendino, K. A., & Bruce, R. A. (1959). An evaluation of internal-mammary-artery ligation by a double-blind technic. *The New England Journal of Medicine*, **260**(22), 1115-1118. [1.5.2]

Cook, T. D., & Campbell, D. T. (1979). *Quasi-experimentation：Design and analysis issues for field settings.* Houghton-Mifflin. [1.4.1, 1.4.2, 1.4.3]

Cook, T. D., & Campbell, D. T. (1986). The causal assumptions of quasi-experimental practice. *Synthese*, **68**, 141-180. [1.4.1, 1.4.2, 1.4.3]

Cooper, L. A., & Shepard, R. N. (1975). Mental transformation in the identification of left and right hands. *Journal of Experimental Psychology：Human Perception and Performance*, **1**(1), 48-56. [1.4.1, 1.4.2, 1.4.3]

Cross, D. V. (1973). Sequential dependencies and regression in psychophysical judgments. *Perception & Psychophysics*, **14**(3), 547-552. [1.4.1, 1.4.2, 1.4.3]

Donders, F. C. (1868). Over de snelheid van psychische processen. *Onderzoekingen gedaan in het Physiologisch Laboratorium der Utrechtsche Hoogeschool*, 1868-1869, Tweede reeks, II, 92-120. [1.2.2]

Donders, F. C. (1969). On the speed of mental processes. *Acta Psychologica*, **30**, 412-431. [1.2.2]

動物実験関係者連絡協議会 (2014). 科学的・倫理的に適正な実験動物の飼養保管と動物実験（動画ファイル）　アドスリー [1.6.5]

Dutton, D. G., & Aron, A. P., (1974). Some evidence for heightened sexual attraction under conditions of high anxiety. *Journal of Personality and Social Psychology*, **30**(4), 510-517. [1.4.1, 1.4.2, 1.4.3]

Elman, J. L., Bates, E. A., Johnson, M. H., Karmiloff-Smith, A., Parisi, D., & Plunkett, K. (1996). *Rethinking innateness：A connectionistperspective on development.* MIT Press. [1.1.6]

Feeney, D. M. (1987). Human rights and animal welfare. *American Psychologist*, **42**, 593-599. [1.6.5]

Foot, H., & Sanford, A. (2004). The use and abuse of student participants. *the Psychologist*, **17**(5), 256-259. [1.4.1, 1.4.2, 1.4.3]

Furby, L. (1973), Interpreting regression toward the mean in developmental research. *Developmental Psychology*, **8**(2), 172-179. [1.4.1, 1.4.2, 1.4.3]

Gallup, G. G. Jr., & Suarez, S. D. (1985). Alternatives to the use of animals in psychological research. *American Psychologist*, **40**, 1104-1111. [1.6.5]

Galton, F. (1886). Regression towards mediocrity in hereditary stature. *The Journal of Anthropological Institute of Great Britain and Ireland*, **15**, 246-263. [1.4.1, 1.4.2, 1.4.3]

Gardner, R. A., & Gardner, B. T. (1969). Teaching sign language to a chimpanzee. *Science*, **165**, 664-672. [1.4.1, 1.4.2, 1.4.3]

Gescheider, G. A. (1988). Psychophysical scaling. *Annual Review of Psychology*, **39**, 169-200. [1.4.1, 1.4.2, 1.4.3]

Gescheider, G. A., Wright, J. H., Weber, B. J., & Barton, W. G. (1971). Absolute thresholds in vibrotactile signal detection. *Perception & Psychophysics*, **10**(6), 413-417. [1.4.1, 1.4.2, 1.4.3]

Greenwald, A. G. (1976). Within-subjects designs：To use or not to use? *Psychological Bulletin*, **83**(2), 314-320. [1.4.1, 1.4.2, 1.4.3]

Griffiths, T. L., Kemp, C., & Tenenbaum, J. B. (2008). Bayesian models of cognition. In R. Sun (Ed.), *The Cambridge handbook of computational psychology*. Cambridge University Press. pp.59-100. [1.1.6]

原岡一馬 (1990). 心理学研究の方法と問題　ナカニシヤ出版 [1.3.2]

Hayes, N. (1994). *Principles of Comparative Psychology*. Psychology Press, [1.1.4]

Hayes, N. (2000). *Doing Psychological Research*. Open University Press, [1.1.4]

Helson, H. (1947). Adaptation-level as frame of reference for prediction of psychophysical data. *American Journal of Psychology*, **60**, 1-29. [1.3.1]

Hiebsch, H. (1980). *Wilhelm Wundt und die Entstehung der Psychologie*. Eine Wuerdigung des Wirkens von Wilhelm Wundt anlässlich des XXII. Internationalen Kongresses der Psychologie vom 6.-12. Juli in Leipzig. Gesellschaft für Psychologie der Deutshen Demokratischen Republik, 1-24. [1.1.1]

Horowitz, T. S., Cade, B. E., Wolfe, J. W., & Czeisler, C. A. (2003). Searching night and day：A dissociation of effects of circadian phase and time awake on visual selective attention and vigilance. *Psychological Science*, **14**(6), 549-557. [1.4.1, 1.4.2, 1.4.3]

池田功毅・平石界 (2016). 心理学における再現可能性危機 ——問題の構造と解決策　心理学評論, **59**, 3-14. [1.6.1]

International Committee of Medical Journal Editors (ICMJE) (2010). Uniform Requirements for Manuscripts Submitted to Biomedical Journals. [1.6.2]

Intons-Peterson, M. J. (1983). Imagery paradigms：How vulnerable are they to experimenters' expectations? *Journal of Experimental Psychology：Human Perception and Performance*, **9**(3), 394-412. [1.4.1, 1.4.2, 1.4.3]

Ioannidis, J. P. A. (2005). Why most published research findings are false. *PLoS Medicine*, **2**(8), e124. [1.6.1]

John, L. K., Loewenstein, G., & Prelec, D. (2012). Measuring the prevalence of questionable research practices with incentives for truth telling. *Psychological Science*, **23**(5), 524-532. [1.6.1]

Julesz, B. (1971). *Foundations of cyclopean perception*. University of Chicago Press. [1.4.1, 1.4.2, 1.4.3]

鍵山直子 (2009). わが国における動物実験倫理指針の運用と課題　動物心理学研究, **59**, 131-134. [1.6.5]

Kanai, R., Bahrami, B., & Rees, G. (2010). Human parietal cortex structure predicts individual differences in perceptual rivalry. *Current.Biology*, **20**, 1626-1630. [1.4.4]

Kanai, R., & Rees, G. (2011). The structural basis of inter-individual differences in human behaviour and cognition. *Nature Reviews Neuroscience*, **12**, 231-242. [1.4.4]

Kane, M. J., & Engle, R. W. (2003). Working memory capacity and the control of attention：The contributions of goal neglect, response competition, and task set to Stroop interference. *Journal of Experimental Psychology：General*, **132**, 47-70. [1.4.4]

Kasper, K. (2013). Washing one's hands after failure enhances optimism but hampers future performance. *Social Psychological & Personality Science*, **4**(1), 69-73. [1.4.1, 1.4.2, 1.4.3]

Kawahara, J., & Kihara, K. (2011). No commonality between attentional capture and attentional blink. *The Quarterly Journal of Experimental Psychology*, **64**, 991-1008. [1.4.4]

Kerr, N. L. (1998). HARKing：hypothesizing after the results are known. *Personality and Social Psychology Review*, **2**(3), 196-217. [1.6.1]

国立大学実験動物施設協議会(2004). 動物実験処置の苦痛分類に関する解説　http：//www.kokudoukyou.org/index.php?page=siryou_index [1.6.5]

Kosslyn, S. M., Ball, T. M., & Reiser, B. J. (1978). Visual images preserve metric spatial information：evidence from studies of image scanning. *Journal of Experimental Psychology：Human Perception and Performance*, **4**(1), 47-60. [1.4.1, 1.4.2, 1.4.3]

越河六郎 (1992). 保育と労働　労働科学研究所出版部[1.1.4]

公益社団法人日本心理学会 (2009). 倫理規程　http://www.psych.or.jp/publication/inst/rinri_kitei.pdf (2016 年 5 月 29 日閲覧). [1.1.5, 1.6.3, 1.6.4]

Kurzfassungen：XXII. Internationaler Kongress Für Psychologie Leipzig DDR 6.-12. Juli (1980). (Abstract guide for the XXIInd International Congress of Psychology, GDR July 6-12, 1980) [1.1.1]

Landis, J. R., & Koch, G. G. (1977). The measurement of observer agreement for categorical data. *Biometrics*, **33**, 159-174. [1.1.3]

Lee, M. D., & Wagenmakers, E. J. (2013). *Bayesian cognitive modeling*. Cambridge University Press. [1.1.6]

Lunn, D., Jackson, C., Best, N., Thomas, A., & Spiegelhalter, D. (2013). *The BUGS book. A practical introduction to Bayesian analysis*. CRC Press. [1.1.6]

牧野達郎 (1973). 実験の計画　大山正(編)　実験 1　心理学研究法 2　東京大学出版会　pp.1-73. [1.1.2]

松田幸久 (2007). 痛み・苦痛・安楽死の評価と基準　日本薬理学雑誌, **129**, 19-23. [1.6.5]

Matthews, W. J., & Stewart, N. (2009). Psychophysics and the judgment of price：Judging complex objects on a nonphysical dimension elicits sequential effects like those in perceptual tasks. *Judgment and Decision Making*, **4**(1), 64-81. [1.4.1, 1.4.2, 1.4.3]

Messick, S. (1995). Validity of psychological assessment：Validation of inferences from persons' responses and performances as scientific inquiry into score meaning. *American Psychologist*, **50**, 741-749. [1.3.2]

三浦麻子・小林哲郎 (2015). オンライン調査モニタの Satisfice に関する実験的研究　社会心理学研究, **31**, 1-12. [1.1.5]

宮谷真人・森田愛子 (2009). 実験入門——ミュラー・リェル錯視　宮谷真人・坂田省吾・林光緒・坂田桐子・入戸野宏・森田愛子(編)　心理学基礎実習マニュアル　北大路書房 pp.31-52. [1.3.1]

文部科学省・厚生労働省（2013）．疫学研究に関する倫理指針 [1.6.3]

文部科学省・厚生労働省（2014）．人を対象とする医学系研究に関する倫理指針（平成26年12月22日全部改正）http://www.lifescience.mext.go.jp/files/pdf/n1443_01.pdf（2016年5月29日閲覧）．[1.6.4]

文部科学省・厚生労働省（2015）．人を対象とする医学系研究に関する倫理指針 [1.6.3]

文部科学省・厚生労働省（2015）．人を対象とする医学系研究に関する倫理指針ガイダンス [1.6.3]

Morgan, M., Dillenburger, B., Raphael, S., & Solomon, J. A. (2012). Observers can voluntarily shift their psychometric functions without losing sensitivity. *Attention, Perception, & Psychophysics*, **74**, 185-193. [1.4.1, 1.4.2, 1.4.3]

森山哲美（2005）．科学的研究における動物と倫理 行動分析学研究, **19**, 52-70. [1.6.5]

村上郁也（2011）．心理物理学的測定法 村上郁也（編） 感覚・知覚 心理学研究法1 誠信書房 pp.41-69. [1.4.1, 1.4.2, 1.4.3]

村山航（2012）．妥当性 概念の歴史的変遷と心理測定学的観点からの考察 教育心理学年報, **51**, 118-130. [1.4.4]

National Research Council (2011). *Guide for the care and use of laboratory animals* (8th ed.). Washington, D.C.：National Academy Press. https：//grants.nih.gov/grants/olaw/Guide-for-the-Care-and-Use-of-Laboratory-Animals.pdf（日本実験動物学会（監訳）(2011). 実験動物の管理と使用に関する指針 第8版 アドスリー）[1.6.5]

日本建築学会（編）(2012). 最新版ガイドライン 実験動物施設の建築および設備 第4版 アドスリー [1.6.5]

日本医師会(2013). ヘルシンキ宣言 http://www.med.or.jp/wma/helsinki.html（2016年5月29日閲覧）．[1.6.4]

日本実験動物協会（編）(2004a). 実験動物の技術と応用──入門編 アドスリー [1.6.5]

日本実験動物協会（編）(2004b). 実験動物の技術と応用──実践編 アドスリー [1.6.5]

日本基礎心理学会（2009）．基礎心理学研究者のための研究倫理ガイドブック [1.6.3]

Novick, M. R. (1966). The axioms and principal results of classical test theory. *Journal of Mathematical Psychology*, **3**, 1-18. [1.3.1]

Ono, F., Horii, S., & Watanabe, K. (2012). Individual differences in vulnerability to subjective time distortion. *Japanese Psychological Research*, **54**, 195-201. [1.4.4]

大山正（1960）．刺激──反応関係よりみた知覚測定 心理学評論, **4**, 215-239. [1.1.2]

Oppenheimer, D. M., Meyvis, T., & Davidenko, N. (2009). Instructional manipulation checks：Detecting satisficing to increase statistical power. *Journal of Experimental Social Psychology*, **45**, 867-872. [1.1.5]

Orne, M. T. (1962). On the social psychology of the psychological experiment：With particular reference to demand characteristics and their implications. *American psychologist*, **17**, 776-783. [1.4.1, 1.4.2, 1.4.3, 1.5.2]

Pfungst, O. (1907). *Das Pferd des Herrn von Osten（Der Kluge Hans）. Ein Beitrag zur Experimentallen Tier- und Menschen-Psychologie*. Johann Ambrosius Barth Verlag. [1.4.1, 1.4.2, 1.4.3]

Poulton, E. C. (1979). Models for biases in judging sensory magnitude. *Psychological Bulletin*, **86**(4), 777-802. [1.4.1, 1.4.2, 1.4.3]

Proffitt, D. R., Bhalla, M., Gossweiler, R., & Midgett, J. (1995). Perceiving geographical slant. *Psychonomic Bulletin & Review*, **2**(4), 409-428. [1.4.1, 1.4.2, 1.4.3]

Reason, P., & Bradbury-Huang, H. (2006). *Handbook of action research：Concise paperback edition*. Sage Publications. [1.1.3]

Rosenberg, M. J. (1965). When dissonance fails：On eliminating evaluation apprehension from attitude measurement. *Journal of Personality and Social Psychology*, **1**(1), 28-42. [1.4.1, 1.4.2, 1.4.3]

Rosenthal, R., & Jacobson, L. (1968). Pygmalion in the classroom. *The Urban Review*, **3**(1), 16-20. [1.4.1, 1.4.2, 1.4.3]

Rosnow, R. L., Goodstadt, B. E., Suls, J. M., & Gitter G. A. (1973). More on the social psychology of the experiment：When compliance turns to self-defense. *Journal of Personality and Social Psychology*, **27**(3), 337-343. [1.4.1, 1.4.2, 1.4.3]

Rosnow, R. L., & Rosenthal, R. (1966). Volunteer subjects and the results of opinion change studies. *Psychological Reports*, **19**(3), 1183-1187. [1.4.1, 1.4.2, 1.4.3]

Russell, W. M. S., & Burch, R. L. (1959). *The principles of humane experimental technique*. Methuen.（笠井憲雪（訳）(2012). 人道的な実験技術の原理──実験動物技術の基本原理3Rの原点 アドスリー）[1.6.5]

Ruth, N., & Westermann, G. (2009). OXlearn：A new MATLAB-based simulation tool for connectionist models. *Behavior Research Methods*, **41**, 1138-1143. [1.1.6]

笹栗俊之・池松秀之・稲野彰洋・井上悠輔・岸本淳司・高橋富美・武田勉・田代志門・前田正一・吉原達也（2011）．臨床研究のための倫理審査ハンドブック 丸善出版 [1.6.3]

Schmidt, C., Collette, F., Cajochen, C., & Peigneux, P. (2007). A time to think：circadian rhythms in human cognition. *Cognitive Neuropsychology*, **24**(7), 755-789. [1.4.1, 1.4.2, 1.4.3]

Schwarzkopf, D. S., Song, C., & Rees, G. (2011). The surface area of human V1 predicts the subjective experience of object size. *Nature Neuroscience*, **14**, 28-30. [1.4.4]

Searle, A. (1999). *Introducing Research and Data in Psychology：A Guide to Methods and Analysis*. Routledge. [1.1.4]

Sekuler, R. & Erlebacher, A. (1971). The invalidity of "invalid results from the method of constant stimuli"：A common artifact in the methods of psychophysics. *Perception & Psychophysics*, **9**(3), 309-311. [1.4.1, 1.4.2, 1.4.3]

社会調査協会（2014）．社会調査事典 丸善出版 [1.1.3]

Sieber, J. E., & Saks, M. J. (1989). A census of subject pool characteristics and policies. *American Psychologist*, **44**(7), 1053-1061. [1.4.1, 1.4.2, 1.4.3]

Simmons, J. P., Nelson, L. D., & Simonsohn, U. (2011). False-Positive Psychology：Undisclosed Flexibility in Data Collection and Analysis Allows Presenting Anything as Significant. *Psychological Science*, **22**(11), 1359-1366. [1.6.1]

Smyth, D. (1978) *Alternatives to animal experiments*. London：Scholar Press. [1.6.5]

Solbakk, J. H. (2015). Vulnerable groups. https：//www.etikkom.no/en/library/topics/research-on-particular-groups/

vulnerable-groups/（2016 年 5 月 29 日閲覧）. [1.6.4]

Sperling, G. (1960). The information available in brief visual presentations. *Psychological Monographs：General and applied*, **74**(11), 1-29. [1.4.1, 1.4.2, 1.4.3]

Staddon, J. E., King, M., & Lockhead, G. R. (1980). On sequential effects in absolute judgment experiments. *Journal of Experimental Psychology：Human Perception and Performance*, **6**(2), 290-301. [1.4.1, 1.4.2, 1.4.3]

Sterne, J. A. C., & Smith, G. D. (2001). Sifting the evidence-what's wrong with significance tests? *BMJ（Clinical Research Ed.）*, **322**(7280), 226-231. [1.6.1]

Stevens, S. S. (1951). Mathematics, measurement, and psychophysics. In S. S. Stevens（Ed.）, *Handbook of experimental psychology*. John Wiley & Sons. pp. 1-49. [1.3.1]

Stevens, S. S. (1975). *Psychophysics：Introduction to its perceptual, neural, and social prospects*. Transaction Publishers. [1.2.2]

Stevens, S. S. (1975). Hazards and Remedies. In S. S. Stevens（Ed.）*Psychophysics：Introduction to its perceptual, neural, and social prospects*. John Wiley & Sons. pp. 268-296. [1.4.1, 1.4.2, 1.4.3]

Stevens, S. S., & Greenbaum, H. B. (1966). Regression effect in psychophysical judgment. *Perception & Psychophysics*, **1**(12), 439-446. [1.4.1, 1.4.2, 1.4.3]

田中良久(1977). 心理学測定法 第 2 版 東京大学出版会[1.3.1]

Terrace, H. S., Petitto, L. A., Sanders, R. J., & Bever, T. G. (1979). Can an ape create a sentence? *Science*, **206**(4421), 891-902. [1.4.1, 1.4.2, 1.4.3]

Thomas, L.G., & McClelland, J. L. (2008). Connectionist models of cognition. In R. Sun（Ed.）, *The Cambridge handbook of computational psychology*. Cambridge University Press. pp.23-58. [1.1.6]

Thompson-Schill, S. L., Braver, T. S., & Jonides, J. (2005). Individual differences. *Cognitive, Affective and Behavioral Neuroscience*, **5**, 115-116. [1.4.4]

Tomporowski, P. D. (2003). Effects of acute bouts of exercise on cognition. *Acta Psychologica*, **112**, 297-324. [1.4.1, 1.4.2, 1.4.3]

豊田秀樹(2002). 項目反応理論[入門編]——テストと測定の科学 統計ライブラリー 朝倉書店[1.3.2]

Tsubomi, H., Ikeda, T., & Osaka, N. (2012). Primary visual cortex scales individual's perceived brightness with power function：Inner psychophysics with fMRI. *Journal of Experimental Psychology：Human Perception and Performance*, **38**, 1341-1347. [1.4.4]

Tune, G. S. (1964). Response preferences：A review of some relevant literature. *Psychological Bulletin*, **61**(4). 286-302. [1.4.1, 1.4.2, 1.4.3]

Tversky, A., & Kahneman, T. (1974). Judgment under uncertainty：Heuristics and biases. *Science*, **185**(4157), 1124-1131. [1.4.1, 1.4.2, 1.4.3]

植月献二 (2012). EU の実験動物保護指令 外国の立法, **254**, 91-125. [1.6.5]

Underwood, B. J. (1975). Individual differences as a crucible in theory construction. *American Psychologist*, **30**, 128-134. [1.4.4]

Vogel, E. K., & Awh, E. (2008). How to exploit diversity for scientific gain：Using individual differences to constrain cognitive theory. *Current Directions in Psychological Science*, **17**, 171-176. [1.4.4]

Wolfe, J. M. (2013). Registered Reports and Replications in Attention, Perception, & Psychophysics. *Attention, Perception, & Psychophysics*, **75**(5), 781-783. [1.6.1]

山内忠平 (2008). 新版 実験動物の環境と管理 アドスリー [1.6.5]

Zhong, C. B., & Liljenquist, K. (2006). Washing away your sins：Threatened morality and physical cleansing. *Science*, **313**(8), 1451-1452. [1.4.1, 1.4.2, 1.4.3]

事前登録制度を実施しているジャーナル一覧 https：//osf. io/8mpji/wiki/home/[1.6.1]

Open Science Framework. https：//osf.io/[1.6.1]

Psychonomic Society の新規定 http：//www.springer.com/ psychology?SGWID=0-10126-6-1390050-0[1.6.1]

■第 2 部 ■

Abe, M., Yoshizawa, M., Sugita, N., Tanaka, A., Homma, N., Yamabe, T., & Nitta, S. (2013). Physiological evaluation of visually induced motion sickness using independent component analysis of photoplethysmogram. *Advanced Biomedical Engineering*, **2**, 25-31. [2.7.3]

相田紗織・下野孝一 (2012). 立体視アノマリー研究小史—立体視の下位機構，両眼性課題の成績，立体視アノマリーの分布 心理学評論, **55**, 264-283. [2.1.4]

Aoyagi, M., Kiren, T., Kim, Y., Suzuki, Y., Fuse, T., & Koike, Y. (1993). Frequency specificity of amplitude-modulation-following response detected by phase spectral analysis. *Audiology*, **32**, 293-301. [2.2.5]

青柳優 (2006). 聴性誘発反応の新しい展開 聴性定常反応（ASSR）. *Audiology Japan*, **49.2**, 135-145. [2.2.5]

Apthorp, D., Nagle, F., & Palmisano, S. (2014). Chaos in balance：non-linear measures of postural control predict individual variations in visual illusions of motion. *PLoS ONE*, **9**(12), e113897. [2.7.3]

綾部早穂・小早川達・斉藤幸子 (2003). 2 歳児のニオイの選好——バラの香りとスカトールのニオイのどちらが好き？ 感情心理学研究, **10**, 25-33. [2.4.1]

Azañón, E., & Soto-Faraco, S. (2008). Changing reference frames during the encoding of tactile events. *Current Biology*, **18**(14), 1044-1049. [2.3.1]

Ban, H., & Yamamoto, H. (2013). A non-device-specific approach to display characterization based on linear, non-linear, and hybrid search algorithms. *Journal of Vision*, **13**(6), 20. [2.1.1]

Ban, H., Yamamoto, H., & Ejima, Y. (2006). Mcalibrator：MATLAB integrated GUI software for display calibration — a proposal of a new color calibration procedure applicable to a wide range of display devices and evaluation of its efficiency —. *The Japanese Journal of Psychonomic Science*, **24**(2), 149-161. [2.1.1]

Benda, B. J., Riley, P. O., & Krebs, D. E. (1994). Biomechanical relationship between center of gravity and center of pressure during standing. *IEEE Transactions on Rehabilitation*

Engineering, **2**(1), 3-10. [2.7.3]

Berns, R. S. (1996). Methods for Characterizing CRT Displays. *Displays*, **16**, 173-182. [2.1.1]

Bidelman, G. M., & Krishnan, A. (2009). Neural correlates of consonance, dissonance, and the hierarchy of musical pitch in the human brainstem. *The Journal of Neuroscience*, **29**(42), 13165-13171. [2.2.8]

Bigand, E., & Poulin-Charronnat, B. (2006). Are we "experienced listeners"? A review of the musical capacities that do not depend on formal musical training. *Cognition*, **100**(1), 100-130. [2.2.8]

Blood, A. J., Zatorre, R. J., Bermudez, P., & Evans, A. C. (1999). Emotional responses to pleasant and unpleasant music correlate with activity in paralimbic brain regions. *Nature neuroscience*, **2**(4), 382-387. [2.2.8]

Bolanowski, S. J., & Verrillo, R. T. (1982). Temperature criterion effects in a somatosensory subsystem : a neurophysiological and psychological study. *Journal of Neurophysiology*, **48**(3), 836-855. [2.3.1]

Botvinick, M., & Cohen, J. (1998). Rubber hands "feel" touch that eyes see. *Nature*, **391**(6669), 756. [2.6.4]

Brainard, D.H. (1996). Cone contrast and opponent modulation color spaces. In P. K. Kaiser & R. M. Boynton (Eds.), *Human Color Vision* (2nd ed). Optical Society of America. pp. 563-579. [2.1.7]

Brainard, D. H. (1997). The Psychophysics Toolbox, *Spatial Vision*, **10**, 433-436. [2.1.1]

Brainard, D. H. (1997). The Psychophysics Toolbox, *Spatial Vision*,**10**, 443-446. [2.1.5]

Brainard, D. H., Pelli, D. G., & Robson, T. (2001). Display Characterization. In J. Hornak (Ed.), *The Encyclopedia of Imaging Science and Technology*. Wiley. pp.172-188. [2.1.1]

Bramson, M. A. (1968). *Infrared radiation : a handbook for applications*. Plenum Press. [2.3.2]

Brandt, T., Dichgans, J., & Koenig, E. (1973). Differential effects of central versus peripheral vision on egocentric and exocentric motion perception. *Experimental Brain Research*, **16**(5), 476-491. [2.3.3]

Bredie, W. L. P., Tan, H. S. G., & Wendin, K. (2014). A comparative study on facially expressed emotions in response to basic tastes. *Chemosensory Perception*, **7**, 1-9. [2.5.1]

Brungart, D. S., & Rabinowitz, W. M. (1999). Auditory localization of nearby sources. Head-related transfer functions. *The Journal of the Acoustical Society of America*, **106**, 1465-1479. [2.2.1, 2.2.2, 2.2.6]

Cain, W. S. (1973). Spatial discrimination of cutaneous warmth. *American Journal of Psychology*, **86**, 169-181. [2.3.2]

Cain, W. S., Gent, J., Catalanotto, F. A., & Goodspeed, R. B. (1983). Clinical evaluation of olfaction. *American Journal of Otolaryngology*, **4**, 252-256. [2.4.2]

Carney, L. H., & Yin, T. C. (1988). Temporal coding of resonances by low-frequency auditory nerve fibers : single-fiber responses and a population model. *Journal of Neurophysiology*, **60**, 1653-1677. [2.2.1, 2.2.2, 2.2.6]

Carpenter, R. H. S., & Robson, J. G. (Eds.) (1999). *Vision research : a practical guide to laboratory methods*. Oxford Uni-

versity Press. [2.1.4]

Cavanagh, P. (1991). Vision at equiluminance. In J. J. Kulikowski, V. Walsh & I. J. Murray (Eds.), *Vision and Visual Dysfunction*. Vol. 5. Limits of Vision. CRC Press. pp. 234-250. [2.1.3]

Cavanagh, P., MacLeod, D. I. A., & Anstis, S. M. (1987). Equiluminance : Spatial and temporal factors and the contribution of blue sensitive cones. *Journal of the Optical Society of America A*, **4**, 1428-1438. [2.1.3]

CIE (1986). *Colorimetry* (2nd ed.). Central Bureau of the CIE. [2.1.6]

Clark, R. A., Pua, Y. H., Fortin, K., Ritchie, C., Webster, K. E., Denehy, L., & Bryant, A. L. (2012). Validity of the Microsoft Kinect for assessment of postural control. *Gait & Posture*, **36**, 372-377. [2.7.3]

Cooper, E. A., Jiang, H., Vildavski, V., Farrell, J. E., & Norcia, A. M. (2013). Assessment of OLED displays for vision research. *Journal of Vision*, **13**(12), article 16. [2.1.1]

Crisinel, A., Cosser, S., King, S., Jones, R., Petrie, J., & Spence, C. (2012). A bittersweet symphony : Systematically modulating the taste of food by changing the sonic properties of the soundtrack playing in the background. *Food Quality and Preference*, **24**, 201-204. [2.5.1]

Crisinel, A., & Spence, C. (2009). Implicit association between basic tastes and pitch. *Neuroscience Letters*, **464**, 39-42. [2.5.1]

Croy, I., Buschhüter, D., Seo, H. S., Negoias, S., & Hummel, T. (2010). Individual significance of olfaction : development of a questionnaire. *European Archives of Oto-Rhino-Laryngology*, **267**, 67-71. [2.4.2]

Cupchik, G., Phillips, K., & Truong, H. (2005). Sensitivity to the cognitive and affective qualities of odours. *Cognition & Emotion*, **19**, 121-131. [2.4.2]

Curthoys, I. S., & Macdougall, H. G. (2012). What galvanic vestibular stimulation actually activates. *Frontiers in Neurology*, **3**, 117. [2.3.3]

Day, B. L., Séverac Cauquil, A., Bartolomei, L., Pastorm, M. A., & Lyon, I. N. (1997). Human body-segment tilts induced by galvanic stimulation : a vestibularly driven balance protection mechanism. *Journal of Physiology*, **500**, 661-672. [2.3.3]

de Araujo, I. E. T., Kringelbach, M. L., Rolls, E. T., & Hobden, P. (2003). Representation of umami taste in the human brain. *Journal of Neurophysiology*, **90**, 313-319. [2.5.1]

de Gelder, B., & Vroomen, J. (2000). The perception of emotions by ear and by eye. *Cognition & Emotion*, **14**, 289-311. [2.6.3]

DeLange, H. (1958). Research into the dynamic nature of the human fovea-cortex systems with intermittent and modulated light. I. Attenuation characteristics with white and colored light. *Journal of the Optical Society of America*, **48**, 777-784. [2.1.2]

Demattè, M. L., Endrizzi, I., Biasioli, F., Corollaro, M. L., Zampini, M., & Gasperi, F. (2011). Individual variability in the awareness of odors ; demographic parameters and odor identification. *Chemosensory Perception*, **4**, 175-185. [2.4.2]

Derrington, A. M., Krauskopf, J. & Lennie, P. (1984). Chromatic mechanisms in lateral geniculate nucleus of macaque.

Journal of Physiology, **357**, 241-265. [2.1.7]

Deutsch, D. (Ed.)(2012). *The Psychology of Music* (3rd ed.). Elsevier. [2.2.8]

de Vignemont, F., Ehrsson, H. H., & Haggard, P. (2005). Bodily illusions modulate tactile perception. *Current Biology*, **15**, 1286-1290. [2.6.4]

土橋宜典 (2011). 視覚レンダリングとモデル　日本バーチャルリアリティ学会 (編)　バーチャルリアリティ学　コロナ社　pp.107-110. [2.7.1]

Doty, R. L., Shaman, P., & Dann, M. (1984). Development of the University of Pennsylvania Smell Identification Test : a standardized microencapsulated test of olfactory function. *Physiology & Behavior*, **32**, 489-502. [2.4.1, 2.4.2]

DuBose, C. N., Cardello, A. V., & Maller, O. (1980). Effects of colorants and flavorants on identification, perceived flavor intensity, and hedonic quality of fruit-flavored beverage and cake. *Journal of Food Science*, **45**, 1393-1415. [2.5.1]

Eddins, D. A., & Green, D. M. (1995). Temporal integration and temporal resolution. In B. C. J. Moore (Ed.), *Hearing*. Academic Press. pp.207-242. [2.2.1, 2.2.2, 2.2.6]

Eerola, T., & Vuoskoski, J. K. (2011). A comparison of the discrete and dimensional models of emotion in music. *Psychology of Music*, **39**(1), 18-49. [2.2.8]

Eerola, T., & Vuoskoski, J. K. (2013). A review of music and emotion studies : approaches, emotion models, and stimuli. *Music Perception : An Interdisciplinary Journal*, **30**(3), 307-340. [2.2.8]

Farmer, A. D., Ban, V. F., Coen, S. J., Sanger, G. J., Barker, G. J., Gresty, M. A., Giampietro, V. P., Williams, S. C., Webb, D. L., Hellström, P. M., Andrews, P. L. R., & Aziz, Q. (2015). Visually induced nausea causes characteristic changes in cerebral, autonomic and endocrine function in humans. *Journal of Physiology*, **593**, 1183-1196. [2.7.3]

Ferdenzi, C., Coureaud, G., Camos, V., & Schaal, B. (2008). Human awareness and uses of odor cues in everyday life : results from a questionnaire study in children. *International Journal of Behavioral Development*, **32**, 422-431. [2.4.2]

Fischer, M. H., & Kornmüller, A. E. (1930). Optokinetisch ausgelöste Bewegungswahrnehmung und optokinetischer Nystagmus (Optokinetically induced motion perception and optokinetic nystagmus). *Journal für Psychologie und Neurologie*, **41**, 273-308. [2.7.3]

渕田隆義 (1994). 視覚刺激とその測定方法　大山正・今井省吾・和氣典二 (編)　感覚・知覚心理学ハンドブック　誠信書房　pp. 263-286. [2.1.3]

船坂宗太郎 (監修) 橋本勲・矢野純 (編)(2000). 聴性脳幹反応ガイドブック　メジカルレビュー社 [2.2.5]

Gabrielsson, A., & Lindström, E. (2010). The role of structure in the musical expression. In P. N. Juslin & J. A. Sloboda (Eds.), *Handbook of music and emotion : Theory, research, applications* (pp. 367- 400). Oxford University Press. [2.2.8]

Georgeson, M. A., Freeman, T. C. A., & Scott-Samuel, N. E. (1996). Sub-pixel accuracy : psychophysical validation of an algorithm for fine positioning and movement of dots on visual displays. *Vision Research*, **36**, 605-612. [2.1.4]

Gescheider, G. A., Wright, J. H., & Verrillo, R. T. (2009). *Infor-mation-processing channels in the tactile sensory system : A psychophysical and physiological analysis*. Psychology Press. [2.3.1]

Golding, J. F. (1998). Motion sickness susceptibility questionnaire revised and its relationship to other forms of sickness. *Brain Research Bulletin*, **47**(5), 507-516. [2.3.3]

Golz, J., & MacLeod, D.I. (2003). Colorimetry for CRT displays. *Journal of the Optical Society of America A*, **20**, 769-781. [2.1.7]

Grantham, D. W. (1995). Spatial hearing and related phenomena. In B. C. J. Moore (Ed.), *Hearing*. Academic Press. pp.297-345. [2.2.1, 2.2.2, 2.2.6]

Graybiel, A., & Lackner, J. R. (1980). Evaluation of relationship between motion sickness symptomatology and blood pressure, heart rate, and body temperature. *Aviation, Space, and Environmental Medicine*, **51**, 211-214. [2.7.3]

Green, B. G. (1977). Localization of thermal sensation : An illusion and synthetic heat. *Perception & Psychophysics*, **22**, 331-337. [2.3.2]

Grosofsky, A., Haupert, M. L., & Versteeg, S. W. (2011). An exploratory investigation of coffee and lemon scents and odor identification. *Perceptual and Motor Skills*, **112**, 536-538. [2.4.1]

行場次朗・寺本渉 (2012). 臨場感と迫真性　映像情報メディア学会論文誌, **66**, 561-563. (Gyoba, J., & Teramoto, W.(2012). In Japanese) [2.7.3]

Haehner, A., Mayer, A. M., Landis, B. N., Pournaras, I., Lill, K., Gudziol, V., & Hummel, T. (2009). High test-retest reliability of the extended version of the "Sniffin' Sticks" test. *Chemical Senses*, **34**, 705-711 [2.4.2]

Hall, J. W. (1999). *Handbook of Otoacoustic Emissions*. Cengage Learning. [2.2.5]

Hall, J. W. (2006). *New Handbook for Auditory Evoked Responses*. Ally & Bacon. [2.2.5]

Hansen, T., & Gegenfurtner, K. R. (2013). Higher order color mechanisms : Evidence from noise-masking experiments in cone contrast space. *Journal of Vision*, **13**(1), 26. [2.1.7]

Hartmann, W. M. (1997). *Signals, sound, and sensation*. AIP Press. [2.2.1, 2.2.2, 2.2.6]

長谷川晶一 (2011). バーチャルリアリティのためのモデリング　日本バーチャルリアリティ学会 (編)　バーチャルリアリティ学　コロナ社　pp.100-102. [2.7.1]

Head, H., & Holmes, H. G. (1911). Sensory disturbances from cerebral lesions. *Brain*, **34**, 102-254. [2.6.4]

平原達也 (1999). ヘッドホンの陥穽　日本音響学会誌, **55**(5), 370-376. [2.2.4]

平原達也 (2008). 聴覚刺激　内川惠二 (総編集) 岡嶋克典 (編)　感覚・知覚実験法　講座 感覚・知覚の科学5　朝倉書店　pp.95-109, 146-159. [2.2.1, 2.2.2, 2.2.6]

平原達也・青山裕樹・大谷真 (2010). イヤホンの音響特性とIEC60711 カプラの問題点　日本音響学会誌, **66**(2), 45-55. [2.2.4]

Hirsh, I. J., & Sherrick, C. E. (1961). Perceived order in different sense modalities. *Journal of Experimental Psychology*, **62**(5), 423-432. [2.6.2]

Ho, H.-N., Watanabe, J., Ando, H., & Kashino, M. (2010). Somatotopic or Spatiotopic? Frame of reference for localizing thermal sensations under thermo-tactile interactions. *Attention, Perception & Psychophysics*, **72**(6), 1666-1675. [2.3.2]

Horlings, C. G. C., Küng, U. M., Bloem, B. R., Honegger, F., Van Alfen, N., Van Engelen, B. G. M., & Allum, J. H. J. (2008). Identifying deficits in balance control following vestibular or proprioceptive loss using posturographic analysis of stance tasks. *Clinical Neurophysiology*, **119**, 2338-2346. [2.7.3]

Hornung, D. E., & Enns, M. P. (1984). The independence and integration of olfaction and taste. *Chemical Senses*, **92**, 97-106. [2.5.1]

Hoshi, A., Aoki, A., Kouno, E., Ogasawara, M., Onaka, T., Miura, Y., & Mamiya, K. (2014). A novel objective sour taste evaluation method based on near-infrared spectroscopy. *Chemical Senses*, **39**, 313-322. [2.5.1]

Hoshi, T., Takahashi, M., Iwamoto, T., & Shinoda, H. (2010). Noncontact Tactile Display Based on Radiation Pressure of Airborne Ultrasound. *IEEE Transactions on Haptics*, **3**(3), 155-165. [2.3.1]

Howard, I. P., & Howard, A. (1994). Vection：the contributions of absolute and relative visual motion. *Perception*, **23**(7), 745-751. [2.3.3]

Howard, I. P., & Rogers, B. J. (2012). *Perceiving in depth*. Vol 2. *Stereoscopic vision*. Oxford University Press. [2.1.4]

Hummel, T., Sekinger, B., Wolf, S. R., Pauli, E., & Kobal, G. (1997). 'Sniffin'sticks'：olfactory performance assessed by the combined testing of odor identification, odor discrimination and olfactory threshold. *Chemical Senses*, **22**, 39-52. [2.4.2]

Hunter, L. L., & Shahnaz, N. (2013). *Acoustic Immittance Measures：Basic and Advanced Practice*. Plural Publishing. [2.2.5]

Iannilli, E., Noenning, N., Hummel, T., & Schoenfeld, A. M. (2014). Spatio-temporal correlates of taste processing in the human primary gustatory cortex. *Neuroscience*, **273**, 92-99. [2.5.1]

IEC (2009). IEC 60318-1：2009 Electroacoustics - Simulators of human head and ear - Part 1：Ear simulator for the measurement of supra-aural and circumaural earphones. [2.2.4]

IEC (2010). IEC 60318-4：2010 Electroacoustics - Simulators of human head and ear - Part 4：Occluded-ear simulator for the measurement of earphones coupled to the ear by means of ear inserts. [2.2.4]

Ikeda, H., & Kato, N. (2000). Part 4：Equipment using liquid crystal display panels. *Multimedia systems and equipment – color measurement and management*. International Electrotechnical Commission, IEC 61966-4 ed1.0. [2.1.1]

池田光男 (1975). 視覚の心理物理学　森北出版 [2.1.2]

井上誠喜・八木伸行・林正樹・中須英輔・三谷公二・奥井誠人 (1999). C言語で学ぶ実践画像処理　オーム社 [2.1.4]

Irino, T., & Patterson, R. D. (1997). A time-domain, level-dependent auditory filter：The gammachirp. *The Journal of the Acoustical Society of America*, **101**, 412-419. [2.2.1, 2.2.2, 2.2.6]

石川正治・市川銀一郎 (2000). 聴性脳幹反応閾値と聴力閾値　船坂宗太郎 (監修) 橋本薫・矢野純 (編)　聴性脳幹反応ガイドブック　メジカルレビュー社　pp.66-72. [2.2.5]

石桁真礼生・末吉保雄・丸田昭三・飯田隆・金光威和雄・飯沼信義 (編)(1998). 楽典——理論と実習　音楽之友社 [2.2.8]

ISO 8586 (2012). Sensory analysis—General guidelines for the selection, training and monitoring of selected assessors and expert sensory assessors. International Organization for Standardization. [2.5.1]

Ito, H., Ogawa, M., & Sunaga, S. (2013). Evaluation of an organic light-emitting diode display for precise visual stimulation. *Journal of Vision*, **13**(7), article 6. [2.1.1]

Iversen, J., & Patel, A. (2008). The Beat Alignment Test (BAT)：Surveying beat processing abilities in the general population. In K. Miyazaki (Ed.), *Proceedings of the 10th International Conference on Music Perception & Cognition*. Causal Productions. pp.465-468. [2.2.8]

Janko, M., & Trontelj, J. V. (1980). Transcutaneous electrical nerve stimulation：a microneurographic and perceptual study. *Pain*, **9** (2), 219-30. [2.3.1]

Juslin, P. N., & Sloboda, J. A. (2010). *Handbook of music and emotion：Theory, research, applications*. Oxford University Press. [2.2.8]

Kajimoto, H. (2012). Electro-tactile Display with Real-time Impedance Feedback using Pulse Width Modulation. *IEEE Transactions on Haptics*, **5**(2), 184-188. [2.3.1]

金谷健一 (1990). 画像理解——3次元認識の数理　森北出版 [2.1.4]

神崎仁 (2009). インピーダンス・オージオメトリー　立木孝 (監修) 日本聴覚医学会 (編)　聴覚検査の実際　南山堂　pp.85-95. [2.2.5]

神崎仁・野村恭也 (1979). インピーダンスオージオメトリー　中外医学社 [2.2.5]

加藤博一 (2011). レジストレーション技術　日本バーチャルリアリティ学会 (編)　バーチャルリアリティ学　コロナ社　pp.139-145. [2.7.1]

Katoh N. (2002). Corresponding color reproduction from softcopy images to hardcopy images (Doctral dissertation). Chiba University, Chiba, 150. [2.1.1]

茅原拓朗・小木哲朗・北崎充晃・吉野知也・廣瀬通孝 (2003). マルチメディア・バーチャル・ラボラトリーによる遠隔知覚・認知心理学実験システム　日本バーチャルリアリティ学会論文誌, **8**(1), 57-64. [2.7.1]

Keegan, H. J. et al. (1958). Digital reduction of spectrophotometric data to Munsell renotations. *Journal of the Optical Society of America*, **48**, 863-864. [2.1.6]

Kemp, D. T. (1978). Stimulated acoustic emissions from within the human auditory system. *Journal of the Acoustical Society of America*, **64**, 1386-1391. [2.2.5]

Kemp, D. T. (1979). Evidence of mechanical nonlinearity and frequency selectice wave amplification in the cochlear. *Archives of Otorhinolaryngology*, **224**, 37-45. [2.2.5]

Kennedy, R. S., Lane, N. E., Berbaum, K. S., & Lilienthal, M. G. (1993). A simulator sickness questionnaire (SSQ)：A new method for quantifying simulator sickness. *International Journal of Aviation Psychology*, **3**(3), 203-220. [2.7.3]

Kenshalo, D. R. (1976). Correlations of temperature sensitivity in man and monkey, a first approximation. In Y. Zotterman (Ed.), *Sensory functions of the skin with special reference to man*. Pergamon Press. pp.305-330. [2.3.2]

Kenshalo, D. R., & Scott, H. A. (1966). Temporal course of thermal adaptation. *Science*, **151**, 1095-1096. [2.3.2]

Keshavarz, B. & Hecht, H. (2011). Validating an efficient method to quantify motion sickness. *Human Factors*, **53**, 415-426. [2.7.3]

Kim, J., & Palmisano, S. (2010). Eccentric gaze dynamics enhance illusory self-motion in depth. *Journal of Vision*, **10**, 1-11. [2.7.3]

Kim, Y. Y., Kim, E. N., Jae, P. M., Park, K. S., Ko, H. D., & Kim, H. T. (2008). The application of biosignal feedback for reducing cybersickness from exposure to a virtual environment. *Presence*, **17**(1), 1-16. [2.7.3]

切替一郎 (1974). 聴覚検査法 第 2 版 医学書院 [2.2.5]

Kitazaki, M., & Sato, T. (2003). Attentional modulation of self-motion perception. *Perception*, **32**(4), 475-484. [2.7.3]

北﨑充晃 (2016). サイバー空間と実空間をつなぐ we-mode の可能性 心理学評論, **59**(3), 312-323. [2.7.4]

Knoop, J. E., Sale, G., Gerrit, S., & Stieger, M. (2013). Combinatory effects of texture and aroma modification on taste perception of model gels. *Chemosensory Perception*, **6**, 60-69. [2.5.1]

小早川達・綾部早穂・小川尚・吉村眞一・斉藤幸子 (1998). 味覚刺激による大脳誘発応答を計測するための刺激提示装置の開発 医用電子と生体工学, **36**, 351-358. [2.5.1]

Koelsch, S. (2009). Music-syntactic processing and auditory memory : Similarities and differences between ERAN and MMN. *Psychophysiology*, **46**(1), 179-190. [2.2.8]

Koelsch, S., Schröger, E., & Tervaniemi, M. (1999). Superior pre-attentive auditory processing in musicians. *Neuroreport*, **10**(6), 1309-1313. [2.2.8]

Kohlrausch, A., Fassel, R., & Dau, T. (2000). The influence of carrier level and frequency on modulation and beat-detection thresholds for sinusoidal carriers. *The Journal of the Acoustical Society of America*, **108**, 723-734. [2.2.1, 2.2.2, 2.2.6]

小泉直也・田中秀和・上間裕二・稲見昌彦 (2013). Chewing JOCKEY——咀嚼音提示を利用した食感拡張装置の検討 日本バーチャルリアリティ学会論文誌, **18**(2), 141-150. [2.7.4]

Kolarik, A. J., Moore, B. C. J., Zahorik, P., Cirstea, S., & Pardhan, S. (2016). Auditory distance perception in humans : a review of cues, development, neuronal bases, and effects of sensory loss. *Attention, Perception, & Psychophysics*, **78**, 373-395. [2.2.1, 2.2.2, 2.2.6]

Kondo, H. M., & Kashino, M. (2009). Involvement of the thalamocortical loop in the spontaneous switching of percepts in auditory streaming. *The Journal of Neuroscience*, **29**, 12695-12701. [2.2.1, 2.2.2, 2.2.6]

Kraus, N., & Anderson, S. (2014). Music benefits across the lifespan : enhanced processing of speech in noise. *Hearing Review*, **21**(8), 18-21. [2.2.8]

Krumhansl, C. L., & Toiviainen, P. (2001). Tonal cognition. *Annals of the New York Academy of Sciences*, **930**(1), 77-91. [2.2.8]

Kuhn, G. F. (1987). Physical acoustics and measurements pertaining to directional hearing. In W. A. Yost & G. Gourevitch (Eds.), *Directional Hearing*. Springer-Verlag. pp.3-25. [2.2.1,

2.2.2, 2.2.6]

Kuroki, S., Watanabe, J., & Nishida, S. (2013). Contribution of within-and cross-channel information to vibrotactile frequency discrimination. *Brain Research*, **1529**, 46-55. [2.3.1]

Labbe, D., Rytz, A., Morgenegg, C., Ali, S., & Martin, N. (2007). Subthreshold olfactory stimulation can enhance sweetness. *Chemical Senses*, **32**, 205-214. [2.5.1]

Lackner, J. R. (1988). Some proprioceptive influences on the perceptual representation of body shape and orientation. *Brain*, **111**, 281-297. [2.6.4]

Lagroix, H. E. P., Yanko, M. R., & Spalek, T. M. (2012). LCDs are better : psychophysical and photometric estimates of the temporal characteristic of CRT and LCD monitors. *Attention, Perception and Psychophysics*, **74**(5), 1033-1041. [2.1.1]

Lamoré, P. J., Muijser, H., & Keemink, C. J. (1986). Envelope detection of amplitude-modulated high-frequency sinusoidal signals by skin mechanoreceptors. *The Journal of the Acoustical Society of America*, **79**, 1082-1085. [2.3.1]

Landis, B. N., Hummel, T., Hugentobler, M., Giger, R., & Lacroix, J. S. (2003). Ratings of overall olfactory function. *Chemical Senses*, **28**, 691-694. [2.4.2]

Lawrence, G., Salles, C., Septier, C., Busch, J., & Thomas-Danguin, T. (2009). Odour-taste interactions : a way to enhance saltiness in low-salt content solutions. *Food Quality and Preference*, **20**, 241-248. [2.5.1]

Lecuyer, A., Coquillart, S., Kheddar, A., Richard, P., & Coiffet, P. (2000). Pseudo-haptic feedback : can isometric input devices simulate force feedback? *Proceedings of IEEE Virtual Reality 2000*, 83-90. [2.7.4]

Lenggenhager, B., Tadi, T., Metzinger, T., & Blanke, O. (2007). Video ergo sum : manipulating bodily self-consciousness. *Science*, **317**(5841), 1096-1099. [2.7.4]

Lennie, P., Pokorny, J., & Smith, V. C. (1993). Luminance. *Journal of the Optical Society of America A*, **10**, 1283-1293. [2.1.3]

Lessiter, J., Freeman, J., Keogh, E., & Davidoff, J. (2001). A cross-media presence questionnaire : The ITC sense of presence inventory. *Presence*, **10**, 282-297. [2.7.3]

Levitin, D. J. (2010). Why music moves us. *Nature*, **464**(7290), 834-835. [2.2.8]

Lim, J., Urban, L., & Green, B. G. (2008). Measures of individual differences in taste and creaminess perception. *Chemical Senses*, **39**, 493-501. [2.5.1]

Livingstone, M. S., & Hubel, D. H. (1987). Psychophysical evidence for separate channels for the perception of form, color, movement, and depth. *Journal of Neuroscience*, **7**, 3416-3468. [2.1.3]

Longo, M., & Haggard, P. (2012). What Is It Like to Have a Body? *Current Directions in Psychological Science*, **21**, 140-145. [2.6.4]

Luo, M. R., Cui, G., & Rigg, B. (2001). The development of the CIE 2000 colour-difference formula : CIEDE2000. *Color Research and Application*, **26**, 340-350. [2.1.6]

MacAdam, D. L. (1942). Visual sensitivities to color differences in daylight. *Journal of the Optical Society of America*, **32**, 247-274. [2.1.6]

MacLeod, D. I. A., & Boynton, R. M. (1979). Chromaticity diagram showing cone excitation by stimuli of equal luminance. *Journal of the Optical Society of America*, **69**, 1183-1186. [2.1.7]

Mahy, M., Van Eycken, L., & Oosterlinck, A. (1994). Evaluation of uniform color spaces developed after the adoption of CIELAB and CIELUV. *Color Research and Application*, **19**, 105-121. [2.1.6]

Martin, G. N., Apena, F., Chaudry, Z., Mulligan, Z., & Nixon, C. (2001). The development of an attitudes towards the sense of smell questionnaire (SoSQ) and a comparison of different professions' responses. *North American Journal of Psychology*, **3**, 491-502. [2.4.2]

マクレラン, J. H., シェーファー, R. W., & ヨーダー, M. A. (2000). 荒實（訳）MATLAB による DSP 入門　ピアソンエデュケーション [2.2.1, 2.2.2, 2.2.6]

McGurk, H., & MacDonald, J. (1976). Hearing lips and seeing voices. *Nature*, **264**, 746-748. [2.6.3]

McLachlan, N., Marco, D., Light, M., & Wilson, S. (2013). Consonance and pitch. *Journal of Experimental Psychology*: *General*, **142**(4), 1142. [2.2.8]

Mesholam, R. I., Moberg, P. J., Mahr, R. N., & Doty, R. L. (1998). Olfaction in neurodegenerative disease: a meta-analysis of olfactory functioning in Alzheimer's and Parkinson's diseases. *Archives of Neurology*, **55**, 84-90. [2.4.2]

Mills, A. F. (1999). *Heat Transfer*. Prentice Hall. [2.3.2]

Miyazaki, J., Yamamoto, H., Ichimura, Y., Yamashiro, H., Murase, T., Yamamoto, T., Umeda, M., & Higuchi, T. (2015). Inter-hemispheric desynchronization of the human MT+ during visually induced motion sickness. *Experimental Brain Research*, **233**, 2421-2431. [2.7.3]

Moller, A. R. (2006). *Hearing*: *Its Physiology and Pathophysiology* (2nd ed.). Academic Press. [2.2.5]

Moller, A. R., & Jannetta, P. J. (1983). Interpretation of brainstem auditory evoked potentials: Results from intracranical recodings in humans. *Scandinavian Audiology*, **12**, 125-133. [2.2.5]

Moore, B. C. J. (Ed.) (1986). *Frequency selectivity in hearing*. Academic Press. [2.2.1, 2.2.2, 2.2.6]

Moore, B. C. J. (2012). *An Introduction to the Psychology of Hearing* (6th ed), Bingley. [2.2.1, 2.2.2, 2.2.6]

森数馬・岩永誠（2014）.音楽と感情に関する研究の展開——心理反応，末梢神経系活動，音楽および音響特徴　心理学評論，**57**(2), 215-234. [2.2.8]

Morrone, M. C., Tosetti, M., Montanaro, D., Fiorentini, A., Cioni, G., & Burr, D. C. (2000). A cortical area that responds specifically to optic flow, revealed by fMRI. *Nature Neuroscience*, **3**, 1322-1328. [2.1.5]

Nagel, F., Kopiez, R., Grewe, O., & Altenmüller, E. (2007). EMuJoy: Software for continuous measurement of perceived emotions in music. *Behavioral Research Methods*, **39**, 283-290. [2.5.2]

中川千鶴・大須賀美恵子・竹田仰（2000）.VE 酔い評価手法の開発に向けての基礎的検討　人間工学，**36**, 131-138. (Nakagawa, C., Ohsuga, E., & Takeda, T., (2000). Basic study toward VE-sickness assessment. *The Japanese Journal of Ergonomics*, **36**, 131-138. In Japanese with English abstract) [2.7.3]

中野詩織・綾部早穂（2013）.Odor Awareness Scale の日本人への適用可能性　筑波大学心理学研究, **47**, 1-8. [2.4.2]

鳴海拓志・谷川智洋・梶波崇・廣瀬通孝（2010）.メタクッキー——感覚間相互作用を用いた味覚ディスプレイの検討　日本バーチャルリアリティ学会論文誌，**15**(4), 579-588. [2.7.4]

Newhall, S. M., Nickerson, D., & Judd, D. B. (1943). Final report of the O.S.A. subcommittee on spacing of the Munsell colors. *Journal of the Optical Society of America*, **33**, 385-418. [2.1.6]

Nichols, S., Cobb, S., & Wilson, J. R. (1997). Health and safety implications of virtual environments: Measurement issues. *Presence*, **6**, 667-675. [2.7.3]

日本バーチャルリアリティ学会 VR 心理学研究委員会（2006）.だまされる脳　講談社ブルーバックス [2.7.1]

日本視覚学会（編）(2017).視覚情報処理ハンドブック 新装版　朝倉書店 [2.1.4]

日本視覚学会（編）(2017).視覚情報処理ハンドブック 新装版 5.2 節　朝倉書店 [2.1.5]

Nordin, S., Brämerson, A., Liden, E., & Bende, M. (1998). The Scandinavian Odor-Identification Test: development, reliability, validity and normative data. *Acta Oto-Laryngologica*, **118**, 226-234. [2.4.2]

O'Doherty, J., Rolls, E. T., Francis, S., Bowtell, R., & McGlone, F. (2001). Representation of pleasant and aversive taste in the human brain. *Journal of Neurophysiology*, **85**, 1315-1321. [2.5.1]

小田恂（2009）.純音聴力検査　立木孝（監修）日本聴覚医学会（編）聴覚検査の実際　南山堂　pp.44-52. [2.2.5]

小川緑・綾部早穂（2015）.「味」に及ぼす，ニオイや手触りの影響——知覚の個人差の観点から　ソフト・ドリンク技術資料，**2**, 77-91. [2.5.1]

小川緑・中野詩織・黄暁薇・綾部早穂（2012）.嗅覚による味覚の促進効果——塩味への感度に着目して　筑波大学心理学研究, **43**, 1-8. [2.5.1]

Ogihara, H., Kobayashi, M., Nishida, K., Kitano, M., & Takeuchi, K. (2011). Applicability of the cross-culturally modified University of Pennsylvania Smell Identification Test in a Japanese population. *American Journal of Rhinology & Allergy*, **25**, 404-410. [2.4.2]

大田登（1993）.色彩工学　東京電機大学出版局 [2.1.6]

Ohzawa, I., DeAngelis, G. C., & Freeman, R. D. (1997). Encoding of binocular disparity by complex cells in the cat's visual cortex. *Journal of Neurophysiology*, **77**, 2879-2909. [2.1.4]

大山正・今井省吾・和氣典二（編）(1994).新編 感覚・知覚心理学ハンドブック　誠信書房 [2.1.4]

Palmisano, S., Apthorp, D., Seno, T., & Stapley, P. J. (2014). Spontaneous postural sway predicts the strength of smooth vection. *Experimental Brain Research*, **232**, 1185-91. [2.7.3]

Palmisano, S., Allison, R. S., Schira, M. M., & Barry, R. J. (2015). Future challenges for vection research: definitions, functional significance, measures, and neural bases. *Frontiers in Psychology*, **6**, 193. http://doi.org/10.3389/fpsyg.2015.00193 [2.7.3]

Palmisano, S., & Chan, A. (2004). Jitter and size effects on vection are robust to experimental instructions and demands. *Perception*, **33**, 987-1000. [2.7.3]

Patterson, R. D. (1976). Auditory filter shapes derived with noise stimuli. *The Journal of the Acoustical Society of America*, **59**, 640-654. [2.2.1, 2.2.2, 2.2.6]

Patterson, R. D., Nimmo-Smith, I., Weber, D. L., & Milroy, R. (1982). The deterioration of hearing with age：frequency selectivity, the critical ratio, the audiogram, and speech threshold. *The Journal of the Acoustical Society of America*, **72**, 1788-1803. [2.2.1, 2.2.2, 2.2.6]

Pelli, D. G. (1997). The VideoToolbox software for visual psychophysics：Transforming numbers into movies. *Spatial Vision*, **10**, 437-442. [2.1.5]

Pineau, N., Cordelle, S., & Schlich, P. (2003). Temporal Dominance of Sensations：A new technique to record several sensory attributes simultaneously over time. *5th Pangborn symposium*, July 20-24, 121. [2.5.2]

Pineau, N., Schlich, P., Cordelle, S., Mathonniere, C., Issanchou, S., Imbert, A., Rogeaux, M., Etievant, P., & Koster, E. P. (2009). Temporal Dominance of Sensations：Construction of the TDS curves and comparison with time-intensity. *Food Quality and Preference*, **20**, 450-455. [2.5.2]

Piqueras-Fiszman, B., Alcaide, J., Roula, E., & Spence, C. (2012). Is it the plate or is it the food? Assessing the influence of the color (black or white) and shape of the plate on the perception of the food placed on it. *Food Quality and Preference*, **24**, 205-208. [2.5.1]

Popple, A. V., & Levi, D. M. (2000). A new illusion demonstrates long-range processing. *Vision Research*, **40**, 2545-2549. [2.1.4]

Previc, F. H., & Mullen, T. J. (1990). A comparison of the latencies of visually induced postural change and self-motion perception. *Journal of Vestibular Research*, **1**(3), 317-323. [2.3.3]

Probst, R. (1991). A review of otoacoustic emissions. *The Journal of Acoustical Society of America*, **89** (5), 2027-2067. [2.2.5]

Ramsay, J. O., Hooker, G., & Graves, S. (2009). *Functional data analysis with R and MATLAB (Use R)*. Springer. [2.5.2]

Regan, D. (2000). *Human perception of objects*. Sinauer Associates. [2.1.4]

Ritsma, R. J. (1967). Frequencies dominant in the perception of the pitch of complex sounds. *The Journal of the Acoustical Society of America*, **42**, 191-198. [2.2.1, 2.2.2, 2.2.6]

Robinette, M. S., & Glattke, T. J. (2007). *Otoacoustic Emissions：Clinical Applications* (3rd ed.). Thieme Medical Publishers. [2.2.5]

Rosen, S., & Howell, P. (1990). *Signals and systems for speech and hearing*. Academic Press. (荒井隆行・菅原勉 (監訳) (1998). 音声・聴覚のための信号とシステム　海文堂出版) [2.2.1, 2.2.2, 2.2.6]

Saberi, K. & Perriott, D.R. (1999)： Cognitive restoration of reversed speech. *Nature*, **398**, 760. [2.2.7]

斉藤幸子 (2011). 嗅覚・味覚　大山正 (監修)　感覚知覚　心理学研究法 1　誠信書房 [2.5.1]

Saito, S., Ayabe-Kanamura, S., Takashima, Y., Gotow, N., Naito, N., Nozawa, T., Mise, M., Deguchi, Y., & Kobayakawa, T. (2006). Development of a smell identification test using a novel stick-type odor presentation kit. *Chemical Senses*, **31**, 379-391. [2.4.1, 2.4.2]

斉藤幸子・綾部早穂 (2002). 環境臭気におけるにおい質の評価のための記述語の選定——記述語による日本の日常生活臭の類型から　臭気の研究, **33**, 1-12. [2.4.2]

Salimpoor, V. N., Benovoy, M., Larcher, K., Dagher, A., & Zatorre, R. J. (2011). Anatomically distinct dopamine release during anticipation and experience of peak emotion to music. *Nature neuroscience*, **14**(2), 257-262. [2.2.8]

Schifferstein, H. N. J. (2009). The drinking experience：cup or content? *Food Quality and Preference*, **20**, 286-276. [2.5.1]

Schubert, E. (2010). Continuous self-report methods. In P. N. Juslin & J. A. Sloboda (Eds.), *Handbook of music and emotion：Theory, research, applications*. Oxford University Press. pp.223-253. [2.2.8]

Sekiyama, K., & Tohkura, Y. (1991). McGurk effect in non-English listeners：Few visual effects for Japanese subjects hearing Japanese syllables of high auditory intelligibility. *Journal of the Acoustical Society of America*, **90**, 1797-1805. [2.6.3]

積山薫 (2011). 視覚と聴覚による音声知覚——言語／文化による差とその発達　認知科学, **18**, 387-401. [2.6.3]

積山薫 (2012). 音声知覚における多感覚情報の統合　川崎恵理子 (編)　認知心理学の新展開——言語と記憶　ナカニシヤ出版　pp.3-22. [2.6.3]

Shimba, T. (1984). An estimation of center of gravity from force platform data. *Journal of Biomechanics*, **17**, 53-60. [2.7.3]

Silman, S. (Ed.)(1984). *The Acoustic Reflex：Basic Principles and Clinical Applications*. Academic Press. [2.2.5]

Slaney, M. (1993). An efficient implementation of the Patterson-Holdsworth auditory filter bank. *Apple Computer Technical Report*, 35. [2.2.1, 2.2.2, 2.2.6]

Slater, M., Antley, A., Davison, A., Swapp, D., Guger, C., Barker, C., Pistrang, N., & Sanchez-Vives, M. V. (2006). A Virtual Reprise of the Stanley Milgram Obedience Experiments. *PLoS ONE*, **1**(1), e39. [2.7.4]

Slater, M., Usoh, M., & Steed, A. (1994). Depth of presence in virtual environments. *Presence：Teleoperators and Virtual Environments*, **3**(2), 130-144. [2.7.3]

Smeets, A.M., Schifferstein, H.N., Boelema, S. R., & Lensvelt-Mulders, G. (2008). The Odor Awareness Scale：a new scale for measuring positive and negative odor awareness. *Chemical Senses*, **33**, 725-734. [2.4.2]

Smith, V. C., & Pokorny, J. (1975). Spectral sensitivity of the foveal cone photopigments between 400 and 500 nm. *Vision Research*, **15**, 161-171. [2.1.7]

Smith, Z. M., Delgutte, B., & Oxenham, A. J. (2002). Chimaeric sounds reveal dichotomies in auditory perception. *Nature*, **416** (6876), 87-90. [2.2.1, 2.2.2, 2.2.6]

Solomon, S. G., & Lennie, P. (2007). The machinery of colour vision. *Nature Reviews Neuroscience*, **8**, 276-286. [2.1.7]

Soto-Faraco, S., Lyons, J., Gazzaniga, M., Spence, C., & Kingstone, A. (2002). The ventriloquist in motion：Illusory capture of dynamic information across sensory modalities. *Cognitive Brain Research*, **14**(1), 139-146. [2.6.1]

Speaks, C. E. (1999). *Introduction to Sound：Acoustics for the Hearing and Speech Sciences*. Cengage Learning. (荒井隆行・

菅原勉（監訳）(2007). 音入門——聴覚・音声科学のための音響学　海文堂出版 [2.2.1, 2.2.2, 2.2.6]

Spence, C. (2012). Auditory contributions to flavour perception and feeding behaviour. *Physiology & Behavior*, **107**, 505-515. [2.5.1]

Spence, C., Pavani, F., & Driver, J. (2004). Spatial constraints on visuo-tactile cross-modal distractor congruency effect. *Cognitive, Affective, & Behavioral Neuroscience*, **4**(2), 148-169. [2.6.1]

Spray, D. C. (1986). Cutaneous Temperature Receptors. *Annual Review of Physiology*, **48**, 625-638. [2.3.2]

Srinivasan, M. A., & LaMotte, R. H. (1995). Tactual discrimination of softness. *Journal of Neurophysiology*, **73**, 88-101. [2.3.3]

Stecker, G. C., & Hafter, E. R. (2002). Temporal weighting in sound localization. *The Journal of the Acoustical Society of America*, **112**, 1046-1057. [2.2.1, 2.2.2, 2.2.6]

Steinbeis, N., & Koelsch, S. (2011). Affective priming effects of musical sounds on the processing of word meaning. *Journal of Cognitive Neuroscience*, **23**(3), 604-621. [2.2.8]

Stevens, J. C. (1991). Thermal sensibility. In M. A. Heller & W. Schiff (Eds.), *The Psychology of Touch*. Lawrence Erlbaum. pp.61-90. [2.3.2]

Stevens, J. C., & Choo, K. C. (1998). Temperature sensitivity of the body surface over the life span. *Somatosensory & Motor Research*, **15**, 13-28. [2.3.2]

Stevens, J. C., Okulicz, W. C., & Marks, L. E. (1973). Temporal summation at the warmth threshold. *Perception & Psychophysics*, **14**, 307-312. [2.3.2]

Stiles, W. S., & Burch, J. M. (1959). NPL colour-matching investigation：Final report. *Optica Acta*, **6**, 1-26. [2.1.7]

Stockman, A., & Sharpe, L. T. (2000). The spectral sensitivities of the middle-and long-wavelength-sensitive cones derived from measurements in observers of known genotype. *Vision Research*, **40**, 1711-1737. [2.1.7]

Stromeyer, C. F., III, Kronauer, R. E., & Cole, G. R. (1983). Adaptive mechanisms controlling sensitivity to red-green chromatic flashes. In J. D. Mollon & L. T. Sharpe (Eds.), *Colour Vision*. Academic Press. pp. 313-330. [2.1.7]

Suma, E. A., Clark, S., Krum, D., Finkelstein, S., Bolas, M., & Warte, Z. (2011). Leveraging change blindness for redirection in virtual environments, *Proceedings of IEEE Virtual Reality 2011*, 159-166. [2.7.4]

鈴木陽一・西村竜一（2010). 超臨場感音響の展開　電子情報通信学会誌, **93**(5), 392-396. [2.7.2]

舘暲（2000). 人工現実感の基礎　バーチャルリアリティの基礎1　培風館 [2.7.2]

舘暲（2002). バーチャルリアリティ入門　筑摩書房 [2.7.4]

舘暲（2011). バーチャルリアリティとは何か　日本バーチャルリアリティ学会（編）　バーチャルリアリティ学　コロナ社 pp.2-10. [2.7.1]

Tajadura-Jiménez, A., Väljamäe, A., Toshima, I., Kimura, T., Tsakiris, M., & Kitagawa, N. (2012). Action sounds recalibrate perceived tactile distance. *Current Biology*, **22**(13), R516-R517. [2.6.4]

髙木幸子・平松沙織・田中章浩（2014). 表情と音声に同時に感情を込めた動画刺激に対する感情知覚　認知科学, **21**, 344-362. [2.6.3]

Tamura, N., Tsumura, N., & Miyake, Y. (2001). Calibration of LCD colorimetry considering channel interaction. Special section of display-special contribution from Asia display ／ IDW' 01. *ITE Journal*, **51**(10), 1-5. [2.1.1]

田中章浩（2012). マガーク効果　西本武彦（編）　認知心理学ラボラトリ　弘文堂　pp.28-33. [2.6.3]

Tanaka, A., Koizumi, A., Imai, H., Hiramatsu, S., Hiramoto, E., & de Gelder, B. (2010). I feel your voice：Cultural differences in the multisensory perception of emotion. *Psychological Science*, **21**, 1259-1262. [2.6.3]

田中康夫（2005). 耳音響放射活用ガイド　金原出版 [2.2.5]

寺本渉・吉田和博・浅井暢子・日高聡太・行場次朗・鈴木陽一（2010). 臨場感の素朴な理解　日本バーチャルリアリティ学会論文誌, **15**, 7-16. (Teramoto, W., Yoshida, K., Hidaka, S., Gyoba, J., & Suzuki, Y. (2010). What is sense of presence？：a non-researcher's understanding of sense of presence. *Transactions of the Virtual Reality Society of Japan*, **15**, 7-16. In Japanese with English abstract) [2.7.3]

Thilo, K. V., Kleinschmidt. A., & Gresty, M. A. (2003). Perception of self-motion from peripheral optokinetic stimulation suppresses visual evoked responses to central stimuli. *Journal of Neurophysiology*, **90**, 723-730. [2.7.3]

Thomas, D. P., & Whitney, R. J. (1959). Postural movements during normal standing in man. *Journal of Anatomy*, **93**, 534-539. [2.7.3]

Tierney, A., & Kraus, N. (2015). Neural entrainment to the rhythmic structure of music. *Journal of Cognitive Neuroscience*. **27**(2), 400-408. [2.2.8]

Tiippana, K., Andersen, T. S., & Sams, M. (2004). Visual attention modulates audiovisual speech perception. *European Journal of Cognitive Psychology*, **16**, 457-472. [2.6.3]

Tirovolas, A. K., & Levitin, D. J. (2011). Music perception and cognition research from 1983 to 2010：A categorical and bibliometric analysis of empirical articles in Music Perception. *Music Perception*：*An Interdisciplinary Journal*, **29**(1), 23-36. [2.2.8]

Toiviainen, P., & Krumhansl, C. L. (2003). Measuring and modeling real-time responses to music：The dynamics of tonality induction. *Perception*, **32** (6), 741-766. [2.2.8]

Tokumaru, O., Kaida, K., Ashida, H., Yoneda, I., & Tatsuno, J. (1999). EEG topographical analysis of spatial disorientation. *Aviation, Space, and Environmental Medicine*, **70**, 256-263. [2.7.3]

Tsakiris, M. (2010). My body in the brain：a neurocognitive model of body-ownership. *Neuropsychologia*, **48**(3), 703-712. [2.6.4]

内川惠二（1998). 色覚のメカニズム——色を見る仕組み　色彩科学選書4　朝倉書店 [2.1.2]

内川惠二（総編集）篠森敬三（編）(2007). 視覚 I——視覚系の構造と初期機能　講座 感覚・知覚の科学1　朝倉書店 [2.1.4]

内川惠二（総編集）塩入諭（編）(2007). 視覚 II——視覚系の中期・高次機能　講座 感覚・知覚の科学2　朝倉書店 [2.1.4]

Ulrich, R. (1987). Threshold models of temporal-order judgments evaluated by a ternary response task. *Perception & Psychophysics*, **42**(3), 224-239. [2.6.2] van Noorden, L. P. A. S. (1975). *Temporal coherence in the perception of tone sequences* (Doctoral dissertation). Technische Hogeschool Eindhoven. [2.2.1, 2.2.2, 2.2.6]

Van Parys, J. A. P., & Njiokiktjien, C. J. (1976). Romberg's sign expressed in a quotient. *Agressologie*, **17**, 95-100. [2.7.3]

Velazquez, R., Pissaloux, E.E., Hafez, M., & Szewczyk, J. (2008). Tactile Rendering With Shape-Memory-Alloy Pin-Matrix. *IEEE Transactions on Instrumentation and Measurement*, **57**, 1051-1057. [2.3.1]

Veldhuizen, M. G., Bender, G., Constable, R. T., & Small1, D. M. (2007). Trying to detect taste in a tasteless solution : modulation of early gustatory cortex by attention to taste. *Chemical Senses*, **32**, 569-581. [2.5.1]

Verrillo, R. T. (1963). Effect of contactor area on vibrotactile threshold. *The Journal of the Acoustical Society of America*, **35**, 1962-1966. [2.3.1]

Verrillo, R. T. (1979). Change in Vibrotactile thresholds as a function of age. *Sensory Processes*, **3**, 49-59. [2.3.1]

Verrillo, R. T. (1982). Effects of aging on the suprathreshold responses to vibration. *Perception & Psychophysics*, **32**(1), 61-68. [2.3.1]

Verrillo, R. T., Gescheider, G. A., Calman, B. G., & van Doren, C. J. (1983). Vibrotactile masking : effects of one and two-site stimulation. *Perception & Psychophysics*, **33**, 379-387. [2.3.1]

バーチャルリアリティ学会（編）(2011). バーチャルリアリティ学 コロナ社 [2.3.3, 2.7.2]

Wagner, G., & Boynton, R. M. (1972). Comparison of four methods of heterochromatic photometry. *Journal of the Optical Society of America*, **62**, 1508-1515. [2.1.3]

Walker, S., & Prescott, J. (2000). The influence of solution viscosity and different viscosifying agents on apple juice flavor. *Journal of Sensory Studies*, **15**, 285-307. [2.5.1]

Warren, R. M., Hainsworth, K. R., Brubaker, B. S., Bashford, J. A., Jr., & Healy, E. W. (1997). Spectral restoration of speech : Intelligibility is increased by inserting noise in spectral gaps. *Perception & Psychophysics*, **59**, 275-283. [2.2.7]

Warren, R. M. (1999). *Auditory Perception : A New Analysis and Synthesis*. Cambridge University Press. [2.2.7]

Watanabe, J., Hayashi, S., Kajimoto, H., Tachi, S., & Nishida, S. (2007). Tactile motion aftereffects produced by appropriate presentation for mechanoreceptors. *Experimental Brain Research*, **180**(3), 577-582. [2.3.1]

White, L., & Prescott, J. (2007). Chemosensory cross-modal stroop effects : congruent odors facilitate taste identification. *Chemical Senses*, **32**, 337-341. [2.5.1]

Wightman, F. L., & Kistler, D. J. (1989). Headphone simulation of free-field listening. I : Stimulus synthesis. *The Journal of the Acoustical Society of America*, **85**, 858-867. [2.2.1, 2.2.2, 2.2.6]

Wilkie, L. M., Phillips, E. D. C., & Wadhera, D. (2013). Sucrose and non-nutritive sweeteners can suppress the bitterness of vegetables independent of PTC taster phenotype. *Chemosensory Perception*, **6**, 127-139. [2.5.1]

Witmer, B. G., Jerome, C. J., & Singer, M. J. (2005). The factor structure of the presence questionnaire. *Presence*, **14**, 298-312. [2.7.3]

Witmer, B. G., & Singer, M. J. (1998). Measuring presence in virtual environments : A presence questionnaire. *Presence*, **7**, 225-240. [2.7.3]

Wolfe, W. L., & Zissis, G. J. (1985). *The Infrared Handbook*. Office of Naval Research. [2.3.2]

Wong, S. C. P., & Frost, B. J. (1981). The effect of visual-vestibular conflict on the latency of steady-state visually induced subjective rotation. *Perception & Psychophysics*, **30**, 228-236. [2.7.3]

Wrzesniewski, A., McCauley, C., & Rozin, P. (1999). Odor and affect : individual differences in the impact of odor on liking for places, things and people. *Chemical Senses*, **24**, 713-721. [2.4.2]

Wyszecki, G., & Stiles, W. S. (1982). *Color science : concepts and methods, quantitative data and formulae*, 2nd Edition. John Wiley & Sons. p.23, fig5(1.2.3). [2.1.2]

矢野博明 (2011). 出力インタフェース　日本バーチャルリアリティ学会（編）バーチャルリアリティ学　コロナ社　pp.80-96. [2.7.1]

Young, W., Ferguson, S., Brault, S., & Craig, C. (2011). Assessing and training standing balance in older adults : A novel approach using the 'Nintendo Wii' Balance Board. *Gait & Posture*, **33**, 303-305. [2.7.3]

Zentner, M., Grandjean, D., & Scherer, K. R. (2008). Emotions evoked by the sound of music : characterization, classification, and measurement. *Emotion*, **8**(4), 494. [2.2.8]

Zweig, G., & Shera, C. A. (1995). The origin of periodicity in the spectrum of evoked otoacoustic emissions. *The Journal of Acoustical Society of America*, **98**(4), 2018-2047. [2.2.5]

http : //www.psy.l.chiba-u.ac.jp/labo/vision1/handbook/2nd_sec_index.html [2.1.7]

http : //www.psy.l.chiba-u.ac.jp/labo/vision1/handbook/index.html [2.1.3]

https : //github.com/hiroshiban/Mcalibrator2 [2.1.1]

The software package developed in this study is available from the link below. [2.1.1]

■第 3 部■

足立浩平 (2006). 多変量データ解析法——心理・教育・社会系のための入門　ナカニシヤ出版 [3.4.4]

荒川恵子・水浪田鶴・桑野園子・難波精一郎・加藤徹 (1996). 音楽聴取における大きさの文脈効果　音楽知覚認知研究, **2**, 18-26. [3.4.2]

Attneave, F. (1954). Some informational aspects of visual perception. *Psychological Review*, **61**, 183-193. [3.5.4]

Attneave, F. (1955). Symmetry, information, and memory for patterns. *American Journal of Psychology*, **68**, 209-222. [3.5.4]

Aust, F., Diedenhofen, B., Ullrich, S., & Musch, J. (2012). Seriousness checks are useful to improve data validity in online research. *Behavior Research Methods*, **45** (2), 527-535. [3.7.3]

Baird, J. C., & Noma, E. (1978). *Fundamentals of scaling and psychophysics*. John Wiley & Sons. [3.1.1]

Balas, B., Nakano, L., & Rosenholtz, R. (2009). A summary-statistic representation in peripheral vision explains visual crowding. *Journal of Vision*, **9**(12), 13. [3.6.1]

Bard, E. G., Robertson, D., & Sorace, A. (1996). Magnitude estimation of linguistic acceptability. *Language*, **72**, 32-68. [3.3.2]

Barnhoorn, J. S., Haasnoot, E., Bocanegra, B. R., & van Steenbergen, H. (2015). QRTEngine：An easy solution for running online reaction time experiments using Qualtrics. *Behavior Research Methods*, **47**, 918-929. [3.7.3]

Barriga, A. Q., Morrison, E. M., Liau, A. K., & Gibbs, J. C. (2001). Moral cognition：Explaining the gender difference in antisocial behavior. *Merrill-Palmer Quarterly*, **47**(4), 532-562. [3.3.2]

Berinsky, A. J., Huber, G. A., & Lenz, G. S. (2012). Evaluating online labor markets for experimental research：Amazon. com's Mechanical Turk. *Political Analysis*, **20**, 351-368. [3.7.3]

Bisping, R. (1991). Application of time continuous judgment on the psychoacoustics analysis of car noise. 91. AES Convention. [3.4.2]

Blakemore, C., Carpenter, R. H., & Georgeson, M. A. (1970). Lateral inhibition between orientation detectors in the human visual system. *Nature*, **228**, 37-39. [3.5.2]

Blakemore, C. T., & Campbell, F. W. (1969). On the existence of neurones in the human visual system selectively sensitive to the orientation and size of retinal images. *The Journal of Physiology*, **203**(1), 237. [3.5.2]

Bock, R. D., & Jones, L. V. (1968). *The measurement and prediction of judgment and choice*. Holden-Day. [3.1.1]

Bradley, R. A., & Terry, M. E. (1952). The rank analysis of incomplete block designs. I. The method of paired comparisons. *Biometrika*, **39**, 324-345. [3.3.4]

Brand, T., & Kollmeier, B. (2002). Efficient adaptive procedures for threshold and concurrent slope estimates for psychophysics and speech intelligibility tests. *The Journal of Acoustical Society of America*, **111**(6), 2801-2810. [3.1.3]

Breitmeyer, B. G., Hoar, W. S., Randall, D. J., & Conte, F. P. (1984). *Visual masking：An integrative approach*. Clarendon Press. [3.5.2]

Brown, H. R., Zeidman, P., Smittenaar, P., Adams, R. A., McNab, F., Rutledge, R. B., & Dolan, R. J. (2014). Crowdsourcing for cognitive science – The utility of smartphones. *PLoS ONE*, **9**(7), e100662. [3.7.3]

Buhrmester, M., Kwang, T., & Gosling, S. D. (2011). Amazon's Mechanical Turk：A new source of inexpensive, yet high-quality, data? *Perspectives on Psychological Science*, **6**(1), 3-5. [3.7.3]

Carandini, M., & Heeger, D. J. (1994). Summation and division by neurons in primate visual cortex. *Science*, **264**(5163), 1333-1335. [3.5.2]

Chandler, J., Mueller, P., & Paolacci, G. (2014). Nonnaïveté among Amazon Mechanical Turk workers：consequences and solutions for behavioral researchers. *Behavior Research Methods*, **46**(1), 112-130. [3.7.3]

Chen, M. J., & Cook, M. (1984). Representational drawings of solid objects by young children. *Perception*, **13**, 377-385. [3.5.6]

Chubb, C., Sperling, G., & Solomon, J. A. (1989). Texture interactions determine perceived contrast. *Proceedings of the National Academy of Sciences of the United States of America*,

86(23), 9631-9635. [3.5.2]

Clifford, C. W., & Rhodes, G. (2005). *Fitting the mind to the world：Adaptation and after-effects in high-level vision* (Vol. 2). Oxford University Press. [3.5.2]

Crangle, C. E., & Kart, J. B. (2015). A questions-based investigation of consumer mental-health information. *PeerJ*, **3**, e867. [3.7.3]

Crump, M. J. C., McDonnell, J. V., & Gureckis, T. M. (2013). Evaluating Amazon's Mechanical Turk as a tool for experimental behavioral research. *PLoS ONE*, **8**(3), e57410. [3.7.3]

Cutting, J. E., & Garvin, J. J. (1987). Fractal curves and complexity. *Perception and Psychophysics*, **42**, 365-370. [3.6.2]

DeAngelis, G. C., Anzai, A., Ohzawa, I., & Freeman, R. D. (1995). Receptive field structure in the visual cortex：does selective stimulation induce plasticity? *Proceedings of the National Academy of Sciences*, **92**(21), 9682-9686. [3.5.3]

Dehaene, S., Naccache, L., Le Clec'H, G., Koechlin, E., Mueller, M., Dehaene-Lambertz, G., van de Moortele, P. F., & Le Bihan, D. (1998). Imaging unconscious semantic priming. *Nature*, **395**(6702), 597-600. [3.5.2]

de Leeuw, J. R., & Motz, B. A. (2015). Psychophysics in a Web browser? Comparing response times collected with JavaScript and Psychophysics Toolbox in a visual search task. *Behavior Research Methods*, **48**, 1-12. [3.7.3]

DeValois, R. L., & DeValois, K. K. (1990). *Spatial Vision*. Oxford University Press. [3.5.2]

Dooley, L., Lee, Y., & Meullenet, J. H. (2010). The application of check-all-that-apply (CATA) consumer profiling to preference mapping of vanilla ice cream and its comparison to classical external preference mapping. *Food Quality and Preference*, **21**, 394-401. [3.4.5]

Ejima, Y., & Takahashi, S. (1983). Effects of high-contrast peripheral patterns on the detection threshold of sinusoidal targets. *Journal of the Optical Society of America*, **73**(12), 1695-1700. [3.5.2]

Ekman, G. (1959). Weber's law and related functions. *The Journal of Psychology*, **47**, 343-352. [3.1.1]

Everitt, B., & Hothorn, T. (2011). *An introduction to applied multivariate analysis with R*. Springer. [3.4.4]

Falmagne, J.-C. (1985). *Elements of psychophysical theory* (Oxford psychology series No.6). Oxford University Press. [3.1.1]

Fantz, R. L. (1961). The origin of form perception. *Scientific American*, **204**, 66-72. [3.7.1]

Fantz, R. L. (1963). Pattern vision in newborn infants. *Science*, **140**, 296-297. [3.7.1]

Fantz, R. L. (1964). Visual experience in infants：Decreased attention to familiar patterns relative to novel ones. *Science*, **146**, 668-670. [3.7.1]

Fantz, R. L., & Yeh, J. (1979). Configurational selectivities：Critical for development of visual perception and attention. *Canadian Journal of Psychology*, **33**, 277-287. [3.7.1]

Faye, E. (1984). *Clinical Low Vision*. Little, Brown and Company. [3.7.2]

Fechner, G. (1859). *Elements of Psychophysics*. Translated by H. E. Adler, D. H. Howes & E. G. Roring (Eds.), Henry Holt Edition. [3.3.2]

Fechner, G. T. (1872). *Vorschule der Aesthetik*. Breitkopf und Härtel. [3.5.6]

Fechner, G. T. (1966). *Elemente der Psychophysik*. Translated by Adler, H. E., *Elements of Psychophysics Volume I Gustav Fechner*. Holt, Rinehart and Winston, Inc. [3.1.1]

Fergason, R. P., & Martin, P. (1983). Long-term temporal estimation in humans. *Perception & Psychophysics*, 33(6), 585-592. [3.4.2]

Finnie, B., & Luce, R. D. (1960). Magnitude Estimation, Pair Comparison and Successive Interval Scales of Attitude Items. *Monograph, Department of Psychology, University of Pennsylvania*. [3.3.2]

Foley, H. J., Cross, D. V., & O'reilly, J. A. (1990). Pervasiveness and magnitude of context effects : Evidence for the relativity of absolute magnitude estimation. *Perception & psychophysics*, 48(6), 551-558. [3.3.2]

Foley, J. M. (1994). Human luminance pattern-vision mechanisms : masking experiments require a new model. *Journal of the Optical Society of America A*, 11(6), 1710-1719. [3.5.2]

Forsythe, A., Nadal, M., Sheehy, N., Cela-Conde, C. J., & Sawey, M. (2011). Predicting beauty : Fractal dimension and visual complexity in art. *British Journal of Psychology*, 102, 49-70. [3.6.2]

Freeman, J., & Simoncelli, E. P. (2011). Metamers of the ventral stream. *Nature Neuroscience*, 14(9), 1195-1201. [3.6.1]

Freeman, W. T., & Adelson, E. H. (1991). The design and use of steerable filters. *IEEE Transactions on Pattern Analysis & Machine Intelligence*, 13(9), 891-906. [3.6.1]

Garner, W. R. (1962). *Uncertainly and structure as psychological concepts*. John Wiley. [3.5.4]

Garner, W. R., & Clement, D. E. (1963). Goodness of pattern uncertainty. *Journal of Verbal Learning and Verbal Behavior*, 2, 446-452. [3.5.4]

Geisler, W. S. (2008). Visual perception and the statistical properties of natural scenes. *Annual Review of Psychology*, 59, 167-192. [3.6.1]

Gescheider, G. A. (1997). *Psychophysics : the fundamentals* (3rd ed.). Lawrence Erlbaum Associates. (宮岡徹 (監訳) (2002, 2003). 心理物理学　方法・理論・応用　上下巻　北大路書房) [3.1.1]

Gibson, E. J., & Walk, R. D. (1960). The visual cliff. *Scientific American*, 202, 67-71. [3.7.1]

Gibson, J. J. (1979). *The ecological approach to visual perception*. Houghton, Mifflin and Company. [3.6.1]

Gibson, J. J., & Radner, M. (1937). Adaptation, after-effect and contrast in the perception of tilted lines. I. Quantitative studies. *Journal of Experimental Psychology*, 20(5), 453. [3.5.2]

Gilden, D. L., Schmuckler, M. A., & Clayton, K. (1993). The perception of natural contour. *Psychological Review*, 100, 460-478. [3.6.2]

Giordani, P., Kiers, H. A. L., & Del Ferraro, M. A. (2014). Three-Way component analysis using the R package Three-Way. *Journal of Statistical Software*, 57(7), 1-23. [3.4.4]

Gold, J. M., Murray, R. F., Bennett, P. J., & Sekuler, A. B. (2000). Deriving behavioural receptive fields for visually completed contours. *Current Biology*, 10, 636-666. [3.5.3]

Gosselin, F., & Schyns, P. G. (2001). Bubbles : A technique to reveal the use of information in recognition tasks. *Vision Research*, 41(17), 2261-2271. [3.5.3]

Graham, N. V. S. (1989). *Visual pattern analyzers*. Oxford University Press. [3.5.2]

Graham, S., & Lowery, B. S. (2004). Priming unconscious racial stereotypes about adolescent offenders. *Law and Human Behavior*, 28(5), 483. [3.5.2]

Green, D. M., & Luce, R. D. (1974). Variability of magnitude estimates : A timing theory analysis. *Perception & Psychophysics*, 15(2), 291-300. [3.3.2]

Green, D. M., & Swets, J. A. (1966). *Signal detection theory and psychophysics*. John Wiley & Sons, (Reprint edition published by Peninsula Publishing, 1988). [3.1.1]

Green, P. R. (1974). On the design of choice experiments involving multifactor alternatives. *Journal of Consumer Research*, 1(2), 61-68. [3.4.5]

Grill-Spector, K., Henson, R., & Martin, A. (2006). Repetition and the brain : neural models of stimulus-specific effects. *Trends in Cognitive Sciences*, 10(1), 14-23. [3.5.2]

Guilford, J. P. (1954). *Psychometric methods*. McGraw-Hill Book Company Inc. (秋重義治 (監訳) (1959). 精神測定法 培風館) [3.1.1,3.3.3 ,3.3.4]

Gundlach, R. H. (1935). An analysis of some musical factors determining the mood characteristics of music. *Psychological Bulletin*, 31, 592-593. [3.4.2]

Gyoba, J. (2007). First-order and second-order pattern psychophysics. *Proceedings of the 23rd annual meeting of the international society for psychophysics*, 23-28. [3.5.4]

行場次朗 (2010). 感性の基本次元と脳内基盤　三浦佳世 (編) 知覚と感性　現代の認知心理学1　北大路書房　pp.56-68. [3.4.1]

行場次朗・瀬戸伊佐生・市川伸一 (1985). パターンの良さ評定における問題点——SD法による分析結果と変換構造説の対応　心理学研究 , 56, 111-115. [3.5.4]

南風原朝和 (2002). 心理統計学の基礎——統合的理解のために　有斐閣アルマ [3.4.4]

Hamano, S. (1998). *The Sound-Symbolic System of Japanese*. CSLI and Kurosio. [3.5.7]

Hanes, R. M. (1949). The construction of subjective brightness scales from fractionation data : a validation. *Journal of Experimental Psychology*, 39, 719. [3.3.4]

原澤賢充 (2003). 適応的心理物理学的測定法による閾値の推定　*VISION*, 15(3), 189-195. [3.1.3]

Harvey, L. O. (1986). Efficient estimation of sensory thresholds. *Behavior Research Methods, Instruments, & Computers*, 18(6), 623-632. [3.1.3]

早川文代 (2012). 官能評価パネルの選抜・訓練　化学と生物 , 50(8), 600-604. [3.4.5]

早川智彦・松井茂・渡邊淳司 (2010). オノマトペを利用した触りの心地分類手法　日本バーチャルリアリティ学会論文誌 , 15(3), 487-490. [3.5.7]

Heeger, D. J., & Bergen, J. R. (1995). Pyramid-based texture analysis/synthesis. *Proceedings of the 22nd annual conference on Computer Graphics and Interactive Techniques*. ACM. pp.229-238. [3.6.1]

Hekkert, P., & Van Wieringen, P. C. W. (1996). The impact of level of expertise on the evaluation of original and altered versions of post-impressionistic paintings. *Acta Psychologica*, **94**, 117-131. [3.6.2]

Hellbrück, J. (2000). Memory effects in loudness scaling of traffic noise -How overall loudness of short-term and lonf-term sounds depends on memory-. *Journal of the Acoustical Society of Japan* (*E*), **21**, 329-332. [3.4.2]

Hevner, K. (1936). Experimental studies of the elements of expression in music. *American Journal of Psychology*, **48**, 246-268. [3.4.2]

Holland, M. K., & Lockhead, G. R. (1968). Sequential effects in absolute judgments of loudness. *Perception and Psychophysics*, **3**(6), 409-414. [3.3.1]

本田仁視 (1998). 視覚の謎――症例が明かす〈見るしくみ〉 福村出版 pp. 194-213. [3.5.6]

本田勝也 (2013). フラクタル シリーズ非線形科学入門 1 朝倉書店 pp. 42-53. [3.6.2]

Howe, E. S. (1980). Effects of partial symmetry, exposure time, and backward masking on judged goodness and reproduction of visual patterns. *Quarterly Journal of Experimental Psychology*, **32**, 27-55. [3.5.4]

Hyvärinen, A., Hurri, J., & Hoyer, P. O. (2009). *Natural Image Statistics : A Probabilistic Approach to Early Computational Vision* (Vol. 39). Springer Science & Business Media. [3.6.1]

市川伸一 (編) (1991). 心理測定法への招待――測定からみた心理学入門 新心理学ライブラリ 13 サイエンス社 [3.1.1]

Imai, S. (1977). Pattern similarity and cognitive transformations. *Acta Psychologica*, **41**, 433-447. [3.5.4]

今井四郎 (1977). パターンの良さについての諸学説 心理学評論 , **20**, 258-272. [3.5.4]

今村美穂 (2012). 記述型の官能評価 / 製品開発における QDA 法の活用 化学と生物 , **50**(11), 818-824. [3.4.5]

印東太郎 (編) (1973). モデル構成 心理学研究法 17 東京大学出版会 [3.1.1]

印東太郎・小野茂・池田央 (1977). 心理測定・学習理論 現代統計数理シリーズ 14 森北出版 [3.1.1]

Intraub, H., & Richardson, M. (1989). Wide-angle memories of close-up scenes. *Journal of Experimental Psychology : Learning, Memory and Cognition*, **15**, 179-187. [3.5.6]

岩下豊彦 (1983). SD 法によるイメージの測定――その理解と実施の手引 川島書店 [3.4.1]

Jeffreys, D. A., & Musselwhite, M. J. (1986). A visual evoked potential study of metacontrast masking. *Vision Research*, **26**(4), 631-642. [3.5.2]

Johnson, R. A., & Wichern, D. W. (2007). *Applied multivariate statistical analysis* (6th ed.). Pearson. [3.4.4]

Joye, Y., Steg, L., Ünal, A. B., & Pals. R. (2016). When complex is easy on the mind : Internal repetition of visual information in complex objects is a source of perceptual fluency. *Journal of Experimental Psychology : Human Perception and Performance*, **42**, 103-114. [3.6.2]

Julesz, B. (1975). Experiments in the visual perception of texture. *Scientific American*, **232**, 34-43. [3.6.1]

Kaernbach, C. (2001). Adaptive threshold estimation with unforced-choice tasks. *Perception & Psychophysics*, **63**(8),

1377-1388. [3.1.3]

Kahneman, D. (1968). Method, findings, and theory in studies of visual masking. *Psychological Bulletin*, **70**(61), 404. [3.5.2]

柿崎祐一 (1993). 心理学的知覚論序説 培風館 [3.5.1]

Kanizsa, G. (1979). *Organization in Vision : Essays on Gestalt Perception*. Praeger Publishers. (カニッツァ , G. 野口薫 (監訳) (1985). 視覚の文法 サイエンス社) [3.5.1]

Kanizsa, G. (1984). Vedere e pensare. *Ricerche di Psicologia*, **8**, 7-42. [3.5.1]

賀集寛・仲田啓子・三宅敏子 (1969). 幼児の情緒的意味の測定 幼児の教育 , **68**(12), 52-59. [3.3.1]

加藤徹 (1997). 線分長とのクロスモダリティマッチングによるラウドネスの連続評価について――線分の長さの範囲をめぐって 追手門学院大学創立三十周年記念論文集 人間学部篇 , 51-62. [3.4.2]

Katz, D. (1935). *The world of color* (Translated by MacLeod R. B., & Fox C. W.). Kegan-Paul, Trench, Trubner, & Co., Ltd. [3.5.1]

Kawabe, T., Qian, K., Yamada, Y., & Miura, K. (2010). The jaggy diamonds illusion. *Perception*, **39**, 573-576. [3.5.6]

Kendall, M. G. (1955). *Rank correlation methods* (2nd ed.). Griffin. [3.3.3]

Kimura, A., Mukawa, N., Yamamoto, M., Masuda, T., Yuasa, M., Goto, S., Oka, T., & Wada, Y. (2012). The influence of reputational concerns on purchase intention of fair-trade foods among young Japanese adults. *Food Quality and Preference*, **26**(2) 204-210. [3.4.5]

King-Smith, P. E., Grigsby, S. S., Vingrys, A. J., Benes, S. C., & Supowit, A. (1994). Efficient and unbiased modifications of the QUEST threshold method : theory, simulations, experimental evaluation and practical implementation. *Vision Research*, **34**(7), 885-912. [3.1.3]

King-Smith, P. E., & Rose, D. (1997). Principles of an adaptive method for measuring the slope of the psychometric function. *Vision Research*, **37**(12), 1595-1604. [3.1.3]

Kitaoka, A., & Yamada, Y. (2017). The "Dress" and the "Inter Milan illusion". Manuscript submitted for publication. [3.7.3]

Klein, S. A. (2001). Measuring, estimating, and understanding the psychometric function : a commentary. *Perception & Psychophysics*, **63**(8), 1421-1455. [3.1.3]

児玉優子・三浦佳世 (2008). 配置のよさ判断――知覚的体制化からの検討 電子情報通信学会技術研究報告 , **108**(356), 47-52. [3.5.6]

児玉優子・三浦佳世 (2011). パターンのよさと知覚的体制化 心理学研究 , **82**(3), 277-282. [3.5.6]

Koenderink, J. J., van Doorn, A. J., Kappers, A. M., Te Pas, S. F., & Pont, S. C. (2003). Illumination direction from texture shading. *Journal of the Optical Society of America A*, **20**(6), 987-995. [3.6.1]

Koffka, K. (1935). *The principles of Gestalt psychology*. Harcourt-Brace. [3.5.1]

小嶋外弘 (1975). 質問紙調査法の技法に関する検討 村上英治・続有恒 (編) 質問紙調査 東京大学出版会 pp.224-270. [3.3.1]

Kontsevich, L. L., & Tyler, C. W. (1999). Bayesian adaptive estimation of psychometric slope and threshold. *Vision Re-*

search, **39**(16), 2729-2737. [3.1.3]

Kroonenberg, P. M. (2008). *Applied Multiway Data Analysis*. John Wiley & Sons. [3.4.4]

Kujala, J. V., & Lukka, T. J. (2006). Bayesian adaptive estimation : The next dimension. *Journal of Mathematical Psychology*, **50** (4), 369-389. [3.1.3]

Kuwano, S., Namba, S., Mizunmi, T. & Morinaga, M. (2002). The effect of different kinds of noise on the quality of sleep under the controlled conditions. *Journal of Sound & Vibration*, **250**, 83-90. [3.4.2]

Kuwano, S., Hatoh, T., Kato, T., & Namba, S. (2011). Application of loudness level to temporally varying sounds : In the case of sounds of musical performance. *Acoustical Science and Technology*, **32**, 43-46. [3.4.2]

Kuwano, S., & Namba, S. (1985). Continuous judgment of level-fluctuating sounds and the relationship between overall loudness and instantaneous loudness. *Psychological Research*, **47**, 27-37. [3.4.2]

Kuwano, S., & Namba, S. (1990). Continuous judgment of loudness and annoyance. In F. Müller(Ed.), *Fechner Day 90. Proceedings of the 6th Annual Meeting of the International Society forPsychophysics*. ISP. pp. 129-134. [3.4.2]

Kuwano, S., & Namba, S. (1996). Evaluation of aircraft noise : Effects of number of flyovers. *Environment International*, **22**, 131-144. [3.4.2]

Kuwano, S., & Namba, S. (2010). *Loudness in the Laboratory, Part II : Non-steady State Sounds*. In M. Florentine, A. N. Popper, & R. R. Fay (Eds.), *Springer Handbook of Auditory Research*. Springer. pp.145-168. [3.4.2]

Kuwano, S., Namba, S., Kato, T., & Hellbrück, J. (2003). Memory of the loudness of sounds in relation to overall impression. *Acoustical Science and Technology*, **24**, 194-196. [3.4.2]

Kuwano, S., Namba, S., & Kato, T. (2006). Perception and memory of loudness of various sounds. *Proceedings of Internoise 2006, CD-ROM*. [3.4.2]

Lachmann, T., & Geissler, H.-G. (2002). Memory search instead of template matching? Representation-guided inference in same-different performance. *Acta Psychologica*, **111**, 283-307. [3.5.4]

Lachmann, T., & van Leeuwen, C. (2005a). Individual pattern representations are context independent, but their collective representation is context dependent. *The Quarterly Journal of Experimental Psychology*, **58A**, 1265-1294. [3.5.4]

Lachmann, T., & van Leeuwen, C. (2005b). Task-invariant aspects of goodness in perceptual representation. *The Quarterly Journal of Experimental Psychology*, **58A**, 1295-1310. [3.5.4]

Lachmann, T., & van Leeuwen, C. (2007). Goodness takes effort : perceptual organization in dual-task settings. *Psychological Research*, **71**, 152-169. [3.5.4]

Lachmann, T., & van Leeuwen, C. (2010). Representational economy, not processing speed, determines preferred processing strategy. *Acta Psychologica*, **134**, 290-298. [3.5.4]

Laming, D. (1997). *The measurement of sensation*. Oxford University Press. [3.1.1]

Lamme, V. A., & Roelfsema, P. R. (2000). The distinct modes of vision offered by feedforward and recurrent processing. *Trends in Neurosciences*, **23**(11), 571-579. [3.5.2]

Landy, M. S., & Graham, N. (2004). Visual Perception of Texture. In L. M. Chalupa, & J. S. Werner (Eds.), *The visual neurosciences*. MIT Press. pp.1106-1118. [3.6.1]

Leek, M. R. (2001). Adaptive procedures in psychophysical research. *Perception & Psychophysics*, **63**(8), 1279-1292. [3.1.3]

Legge, G. E., & Foley, J. M. (1980). Contrast masking in human vision. *Journal of the Optical Society of America*, **70**(12), 1458-1471. [3.5.2]

Le Révérend, F. M., Hidrio, C., Fernandes, A., & Aubry, V. (2008). Comparison between temporal dominance of sensation and time intensity results. *Food Quality and Preference*, **19**, 174-178. [3.4.5]

Levitt, H. (1971). Transformed up-down methods in psychoacoustics. *The Journal of the Acoustical Society of America*, **49**(2), 467-477. [3.1.3]

Luce, R. D. (2002). A psychophysical theory of intensity proportions, joint presentations, and matches. *Psychological Review*, **109**(3), 520-532. [3.3.2]

Macmillan, N. A. (Ed.) (2001). Psychometric functions and adaptive methods. *Perception & Psychophysics*, **63**, 1277-1455. [3.1.1]

Macmillan, N. A., & Creelman, C. D. (2005). *Detection theory : a user's guide* (2nd ed.). Lawrence Erlbaum Associates. [3.1.1]

Makovski, T., & Jiang, Y. V. (2008). Indirect assessment of visual working memory for simple and complex objects. *Memory & Cognition*, **36**, 1132-1143. [3.5.4]

Marcel, A. J. (1983). Conscious and unconscious perception : Experiments on visual masking and word recognition. *Cognitive Psychology*, **15**(2), 197-237. [3.5.2]

Marinelli, N., Fabbrizzi, S., Sottini, V.A., Sacchelli, S., Bernetti, I., & Menghini, S. (2014). Generation Y, wine and alcohol. A semantic differential approach to consumption analysis in Tuscany. *Appetite*, **75** (1), 117-127. [3.4.1]

Masuda, T., Wada, Y., Okamoto, M., Kyutoku, Y., Yamaguchi, Y., Kimura, A., Kobayakawa, T., Kawai, T., Dan, I., & Hayakawa, F. (2013). Superiority of experts over novices in trueness and precision of concentration estimation of sodium chloride solutions. *Chemical Senses*, **38**(3), 251-258. [3.4.5]

Mather, G., Verstraten, F., & Anstis, S. M. (1998). *The motion aftereffect : A modern perspective*. MIT Press. [3.5.2]

松田隆夫 (1978). パターンの良さ判断とパターン内変換構造──パターン認知に関する今井の変換構造説の検討　心理学研究 , **49**, 207-214. [3.5.4]

McManus, I. C., Cheema, B., & Stoker, J. (1993). The aesthetics of composition : A study of Mondrian. *Empirical Studies of the Arts*, **11**, 83-94. [3.6.2]

Michotte, A. (1959). Reflexions sur le rôle du langage dans l'analyse des organizations perceptives. *Acta Psychologica*, **15**, 70-91. [3.5.1]

三浦佳世 (1999). 絵画における時間──視覚要因の分析を通して　基礎心理学研究 , **17**(1), 121-126. [3.5.6]

水野りか・松井孝雄 (2014). ブラウザでできる基礎・認知心理学実験演習──JavaScript で書く実験プログラミング　ナカニシヤ出版 [3.7.3]

森孝行・鈴木雅洋（2008）. 感覚尺度構成　内川惠二（総編集）岡嶋克典（編）　感覚・知覚実験法　講座　感覚・知覚の科学5　朝倉書店　pp.11-37.［3.3.3］

Morinaga, M., Tsukioka, H., Kaku, J., Kuwano, S., & Namba, S. (2011). The effects of off-time length of intermittent noise on overall impression. *Proceedings of Inter-noise 2011, CD-ROM*.［3.4.2］

Motoyoshi, I. (2012). Visual aftereffects in 3D shape and material of a single object. *Journal of Vision*, 12(9), 229.［3.5.2］

本吉勇．（2014）. 視覚認知と画像統計量　認知科学, 21(3), 304-313.［3.6.1］

Motoyoshi, I., Nishida, S. Y., Sharan, L., & Adelson, E. H. (2007). Image statistics and the perception of surface qualities. *Nature*, 447 (7141), 206-209.［3.6.1］

村上隆・後藤宗理・辻本英夫（1978）. 3 相因子分析の適用上の諸問題　名古屋大學教育學部紀要（教育心理学科）, 25, 19-39.［3.4.1］

Murray, J. M., Delahunty, C. M., & Baxter, I. A. (2001). Descriptive sensory analysis：Past, present and future. *Food Research International*, 34(6), 461-471.［3.4.5］

武藤真介（1982）. 計量心理学　現代の心理科学　朝倉書店［3.1.1］

Nagai, M., Bennett, P. J., Rutherford, M. D., Gaspar, C. M., Kumada, T., & Sekuler, A. B. (2013). Comparing face processing strategies between typically-developed observers and observers with autism using sub-sampled-pixels presentation in response classification technique. *Vision Research*, 79, 27-35.［3.5.3］

Nagai, M., Bennett, P. J., & Sekuler, A. B. (2007). Spatiotemporal templates for detecting orientation-defined targets. *Journal of Vision*, 7(8), 11, 1-16.［3.5.3］

中村永友（著）金明哲（編）(2009). 多次元データ解析法　R で学ぶデータサイエンス2　共立出版［3.4.4］

中村敏枝・難波精一郎・桑野園子（1978）. カテゴリー連続判断法における判断の法則性について　心理学研究, 49, 152-158.［3.4.2］

Namba, S., & Kuwano, S. (1980). The relation between overall noisiness and instantaneous judgment of noise and the effect of background noise level on noisiness. *The Journal of the Acoustical Society of Japan* (E), 1, 99-106.［3.4.2］

Namba, S., & Kuwano, S. (1988). Measurement of habituation to noise using the method of continuous judgment by category. *Journal of Sound and Vibration*, 127, 507-511.［3.4.2］

Namba, S., & Kuwano, S. (1990). Continuous multi-dimensional assessment of musical performance. *The Journal of the Acoustical Society of Japan* (E), 11, 43-51.［3.4.2］

Namba, S., & Kuwano, S. (2004). Environmental Acoustics：Psychological assessment of noise. In J.G. Neuhoff (Ed.), *Ecological psychoacoustics*. Elsevier, Academic Press, pp.176-191.［3.4.2］

Namba, S., Kuwano, S., Fastl, H., Kato, T., Kaku, J., & Nomachi, K. (2004). Estimation of reaction time in continuous judgment. *Proceedings of the 18th International Congress on Acoustics 2004, CD-ROM*.［3.4.2］

Namba, S., Kuwano, S., Hashimoto, T., Berglund, B., Zheng, D., Schick, A., Höge, H., & Florentine, M. (1991b). Verbal ex-pression of emotional impression of sound：A cross-cultural study. *Journal of the Acoustical Society of Japan* (E), 12, 19-29.［3.4.2］

Namba, S., Kuwano, S., Hatoh, T., & Kato, M. (1991a). Assessment of musical performance by using the method of continuous judgment by selected description. *Music Perception*, 8, 251-276.［3.4.2］

Namba, S., Kuwano, S., Kinoshita, A., & Hayakawa, Y. (1997). Psychological evaluation of noise in passenger cars-The effect of visual monitoring and the measurement of habituation. *Journal of Sound and Vibration*, 205, 427-433.［3.4.2］

Namba, S., Kuwano, S., & Koyasu, M. (1993). The measurement of temporal stream of hearing by continuous judgments – In the case of the evaluation of helicopter noise. *The Journal of the Acoustical Society of Japan* (E), 14, 341-352.［3.4.2］

難波精一郎・桑野園子・加藤徹（2011）. 時間的に変化する複合音の大きさ評価　音楽知覚認知研究, 17, 13-34.［3.4.2］

難波精一郎・桑野園子（1980）. 時々刻々の大きさを規定する時間範囲並びに全体評価との関係——カテゴリー連続判断法により実験　大阪大学教養部研究集録, 28, 1-13.［3.4.2］

難波精一郎・桑野園子（1998）. 音の評価のための心理学的測定法　音響テクノロジーシリーズ4　コロナ社［3.1.1, 3.4.2］

難波精一郎・桑野園子・中村敏枝（1978）. カテゴリー連続判断法による自動車交通騒音の評価　日本音響学会誌, 34, 29-34.［3.4.2］

難波精一郎・桑野園子・二階堂誠也（1982）. カテゴリー連続判断法による音質評価　日本音響学会誌, 38, 199-210.［3.4.2］

難波精一郎・中村敏枝・桑野園子（1977）. ピアノ演奏音の解釈——大きさをてがかりとして　大阪大学教養部研究集録, 25, 23-43.［3.4.2］

Namba, S., Toshikawa, T., & Kuwano, S. (1972). The anchor effects on the judgement of loudness using reaction time as an index of loudness. *Perception & Psychophysics*, 11(1A), 56-60.［3.3.1］

Namba, S., Yoshikawa, T., & Kuwano, S. (1968). Effects of range and physical intensity of stimuli on category judgement. *Japanese Psychological Research*, 10(2), 93-103.［3.3.1］

Neri, P., & Heeger, D. J. (2002). Spatiotemporal mechanisms for detecting and identifying image features in human vision. *Nature Neuroscience*, 5, 812-816.［3.5.3］

Neri, P., & Levi, D. M. (2006). Receptive versus perceptive fields from the reverse-correlation viewpoint. *Vision Research*, 46, 2465-2474.［3.5.3］

日本眼科医会（2009）. 視覚障害がもたらす社会損失額, 8.8 兆円‼　報道用資料　http：//www.gankaikai.or.jp/press/20091115_socialcost.pdf（2016 年 5 月 29 日閲覧）.［3.7.2］

日科技連官能検査委員会（1973）. 新版官能検査ハンドブック　日科技連出版社［3.3.3, 3.3.4］

西里静彦（1975）. 応用心理尺度構成法　誠信書房［3.1.1］

Nosek, B. A., Banaji, M., & Greenwald, A. G. (2002). Harvesting implicit group attitudes and beliefs from a demonstration web site. *Group Dynamics：Theory*, 6(1), 101-115.［3.7.3］

織田揮準（1968）. 評定尺度構成に関する基礎的研究（I）名古屋大學教育學部紀要（教育心理学科）, 14, 7-42.［3.4.1］

織田揮準（1970）. 日本語の程度量表現用語に関する研究　教育

心理学研究, **18**(3), 166-176. [3.3.1]

小田浩一 (2000). 発達・加齢・障害 日本視覚学会 (編) 視覚情報処理ハンドブック 朝倉書店 pp.519-561. [3.7.2]

小田浩一 (2007). ロービジョン 大山正・今井省吾・和氣典二・菊地正 (編) 新編 感覚知覚心理学ハンドブック Part 2 誠信書房 pp.229-236. [3.7.2]

小田浩一 (2008). ロービジョンの視機能とモノの見え 光学, **37**(9), 511-517. [3.7.2]

小川進・清原徹也・阿部忠行 (1995). 舗装を主体とする街路景観のフラクタル解析 土木学会論文集, **28**, 135-141. [3.6.2]

Ojiro, Y., Gobara, A., Nam, G., Sasaki, K., Kishimoto, R., Yamada, Y., & Miura, K. (2015). Two replications of Hierarchical encoding makes individuals in a group seem more attractive (2014; Experiment 4). *The Quantitative Methods for Psychology*, **11**, r8-r11. [3.7.3]

岡本安晴 (2006). 計量心理学 心理学の世界 専門編14 培風館 [3.1.1]

岡谷貴之 (2013). 画像認識のための深層学習 (〈連載解説〉Deep Learning (深層学習) 第4回) 人工知能学会誌, **28**(6), 962-974. [3.6.1]

奥谷巌・高瀬達夫 (2001). 色彩を用いた各種のフラクタル次元による景観評価に関する研究 土木情報システム論文集, **10**, 221-228. [3.6.2]

Olman, C., & Kersten, D. (2004). Classification objects, ideal observers and generative models. *Cognitive Science*, **28**, 227-239. [3.5.3]

Olshausen, B. A., & Field, D. (1996). Emergence of simple-cell receptive field properties by learning a sparse code for natural images. *Nature*, **381**(6583), 607-609. [3.6.1]

大山正 (編) (1970). 知覚 講座心理学4 東京大学出版会 [3.1.1]

大山正 (監修) 村上郁也 (編) (2011). 感覚・知覚 心理学研究法1 誠信書房 [3.1.1]

大山正・今井省吾・和氣典二 (編) (1994). 新編 感覚・知覚心理学ハンドブック 誠信書房 [3.1.1]

大山正 (2005). ウェーバー, フェヒナー, スティーヴンス──精神物理学 末永俊郎 (監修) 鹿取廣人・鳥居修晃 (編) 心理学群像1 アカデミア出版会 pp.165-192. [3.3.2]

Oppenheimer, D. M., Meyvis, T., & Davidenko, N. (2009). Instructional manipulation checks : Detecting satisficing to increase statistical power. *Journal of Experimental Social Psychology*, **45**(4), 867-872. [3.7.3]

苧阪直行 (1999). 感性のことばを研究する──擬音語・擬態語に読む心のありか 新曜社 [3.3.2]

Osgood, C. E. (1952). The nature and measurement of meaning. *Psychological Bulletin*, **49**, 197-237. [3.4.1]

Osgood, C. E., Suci, G. J., & Tannenbaum, P. H. (1957). *The measurement of meaning*. University of Illinois Press. [3.4.1, 3.5.4]

Oyama, T. (1968). A behavioristic analysis of Stevens magnitude estimation method. *Perception & Psychophysics*, **3**(4), 317-320. [3.3.2]

大山正・瀧本誓・岩澤秀紀 (1993). セマンティック・ディファレンシャル法を用いた共感覚性の研究──因子構造と因子得点の比較 行動計量学, **20**, 55-64. [3.4.1]

Parizet, E., Hamzaoui, N., Ségaud, L., & Koch, J.R. (2003). Continuous evaluation of noise uncomfort in a bus. *Acta Acustica united with Acoustica*, **89**, 900-907. [3.4.2]

Peirce, J. W. (2007). PsychoPy—Psychophysics software in Python. *Journal of Neuroscience Methods*, **162**, 8-13. [3.1.3]

Peitgen, H. O., Jürgens, H., & Saupe, D. (1992). *Chaos and fractals : New frontiers of science*. Springer-Verlag. [3.6.2]

Pentland, A. (1980). Maximum likelihood estimation : The best PEST. *Perception & Psychophysics*, **28**(4), 377-379. [3.1.3]

Peter, U. T., Martinez-Conde, S., Schlegel, A. A., & Macknik, S. L. (2005). Visibility, visual awareness, and visual masking of simple unattended targets are confined to areas in the occipital cortex beyond human V1/V2. *Proceedings of the National Academy of Sciences of the United States of America*, **102**(47), 17178-17183. [3.5.2]

Piaget, J., & Inhelder, B. (1947). *La représentation de l'espace chez l'enfant*. Presses universitaires de Freance. [3.5.6]

Pinkus, A., & Pantle, A. (1997). Probing visual motion signals with a priming paradigm. *Vision Research*, **37**(5), 541-552. [3.5.2]

Plant, R. R., & Turner, G. (2009). Millisecond precision psychological research in a world of commodity computers : new hardware, new problems? *Behavior Research Methods*, **41**(3), 598-614. [3.7.3]

Polzella, D. J., Hammar, S. H., & Hinkle, C. W. (2005). The effect of color on viewers' ratings of paintings. *Empirical Studies of the Arts*, **23**, 153-163. [3.6.2]

Portilla, J., & Simoncelli, E. P. (2000). A parametric texture model based on joint statistics of complex wavelet coefficients. *International Journal of Computer Vision*, **40**(1), 49-70. [3.6.1]

Rauschenberger, R., & Yantis, S. (2006). Perceptual encoding efficiency in visual search. *Journal of Experimental Psychology : General*, **135**, 116-131. [3.5.4]

Ringach, D., & Shapley, R. (2004). Reverse correlation in neurophysiology. *Cognitive Science*, **28**, 147-166. [3.5.3]

Ross, H. E., & Murray, D. J. (Editors and translators) (1996). *E. H. Weber on the Tactile Senses* (2nd ed.). Erlbaum : Taylor & Francis. [3.1.1]

Ross, J., & Speed, H. D. (1991). Contrast adaptation and contrast masking in human vision. *Proceedings of the Royal Society of London B : Biological Sciences*, **246**(1315), 61-70. [3.5.2]

Saayman, G., Ames, E. W., & Moffett, A. (1964). Response to novelty as an indicator of visual discrimination in the human infant. *Journal of Experimental Child Psychology*, **1**, 189-198. [3.7.1]

齋藤亜矢 (2014). ヒトはなぜ絵を描くのか──芸術認知科学への招待 岩波書店 pp. 32-35, 60-63. [3.5.6]

Saito, A., Hayashi, M., Ueno, A., & Takeshita, H. (2011). Orientation-indifferent representation in children's drawings. *Japanese Psychological Research*, **53**(4), 379-390. [3.5.6]

境敦史 (2002). 二人の「アメリカ人」 境敦史・曾我重司・小松英海 (著) ギブソン心理学の核心 勁草書房 pp.107-142. [3.5.1]

境敦史 (2013). 知覚心理学の対象と方法論を再検討する 明星

大学心理学年報, 31, 35-38. [3.5.1]

Scheffe, H. (1952). An analysis of variance for paired comparisons. *Journal of the American Statistical Association*, **47**, 381-400. [3.3.4]

Schubert, E. (2003). Update of Hevner's adjective checklist. *Perception and Motor Skills*, **96**, 1117-1122. [3.4.2]

Schubert, E. (2010). Continuous self-report method. In P. N. Juslin & J. Sloboda (Eds.), *Handbook of music and emotion*, Oxford University Press. pp.223-253. [3.4.2]

Schubert, T. W., Murteira, C., Collins, E. C., & Lopes, D. (2013). ScriptingRT：A Software Library for Collecting Response Latencies in Online Studies of Cognition. *PLoS ONE*, **8**(6), e67769. [3.7.3]

Sellin, J. T., & Wolfgang, M. E., (1964). *The Measurement of Delinquency*. John Wiley and Sons. [3.3.2]

芝祐順 (1972). 因子分析法　東京大学出版会 [3.4.2]

Shiffman, H. R. (1966). Golden section：Preferred figural orientaition. *Perception & Psychophysics*, **1**, 193-194. [3.5.6]

清水秀美 (2001). キーボード入力における連続時間間隔測定法　心理学研究, **72**, 128-133. [3.4.2]

清水祐一郎・土斐崎龍一・坂本真樹 (2014). オノマトペごとの微細な印象を推定するシステム　人工知能学会論文誌, **29**(1), 41-52. [3.5.7]

Simcox, T., & Fiez, J. A. (2014). Collecting response times using Amazon Mechanical Turk and Adobe Flash. *Behavior Research Methods*, **46**, 95-111. [3.7.3]

Simoncelli, E. P., & Olshausen, B. A. (2001). Natural image statistics and neural representation. *Annual Review of Neuroscience*, **24**(1), 1193-1216. [3.6.1]

Springer, R., Weber, R., & Schick, A. (1997). Instantaneous and overall loudness of temporally variable pink noise. *Proceedings of 7th Oldenburg Symposium on Psychological Acoustics, Oldenburg*. 91-98. [3.4.2]

Stevens, J. C., Mack, J. D., & Stevens, S. S. (1960). Growth of sensation on seven continua as measured by force of handgrip. *Journal of Experimental Psychology*, **59**(1), 60. [3.3.2]

Stevens, J. C., & Marks, L. E. (1965). Cross-modality matching of brightness and loudness. *Proceedings of the National Academy of Sciences of the United States of America*, **54**(2), 407. [3.3.2]

Stevens, S. S. (1946). On the Theory of Scales of Measurement. *Science*, **103**(2684), 677-680. [3.3.1]

Stevens, S. S. (1957). On the psychophysical law. *Psychological Review*, **64**, 153-181. [3.1.1]

Stevens, S. S. (1961). Toward a resolution of the Fechner-Thurstone legacy. *Psychometrika*, **26**(1), 35-47. [3.3.2]

Stevens, S. S. (1975). *Psychophysics*. John Wiley & Sons. [3.1.1, 3.3.2]

Stevens, S. S., & Galanter, E. H. (1957). Ratio scales and category scales for a dozen perceptual continua. *Journal of experimental psychology*, **54**(6), 377. [3.3.2]

Stone, H., Sidel, J., Oliver, S., Woolsey, A., & Singleton, R. C. (1974). Sensory evaluation by quantitative descriptive analysis. *Food technology*, **28**, 24-34. [3.4.5]

杉浦芳夫・加藤近之 (1992). SD法による都市公園のイメージ分析　総合都市研究, **46**, 53-79. [3.4.1]

Susini, P., McAdams, B., & Smith, S. (2002). Global and continuous loudness estimation of time varying levels, *Acustica-Acta Acousitca*, **88**, 536-548. [3.4.2]

Suzuki, M., Gyoba, J., & Sakuta, Y. (2005). Multichannel NIRS analysis of brain activity during semantic differential rating of drawing stimuli containing different affective polarities. *Neuroscience Letters*, **375**, 53-58. [3.5.6]

鈴木美穂・行場次朗 (2002). 絵画印象と言語印象の因子構造と感覚関連性の分析　心理学研究, **73**(6), 518-523. [3.5.6]

鈴木美穂・行場次朗・川畑秀明・山口浩・小松鉱 (2006). モダリティ・ディファレンシャル法による形容詞対の感覚関連性の分析　心理学研究, **77**, 464-470. [3.4.1]

Takahashi, J., Gyoba, J., & Yamawaki, N. (2013a). Effect of spatial complexity on visual short-term memory and self-reported autistic-like traits in typically developed individuals. *Journal of Autism and Developmental Disorders*, **43**, 1725-1731. [3.5.4]

Takahashi, J., Hidaka, S., Teramoto, W., & Gyoba, J. (2013b). Temporal characteristics of the effects of visual pattern redundancy on encoding and storage processes：evidence from rapid serial visual presentation. *Psychological Research*, **77**, 687-697. [3.5.4]

Takahashi, J., Kawachi, Y., & Gyoba, J. (2012). Internal criteria underlying affective responses to visual patterns. *Gestalt theory*, **34**, 67-80. [3.5.4]

Takahashi, J., Kawachi, Y., & Gyoba, J. (2015). Visual Short-term Memory is Modulated by Visual Preference for Spatial Configuration between Objects. *Gestalt Theory*, **37**, 141-160. [3.5.4]

Takahashi, J.,Yasunaga, D., & Gyoba, J. (2014). Differences in the Efficiency of Pattern Encoding in Relation to Autistic-Like Traits：An Event-Related Potential Study. *Journal of Autism and Developmental Disorders*, **44**, 2895-2907. [3.5.4]

Takahashi, S. (1995). Aesthetic properties of pictorial perception, *Psychological Review*, **102**(4), 671-683. [3.5.6]

田中敏・山際勇一郎 (1992). 新訂ユーザーのための教育・心理統計と実験計画法　教育出版 [3.4.1]

田中敏・山際勇一郎 (1997). ユーザーのための心理データの多変量解析法　教育出版 [3.4.1]

田中良久 (編) (1969). 計量心理学　講座心理学2　東京大学出版会 [3.1.1]

田中良久 (編) (1973). 尺度構成　心理学研究法16　東京大学出版会 [3.1.1]

田中良久 (1977). 心理学的測定法　第2版　東京大学出版会 [3.1.1]

Taylor, M. M. (1967). PEST：Efficient Estimates on Probability Functions. *The Journal of the Acoustical Society of America*, **41**(4A), 782-787. [3.1.3]

Taylor, R. P. (2002). Order in Pollock's chaos. Nature Publishing Group. ポロックの抽象画にひそむフラクタル　日経サイエンス　2003年3月号　日本経済新聞社 [3.6.2]

Taylor, R. P., Micolich, A. P., & Jonas, D. (1999). Fractal analysis of Pollock's drip paintings. *Nature*, **399**, 422. [3.6.2]

Taylor, R. P., Spehar, B., Van Donkelaar, P., & Hagerhall, C. M. (2011). Perceptual and physiological responses to Jackson

Pollock's fractals. *Frontiers in Human Neuroscience*, **5**, 1-13. [3.6.2]

Teghtsoonian, R., & Teghtsoonian, M. (1978). Range and regression effects in magnitude scaling. *Perception & Psychophysics*, **24**, 305-314. [3.3.2]

Teller, D. Y. (1979). The forced-choice preferential looking procedure：A psychophysical technique for use with human infants. *Infant Behavior and Development*, **2**, 135-153. [3.7.1]

寺西立年 (1977). 聴覚系での臨界識別速度と情報処理能力　日本音響学会誌, **33**, 136-143. [3.4.2]

Thinés, G. (1977). *Phenomenology and the science of behaviour：An historical and Epistemological Approach*. Allen & Unwin. (ティネス，G.(著) 小野章夫(訳) (1982). 現象学と心理学　誠信書房)[3.5.1]

Thurstone, L. L. (1927). A law of comparative judgment. *Psychological review*, **34**, 273-286. [3.3.3]

Thurstone, L. L. (1959). *The measurement of values*. University of Chicago Press. [3.3.3]

Torralba, A., & Oliva, A. (2003). Statistics of natural image categories. *Network：Computation In Neural Systems*, **14**(3), 391-412. [3.6.1]

豊田秀樹 (2000). 共分散構造分析［応用編］——構造方程式モデリング　統計ライブラリー　朝倉書店 [3.4.1]

豊田秀樹 (2001). 探索的ポジショニング分析——セマンティック・ディファレンシャルデータのための3相多変量解析法　心理学研究, **72**, 213-218. [3.4.1, 3.4.4]

Treutwein, B. (1995). Adaptive psychophysical procedures. *Vision Research*, **35**(17), 2503-2522. [3.1.3]

Tucker, L.R. (1964). The extension of factor analysis to three-dimensional matrices. In N. Frederiksen & H. Gulliksen (Eds.), *Contributions to mathematical psychology*. Holt, Rinehart & Winston, pp.110-127. [3.4.1]

Tucker, L. R. (1966). Some mathematical notes on three-mode factor analysis. *Psychometrika*, **31**, 279-311. [3.4.4]

Turpin, A., Lawson, D. J., & McKendrick, A. M. (2014). PsyPad：a platform for visual psychophysics on the iPad. *Journal of Vision*, **14**(3), 16, 1-7. [3.7.3]

Tynan, P., & Sekuler, R. (1975). Simultaneous motion contrast：Velocity, sensitivity and depth response. *Vision Research*, **15**(11), 1231-1238. [3.5.2]

鵜飼一彦・波呂栄子 (1992). バンガーターフィルターによるコントラスト感度の低下　*VISION*, **4**, 71-72. [3.7.2]

Ulrich, R., & Miller, J. (2004). Threshold estimation in two-alternative forced-choice (2AFC) tasks：the Spearman-Kärber method. *Perception & Psychophysics*, **66**, 517-33. [3.1.3]

梅本堯夫 (1996). 音楽心理学　誠信書房 [3.4.2]

Van Tonder, G. J., & Ejima, Y. (2000). From image segmentation to anti-textons. *Perception*, **29**, 1231-1247. [3.5.6]

Vartanian, O., Martindale, C., Podsiadlo, J., Overbay, S., & Borkum, J. (2005). The link between composition and balance in masterworks vs. paintings of lower artistic quality. *British Journal of Psychology*, **96**, 493-503. [3.6.2]

Vicario, G. B. (1993). On experimental phenomenology. In S. C. Masin (Ed.), *Foundations of perceptual theory*. Elsevier Science Publishers B. V. pp.197-219. [3.5.1]

Vicario, G. B. (2003). Prolegomena to the perceptual study of sounds. In D. Rocchesso & F. Fontana (Eds.), *The Sounding Object*. Mondo Estremo Publishing. pp.17-31. [3.5.1]

Vicario, G. B. (2008). Experimental phenomenology and the sciences of perception. *Teorie & Modeli*, (2/3), 17-46. [3.5.1]

若林芳樹 (1987). 行動地理学における環境のイメージの測定法　理論地理学ノート, **5**, 1-25. [3.4.1]

渡邊淳司・加納有梨紗・坂本真樹 (2014). オノマトペ分布図を利用した触素材感性評価傾向の可視化 日本感性工学会論文誌, **13**(2), 353-359. [3.5.7]

Watson, A. B., & Pelli, D. G. (1983). QUEST：a Bayesian adaptive psychometric method. *Perception & Psychophysics*, **33**(2), 113-120. [3.1.3]

Watt, R. J., & Andrews, D. P. (1981). APE：Adaptive probit estimation of psychometric functions. *Current Psychological Reviews*, **1**(2), 205-213. [3.1.3]

Weber, R. (1991). The continuous loudness judgement of level-fluctuating sounds with an "analogue" category procedure. *Proceedings of 5th Oldenburg Symposium on Psychological Acoustics, Oldenburg*. 267-294. [3.4.2]

Webster, M. A. (2011). Adaptation and visual coding. *Journal of Vision*, **11**(5), 3-3. [3.5.2]

Webster, M. A., Kaping, D., Mizokami, Y., & Duhamel, P. (2004). Adaptation to natural facial categories. *Nature*, **428**(6982), 557-561. [3.5.2]

Welch, R. E. (1971). The use of magnitude estimation in attitude scaling：Constructing a measure of political dissatisfaction. *Social Science Quarterly*, **52**, 76-87. [3.3.2]

Wertheimer, M. (1923). Investigation into Gestalt theory. *Psychological Research*, **4**, 301-351. [3.5.4]

Wertheimer, M. (1959). *Productive thinking*. Harper & Brothers. [3.5.1]

Whitney, D., & Levi, D. M. (2011). Visual crowding：A fundamental limit on conscious perception and object recognition. *Trends in Cognitive Sciences*, **15**(4), 160-168. [3.6.1]

Wixted, J. (Ed.) (2002). *Stevens' handbook of experimental psychology*, Vol.4：methodology in experimental psychology (3rd ed.). John Wiley & Sons. [3.1.1]

Wynn, K. (1992). Addition and subtraction by human infants. *Nature*, **358**, 749-750. [3.7.1]

Yamada, Y. (2015). Gender and age differences in visual perception of pattern randomness. *Science Postprint*, **1**(2), e00041. [3.7.3]

Yamada, Y., & Sasaki, K. (2015). Is crowdsourcing suitable for investigating visual perception? A case of contrast sensitivity. Manuscript prepared for submission. [3.7.3]

山口昌哉 (1999) カオスとフラクタル——非線形の不思議　講談社 [3.6.2]

山口静子 (2012). 官能評価とは何か，そのあるべき姿　化学と生物, **50**(7), 518-524. [3.4.5]

Zenger, B., & Sagi, D. (1996). Isolating excitatory and inhibitory nonlinear spatial interactions involved in contrast detection. *Vision Research*, **36**(16), 2497-2513. [3.5.2]

■第 4 部 ■

Alea, N., & Wang, Q. (2015). Special Issue Going Global : The Functions of Autobiographical Memory in Cultural Context. *Memory*, **23**, 1-10. [4.2.5]

Alloway, T. P. (2007). *Automated working memory assessment.* Psychological Corporation. [4.2.8]

雨宮有里 (2014). 意図的想起と無意図的想起――自伝的記憶 ふと浮かぶ記憶と思考の心理学 無意図的な心的活動の基礎 と臨床 北大路書房 pp.11-24. [4.2.5]

Aoshima, S., Phillips, C., & Weinberg, A. (2004). Processing filler-gap dependencies in a head-final language. *Journal of Memory and Language*, **51**, 23-54. [4.6.3]

Ariga, A., & Yokosawa, K. (2008). Attentional awakening : gradual modulation of temporal attention in rapid serial visual presentation. *Psychological Research*, **129**, 192-202. [4.3.3]

Armel, K. C., & Ramachandran, V. S. (2003). Projecting sensations to external objects : evidence from skin conductance response. *Proceedings of the Royal Society B : Biological Sciences*, **270**, 1499-1506. [4.1.5]

Arrington, C. M., & Logan, G. D. (2004). The Cost of a Voluntary Task Switch. *Psychological Science*, **15**, 610-615. [4.3.4]

ATR (2006). *ATR facial expression image database* (DB99). ATR Promotion. [4.4.1]

Baddeley, A. (1986). *Working memory*. Oxford University Press. [4.2.8]

Baddeley, A. (2007). *Working memory, thought, and action.* Oxford University Press. [4.2.8]

Baddeley, A. (2012). Working memory : Theories, models, and controversies. *Annual Review of Psychology*, **63**, 1-29. [4.3.5]

Baron-Cohen, S., Leslie, A. M., & Frith, U. (1986). Mechanical, behavioural and intentional understanding of picture stories in autistic children. *British Journal of Developmental Psychology*, **4**, 113-125. [4.1.6]

Baron-Cohen, S., Tager-Flusberg, H., & Cohen, D. J. (2000). *Understanding other minds : Perspectives from autism and developmental cognitive neuroscience.* Oxford University Press. [4.6.4]

Barrett, L. F., & Russell, J. A. (2014). *Psychological construction of emotion.* Guilford. [4.4.5]

Baylis, G. C., & Driver, J. (1992). Visual parsing and response competition : The effect of grouping factors. *Perception & Psychophysics*, **51**, 145-162. [4.3.6]

Bekerian, D. A., & Bowers, J. M. (1983). A theoretical review of the misinformation effect : Predictions from an activation-based memory model. *Psychonomic Bulletin & Review*, **5**, 1-21. [4.2.7]

Belin, P., Fillion-Bilodeau, S., & Gosselin, F. (2008). The Montreal Affective Voices : a validated set of nonverbal affect bursts for research on auditory affective processing. *Behavior Research Methods*, **40**, 531-539. [4.4.3]

Betts, G. H. (1909). *The distribution and functions of mental imagery*. Columbia University. [4.1.4]

Biederman, I. (1987). Recognition-by- components : A theory of human image understanding. *Psychological Review*, **94**, 115-147. [4.1.3]

Biederman, I., & Cooper, E. E. (1992). Size invariance in visual object priming. *Journal of Experimental Psychology : Human Perception and Performance*, **18**, 121-133. [4.1.3]

Blajenkova, O., Kozhevnikov, M., & Motes, M. A. (2006). Object-spatial imagery : A new self-report imagery questionnaire. *Applied Cognitive Psychology*, **20**, 239-263. [4.1.4]

Blanchette, I., & Richards, A. (2010). The influence of affect on higher level cognition : A review of research on interpretation, judgemen, decision making and reasoning. In J. De Houwer & D. Hermans (Eds.), *Cognition and emotion : Reviews of current research and theories*. Psychology Press. pp.276-324. [4.4.6]

Bluck, S., & Alea, N. (2011). Crafting the TALE : Construction of a measure to assess the functions of autobiographical remembering. *Memory*, **19**, 470-486. [4.2.5]

Bock, J. K. (1986). Syntactic persistence in language production. *Cognitive Psychology*, **18**, 355-387. [4.6.3]

Bock, K. (1991). A sketchbook of production problems. *Journal of Psycholinguistic Research*, **20**, 141-160. [4.6.1]

Bock, K., Dell, G. S., Chang, F., & Onishi, K. H. (2007). Persistent structural priming from language comprehension to language production. *Cognition*, **104**, 437-458. [4.6.3]

Bornkessel, I., & Schlesewsky, M. (2006). The extended argument dependency model : A neurocognitive approach to sentence comprehension across languages. *Psychological Review*, **113**, 787-821. [4.6.3]

Botella, J., Garcia, M. L., & Barriopedro, M. (1992). Intrusion patterns in rapid serial visual presentation task with two response dimensions. *Perception & Psychophysics*, **52**, 547-552. [4.3.3]

Botvinick, M., & Cohen, J. (1998). Rubber hands 'feel' touch that eyes see. *Nature*, **391**, 756. [4.1.5]

Bower, G. H. (1981). Mood and memory. *American Psychologist*, **36**, 129-148. [4.4.6]

Bower, G. H., Gilligan, S. G., & Monteiro, K. P. (1981). Selectivity of learning caused by affective states. *Journal of Experimental Psychology : General*, **110**, 451-473. [4.4.6]

Bradley, M. M., & Lang, P. L. (1999a). *International affective digitized sounds* (IADS) : *Stimuli, instruction manual and affective ratings* (Technical Report No.B-2). The Center for Research in Psychophysiology, University of Florida. [4.4.1]

Bradley, M. M., & Lang, P. L. (1999b). *Affective norms for English words* (ANEW) : *instruction manual and affective ratings. Technical Report C-1*. The Center for Research in Psychophysiology, University of Florida. [4.4.1]

Bradley, M. M., & Lang, P. J. (2007). The International Affective Picture System (IAPS) in the study of emotion and attention. In J. A. Coan & J. J. H. Allen (Eds.), *Handbook of emotion elicitation and assessment*. Oxford University Press. pp. 29-46. [4.4.1]

Brandstätter, E., Gigerenzer, G., & Hertwig, R. (2006). The priority heuristic : Making choices without trade-offs. *Psychological Review*, **113** (2), 409-432. [4.5.5]

Brodeur, M. B., Dionne-Dostie, E., Montreuil, T., & Lepage, M. (2010). The bank of standardized stimuli (BOSS), a new set of 480 normative photos of objects to be used as visual stimuli in cognitive research. *PLoS ONE*, **5**(5), e10773. [4.1.3]

Brown, N. R. (2005). On the prevalence of event clusters in autobiographical memory. *Social Cognition*, **23**, 35-69. [4.2.5]

Brown, P., & Levinson, S. C. (1986). *Politeness：Some universals in language usage*. Cambridge University Press. (田中典子（監訳）(2011). ポライトネス——言語使用における，ある普遍現象 研究社) [4.6.4]

Bülthoff, H. H., & Edelman, S. (1992). Psychophysical support for a two-dimensional view interpolation theory of object recognition. *Proceedings of the National Academy of Sciences of the United States of America*, **89**, 60-64. [4.1.3]

Byrne, R. M. J., & Johnson-Laird, P. N. (1989). Spatial reasoning. *Journal of Memory and Language*, **28**, 564-575. [4.5.3]

Calder, A., Young, A., Perrett, D., Etcoff, N., & Rowland, D. (1996). Categorical Perception of Morphed Facial Expressions. *Visual Cognition*, **3**, 81-118. [4.4.3]

Case, R., Kurland, M., & Goldberg, J. (1982). Operational efficiency and growth of short term memory span. *Journal of Experimental Child Psychology*, **33**, 386-404. [4.2.8]

Ceci, S. J., & Bronfenbrenner, U. (1985). Don't forget to take the cupcakes out of the oven：Prospective memory, strategic, time-monitoring, and context. *Child Development*, **56**, 152-164. [4.2.4]

Chen, J.-Y. (2000). Syllable errors from naturalistic slips of the tongue in Mandarin Chinese. *Psychologia*, **43**, 15-26. [4.6.1]

Chen, J.-Y., Chen, T.-M., & Dell, G. S. (2002). Wordform encoding in Mandarin Chinese as assessed by the implicit priming task. *Journal of Memory and Language*, **46**, 751-781. [4.6.1]

Cheng, P. W., & Holyoak, K. J. (1985). Pragmatic reasoning schemas. *Cognitive Psychology*, **17**, 391-416. [4.5.4]

Chikhman, V., Shelepin, Y., Foremanô, N., Merkuljev, A., & Pronin, S. (2006). Incomplete figure perception and invisible masking. *Perception*, **35**, 1441-1457. [4.1.1]

趙恵香 (2015). マイクロステップ法による学習指導が子どもの動機づけに与える影響——学習状況のフィードバックと教師の指導の効果 平成 27 年度岡山大学教育学研究科修士論文 [4.2.3]

Christianson, S.-Å., & Loftus, E. F. (1987). Memory for traumatic events. *Applied Cognitive Psychology*, **1**, 225-239. [4.4.6]

Chun, M. M., & Jiang, Y. (1998). Contextual cueing：Implicit learning and memory of visual context guides spatial attention. *Cognitive psychology*, **36**(1), 28-71. [4.3.2]

Clark, D. M. (1983). On the induction of depressed mood in the laboratory：Evaluation and comparison of the Velten and musical procedures. *Adavances in Behavior Research and Therapy*, **5**, 27-49. [4.4.1]

Conway, A. R. A., Kane, M. J., Bunting, M. F., Hambrick, D. Z., Wilhelm, O., & Engle, R. W. (2005). Working memory span tasks. A methodological review and user's guide. *Psychonomic Bulletin & Review*, **12**, 769-786. [4.2.8]

Conway, M. A., & Bekerian, D. A. (1987). Organization in autobiographical memory. *Memory & Cognition*, **15**, 119-132. [4.2.5]

Cosmides, L. (1989). The logic of social exchange：Has natural selection shaped how humans reason? Studies with the Wa-

son selection task. *Cognition*, **31**, 187-276. [4.5.4]

Craver-Lemley, C., & Reeves, A. (1992). How visual imagery interferes with vision. *Psychological Review*, **99**, 633-649. [4.1.4]

Cutler, A., & Otake, T. (1994). Mora or phoneme? Further evidence for language-specific listening. *Journal of Memory and Language*, **33**, 824-844. [4.6.1]

Dale, E. (1965). Vocabulary measurement：Techniques and major findings. *Elementary English*, **42**, 895-910. [4.6.5]

Daneman, M., & Carpenter, P. A. (1980). Individual differences in working memory and reading. *Journal of Verbal Learning and Verbal Behavior*, **19**, 450-466. [4.2.8]

D'Argembeau, A., Cassol, H., Phillips, C., Balteau, E., Salmon, E., & Van der Linden, M. (2014). Brains creating stories of selves：The neural basis of autobiographical reasoning. *Social Cognitive and Affective Neuroscience*, **9**, 646-652. [4.2.5]

Davis, M. H. (1983). Measuring individual differences in empathy：Evidence for a multidimensional approach. *Journal of personality and social psychology*, **44**(1), 113. [4.4.7]

de Gelder, B., & Van den Stock, J. (2011). The Bodily Expressive Action Stimulus Test (BEAST). Construction and validation of a stimulus basis for measuring perception of whole body expression of emotions. *Frontiers in Psychology*, **2**. [4.4.3]

De Houwer, J., & Hermans, D. (Eds.) (2010). *Cognition and emotion：Reviews of current research and theories*. Psychology Press. [4.4.6]

Dell, G. S. (1995). Speaking and miss-speaking. In L. R. Gleitman & M. Liberman (Eds.), *An invitation to cognitive science. Language*, Vol. 1. MIT Press. pp.183-208. [4.6.1]

Dickstein, L. S. (1978). The effect of figure on syllogistic reasoning. *Memory & Cognition*, **6**, 76-83. [4.5.2]

Di Pellegrino, G., Fadiga, L., Fogassi, L., Gallese, V., & Rizzolatti, G. (1992). Understanding motor events：A neurophysiological study. *Experimental Brain Research*, **91**, 176-180. [4.1.6]

Downing, C. J., & Pinker, S. (1985). The spatial structure of visual attention. In M. I. Posner & O. S. M. Martin (Eds.), *Attention and performance XI*. Erlbaum. pp.171-187. [4.3.1]

Driver, J., & Spence, C. (1998). Attention and the crossmodal construction of space. *Trends in Cognitive Sciences*, **2**, 254-262. [4.3.1]

Dror, I. E., Kosslyn, S. M., & Waag, W. L. (1993). Visual-spatial abilities of pilots. *Journal of Applied Psychology*, **78**(5), 763-773. [4.1.4]

Dunlosky, J., & Metcalfe, J. (2009). *Metacognition*. SAGE Publications. (湯川良三・金城光・清水寛之 (訳) (2010). メタ認知 基礎と応用 北大路書房) [4.2.2]

Durgin, F. H., Evans, L., Dunphy, N., Klostermann, S., & Simmons, K. (2007). Rubber hands feel the touch of light. *Psychological Science*, **18**, 152-157. [4.1.5]

Dux, P. E., & Marois, R. (2009). The Attentional Blink：A review of data and theory. *Attention, Perception & Psychophysics*, **71**, 1683-1700. [4.3.3]

Ebbinghaus, H. (1885). *Über das Gedächtnis*. Duncker and Humblut. (Ruger, H. A., & Bussenius, C. E. (Trans.) (1964). *Memory：A contribution to experimental psychology*. Dover.

宇津木保（訳）（1978）. 記憶について　誠信書房［4.2.1］

Edelman, S., & Bülthoff, H. H. (1992). Orientation dependence in the recognition of familiar and novel views of three-dimensional objects. *Vision Research*, **32**, 2385-2400. ［4.1.3］

Egly, R., Driver, J., & Rafal, R. D. (1994). Shifting visual attention between objects and locations：Evidence from normal and parietal lesion subjects. *Journal of Experimental Psychology：General*, **123**, 161-177. ［4.3.1］

Egorova, N., Shtyrov, Y., & Pulvermüller, F. (2014). Early and parallel processing of pragmatic and semantic information in speech acts：Neurophysiological evidence. *Frontiers in Human Neuroscience*, **7**, 86. ［4.6.4］

Ehrsson, H. H., Holmes, N. P., & Passingham, R. E. (2005). Touching a rubber hand：feeling of body ownership is associated with activity in multisensory brain areas. *The Journal of Neuroscience*, **25**, 10564-10573. ［4.1.5］

Ehrsson, H. H., Spence, C., & Passingham, R. E. (2004). That's my hand! Activity in premotor cortex reflects feeling of ownership of a limb. *Science*, **305**, 875-877. ［4.1.5］

Einstein, G. O., & McDaniel, M. (1990). Normal aging and prospective memory. *Journal of Experimental Psychology. Learning, Memory, and Cognition*, **16**, 717-726. ［4.2.4］

Einstein, G. O., & McDaniel, M. A. (2010). Prospective memory and what costs do not reveal about retrieval processes：A commentary on Smith, Hunt, McVay, and McConnell (2007). *Journal of Experimental Psychology：Learning, Memory, and Cognition*, **36**, 1082-1088. ［4.2.4］

Einstein, G. O., McDaniel, M. A., Thomas, R., Mayfield, S., Shank, H., Morrisette, N., & Breneiser, J. (2005). Multiple processes in prospective memory retrieval：Factors determining monitoring versus spontaneous retrieval. *Journal of Experimental Psychology：General*, **134**, 327-342. ［4.2.4］

Ekman, P. (1972). Universals and cultural differences in facial expressions of emotion. In J. Cole (Ed.), *Nebraska symposium on motivation*. University of Nebraska Press. pp.207-283. ［4.4.5］

Ekman, P., & Friesen, W. V. (1976). *Picture of facial affect*. Consulting Psychologists Press. ［4.4.1, 4.4.3］

Ekman, P., & Friesen, W. V. (1978). *Facial Action Coding System：A technique for the measurement of facial movement*. Consulting Psychologists Press. ［4.4.3］

Ekman, P., & Friesen, W. V. (2002). *Facial Action Coding System：The manual*. A Human Face. ［4.4.3］

Ellis, J. A., & Nimmo-Smith, I. (1993). Recollecting naturally-occurring intentions：A study of cognitive and affective factors. *Memory*, **1**, 107-126. ［4.2.4］

遠藤利彦（2013）.「情の理」論――情動の合理性をめぐる心理学的考究　東京大学出版会［4.4.5］

Eriksen, B. A., & Eriksen, C. W. (1974). Effects of noise letters upon the identification of a target letter in a nonsearch task. *Perception & Psychophysics*, **16**, 143-149. ［4.3.6］

Evans, J. St. B. T. (1972). Interpretation and matching bias in a reasoning task. *Quarterly Journal of Experimental Psychology*, **24**, 193-199. ［4.5.1］

Evans, J. St. B. T., & Lynch, J. S. (1973). Matching bias in the selection task. *British Journal of Psychology*, **64**, 391-397. ［4.5.1］

Evans, J. St. B. T., & Over, D. E. (1996). *Rationality and reasoning*. Psychology Press.（山祐嗣（訳）　合理性と推理　ナカニシヤ出版）［4.5.1］

Evans, J. St. B. T., & Over, D. E. (2004). *If*. Oxford University Press. ［4.5.2］

Evans, J. St. B. T., & Stanovich, K. E. (2013). Dual-process theories of higher cognition：Advancing the debate. *Perspectives on Psychological Sciences*, **8**, 223-241. ［4.5.1］

Farroni, T., Menon, E., Rigato, S., & Johnson, M. H. (2007). The perception of facial expressions in newborns. *European Journal of Developmental Psychology*, **4**, 2-13. ［4.4.7］

Finke, R. A., & Pinker, S. (1982) Spontaneous imagery scanning in mental extrapolation. *Journal of Experimental Psychology：Learning, Memory, and Cognition*, **8**, 142-147. ［4.1.4］

Fivush, R. (2011). The development of autobiographical memory. *Annual Review of Psychology*, **62**, 559-582. ［4.2.5］

Foreman, N., & Hemmings, R. (1987). The Gollin incomplete figures test：a flexible, computerised version. *Perception*, **16**, 543-548. ［4.1.1］

Forster, K. I. (1976). Accessing the mental lexicon. In F. Wales & E. Walker (Eds.), *New approaches to language mechanisms*. North Holland. pp.257-287. ［4.6.1］

Fox, E., Russo, R., Bowles, R., & Dutton, K. (2001). Do threatening stimuli draw or hold visual attention in subclinical anxiety? *Journal of Experimental Psychology：General*, **130**, 681-700. ［4.4.6］

Franks, J. J., & Bransford, J. D. (1971). Abstraction of visual patterns. *Journal of Experimental Psychology*, **90**, 65-74. ［4.2.6］

Friederici, A. D. (2002). Towards a neural basis of auditory sentence processing. *TRENDS in Cognitive Sciences*, **6**, 78-84. ［4.6.3］

Friederici, A. D. (2004). Processing local transitions versus long-distance syntactic hierarchies. *TRENDS in Cognitive Sciences*, **8**, 245-247. ［4.6.3］

Friedman, N. P., & Miyake, A. (2005). Comparison of four scoring methods for the reading span test. *Behavior Research Methods*, **37**, 581-590. ［4.2.8］

Fujimura, T., & Umemura, H. (in press). Development and validation of a facial expression database based on categorical and dimensional theory of emotions, Cognition and Emotion. ［4.4.3］

藤村友美・鈴木直人（2008）. 表情の表出過程および形態学的変化が感情認識に及ぼす影響――次元的観点に基づいた表情による検討　認知心理学研究, **5**, 53-61. ［4.4.4］

藤田哲也（1999）. 潜在記憶の測定法　心理学評論, **42**, 107-125. ［4.2.3］

藤田哲也（2005）. 記憶の自動的利用における処理水準効果――過程分離手続による検討　法政大学文学部紀要, **50**, 125-144. ［4.2.3］

Gallese, V., Fadiga, L., Fogassi, L., & Rizzolatti G. (1996). Action recognition in the premotor cortex. *Brain*, **119**, 593-609. ［4.1.5］

Gangopadhyay, N., & Schilbach, L. (2012). Seeing minds：A neurophilosophical investigation of the role of perceptionaction coupling in social perception. *Social Neuroscience*, **7**, 410-423. [4.1.5]

Gardiner, J. M., & Java, R. I. (1990). Recollective experience in word and nonword recognition. *Memory & Cognition*, **18**, 23-30. [4.2.3]

Geangu, E., Hauf, P., Bhardwaj, R., & Bentz, W. (2011). Infant pupil diameter changes in response to others' positive and negative emotions. *PLoS One*, **6** (11), e27132. [4.4.7]

Gentner, D. (1983). Structure-mapping: Theoretical framework for analogy. *Cognitive Science*, **7**, 155-170. [4.5.8]

Gentner, D., Loewenstein, J., & Thompson, L. (2003). Learning and Transfer: A General Role for Analogical Encoding. *Journal of Education Psychology*, **95**, 393-408. [4.5.8]

Glushko, R. J. (1979). The organization and activation of orthographic knowledge in reading aloud. *Journal of Experimental Psychology: Human Perception and Performance*, **5** (4), 674-691. [4.6.2]

Goel, V., Buchel, C., Frith, C., & Dolan R. J. (2000). Dissociation of mechanisms underlying syllogistic reasoning. *NeuroImage*, **12**, 504-514. [4.5.3]

Gollin, E. S. (1960). Developmental studies of visual recognition of incomplete objects. *Perceptual & Motor Skills*, **11**, 289-298. [4.1.1]

Gonzalez, R., & Wu, G. (1999). On the shape of the probability weighting function. *Cognitive Psychology*, **38** (1), 129-166. [4.5.5]

Goodwin, G. P., & Johnson-Laird, P. N. (2005). Reasoning about relations. *Psychological Review*, **112**, 468-493. [4.5.3]

Goschke, T., & Kuhl, J. (1993). Representation of intentions: Persisting activation in memory. *Journal of Experimental Psychology: Learning, Memory, and Cognition*, **19**, 1211-1226. [4.2.4]

Gotlib, I. H., & Cane, D. B. (1987). Construct accessibility and clinical depression: A longitudinal investigation. *Journal of Abnormal Psychology*, **96**, 199-204. [4.4.6]

Goto, F., Kabeya, M., Kushiro, K., Tsutsumi, T., & Hayashi, K. (2011). Effect of anxiety on antero-posterior postural stability in patients with dizziness. *Neuroscience Letters*, **487**, 204-206. [4.1.5]

Graf, P., & Schacter, D. L. (1985). Implicit and explicit memory for new associations in normal and amnesic subjects. *Journal of Experimental Psychology: Learning, Memory, and Cognition*, **11**, 501-518. [4.2.3]

Graf, P., & Uttl, B. (2002). Prospective memory: A new focus for research. *Consciousness and Cognition*, **10**, 437-450. [4.2.4]

Gratton, G., Cole, M. G. H., & Donchin, E. (1992). Optimizing the use of information: Strategic control of activation of responses. *Journal of Experimental Psychology: General*, **121**, 480-506. [4.3.6]

Gredebäck, G., & Melinder, A. (2010). Infants' understanding of everyday social interactions: A dual process account. *Cognition*, **114** (2), 197-206. [4.4.7]

Griggs, R. A., & Cox, J. R. (1982). The elusive thematic-materials effect in Wason's selection task. *British Journal of Psychology*, **73**, 407-420. [4.5.4]

Grodner, D. J., Klein, N. M., Kathleen, M. C., & Tanenhaus, M.

K. (2010). "Some," and possibly all, scalar inferences are not delayed: Evidence for immediate pragmatic enrichment. *Cognition*, **116**, 42-55. [4.6.4]

Groen, W. B., Tesink, C., Peterson, K. M., van Berkum, J., van der Gaag, R. J., Hagoort, P., & Buitelaar, J. K. (2010). Semantic, factual, and social language comprehension in adolescents with autism: An fMRI study. *Cerebral Cortex*, **20**, 1937-1945. [4.6.4]

Gross, J. J., & Levenson, R. W. (1995). Emotion elicitation using films. *Cognition and Emotion*, **9**, 87-108. [4.4.1]

行場次朗 (1995). 視覚パターンの認知　乾敏郎 (編)　知覚と運動　認知心理学1　東京大学出版会　pp.117-141. [4.1.3]

行場次朗 (2001). 視覚パターンの認知　乾敏郎・安西祐一郎 (編)　イメージと認知　岩波書店 [4.1.1]

行場次朗 (2005).「知覚世界」「パターンの内的表現」　森敏明・中條和光 (編)　認知心理学キーワード　有斐閣双書 [4.1.1]

Hagen, E. H., Chater, N., Gallistel, C. R., Houston, A., Kacelnik, A., Kalenscher, T., Nettle, D., Oppenheimer, D. M., & Stephens, D. W. (2012). Decision making: What can evolution do for us? In P. Hammerstein & J. R. Stevens (Eds.), *Evolution and the mechanisms of decision making*. MIT Press. pp. 97-128. [4.5.5]

Hagoort, P., Hald, L. A., Bastiaansen, M., & Peterson, K. M. (2004). Integration of word meaning and world knowledge in language comprehension. *Science*, **304**, 438-441. [4.6.4]

Harada, Y., Hakoda, Y., Kuroki, D., & Mitsudo, H. (2015). The Presence of a Weapon Shrinks the Functional Field of View. *Applied Cognitive Psychology*, **29**, 592-599. [4.2.7]

原奈津子・寺澤孝文 (2000). 4ヶ月前の刺激との接触頻度が好悪判断に与える影響　日本心理学会第64回大会発表論文集，200. [4.2.3]

原奈津子・寺澤孝文 (2001). 長期インターバル後にみられる単純接触効果　日本心理学会第65回大会発表論文集，890. [4.2.3]

Harman, K. L., Humphrey, G. K., & Goodale, M. A. (1999). Active manual control of object views facilitates visual recognition. *Current Biology*, **9**, 1315-1318. [4.1.3]

Hart, J. T. (1965). Memory and the feeling-of-knowing experience. *Journal of Educational Psychology*, **56**, 208-216. [4.2.2]

長谷川浩一 (1993). 心像の鮮明性尺度の作成に関する研究　風間書房 [4.1.4]

服部雅史 (2013). ウェイソン選択課題　日本認知心理学会 (編)　認知心理学ハンドブック　有斐閣　pp. 194-197. [4.5.4]

林美都子・太田信夫 (2005). プライミング手続きにおける意識的想起汚染問題の検討　筑波心理学研究，**29**, 47-59. [4.2.3]

Hewig, J., Hagemann, D., Seifert, J., Gollwitzer, M., Naumann, E., & Bartussek, D. (2005). A revised film set for the induction of basic emotions. *Cognition and Emotion*, **19**, 1095-1109. [4.4.1]

Hirose, Y. (2002). Resolution of reanalysis ambiguity in Japanese relative clauses: Early use of thematic compatibility information and incremental processing. In M. Nakayama (Ed.), *Sentence processing in East Asian languages*. CSLI Publications. pp.31-52. [4.6.3]

Hirose, Y. (2003). Recycling prosodic boundaries. *Journal of Psycholinguistic Research*, **32**, 167-195. [4.6.3]

菱谷晋介 (2005). イメージと認知・感情（実験）　菱谷晋介・田山忠行（編）　心を測る　八千代出版　pp.138-141. [4.1.4]

菱谷晋介 (2005). 聴覚イメージ質問紙に基づくイメージ能力の推定　イメージ心理学研究, 3, 1-12. [4.1.4]

菱谷晋介 (2011). イメージ能力の個人差　箱田裕司（編）　認知の個人差　北大路書房　pp.52-75. [4.1.4]

菱谷晋介 (2012). イメージ　箱田裕司（編）　認知　心理学研究法 2　誠信書房　pp.97-123. [4.1.4]

Ho, C., & Spence, C. (2005). Assessing the effectiveness of various auditory cues in capturing a driver's visual attention. *Journal of Experimental Psychology：Applied*, **11**, 157-174. [4.3.1]

Holtgraves, T. (2008). Automatic intention recognition in conversation processing. *Journal of Memory and Language*, **58**, 627-645. [4.6.4]

Holyoak, K. J. & Thagard, P. (1995). *Mental Leaps：Analogy in Creative Thought*. MIT Press.（鈴木宏昭・河原哲雄（監訳）(1998). アナロジーの力――認知科学の新しい探求　新曜社）[4.5.8]

Honma, M., Endo, N., Osada, Y., Kim, Y., & Kuriyama, K. (2012). Disturbances in equilibrium function after major earthquake. *Scientific Reports*, **2**, 749. [4.1.5]

Honma, M., Koyama, S., & Osada, Y. (2009). Double tactile sensations evoked by a single visual stimulus on a rubber hand. *Neuroscience Research*, **65**, 307-311. [4.1.5]

Honma, M., Kumada, T., Osada, Y., & Nagai, M. (2008). The synchronized stepping：Automatic imitation behavior between persons. *The Japanese Journal of Psychonomic Science*, **27**, 127-128. [4.1.5]

Honma, M., Yoshiike, T., Ikeda, H., Kim, Y., & Kuriyama, K. (2014). Sleep dissolves illusion：sleep withstands learning of visuo-tactile-proprioceptive integration induced by repeated days of rubber hand illusion training. *PLoS One*, **9**, e85734. [4.1.5]

本間喜子 (2014). 単語の感情価と覚醒度にもとづいた単語刺激の作成　愛知工業大学研究報告, No.49, 13-24. [4.4.1]

Horikawa, T., Tamaki, M., Miyawaki, Y., & Kamitani, Y. (2013). Neural decoding of visual imagery during sleep. *Science*, **340**, 639-642. [4.1.4]

法と心理学会・目撃ガイドライン作成委員会（編）(2005). 目撃供述・識別手続きに関するガイドライン　現代人文社 [4.2.7]

Huang, Y. T., & Snedeker, J. (2009). On-line interpretation of scalar quantifiers：Insight into the semantic-pragmatics interface. *Cognitive Psychology*, **58**, 376-415. [4.6.4]

今井久登・高野陽太郎 (1995). 記憶をさぐる　高野陽太郎（編）記憶　認知心理学 2　東京大学出版会　pp.27-48. [4.2.1]

稲森涼子 (2008). Remember/Know 手続における言語刺激を用いた知覚的要因の効果　奈良教育大学紀要, **57**(1)（人文・社会）, 123-127. [4.2.3]

井上雅勝 (1998). ガーデンパス文の読みと文の理解　苧阪直行（編）読み――脳と心の情報処理　朝倉書店　pp. 72-89. [4.6.3]

Iriki, A. (2006). The neural origins and implications of imitation, mirror neurons and tool use. *Current Opinion in Neurobiology*, **16**, 660-667. [4.1.5]

Ishai, A., & Sagi, D. (1995). Common Mechanisms of Visual Imagery and Perception. *Science*, **268**, 1772-1774. [4.1.4]

Ishai, A., & Sagi, D. (1997). Visual Imagery Facilitates Visual Perception：Psychophysical Evidence. *Journal of Cognitive Neuroscience*, **9**, 476-489. [4.1.4]

石毛明子・箱田裕司 (1984). カテゴリー群化における典型性効果　心理学研究, **55**, 221-227. [4.2.6]

Jackson, I., & Sirois, S. (2009). Infant cognition：going full factorial with pupil dilation. *Developmental science*, **12**(4), 670-679. [4.4.7]

Jacoby, L. L. (1991). A process dissociation framework：Separating automatic from intentional uses of memory. *Journal of Memory and Language*, **30**, 513-541. [4.2.3]

Jenkins, J. J. (1979). Four points to remember：A tetrahedral model of memory experiments. In L. S. Cermak & F. I. M. Craik (Eds.), *Levels of processing and human memory*. Lawrence Erlbaum Associates. pp.429-446. [4.2.1]

Jersild, A. T. (1927). Mental set and shift. *Archives of psychology*. Whole No. 89. [4.3.4]

Johnson, E. J., & Tversky, A. (1983). Affect, generalization, and the perception of risk. *Journal of Personality and Social Psychology*, **45**, 20-31. [4.4.6]

Johnson, M. K., Foley, M. A., Suengas, A. G., & Raye, C. L. (1988). Phenomenal characteristics of memories for perceived and imagined autobiographical events. *Journal of Experimental Psychology：General*, **117**, 371-376. [4.2.5]

Johnson-Laird, P. N. (1986). *Mental Models*. Harvard University Press. [4.5.3]

Johnson-Laird, P. N., & Steedman, M. (1978). The psychology of syllogisms. *Cognitive Psychology*, **10**, 64-99. [4.5.2]

Johnson-Laird, P. N., & Tagart, J. (1969). How implication is understood. *The American Journal of Psychology*, **82**, 367-373. [4.5.2]

Jolicoeur, P., Dell'Acqua, R., & Crebolder, J. M. (2001). In K. Shapiro (Ed.), *The Limits of Attention：Temporal constraints in human information processing*. Oxford University Press. pp.82-99. [4.3.5]

Jonides, J. (1981). Voluntary versus automatic control over the mind's eye's movement. In J. B. Long & A. D. Baddeley (Eds.), *Attention and performance IX*. Erlbaum. pp.187-203. [4.3.1]

Juslin, P. N., & Laukka, P. (2003). Communication of emotions in vocal expression and music performance：different channels, same code? *Psychological Bulletin*, **129**, 770-814. [4.4.3]

Kahneman, D. (1973). *Attention and effort*. Prentice-Hall. [4.3.5]

Kahneman, D., & Tversky, A. (1979). Prospect theory：An analysis of decision under risk. *Econometrica*, **47**(2), 263-292. [4.5.5, 4.5.6]

改田明子 (1986). 自然カテゴリーに関する変数の関係について　東京大学教育学部紀要, **26**, 227-234. [4.2.6]

海保博之・野村幸正 (1983). 漢字情報処理の心理学　教育出版 [4.6.2]

梶上美和・寺澤孝文・原奈津子 (2002). 数ヶ月前の接触頻度が好意度評定に与える影響――イラスト刺激を用いて　日本心理学会第 66 回大会発表論文集, 721. [4.2.3]

Kamide, Y., Altmann, G. T. M., & Haywood, S. L. (2003). The time-course of prediction in incremental sentence processing：Evidence from anticipatory eye movements. *Journal of Memory and Language*, **49**, 133-156. [4.6.3]

神谷俊次（2008）．日誌法を用いた自伝的記憶研究　佐藤浩一・越智啓太・下島裕美（編著）　自伝的記憶の心理学　北大路書房　pp.33-46. [4.2.5]

Kapoula, Z., Yang, Q., Lê, T. T., Vernet, M., Berbey, N., Orssaud, C., Londero, A., & Bonfils, P. (2011). Medio-lateral postural instability in subjects with tinnitus. *Frontiers in Neurology*, **2**, 35. [4.1.5]

Kawahara, M., & Matsuoka, K. (2012). Development of a Japanese Version of the Object-Spatial Imagery Questionnaire (J-OSIQ). *Interdisciplinary Information Sciences*, **18**(1), 13-18. [4.1.4]

Kessler, B., Treiman, R., & Mullennix, J. (2002). Phonetic biases in voice key response time measurements. *Journal of Memory and Language*, **47**, 145-171. [4.6.1]

Kielar, A., Meltzer, J. A., Moreno, S., Alain, C., & Bialystok, E. (2014). Oscillatory responses to semantic and syntactic violations. *Journal of Cognitive Neuroscience*, **26** (12), 2840-2862. [4.6.3]

Kiesel A., Steinhauser, M., Wendt, M., Falkenstein, M., Jost, K., Philipp, A., & Koch, I. (2010). Control and interference in task switching-A review. *Psychological Bulletin*, **136**, 849-874. [4.3.5]

菊地正（1985）．視覚記憶の測定法　心理学評論，**28**, 514-547. [4.3.3]

Kilner, J. M., Friston, K. J., & Frith, C. D. (2007). Predictive coding：an account of the mirror neuron system. *Cognitive Processing*, **8**, 159-166. [4.1.5]

Kirby, J. R., Moore, P. J., & Schofield, N. J. (1988). Verbal and visual learning styles. *Contemporary Educational Psychology*, **13**(2), 169-184. [4.1.4]

Kirby, K. N. (1994). Probabilities and utilities of fictional outcome in Wason's four-card selection task. *Cognition*, **51**, 1-28. [4.5.4]

北村英哉・木村晴・榊美知子（2006）．感情の研究法　北村英哉・木村晴（編）　感情研究の新展開　ナカニシヤ出版　pp. 43-64. [4.4.6]

Klinnert, M. (1984). The regulation of infant behaviour by maternal facial expression. *Infant Behavior and Development*, **7**, 447-465. [4.4.7]

小林晃洋・大久保街亜（2014）．日本語版オペレーションスパンテストによるワーキングメモリの測定　心理学研究，**85**, 60-68. [4.2.8]

古賀愛人・岸本陽一・寺崎正治（1992）．多面的感情状態尺度（短縮版）の妥当性　日本心理学会第56回大会発表論文集，646. [4.4.2]

Köhler, W. (1917). *Intelligenzprüfungen an Anthropoiden*. Berlin：Verlag.（宮孝一（訳）（1962）．類人猿の知恵試験　岩波書店）[4.5.7]

Koizumi, M., & Tamaoka, K. (2010). Psycholinguistic evidence for the VP-internal subject position in Japanese. *Linguistic Inquiry*, **41** (4), 663-680. [4.6.3]

Kopelman, M. D. (1994). The autobiographical memory interview（AMI）in organic and psychogenic amnesia. *Memory*, **2**, 211-235. [4.2.5]

Kosslyn, S. M., Ball, T. M., & Reiser, B. J. (1978). Visual images preserve metric spatial information：Evidence from studies of image scanning. *Journal of Experimental Psychology：Human Perception and Performance*, **4**, 47-60. [4.1.4]

Kosslyn, S. M., Maljkovic, V., Hamilton, S. E., Horwitz, G., & Thompson, W. L. (1995). Two types of image generation：evidence for left and right hemisphere processes. *Neuropsychologia*, **33** (11), 1485-1510. [4.1.4]

Kosslyn, S. M., Thompson, W. L., & Ganis, G. (2006). *The case for mental imagery*. Oxford University Press.（コスリン，S. M.，トンプソン，W. L.，＆ガニス，G.　武田克彦（監訳）（2009）．心的イメージとは何か　北大路書房）[4.1.4]

Kruskal, J. B. (1964). Multidimensional scaling by optimizing goodness of fit to a non metric hypothesis. *Psychometrika*, **29**, 1-27. [4.4.4]

Kubilius, J., Wagemans, J., & Op de Beeck, H. P. (2011). Emergence of perceptual Gestalts in the human visual cortex：The case of the configural-superiority effect. *Psychological Science*, **22**, 1296-1303. [4.1.1]

熊田孝恒（2012）．マジックにだまされるのはなぜか　「注意」の認知心理学　DOJIN選書　化学同人 [4.3.2]

Kumada, T. (2014). The effect of search mode on dimension weighting. *Frontiers in Psychology*, **5**, 1054 (1-14). [4.3.6]

Kureta, Y., Fushimi, T., & Tatsumi, I. F. (2006). The functional unit of phonological encoding：Evidence for moraic representation in native Japanese speakers. *Journal of Experimental Psychology：Learning, Memory, and Cognition*, **32**, 1102-1119. [4.6.1]

楠見孝（編）（2007）．メタファー研究の最前線　ひつじ書房 [4.5.8]

Kutas, M., van Petten, C., & Kluender, R. (2006). Psycholinguistics electrified II：1994-2005. In M. Traxler & M. A. Gernsbacher (Eds.), *Handbook of psycholinguistics* (2nd ed.). Elsevier. pp. 659-724. [4.6.4]

Kvavilashvili, L. (1987). Remembering intention as a distinct form of memory. *British Journal of Psychology*, **78**, 507-518. [4.2.4]

Kvavilashvili, L. (1992). Remembering intentions：A critical review of existing experimental paradigms. *Applied Cognitive Psychology*, **6**, 507-524. [4.2.4]

Kvavilashvili, L., & Fisher, L. (2007). Is time-based prospective remembering mediated by self-initiated rehearsals? Role of incidental cues, ongoing activity, age, and motivation. *Journal of Experimental Psychology：General*, **136**, 112-132. [4.2.4]

Lang, P. J., Bradley, M. M., & Cuthbert, B. N. (2008). *International Affective Picture System（IAPS）：Technical manual and affective ratings*. University of Florida. Center for Research in Psychophysiology. [4.4.1]

Lang, P. L., Bradley, M. M., & Guthbert, B. N. (2008). *International affective picture system（IAPS）：Affective ratings of pictures and instruction manual*. (Technical Report No.A-8). The Center for the Study of Emotion and Attention, University of Florida. [4.4.1]

Lassaline, M. E. (1996). Structural alignment in Induction and Similarity. J*ournal of Experimental Psychology：Learning, Memory, & Cognition*, **22**, 754-770. [4.5.8]

Lavie, N. (1995). Perceptual load as a necessary condition for selective attention. *Journal of Experimental Psychology*：*Human Perception and Performance*, **21**, 451-468. [4.3.6]

Lee, S., Kravitz, D. J., & Baker, C. I. (2012). Disentangling visual imagery and perception of real-world objects. *NeuroImage*, **59** (4), 4064-4073. [4.1.4]

Levelt, W. J. M., Roelofs, A., & Meyer, A. S. (1999). A theory of lexical access in speech production. *Behavioral and Brain Sciences*, **22**, 1-75. [4.6.1]

Levine, B., Svoboda, E., Hay, J. F., Wincour, G., & Moscovitch, M. (2002). Aging and autobiographical memory：Dissociating episodic from semantic retrieval. *Psychology and Aging*, **17**, 677-689. [4.2.5]

Li, S., Jiang, X., Yu, H., & Zhou, X. (2014). Cognitive empathy modulates the processing of pragmatic constraints during sentence comprehension. *Social Cognitive Affective Neuroscience*, **9**, 1166-1174. [4.6.4]

Lindquist, K., Barrett, L. F., Bliss-Moreau, E., & Russell, J. A. (2006). Language and the perception of emotion. *Emotion*, **6**, 125-138. [4.4.5]

Lindsay, D. S., & Johnson, M. K. (1989). The eyewitness suggestibility effect and memory for sources. *Memory & Cognition*, **17**, 349-358. [4.2.7]

Loftus, E. F. (1971). Memory for intentions：The effect of presence of a cue and interpolated activity. *Psychonomic Science*, **23**, 315-316. [4.2.4]

Loftus, E. F., & Burns, T. (1982). Mental shock can produce retrograde amnesia. *Memory & Cognition*, **10**, 318-323. [4.4.6]

Loftus, E. F., Loftus, G. R., & Messo, J. (1987). Some facts about weapon focus. *Law and Human Behavior*, **11**, 55-62. [4.2.7]

Loftus, E. F., Miller, D. G., & Burns, H. G. (1978). Semantic integration of verbal information into a visual memory. *Journal of Experimental Psychology：Human Learning and Memory*, **4**, 19-31. [4.2.7]

Logan, G. D., & Bundesen, C. (2003). Clever Homunclus：Is There an Endogenous Act of Control in the Explicit Task-Cuing Procedure? *Journal of Experimental Psychology：Human Perception & Performance*, **29**, 575-599. [4.3.4]

Logan, G. D., & Bundesen, C. (2004). Very clever homunculus：Compound stimulus strategies for the explicit task-cuing procedure. *Psychonomic Bulletin & Review*, **11**, 832-840. [4.3.4]

Lu, C., & Proctor, R. W. (1995). The influence of irrelevant location information on performance：A review of the Simon and spatial Stroop effects. *Psychonomic Bulletin & Review*, **2**, 174-207. [4.3.6]

Luo, Y. (2011). Do 10-month-old infants understand others' false beliefs? *Cognition*, **121**, 289-298. [4.1.6]

Mack, J. L., Patterson, M. B., Schnell, A. H., & Whitehouse, P. J. (1993). Performance of subjects with probable Alzheimer disease and normal elderly controls on the Gollin Incomplete Pictures Test. *Perceptual & Motor Skills*, **77**, 951-956. [4.1.1]

MacLeod, C., & Cohen, I. L. (1993). Anxiety and the interpretation of ambiguity：A text comprehension study. *Journal of Abnormal Psychology*, **102**, 238-247. [4.4.6]

MacLeod, C., Mathews, A., & Tata, P. (1986). Attentional bias in emotional disorders. *Journal of Abnormal Psychology*, **95**, 15-20. [4.4.6]

MacLeod, C. M. (1991). Half a century of research on the Stroop effect：an integrative review. *Psychological bulletin*, **109**, 163-203. [4.3.6]

Maljkovic, V., & Nakayama, K. (1994). Priming of pop-out：I. Role of features. *Memory & Cognition*, **22**(6), 657-672. [4.3.2]

Maljkovic, V., & Nakayama, K. (1996). Priming of pop-out：II. The role of position. *Perception & Psychophysics*, **58** (7), 977-991. [4.3.2]

Malpass, R. S. (1981). Effective size and defendant bias in eye-witness identification lineups. *Law and Human Behavior*, **5**, 299-309. [4.2.7]

Manktelow, K. I. (2012). *Thinking and reasoning：An introduction to the psychology of reason, judgment and decision making.* Psychology Press.（服部雅史・山祐嗣（監訳）(2015). 思考と推論——理性・判断・意思決定の心理学　北大路書房）[4.5.2, 4.5.4]

Manktelow, K. I., & Evans, J. St. B. T. (1979). Facilitation of reasoning by realism：Effect or non-effect? *British Journal of Psychology*, **70**, 477-488. [4.5.4]

Margrett, J. A., Reese-Melancon, C., & Rendell, P. G. (2011). Examining collaborative dialogue among couples：A window into prospective memory processes. *Zeitschrift für Psychologie / Journal of Psychology*, **219**, 100-107. [4.2.4]

Marks, D. F. (1973). Visual imagery differences in the recall of pictures. *British Journal of Psychology*, **64** (2), 17-24. [4.1.4]

Mathews, A., Richards, A., & Eysenck, M. (1989). Interpretation of homophones related to threat in anxiety states. *Journal of Abnormal Psychology*, **98**, 31-34. [4.4.6]

Matsumoto, D., & Ekman, P. (1988). *Japanese and Caucasian facial expressions of emotion* (*JACFEE*)：[Slides]. Intercultural and Emotion Research Laboratory, Department of Psychology, San Francisco State University. [4.4.1]

松本昇・望月聡 (2012). 抑うつと自伝的記憶の概括化——レビューと今後の展望　心理学評論, **55**, 459-483. [4.2.5]

Mayer, R. (1992). *Thinking, problem solving, cognition* (2nd ed.). Freeman. [4.5.7]

Maylor, E. A., Chater, N., & Brown, G. D. A. (2001). Scale invariance in the retrieval of retrospective and prospective memories. *Psychonomic Bulletin & Review*, **8**, 162-167. [4.2.4]

Mayr, U., & Keele, S. W. (2000). Changing internal constraints on action：the role of backward inhibition. *Journal of Experimental Psychology：General*, **129**, 4-26. [4.3.4]

McAdams, D. P., Reynolds, J., Lewis, M., Pattern, A. H., & Bowman, P. J. (2001). When bad things turn good and good things turn bad：Sequences of redemption and contamination in life narrative and their relation to psychosocial adaptation in midlife adults and in students. *Personality and Social Psychology Bulletin*, **27**, 474-485. [4.2.5]

McDaniel, M. A., & Einstein, G. O. (2007). *Prospective memory：An overview and synthesis of an emerging field.* Sage. [4.2.4]

McNair, D. M., & Lorr, M. (1964). An analysis of mood in neurotics. *Journal of Abnormal and Social Psychology*, **69**, 620-627. [4.4.2]

Meacham, J. A., & Singer, J. (1977). Incentive effects in prospective remembering. *Journal of Psychology*, **97**, 191-197. [4.2.4]

Meara, P., & Buxton, B. (1987). An alternative to multiple choice vocabulary test. *Language Testing*, **4**, 142-151. [4.6.5]

Meiran, N. (1996). Reconfiguration of processing mode prior to task performance. *Journal of Experimental Psychology*: *Learning, Memory, and Cognition*, **22**, 1423-1442. [4.3.4]

Meltzoff, A. N., & Moore, M. K. (1997). Explaining facial imitation: A theoretical model. *Early Development and Parenting*, **6**, 179-192. [4.1.6]

Meyer, A. S. (1990). The time course of phonological encoding in language production: The encoding of successive syllables of a word. *Journal of Memory and Language*, **29**, 524-545. [4.6.1]

Meyer, A. S. (1991). The time course of phonological encoding in language production: Phonological encoding inside a syllable. *Journal of Memory and Language*, **30**, 69-89. [4.6.1]

Miyake, A., Friedman, N. P., Emerson, M. J., Witzki, A. H., & Howerter, A. (2000). The unity and diversity of executive functions and their contributions to complex frontal lobe tasks: A latent variable analysis. *Cognitive Psychology*, **41**, 49-100. [4.2.8]

望月正道・投野由紀夫・相澤一美（2003）．英語語彙の指導マニュアル　大修館書店 [4.6.5]

村山航（2009）．メタ記憶の測定　清水寛之（編）　メタ記憶——記憶のモニタリングとコントロール　北大路書房　pp.41-63. [4.2.2]

Murray, I. R., & Arnott, J. L. (1993). Toward the simulation of emotion in synthetic speech: a review of the literature on human vocal emotion. *The Journal of the Acoustical Society of America*, **93**, 1097-1108. [4.4.3]

Muth, A., Hönekopp, J., & Falter, C. M. (2014). Visuo-Spatial performance in autism: A meta-analysis. *Journal of Autism and Developmental Disorders*, **44**, 3245-3263. [4.1.1]

Nation, I. S. P. (1990). *Teaching and learning vocabulary*. Newbury House Publishers. [4.6.5]

Navon, D. (1977). Forest before trees: The precedence of global features in visual perception. *Cognitive Psychology*, **9**, 353-383. [4.1.1, 4.3.6]

Navon, D. (2003). What does a compound letter tell the psychologist's mind? *Acta Psychologica*, **114**, 273-309. [4.1.1]

Nelson, T. O., & Narens, L. (1990). Metamemory: A theoretical framework and new findings. In G. H. Bower (Ed.), *The psychology of learning and motivation*. Vol. 26. Academic Press. pp.125-173. [4.2.2]

Newell, A., & Simon, H. (1972). *Human problem solving*. Prentice-Hall. [4.5.7]

Newstead, S. E., & Griggs, R. A. (1983). Drawing inferences from quantified statements: A study of the square of opposition. *Journal of Verbal Learning and Verbal Behavior*, **22**, 535-546. [4.5.2]

Nieuwland, M. S., Ditman, T., & Kuperberg, G. R. (2010). On the incrementality of pragmatic processing: An ERP investigation of informativeness and pragmatic abilities. *Journal of Memory and Language*, **63**, 324-346. [4.6.4]

西山めぐみ・寺澤孝文（2013）．未知顔の潜在記憶——間接再認

手続きによる長期持続性の検討　心理学研究, **83**, 526-535. [4.2.3]

野口素子・佐藤弥・吉川佐紀子（2005）．情動喚起刺激としての映像——日本人被験者による評定実験　信学技法, HCS2004-60, 1-6. [4.4.1]

Nowlis, V., & Nowlis, H. H. (1956). The description and analysis of mood. *Annals of the New York Academy of Sciences*, **65**, 345-355. [4.4.2]

O'Séaghdha, P. G. (2015). Across the great divide: Proximate units at the lexical-phonological interface. *Japanese Psychological Research*, **57**, 4-21. [4.6.1]

O'Séaghdha, P. G., Chen, J.-Y., & Chen, T.-M. (2010). Proximate units in word production: Phonological encoding begins with syllables in Mandarin Chinese but with segments in English. *Cognition*, **115**, 282-302. [4.6.1]

Oaksford, M., & Chater, N. (1994). A rational analysis of the selection task as optimal data selection. *Psychological Review*, **101**, 608-631. [4.5.4]

Oaksford, M., Chater, N., & Larkin, J. (2000). Probabilities and polarity biases in conditional inference. *Journal of Experimental Psychology*: *Learning, Memory, and Cognition*, **26**, 883-899. [4.5.4]

落合勉・小口孝司（2013）．日本語版 TALE 尺度の作成および信頼性と妥当性の検討　心理学研究, **84**, 508-514. [4.2.5]

越智啓太（2008）．自伝的記憶研究における実験的方法とその問題点　佐藤浩一・越智啓太・下島裕美（編著）　自伝的記憶の心理学　北大路書房　pp.19-32. [4.2.5]

小川時洋・門地里絵・菊谷麻美・鈴木直人（2000）．一般感情尺度の作成　心理学研究, **71**, 241-246. [4.4.2]

岡田斉（1990）．質問紙を用いた聴覚イメージの鮮明性の測定　暁星論叢, **27**, 1-14. [4.1.4]

岡田斉・松岡和生・轟木知佳（2004）．質問紙による空想傾向の測定——Creative Experience Questionnaire 日本語版（CEQ-J）の作成　文教大学人間科学研究, **26**, 153-161. [4.1.4]

大出良知（1997）．イギリスにおける証人による「犯人」識別の実際　季刊刑事弁護, **11**, 90-99. [4.2.7]

大西仁・鈴木宏昭（編）（2001）．類似から見た心　共立出版 [4.5.8]

Oppenheimer, D. M., & Kelso, E. (2015). Information processing as a paradigm for decision making. *Annual Review of Psychology*, **66** (1), 277-294. [4.5.5]

苧阪満里子（2002）．脳のメモ帳　ワーキングメモリ　新曜社. [4.2.8]

苧阪満里子・苧阪直行（1994）．読みとワーキングメモリ容量——リーディングスパンテストによる検討　心理学研究, **65**, 339-345. [4.2.8]

太田信夫（1988）．長期記憶におけるプライミング——驚くべき潜在記憶（implicit memory）　心理学評論, **31**, 305-322. [4.2.3]

大塚一徳（2011）．ワーキングメモリとアセスメント課題　湯澤正道・湯澤美紀（編著）　ワーキングメモリと教育　北大路書房　pp. 59-78. [4.2.8]

大塚一徳・宮谷真人（2007）．日本語リーディングスパン・テストにおけるターゲット文と刺激文の検討　広島大学心理学研究, **7**, 19-33. [4.2.8]

Oullier, O., de Guzman, G. C., Jantzen, K. J., Lagarde, J., & Kelso, J. A. (2008). Social coordination dynamics: measuring human bonding. *Social Neuroscience*, **3**, 178-192. [4.1.5]

Over, D. E., Hadjichristidis, C., Evans, J. St. B. T., Handley, S. J., & Sloman, S. A. (2007). The probability of causal conditionals. *Cognitive Psychology*, **54**, 62-97. [4.5.2]

Özdemir, R., Roelofs, A., & Levelt, W. J. M. (2007). Perceptual uniqueness point effects in monitoring internal speech. *Cognition*, **105**, 457-465. [4.6.1]

Paivio, A. (1978). Comparisons of mental clocks. *Journal of Experimental Psychology : Human Perception and Performance*, **4**(1), 61-71. [4.1.4]

Paivio, A., & Harshman, R. (1983). Factor analysis of a questionnaire on imagery and verbal habits and skills. *Canadian Journal of Psychology*, **37**, 461-483. [4.1.4]

Panis, S., & Wagemans, J. (2009). Time-course contingencies in perceptual organization and identification of fragmented object outlines. *Journal of Experimental Psychology : Human Perception and Performance*, **35**, 661-687. [4.1.1]

Paribakht, T. S., & Wesche, M. (1999). Reading and "incidental" L2 vocabulary acquisition : An introduction study of lexical inferencing. *Studies in Second Language Acquisition*, **21**, 195-224. [4.6.5]

Pashler, H. (1994). Dual-task interference in simple tasks : Data and theory. *Psychological Bulletin*, **116**, 220-244. [4.3.5]

Pashler, H. (1999). Central processing limitations in sensorimotor tasks. In H. Pashler, The Psychology of Attention. MIT Press. pp.265-318. [4.3.5]

Pasupathi, M., & Mansour, E. (2006). Adult age differences in autobiographical reasoning in narratives. *Developmental Psychology*, **42**, 798-808. [4.2.5]

Pearson, J. (2014). New directions in mental-imagery research : The binocular-rivalry technique and decoding fMRI patterns. *Current Directions in Psychological Science*, **23**(3), 178-183. [4.1.4]

Pearson, J., Clifford, C. W. G., & Tong, F. (2008). The functional impact of mental imagery on conscious perception. *Current Biology : CB*, **18**(13), 982-986. [4.1.4]

Pearson, J., Rademaker, R. L., & Tong, F. (2011). Evaluating the mind's eye : The metacognition of visual imagery. *Psychological Science*, **22** (12), 1535-1542. [4.1.4]

Penner, L. A., Fritzsche, B. A., Craiger, J. P., & Freifeld. T. S. (1995). Measuring the prosocial personality. *Advances in personality assessment*, **10**, 147-163. [4.4.7]

Perky, C. W. (1910). An experimental study of imagination. *American Journal of Psychology*, **21**, 422-452. [4.1.4]

Phillips, C. (2006). The real-time status of island phenomena. *Language*, **82** (4), 795-823. [4.6.3]

Pickering, M. J., & Garrod, S. (2013). An integrated theory of language production and comprehension. *Behavioral and Brain Sciences*, **36**, 329-392. [4.6.3]

Podgorny, P., & Shepard, R. N. (1978). Functional representations common to visual perception and imagination. *Journal of Experimental Psychology—Human Perception and Performance*, **4** (1), 21-35. [4.1.4]

Poirel, N., Pineau, A., Jobard, G., & Mellet, E. (2008). Seeing the forest before the trees depends on individual field-dependency characteristics. *Experimental Psychology*, **55**, 328-333. [4.1.1]

Pomerantz, J. R. (1983). Global and local precedence : Selective attention in form and motion perception. *Journal of Experimental Psychology : General*, **112**, 516-540. [4.1.1]

Pons, F., & Harris, P. L. (2004). Emotion comprehension between 3 and 11 years : Developmental periods and hierarchical organization. *European Journal of Developmental Psychology*, **1**, 127-152. [4.4.7]

Posner, M. I., (1980). Orienting of attention. *Quarterly Journal of Experimental Psychology*, **32**, 3-25. [4.3.1]

Posner, M. I., & Boies, S. J. (1971). Components of attention. *Psychological Review*, **78**, 391-408. [4.3.5]

Posner, M. I., & Cohen, Y. (1984). Components of visual orienting. In H. Bouma & D. G. Bowhuis (Eds.), *Attention and performance X*. Erlbaum. pp.531-556. [4.3.1]

Posner, M. I., Walker, J. A., Friedrich, F. J., & Rafal, R. D. (1984). Effects of parietal injury on covert orienting of attention. *The Journal of Neuroscience*, **4**, 1863-1874. [4.3.1]

Potter, M. C., Staub, A., Rado, J., & O'Connor, D. H. (2002). Recognition memory for briefly presented pictures : The time course of rapid forgetting. *Journal of Experimental Psychology : Human Perception and Performance*, **28**, 1163-1175. [4.3.3]

Pratt, J., & Hommel, B. (2003). Symbolic control of visual attention:The Role of working memory and attentional control settings. *Journal of Experimental Psychology : Human Perception and Performance*, **29**, 835-845. [4.3.1]

Pylyshyn, Z. W. (1981). The imagery debate : Analogue media versus tacit knowledge. *Psychological Review*, **87**, 16-45. [4.1.4]

Radoslaw, M., Cichy, R. M., Heinzle, J., & Haynes, J. (2012). Imagery and perception share cortical representations of content and location. *Cerebral Cortex*, **22**, 372-380. [4.1.4]

Raymond, J. E., Shapiro, K. L., & Arnell, K. M. (1992). Temporary suppression of visual processing in an RSVP task : An attentional blink?. *Journal of Experimental Psychology : Human Perception and Performance*, **18**, 849-860. [4.3.3]

Read, J. (2000). *Assessing vocabulary*. Cambridge University Press. [4.6.5]

Reddy, L., Tsuchiya, N., & Serre, T. (2010). Reading the mind's eye : Decoding category information during mental imagery. *NeuroImage*, **50** (2), 818-825. [4.1.4]

Redfern, M. S., Furman, J. M., & Jacob, R. G. (2007). Visually induced postural sway in anxiety disorders. *Journal of Anxiety Disorders*, **21**, 704-716. [4.1.5]

Rendell, P. G., & Craik, F. I. M. (2000). Virtual week and actual week : Age-related differences in prospective memory. *Applied Cognitive Psychology*, **14**, S43-S62. [4.2.4]

Rendell, P. G., & Henry, J. D. (2009). A review of Virtual Week for prospective memory assessment : Clinical implications. *Brain Impairment*, **10**, 14-22. [4.2.4]

Richardson, A. (1977). Verbalizer–visualizer : A cognitive style dimension. *Journal of Mental Imagery*, **1** (1), 109-126. [4.1.4]

Richardson, A. (1994). *Individual differences in imaging : Their measurement, origins and consequences*. Baywood Publishing Company. [4.1.4]

リチャードソン, A.(著)鬼沢貞・滝浦静雄 (訳)(1973). 心像

紀伊國屋書店 (Richardson, A. (1969). *Mental Imagery*. Routledge and Kegan Paul.) [4.1.4]

リチャードソン, J. T. E.(著) 西本武彦 (監訳)(2002). イメージの心理学──心の動きと脳の働き 早稲田大学出版部 (Richardson, J. T. E. (1999). *Imagery*. Psychology Press.) [4.1.4]

Richardson, M. J., Marsh, K. L., Isenhower, R. W., Goodman, J. R., & Schmidt, R. C. (2007). Rocking together：dynamics of intentional and unintentional interpersonal coordination. *Human Movement Science*, 26, 867-891. [4.1.5]

Richardson-Klavehn, A., & Bjork, R. A. (1988). Measures of memory. *Annual Review of Psychology*, 39, 475-543. [4.2.3]

Rips, L. J. (1975). Inductive judgments about natural categories. *Journal of Verbal Learning and Verbal Behavior*, 14, 665-681. [4.5.2]

Rips, L. J. (1994). *The psychology of proof：Deductive reasoning in human thinking*. MIT Press. [4.5.2, 4.5.3]

Rips, L. J. (2001). Two kinds of reasoning. *Psychological Science*, 12, 129-134. [4.5.2]

Robbins, T.W., Anderson, E.J., Barker, D.R., Bradley, A.C., Fearnyhough, C., Henson, R., & Hudson, S.R. (1996). Working memory in chess. *Memory & Cognition*, 24, 83-93. [4.3.5]

Robertson, L. C., & Lamb, M. R. (1991). Neuropsychological contributions to theories of part/whole organization. *Cognitive Psychology*, 23, 299-330. [4.1.1]

Roelofs, A. (1996). Serial order in planning the production of successive morphemes of a word. *Journal of Memory and Language*, 35, 854-876. [4.6.1]

Roelofs, A. (2008). Tracing attention and the activation flow in spoken word planning using eye movements. *Journal of Experimental Psychology：Learning, Memory, and Cognition*, 34, 353-368. [4.6.1]

Roelofs, A. (2015). Modeling of phonological encoding in spoken word production：From Germanic languages to Mandarin Chinese and Japanese. *Japanese Psychological Research*, 57, 22-37. [4.6.1]

Rogers, R. D., & Monsell, S. (1995). Costs of a predictible switch between simple cognitive tasks. *Journal of experimental psychology：General*, 124, 207-231. [4.3.4]

Roland, D., Elman, J. L., & Ferreira, V. S. (2006). Why is *that*? Structural prediction and ambiguity resolution in a very large corpus of English sentences. *Cognition*, 98, 245-272. [4.6.3]

Rosch, E. (1975). Cognitive representations of semantic categories. *Journal of Experimental Psychology：General*, 104, 192-233. [4.2.6]

Rosch. E. (1978). Principles of categorization. In E. Rosch & B. B. Loyd (Eds.), *Cognition and categorization*. Lawrence Erlbaum Associates. [4.2.6]

Rosch, E., & Mervis, C. B. (1975). Family resemblances：Studies in the internal structure of categories. *Cognitive Psychology*, 7, 573-605. [4.2.6]

Rubin, D. C., & Berntsen, D. (2008). How memory for stressful events affects identity. (仲真紀子 (編) 認知心理学へのアプローチ 自己心理学 4 金子書房 pp.118-129)[4.2.5]

Russell, J. A. (1979). Affective space is bipolar. *Journal of Personality and Social Psychology*, 37, 345-356. [4.4.2]

Russell, J. A. (1980). A circumplex model of affect. *Journal of Personality and Social Psychology*, 39, 1161-1178. [4.4.6]

Russell, J. A., & Bullock, M. (1985). Multidimensional scaling of emotional facial expressions：Similarity from preschoolers to adults. *Journal of Personality and Social Psychology*, 48, 1290-1298. [4.4.4]

Russell, J. A., Weiss, A., & Mendelsohn, G. A. (1989). Affect grid：A single-item scale of pleasure and arousal. *Journal of Personality and Social Psychology*, 57, 493-502. [4.4.4]

Sadock, J. M. (1978). On testing for conversational implicature. In Syntax and Semantice. In P. Cole (Ed.), *Pragmatics*, Vol. 9. Academic Press. pp. 281-297. [4.6.4]

Sakai, K. L., Homae, F., Hashimoto, R., & Suzuki, K. (2002). Functional imaging of the human temporal cortex during auditory sentence processing. *American Laboratory*, 34, 34-40. [4.6.3]

Sassa, Y., Sugiura, M., Jeong, H., Horie, K., Sato, S., & Kawashima, R. (2007). Cortical mechanism of communicative speech production. *NeuroImage*, 37, 985-992. [4.6.4]

Sassenhagen, J., Schlesewsky, M., & Bornkessel-Schlesewsky, I. (2014). The P600-as-P3 hypothesis revisited：Single-trial analyses reveal that the late EEG positivity following linguistically deviant material is reaction time aligned. *Brain & Language*, 137, 29-39. [4.6.3]

佐藤徳・安田朝子 (2001). 日本語版 PANAS の作成 性格心理学研究, 9, 138-139. [4.4.2]

佐藤浩一 (2008a). 自伝的記憶の構造と機能 風間書房 [4.2.5]

佐藤浩一 (2008b). 自伝的記憶研究の方法と収束的妥当性 佐藤浩一・越智啓太・下島裕美 (編著) 自伝的記憶の心理学 北大路書房 pp.2-18. [4.2.5]

佐藤浩一 (2008c). 乳・幼児の記憶──日常記憶 太田信夫・多鹿秀継 (編著) 記憶の生涯発達心理学 北大路書房 pp.74-87. [4.2.5]

佐藤浩一 (2017). 成功経験と失敗経験に対する自伝的推論とアイデンティティ発達, 適応との関連 認知心理学研究, 14, 69-82. [4.2.5]

Savage, L. J. (1954). *The Foundations of Statistics*. Wiley. [4.5.6]

Schroyens, W. J., Schaeken, W., & d'Ydewalle, G. (2001). The processing of negations in conditional reasoning：A meta-analytic case study in mental model and/or mental logic theory. *Thinking & Reasoning*, 7, 121-172. [4.5.2]

Searle, J. R. (1969). *Speech acts：An essay in the philosophy of language*. Cambridge Unviersity Press. (坂本百大・土屋俊 (訳)(1986). 言語行為──言語哲学への試論 勁草書房) [4.6.4]

Sebanz, N., Bekkering, H., & Knoblich, G. (2006). Joint action：bodies and minds moving together. *Trends in Cognitive Science*, 10, 70-76. [4.1.5]

Segal, S. J., & Fusella, S. (1970). Influence of imaged pictures and sounds on detection of visual and auditory signals. *Journal of Experimental Psychology*, 83, 458-464. [4.1.4]

Sellen, A. J., Louie, G., Harris, J. E., & Wilkins, A. J. (1997). What brings intentions to mind? An in situ study of prospective memory. *Memory*, 5, 483-507. [4.2.4]

Shah, A., & Frith, U. (1983). An islet of ability in autistic children：a research note. *Journal of Child Psychology and Psychiatry and Allied Disciplines*, **24**, 613–620. [4.1.1]

Shah, P., & Miyake, A. (1996). The separability of working memory resources for spatial thinking and language processing：An individual differences approach. *Journal of Experimental Psychology：General*, **125**, 4–27. [4.2.8]

Shepard, R. N., & Feng, C. (1972). A chronometric study of mental paper folding. *Cognitive Psychology*, **3**, 228–243. [4.1.4]

Shepard, R. N., & Metzler, J. (1971). Mental rotation of three-dimensional objects. *Science*, **191**, 701–703. [4.1.4]

柴崎秀子 (2010). 文字種による文の認知処理速度の差異──日本語テクストの難易尺度構築のための基礎研究　実験音声学・言語学研究, **2**, 18–31. [4.6.5]

柴崎秀子 (2014). リーダビリティー研究と「やさしい日本語」　日本語教育, **158**, 49–65. [4.6.5]

柴崎秀子・玉岡賀津雄 (2010). 国語科教科書を基にした小・中学校の文章難易学年判定式の構築　日本教育工学会論文誌, **33**(4), 449–458. [4.6.5]

Shiffrin, R. M., & Schneider, W. (1977). Controlled and automatic human information processing：II. Perceptual learning, automatic attending, and a general theory. *Psychological Review*, **84**, 127–190. [4.5.1]

Shimada, S., Fukuda, K., & Hiraki, K. (2009). Rubber hand illusion under delayed visual feedback. *PLoS One*, **4**, e6185. [4.1.5]

清水寛之 (2009). メタ記憶のモニタリング機能　清水寛之 (編) メタ記憶──記憶のモニタリングとコントロール　北大路書房. [4.2.2]

清水寛之 (2012). 記憶　箱田裕司 (編)　認知　心理学研究法 2 誠信書房　pp.47–96. [4.2.1]

Shomstein, S., & Yantis, S. (2002). Object-based attention：Sensory modulation or priority setting? *Perception & psychophysics*, **64**, 41–51. [4.3.6]

Simon, H. A. (1947). *Administrative Behavior：A study of decision-making processes in administrative organization*. Macmillan. [4.5.3]

Simon, J. R., & Small Jr., A. M. (1969). Processing auditory information：interference from an irrelevant cue. *Journal of Applied Psychology*, **53**, 433–435. [4.3.6]

Sloman, S. A., Hayman, C. A. G., Ohta, N., Law, J., & Tulving, E. (1988). Forgetting in primed fragment completion. *Journal of Experimental Psychology：Learning, Memory, and Cognition*, **14**, 223–239. [4.2.3]

Smith, R. E. (2003). The cost of remembering to remember in event-based prospective memory：Investigating the capacity demands of delayed intention performance. *Journal of Experimental Psychology：Learning, Memory, and Cognition*, **29**, 347–361. [4.2.4]

Snodgrass, J. G., & Hirshman, E. (1994). Dissociations among implicit and explicit memory tasks：The role of stimulus similarity. *Journal of Experimental Psychology：Learning, Memory, and Cognition*, **20**, 150–160. [4.1.1]

Snodgrass, J. G., Smith, B., & Feenan, K. (1987). Fragmenting pictures on the Apple Macintosh computer for expe. 1457rimental and clinical applications. *Behavior Research Methods, Instruments, & Computers*, **19**, 270–274. [4.1.1]

Snodgrass, J. G., & Vanderwart, M. (1980). A standardized set of 260 pictures：Norms for name agreement, image agreement, familiarity, and visual complexity. *Journal of Experimental Psychology：Human Learning and Memory*, **6**, 174–215. [4.1.3]

Snyder, M., & White, P. (1982). Moods and memories：Elation, depression, and the remembering of the events of one's life. *Journal of Personality*, **50**, 149–167. [4.4.6]

Song, Y., & Hakoda, Y. (2015). Lack of global precedence and global-to-local interference without local processing deficit：A robust finding in children with attention-deficit/ hyperactivity disorder under different visual angles of the Navon task. *Neuropsychology*, **29**, 888–894. [4.1.1]

Sperber, D., Cara, F., & Girotto, V. (1995). Relevance theory explains the selection task. *Cognition*, **57**, 31–95. [4.5.4]

Sperber, D., & Wilson, D. (1986). *Relevance：Communication and Cognition* (2nd. ed., 1996). Blackwell. (内田聖二・中達俊明・宋南先・田中圭子 (共訳)(1993). 関連性理論──伝達と認知　研究社)[4.6.4]

Sperber, D., & Wilson, D. (1996). *Relevance：Communication and cognition* (2nd ed.). Blackwell. [4.5.4]

Sperling, G. (1960). The information available in brief visual presentations. *Psychological Monographs：General and Applied*, **498**, 1–29. [4.3.3]

Spunt, R. P., Satpute, A. B., & Lieberman, M. D. (2011). Identifying the what, why, and how of an observed action：An fMRI study of mentalizing and mechanizing during action observation. *Journal of Cognitive Neurosciences*, **23**, 63–74. [4.1.6]

Stambolieva, K., & Angov, G. (2006). Postural stability in patients with different durations of benign paroxysmal positional vertigo. *European Archives of Oto-Rhino-Laryngology*, **263**, 118–122. [4.1.5]

Stanovich, K. E., & West, R. F. (1998a). Cognitive ability and variation in selection task performance. *Thinking & Reasoning*, **4**, 193–230. [4.5.1]

Stanovich, K. E., & West, R. F. (1998b). Individual differences in rational thought. *Journal of Experimental Psychology：General*, **127**, 161–188. [4.5.1]

Staudinger, M. R., Fink, G. R., Mackay, C. E., & Lux, S. (2011). Gestalt perception and the decline of global precedence in older subjects. *Cortex*, **47**, 854–862. [4.1.1]

Stewart, N., Chater, N., & Brown, G. D. A. (2006). Decision by sampling. *Cognitive Psychology*, **53**(1), 1–26. [4.5.5]

Stott, H. (2006). Cumulative prospect theory's functional menagerie. *Journal of Risk and Uncertainty*, **32**, 101–130. [4.5.6]

Strayer, D. L., Drews, F. A., Johnston, W. A. (2003). Cell phone-induced failures of visual attention during simulated driving. *Journal Experimental Psychology：Applied*, **9**, 23–32. [4.3.5]

Stroop, J. R. (1935). Studies of interference in serial verbal reactions. *Journal of Experimental Psychology*, **18**, 643–662. [4.3.6]

須永範明・羽生和紀 (1990). 言語化傾向──視覚化傾向質問紙改訂版作成の試み　人間科学研究, **12**, 68–76. [4.1.4]

鈴木宏昭 (1996). 類似と思考　共立出版 [4.5.8]

高橋雅延 (1996). 記憶と感情の実験的研究の問題点 聖心女子大学論叢, 86, 63-102. [4.4.6]

高橋雅延 (2002). 感情の操作方法の現状 高橋雅延・谷口高士 (編著) 感情と心理学——発達・生理・認知・社会・臨床の接点と新展開 北大路書房 pp. 66-80. [4.4.6]

高橋雅延 (2007). 感情と認知 海保博之 (監修) 鈴木直人 (編) 感情心理学 朝倉心理学講座 10 朝倉書房 pp. 36-53. [4.4.6]

Takahashi, M., & Shimizu, H. (2007). Do you remember the day of your graduation ceremony from junior high school?: A factor structure of the Memory Characteristics Questionnaire. *Japanese Psychological Research*, 49, 275-281. [4.2.5]

Takemura, K. (2014). *Behavioral Decision Theory: Psychological and mathematical descriptions of human choice behavior*. Springer. [4.5.6]

Takemura, K., & Murakami, H. (2016). Probability weighting functions derived from hyperbolic time discounting: Psychophysical modes and their individual level testing. *Frontier in Psychology*, 7, 778. [4.5.6]

宅香菜子 (2010). がんサバイバーの Posttraumatic Growth. 腫瘍内科, 5, 211-217. [4.2.5]

宅香菜子 (2014). 悲しみから人が成長するとき——PTG (Posttraumatic Growth), 風間書房 [4.2.5]

Tamaoka, K., Asano, M., Miyaoka, Y., & Yokosawa, K. (2014). Pre- and post-head processing for single- and double-scrambled sentences of a headfinal language as measured by the eye tracking method. *Journal of Psycholinguistic Research*, 43, 167-185. [4.6.3]

Tamaoka, K., & Makioka, S. (2009). Japanese Mental Syllabary and Effects of Mora, Syllable, Bi-mora and Word Frequencies on Japanese Speech Production. *Language and Speech*, 52, 76-109. [4.6.1]

Tamaoka, K., Sakai, H., Kawahara, J., & Miyaoka, Y. (2003). The effects of phrase-length order and scrambling in the processing of visually presented Japanese sentences. *Journal of Psycholinguisitic Research*, 32, 431-454. [4.6.3]

Tamaoka, K., Sakai, H., Kawahara, J., Miyaoka, Y., Lim, H., & Koizumi, M. (2005). Priority information used for the processing of Japanese sentences: Thematic roles, case particles or grammatical functions? *Journal of Psycholinguistic Research*, 34, 281-332. [4.6.3]

玉岡賀津雄・タフト, M. (1994). 拍は音韻処理の最小単位となりうるか——擬似外来語の語彙正誤判断からの考察 心理学研究, 65 (5), 377-382. [4.6.2]

Tamaoka, K., & Terao, Y. (2004). Mora or syllable?–Which unit do Japanese use in naming visually-presented stimuli? *Applied Psycholinguistics*, 25, 1-27. [4.6.1]

谷口高士 (1991). 言語課題遂行時の聴取音楽による気分一致効果について 心理学評論, 62, 88-95. [4.4.1]

Tarr, M. J., Williams, P., Hayward, W. G., & Gauthier, I. (1998). Three-dimensional object recognition is viewpoint dependent. *Nature Neuroscience*, 1, 275-277. [4.1.3]

Tedeschi, R. G., & Calhoun, L. G. (1996). The posttraumatic growth inventory: Measuring the positive legacy of trauma. *Journal of Traumatic Stress*, 9, 455-471. [4.2.5]

Telford, C. W. (1931). The refractory phase of voluntary and associative responses. *Journal of Experimental Psychology*, 14, 1-14. [4.3.5]

Tellegen, A., & Atkinson, G. (1974). Openness to absorbing and self-altering experiences (absorption), a trait related to hypnotic susceptibility. *Journal of Abnormal Psychology*, 83 (3), 268-277. [4.1.4]

寺尾康 (2002). 言い間違いはどうして起こる? 岩波書店 [4.6.1, 4.6.3]

寺崎正治・岸本陽一・古賀愛人 (1992). 多面的感情状態尺度の作成 心理学研究, 62, 350-356. [4.4.2]

寺澤孝文 (1997). 再認メカニズムと記憶の永続性 風間書房 [4.2.3]

寺澤孝文 (2001). 記憶と意識——どんな経験も影響はずっと残る 森敏昭 (編著) おもしろ記憶のラボラトリー 認知心理学を語る① 北大路書房 pp.101-124. [4.2.3]

寺澤孝文 (2006). スケジュールの作成方法及びそのプログラム並びにスケジュールの作成方法のプログラムを記憶した記憶媒体 特許 3764456 号 [4.2.3]

寺澤孝文 (2013). 学習効果予測方法及び学習効果予測装置 特許 5130272 号 [4.2.3]

寺澤孝文 (2015a). 縦断的大規模調査法を基礎とした因果推定研究の創出 平成 22 ～ 26 年度科学研究費補助金基盤研究 (A) 研究成果報告書 [4.2.3]

寺澤孝文 (2015b). ビッグデータのスケジューリング技術により見えなかった"学習効果"を可視化 月刊 J-LIS, 4 月号, 32-37. [4.2.3]

寺澤孝文 (2015c). 教育ビッグデータの大きな可能性とアカデミズムに求められるもの——情報工学と社会科学のさらなる連携の重要性 コンピュータ&エデュケーション, 38, 28-38. [4.2.3]

寺澤孝文 (2016a). 潜在記憶と学習の実践的研究 太田信夫・佐久間康之 (監修) 英語教育学と認知心理学のクロスポイント——小学校から大学までの英語学習を考える 北大路書房 pp.37-55. [4.2.3]

寺澤孝文 (2016b). 教育ビッグデータから有意義な情報を見出す方法——認知心理学の知見をベースにした行動予測 教育システム情報学会誌, 33, 67-83. [4.2.3]

寺澤孝文・太田信夫 (1993). 単語の再認記憶に及ぼす先行経験の長期的効果 心理學研究, 64, 343-350. [4.2.3]

寺澤孝文・太田信夫・吉田哲也 (編) (2007). マイクロステップ計測法による英単語学習の個人差の測定 風間書房 [4.2.3]

寺澤孝文・吉田哲也・太田信夫 (2008). 英単語学習における自覚できない学習段階の検出——長期に連続する日常の場へ実験法を展開する 教育心理学研究, 56, 510-522. [4.2.3]

Tesink, C. M., Buitelaar, J. K., Petersson, K. M., van der Gaag, R. J., Kan, C. C., Tendolkar, I., & Hagoort, P. (2009). Neural correlates of pragmatic language comprehension in autism spectrum disorders. *Brain*, 132, 1941-1952. [4.6.4]

Thayer, R. E. (1978). Toward a psychological theory of multidimensional activation (arousal). *Motivation and Emotion*, 2, 1-34. [4.4.6]

Thorndike, E. L. (1911). *Animal intelligence: experimenal studies*. Thoemmes. Maruzen. [4.5.7]

Tokimoto, S., & Uetsuki, M. (2015). Functionally incremental sentence processing and reanalysis difficulty in head-final agglutinative language. *Open Journal of Modern Linguistics*,

5, 21-41. [4.6.3]

Tsang , P. S., & Shaner, T. L. (1995). Resource scarcity and outcome conflict in time-sharing performance. *Perception & Psychophysics,* **57**, 365-378. [4.3.5]

Turner, M. L., & Engle, R. W. (1989). Is working memory capacity task dependent? *Journal of Memory and Language,* **28**, 127-154. [4.2.8]

Tversky, A., & Kahneman, D. (1992). Advances in Prospect theory：Cumulative Representation of Uncertainty. *Journal of Risk and Uncertainty,* **5**, 297-323. [4.5.6]

上田紋佳・寺澤孝文（2008）. 聴覚刺激の偶発学習が長期インターバル後の再認実験の成績に及ぼす影響　認知心理学研究, **6**, 35-45. [4.2.3]

上田紋佳・寺澤孝文（2010）. 間接再認手続きによる言語的符号化困難な音列の潜在記憶の検出　心理学研究, **81**, 413-419. [4.2.3]

梅本堯夫（1973）. 言語行動実験法──言語学習および記憶　苧阪良二・大山正（編）実験Ⅲ　心理学研究法4　東京大学出版会　pp.105-157. [4.2.1]

Upshaw, M. B., Kaiser, C. R., & Sommerville, J. A. (2015). Parents' empathic perspective taking and altruistic behavior predicts infants' arousal to others' emotions. *Frontiers in psychology,* **6**, 360. [4.4.7]

van Ackern, M. J., Casasanto, D., Bekkering, H., Hagoort, P., & Rüschemer, S. A. (2012). Pragmatics in action：Indirect requests engage theory of mind areas and the cortical motor network. *Journal of Cognitive Neuroscience,* **24**, 2237-2247. [4.6.4]

van Berkum, J. J. A. (2009). The neuropragmatics of 'simple' utterance comprehension：An ERP review. In U. Sauerland & K. Yatsushiro (Eds.), *Semantics and pragmatics：From experiment to theory.* Palgrave Macmillan. pp. 276-316. [4.6.4]

van de Meerendonk, N., Kolk, H. H. J., Vissers, C. T. W. M., & Chwilla, D. J. (2008). Monitoring in language perception：Mild and strong conflicts elicit different ERP patterns. *Journal of Cognitive Neuroscience,* **22**, 67-82. [4.6.3]

Vandenberg, S. G. (1971). M.R.T.Test. University of Colorado. [4.1.4]

Vandenberg, S. G., & Kuse, A. R. (1978). Mental rotateon, a group test of three-dimensional spatiall visualization. *Perceptual and Motor Skills,* **47**, 599-604. [4.1.4]

Van Orden, G. (1987). A ROWS is a ROSE：Spelling, sound, and reading. *Memory & Cognition,* **15** (3), 181-198. [4.6.2]

Velten, E. (1968). A laboratory task for induction of mood states. *Behavior Research and Therapy,* **6**, 473-482. [4.4.1]

Verdonschot, R. G., Kiyama, S., Tamaoka, K., Kinoshita, S., La Heij, W., & Schiller, N. O. (2011). The functional unit of Japanese word naming：Evidence from masked priming. *Journal of Experimental Psychology：Learning, Memory, and Cognition,* **27**, 1458-1473. [4.6.1]

von Neumann, J., & Morgenstern, O. (1944, 1947). *Theory of games of economic behavior.* Princeton University Press. （フォン ノイマン, J., & モルゲンシュテルン, O.（著）阿部修一・銀林浩・下島英忠・橋本和美・宮本敏雄（訳）(2009). ゲームの理論と経済行動　ちくま学芸文庫) [4.5.5, 4.5.6]

Wada, M., Sunaga, N., & Nagai, M. (2001). Anxiety affects the postural sway of the anteroposterior axis in college students. *Neuroscience Letters,* **302**, 157-159. [4.1.5]

Wakker, P. (2010). *Prospect theory for risk and ambiguity.* Cambridge University Press. [4.5.6]

Walker, A. S. (1982). Intermodal perception of expressive behaviours by human infants. *Journal of Experimental Child Psychology,* **33**, 514-535. [4.4.7]

Waller, D., Schweitzer, J. R., Brunton, J. R., & Knudson, R. M. (2012). A century of imagery research：reflections on Cheves Perky's contribution to our understanding of mental imagery. *The American Journal of Psychology,* **125** (3), 291-305. [4.1.4]

Ward, L. M. (1977). Multidimensional scaling of the molar physical environment. *Multivariate Behavioral Research,* **12**, 23-42. [4.4.4]

Wason, P. C. (1966). Reasoning. In B. M. Foss (Ed.), *New horizons in psychology.* Penguin. pp.135-151. [4.5.2, 4.5.4]

Wason, P. C., & Green, D. W. (1984). Reasoning and mental representation. *The Quarterly Journal of Experimental Psychology A：Human Experimental Psychology,* **36A**, 597-610. [4.5.4]

Wason, P. C., & Johnson-Laird, P. N. (1972). *Psychology of reasoning：Structure and content.* Harvard University Press. [4.5.4]

Watson, D., Clark, L. A., & Tellegen, A. (1988). Development and validation of brief measures of positive and negative affect：The PANAS scales. *Journal of Personality and Social Psychology,* **54**, 1063-1070. [4.4.2]

Watson, D., & Tellegen, A. (1985). Toward a consensual structure of mood. *Psychological Bulletin,* **98**, 219-235. [4.4.2]

Webster, J. D. (1997). The reminiscence functions scale：A replication. *International Journal of Aging and Human Development,* **44**, 137-148. [4.2.5]

Weichselgartner, E., & Sperling, G. A. (1987). Dynamics of automatic and controlled visual attention. *Science,* **238**, 778-780. [4.3.3]

Weiss, S., & Mueller, H. M. (2003). The contribution of EEG coherence to the investigation of language. *Brain and Language,* **85**, 325-343. [4.6.3]

Weiss, S., Mueller, H. M., Schack, B., King, J. W., Kutas, M., & Rappelsberger, P. (2005). Increased neuronal communication accompanying sentence comprehension. *International Journal of Psychophysiology,* **57**, 129-141. [4.6.3]

Weisstein, N., & Harris, C. S. (1974). Visual detection of line segments：An object superiority effect. *Science,* **186**, 752-755. [4.1.1]

Wells, A., & Matthews, G. (1994). *Attention and emotion：A clinical perspective.* Lawrence Erlbaum Associates. （箱田裕司・津田彰・丹野義彦（監訳)(2002). 心理臨床の認知心理学──感情障害の認知モデル　培風館) [4.4.6]

Wells, G. L., Leippe, M. R., & Ostrom, T. M. (1979). Guidelines for empirically assessing the fairness of a lineup. *Law and Human Behavior,* **3**, 285-293. [4.2.7]

White, S. J., & Saldaña, D. (2011) Performance of children with autism on the embedded figures test：A closer look at a popular task. *Journal of Autism and Developmental Disor-*

ders, **41**, 1565-1572. [4.1.1]

Wolfe, J. M. (1998). Visual search. In H. Pashler (Ed.), *Attention*. Psychology Press. [4.3.2]

Wolfe, J. M., Horowitz, T. S., & Kenner, N. M. (2005). Cognitive psychology : rare items often missed in visual searches. *Nature*, **435** (7041), 439-440. [4.3.2]

Yiend, J. (2010). The effects of emotion on attention : A review of attentional processing of emotional information. In J. De Houwer & D. Hermans (Eds.), *Cognition and emotion : Reviews of current research and theories*. Psychology Press. pp.211-275. [4.4.6]

Yildirim, I., & Jacobs, R. A. (2013). Transfer of object category knowledge across visual and haptic modalities : Experimental and computational studies. *Cognition*, **126**, 135-148. [4.1.3]

横澤一彦 (2010). 視覚科学　勁草書房 [4.3.2]

横山和仁・荒木俊一 (1994). 日本版 POMS 手引き　金子書房 [4.4.2]

湯澤正通・宮谷真人・中條和光・杉村伸一郎・森田愛子・水口啓吾 (2015). 子どもの学び支援プロジェクト——ウェブを通したワーキングメモリアセスメントと学習支援システムの構築　http://ir.lib.hiroshima-u.ac.jp/en/ list/ndc/370/p/5/ item/37579. [4.2.8]

Face recognition homepage. http : //www.face-rec.org/databases/ (2016 年 5 月末日) [4.1.2]

日本人頭部寸法データベース 2001　https : //www.dh.aist. go.jp/database/head/ [4.1.2]

■第 5 部■

Abramson, C. I., Brown, E. A., & Langley, D. (2011). Using Powerpoint to demonstrate human classical salivary conditioning in a classroom situation. *Psychological Reports*, **108**, 109-119. [5.1.6]

Adams, C. D. (1980). Post-conditioning devaluation of an instrumental reinforcer has no effect on extinction performance. *Quarterly Journal of Experimental Psychology*, **32**, 447-458. [5.3.11]

Adams, C. D. (1982). Variations in the sensitivity of instrumental responding to reinforcer devaluation. *Quarterly Journal of Experimental Psychology*, **34B**, 77-98. [5.3.11]

Adams, J. A. (1952). Warm-up decrement in performance on the pursuit-rotor. *The American Journal of Psychology*, **65**, 404-414. [5.5.2]

Ader, R., & Tatum, R. (1961). Free-operant avoidance conditioning in human subjects. *Journal of the Experimental Analysis of Behavior*, **4**, 275-276. [5.3.10]

Ader, R., Weijnen, J. A. W. M., & Moleman, P. (1972). Retention of a passive avoidance response as a function of the intensity and duration of electric shock. *Psychonomic Science*, **26**, 125-126. [5.2.2]

Agrillo, C., Dadda, M., Serena, G., & Bisazza, A. (2008). Do fish count? Spontaneous discrimination of quantity in female mosquitofish. *Animal Cognition*, **11**, 495-503. [5.4.4]

Allen, J. D., Porter, J. H., & Arazie, R. (1975). Schedule-induced drinking as a function of percentage reinforcement. *Journal of the Experimental Analysis of Behavior*, **23**, 223-232. [5.3.13]

Alloy, L. B., & Abramson, L. Y. (1979). Judgement of contin-gency in depressed and nondepressed students : Sadder but wiser? *Journal of Experimental Psychology : General*, **108**, 441-485. [5.5.1]

Allport, G. W. (1935). Attitudes. In C. M. Murchison (Ed.), *Handbook of social psychology*. Clark University Press. pp.798-844. [5.5.1]

Amsel, A. (1962). Frustrative nonreward in partial reinforcement and discrimination learning : Some recent history and a theoretical extension. *Psychological Review*, **69**, 306-328. [5.3.9]

Amsel, A. (1992). *Frustration theory : An analysis of dispositional learning and memory*. Cambridge University Press. [5.3.9]

Amundson, J. C., Escobar, M., & Miller, R. R. (2003). Proactive interference between cues trained with a common outcome in first-order Pavlovian conditioning. *Journal of Experimental Psychology : Animal Behavior Processes*, **29**, 311-322. [5.1.5]

Anderson, J. R., Myowa-Yamakoshi, M., & Matsuzawa, T. (2004). Contagious yawning in chimpanzees. *Proceedings of the Royal Society London B : Biological Sciences*, **271**, S468-S470. [5.4.6]

Anderson, J. R., Sallaberry, P., & Barbier, H. (1995). Use of experimentergiven cues during object-choice tasks by capuchin monkeys. *Animal Behaviour*, **49**, 201-208. [5.4.5]

Anderson, M. J. (Ed.) (2006). *Tasks and Techniques : A Sampling of Methodologies for the Investigation of Animal Learning, Behavior, and Cognition*. Nova Science Publishers. pp.87-95. [5.2.1]

Annau, Z., & Kamin, L. J. (1961). The conditioned emotional responses as a function of the intensity of the US. *Journal of Comparative and Physiological Psychology*, **54**, 428-432. [5.1.2]

Antonitis, J. J. (1951). Response variability in the white rat during conditioning, extinction, and reconditioning. *Journal of Experimental Psychology*, **42**, 273-281. [5.3.13]

Arcediano, F., Ortega, N., & Matute, H. (1996). A behavioral preparation for the study of human Pavlovian conditioning. *Quarterly Journal of Experimental Psychology*, **49B**, 270-283. [5.1.6, 5.5.1]

Archer, J. (1975). Rodent sex differences in emotional and related behavior. *Behavioral Biology*, **14**, 451-479. [5.2.2]

Ayres, J. J. B., & DeCosta, M. J. (1971). The truly random control as an extinction procedure. *Psychonomic Science*, **24**, 31-33. [5.1.4]

Azrin, N. H. (1959). A technique for delivering shock to pigeons. *Journal of the Experimental Analysis of Behavior*, **2**, 161-163. [5.3.10]

Azrin, N. H., & Holz, W. C. (1961). Punishment during fixed-interval reinforcement. *Journal of the Experimental Analysis of Behavior*, **4**, 343-347. [5.3.6]

Azrin, N. H., & Holz, W. C. (1966). Punishment. In W. K. Honig (Ed.), *Operant behavior : Areas of research and application*. Appleton-Century-Crofts. pp.380-447. [5.3.10]

Babb, S. J., & Crystal, J. D. (2005). Discrimination of what, when, and where : Implications for episodic-like memory in rats. *Learning and Motivation*, **36** (2), 177-189. [5.4.2, 5.4.7]

Babb, S. J., & Crystal, J. D. (2006). Episodic-like memory in the rat. *Current Biology*, **16** (13), 1317-1321. [5.4.2, 5.4.7]

Baker, A. G., Berbrier, M. W., & Vallée-Tourangeau, F. (1989). Judgments of a 2 × 2 contingency table : Sequential processing and the learning curve. *Quarterly Journal of Experimental Psychology*, **41B**, 65-97. [5.5.1]

Baker, A. G., Steinwald, H., & Bouton, M. E. (1991). Contextual conditioning and reinstatement of extinguished instrumental responding. *Quarterly Journal of Experimental Psychology*, **43B**, 199-218. [5.1.4]

Balda, R. P., & Kamil, A. C. (2006). Linking life zones, life history traits, ecology, and spatial cognition in four allopatric southwestern seed cashing corvids. In M. F. Brown & R. G. Cook (Eds.), *Animal Spatial Cognition : Comparative, Neural & Computational Approaches*. [On-line]. Available : www. pigeon.psy.tufts.edu/asc/balda/[5.4.9]

Balleine, B. (2011). Sensation, incentive learning, and the motivational control of goal-directed action. In J. A. Gottfried (Ed.), *Neurobiology of sensation and reward*. CRC Press. pp. 287-309. [5.3.11]

Balsam, P., & Tomie, A. (Eds.)(1985). *Context and learning*. Erlbaum. [5.1.1]

Bandura, A. (1977). *Social Learning Theory*. Prentice Hall. (原野広太郎（監訳）(1979). 社会的学習理論――人間理解と教育の基礎　金子書房）[5.4.8]

Barlow, D. H., Nock, M. K., & Harsen, M. (2009). *Single case experimental designs : Strategies for studying behavior change* (3rd ed.). Pearson Education, Inc. [5.3.1]

Barnes, C. A. (1979). Memory deficits associated with senescence : A neurophysiological and behavioral study in the rat. *Journal of Comparative and Physiological Psychology*, **93**, 74-104. [5.2.1]

Barnet, R. C., Graham, N. J., & Miller, R. R. (1993). Temporal coding as a determinant of blocking. *Journal of Experimental Psychology : Animal Behavior Processes*, **19**, 327-341. [5.1.5]

Baron, A. (1991). Avoidance and punishment. In I. H. Iversen & K. A. Lattal (Eds.), *Experimental analysis of behavior, Part 1*. Elsevier. pp.173-217. [5.2.2, 5.3.10]

Baron, A., Perone, M., & Galizio, M. (1991). Analyzing the reinforcement process at the human level : Can application and behavioristic interpretation replace laboratory research? *The Behavior Analyst*, **14**, 95-105. [5.5.3]

Barr, R., Dowden, A., & Hayne, H. (1996). Developmental changes in deferred imitation by 6- to 24- month-old infants. *Infant Behavior and Development*, **19**, 159-170. [5.4.8]

Batsell, W. R., Jr., & Best, M. R. (1993). One bottle too many? Method of testing determines the detection of overshadowing and retention of taste aversions. *Animal Learning & Behavior*, **21**, 154-158. [5.1.2]

Batson, J., & Batsell, W. R., (2000). Augmentation, not blocking, in an A/AX flavor-conditioning procedure. *Psychonomic Bulletin and Review*, **7**, 466-471. [5.1.5]

Baum, W. M. (1974). On two types of deviation from the matching law : bias and undermatching. *Journal of the Experimental Analysis of Behavior*, **22**, 231-242. [5.3.12]

Baum, W. M. (1979). Matching, undermatching, and overmatching in studies of choice. *Journal of the Experimental Analysis of Behavior*, **32**, 269-281. [5.3.12]

Baum, W. M. (1993). Performances on ratio and interval schedules of reinforcement : Data and theory. *Journal of the Experimental Analysis of Behavior*, **59**, 245-264. [5.3.7]

Baum, W. M. (2010). Dynamics of choice : A tutorial. *Journal of the Experimental Analysis of Behavior*, **94**, 161-174. [5.3.12]

Baum, W. M. (2015). The role of induction in operant schedule performance. *Behavioural Processes*, **114**, 26-33. [5.3.12]

Bechterev, V. M. (1933). *General principles of human reflexology : An introduction to the objective study of personality*. Jarrolds Publishers. [5.1.6]

Becker, G. M., DeGroot, M. H., & Marschak, J. (1964). Measuring utility by a single-response sequential method. *Behavioral Science*, **9**, 226-232. [5.5.5]

Bellingham, W. P., & Lloyd, D. (1987). Injected flavor as a CS in the conditioned aversion preparation. *Animal Learning & Behavior*, **15**, 62-68. [5.1.2]

Benhabib, J., Bisin, A., & Schotter, A. (2010). Present-bias, quasi-hyperbolic discounting, and fixed costs. *Games and Economic Behavior*, **69**, 205-223. [5.5.5]

Beran, M. J. (2002). Maintenance of self-imposed delay of gratification by four chimpanzees (*Pan troglodytes*) and an orangutan (*Pongo pygmaeus*). *Journal of General Psychology*, **129**, 49-66. [5.4.6]

Beran, M. J., Savage-Rumbaugh, E. S., Pate, J. L., & Rumbaugh, D. M. (1999). Delay of gratification in chimpanzees (*Pan troglodytes*). *Developmental Psychobiology*, **34**, 119-127. [5.4.6]

Berger, D. F., & Brush, F. R. (1975). Rapid acquisition of discrete-trial lever-press avoidance : Effects of signal-shock interval. *Journal of the Experimental Analysis of Behavior*, **24**, 227-239. [5.2.2]

Bevins, R. A., & Ayres, J. J. B. (1995). One-trial context fear conditioning as a function of the interstimulus interval. *Animal Learning & Behavior*, **23**, 400-410. [5.1.2]

Bevins, R. A., & Cunningham, C. L. (2006). Place conditioning : A methodological analysis. In M. J. Anderson (Ed.), *Tasks and techniques : A sampling of the methodologies for the investigation of animal learning, behavior and cognition*. Nova Science Publishers. pp.99-110. [5.1.2]

Bignami, G., Alleva, E., Amorico, L, De Acetis, L., & Giardini, V. (1985). Bidirectional avoidance by mice as a function of CS, US and apparatus variables. *Animal Learning & Behavior*, **13**, 439-450. [5.2.2]

Bitterman, M. E. (1965). Phyletic differences in learning. *American Psychologist*, **20**, 396-410. [5.4.9]

Black, A. H. (1963). The effects of CS-US interval on avoidance conditioning in the rat. *Canadian Journal of Psychology*, **17**, 174-182. [5.2.2]

Blaisdell, A. P., Bristol, A. S., Gunther, L. M., & Miller, R. R. (1998). Overshadowing and latent inhibition counteract each other : Support for the comparator hypothesis. *Journal of Experimental Psychology : Animal Behavior Processes*, **24**, 335-351. [5.1.5]

Blaisdell, A. P., Denniston, J. C., & Miller, R. R. (1997). Temporal encoding as a determinant of overshadowing. *Journal of Experimental Psychology : Animal Behavior Processes*, **24**, 72-83. [5.1.5]

Blaisdell, A. P., Denniston, J. C., & Miller, R. R. (2001). Recovery from the overexpectation effect : Contrasting performance-focused and acquisition-focused models of retrospective revaluation. *Animal Learning & Behavior*, **29**, 367-380. [5.1.5]

Blaisdell, A. P., Gunther, L. M., & Miller, R. R. (1999). Recovery from blocking by extinguishing the blocking stimulus. *Animal Learning & Behavior*, **27**, 63-76. [5.1.5]

Blough, D. S. (1985). Discrimination of letters and random dot patterns by pigeons and humans. *Journal of Experimental Psychology : Animal Behavior Processes*, **11**, 261-280. [5.4.3]

Blough, P. M. (1972). Wavelength generalization and discrimination in the pigeon. *Perception & Psychophysics*, **1**, 3-21. [5.3.15]

Boakes, R. A. (1977). Performance on learning to associate a stimulus with positive reinforcement. In H. Davis & H. M. B. Hurwitz (Eds.), *Operant-Pavlovian interactions*. Erlbaum. pp.67-97. [5.1.2]

Bolles, R. C. (1970). Species-specific defense reactions and avoidance learning. *Psychological Review*, **77**, 32-48. [5.2.2, 5.3.10]

Bolles, R. C. (1972). Reinforcement, expectancy, and learning. *Psychological Review*, **79**, 394-409. [5.3.11]

Bolles, R. C., & Grossen, N. E. (1970). Function of the CS in shuttle-box avoidance learning by rats. *Journal of Comparative and Physiological Psychology*, **70**, 165-169. [5.2.2]

Bolles, R. C., Moot, S. A., & Grossen, N. E. (1971). The extinction of shuttlebox avoidance. *Learning and Motivation*, **2**, 324-333. [5.2.2]

Bonardi, C., Honey, R. C., & Hall, G. (1990). Contextual specificity of conditioning in flavor-aversion learning : Extinction and blocking tests. *Animal Learning & Behavior*, **18**, 229-237. [5.1.5]

Boren, J. J., Sidman, M., & Herrnstein, R. J. (1959). Avoidance, escape, and extinction as functions of shock intensity. *Journal of Comparative and Physiological Psychology*, **52**, 420-425. [5.2.2]

Bouton, M. E. (2004). Context and behavioral processes in extinction. *Learning and Memory*, **11**, 485-494. [5.1.4]

Bouton, M. E., & Bolles, R. C. (1979a). Contextual control of the extinction of conditioned fear. *Learning and Motivation*, **10**, 445-466. [5.1.4]

Bouton, M. E., & Bolles, R. C. (1979b). Role of conditioned contextual stimuli in reinstatement of extinguished fear. *Journal of Experimental Psychology : Animal Behavior Processes*, **5**, 368-378. [5.1.4]

Bouton, M. E., & King, D. A. (1983). Contextual control of the extinction of conditioned fear : Tests for the associative value of the context. *Journal of Experimental Psychology : Animal Behavior Processes*, **9**, 248-265. [5.1.4]

Bouton, M. E., & Swartzentruber, D. (1986). Analysis of the associative and occasion-setting properties of contexts partici-

pating in a Pavlovian discrimination. *Journal of Experimental Psychology : Animal Behavior Processes*, **12**, 333-350. [5.1.4]

Bouton, M. E., Woods, A. M., Moody, E. W., Sunsay, C., & García-Gutiérrez, A. (2006). Counteracting the context-dependence of extinction : Relapse and tests of some relapse prevention methods. In M. G. Craske, D. Hermans, & D. Vansteenwegen (Eds.), *Fear and learning : From basic processes to clinical implications*. American Psychological Association. pp.175-196. [5.1.4]

Boysen, S. T., & Berntson, G. G. (1989). Numerical competence in a chimpanzee (*Pan troglodytes*). *Journal of Comparative Psychology*, **103**, 23-31. [5.4.4]

Brannon, E. M., & Terrace, H. S. (2000). Representation of the numerosities 1-9 by rhesus macaques (*Macaca mulatta*). *Journal of Experimental Psychology : Animal Behavior Processes*, **26**, 31-49. [5.4.4]

Breukelaar, J. W. C., & Dalrymple-Alford, J. C. (1998). Timing ability and numerical competence in rats. *Journal of Experimental Psychology : Animal Behavior Processes*, **24**, 84-97. [5.4.4]

Brimer, C. J. (1970). Disinhibition of an operant response. *Learning and Motivation*, **1**, 346-371. [5.1.4]

Brogden, W. J. (1939). Sensory pre-conditioning. *Journal of Experimental Psychology*, **25**, 323-332. [5.1.5]

Brogden, W. J., & Culler, F. A. (1936). A device for motor conditioning of small animals. *Science*, **83**, 269-270. [5.2.2]

Brooks, D. C., & Bouton, M. E. (1994). A retrieval cue for extinction attenuates response recovery (renewal) caused by a return to the conditioning context. *Journal of Experimental Psychology : Animal Behavior Processes*, **20**, 366-379. [5.1.4]

Brosnan, S. F., & de Waal, F. B. M. (2003). Monkeys reject unequal pay. *Nature*, **425**, 297-299. [5.4.6]

Brown, M. F., Farley, R. F., & Lorek, E. J. (2007). Remembrance of places you passed : Social spatial working memory in rats. *Journal of Experimental Psychology : Animal Behavior Processes*, **33**, 213-224. [5.4.4]

Brown, P. L., & Jenkins, H. M. (1968). Auto-shaping of the pigeon's key-peck. *Journal of the Experimental Analysis of Behavior*, **11**, 1-8. [5.1.2, 5.3.3]

Brush, F. R. (1962). The effects of intertrial interval on avoidance learning in the rat. *Journal of Comparative and Physiological Psychology*, **55**, 888-892. [5.2.2]

Brush, F. R. (1966). On the differences between animals that learn and do not learn to avoid electric Shock. *Psychonomic Science*, **5**, 123-124. [5.2.2]

Brush, F. R. (1971). Retention of aversively motivated behavior. In F. R. Brush (Ed.), *Aversive conditioning and learning*. Academic Press. pp.401-465. [5.2.2]

Brush, F. R. (1985). Genetic determinants of avoidance learning : Mediation by emotionality? In F. R. Brush & J. B. Overmier (Eds.), *Affect, conditioning, and cognition : Essays on the determinants of behavior*. Prentice-Hall. pp. 27-42. [5.2.2]

Bryant, P. E., & Trabasso, T. (1971). Transitive inferences and memory in young children. *Nature*, **232**, 456-458. [5.4.4]

Burdick, C. K., & James, J. P. (1970). Spontaneous recovery of conditioned suppression of licking by rats. *Journal of Com-*

parative and Physiological Psychology, **72**, 467-470. [5.1.4]

Burger, D. C., Mallemat, H., & Miller, R. R. (2000). Overshadowing of subsequent events and recovery thereafter. *Quarterly Journal of Experimental Psychology*, **53b**, 149-171. [5.1.5]

Buttelmann, D., Call, J., & Tomasello, M. (2009). Do great apes use emotional expressions to infer desires? *Developmental Science*, **12**, 688-698. [5.4.6]

Caeiro, C. C., Waller, B. M., Burrows, A. M., Zimmermann, E., & Davila-Ross, M. (2013). OrangFACS：A muscle-based coding system for orangutan facial movements. *International Journal of Primatology*, **34**, 115-129. [5.4.6]

Call, J. (2004). Inferences about the location of food in the great apes (*Pan paniscus, Pan troglodytes, Gorilla gorilla, Pongo pygmaeus*). *Journal of Comparative Psychology*, **118**, 232-241. [5.4.4]

Call, J. (2006). Inferences by exclusion in the great apes：the effect of age and species. *Animal Cognition*, **9**, 393-403. [5.4.4]

Call, J. (2007). Apes know that hidden objects can affect the orientation of other objects. *Cognition*, **105**, 1-25. [5.4.4]

Calton, J. L., Mitchell, K. G., & Schachtman, T. R. (1996). Conditioned inhibition produced by extinction of a conditioned stimulus. *Learning and Motivation*, **27**, 335-361. [5.1.5]

Camerer, C. (2015). Cognitive hierarch process models of strategic thinking in games. In G. Keren & G. Wu (Eds.), *The Wiley Blackwell handbook of judgment and decision making, Vol. 2*. Wiley Blackwell. pp.543-567. [5.5.7]

Camerer, C., & Ho, T. (2015). Behavioral game theory experiments and modeling. In H. P. Young & S. Zamir (Eds.), *Handbook of game theory with economic applications, Vol. 4*. Elsevir. pp.517-573. [5.5.7]

Campbell, S. L. (1962). Lever holdings and behavior sequences in shock escape. *Journal of Comparative and Physiological Psychology*, **55**, 1047-1053. [5.2.2]

Cançado, C. R. X., & Lattal, K. A. (2013). Response elimination, reinforcement rate and resurgence of operant behavior. *Behavioural Processes*, **100**, 91-102. [5.3.9]

Cantlon, J. F., & Brannon, E. M. (2007). Basic math in monkeys and college students. *PLoS Biology*, **5**, e328. [5.4.4]

Capaldi, E. J. (1966). Partial reinforcement：A hypothesis of sequential effects. *Psychological Review*, **73**, 459-477. [5.3.9]

Capaldi, E. J. (1994). The sequential view：From rapidly fading stimulus traces to the organization of memory and the abstract concept of number. *Psychonomic Bulletin & Review*, **1**, 156-181. [5.3.9]

Carter, D. E., & Werner, T. J. (1978). Complex learning and information processing by pigeons：A critical analysis. *Journal of the Experimental Analysis of Behavior*, **29**, 565-601. [5.4.1]

Cassidy, R. N., & Dallery, J. (2012). Effects of economy type and nicotine on the essential value of food in rats. *Journal of the Experimental Analysis of Behavior*, **97**, 183-202. [5.3.8]

Catania, A. C. (1975). Freedom and knowledge：An experimental analysis of preference in pigeons. *Journal of the Experimental Analysis of Behavior*, **24**, 89-106. [5.3.6]

Catania, A. C., Matthews, B. A., & Shimoff, E. (1982). Instructed versus shaped human verbal behavior：Interactions with nonverbal responding. *Journal of the Experimental Analysis of Behavior*, **38**, 233-248. [5.5.3]

Catania, A. C., & Reynolds, G. S. (1968). A quantitative analysis of the responding maintained by interval schedules of reinforcement. *Journal of the Experimental Analysis of Behavior*, **11**, 327-383. [5.3.5]

Chambers, K. C., Yuan, D., Brownson, E. A., & Wang, Y. (1997). Sexual dimorphisms in conditioned taste aversions：Mechanism and function. In M. E. Bouton & M. S. Fanselow (Eds.), *Learning, motivation, and cognition：The functional behaviorism of Robert C. Bolles*. American Psychological Association. pp.195-224. [5.1.2]

Christensen, C. J., Silberberg, A., Hursh, S. R., Huntsberry, M. E., & Riley, A. L. (2008). Essential value of cocaine and food in rats：Tests of the exponential model of demand. *Psychopharmacology*, **198**, 221-229. [5.3.8]

Church, R. M. (1969). Response suppression. In B. A. Campbell & R. M. Church (Eds.), *Punishment and aversive behavior*. Appleton-Century-Crofts. pp.111-156. [5.1.2]

Church, R. M., & Deluty, M. Z. (1977). Bisection of temporal intervals. *Journal of Experimental Psychology：Animal Behavior Processes*, **3** (3), 216-228. [5.3.14]

Clayton, N. S., & Dickinson, A. (1998). Episodic-like memory during cache recovery by scrub jays. *Nature*, **395**, 272-274. [5.4.7]

Cohen, J. S., Reid, S., & Chew, K. (1994). Effects of varying trial distribution, intra- and extramaze cues, and amount of reward on proactive interference in the radial maze. *Animal Learning & Behavior*, **22**, 134-142. [5.2.1]

Cohen, S. L., Riley, D. S., & Weigle, P. A. (1993). Tests of behavior momentum in simple and multiple schedules with rats and pigeons. *Journal of the Experimental Analysis of Behavior*, **60**, 255-291. [5.3.9]

Cole, R. P., Barnet, R. C., & Miller, R. R. (1995). Effect of relative stimulus validity：Learning or performance deficit? *Journal of Experimental Psychology：Animal Behavior Processes*, **21**, 293-303. [5.1.5]

Cole, R. P., Gunther, L. M., & Miller, R. R. (1997). Spontaneous recovery from the effect of relative stimulus validity. *Learning and Motivation*, **28**, 1-19. [5.1.5]

Colman, A. M. (1995). *Game theory and its applications in the social and biological sciences*. Butterworth-Heinemann. [5.5.7]

Colwill, R. M. (1994). Associative representations of instrumental contingencies. In D. L. Medin (Ed.), *The psychology of learning and motivation, Vol. 31*. Academic Press. pp.1-72. [5.3.11]

Colwill, R. M., & Rescorla, R. A. (1985). Post-conditioning devaluation of a reinforcer affects instrumental responding. *Journal of Experimental Psychology：Animal Behavior Processes*, **11**, 120-132. [5.3.11]

Colwill, R. M., & Rescorla, R. A. (1986). Associative structures in instrumental learning. In G. H. Bower (Ed.), *The psychology of learning and motivation, Vol. 20*. Academic Press. pp.55-104. [5.3.11]

Colwill, R. M., & Rescorla, R. A. (1988). Associations between the discriminative stimulus and the reinforcer in instrumental learning. *Journal of Experimental Psychology：Animal*

Behavior Processes, **14**, 155-164. [5.3.11]

Cook, L., & Weidley, E. (1957). Behavioral effects of some psychopharmacological agents. *Annals of the New York Academy of Sciences*, **66**, 740-752. [5.2.2]

Cook, R. G., Brown, M. F., & Riley, D. A. (1985). Flexible memory processing by rats : use of prospective and retrospective information in the radial maze. *Journal of Experimental Psychology : Animal Behavior Processes*, **11** (3), 453-469. [5.4.2]

Cook, T. D., & Campbell, D. T. (1979). *Quasi-experimentation : Design & analysis issues for field settings*. Houghton Mifflin Company. pp. 37-94.[5.3.1]

Craig, A. R., Nevin, J. A., & Odum, A. L. (2014). Behavioral momentum and resistance to change. In F. K. McSweeney & E. S. Murphy (Eds.), *The Wiley Blklackwell handbook of operant and classical conditioning*. John Wiley & Sons. pp. 249-274. [5.3.9]

Critchfield, T. S. (2011). Translational contributions of the experimental analysis of behavior. *The Behavior Analyst*, **34**, 3-17. [5.3.10]

Critchfield, T. S., Buskist, W., Saville, B., Crockett, J., Sherburne, T., & Keel, K. (2000). Sources cited most frequently in the experimental analysis of human behavior. *The Behavior Analyst*, **23**, 255-266. [5.5.3]

Crosbie, J. (1998). Negative Reinforcement and Punishment. In K. A. Lattal & M. Perone (Eds.), *Handbook of Research Methods in Human Operant Behavior*. Plenum. pp.163-189. [5.3.10]

Crossman, E. K., Bonem, E. J., & Phelps, B. J. (1987). A comparison of response patterns on fixed-, variable-, and random-ratio schedules. *Journal of the Experimental Analysis of Behavior*, **48**, 395-406. [5.3.5]

Crump, J. M., Hannah, D. S., Allan, G. L., & Hord, L. K. (2007). Contingency judgements on the fly. *Quarterly Journal of Experimental Psychology,* **60**, 753-761. [5.5.1]

Cumming, W. W., & Berryman, R. (1965). The complex discriminated operant : Studies of matching-to-sample and related problems. In D. I. Mostofsky (Ed.), *Stimulus generalization*. Stanford University Press. pp.284-330. [5.4.1]

Cunningham, C. L., Greme, C. M., & Groblewski, P. A. (2006). Drug-induced conditioned place preference and aversion in mice. *Nature Protocols*, **1**, 1662-1670. [5.3.17]

Cunningham, H. A. (1989). Aiming error under transformed spatial mappings suggests a structure for visual-motor maps. *Journal of Experimental Psychology : Human Perception and Performance*, **15**, 493-506. [5.5.2]

Curch, R. M. (2006). Behavioristic, cognitive, biological, and quantitative explanations of timing. In E. A. Wasserman & T. R. Zentall (Eds.), *Comparative Cognition*. Oxford University Press. pp. 249-269. [5.3.14]

Curz, C. E., Perelle, I. B., & Wolf, G. (1977). Methodological aspects of sodium appetite : An addendum. *Behavioral Biology*, **20**, 96-103. [5.1.3]

Custance, D. M., Whiten, A., & Bard, K. A. (1995). Can young chimpanzees (*Pan troglodytes*) imitate arbitrary actions? Hayes and Hayes (1952) revisited. *Behaviour*, **132**, 839-858. [5.4.8]

Dahl, C. D., Rasch, M. J., Tomonaga, M., & Adachi, I. (2013). Developmental processes in face perception. *Scientific Reports*, **3**, 1044. [5.4.5]

D'Amato, M. R., & Fazzaro, J. (1966). Discriminated lever-press avoidance learning as a function of type and intensity of shock. *Journal of Comparative and Physiological Psychology*, **61**, 313-315. [5.2.2]

da Silva, S. P., Maxwell, M. E., & Lattal, K. A. (2008). Concurrent resurgence and behavioral history. *Journal of the Experimental Analysis of Behavior*, **90**, 313-331. [5.3.9]

Davila-Ross, M., Menzler, S., & Zimmermann, E. (2008). Rapid facial mimicry in orangutan play. *Biology Letters*, **4**, 27-30. [5.4.6]

Davis, H., & Bradford, S. A. (1986). Counting behavior by rats in a simulated natural environment. *Ethology*, **73**, 265-280. [5.4.4]

Davis, H., & Hurwitz, H. M. B. (1977). *Operant-Pavlovian interactions*. Wiley. [5.3.11]

Davison, M., & Baum, W. M. (2002). Choice in a variable environment : Effects of blackout duration and extinction between components. *Journal of the Experimental Analysis of Behavior*, **77**, 65-89. [5.3.12]

Dedonder, J., Corneille, O., Yzerbyt, V., & Kuppens, T. (2010). Evaluative conditioning of high-novelty stimuli does not seem to be based on an automatic form of associative learning. *Journal of Experimental Social Psychology*, **46**, 1118-1121. [5.5.1]

De Houwer, J. (2007). A conceptual and theoretical analysis of evaluative conditioning. *The Spanish Journal of Psychology*, **10**, 230-241. [5.5.1]

De Houwer, J., Thomas, S., & Baeyens, F. (2001). Associative learning of likes and dislikes : A review of 25 years of research on human evaluative conditioning. *Psychological Bulletin*, **127**, 853-869. [5.5.1]

Denney, J., & Neuringer, A. (1998). Behavioral variability is controlled by discriminative stimuli. *Animal Learning & Behavior*, **26**, 154-162. [5.3.13]

Denniston, J. C., Chang, R. C., & Miller, R. R. (2003). Massive extinction attenuates the renewal effect. *Learning and Motivation*, **34**, 68-86. [5.1.4]

Denti, A., & Epstein, A. (1972). Sex differences in the acquisition of two kinds of avoidance behavior in rats. *Physiology & Behavior*, **8**, 611-615. [5.2.2]

Dere, E., Huston, J. P., & De Souza Silva, M. A. (2005). Episodic-like memory in mice : simultaneous assessment of objet, place and temporal order memory. *Brain Research Protocols*, **16**, 10-19. [5.4.7]

Deruelle, C., & Fagot, J. (1998). Visual search for global/local stimulus features in humans and baboons. *Psychonomic Bulletin and Review*, **5**, 476-481. [5.4.3]

de Villiers, P. (1977). Choice in concurrent schedules and a quantitative formulation of the law of effect. In W. K. Honig & J. E. R. Staddon(Eds.), *Handbook of Operant Behavior*. Prentice-Hall. pp.233-287. [5.3.12]

Dickinson, A. (1989). Expectancy theory in animal conditioning. In S. B. Klein & R. R. Mowrer (Eds.), *Contemporary* learning theories: Pavlovian conditioning and the states of traditional learning theory. Erlbaum. pp. 279-308. [5.3.11]

Dickinson, A., & Balleine, B. (1994). Motivational control of goal-directed action. *Animal Learning & Behavior*, **22**, 1-18. [5.3.11]

Dickinson, A., Hall, G., & Mackintosh, N. J. (1976). Surprise and the attenuation of blocking. *Journal of Experimental Psychology: Animal Behavior Processes*, **2**, 313-322. [5.1.5]

Dietz, S. M., & Repp, A. C. (1973). Decreasing classroom misbehavior through the use of DRL schedules of reinforcement. *Journal of Applied Behavior Analysis*, **6**, 457-463. [5.3.5]

Dijksterhuis, A. (2004). I like myself but I don't know why: Enhancing implicit self-esteem by subliminal evaluative conditioning. *Journal of Personality and Social Psychology*, **86**, 345-355. [5.5.1]

土江伸誉 (2002). ヒトにおける免疫反応の古典的条件づけ　人文論究 (関西学院大学), **51** (4), 142-159. [5.1.6]

土江伸誉・中島定彦 (2000). ラットの摂水反応をベースラインとする条件性抑制手続き――関西学院大学心理学研究室方式　人文論究 (関西学院大学), **50** (2/3), 35-51. [5.1.2]

Domjan, M. (2015). *The principles of learning and behavior* (7th ed.). Cengage Learning. [5.3.9]

Domjan, M., & Wilson, N. E. (1972a). Contribution of ingestive behaviors to taste-aversion learning in the rat. *Journal of Comparative and Physiological Psychology*, **80**, 403-412. [5.1.2]

Domjan, M., & Wilson, N. E. (1972b). Specificity of cue to consequence in aversion learning in the rat. *Psychonomic Science*, **26**, 143-145. [5.1.2]

Dougher, M. J., Augustson, E., Markham, M. R., Greenway, D. E., & Wulfert, E. (1994). The transfer of respondent eliciting and extinction functions through stimulus equivalence classes. *Journal of the Experimental Analysis of Behavior*, **62**, 331-351. [5.5.3]

Doughty, A. H., da Silva, S. P., & Lattal, K. A. (2007). Differential resurgence and response elimination. *Behavioural Processes*, **75**, 115-128. [5.3.9]

Doughty, A. H., & Lattal, K. A. (2001). Resistance to change of operant variation and repetition. *Journal of the Experimental Analysis of Behavior*, **86**, 159-179. [5.3.13]

Doughty, A. H., Meginley, M. E., Doughty, S. S., & Lattal, K. A. (2004). Psychological distance to reward: equating the number of stimulus and response segments. *Behavioural Processes*, **66**, 73-82. [5.3.12]

Drago, F., Bohus, B., Scapagnini, U., & De Wied, D. (1980). Sexual dimorphism in passive avoidance behavior of rats: Relation to body weight, age, shock intensity and retention interval. *Physiology & Behavior*, **24**, 1161-1164. [5.2.2]

Du, W., Green, L., & Myerson, J. (2002). Cross-cultural comparisons of discounting delayed and probabilistic rewards. *The Psychological Record*, **52**, 479-492. [5.5.4]

Durlach, P. (1983). Effect of signaling intertrial unconditioned stimuli in autoshaping. *Journal of Experimental Psychology: Animal Behavior Processes*, **9**, 374-389. [5.1.4]

Dusek, J. A., & Eichenbaum, H. (1997). The hippocampus and memory for orderly stimulus relations. *Proceedings of the National Academy of Sciences*, **94**, 7109-7114. [5.4.4]

Dymond, S., & Critchfield, T. S. (2002). A legacy of growth: Human operant research in The Psychological Record, 1980-1999. *The Psychological Record*, **52**, 99-106. [5.5.3]

Edgar, J. L., Lowe, J. C., Paul, E., S., & Nicol, C. J. (2011). Avian maternal response to chick distress. *Proceedings of the Royal Society London B: Biological Sciences*, **278**, 3129-3134. [5.4.6]

Edwards, W. (1954). The theory of decision making. *Psychological Bulletin*, **51**, 380-417. [5.5.6]

Einhorn, H. J., & Hogarth, R. M. (1985). Ambiguity and uncertainty in probabilistic inference. *Psychological Review*, **92**, 433-461. [5.5.6]

Ekman, P., & Friesen, W. V. (1978). *Facial action coding system*. Consulting Psychology Press. [5.4.6]

Ekman, P., Friesen, W. V., & Hager, J. C. (2002). *Facial action coding system*. Research Nexus. [5.4.6]

Emery, N. J., & Clayton, N. S. (2004). The mentality of crows: convergent evolution of intelligence in corvids and apes. *Science*, **306**, 1903-1907. [5.4.9]

Epstein, R. (1983). Resurgence of previously reinforced behavior during extinction. *Behaviour Analysis Letters*, **3**, 391-397. [5.3.9]

Essman, W. B., & Alpern, H. (1964). Single trial conditioning: Methodology and results with mice. *Psychological Reports*, **14**, 731-740. [5.2.2]

Estes, W. K., & Skinner, B. F. (1941). Some quantitative properties of anxiety. *Journal of Experimental Psychology*, **29**, 390-400. [5.1.2]

Ewing, D. R., Allen, C. T., & Kardes, F. R. (2008). Conditioning implicit and explicit brand attitudes using celebrity affiliates. *Advances in Consumer Research*, **35**, 593-598. [5.5.1]

Fagot, J., & Tomonaga, M. (1999). Global and local processing in humans (*Homo sapiens*) and chimpanzees (*Pan troglodytes*): Use of a visual search task with compound stimuli. *Journal of Comparative Psychology*, **113**, 3-12. [5.4.3]

Fahy, F. L., Riches, I. P., & Brown, M. W. (1993). Neuronal activity related to visual recognition memory: long-term memory and the encoding of recency and familiarity information in the primate anterior and medial inferior temporal and rhinal cortex. *Experimental Brain Research*, **96** (3), 457-472. [5.4.2]

Falk, J. L. (1971). The nature and determinants of adjunctive behavior. *Physiology and Behavior*, **6**, 577-588. [5.3.13]

Fanselow, M. S. (1986). Associative vs. topographical accounts of the immediate shock freezing deficit in rats: Implications for the response selection rules governing species specific defensive reactions. *Learning and Motivation*, **17**, 16-39. [5.1.2]

Fanselow, M. S. (1990). Factors governing one trial contextual conditioning. *Animal Learning & Behavior*, **18**, 264-270. [5.1.2]

Fanselow, M. S., & Poulos, A. M. (2005). The neuroscience of mammalian associative learning. *Annual Review of Psychology*, **56**, 207-234. [5.1.2]

Fanselow, M. S., & Tighe, T. J. (1988). Contextual conditioning with massed versus distributed unconditional stimuli. *Jour-*

nal of Experimental Psychology：Animal Behavior Processes, **14**, 187-199. [5.1.2]

Fantino, E. (1969). Choice and rate of reinforcement. *Journal of the Experimental Analysis of Behavior*, **12**, 723-730. [5.3.6, 5.3.12]

Fantino, E. (2012). Optimal and Non-optimal Behavior Across Speciea. *Comparative Cognition & Behabior Review*, **7**, 44-54. [5.3.12]

Farwell, B. J., & Ayres, J. J. B. (1979). Stimulus-reinforcer and response-reinforcer relations in the control of conditioned appetitive headpoking ("goal tracking") in rats. *Learning and Motivation*, **10**, 295-312. [5.1.2]

Fellows, B. J. (1967). Chance stimulus sequences for discrimination tasks. *Psychological Bulletin*, **67**, 87-92. [5.2.1]

Ferster, C. B., & Skinner, B. F. (1957). *Schedules of reinforcement*. Appleton-Century-Crofts. [5.3.3, 5.3.4, 5.3.5, 5.3.6]

Fetterman, J. G. (2006). Time and number：Learning, psychophysics, stimulus control, and retention. In E. A. Wasserman & T. R. Zentall (Eds.), *Comparative Cognition*. Oxford University Press. pp.285-304. [5.3.14]

Fetterman, J. G., & MacEwen, D. (2003). Acquisition and retention in compound matching with hue and peck number elements. *Learning and Motivation*, **34**, 354-371. [5.3.14]

Field, A. P. (2000). I like it, but I'm not sure why：Can evaluative conditioning occur without conscious awareness? *Consciousness and Cognition*, **9**, 13-36. [5.5.1]

Findley, J. D. (1958). Preference and switching under concurrent scheduling. *Journal of the Experimental Analysis of Behavior*, **1**, 123-144. [5.3.6]

Fleshler, M., & Hoffman, H. S. (1962). A progression for generating variable-interval schedules. *Journal of the Experimental Analysis of Behavior*, **5**, 529-530. [5.3.5]

Forgas, J. P. (1998). On being happy and mistaken：Mood effects on the fundamental attribution error. *Journal of Personality and Social Psychology*, **75**, 318-331. [5.3.2]

Fortin, N. J., Wright, S. P., & Eichenbaum, H. (2004). Recollection-like memory retrieval in rats is dependent on the hippocampus. *Nature*, **431** (7005), 188-191. [5.4.2]

Foster, T. M., Sumpter, C. E., Temple, W., Flevill, A., & Poling, A. (2009). Demand equations for qualitatively different foods under fixed-ratio schedules：A comparison of three data conversions. *Journal of the Experimental Analysis of Behavior*, **92**, 305-326. [5.3.8]

Fowler, H. (1971). Suppression and facilitation by response contingent shock. In F. R. Brush (Ed.), *Aversive conditioning and learning*. Academic Press. pp.537-604. [5.2.2]

Fowles, D. C., Christie, M. J., Edelberg, R., Grings, W. W., Lykken, D. T., & Venables, P. H. (1981). Committee report：Publication recommendations for electrodermal measurements. *Psychophysiology*, **18**, 232-239. [5.1.6]

Frank, A. J., & Wasserman, E. A. (2005). Response rate is not an effective mediator of learned stimulus equivalence in pigeons. *Learning & Behavior*, **33**, 287-295. [5.3.5]

Freeman, J. E. (1997). Pavlov in the classroom：An interview with Robert A. Rescorla. *Teaching of Psychology*, **24**, 283-286. [5.1.2]

Frey, P. W., & Butler, C. S. (1977). Extinction after aversive conditioning：An associative or nonassociative process? *Learning and Motivation*, **8**, 1-17. [5.1.4]

Fudim, O. K. (1978). Sensory preconditioning of flavors with a formalin-produced sodium need. *Journal of Experimental Psychology：Animal Behavior Processes*, **4**, 276-285. [5.1.3]

藤井聡（2003）. 社会的ジレンマの処方箋——都市・交通・環境問題のための心理学　ナカニシヤ出版 [5.5.7]

藤井勉（2011）. 潜在的態度の変容可能性の検討——IAT 研究のレビューから　学習院大学文学部研究年報, **57**, 89-104. [5.5.1]

藤田統（1969）. 学習における比較心理学的諸研究　本吉良治（編）　学習　講座心理学 6　東京大学出版会　pp. 213-237. [5.3.16]

Galbicka, G. (1994). Shaping in the 21st century：Moving percentile schedules into applied settings. *Journal of Applied Behavior Analysis*, **27**, 739-760. [5.3.3]

Gallup, G. G. Jr. (1970). Chimpanzees：self-recognition. *Science*, **167**, 86-87. [5.4.7]

Garcia, J. (1989). Food for Tolman：Cognition and cathexis in concert. In T. Archer & L. Nillson (Eds.), *Aversion, avoidance, and anxiety：Perspectives on aversively motivated behavior*. Erlbaum. pp.45-85. [5.1.2]

Garcia, J., Ervin, F. R., & Koelling, R. A. (1966). Learning with prolonged delay of reinforcement. *Psychonomic Science*, **5**, 121-122. [5.1.2]

Garcia, J., & Koelling, R. A. (1966). Relation of cue to consequence in avoidance learning. *Psychonomic Science*, **4**, 123-124. [5.1.2]

Gawronski, B., & Bodenhausen, G. V. (2006). Associative and propositional processes in evaluation：An integrative review of implicit and explicit attitude change. *Psychological Bulletin*, **132**, 692-731. [5.5.1]

Gellermann, L. W. (1933). Chance orders of alternating stimuli in visual discrimination experiments. *Journal of Genetic Psychology*, **42**, 206-208. [5.2.1, 5.3.17]

Gibbon, J., Baldock, M. D., Locurto, L., Gold, L., & Terrace, H. S. (1977). Trial and intertrial durations in autoshaping. *Journal of Experimental Psychology：Animal Behavior Processes*, **3**, 264-284. [5.1.2]

Gibbon, J., & Church, R. M. (1981). Time left：Linear versus logarithmic subjective time. *Journal of Experimental Psychology：Animal Behavior Processes*, **7** (2), 87-108. [5.3.14]

Gibson, B. (2008). Can evaluative conditioning change attitudes toward mature brands? New evidence from the implicit association test. *Journal of Consumer Research*, **35**, 178-188. [5.5.1]

Gillan, D. J., Premack, D., & Woodruff, G. (1981). Reasoning in the chimpanzee：I. Analogical reasoning. *Journal of Experimental Psychology：Animal Behavior Processes*, **7**, 1-17. [5.4.4]

Gormezano, I., & Kehoe, E. J. (1981). Classical conditioning and the law of contiguity. In P. Harsem & M. D. Zeiler (Eds.), *Advances in analysis of behavior, Vol. 2：Predictability, correlation, and contiguity*. Wiley. pp.1-45. [5.1.2]

Gormezano, I., Kehoe, E. J., & Marshall, B. S. (1983). Twenty years of classical conditioning research with the rabbit.

Progress in Psychobiology and Physiological Psychology, 10, 197-275. [5.1.2]

Grace, R. C. (1994). A contextual model of concurrent-chains choice. *Journal of the Experimental Analysis of Behavior*, 61 (1), 113-129. [5.3.12]

Gray, J. A., & Lalljee, B. (1974). Sex differences in emotional behaviour in the rat : Correlation between open-field defecation and active avoidance. *Animal Behaviour*, 22, 856-861. [5.2.2]

Green, L., & Estle, S. J. (2003). Preference reversals with food and water reinforcers in rats. *Journal of the Experimental Analysis of Behavior*, 79, 233-242. [5.3.12, 5.5.4]

Green, L., Fisher, E. B., Jr., Perlow, S., & Sherman, L. (1981). Preference reversal and self control : Choice as a function of reward amount and delay. *Behaviour Analysis Letters*, 1, 43-51. [5.3.12, 5.5.4]

Green, L., & Myerson, J. (1993). Alternative frameworks for the analysis of self control. *Behavior and Philosophy*, 21, 37-47. [5.5.4]

Green, L., Myerson, J., & McFadden, E. (1997). Rate of temporal discounting decreases with amount of reward. *Memory & Cognition*, 25, 715-723. [5.5.4]

Greenwald, A. G., McGhee, D. E., & Schwaltz, L. K. (1998). Measuring individual difference in implicit cognition : The implicit association test. *Journal of Personality and Social Psychology*, 74, 1464-1480. [5.5.1]

Grill, H. J., & Norgren, R. (1978). The taste reactivity test. I. Mimetic responses to gustatory stimuli in neurologically normal rats. *Brain Research*, 143, 263-279. [5.1.2]

Grosenick, L., Clement, T. S., & Fernald, R. D. (2007). Fish can infer social rank by observation alone. *Nature*, 445, 429-432. [5.4.4]

Grunow, A., & Neuringer, A. (2002). Learning to vary and varying to learn. *Psychonomic Bulletin & Review*, 9, 250-258. [5.3.13]

Gunther, L. M., Denniston, J. C., & Miller, R. R. (1998). Conducting exposure treatment in multiple contexts can prevent relapse. *Behaviour Research and Therapy*, 36, 75-91. [5.1.4]

Guttman, N. (1965). Effects of discrimination formation on generalization. In D. L. Mostofsky (Ed.), *Stimulus generalization*. Stanford University Press. pp.210-217. [5.3.15]

Guttman, N., & Kalish, H. I. (1956). Discrimination and stimulus generalization. *Journal of Experimental Psychology*, 51, 79-88. [5.3.15]

Hachiya, S., & Ito, M. (1991). Effects of discrete-trial and free-operant procedures on the acquisition and maintenance of successive discrimination in rats. *Journal of the Experimental Analysis of Behavior*, 55, 3-10. [5.3.4]

Hammond, L. J., & Weinberg, M. (1984). Signaling unearned reinforcers removes suppression produced by a zero correlation in an operant paradigm. *Animal Learning and Behavior*, 12, 371-374. [5.1.4]

Hanson, G. R. (2006). The sand maze. In M. J. Anderson (Ed.), *Tasks and Techniques : A Sampling of Methodologies for the Investigation of Animal Learning, Behavior, and Cognition*. Nova Science Publishers. [5.2.1]

Hanson, H. M. (1959). Effects of discrimination training on stimulus generalization. *Journal of Experimental Psychology*, 58, 321-334. [5.3.15]

Hare, B., Call, J., Agnetta, B., & Tomasello, M. (2000). Chimpanzees know what conspecifics do and do not see. *Animal Behaviour*, 59, 771-785. [5.4.5]

Harlow, H. F. (1949). The formation of learning sets. *Psychological Review*, 56, 51-65. [5.3.16, 5.4.9]

Harper, D. N., & McLean, A. P. (1992). Resistance to change and the law of effect. *Journal of the Experimental Analysis of Behavior*, 57, 317-337. [5.3.9]

Harris, J. A., Andrew, B. J., & Kwok, D. W. (2013). Magazine approach during a signal for food depends on Pavlovian, not instrumental, conditioning. *Journal of Experimental Psychology : Animal Behavior Processes*, 39, 107-116. [5.1.2]

Hasegawa, R., Sawaguchi, T., & Kubota, K. (1998). Monkey prefrontal neuronal activity coding the forthcoming saccade in an oculomotor delayed matching-to-sample task. *Journal of Neurophysiology*, 79 (1), 322-333. [5.4.2]

林幹也 (2011). 社会心理学における現在の態度研究とその展望 明星大学心理学年報，29, 65-72. [5.5.1]

林髞 (1950). 条件反射学応用論 評論社 [5.1.6]

Hayes, K. J., & Hayes, C. (1952). Imitation in a home-raised chimpanzee. *Journal of Comparative Physiology and Psychology*, 45, 450-459. [5.4.8]

Hayes, K. J., & Hayes, C. (1953). Picture perception in a home-raised chimpanzee. *Journal of Comparative Physiology and Psychology*, 46, 470-474. [5.4.8]

Hearst, E., Besley, S., & Farthing, W. (1970). Inhibition and the stimulus control of operant behavior. *Journal of the Experimental Analysis of Behavior*, 14, 373-409. [5.3.15]

Hearst, E., & Franklin, S. R. (1977). Positive and negative relations between a signal and food : Approach-withdrawal behavior to the signal. *Journal of Experimental Psychology : Animal Behavior Processes*, 3, 37-52. [5.1.5]

Heinsbroek, R. P. W., Van Haaren, F., & Van de Poll, N. E. (1988). Sex differences in passive avoidance behavior of rats : Sex-dependent susceptibility to shock-induced behavioral depression. *Physiology & Behavior*, 43, 201-206. [5.2.2]

Held, R., & Freedman, S. J. (1963). Plasticity in human sensorimotor control. *Science*, 142, 455-462. [5.5.2]

Henderson, N. D. (1970). Motivation-performance relationships using different shock-avoidance shuttlebox techniques. *Psychonomic Science*, 21, 314-315. [5.2.2]

Hermans, D., Vansteenwegen, D., Crombez, G., Baeyens, F., & Eelen, P. (2002). Expectancy-learning and evaluative learning in human classical conditioning : Affective priming as an indirect and unobtrusive measure of conditioned stimulus valence. *Behaviour Research and Therapy*, 40, 217-234. [5.5.1]

Herrnstein, R. J. (1961). Relative and absolute strength of response as a function of frequency of reinforcement. *Journal of the Experimental Analysis of Behavior*, 4, 267-272. [5.3.6, 5.3.12]

Herrnstein, R. J. (1970). On the law of effect. *Journal of the Experimental Analysis of Behavior*, 13, 243-266. [5.3.6, 5.3.12]

Herrnstein, R. J., & Hineline, P. N. (1966). Negative reinforcement as shock-frequency reduction. *Journal of the Experimental Analysis of Behavior*, 9, 421-430. [5.2.2]

Herrnstein, R. J., Loveland, D. H., & Cable, C. (1976). Natural concepts in pigeons. *Journal of Experimental Psychology : Animal Behavior Processes*, 2, 285-302. [5.3.16]

Hertwig, R. (2016). Chapter 8. Decisions from experience. In G. Keren & G. Wu (Eds.), *The Wiley Blackwell handbook of judgment and decision making. Vol. 1* (Kindle version). John Wiley & Sons. pp. 239-267. [5.5.6]

Heth, C. D. (1976). Simultaneous and backward fear conditioning as a function of number of CS-UCS pairings. *Journal of Experimental Psychology : Animal Behavior Processes*, 2, 117-129. [5.1.1]

Heyes, C. (2016). Homo imitans? Seven reasons why imitation couldn't possibly be associative. *Philosophical Transactions B*, 371, 20150069. [5.4.8]

Heyes, C. M. (1994). Reflection on self-recognition in primates. *Animal Behaviour*, 47, 909-919. [5.4.7]

Hilgard, E. R., & Marquis, D. C. (1940). *Conditioning and learning.* Appleton. [5.1.6]

Hilliard, S., & Domjan, M. (1995). Effects of sexual conditioning of devaluing the US through satiation. *Quarterly Journal of Experimental Psychology*, 48B, 84-92. [5.1.3]

Hinchy, J., Lovibond, P. F., & Ter-Horst, K. M. (1995). Blocking in human electrodermal conditioning. *Quarterly Journal of Experimental Psychology*, 48B, 2-12. [5.1.6]

Hineline, P. N. (1977). Negative reinforcement and avoidance. In W. K. Honig & J. E. R. Staddon (Eds.), *Handbook of operant behavior*. Prentice-Hall. pp.364-414. [5.2.2]

Hinson, R. E. (1982). Effects of UCS preexposure in excitatory and inhibitory rabbit eyelid conditioning : An associative effect of conditioned contextual stimuli. *Journal of Experimental Psychology : Animal Behavior Processes*, 8, 49-61. [5.1.5]

平井久 (1969). 回避行動 松山義則 (編) 異常心理学 講座心理学 12 東京大学出版会 pp.52-101. [5.2.2]

Hirata, S., & Fuwa, K. (2007). Chimpanzees (*Pan troglodytes*) learn to act with other individuals in a cooperative task. *Primates*, 48, 13-21. [5.4.5]

広田すみれ (2009). リスク性を測る 坂上貴之 (編) 意思決定と経済の心理学 朝倉実践心理学講座 1 朝倉書店 pp. 104-124. [5.5.6]

広田すみれ・増田真也・坂上貴之 (編著)(2006). 心理学が描くリスクの世界 行動的意思決定入門 改訂版 慶應義塾大学出版会 [5.5.6]

Hoffman, H. S. (1966). The analysis of discriminated avoidance. In W. K. Honig (Ed.), *Operant behavior : Areas of research and application*. Appleton. pp.499-530. [5.2.2]

Hoffman, H. S., & Fleshler, M. (1959). Aversive control with the pigeon. *Journal of the Experimental Analysis of Behavior*, 2, 213-218. [5.2.2]

Hofmann, W., De Houwer, J., Perugini, M., Baeyens, F., & Crombez, G. (2010). Evaluative conditioning in humans : A meta-analysis. *Psychological Bulletin*, 136, 390-421. [5.5.1]

Holland, P. C. (1977). Conditioned stimulus as a determinant of the form of the Pavlovian conditioned response. *Journal of Experimental Psychology : Animal Behavior Processes*, 3, 77-

104. [5.1.2]

Holland, P. C. (1990). Event representation in Pavlovian conditioning : Image and action. *Cognition*, 37, 105-131. [5.1.3]

Holland, P. C. (1992). Occasion setting in Pavlovian conditioning. In D. L. Medin (Ed.), *The psychology of learning and motivation*, Vol. 28. Academic Press. pp. 69-125. [5.1.3]

Holland, P. C. (2000). Trial and intertrial durations in appetitive conditioning in rats. *Animal Learning & Behavior*, 28, 121-135. [5.1.2]

Holland, P. C. (2008). Cognitive versus stimulus-response theories of learning. *Learning & Behavior*, 36, 227-241. [5.1.3]

Holland, P. C., & Rescorla, R. A. (1975). The effect of two ways of devaluing the unconditioned stimulus after first and second order appetitive conditioning. *Journal of Experimental Psychology : Animal Behavior Processes*, 1, 355-363. [5.1.3]

Holland, P. C., & Straub, J. J. (1979). Differential effects of two ways of devaluing the unconditioned stimulus after Pavlovian appetitive conditioning. *Journal of Experimental Psychology : Animal Behavior Processes*, 5, 65-78. [5.1.3]

Hollis, K. L. (1997). Contemporary research on Pavlovian conditioning : A "new" functional analysis. *American Psychologist*, 52, 956-965. [5.1.3]

Honig, W. K. (1961). Generalization of extinction on the spectral continuum. *The Psychological Record*, 11, 269-278. [5.3.15]

Honig, W. K., Boneau, C. A., Burstein, K. R., & Pennypacker, H. S. (1963). Positive and negative generalization gradients obtained after equivalent training conditions. *Journal of Comparative and Physiological Psychology*, 56, 111-116. [5.3.15]

Horowitz, J. K. (2006). The Becker-DeGroot-Marschak Mechanism is Not Necessarily Incentive-Compatible, Even for Non-Random Goods. *Economics Letters* , 93, 6-11. [5.5.5]

Hull, C. L. (1943). *Principles of behavior : An Introduction to behavior theory*. Appleton. [5.1.3, 5.3.11]

Hulse, S. H., & Dorsky, N. P. (1977). Structural complexity as a determinant of serial pattern learning. *Learning and Motivation*, 8, 488-506. [5.2.1]

Hunter, M. W. & Kamil, A. C. (1971). Object-discrimination learning set and hypothesis behavior in the northern bluejay (*Cynaocitta cristata*). *Psychonomimc Science*, 22, 271-273. [5.4.9]

Hunter, W. A., & Pennington, L. A. (1939). A new apparatus and method for training the rat in auditory discrimination problems. *Science*, 27, 87-88. [5.2.2]

Hursh, S. R. (1984). Behavioral economics. *Journal of the Experimental Analysis of Behavior*, 42, 435-452. [5.3.8]

Hursh, S. R. (2000). Behavioral economic concepts and methods for studying health behavior. In W. K. Bickel & R. E. Vuchinich (Eds.), *Reframing health behavior change with behavioral economics*. Lawrence Erlbaum Associates. pp.27-60. [5.3.8]

Hursh, S. R., Raslear, T. G., Bauman, R., & Black, H. (1989). The quantitative analysis of economic behavior with laboratory animals. In K. G. Grunert & F. Ölander (Eds.), *Understanding economic behaviour (theory and decision library, series A, Vol. 2.)*. Kluwer. pp.393-407. [5.3.8]

Hursh, S. R., & Roma, P. G. (2013). Behavioral economics and empirical public policy. *Journal of the Experimental Analysis of Behavior*, **99**, 98-124. [5.3.8]

Hursh, S. R., & Silberberg, A. (2008). Economic demand and essential value. *Psychological Review*, **115**, 186-198. [5.3.8]

Hursh, S. R., & Winger, G. (1995). Normalized demand for drugs and other reinforcers. *Journal of the Experimental Analysis of Behavior*, **64**, 373-384. [5.3.8]

Hütter, M., & Sweldens, S. (2013). Implicit misattribution of evaluative response：Contingency-unaware evaluative conditioning requires simultaneous stimulus presentation. *Journal of Experimental Psychology：General*, **142**, 638-643. [5.5.1]

井垣竹晴・坂上貴之（2003）. 変化抵抗をめぐる諸研究　心理学評論, **46**, 184-210 [5.3.9]

今田寛（1991）. 心理学者から見た BEHAVIORAL TERATOLOGY における〈学習試験〉の諸問題──シャトル・ボックス回避学習をめぐって　BT 懇話会 [5.2.2]

Imamizu, H., & Shimojo, S. (1995). The locus of visual-motor learning at the task or manipulator level：Implications from intermanual transfer. *Journal of Experimental Psychology：Human Perception and Performance*, **21**, 719-733. [5.5.2]

今水寛（2007）. 動作の意識的理解と内部モデルの学習・切り替え　日本ロボット学会誌, **25**, 699-705. [5.5.2]

今水寛（2017）. 運動学習・適応　バイオメカニズム学会（編）手の百科事典　朝倉書店 [5.5.2]

Isen, A. M. (1987). Positive affect, cognitive processes, and social behavior. In L. Berkowitz（Ed.）, *Advances in experimental social psychology. Vol. 20*. Academic Press. pp.203-253. [5.3.2]

石田雅人（1989）. 強化の学習心理学──連合か認知か　北大路書房 [5.2.1]

石井巌（1975）. 動機づけ　八木冕（編）　動物実験Ⅰ　心理学研究法 5　東京大学出版会　pp.53-84. [5.3.10]

石井拓（2015）. シングルケースデザインの概要　行動分析学研究, **29**(suppl.), 188-199. [5.3.1]

磯博行（1985）. ラット用回転かご回避学習装置の改良とその適用実験例　動物心理学年報, **34**, 61-73. [5.2.2]

Iso, H., Brush, F. R., Fujii, M., & Shimazaki, M. (1988). Running-wheel avoidance learning in rats（*Rattus norvegicus*）：Effects of contingencies and comparisons of different strains. *Journal of Comparative Psychology*, **102**, 350-371. [5.2.2]

Itakura, S. (1996). An exploratory study of gaze-monitoring in nonhuman primates. *Japanese Psychological Research*, **38**, 174-180. [5.4.5]

伊藤正人（2005）. 行動と学習の心理学──日常生活を理解する　昭和堂 [5.3.4]

伊藤正人・内田善久・佐伯大輔・北村憲司（1999）. ハトを用いた行動実験のための新しい視覚刺激呈示システム　動物心理学研究, **49**, 181-187. [5.3.4]

Iversen, I. H., & Lattal, K. A. (1991). *Experimental Analysis of Behavior：Part 1 & 2*. Elsevier Science Publishers. [5.3.3]

Iversen, I. H., & Mogensen, J. (1988). A multipurpose vertical holeboard with automated recording of spatial and temporal response patterns for rodents. *Journal of Neuroscience Methods*, **25**, 251-263. [5.3.13]

Iversen, S. D., & Iversen, L. L. (1981). *Behavioral Pharmacology*. Oxford University Press. [5.3.17]

岩本隆茂・川俣甲子夫（1990）. シングル・ケース研究法──新しい実験計画法とその応用　勁草書房. [5.3.1]

岩本隆茂・久能弘道・北舘努・長谷部牧子（1993）. 見本合わせ法による動物における記憶とその保持構造　心理学評論, **36**, 171-208. [5.4.1]

Jenkins, H. M., & Harrison, R. H. (1960). Effect of discrimination training on auditory generalization. *Journal of Experimental Psychology*, **59**, 246-253. [5.3.15]

Jenkins, H. M., & Moore, B. R. (1973). The form of the auto-shaped response with food or water reinforcers. *Journal of the Experimental Analysis of Behavior*, **20**, 163-181. [5.3.3]

Jenkins, H. M., & Ward, W. C. (1965). Judgment of contingency between responses and outcomes. *Psychological Monograghs：General & Applied*, **79**（Whole No.594）, 1-17. [5.5.1]

実光由里子・大河内浩人（2007）. 確率による報酬の価値割引──現実場面と仮想場面の比較　心理学研究, **78**, 269-276. [5.5.4]

実森正子・牧野浩（1999）. 新型ハト用 MPP（multistimulus, portable, and programmable）条件づけパネル　動物心理学研究, **49**, 171-180. [5.3.2]

Kameyama, T., Nabeshima, N., & Kozawa, T. (1986). Step-down-type passive avoidance- and escape-learning method：Suitability for experimental amnesia models. *Journal of Pharmacological Methods*, **16**, 39-52. [5.2.2]

Kamin, L. J. (1956). The effects of termination of the CS and avoidance of the US on avoidance learning. *Journal of Comparative and Physiological Psychology*, **49**, 420-424. [5.2.2]

Kamin, L. J. (1957). The retention of an incompletely learned avoidance response. *Journal of Comparative and Physiological Psychology*, **50**, 457-460. [5.2.2]

Kamin, L. J. (1968). "Attention-like" processes in classical conditioning. In M. R. Jones（Ed.）, *Miami symposium on the prediction of behavior：Aversive stimulation*. University of Miami Press, pp. 9-31. [5.1.4, 5.1.5]

Kaneko, T., & Tomonaga, M. (2011). The perception of self-agency in chimpanzees（*Pan troglodytes*）. *Proceedings of the Royal Society B*, **278**, 3694-3702. [5.4.7]

Kaneshige, K., Nakajima, S., & Imada, H. (2001). The effect of on- or off-line extinction of a first-order conditioned stimulus on a second-order conditioned response in rats. *Japanese Psychological Research*, **43**, 91-97. [5.1.3]

Kangas, B. D., & Hackenberg, T. D. (2009). On reinforcing human behavior in the laboratory：A brief review and some recommendations. *Experimental Analysis of Human Behavior Bulletin*, **27**, 21-26. [5.5.3]

菅野衷（1989）. 思考　杉本助男・佐藤方哉・河嶋孝（編）　行動心理学ハンドブック　培風館　pp.249-263. [5.3.16]

烏野佳子・伊藤正人・佐伯大輔（2010）. ヒトにおける調整量手続きに基づく確率割引　日本行動分析学会第 28 回年次大会発表論文集, 114. [5.5.4]

Kart-Teke, E., De Souza Silva, M. A., Huston, J. P., & Dere, E. (2006). Wister rats show episodic-like memory for unique experiences. *Neurobiology of Learning & Memory*, **85**, 173-182. [5.4.7]

片桐雅義 (1996). 情報の具体性と随伴性判断 宇都宮大学国際学部研究論集, **2**, 51-62. [5.5.1]

片桐雅義 (2002). 事象間の関連判断のバイアスと錯誤相関 宇都宮大学国際学部研究論集, **13**, 1-11. [5.5.1]

Kattner, F., & Ellermeier, W. (2011). Does evaluative learning rely on the perception of contingency? Manipulating contingency and US density during evaluative conditioning. *Experimental Psychology*, **58**, 391-399. [5.5.1]

Kaufman, M. A., & Bolles, R. C. (1981). A nonassociative aspect of overshadowing. *Bulletin of the Psychonomic Society*, **18**, 318-320. [5.1.5]

川越敏司 (2007). 実験経済学 東京大学出版会 [5.5.7]

Kawakami, K., Dovidio, J. F., Moll, J., Hermsen, S., & Russin, A. (2000). Just say no (to Stereotyping): Effects of training in the negation of stereotypic associatioons on stereotype activation. *Journal of Personality and Social Psychology*, **78**, 871-888. [5.5.1]

Kawakami, K., Steele, J. R., Cifa, C., Phills, C. E., & Dovidio, J. F. (2008). Approaching math increases math = me and math = pleasant. *Journal of Experimental Social Psychology*, **44**, 818-825. [5.5.1]

河嶋孝 (1982). パヴロフ型条件づけとオペラント条件づけの相互作用 佐々木正伸 (編) 学習 I ——基礎過程 現代基礎心理学 5 東京大学出版会 pp.11-52. [5.3.11]

Kehoe, E. J., Cool., V., & Gormezano, I. (1991). Trace conditioning of the rabbit's nictitating membrane response as a function of CS-US interstimulus interval and trial per session. *Learning and Motivation*, **22**, 269-290. [5.1.2]

Kellman, P. J. (2002). Perceptual learning. In R. Gallistel (Ed.), *Stevens' handbook of experimental psychology, volume 3: Learning, motivation, and emotion*. John Wiley & Sons. pp. 259-299. [5.5.2]

Kendall, S. B. (1965). Spontaneous recovery after extinction with periodic time-outs. *Psychonomic Science*, **2**, 117-118. [5.3.9]

Kiernan, M. J., & Westbrook, R. F. (1993). Effects of exposure to a to-be-shocked environment upon the rat's freezing response: Evidence for facilitation, latent inhibition, and perceptual learning. *Quarterly Journal of Experimental Psychology*, **46B**, 271-288. [5.1.2]

Killeen, P. (1975). On the temporal control of behavior. *Psychological Review*, **82**, 89-115. [5.3.13]

Kim, S. D., Rivers, S., Bevins, R. A., & Ayres, J. J. (1996). Conditioned stimulus determinants of conditioned response form in Pavlovian fear conditioning. *Journal of Experimental Psychology: Animal Behavior Processes*, **22**, 87-104. [5.1.2]

Kimmel, H. D., & Bevill, M. J. (1991). Blocking and unconditional response diminution in human classical autonomic conditioning. *Integrative Physiological and Behavioral Science*, **26**, 132-138. [5.1.6]

金城辰夫 (1975). 古典的条件づけ 八木冕 (編) 動物実験 I 心理学研究法 5 東京大学出版会 pp. 101-116. [5.1.2]

Kirby, K. N. (1997). Bidding on the future: Evidence against normative discounting of delayed rewards. *Journal of Experimental Psychology: General*, **126**, 54-70. [5.5.4, 5.5.5]

Kirby, K. N., & Herrnstein, R. J. (1995). Preference reversals due to myopic discounting of delayed reward. *Psychological Science*, **6**, 83-89. [5.5.4]

Kirby, K. N., & Maraković, N. N. (1996). Delay-discounting probabilistic rewards: Rates decrease as amounts increase. *Psychonomic Bulletin & Review*, **3**, 100-104. [5.5.4]

北口勝也 (1996). 古典的条件づけにおける真にランダムな統制手続き (TRC 手続き) をめぐる諸問題 心理学評論, **39**, 224-251. [5.1.1]

北野翔子・伊藤正人・佐伯大輔・山口哲生 (2013). 社会的場面における一般対応法則の適用——他個体と共有する餌場の選択行動の分析 人文研究 (大阪市立大学大学院文学研究科紀要), **64**, 115-131. [5.3.2]

北尾倫彦・杉村健 (1978). 児童学習心理学 有斐閣 [5.3.16]

Klosterhalfen, S., & Klosterhalfen, W. (1985). Conditioned taste aversion and traditional learning. *Psychological Research*, **47**, 71-94. [5.1.2]

古武弥正 (1944). 唾液分泌についての小実験 心理学研究, **18**, 451-454. [5.1.6]

古武弥正・宮田洋 (1973). 人間の条件反応 東京大学出版会 [5.1.6]

古武弥正・新濱邦夫 (1976). 条件反応——行動科学の原理 福村出版 [5.1.6]

Kraemer, P. J., Lariviere, N. A., & Spear, N. E. (1988). Expression of a taste aversion conditioned with an odor-taste compound: Overshadowing is relatively weak in weanlings and decreases over a retention interval in adults. *Animal Learning & Behavior*, **16**, 164-168. [5.1.5]

Krane, R. V., & Wagner, A. R. (1975). Taste aversion learning with a delayed shock US: Implications for the generality of the laws of learning. *Journal of Comparative and Physiological Psychology*, **88**, 882-889. [5.1.2]

Krasnogorski, N. I. (1926). Die Letzten Fortschritte in der Methodik der ErforsChung der bedingten reflexes in Kindern. *Jahrbuch für Kinderheilkunde*, **114**, 256-269. [5.1.6]

Kunitomi, E., Shikano, T., & Imada, H. (1964). Avoidance learning in shuttling and nonshuttling situations, with and without a barrier. *Japanese Psychological Research*, **6**, 129-135. [5.2.2]

Lalumière, M., & Quinsey, V. L. (1998). Pavlovian conditioning of sexual interests in human males. *Archives of Sexual Behavior*, **27**, 241-252. [5.1.6]

Lashley, K. S. (1916). The human salivary reflex and its use in psychology. *Psychological Review*, **23**, 446-464. [5.1.6]

Lattal, K. A. (1991). Scheduling positive reinforces. In I. H. Iversen & K. A. Lattal (Eds.), *Techniques in the Behavioral and Neural Sciences. Vol. 6. Experimental Analysis of Behavior: Part 1*. Elsevier Science Publishers. pp.87-134. [5.3.5]

Lattal, K. A. (2013). The Five Pillars of the Experimental Analysis of Behavior. In G. J. Madden, W. V. Dube, T. D. Hackenberg, G. P. Hanley & Lattal, K. A. (Eds.), *APA Handbook of Behavior Analysis*. American Psychological Association. pp.33-63. [5.3.10]

Lattal, K. A., & Perone, M. (1998). *Handbook of Research Methods in Human Operant Behavior*. Plenum. [5.5.3]

Lattal, K. A., St Peter, C., & Escobar, R. (2013). Operant extinction: Elimination and generation of behavior. In G. J. Madden

(Ed.), *APA handbook of behavior analysis*：*Vol. 2. Translating principles into practice*. American Psychological Association. pp.77-107. [5.3.9]

Lattal, K. M. (1999). Trial and intertrial durations in Pavlovian conditioning：issues of learning and performance. *Journal of Experimental Psychology*：*Animal Behavior Processes*, **25**, 433-450. [5.1.2]

Lazareva, O. F. (2012). Relational learning in a context of transposition：A review. *Journal of the Experimental Analysis of Behavior*, **97**, 231-248. [5.3.16]

Leaf, R. C., & Muller, S. A. (1965). Simple method for CER conditioning and measurement. *Psychological Reports*, **17**, 211-215. [5.1.2]

Levine, S., & England, S. J. (1960). Temporal factors in avoidance conditioning. *Journal of Comparative and Physiological Psychology*, **53**, 282-283. [5.2.2]

Lewis, D. J. (1960). Partial reinforcement：A selective review of the literature since 1950. *Psychological Bulletin*, **57**, 1-28. [5.3.9]

Li, K-C., Sigmund, H., & Li, J-S. (2013). Conditioned taste aversion as instrumental punishment. *Journal of Experimental Psychology*：*Animal Behavior Processes*, **39**, 294-297. [5.1.2]

Li, N., He, S., Parrish, C., Delich, J., & Grasing, K. (2003). Differences in morphine and cocaine reinforcement under fixed and progressive ratio schedules; effects of extinction, reacquisition and schedule design. *Behavioral Pharmacology*, **14**, 619-630. [5.3.17]

Liddell, H. S., James, W. T., & Anderson, O. D. (1934). The comparative physiology of the conditioned motor reflex based on experiments with the pig, dog, sheep, goat and rabbit. *Comparative Psychology Monographs*, **11** (Whole No. 51). [5.2.2]

Lieving, G. A., & Lattal, K. A. (2003). Recency, repeatability, and reinforcer retrenchment：An experimental analysis of resurgence. *Journal of the Experimental Analysis of Behavior*, **80**, 217-233. [5.3.9]

Lissek, S., Powers, A. S., McClure, E. B., Phelps, E. A., Woldehawariat, G., Grillon, C., & Pine, D. S. (2005). Classical fear conditioning in the anxiety disorders：A meta-analysis. *Behaviour Research and Therapy*, **43**, 1391-1424. [5.1.6]

Locey, M. L., & Rachlin, H. (2013). Shaping behavioral patterns. *Journal of the Experimental Analysis of Behavior*, **99**, 245-259. [5.3.13]

Logan, F. A., & Ferraro, D. P. (1970). From free responding to discrete trials. In W. N. Schoenfeld (Ed.), *The theory of reinforcement schedules*. Appleton-Century-Crofts. pp. 111-138. [5.3.4]

Logue, A. W., & Mazur, J. E. (1981). Maintenance of self-control acquired through a fading procedure：Follow-up on Mazur and Logue (1978). *Behaviour Analysis Letters*, **1**, 131-137. [5.3.12]

Longo, N., Klempay, S., & Bitterman, M. E. (1964). Classical appetitive conditioning in the pigeon. *Psychonomic Science*, **1**, 19-20. [5.1.2]

Lovibond, P. F. (1992). Tonic and phasic electrodermal measures of human aversive conditioning with long duration stimuli. *Psychophysiology*, **29**, 621-632. [5.1.6]

Lovibond, P. F. (2003). Causal beliefs and conditioned responses：Retrospective revaluation induced by experience and by instruction. *Journal of Experimental Psychology*：*Learning, Memory, and Cognition*, **29**, 97-106. [5.1.6]

Low, L. A., & Low, H. I. (1962). Effects of CS-US interval length upon avoidance responding. *Journal of Comparative and Physiological Psychology*, **55**, 1059-1061. [5.2.2]

Lubow, R., & Weiner, I. (Eds.) (2010). *Latent inhibition*：*Cognition, neuroscience and applications to schizophrenia*. Cambridge University Press. [5.1.1]

Machado, A. (1989). Operant conditioning of behavioral variability using a percentile reinforcement schedule. *Journal of the Experimental Analysis of behavior*, **52**, 155-166. [5.3.13]

Machado, A. (1997). Increasing the variability of response sequences in pigeons by adjusting the frequency of switching between two keys. *Journal of the Experimental Analysis of Behavior*, **68**, 1-25. [5.3.13]

Mackay, H. A. (1991). Conditional stimulus control. In I. H. Iversen & K. A. Lattal (Eds.), *Experimental analysis of behavior*：*Part 1*. Elsevier. pp.301-350. [5.4.1]

Mackintosh, N. J. (1974). *The psychology of animal learning*. Academic Press. [5.3.9]

Madden, G. J., Dube, W. V., Hackenberg, T. D., Hanley, G. P., & Lattal, K. A. (Eds.) (2013). *APA Handbook of Behavior Analysis*：*Volume 1, Methods and Principles*. American Psychological Association. [5.3.1]

Madden, G. J., Peden, B. F., & Yamaguchi, T. (2002). Human group choice：discrete-trial and free-operant tests of the ideal free distribution. *Journal of the Experimental Analysis of Behavior*, **78**, 1-15. [5.5.3]

Magoon, M. A., & Critchfield, T. S. (2008). Concurrent schedules of positive and negative reinforcement：Differential-impact and differential-outcomes hypotheses. *Journal of the Experimental Analysis of Behavior*, **90**, 1-22. [5.3.12]

Manns, J. R., Clark, R. E., & Squire, L. R. (2002). Standard delay eyeblink conditioning is independent of awareness. *Journal of Experimental Psychology*：*Animal Behavior Processes*, **28**, 32-37. [5.1.6]

Maquet, P., et al. (2003). Sleep-related consolidation of a visuomotor skill：Brain mechanisms as assessed by functional magnetic resonance imaging. *The Journal of Neuroscience*, **23**, 1432-1440. [5.5.2]

Maris, S., & Hoorens, V. (2012). The ISI Change phenomenon：When contradicting one stereotype changes another. *Journal of Experimental Social Psychology*, **48**, 624-633. [5.5.1]

Martin, L. L., Ward, D. W., Achee, J. W., & Wyer, R. S. (1993). Mood as input：People have to interpret the motivational implications of their moods. *Journal of Personality and Social Psychology*, **64**, 317-326. [5.3.2]

増田真也 (2009). 曖昧性を測る――2次確率から見る　坂上貴之 (編)　意思決定と経済の心理学　朝倉実践心理学講座 1　朝倉書店　pp. 125-139. [5.5.6]

Matsuzawa, T. (1985). Use of numbers by a chimpanzee. *Nature*, **315**, 57-59. [5.4.4]

Matute, H., Arcediano, F., & Miller, R. R. (1996). Test question modulates cue competition between causes and between effects. *Journal of Experimental Psychology : Learning, Memory, and Cognition*, **22**, 182-196. [5.5.1]

Matzel, L. D., Brown, A. M., & Miller, R. R. (1987). Associative effects of US preexposure : Modulation of conditioned responding by an excitatory training context. *Journal of Experimental Psychology : Animal Behavior Processes*, **13**, 65-72. [5.1.5]

Mazur, J. E. (1984). Tests of an equivalence rule for fixed and variable reinforcer delays. *Journal of Experimental Psychology : Animal Behavior Processes*, **10**, 426-436. [5.3.6, 5.3.12, 5.5.4]

Mazur, J. E. (1987). An adjusting procedure for studying delayed reinforcement. In M. L. Commons, J. E. Mazur, J. A. Nevin, & H. Rachlin (Eds.), *Quantitative analyses of behavior : Vol. 5. The effect of delay and of intervening events on reinforcement value*. Lawrence Erlbaum Associates. pp. 55-73. [5.3.12, 5.5.4]

Mazur, J. E. (1997). Choice, delay, probability, and conditioned reinforcement. *Animal Learning & Behavior*, **25** (2), 131-147. [5.3.12]

Mazur, J. E. (2000). Two- versus three-alternative concurrent-chain schedules : A test of three models. *Journal of Experimental Psychology : Animal Behavior Processes*, **26**, 286-293. [5.3.12]

Mazur, J. E. (2003). Effects of free-food deliveries and delays on choice under concurrent-chains schedules. *Behavioural Processes*, **64** (3), 251-260. [5.3.12]

Mazur, J. E. (2006). *Learning and Behavior* (6th ed.). Pearson Prentice Hall. (メイザー, J. E. (著) 磯博行・坂上貴之・川合伸幸 (訳)(2008). メイザーの学習と行動 日本語版 第3版 二瓶社)[5.3.7]

McAllister, W. R., McAllister, D. E., Dieter, S. E., & James, J. H. (1979). Preexposure to situational cues produces a direct relationship between two-way avoidance learning and shock intensity. *Animal Learning & Behavior*, **7**, 165-173. [5.2.2]

McDowell, J. J., & Wixted, J. T. (1986). Variable-ratio schedules as variable-interval schedules with linear feedback loops. *Journal of the Experimental Analysis of Behavior*, **46**, 315-329. [5.3.6]

McDowell, K. J. (2013). On the theoretical and empirical status of the matching law and matching theory. *Psychological Bulletin*, **139**, 1000-1028. [5.3.12]

McSweeney, F. K., Hinson, J. M., & Cannon, C. B. (1996). Sensitization-habituation may occur during operant conditioning. *Psychological Bulletin*, **120**, 256-271. [5.3.7]

Mechner, F. (1958). Probability relations within response sequences under ratio reinforcement. *Journal of the Experimental Analysis of Behavior*, **1**, 109-121. [5.3.13]

Melchers, K. G., Üngör, M., & Lachnit, H. (2005). The experimental task influences cue competition in human causal learning. *Journal of Experimental Psychology : Animal Behavior Processes*, **31**, 477-483. [5.5.1]

Melis, A. P., Hare, B., & Tomasello, M. (2006). Chimpanzees recruit the best collaborators. *Science*, **311**, 1297-1300. [5.4.5]

Meltzoff, A. N. (1988). Infant imitation and memory : Nine-month-olds in immediate and deferred tests. *Child Development*, **59**, 217-225. [5.4.8]

Meltzoff, A. N. (1995). Understanding the intentions of others : Re-enactment of intended acts by 18-month-old children. *Developmental Psychology*, **31**, 838-850. [5.4.8]

Miles, H. L., Mitchell, R. W., & Harper, S. E. (1996). Simon says : The development of imitation in an enculturated orangutan. In A. E. Russon, K. A. Bard & S. T. Parker (Eds.), *Reaching into Thought*. Cambridge University Press. pp. 278-299. [5.4.8]

Millenson, J. R. (1963). Random interval schedules of reinforcement. *Journal of the Experimental Analysis of Behavior*, **6**, 437-443. [5.3.5]

Miller, N. E. (1948). Studies of fear as an acquirable drive : I. Fear as motivation and fear-reduction as reinforcement in the learning of new responses. *Journal of Experimental Psychology*, **38**, 89-101. [5.2.2]

Miller, R. R., & Matute, H. (1996). Biological significance in forward and backward blocking : Resolution of a discrepancy between animal conditioning and human causal judgment. *Journal of Experimental Psychology : General*, **125**, 370-386. [5.1.5]

Millin, P. A. (2006). Passive avoidance. In M. J. Anderson (Ed.), *Tasks and techniques : A sampling of the methodologies for the investigation of animal learning, behavior and cognition*. Nova Science Publishers. pp.139-144. [5.2.2]

Milner, B. (1962). Les troubles de la memorie accompagnant des lesions hippocampiques bilateralies. *Physiologie de l'hippocampre*. C.N.R.S. pp. 257-272. [5.5.2]

Mis, F. W., & Moore, J. W. (1973). Effect of preacquisition UCS exposure on classical conditioning of the rabbit's nictitating membrane response. *Learning and Motivation*, **4**, 108-114. [5.1.5]

Mishkin, M., & Delacour, J. (1975). An analysis of short-term visual memory in the monkey. *Journal of Experimental Psychology : Animal Behavior Processes*, **1** (4), 326-334. [5.4.2]

宮田洋 (1969). 古典的条件づけと学習 本吉良治 (編) 学習 講座心理学6 東京大学出版会 pp. 187-212. [5.1.1]

宮田洋 (1997). 関西学院大学心理学研究室と生理心理学―― "よだれ" から "まばたき" まで60年 生理心理学と精神生理学, **15**, 43-50. [5.1.6]

宮田洋・山崎勝之 (1986). 条件反応と学習 新美良純・鈴木二郎 (編著) 皮膚電気活動 星和書店 pp. 144-170. [5.1.6]

望月要 (1990). NEC PC-9801用オフライン累積記録描画プログラム 行動分析学研究, **5**, 57-63. [5.3.5]

Molet, M., & Miller, R. R. (2014). Timing : An attribute of associative learning. *Behavioural Processes*, **101**, 4-14. [5.1.3]

森口訓孝 (1975a). 道具的条件づけ(2) 八木冕 (編) 動物実験 Ⅰ 心理学研究法5 東京大学出版会 pp.143-171. [5.2.1, 5.2.2]

森口訓孝 (1975b). フリーオペラント型回避学習法 八木冕 (編) 動物実験Ⅰ 心理学研究法5 東京大学出版会 pp. 131-142. [5.2.2]

Morris, R. G. M. (1981). Spatial localisation does not depend on the presence of local cues. *Learning and Motivation*, **12**, 239-60. [5.2.1]

Mostofsky, D. J. Ed. (1965). *Stimulus Generalization*. Stanford University Press. [5.3.15]

Mowrer, O. H. (1947). On the dual nature of learning-a reinterpretation of "conditioning" and "problem solving." *Harvard Educational Review*, 17, 102-148. [5.2.2]

Mowrer, O. H., & Miller, N. E. (1942). A multipurpose learning-demonstration apparatus. *Journal of Experimental Psychology*, 31, 163-170. [5.2.2]

Moyer, K. E., & Korn, J. H. (1964). Effect of UCS intensity on the acquisition and extinction of an avoidance response. *Journal of Experimental Psychology*, 67, 352-359. [5.2.2]

Mulick, J. A., Leitenberg, H., & Rawson, R. A. (1976). Alternative response training, differential reinforcement of other behavior, and extinction in squirrel monkeys (*saimiri sciureus*). *Journal of the Experimental Analysis of Behavior*, 25, 311-320. [5.3.9]

室伏靖子 (1983). 動物の記憶 佐藤方哉 (編) 現代基礎心理学 東京大学出版会 pp.43-72. [5.4.1]

Murphy, E. S., & Lupfer, G. J. (2014). Basic principles of operant conditioning. In F. K. McSweeney, & E. S. Murphy (Eds.), *The Wiley Blackwell Handbook of Operant and Classical Conditioning*. pp.167-194. [5.3.7]

Murphy, G., Murphy, L. B., & Newcomb, T. M. (1937). *Experimental social psychology : An interpretation of research upon the socialization of the individual*. Harper & Brothers. [5.5.1]

Murphy, J. V., & Miller, R. E. (1956). Spaced and massed practice with a methodological consideration of avoidance conditioning. *Journal of Experimental Psychology*, 52, 77-81. [5.2.2]

Myers, A. K. (1962). Effects of CS intensity and quality in avoidance conditioning. *Journal of Comparative and Physiological Psychology*, 55, 57-61. [5.2.2]

Myers, K. M., Ressler, K. J., & Davis, M. (2006). Different mechanisms of fear extinction dependent on length of time since fear acquisition. *Learning & Memory*, 13, 216-223. [5.1.4]

明和政子 (2014). 真似る・真似られる——模倣の発達的・進化的変遷 安西祐一郎・今井むつみ・入來篤史・梅田聡・片山容一・亀田達也・開一夫・山岸俊男 (編) 母性と社会性の起源 岩波講座 コミュニケーションの認知科学3 岩波書店 pp. 51-82. [5.4.8]

Myowa-Yamakoshi, M., & Matsuzawa, T. (2000). Imitation of intentional manipulatory actions in chimpanzees. *Journal of Comparative Psychology*, 114, 381-391. [5.4.8]

Myowa-Yamakoshi, M., Yamaguchi, M., Tomonaga, M., Tanaka, M., & Matsuzawa, T. (2005). Development of face recognition in infant chimpanzees (*Pan troglodytes*). *Cognitive Development*, 20, 49-63. [5.4.5]

中島定彦 (1994). パヴロフ型条件づけにおける階層的刺激関係の学習 心理学評論, 37, 44-71. [5.1.3]

中島定彦 (1995a). 見本合わせ手続きとその変法 行動分析学研究, 8, 160-176. [5.4.1]

中島定彦 (1995b). 見本合わせ法による動物の行動と認知の分析——岩本ら (1993) の論文に関する5つの問題 心理学評論, 38, 62-82 [5.4.1]

中島定彦 (2001). 知覚学習の古くて新しいパラダイム——動物の偶発的弁別学習 基礎心理学研究, 19, 106-107. [5.5.2]

中島定彦 (2007). 条件反応の消去 *BRAIN MEDICAL*, 19, 127-132. [5.1.4]

Nakajima, S. (2008). Effect of extra running on running-based

taste aversion learning in rats. *Behavioural Processes*, 78, 470-472. [5.1.4]

中島定彦 (2014). 「つばきとひきつり」から情報処理へ——現代連合学習理論の50年 基礎心理学研究, 33, 36-47. [5.1.6]

中島定彦・遠座奈々子 (2017). 不安症状の再発——パヴロフ型条件づけの基礎研究と理論から 基礎心理学研究, 35, 163-177. [5.1.4]

Nakajima, S., Tanaka, S., Urushihara, K., & Imada, H. (2000). Renewal of extinguished lever-press responses upon return to the training context. *Learning and Motivation*, 31, 416-431. [5.1.4]

Nakamura, C. Y., & Anderson, N. H. (1962). Avoidance behavior differences within and between strains of rats. *Journal of Comparative and Physiological Psychology*, 55, 740-747. [5.2.2]

Nakamura, N., Fujita, K., Ushitani, T., & Miyata, H. (2006). Perception of the standard and the reversed Müller-Lyer figures in pigeons (*Columba livia*) and humans (*Homo sapiens*). *Journal of Comparative Psychology*, 120, 252-261. [5.4.3]

中尾央・後藤和宏 (2015). メタ認知研究の方法論的課題 動物心理学研究, 65, 45-58. [5.4.7]

中鹿直樹・佐伯大輔・桑原正修 (2011). はじめての行動分析学実験——Visual Basic でまなぶ実験プログラミング ナカニシヤ出版 [5.5.3]

Neef, N. A., Mace, F. C., Shea, M. C., & Shade, D. (1992). Effects of reinforcer rate and reinforcer quality on time allocation : Extensions of matching theory to educational settings. *Journal of Applied Behavior Analysis*, 25, 691-699. [5.3.6, 5.3.12]

Nevin, J. A. (1988). Behavioral momentum and the partial reinforcement effect. *Psychological Bulletin*, 103, 44-56. [5.3.9]

Nevin, J. A., & Grace, R. C. (2000). Behavioral momentum and the law of effect. *Behavioral and Brain Sciences*, 23, 73-130. [5.3.9]

Nevin, J. A., & Wacker, D. P. (2013). Response strength and persistence. In G. J. Madden (Ed.), *APA handbook of behavior analysis : Vol. 2. Translating principles into practice*. American Psychological Association. pp. 109-128. [5.3.9]

日本薬理学会 (編) (2010). 実践行動薬理学 金芳堂 [5.3.17]

Nissen, M. J., & Bullemer, P. (1987). Attentional requirements of learning : Evidence from performance measures. *Cognitive psychology*, 19, 1-32. [5.5.2]

North, A. J., & Stimmel, D. T. (1960). Extinction of an instrumental response following a large number of reinforcements. *Psychological Reports*, 6, 227-234. [5.2.1]

Noussair, C. N., Robin, S., & Ruffieux, B. (2004). Revealing consumers' willingness-to-pay : A comparison of the BDM mechanism and the Vickrey auction. *Journal of Economic Psychology*, 25 (6), 725-741. [5.5.5]

沼田恵太郎 (2015). 高齢者の随伴性判断——連合学習の視点から 生老病死の行動科学 (大阪大学), 19, 21-37. [5.5.1]

沼田恵太郎・宮田洋 (2011). 皮膚電気条件づけ——その意義と研究動向 人文論究 (関西学院大学), 61 (2), 55-88. [5.1.6]

O'Hagan, A., Buck, C. E., Daneshkhah, A., Eiser, J. R., Garthwaite, P. H., Jenkinson, D. J., Oakley, J. E., & Rakow, T. (2006). *Uncertain judgements : Eliciting experts' probabilities*. Wiley. [5.5.6]

Odum, A. L., Ward, R. D., Barnes, C. A., & Burke, K. A. (2006). The effects of delayed reinforcement on variability and repetition of response sequences. *Journal of the Experimental Analysis of Behavior*, 86, 159-179. [5.3.13]

Öhman, A. (1979). The orienting response, attention, and learning：An information-processing perspective. In H. D. Kimmel, E. H. van Olst, & J. F. Orelebeke (Eds.), *The orienting reflex in humans*. Erlbaum. pp.443-471. [5.1.6]

岡田章（2011）. 新版 ゲーム理論 有斐閣 [5.5.7]

Okamoto, S., Tomonaga, M., Ishii, K., Kawai, N., Tanaka, M., & Matsuzawa, T. (2002). An infant chimpanzee (*Pan troglodytes*) follows human gaze. *Animal Cognition*, 5, 97-114. [5.4.5]

Olson, D. J., Kamil, A. C., Balda, R. P., & Nims, P. J. (1995). Performance of four seed-caching corvid species in operant tests of nonspatial and spatial memory. *Journal of Comparative Psychology*, 109, 173-181. [5.4.9]

Olson, M. A., & Fazio, R. H. (2001). Implicit attitude formation through classical conditioning. *Psychological Science*, 12, 413-417. [5.5.1]

Olton, D. S., & Papas, B. C. (1979). Spatial memory and hippocampal function. *Neuropsychologia*, 17, 669-682. [5.4.2]

Olton, D. S., & Samuelson, R. J. (1976). Remembrance of places passed：Spatial memory in rats. *Journal of Experimental Psychology：Animal Behavior Process*, 2, 97-116. [5.2.1]

Ono, K. (1987). Superstitious behavior in humans. *Journal of the Experimental Analysis of Behavior*, 47, 261-271. [5.5.3]

Osgood, C. (1952). The nature and measurement of meaning. *Psychological Bulletin*, 49, 197-237. [5.5.1]

Osgood, C. E. (1953). *Method and theory in experimental psychology*. Oxford University Press. [5.1.3]

Oster, H. (2003). Emotion in the infant's face：Insights from the study of infants with facial anomalies. *Annals of the New York Academy of Sciences*, 1000, 197-204. [5.4.6]

Overman, W. H. Jr., & Doty, R. W. (1980). Prolonged visual memory in macaques and man. *Neuroscience*, 5, 1825-1831. [5.4.2]

Overmier, J. B., & Seligman, M. E. P. (1967). Effects of inescapable shock upon subsequent escape and avoidance responding. *Journal of Comparative and Physiological Psychology*, 63, 28-33. [5.2.2]

尾崎由佳（2006）. 接近・回避行動の反復による潜在的態度の変容 実験社会心理学研究，45, 98-110. [5.5.1]

尾崎由佳（2010）. 古典的条件づけによる潜在的態度の形成と変容に関する研究展望 行動科学，49 (1), 53-61. [5.5.1]

Page, S., & Neuringer, A. (1985). Variability is an operant. *Journal of Experimental Psychology：Animal Behavior Processes*, 11, 429-452. [5.3.13]

Parker, L. A. (2003). Taste avoidance and taste aversion：Evidence for two different processes. *Learning & Behavior*, 31, 165-172. [5.1.2]

Parr, L. A., Waller, B. M., Burrows, A. M., Gothard, K. M., & Vick, S. J. (2010). Brief communication：MaqFACS：a muscle-based facial movement coding system for the rhesus macaque. *American journal of physical anthropology*, 143, 625-630. [5.4.6]

Parsons, L. H., Weiss, F., & Koob, G. F. (1998). Serotonin 1B receptor stimulation enhances cocaine reinforcement. *Journal of Neuroscience*, 18, 10078-10089. [5.3.17]

Pavlov, I. P. (1927). *Conditioned reflexes：An investigation of the physiological activity of cerebral cortex* (G. V. Anrep (Trans.)). Oxford University Press. [5.1.1, 5.1.2, 5.1.4, 5.1.5, 5.1.6]

Paz-y-Miño C. G., Bond, A. B., Kamil, A. C., & Balda, R. P. (2004). Pinyon Jays use transitive inference to predict social dominance, *Nature*, 430, 778-781. [5.4.4]

Pearce, J. M. (1978). The relationship between shock magnitude and passive avoidance learning, *Animal Learning & Behavior*, 6, 341-345. [5.2.2]

Peele, D. B., Casey, J., & Silberberg, A. (1984). Primacy of interresponse-time reinforcement in accounting for rate differences under variable-ratio and variable-interval schedules. *Journal of Experimental Psychology：Animal Behavior Process*, 10, 149-167. [5.3.6]

Pellow, S., Chopin, P., File, S. E., & Briley, M. (1985). Validation of open：closed arm entries in an elevated plus-maze as a measure of anxiety in the rat. *Journal of Neuroscience Methods*, 14, 149-167. [5.2.1]

Pepperberg, I. M. (2006). Grey parrot (*Psittacus erithacus*) numerical abilities：Addition and further experiments on a zero-like concept. *Journal of Comparative Psychology*, 120, 1-11. [5.4.4]

Peterson, C., Maier, S., & Seligman, M. E. P. (1993). *Learned helplessness：A theory for the age of personal control*. New York：Oxford University Press.（津田彰（監訳）（2000）. 学習性無力感──パーソナル・コントロールの時代をひらく理論 二瓶社）[5.2.2]

Peterson, G. B., Ackil, J. E., Frommer, G. P., & Hearst, E. S. (1972). Conditioned approach and contact behavior towards signals for food or brain-stimulation reinforcement. *Science*, 177, 1009-1011. [5.3.3]

Pilley, J. W., & Reid, A. K. (2011). Border collie comprehends object names as verbal referents. *Behavioural Processes*, 86, 184-195. [5.4.4]

Pineles, S. L., Orr, M. R., & Orr, S. P. (2009). An alternative scoring method for skin conductance responding in a differential fear conditioning paradigm with a long-duration conditioned stimulus. *Psychophysiology*, 46, 984-995. [5.1.6]

Pineño, O., Urushihara, K., & Miller, R. R. (2005). Spontaneous recovery from forward and backward blocking. *Journal of Experimental Psychology：Animal Behavior Processes*, 31, 172-183. [5.1.5]

Pineño, O., Urushihara, K., Stout, S., Fuss, J., & Miller, R. R. (2006). When more is less：Extending training of the blocking association following compound training attenuates the blocking effect. *Learning & Behavior*, 34, 21-36. [5.1.5]

Platt, J. R. (1973). Percentile reinforcement：Paradigms for experimental analysis of response shaping. In G. H. Bower (Ed.), *The psychology of learning and motivation：Advances in theory and research*. Vol. 7. Academic Press. pp. 271-296. [5.3.3]

Podlesnik, C. A., & Kelley, M. E. (2014). Resurgence：Response competition, stimulus control, and reinforcer control. *Journal of the Experimental Analysis of Behavior*, **102**, 231-240. [5.3.9]

Podlesnik, C. A., & Shahan, T. A. (2009). Behavioral momentum and relapse of extinguished operant responding. *Learning & Behavior*, **37**, 357-364. [5.3.9]

Polack, C. W., Laborda, M. A., & Miller, R. R. (2013). On the differences in degree of renewal produced by the different renewal designs. *Behavioural Processes*, **99**, 112-120. [5.1.4]

Pornpitakpan, C. (2012). A critical review of classical conditioning effects on consumer behavior. *Australasian Marketing Journal*, **20**, 282-296. [5.5.1]

Potts, W. J. (1970). Avoidance learning in the rat as a function of strain differences. *Psychological Reports*, **27**, 235-243. [5.2.2]

Prokasy, W. F., & Raskin, D. C. (Eds.)(1973). *Electrodermal activity in psychological research*. Academic Press. [5.1.6]

Quirk, G. J. (2002). Memory for extinction of conditioned fear is long-lasting and persists following spontaneous recovery. *Learning and Memory*, **9**, 402-407. [5.3.9]

Rachlin, H., & Green, L. (1972). Commitment, choice and self-control. *Journal of the Experimental Analysis of Behavior*, **17**, 15-22. [5.3.12]

Rachlin, H., Raineri, A., & Cross, D. (1991). Subjective probability and delay. *Journal of the Experimental Analysis of Behavior*, **55**, 233-244. [5.5.4]

Raia, P., Shillingford, S. W., Miller, Jr., H., & Baier, P. S. (2000). Interaction of procedural factors in human performance on yoked schedules. *Journal of the Experimental Analysis of Behavior*, **74**, 265-281. [5.5.3]

Rakitin, B. C., Gibbon, J., Penney, T. B., Malapani, C., Hinton, S. C., & Meck, W. H. (1998). Scalar expectancy theory and peak-interval timing in humans. *Journal of Experimental Psychology：Animal Behavior Processes*, **24** (1), 15-33. [5.3.14]

Randall, P. K., & Riccio, D. C. (1969). Fear and punishment as determinants of passive-avoidance responding. *Journal of Comparative and Physiological Psychology*, **69**, 550-553. [5.2.2]

Rashotte, M. E., Griffin, R. W., & Sisk, C. L. (1977). Second-order conditioning of the pigeon's keypeck. *Animal Learning & Behavior*, **5**, 25-38. [5.1.2]

Rauhut, A. S., Thomas, B. L., & Ayers, J. J. B. (2001). Treatments that weaken Pavlovian conditioned fear and thwart its renewal in rats：Implications for treating human phobias. *Journal of Experimental Psychology：Animal Behavior Processes*, **27**, 99-114. [5.1.4]

Razran, G. (1935). Conditioned responses：An experimental study and a theoretical analysis. *Archives of Psychology* (New York), 28, (whole No. 191). [5.1.6]

Razran, G. (1955). Conditioning and perception. *Psychological Review*, **62**, 82-95. [5.1.6]

Razran, G. (1961). The observable unconscious and the inferable conscious in current Soviet psychophysiology：Interoceptive conditioning, semantic conditioning, and the orienting reflex. *Psychological Review*, **68**, 81-140. [5.1.3]

Reed, P., & Wright, J. E. (1988). Effects of magnitude of food reinforcement on free-operant response rates. *Journal of the Experimental Analysis of Behavior*, **49**, 75-85. [5.3.7]

Reed, P., & Yoshino, T. (2001). The Effect of Response-Dependent Tones on the Acquisition of Concurrent Behavior in Rats. *Learning and Motivation*, **32**, 255-273. [5.3.10]

Reese, E. P. (1964). *Experiments in operant behavior*. Appleton-Century-Crofts. [5.3.3]

Reilly, S., & Schachtman, T. R. (Eds.)(2009). *Conditioned taste aversion：behavioral and neural processes*. Oxford University Press. [5.1.2]

Rescorla, R. A. (1967). Pavlovian conditioning and its proper control procedures. *Psychological Review*, **74**, 71-80. [5.1.1]

Rescorla, R. A. (1967). Inhibition of delay in Pavlovian fear conditioning. *Journal of Comparative and Physiological Psychology*, **64**, 114-120. [5.1.5]

Rescorla, R. A. (1968). Probability of shock in the presence and absence of CS in fear conditioning. *Journal of Comparative and Physiological Psychology*, **66**, 1-5. [5.1.4, 5.1.5]

Rescorla, R. A. (1969a). Conditioned inhibition of fear resulting from negative CS-US contingencies. *Journal of Comparative and Physiological Psychology*, **67**, 504-509. [5.1.5]

Rescorla, R. A. (1969b). Pavlovian conditioned inhibition. *Psychological Bulletin*, **72**, 77-94. [5.1.5]

Rescorla, R. A. (1970). Reduction in the effectiveness of reinforcement after prior excitatory conditioning. *Learning and Motivation*, **1**, 372-381. [5.1.5]

Rescorla, R. A. (1971). Variation in the effectiveness of reinforcement and nonreinforcement following prior inhibitory conditioning. *Learning and Motivation*, **2**, 113-123. [5.1.5]

Rescorla, R. A. (1973). Effect of US habituation following conditioning. *Journal of Comparative and Physiological Psychology*, **82**, 137-143. [5.1.3]

Rescorla, R. A. (1974). Effect of inflation of the unconditioned stimulus value following conditioning. *Journal of Comparative and Physiological Psychology*, **86**, 101-106. [5.1.3]

Rescorla, R. A. (1980a). *Pavlovian second-order conditioning*. Erlbaum. [5.1.5]

Rescorla, R. A. (1980b). Simultaneous and successive associations in sensory preconditioning. *Journal of Experimental Psychology：Animal Behavior Processes*, **6**, 207-216. [5.1.5]

Rescorla, R. A. (1984). Signaling intertrial shocks attenuates their negative effect on conditioned suppression. *Bulletin of the Psychonomic. Society*, **22**, 225-228. [5.1.4]

Rescorla, R. A. (1987). A Pavlovian analysis of goal-directed behavior. *American Psychologist*, **42**, 119-129. [5.3.11]

Rescorla, R. A. (1988). Pavlovian conditioning：It's not what you think it is. *American Psychologist*, **43**, 151-160. [5.1.6]

Rescorla, R. A. (1991). Associative relations in Instrumental learning：The eighteenth Bartlet Memorial Lecture. *Quarterly Journal of Experimental Psychology*, **43B**, 1-23. [5.3.11]

Rescorla, R. A. (1997). Spontaneous recovery after Pavlovian conditioning with multiple outcomes. *Animal Learning & Behavior*, **25**, 99-107. [5.1.4]

Rescorla, R. A. (1998). Instrumental learning：Nature and persistence. In M. Sabourin, F. Craik & M. Robert (Eds.), *Advances in psychological science, Vol. 2*. Psychology Press. pp.239-257. [5.3.11]

Rescorla, R. A. (2000). Extinction can be enhanced by a concurrent exciter. *Journal of Experimental Psychology*：*Animal Behavior Processes*, **26**, 251-260. [5.1.4]

Rescorla, R. A. (2001). Experimental extinction. In R. R. Mowrer & S. B. Klein (Eds.), *Handbook of contemporary learning theories*. Erlbaum. pp.119-154. [5.1.4]

Rescorla, R. A. (2002). Extinction. In L. Bäckman & C. von Hofsten. (Eds.), *Psychology at the turn of the millennium*：*Vol. 1. Cognitive, biological, and health perspectives*. Psychology Press. pp.217-244. [5.1.4]

Rescorla, R. A. (2003). Protection from extinction. *Learning & Behavior*, **31**, 124-132. [5.1.4]

Rescorla, R. A. (2004). Spontaneous recovery. *Learning and Memory*, **11**, 501-509. [5.3.9]

Rescorla, R. A. (2006). Deepened extinction from compound stimulus presentation. *Journal of Experimental Psychology*：*Animal Behavior Processes*, **32**, 135-144. [5.1.4]

Rescorla, R. A., & Heth, C. D. (1975). Reinstatement of fear to an extinguished conditioned stimulus. *Journal of Experimental Psychology*：*Animal Behavior Processes*, **1**, 88-96. [5.1.4]

Rescorla, R. A., & Holland, P. C. (1982). Behavioral studies of associative learning in animals. *Annual Review of Psychology*, **33**, 265-308. [5.1.3, 5.3.11]

Rescorla, R. A., & Solomon, R. L. (1967). Two-process learning theory：Relationships between Pavlovian conditioning and instrumental learning. *Psychological Review*, **74**, 151-182. [5.1.2, 5.3.11]

Reynolds, B., & Schiffbauer, R. (2004). Measuring state changes in human delay discounting：an experimental discounting task. *Behavioural Processes*, **67**, 343-356. [5.5.4]

Reynolds, G. S. (1961). Behavioral contrast. *Journal of the Experimental Analysis of Behavior*, **4**, 57-71. [5.3.6]

Reynolds, G. S. (1961). Behavioral contrast. *Journal of the Experimental Analysis of Behavior*, **4**, 203-208. [5.3.15]

Reynolds, G. S. (1975). *A primer of operant conditioning*. San Francisco：Freeman. (浅野俊夫 (訳) (1978). オペラント心理学入門——行動分析への道　サイエンス社) [5.3.4]

Richards, J. B., Mitchell, S. H., de Wit, H., & Seiden, L. S. (1997). Determination of discount functions in rats with an adjusting-amount procedure. *Journal of the Experimental Analysis of Behavior*, **67**, 353-366. [5.5.4]

Richards, J. B., Zhang, L., Mitchell, S. H., & De Wit, H. (1999). Delay or probability discounting in a model of impulsive behavior：Effect of alcohol. *Journal of the Experimental Analysis of Behavior*, **71**, 121-143. [5.5.5]

Riley, A. L., & Freeman, K. B. (2004). Conditioned taste aversion. A database. *Pharmacology, Biochemistry, and Behavior*, **77**, 655-656. Available from http：//www.ctalearning.com [5.1.2]

Rizley, R. C., & Rescorla, R. A. (1972). Associations in second-order conditioning and sensory preconditioning. *Journal of Comparative and Physiological Psychology*, **81**, 1-11. [5.1.3]

Robbins, D. (1971). Partial reinforcement：A selective review of the alleyway literature since 1960. *Psychological Bulletin*, **75**, 415-431. [5.3.9]

Roberts, W. A., & Dale, R. H. (1981). Remembrance of places lasts：Proactive inhibition and patterns of choice in rat spatial memory. *Learning and Motivation*, **12**, 261-281. [5.2.1]

Rodriguez, M. L., & Logue, A. W. (1988). Adjusting delay to reinforcement：Comparing choice in pigeons and humans. *Journal of Experimental Psychology*：*Animal Behavior Processes*, **14**, 105-117. [5.5.4]

Ross, R. T., & Holland, P. C. (1981). Conditioning of simultaneous and serial feature-positive discriminations. *Animal Learning & Behavior*, **9**, 293-303. [5.1.5]

Rozeboom, W. W. (1958) What is learned?—An empirical enigma. *Psychological Review*, **65**, 22-33. [5.1.3, 5.3.11]

Rusiniak, K. W., Hankins, W. G., Garcia, J., & Brett, L. P. (1979). Flavor-illness aversions：Potentiation of odor by taste in rats. *Behavioral and Neural Biology*, **25**, 1-17. [5.1.5]

佐伯大輔 (2009). 遅延割引の基礎的事実　坂上貴之 (編)　意思決定と経済の心理学　朝倉実践心理学講座1　朝倉書店　pp. 53-61. [5.5.4]

佐伯大輔・伊藤正人 (2003). ゲーム場面における遅延による報酬の価値割引——報酬量効果の検討　日本心理学会第67回大会発表論文集, 785. [5.5.4]

佐伯大輔・伊藤正人 (2008). ゲーム場面における報酬の共有と独占間の選択行動——対戦相手の社会的文脈・累積利得のフィードバック・共有確率の効果　日本行動分析学会第26回年次大会発表論文集, 62. [5.5.4]

坂上貴之 (2007). 心理学と経済学の交差点——需要関数・マッチング関数・割引関数　子安増生・西村和雄 (編) 経済心理学のすすめ　有斐閣　pp.15-44. [5.3.8]

Sakai, K., & Miyashita, Y. (1991). Neural organization for the long-term memory of paired associates. *Nature*, **354**, 152-155. [5.4.2]

坂井信之 (2000). 味覚嫌悪学習とその脳メカニズム　動物心理学研究, **50**, 151-160. [5.1.2]

佐久間徹 (1962). 固有唾液反射について　梅花短期大学研究紀要, **11**, 134-141. [5.1.6]

Santos, L. R., Barnes, J. L., & Mahajan, N. (2005). Expectations about numerical events in four lemur species (*Eulemur fulvus, Eulemur mongoz, Lemur catta and Varecia rubra*). *Animal Cognition*, **8**, 253-262. [5.4.4]

佐藤方哉 (1976). 行動理論への招待　大修館書店 [5.3.4]

佐藤暢哉 (2010). ヒト以外の動物のエピソード的 (episodic-like) 記憶——WWW記憶と心的時間旅行　動物心理学研究, **60**, 105-117. [5.4.7]

Sawa, K. K., Leising, J., & Blaisdell, A. P. (2005). Sensory preconditioning in spatial learning using a touch screen task in pigeons. *Journal of Experimental Psychology*：*Animal Behavior Processes*, **31**, 368-375. [5.1.3]

澤幸祐 (2011). 古典的条件づけ　大山正 (監修) 廣中直行 (編著)　学習・動機・情動　心理学研究法3　誠信書房　pp.15-40. [5.1.1]

澤幸祐・栗原彬・沼田恵太郎・永石高敏 (2011). 学習と認知——随伴性判断を中心に　大山正 (監修) 廣中直行 (編著)　学習・動機・情動　心理学研究法3　誠信書房　pp. 70-92. [5.5.1]

Schafe, G. E., Sollars, S. I., & Bernstein, I. L. (1995). The CS-US interval and taste aversion learning：A brief look. *Behavioral Neuroscience*, **109**, 799-802. [5.1.2]

Schiller, D., Monfils, M. H., Raio, C. M., Johnson, D. C., LeDoux,

J. E., & Phelps, E. A. (2010). Preventing the return of fear in humans using reconsolidation update mechanisms. *Nature*, **463**, 49-53. [5.1.6]

Schlinger, H. D., & Blakely, E. (1994). The effects of delayed reinforcement and a response-produced auditory stimulus on the acquisition of operant behavior in rats. *The Psychological Record*, **44**, 391-409. [5.3.7]

Schlosberg, H. (1936). Conditioned responses in the white rat：II. Conditioned responses based upon shock to the foreleg. *Journal of Genetic Psychology*, **49**, 107-138. [5.2.2]

Schmajuk, N. A., & Holland, P. C. (Eds.)(1998). *Occasion setting：Associative learning and cognition in animals*. American Psychological Association. [5.1.3]

Schoenfeld, W. N. (1970). *The theory of reinforcement schedules*. Appleton-Century-Crofts. [5.3.5]

Schwarz, N. (1990). Feeling as information：Informational and motivational functions of affective states. In E. T. Higgins, & R. M. Sorrentino (Eds.), *Handbook of motivation and cognition：Foundations of social behavior. Vol.2*. Guilford Press. pp. 527-561. [5.3.2]

Sclafani, A. (1991). Conditioned food preferences. *Bulletin of the Psychonomic Society*, **29**, 256-260. [5.1.2]

Seligman, M. E. P. (1975). *Helplessness：On depression, development, and death*. Freeman. （平井久・木村駿（監訳）(1985). うつ病の行動学――学習性絶望感とは何か　誠信書房）[5.2.2]

Shadmehr, R., & Mussa-Ivaldi, F. A. (1994). Adaptive representation of dynamics during learning of a motor task. *The Journal of Neuroscience*, **14**, 3208-3224. [5.5.2]

Shahan, T. A., & Sweeney, M. M. (2011). A model of resurgence based on behavioral momentum theory. *Journal of the Experimental Analysis of Behavior*, **95**, 91-108. [5.3.9]

Shanks, D. R. (1985). Continuous monitoring of human contingency judgment across trials. *Memory & Cognition*, **13**, 158-167. [5.5.1]

Shanks, D. R. (2007). Associatonism and cognition：Human contingency learning at 25. *Quarterly Journal of Experimental Psychology*, **60**, 291-309. [5.5.1]

Shanks, D. R., & Lovibond, P. F. (2002). Autonomic and eyeblink conditioning are closely related to contingency awareness：Reply to Wiens and Öhman (2002) and Manns et al. (2002). *Journal of Experimental Psychology：Animal Behavior Processes*, **28**, 38-42. [5.1.6]

柴崎全弘・石田雅人（2006）. イモリにおける部分強化学習と消去抵抗　動物心理学研究, **56**, 101-106. [5.3.9]

島井哲志（1977）. ラットの rearing/jumping 回避条件づけ――Long-Evans 系ラットを用いて　動物心理学年報, **27**, 43-73. [5.2.2]

嶋崎恒雄（1994）. 随伴性の判断――動物の研究とヒトの研究をむすぶもの　磯博行・杉岡幸三（編）　情動・学習・脳　二瓶社　pp. 115-135. [5.5.1]

嶋崎恒雄（2003）. ヒトの随伴性判断　今田寛（監修）中島定彦（編）　学習心理学における古典的条件づけの理論――パヴロフから連合学習研究の最先端まで　培風館　pp.163-176. [5.5.1]

Shishimi, A., & Imada, H. (1977). Discriminated and nondiscriminated avoidance conditioning of the rearing response in rats. *Animal Learning & Behavior*, **5**, 259-264. [5.2.2]

獅々見照・今田寛（1972）. シャトル箱の回避条件反応におよぼす US 強度の効果　心理学研究, **43**, 167-175. [5.2.2]

Sidman, M. (1953a). Avoidance conditioning with brief shock and no exteroceptive warning signal. *Science*, **118**, 157-158. [5.2.2]

Sidman, M. (1953b). Two temporal parameters of the maintenance of avoidance behavior by the white rat. *Journal of Comparative and Physiological Psychology*, **46**, 253-261. [5.2.2]

Sidman, M. (1966). Avoidance behavior. In W. K. Honig (Ed.), *Operant behavior：Areas of research and application*. Appleton. pp. 448-498. [5.2.2]

Siegel, S., & Domjan, M. (1971). Backward conditioning as an inhibitory procedure. *Learning and Motivation*, **2**, 1-11. [5.1.5]

Silk, J. B., Brosnan, S. F., Vonk, J., Henrich, J., Povinelli, D. J., Richardson, A. S., Lambeth, S. P., Mascaro, J., & Schapiro, S. J. (2005). Chimpanzees are indifferent to the welfare of unrelated group members. *Nature*, **437**, 1357-1359. [5.4.6]

Simms, V., McCormack, T., & Beckers, T. (2012). Additivity pretraining and cue competition effects：Developmental evidence for a reasoning-based account. *Journal of Experimental Psychology：Animal Behavior Processes*, **38**, 180-190. [5.5.1]

Singer, R. A., & Zentall, T. R. (2007). Pigeons learn to answer the question "where did you just peck?" and can report peck location when unexpectedly asked. *Learning & Behavior*, **35**, 184-189. [5.4.7]

Skinner, B. F. (1932). Drive and reflex strength. *Journal of General Psychology*, **6**, 22-37. [5.3.4]

Skinner, B. F. (1937). Two types of conditioned reflex：A reply to Konorski and Miller. *Journal of General Psychology*, **16**, 272-279. [5.3.4]

Skinner, B. F. (1938). *The behavior of organisms：An experimental analysis*. Appleton-Century. [5.1.4, 5.3.9]

Skinner, B. F. (1950). Are theories of learning necessary? *Psychological Review*, **57**, 193-216. [5.3.9, 5.4.1]

Skinner, B. F. (1951). How to teach animals. *Scientific American*, **185**, 26-29. [5.3.3]

Skinner, B. F. (1956). A case history in scientific method. *American Psychologist*, **11**, 221-233. [5.3.4]

Slotnick, B. (2009). A simple 2-transistor lick or contact detector circuit. *Journal of the Experimental Analysis of Behavior*, **91**, 253-255. [5.3.2]

Smith, R., & Keller, F. R. (1970). Free-operant avoidance in the pigeon using a treadle response. *Journal of the Experimental Analysis of Behavior*, **13**, 211-214. [5.2.2]

Solomon, R. L., & Wynne, L. C. (1953). Traumatic avoidance learning：acquisition in normal dogs. *Psychological Monograph*, **67**(4), 1-19. [5.2.2]

Soltysik, S. (1985). Protection from extinction：New data and a hypothesis of several varieties of conditioned inhibition. In R. R. Miller & N. E. Spear (Eds.), *Information processing in animals：Conditioned inhibition*. Erlbaum. pp. 369-394. [5.1.4]

Squires, N., & Fantino, E. (1971). A model for choice in simple concurrent and concurrent-chains schedules. *Journal of the*

Experimental Analysts of Behavior, **15**, 27-38. [5.3.12]

St. Claire-Smith, R., & MacLaren, D. (1983). Response preconditioning effects. *Journal of Experimental Psychology：Animal Behavior Processes*, **9**, 41-48. [5.3.11]

Staddon, J. E. R. (1965). Some properties of spaced responding in pigeons. *Journal of the Experimental Analysis of Behavior*, **8**, 19-27. [5.3.5]

Staddon, J. E. R., & Simmelhag, V. L. (1971). The "superstition" experiment：A reexamination of its implications for the principles of adaptive behavior. *Psychological Review*, **78**, 3-43. [5.3.13]

Stanhope, K. J. (1992). The representation of the reinforcer and the force of the pigeon's keypeck in first and second-order conditioning. *Quarterly Journal of Experimental Psychology*, **44B**, 137-158. [5.1.3]

Stetson, C., Cui, X., Montague, P. R., & Eagleman, D. M. (2006). Motor-sensory recalibration leads to an illusory reversal of action and sensation. *Neuron*, **51**, 651-659. [5.5.2]

Stewart, M., Stern, J. A., Winokur, G., & Fredman, S. (1961). An analysis of GSR conditioning. *Psychological Review*, **68**, 60-67. [5.1.6]

Stout, S. C., Chang, R., & Miller, R. R. (2003). Trial spacing is a determinant of cue interaction. *Journal of Experimental Psychology：Animal Behavior Processes*, **29**, 23-38. [5.1.5]

Stout, S. C., Escobar, M., & Miller, R. R. (2004). Trial number and temporal relationship as joint determinants of second-order conditioning and conditioned inhibition. *Learning & Behavior*, **32**, 230-239. [5.1.5]

Stubbs, D. A., & Pliskoff, S. S. (1969). Concurrent responding with fixed relative rate of reinforcement. *Journal of the Experimental Analysis of Behavior*, **12** (6), 887-895. [5.3.12]

Sumpter, C. E., Foster, T. M., & Temple, W. (2002). Assessing Animals' Preferences：Concurrent Schedules of Reinforcement. *International Journal of Comparative Psychology*, **15**, 107-126. [5.3.6, 5.3.12]

Swartzentruber, D. (1991). Blocking between occasion setters and contextual stimuli. *Journal of Experimental Psychology：Animal Behavior Processes*, **17**, 163-173. [5.1.5]

田多英興・山田冨美雄・福田恭介 (1991). まばたきの心理学 北大路書房 [5.1.6]

田所作太郎 (監修・編集)(1991). 行動薬理学の実践——薬物による行動変化 星和書店 [5.3.17]

Takahashi, M. (1993). Psychological distance to reward in monkeys. *Behavioural Processes*, **30**, 299-308. [5.3.12]

Takahashi, M. (1996). Schedule segmentation and delay-reduction theory. *Behavioural Processes*, **36**, 263-275. [5.3.12]

Takahashi, M. (2000). Preference and resistance to change do not always covary. *Behavioral and Brain Science*, **23**, 112-113. [5.3.12]

Takahashi, M., & Fujihara, T. (1995). Human self-control：Effects of type, amount, and delay of reinforcer. *Learning and Motivation*, **26**, 183-202. [5.3.12]

Takahashi, M., & Iwamoto, T. (1986). Human concurrent performances：The effects of experience, instruction, and schedule-correlated stimuli. *Journal of the Experimental Analysis of Behavior*, **45**, 257-267. [5.3.12]

Takahashi, M., Masataka, N., Malaivijitnond, S., & Wongsiri, S. (2008). Future rice is discounted less steeply than future money in Thailand. *The Psychological Record*, **58**, 175-190. [5.5.4]

Takahashi, M., & Shimakura, T. (1998). Effects of instructions on human concurrent performances. *The Psychological Record*, **48**, 171-181. [5.3.12]

Takahashi, M., Ueno, Y., & Fujita, K. (2015). Inference in a social context：A comparative study of capuchin monkeys (*Cebus apella*), tree shrews (*Tupaia belangeri*), hamsters (*Mesocricetus auratus*), and rats (*Rattus norvegicus*). *Journal of Comparative Psychology*, **129**, 402-411. [5.4.4]

竹村和久 (2009). 態度　日本社会心理学会 (編)　社会心理学事典　丸善　pp.82-83. [5.5.1]

瀧本彩加・山本真也 (2014). 霊長類の利他行動——協力社会を生み出すこころの進化　山岸俊男・亀田達也 (編)　社会のなかの共存　岩波講座　コミュニケーションの認知科学4　岩波書店　pp.59-95. [5.4.5, 5.4.6]

谷内通 (1998). ラットの系列学習研究とその展開　心理学評論，**41**, 392-407. [5.2.1]

Terrace, H. S. (1963a). Discrimination learning with and without "errors". *Journal of the Experimental Analysis of Behavior*, **6**, 1-27. [5.3.15]

Terrace, H. S. (1963b). Errorless transfer of a discrimination across two continua. *Journal of the Experimental Analysis of Behavior*, **6**, 223-232. [5.3.15]

Terrace, H. S. (1964). Wavelength generalization after discrimination learning with and without errors. *Science*, **144**, 78-80. [5.3.15]

Terrace, H. S. (1966). Stimulus control. In W. K. Honig (Ed.), *Operant behavior：Areas of research and application*. Appleton-Century-Crofts. pp. 271-344. [5.3.15]

Terrace, H. S., Gibbon, J., Farrell, L., & Baldock, M. D. (1975). Temporal factors influencing the acquisition and maintenance of an autoshaped keypeck. *Animal Learning & Behavior*, **3**, 53-62. [5.1.5]

Thomas, B. L., & Ayers, J. J. B. (2004). Use of the ABA fear renewal paradigm to assess the effects of extinction with co-present fear inhibitors or excitors：Implications for treating human fears and phobias. *Learning and Motivation*, **35**, 22-52. [5.1.4]

Thompson, R. K. R., & Oden, D. L. (2000). Categorical perception and conceptual judgments by nonhuman primates：The paleological monkey and the analogical ape. *Cognitive Science*, **24**, 363-396. [5.4.4]

Thompson, T., & Grabowski, J. (1972). *Reinforcement Schedules and Multioperant Analysis*. Appleton-Century-Crofts. [5.3.5]

Thomsen, M., & Caine, S. N. (2005). Chronic intravenous drug self-administration in rats and mice. *Current Protocols in Neuroscience*, Chapter 9：Unit 9.20. [5.3.17]

Thorndike, E. L. (1911). *Animal intelligence：Experimental studies*. Macmillan. [5.3.4, 5.3.11]

Thorpe, W. (1956). *Learning and Instinct in Animals*. Methuen. [5.4.8]

Thürling, M., Kahl, F., Maderwald, S., Stefanescu, R. M., Schlamann, M., Boele, H., De Zeeuw, C. I., Diedrichsen, J., Ladd, M. E., Koekkoek, S. K. E., & Timmann, D. (2015). Cerebellar cortex and cerebellar nuclei are concomitantly activated during eyeblink conditioning：A 7T fMRI study in humans. *Journal of Neuroscience*, **35**, 1226-1239. [5.1.6]

Timberlake, W. (1993). Behavior systems and reinforcement：An integrative approach. *Journal of the Experimental Analysis of Behavior*, **60**, 105-128. [5.3.11]

Timberlake, W. (1994). Behavior systems, associationism, and Pavlovian conditioning. *Psychonomic Bulletin & Review*, **1**, 405-420. [5.1.3]

Timberlake, W. (2001). Motivational modes in behavior systems. In R. R. Mowrer & S. B. Klein (Eds.), *Handbook of contemporary learning theories*. Erlbaum. pp. 155-209. [5.1.3, 5.3.11]

Tinbergen, N. (1963). On aims and Methods in ethology. *Zeitschrift fur Tierpsychologie*, **20**, 410-433. [5.4.9]

Tolman, E. C. (1932). *Purposive behavior in animals and men*. Appleton. [5.1.3, 5.3.11]

Tolman, E. C., & Hozik, C. H. (1930). Introduction and removal of reward, and maze performance in rats. *University of California Publications in Psychology*, **4**, 257-275. [5.3.11]

Tomasello, M., Savage-Rumbaugh, S., & Kruger, A. C. (1993). Imitative learning of actions on objects by children, chimpanzees, and enculturated chimpanzees. *Child Development*, **64**, 1688-1705. [5.4.8]

友永雅己（2014）. だます・協力する――マキャベリの知性　開一夫（編）　母性と社会性の起源　岩波講座 コミュニケーションの認知科学 3　岩波書店　pp.105-129. [5.4.5]

Tomonaga, M., & Imura, T. (2015). Efficient search for a face by chimpanzees. *Scientific Reports*, **5**, 11437. [5.4.5]

Tracy, J. A., & Steinmetz, J. E. (2006). Mehods used in eyeblink classical conditioning. In M. J. Anderson (Ed.), *Tasks and techniques：A sampling of the methodologies for the investigation of animal learning, behavior and cognition*. Nova Science Publishers. pp.163-175. [5.1.2]

Trapold, M. A., & Overmier, J. B. (1972). The second learning process in instrumental learning. In A. H. Black & W. F. Prokasy (Eds.), *Classical conditioning II：Current theory and research*. Appleton. pp.427-452. [5.3.11]

Truppa, V., Piano Mortari, E., Garofoli, D., Privitera, S., & Visalberghi, E. (2011). Same/Different Concept Learning by Capuchin Monkeys in Matching-to-Sample Tasks. *PLoS ONE*, **6**, e23809. [5.4.4]

津田泰弘（1984）. 動物の記憶（行動的研究）　基礎編　人文論究（関西学院大学）, **33**(4), 91-115. [5.4.1]

津田泰弘（1985）. 動物の記憶（行動的研究）　理論編　人文論究（関西学院大学）, **34**(4), 74-99. [5.4.1]

辻敬一郎（1983）. 学習行動　糸魚川直祐（編）　発達 I ――系統発生　現代基礎心理学 9　東京大学出版会　pp.41-62. [5.3.16]

恒松伸（2009）. 需要関数を使う　坂上貴之（編）　意思決定と経済の心理学　朝倉実践心理学講座 1　朝倉書店　pp.30-52. [5.3.8]

Tulving, E. (1972). Episodic and semantic memory. In E. Tulving & W. Donaldson (Eds.), *Organization of memory*. Academic Press. pp.382-403. [5.4.7]

Tulving, E.（1983）. *Elements of Episodic Memory*. Oxford University Press. [5.4.7]

Tzschentke, T. M. (1998). Measuring reward with the conditioned place preference paradigm：a comprehensive review of drug effects, recent progress and new issues. *Progress in Neurobiology*, **56**, 613-672. [5.3.17]

Tzschentke, T. M. (2007). Measuring reward with the conditioned place preference（CPP）paradigm：update of the last decade. *Addiction Biology*, **12**, 227-462. [5.3.17]

Unkelbach, C., Stahl, C., & Förderer, S. (2012). Changing CS features alters evaluative responses in evaluative conditioning. *Learning and Motivation*, **43**, 127-134. [5.5.1]

Urcelay, G. P., & Miller, R. R. (2006). Counteraction between overshadowing and degraded contingency treatments：Support for the extended comparator hypothesis. *Journal of Experimental Psychology：Animal Behavior Processes*, **32**, 21-32. [5.1.5]

Urcelay, G. P., Wheeler, D. S., & Miller, R. R. (2009). Spacing extinction trials alleviates renewal and spontaneous recovery. *Learning & Behavior*, **37**, 60-73. [5.1.4]

Urcelay, G. P., Witnauer, J. E., & Miller, R. R. (2012). The dual role of the context in postpeak performance decrements resulting from extended training. *Learning & Behavior*, **40**, 476-493. [5.1.5]

Urcuioli, P. J. (2005). Behavioral and associative effects of differential outcomes in discrimination learning. *Animal Learning & Behavior*, **33**, 1-21. [5.3.11]

Urcuioli, P. J. (2013). Stimulus control and stimulus class formation. In G. J. Madden (Ed.), *APA handbook of behavior analysis, Vol. 1*. American Psychological Association. pp.361-386. [5.4.1]

漆原宏次（1999）. 古典的逆行条件づけに関する最近の研究動向　心理学評論, **42**, 272-288. [5.1.1]

Urushihara, K., & Miller, R. R. (2006). Overshadowing and the outcome-alone exposure effect counteract each other. *Journal of Experimental Psychology：Animal Behavior Processes*, **32**, 253-270. [5.1.5]

Urushihara, K., & Miller, R.R. (2007). CS-duration and partial-reinforcement effects counteract overshadowing in select situations. *Learning & Behavior*, **35**, 201-213. [5.1.5]

Urushihara, K., & Miller, R.R. (2010). Backward blocking in first-order conditioning. *Journal of Experimental Psychology：Animal Behavior Processes*, **36**, 281-295. [5.1.5]

漆原宏次・中島定彦（2003）. 時間的符号化仮説　今田寛（監修）中島定彦（編）　学習心理学における古典的条件づけの理論――パヴロフから連合学習研究の最先端まで　培風館　pp.147-156. [5.1.3]

Urushihara, K., Stout, S. C., & Miller, R. R. (2004). The basic laws of conditioning differ for elemental cues and cues trained in compound. *Psychological Science*, **15**, 268-271. [5.1.5]

Ushitani, T., Fujita, K., & Yamanaka, R. (2001). Do pigeons (*Columba livia*) perceive object unity? *Animal Cognition*, **4**, 153-161. [5.4.3]

Vallee-Tourangeau, F., Murphy, R. A., & Baker, A. G. (2005). Contiguity and the outcome density bias in action–outcome contingency judgements. *Quarterly Journal of Experimental Psychology*, **58B**, 177-192. [5.5.1]

Vallée-Tourangeau, F., Payton, T., & Murphy, R. A. (2008). The impact of presentation format on causal inferences. *European Journal of Cognitive Psychology*, **20**, 177-194. [5.5.1]

Van Oyen, H. G., Walg, H., & Van De Poll, N. E. (1981). Discriminated lever press avoidance conditioning in male and female rats. *Physiology & Behavior*, **26**, 313-317. [5.2.2]

Vick, S. J., Waller, B. M., Parr, L. A., Smith Pasaqualini, M. C., & Bard, K. A. (2007). A cross-species comparison of facial morphology and movement in humans and chimpanzees using the facial action coding system (FACS). *Journal of Nonverbal Behaviour*, **31**, 1-20. [5.4.6]

Vickrey, W. (1961). Counterspeculation, auctions, and competitive sealed tenders. *Journal of Finance*, **16**, 8-37. [5.5.5]

von Fersen, L., Wynne, C. D. L., Delius, J. D., & Staddon, J. E. R. (1991). Transitive Inference Formation in Pigeons. *Journal of Experimental Psychology：Animal Behavior processes*, **17**, 334-341. [5.4.4]

von Neumann, J., & Morgenstern, O. (1944, 1947). *Theory of games and economic behavior*. Princeton University Press. (フォン ノイマン, J., & モルゲンシュテルン, O. (著) 阿部修一・銀林浩・下島英忠・橋本和美・宮本敏雄 (訳)(2009). ゲームの理論と経済行動 ちくま学芸文庫)[5.5.7]

Vurbic, D., & Bouton, M. E. (2014). A contemporary behavioral perspective on extinction. In F. K. McSweeney & E. S. Murphy (Eds.), *The Wiley Blklackwell handbook of operant and classical conditioning*. John Wiley & Sons. pp. 53-76. [5.3.9]

Wagner, A. R., Logan, F. A., Haberlandt, K., & Price, T. (1968). Stimulus selection in animal discrimination learning. *Journal of Experimental Psychology*, **76**, 171-180. [5.1.5]

Waller, B. M., Kuchenbuch, P., Lembeck, M., Burrows, A. M., & Liebal, K. (2012). GibbonFACS：A muscle based coding system for the hylobatids. *International Journal of Primatology*, **33**, 809-821. [5.4.6]

Waller, B. M., Peirce, K., Caeiro, C. C., Scheider, L., Burrows, A. M., McCune, S., & Kaminski, J. (2013). Paedomorphic facial expressions give dogs a selective advantage. *PLoS ONE*, **8**, e82686. [5.4.6]

Walther, E., Weil, R., & Düsing, J. (2011). The roll of evaluative conditioning in attitude formation. *Current Direction in Psychological Science*, **20**, 192-196. [5.5.1]

Warneken, F., Hare, B., Melis, A. P., Hanus, D., & Tomasello, M. (2007). Spontaneous altruism by chimpanzees and young children. *PLoS Biology*, **5**, e184. [5.4.6]

Warren, J. M. (1965). Primate learning in comparative perspective. In A. M. Schrier & H. F. Harlow (Eds.), *Behavior of Nonhuman Primates*, **1**, 249-281. [5.4.9]

Wasserman, E. A. (1973). The effect of redundant contextual stimuli on autoshaping the pigeon's keypeck. *Animal Learning & Behavior*, **1**, 198-206. [5.1.2]

Wasserman, E. A. (1990). Attribution of causality to common and distinctive elements of compound stimuli. *Psychological Science*, **1**, 298-302. [5.5.1]

Wasserman, E. A., Elek, S. M., Chatlosh, D. L., & Baker, A. G. (1993). Rating causal relations：The role of probability in judgments of response-outcome contingency. *Journal of Experimental Psychology：Learning, Memory, and Cognition*, **19**, 174-188. [5.5.1]

Wasserman, W. A., Hugart, J. A., & Kirkpatrick-Steger, K. (1995). Pigeons show same-different conceptualization after training with complex visual stimuli. *Journal of Experimental Psychology：Animal Behavior Processes*, **21**, 248-252. [5.3.16]

Watanabe, S., Nishimoto, Y., Fujita, K., & Ishida, M. (2014). Budgerigars (*Melopsittacus undulatus*) perceive a Müller-Lyer illusion. *Japanese Journal of Psychonomic Science*, **33**, 117-118. [5.4.3]

Wathan, J., Burrows, A. M., Waller, B. M., & McComb, K. (2015). EquiFACS：The Equine Facial Action Coding System. *PLoS ONE*, **10**, e0137818. [5.4.6]

Watson, J. B. (1919). *Psychology from the standpoint of a behaviorist*. Lippincott. [5.1.6]

Watson, J. B. (1924). *Behaviorism*. Norton. [5.1.3]

Wegener, D. T., Petty, R. E., & Smith, S. M.(1995). Positive mood can increase or decrease message scrutiny：The hedonic contingency view of mood and message processing. *Journal of Personality and Social Psychology*, **69**, 5-15. [5.3.2]

White, K. G. (2013). Remembering and forgetting. In G. J. Madden (Ed.), *APA handbook of behavior analysis, Vol. 1*. American Psychological Association. pp. 411-437. [5.4.1]

Whiten, A., Custance, D. M., Gomez, J.-C., Teixidor, P., & Bard, K. A. (1996). Imitative learning of artificial fruit processing in children (*Homo sapiens*) and chimpanzees (*Pan troglodytes*). *Journal of Comparative Psychology*, **110**, 3-14. [5.4.8]

Whittleton, J. C., Kostanek, D. J., & Sawrey, J. M. (1965). CS directionality and intensity in avoidance learning and extinction. *Psychonomic Science*, **3**, 415-416. [5.2.2]

Williams, B. A., & Fantino, E. (1978). Effects on choice of reinforcement delay and conditioned reinforcement. *Journal of the Experimental Analysis of Behavior*, **29**, 77-86. [5.3.6]

Williams, D. R., & Williams, H. (1969). Auto-maintenance in the pigeon：sustained pecking despite contingent non-reinforce- ment. *Journal of the Experimental Analysis of Behavior*, **12**, 511-520. [5.3.3]

Witnauer, J. E., & Miller, R. R. (2013). Conditioned suppression is an inverted-U function of footshock intensity. *Learning & Behavior*, **41**, 94-106. [5.1.2]

Wood, R. I., Kim, J. Y., & Li, G. R. (2016). Cooperation in rats playing the iterated Prisoner's Dilemma game. *Animal Behavior*, **114**, 27-35. [5.5.7]

Woodruff, G., & Premack, D. (1979). Intentional communication in the chimpanzee：The development of deception. *Cognition*, **7**, 333-362. [5.4.5]

Woodruff-Pak, D. S., & Steinmetz, J. E. (Eds.)(2000). *Eyeblink classical conditioning：Volume 2. Animal models*. Kluwer Academic Publications. [5.1.2]

Xia, L., Delius, J. D., & Siemann, M. (1996). A multistimulus, portable, and programmable conditioning panel for pigeons. *Behavior Research Method, Instruments, & Computers*, **28**, 49-54. [5.3.2]

Xia, L., Emmerton, J., Siemann, M., & Delius, J. D. (2001). Pigeons (*Columba livia*) learn to link numerosities with symbols. *Journal of Comparative Psychology*, **115**, 83-91. [5.4.4]

山田恒夫 (1987). 適応行動としての自動的反応形成——パブロフ条件づけの反応遂行理論 大阪大学人間科学部紀要, **13**, 243-267. [5.1.2]

山田剛史 (1998). 単一事例実験データの分析方法としてのランダマイゼーション検定 行動分析学研究, **13**, 44-58. [5.3.1]

山岸直基 (2005). 行動変動性とオペラント条件づけ 基礎心理学研究, **23**, 183-200. [5.3.13]

山崎由美子 (1999). 動物における刺激等価性 動物心理学研究, **49**, 107-137. [5.4.1]

Yanagita, T. (1973). An experimental framework for evaluation of dependence liability of various types of drugs in monkeys. In：*Pharmacology and the future of man*：proceedings of the Fifth International Congress on Pharmacology, San Francisco, Calif., July 23-28, 1972, Vol. 1：7-17, Karger, Switzerland. (reproduced in：*Bulletin on Narcotics* 25：57-67, 1973) [5.3.17]

柳田知司 (編) (1990). 薬物依存，行動毒性 毒性試験講座 8 地人書館 [5.3.17]

Yin, H., Barnet, R. C., & Miller, R. R. (1994). Second-order conditioning and Pavlovian conditioned inhibition：Operational similarities and differences. *Journal of Experimental Psychology*：*Animal Behavior Processes*, **20**, 419-428. [5.1.5]

Yonelinas, A. P. (2001). Components of episodic memory：the contribution of recollection and familiarity. *Philosophical Transactions of the Royal Society of London. Series B, Biological Sciences*, **356** (1413), 1363-1374. [5.4.2]

Yoshida, T., Kai, M., & Imada, H. (1969). A methodological study of CER in rats with "licking" as the criterion response. *Japanese Psychological Research*, **11**, 66-75. [5.1.2]

Zeiler, M. D. (1971). Eliminating behavior with reinforcement. *Journal of the Experimental Analysis of Behavior*, **16**, 401-405. [5.3.5]

Zentall, T. R., Clement, T. S., Bhatt, R. S., & Allen, J. (2001). Episodic-like memory in pigeons. *Psychonomic Bulletin & Review*, **8**, 685-690. [5.4.7]

Zentall, T. R., Singer, R. A., & Stagner, J. P. (2008). Episodic-like memory：pigeons can report location pecked when unexpectedly asked. *Behavioral Processes*, **79**, 93-98. [5.4.7]

Zhou, W., Hohmann, A. G., & Crystal, J. D. (2012). Rats answer an unexpected question after incidental encoding. *Current Biology*, **22**, 1149-1153. [5.4.7]

http：//www.cns.atr.jp/~imamizu/visuomotor/ [5.5.2]

■ 第6部 ■

阿部恒之 (2002). ストレスと化粧の社会生理心理学 フレグランスジャーナル社 [6.1.1, 6.4.1, 6.4.2]

Adler, L. E., Pachtman, E., Franks, R. D., Pecevich, M., Waldo, M. C., & Freedman, R. (1982). Neurophysiological evidence for a defect in neuronal mechanisms involved in sensory gating in schizophrenia. *Biological Psychiatry*, **17**, 639-654. [6.7.7]

Aida, T., Chiyo, K., Usami, T., Ishikubo, H., Imahashi, R., Wada, Y., Tanaka, K. F., Sakuma, T., Yamamoto, T., & Tanaka, K. (2015). Cloning-free CRISPR/Cas system facilitates functional cassette knock-in in mice. *Genome Biology*, **16**, 87. [6.15.2]

Aihara, T., Takeda, Y., Takeda, K., Yasuda, W., Sato, T., Otaka,

Y., Hanakawa, T., Honda, M., Liu, M., Kawato, M., Sato, M., & Osu, R. (2012). Cortical current source estimation from electroencephalography in combination with near-infrared spectroscopy as a hierarchical prior. *Neuroimage*, **59** (4), 4006-4021. [6.7.7]

American Electroencephalographic Society (1994). Guideline thirteen：guidelines for standard electrode position nomenclature. *Journal of Clinical Neurophysiology*, **11**, 111-113. [6.6.1]

Andreassi, J. L. (2007). *Psychophysiology*：*Human behavior & physiological response* (5th ed). Lawrence Erlbaum Asociates, Inc. (アンドレアッシ, J. L. (著) 今井章 (監訳) (2012). 心理生理学——こころと脳の心理科学ハンドブック 北大路書房) [6.6.2]

Andreassi, J. L., & Juszczak, N. M. (1984). An investigation of hemispheric specialization and visual event related potentials in discriminations of line length. *International Journal of Psychophysiology*, **2**, 87-95. [6.6.2]

青柳優 (2010). 聴性誘発電位 *Equilibrium Research*, **69**, 113-126. [6.6.2]

Awater, H., & Lappe, M. (2006). Mislocalization of perceived saccade target position induced by perisaccadic visual stimulation. *Journal of Neuroscience*, **26**, 12-20. [6.2.1]

Barkhaus, P. E., & Nandedkar, S. D. (1994). Recording characteristics of the surface EMG electrodes. *Muscle and Nerve*, **17**, 1317-1323. [6.5.1]

Becker, W. (1989). Metrics. In R. H. Wurtz & M. E. Goldberg (Eds.), *The neurobioloy of saccadic eye movements*. Elsevier. pp.13-67. [6.2.1]

Bennett, S. J., & Barnes, G. R. (2006). Combined smooth and saccadic ocular pursuit during the transient occlusion of a moving visual object. *Experimental Brain Research*, **168**, 313-321. [6.2.1]

Bepari, A. K., Sano, H., Tamamaki, N., Nambu, A., Tanaka, K. F., & Takebayashi, H. (2012). Identification of optogenetically activated striatal medium spiny neurons by Npas4 expression. *PLoS One*, **7**, e52783. [6.14.1]

Beppu, K., Sasaki, T., Tanaka, K. F., Yamanaka, A., Fukazawa, Y., Shigemoto, R., & Matsui, K. (2014). Optogenetic countering of glial acidosis suppresses glial glutamate release and ischemic brain damage. *Neuron*, **81**, 314-320. [6.14.1]

Berger, H. (1929). Über das Elektrenkephalogramm des Menschen. *Archiv fur Psychiatrie und Nervenkrankheiten*, **87**, 527-570. [6.6.1]

Berntson, G. G., Bigger, J. T., Jr., Eckberg, D. L., Grossman, P., Kaufmann, P. G., Malik, M., Nagaraja, H. N., Porges, S. W., Saul, J. P., Stone, P. H., & van der Molen, M. W. (1997). Heart rate variability：Origins, methods, and interpretive caveats. *Psychophysiology*, **34**, 623-648. [6.3.1]

Bohacek, J., & Mansuy, I. M. (2015). Molecular insights into transgenerational non-genetic inheritance of acquired behaviours. *Nature Reviews Genetics*, **16**, 641-652. [6.15.1]

Botvinick, M. M., Braver, T. S., Barch, D. M., Carter, C. S., & Cohen, J. D. (2001). Conflict monitoring and cognitive control. *Psychological Review*, **108**, 624-652. [6.6.2]

Bruin, K. J., & Wijers, A. A. (2002). Inhibition, response mode, and stimulus probability：a comparative event-related potential study. *Clinical Neurophysiology*, 113, 1172-1182. [6.6.2]

Brunia, C. H. M. (1988). Movement and stimulus preceding negativity. *Biological Psychology*, 26, 165-178. [6.6.2]

Bruns, A. (2004). Fourier-, Hilbert- and wavelet-based signal analysis : are they really different approaches? *Journal of Neuroscience Methods*, 137, 321-332. [6.6.3]

Bucher, E. S., & Wightman, R. M. (2015). Electrochemical analysis of neurotransmitters. *Annual Review of Analytical Chemistry*, 8, 239-261. [6.13.1]

Buehr, M., Meek, S., Blair, K., Yang, J., Ure, J., Silva, J., McLay, R., Hall, J., Ying, Q. L., & Smith, A. (2008). Capture of authentic embryonic stem cells from rat blastocysts. *Cell*, 135, 1287-1298. [6.15.2]

Cannon, W. B. (1932). *The wisdom of the body.* New York : W W Norton & Co. (キャノン, W. B.(著) 舘鄰・舘澄江 (訳) (1981). からだの知恵——この不思議なはたらき 講談社学術文庫)[6.4.1]

Cannon, W. B., & de la Paz, D. (1911). Emotional stimulation of adrenal secretion. *American Journal of Physiology*, 28, 64-70. [6.4.1]

Capecchi, M. R. (1989). Altering the genome by homologous recombination. *Science*, 244, 1288-1292. [6.15.2]

Carpenter, R. H. (1988). *Movements of the eyes* (2nd ed.). Pion Limited. [6.2.2]

Carter, C. S., Braver, T. S., Barch, D. M., Botvinick, M. M., Noll, D., & Cohen, J. D. (1998). Anterior cingulate cortex, error detection, and the online monitoring of performance. *Science*, 280, 747-749. [6.6.2]

カーター, M., & シェー, J. C. (著) 小島比呂志 (監訳)(2013). 脳・神経科学の研究ガイド 朝倉書店 [6.10.1, 6.11.1]

Champagne, F. A., & Curley, J. P. (2009). Epigenetic mechanisms mediating the long-term effects of maternal care on development. *Neuroscience & Biobehavioral Reviews*, 33, 593-600. [6.15.1]

Chiappa, K., Gladstone, K., & Young, R. (1979). Brain stem auditory evoked responses : Studies of waveform variations in 50 normal human subjects. *Archives of Neurology*, 36, 81-87. [6.6.2]

Chorev, E., Epsztein, J., Houweling, A. R., Lee, A. K., & Brecht, M. (2009). Electrophysiological recordings from behaving animals — going beyond spikes. *Current Opinion in Neurobiology*, 19, 513-519. [6.13.1]

Cobb, W. A., & Dawson, G. D. (1960). The latency and form in man of the occipital potentials evoked by bright flashes. *The Journal of Physiology*, 152, 108-121. [6.6.2]

Cohen, H. D., Goodenough, D. R., Witkin, H. A., Oltman, P., Gould, H., & Shulman, E. (1975). The effects of stress on components of the respiration cycle. *Psychophysiology*, 12, 377-380. [6.5.3]

Cohn, M. A., Rao, A. S., Broudy, M., Birch, S., Watson, H., Atkins, N., Davis, B., Stott, F. D., & Sackner, M. A. (1982). The respiratory inductive plethysmograph : a new non-invasive monitor of respiration. *Bulletin européen de physiopathologie respiratoire*, 18, 643-658. [6.5.3]

Coles, M. G., Scheffers, M. K., & Holroyd, C. B. (2001). Why is there an ERN/Ne on correct trials? Response representa-

tions, stimulus-related components, and the theory of error-processing. *Biological Psychology*, 56, 173-189. [6.6.2]

Collewijn, H., & Tamminga, E. P. (1984). Human smooth and saccadic eye movements during voluntary pursuit of different target motions on different backgrounds. *Journal of Physiology*, 351, 217-250. [6.2.1]

Collewijn, H., Van der Mark, F., & Jansen, T. C. (1975). Precise recording of human eye movements. *Vision Research*, 15 (3), 447-450. [6.2.2]

Collewijn, H., Van der Steen, J., Ferman, L., & Jansen, T. C. (1985). Human ocular counterroll : assessment of static and dynamic properties from electromagnetic scleral coil recordings. *Experimental Brain Research*, 59 (1), 185-196. [6.2.2]

Combs, L. A., & Polich, J. (2006). P3a from auditory white noise stimuli. *Clinical Neurophysiology*, 117, 1106-1112. [6.6.2]

Cong, L., Ran, F. A., Cox, D., Lin, S., Barretto, R., Habib, N., Hsu, P. D., Wu, X., Jiang, W., Marraffini, L. A., & Zhang, F. (2013). Multiplex genome engineering using CRISPR/Cas systems. *Science*, 339, 819-823. [6.15.2]

Conroy, M. A., & Polich, J. (2007). Normative variation of P3a and P3b from a large sample : Gender, topography, and response time. *Journal of Psychophysiology*, 21, 22-32. [6.6.2]

Cornsweet, T. N., & Crane, H. D. (1973). Accurate two-dimensional eye tracker using first and fourth Purkinje images. *Journal of the Optical Society of America*, 63 (8), 921-928. [6.2.2]

Crabbe, J. C., Wahlsten, D., & Dudek, B. C. (1999). Genetics of mouse behavior : interactions with laboratory environment. *Science*, 284, 1670-1672. [6.15.1]

Crawley, J. N. (2007). *What's wrong with my mouse? Behavioral phenotyping of transgenic and knockout mice* (2nd ed.). John Wiley & Sons Inc. (高瀬堅吉・柳井修一 (訳)(2012). トランスジェニック・ノックアウトマウスの行動解析 西村書店)[6.15.1]

Crowley, K. E., & Colrain, I. M. (2004). A review of the evidence for P2 being an independent component process : Age, sleep and modality. *Clinical Neurophysiology*, 115, 732-744. [6.6.2]

Dale, A. M., Liu, A. K., Fischl, B. R, Buckner, R. L., Belliveau, J. W., Lewine, J. D., & Halgren, E. (2000). Dynamic statistical parametric mapping : combining fMRI and MEG for high-resolution imaging of cortical activity. *Neuron*, 26, 55-67. [6.7.2]

Dantzer, R., & Kelley, K. W. (2007). Twenty years of research on cytokine-induced sickness behavior. *Brain, Behavior, and Immunity*, 21, 153-160. [6.4.3]

Daruna, J. H. (2012). *Introduction to Psychoneuroimmunology* (2nd ed.). Academic Press. [6.4.3]

Deisseroth, K. (2015). Optogenetics : 10 years of microbial opsins in neuroscience. *Nature Neuroscience*, 18, 1213-1225. [6.13.1]

Delorme, A., & Makeig, S. (2004). EEGLAB : an open source toolbox for analysis of single-trial EEG dynamics including independent component analysis. *Journal of Neuroscience Methods*, 134, 9-21. [6.6.3, 6.6.4, 6.6.5]

Doudna, J. A., & Charpentier, E. (2014). The new frontier

of genome engineering with CRISPR-Cas9. *Science*, 346, 1258096. [6.15.1]

Duchowski, A. T. (2007). *Eye tracking methodology : Theory and practice* (2nd ed.). Springer-Verlag. [6.2.1]

Duncan-Johnson, C. C., & Donchin, E. (1977). On quantifying surprise : the variation of event-related potentials with subjective probability. *Psychophysiology*, 14, 456-467. [6.6.2]

Ehlis, A. C., Ringel, T. M., Plichta, M. M., Richter, M. M., Herrmann, M. J., & Fallgatter, A. J. (2009). Cortical correlates of auditory sensory gating : a simultaneous near-infrared spectroscopy event-related potential study. *Neuroscience*, 159 (3), 1032-1043. [6.7.7]

Evans, P., Der, G., Ford, G., Hucklebridge, F., Hunt, K., & Lambert, S. (2000). Social class, sex, and age differences in mucosal immunity in a large community sample. *Brain, Behavior, and Immunity*, 14, 41-48. [6.4.3]

Falkenstein, M., Hohnsbein, J., Hoormann, J., & Blanke, L. (1991). Effects of crossmodal divided attention on late ERP components. II. Error processing in choice reaction tasks. *Electroencephalography and Clinical Neurophysiology*, 78, 447-455. [6.6.2]

Falkenstein, M., Hoormann, J., & Hohnsbein, J. (1999). ERP components in Go/Nogo tasks and their relation to inhibition. *Acta Psychologica*, 101, 267-291. [6.6.2]

Fargier, R., Ploux, S., Cheylus, A., Reboul, A., Paulignan, Y., & Nazir, T. A. (2014). Differentiating semantic categories during the acquisition of novel words : correspondence analysis applied to event-related potentials. *Journal of Cognitive Neuroscience*, 26, 2552-2563. [6.6.4]

Feige, B., Scheffler, K., Esposito, F., Di Salle, F., Hennig, J., & Seifritz, E. (2005). Cortical and subcortical correlates of electroencephalographic alpha rhythm modulation. *Journal of Neurophysiology*, 93, 2864-2872. [6.7.7]

Findlay, J. M., & Gilchrist, I. D. (2003). *Active vision : The psychology of looking and seeing*. Oxford University Press. [6.2.1]

Fischer, B., & Ramsperger, E. (1984). Human express saccades : extremely short reaction times of goal directed eye movements. *Experimental Brain Research*, 57, 191-195. [6.2.1]

Fischer, B., & Weber, H. (1992). Characteristics of anti saccades in man. *Experimental Brain Research*, 89, 415-424. [6.2.1]

Folstein, J. R., & Van Petten, C. (2008). Influence of cognitive control and mismatch on the N2 component of the ERP : a review. *Psychophysiology*, 45, 152-170. [6.6.2]

Fowles, D. C., Christie, M. J., Edelberg, R., Grings, W. W., Lykken, D. T., & Venables, P. H. (1981). Publication recommendations for electrodermal measurements. *Psychophysiology*, 18, 232-239. [6.5.2]

Freedman, E. G. (2008). Coordination of the eyes and head during visual orienting. *Experimental Brain Research*, 190, 369-387. [6.2.1]

Freeman, T. C. (2001). Transducer models of head-centred motion perception. *Vision Research*, 41, 2741-2755. [6.2.1]

Friederici, A. D. (2002). Towards a neural basis of auditory sentence processing. *Trends in Cognitive Sciences*, 6, 78-84. [6.6.2]

Friedman, D., Cycowicz, Y. M., & Gaeta, H. (2001). The novelty P3 : an event-related brain potential (ERP) sign of the brain's evaluation of novelty. *Neuroscience & Biobehavioral Reviews*, 25, 355-373. [6.6.2]

Fukuda, K., Ichinohe, T., & Kaneko, Y. (1997). Is measurement of end-tidal CO_2 through a nasal cannula reliable? *Anesthesia Progress*, 44, 23-26. [6.5.3]

Ganong, W. F. (2005). *Review of Medical Physiology* (22nd ed.). McGraw-Hill. (ギャノング, W. F.(著) 岡田泰伸 (訳) (2006). ギャノング生理学 原書22版 丸善)[6.4.1, 6.4.2]

Garrido, M. I., Kilner, J. M., Stephan, K. E., & Friston, K. J. (2009). The mismatch negativity : a review of underlying mechanisms. *Clinical Neurophysiology*, 120, 453-463. [6.6.2]

Gehring, W. J., Coles, M. G. H., Meyer, D. E., & Donchin, E. (1990). The error-related negativity : an event-related brain potential accompanying errors [Abstract]. *Psychophysiology*, 27, S34. [6.6.2]

Gehring, W. J., Goss, B., Coles, M. G. H., Meyer, D. E., & Donchin, E. (1993). A neural system for error detection and compensation. *Psychological Science*, 4, 385-390. [6.6.2]

Gehring, W. J., Liu, Y., Orr, J. M., & Carp, J. (2012). The Error-Related Negativity (ERN/Ne). In S. J. Luck & E. S. Kappenman (Eds.), *The Oxford Handbook of Event-Related Potential Components*. Oxford University Press. pp. 231-291. [6.6.2]

Gevirtz, R. N., & Schwartz, M. S. (2003). The respiratory system in applied psychophysiology. In M. S. Schwartz & F. Andrasik (Eds.), *Biofeedback : a practitioner's guide* (3rd ed.). Guilford Press, pp. 212-244. [6.5.3]

Godijn, R., & Theeuwes, J. (2002). Programming of endogenous and exogenous saccades : evidence for a competitive integration model. *Journal of Experimental Psychology : Human Perception and Performance*, 28, 1039-1054. [6.2.1]

Grosbas, M-H., & Paus, T. (2003). Transcranial magnetic stimulation of the human frontal eye field facilitates visual awareness. *European Journal of Neuroscience*, 18, 3121-3126. [6.8.1]

Grossman, P. (1983). Respiration, stress, and cardiovascular function. *Psychophysiology*, 20, 284-300. [6.5.3]

Grossman, P., Karemaker, J., & Wieling, W. (1991). Prediction of tonic parasympathetic cardiac control using respiratory sinus arrhythmia : The need for respiratory control. *Psychophysiology*, 28, 201-216. [6.3.1]

Hagoort, P., Brown, C., & Groothusen, J. (1993). The syntactic positive shift (sps) as an erp measure of syntactic processing. *Language and Cognitive Processes*, 8, 439-483. [6.6.2]

Hall, C. S. (1951). The genetics of behavior. In S. S. Stevens (Ed.), *Handbook of Experimental Psychology*. John Wiley & Sons, Inc. [6.15.1]

Hallett, M. (2000). Transcranial magnetic stimulation and the human brain. *Nature*, 406, 147-150. [6.8.1]

Hallett, M. (2007). Transcranial magnetic stimulation : a primer. *Neuron*, 55, 187-199. [6.13.1]

Hämäläinen, M. S., & Ilmoniemi, R. J. (1994). Interpreting magnetic fields of the brain : minimum norm estimates. *Medical & Biological Engineering & Computing*, 32, 35-42. [6.6.5, 6.7.2]

Harrison, S. A., & Tong, F. (2009). Decoding reveals the contents of visual working memory in early visual areas. *Nature*, **458**, 632-635. [6.7.5]

Hatamian, M., & Anderson, D. J. (1983). Design considerations for a real-time ocular counterroll instrument. *IEEE Transactions on Biomedical Engineering*, BME-30, 278-288. [6.2.2]

Haxby, J. V., Gobbini, M. I., Furey, M. L., Ishai, A., Schouten, J. L., & Pietrini, P. (2001). Distributed and overlapping representations of faces and objects in ventral temporal cortex. *Science*, **293**, 2425-2430. [6.7.5]

早野順一郎 (1993). ホルター心電図処理による自律神経活動の分析とその臨床応用——心拍変動の complex demodulation. *BME*, **7**, 38-47. [6.3.1]

林康紀 (2013). 細胞培養と遺伝子導入 真鍋俊也・森寿・渡辺雅彦・岡野栄之・宮川剛 (編) 脳神経科学イラストレイテッド 改訂第3版 羊土社 pp. 344-350. [6.11.1]

Haydon, P. G., & Carmignoto, G. (2006). Astrocyte control of synaptic transmission and neurovascular coupling. *Physiological Reviews*, **86** (3), 1009-1031. [6.7.7]

Haynes, J. D., & Rees, G. (2005). Predicting the orientation of invisible stimuli from activity in human primary visual cortex. *Nature Neuroscience*, **8**, 686-691. [6.7.5]

Hillyard, S. A., Vogel, E. K., & Luck, S. J. (1998). Sensory gain control (amplification) as a mechanism of selective attention：electrophysiological and neuroimaging evidence. *Philosophical Transactions of the Royal Society B：Biological Sciences*, **353**, 1257-1270. [6.6.2]

Hochberg, L. R., Serruya, M. D., Friehs, G. M., Mukand, J. A., Saleh, M., Caplan, A. H., Branner, A., Chen, D., Penn, R. D., & Donoghue, J. P. (2006). Neuronal ensemble control of prosthetic devices by a human with tetraplegia. *Nature*, **442** (7099), 164-171. [6.6.6]

本田仁視 (1993). 眼球運動と空間定位 苧阪良二・中溝幸夫・古賀一男 (編) 眼球運動の実験心理学 名古屋大学出版会 [6.2.1]

Horikawa, T., Tamaki, M., Miyawaki, Y., & Kamitani, Y. (2013). Neural decoding of visual imagery during sleep. *Science*, **340**, 639-642. [6.7.5]

堀忠雄・新美良純 (1986). 測定法 新美良純・鈴木二郎 (編) 皮膚電気活動 星和書店 pp. 22-54. [6.5.2]

Huang, M. X., Dale, A. M., Song, T., Halgren, E., Harrington, D. L., Podgorny, I., Canive, J. M., Lewis, S., & Lee, R. R. (2006). Vector-based spatial-temporal minimum L1-norm solution for MEG. *Neuroimage*, **31**, 1025-1037. [6.7.2]

Huey, E. (1898). Preliminary experiments in the physiology and psychology of reading. *The American Journal of Psychology*, **9** (4), 575-586. [6.2.2]

市原信 (1991). 筋電図 宮田洋 (監修) 生理心理学の基礎 新生理心理学1 北大路書房 pp. 244-255. [6.5.1]

Ishikane, H., Gangi, M., Honda, S., & Tachibana, M. (2005). Synchronized retinal oscillations encode essential information for escape behavior in frogs. *Nature Neurocsience*, **8**, 1087-1095. [6.11.1]

井澤修平・鈴木克彦 (2007). 唾液中コルチゾールの測定キットの比較——唾液中・血漿中コルチゾールの相関ならびに測定法間の比較 日本補完代替医療学会誌, **4** (3), 113-118. [6.1.2]

Jackson, A. F., & Bolger, D. J. (2014). The neurophysiological bases of EEG and EEG measurement：A review for the rest of us. *Psychophysiology*, **51**, 1061-1071. [6.6.1]

Jasper, H. H. (1958). The ten-twenty electrode system of the international federation. *Electroencephalography and Clinical Neurophysiology*, **10**, 371-375. [6.6.1]

Jasper, H. H., & Walker, R. Y. (1931). The Iowa eye-movement camera. *Science*, **74**, 291-294. [6.2.2]

Jeffreys, D. A. (1989). A face-responsive potential recorded from the human scalp. *Experimental Brain Research*, **78**, 193-202. [6.6.2]

Johnson, R. J. (1984). P300：A Model of the Variables Controlling Its Amplitudea. *Annals of the New York Academy of Sciences*, **425**, 223-229. [6.6.2]

Johnson, R. J. (1986). A triarchic model of P300 amplitude. *Psychophysiology*, **23**, 367-384. [6.6.2]

Joyce, C., & Rossion, B. (2005). The face-sensitive N170 and VPP components manifest the same brain processes：the effect of reference electrode site. *Clinical Neurophysiology*, **116**, 2613-2631. [6.6.2]

Jung, T. P., Makeig, S., Westerfield, M., Townsend, J., Courchesne, E., & Sejnowski, T. J. (2001). Analysis and visualization of single-trial event-related potentials. *Human Brain Mapping*, **14**, 166-185. [6.6.2]

Kaan, E. (2007). Event-Related Potentials and language processing：A brief overview. *Language and Linguistics Compass*, **1**, 571-591. [6.6.2]

Kaan, E., & Swaab, T. Y. (2003). Repair, revision, and complexity in syntactic analysis：an electrophysiological differentiation. *Journal of Cognitive Neuroscience*, **15**, 98-110. [6.6.2]

Kalesnykas, R. P., & Hallett, P. E. (1994). Retinal eccentricity and the latency of eye saccades. *Vision Research*, **34**, 517-531. [6.2.1]

Kamitani, Y., & Tong, F. (2005). Decoding the visual and subjective contents of the human brain. *Nature Neuroscience*, **8**, 679-685. [6.7.5]

Kamitani, Y., & Tong, F. (2006). Decoding seen and attended motion directions from activity in the human visual cortex. *Current Biology*, **16**, 1096-1102. [6.7.5]

金子寛彦・田中翼 (2013). 注意位置推定装置 特許第5765740号 2013-12-5. [6.2.2]

Karis, D., Fabiani, M., & Donchin, E. (1984). "P300" and memory：Individual differences in the von Restorff effect. *Cognitive Psychology*, **16**, 177-216. [6.6.2]

Karson, C. N. (1983). Spontaneous eye-blink rates and dopaminergic systems. *Brain*, **106**, 643-653. [6.2.1]

Kashiwase, Y., Matsumiya, K., Kuriki, I., & Shioiri, S. (2012). Time courses of attentional modulation in neural amplification and synchronization measured with steady-state visual-evoked potentials. *Journal of Cognitive Neuroscience*, **24** (8), 1779-1793. [6.2.2]

Katayama, J., & Polich, J. (1996). P300, probability, and the three-tone paradigm. *Electroencephalography and Clinical Neurophysiology*, **100**, 555-562. [6.6.2]

Katayama, J., & Polich, J. (1998). Stimulus context determines P3a and P3b. *Psychophysiology*, **35**, 23-33. [6.6.2]

勝田茂（編）(2007). 入門運動生理学 第3版 杏林書院 p.27. [6.5.1]

Katura, T., Tanaka, N., Obata, A., Sato, H., & Maki, A. (2006). Quantitative evaluation of interrelations between spontaneous low-frequency oscillations in cerebral hemodynamics and systemic cardiovascular dynamics. *NeuroImage*, **31** (4), 1592-1600. [6.7.7]

Kaufmann, C., Wehlrle, R., Wetter, T. C., Holsboer, F., Auer, D. P., Pollmächer, T., & Czisch, M. (2006). Brain activation and hypothalamic functional connectivity during human non-rapid eye movement sleep：an EEG/fMRI study. *Brain*, **129**, 655-667. [6.7.7]

Kay, K. N., Naselaris, T., Prenger, R. J., & Gallant, J. L. (2008). Identifying natural images from human brain activity. *Nature*, **452**, 352-355. [6.7.5]

Keil, A., Debener, S., Gratton, G., Junghofer, M., Kappenman, E. S., Luck, S. J., Luu, P., Miller, G. A., Yee, C. M. (2014). Committee report：Publication guidelines and recommendations for studies using electroencephalography and magnetoencephalography. *Psychophysiology*, **51**, 1-21. [6.6.1]

Kimura, K., Isowa, T., Ohira, H., & Murashima, S. (2005). Temporal variation of acute stress responses in sympathetic nervous and immune systems. *Biological psychology*, **70**, 131-139. [6.4.3]

Kimura, M. (2012). Visual mismatch negativity and unintentional temporal-context-based prediction in vision. *International Journal of Psychophysiology*, **83**, 144-155. [6.6.2]

Kirkpatrick, L. (1999). Toward an evolutionary psychology of religion and personality. *Journal of Personality*, **67** (6), 921-952. [6.1.1]

Klem, G. H., Luders, H. O., Jasper, H. H., & Elger, C. (1999). The ten-twenty electrode system of the International Federation. *Electroencephalography and Clinical Neurophysiology*, **52** (suppl.), 3-6. [6.6.1]

古賀一男 (1998). 眼球運動実験ミニハンドブック 労働科学研究所出版部 [6.2.2]

Kornhuber, H., & Deecke, L. (1965). Hirnpotentialänderungen bei Willkürbewegungen und passiven Bewegungen des Menschen：Bereitschaftspotential und reafferente Potentiale. *Pflüger's Archiv Für Die Gesamte Physiologie Des Menschen Und Der Tiere*, **284**, 1-17. [6.6.2]

Kusnecov, A. W., & Hymie Anisman, H. (2013). *The Wiley-Blackwell Handbook of Psychoneuroimmunology*. Wiley-Blackwell. [6.4.3]

Kutas, M., & Hillyard, S. A. (1980). Reading senseless sentences：brain potentials reflect semantic incongruity. *Science*, **207**, 203-205. [6.6.2]

Kutas, M., McCarthy, G., & Donchin, E. (1977). Augmenting mental chronometry：the P300 as a measure of stimulus evaluation time. *Science*, **197**, 792-795. [6.6.2]

桑平一郎 (2010). スパイロメトリーとフローボリューム曲線 呼吸, **29**, 612-624. [6.5.3]

Lachaux, J. P., Fonlupt, P., Kahane, P., Minotti, L., Hoffmann, D., Bertrand, O., & Baciu, M. (2007). Relationship between task-related gamma oscillations and BOLD signal：new insights from combined fMRI and intracranial EEG. *Human Brain Mapping*, **28**, 1368-1375. [6.6.6]

Lachaux, J. P., Rodriguez, E., Martinerie, J., & Varela, F. J. (1999). Measuring phase synchrony in brain signals. *Human Brain Mapping*, **8**, 194-208. [6.6.3]

Larson, M. J., Clayson, P. E., & Clawson, A. (2014). Making Sense of all the Conflict：A Theoretical Review and Critique of Conflict-Related ERPs. *International Journal of Psychophysiology：Official Journal of the International Organization of Psychophysiology*, **93**, 283-297. [6.6.2]

Leigh R. J., & Zee, D. L. (1999). *The neurology of eye movements*. Oxford University Press. [6.2.1]

Li, P., Tong, C., Mehrian-Shai, R., Jia, L., Wu, N., Yan, Y., Maxson, R. E., Schulze, E. N., Song, H., Hsieh, C. L., Pera, M. F., & Ying, Q. L. (2008). Germline competent embryonic stem cells derived from rat blastocysts. *Cell*, **135**, 1299-1310. [6.15.2]

Logothetis, N. K. (2002). The neural basis of the blood-oxygen-level-dependent functional magnetic resonance imaging signal. *Philosophical transactions of the Royal Society of London. Series B, Biological Sciences*, **357** (1424), 1003-1037. [6.6.6]

Logothetis, N. K., Pauls, J., Augath, M., Trinath, T., & Oeltermann, A. (2001). Neurophysiological investigation of the basis of the fMRI signal. *Nature*, **412**, 150-157. [6.7.3]

Luck, S. J. (2012). Electrophysiological correlates of the focusing of attention within complex visual scenes：N2pc and related ERP components. In S. J. Luck & E. S. Kappenman (Eds.), *The Oxford handbook of event-related potential components*. Oxford University Press. pp. 329-360. [6.6.2]

Luck, S. J. (2014). *An introduction to the event-related potential technique* (2nd ed.). MIT Press. [6.6.1, 6.6.2, 6.6.5]

Luck, S. J., & Hillyard, S. A. (1994). Electrophysiological correlates of feature analysis during visual search. *Psychophysiology*, **31**, 291-308. [6.6.2]

MacLeod, R. B. (1975). *The persistent problems of psychology*. Duquesne University Press. [6.1.1]

Makeig, S., Jung, T. P., Bell, A. J., Ghahremani, D., & Sejnowski, T. J. (1997). Blind separation of auditory event-related brain responses into independent components. *Proceedings of the National Academy of Sciences of the United States of America*, **94**, 10979-10984. [6.6.4]

Mali, P., Yang, L., Esvelt, K. M., Aach, J., Guell, M., DiCarlo, J. E., Norville, J. E., & Church, G. M. (2013). RNA-guided human genome engineering via Cas9. *Science*, **339**, 823-826. [6.15.2]

Masaki, H., Falkenstein, M., Sturmer, B., Pinkpank, T., & Sommer, W. (2007). Does the error negativity reflect response conflict strength? Evidence from a Simon task. *Psychophysiology*, **44**, 579-585. [6.6.2]

正木宏明・Gehring, W. J.・高澤則美・山崎勝男 (2004). エラー関連陰性電位──行動モニタリングとしての機能的意義 生理心理学と精神生理学, **22**, 3-18. [6.6.2]

Mashiko, D., Fujihara, Y., Satouh, Y., Miyata, H., Isotani, A., & Ikawa, M. (2013). Generation of mutant mice by pronuclear injection of circular plasmid expressing Cas9 and single guided RNA. *Scientific Reports*, **3**, 3355. [6.15.2]

松田圭司・河野憲二・三浦健一郎 (2013). 高速撮影カメラを用いた汎用リアルタイム眼球運動計測システム. 電子情報通信学会技術研究報告. HIP, ヒューマン情報処理, **113** (216), 11-16. [6.2.2]

Matsuzaki, N., Nagasawa, T., Juhász, C., Sood, S., & Asano, E. (2012). Independent predictors of neuronal adaptation in human primary visual cortex measured with high-gamma activity. *NeuroImage*, **59**, 1639-1646. [6.6.6]

McPeek, R. M. (2006). Incomplete suppression of distractor-related activity in the frontal eye field results in curved saccades. *Journal of Neurophysiology*, **96**, 2699-2711. [6.2.1]

McPeek, R. M., Han, J. H., & Keller, E. L. (2003). Competition between saccade goals in the superior colliculus produces saccade curvature. *Journal of Neurophysiology*, **89**, 2577-2590. [6.2.1]

Meyer, C. H., Lasker, A. G., & Robinson, D. A. (1984). The upper limit of human smooth pursuit velocity. *Vision Research*, **25**, 561-563. [6.2.1]

Meyers, I. (1929). Electronystagmography : A graphic study of the action currents in nystagmus. *Archives of Neurology and Psychiatry*, **21** (4), 901-918. [6.2.2]

Michel, C. M., Murray, M. M., Lantz, G., Gonzalez, S., Spinelli, L., & de Peralta, R. G. (2004). EEG source imaging. *Clinical Neurophysiology*, **115**, 2195-2222. [6.6.5]

Minassian, A., Granholm, E., Verney, S., & Perry, W. (2004). Pupillary dilation to simple vs. complex tasks and its relationship to thought disturbance in schizophrenia patients. *International Journal of Psychophysiology*, **52**, 53-62. [6.2.1]

Minetto, M. A., Gazzoni, M., Lanfranco, F., Baldi, M., Saba, L., Pedrola, R., Komi, P. V., & Rainoldi, A. (2007). Influence of the sample collection method on salivary interleukin-6 levels in resting and post-exercise conditions. *European Journal of Applied Physiology*, **101**, 249-256. [6.4.3]

三島濟一 (総編集) 岩田誠・金井淳・酒田英夫・澤充・田野保雄・中泉行史 (編) (2003). 眼の事典 朝倉書店 [6.2.1]

Mishina, M., & Sakimura, K. (2007). Conditional gene targeting on the pure C57BL/6 genetic background. *Neuroscience Research*, **58**, 105-112. [6.15.2]

宮内哲 (2013). 脳を測る――改訂 ヒトの脳機能の非侵襲的測定 心理学評論, **56**, 414-454. [6.6.1, 6.6.5]

Miyawaki, Y., Uchida, H., Yamashita, O., Sato, M., Morito, Y., Tanabe, H. C., Sadato, N., & Kamitani, Y. (2008). Visual image reconstruction from human brain activity using a combination of multiscale local image decoders. *Neuron*, **60**, 915-929. [6.7.5]

水沼未雅・池谷裕二 (2009). 脳スライス標本を用いた多ニューロン活動のカルシウム画像化 日本薬理学雑誌, **134**, 17-21. [6.11.1]

Moore, S. T., Haslwanter, T., Curthoys, I. S., & Smith, S. T. (1996). A geometric basis for measurement of three-dimensional eye position using image processing. *Vision Research*, **36** (3), 445-459. [6.2.2]

Moosmann, M., Ritter, P., Krastel, I., Brink, A., Thees, S., Blankenburg, F., Taskin, B., Obrig, H., & Villringer, A. (2003). Correlates of alpha rhythm in functional magnetic resonance imaging and near infrared spectroscopy. *NeuroImage*, **20**, 145-158. [6.7.7]

Mosher, J. C., Lewis, P. S., & Leahy, R. M. (1992). Multiple dipole modeling and localization from spatio-temporal MEG data. *IEEE Transactions on Biomedical Engineering*, **39**, 541-557. [6.6.5]

Mowrer, O. H., Ruch, T. C., & Miller, N. E. (1935). The corneo-retinal potential difference as the basis of the galvanometric method of recording eye movements. *American Journal of Physiology-Legacy Content*, **114** (2), 423-428. [6.2.2]

Munoz, D. P., Armstrong, I., & Coe, B. (2007). Using eye movements to probe development and dysfunction. In R. van Gompel, M. H. Fischer, W. S. Murray & R. L. Hill (Eds.), *Eye movements : A window on mind and brain*. Elsevier. pp. 99-124. [6.2.1]

Näätänen, R., & Kreegipuu, K. (2012). The Mismatch Negativity (MMN). In S. J. Luck & E. S. Kappenman (Eds.), *The Oxford Handbook of Event-Related Potential Components*. Oxford University Press. pp. 143-157. [6.6.2]

中島義明・安藤清志・子安増生・坂野雄二・繁桝算男・立花政夫・箱田裕司 (編) (1999). 心理学辞典 有斐閣 [6.1.1]

Nakano, T., Yamamoto, Y., Kitajo, K., Takahashi, T., & Kitazawa, S. (2009). Synchronization of spontaneous eyeblinks while viewing video stories. *Proceedings of the Royal Society B : Biological Sciences*, **276**, 3635-3644. [6.2.1]

Nakayama, K. (1975). Coordination of extraocular muscles. In G. Lennerstrand & P. Bach-y-Rita (Eds.), *Basic mechanisms of ocular motility and their clinical implications*. Pergamon Press. pp.193-207. [6.2.1]

Nakayama, K. (1983). Kinematics of normal and strabismic eyes. In C. M. Schor & K. J. Ciuffreda (Eds.), *Vergence eye movements : Basic and clinical aspects*. Butterworths. pp. 543-564. [6.2.1]

南部篤・佐々木和夫 (1993). 脳磁場計測によるヒトの脳機能研究 *Medical Imaging Technology*, **11**, 472-482. [6.7.2]

Naselaris, T., Olman, C. A., Stansbury, D. E., Ugurbil, K., & Gallant, J. L. (2015). A voxel-wise encoding model for early visual areas decodes mental images of remembered scenes. *NeuroImage*, **105**, 215-228. [6.7.5]

Nishimoto, S., Vu, A. T., Naselaris, T., Benjamini, Y., Yu, B., & Gallant, J. L. (2011). Reconstructing visual experiences from activity evoked by natural scenes. *Current Biology*, **21**, 1641-1646. [6.7.5]

西崎知之・菅野武史 (2013). 電気生理学的手法 真鍋俊也・森寿・渡辺雅彦・岡野栄之・宮川剛 (編) 脳神経科学イラストレイテッド 改訂第3版 羊土社 pp. 336-343. [6.10.1]

入戸野宏 (2005). 心理学のための事象関連電位ガイドブック 北大路書房 [6.6.1, 6.6.2, 6.6.4, 6.6.5]

Obrig, H., Neufang, M., Wenzel, R., Kohl, M., Steinbrink, J., Einhäupl, K., & Villringer, A. (2000). Spontaneous low frequency oscillations of cerebral hemodynamics and metabolism in human adults. *NeuroImage*, **12** (6), 623-639. [6.7.7]

織田弥生・中村実・龍田周・小泉祐貴子・阿部恒之 (2000). 就労者の唾液中・尿中コルチゾール標準値作成の試みとその有用性の検討――高速液体クロマトグラフィーを用いて 人間工学, **36** (6), 287-297. [6.4.2]

扇谷茂樹・久城英人・児玉順三 (1980). 高速液体クロマトグラフィーによる尿中カテコールアミンの直接分析法 臨床化学, **9** (3), 327-332. [6.1.2]

Ojemann G. A., Ojemann, J., & Ramsey, N. F. (2013). Relation between functional magnetic resonance imaging (fMRI) and single neuron, local field potential (LFP) and electrocorticography (ECoG) activity in human cortex. *Frontiers in Human*

Neuroscience, **7**, 34.［6.6.6］

岡田隆（2014）．海馬標本におけるフィールド電位記録　基礎心理学研究，**33**, 104-108.［6.11.1］

Okada, T., Yamada, N., Kakegawa, W., Tsuzuki, K., Kawamura, M., Nawa, H., Iino, M., & Ozawa, S. (2001). Sindbis viral-mediated expression of Ca^{2+}-permeable AMPA receptors at hippocampal CA1 synapses and induction of NMDA receptor-independent long-term potentiation. *European Journal of Neuroscience*, **13**, 1635-1643.［6.11.1］

岡田泰伸（編）（2011）．最新パッチクランプ実験技術法　吉岡書店［6.10.1, 6.11.1］

奥山文雄（1991）．角膜反射による眼球運動の測定　*Vision*, **3**, 81-88.［6.2.2］

小野田慶一・安部哲史・山口修平（2012）．フィードバック関連陰性電位研究の進歩　臨床神経生理学，**40**, 48-57.［6.6.2］

大橋俊夫（2009）．血液循環　小澤瀞司・福田康一郎（総編集）標準生理学　第7版　医学書院　pp. 589-616.［6.3.2］

OrchardJohn, L. N., & Stern, A. (1991). Blinks as an Index of Cognitive Activity during Reading. *Integrative Physiological and Behavioral Science*, **26**, 108-116.［6.2.1］

Osterhout, L., & Holcomb, P. J. (1992). Event-related brain potentials elicited by syntactic anomaly. *Journal of Memory and Language*, **31**, 785-806.［6.6.2］

Osterhout, L., McKinnon, R., Bersick, M., & Corey, V. (1996). On the language specificity of the brain response to syntactic anomalies：is the syntactic positive shift a member of the p300 family? *Journal of Cognitive Neuroscience*, **8**, 507-526.［6.6.2］

Out, D., Hall, R. J., Granger, D. A., Page, G. G., & Woods, S. J. (2012). Assessing salivary Creactive protein：Longitudinal associations with systemic inflammation and cardiovascular disease risk in women exposed to intimate partner violence. *Brain, Behavior, and Immunity*, **26**, 543-551.［6.4.3］

Overbeek, T. J. M., Nieuwenhuis, S., & Ridderinkhof, K. R. (2005). Dissociable components of error processing：On the functional significance of the Pe vis-à-vis the ERN/Ne. *Journal of Psychophysiology*, **19**, 319-329.［6.6.2］

小澤瀞司・福田康一郎（総編集）（2009）．標準生理学　第7版　医学書院［6.4.1, 6.4.2］

Pascual-Leone, A., Tormos, J. M., Keenan, J., Tarazona, F., Cañete, C., & Catalá, M. D. (1998). Study and modulation of human cortical excitability with transcranial magnetic stimulation. *Journal of Clinical Neurophysiology*, **15**, 333-343.［6.8.1］

Pascual-Marqui, R. D. (2002). Standardized low resolution brain electromagnetic tomography (sLORETA)：technical details. *Methods & Findings in Experimental & Clinical Pharmacology*, **24D**, 5-12.［6.6.5］

Pascual-Marqui, R. D. (2007). Discrete, 3D distributed linear imaging methods of electric neuronal activity. Part 1：exact, zero error localization. http：//arxiv.org/pdf/0710.3341［6.6.5］

Pascual-Marqui R. D., Michel C. M., & Lehmann, D. (1994). Low resolution electromagnetic tomography：a new method for localizing electrical activity in the brain. *International Journal of Psychophysiology*, **18**, 49-65.［6.6.5］

Paxinos, G., & Franklin, K. (2012). *Paxinos and Franklin's the Mouse Brain in Stereotaxic Coordinates* (4th ed.). Academic

Press.［6.12.2］

Paxinos, G., Huang, X-F., Petrides, M., & Toga, A. (2008). *The Rhesus Monkey Brain* (2nd ed.). Academic Press.［6.12.1］

Paxinos, G., & Watson, C. (2013). *The Rat Brain in Stereotaxic Coordinates* (7th ed.). Academic Press.［6.12.2］

Pazo-Alvarez, P., Cadaveira, F., & Amenedo, E. (2003). MMN in the visual modality：A review. *Biological Psychology*, **63**, 199-236.［6.6.2］

Pfurtscheller, G., Daly, I., Bauernfeind, G., & Müller-Putz, G. R. (2012). Coupling between intrinsic prefrontal HbO2 and central EEG beta power oscillations in the resting brain. *PLoS One*, **8**, e43640.［6.7.7］

Picton, T. W., Bentin, S., Berg, P., Donchin, E., Hillyard, S. A., Johnson, R. Jr., Miller, G. A., Ritter, W., Ruchkin, D. S., Rugg, M. D., & Taylor, M. J. (2000). Guidelines for using human event-related potentials to study cognition：Recording standards and publication criteria. *Psychophysiology*, **37**, 127-152.［6.6.1］

Picton, T. W., Bentin, S., Berg, P., Donchin, E., Hillyard, S. A., Johnson, R. Jr., Miller, G. A., Ritter, W., Ruchkin, D. S., Rugg, M. D., & Taylor, M. J. (2000). Guidelines for using human event-related potentials to study cognition：recording standards and publication criteria. *Psychophysiology*, **37**, 127-152.［6.6.5］

Pivik, R. T., Broughton, R. J., Coppola, R., Davidson, R. J., Fox, N., & Nuwer, M. R. (1993). Guidelines for the recording and quantitative analysis of electroencephalographic activity in research contexts. *Psychophysiology*, **30**, 547-558.［6.6.1］

Plomin, R., DeFries, J. C., Knopik, V. S., & Neiderhiser, J. M. (2012). *Behavioral Genetics* (6th ed.). Worth Publishers. ［6.15.1］

Plomin, R., DeFries, J. C., Knopik, V. S., & Neiderhiser, J. M. (2016). Top 10 replicated findings from behavioral genetics. *Perspectives on Psychological Science*, **11**, 3-23.［6.15.1］

Polich, J. (2007). Updating P300：An integrative theory of P3a and P3b. *Clinical Neurophysiology*, **118**, 2128-2148.［6.6.2］

Polich, J. (2012). Neuropsychology of P300. In S. J. Luck & E. S. Kappenman (Eds.), *The Oxford Handbook of Event-Related Potential Components*. Oxford University Press. pp. 159-188. ［6.6.2］

Polich, J., & Comerchero, M. (2003). P3a from Visual Stimuli：Typicality, Task, and Topography. *Brain Topography*, **15**, 141-152.［6.6.2］

Port, N. L., & Wurtz, R. H. (2003). Sequential activity of simultaneously recorded neurons in the superior colliculus during curved saccades. *Journal of Neurophysiology*, **90**, 1887-1903. ［6.2.1］

Pratt, H. (2012). Sensory ERP components. In S. J. Luck & E. S. Kappenman (Eds.), *The Oxford handbook of event-related potential components*. Oxford University Press. pp. 89-114. ［6.6.2］

Pritchard, W. S., Shappell, S. A., & Brandt, M. E. (1991). Psychophysiology of N200/N400：A review and classification scheme. *Advances in Psychophysiology*, **4**, 43-106.［6.6.2］

Privman, E., Nir, Y., Kramer, U., Kipervasser, S., Andelman, F., Neufeld, M.Y., Mukamel, R., Yeshurun, Y., Fried, I., & Malach, R. (2007). Enhanced category tuning revealed by intracranial electroencephalograms in high-order human visual areas. *The Journal of Neuroscience*, **27**, 6234-6242. [6.6.6]

Reddy, L., Tsuchiya, N., & Serre, T. (2010). Reading the mind's eye : Decoding category information during mental imagery. *NeuroImage*, **50**, 818-825. [6.7.5]

Regan, D. (1977). Steady-state evoked potentials. *Journal of the Optical Society of America*, **67**, 1475-1489. [6.6.2]

Reinhard, K., Tikidji-Hamburyan, A., Seitter, H., Idrees, S., Mutter, M., Benkner, B., & Münch, T. A. (2014). Step-by-step instructions for retina recordings with perforated multi electrode arrays. *PLoS One*, **9**, e106148. [6.11.1]

Ridder, W. H. 3rd, & Tomlinson, A. (1993). Suppression of contrast sensitivity during eyelid blinks. *Vision Research*, **33**, 1795-1802. [6.2.1]

Ridder, W. H. 3rd, & Tomlinson, A. (1997). A comparison of saccadic and blink suppression in normal observers. *Vision Research*, **37**, 3171-3179. [6.2.1]

Riddle, C. N., & Baker, S. N. (2005). Manipulation of peripheral neural feedback loops alters human corticomuscular coherence. *Journal of Physiology*, **566**, 625-639. [6.5.1]

Ritz, T., Dahme, B., Dubois, A. B., Folgering, H., Fritz, G. K., Harver, A., Kotses, H., Lehrer, P. M., Ring, C., Steptoe, A., & Van de Woestijne, K. P. (2002). Guidelines for mechanical lung function measurements in psychophysiology. *Psychophysiology*, **39**, 546-567. [6.5.3]

Robertson, D. G. E., Caldwell, G. E., Hamill, J., Kamen, G., & Whittlesey, S., N. (2004). Research methods in Biomechanics. Human Kinetics（阿江通良（監訳）身体運動のバイオメカニクス研究法　大修館書店)[6.5.1]

Robertson, E. M., Théoret, H., & Pascual-Leone, A. (2003). Studies in cognition : The problems solved and created by transcranial magnetic stimulation. *Journal of Cognitive Neuroscience*, **15**, 948-960. [6.8.1]

Robinson, D. A. (1963). A method of measuring eye movements using a search coil in a magnetic field. *IEEE Transactions in Biomedical Engineering*, **10**, 137-145. [6.2.2]

Robinson, S. E., & Vrba, J. (1998). Functional neuroimaging by synthetic aperture magnetometry (SAM). In T. Yoshimoto, M. Kotani, S. Kuriki, H. Karibe & N. Nakasato (Eds.), *Recent Advances in Biomagnetism*. Tohoku University Press. [6.7.2]

Rossi, S., Hallett, M., Rossini, P. M., Pascual-Leone, A., & The Safety of TMS Consensus Group (2009). Safety, ethical considerations, and application guidelines for the use of transcranial magnetic stimulation in clinical practice and research. *Clinical Neurophysiology*, **120**, 2008-2039. [6.8.1]

Rossion, B., & Jacques, C. (2012). The N170 : Understanding the Time Course of Face Perception in the Human Brain. In S. J. Luck & E. S. Kappenman (Eds.), *The Oxford handbook of event-related potential components*. Oxford University Press. pp. 115-141. [6.6.2]

西信元嗣（編）(1990). 眼光学の基礎　金原出版 [6.2.2]

斎藤芳晃 (1985). レスピトレース　呼吸, **4**, 1341-1347. [6.5.3]

坂下祐輔・藤吉弘亘・平田豊 (2006). 画像処理による3次元眼球運動計測　実験力学, **6**(3), 236-243. [6.2.2]

酒谷薫（監修)岡田英史・星詳子・宮井一郎・渡辺英寿（編)(2012).

NIRS——基礎と臨床　新興医学出版社 [6.7.6]

Sandrini, M., Umiltà, C., & Rusconi, E. (2011). The use of transcranial magnetic stimulation in cognitive neuroscience : A new synthesis of methodological issues. *Neuroscience and Biobehavioral Reviews*, **35**, 516-536. [6.8.1]

Sasaki, T., Beppu, K., Tanaka, K. F., Fukazawa, Y., Shigemoto, R., & Matsui, K. (2012). Application of an optogenetic byway for perturbing neuronal activity via glial photostimulation. *Proceedings of the National Academy of Sciences of the United States of America*, **109**, 20720-20725. [6.14.1]

佐藤昭夫・黒澤美枝子・島村佳一 (1979). 血管運動神経　呼吸と循環, **27**, 1061-1065. [6.3.2]

佐藤徳・安田朝子 (2004). エラー処理の神経基盤——フィードバック ERN と報酬予期のエラーに基づく反応選択　生理心理学と精神生理学, **22**, 19-32. [6.6.2]

Sauer, B. (1987). Functional expression of the cre-lox site-specific recombination system in the yeast Saccharomyces cerevisiae. *Molecular and Cellular Biology*, **7**, 2087-2096. [6.15.2]

澤田幸展 (1990). 血圧反応性——仮説群の構築とその評価　心理学評論, **33**, 209-238. [6.3.2]

澤田幸展 (1998). 血行力学的反応　藤澤清・柿木昇治・山崎勝男（編)　生理心理学の基礎　新生理心理学1　北大路書房 pp. 172-195. [6.3.2]

Sawada, Y., Tanaka, G., & Yamakoshi, K. (2001). Normalized pulse volume (NPV) derived photoplethysmographically as a more valid measure of the finger vascular tone. *International Journal of Psychophysiology*, **41**, 1-10. [6.5.2]

Scanziani, M., & Hausser, M. (2009). Electrophysiology in the age of light. *Nature*, **461**, 930-939. [6.13.1]

Scherg, M. (1990). Fundamentals of dipole source potential analysis. In F. Grandori, M. Hoke & G. L. Romani (Eds.), *Auditory Evoked Magnetic Fields and Electric Potentials. Advances in Audiology*. Vol. 6. Karger. pp. 40-69. [6.6.5]

Schor, C. (1999). The influence of interactions between accommodation and convergence on the lag of accommodation. *Ophthalmic and Physiological Optics*, **19**, 134-150. [6.2.1]

清野裕・千原和夫・名和田新・平田結喜緒（編)(2004). ホルモンの事典　朝倉書店 [6.4.1, 6.4.2]

関一夫・金山範明編(2016). 脳波解析入門——ＥＥＧＬＡＢとＳＰＭを使いこなす　東京大学出版会 [6.6.4]

仙石淳子・内藤正美・内田真理子・田中尚樹・桂卓成・佐藤大樹・山崎享子・牧敦 (2009). 睡眠時の局所脳ヘモダイナミクスの揺らぎ　バイオエンジニアリング講演会講演論文集, **22**, 363. [6.7.7]

Shackel, B. (1960). Pilot study in electro-oculography. *The British Journal of Ophthalmology*, **44**(2), 89-113. [6.2.2]

Shaw, J. C. (1984). Correlation and coherence analysis of the EEG : A selective tutorial review. *International Journal of Psychophysiology*, **1**, 255-266. [6.6.3]

Sheliga, B. M., Riggio, L., & Rizzolatti, G. (1994). Orienting of attention and eye movements. *Experimental Brain Research*, **98**, 507-522. [6.2.1]

Shibasaki, H., Barrett, G., Halliday, E., & Halliday, A. M. (1980). Components of the movement-related cortical potential and their scalp topography. *Electroencephalography and Clinical*

Neurophysiology, **49**, 213-226. [6.6.2]

Shibasaki, H., & Hallett, M. (2006). What is the Bereitschaftspotential? *Clinical Neurophysiology* 117, 2341-2356. [6.6.2]

Shibata, K., Watanabe, T., Sasaki, Y., & Kawato, M. (2011). Perceptual learning incepted by decoded fMRI neurofeedback without stimulus presentation. *Science*, **334**, 1413-1415. [6.7.5]

Shibata, T., Kim, J., Hoffman, D. M., & Banks, M. S. (2011). The zone of comfort：Predicting visual discomfort with stereo displays. *Journal of Vision*, 11 (8), 11, 1-29. [6.2.1]

清水弘一（編）(1995). 標準眼科学 第6版 医学書院 [6.2.1]

塩入論 (1993). サッカード抑制，視野安定性およびサッカード統合　苧阪良二・中溝幸夫・古賀一男（編）．眼球運動の実験心理学　名古屋大学出版会 [6.2.1]

Shirtcliff, E. A., Granger, D. A., Schwartz, E., & Curran, M. J. (2001). Use of salivary biomarkers in biobehavioral research：cotton-based sample collection methods can interfere with salivary immunoassay results. *Psychoneuroendocrinology*, **26**, 165-173. [6.4.3]

Silva, A. J., Paylor, R., Wehner, J. M., & Tonegawa, S. (1992). Impaired spatial learning in alpha-calcium-calmodulin kinase II mutant mice. *Science*, **257**, 206-211. [6.15.1]

Silvanto, J., & Pascual-Leone, A. (2008). State-dependency of transcranial magnetic stimulation. *Brain Topography*, **21**, 1-10. [6.8.1]

Sinkkonen, J., Tiitinen, H., & Näätänen, R. (1995). Gabor filter：an informative way for analyzing event-related brain activity. *Journal of Neuroscience Methods*, **56**, 99-104. [6.6.3]

Slavich, G. M., & Irwin, M. R. (2014). From stress to inflammation and major depressive disorder：a social signal transduction theory of depression. *Psychological Bulletin*, **140**, 774-815. [6.4.3]

Smith, W. M., & Warter, P. J. (1960). Eye movement and stimulus movement; new photoelectric electromechanical system for recording and measuring tracking motions of the eye. *Journal of the Optical Society of America*, **50**, 245-250. [6.2.2]

Smulders, F. T. Y., & Miller, J. O. (2012). The lateralized readiness potential. In S. J. Luck & E. S. Kappenman (Eds.), *The Oxford handbook of event-related potential components*. Oxford University Press. pp. 209-229. [6.6.2]

Society for Psychophysiological Research Ad Hoc Committee on Electrodermal Measures：Boucsein, W., Fowles, D. C., Grimnes, S., Ben-Shakhar, G., Roth, W. T., Dawson, M. E., & Filion, D. L. (2012). Publication recommendations for electrodermal measurements. *Psychophysiology*, **49**, 1017-1034. [6.5.2]

Sogo, H. (2013). GazeParser：an open-source and multiplatform library for low-cost eye tracking and analysis. *Behavior Research Methods*, 45 (3), 684-695. [6.2.2]

Spencer, K. M., Dien, J., & Donchin, E. (1999). A componential analysis of the ERP elicited by novel events using a dense electrode array. *Psychophysiology*, **36**, 409-414. [6.6.4]

Spencer, K. M., Dien, J., & Donchin, E. (2001). Spatiotemporal analysis of the late ERP responses to deviant stimuli. *Psychophysiology*, **38**, 343-358. [6.6.4]

Squires, N. K., Squires, K. C., & Hillyard, S. A. (1975). Two varieties of long-latency positive waves evoked by unpre-dictable auditory stimuli in man. *Electroencephalography and Clinical Neurophysiology*, **38**, 387-401. [6.6.2]

Stefanics, G., Kremlacek, J., & Czigler, I. (2014). Visual mismatch negativity：A predictive coding view Visual mismatch negativity：A predictive coding view. *Frontiers in Human Neuroscience*, **8**, 666, 1-19. [6.6.2]

Steptoe, A., Hamer, M., & Chida, Y. (2007). The effects of acute psychological stress on circulating inflammatory factors in humans：a review and meta-analysis. *Brain, Behavior, and Immunity*, **21**, 901-912. [6.4.3]

Sternson, S. M., & Roth, B. L. (2014). Chemogenetic tools to interrogate brain functions. *Annual Review of Neuroscience*, **37**, 387-407. [6.13.1]

Stokes, M., Thompson, R., Cusack, R., & Duncan, J. (2009). Top-down activation of shape specific population codes in visual cortex during mental imagery. *Journal of Neuroscience*, **29**, 1565-1572. [6.7.5]

Sutton, S., Braren, M., Zubin, J., & John, E. R. (1965). Evoked-potential correlates of stimulus uncertainty. *Science*, **150**, 1187-1188. [6.6.2]

Suwazono, S., MacHado, L., & Knight, R. T. (2000). Predictive value of novel stimuli modifies visual event-related potentials and behavior. *Clinical Neurophysiology*, **111**, 29-39. [6.6.2]

Suzuki, E., & Okada, T. (2012). Stratum oriens stimulation-evoked modulation of hippocampal long-term potentiation involves the activation of muscarinic acetylcholine receptors and the inhibition of Kv7/M potassium ion channels. *European Journal of Neuroscience*, **36**, 1984-1992. [6.11.1]

Swaab, T. Y., Ledoux, K., Camblin, C. C., & Boudewyn, M. A. (2012). Language-related ERP components. In S. J. Luck & E. S. Kappenman (Eds.), *The Oxford handbook of event-related potential components*. Oxford University Press. pp. 397-439. [6.6.2]

Tachibana, M., Okada, T., Arimura, T., Kobayashi, K., & Piccolino, M. (1993). Dihydropyridine-sensitive calcium current mediates neurotransmitter release from bipolar cells of the goldfish retina. *Journal of Neuroscience*, **13**, 2898-2909. [6.10.1]

高木峰夫 (1991). サーチコイル法による眼球運動測定　*Vision*, 3, 67-72. [6.2.2]

Takao, K., Yamasaki, N., & Miyakawa, T. (2007). Impact of brain-behavior phenotyping of genetically-engineered mice on research of neuropsychiatric disorders. *Neuroscience Research*, **58**, 124-132. [6.15.1]

Takeuchi, M., Hori, E., Takamoto, K., Tran, A. H., Satoru, K., Ishikawa, A., Ono, T., Endo, S., & Nishijo, H. (2009). Brain cortical mapping by simultaneous recording of functional near infrared spectroscopy and electroencephalograms from the whole brain during right median nerve stimulation. *Brain Topography*, **22** (3), 197-214. [6.7.7]

Tanaka, K. F., Matsui, K., Sasaki, T., Sano, H., Sugio, S., Fan, K., Hen, R., Nakai, J., Yanagawa, Y., Hasuwa, H., Okabe, M., Deisseroth, K., Ikenaka, K., & Yamanaka, A. (2012). Expanding the repertoire of optogenetically targeted cells with an enhanced gene expression system. *Cell Reports*, **2**, 397-406. [6.14.1]

田中謙二（2015）．遺伝子改変を駆使したグリア研究の推進　神経化学, **54**（3）, 41-50. [6.15.3]

田中謙二・高田則雄・三村將（2013）．*in vivo* でグリアを見る・操作するための機能遺伝子発現方法　実験医学, **31**（11）, 1736-1741. [6.15.3]

Tang, Y. P., Shimizu, E., Dube, G. R., Rampon, C., Kerchner, G. A., Zhuo, M., Liu, G., & Tsien, J. Z. (1999). Genetic enhancement of learning and memory in mice. *Nature*, **401**, 63-69. [6.11.1]

Tateyama, Y., Oyama, K., Lo, C. W., Iijima, T., & Tsutsui, K. I. (2016). Neck collar for restraining head and body movements in rats for behavioral task performance and simultaneous neural activity recording. *Journal of Neuroscience Methods*, **263**, 68-74. [6.12.2]

Taylor, D. M., Tillery, S. I., & Schwartz, A. B. (2002). Direct cortical control of 3D neuroprosthetic devices. *Science*, **296**, 1829-1832. [6.6.6]

寺井堅祐（2013）．呼吸測定から見えてくる情動　生理心理学と精神生理学, **31**, 72. [6.5.3]

東北大学（2011）．国立大学法人東北大学における動物実験等に関する規程とその解説　第7版　東北大学 [6.12.2]

Tsien, J. Z., Huerta, P. T., & Tonegawa, S. (1996). The essential role of hippocampal CA1 NMDA receptor-dependent synaptic plasticity in spatial memory. *Cell*, **87**, 1327-1338. [6.11.1]

角田誠・今井一洋（2003）．カテコールアミンの高選択的高感度定量法の開発と応用　分析化学, **52**（12）, 1081-1089. [6.1.2]

Tweed, D., Fetter, M., Andreadaki, S., Koenig, E., & Dichans, J. (1992). Three-dimensional properties of human pursuit eye movements. *Vision Research*, **32**, 1225-1238. [6.2.1]

Tweed, D., & Vilis, T. (1990). Geometric relations of eye position and velocity vectors during saccades. *Vision Research*, **30**, 111-127. [6.2.1]

Uchida-Ota, M., Tanaka, N., Sato, H., & Maki, A. (2008). Intrinsic correlations of electroencephalography rhythms with cerebral hemodynamics during sleep transitions. *NeuroImage*, **42**, 357-368. [6.7.7]

鵜飼一彦（1994）．眼球運動の種類とその測定　光学, **23**（1）, 2-8. [6.2.2]

梅沢章男（1991）．ストレス刺激に対する呼吸活動の変容　生理心理学と精神生理学, **9**, 43-55. [6.5.3]

梅沢章男（1997）．オープンフィールドにおける自己調整の生理心理学的研究――呼吸調整を中心にして　バイオフィードバック研究, **24**, 22-27. [6.5.3]

牛山潤一（2013）．脳波と筋電図のコヒーレンス解析　体育の科学, **63**, 458-465. [6.5.1]

Van Boxtel, G. J. M., & Böcker, K. B. E. (2004). Cortical Measures of Anticipation. *Journal of Psychophysiology*, **18**, 61-76. [6.6.2]

Vande Kemp, H. (1999). Commentary on the special issue：Religion in the psychology of personality. *Journal of personality*, **67**（6）, 1195-1207. [6.1.1]

VandenBos, G. R. (2007). *APA Dictionary of Psychology*. American Psychological Association. [6.1.1]

van Gerven, P. W. M., Paas, F., van Merrienber, J. J. G., & Schmidt, H. G. (2004). Memory load and the cognitive pupillary response in aging. *Psychophysiology*, **41**, 167-174. [6.2.1]

Van Hooff, J. C., Brunia, C. H., & Allen, J. J. (1996). Event-related potentials as indirect measures of recognition memory. *International Journal of Psychophysiology：Official Journal of the International Organization of Psychophysiology*, **21**, 15-31. [6.6.2]

Van Noordt, S. J. R., & Segalowitz, S. J. (2012). Performance monitoring and the medial prefrontal cortex：a review of individual differences and context effects as a window on self-regulation. *Frontiers in Human Neuroscience*, **6**, 1-16. [6.6.2]

Van Veen, B. D., van Drongelen, W., Yuchtman, M., & Suzuki, A. (1997). Localization of brain electrical activity via linearly constrained minimum variance spatial filtering. *IEEE Transactions on Biomedical Engineering*, **44**, 867-880. [6.7.2]

Vaughan, H. G. J. (1969). The relationship of brain activity to scalp recordings of event-related potentials. In L. D. B. Donchin Emanuel (Ed.), *Average evoked potentials：Methods, results, and evaluations*. US National Aeronautics and Space Administration. pp. 45-94. [6.6.2]

Vialatte, F.-B., Maurice, M., Dauwels, J., & Cichocki, A. (2010). Steady-state visually evoked potentials：focus on essential paradigms and future perspectives. *Progress in Neurobiology*, **90**, 418-438. [6.6.2]

Volkmann, F. C. (1962). Vision during voluntary saccadic eye movements. *Journal of the Optical Society of America*, **52**, 571-578. [6.2.1]

Wallois, F., Mahmoudzadeh, M., Patil, A., & Grebe, R. (2012). Usefulness of simultaneous EEG-NIRS recording in language studies. *Brain and Language*, **121**（2）, 110-123. [6.7.7]

Walsh, V., & Cowey, A. (1998). Magnetic stimulation studies of visual cognition. *Trends in Cognitive Sciences*, **2**, 103-110. [6.8.1]

Walsh, V., & Cowey, A. (2000). Transcranial magnetic stimulation and cognitive neuroscience. *Nature Reviews Neuroscience*, **1**, 73-79. [6.8.1]

Walter, W. G., Cooper, R., Aldridge, V. J., McCallum, W. C., & Winter, A. L. (1964). Contingent Negative Variation：An Electric Sign of Sensori-Motor Association and Expectancy in the Human Brain. *Nature*, **203**, 380-384. [6.6.2]

Wang, H., Yang, H., Shivalila, C. S., Dawlaty, M. M., Cheng, A. W., Zhang, F., & Jaenisch, R. (2013). One-step generation of mice carrying mutations in multiple genes by CRISPR/Cas-mediated genome engineering. *Cell*, **153**, 910-918. [6.15.2]

渡邊航平（2014）．筋電図　宮村実晴（編）　ニュー運動生理学Ⅰ　真興交易株式会社医書出版部　pp. 175-181. [6.5.1]

West, J. B. (2008). *Respiratory physiology：the essentials* (8th ed.). Wolters Kluwer/Lippincott Williams & Wilkins.（桑平一郎（訳）（2009）．ウエスト呼吸生理学入門　正常肺編　メディカル・サイエンス・インターナショナル）[6.5.3]

Wickens, C., Kramer, A., Vanasse, L., & Donchin, E. (1983). Performance of concurrent tasks：a psychophysiological analysis of the reciprocity of information-processing resources. *Science*, **221**, 1080-1082. [6.6.2]

Yamagishi, N., Callan, D. E., Anderson, S. J., & Kawato, M. (2008). Attentional changes in pre-stimulus oscillatory activity within early visual cortex are predictive of human visual performance. *Brain Research*, **1197**, 115-122. [6.2.2]

山崎勝男（1998）．皮膚電気活動　藤澤清・柿木昇治・山崎勝男（編）　生理心理学の基礎　新生理心理学1　北大路書房　pp.

210–221. [6.5.2]

Yarbus, A. L. (1967). *Eye movements and vision*. Plenum Press. [6.2.2]

Yoshida, K., Watanabe, D., Ishikane, H., Tachibana, M., Pastan, I., & Nakanishi, S. (2001). A key role of starburst amacrine cells in originating retinal directional selectivity and optokinetic eye movement. *Neuron*, **30**, 771–780. [6.11.1]

Yoshimi, K., Kunihiro, Y., Kaneko, T., Nagahora, H., Voigt, B., & Mashimo, T. (2016). ssODN-mediated knock-in with CRISPR-Cas for large genomic regions in zygotes. *Nature Communications*, **7**, 10431. [6.15.2]

JST 科学技術用語日英対訳辞書　http：//ejje.weblio.jp/category/academic/jstkg（2015 年 4 月 2 日）. [6.4.1]

■付　録■

Abee, C. R. (1985). Medical care and management of the squirrel monkey. In L. A. Rosenblem & C. L. Coe (Eds.), *Handbook of squirrel monkey research*. Plenum Press. pp. 447–488. [付録 1.4]

Adachi, I., & Fujita, K. (2007). Cross-modal representation of human caretakers in squirrel monkeys. *Behavioural Processes*, **74**(1), 27–32. [付録 1.4]

Avdesh, A., Chen, M., Martin-Iverson, M. T., Mondal, A., Ong, D., Rainey-Smith, S., & Martins, R. N. (2012). Regular Care and Maintenance of a Zebrafish (*Danio rerio*) Laboratory：An Introduction. *Journal of Visualized Experiments*, **69**, e4196. [付録 1.3]

Baldwin, J. D. (1985). The behavior of squirrel monkeys (Saimiri) in natural environments. In L. A. Rosenblem & C. L. Coe (Eds.), *Handbook of squirrel monkey research*. Plenum Press. pp. 35–53. [付録 1.4]

Bilotta, J., Risner, M. L., Davis, E. C., & Haggbloom, S. J. (2005). Assessing Appetitive Choice Discrimination Learning in Zebrafish. *Zebrafish*, **2**(4), 259–268. [付録 1.3]

Castranova, D., Lawton, A., Lawrence, C., Baumann, D. P., Best, J., Coscolla, J., & Weinstein, B. M. (2011). The Effect of Stocking Densities on Reproductive Performance in Laboratory Zebrafish (*Danio rerio*). *Zebrafish*, **8**(3), 141–146. [付録 1.3]

Colwill, R. M., Raymond, M. P., Ferreira, L., & Escudero, H. (2005). Visual discrimination learning in zebrafish (*Danio rerio*). *Behavioural Processes*, **70**(1), 19–31. [付録 1.3]

Crabbe, J. C., Wahlsten, D., Dudek, B. C. (1999). Genetics of mouse behavior：interactions with laboratory environment. *Science*, **284**(5420), 1670–1672. [付録 1.2]

Delaney, M., Follet, C., Ryan, N., Hanney, N., Lusk-Yablick, J., & Gerlach, G. (2002). Social interaction and distribution of female zebrafish (*Danio rerio*) in a large aquarium. *Biological Bulletin*, **203**(2), 240–241. [付録 1.3]

Eppig, J. T., Motenko, H., Richardson, J. E., Richards-Smith, B., & Smith, C. L. (2015). The International Mouse Strain Resource (IMSR)：cataloging worldwide mouse and ES cell line resources. *Mamm Genome*, **26**(9–10), 448–455. [付録 1.2]

Fragaszy, D. M. (1985). Cognition in squirrel monkeys：A contemporary perspective. In L. A. Rosenblem & C. L. Coe (Eds.), *Handbook of squirrel monkey research*. Plenum Press,

pp. 55–98. [付録 1.4]

Garber, J. C. et al. (2011). *Guide for the Care and Use of Laboratory Animals* (8th ed.). National Academies Press. pp. 55–63. [付録 1.2]

Goldschmidt, B., Mota-Marinho, A., Araújo-Lopes, C., Brück-Gonçalves, M. A., Matos-Fasano, D., Ribeiro-Andrade, M. C., Ferreira-Nascimento, L. W., Simmer-Bravin, J., & Monnerat-Nogueira, D. (2009). Sexual dimorphism in the squirrel monkey, Saimiri sciureus (Linnaeus, 1758) and Saimiri ustus (I. Geoffroy, 1844)(Primates, Cebidae). *Brazilian Journal of Biology*, **69**(1), 171–174. [付録 1.4]

Hamano, M., Yoshida, T., Cho, F., & Goto, N. (1990). Management of individual body weight growth of infant squirrel monkey (*Saimiri sciureu*s) in indoor breeding colony. *Experimental Animals*, **39** No.1, 43–48. [付録 1.4]

早川純一郎(1989). マウス 日本実験動物学会（編）　実験動物の基礎と技術　II 各論　丸善　pp. 1–25. [付録 1.2]

早川純一郎(1991). マウス　田嶋嘉雄（監修）実験動物学　朝倉書店　pp. 300–325. [付録 1.2]

Hiramatsu, C., Radlwimmer, F. B., Yokoyama, S., & Kawamura, S. (2004). Mutagenesis and reconstitution of middle-to-long-wave-sensitive visual pigments of new world monkeys for testing the tuning effect of residues at sites 229 and 233. *Vision Research*, **44**, 2225–2231. [付録 1.4]

平松千尋(2010). 霊長類における色覚の適応的意義を探る　霊長類研究, **26**, 85–98. [付録 1.4]

Huchinson, R. E. (1991). Doves and Pigeons. In T. Poole (Ed.), *The UFAW handbook on the care and management of laboratory animals seventh edition*. Blackwell Science. pp. 714–721. [付録 1.1]

Jacobs, G. H. (1963). Spectral sensitivity and color vision of the squirrel monkey. *Journal of Comparative and Physiological Psychology*, **56**, 616–621. [付録 1.4]

Jacobs, G. H. (1985). Visual system of the squirrel monkey. In L. A. Rosenblem & C. L. Coe (Eds.), *Handbook of squirrel monkey research*. Plenum Press. pp. 271–293. [付録 1.4]

Jacobs, G. H., Jones, A. E., & De Valois, R. L. (1963). Electroretinogram of the squirrel monkey. *Journal of Comparative and Physiological Psychology*, **56**, 405–409. [付録 1.4]

Jacobs, G. H., & Nathans, J. (2009). The evolution of primate color vision. *Scientific American*, **300**(4), 56–63. [付録 1.4]

Jacobs, G. H., & Neitz, J. (1985). Color vision in squirrel monkeys：sex-related differences suggest the mode of inheritance. *Vision Research*, **25**(1), 141–143. [付録 1.4]

Jefferson, W. N., Padilla-Banks, E., & Newbold, R. R. (2007). Disruption of the developing female reproductive system by phytoestrogens：genistein as an example. *Molecular Nutrition & Food Research*, **51**(7), 832–844. [付録 1.2]

実験動物資源協会（編）(1966). 実験動物の管理と使用に関する指針　ソフトサイエンス社 [付録 1.4]

小出剛(2013). マウスを使って実験を始めよう　小出剛（編）マウス実験の基礎知識　オーム社　pp.10–22. [付録 1.2]

小出剛・杉本大樹・石井亜矢子・高橋阿貴(2013). マウスの行動を観察しよう　小出剛（編）マウス実験の基礎知識　オーム社　pp.120–130. [付録 1.2]

Koolhaas, J. M. (1991). The laboratory rat. In T. Poole (Ed.),

The UFAW handbook on the care and management of laboratory animals seventh edition. Blackwell Science. pp.313-330. ［付録 1.1］

國田智（2015）．実験動物の飼育管理（器材，日常管理，飼料，飲水，繁殖，個体管理）　日本実験動物学会（編）　第 4 回実験動物管理者研修会　pp.61-71. ［付録 1.2］

京都大学霊長類研究所安全委員会（2007）．安全衛生の手引き［付録 1.4］

京都大学霊長類研究所（2010）．サル類の飼育管理及び使用に関する指針 第 3 版［付録 1.4］

久和茂（2015）．実験動物飼育施設の環境と動物への影響　日本実験動物学会（編）　第 4 回実験動物管理者研修会　pp. 27-36. ［付録 1.2］

Lang, C. M. (1968). The laboratory care and clinical management of Saimiri (squirrel monkeys). In L. A. Rosenblem & R. W. Cooper (Eds.), *The squirrel monkey*. Academic Press. pp. 393-416. ［付録 1.4］

Lawrence, C., & Mason, T. (2012). Zebrafish Housing Systems : A Review of Basic Operating Principles and Considerations for Design and Functionality. *ILAR Journal*, **53**(2), 179-191. ［付録 1.3］

Manabe, K., Dooling, R. J., & Takaku, S. (2013a). An automated device for appetitive conditioning in zebrafish (*Danio rerio*). *Zebrafish*, **10**(4), 518-523. ［付録 1.3］

Manabe, K., Dooling, R. J., & Takaku, S. (2013b). Behavioural Critical Flicker Fusion Frequency in Zebrafish (*Danio rerio*). Paper presented at the 7th international conference of the Association for Behavior Analysis International (ABA). Merida. ［付録 1.3］

Masataka, N., & Biben, M. (1987). Temporal rules regulating vocal exchanges of squirrel monkeys. *Behaviour*, **101**, 311-319. ［付録 1.4］

Mason, W. A. (1975). Comparative studies of social behavior in Callicebus and Saimiri : Strength and specificity of attraction between male-female cagemates. *Folia Primatologica*, **23**, 113-123. ［付録 1.4］

Matthews, M., Trevarrow, B., & Matthews, J. (2002). A virtual tour of the Guide for zebrafish users. *Lab Animal*, **31**(3), 34-40. ［付録 1.3］

McNair, D. M., & Timmons, E. H. (1977). Effects of Aspiculuris tetraptera dn Syphacia obvelata on exploratory behavior of an inbred mouse strain. *Laboratory Animal Science*, **27**(1), 38-42. ［付録 1.2］

目加田和之・中田初美・吉木淳（2009）．研究のための繁殖・交配　中釜斉・北田一博・庫本高志（編）　無敵のバイオテクニカルシリーズ　マウス・ラット実験ノート　羊土社　pp.67-80. ［付録 1.2］

宮部貴子（2007）霊長類と麻酔　京都大学霊長類研究所（編）　霊長類進化の科学　京都大学学術出版会　pp.371-383. ［付録 1.4］

Mueller, K. P., & Neuhauss, S. C. F. (2012). Automated visual choice discrimination learning in zebrafish (*Danio rerio*). *Journal of Integrative Neuroscience*, **11**(1), 73-85. ［付録 1.3］

Nagasaka, Y., Nakata, R., & Osada, Y. (2009). Perception of neon-color spreading in squirrel monkeys. *Japanese Psychological Research*, **51**(3), 132-145. ［付録 1.4］

長坂泰勇（2006）．リスザルとヒトにおける因果性の知覚　基礎心理学研究，**25**, 47-51. ［付録 1.4］

長坂泰勇・長田佳久（2000）．動物における主観的輪郭，非感性的補完および透明視の知覚　動物心理学研究，**50**, 61-73. ［付録 1.4］

Nakata, R., & Osada, Y. (2012). The Thatcher illusion in squirrel monkeys (*Saimiri sciureus*). *Animal cognition*, **15**(4), 517-523. ［付録 1.4］

National research council of the national academies (2010). *Guide for the care and use of laboratory animals* (8th ed.). National Academies Press. ［付録 1.3, 付録 1.4］

Newman, J. D. (1985). Squirrel monkey communication. In L. A. Rosenblem & C. L. Coe (Eds.), *Handbook of squirrel monkey research*. Plenum Press. pp.99-126. ［付録 1.4］

NIH (1978). ILAR (Institute for laboratory animal resources). ［付録 1.4］

日本実験動物協会編（2004a）．実験動物の技術と応用——入門編　アドスリー［付録 1.1］

日本実験動物協会編（2004b）．実験動物の技術と応用——実践編　アドスリー［付録 1.1］

長田佳久（1995）リスザル（*Saimiri sciureus*）の母子相互作用（1）——出産から 20 周齢に至るまで　立教大学心理学科研究年報，11-24. ［付録 1.4］

長田佳久（1997）．リスザル（*Saimiri sciureus*）の縞視力の測定　立教大学心理学科研究年報，25-31. ［付録 1.4］

長田佳久（1999）リスザル（*Saimiri sciureus*）のヘビに対する恐怖反応　立教大学心理学科研究年報，17-23. ［付録 1.4］

長田佳久・長坂泰勇（2006）．霊長類の拘束装置　特許第 3788626 号［付録 1.4］

Parichy, D. M., Elizondo, M. R., Mills, M. G., Gordon, T. N., & Engeszer, R. E. (2009). Normal table of postembryonic zebrafish development : Staging by externally visible anatomy of the living fish. *Developmental Dynamics*, **238**(12), 2975-3015. ［付録 1.3］

Poss, K. D., Wilson, L. G., & Keating, M. T. (2002). Heart regeneration in zebrafish. *Science*, **298**(5601), 2188-2190. ［付録 1.3］

Ramin, M., Denk, N., & Schenkel, J. (2015). The role of diet and housing-temperature in the production of genetically modified mouse embryos and their developmental capacity after cryopreservation. *Theriogenology*, **84**, 1306-1313. ［付録 1.2］

Reardon, S. (2016). A mouse's house may ruin experiments. *Nature*, **530**(7590), 264. ［付録 1.2］

Reed, B., & Jenning, M. (2010). *Guidance on the housing and care of Zebrafish (Danio rerio) : Royal Society for the Prevention of Cruelty to Animals*. ［付録 1.3］

Rumbaugh, D. (1968). The learning and sensory capacities of the squirrel monkey in phylogenetic perspective. In L. A. Rosenblem & R. W. Cooper (Eds.), *The squirrel monkey*. Academic Press. pp.255-317. ［付録 1.4］

Rylands, A. B., & Mittermeier, R. A. (2009). The diversity of the new world primates (Platyrrhini). In P. A. Garber et al. (Eds.), *South American Primates*. Springer. 23-54. ［付録 1.4］

Spence, R., Gerlach, G., Lawrence, C., & Smith, C. (2008). The behaviour and ecology of the zebrafish, *Danio rerio*. *Biological Reviews*, **83**(1), 13-34. ［付録 1.3］

Spreng, R. N., Sepulcre, J., Turner, G. R., Stevens, W. D., &

Schacter , D. L. (2013). Intrinsic Architecture Underlying the Relations among the Default, Dorsal Attention, and Frontoparietal Control Networks of the Human Brain. *Journal of Cognitive Neuroscience*, **25**, 74-86.［付録 2］

杉山幸丸(1996). サルの百科　データハウス　p. 102.［付録 1.4］

鈴木照雄（2013）. リスザルの実験動物化　*SPDP LETTERS* 第 7 号，2-5.［付録 1.4］

田嶋嘉雄(編)(1977). 実験動物学 技術編　朝倉書店［付録 1.4］

Thorington, Jr. R. W. (1985). The taxonomy and distribution of squirrel monkeys(Saimiri). In L. A. Rosenblem & C. L. Coe (Eds.), *Handbook of squirrel monkey research*. Plenum Press. pp.1-33.［付録 1.4］

長文昭（1991）. リスザル　田嶋嘉雄(監修)　実験動物学　朝倉

書店　pp.398-400.［付録 1.4］

Wade, N. (2009). With genetic gift, 2 monkeys are viewing a more colorful world. *The New York Times*, Sept. 21.［付録 1.4］

Westerfield, M. (2000). *The zebrafish book*. A guide for the laboratory use of zebrafish (*Danio rerio*)(4th ed.). Eugene：Univ. of Oregon Press. http：//zfin.org/zf_info/zfbook/zfbk. html［付録 1.3］

山内忠平(1986). 気候的要因 実験動物の環境と管理　出版科学総合研究所　pp. 7-103.［付録 1.2］

吉岡裕輝(2013). マウスの記録をつけてみよう 小出剛(編)　マウス実験の基礎知識　オーム社　pp. 40-51.［付録 1.2］

索 引

欧文

AAALAC（Association for Assessment and Accreditation of Laboratory Animal Care）　49

ABAB デザイン　39 → ABAB 法

ABAB 法　313 → ABAB デザイン

ABA デザイン　39 → ABA 法

ABA 法　93, 313 → ABA デザイン

ABR（auditory brainstem response）　89

ACQ　201

ACTH（adrenocorticotropic hormone）　420

ADHD　205

ad-lib weight　492

AEP（auditory EP）　437

ANEW（Affective Norms for English Words）　246

AR（augmented reality）　131

ASSR（auditory steady-state response）　89

AU（action unit）　250

Aubert-Fleischl 現象　406

AWMA（automated working memory assecement）　233

A 特性音圧レベル　74

Bandura, A.　378

Barrett, L. F.　255

barrier system　493

BDM 法（Becker-DeGroot-Marschak method）　393

Bernoulli, D.　268

BESA（brain electrical source analysis）　444

bisection procedure　354

BMLD（binaural masking level difference）　92

BO（black out）　326

BOLD 信号（blood oxygenation level dependent signal）　449

BP（blood pressure）　415

BP（break point）　363

Bradley の方法　163

break and run　353

bregma　474

Bubbles　183

BUGS（Bayesian inference Using Gibbs Sampling）　15

BV（blood volume）　427

Ca^{2+} 感受性色素　469

CATA（check-all-that-apply）　176

CC 空間（cone contrast space）　71

CD 分類　422

CD（complex demodulation）法　402, 413

CE（constant error）　141

CER（conditioned emotional response）　290

CFF（critical fusion frequency）　64, 500

c-fos　478

CI（classification image）　182

CiNet　461

closed colony　493

CMRR（common-mode rejection ratio）　433

CNV（contingent negative variation）　436

CO（cardiac output）　415

COD（changeover delay）　333

conditional position discrimination task　305

conventional　493

CR（conditioned response）　288, 296, 302

Cre-loxP 組換え系　482

CRH（corticotropin releasing hormone）　420

CRISPR/Cas システム　483

CRT（cathode ray tube）ディスプレイ　52

CS（conditioned stimulus）　288, 302

CSEA（The Center for the Study of Emotion and Attention）　246

CST（counting span test）　232

CTI（cue-target interval）　241

CVC 綴り　217

C 尺度　164

deoxy-Hb　458

DIPFIT　444

DKL 空間　72

DL（difference threshold）　140

DLP（digital light processing）　53

DMPFC　215

Donders, F. C.　19

Donders の法則　404

"Do this！" テスト　378

DPOAE（distortion product otoacoustic emission）　88

DREADD（designer receptors exclusively activated by designer drug）　477

DRH（differential reinforcement of high rates）スケジュール　330

DRL（differential reinforcement of low rates）スケジュール　331

DRO（differential reinforcement of other behavior）スケジュール　331

d'　217

EC（evaluative conditioning）　382

ECG（electrocardiogram）　412

ECoG（Electrocorticography）　446
——電極　472

EDA（electrodermal activity）　426

EEG（electroencephalogram）　432, 444

EEG（electroencephalography）　448

EFT（embedded figure test）　205

Ekman, P.　254

ELISA（enzyme-linked immunosorbent assay）　421

EOG（electro-oculography）　408

EOL（ease-of-learning judgment）　218

EP（evoked potential）　437, 448

EPI（echo planar imaging）　452

EPSP　448

ERAN（early right anterior negativity）　99

Eriksen 課題　245

ERN（error-related negativity）　438

ERP（event-related potential）　283, 436, 448

ERSP（event-related spectral perturbation）　281

ESS（equivalent set size）　184

ES 細胞　482

ET（expiratory time）　431

FACS（facial action coding system）　246, 250, 374

familiarity/novnovelty preference method　197

FDR（false discovery rate）　455

Fechner, G. T.　141, 154

FFT（fast Fourier transform）　79, 440

file drawer 問題　40

Filehne 錯視　406

fixed-effects 解析　455

FI（fixed-interval）スケジュール　329, 353

FM（frequency modulation）　76

fMRI（functional magnetic resonance imaging）　444, 448, 452
安静時——　453

FMS（fast motion sickness scale）　135

fNIRS（functional NIRS）　458

FOK（feeling-of-knowing judgment）　218

FOV（field of view）　452

FPG（finger photoplethysmogram）

428
FPS（fear potentiated startle） 303
FRN（feedback-related negativity） 438
FR（fixed-ratio）スケジュール 328
FT（fixed-time）スケジュール 331
FWER（familywise error rate） 455

generalization decrement 341
GLM（general linear model） 455
GOG（gain-offset-gamma）モデル 54
go/no-go 型課題 19
go/no-go 型見本合わせ 364
Gustometer 115
GVS（galvanic vestibular stimulation） 107

HARKing（hypothesizing after the results are known） 40
HDR（hemodynamic response） 454
Herrnstein の反応率双曲線 347
HF（high frequency）成分 413
HMD（head mounted display） 130
HPA（hypothalamuspituitary-adrenal （cortex）axis）系 420
HPLC（high performance liquid chromatography） 420
HR（heart rate） 412, 415
HRF（heymodynamic response function） 454
HRTF（head-related transfer function） 132
HUCRoW（Hiroshima University computer-based rating of working memory） 233

IADS（International Affective Digitized Sound System） 246
IAPS（International Affective Picture System：eye-aps） 246
IAT（implicit association test） 382
IBI（interbeat interval） 412
IBIC 461
ICA（independent component analysis） 443
IEG（immediately early gene） 478
IFG（inferior frontal gyrus） 283
IHC（immunohistochemistry） 478
ILAR（Institute for Laboratory Animal Research） 494
ILD（interaural level difference） 87
IMD（intermodulation distortion） 83
IMSR（International Mouse Strain Resource） 493
inbred strain 493
IoT（internet of things） 223
IPA（International Phonetic Alphabet） 94
IRT（interresponse time） 330
ISH（*in situ* hybridization） 478

ISI（inter stimulus interval） 17
IT（inspiratory time） 431
ITD（interaural time difference） 87
ITI（intertrial interval） 290, 311, 326

JACFEE（Japanese and Caucasian Facial Expressions of Emotion） 246
JND（jnd）（just noticeable difference） 122, 140
JOL（judgment of learning） 218
Judd-Vos 修正等色関数 70

Kahneman, D. 269, 270
Kamin 効果 311
Kahneman, D. 269, 270
K-Means 法 174
Köhler, W. 272
Kvavilashvili, L. 225

L*a*b* 色空間 69
lambda 474
Laplacian weighted minimum norm estimation 445
Lashley-Krasnogorski 法 302
LCD（liquid crystal display）ディスプレイ 52
LPU（least pubpublishable units） 43
LFP（local field potential） 472
LF（low frequency）成分 413
LH（limited-hold） 331
LIA（luminescence immunoassay） 421
like-me システム 214
Listing の法則 404
local field potential 446
LORETA（low resolution electromagnetic tomography） 445
LPC（linear predictive coding） 97
LRP（lateralized readiness potential） 437
LST（listening span test） 232
L*u*v* 色空間 68

MACL 248
MacLeod-Boynton 色度図 71
MDB 法（minimally distinct border method） 59
MDS（multidimensional scaling）法 167, 174, 252
MD（modality differential）法 167, 189
MEG（magnetoencephalography） 448, 450
——装置 460
ME（magnitude estimation）法 141, 154
MIDI（Musical Instrument Digital Interface） 98
mid-run 推定 144
minimal norm estimation 445

MMN（mismatch negativity） 438
MMSE（mini-mental state examination） 199
MNS 214
Morgenstern, O. 269, 270
mPFC（medial prefrontal cortex） 283
MP（magnitude production）法 156, 188
MR（magnetic resonance） 452
MRI 452, 472
——装置 460
MSSQ（Motion Sickness Susceptibility Questionnaire） 107
MTS（matching-to-sample）法 364
Müller, J. P. 16
MVPA（multivariate pattern analysis / multi-voxel pattern analysis） 456

N2 438
no-go—— 438
競合関連—— 438
n-2 タスク繰り返しコスト 241
N400 439
natural concept 361
Navon 課題 245
NCNP 460
ND ウエッジ（neutral density wedge） 56
ND フィルタ（neutral density filter） 56
NIRS（near-infrared spectroscopy） 449, 458
non-matching to position task 305
NPV（normalized pulse volume） 429
null field 41
N 分布 146

OAE（otoacoustic emission） 88
off-the-baseline 手続き 290
OKN（optokinetic nystagmus） 405
OLED（organic light-emitting diode） 53
on-the-baseline 手続き 290
Open Essence 113
open science 40
OPI（oral proficiency interview） 285
opponent modulation space 72
Osgood, C.E. 166
OSIQ（Object-Spatial Imagery Questionnaire） 211
OSIT-J（Odor Stick Identification Test for Japanese） 109
OST（operation span test） 232
overconfidence →自信過剰
OXlearn 15
oxy-Hb 458

P3（P3a, P3b） 438
P600 439
PACE（Police and Criminal Evidence

Act） 230
PANAS（positive and negative affect schedule） 248
Pavlov, I. P. 300, 324
PCA（principal component analysis） 442
PDP モデル 204
peak-valley 法 412
PEST（parameter estimation by sequential testing） 144
p hacking 40
Picture of Facial Affect 246
PI（peak interval）試行 354 →ピーク法
PLV（phase-locking value） 441
Posner, M. I. 234
POMS（profile of mood states） 248
probability of reinforcement 336 →強化確率
PRP（postreinforcement pause）→強化後休止
PRP（psychological refractory period） 242
——法 242
PSD（power spectral density） 440
PSE（point of subjective equality） 17, 141, 354
PSS（point of subjective simultaneity） 122
PV（pulse volume） 428

QDA（quantitative descriptive analysis）法 176
QRPs（questionable research practices） 40
QUEST 145

random-effects 解析 455
rapid 事象関連デザイン 454
Razran 法→綿球法
relational matching-to-smaple task 370
remember/know 手続き 220
RF（radio frequency） 452
RIA（radioimmunoassay） 420
RIP（respiratory inductive plethysmograph） 430
RI（random-interval）スケジュール 330
RJR（recall-judgmentrecognition paradigm）法 219
RMS（root-mean-square）コントラスト 61
RMS（root-mean-square）平均 149
ROC（receiver operating characteristic）曲線 147, 367
ROEX（rounded exponential）関数 90
ROI（region of interest）解析 455
RP（readiness potential） 437

R-R 間隔変動係数 412
RR（random-ratio）スケジュール 330
RSI（response-stimulus interval） 241
RST（reading span test） 232
RT（random-time）スケジュール 331
Russell, J. A. 255
RVLM（rostral ventrolateral medulla） 415

S⁻ 356
S⁺ 356
Saimiri 499
SAM（self-assessment manikin） 246
SAT（scholastic aptitude test） 261
Savage, L. J. 270
SCAW カテゴリー 49
SCC（skin conductance change） 302, 426
Scheffe の方法 162
SCL（skin conductance level） 302, 426
scoring rule →スコアリングルール
SCR（skin conductance response） 302, 426
——振幅 427
SDT（signal detection theory） 146
SD（semantic differential）法 19, 166, 185, 189
segmentation effect 348
Simon, J. R. 244
Simon 課題 244
SJ（simultaneity judgment） 122
Skinner, B. F. 324
SL（sensation level） 74
SNP（single nucleotide polymorphism） 480
SN 比（signal-to-noise ratio） 84, 90, 182
SN 分布 146
SOA（stimulus onset asynchrony） 17, 234, 237, 242
SPA 426
spatial alternation task 305
spatial discrimination task 305
SPF（specific pathogen free） 488, 493
SPL（sound pressure level） 74
SPN（stimulus-preceding negativity） 437
SPR（skin potential response） 426
SP（salient point）法 204
SQUID（superconducting quantum interference device） 450
SR（saving rate） 217
SRC（skin resistance change） 426
SRL（skin resistance level） 426
SRR（skin resistance response） 426
S-R 連合 294
SSDRs（species specific defense reactions） 308
SSEP（steady-state EP） 437

SSQ（simulator sickness questionnaire） 134
SSS（signal space separation） 450
S-S 連合 294
Stevens, S. S. 18, 141, 154
strain 493
Stubbs & Pliskoff 法 346 →強制選択法
surprise index →サプライズ指標

TDS（temporal dominant sensation） 119, 177
TEC（Test of Emotion Comprehension） 258
TEOAE（transient evoked otoacoustic emissions） 88
TFA（time-frequency analysis） 440
TFS（temporal fine structure） 81
THD（total harmonic distortion） 83
Thorndike, E. L. 272, 324
Thorpe, W. 378
Thurstone, L. L. 159
TI（time intensity） 118, 177
——法 118
TMTF（temporal modulamodulation transfer function） 91
TOJ（temporal order judgment） 122
TPJ（temporoparietal junction） 283
TPR（total peripheral resistance） 415
Treisman, A. 205
Tversky, A. 269, 270
2AFC（the two-alternative（half range）forced-choice） 394
2 : 1 cue-to-task mapping 241
Type N 205
Type P 205
T 迷路 304

UR（unconditioned response） 288
US（unconditioned stimulus） 288, 302
——先行提示効果 299
——の価値低減 294
u′v′ 色度図 68

vagueness 394
VAS（visual analog（ue）scale） 19, 135, 176
VBM（voxel-based-morphometry）解析 453
VEP（visual EP） 437
VI（variable-interval）スケジュール 329
VOG（video oculography） 410
von Neumann, J. 269, 270
VOR（vestibulo-ocular reflex） 404
VR（virtual reality） 128
VR（variable-ratio）スケジュール 328
VR 酔い 133
VSYNC 64
VT（variable-time）スケジュール

331
VVQ（Verdalizer-Visualizer Questionnaire）211

Weber, E. H. 141
WPM（word per minute）284
WTA（willingness to accept）392
WTP（willingness to pay）392
Wundt, W. M. 2

XYZ 表色系 68
xy 色度図 68

Yes/No 法（yes/no 法）18, 28, 142
yes/no 型見本合わせ 364
Y 迷路 305

あ行

アーチファクト 432
アイコンタクト 215
アイソレータ方式 488
アイトラッカー 259
曖昧性 394
アインシュタインパラダイム 225
明るさ 59
アクションリサーチ 6
アクティビティ 400
足踏み運動 213
圧縮符号化 79
アデノ随伴ウイルス 484
アドミタンス呈示型 106
アトラス 472
アドレナリン 418
アフェクトグリッド 253
アモーダル補間 369
アルゴリズム 260, 272
暗間隔 317, 326
アンチエイリアス処理 60

言い誤り 277
イオン泳動法 477
1 回換気量 430
1 回拍出量 415
鋳型表現 204
閾下刺激 16
閾下プライミング 200
閾上刺激 16
閾手続き 350
意識性 303, 382
意識的想起汚染問題 220
意思決定 200, 268
維持性般化法 357
異種感覚マッチング（法）156, 188
異種（見本）合わせ 365
位相同期分析 441
1 群事前事後テストデザイン 38
位置交替課題 305
1 次課題 242
1 次レベル解析 455

位置非見本合わせ課題 305
位置弁別課題 305
移調 360
一致係数 18
一致性効果 244
一対比較（法）158, 188
一般化マッチング法則（一般化対応法則）346
一般感情尺度 249
一般線形モデル 455
遺伝子改変マウス 484
遺伝子ノックアウト法 482
意図の理解度 379
意図優位性効果 225
イベントデザイン 459
意味逸脱文 283
意味的飽和 255
意味プライミング 279
イメージ論争 210
イメージを用いた感情喚起法 247
イヤーシミュレータ 86
色空間 68
色較正 55
色の現れ方 179
色変換行列 55
因果推論 383
因果性 383
因果知覚 179
陰極管ディスプレイ 52
因子分析 166, 173
インセンティブ両立性 393
インターバル計時（時隔計時）352
インピーダンスオージオメータ 88
インピーダンス呈示型 106
インフォームドアセント 47
インフォームドコンセント 45, 46, 201
隠蔽 298

ウェイソン選択課題 260, 266
ウェーバー 141
ウェーバーの法則 141, 155
ウェーブレット変換 440
ヴェルテン法 247, 256
受入意思額 392
埋め込み図形テスト 205
ヴント 2
運動情報 207
運動単位 424
運動適応 386
運動酔い 134

エアジェット 101
英語語彙サイズテスト 284
映像的表象 210
映像酔い 134
液晶ディスプレイ 52
エクスプレスサッカード 406
エクマン 254
エクリン腺 426
エコプラナーイメージング 452

餌箱訓練→給餌装置訓練
エネルギー的マスキング 90
エピジェネティクス 481
エピソード記憶 367
エラー関連陰性電位 439
エルスバーグの壺問題 394
演繹 262
演算スパンテスト 232
遠刺激 16
援助行動課題 375
延髄 414
延滞条件づけ 288
延滞制止 289
延滞模倣（遅延模倣）378
塩味溶液 117

応諾効果 28
往復回避 308
大型没入ディスプレイ 130
大きさの不変性 209
オーグメンティドリアリティ 131, 137
オーサーシップ 42
オージオグラム 88
オージブ関数 140, 142
大通り毛細血管 414
オープン方式 488
オズグッド 166
遅い大きな報酬 349
音 74
　——の強度 74
　——の方向感制御 132
音象徴 190
オノマトペ 190
　触覚の—— 190
オノマトペマップ 190
オフスクリーンバッファ 65
オプテックフロー刺激 67
オフラインパラダイム 459
オペランダム 316, 388
オペラント条件づけ 324, 340
オペラント実験箱 316, 343
オペラント弁別学習事態 364
オペラントレベル 320
オペレーションスパンテスト 232
オペレータ 272
オマキザル科リスザル属 499
オランウータン 379
音圧 74
　——レベル 74, 99
音韻 276
音楽心理学 98
音楽誘導法 256
音源距離 77
音源定位 91
音源-フィルタモデル 94
音色 98, 171
音声 94
音声記号 94
音節 94
音節レベル 277

音速 74
音素修復 97
音素モニタリング課題 276
音素レベル 277
温度 103
温度感覚 105
音読課題 278
温度刺激 105
温度センサ 104
温熱性発汗 426
音波 74
音脈分凝 93
オンラインパラダイム 459

か行

ガーデンパス 280
カーネマン 269, 270
外因性サッカード 406
概括化 226
下閾 143
回帰効果 31
回帰分析 172
開散 407
改竄 42
概日リズム 27
解釈 257
解釈バイアス 257
外制止 300
回折 74
回旋 404
外旋 404
階層クラスター分析 174
解像度 201
外的刺激を用いた感情喚起方法 246
外的妥当性 315
外転 404
回転・鏡映変換 184
回転追跡課題 386
回転変換構造 185
回転力場 385
解読研究 250
介入条件 313
概念形成 361
概念的行為 255
海馬スライス標本 468
外発的注意 235
回避 308, 342
　　——反応 376
　　往復—— 308
　　片道—— 308
　　シドマン型——　→自由オペラント型
　　　回避
　　受動的——学習 309
　　信号つき——学習 309
　　信号なし——学習 309
　　能動的——学習 309
　　非弁別——学習 309
　　弁別——学習 309
カウンターバランス 21, 35

カウンティングスパンテスト 232
顔刺激の回転角度 206
顔の認知 206
顔幅 206
価格弾力性 338
隠し絵テスト 205
学習実験 496
学習性無力感 310
学習セット 380, 360
学習の転移 370
学習判断 218
学習容易性判断 218
確信度判断 218
核スピン 452
覚醒 256
較正 395
覚醒度 255
拡張現実 137
確度 22
獲得期 288
角膜反射法 410
確率荷重関数 271
確率誤差 20
確立操作 337, 339, 490
確率統計論モデル 14
確率割引 390
下降系列 142
加算 370
加算テスト 300
賢いハンス 24
過剰訓練消去効果 304
過小マッチング（過小対応） 346
過小予期効果 299
仮想音源刺激 92
画像統計学 192
家族の類似 228
型 295
課題関連 244
課題関連属性 244
課題関連特徴 244
過大マッチング（過大対応） 347
課題無関連 244
課題無関連属性 244
課題無関連特徴 244
片道回避 308
傾き 236
価値関数 270
価値変化法 344
価値割引 390
カットオフポイント 256
過程追跡技法 397
過程分離手続 221
カテコールアミン 418
カテゴリー化 228
カテゴリー群化 229
カテゴリー連続判断法 170
下転 404
カプノメータ 431
ガボールパッチ 62, 66
カメレオン効果 214

カルシウムイメージング法 476
加齢 103, 198, 205
カロリックテスト 107
含意 282
感覚カテゴリー 190
感覚距離等分法 165
間隔尺度 150
間隔尺度構成 164
間隔等分法 165
感覚モダリティ 214
感覚様相間法 278
感覚レベル 74
眼球運動 230, 282
関係見本合わせ 370
間欠強化スケジュール 328
眼瞼条件づけ 293
観察 4
観察法 6
感情 256
　　——のエスノセオリー 255
　　——の社会構成主義 254
　　——の文化相対性 255
感情一致効果 257
感情価 255, 256
干渉課題 279
感情喚起刺激 246
感情喚起法 246
　　イメージを用いた—— 247
　　外的刺激を用いた—— 246
感情形容詞チェック表 248
干渉効果 244
感情ストループ課題 256
感情測定尺度 249, 256
感情のエスノセオリー 255
感情の文化相対性 255
感情プローブ課題 256
眼振 405
感性予備条件づけ 301
間接再認課題 221
間接的尺度構成法 154, 158
汗腺 426
感染症 489
完全マッチング（完全対応） 347
簡単反応時間 19
眼電位法 408
感度 18, 346
カントによる宗教の三分モデル 400
官能検査 6
官能評価 176
ガンマ特性 192
ガンマ補正 54
顔面動作符号化システム 374
完了反応 388
関連性理論 267

キイ 316
記憶コントロール 218
記憶実験の四面体モデル 216
記憶モニタリング 218
機械刺激法 100

索引　581

機会設定子（場面設定子）301
擬似耳　86
疑似条件づけ　289
擬似触覚　137
記述型官能評価　176
記述選択法　168
記述データ　168
規準化脈波容積　429
基準関連妥当性　23
基準刺激　17
基準電極　427
基準導出法　432
基準変更法　314
基数性　370
キセノンアークランプ　56
基礎律動　461
期待違反法　370
期待効用　268
期待効用理論　270
期待誤差　20
期待値　268
期待の誤差　28, 143
期待背反法　197
既知顔　207
既知感判断　218
輝度　58, 68
帰納　262
機能的サイズ　230
機能的磁気共鳴画像　448
機能的磁気共鳴画像法　444
ギフトオーサーシップ　42
気分　257
気分一致効果　257
基本感情　250
基本感情説　250
基本強化スケジュール　328
基本軸方向　72
基本周波数　75, 91
基本表情　207
基本メカニズム　72
義務論的規則　266
逆転　39
逆転計画　39
逆問題　444
逆行条件づけ　289
逆向マスキング　180
逆向マスク　238
逆行連鎖　323
キャッチ試行（キャッチトライアル）
　28, 146
ギャップ検出　90
ギャップ効果　406
キャリブレーション　107, 218, 395
キャリブレーションカーブ　219, 395
吸音率　74
嗅覚刺激　108
嗅覚同定能力研究用カードキット　113
吸気時間　431
給餌装置訓練　320
教育ビッグデータ　222

鏡映像自己認知　376
鏡映描写　384
鏡映変換構造　185
共役運動　407
強化　325
　　──による淘汰　351
　　──の質　337
強化確率　336
驚愕反応　303
強化後休止　328
強化子　326, 340
強化真価　339
強化随伴性　326
強化スケジュール　328, 332, 341
強化遅延　337
強化率　336
強化量　337
共感　214
共感性　259
凶器注目効果　230
強形態の社会構成主義　254
競合関連N2　438
教示　10
教師期待効果　25
教示操作チェック　12
教示文　11
強制選択-自由選択課題　306
強制選択選好注視法　196
強制選択法　28, 143, 216, 250,
　346 → Stubbs & Pliskoff法
恐怖条件づけ　290
供覧　178
極限法　142, 390
局所強調（刺激強調）378
局所電場電位記録法　476
局所反転　97
曲線下面積　390
虚再認　217
距離行列　252
記録部　433
近交系　493
近刺激　16
近似単位　277
近赤外分光法　449, 458
均等色空間　68
均等色度図　68

空間一致性　120
空間誤差　20
空間周波数　62
空間スパン課題　232
空間手がかり法　234
空間的音場制御　132
空間的強制選択　143
空間フィルタ法　451
空間布置　252
空所　281
偶然誤差　20
空中超音波　101
空変換構造　185

グッドマン・クラスカル（Goodman-
　Kruskal）のガンマ（γ）係数　219
クラウドソーシング　200
クラスター分析　169, 174, 455
グラディエントエコーシークエンス
　452
グラフィックボード　53
クローズドコロニー　493
クロストーク　63
クロンバック（Cronbach）のアルファ
　（α）係数　23

経験からの意思決定　394
警察・刑事証拠法　230
計時行動　352
継時的負の対比効果　304
継時弁別　326, 364
継時弁別訓練　356
継時見本合わせ　364
継時見本合わせ課題　209
傾斜　27
形状記憶合金　101
計数行動　352
経頭蓋磁気刺激　458
経頭蓋磁気刺激法　477
ゲイズサッカード　406
計測　20
計測値　20
軽打反応　347
系統　493
　　──間の行動比較　480
系統誤差　20
系統的反復　315
係留（アンカー）効果　20, 152
係留刺激　153
系列学習　386
系列カテゴリー法　160
系列効果　30, 152
系列誤差　20
系列再生　216
系列特徴正弁別　301
系列パターン学習　304
系列反応時間課題　386
ゲイン制御モデル　180
ケーススタディ　8
ゲーム理論　396
ケーラー　272
ゲシュタルト理論　184
ゲストオーサーシップ　42
血圧　415
　収縮期──　415
　平均──　415
血液量　427
結果事象競合　299
血管抵抗　415
血管平滑筋　414
結合音　83
結合錯誤　205
血行動態　454
血行力学的反応パターン　416

げっ歯類　474
血流動態反応関数　454
ゲノム編集技術　481, 483
検疫　488
嫌悪刺激　317
嫌悪性制御（嫌悪統制）　342
研究倫理　46, 199
言語音　94
言語間プライミング　279
顕在記憶　220
顕在的態度　382
顕色系　68
限定合理性　264
ケンドール（Kendall, M. G.）の一貫性
　　係数　158

コアアフェクト　255
語彙性判断課題　278
語彙知識　284
　　──の広さ　284
　　──の深さ　284
高域遮断フィルタ　433
構音抑制　279
光学的イメージング法　476
高架式十字迷路　307
効果的サイズ　230
効果の法則　324
交感神経‐副腎髄質系　418
交差自己投与　363
高次学習　360
高次条件づけ　301
高次スケジュール　335
向社会的行動　214
向社会的選択課題　375
高周波成分　413
恒常誤差　20, 141
交照測光法　58
恒常法　17, 142, 188
更新効果　296, 340
後錐体過程　72
構成概念妥当性　23
構成素構造　280
構造記述表現　204
構造写像理論　275
構造方程式モデリング　173
高速液体クロマトグラフィー　420
後続事象間の競合　299
高速逐次視覚呈示法　238
高速動揺病スケール　135
高速フーリエ変換　79, 440
高調波　82
肯定式三段論法　264
光電式容積脈波　428
行動再現手続き法　379
行動システムアプローチ　345
行動対比　327, 332
行動的受容野　183
行動テスト　481
　　──バッテリー　481
行動変動性の指標　350

行動薬理学　362
興奮　300
興奮の反応　289
興奮条件づけ　300
興奮性シナプス電位　448
興奮性般化勾配　358
項目反応理論　23
交流増幅器　433
高齢　198
コーエン（Cohen）のカッパ（κ）係数
　　18
ゴールトラッキング（目標追跡）　292,
　　294
語幹完成課題　220
呼気時間　431
呼吸
　　──系　430
　　──数　430
　　──性洞性不整脈　412
　　──波形　431
国際 10-20 法　432
国際音声字母　94
国際実験動物ケア評価認証協会　49
国際比較　169
心の理論　283
　　──課題　214
誤差　20, 32
固視　405
個人間相関　32
個人差　9, 32
個人情報　45, 199
誤信念課題　215
個体識別　497, 501
固定時隔スケジュール　328
固定時間スケジュール　331
固定比率スケジュール　328
古典的条件づけ　288, 302, 382 →パブロ
　　フ型条件づけ
古典的テスト理論　20
コネクショニストモデル　14
コネクトミクス　479
コバル式オルファクトメータ　109
コヒーレンス分析　441
コマ落ち　53
語用論　282
コルチゾール　420
混合コスト　240
混合スケジュール　332
混合タスクブロック　240
コンジョイント分析　177
混色系　68
混成スケジュール（多元（多重）スケ
　　ジュール）　332, 340
痕跡条件づけ　289
コンセプト　166
コンディショナルノックアウト法　482
コントラスト　61, 182
コントラスト感度　200
コンピュータシミュレーション　273
コンベンショナル　493

──動物　488
混変調歪み率　83

さ行

サーストン　159
サーストン法　159
サーチコイル法　408
サーミスタ　428
サーモグラフィ　428
再学習法　217
再帰効果（復位効果）　296
再検査法　22
再現実験　3
再構成法　217
最後通牒ゲーム　397
最終比　363
最小運動法　59
最小弁別角度　120
最小明確度境界法　59
再生法　216, 352
最適区分点　276
最適反応　396
細動脈　415
サイトカイン　422
再認課題　209
再認法　188, 216
細胞外（神経細胞活動）記録法　466,
　　476
細胞内記録法　466
サイントラッキング（信号追跡）　292,
　　294
サヴェッジ　270
サウンドスペクトログラム　95
サウンドレベルメータ　86
作業記憶　367 →ワーキングメモリ
　　─‐参照記憶課題　306
作業分析　9
錯誤相関　383
錯視　186, 368
　　──アート　186
　　──デザイン　186
　　静止画が動いて見える──　186
　　ツェルナー──　186
錯乱語　278
サッカード　406
　　──抑制　407
　　エクスプレス──　406
　　外因性──　406
　　ゲイズ──　406
　　内因性──　406
撮像範囲　452
サブサンプリング法　183
サブバンド　192
サブピクセル描画　65
サブライズ指標　395
サリーとアンの課題　215
参加者　45
参加者間計画　35
参加者間多重ベースラインデザイン　39

索　引　583

参加者内計画　35
残効　180
三刺激値　68
3次元モデル表現　208
30秒スナップリーディング　9
産出　276
産出法　188, 352
参照記憶　367
サンプリング周波数　78, 433
サンプリングバイアス　30
参与観察　255
参与観察法　6
産卵　498
残留コスト　241

飼育水　496
飼育水槽　497
飼育方法　489
飼育密度　497
恣意的見本合わせ　365
子音　94
ジーンターゲティング法　482
視運動性眼振　405
視運動性後眼振　405
視運動性反応　405
ジオン　204
耳音響放射　88
視角　57, 61
視覚運動回転　384
時隔計時（インターバル計時）　352
自覚効果　362
視覚探索（課題）　27, 200, 236, 368, 372
視覚の断崖　259
視覚の判断　315
視覚の評価スケール　135
視覚特性　198
視覚マスキング　238
視覚誘導性自己運動感覚　107, 135
視覚誘発電位　437
磁化率　453
時間周波数分析　440, 446
時間順序判断課題　122
時間スケジュール　331
時間知覚　352
時間の強制選択　143
時間の符号化　295
時間微細構造　81
時間表現　91
時間変調伝達関数　91
時間窓　95
磁気共鳴　452
色差　69
色度座標　68
色度図　68
識別臨界速度　170
視距離　199
刺激　16
刺激間隔バイアス　29
刺激感度曲線　100
刺激競合　300, 382

刺激強調（局所強調）　378
刺激性制御　356
刺激前陰性電位　437
刺激呈示時間間隔　17
刺激等価性　365
刺激等化バイアス　29
刺激般化　356
刺激・反応等化バイアス　29
刺激布置優位効果　205
刺激弁別　356
次元間弁別　357
次元内弁別　358
事後インタビュー　13
試行間間隔（試行間時隔）　290, 311, 326
試行間効果　245
試行錯誤　272
試行錯誤学習　324
嗜好性条件づけ　292
自己指向行動　376
自己主体感　376
自己受容感覚　214
事後情報効果　231
自己所有感覚　212
自己制御　349
自己盗用　43
自己投与試験　362
自己モニター機制　276
支持強化子（バックアップ強化子）　389
視床下部-下垂体-副腎皮質系　420
事象関連スペクトル摂動　281
事象関連デザイン　454
事象関連電位　283, 436, 448
自信過剰　395
視線　207
自然概念　361
自然回復（自発的回復）　296, 329, 340
事前仮説　183
自然観察法　6
指尖光電式容積脈波　428
自然視　56
自然選択　380
事前登録制度　41
自然類　255
持続時間　19
事態　290
視聴覚音声知覚　124
視聴覚情動知覚　125
実験　4
　　――の再現性　3
実験観察法　6
実験現象学　178
実験者効果　11, 25, 37
実験者バイアス　25
実験条件　313
実験心理学　2
実験セッション　312
実験操作情報の拡散　29
実験的消去　296
実験的人間行動分析　388
実験動物　48, 488

実験ノート　3
実質含意　263
失認症　205
失敗関数　145
実用的スキーマ理論　266
時定数　427
視点依存　209
視点取得課題　372
自伝的記憶　227, 257
自伝的記憶面接　226
自伝的推論　226
視点非依存　209
視点不変性　208
自動詞の動作　214
自動反応維持　322
自動反応形成　321
自罰行動　311
自発選好　196
自発的回復（自然回復）　296, 329, 340
自発的切り替え　241
自発的交替テスト　305
磁場変化　448
支払意志額　392
自閉症　205, 214
縞パターン　25
シミュレーション　14, 198
シミュレータ　15
社会契約理論　267
社会的学習　378
社会の経験規則　254
社会構成主義
　　強形態の――　254
　　弱形態の――　254
社会的参照　258
社会的促進　378
社会の表示規則　254
社会割引　390
弱化　340, 342
弱形態の社会構成主義　254
弱視　198
ジャクソン研究所　485
尺度　150
尺度構成　158, 162, 166
　　――法　6, 154, 188
写真面割り　230
写像　274
遮断化　337
シャトル箱　308, 343
遮蔽矛盾　131
主因子法　168
自由オペラント　324
　　――実験　341
自由オペラント型回避　309
終環　334, 348
終環効果　334
周期音　75
自由空間　77
自由再生　216
収縮期血圧　415
重心計　213

584　索引

重心動揺　135
囚人のジレンマゲーム　396
自由摂食時体重　492
収束的妥当性　23
集中試行効果　299
周波数応答　83
周波数特性　83
周波数変調　76
周辺情報　257
主課題　242
主観確率　394
主観的期待効用理論　270
主観的情感　254
主観的等価点　17, 140, 354, 390
主観的同時点　122
種間比較　380
縮小バイアス　29
主系列特性　406
受信者動作特性曲線　367
主成分得点　442
主成分負荷量　442
主成分分析　173, 442
出版可能な最小単位　43
出版バイアス　40
出力音圧レベル　85
受動的回避学習　309
受動的対処　417
手動反応形成　321
需要の指数関数モデル　339
順位法　163
純音　75
純音聴力検査　88
馴化　492
馴化-脱馴化法　196, 258, 370
馴化法　196
瞬間呈示法　238
順向干渉　366
順行条件づけ　288
順向マスキング　180
順向マスク　238
順行連鎖　323
準実験　38
順序再生　216
順序尺度　150
順応　105, 180
準備電位　437
　偏側性——　437
瞬膜条件づけ　293
瞬目　303
瞬目条件づけ　293, 303
上閾　143
消去　327, 340, 382
消去抵抗　340
上下法　144, 391
条件交代法　314
条件興奮　300
条件刺激　288, 302
条件推論　262
条件（性）位置弁別課題　305
条件制止　300

条件（性）情動反応　290
条件（性）凍結反応　291
条件（性）場所選好　363, 292
条件（性）風味選好　292
条件性弁別　364, 368
条件性弁別課題　372
条件（性）味覚嫌悪　291
条件（性）抑制　290
条件づけ場所嗜好性試験　363
条件反応　288, 296, 302
条件文　266
照準課題　384
上昇系列　142
尚早反応　20
状態　256
状態依存性　458
象徴距離効果　371
冗長度　184
象徴見本合わせ　365, 370, 377
情緒の意味　166
上転　404
衝動性　349
使用法　188
情報獲得理論　267
情報希求反応　376
情報源の誤帰属　231
情報源モニタリング　231
情報的マスキング　90
情報モニタリング法　397
静脈内自己投与法　362
剰余変数　24, 26, 34
　——の一定化　34
　——の除去　34
　——の相殺　34
初環　334, 348
初環効果　334
除去型強化子（負の強化子）　342
除去型弱化子（負の弱化子）　342
処遇期　39
触相図　191
食物遮断化　492
序数性　370
触覚のオノマトペ　190
自律神経系　418
視力低下　199
新奇性選好　197
真偽法　216
親近性効果　279
シンク　467
神経-血管カップリング　460
神経文化モデル　254
人工概念　361
信号　146
信号検出理論　146, 367
信号追跡（サイントラッキング）　292, 294
信号対雑音比　84
人工唾液　114
信号つき回避学習　309
信号なし回避学習　309

人工耳　86
人工類　255
人種　207
人獣共通感染症　489
新生児模倣　214
心臓血管系　414
心臓副交感神経　414
身体図式　126, 212
身体像　126
身体的疲労　27
身体動揺　135
身体表象　126
心的イメージ　210
心的折り紙課題　210
心的回転　210
心的辞書　278
心的走査　210
心的不応期　242
心電図　412
心内時計課題　210
真にランダムな統制手続き　289
真の模倣　378
心拍　259
　——出量　415
　——数　412, 415
　——変動　412
新パラダイム　262
深部感覚　106
振幅変調　75
振幅包絡　81
人物同定　206
信頼性　22
信頼性係数　22
心理学的構成主義　255
心理学的疲労　26
心理尺度　6
心理測定関数　140, 144
真理値表　263
心理的リアリティ要因　136
心理物理学の実験パラダイム　180
心理物理学的測定法　140, 142, 144

推移的推論　370
推移律規則　265
水素原子　452
錐体コントラスト空間　71
錐体刺激値　70
錐体分光感度　70
垂直走査周波数　64
垂直同期信号　64
随伴性　382
随伴性意識　382
随伴性陰性変動　436
随伴性低下効果　299
随伴性判断　383
推論スキーマ　264
数概念　370
スカラー特性　352
スキーマ　275
スキナー　324

索　引　　585

スキナー箱→オペラント実験箱
スキャロップ　329, 353
スケジュール誘導性行動　351
スコアリングルール　395
スティーブンス　18, 141, 154
スティーブンスの冪法則　141, 155
スティック型嗅覚同定能力検査　109
ストラテジー　182
ストループ　244
ストループ課題　244
ストループ効果　200, 244, 256
ストレス値　253
スピンエコーシークエンス　452
スペクトラムリーディング　96
スペクトル　75
スペクトル拡散　75
スペクトル分析法　413
スムースパシュート　405
スライス標本　471
（動物実験の）3R の原則　48, 502

正棄却　147, 217
正規分布　21
制御転移　344
制限時間　331
成功関数　145
正再認　217
制止　300
正刺激　326, 356
制止子　300
制止条件づけ　300
制止の反応　289
性周期　495
成熟　26
成熟の脅威　38
制止（抑制）性般化勾配　358
精神性発汗　426
静水圧　416, 429
性成熟　495
生態学的妥当性　171
精度　22
正の強化子（提示型強化子）　342
正の行動対比　356
正の弱化子（提示型弱化子）　342
正の頂点移動　358
性別　207
西洋 12 音階　98
生理溶液　468
赤外線微分干渉顕微鏡　469
接近の法則　289
節後ニューロン　418
セッション内変動　336
節前ニューロン　418
絶対閾　60, 140
絶対尺度　151
絶対般化勾配　357
セットサイズ　236
折半法　22
切片　236
説明つき同意　45, 389

舌面灌流法　115
節約率　217, 221
ゼブラフィッシュ　496
ゼロ和ゲーム　396
全課題法　323
線形システム　82
線形予測符号化　97
選好　394
選好逆転　349
全口腔法　114
選好性　211
選好注視法　196, 258, 372
全高調波歪み率　83
選好パルス　347
潜在記憶　220
潜在制止　291
潜在の記憶　204
潜在的態度　382
潜在連合テスト　382
潜時　19, 341
漸次的近似　320
線尺度　176
選択型見本合わせ　364
選択交配　480
選択の連合の事実　292
選択反応時間　19
選択変更後遅延　333
選択法　188
前庭電気刺激　107
前庭動眼反射　404
前頭前皮質内側部　283
前方マスクプライミング課題　277
鮮明性　211

騒音レベル　75
想起意識　220
双曲線価値加算モデル　349
双曲線関数　390
双曲線減衰モデル　349
双極導出法　432
相互隠蔽　298
総合歪み率　84
相互作用　396
相互相関解析　461
相互変調歪み率　83
操作体→オペランダム
双生児法　480
相対的手がかり妥当性　299
相対般化勾配　357
創発特徴　205
増幅部　433
総末梢抵抗　415
ソース　274, 467
ソースモニタリング判断　218
ソーブ　378
ソーンダイク　272, 324
ソーンダイクの問題箱　272, 324
側座核　99
即時模倣　378
属性　207

側帯波　76
測定の脅威　38
側頭頭頂接合部　283
阻止　298, 303
測光量　58
ソレノイド　101
損失　234

た行

ターゲット　208, 216, 236, 274
ターゲット検出課題　183
大域干渉　204
大域優先　204
第一種過誤　40
対応分析　443
対応法則　346 →マッチング法則
体外受精　495
対人配慮　282
対数バイアス　29
代諾者　46
態度　382
ダイナミックレンジ　78, 82
対比効果　180
ダイポール推定法　451
タイムスタディ　9
唾液採取　423
唾液条件づけ　302
多感覚統合　120
タクタイルディスプレイ　132
他行動分化強化　340
他行動分化強化スケジュール　331
多次元尺度構成法　167, 174, 252
多次元データ　172
多肢選択法　216
多重制約理論　275
多重ベースライン計画　39
タスク切り替えコスト　241
タスクスイッチ　240
タスク手がかり法　241
多層ベースライン法　314
脱馴化　197
縦緩和　452
多点電極　470
他動詞的動作　214
妥当性　23
ダブルトランスジェニックマウス　484
ダブルバッファリング　65
ダブルブラインドテスト　37
多変量パターン解析　456
多ボクセルパターン解析　456
ダミーヘッド　87
多面的感情状態尺度　248
単一項目法　216
単一事象関連デザイン　454
単一事例実験　39
単一タスクブロック　240
単価割り当て　240
単極導出法　432
タングラム課題　26

単語完成課題 220
探索関数 236
探索行動 377
探索的アプローチ 183
探索非対称性 205
探査電極 427
単純なスパン課題 232
単純な逃避学習 309
単純弁別課題 372
断片図形 204
単変量解析 456
単盲検法 37
弾力的需要 338

チアリーダー効果 200
チェックリスト法 168
遅延再現法 379
遅延再生 216
遅延低減理論 348
遅延反応課題 366
遅延見本合わせ 366, 365
遅延模倣（延滞模倣） 378
遅延割引 390
知覚 276
　　——の恒常性 17
知覚-運動学習 384
知覚学習 387
知覚循環 204
知覚的受容野 183
知覚的体制化 368
知覚符号化 79
逐次検索モデル 276
遅滞テスト 300
膣栓 495
チャネル 458
チャネル間相互作用 55
チャンスレベル 217
注意の捕捉 33
注意の瞬き 33, 200, 239
注意バイアス 256
中心化バイアス 29
中心情報 257
中枢神経系 251
中断時系列デザイン 38
調音結合 96
聴覚フィルタ 90
聴覚誘発電位 437 →聴性誘発反応
聴取点音圧制御 132
超条件づけ 300
調性 99
調整スケジュール 335
聴性定常反応 89
聴性脳幹反応 89
調整法 143, 391
聴性誘発反応 89 →聴覚誘発電位
超伝導量子干渉素子 450
丁度可知差異 122, 140
調波複合音 75
直後再生 216
直接推論 262

直接的尺度構成法 154
直接的反復 315
直線走路 304
直流増幅器 433
チンパンジー 379

追跡課題 384
通電法 426
2ボトルテスト 291
ツェルナー錯視 186
吊り橋実験 24

低域遮断フィルタ 433
定格出力 85
定言三段論法 262
抵抗血管 415
提示型強化子（正の強化子） 342
提示型弱化子（正の弱化子） 342
低周波成分 413
定常EP 437
定常状態 328, 347
定数和ゲーム 396
ディスクリミナンダム 316
ディストラクター 208, 216, 236
ディセプション 11
停留・点検パターン 348
定量的記述分析法 176
データグローブ 132
データベース 206
手がかり競合 298
手がかり語法 226
手がかり再生 216
適応 381
適応的測定法 144
テキストマイニング 7
適（当）刺激 16
テクスチャ合成 193
テクスチャマッピング 129
デコーディング 456
デコード 456
テスト期 288
テトラサイクリン依存的遺伝子発現誘導
　システム 485
デモンストレーション 178
電位法 426
点音源 74
電気刺激法 102, 477
電気生理学的記録法 476
電極 432
電極帽 433
典型性判断 229
電磁波 452
10-10法 432
テンポ 99
展望的記憶 224

同一見本合わせ 365
トヴェルスキー 269, 270
透過光式 428
等価刺激 17

等価刺激差異 165
等価刺激比率 165
等感距離法 164
動機付与操作→確立操作
統御性 211
道具的条件づけ 324
統計検定力 41
統計的認知 193
凍結反応 417
等現間隔法 159, 164
瞳孔径 259
統語的プライミング 281
洞察 272
同時条件づけ 289
同時性判断課題 122
同時弁別 326, 364, 368
同時弁別訓練 356
同時見本合わせ 365
糖新生 420
統制刺激 17
闘争か逃走か反応 417, 418, 426
同相信号除去比 433
淘汰 321, 351
到達運動 214
同調現象 213
同等集合サイズ 184
頭内定位 92
逃避 308, 342
　　——学習 308
　　単純な——学習 309
動物の愛護及び管理に関する法律 48
頭部伝達関数 77, 92, 132
頭部搭載型ディスプレイ 130
盗用 42
動揺病 107, 134
トークン交換課題 374
ドーパミン 418
トーンバースト 75
トーンパルス 75
トーンピップ 75
特性 256
特徴表現 204
独立成分分析 443
度数 18
ドットプローブ課題 256
トップダウン 204
トラッキング 131
トランスジェニックマウス 484
トリーズマン 205
努力の最小化傾向 12
ドンデルス 19

な行

内因性サッカード 406
ナイキスト周波数 78
内省 376
内制止 296
内旋 404
内的整合性 23

内的妥当性　312
内転　404
内発的注意　235
内分泌系　418
内容的妥当性　23
内容分析手法　7
ナッシュ均衡　396
ナッシュ均衡点　397
ナラティヴ法　226
並べ替え課題　252
慣れ　303
慣れの誤差　20, 28, 143

2位価格オークション　393
におい　108
　——の同定能力　112
　——の弁別能力　112
におい紙　109
におい袋　110
二過程理論　260
2件法　18
2行為選択法　379
2次課題　242
二肢強制選択　18, 236, 394 → 2AFC
2次元画像表現　208
2次条件づけ　301
2次的関係性課題　370
二重課題法　242
二重投稿　43
二重盲検法　25, 37
2次レベル解析　455
日誌法　226
二等分法　354
乳児統制法　258
尿検体　419
認識論的効用　267
認知課題　185
認知症　204
認知スタイル　205
認知プローブ課題　282

音色　98, 171
捏造　42
年齢　207

ノイズ　182
脳機能画像　227
脳磁図　448450
脳定位手術　474
脳電図　432
能動の異種情報間写像理論　214
能動の回避学習　309
能動の対処　417
脳波　432, 444, 448
脳病態統合イメージングセンター　460
ノーズポーク反応　351
ノックイン法　482
ノッチ雑音法　90
ノトバイオート　488
ノニウス法　411

ノルアドレナリン　418
ノルム最小化法　451
ノンバーバル行動　251
ノンパラメトリックな方法　144

は行

パーキー効果　210
バースト（反応連発）　329
パーセンタイルスケジュール　322
バーチャルウィーク　224
バーチャルブレーン　130
バーチャルリアリティ　128, 136
バーンズ迷路　307
バイアス　36 →偏好
胚移植　495
倍音　75
ハイガンマ　446
倍数法　165
胚性幹細胞　482
場依存型　205
排他律　371
背内側前頭前野　215
バイモーダルニューロン　212
ハイレゾ　78
破壊法　477
白色雑音　34, 75
拍動数　412
剥離網膜標本　470
曝露療法　137
波形編集　97
場所表現　91
肌　207
パターン　204
パターン刺激　60
パターン認知の発達　204
バックアップ強化子（支持強化子）　389
発語内行為　282
発語媒介行為　282
発生源推定　444
発達障害　214
パッチクランプ法　466, 469, 476
発話　206
発話行為理論　282
発話認識　207
場独立型　205
パネリスト　176
パネル　176
パフォーマンス　262, 400
パブロフ　300, 324
パブロフ型条件づけ　288 →古典的条件づけ
場面設定　295
場面設定子（機会設定子）　301
場面想起法　247
早い小さな報酬　349
パラメトリックな方法　145
バリア方式　488, 493
バリマックス回転　167

パレート最適　396
パレット　255
パワースペクトル密度　440
パワースペクトルモデル　90
般化減少　341
般化勾配　356
反射光式　428
搬送波　75
判断　257
判断基準　18
判断バイアス　257
バンデューラ　378
反転法　312 → ABA法，ABAデザイン
バンドパスフィルタ　433
パンニング　120
反応　18
反応応答理論　23
反応間時間　330
反応休止・走行パターン（反応停止・走行パターン）　328
反応形成　320
反応時間　18, 170
反応潜時　227
反応等化バイアス　29
反応による分類　182
反応バイアス　28, 122, 143, 148
反応頻度等化バイアス　28
反応復活　340
反応誘導　350
反応予備条件づけ　345
反応率　327
反応率分化強化スケジュール　330
反応連鎖　323
反応連発（バースト）　329
反復プライミング　279

ピアソンの積率相関係数　7
ピーククリッピング　82
ピーク法　352
ピエゾ　101
非階層クラスター分析　174
比較刺激　17, 140, 364, 369
比較判断の比率の推定法　164
非感性的完結化　178
非共役運動　407
ピグマリオン効果　25
非言語的情報　251
被験者　45
被験者選択バイアス　30
被験者バイアス　25
被検（験）体　3, 5
皮質脳波　446
微小循環　414
ビジランス課題　27
ヒストグラム統計量　192
非ゼロ和ゲーム　396
非線形歪み　82
左から右への逐次的クラスタ化　276
左下前頭回　283

非弾力的需要　338
ピッチ知覚　91
ビットブロック転送　65
ビデオ画像解析法　410
ピノキオ錯覚　126
皮膚　426
皮膚温　428
皮膚感覚　106
皮膚血流量　427
皮膚交感神経　427
皮膚コンダクタンス　259
　──水準　426
　──反応　426
　──変化　302, 426
皮膚抵抗水準　426
皮膚抵抗反応　426
皮膚抵抗変化　426
皮膚電位活動　426
皮膚電位水準　426
皮膚電位反応　426
皮膚電気活動　426
皮膚電気条件づけ　303
皮膚電気反応　426
非分化強化　356
非弁別回避学習　309
非見本合わせ　365
ひも引き課題　373
被模倣　214
比喩　275
ヒューリスティクス　273
ヒューリスティックアプローチ　260
評価懸念　28
評価者　7
評価者間信頼性　7
評価者内信頼性　7
評価条件づけ　382
評価段階　270
評価法　352
標準形ゲーム　396
標準刺激　17, 140
標準比視感度関数　58
表情　206
表情認識　207
表色系　68
剽窃　42
評定尺度法　151
標的刺激　236
標的出現頻度効果　237
費用便益構造　267
表面筋電図　424
比率尺度　151
比率累進スケジュール　363
非類似性　252
ヒルベルト変換　81

ファイ（φ）係数　168
ファラデーの法則　408
不安　256
フィードバック関連陰性電位　438
フィールドワーク　6

フィルタリング　97
風味　291
フェイディング　349 →溶化
フェヒナー　141, 154
フェヒナーの法則　141, 155
フォルマント　94
フォン ノイマン　269, 270
不確実性　394
復位効果（再帰効果）　296
複合スパン課題　232
副次課題　242
輻輳　407
輻輳運動　407
腹話術効果　120
符号化研究　250
負刺激　326, 356
付随行動　351
復帰抑制　235
物体・空間イメージ質問紙　211
物体選択課題　372, 375
物体優位効果　205
物理シミュレーション　129
物理的リアリティ要因　136
不適（当）刺激　16
不等価2群事前事後テストデザイン　38
負の強化子（除去型強化子）　342
負の行動対比　356
負の弱化子（除去型弱化子）　342
負の頂点移動　358
部分強化効果　340
部分強化消去効果　304
部分報告手続き　238
ブライアスコア　395
プライミング　181, 278
　──効果　220
　閾下──　200
　意味──　279
　言語間──　279
　前方マスク──課題　277
　統語的──　281
　反復──　279
　ポップアウト──　237
プライム　279
ブラインドテスト（盲検法）　37
プラグ　495
フラクタル　194
フラクタル次元　194
プラシーボ効果　36
フランカー　245
フランカー課題　245
フランカー効果　200, 245
プリズム適応　384
フリッカー　131
フリッカー測光法　58
フリップ　65
プリミティブ　129
プルキンエ像　409
フレーム時間　64
フレームロック　131
不連続依存関係　280

フローサイトメトリ　422
プローブ RT 課題　243
プローブトーン実験　99
プロスペクト理論　269, 270
ブロックデザイン　454, 459
ブロックの法則　238
ブロック文字イメージ生成課題　210
プロトタイプ　228
プロマックス回転　167
プロモータ　469
文化間比較　125
分化強化　320, 326, 350, 356
分化結果効果　345
分化条件づけ　289
文化人類学的方法　255
分割効果　348
分割投稿　43
分時換気量　430
文章難易度判定式　285
分数法　165
吻側延髄腹外側部　415
分泌型免疫グロブリンＡ　422
分布型発生源　445
文脈恐怖条件づけ　291
文脈効果　30
文脈手がかり効果　237
文脈的選択モデル　348

平均血圧　415
平均への回帰　30
平衡感覚　213
平行検査法　22
ベイズモデル　14
併存的妥当性　23
並立スケジュール　333, 340, 346
並立迷信行動　333
並立連鎖スケジュール　334, 348, 352
ベースライン期　39
ベースライン条件　312
冪関数　18
ベクション　107, 135, 405
ヘッドスペース　110
ヘルシンキ宣言　46
ペルティエ素子　104
ベルヌイ　268
変異　351
変化抵抗　340
変形上下法　144
偏好　346 →バイアス
編集段階　270
偏心度　61
偏側性準備電位　437
変調
　──指数　76
　──周波数　76
　──度　76
　──の深さ　76
　──波　75
変動時隔スケジュール　328, 356
変動時間スケジュール　331

索　引　589

扁桃体　99
変動比率スケジュール　328
変動量　392
弁別閾　140
弁別回避学習　309
弁別学習　360
弁別課題　182, 250
弁別刺激　340
弁別刺激効果　362
弁別測度　327
弁別的妥当性　23
弁別反応時間　19
弁別比　365

ポアズイユの法則　415
ボイスキイ　277
ボイスコイル　100
母音　94
妨害刺激　236
忘却曲線　221
傍細胞記録法　476
放射状迷路　305, 367
放射免疫分析法　420
放射量　58
飽和化　344
ホーソン効果　8, 36
ホールセルクランプ　467
ホールマウント標本　471
ボクセル　454
ボコーダ　97
拇指対向運動　386
ポズナー　234
ボックスカウンティング法　194
没頭　134
没入　134
没入性　211
ポップアウト　205, 236
ポップアウトプライミング　237
ポテンシャル　400
ボトムアップ　204
ボノボ　379
ポリグラフ　402
ポリゴン　129
ボルタンメトリ　476
ホワイトノイズ　34

ま行

マイクロカプセル化　109
マイクロステップ法　222
マイクロダイアリシス法　476
マイクロフォン　86
マウス　493
マガーク効果　125
マガークパラダイム　125
マガジン訓練→給餌装置訓練
マガジン反応　293
膜電位感受性蛍光色素イメージング法　476
マグニチュード産出法　156, 188 → MP

法
マグニチュード推定法　18, 141, 154 → ME 法
マスカー　90
マスキング　90, 180
　　――手法　55
　　エネルギー的――　90
　　逆向――　180
　　視覚――　238
　　順向――　180
　　情報的――　90
　　メタコントラスト――　238
マックスウェル視　56
末梢神経系　251
マッチング　34
マッチングバイアス　260
マッチング法則　334, 346 → 対応法則
マンセル表色系　69
満足感遅延　374

味覚回避　292
味覚嫌悪学習　291
味覚嫌悪条件づけ　291
味覚刺激呈示装置　115
味覚反応　292
ミス　217
ミスマッチ陰性電位　438
未知顔　207
ミッシングファンダメンタル　91
味物質　114
見本合わせ　364, 369, 372
見本刺激　364, 369
脈圧　415
脈波　428
規準化脈波容積　429
　　――容積　428
　　光電式容積――　428
　　指尖光電式容積――　428
　　容積――　428
ミュラー　16
ミュラー・リヤー錯視　17, 20, 22, 368
味溶液　114
ミラーニューロン　213214
ミラーニューロンシステム　214
魅力　207

無意図的想起　227
無意味綴り　217
ムエット　109
無塩クラッカー　116
向き運動　407
無菌動物　488
無限インパルス応答フィルタ　80
無効試行　234
無誤弁別学習　359
無作為化　35
無作為抽出　35
無作為割り当て　35
無刺激試行　28
無条件刺激　288, 302, 340

無条件反応　288, 302
無知性　394

明暗周期　494, 497
名義尺度　150
迷信行動　331
迷走神経　414
命題的表象　210
命名課題　277, 278
命名潜時　278
明瞭度　97
迷路
　　Y――　305
　　高架式十字――　307
　　バーンズ――　307
　　放射状――　305, 367
　　モリス水――　306
メタ記憶　218
　　――質問紙　218
　　――的活動　218
　　――的知識　218
メタコントラスト　180
メタコントラストマスキング　238
メタ細動脈　414
メタ認知　376
免疫系　422
免疫組織化学　478
面音源　74
綿球法　302
面接法　6
メンタライジング　215
メンタルモデル　264
メンタルロジック　264
面通し　230

盲検法（ブラインドテスト）　37
猛打反応　347
モーションキャプチャ　133
モーションベース　107
モーメント統計量　192
モーラ　94
モーラレベル　277
目標追跡（ゴールトラッキング）　292, 294
モデュラス　18, 154
モデリング　128, 378
模倣　214
　　真の――　378
　　即時――　378
模倣抑制　215
モリス水迷路　306
モルゲンシュテルン　269, 270
問題解決　272
問題空間　272

や行

薬物強化効果　362
薬物刺激効果　362
薬物微量注入法　477

役割交代　214

唯一性ポイント　276
有意味度　217
有機 EL ディスプレイ　53
有限インパルス応答フィルタ　80
有効試行　234
有効視野　231
有効数字　22
有効率　234
優先路　414
誘導　327
尤度比　147
誘発電位　437, 448, 460

よい被験者　27
溶化　359 →フェイディング
要求意識　382
要求特性　27, 37
幼児期健忘　226
容積伝導　444
容積脈波　428
陽電子断層画像法　444
抑うつ　256
抑制率（抑制比（率））　290
横緩和　452
予測可能タスクスイッチ　240
予測的妥当性　23
四項類推　275
4 枚カード問題　266

ら行

来歴　26
ラグスケジュール　350
ラバーハンド錯覚　126, 212
ランダム化されたブロック法　357
ランダム調整量手続き　392
ランダムドットステレオグラム　24
乱動時隔スケジュール　330
乱動時間スケジュール　331
乱動スケジュール　330

乱動比率スケジュール　330

リアリティ　9
リアリティモニタリング　219
リーディングスパンテスト　232
利益相反　43
力覚ディスプレイ　132
離散型発生源　444
離散試行　324, 341
リスニングスパンテスト　232
利得　83, 234
利得–損失法　234
リフレッシュレート　122
流動パラフィン　108
了解度　97
量化推論　262
両価割り当て　240
両眼視野闘争　210
両眼網膜像差　62
量子化ビット数　78
両耳間位相差　76
両耳間時間差　76
両耳間レベル差　77
両耳マスキングレベル差　92
履歴の脅威　38
臨界ちらつき頻度　501
臨場感　134
リンパ球サブセット　422
リンバス　410
リンバス追跡法　410
倫理　5
倫理審査委員会　44

類似性　275
類似度評定　369
類推　370
累積丁度可知差異法　161
累積プロスペクト理論　270
累積用量投与法　362
ルール支配行動　388

励起　452

レーザードップラー血流計　427
レスポンデント条件づけ　288, 340
レゾリューション　218
レトロネイザル　117
レパートリーグリッド法　167
レミニセンスバンプ　226
連結可能匿名化　45
連結スケジュール　335
連結不可能匿名化　45
連鎖スケジュール　332
練習効果　30
連接スケジュール　332
連想価　217
連続記述選択法　168, 171
連続逆転学習　305, 360
連続強化スケジュール　328
連続自己投与　363
連続評価法　118
レンダリング　128
連動スケジュール　335

ロイドモーガンの公準　8
ローゼンタール効果　25, 28
ロービジョン　198
ロジスティクス　400
濾紙ディスク法　115
ロンベルク率　213
論理規則　264
論理処理システム　264
論理積スケジュール　335
論理的誤謬　264
論理和スケジュール　335

わ行

ワーキングメモリ　232 →作業記憶
　——スパン課題　232
和音　98
ワショー　25
1 ボトルテスト　291

基礎心理学実験法ハンドブック　　　定価はカバーに表示

2018 年 6 月 15 日　初版第 1 刷
2022 年 7 月 1 日　　　第 3 刷

監　修	日本基礎心理学会
責任編集	坂　上　貴　之
	河　原　純　一　郎
	木　村　英　司
	三　浦　佳　世
	行　場　次　朗
	石　金　浩　史
発 行 者	朝　倉　誠　造
発 行 所	株式会社 朝 倉 書 店

東京都新宿区新小川町 6-29
郵 便 番 号　162-8707
電　話　03（3260）0141
Ｆ Ａ Ｘ　03（3260）0180
https://www.asakura.co.jp

〈検印省略〉

© 2018 〈無断複写・転載を禁ず〉　　　　　　大日本印刷

ISBN 978-4-254-52023-1　C 3011　　　Printed in Japan

JCOPY ＜出版者著作権管理機構 委託出版物＞

本書の無断複写は著作権法上での例外を除き禁じられています．複写される場合は，
そのつど事前に，出版者著作権管理機構（電話 03-5244-5088，FAX 03-5244-5089，
e-mail: info@jcopy.or.jp）の許諾を得てください．

前筑波大 海保博之監修　慶大 坂上貴之編

朝倉実践心理学講座1

意思決定と経済の心理学

52681-3　C3311　　　　A5判　224頁　本体3600円

心理学と経済学との共同領域である行動経済学と行動的意思決定理論を基盤とした研究を紹介，価値や不確実性について考察。〔内容〕第I部「価値を測る」／第II部「不確実性を測る」／第III部「不確実性な状況での意思決定を考える」

前首都大 市原　茂・岩手大 阿久津洋巳・
お茶女大 石口　彰編

視覚実験研究ガイドブック

52022-4　C3011　　　　A5判　320頁　本体6400円

視覚実験の計画・実施・分析を，装置・手法・コンピュータプログラムなど具体的に示しながら解説。〔内容〕実験計画法／心理物理学的測定法／実験計画／測定・計測／モデリングと分析／視覚研究とその応用／成果のまとめ方と研究倫理

玉川大 小松英彦編

質　感　の　科　学

―知覚・認知メカニズムと分析・表現の技術―

10274-1　C3040　　　　A5判　240頁　本体4500円

物の状態を判断する認知機能である質感を科学的に捉える様々な分野の研究を紹介〔内容〕基礎(物の性質，感覚情報，脳の働き，心)／知覚(見る，触る等)／認知のメカニズム(脳の画像処理など)／生成と表現(光，芸術，言語表現，手触り等)

広修大 今田純雄・立命館大 和田有史編
食と味嗅覚の人間科学

食　行　動　の　科　学

―「食べる」を読みとく―

10667-1　C3340　　　　A5判　256頁　本体4200円

「人はなぜ食べるか」を根底のテーマとし，食行動科学の基礎から生涯発達，予防医学や消費者行動予測等の応用までを取り上げる〔内容〕食と知覚／社会的認知／高齢者の食／欲求と食行動／生物性と文化性／官能評価／栄養教育／ビッグデータ

斉藤幸子味嗅覚研究所 斉藤幸子・産総研 小早川達編
食と味嗅覚の人間科学

味　嗅　覚　の　科　学

―人の受容体遺伝子から製品設計まで―

10668-8　C3340　　　　A5判　264頁　本体4500円

受容器・脳・認知それぞれのレベルでの味・においに関する基礎的研究から，生涯発達，健康・医療分野，産業への応用まで解説〔内容〕知覚・認知／受容機構／神経伝達と脳機能／子供と高齢者の味覚・嗅覚／臭気環境／食品・香粧品産業

愛媛大 十河宏行著
実践Pythonライブラリー

心理学実験プログラミング

―Python/PsychoPyによる実験作成・データ処理―

12891-8　C3341　　　　A5判　192頁　本体3000円

Python(PsychoPy)で心理学実験の作成やデータ処理を実践。コツやノウハウも紹介。〔内容〕準備(プログラミングの基礎など)／実験の作成(刺激の作成，計測)／データ処理(整理，音声，画像)／付録(セットアップ，機器制御)

旭川医大 高橋雅治・
D.W.シュワーブ・B.J.シュワーブ著

心理学のための 英語論文の基本表現

52018-7　C3011　　　　A5判　208頁　本体3000円

実際の論文から集めた約400の例文を，文章パターンや解説，和訳とあわせて論文構成ごとに提示。アメリカ心理学会(APA)のマニュアルも解説。〔構成〕心理学英語論文の執筆法／著者注／要約／序文／方法／結果／考察／表／図

前東工大 内川惠二総編集　高知工科大 篠森敬三編
講座 感覚・知覚の科学1

視　　　覚　　　I

―視覚系の構造と初期機能―

10631-2　C3340　　　　A5判　276頁　本体5800円

〔内容〕眼球光学系－基本構造－(鵜飼一彦)／神経生理(花沢明俊)／眼球運動(古賀一男)／光の強さ(篠森敬三)／色覚－色弁別・発達と加齢など－(篠森敬三・内川惠二)／時空間特性－時間的足合せ・周辺視など－(佐藤雅之)

前東工大 内川惠二総編集　東北大 塩入　諭編
講座 感覚・知覚の科学2

視　　　覚　　　II

―視覚系の中期・高次機能―

10632-9　C3340　　　　A5判　280頁　本体5800円

〔内容〕視覚現象(吉澤)／運動検出器の時空間フィルタモデル／高次の運動検出／立体・奥行きの知覚(金子)／両眼立体視の特性とモデル／両眼情報と奥行き情報の統合(塩入・松宮・金子)／空間視(中溝・光藤)／視覚的注意(塩入)

前東工大 内川惠二総編集　横国大 岡嶋克典編
講座 感覚・知覚の科学5

感　覚　・　知　覚　実　験　法

10635-0　C3340　　　　A5判　240頁　本体5200円

人の感覚・知覚の研究には有効適切な実験法が必要であり，本書で体系的に読者に示す。〔内容〕心理物理測定法／感覚尺度構成法／測定・解析理論／測光・測色学／感覚刺激の作成・較正法／視覚実験法／感覚・知覚実験法／非侵襲脳機能計測

日本視覚学会編

視覚情報処理ハンドブック (新装版)

10289-5　C3040　　　　B5判　676頁　本体19000円

視覚の分野にかかわる幅広い領域にわたり，信頼できる基礎的・標準的データに基づいて解説。専門領域以外の学生・研究者にも読めるように，わかりやすい構成で記述。〔内容〕結像機能と瞳孔・調節／視覚生理の基礎／光覚・色覚／測光システム／表色システム／視覚の時空間特性／形の知覚／立体(奥行き)視／運動の知覚／眼球運動／視空間座標の構成／視覚的注意／視覚と他感覚との統合／発達・加齢・障害／視覚機能測定法／視覚機能のモデリング／視覚機能と数理理論

上記価格 (税別) は 2018 年 5 月現在